浅田和茂先生古稀祝賀論文集 [上巻]

[編集委員]

井田 良
井上宜裕
白取祐司
高田昭正
松宮孝明
山口 厚

成文堂

浅田和茂先生

謹んで古稀をお祝いし
浅田和茂先生に捧げます

執筆者一同

はしがき

　浅田和茂先生は、2016年9月13日に、めでたく古稀をお迎えになられました。わたくしどもは、これを心からお祝いするとともに、先生の多年にわたる刑事法学の諸領域でのご活躍から多くのことを学ばせていただいた私どもの感謝の気持ちをこめて、この祝賀論文集を作成し、先生の古稀をお祝いして献呈することとしました。捧げられた論文は、先生の幅広いご業績を反映して、刑事実体法から刑事手続法、少年法、犯罪学、刑事政策、司法制度に至るまで、極めて多彩なものとなっており、そのため、本論文集は、上下2巻で1800頁に迫るものとなりました。これも、ひとえに先生の誠実かつ卓越した研究活動のおかげであるものと思います。

　さて、浅田先生は、1946年9月13日に北海道美唄市にお生まれになり、美唄東高等学校を経て1969年に京都大学法学部を卒業され、同大学大学院法学研究科に進学された後、1971年に関西大学大学院法学研究科博士後期課程進学、同時に同大学法学部助手を経て、1974年に同大学専任講師、1977年に同大学助教授、1980年に大阪市立大学助教授、1988年同大学教授に昇任されました（2001年からは大学院法学研究科教授）。この間、1974年にはドイツ・DAAD奨学生として、1982年と1989年にはドイツ・フンボルト財団奨学研究員として、合わせて三度、ミュンヘン大学に留学されています。大学行政では、1997年に大阪市立大学法学部長、2004年には大阪市立大学副学長を歴任されています。その後、2008年に立命館大学に移られ、同大学大学院法務研究科教授として勤務されておられます。

　この間に公刊された先生の業績は、本書の巻末の「著作目録」をご覧いただければ明らかなように、実体法から手続法、刑事政策、医事刑法、司法制度と実に幅広い分野にわたります。もちろん、その業績の中心は責任論ないし責任能力制度という実体法、およびその鑑定や科学鑑定一般を中心とする手続法ないし事実認定にあります。その主張のエッセンスは、言うまでもなく、近代責任主義を尊重するリベラリズム刑法の擁護と発展にあります。

　また、学会活動では、日本刑法学会理事（1997年から2009年までは常務理事）、法と精神医療学会理事（1998年から2001年までは理事長）、法と心理学会理事（2004年

から2006年まで常務理事）などを歴任され、また、2015年からは関西を中心に活動する研究会である刑法読書会の会長も務めておられ、その中で、若手研究者の育成にも多大な貢献をされてこられました。

　わたくしどもは、浅田先生には、今後ともご指導、ご鞭撻を賜ることをお願いするとともに、酒とタバコをこよなく愛される先生をときに気遣いつつ、その益々のご健勝とご活躍を心よりお祈りする次第です。

　なお、本論文集の刊行につきましては、成文堂の阿部耕一会長、阿部成一社長のお世話になりました。また、その編集作業については、編集部の篠崎雄彦氏にご担当いただきました。ここに記して謝意を表します。

　2016年 8 月

編集委員
井田　良
井上宜裕
白取祐司
高田昭正
松宮孝明
山口　厚

目　次

はしがき

当罰性、要罰性、犯罪体系……………… ヴォルフガング・フリッシュ（ *1* ）
前構成要件的目的達成意思ないし行為意思と故意・過失及び責任能力
　　──刑法における主観的ないし行為者的なもの３……… 伊　東　研　祐（ *49* ）
危険の現実化論について──注意規範の保護目的との関連で
　　………………………………………………………… 安　達　光　治（ *61* ）
刑法上の使用者責任に関する序論的考察
　　──いわゆるモビングの事例を素材に……………… 岩　間　康　夫（ *81* ）
違法の統一性の一断面 ………………………………… 橋　田　　　久（ *107* ）
回避・退避義務再論 …………………………………… 山　口　　　厚（ *125* ）
防衛行為の相当性に関する一考察 …………………… 岡　本　昌　子（ *143* ）
救助のための拷問、再び ……………………………… 飯　島　　　暢（ *161* ）
フランス緊急避難論の現状 …………………………… 井　上　宜　裕（ *179* ）
加虐的行為事例における承諾と危険引受け ………… 塩　谷　　　毅（ *195* ）
刑事責任の実体と認定 ………………………………… 小　田　直　樹（ *215* ）
責任と決定論についての小考 ………………………… 中　村　悠　人（ *239* ）
責任能力と自由意志論 ………………………………… 川　口　浩　一（ *259* ）
妄想性障害と責任能力──責任能力の体系的地位にも関連させて
　　………………………………………………………… 岡　上　雅　美（ *281* ）
窃盗症（クレプトマニア）・摂食障害と刑事責任 …… 城　下　裕　二（ *299* ）

実行行為開始後の責任能力低下について
　——3つの解決策とその役割分担………………………安　田　拓　人 (321)

危険運転致死傷罪の酩酊・病気類型と原因において自由な行為
　………………………………………………………………葛　原　力　三 (343)

刑法における責任事情の錯誤 ……………………松　原　芳　博 (359)

医療事故調査制度と医師の刑事責任………………松　原　久　利 (377)

実行の着手について ………………………………武　田　　　誠 (403)

中止行為の規範論的基礎づけ ……………………高　橋　則　夫 (419)

中止犯規定は単なる「量刑規定」か？ ……………野　澤　　　充 (433)

身分なき故意ある道具 ……………………………松　生　光　正 (451)

共同正犯と狭義の共犯 ……………………………十　河　太　朗 (483)

共犯の因果性と抽象的事実の錯誤
　——「重なり合い」の標準について………………佐久間　　　修 (495)

自らに向けられた殺害行為が無辜の第三者に及んだ場合の犯罪関与者
　の責任——Gnango事件を視座としたイギリス共犯責任論に関する一考察
　………………………………………………………………坂　本　学　史 (511)

科刑上一罪の処断刑としての「その最も重い刑」（刑法54条1項）
　の意義について ……………………………………本　田　　　稔 (531)

終末期の意思決定と自殺幇助——各国の動向分析 …甲　斐　克　則 (545)

自殺関与の不処罰性——ドイツにおける新たな制限
　……………………………………………………アルビン・エーザー (567)

ドイツにおける臨死介助と自殺関与罪の立法の経緯について
　……………………………………………………………山　中　敬　一 (611)

臨死介助協会と自殺援助処罰法——ドイツおよびスイスの現状
　……………………………………………………………只　木　　　誠 (647)

暴行への途中関与と刑法207条……………………豊　田　兼　彦 (667)

- 刑法207条の研究——同時傷害の特例？ ………………… 玄　　守　道（683）
- いわゆる「中間類型としての危険運転致死傷罪」および
  過失運転致死傷アルコール等影響発覚免脱罪について
  　——アルコール影響類型を中心に………………… 永　井　善　之（709）
- ドイツ強要罪における非難性条項（Verwerflichkeitsklausel）について
  　……………………………………………………… 金　澤　真　理（729）
- 被害者の意思侵害要件の展開
  　——強姦罪における暴行・脅迫要件を題材として ……… 嘉　門　　　優（743）
- 振込め詐欺に利用された口座からの払戻しと財産犯
  　………………………………………………………… 松　宮　孝　明（765）
- 犯罪行為に利用されている自己名義の預金口座からの払戻しと
  財産犯の成否——東京高裁平成25年9月4日判決を素材として
  　………………………………………………………… 金　子　　　博（785）
- 感情の刑法的保護について——宗教に関する罪における保護法益
  　………………………………………………………… 内　海　朋　子（807）
- 人種差別表現規制の法益としての人間の尊厳…… 金　　尚　均（821）
- 風営法裁判と法益保護の原則 …………………… 髙　山　佳奈子（839）
- 証券犯罪の保護法益と制度的法益の刑法的保護について
  　——不公正取引の規制に関する罰則規定を中心に……… 神　例　康　博（859）
- 情報受領者によるインサイダー取引と共犯の成立範囲
  　………………………………………………………… 平　山　幹　子（877）
- 詐欺破産罪と破産法270条の関係 ……………………… 大　下　英　希（897）
- ドイツの相場操縦規制について ……………………… 品　田　智　史（919）
- 国際的な贈賄に関する問題について…………………… 佐　川　友佳子（945）
- 生活保護不正受給の処罰について ………………… 内　田　博　文（965）

当罰性、要罰性、犯罪体系

ヴォルフガング・フリッシュ

(戸 浦 雄 史 訳)

一 「当罰性」および「要罰性」の語の用いられ方について
二 「当罰性」および「要罰性」の内容および規範的基礎づけ
三 「当罰性」および「要罰性」のもつ犯罪体系とその諸範疇とにとっての意義
四 当罰性および要罰性を指向する(機能的)体系の諸前提
五 当罰性および要罰性を伝統的犯罪体系の中で表現するもの
六 当罰性および要罰性の要求から必要とされる従来の体系に対する補足および修正

一 「当罰性」および「要罰性」の語の用いられ方について

「当罰性〔Strafwürdigkeit：刑罰相当性〕」および「要罰性〔Strafbedürftigkeit：刑罰必要性〕」の概念は、もうすっかり標準的な語彙になってしまっている。とりわけ法政策的な議論の語彙としてはそうである。さまざまにおこなわれている考察の中では、両概念が明晰にかつ区別して用いられることもめずらしくないほどである。すなわち、当罰的だと感じられる態度だからといって刑罰を投入することまで必要なのかどうか、どのような要件の下でそれが必要になるのか、と問うような場合がそうである。一定の財を保護するためであれば刑罰の投入が要求されかつ正当化される、という言い方しかされていない場合であっても、やはりそこで問題となっているのは態度の当罰性と要罰性なのであり、実際にはこの両者がそれぞれの形で前提とされているのである。各則の構成要件を解釈するにあたって、構成要件により捕捉された一定の態度様式に当罰性や要罰性が欠けていると指摘したり、ある種の態度様式がそれ自体では構成要件により捕捉されるとしてもさらに一定の付加的要件がそろわなければ当罰的にはならないとか構成要件に定められた法定刑による処罰を正当化できないとかといった論証をおこなったりするのは、まったくあたりまえになっている。要するに、各論上の問題を扱うに

あたっては、「当罰性」および「要罰性」の概念がコミュニケーションや現行法上・立法論上の評価をおこなうための中心的なトポスをなしているということは、きわめて自明なことになっているのである。

これと比べて明らかになっているとはとても言えないのが、「当罰性」および「要罰性」の概念が、総論上の制度の文脈、特に犯罪体系〔Straftatsystem〕との関係での文脈で、正当な役割を与えられているのかどうか、という問題であり、またその答えが是であるとした場合の、ではそれはどのような役割なのか、という問題である。たしかにこれまでにもこうした問いが立てられることはあったが、掘り下げて論じられてきたとはまったく言えない状態である。これまでの議論の中で唱えられた立脚点はしばしば不鮮明であり、いずれにせよ統一性を欠いている[1]。これらのうちのいくつかは、「当罰性」と「要罰性」とを、犯罪体系上の背景のような何かを必要とするものとし、また犯罪体系上の範疇を設ける必要があるものと考える[2]。これに対して、その他の立場では、両概念が犯罪体系の文脈の中で、明らかにもっと狭い意味で用いられている。たとえば、当罰的でないあるいは要罰的でないと感じられる一定の事態に線引きをするために、または、特に「不法と責任を超えたところ」にある付加的な犯罪成立要件や犯罪阻却要件のより狭いグループを基礎づけ実体的に説明するために、といったぐあいにである[3]。このような中には、「当罰性」概念を用いる者もいれば[4]、特に「要罰性」概念を用いる者も[5]、また両方とも用いる者もいる。それら以外にも、「当罰性」や「要罰性」といった曖昧で問題性をはらむように感じられる概念は、犯罪

---

1 この問題に関する概観を与えてくれるものとして、*Bloy* Die dogmatische Bedeutung der Strafausschließungs- und Strafaufhebungsgründe, 1976, S. 228 ff., 242 ff.; *ders*. Die Beteiligungsform als Zurechnungstypus im Strafrecht, 1985, S. 30 ff.。また、*Luzón Peña*, *Romano* und *Costa Andrade* in: Schünemann/Figueiredo Dias (Hrsg.), Bausteine des europäischen Strafrechts, 1995, S. 97 ff., 107 ff. und 121 ff. の記述も参照。さらに、*H.-L. Günther* Strafrechtswidrigkeit und Strafrechtsausschluß, 1983, S. 196 ff., 236 ff.; *Otto* Schröder Gedächtnisschrift, 1978, S. 57 ff.; *Volk* ZStW 97 (1985), 872 ff.。
2 まさにそのような見解として、*Sauer* Allgemeine Strafrechtslehre, 3. Aufl. 1955, S.19 f.。*Romano* in: Schünemann/Figueiredo Dias (Fn. 1), S. 107, 108, 117 f. も、明示的にそう述べる。
3 たとえば、*Jescheck/Weigend* Lehrbuch des Strafrechts. Allg. Teil, 5. Aufl. 1996, S. 551 ff.; *Langer* Das Sonderverbrechen, 1972, S. 275 ff.; *Schmidhäuser* Strafrecht. Allg. Teil, 2.Aufl. 1975, 12/1 ff. (S. 482 ff.), 13/1 ff. (S. 487 ff.) などを参照。
4 一例として、*Schmidhäuser* Allg. Teil, 12/1 ff., 13/1 ff.。
5 そのような見解として、たとえば、*Jescheck/Weigend* Allg. Teil, S. 551 ff.; *Stratenwerth/Kuhlen* Strafrecht. Allg. Teil, 6．Aufl. 2011, S. 71 f.。

体系の文脈では極力用いるべきではなく、次のような場合があるなら、その限度ではこれらの概念を避けようとする見解もある。すなわち、多くの者がこれらの概念に含めてきた犯罪成立要件や可罰性阻却要件のほとんどが、構成要件、不法、責任ないし答責性へと位置づけられる場合には、である[6]。

　以下では、「当罰性」および「要罰性」の概念の持つ犯罪体系にとっての意義という、これまではきわめて曖昧にしか答えてこられてこなかった問いに、いくばくかの光を当てる作業をおこないたい。このような作業をまさに浅田和茂に捧げられた記念論文集においておこなうのには、特別な理由がある。すでに1985年に彼は、印象深くもこの問題について考察を加えていたのである[7]。そこで彼は、日本の判例および文献との関係でだけではなくドイツの刑法に対しても、当罰性を、構成要件該当性は認められるが不法ないし責任の（絶対的あるいは相対的な）軽微性のゆえに当罰的でない態度様式に線引きをするための独立した範疇とする立場を主張した[8]が、その主張は、今日の目から見ても注目と賛同にふさわしい。しかしだからといって、本稿で当罰性の意義を扱う必要がないとするようなことは、彼からしても望ましいことではないだろう。ただし、本考察をもっぱらこの当罰性の意義や要罰性の役割へと向ける前に、ひとまず「当罰性」および「要罰性」の概念の内容とより掘り下げた規範的な基礎づけとについて言及しておくことが有意義ではないかと思われる。

二　「当罰性」および「要罰性」の内容および規範的基礎づけ

1　両概念の内容について

　「当罰性」および「要罰性」の語はますます多くの場面で用いられるようになってきてはいるが、それに応じて、これらを用いるにあたってその概念的な明晰化の作業がなされることは少なくなってきている[9]。両概念がまったく一義的でありしたがってきわめて統一的に理解されているのだとすれば、このような事態に対して何らの異議も申し立てる必要はないだろう。しかし明らかにそうは

6　たとえば、*Roxin* Strafrecht. Allg. Teil I, 4. Aufl. 2006, § 23 Rn. 6 ff., 34 ff., 37 ff. を参照。
7　*Asada* Strafwürdigkeit als strafrechtliche Systemkategorie, ZStW 97 (1985), 465 ff. 参照。
8　*Asada* ZStW 97 (1985), 465, 476.
9　この点を正当にも指摘するものとして、*Bloy* Strafausschließungsgründe (Fn. 1), S. 228; *ders.* Beteiligungsform (Fn. 1), S. 30 f.。

なっていない。つまり、たとえばある者たちは、他の者たちが「要罰性」の概念によって別個に表現している事柄を明らかに含むように、「当罰性」の概念を用いている[10]。ことに「要罰性」の概念については、刑罰を投入する「必要性〔Bedürftigkeit〕」ないしその必要〔Bedürfnis〕というものが何に関して言われているのか、という点がまったくもって自明とは言いがたい状態である。両概念を用いると同時にそれらの犯罪体系に対する意義を明確化することを望むのであれば、まずもって「当罰性」および「要罰性」の中身がどのようなものであると理解されるべきか、という点を明らかにしなければならない。

　相当性〔Würdigkeit〕の概念、したがって「当罰性〔Strafwürdigkeit〕」の概念の出自は、価値合理的思考の世界にある[11]。「～に相当する〔würdig sein〕」という言葉によって想定されているのは、ある一定のことがらが他の何かに「あたいする」あるいはそれが他の何かに「ふさわしい」ということである[12]。つまり、ある態度が「当罰的」である、ということの意味（またそこで求められているもの）とは、その態度が処罰に「ふさわしい」こと、その態度が処罰するに「あたいする」こと、なのである[13]。要するに、「当罰性」の内容を定め一定の態度との関係で「当罰性」を確定する作業の中心に位置するのは、刑罰とその諸要素なのである。対象者の権利へ重大な干渉をおこなうという刑罰の性質は望ましくない害悪だと考えられるが、それゆえに当罰的だと見なすことができるのは次のようなもののみということになる。すなわち、それにふさわしい程度に望ましくなく著しく反価値的であるような何かであって態度であるようなものであり、したがって害悪の投入にふさわしいと見られるもののみ、ということである。このような態度は、刑罰を――いずれにせよドイツや他の一連の国々で――同時に重大な（社会倫理上の）問責（非難）であると理解する[14]のであれば、次のような性質を持

10　一例をあげるとすれば、たとえば、*Schmidhäuser* Allg. Teil, 12/ 1ff. und 13/ 1 ff.。

11　この点を指摘するものとして、*Bloy* Beteiligungsform (Fn. 1), S. 33 ff.。また、価値合理性および目的合理性の概念については、*Max Weber* Wirtschaft und Gesellschaft, 5. Aufl. 1980, S. 12 f.。これらの概念の刑法にとっての意味については、たとえば、*Haffke* Roxin Festschrift, 2001, S. 955 ff.。

12　*Duden* Das große Wörterbuch der deutschen Sprache, Bd. 6, 1981, S. 2908参照。

13　*Haffke* in: Schünemann/Figueiredo Dias (Fn. 1), S. 89; *Sax* in: Bettermann/Nipperdey/Scheuner (Hrsg.), Die Grundrechte, 1959, Bd. 3 Teilbd. 2, S. 923 ff.

14　この点については、BVerfGE 25, 269, 286; 95, 96, 140; 109, 133, 167; 120, 224, 240; 123, 267, 408; 128, 326, 376; BGHSt 2, 194, 200; 18, 87, 94; 20, 264, 266。学説では、たとえば*Jescheck/Weigend* Allg. Teil, S. 65; *Kühl* Eser Festschrift, 2005, S. 149, 155 ff.; *Hörnle* Tiedemann Festschrift, 2008,

たなければならない。すなわち、自分の態度について刑罰によって問責された者が問責というものにふさわしい、つまり、このような態度を理由として彼を（正当に）非難することができる、という性質を持たなければならないのである。

「当罰性」とは対照的に、「要罰性」の出自は目的合理的思考の国にある[15]。この概念は、刑罰を投入するにあたって、一定の目的を達成するための手段として刑罰が欠かせないという意味での必要性があることを表している。このことが一層明らかなのは、本質的な部分では意味を同じくする不可欠性〔Erforderlichkeit〕の概念である。刑罰の不可欠性と同様に、要罰性も、刑罰がそれによって追求する目的を達成したり促進したりすることにそもそも適している、ということを前提としている。つまり、そのようなことが当てはまらない場合や刑罰によって目指した目的をより穏当な手段によって達成できる場合には、要罰性が欠けることになるのである[16]。これを明確に判断できるのは、刑罰の目的に関して明確になっている場合だけである。このような理由から、こうした目的を正確に論じることなしに要罰性や要罰性の欠如について語ることは困難なのである。刑法の目的ないし使命としては一般的に認められている法益保護といったものが[17]、犯罪体系の枠内では何らの基準も提供してくれない以上、なおさらこの問題は大きくなる。ここで関心の対象となっているのは、つまり、現におこなわれた犯行に対して刑罰を科すことの目的なのである。この目的は、せいぜいきわめて間接的な意味でしか法益保護の中に認めることができないものであり[18]、ひとまずは間接的にだけであれば法益保護のための成果ももたらしてくれるような他の何かの中に認めるほかない。この点について特にかつては科刑の目的としてよく挙げられた責任の清算[19]は、それを目的とすることに否定的な一群の根拠からすれば、今

S. 325, 331; *Landau* ZStW 121 (2009), 439, 445 f. を参照。批判として、*Volk* Müller Festschrift, 2008, S. 709, 710.。

15 この点を指摘するものとして、*Bloy* Strafausschließungsgrund (Fn.1), S. 243; *ders.* Beteiligungsform (Fn. 1), S. 34, 35 ff.。

16 この点について詳しくは、*Günther* Strafrechtswidrigkeit (Fn. 1), S. 183 ff., 192 ff. およびその注を参照。

17 この点については、さしあたり、*Roxin* Allg. Teil I, § 2 Rn. 7 ff. およびその注を参照。

18 すでに、*Welzel* Das deutsche Strafrecht, 11. Aufl. 1969, S. 2 ff.。さらに、*Jakobs* Saito Festschrift, 2003, S. 17 ff. も参照。両者に対して批判的なものとして、*Roxin* Allg. Teil I, § 2 Rn. 105 ff. も参照。

19 たとえば、BGHSt 24, 132, 134; 50, 40、ただし BGHSt 24, 40, 42も参照。また *Haas* Strafbegriff, Staatsverständnis und Prozessstruktur, 2008, S. 261 ff.; *Kühl* Volk Festschrift, 2009, S. 275, 279. も見よ。

日ではこれを退けることが許されるだろう[20]。おこなわれつつある犯罪を阻止するという行為者側に立った予防も一般的な刑罰目的とは言えないし、潜在的な（第三者である）行為者を威嚇するという目的のために行為者の権利に干渉するのではすでにカントが強調した疑念[21]にさらされることになるのであるから、結局のところ包括的に支持することができ正統性を認めることもできる目的はただ一つしか残らない。すなわちそれは、規範の妥当性を確証することであり、それこそ現におこなわれた犯行を理由に処罰することの意味なのである。ここで確証されるとしているのは、行為者がその行為によって示した反発の対象となっている規範の妥当性であり、また行為者を処罰することを通じて浸食の危険から守られることになる規範の妥当性である[22]。この意味で「要罰性」とは、刑罰を通じて満足すべき以下のような規範の妥当性を確証する必要性が成立すること（また、このような必要性が、刑罰でなければ、つまりより穏当な手段によっては、十分には満足させられないこと）を意味する。すなわち、行為者を問責しその権利へ干渉することによって、そうしなければ浸食が差し迫るという意味で、行為者の負担で規範の妥当性を確証する必要性が成立すること、を意味しているのである[23]。

　このような両者の異なる意味内容が自覚されさえすれば[24]、ある態度が同時に要罰的である必要なしに当罰的でありうることは当然であろうし、一定の条件下では当罰性のない要罰性という言い方ができることも明らかだろう。後者のように考えられる場面と言えるは、とりわけ刑罰を権利への干渉とだけ理解した場合である。そのような権利干渉は、その態度が刑罰に内在する重大な権利干渉にふさわしくない場合にも、さまざまな形で傷つけられた規範を貫徹するためには不可欠であるということがありうる[25]。しかし権利干渉であるというだけでなく（社会倫理的な）問責をも内包するような刑罰概念の基礎の上ではとりわけ、これ

20　この点について、より詳しくは、*Frisch* GA 2015, 65, 70 f.; *Roxin* JuS 1966, 377, 380.。
21　以上のような二つの批判に関して詳しくは、*Frisch* GA 2015, 65, 71 f.。
22　詳しくは、*Frisch* GA 2015, 65, 72 f.; *ders.* Beulke Festschrift, 2015, S. 103, 108 f.。このような理解の詳細については、以上の文献および *Bloy* Frisch Festschrift, 2013, S. 59, 68 ff.、さらにそれらの注も参照。
23　詳しくは、*Frisch* GA 2015, 65, 84 ff.; *ders.* Beulke Festschrift, S. 103, 111 ff.。
24　両概念の意味の相違および重なり合いについては、*Bloy* Strafausschließungsgründe (Fn. 1), S. 243 f.; *Romano* in: Schünemann/Figueiredo Dias (Fn. 1), S. 107, 108 f. も参照。
25　この点を指摘するものとして、*Bloy* Strafausschließungsgründe (Fn. 1), S. 243; *ders.* Beteiligungsform (Fn. 1), S. 36.。

とは逆の事態の方が現実的だといえる。つまり、その反価値性が重大であるという根拠から態度が当罰的であるとしたり問責にふさわしいとしたりすることはできるが、しかし規範の妥当性を確証するために不可欠であることにはならない、というような事態が、である[26]。

2 「当罰性」および「要罰性」の規範的基礎づけのために

「当罰性」および「要罰性」には、たしかに刑法上の長い伝統がある。しかし両概念の根底には、学問が説明のために作り上げてきたような評価されなければたやすく放棄できる概念よりも、ずっと大きなものが存在するのである。両概念によって表されていることがらの核心は、ドイツでは古くから憲法上保障されてきたし、刑法が刑罰を正統に投入するための憲法による枠づけとして拘束力を持っている。ここでその所在地〔sedes materiae〕として挙げることができるのは、法治国家思想に根差した比例性の原則と、連邦憲法裁判所によって人間の尊厳の尊重という要請（基本法1条1項）にまで遡るものとされた責任主義である[27]。

広義の比例性原則から憲法裁判実務が導き出しているのは、刑罰によって追求される目的を達成するのに刑罰が適しており不可欠でもあって、つまりそのためには刑罰が必要とされており、またより穏当な手段ではそれを達成できないような場面でだけ、権利干渉であり問責でもある刑罰は正統化できる、ということだけではない。態度の反価値性という点から見て刑罰が適切かどうかもまた、一連の判例により比例性原則から導かれている。ただし、ここでの比例性原則は、所為と刑罰との間の比例性[28]したがって「回顧的観点での比例性」[29]の要求であると理解されており、つまりこれは態度の「当罰性」にほかならないのである。

比例性原則以外に、上で態度の当罰性として理解されたことがらの根拠として連邦憲法裁判所の判例によって認められているのは、とりわけ責任主義である。ここでの責任主義が要求するのは――憲法裁判実務が多くの判例の中で認定して

---

26 具体例も含めて詳しくは、*Frisch* GA 2015, 65, 84 ff.。
27 両原則およびその憲法上の根拠づけについては、*Frisch* NStZ 2013, 249 ff.; 特に責任主義の根拠づけについては、BVerfGE 20, 323, 331を参照。なお、法治国家原理を根拠とするものとして、BVerfGE 80, 109, 120、基本法1条1項を根拠とするものとして、BVerfGE 25, 269, 285、さらに両者を根拠とするものとして、BVerfGE 130, 1, 28も参照。
28 たとえば、BVerfGE 20, 323, 331; 25, 269, 286; 27, 18, 29; 50, 205, 214 f.; 120, 224, 241; 133, 168, 198. を参照。
29 そのように特徴づけるものとして、*Jakobs* Schuld und Prävention, 1976, S. 7.

きたように[30]——、刑罰に服すべき態度と法律効果として規定された刑罰とが、行為者の責任に比例した適切な関係にある、ということだけではない。刑罰は、刑罰に服すべき態度それ自体との関係でも適切でなければならず、すなわちその反価値性にも相応していなければならないのである[31]。にもかかわらず、連邦憲法裁判所は刑罰を権利への干渉だと理解しているだけでなく重大な社会倫理上の非難であるとも考えているために[32]、そこでは態度はこのような問責にもふさわしい性質をも持っていなければならない。したがって所為の当罰性という要件は、やや異なる用語法によってではあるものの実務上は憲法上も保障されているのである[33]。したがってすでにこうした根拠からも、この要件は、その概念を「漠然としている」として簡単に退けることができると考える者らの多くが、そうする際におそらくイメージしているであろうほどには、簡単に処分してしまえるものではないのである。

　もちろん、刑罰を規定されそれに服すべき態度の当罰性および要罰性という要件がすでに確認したような重要性を持つからといって、両概念が犯罪体系やその体系的範疇にとっても重要であるということがただちに導かれるわけではない。刑罰を規定された態度の当罰性および要罰性という要請は、おそらく犯罪の具体的な現象形態にしか関係しえないようなものであり、他方で、その不変的で一般的な諸要素を導くには、また別の諸原則が必要となるのである。

三　「当罰性」および「要罰性」のもつ犯罪体系とその諸範疇とにとっての意義

1　原理的な側面：当罰的かつ要罰的な（一般的）事態としての犯罪 ——犯罪の機能的一般概念

　このように当罰性および要罰性の要件を犯罪の特別な現象形態に限定するやり方だけが特に説得的なのかと言えば、もちろんそうではない。犯罪の一般概念と犯罪の特別な現象形態とは、何らかの形で相互に結びつきを持っているからであ

30　たとえば、BVerfGE 20, 323, 331; 25, 269, 286; 27, 18, 29; 50, 205, 214 f.; 120, 224, 241; 133, 168, 198. を参照。
31　この点について詳しくは、Frisch NStZ 2016, 16, 19 ff., 21.。
32　注14の説明を参照。
33　Haffke in: Schünemann/Figueiredo Dias (Fn. 1), S. 89 f.; Sax in: Bettermann/Nipperdey/Scheuner (Fn. 13), S. 923 ff. も同旨。

る。特別な現象形態というものは一般的なものの特徴を帯びている。犯罪の特別な現象形態の中にも犯罪の一般的な性質が常に含まれてはいるが、ただしそれは特別な特徴の中にあらわれているというのにすぎない。ここからすでに、犯罪の現象形態の基礎にある一般的な諸要素も、同じく当罰性および要罰性の要請という基準によって整理できるはずだということがわかるだろう[34]。いずれにせよ両要請は、当罰的でありかつ要罰的であるような現象をなす事態を一定の特徴をもって描き出す（記述する）ような性質を持っていなければならないからである。

またほかにも、正しく構想された犯罪の一般概念は、その要素の全体によって、刑罰にふさわしくかつ処罰を必要とするような一定の具体的な特徴を体現する事態を、描き出せるような性質を持っていなければならない。このように言うことができるのはまさに、個々の要素が一般概念中の他の要素と結びつくことで当罰的かつ要罰的な事態を記述するような形になっている場合だけだろう。この意味で正しく構想された犯罪の諸要件および諸範疇の体系は、「当罰性」および「要罰性」と無関係でいることはできず、むしろ——まったく逆に——これらの諸概念や諸基準から導かれる要求を注視したうえで、展開されなければならないのである。

「当罰性」および「要罰性」の概念は犯罪の一般概念や説得的な犯罪要件の体系を展開するためには曖昧すぎるという、予想される反論[35]は成り立たない。これらの概念は——これから示すように（以下の四を参照）——、刑罰を権利への重大な干渉と結びついた問責ないし非難だと理解する場合には、犯罪要件の機能的な体系を展開するための概念的な補助となるのに十分すぎるほどの中身を持っているからである。さらに一歩を進めて、このような体系を歴史的に成長してきた伝統的な体系との関係で考察すれば（この点については以下の五）、こうした体系ではどの範疇によって当罰性および要罰性についての検討結果が表現できるのか、またそれはどのような意味でか、ということがわかるだろう。またそのような比較によって同時に、伝統的な体系には、当罰的で要罰的な事態だけを捕捉する視

---

34 同様の見解として、「犯罪体系全体の解釈・確定・修正の基準」とする *Romano* in: Schünemann/Figueiredo Dias (Fn. 1), S. 107, 108, 118や、当罰性を「刑罰法規の諸構成要件に共通する類的メルクマル」とする *Sax* JZ 1976, 9, 11も参照。さらに、*Bloy* Beteiligungsform (Fn. 1), S. 31 ff. も参照。

35 たとえば（シュミットホイザーに対する批判としてではあるが）、*Roxin* Allg. Teil I, § 23 Rn. 34を参照。

角から見て、どの部分に弱点や欠点があるといえるのかが、またどの部分に本当の基準が隠れているのかが、明らかになるだろう。

2 当罰性および要罰性の要求という視角から概観した犯罪の諸要件・概念および体系

重大で、害悪だと感じられ、また態度を理由とする問責ないし非難と結びついた権利干渉だ、と刑罰を理解するなら、また刑罰がこうした態度に対する反作用としてふさわしく（当罰性）見えるような、かつそうした態度に対して必要である（要罰性）つまり刑罰を正当化できるような要件とは何か、を決定しようと試みるなら、ただちに次のようなある一つのことがらが明らかになるだろう。それはつまり、そのような観点から満たさなければならない要件、またそれを満たすことによりある態度が犯罪としての質を持つことが示されるような要件には、いろいろなものがあるのだ、ということである。ここで満たされるべき諸要件は、犯罪の一般概念においてやや趣の異なる機能を持っているのである。

それらの諸要件の一部は、犯罪であるための一般的な最低限の要件である（以下の四1）。それらが満たされていない、あるいは一定の事情によって（概念的に）排除されている場合には、そもそも犯罪自体が存在しないことになる。しかしそれが満たされていたとしても、必ず犯罪が存在するとはかぎらない。しばしば態度様式が当罰的ないし要罰的になるのは、およそ犯罪であるための最低限の要件はもちろんのこと、それ以外に一定の付加的な要件が満たされている場合なのである（以下の四2）。最後に、最低限の要件や必要な付加的要件が満たされている場合であっても、さらに一定の事態があれば、当罰性ないし要罰性が失われることもありうる（以下の四3）。ここでは、犯罪があるといえるためには（逆に）そうした事態が存在しないことが必要となっているのである。

四 当罰性および要罰性を指向する(機能的)体系の諸前提

1 犯罪の放棄できない最低限の要件としての法的行為秩序からの逸脱とその回避可能性

およそ犯罪であるための最低限の要件とは、刑罰の規定された態度が法的な行為秩序から逸脱する否認された態度であることである[36]。法的に否認されていな

い態度を問責するならそれは不条理であろうし、そのような態度に害を与えるのならそれはまったくの不正であろう。そのような態度は当罰的でないというだけではない。規範の妥当性を維持するために刑罰を必要としないという意味で要罰的でもない。法的な行為秩序がまったく踏み外されていないからである。その際、法的に否認されていないということが、自由権を限定し制限する禁止がないことによるのか、禁止を個別事案で止揚する許容規範（いわゆる正当化事由）によるのかは、どちらでもかまわない。逆に、法的な否認の前提となるのは規範理論的には法的禁止（命令）の存在およびその態度を許容する規範の欠如であるが、そのような事情があるからといって、態度の当罰性および要罰性という実質的な観点で問題となっているのはひとつの犯罪要件にすぎないという点に変わりはない。

　ある人物がその態度によって法的な行為秩序から逸脱したことは、たしかにおよそ犯罪であるための（第一の）最低限の要件ではある。しかし、そのような逸脱が当罰的であるつまり問責と害悪付与にふさわしいというためには、少なくとも必ずさらに第二の要件を満たさなければならない。すなわち、法的な行為秩序から逸脱した人物には、その法的行為秩序に沿った態度をとる能力もなければならないのである[37]。そのような事情がない場合には、法的な行為秩序からの逸脱を確定することができない。その人物が避けられなかったであろうことがらについて問責したり非難したりするのであれば、それは不正であろう。いずれにせよこのようなケースでは、規範の妥当性に反発するその態度のあり方を刑罰に処すことによってたしなめる必然性という意味での要罰性もない。その行為をおこなった人物が規範を守ることができないのであれば、その態度は規範の妥当性に反発するということにもならないからである[38]。このように言えるのは、その人物が自分の態度を自然的な意味で法適合的に操縦できない場合[39]だけではなく、

36　*Luzón Peña* in: Schünemann/Figueiredo Dias (Fn. 1), S. 97, 101 f.; *Schmoller* Frisch Festschrift, 2013, S. 237, 239 ff. も同旨。

37　ここで問題となっているのは、経験的に認定されるべき（行為時点での）能力そのものではなく（それゆえ、意思自由とそれに関する真偽不明状態は関係せず）、一定の要件の下で成人に備わっているはずの能力（合理的な意思決定プロセスを履践する能力であり、一定の欠陥が存在しないこと）である。この点について、さらに詳しくは、*Frisch* Kühl Festschrift, 2014, S. 187, 203 ff., 210 ff.; *Frister* Frisch Festschrift, S. 533, 546 ff.

38　この点についてさらに詳しくは、*Frisch* GA 2015, 65, 79, 83; *Jakobs* System der strafrechtlichen Zurechnung, 2012, S. 22, 59 f.; *Pawlik* Das Unrecht des Bürgers, 2012, S. 259 ff., 266 f., 281 ff.

法的行為秩序から要求されていることを認識できなかったり、精神的な欠陥のせいで法的行為秩序に従うことができなかったりする場合もそうである。

2　原則として当罰的かつ要罰的な態度に付け加わる閾値要件

　ある態度が法的な行為秩序から逸脱しており（つまりこのような意味で違法であり）かつこの違法に振る舞った者が法的に正しく振る舞うことができたであろう（つまり違法な態度との関係で有責にも行為した）ということだけでは、態度の当罰性および要罰性があるというためには十分ではない。刑法が法的行為秩序からのあらゆる有責な逸脱に対して刑罰という重い問責と重大な権利侵害とを与えようとするのであれば、それは苛烈にすぎるだろう。現実には法的行為秩序からの有責な逸脱のごく一部だけが、刑罰という重大な法的問責とこれに結びついた著しい権利侵害とにふさわしくかつそれらを必要としているのである。したがって、真に当罰的でかつ要罰的なものをこうした要件を満たさないものから区別する一定の基準やメルクマールが必要になる。

　こうした区別の所在地〔sedes materiae〕となるのは、構成要件を規定する刑法の各則である。そのうえで犯罪の一般概念という観点から言えることとしては、こうした区別をおこなう際に原則として問題となるのは何なのか、その性質上こうした区別は特殊な要件なのであるにもかかわらず、そこでおよそ顧慮されることになる一般的事態とはどのようなものか、ということぐらいしかない。つまり、法的な行為秩序からの単なる有責な逸脱を、当罰的でありかつ原則として要罰的でもある態度様式へと変えるように作用する事情こそが、ここでの関心の対象ということになる。当罰性および要罰性とはこのような「閾値要件」なのであるが、そのような性質を持つと言えるのは次のような全事情である。すなわち、どのようなタイプの逸脱的態度であってもそれを特に反価値的でかつ問責にふさわしいといえるようにし、犯罪だとなれば課されることとなる重大な権利侵害がその所為の重大な反価値性を根拠に（その行為者にとって）適切だといえるようにする事情のすべて、である。態度の当罰性を保障するそうした閾値要件には、客観面では、特に高位の法益に対する態度の危険性[40]、それ以外の法益では（さら

39　したがって、従来の下位範疇でいえば、すでに行為がないということになる。
40　この事例群が示しているのは、態度が禁止されたものであることを確実にするための他の事情（結果の発生、故意の存在、目的の存在など）をここで問題にする必要は必ずしもなく、特に高

に）態度の高度の危険性[41]、禁止された態度に帰責できる重い結果の発生、ないしは特別な義務者的地位の侵害などがある。現行法上は、この種の閾値要件が組み合わされていることも珍しくない。主観面での当罰性の閾値の特徴としては、――もちろん特に重要な法益は例外として――一定の行為秩序に対する回避可能な違反についての故意の存在という要件を挙げることができる。同様に、所為の特別な危険性をあらわす一定の目的[42]、所為に対する非難を特に高めしたがって当罰的にさせる内心状態や心情もそうである。この種の事態が組み合されば、大抵は当罰性も刑罰も加重される。

　法的な行為秩序に対する回避可能な違反を犯罪へと変える（付加的な）諸事情は通常、その態度の特別な社会的耐えがたさないし非難性あるいは法秩序が攪乱された程度ないし範囲を根拠とするような、態度の高度な当罰性に関係しており[43]、さらに通常は態度の原則的な要罰性とも結びついている。しかし常にそうだというわけではない。ある態度がそれ自体では当罰的であったとしても、それを処罰する根拠が認められるのは、一定の場合つまり特定の付加的要件の下でのみなのである。その一例となるものとして、ドイツの現行刑法では乱闘行為〔eine Schlägerei〕への関与（刑法231条）がある。きわめて重大な傷害をいつもたらすかも知れないような危険性のある乱闘行為に関与する行為は、それ自体ですでに当罰的であるかのように見える。しかし、ドイツ刑法によってそれが処罰されるのは、その乱闘行為が特に重い結果に至った場合だけなのである。この結果は、当該関与者自身が惹き起こす必要はないので、その者の行為の非難性や当罰性と無条件に関係するわけではない。行為の当罰性は、むしろ乱闘行為の危険性が同程度であり関与も同程度なのであれば同程度なのであり、それが重い結果をもたらしたかどうかとは関係しない。にもかかわらず重い結果が発生した場合に

　　位の財に対して否定的な態度が向けられている場合には、不法な態度がそれ自体ですでに当罰的なものの限界を超えることがありうる、ということである。
41　（たとえば、暴力により、一定の道具を用いて、などといった）一定の態様での実行という条件が付く。
42　たとえば、不法領得意思をともなう奪取である場合の、所有者にとってその物が終局的に失われる危険など。
43　当罰性の一般的な表現としては、たとえば、BGHSt 24, 318, 319（「社会秩序の著しい攪乱」）；*Frisch* NStZ 2016, 16, 19 ff.（「社会的な耐えがたさ」「非難性」）；*Maiwald* Maurach Festschrift, 1972, S. 11（「本当に重大な反価値性」）；*Sax* in: Bettermann/Nipperdey/Scheuner (Fn. 13), S. 923, 927（「社会を攪乱する態度の十分な内実を持つ不法内容」）。より多くの情報については、*Bloy* Beteiligungsform (Fn. 1), S. 30 ff. および *Günther* Strafrechtswidrigkeit (Fn. 1), S. 236 ff.。

だけ処罰するのは、危険な乱闘行為への関与の社会的な耐えがたさが（重い結果の発生によって）特に印象的に示されているようなケースへの可罰性〔Strafbarkeit〕の意図的な限定、すなわち要罰性の考慮と関係を持っているのである[44]。こうしたものの中には、それ自体で当罰的な態度の要罰性に関する検討結果が、不都合な処罰を避けようとする刑法外的な疑義が払拭されたあと、ようやく反映されるものもある。たとえば、破産罪のケースがそうである。この罪では、一義的に当罰的でそれ自体で要罰的でもある行為[45]を処罰できるのは、行為者が支払いを停止するか自分の財産に関する破産手続が開始されてからである[46]。

3　個別事案において当罰性および要罰性を阻害する諸事態

法的行為秩序からの回避可能な逸脱であることと同じく、法的行為秩序からの当罰的かつ原則として要罰的な逸脱を概念的に定義する諸条件が満たされていることも、可罰性にとって不可欠な要件の一つにすぎない。これらの諸条件が満たされた場合であっても、一定の事態が当罰性ないし要罰性を阻害するせいで具体的に問題になっているその態度は当罰的ないし要罰的でない、ということも考えられる。そのような場合には、当罰性ないし要罰性を阻却する一定の事態の不存在は、態度の当罰性および要罰性の基準を得ようとすれば明らかになるであろう犯罪体系上のさらなる範疇となっているのである。

法的行為秩序に対する回避可能なある違反が、当罰性の閾値要件を概念的には満たしているけれど、実質的な反価値性という点では刑罰に含まれる強力な問責や重大な権利干渉によって反応することが不当である（比例的でない）といえるほど軽微であるような場合には、当罰性は欠落することがありうる。現行法は、この種の事態に対してしばしば刑罰阻却という形の規定を置いている[47]。また判例や学説は、この問題の一部については、一定程度以上の法益毀損（ないし法益

44　事案が刑罰目的を達成するために特に適しているという形で（違反された規範の維持にとっての有意味性と重要性との明示）である。事態が犯罪化に適しているかどうかの基準一般については、*Günther* Strafrechtswidrigkeit (Fn. 1), S. 179, 186.

45　この点を指摘するものとして、*Roxin* Allg. Teil I, § 23 Rn. 23, 34.。

46　したがって、まさに刑事手続が行為者を破綻させてしまい保護されるべき債権者が害されてしまう危険は、もはや存在しない（この点については――より詳しい分類についても――*Tiedemann* in: Leipziger Kommentar, 12. Aufl. 2009, Vor § 283 Rn. 87-90参照）。

47　たとえば特殊な最低限度条項〔Minima-Klauseln〕としては環境犯罪（ドイツ刑法326条6項）があり、また一般的な阻却規定としてはオーストリア刑法43条がある。

危殆化）という要求を通じて解決しようと試みている[48]。こうした諸事案の線引きの明確化という問題に対する一般的で「全面的」な解決は、実体法上は存在しない。この点について実務は、問題を手続的解決によって大抵処理しているからである。

一定の事態（法益侵害の軽微性）が所為の反価値性を当罰性の閾値を下まわるまで引下げるのと同じように、一定の事態は個別事案において所為の要罰性をも阻害する。たとえば、通説では実体上きちんと位置づけられておらず刑罰消滅事由だと形式的に特徴づけることで満足されているところの、行為者による未遂からの任意の中止がそうである[49]。行為者が所為をさらに遂行することを任意に放棄し、あるいは、それ以前の態度のせいで切迫している結果発生を任意に妨げる場合には、その時点で実現されている態度が当罰的態度となっている点は（未遂としての根拠ある可罰性が認められるなら）争いがたいだろう[50]。にもかかわらず任意の中止がこのような当罰的態度を失わせる根拠を説明することは、きわめて困難だろう。しかし態度の要罰性にとっての意味、すなわち、所為がすでにおこなわれてしまった後に持続する法秩序の妥当性への反発という効果に対して刑罰へ至る道を拒み諦めることによって反応する必要性として理解できるような意味については、任意の中止にそれを認めることができるのである[51]。任意に中止する態度の中に見られる合法性への回帰およびその任意な転向の中にあらわれている違反された規範の妥当性に対する（再）承認を通じて、行為者はその規範の妥当性に対する反発を実際に自ら撤回し、あるいは、規範の妥当性を強調する刑罰によってはっきりとたしなめる必要のあるような反発の持続性という性質をその態度から取り除いたのである[52]。

---

48 そのような例としては、傷害と監禁がある。たとえば、（傷害については）BGHSt 14, 269, 271; BGH NStZ 2007, 218; OLG Karlsruhe VRS 108（2005), 427 f. を、（監禁については）RGSt 7, 259, 260 f.; BGH NStZ 2003, 371を、さらに *Fischer*, StGB, Kommentar, 62. Aufl. 2015, § 239 Rn. 6. も参照。
49 RGSt 72, 349, 350; BGHSt 7, 296, 299を参照。学説では、特に事後的な不法阻却ないし免責を認めようとする見解につき、さしあたり Schönke/Schröder-*Eser* StGB, 29. Aufl. 2014, § 24 Rn. 4とその注を参照。
50 このことは、事後的な不法阻却や事後的な態度を根拠とする免責といったものを想定する見解によっても、疑問とされていない。
51 この点について詳しくは、*Frisch* GA 2015, 65, 84 f.; *ders*. Beulke Festschrift, S. 103, 111 f. 参照。このような考えは、より深化した（また十全な）説明という形で、この点について刑罰消滅事由といういびつな構成をとらなければならないと考える見解の基礎にもなるものである。
52 *Jakobs* Strafrecht. Allg. Teil, 2. Aufl. 1991, 26. Abschn. Rn. 1が「規範侵害の表明〔Expressivität

それ自体で当罰的かつ要罰的な態度の可罰性を阻害するような、結局のところは当罰性の考慮と要罰性の考慮とを併用してはじめて可罰性の阻却に至るような事態もある。たとえば、いわゆる免責事由や、各則の個別犯罪で特別に認められている一連の刑罰阻却事由などがそうである。一例として、行為者が危機的状況にある自己の財を救うためにより価値の高い他者の財を害する、いわゆる免責的緊急避難（ドイツ刑法35条）を見てみよう。この種の事案では、現におこなわれた法益保全のせいで反価値性の収支全体は、緊急避難状況にないような同等の「通常事案」よりも低くなっている。同時に所為は、行為者の動機限定的な心理状態のせいで、どれほどの問責を受けるにあたいするかという程度も著しく低くなっている。したがって、行為者の当罰性はいずれにせよ明らかに減少しているのである[53]。もちろん、非常に高位の法益が侵害された場合には特に、残った不法と通説によれば完全には阻却されていない責任とを、きわめて減軽した刑罰によって顧慮する、ということも考えられる。そうしない場合には、このような事案では要罰性も疑わしいのであるから、むしろ刑罰に処すことが放棄されるだろう。このことは、このような極端な状況に置かれた人物に対して刑罰が動機づけ効果を発揮することはきわめて限定されているはずだという意味だけではなく、加えて規範の妥当性を貫徹するための刑罰の適性がこの場合には疑わしくなっており、さらに要罰性も疑わしくなっているという意味でも、そうなのである[54]。ここで第二に明らかになるのが、このような極端な状況下でのその人物の誤った態度は、おこなわれた所為を処罰し反発を沈静化することを通じて刑法が秩序の維持を目指さなければならないような、まったく異なる（「通常事案」の誤差内の）状況との関係では規範の妥当性に対する反発だったとしても、ここではそのように理解される余地はまったくない、という点である。加えて、このようなきわめて減軽された刑罰には、規範の妥当性を無条件に維持しなければならない通常事案で侵された規範や規範違反が持つような意味という方向での感銘力はほとんどないのであるから、結局このような刑罰に処す差し迫った必要性はないのである[55]。

「当罰性」および「要罰性」という指導概念から犯罪の要件（および阻却）や機

---

des Normbruchs〕の撤回」という言い方をするのも、同旨であろう。
53　他の学説についても、さしあたり *Schönke/Schröder-Lenckner/Sternberg-Lieben* StGB, 29. Aufl. 2014, Vor §§ 32 Rn. 111 とその注を参照。
54　この点を指摘するものとして、*Roxin* Henkel Festschrift, 1974, S. 171, 183.。
55　この点については、*Frisch* GA 2015, 85, *ders.* Beulke Festschrift, S. 103, 112 f. を参照。

能的犯罪体系について何が言えるかを導く作業に関する素描的な考察は、これくらいで一区切りとしておかなければならない。本考察はたしかに完全というにはほど遠いものである。しかし、「当罰性」および「要罰性」の概念および要件と伝統的な犯罪体系との間にどのような関係が成り立つのか、特に、伝統的犯罪体系が両概念と結びついた要件や評価をどの程度またどのような体系的範疇によって置き換えているのか、という問いに対する答えとしては十分であろう。ここまでの考察によって、こうした伝統的体系の是正されるべき難点や欠陥が明らかになったからである。

五　当罰性および要罰性を伝統的犯罪体系の中で表現するもの

　犯罪体系の中には、当罰性および要罰性に関する検討結果を表現する可罰性要件および可罰性阻却が含まれているのだ、ということが、以上で検討したような、伝統的なやり方での体系化の中にも見られたしばしば態度の当罰性ないし要罰性（の欠如）と結びつきを持つ可罰性阻却のうちのいくつかに関する考察から、明らかになった。他方でこのことは、しばしば「不法と責任を超えたところにある要件」と呼ばれるこれらの諸要件だけが態度の当罰性および要罰性の表現である、というような誤解を生むかも知れない[56]。従来の犯罪体系がその諸範疇を用いて当罰性および要罰性の要件について検討することを目指して作り上げられてきたわけではないのだとしても[57]、その体系的諸範疇は、おそらく無自覚にではあろうが目に見えるほどの影響を当罰性および要罰性の要請から受けており、したがってその果たす機能はさまざまであるものの両指導概念を表現しているもの〔Repräsentanten〕でもあるのである。

　このことが当てはまるのは、まず体系的範疇としての構成要件についてである。ここでいう構成要件とは、法律実証主義的な特徴を持つやや古い説で信じら

---

[56] このような印象を与える見解としては、たとえば、「当罰性」を不法や責任を超えた固有の範疇だと示そうとする、*Langer* Das Sonderverbrechen, (Fn. 3), S. 275 ff., 327 ff., 360 ff.。しかしこのように言えるのは、（刑法体系上の）不法および責任の範疇を単に違法および有責な（そして必ずしも原則として当罰的とはいえない）態度という意味で理解しようとする場合だけであり、構成要件的不法についてはそのようなことは言えない。この点については、以下で論じる。すでに、*Bloy* Beteiligungsform (Fn. 1), S. 31 ff. に同様の指摘がある。

[57] フランツ・フォン・リストにおける、こうした体系の成立については、*Frisch* in: Koch/Löhnig (Hrsg.) v. Liszt-Schule und die Entstehung des modernen Strafrechts, 2016, S. 1 ff. を参照。

れていたと見ることのできる価値自由なイメージとはまったく異なるものである[58]。むしろこの構成要件で表現されているのは、どのような態度が立法者の目から見て原則として当罰的で要罰的なのか、という当罰性および要罰性に関する数多くの評価の結果である。ここで構成要件は、同様に反価値的ないし望ましくない数多くの態度様式から、当罰的でないあるいは要罰的でないとして、限定された数のものを選別しているというだけではない。構成要件は、細かな――たとえば、行為の一定の結果や、一定の危険性メルクマル、行為の故意性、一定の目的などといった――要件のうちのどれが捕捉された態度様式を十分に当罰的で要罰的だとするのか、つまり刑法の「閾値」を満たすのか（前述四2）について規定すると同時に、そうした態度様式に対して当罰性の尺度に応じて段階づけられた一定の刑罰結果を割り当てるのである[59]。それに対する違反がなくては当罰的で要罰的な態度を問題にすることができないような態度規範も、通常であればこのような構成要件段階で見られることになる（前述四1）。しかし、もちろん常にそう言えるわけではないため、一定の事案では、構成要件の中で設定されている態度規範への違反というトポスで補足することによって構成要件という十分にその内実を伝える力を持たない範疇の充実を図る必要があるのである（この点については六1）。

　すでに構成要件がそうであったように、違法性（不法）および責任も、当罰的で要罰的な態度の諸要件に関する検討結果を表現するものだと理解するべきである。もちろん違法性は、古典的な犯罪体系において価値自由に理解された構成要件との関係ではそうあるべきだとされた、最初のしたがって根本的な評価段階、というわけではまったくない。典型的に不法でかつ当罰的な態度様式をそれ自体ですでに捕捉しているような構成要件との関係で言えば、違法性は実のところは修正の段階にすぎない。違法性とは、法秩序には許容命題というものがあり、それによって原則として禁止された態度を個別事案では許容することができるのであって、したがってその場合には、当罰的な態度があるというために必要になるような最低限度の法的行為秩序違反が存在しないのである（前述四1）、といった洞察をともなうものなのである。また、非難可能性として理解された責任という体系的段階も、責任に位置づけられた法定の刑罰阻却（ないし処罰条件）を――法

58　たとえば、*Beling* Die Lehre vom Verbrechen, 1906, S. 147. を参照。
59　この点について詳しくは、*Frisch* Schünemann Festschrift, 2014, S. 55 ff. 参照。

律実証主義的な見解が長い間想定してきたように——所為の非難可能性（の欠如）という思想にもとづくものだとする[60]ことで説明として十分である、などと言うことはまったくできない。責任が存在しうるのはむしろ、刑罰には所為をおこなったことを理由とする重大な非難ないし問責という内容が含まれているのだという洞察や、行為者が（正当にも）そうした刑罰にふさわしいと言えるのは、彼が法的な態度予期を把握しておりそれに従うことができたのだからそれに従わなかったことについて非難できるような場合だけなのだという実質的な洞察があるからこそ、つまり当罰性の要件に関する検討結果があるからこそなのである。

——一定の要件下でだけ存在する、あるいは一定の要件下で欠如する——当罰性および／あるいは要罰性の諸要求には、最終的には「不法と責任を超えたところにある可罰性の要件」というきわめて雑多な諸要件もかかわってくる。これについては、すでに上で（四2および3）とりあげた例が、それを示していると言える。しかし、構成要件、不法（違法性）および責任の諸概念によって捉えられた事態とは異なり、これらの付加的要件ないし付加的阻却は、態度様式の当罰性および要罰性という事物論理上の副次的要件以上の、特定の実体的な中間概念に還元することができない。この原因としては、不法および責任よりもあとに残る当罰性ないし要罰性にとって重要な事態が、きわめて均質性を欠いてはいるが、当罰性および／あるいは要罰性にとっての重要性に関してだけは実体的に結びついているという点を指摘できるが、もちろんそのせいだけではない。むしろこれは、犯罪構成要件によって捕捉された態度の違法性および非難可能性以外には、態度の当罰性にとって不可欠となる一般的で実体的な要件がもはや存在していない、ということからの帰結なのだというべきであろう。たとえば、当罰性および要罰性を担うものとされる個別構成要件上の特別要件（客観的処罰条件）や、不法が存在し責任も阻却されていない場面での一定の刑罰阻却は、実質的には、当罰性ないし要罰性の思想に直接還元されるか、そうでなければ（客観的処罰条件として、刑罰阻却事由ないし刑罰消滅事由として、それらの諸事由の不存在という要件として）もっと形式的にしか表現することができないものなのである[61]。たとえば一見す

---

60 たとえば、Frank Über den Aufbau des Schuldbegriffs, Gießener Festschrift, 1907, S. 3 ff. を参照。
61 犯罪の体系的諸範疇との関係でこれが意味するところとは、当罰的で要罰的な態度類型について当罰性および要罰性の要求を具体化する体系的範疇（狭義の不法構成要件）や、そのように捕捉された態度類型を一定範囲で違法かつ有責な（したがって通常は当罰的かつ要罰的な）構成要

ると免責事由の例外に見える諸要件などは、時代とともに名称が不明のまま用いられることが多くなってきたものの一つである（前述四3の末尾および六2を参照）。

六　当罰性および要罰性の要求から必要とされる従来の体系に対する補足および修正

ここまでの考察によって、伝統的な犯罪体系を当罰的で要罰的な態度だけを捕捉せよという要請と結びつけることができるということ、また伝統的体系の諸範疇が今日なおこうした規範的な背景を持つものとして正しく理解されるべきであることが示された。しかし、このような掘り下げた規範的観点なしに法律実証主義的な観察の上に体系が築かれているということが、これと矛盾するわけではない。もちろん、法律実証主義的な体系構築や、その当時通説的であった自然主義、概念法学的で後には現象学的になった考え方などといったものの痕跡を、この体系の中に見ることができる。このことは、この体系の諸範疇に見られる次のような欠陥の中にあらわれている。すなわちその欠陥とは、概念法学的な観点ではまったく視野に入ってこないが断固たる規範的な観察さえおこなえば必ず視野に入ってくるような一定の事態についての、（規範的な視角から見た場合に）それらの体系的な位置づけの不鮮明さと、それらを論じることが不十分で妥協的にしかできていないことに見られる不鮮明さのことである。

1　構成要件（構成要件に該当する不法）という範疇に見られる欠陥

こうした体系が成立した時代の自然主義は、とりわけ構成要件の理解にあらわれている。特にそれがあらわれているのは、この数十年の間に関心の前面へと出てくるようになった、結果犯の構成要件の理解である。これについては、法律上

件実現でもあると評価する性質決定と並んで、さらに「当罰性および要罰性というそれ以外の要件」が存在する、ということである。この範疇がどの程度の規模を持つのかは、とりわけ、不法ではあるが責任のない状況に対してどのような意味を持たせるか次第である。たとえばもし、多くの犯罪では一定の事態が客観的に存在してさえいれば当罰的だと見られる一定の態度様式を処罰するのに十分であり（もちろんそうする必要もあり）、したがってそこでは構成要件に該当する不法の有無を決める一定のルール（たとえば客観的な事態に対して主観的な関係を持つこと）は妥当すべきでない、とすることが実際上の理由から正しいといえるのであれば、可罰性にとって重要だとみなされたこのような事態は、「当罰性および要罰性というその他の事情」という固有の範疇として論じるほかない、ということになるだろう。

の概念がほとんど同じような表現で統一されていたがために、それを基礎として、長い間、随意的な態度によって因果的に惹起された結果、という事態があれば十分だと考えられてきたのであり、違法性の段階で正当化事由があるのかどうかを問う際にも、このような結果惹起という事態に関連して検討がおこなわれてきたのである。規範的観点からはほとんど自明といってよいが、因果的にもたらされた結果が結果防止へ向けられた正統化可能な態度規範に対する違反の帰結と言えるものでなければならない、という要請は（前述四１も参照）、十分には視野に入れられてはこなかったのである[62]。これによって生じた具体的事案での処理のばらつきについては、まずは——この問題を本当の意味で把握することのないまま——因果性の概念に相応の修正を加えていくことを通じた解決が試みられた[63]。その後このような事態には、客観的な結果帰属の理論[64]によって規範的観点から一定の改善がもたらされた[65]。しかしながら、ここでは態度規範に対する（行為者が最終的に非難されることになる）違反こそが問題なのであり、したがって決定的なのは行為者が違反したはずの態度規範に輪郭を与えることなのだということは、この理論によっては明確には捉えられなかった[66]。

　ここから今まさに必要なものが明らかになる。それはすなわち、出発点となる範疇としての構成要件を堅持する（さらに、この意味での構成要件を、刑罰をともなった構成要件的結果の防止へ向けられた態度規範に対する違反であって、規範的に見て第一次的な違反によって置き換える[67]）のであれば、そのような範疇は、構成要件に

62　この点では、構成要件の基礎にあってこのような場合には違反されたという前提でとらえられることになる規範を想定するビンディングの規範理論（*Binding* Die Normen, Bd. 1, 2. Aufl. 1890, S. 35 ff. 132 ff. 参照）も成功していないのであるが、特にその理由は、ビンディング自身が侵害犯の構成要件の基礎にある規範を不正確で自然主義的に、たとえば許されない危険創出の禁止としてではなく惹起禁止として（S. 364 ff）理解したところにある。

63　より踏み込んだ試みに関する概観については、*R. v. Hippel* Deutsches Strafrecht, Bd. 2, 1930, S.134 ff.; *Engisch* Die Kausalität als Merkmal der strafrechtlichen Tatbestände, 1931, S. 13 ff.; *Frisch* Tatbestandsmäßiges Verhalten und Zurechnung des Erfolgs, 1988, S. 10 ff.; *ders*. JuS 2011, 19 ff. 参照。

64　たとえば、*Honig* Frank Festgabe, Bd. 1, 1930, S. 174 ff.; *Larenz* Hegels Zurechnungslehre und der Begriff der objektiven Zurechnung, 1927。後には、*Roxin* Honig Festschrift, 1970, S. 133 ff.; *Rudolphi* JuS 1969, 549 ff. も参照。

65　この問題の規範的な次元をとらえたうえでの改善である。この点については、*Frisch* Roxin Festschrift, 2001, S. 213 ff. 参照。

66　このことは、態度規範の問題をないがしろにしているという形での客観的帰属論とその問題点とに対する批判への、ロクシンの反論に非常にはっきりとあらわれている。*Roxin* Allg. Teil I, § 11 Rn. 51. 参照。

よって表現された結果を防止するために（正統化可能な形で）成立する（構成要件がそれに対する違反を前提としている）態度規範に対する違反という要件によって、補完されなければならない[68]。たとえば、ある人物が原因の一つになる形で惹起された結果が答責的な第三者ないし答責的な被害者自身の行為を通じてようやくもたらされたものである場合には、通常は、そのような結果防止のために正統化できる態度規範に対する違反がすでに存在しないのである[69]。純粋な挙動犯についても不十分ではあるが態度規範の明確化という問題が同様に問題となるという点は、ここでは示唆しておくことしかできない[70]。

2 いわゆる免責事由の処理における難点

単なる刑罰阻却事由だと長い間説明されてきた、いわゆる免責事由の性質決定については[71]、そこで問題となっているのは責任の程度がきわめて減軽された犯罪の現象形態なのだ、という現象学的な考察がなければなしえなかったろう。この概念を額面どおりに受け取るなら、つまり責任阻却事由の場合とは違ってここでは責任がある程度残っていることが同時に強調されていることになるわけなのであるから、それによって行為者の免責を導くという結論はあたりまえのものとは言えないだろう。このような事情があっても軽微な責任に応じた処罰がされない理由は、縮減した責任だけによっては説明できないし、それはこのような場合にこそ成立すると主張されている免責を想定してみても同じである。すでに示唆したように、実のところここでは、刑罰の予防的側面を意味する要罰性についての検討結果によって刑罰の放棄が説明できそうだ、ということこそが問題となっ

---

67 言うまでもなくここではこれ以上論じることはできないが、議論する必要性が高いであろう問題である。
68 この点について詳しくは、*Frisch* Vorsatz und Risiko, 1983, S. 59 ff., 75 ff., 118 ff.; *ders.* Tatbestandsmäßiges Verhalten und Zurechnung des Erfolgs, 1988, S. 71 ff.; *ders.* Roxin Festschrift, S. 213, 231 ff.; *ders.* GA 2003, 719, 733 ff.; *Freund* Strafrecht. Allg. Teil, 2. Aufl. 2009, § 2 Rn. 12 ff., 72 ff.; *Eser/Burkhardt* Strafrecht I, 4. Aufl. 1992, 3/99, 4; 61, 64参照。さらに、自由主義的な法理解からこうした態度規範の正しい理解と内容とに光を当てたものとして、*Zaczyk* GA 2014, 73 ff.。そこから生じる構成要件該当態度の概念については、*Seher, Hoyer* und *Schmoller*, Frisch Festschrift, S. 207 ff., 223 ff., 237 ff.。
69 この点について詳しくは、*Frisch* Tatbestandsmäßiges Verhalten und Zurechnung des Erfolgs, S. 148 ff., 230 ff.。
70 この点について、さらに詳しくは、*Frisch* Vorsatz und Risiko, S. 345 ff.; *Schmoller* Frisch Festschrift, S. 237, 245 ff.。
71 たとえば、*v. Liszt* Deutsches Reichsstrafrecht, 1881, S. 91, 125. を参照。

ているのである。心理的極限状況で犯された犯罪への応答として科されるのであれば、刑罰の動機づけ（予防的）効力はごく僅かになるだろうからである。このような極端な事案で大して重くもない刑罰を科すことが放棄されてしまうからといって、規範の妥当力を無条件に維持しなければならない（通常）事案との関係で規範の妥当性に対する浸食を許すようなことがあってはならない。理性的な規範の名宛人であれば、事実関係が異なっていることはわかるはずであり、また日常的な通常事案にとっての規範の妥当性を強化するためにそのような極端な事案でも処罰がされるようなことを期待したりはしないだろう[72]。

したがって、いわゆる免責事由についての刑罰法規に関する近年の分析で、この種の予防的考慮が視野に入れられるようになってきていることは正当であろう[73]。もちろん、このような形でこうした事態を責任という範疇から解放する代わりに、こうした事態を責任という範疇に止め責任の基礎に予防的内容を置くというのであれば、それは問題をはらむ。ここで問題となっているのは、予防的内容をもった責任ではなく、まったくあたりまえに定義された（またその定義によれば軽微な）責任を前提にした、処罰にとって不可欠で十分な予防の必要性が一定の極端な事案では認められない、ということなのである。これによってまさに、刑罰の正統性が刑罰の不可欠性に結びつけられているような刑法において、それ自体による〔für sich〕（さらに、いわゆる免責という迂回路を通ることのない）刑罰の阻却が導かれるのである。

3　下限という未解決の問題

伝統的体系のその他の難点についていくつかの指摘をおこなうことで、――もちろん完全なものとは言えないが――伝統的体系の欠陥に関するこの考察を締めくくりたい。この体系においては以前も今も犯罪の下限という問題をきわめて不満足にしか扱えない。当罰性および要罰性というトポスから見れば、この問題はたちまち視野に入ってくるし、もちろん、当罰性の疑わしい事態が概念的に把握される。しかし、長い間ずっと概念法学的におこなわれてきた、可罰性を分類的な概念を使って限定しようとする考察方法では、残念ながらこの問題をとらえ

---

[72] この点については、*Frisch* GA 2015, 65, 85; *ders.* Beulke Festschrift, S. 103, 112 f. を参照。
[73] 特に、*Jakobs* Schuld und Prävention, 1976, S. 20 ff.; *Roxin* Henkel Festschrift, 1974, S. 171, 183 ff.; *ders.* Bockelmann Festschrift, 1979, S. 279, 282 ff. を参照。

力がほとんど発達してこなかった。

　したがって下限の問題は今のところ個別的で不統一にしか手をつけることができない[74]。比較的新しい犯罪の中には、場当たり的にではあるが、刑罰阻却事由を用いて重要性のほとんどない事態を選別する「最低限度条項〔Minima-Klauseln〕」がいくつも設けられている。他の構成要件でも、一定程度以上の危殆化ないし毀損を要件とするといったような規定の仕方で、この問題の先鋭化が避けられている。判例実務も、一定の構成要件的結果を認めるにあたりある程度以上の深刻さを要求することによって、場当たり的にではあるがこの問題に対処している。しかし、この問題に対する一貫した解決というようなものが言われることはない。犯罪というものが、憲法上の評価にしたがって、人に対する罪からそれより下位の一般的な所有権に対する罪や財産に対する罪、さらに分類的な概念の下限へと至る序列をなしているとすることは、当罰性および要罰性という同じく憲法上の保障を受ける要請とはうまく調和しないからである。しかし、こうした事案を手続打切りによって解決するのは、いずれにせよその場しのぎにすぎない。

　浅田和茂は、すでに30年も前に、日本の判例および学説との関係で、発展的に論じていくにふさわしい解決を導いていた。彼が提唱するのは、ある固有の阻却的範疇に関する——不法と責任を超えたところにある一定の事態のように——当罰的でない軽微事案を刑法から奪う機能を持つ、当罰性という独立した範疇である。この提案は、たしかに完成した解決というわけではなかったが、確実に限界づけの問題と定式化の問題とを投げかけてもいた。しかしこの提案は、本稿でおこなったような当罰性および要罰性と犯罪体系との関係についての原理的考察という観点からは、正しい方向性を示していたと言えるし、したがって——おそらくやや早すぎたといってよいほどの時期から同様の立場を示してきたハンス＝ルードヴィヒ・ギュンターの提案と同じく——今後も追求されていくことになるだろう。

　当罰的なものの下限に関するここでの素描的考察はこのあたりで一区切りにしておかなければならない。敬愛するわが友人にして仕事仲間でもある浅田和茂に本稿を捧げることによって、20年にわたる友好的な共同作業についての感謝の意

74　以下の内容は、すでに四３で論じた（注48および注49）。

を表し、70歳の誕生日を迎えられたことをお祝い申し上げたい。

Wolfgang Frisch
Strafwürdigkeit, Strafbedürftigkeit und Straftatsystem

I. Zur Verwendung von „Strafwürdigkeit" und „Strafbedürftigkeit"
Die Begriffe „Strafwürdigkeit" und „Strafbedürftigkeit" gehören seit langem zum Standardvokabular vor allem rechtspolitischer Diskussionen. In differenzierteren Betrachtungen werden beide Begriffe nicht selten explizit und getrennt geführt – so, wenn man danach fragt, ob und unter welchen Voraussetzungen ein als strafwürdig empfundenes Verhalten den Einsatz von Strafe auch erfordere. Doch auch dann, wenn es nur heißt, der Schutz bestimmter Güter fordere und rechtfertige den Einsatz von Strafe, geht es um die Strafwürdigkeit und Strafbedürftigkeit des Verhaltens, werden diese in entsprechenden Formulierungen sachlich vorausgesetzt. Auch bei der Auslegung von Tatbeständen des Besonderen Teils ist es durchaus üblich, auf die fehlende Strafwürdigkeit und Strafbedürftigkeit bestimmter vom Tatbestand erfasster Verhaltensweisen hinzuweisen oder zu argumentieren, dass gewisse vom Tatbestand an sich erfasste Verhaltensweisen doch nur unter bestimmten zusätzlichen Voraussetzungen strafwürdig seien oder die Verhängung der im Tatbestand angedrohten Strafe rechtfertigten. Kurz: In der Beschäftigung mit den Materien des Besonderen Teils bilden die Begriffe der „Strafwürdigkeit" und der „Strafbedürftigkeit" mit großer Selbstverständlichkeit zentrale Topoi der Kommunikation und der Bewertung de lege lata wie de lege ferenda.

Weitaus weniger Klarheit besteht darüber, ob den Begriffen der „Strafwürdigkeit" und der „Strafbedürftigkeit" auch eine legitime Rolle im Kontext der Institutionen des Allgemeinen Teils, insbesondere im Zusammenhang des Straftatsystems, zukommt, und wenn ja, welche Rolle dies ist. Die Frage wird zwar bisweilen gestellt, aber kaum vertieft diskutiert; die in der Diskussion vertretenen Standpunkte sind oft undeutlich und jedenfalls uneinheitlich.[1] Für manche dürften die „Strafwürdigkeit" und die „Strafbedürftigkeit" wohl so etwas wie den Hintergrund des Straftatsystems und seiner Kategorien überhaupt bilden.[2] Andere verwenden die Begriffe dagegen im Kontext des Straftatsystems in einem deutlich engeren Sinn – etwa zur Ausgrenzung bestimmter als nicht strafwürdig oder strafbedürftig empfundener Sachverhalte oder zur Fundierung und materialen Erklärung eines engeren Kreises von zusätzlichen Straftatanforderungen und Straftatausschlüssen, insbesondere „jenseits von Unrecht und Schuld".[3] Dabei benutzen manche hier den Begriff der „Strafwürdigkeit",[4] andere vor allem den der „Strafbedürftigkeit",[5] manche auch beide Begriffe. Doch findet sich als weitere Position auch die Meinung, die als vage und problematisch empfundenen Begriffe der „Strafwürdigkeit" und der „Strafbedürftigkeit" seien im Kontext des Straftatsystems möglichst zu vermeiden und ließen sich insoweit auch vermeiden, weil die meisten der von Vielen diesen Begriffen zugeordneten Straftatanforderungen und Strafbarkeitsausschlüsse sich den herkömmlichen Straftatkategorien des Tatbestands, des Unrechts und der Schuld bzw. Verantwortlichkeit zuordnen ließen.[6]

Die folgenden Zeilen bemühen sich darum, etwas Licht in die bislang recht diffus beantwortete Frage nach der Relevanz der Begriffe der „Strafwürdigkeit" und der „Strafbedürftigkeit" für das Straftatsystem zu bringen. Dies gerade in einer *Kazushige Asada* gewidmeten Festschrift zu tun, besteht dabei besonderer Anlass. Der verehrte Jubilar hat sich schon im Jahre 1985 in eindrucksvoller Weise mit der Problematik beschäftigt.[7] Der von ihm damals im Anschluss an die japanische Rechtsprechung und Literatur auch für das deutsche Strafrecht vertretene Standpunkt, die Strafwürdigkeit bezeichne eine eigenständige Kategorie, die der Ausscheidung tatbestandsmäßig erfasster, aber wegen der (absoluten oder relativen) Geringfügigkeit des Unrechts oder der Schuld nicht strafwürdiger Verhaltensweisen diene,[8] verdient auch aus heutiger Sicht noch Beachtung und Zustimmung – mag er auch aus der Sicht des Autors dieser Zeilen die Relevanz der Strafwürdigkeit nicht ausschöpfen. Bevor sich dies und zugleich auch die Rolle der Strafbedürftigkeit belegen lässt, erscheint es jedoch sinnvoll, etwas zum Inhalt und zur tieferen normativen Verankerung der Begriffe der „Strafwürdigkeit" und der „Strafbedürftigkeit" zu sagen.

II. Inhalt und normative Fundierung von „Strafwürdigkeit" und „Strafbedürftigkeit"

1. Zum Inhalt der Begriffe

So häufig „Strafwürdigkeit" und „Strafbedürftigkeit" auch verwendet werden, so selten geht mit ihrer Verwendung eine begriffliche Klärung einher.[9] Dagegen wäre nichts einzuwenden, wenn die Begriffe völlig eindeutig wären und dementsprechend auch völlig einheitlich verstanden würden. Aber so ist es ganz offensichtlich nicht. So verwenden manche z.B. den Begriff der „Strafwürdigkeit" in einer Weise, der offenbar auch das einschließt, was andere durch den Begriff der „Strafbedürftigkeit" gesondert bezeichnen.[10] Speziell beim Begriff der „Strafbedürftigkeit" wiederum ist alles andere als selbstverständlich, worauf die „Bedürftigkeit" oder das Bedürfnis, Strafe einzusetzen, bezogen ist. Wer die Begriffe verwendet, und ihre Relevanz für das Straftatsystem abklären will, muss dementsprechend zunächst darlegen, was unter „Strafwürdigkeit" und „Strafbedürftigkeit" zu verstehen ist.

Der Begriff der Würdigkeit und damit auch der der „Strafwürdigkeit" entstammt der Welt des wertrationalen Denkens.[11] Sprachlich meint „würdig sein", dass etwas Bestimmtes etwas Anderes „wert ist" oder dass es dieses Andere „verdient".[12] Dass ein Verhalten „strafwürdig" ist, bedeutet (und verlangt) damit, dass es Strafe „verdient", es „wert" ist, bestraft zu werden.[13] In den Mittelpunkt der Inhaltsbestimmung der „Strafwürdigkeit" und ihrer Feststellung mit Bezug auf ein bestimmtes Verhalten rücken damit die Strafe und ihre Elemente. Da der in der Strafe liegende gravierende Rechtseingriff vom Betroffenen als unerwünschtes Übel empfunden wird, kann auch als strafwürdig nur etwas angesehen werden, das als Verhalten in entsprechender Weise unerwünscht und gravierend unwertig ist und deshalb den Eintritt des Übels als verdient erscheinen lässt. Und da die Strafe – jedenfalls in Deutschland und einer Reihe anderer Staaten – seit langem zugleich als ein gravierender (sozialethischer) Tadel (Vorwurf) verstanden wird,[14] muss das Verhalten auch so beschaffen sein, dass der mit der Strafe Getadelte für sein Verhalten einen Tadel verdient, ihm wegen dieses Verhaltens (gerechterweise) ein Vorwurf gemacht werden kann.

Im Gegensatz zur „Strafwürdigkeit" entstammt die „Strafbedürftigkeit" dem Reich des zweckrationalen Denkens.[15] Der Begriff besagt, dass für den Einsatz der Strafe ein Bedürfnis besteht, dass diese als Mittel benötigt wird, um einen bestimmten Zweck zu erreichen. Noch deutlicher kommt das in dem im Wesentlichen bedeutungsgleichen Begriff der Erforderlichkeit zum Ausdruck. Wie die Erforderlichkeit der Strafe, so setzt auch die Strafbedürftigkeit voraus, dass die Strafe überhaupt geeignet ist, den mit ihr verfolgten Zweck zu erreichen oder zu befördern – wo dies nicht der Fall ist oder der mit der Strafe etwa angestrebte Zweck mit milderen Mitteln erreicht werden kann, fehlt es an der Strafbedürftigkeit.[16] Dies kann wiederum nur dann klar beurteilt werden, wenn Klarheit über den Zweck der Strafe besteht. Weil dies so ist, bringt es auch wenig, von Strafbedürftigkeit oder fehlender Strafbedürftigkeit zu sprechen, ohne diesen Zweck zu präzisieren. Das gilt umso mehr, als das, worin sich der Zweck oder die Aufgabe des Strafrechts allgemein sehen lässt, nämlich der Rechtsgüterschutz,[17] im Rahmen des Straftatsystems kein brauchbares Leitmaß ist. Was hier interessiert, ist der Zweck der *Verhängung der Strafe nach begangener Tat*, der allenfalls in einem sehr mittelbaren Sinn im Rechtsgüterschutz[18] und zunächst in etwas Anderem besteht, das nur mittelbar auch Ertrag für den Rechtsgüterschutz abwirft. Der an dieser Stelle vor allem früher als Zweck der Strafverhängung viel genannte Schuldausgleich[19] dürfte dabei freilich wegen einer ganzen Reihe von gegen diesen Zweck sprechenden Gründen heute ausscheiden.[20] Da auch die Verhinderung von seiten des Täters drohenden Straftaten als *allgemeiner* Strafzweck nicht trägt und der Eingriff in die Rechte des Täters zum Zweck der Abschreckung potentieller (dritter) Täter den schon von *Kant* erhobenen Bedenken ausgesetzt ist,[21] bleibt als sowohl umfassend tragender als auch legitimierbarer Zweck letztlich nur eines: die in der Bestrafung wegen der begangenen Tat liegende Bestätigung der Normgeltung, die der Täter durch seine Tat in Frage gestellt hat und die durch die Bestrafung der Tat gegen die Gefahr einer Erosion geschützt wird.[22] „Strafbedürftigkeit" bedeutet in diesem Sinne, dass nach der begangenen Tat wegen deren Begehung ein durch die Strafe zu befriedigendes Bedürfnis besteht, die Normgeltung im Blick auf eine sonst drohende Erosion auf Kosten des Täters durch Tadel und Rechtseingriff zu bestätigen (und dass dieses Bedürfnis ohne die Strafe, d.h. mit milderen Mitteln, nicht angemessen befriedigt werden kann).[23]

Macht man sich diesen unterschiedlichen Bedeutungsgehalt bewusst,[24] so wird klar, dass ein Verhalten strafwürdig sein kann, ohne zugleich strafbedürftig sein zu müssen und dass man unter gewissen Bedingungen auch von Strafbedürftigkeit ohne Strafwürdigkeit sprechen mag. Letzteres ist vor allem dann denkbar, wenn man Strafe allein als Rechtseingriff versteht – ein solcher kann zur Durchsetzung vielfach verletzter Normen auch dann notwendig sein, wenn das Verhalten den in der Strafe liegenden gravierenden Rechtseingriff nicht verdient.[25] Auf der Basis eines Strafbegriffs, der über den Rechtseingriff hinaus auch den (sozialethischen) Tadel miteinschließt, ist aber vor allem das Umgekehrte realistisch: das Verhalten mag wegen des Gewichts seines Unwerts strafwürdig sein und Tadel verdienen – zur Bestätigung der Normgeltung notwendig ist dies jedoch nicht.[26]

2. Zur normativen Fundierung von „Strafwürdigkeit" und „Strafbedürftigkeit"

„Strafwürdigkeit" und „Strafbedürftigkeit" haben zwar eine lange strafrechtliche Tradition. Sie sind in ihrem Kern aber weit mehr als von der Wissenschaft entwickelte Orientierungsbegriffe, auf die man deshalb, wenn man sie nicht schätzt, einfach verzichten kann. Der Kern dessen, was die Begriffe besagen, ist in Deutschland längst verfassungsrechtlich abgesichert und als verfassungsrechtlicher Rahmen des Strafrechts für den legitimen Einsatz der Strafe verbindlich. Sedes materiae sind dabei das im Rechtsstaatsgedanken wurzelnde Verhältnismäßigkeitsprinzip und das vom Bundesverfassungsgericht zusätzlich auf das Gebot der Achtung der Menschenwürde (Art.1 Abs. 1 Grundgesetz) zurückgeführte Schuldprinzip.[27]

Dem Verhältnismäßigkeitsprinzip im weiteren Sinn entnimmt die verfassungsgerichtliche Judikatur nicht nur, dass die Strafe als Rechtseingriff und Tadel nur dort zu legitimieren ist, wo sie zur Erreichung der mit der Strafe verfolgten Zwecke geeignet und erforderlich ist, es ihrer dazu also bedarf und mildere Mittel nicht ausreichen. In einer Reihe von Entscheidungen wird auch die Angemessenheit der Strafe im Blick auf die Unwertigkeit des Verhaltens bereits dem Verhältnismäßigkeitsprinzip entnommen, dieses also zugleich als Forderung einer Verhältnismäßigkeit zwischen Tat und Strafe[28] und damit einer „Verhältnismäßigkeit mit rückwärtsgewandtem Blick"[29] verstanden – was in der Sache auf nichts anderes als die „Strafwürdigkeit" des Verhaltens hinausläuft.

Abgesehen vom Verhältnismäßigkeitsprinzip ist das, was oben unter der Strafwürdigkeit des Verhaltens verstanden wurde, nach der Rechtsprechung des Bundesverfassungsgerichts vor allem im Schuldprinzip verankert. Dieses verlangt nicht nur – wie die verfassungsgerichtliche Judikatur in einer Vielzahl von Entscheidungen festgestellt hat[30] –, dass das mit der Strafe belegte Verhalten und die als Rechtsfolge vorgesehene Strafe in einem angemessenen, der Schuld des Täters entsprechenden Verhältnis stehen. Strafe muss auch für das Verhalten, das mit Strafe belegt wird, überhaupt angemessen sein, d.h. dessen Unwert entsprechen.[31] Da das Bundesverfassungsgericht die Strafe bei alledem nicht nur als Rechtseingriff, sondern als gravierenden sozialethischen Vorwurf versteht,[32] muss das Verhalten dabei auch so beschaffen sein, dass es eben diesen Tadel verdient. Das Postulat der Strafwürdigkeit der Tat ist damit, wenn auch in etwas anderer Terminologie, praktisch verfassungsrechtlich abgesichert.[33] Schon aus diesem Grund ist es damit nicht so einfach verfügbar, wie sich das manche vielleicht vorstellen, wenn sie den Begriff als „verschwommen" glauben einfach beiseiteschieben zu können.

Natürlich ist mit der damit festgestellten Bedeutsamkeit der Postulate der Strafwürdigkeit und der Strafbedürftigkeit des mit Strafe bedrohten und geahndeten Verhaltens nicht schon zugleich belegt, dass die Begriffe auch für das Straftatsystem und dessen Kategorien bedeutsam sind. Die Postulate der Strafwürdigkeit und Strafbedürftigkeit des mit Strafe bedrohten Verhaltens könnten sich möglicherweise nur auf die konkreten Erscheinungsformen der

Straftat beziehen, während deren gleichbleibende allgemeine Elemente anderen Grundsätzen folgen.

III. Zur Bedeutsamkeit der „Strafwürdigkeit" und der „Strafbedürftigkeit" auch für das Straftatsystem und dessen Kategorien

1. Grundsätzliches: Die Straftat als strafwürdiger und strafbedürftiger (allgemeiner) Sachverhalt – Der funktionale Allgemeinbegriff der Straftat

Sonderlich plausibel erscheint eine solche Beschränkung der Forderungen der Strafwürdigkeit und der Strafbedürftigkeit auf die besonderen Erscheinungsformen der Straftat freilich nicht. Der Allgemeinbegriff der Straftat und die besonderen Erscheinungsformen der Straftat stehen ja nicht einfach unverbunden nebeneinander. Die besonderen Erscheinungsformen bilden Ausprägungen des Allgemeinen. In jeder besonderen Erscheinungsform der Straftat ist auch das Allgemeine der Straftat enthalten, nur eben in besonderer Ausprägung. Schon damit liegt es nahe, dass auch die den Erscheinungsformen der Straftat zugrunde liegenden allgemeinen Elemente ebenfalls an den Postulaten der Strafwürdigkeit und der Strafbedürftigkeit ausgerichtet sind.[34] Denn sie müssen doch jedenfalls so beschaffen sein, dass sie bei bestimmter Ausprägung Sachverhalte ergeben (beschreiben), die strafwürdig und strafbedürftig erscheinen.

Im Übrigen muss freilich auch schon ein richtig konzipierter Allgemeinbegriff der Straftat so beschaffen sein, dass die Gesamtheit seiner Elemente einen Sachverhalt ergibt, der Strafe verdient und der Bestrafung bedarf, wenn er in einer bestimmten konkreten Ausprägung verwirklicht ist. Das wiederum ist nur dann der Fall, wenn schon die einzelnen Elemente so gestaltet sind, dass sie in der Verknüpfung mit den anderen Elementen in Allgemeinbegriffen einen strafwürdigen und strafbedürftigen Sachverhalt beschreiben. Ein richtig konzipiertes System der Voraussetzungen und Kategorien der Straftat ist in diesem Sinn nicht etwa unabhängig von „Strafwürdigkeit" und „Strafbedürftigkeit", sondern – genau umgekehrt – in Ansehung der sich aus diesen Begriffen und Maßstäben ergebenden Forderungen zu entwickeln. „Straftat" ist in diesem Sinn, was die Verhängung von Strafe legitimiert und fordert, nämlich das aufweist, was ein Verhalten strafwürdig und strafbedürftig macht.

Der vielleicht naheliegende Einwand, die Begriffe der „Strafwürdigkeit" und „Strafbedürftigkeit" seien zu vage, um von daher den Allgemeinbegriff der Straftat und ein überzeugendes System der Straftatvoraussetzungen zu entwickeln,[35] verfängt nicht. Die Begriffe enthalten – wie sich noch zeigen wird (vgl. unten IV.) – durchaus genügend Substanz, um mit ihrer Hilfe bei einem

Verständnis der Strafe als mit einem gravierenden Rechtseingriff verbundener Tadel oder Vorwurf ein funktionales System der Straftatvoraussetzungen zu entwickeln. Setzt man dieses System in einem weiteren Schritt in Bezug zu dem historisch gewachsenen traditionellen System (dazu unten V.), so wird erkennbar, welche Kategorien in diesem System Ausdruck von Überlegungen zur Strafwürdigkeit und zur Strafbedürftigkeit sind und in welchem Sinn sie dies sind. Zugleich macht ein solcher Vergleich deutlich, an welchen Stellen das traditionelle System aus der Perspektive der Erfassung nur strafwürdiger und strafbedürftiger Sachverhalte Schwächen und Defizite aufweist und das eigentlich Maßgebende eher verdeckt als aufdeckt (unten VI.).

2. Voraussetzungen, Begriff und System der Straftat aus der Perspektive der Anforderungen der Strafwürdigkeit und der Strafbedürftigkeit im Überblick

Versteht man Strafe als einen gravierenden, als Übel empfundenen und mit einem Tadel oder Vorwurf wegen eines Verhaltens verbundenen Rechtseingriff und versucht man zu bestimmen, was eine solche Strafe voraussetzt, damit sie als Reaktion auf dieses Verhalten verdient erscheint (Strafwürdigkeit) und es ihrer Verhängung bedarf (Strafbedürftigkeit), sie also legitimiert werden kann, so wird sehr rasch eines deutlich: Es sind mehrere Voraussetzungen, die aus einer solchen Sicht erfüllt sein müssen, damit ein Verhalten die Qualität einer Straftat aufweist. Die zu erfüllenden Voraussetzungen haben dabei im Allgemeinbegriff der Straftat eine unterschiedliche Funktion.

Gewisse Voraussetzungen sind allgemeine Mindestvoraussetzungen einer jeden Straftat (unten IV.1.). Wo sie nicht erfüllt sind oder durch gewisse Umstände (begrifflich) ausgeschlossen werden, fehlt es von vornherein an einer Straftat. Aber auch wenn sie erfüllt sind, muss nicht unbedingt eine Straftat vorliegen. Häufig sind Verhaltensweisen erst dann strafwürdig oder strafbedürftig, wenn über die Mindestvoraussetzungen einer jeden Straftat hinaus noch gewisse zusätzliche Anforderungen erfüllt sind (unten IV. 2.). Schließlich können auch bei Erfüllung der Minimalvoraussetzungen sowie etwa erforderlicher Zusatzvoraussetzungen noch gewisse Sachverhalte die Strafwürdigkeit oder Strafbedürftigkeit entfallen lassen (unten IV. 3.) – so, dass die Annahme einer Straftat (umgekehrt) auch das Nichtvorliegen solcher Sachverhalte erfordert.

IV. Die Voraussetzungen eines an Strafwürdigkeit und Strafbedürftigkeit orientierten (funktionalen) Systems im Einzelnen

1. Die Abweichung von der rechtlichen Verhaltensordnung und ihre Ver-

meidbarkeit als unverzichtbare Mindestvoraussetzungen jeder Straftat

Mindestvoraussetzung einer jeden Straftat ist, dass das Strafe nach sich ziehende Verhalten ein von der rechtlichen Verhaltensordnung abweichendes, missbilligtes Verhalten darstellt.[36] Rechtlich nicht missbilligtes Verhalten zu tadeln, wäre geradezu sinnwidrig, es mit einem Übel zu belegen, wäre grob ungerecht. Solches Verhalten ist aber nicht nur nicht strafwürdig. Es ist auch nicht strafbedürftig in dem Sinne, dass es zur Erhaltung der Normgeltung der Strafe bedürfte – denn von der rechtlichen Verhaltensordnung ist ja noch nicht einmal abgewichen worden. Dabei ist es gleichgültig, ob sich die fehlende rechtliche Missbilligung schon aus dem Fehlen eines die Freiheitsrechte begrenzenden einschränkenden Verbots oder aus einer das Verbot im konkreten Fall aufhebenden Erlaubnisnorm (einem sog. Rechtfertigungsgrund) ergibt. Umgekehrt ändert der Umstand, dass eine rechtliche Missbilligung normentheoretisch das Gegebensein eines rechtlichen Verbots (Gebots) *und* das Fehlen einer Norm voraussetzt, die das Verhalten erlaubt, nichts daran, dass es sich aus der materialen Sicht der Strafwürdigkeit und Strafbedürftigkeit des Verhaltens nur um *eine* Straftatvoraussetzung handelt.

Dass eine Person mit ihrem Verhalten von der rechtlichen Verhaltensordnung abgewichen ist, bildet zwar eine (erste) Mindestvoraussetzung einer jeden Straftat. Damit eine solche Abweichung strafwürdig ist, nämlich Tadel und die Belegung mit einem Übel verdient, muss jedoch stets zumindest noch eine zweite Voraussetzung erfüllt sein: Die von der rechtlichen Verhaltensordnung abweichende Person muss auch fähig gewesen sein, sich entsprechend der rechtlichen Verhaltensordnung zu verhalten.[37] War sie dazu nicht in der Lage, so können wir zwar eine Abweichung von der rechtlichen Verhaltensordnung feststellen; die Person für etwas zu tadeln oder ihr etwas vorzuwerfen, was sie gar nicht vermeiden konnte, wäre jedoch ungerecht. In diesen Fällen fehlt es überdies an der Strafbedürftigkeit im Sinne der Notwendigkeit, durch die Verhängung der Strafe eine in dem Verhalten liegende Infragestellung der Normgeltung zurückzuweisen – denn wenn die handelnde Person die Norm nicht einhalten konnte, beinhaltet ihr Verhalten auch keine Infragestellung der Normgeltung.[38] Dies gilt nicht nur, wenn die Person ihr Verhalten im natürlichen Sinne nicht rechtskonform steuern konnte,[39] sondern auch, wenn sie das von der rechtlichen Verhaltensordnung Geforderte nicht erkennen oder der rechtlichen Verhaltensordnung wegen psychischer Defizite nicht nachkommen konnte

2. Zusätzliche Schwellenwertvoraussetzungen des prinzipiell Strafwürdigen und Strafbedürftigen

Dass ein Verhalten von der rechtlichen Verhaltensordnung abweicht (also in diesem Sinn rechtswidrig ist) und der sich rechtswidrig Verhaltende sich rechtlich richtig hätte verhalten können (also in Bezug auf das rechtswidrige Verhalten auch schuldhaft gehandelt hat), reicht für die Annahme der Strafwürdigkeit und Strafbedürftigkeit des Verhaltens nicht aus. Das Strafrecht ginge viel zu weit, wenn es jede schuldhafte Abweichung von der rechtlichen Verhaltensordnung mit dem schweren Tadel der Strafe und deren gravierender Rechtseinbuße belegen würde. Nur ein kleiner Teil der schuldhaften Abweichungen von der rechtlichen Verhaltensordnung verdient und erfordert wirklich den gravierenden rechtlichen Tadel der Strafe und die mit dieser verbundenen erheblichen Rechtseinbußen. Es bedarf daher bestimmter Kriterien und Merkmale, die das wirklich Strafwürdige und Strafbedürftige von dem diese Voraussetzungen nicht Erfüllenden abschichten.

Sedes materiae dieser Abschichtung ist der Besondere Teil des Strafrechts mit seinen Tatbeständen. Aus der Sicht des Allgemeinbegriffs der Straftat lässt sich insoweit nur sagen, worum es bei dieser Abschichtung grundsätzlich geht und welche allgemeinen Sachverhalte für sie als spezifische Voraussetzungen der Art nach überhaupt in Betracht kommen. Was interessiert, sind Umstände, die dazu taugen, aus bloß schuldhaften Abweichungen von der Verhaltensordnung des Rechts strafwürdige und prinzipiell strafbedürftige Verhaltensweisen zu machen. Als solche „Schwellenwertvoraussetzungen" des Strafwürdigen und Strafbedürftigen eignen sich all die Umstände, die den jeweiligen Typus des abweichenden Verhaltens als besonders unwertig und tadelnswert und wegen des Gewichts des Unwerts der Tat auch die mit der Annahme einer Straftat verbundenen gravierenden Rechtseinbußen (beim Täter) als angemessen erscheinen lassen. Solche die Strafwürdigkeit des Verhaltens gewährleistenden Schwellenwertvoraussetzungen sind im Objektiven etwa die Gefährlichkeit des Verhaltens für besonders hochrangige Rechtsgüter,[40] bei anderen Rechtsgütern (auch) eine erhöhte Gefährlichkeit des Verhaltens,[41] der Eintritt schwerer, auf das verbotene Verhalten zurückführbarer Folgen oder die Verletzung einer besonderen Pflichtenstellung – wobei derartige Schwellenwertvoraussetzungen im positiven Recht nicht selten kombiniert werden. In subjektiver Hinsicht wird die Schwelle des Strafwürdigen weithin – freilich mit Ausnahmen bei besonders wichtigen Rechtsgütern – durch das Erfordernis der Vorsätzlichkeit der vermeidbaren Verletzung bestimmter Verhaltensnormen markiert, desgleichen durch bestimmte Absichten, die eine besondere Gefährlichkeit der Tat kennzeichnen,[42] oder durch Einstellungen oder Gesinnungen, die die Tat als besonders verwerflich und daher strafwürdig erscheinen lassen. Die Kombination derartiger Sachverhalte führt meist zu erhöhter Strafwürdigkeit und zu erhöhter Strafe

Die (zusätzlichen) Umstände, die eine vermeidbare Verletzung der rechtlichen Verhaltensordnung zur Straftat machen, haben in der Regel etwas mit der erhöhten Strafwürdigkeit des Verhaltens zu tun, die sich ihrerseits auf dessen besondere soziale Unerträglichkeit oder Verwerflichkeit oder das Gewicht oder das Ausmaß der Störung der Rechtsordnung gründet;[43] mit ihr ist regelmäßig auch die prinzipielle Strafbedürftigkeit des Verhaltens verbunden. Doch muss dies nicht so sein. Es kann Gründe dafür geben, bei bestimmtem, an sich strafwürdigem Verhalten nicht stets, sondern nur in gewissen Fällen, d.h. unter bestimmten zusätzlichen Voraussetzungen, zu bestrafen. Ein Beispiel dafür bildet aus dem positiven deutschen Strafrecht die Beteiligung an einer Schlägerei (§ 231 StGB): Obwohl die Beteiligung an einer gefährlichen Schlägerei, die jederzeit zu schwersten Verletzungen führen kann, schon als solche strafwürdig erscheint, wird sie vom deutschen StGB doch erst mit Strafe belegt, wenn die Schlägerei zu einer besonders schweren Folge geführt hat. Da diese Folge von dem je in Frage stehenden Beteiligten gar nicht selbst verursacht sein muss, hat sie mit der Verwerflichkeit oder Strafwürdigkeit *seines* Handelns nicht unbedingt etwas zu tun – diese ist vielmehr bei gleicher Gefährlichkeit der Schlägerei und gleicher Beteiligung gleich, ob es nun zu einer schweren Folge kommt oder nicht. Dass gleichwohl nur bei Eintritt einer schweren Folge gestraft wird, hat offenbar etwas mit einer gewollten Beschränkung der Strafbarkeit auf solche Fälle zu tun, an denen sich (wegen des Eintritts der schweren Folge) die soziale Unerträglichkeit der Beteiligung an gefährlichen Schlägereien besonders eindrucksvoll aufzeigen lässt, also mit Erwägungen der Strafbedürftigkeit.[44] Bisweilen können sich dabei Erwägungen der Strafbedürftigkeit eines an sich strafwürdigen Verhaltens ihrerseits erst durchsetzen, wenn bestimmte die Bestrafung als inopportun ausweisende außerstrafrechtliche Bedenken zurücktreten – wie im Falle des Bankrotts, bei dem eindeutig strafwürdige und an sich auch strafbedürftige Handlungen[45] erst bestraft werden können, wenn der Täter seine Zahlungen eingestellt hat oder über sein Vermögen das Konkursverfahren eröffnet worden ist.[46]

3. Sachverhalte, die der Strafwürdigkeit oder Strafbedürftigkeit im Einzelfall entgegenstehen

Wie die vermeidbare Abweichung von der rechtlichen Verhaltensordnung ist auch die Erfüllung der Bedingungen, die begrifflich die strafwürdigen und prinzipiell strafbedürftigen Abweichungen von der rechtlichen Verhaltensordnung definieren, nur eine notwendige Voraussetzung der Strafbarkeit. Auch wenn diese Bedingungen erfüllt sind, erscheint es noch denkbar, dass das konkret in Frage stehende Verhalten nicht strafwürdig oder strafbedürftig ist, weil der Strafwürdigkeit oder Strafbedürftigkeit bestimmte Sachverhalte entgegenstehen. Insoweit bildet das Fehlen bestimmter, die Strafwürdigkeit oder Strafbedürftigkeit ausschließender Sachverhalte eine weitere, sich bei einer Orientierung an den Maßstäben der Strafwürdigkeit und der Strafbedürftigkeit des Verhaltens ergebende Kategorie des Straftatsystems.

Die Strafwürdigkeit kann entfallen, wenn eine vermeidbare Verletzung der rechtlichen Verhaltensordnung zwar die Schwellenwertvoraussetzungen des Strafwürdigen noch *begrifflich* erfüllt, in ihrer *materialen* Unwertigkeit aber so geringfügig erscheint, dass es unangemessen (unverhältnismäßig) wäre, darauf mit dem in der Strafe liegenden schweren Tadel und einem gravierenden Rechtseingriff zu reagieren. Das positive Recht sieht für derartige Sachverhalte bisweilen Strafausschlüsse vor;[47] Rechtsprechung und Lehre versuchen das Problem zum Teil über das Erfordernis einer gewissen Erheblichkeit der Rechtsgutsbeeinträchtigung (oder Rechtsgutsgefährdung) zu lösen.[48] Eine allgemeine „flächendeckende" Lösung des Problems der Ausgrenzung solcher Fälle schon im materiellen Recht fehlt freilich, weshalb sich die Praxis an dieser Stelle meist mit einer prozessualen Lösung der Problematik (im Wege der Einstellung) behilft.

So wie gewisse Sachverhalte (Geringfügigkeit der Rechtsverletzung) den Unwert der Tat unter die Schwelle des Strafwürdigen abfallen lassen, können gewisse Sachverhalte auch der Strafbedürftigkeit der Tat im Einzelfall entgegenstehen. Ein Beispiel dafür bildet der freiwillige Rücktritt des Täters vom Versuch, den die herrschende Meinung meist nicht material einordnet, sondern bei dem sie sich mit der formalen Kennzeichnung als Strafaufhebungsgrund begnügt.[49] Wenn der Täter die weitere Ausführung der Tat freiwillig aufgibt oder den aufgrund des bisherigen Verhaltens bevorstehenden Eintritt des Erfolgs freiwillig verhindert, so lässt sich (bei begründeter Strafbarkeit des Versuchs) zwar schwerlich bestreiten, dass das bis zu diesem Zeitpunkt verwirklichte Verhalten ein strafwürdiges Verhalten bildet.[50] Dass der freiwillige Rücktritt dieses strafwürdige Verhalten entfallen lässt, dürfte ebenfalls nur schwer zu begründen sein. Wohl aber hat der freiwillige Rücktritt Bedeutung für die Strafbedürftigkeit des Verhaltens – diese, verstanden als das Bedürfnis, auf die in der begangenen Tat liegende fortwirkende Infragestellung der Geltung der Rechtsordnung durch deren Zurückweisung und Aufhebung im Wege der Strafe zu reagieren:[51] Durch die im freiwilligen Rücktritt liegende Rückkehr in die Legalität und die in seiner freiwilligen Umkehr zugleich liegende

(Wieder-)Anerkennung der Geltung der verletzten Norm hat der Täter seine Infragestellung der Normgeltung praktisch selbst wieder zurückgenommen oder ihr doch zumindest den Charakter einer fortwirkenden Infragestellung, die der ausdrücklichen Zurückweisung durch eine die Geltung der Norm betonende Strafe bedarf, genommen.[52]

Der Strafbarkeit eines an sich strafwürdigen und strafbedürftigen Verhaltens können schließlich auch Sachverhalte entgegenstehen, bei denen erst das Zusammenspiel von Erwägungen zur Strafwürdigkeit und solchen zur Strafbedürftigkeit den Ausschluss der Strafbarkeit trägt. Beispiele dafür bilden die sog. Entschuldigungsgründe und eine Reihe spezieller Strafausschließungsgründe bei einzelnen Delikten des Besonderen Teils. Am Beispiel des sog. entschuldigenden Notstands (§ 35 deutsches StGB), bei dem der Täter zur Rettung der eigenen bedrohten Güter in höherwertige fremde Güter eingreift: In Fällen dieser Art ist wegen der bewirkten Erhaltung eines Rechtsguts schon die Gesamtbilanz des Unwerts geringer als in einem vergleichbaren „Normalfall" ohne Notstandssituation; zugleich ist die Tat wegen der motivationsverengenden psychischen Lage des Täters erheblich weniger tadelnswert – weshalb die Strafwürdigkeit des Täters doch jedenfalls deutlich reduziert ist.[53] Freilich könnte man, insbesondere bei der Verletzung sehr hochrangiger Rechtsgüter, daran denken, dem verbleibenden Unrecht und der auch nach der herrschenden Meinung ja nicht völlig ausgeschlossenen Schuld durch eine deutlich reduzierte Strafe Rechnung zu tragen. Wenn dies nicht geschieht, man in solchen Fällen vielmehr auf eine Strafverhängung verzichtet, so deshalb, weil in solchen Fällen auch die Strafbedürftigkeit zweifelhaft ist. Dies nicht nur in dem Sinne, dass die motivatorische Wirkung der Strafe auf die sich in solchen Extremsituationen befindenden Personen überaus begrenzt sein dürfte – womit über die insoweit zweifelhafte Geeignetheit der Strafe zur Durchsetzung der Normgeltung auch die Strafbedürftigkeit fraglich erscheint.[54] Hinzu kommt ein Zweites: Das Fehlverhalten der Person in solchen Extremfällen ist auch kaum als Infragestellung der Normgeltung in Bezug auf jene ganz anderen Situationen (nämlich die Bandbreite der „Normalfälle") zu verstehen, für die das Strafrecht durch Bestrafung der begangenen Tat und Zurückverweisung der Infragestellung auf die Einhaltung der Norm dringen muss. Da die ohnehin stark reduzierte Strafe in Richtung auf die Bedeutung der verletzten Norm und die Bedeutung der Normverletzung in den Normalfällen, denen gegenüber die Geltung der Norm unbedingt zu erhalten ist, zudem auch nur wenig aussagekräftig erscheint, fehlt es damit letztlich an einem vitalen Bedürfnis, diese Strafe zu verhängen.[55]

Mit diesen skizzenhaften Bemerkungen zu dem, was sich aus den Leitbegriffen der „Strafwürdigkeit" und der „Strafbedürftigkeit" an Aussagen zu den Voraussetzungen (und Ausschlüssen) einer Straftat und zu einem funktionalen Straftatsystem entwickeln lässt, muss es hier sein Bewenden haben. Die Überlegungen sind zwar bei weitem nicht vollständig. Sie reichen jedoch aus, um die Frage zu beantworten, welche Zusammenhänge zwischen den Begriffen und Anforderungen der „Strafwürdigkeit" und der „Strafbedürftigkeit" und dem traditionellen Straftatsystem bestehen – insbesondere, inwieweit und in welchen Kategorien das traditionelle Straftatsystem die mit diesen Begriffen verbundenen Anforderungen und Wertungen umsetzt. Die bisherigen Überlegungen machen überdies Schwächen und Defizite dieses Systems deutlich, denen abgeholfen werden sollte.

V. Repräsentanten der Strafwürdigkeit und Strafbedürftigkeit im traditionellen Straftatsystem

Dass das Straftatsystem Voraussetzungen und Ausschlüsse der Strafbarkeit enthält, die Ausdruck von Erwägungen der Strafwürdigkeit und Strafbedürftigkeit sind, haben gerade die zuletzt angestellten Überlegungen zu einigen Ausschlüssen der Strafbarkeit ergeben, die auch in traditionellen Systematisierungen schon häufig mit der (fehlenden) Strafwürdigkeit oder Strafbedürftigkeit des Verhaltens in Verbindung gebracht werden. Indessen wäre es verfehlt anzunehmen, dass nur diese oft so genannten „Voraussetzungen außerhalb von Unrecht und Schuld" Ausdruck der Strafwürdigkeit und Strafbedürftigkeit des Verhaltens sind.[56] Auch wenn das herkömmliche Straftatsystem mit seinen Kategorien historisch nicht gezielt aus Überlegungen zu den Voraussetzungen der Strafwürdigkeit und Strafbedürftigkeit entwickelt worden ist,[57] sind seine Kategorien doch ganz ersichtlich, vielleicht intuitiv, von diesen Postulaten her mitgeprägt und insoweit Repräsentanten der Strafwürdigkeit und Strafbedürftigkeit, denen mit Bezug auf diese Leitbegriffe unterschiedliche Funktionen zukommen.

Das gilt zunächst für den *Tatbestand* als Systemkategorie. Er ist alles andere als jenes wertfreie Gebilde, das eine vom Gesetzespositivismus geprägte ältere Dogmatik in ihm glaubte sehen zu können.[58] In ihm drückt sich vielmehr als Ergebnis einer Vielzahl von Wertungen zur Strafwürdigkeit und Strafbedürftigkeit aus, welche Verhaltensweisen aus der Sicht des Gesetzgebers prinzipiell strafwürdig und strafbedürftig sind. Die Tatbestände grenzen dabei nicht nur durch ihre beschränkte Zahl eine Vielzahl von ebenfalls unwertigen oder unerwünschten Verhaltensweisen als nicht strafwürdig oder nicht strafbedürftig aus. Sie bestimmen auch, unter welchen genaueren Voraussetzungen – z.B. einem bestimmten Erfolg des Handelns, bestimmten Gefährlichkeitsmerkmalen oder der Vorsätzlichkeit des Handelns, einer bestimmten Absicht usw. – die erfassten Verhaltensweisen hinreichend strafwürdig und strafbedürftig erscheinen, also den „Schwellenwert" des Strafrechts erfüllen (oben IV. 2.), und ordnen ihnen zugleich nach dem Maß ihrer Strafwürdigkeit gestaffelt bestimmte Straffolgen zu.[59] In der Regel werden dabei auch die Verhaltensnormen sichtbar, ohne deren Verletzung ein strafwürdiges und strafbedürftiges Verhalten nicht in Betracht kommt (oben IV. 1.); freilich ist das nicht immer der Fall – weshalb es in gewissen Fällen einer Anreicherung der nicht hinreichend aussagekräftigen Kategorie des Tatbestands durch den Topos der Verletzung der im Tatbestand vorausgesetzten Verhaltensnorm bedarf (dazu VI. 1.).

Wie schon der Tatbestand sind auch die *Rechtswidrigkeit* (das *Unrecht*) und die *Schuld* als Ausdruck von Überlegungen zu den Voraussetzungen eines strafwürdigen und strafbedürftigen Verhaltens zu verstehen. Allerdings ist die Rechtswidrigkeit durchaus nicht jene erste und damit fundamentale Wertungsstufe, die sie im klassischen Straftatsystem bezogen auf einen wertfrei verstandenen Tatbestand sein sollte. Bezogen auf einen Tatbestand, der selbst bereits typischerweise unrechte und strafwürdige Verhaltensweisen erfasst, ist sie in Wahrheit nichts weiter als eine Korrekturstufe. Sie trägt der Einsicht Rechnung, dass die Rechtsordnung auch Erlaubnissätze kennt und prinzipiell verbotenes Verhalten damit im Einzelfall erlaubt sein kann – so dass es an dem für die Annahme eines strafwürdigen Verhaltens notwendigen Mindesterfordernis des Verstoßes gegen die rechtliche Verhaltensordnung (oben IV.1.) fehlt. – Auch die als Vorwerfbarkeit verstandene Systemstufe der *Schuld* ist nicht schon dadurch hinreichend erklärt, dass sich die der Schuld zugeordneten gesetzlichen Strafausschlüsse (oder Strafanforderungen) auf den Gedanken einer (fehlenden) Vorwerfbarkeit der Tat zurückführen lassen – wie dies eine gesetzespositivistische Sicht lange Zeit angenommen hat.[60] Sie verdankt ihre Existenz vielmehr der materialen Einsicht, dass die Strafe einen gravierenden Vorwurf oder Tadel wegen der Begehung der Tat beinhaltet und der Täter einen solchen (gerechterweise) nur verdient, wenn er die rechtliche Verhaltenserwartung erfassen und ihr folgen konnte und deren Nichtbefolgung ihm damit vorwerfbar ist – also einer Überlegung zu den Voraussetzungen der Strafwürdigkeit.

Anforderungen der – nur unter bestimmten Voraussetzungen gegebenen oder unter bestimmten Voraussetzungen fehlenden – Strafwürdigkeit und/oder Strafbedürftigkeit tragen schließlich auch die sehr disparaten „*Voraussetzun-*

gen der Strafbarkeit außerhalb von Unrecht und Schuld" Rechnung; die oben (IV. 2. und 3.) angeführten Beispiele haben dies bereits gezeigt. Anders als die durch die Begriffe des Tatbestands, des Unrechts (der Rechtswidrigkeit) und der Schuld zusammengefassten Sachverhalte lassen sich diese zusätzlichen Anforderungen und Ausschlüsse aber nicht mehr auf bestimmte materiale Zwischenbegriffe als sachlogische Subanforderungen der Strafwürdigkeit und Strafbedürftigkeit von Verhaltensweisen zurückführen. Das ist nicht allein dadurch bedingt, dass die nach Unrecht und Schuld verbleibenden strafwürdigkeits- oder strafbedürftigkeitsrelevanten Sachverhalte sehr heterogen sind und material nur noch über ihre Relevanz für die Strafwürdigkeit und/oder Strafbedürftigkeit verbunden sind. Es folgt vor allem daraus, dass es neben der Rechtswidrigkeit und der Vorwerfbarkeit des in einem Straftatbestand erfassten Verhaltens keine weitere *allgemeine materiale*, für die Strafwürdigkeit des Verhaltens erforderliche Voraussetzung mehr gibt. Der Strafwürdigkeit und der Strafbedürftigkeit etwa noch geschuldete Sonderanforderungen bei einzelnen Tatbeständen (objektive Bedingungen der Strafbarkeit) oder gewisse Ausschlüsse der Strafbarkeit trotz Unrechts und nicht ausgeschlossener Schuld lassen sich damit material nur noch durch eine direkte Zurückführung auf Gedanken der Strafwürdigkeit bzw. Strafbedürftigkeit und im Übrigen allenfalls noch formal (als objektive Bedingung der Strafbarkeit, als Strafausschließungs- oder Strafaufhebungsgrund bzw. als Erfordernis des Fehlens solcher Gründe) kennzeichnen;[61] die scheinbare Ausnahme der Entschuldigungsgründe beruht auf einer im Laufe der Zeit akzeptierten Ungenauigkeit der Bezeichnung (s. oben bei IV. 3. a.E. und VI. 2.).

VI. Notwendige Ergänzungen und Korrekturen des herkömmlichen Systems im Blick auf Anforderungen der Strafwürdigkeit und Strafbedürftigkeit

Die vorstehenden Überlegungen haben gezeigt, dass sich das traditionelle Straftatsystem durchaus mit den Postulaten der Erfassung nur strafwürdigen und strafbedürftigen Verhaltens verbinden lässt und dass seine Kategorien richtigerweise heute auch vor diesem normativen Hintergrund zu verstehen sind. Dass das System ohne eine solche vertiefte normative Sicht auf der Basis gesetzespositivistischer Beobachtungen entstanden ist, steht dem nicht entgegen. Freilich haben die gesetzespositivistische Entstehung, der zu dieser Zeit herrschende Naturalismus sowie begriffsjuristisches und später phänomenologisches Denken im System Spuren hinterlassen. Diese zeigen sich in Defiziten der Systemkategorien, in Ungenauigkeiten bei der Einordnung bestimmter

Sachverhalte (aus dem Blickwinkel einer normativen Sichtweise) und der unzureichenden und eklektischen Diskussion bestimmter Sachverhalte, die in begriffsjuristischer Sicht kaum, bei einer dezidiert normativen Betrachtung aber durchaus in den Blick kommen.

1. Defizite der Kategorie des Tatbestands (des tatbestandsmäßigen Unrechts)

Der Naturalismus der Entstehungszeit des Systems zeigt sich vor allem im Verständnis des Tatbestands, insbesondere des Tatbestands der Jahrzehnte im Vordergrund des Interesses stehenden Erfolgsdelikte. Auf der Basis einer entsprechend eingefärbten gesetzlichen Begrifflichkeit begnügte man sich lange Zeit mit dem Sachverhalt eines durch ein gewillkürtes Verhalten kausal herbeigeführten Erfolgs, mit Bezug auf den dann in der Stufe der Rechtswidrigkeit nach etwaigen Rechtfertigungsgründen gefragt wurde. Das aus normativer Sicht fast selbstverständliche Erfordernis, dass der kausal herbeigeführte Erfolg die Folge der Verletzung einer auf die Verhinderung des Erfolgs gerichteten legitimierbaren Verhaltensnorm sein muss (s. auch schon oben IV. 1.), kam nicht hinreichend in den Blick.[62] Daraus sich ergebende Ungereimtheiten in der Behandlung konkreter Fälle suchte man zunächst – ohne wirkliche Erfassung des Problems – durch entsprechende Modifizierungen des Begriffs der Kausalität zu lösen.[63] Später brachte dann die Lehre von der objektiven Zurechnung des Erfolgs[64] aus normativer Sicht eine gewisse Verbesserung.[65] Dass es um die Verletzung einer Verhaltensnorm geht (die dem Täter letztlich vorgeworfen wird) und das entscheidende Problem damit in der Konturierung der Verhaltensnorm liegt, die der Täter verletzt haben muss, wurde jedoch auch von dieser Lehre nicht klar erfasst.[66]

Damit ist klar, was dringend notwendig ist: Wenn man am Tatbestand als Ausgangskategorie festhält (und diesen nicht überhaupt durch die aus funktionaler Sicht primäre Verletzung einer mit Strafe bedrohten, auf die Verhinderung des tatbestandlichen Erfolgs zielenden Verhaltensnorm ersetzt[67]), dann ist diese Kategorie doch jedenfalls durch das Erfordernis der Verletzung einer (im Tatbestand als verletzt vorausgesetzten) Verhaltensnorm zu ergänzen, welche (legitimierbar) zur Verhütung der tatbestandlich umschriebenen Folgen besteht.[68] Schon an der Verletzung einer solchen zur Erfolgsabwendung legitimierbaren Verhaltensnorm fehlt es z.B. regelmäßig, wenn der durch eine Person mitverursachte Erfolg erst durch das Handeln eines verantwortlichen Dritten oder durch das verantwortliche Opfer selbst herbeigeführt wurde.[69] Dass die unzureichende Verdeutlichung der Verhaltensnorm auch bei den reinen Tätigkeitsdelikten mitunter ein Problem ist, kann hier nur angedeutet werden.⁷⁰

2. *Schwächen in der Behandlung der sog. Entschuldigungsgründe*

Die so genannten Entschuldigungsgründe, die lange Zeit als bloße Strafausschließungsgründe geführt wurden,⁷¹ verdanken ihre Qualifikation offensichtlich einer phänomenologischen Betrachtung – nämlich der Einsicht, dass es hier um Erscheinungsformen der Straftat mit starken Minderungen im Schuldmaß geht. Dass das zu einer Entschuldigung des Täters führen soll, ist nun freilich, wenn man den Begriff ernst nimmt, nicht ohne Weiteres einsichtig – zumal, wenn stets gleichzeitig betont wird, dass die Schuld hier, anders als bei den Schuldausschließungsgründen, in gewissem Maße noch vorhanden ist. Warum bei dieser Sachlage nicht entsprechend der geringeren Schuld gestraft wird, lässt sich allein mit der reduzierten Schuld nicht erklären – desgleichen nicht durch die behauptete Annahme einer dann eben bestehenden Entschuldigung. In Wahrheit geht es, wie schon angedeutet, hier darum, dass Überlegungen zur Strafbedürftigkeit, d.h. zur präventiven Seite der Strafe, den Verzicht auf Strafe nahelegen: Die motivierende (abhaltende) Kraft einer Strafe, die als Antwort auf eine in einer psychischen Extremsituation begangene Straftat verhängt wird, ist eher gering. Und wenn in solchen Extremfällen auf die Verhängung einer nicht allzu hohen Strafe ganz verzichtet wird, so dürfte das auch nicht zu einer Erosion der Normgeltung in Bezug auf jene (Normal-)Fälle führen, in denen die Geltungskraft der Norm unbedingt erhalten bleiben muss – der vernünftige Normadressat kann die Unterschiede in den Fallkonstellationen nachvollziehen und erwartet nicht, dass zur Bekräftigung der Normgeltung für die Normalfälle des täglichen Lebens auch in solchen Extremfällen gestraft wird.⁷²

Mit Recht werden daher in den neueren Analysen zum Hintergrund des Strafverzichts bei so genannten Entschuldigungsgründen derartige präventive Erwägungen ins Feld geführt.⁷³ Problematisch ist es freilich, wenn dies statt durch die fällige Herauslösung der Sachverhalte aus der Kategorie der Schuld in der Weise geschieht, dass man die Sachverhalte in der Kategorie der Schuld belässt und dieser eine präventive Komponente unterlegt. Es geht nicht um eine präventive Komponente der Schuld, sondern darum, dass in gewissen Extremfällen bei durchaus normal bestimmter (und danach geringer) Schuld kein für die Bestrafung erforderliches hinreichendes präventives Bedürfnis besteht – was in einem Strafrecht, in dem die Legitimation der Strafe an deren Erforderlichkeit geknüpft ist, *für sich* (und ohne den Umweg über eine angebliche Entschuldigung) zu einem Ausschluss der Strafe führen muss.

3. *Das ungelöste Problem des Untermaßes*

Einige Hinweise auf einen weiteren Schwachpunkt des traditionellen Systems mögen diese – natürlich nicht erschöpfenden – Bemerkungen zu Defiziten des traditionellen Systems beschließen. Sehr unbefriedigend ist in diesem System nach wie vor das Problem der Untergrenze der Straftaten behandelt. Aus der Perspektive der Topoi der Strafwürdigkeit und der Strafbedürftigkeit fällt dieses Problem sofort in den Blick: Natürlich gibt es begrifflich erfasste Sachverhalte, deren Strafwürdigkeit problematisch erscheint. Eine lange Zeit weitgehend begriffsjuristisch betriebene, die Strafbarkeit über klassifikatorische Begriffe eingrenzende Betrachtungsweise hat hier leider nur wenig Sensibilität entwickelt.

Dementsprechend ist das Problem der Untergrenze gegenwärtig nur punktuell und uneinheitlich angegangen.[74] Bei einigen neueren Delikten finden sich vereinzelt „Minima-Klauseln", die wenig bedeutsame Sachverhalte mit Hilfe eines Strafausschlussgrundes aussondern. Bei einigen anderen Tatbeständen ist das Problem durch Formulierungen wie das Erfordernis einer Gefährdung oder Beeinträchtigung in bedeutendem Ausmaß entschärft. Vereinzelt nimmt sich auch die Judikatur der Problematik an, indem sie für bestimmte tatbestandliche Erfolge eine gewisse Erheblichkeit fordert. Aber von einer durchgehenden Lösung des Problems kann keine Rede sein – dass die nach den Wertungen der Verfassung im Verhältnis zu den Delikten gegen die Person eher nachrangigen allgemeinen Eigentums- und Vermögensdelikte bis zur Untergrenze der klassifikatorischen Begrifflichkeit Straftaten sind, harmoniert nicht gerade mit den auch verfassungsrechtlich abgesicherten Postulaten der Strafwürdigkeit und Strafbedürftigkeit. Und die Lösung der Fälle über die prozessuale Einstellung ist ebenfalls nur eine Notlösung.

Kazushige Asada hat schon vor dreißig Jahren im Anschluss an die japanische Judikatur und Lehre eine Lösung entwickelt, die es verdient, weiterdiskutiert zu werden. Er schlägt eine eigenständige Kategorie der Strafwürdigkeit vor, die – wie schon heute gewisse Sachverhalte außerhalb von Unrecht und Schuld – die Funktion hat, Geringfügigkeitsfälle, die nicht strafwürdig sind, über eine eigene Ausschlusskategorie dem Strafrecht zu entziehen. Der Vorschlag beinhaltet zwar noch keine fertige Lösung und wirft sicherlich auch Grenz- und Formulierungsprobleme auf. Er weist jedoch aus der Sicht der hier angestellten grundsätzlichen Überlegungen zum Zusammenhang von Strafwürdigkeit, Strafbedürftigkeit und Straftatsystem in die richtige Richtung und sollte deshalb – ebenso wie der vielleicht doch etwas zu früh zur Seite gelegte Vorschlag von Hans-Ludwig Günther – weiterverfolgt werden.

Mit diesen skizzenhaften Bemerkungen zur Untergrenze des Strafwürdigen

当罰性、要罰性、犯罪体系（フリッシュ）　　43

muss es hier sein Bewenden haben. Ich widme die Zeilen meinem verehrten Freund und Kollegen *Kazushige Asada*, verbunden mit dem Dank für eine zwanzigjährige freundschaftliche Zusammenarbeit und den besten Wünschen zum 70. Geburtstag.

1   Siehe dazu den Überblick bei *Bloy* Die dogmatische Bedeutung der Strafausschließungs- und Strafaufhebungsgründe, 1976, S. 228 ff., 242 ff.; *ders.* Die Beteiligungsform als Zurechnungstypus im Strafrecht, 1985, S. 30 ff., und die Darstellungen von *Luzón Peña*, *Romano* und *Costa Andrade* in: Schünemann/Figueiredo Dias (Hrsg.), Bausteine des europäischen Strafrechts, 1995, S. 97 ff., 107 ff. und 121 ff.; daneben *H.L. Günther* Strafrechtswidrigkeit und Strafrechtsausschluß, 1983, S. 196 ff., 236 ff.; *Otto* Schröder Gedächtnisschrift, 1978, S. 57 ff.; *Volk* ZStW 97 (1985), 872 ff.

2   So wohl *Sauer* Allgemeine Strafrechtslehre, 3. Aufl. 1955, S.19 f.; offenbar auch *Romano* in: Schünemann/Figueiredo Dias (Fn. 1), S. 107, 108, 117 f.

3   Vgl. etwa *Jescheck/Weigend* Lehrbuch des Strafrechts. Allg. Teil, 5. Aufl. 1996, S. 551 ff.; *Langer* Das Sonderverbrechen, 1972, S. 275 ff.; *Schmidhäuser* Strafrecht. Allg. Teil, 2.Aufl. 1975, 12/1 ff. (S. 482 ff.), 13/1 ff. (S. 487 ff.).

4   Beispielhaft *Schmidhäuser* Allg. Teil, 12/1 ff., 13/ 1ff.

5   So etwa *Jescheck/Weigend* Allg. Teil, S. 551 ff.; *Stratenwerth/Kuhlen* Strafrecht. Allg. Teil, 6. Aufl. 2011, S. 71 f.

6   Vgl. etwa *Roxin* Strafrecht. Allg. Teil I, 4. Aufl. 2006, § 23 Rn. 6 ff., 34 ff., 37 ff.

7   Vgl. *Asada* Strafwürdigkeit als strafrechtliche Systemkategorie, ZStW 97 (1985), 465 ff.

8   *Asada* ZStW 97 (1985), 465, 476.

9   Noch immer treffend *Bloy* Strafausschließungsgründe (Fn. 1), S. 228; *ders.* Beteiligungsform (Fn. 1), S. 30 f.

10 Beispielhaft dafür etwa *Schmidhäuser* Allg. Teil, 12/ 1ff. und 13/ 1 ff.

11 Zutreffend *Bloy* Beteiligungsform (Fn. 1), S. 33 ff. - Zu den Begriffen der Wert- und der Zweckrationalität *Max Weber* Wirtschaft und Gesellschaft, 5. Aufl.1980, S. 12 f.; zu ihrer Bedeutung für das Strafrecht z.B. *Haffke* Roxin Festschrift, 2001, S. 955 ff.

12 Vgl. *Duden* Das große Wörterbuch der deutschen Sprache, Bd. 6, 1981, S. 2908.

13 *Haffke* in: Schünemann/Figueiredo Dias (Fn. 1), S. 89; *Sax* in: Bettermann/Nipperdey/Scheuner (Hrsg.), Die Grundrechte, 1959, Bd. 3 Teilbd. 2, S. 923 ff.

14 Vgl. dazu BVerfGE 25, 269, 286; 95, 96, 140; 109, 133, 167; 120, 224, 240; 123, 267, 408; 128, 326, 376; BGHSt 2, 194, 200; 18, 87, 94; 20, 264, 266; aus der Literatur z.B. *Jescheck/Weigend* Allg. Teil, S. 65; *Kühl* Eser Festschrift, 2005, S. 149, 155 ff.; *Hörnle* Tiedemann Festschrift, 2008, S. 325, 331; *Landau* ZStW 121 (2009), 439, 445

f.; krit. *Volk* Müller Festschrift, 2008, S. 709, 710.
15 Zutreffend *Bloy* Strafausschließungsgrund (Fn.1), S. 243; *ders.* Beteiligungsform (Fn. 1), S. 34, 35 ff.
16 Eingehend dazu m.w.N. *Günther* Strafrechtswidrigkeit (Fn. 1), S. 183 ff., 192 ff.
17 S. dazu statt Vieler *Roxin* Allg. Teil I, § 2 Rn. 7 ff. m.w.N.
18 Vgl. schon *Welzel* Das deutsche Strafrecht, 11. Aufl. 1969, S. 2 ff.; auch *Jakobs* Saito Festschrift, 2003, S. 17 ff.; zu beiden kritisch *Roxin* Allg. Teil I, § 2 Rn. 105 ff.
19 Vgl. etwa BGHSt 24, 132, 134; 50, 40, aber auch BGHSt 24, 40, 42; s. auch *Haas* Strafbegriff, Staatsverständnis und Prozessstruktur, 2008, S. 261 ff.; *Kühl* Volk Festschrift, 2009, S. 275, 279.
20 Näher dazu *Frisch* GA 2015, 65, 70 f.; *Roxin* JuS 1966, 377, 380.
21 Wegen beider Kritiken näher *Frisch* GA 2015, 65, 71 f.
22 Näher *Frisch* GA 2015, 65, 72 f.; *ders.* Beulke Festschrift, 2015, S. 103, 108 f.; dort und bei *Bloy* Frisch Festschrift, 2013, S. 59, 68 ff. auch eingeh. weitere Nachweise eines solchen Verständnisses.
23 Näher *Frisch* GA 2015, 65, 84 ff.; *ders.* Beulke Festschrift, S. 103, 111 ff.
24 Zu Unterschieden und Konvergenzen der Bedeutung der Begriffe auch *Bloy* Strafausschließungsgründe (Fn. 1), S. 243 f.; *Romano* in: Schünemann/Figueiredo Dias (Fn. 1), S. 107, 108 f.
25 Zutreffend *Bloy* Strafausschließungsgründe (Fn. 1), S. 243; *ders.* Beteiligungsform (Fn. 1), S. 36.
26 Näher mit Beispielen *Frisch* GA 2015, 65, 84 ff.
27 Zu beiden Prinzipien und ihrer verfassungsrechtlichen Verankerung *Frisch* NStZ 2013, 249 ff.; speziell zur Verankerung des Schuldprinzips BVerfGE 20, 323, 331; 80, 109, 120 (Rechtsstaatsprinzip) und 25, 269, 285 (Art. 1 Abs. 1 Grundgesetz) sowie BVerfGE 130, 1, 28 (beides).
28 Vgl. etwa BVerfGE 20, 323, 331; 25, 269, 286; 27, 18, 29; 50, 205, 214 f.; 120, 224, 241; 133, 168, 198.
29 So die Bezeichnung von *Jakobs* Schuld und Prävention, 1976, S. 7.
30 Vgl. z.B. BVerfGE 20, 323, 331; 25, 269, 286; 27, 18, 29; 50, 205, 214 f.; 120, 224, 241; 133, 168, 198.
31 Näher dazu *Frisch* NStZ 2016, 16, 19 ff., 21.
32 Vgl. die Nachw. oben Fn. 14.
33 Ebenso *Haffke* in: Schünemann/Figueiredo Dias (Fn. 1), S. 89 f.; *Sax* in: Bettermann/Nipperdey/Scheuner (Fn. 13), S. 923 ff.
34 Ähnlich *Romano* in: Schünemann/Figueiredo Dias (Fn. 1), S. 107, 108, 118: „Kriterien für die Interpretation, die Bestätigung und die Korrektur des gesamten Straftatsystems"; *Sax* JZ 1976, 9, 11: Strafwürdigkeit als „ein den Tatbeständen der Strafgesetze gemeinsames Gattungsmerkmal"; auch *Bloy* Beteiligungsform (Fn. 1), S. 31 ff.

35 Vgl. etwa *Roxin* Allg. Teil I, § 23 Rn. 34 (im Rahmen der Kritik an *Schmidhäuser*).

36 Ebenso *Luzón Peña* in: Schünemann/Figueiredo Dias (Fn. 1), S. 97, 101 f.; *Schmoller* Frisch Festschrift, 2013, S. 237, 239 ff.

37 Dabei geht es nicht um eine (für den Tatzeitpunkt) empirisch festzustellende Fähigkeit als solche (weshalb es auf den Streit um die Willensfreiheit und das insoweit bestehende non liquet nicht ankommt), sondern um eine unter bestimmten Voraussetzungen (Fähigkeit zu einem rationalen Entscheidungsprozess; Fehlen bestimmter Defizite) der erwachsenen Person zugeschriebene Fähigkeit; s. dazu weiterführend *Frisch* Kühl Festschrift, 2014, S. 187, 203 ff., 210 ff.; *Frister* Frisch Festschrift, S. 533, 546 ff.

38 Weiterführend dazu *Frisch* GA 2015, 65, 79, 83; *Jakobs* System der strafrechtlichen Zurechnung, 2012, S. 22, 59 f.; *Pawlik* Das Unrecht des Bürgers, 2012, S. 259 ff., 266 f., 281 ff.

39 Und es deshalb nach herkömmlichen Subkategorien schon an einer Handlung fehlt.

40 Die Fallgruppe zeigt, dass es sich nicht immer um zum verbotenen Verhalten hinzutretende *weitere* Umstände (wie den Eintritt eines Erfolgs, Vorsätzlichkeit, Absichten; dazu sogleich) handeln muss, sondern bei der negativen Ausrichtung des Verhaltens auf besonders hochrangige Güter auch bereits das unrechte Verhalten als solches die Grenze des Strafwürdigen überschreiten kann

41 Bedingt durch das Vorgehen in bestimmter Weise (z.B. mit Gewalt, durch den Einsatz bestimmter Werkzeuge).

42 Wie etwa die Gefahr des endgültigen Verlusts der Sache für den Eigentümer bei von Zueignungsabsicht getragener Wegnahme.

43 Wegen der allgemeinen Kennzeichnung des Strafwürdigen vgl. etwa BGHSt 24, 318, 319 („grobe Störung der sozialen Ordnung"); *Frisch* NStZ 2016, 16, 19 ff. („soziale Unerträglichkeit", „Verwerflichkeit"): *Maiwald* Maurach Festschrift, 1972, S. 11 („wirklich schwerwiegender Unwert"); *Sax* in: Bettermann/Nipperdey/Scheuner (Fn. 13), S. 923, 927 („hinreichend massiver Unrechtsgehalt des gemeinschaftsstörenden Verhaltens"); weit. Informationen bei *Bloy* Beteiligungsform (Fn. 1), S. 30 ff. und *Günther* Strafrechtswidrigkeit (Fn. 1), S. 236 ff.

44 In Gestalt der besonderen Geeignetheit des Falles zur Erreichung des Strafzwecks (Verdeutlichung der Sinnhaftigkeit und der Wichtigkeit des Einhaltung der verletzten Norm); zum Kriterium der Geeignetheit von Sachverhalten für eine Kriminalisierung allgemein *Günther* Strafrechtswidrigkeit (Fn. 1), S. 179, 186.

45 Zutreffend *Roxin* Allg. Teil I, § 23 Rn. 23, 34.

46 Und damit die Gefahr, dass gerade das Strafverfahren den Ruin des Täters herbeiführt und die zu schützenden Gläubiger schädigt, nicht mehr besteht (vgl. dazu – mit weiterer Ausdifferenzierung – *Tiedemann* in: Leipziger Kommentar, 12. Aufl. 2009, Vor § 283 Rn. 87–90).

47 Etwa in Gestalt spezieller Minima-Klauseln, z.B. bei Umweltdelikten (so § 326

Abs. 6 des deutschen StGB), eine allgemeinere Ausschlussklausel enthält das österreichische StGB in § 43.
48 So z.B. bei der Körperverletzung und der Freiheitsberaubung, s. etwa (zur Körperverletzung) BGHSt 14, 269, 271; BGH NStZ 2007, 218; OLG Karlsruhe VRS 108 (2005), 427 f.; (zur Freiheitsberaubung) RGSt 7, 259, 260 f.; BGH NStZ 2003, 371 sowie *Fischer*, StGB, Kommentar, 62. Aufl. 2015, § 239 Rn. 6.
49 Vgl. RGSt 72, 349, 350; BGHSt 7, 296, 299; aus der Literatur statt Vieler Schönke/Schröder-*Eser* StGB, 29. Aufl. 2014, § 24 Rn. 4 m. eingeh. Nachw., insbesondere auch zu Auffassungen, die einen nachträglichen Unrechtsausschluss oder eine Entschuldigung annehmen wollen.
50 Das wird letztlich auch von den Auffassungen nicht in Frage gestellt, die einen *nachträglichen* Unrechtsausschluss oder eine auf das nachträgliche Verhalten gestützte Entschuldigung annehmen.
51 Siehe dazu ergänzend *Frisch* GA 2015, 65, 84 f.; *ders.* Beulke Festschrift, S. 103, 111 f. Im Grunde steht das als tiefere (und völlig ausreichende) Erklärung auch hinter jener Auffassung, die an dieser Stelle noch die schiefe Konstruktion eines Strafaufhebungsgrundes glaubt präsentieren zu müssen.
52 Ähnlich wohl *Jakobs* Strafrecht. Allg. Teil, 2. Aufl. 1991, 26. Abschn. Rn. 1, der von einem „Widerruf der Expressivität des Normbruchs" spricht.
53 Vgl. statt Vieler Schönke/Schröder-*Lenckner/Sternberg-Lieben* StGB, 29. Aufl. 2014, Vor §§ 32 Rn. 111 mit Nachweisen auch abweichender Auffassungen
54 Zutreffend *Roxin* Henkel Festschrift, 1974, S. 171, 183.
55 Siehe dazu *Frisch* GA 2015, 85, *ders.* Beulke Festschrift, S. 103, 112 f.
56 Dieser Eindruck wird von denen erweckt, die wie z.B. *Langer* Das Sonderverbrechen, (Fn. 3), S. 275 ff., 327 ff., 360 ff. der „Strafwürdigkeit" eine eigene Kategorie jenseits von Unrecht und Schuld zuweisen wollen. Das wäre nur richtig, wenn man die Kategorien des Unrechts und der Schuld (im strafrechtlichen System) im Sinne eines bloß rechtswidrigen und schuldhaften und (nicht auch schon prinzipiell strafwürdigen) Verhaltens verstehen wollte – was jedoch für das tatbestandliche Unrecht gerade nicht zutrifft; vgl. dazu den folgenden Text. Wie hier schon *Bloy* Beteiligungsform (Fn. 1), S. 31 ff.
57 Zur Entstehung des Systems bei *Franz von Liszt* vgl. *Frisch* in: Koch/Löhnig (Hrsg.) v. Liszt-Schule und die Entstehung des modernen Strafrechts, 2016, S. 1 ff.
58 Vgl. etwa *Beling* Die Lehre vom Verbrechen, 1906, S. 147.
59 Vgl. dazu näher *Frisch* Schünemann Festschrift, 2014, S. 55 ff.
60 Vgl. etwa *Frank* Über den Aufbau des Schuldbegriffs, Gießener Festschrift, 1907, S. 3 ff.
61 Bezogen auf das System der Deliktskategorien bedeutet das, dass es neben einer die Anforderungen der Strafwürdigkeit und der Strafbedürftigkeit in Bezug auf den strafwürdigen und strafbedürftigen Verhaltenstypus konkretisierenden Systemkategorie (Unrechtstatbestand im engeren Sinn) und der Qualifikation des so

Erfassten als auch rechtswidrige und schuldhafte (und damit *regelmäßig* strafwürdige und strafbedürftige) Tatbestandsverwirklichung in begrenztem Umfang doch noch „Sonstige Voraussetzungen der Strafwürdigkeit und Strafbedürftigkeit" gibt. Das Ausmaß dieser Kategorie hängt dabei u.a. davon ab, was man noch den Umständen des Unrechts und der fehlenden Schuld zuschlägt. Hält man es z.B. aus Sachgründen für richtig, dass bei manchen Delikten schon das objektive Vorliegen bestimmter Sachverhalte für eine Bestrafung bestimmter als strafwürdig erachteter Verhaltensweisen ausreiche (freilich auch erforderlich sei) und damit gewisse für das tatbestandsmäßige Unrecht maßgebende Regeln (z.B. eines subjektiven Bezugs auf den objektiven Sachverhalt) nicht gelten sollen, so bleibt gar nichts anderes übrig, als diese für die Strafbarkeit als bedeutsam erachteten Sachverhalte dann in einer eigenen Kategorie „Sonstige Umstände der Strafwürdigkeit und Strafbedürftigkeit" zu führen.

62 Auch *Bindings* Normentheorie mit ihrer Annahme von Normen, die dem Tatbestand zugrunde liegen und in diesem als verletzt vorausgesetzt sind (vgl. *Binding* Die Normen, Bd. 1, 2. Aufl. 1890, S. 35 ff. 132 ff.), bewirkte insoweit wenig – nicht zuletzt wohl deshalb, weil *Binding* selbst die den Tatbeständen der Verletzungsdelikte zugrundeliegenden Normen zu ungenau und naturalistisch, nämlich als Verursachungsverbote (S. 364 ff) und nicht z.B. als Verbote einer missbilligten Gefahrschaffung, verstand.

63 Überblick über die einschlägigen Versuche bei *R. v. Hippel* Deutsches Strafrecht, Bd. 2, 1930, S.134 ff.; *Engisch* Die Kausalität als Merkmal der strafrechtlichen Tatbestände, 1931, S. 13 ff.; *Frisch* Tatbestandsmäßiges Verhalten und Zurechnung des Erfolgs, 1988, S. 10 ff.; *ders.* JuS 2011, 19 ff.

64 Vgl. etwa *Honig* Frank Festgabe, Bd. 1, 1930, S. 174 ff.; *Larenz* Hegels Zurechnungslehre und der Begriff der objektiven Zurechnung, 1927; später *Roxin* Honig Festschrift, 1970, S. 133 ff.; *Rudolphi* JuS 1969, 549 ff.

65 Verbesserung insoweit, als die normative Dimension der Problematik erfasst wurde; vgl. dazu *Frisch* Roxin Festschrift, 2001, S. 213 ff.

66 Das zeigt sehr deutlich auch *Roxins* Replik gegenüber der Kritik an der objektiven Zurechnungslehre und ihren Defiziten in Gestalt der Unterthematisierung der Probleme der Verhaltensnorm; vgl. *Roxin* Allg. Teil I, § 11 Rn. 51.

67 Eine Frage, die hier begreiflicherweise nicht weiter diskutiert werden kann, aber in hohem Maße diskussionsbedürftig erscheint.

68 Näher dazu *Frisch* Vorsatz und Risiko, 1983, S. 59 ff., 75 ff., 118 ff.; *ders.* Tatbestandsmäßiges Verhalten und Zurechnung des Erfolgs, 1988, S. 71 ff.; *ders.* Roxin Festschrift, S. 213, 231 ff.; *ders.* GA 2003, 719, 733 ff.; *Freund* Strafrecht. Allg. Teil, 2. Aufl. 2009, § 2 Rn. 12 ff., 72 ff.; *Eser/Burkhardt* Strafrecht I, 4. Aufl. 1992, 3/99, 4; 61, 64; weiterführend zum zutreffenden Verständnis und Inhalt solcher Verhaltensnormen im Lichte eines freiheitlichen Rechtsverständnisses *Zaczyk* GA 2014, 73 ff.; zu dem sich daraus ergebenden Begriff des tatbestandsmäßigen Verhaltens *Seher, Hoyer* und *Schmoller*, Frisch Festschrift, S. 207 ff., 223 ff., 237 ff.

69 Näher dazu *Frisch* Tatbestandsmäßiges Verhalten und Zurechnung des Erfolgs, S. 148 ff., 230 ff.
70 Weiterführend dazu *Frisch* Vorsatz und Risiko, S. 345 ff.; *Schmoller* Frisch Festschrift, S. 237, 245 ff.
71 Vgl. z.B. *v. Liszt* Deutsches Reichsstrafrecht, 1881, S. 91, 125.
72 Siehe dazu *Frisch* GA 2015, 65, 85; *ders.* Beulke Festschrift, S. 103, 112 f.
73 Vgl. insbesondere *Jakobs* Schuld und Prävention, 1976, S. 20 ff.; *Roxin* Henkel Festschrift, 1974, S. 171, 183 ff.; *ders.* Bockelmann Festschrift, 1979, S. 279, 282 ff.
74 Nachweise zum folgenden Text oben IV. 3. (Fn. 48 und 49).

前構成要件的目的達成意思ないし行為意思と故意・過失及び責任能力
―― 刑法における主観的ないし行為者的なもの３ ――

伊　東　研　祐

一　はじめに
二　前構成要件的行為と前構成要件的目的達成意思ないし行為意思
三　行為意思と故意
四　行為意思と過失
五　行為意思、故意・過失と責任能力
六　おわりに

一　はじめに

　現代の我が国の社会とその構成員とは、これまでの刑法ないし刑事法が歴史的に割り当てられて果たしてきた機能領域について、その実態及び実体に適合した新たな（極めて広い意味における「法」）制度を必要としているように思われる。その形態が如何なるものたるべきかは、また、その必要を根拠づけるものも、立場に拠り正に様々であることは、ここ暫くの（制度改革を目的とするものに限られない多くの）立法を含む各方面の議論の示すところであるが、そこにおいて妥当すべき核心的諸原則の中に「責任主義」就中「消極的責任主義」がなお含まれること、含まれざるを得ないことは、恐らく争いのないところであろう。社会構成員たる行為者にその責めに任ずべき事由が在って初めて、すなわち、行為者がある具体的状況下において特定の行態を採ったことに対して社会的ないし国家的な「非難」が可能であって初めて、「刑」の負科を典型例として含む強権的対応・対処が正統化されることになる。したがって、そこでは近代の（西欧的な）社会観・人間観を前提とした伝統的な刑事責任論における責任能力論や「意思の自由」を巡る議論に似た（あるいは、似て非なる）新たなものが必要とされることとなるが、その移行に係る視座の転換については、犯罪論の長い歴史と築かれた理論的成果の大山の前に、インセンティヴを見出すことも事実として容易ではな

い。理論的成果を精密化して論理的正確性を高めつつ展開・応用していくことは面白く、また、社会構成員の必要に応えることでもあり得ようが、しかし、構成員の「共生」の実現・確保を必要とするに至っている現代の日本社会における刑法理論学ないし理論刑法学の機能としては、些か安易で不十分といわざるを得ないであろう。もちろん、筆者も、偶然、（構成要件の主観的要素としての）故意・過失を（認容という情緒的な要素や）意思的要素を含まない認識レヴェルのものとして構成し、（従前それらにいわば当然に必要とされてきた）意思的要素を構成要件に先立つ「行為」の段階で考察する見解を（再）展開し始めたこと[1]等を契機に、改めて従前の視座及び理論的説明の検証を行い、その転換を試みる必要を強く覚えたに過ぎない。ただ、全地球的な気候変動の発生に象徴されるように、自らの意思的選択に基づく（社会的）営為の負の影響を免れ得なくなっている現代における構成員の「共生」状況に鑑みれば、それは必然的な要求の知覚ともいい得るであろう。

　浅田さんと初めて親しくお話ししたのは、四半世紀前1991年の刑法学会ワークショップ「環境刑法」の休憩時間であったと記憶している。未熟なオーガナイザーとして苦戦し疲労困憊していたところに、元気付けの御積もりで一声掛けて下さったのであるが、そのような関係とパターンとは現在に至るまで変わらない。若手だった門下の諸氏との暑い夏の数日間の集中的議論の機会を与えて戴いたことさえもある。感謝の念と共に、浅田さんらしい元気付けを改めて頂戴すべく、古稀をお祝いして本小稿を献呈させて戴く。

二　前構成要件的行為と前構成要件的目的達成意思 ないし行為意思

　構成要件によって犯罪論的に捕捉される前の段階における人の存在状態を一般的に「行為」と呼ぶとき、つまり、「罪」に該る前の、あるいは「罪」に該らない人の存在状態一般をも含めて「行為」を考えるとき、その統一的な規準として

1　伊東研祐「行為能力及び責任能力の犯罪体系論的内実規定と判断構造——刑法における主観的ないし行為者的なもの1——」『曽根威彦先生・田口守一先生古稀祝賀論文集［上巻］』（2014年）475～488頁、および、伊東研祐「故意と行為意思の犯罪体系論的内実規定——刑法における主観的ないし行為者的なもの2——」『川端博先生古稀記念論文集［上巻］』（2014年）269～282頁を参照されたい。

「意思」性、より正確には「目的志向」性を中心に据えることは如何なる範囲まで可能であろうか。筆者は、前掲の2論文において、前構成要件的な規定を必要とする「行為能力」を、幾つかの先行業績に鑑みて[2]、"行為者が、原因・動機は何であれ、自らが表象（認識ないし予見）したところを目的・目標として、その実現（発生ないし達成）に向けて諸々の因果連鎖・因果系列を設定・利用ないし被覆決定し制御する能力"とし、そのような目的ないし目標を達成しようとする意思である「行為意思」を規準として「行為」を定義したところであるが[3]、それが、あるいは新たな改めての説明を要することは、既に明らかであろう。たとえば、馴染みの反証例を借りていえば、ある人が睡眠している状態は、当該人の眠ろうとする意思のある先行状態からすれば関連する諸々の因果連鎖・因果系列の設定・制御等により意思的に志向・達成された目的（結果）として捉え得るが、その時点の状態としてだけ見れば意思性を欠くと思われるし、眠ること以外の何かをする意思のある先行状態からすれば関連する諸々の因果連鎖・因果系列の設定・制御等の欠如・失敗等により非意思的・非志向的に発生した結果として捉え得るからである。

　従前の議論から直ちに導き出される問題の第一は、（人の存在状態としての）行為を特定の一時点の（事実的）状態としてだけ見るということが妥当であるか、実体に適合したものであるか、あるいは、人の存在状態としての行為は「時間」との関連づけなしに捉えることはできないのではないか、（因果的な）「継承」ないし「連鎖」として捉えられるべきものなのではないかということである。形而上学的な、あるいは宇宙物理学的な知見を問われるようにも思われる難問であって、俄に答え得るものではないであろうが、本稿が扱う次元空間との関連におい

2　平場安治「行為意思と故意」佐伯千仞博士還暦祝賀『犯罪と刑罰（上）』（1968年）238頁以下、堀内捷三「行為意思と故意の関係について ―― 実行の着手時期への一つの視座」警察研究55巻8号（1983年）3頁以下、安田拓人「意思能力、行為能力、責任能力の関係」法学セミナー567号（2002年）21頁以下、仲道祐樹「責任能力①医療観察法から見る刑法理論」法学セミナー693号（2012年）126頁以下［高橋則夫＝杉本一敏＝仲道祐樹『理論刑法学入門－刑法理論の味わい方』（2014年）113頁以下］等の参照を求めた（前出註（1）・曽根＝田口古稀祝賀論集［上巻］480頁註9））。

3　なお、「いわゆる（主観的）目的的行為論における「行為」の定義に基本的に倣うものであるが、何らかの理由で生じた目的たる表象の達成に至る因果連鎖の制御・利用の連続性ないし有効性というところにむしろ主眼があるので、（動物的な）習性に因る／拠る生活活動も「行為」たり得る場合があることに留意されたい」とのコメントを付している（前出註（1）・曽根＝田口古稀祝賀論集［上巻］481頁註10））。

ては、人の存在状態としての行為は「時間」との関連づけなしに捉えることはできず、（因果的な）「継承」ないし「連鎖」として捉えられるべきである、と確認することが許されるであろう。人は、その存在が開始された時点から、存在の消滅の時点（死）に向かって常に生活しているのであり、時の流れと共にその中で存在しているからである。因果的な全体の移行の中で存在しているからである。その移行自体は、現時点では、勿論、意思的に設定されたものとはいい難いであろう。しかし、移行の中での存在・生活は、基本的に、意思的なものと捉え得る。たとえば、睡眠している間であっても、呼吸はしているのであり、呼吸は、意図・意識しなくとも行われるレヴェルにまで身体機能化されてはいるが、必要・不調の際には意思的ないし意識的・人為的に遂行される（ことも身体機能化されている）ものであり、最終的に遂行されなければ／遂行に失敗すれば存在が途絶するものだからである[4]。すなわち、将来の生存（死の延期）を目的とした既に身体機能化された意思的・意識的な活動が遂行されているのである。

　従前の議論における第二の問題は、自らが表象（認識ないし予見）した目的・目標の実現（発生ないし達成）に向けて（共に移行する）諸々の因果連鎖・因果系列を設定・利用ないし被覆決定し制御する過程において、表象（認識ないし予見）した事態の実現に成功した場合と、表象（認識ないし予見）したところ以外の事態が発生してしまった場合とを、等しく意思性・志向性を規準として「行為」と呼び得るか、ということであろうが、前構成要件的なレヴェルで考えている本稿の立場からすれば、特段の問題は存しない。いずれの場合においても、目的・目標の達成に対する意思性・志向性は当然に認められる。異なるのは、目的・目標の達成に向けた、ある時点において共に移行している多数の関連する因果連鎖・因果系列の（それらの法則性ないし方向性の意識的又無意識的な認識・予見に基づく）設定・制御等の（無意識にせよ）意思的な被覆決定の欠如・誤り・不足等に因る意思性・志向性の強度であり、その事後的な客観化たる事態（結果）である。たとえば、自動車の運転は一定の場所へ移動するという目的・目標をもって開始されるものであり、変化する体調・天候・自動車の調子・道路状況等々の多様な可能的事故要因ないし目的達成阻害的因果系列に無意識的にせよ対応した関連因果連鎖・因

---

[4] 従前は、瞬き等のいわゆる反射運動は行為に含まれないとされることが多かったが、この視座からは、反射運動のみならず、血液循環（心臓の拍動）等の不随意運動の多くも、脳神経疾患等に因り身体機能化自体に重大な障害が生じていない限りは、行為たり得ることになろう。

果系列の被覆決定・制御(運転)を行えば無事に目的・目標は達成されるが、対応しきれない関連因果連鎖・因果系列の被覆決定・制御(運転)しか行えなければ事故を起こして途中で移動できなくなるという事態を生じることに成り得るのである。

以上のように、構成要件的に分化して捉えられる以前の「行為」一般は、行為者自らが表象(認識ないし予見)した目的・目標の実現(発生ないし達成)に対する意思性ないし志向性とその強度ないし精度を規準として定義・説明することが可能であり、犯罪論体系的には、(いわゆる認容等の情緒的要素を含めた意味における)意思的要素を排除した「故意」及び「過失」の概念を(再)構築していく上での基盤を提供し得る。では、それらの実体は如何なるものとなるのであろうか。

三 行為意思と故意

故意犯における責任非難の対象ないし内容・構造が、正確性を一先ず措いて通例的な表現を借りて定式化したとき、"因果経緯を含む構成要件の客観的な要素の表象(認識ないし予見)[5]から生じる(べき)、自らの行おうとする行為の違法性の意識に基づく規範的障害(命令)にも拘わらず、これに(敢えて)従わずに当該違法行為に「出た」こと"にあるとするならば、そこには意思的な要素が不可避的に含まれることになる。それは、当該の違法と認識されて規範心理的に抵抗を覚える(べき)行為を採る/選ぶ/回避しない旨の「決意」ともいうべきものと捉えられている[6]。人の死亡というような表象した構成要件的結果の実現に向けて、被害者の胸部を狙って拳銃の引き金を引く/ナイフで刺す等、多数の関連因果連鎖・因果系列の意識的また無意識的な被覆決定・制御を最終的に開始することである。前構成要件的目的達成意思ないし行為意思において表象された目的ないし目標が構成要件的結果と一致している場合、前構成要件的のレヴェルの行為において既にそのような意思的制御が行われていることになるから、故意に意思的な要素を重ねて要求する必要はない。

しかしながら、行為意思において志向される目的・目標は、構成要件的に結果

---

5 以下では、「表象(認識ないし予見)」というこれまでの表現に替えて、慣用例に従い、「認識」「予見」「表象」を適宜互換的に用いる。
6 堀内・前出註(2)10頁を参照されたい。

として捉えられている（と構成し得る）ものであるとは限らないし、直接最終的に採ろうとする／選ぼうとする／回避しようとしない因果系列そのものも、構成要件的に捕捉されている（違法性を有し得る）ものとは限らない。たとえば、自己の老後の生活資金に年上の配偶者の死亡保険金を充てることを考え、高額な生命保険を適正に締結した上で、配偶者がいわゆる生活慣習病に成ること／既に罹っている生活慣習病が悪化することの間違いのない美味しい食事を初め、毎日を好きなことをして共に楽しく過ごし始めるというような行動選択は、現実にも有り得るであろう。すなわち、前構成要件的レヴェルにある行為意思における志向的決定は、当該の因果系列を敢えて採る／選ぶ／回避しない旨の「決意」ともいうべきものを必要とする、違法性の意識に基づいた規範的障害を認識した上でのものとは限らないのである。そこで、故意として改めて構成要件の客観的な要素の認識、特に構成要件的結果とそれに至る因果経緯との認識（表象ないし予見）とが必要になる。

　以上に述べてきたところからも明らかなとおり、故意犯は、認識した違法な構成要件的結果を意図的に惹起するのに適しているが故に禁止等される関連因果連鎖・因果系列の被覆決定・制御を行うことにおいて非難されるが、関連因果連鎖・因果系列の被覆決定・制御それ自体は、前構成要件レヴェルで行われる。すなわち、非難との関連においては、構成要件要素としての故意とは異なる責任の要素として、構成要件の客観的要素の認識から（現に採ったものとは別の表象・制御に至るに十分な）違法性の意識を喚起され得る能力、喚起された違法性の意識から規範的障害を喚起（認識ないし感知・感得）され得る能力、そして、これに従い得る能力が必要とされる一方で[7]、それらのような関連因果連鎖・因果系列の被覆決定・制御の規範的意味づけの前提として、関連し得る因果連鎖・因果系列等の法則性・方向性等を（無意識的・経験的にせよ）把握して推論し組合せ等して到達点を予測する能力が必要であることになる。この能力が（表象した目的・目標の達成に）十分ではない場合の形態・記述は多様であり得るが、少なくとも、表象した目的・目標をおよそ達成できないような関連因果連鎖・因果系列の被覆決定・制御が採られたような場合（人の死亡を惹起する手段に呪いを用いる、刺殺するのに安全カミソリで切りつける等々）は、故意が欠けると解される。故意が認められ

---

[7] 安田拓人「結びにかえて」－安田拓人（他）「故意と責任能力」刑事法ジャーナル41号（2014年）96-7頁が指摘するように、非難は仮定的な判断に基づいて行われるものである。

る場合においても、真に不十分な制御しかできない知的成熟度・認識能力あるいは資質という意味において、責任能力の減退ないし減少が認められ得るであろう[8]。

四　行為意思と過失

　過失犯おける責任非難の対象ないし内容・構造は、既に実定的な過失構造論等における立場の相違もあって捉え方は分かれ得るが、敢えて前構成要件的レヴェルにおいて記述するならば、"表象した目的・目標の達成に向けて現に採られた関連因果連鎖・因果系列の被覆決定・制御に因り、換言すれば、表象した目的・目標の達成に向けて採られるべき関連因果連鎖・因果系列の被覆決定・制御の欠如・誤り・不足等に因り、表象された目的・目標とは異なる事態を惹起したこと"になろう。しかし、改めて強調するまでもなく、その何処に非難の契機が存するのかを構成することは容易ではない。

　表象した目的・目標の達成との関連において「採られるべき」関連因果連鎖・因果系列の被覆決定・制御を採らなかったこと／採れなかったことが非難の契機といえばいい得るかもしれないが、表象した目的・目標は基本的に構成要件的結果との一致のないことが前提となっているから（一致する場合は原則的に故意犯の議論になる）、その表象（及び通常これに同時的に伴われる因果経緯の表象）からは違法性の意識・規範的障害は喚起されないのであって、「採られるべき」関連因果連鎖・因果系列の被覆決定・制御が如何なるものかは定かとはならず、その意味において、形式論理に止まる。文字どおり、現に採られた関連因果連鎖・因果系列の被覆決定・制御が、それ自体として、表象された目的・目標とは異なる事態を惹起してしまうものであるという意味において、表象した目的・目標の達成の為には不十分・不適切であるが故に、採られるべきではなかった、ということを、非難の内容と理解する他ないであろう。しかるときには、表象した目的・目標は、構成要件的結果には該らない適法領域に存するものであるが故に、その達成の追及が許されるのであって、その領域内に留まる為に十分で適切な関連因果連

8　なお、行為能力が低い為にあるいは障害があって表象が歪んでいる場合であって故意の問題のみならず責任能力の問題ともされるべきときについては、安田・前出註（7）97頁を参照されたい。

鎖・因果系列の被覆決定・制御が採られるべきであったにも拘わらず、（認識不足・判断の誤り等を含んだ）不適法ないし違法領域に存する事態を惹起する関連因果連鎖・因果系列の被覆決定・制御を採ったことが非難される、と考えるべきであろう[9]。前構成要件的レヴェルにおいては、表象した目的・目標を志向しつつも表象された目的・目標とは異なる事態を惹起する関連因果連鎖・因果系列の被覆決定・制御を採る（決意をした）ということについて、非難の契機を見出すことは困難であるが、現に採った関連因果連鎖・因果系列の被覆決定・制御は本来的に一定の構成要件的結果に至る危険であることが予見できる、それにも拘わらず「出た」という意味において、非難可能であろう。そこで、過失として改めて構成要件の客観的な要素の認識の可能性、特に構成要件的結果とそれに至る因果経緯との認識（表象ないし予見）可能性とが必要になる。表象した目的・目標と因果経緯とを通じた、構成要件的結果とそれに至る因果経緯との認識（表象ないし予見）可能性とが必要になる。

　過失犯においては、したがって、故意犯の場合にもいわば増して、関連し得る因果連鎖・因果系列等の法則性・方向性等を（無意識的・経験的にせよ）把握して推論し組合せ等して到達点を予測する能力が必要であることになる。この能力が（表象した目的・目標の達成に、換言すれば、表象しなかった事態の可能的発生の諸場合の予測・包摂に）十分ではない場合の形態・記述は多様であり得るが、少なくとも、表象なしに惹起した事態に至る危険をおよそ顧慮していないような関連因果連鎖・因果系列の被覆決定・制御しか採れない場合（睡眠不足状態で眠気覚ましに高カフェイン含有飲料を飲みながら自動車を運転中、突然、自覚症状のない疾病に因り初めて失神を経験し、対向車に衝突してその運転者を死亡させた等）は、過失が欠けると解される。過失が認められる場合においても、真に不十分な制御しかできない知的成熟度・認識能力あるいは資質という意味において、責任能力の減退ないし減少が認められ得るであろう。

9　たとえば、自動車を運転して（無事に）遠く離れた目的地まで行く予定であったにも拘わらず、前夜一睡もしないまま漫然とハンドルを握った為、走行中に瞬時居眠りをして／気を失って／心筋梗塞・脳梗塞を起こして反対車線にはみ出して対向車と正面衝突し、その運転者を死亡させた、というような場合を想定されたい。

五　行為意思、故意・過失と責任能力

　故意・過失は、上に述べてきたとおり、構成要件の客観的要素の認識から直接または間接に違法性の意識[10]を喚起し得る／喚起され得る能力、喚起され得る（はずの）違法性の意識から規範的障害を喚起し得る／喚起され得る／認識（感知ないし認知）し得る能力、そして、これに従い得る能力の存在を前提として、特定の行為（罪）を採った／選んだ／回避しなかったことに対する非難の契機の存否を確定するものである。前構成要件的目的達成意思ないし行為意思の客観化が法的に許されないものであることを認識すべきであったか否かを確定するものである。これに対し、責任能力は、現在の判例・学説の主流に拠れば、事理弁識能力（事物の理非善悪を弁識する能力）と行動制御能力（弁識したところに従って行動する能力）から成る有責行為能力として、特定の行為（罪）を採った／選んだ／回避しなかったことに対して現実に非難を加え得るか、如何なる程度に加え得るかということを判断する前提となるものである[11]。前構成要件的目的達成意思ない

10　本稿では、法的に許されないこと（法的不許容性）の認識、法規範に違背していることの（法違背性）の認識等とほぼ同義に用いている。実定法的にいえば、刑法38条1項本文にいう「罪を犯す意思」に含まれる「罪を犯す意識」ないし「刑事不法を行う意識」ということになろう。

11　敢えて確認的に述べれば、現在の判例・学説は、責任能力の存否および程度に関する判断方法やその基準・効果等を、刑法39条1項の「心神喪失」及び同条2項の「心神耗弱」との関連、ならびに、41条の「責任年齢」との関連において解釈し、また理論構成している。すなわち、39条1項は「心神喪失者の行為は、罰しない。」と規定し、同条2項は「心神耗弱者の行為は、その刑を減軽する。」と規定するが、それぞれ、「心神喪失」及び「心神耗弱」という実定刑法に固有の概念を用いた責任阻却事由と責任減軽（を根拠とする処罰減軽）事由とを定めるものと解されており、両事由の定義ないし解釈において、「心神喪失ト心神耗弱トハ孰レモ精神障礙ノ態様ニ屬スルモノナリト雖其ノ程度ヲ異ニスルモノニシテ即チ前者ハ精神ノ障礙ニ因リ事物ノ理非善悪ヲ辨識スルノ能力ナク又ハ此ノ辨識ニ從テ行動スル能力ナキ状態ヲ指稱シ後者ハ精神ノ障礙未タ上敍ノ能力ヲ缺如スル程度ニ達セサルモ其ノ能力著シク減退セル状態ヲ指稱スルモノナリトス」（大判昭和6年12月3日刑集10巻682頁）として、責任能力の欠如と低減ないし減退という判断を取り込むこととしている。精神の障害が原因となって事理弁識能力又は行動制御能力の一方又は双方の欠如する状態、すなわち、精神の障害が原因となって責任能力の欠如する状態で行われた行為が、「心神喪失」者の行為として責任が阻却され、罪とならず、したがって、刑を科されないこととなり（39条1項）、精神の障害が原因となって責任能力の著しく減退した状態で行われた行為が、「心神耗弱」者の行為として責任が減軽され、罪とはなるが、刑を減軽されることとなる（39条2項）。また、41条は、「14歳に満たない者の行為は、罰しない。」と規定し、「心神喪失」者・「心神耗弱」者のいずれにも該当せず、事実的には上述の意味における（完全な）責任能力を認め得る行為者であっても、14歳未満という年齢により一律に責任阻却という効果を認めるもの、精神的な未成熟等の故に責任能力を有しないものとして扱う特則を定めていると解されることとなる。本稿の立場からすれば、行為能力の不十分さを年齢で定型化して対応していると

し行為意思の客観化が法的に許されないものであることを認識し得たか、その認識に従って行動し得たか否かを確定するものである。その意味においては、責任能力は故意・過失の前提といい得る。そして、行為能力ないし行為意思は、故意・過失の前提といい得るから、責任能力の前提でもある。

　すなわち、行為意思は、(客観的・法的には「罪」である場合を含んだ) 目的・目標の実現・達成を志向する積極的な意思的推進力 (を生み出すもの) として捉えられるが、責任能力を上述した意味における事理弁識能力と行動制御能力とから成るものと捉える場合、責任能力は、目的・目標の実現・達成を志向する積極的な意思的推進傾向に対して (為そうとする行為の違法性が認識され得た場合に、それを原因ないし契機として) 抑止的・抑制的に対抗する意思的制動力 (を生み出すもの) であることとなる。両能力は、犯罪論的には異なった次元でいわば逆方向に機能するものとして観念されるが、それらは同一の表象を巡って異なった視座・コンテクストにおいて同時的に錯綜して行われるものに過ぎず、積極的な意思的推進力とこれに抑止的・抑制的に対抗する意思的制動力との (状況依存的で) 相対的な優劣・強弱により、行為意思の客観化としての行為が発現することとなる。言語的に記述された犯罪構成要件との対照である故意・過失を通じて得られる意味認識・評価等を基礎としてその発現を抑止・抑制し得るだけの責任能力を有し、社会構成員として抑止・抑制すべきであったにも拘わらず、そうしなかったが故に、「非難」される／責任ありとされるのであり、積極的に発現させた (選択肢としての犯罪を選んだ) が故に非難される訳ではない。また、抑止・抑制は、基本的に、いわば目的表象の放棄ないし修正によって行われ得るものであって、新たな表象 (法適合行為) との置換等の積極的なものまでは要しないことになる。しかし、行為能力が不十分／未発達ないし減退した状態においては、目的表象の放棄ないし修正の際に誤り・歪みが生じ、基体の一部 (事理弁識) を共通にする責任能力の抑止的・抑制的に対抗する意思的制動力が十分に機能し得ない場合が少なくないことになる。そのようにして発現した犯罪行為を根拠とする刑罰負科は、既に明らかなように、積極的特別予防の観点からは元より、積極的一般予防の観点からも、正統化また正当化することが困難である。

　　　　もいい得るものが41条ということになる。

六　おわりに

　責任主義に立脚した刑法制度ないし刑事司法制度は、西欧近代国家社会とその精神を担った社会構成員の行動とを前提としている。敢えていえば、平等で独立した、合理的あるいは理性的判断に基づき自由に行動し得る諸個人から成る活動的な国家共同体を予定している。しかし、構成員間における経済的格差が著しく拡大し、少子高齢化等の一層の進行に伴い身心共に疲弊依存しきった現在の日本の実態は、そこからは遙かに隔たったところにある。責任主義の予定する身心能力を有する（行為）主体が事実として減少し続け、刑の執行の場面（行刑・矯正・更生）まで視野に入れるならば、刑事司法制度は（福祉・介護領域からの協力なしには）最早立ち行かなくなっている。責任主義に基づく刑罰制度が、歴史に鑑みて、全く新たな制度とは置換できないとすれば、それを正統に機能し得る限度において包摂したハイブリッドな制度・社会システムを構築する必要があろう。本稿は、犯罪論において、その必要性を示し、方向性を探る一つの試みである。

危険の現実化論について
―― 注意規範の保護目的との関連で ――

安 達 光 治

一　はじめに
二　注意規範保護目的論
三　オートリア刑法における違法性連関論
四　結びにかえて

一　はじめに

1　不作為の因果関係の意義

　三菱自工タイヤ脱落事件最高裁決定（最決平成24年2月8日刑集66巻4号200頁）は、不作為の因果関係に関し注目すべき判断を含むものであった[1]。

　本件は、トラックの走行中に、ハブと呼ばれる前輪のタイヤホイールと前輪とを接合する部品が輪切り破損を起こしたため、左前輪がブレーキドラムごと脱落して左前方の歩道上にいた女性に激突し、この女性を頭がい骨骨折などにより死亡させるとともに、女性の子ども2名に各全治約7日間の傷害を負わせた事故（瀬谷事故）に関し、自動車メーカーの品質管理部門の担当責任者であった2名が業務上過失致死傷罪に問われたというものである。本件事故当時トラックに装備されていたハブ（Dハブ）には強度不足のおそれがあり、これが事故の直接の原因である輪切り破損につながった可能性があるとされる。これに対し、事故当時

1　本決定では、事故の予見可能性および被告人らの注意義務の内容の確定が因果関係の判断に先行しており、これらの検討を通じた被告人らの注意義務違反の確定が、本件事故における結果回避可能性ないしは義務の履行と結果発生の因果関係の前提となっている。このように、注意義務を結果回避義務とみて結果回避可能性を注意義務の前提とする立場を取らないことに加え、結果回避可能性を因果関係の内容とはせず、注意義務の後でかつ因果関係の前に位置付けていることに本決定を見出す見解として、林幹人「結果回避可能性と『危険の現実化』――最高裁平成24年2月8日決定を契機として――」町野朔先生古希記念（信山社、2014年）174頁以下（本稿ではこの問題には立ち入らない）。なお、本件については多数の評釈類が公刊されているが、紙幅の都合上、最小限の言及にとどめざるを得なかった。

はDハブの対策品として強度を増大させたFハブがすでにこの会社のトラックやバスに装備されてきていた[2]。そして、Fハブによる輪切り破損事故は、本件瀬谷事故発生時点では1件のみと、Dハブの場合と比較してきわめて少ないことからすると、本件事故以前の段階で、被告人らがDハブを使用していた車両についてリコールを実施するなどの改善措置を講じれば、本件事故車両についても改良型のFハブに交換されており、そうしていれば本件事故は起こらなかったはずであるから、被告人らが事前に事故情報を把握しながら対策措置を講じなかった不作為と[3]、本件結果との間には因果関係が認められるはずである。不作為の因果関係につきいわゆる「十中八九基準」に依拠する従来の判例の立場からはそのように考えられるし[4]、本件の原判決でも、被告人らの過失を認める前提として、「Dハブの強度不足の疑いによりリコールをしておけば、Dハブの輪切り破損による本件瀬谷事故は確実に発生していなかった」とされ、同様の考え方が示されている。

このような考え方に対し、最高裁は、「Dハブにつきリコールを実施するなどの改善措置が講じられ、Fハブが装備されるなどしていれば、本件瀬谷事故車両につき、ハブの輪切り破損事故それ自体を防ぐことができたか、あるいは、輪切り破損事故が起こったとしても、その時期は本件瀬谷事故とは異なるものになったといえ、結果回避可能性自体は肯定し得る」としつつ、「被告人両名に課される義務は、…あくまで強度不足に起因するDハブの輪切り破損事故が更に発生することを防止すべき業務上の注意義務である。Dハブに強度不足があったとはいえず、本件瀬谷事故がDハブの強度不足に起因するものと認められないと

---

2 この会社が製造するトラックやバスで使用していたハブは、本件事故当時、年代順にA、B、C、D、D′、E、Fの通称の付された7種類のものがあったが、いずれについても、フランジ部に亀裂が入り、これが進展して輪切り状に破損した場合には（輪切り破損）、前輪タイヤがホイールやブレーキドラムごと脱落する構造になっていた（刑集66巻4号203頁参照）。
3 最高裁の事実に関する説示によると、本件事故以前に、この会社のDハブを使用したバスが走行中に同様のタイヤ脱落事故を起こしたことがあり（中国JRバス事故）、その際、この会社は当時の運輸省の担当官から事故原因の調査・報告を求められ、被告人らはそれぞれ、一方が「他に同種不具合の発生はなく多発性はないので処置は不要とする」などとする内容を盛り込んだ運輸省担当官宛の報告書を作成し、他方がそれを了承したとされる（刑集66巻4号205頁参照）。それゆえ、両名はDハブの輪切り破損に起因する車両のタイヤ脱落事故を、本件事故以前に把握していたことになる。
4 「十中八九」の具体的意味に関し比較的詳細に検討したものとして、安達光治「不作の因果関係・殺人罪と保護責任者遺棄致死罪との関係」松宮孝明〔編〕『判例刑法演習』（法律文化社、2015年）33頁以下を参照。

いうのであれば、本件瀬谷事故は、被告人両名の上記義務違反に基づく危険が現実化したものとはいえないから、被告人両名の上記義務違反と本件瀬谷事故との間の因果関係を認めることはできない」と判示し、それを前提に、「この点に関する上記原判決の説示は相当でない」と批判した。すなわち、不作為の因果関係についても、従来言われていたような「作為義務の履行による結果発生の確実な防止」という関係に加え、「作為義務違反に基づく危険の発生結果への現実化」が必要とされるに至ったのである[5]。このような危険の現実化論について、調査官解説では、「行為の危険性を重視しつつ、発生した結果との結び付きの強さを『行為の危険が現実化した』と評価できるかどうかという観点から実質的に検討する従前の判例の態度を踏まえた判断」[6]との見方が示されている。

2　危険の現実化論の意味

ここにいう危険の現実化の判断の中には、注意義務の目的、より正確には、注意義務を課す規範の目的と発生結果との関係という、従来の因果関係論ではあまり明確に意識されてこなかった視角が含まれているのではないかと思われるのである。本件において、Dハブに強度不足の疑いが認められるにもかかわらず、これをリコールすることそのものが争点となった背景には、本件事故以前に生じたDハブの輪切り破損によるタイヤ脱落事故の原因につき、Dハブの異常摩耗が原因であるとの見方（摩耗原因説）が被告人らにおいて一定共有されていたことがある。そして、Dハブの輪切り破損事故が、ハブにもともとあった強度不足の瑕疵ではなく、長年整備をしないまま摩耗したことによるものである場合には、Dハブの輪切り破損事故の報告を受けながらリコールを行わなかった被告人らの注意義務違反に基づく危険が発生結果に現実化したとはいえないという説示の背後には、メーカー側に対するリコール義務は、製品の原始的な瑕疵ないしは不具合による事故の防止を目的とするものとの考え方があるように思われる（道路運送車両法63条の３を参照のこと）。たとえば、整備不良など、ユーザー側の事情に基づく事故の防止ついては、通常、リコールの義務の目的には含まれない。メーカーの責任は原則として、製品の品質保証にあり、市場に出回った製品につ

---

[5]　このような危険の現実化論の意義に関しては、山口厚『刑法総論〔第３版〕』（有斐閣、2016年）60頁以下を参照。
[6]　矢野直邦「最判解（平成24年度）」87頁。

いてそれを超えた義務が課されることはないといえるからである[7]。この場合、製造者にリコールを怠った義務違反があったとしても、結果は注意義務（ここではリコール義務）を課す規範の目的外で発生したものであり、それゆえに、たとえ注意義務違反行為と結果発生に因果関係があるとみられる場合でも、当該注意義務違反行為によって生じた危険が現実化したものとは判断されないのだと考えられる[8]。

このように、危険の現実化の判断において、行為者の違反した注意規範の目的を勘案する思考法は、ドイツにおいて客観的帰属論の枠組みで展開された注意規範保護目的論に通じるものがある[9]。さらに、こうした考え方は、オーストリアにおいても、違法性連関論ないしは危険連関論として客観的結果帰属論の一環として発展を遂げている[10]。他方、特に我が国では、客観的帰属論に対し、因果関係の判断に多様な犯罪論の視点を持ち込むことでこれを過度に規範化するものであり明確性が欠けるものとして、消極的な評価が根強くある[11]。また、とりわけ注意規範保護目的論に対しては、それは実質的には、相当因果関係そのものであるとの評価がある[12]。いずれも、客観的帰属論、ないしはそこで展開されている帰属判断基準の理論的な妥当性と有用性を問うものと解することができる。こう

---

7 もっとも、いわゆる「パロマ湯沸器事件」（東京地判平成22年5月11日判タ1328号241頁）にみられたように、少なからぬユーザーにおいて不正改造が行われているという事実をメーカーが把握した場合に、それがユーザーの生命身体にかかわる事故につながるものであれば、それにつき注意喚起を促す義務はあるといえるかもしれない。それは、製品にかかわる情報の独占といった、製品の製造・出荷に派生する義務といえる。

8 もっとも、Dハブの強度不足と摩耗が競合して発生した事故については、リコール義務違反によって生じた危険が現実化したと考える余地はあろう（北川佳世子「最近の過失裁判例に寄せて（1）」法曹時報65巻6号（2013年）6頁）。

9 松宮孝明「判批」立命館法学343号（2012年）616頁は、「本決定は、従来から『客観的帰属論』のひとつの具体化として主張されてきた、このような『保護目的』ないし『保護範囲』の考え方を、実質的に採用した初の最高裁判例であるといえる」とする。なお、注意規範の保護目的論の意義については、安達光治「客観的帰属論の展開とその課題（3）」立命館法学270号（2000年）405頁以下を参照。

10 オーストリア刑法における客観的結果帰属論に関する包括的な研究として、Andrea Reitmaier, Die objektive Zurechnung im österreichischen Strafrecht, 1998.

11 たとえば、大塚仁『刑法概説（総論）〔第4版〕』（有斐閣、2008年）232頁、大谷實『刑法講義総論〔新版第4版〕』（成文堂、2012年）204頁以下、曽根威彦『刑法における結果帰属の理論』（成文堂、2012年）153頁。浅田和茂『刑法総論〔補訂版〕』（成文堂、2007年）139頁も、「客観的帰属論が、因果関係の問題を規範的評価を加えて解決しようとする姿勢は、因果関係はあくまでも事実的問題であるという本書の立場からは、疑問とせざるをえない」と述べる。

12 小林憲太郎『因果関係と客観的帰属』（弘文堂、2003年）153頁以下。

した批判に鑑みつつ、本稿では、ここで提起されている問題が客観的帰属論の理解的有用性を示す一場面であるとの立場から若干の考察を行う。具体的には、注意規範保護目的論について簡単に見たうえで（二）、この理論の構成要件論からみた意義を明らかにするために、オーストリアの違法性連関論のルーツについて考察する（三）。そのうえで、終わりに近時の最高裁裁判例に関し若干の検討も試みる（四）。

二　注意規範保護目的論

1　理論的意義
（1）具体的内容
　注意規範保護目的論とは、行為者が特定の注意規則に違反した態度をとることで、発生結果に対する危険を著しく増大させているが、行為者の違反した注意規則そのものは当該結果の防止を目的とはしていない場合を指す。つまり、行為者が違反した注意規範は発生結果を直接には保護するものでないため、行為者の注意規範違反の態度と発生結果の関係が問題となるのである。ここで重要なことは、行為者が当該注意規則遵守していれば、結果はほぼ確実に防止できたという関係があることを前提にしていることである。この点で、行為者が義務に従った態度をとっていたとしても、同様の結果が（確実さの程度には幅があるものの）発生していたという関係を前提にする「合法的（合義務的）態度の代置」の問題とは事情を異にする（もちろん、周知のとおり、規範の保護目的論は、全体としては、この問題にも対応するものではある）。この問題は、ライヒ裁判所の「二人の自転車乗り事件」判決（RGSt 63, 392）をきっかけに意識されるようになった。
（2）二人の自転車乗り事件
　この事件では、被告人であるJとPの2人の兄弟が暗い夜に無灯火の自転車で道路を走行していたが、Pが右側を、Jがその左斜め後方で道路の真ん中あたりを走行していた。道路の分岐のところで、風雨のため顔を下向けにして走っていたJの自転車と、対向してきた同様に無灯火のKの自転車が衝突した。Kは自転車から落ちてしばらく意識を失った状態でそこに倒れていたが、その後立ち上がってすぐに側溝にはまったものの、被告人らが彼を助けてから去った後、また自転車に乗って2kmほど行ったところで道から外れてしまい、水車用水路に

落ちて溺死した。Kは衝突の際に脳内出血を伴う頭蓋骨骨折の傷害を負っており、おそらくそれだけでも死に至っていたであろうとされる。しかし、彼は結果として、「酔っぱらいのように」朦朧とした状態であり、その結果として道から外れて水路に落ちてしまい、水深わずか75cmのところから立ち上がることすらできず、溺れてしまった。

　Pの刑事責任について、第１審の陪審裁判所が道路交通規則違反についてのみ有罪とし、過失致死については無罪としていたところ、この無罪部分に対して検察官から上告があったが、ライヒ裁判所はこれを退けた。まず、不作為と侵害結果との間の原因連関は、発生結果が欠落することなしには、当該不作為を取り除いて考えることはできない、より精確には、行われなかった作為を付け加えて考えることができない（要するに、行為者が作為をしていれば結果は発生しなかった）場合に認められるとされる。これにつき、Pが灯火をしていれば、その後ろを走るJにKは気づき衝突を避けていたであろうということは、認定可能でないものとなされる。これに対し、JはPの灯火では、対向してくるKに気付かず、衝突を避けなかったかについて原判決では述べられていない。このことが認定されていただけでも、被告人Pの過失致死による有罪判決は、法的に排除されていたであろう。

　しかしながら、不作為による可罰的結果の惹起の場合、不作為の違法性が特に論じられる必要がある。不作為によって権利侵害結果を惹起する者は、作為により結果発生を防止できる状況にあったというだけでなく、防止が制定法ないしは慣習法により命じられていたことによってであれ、防止に対する義務が契約ないしは一貫した行為により引き受けられていたことによってであれ、特別な事例において法的に義務付けられてもいた場合にのみ、結果発生について刑法上答責的とされ得る。そのような義務は、被告人Pについては存在しなかった。たしかに彼は、公共の交通安全を危殆化しないように振る舞わなければならなかった。しかし、彼は、あらゆる他の道路利用者と同様、自分の兄弟の走行に付き添い、その自転車と行く先を照らし、それによって彼とKが互いに注意し合うようにし、ないしはそれ以外に、自分の兄弟が他の者と衝突し、その者に生命の危険をもたらすことのないように配慮する法的義務は有しない。そのような法的義務を根拠づけ得る特別な事情は、認定された事実においては存在しない。Pが灯火をしないという不作為が、Pの死に対する原因とみなし得たとしても、不作為の違

法性が欠けるために、被告人Ｐの刑法上の答責性は欠如し、それゆえ過失致死についての無罪は結論として正当化される。ライヒ裁判所はこのように判示した。

2　客観的帰属論における展開

二人の自転車乗り事件では、灯火義務に違反した被告人につき、その義務が他の交通関与者同士の衝突事故を防止することを内容とするものではないことから、衝突した自転車の進路を照らす義務はないとして、義務違反と結果の間の因果関係の有無にかかわらず、過失致死としては無罪とされた。もっとも、そのような義務の有無は、ここでは不作為の違法性の枠組みで論じられており、過失致死罪の構成要件該当性の基礎となる注意義務の問題とは位置付けられていない。これに対し、このような義務の目的ないしは範囲の問題を、注意義務の保護目的ないしは保護範囲の問題として、過失犯の構成要件該当性の枠組みで検討するのが、現代の客観的帰属論である。

注意規範保護目的論をドイツの刑法解釈学において有力に展開したのは、周知のとおりロクシンである。ロクシンはこの理論を、自らの客観的帰属論の理論枠組みのうち、許されない危険の実現に位置付ける。二人の自転車乗り事件に関し、彼は、「灯火命令の目的は、自分の自転車に直接由来する事故の防止にあるのであり、他の自転車乗りを照らし、その第三者との衝突を回避することにあるわけではない」ことを理由に、禁じられた無灯火での走行が、一緒に走っている自転車乗りが事故を惹起する危険を著しく高めているとするにもかかわらず、「結果の帰属はナンセンスなものにみえる」とする[13]。この場合、行為者の態度は結果発生の危険を著しく高めており、結果は予見可能なものであって、その意味で義務違反の態度を結果発生の間には相当な関係が認められるが、それにもかかわらず、結果発生が行為者の違反した注意規範の目的にカバーされない場合には、注意義務違反と結果の間に関連性はないことから、結果の客観的帰属は阻却されることになる[14]。すなわち、注意規範保護目的論は、相当因果関係説の内容を超えた判断枠組みを示すものといえる[15]。このような注意規範保護目的論は、

---

[13] Claus Roxin, Strafrecht Allgemeiner Teil Band I 4. Aufl., 2006, §11 B Rn. 85. ここでは、歯科医師事件（BGHSt 21, 59）における全身麻酔による抜歯の際に、歯科医師が内科医に患者の麻酔の適性ついて照会する義務も併せて取り上げられている。
[14] Roxin, a.a.O. (Fn. 13), Rn. 86.
[15] この点につき、安達・前掲（注9）406頁以下。

様々なバリエーションを形作りながらも、ドイツの学説において共有されるようになっている[16]。

三 オートリア刑法における違法性連関論

1 違法性連関の不存在により過失犯の成立を否定した判例

ここではまず、違法性連関論の意義を確認するために、違法性連関の不存在から、義務違反の態度をとっていた被告人につき無罪としたオーストリア最高裁（OGH）の裁判例について紹介、検討する[17]。そのうえで、違法性連関論の基となった概念につき、主として系譜的観点から考察することとする。なお、ここでは「過失犯」という用語を用いているが、オーストリアでは1975年施行の改正刑法典まで明文の過失致死罪の規定がなく、335条の生命の安全に対する軽罪で対応されていたことに留意されたい[18]。

（1） OGH, SSt, 27, Nr. 22（1956年4月24日判決）

この事件は、運転に必要な資格を持たない人物にオートバイを譲渡した行為が、後に運転者が起こした死傷事故につき、生命の安全に対する軽罪（335条）を構成するかが問題となったものである。以下、判決を紹介する。

原判決の認定によると、被告人は、義兄弟Rと自分のオートバイを売ることについて合意し、Rが免許取得のための走行試験に合格するはずであった日の数日前に試し乗りのためにこのオートバイを渡したが、その際に、すでに試験に合格したかを確認していなかった。その後、Rは何度か走行したところで転倒してしまい、それによりRは死亡し、同乗していたKは軽い傷害を負った。第1審が認定したように、このとき、Rはオートバイを運転するのに必要な知識は有していた。そして、この事故はひとえに、被告人は冷静な人物だと思っていたRが運転の際にアルコールの影響を受けており、そのような状態でオートバイに対する制御を失ってしまったことによるものである。

---

16 規範の保護目的論につき包括的に検討したものとして、Wilhelm Degener, „Die Lehre vom Schutzzweck der Norm" und die strafrechtlichen Erfolgsdelikte, 2001. 山中敬一『刑法における因果関係と帰属』（成文堂、1984年）286頁以下も参照。
17 肯定例も含めた判例について、山中敬一『刑法における客観的帰属の理論』（成文堂、1997年）321頁以下。
18 Reitmaier, a.a.O. (Fn. 10), S. 33 f.

それにもかかわらず、第1審は、被告人を刑法335条により有罪としたが、その理由は、彼がRに運転免許を保有しているかを確認せずにオートバイを譲渡することで1947年の自動車運転規則101条2項の規定に違反しており、それにより当該結果を過失で共同惹起したというものである。このような判決に対し、刑訴法281条5項及び9項aの無効事由に依拠した被告人からの申し立ては、すでに後者の事由からして、それが被告人の過失を認めたことを争う限りで正当なものである。

　まず、自動車を運転する資格のない人物に対し自動車を譲渡することは、行政法規違反を基礎付けるが、この人物がたとえ資格がないにせよ、自動車を運転する能力があり、またそれ以外の適性もある（自動車法57条）ことを行為者は意識しており、または少なくともそのように想定することが正当である場合には、刑法335条による過失を根拠付けえないという点で、被告人の当該申し立てに賛同される。というのも、そのような場合、行為者には自己の行為の危険性の認識が欠けるからである（OGH, SSt. 13, Nr. 98）。それゆえ、第1審は過失を認めるのに、被告人が、オートバイを運転することについてのRの資格に配慮しなかったことを認定するだけでは十分ではあり得ず、むしろRが運転の能力を有していたと根拠をもって想定したことについての被告人の責任につき、態度決定をしなければならなかったのである。しかしながら、このことを措くとしても、刑法335条の軽罪の客観的構成要件からして存在していない。少なくとも、被告人の行為と発生結果の間の因果連関は存在する。というのも、被告人が1947年の自動車運転規則101条の規定に違反して、オートバイを運転資格のないRに引き渡していなければ、彼はこのオートバイを運転する状況にはなっておらず、そのため事故を引き起こすこともなかったからである。

　しかし、被告人の禁止違反の行為と発生結果との違法性連関は欠如している。行為形象（Tatbild）に特殊な意味における違法性が存在していなければならないという一般原則は、刑法335条の規定についても妥当するからである。ある者が過失で禁止に違反したという事情は、たしかに具体的に彼にとって予見可能でなかった結果についても彼を答責的とするものであるが、それは禁止がその阻止のために妥当するもののみである。それ以外の責任非難と合致しない結果についても行為者を答責的としようとすることは、責任刑法の枠組みでは主張可能ではない。

1947年の自動車運転規則の意味と目的は、自動車を運転する（精神的ないしは技術的な）適性が欠けている者が、それにもかかわらず、自動車を運転する事態となることを阻止することである。それゆえ、本件事案では、被告人がRに対しオートバイの運転についての能力に配慮することなくオートバイを引き渡した場合に、例えばRがオートバイの運転に必要な能力の欠如から惹起したような事故についてであれば、たしかに刑法上答責的であろう。すなわち、例えばRが大酒飲みであったとして、彼に対しては、そのような理由から人格上の信頼性が欠如するために運転免許の発行が拒絶されていたとするならば、被告人は事故につき答責的とされていたであろう。しかし、第1審はそのような方向での認定はしていない。調書に照らしても、そのような認定の契機、ないしは被告人がRは酩酊状態で運転を行うことを予見し得たことについての契機は存在しなかった。それゆえ、事故は被告人にとって具体的に予見可能でなかっただけでなく、そもそも、発生した事故は、被告人が有責に違反した禁止とは、いかなる関係にもなかったである。したがって、彼は行政法規違反ついては責任があるが、刑法335条による軽罪についての責任はないのである。

（2）OGH, SSt, 29, Nr. 70（1958年11月13日判決）

この事件は、12歳に満たない少年が大人の付き添いなしに自転車を運転していた際に、他の交通関与者の責任で引き起こされた死亡事故につき、少年の親の刑法上の責任が問題となったものである。11歳の少年 G. W が遣いに行くために自転車を運転していたところ、左折を試みる際、共同被告人 K がはるか前方から対向してくるのを見た後、後方から自転車が来ていないか確かめるために後ろを振り返った。このとき、G. W の自転車はすでに8.5m ほど左に曲がっていた。彼が道路のほぼ中央に差し掛かる前に、K の乗用車が自分から比較的近い距離に来ているのを見たとき、彼はブレーキを掛けて減速し、彼から見てなお右側の車線で停車した。K は少年が曲がってきたことに対し、自分の車を右側に向けてブレーキを掛けることで反応した。しかし、K は自車を車道から歩道に乗り入れさせ、街路樹にぶつかった。これにより自動車は後ろに飛ばされ、木から1.5m のところで道路に垂直に止まった。そのときちょうど歩道を歩いていた B は、K の車に巻き込まれ、道路脇の斜面まで飛ばされて、そこでの傷害により死亡した。このような事案につき、OGH は以下のような判断を示した。

被告人 K について、第1審は、スピードを出しすぎており、必要な注意を

怠ったため、ブレーキを掛けるのが遅きに失したことを理由に、刑法335条の軽罪により有罪とした。G. W の父親である被告人 J. W は、同様の軽罪での起訴に対し、彼は当時11歳の息子の G. W が大人の付き添いなく自転車で道路を利用させ、この12歳に満たない子供の法定代理人として、道路交通警察法56条1項により必要とされる官庁の許可を得ることなく道路交通に関与させたことについては、無罪とされた。これに対し、検察官は J. W の無罪判決は無効であるとの異議を提起した。

　OGH は、検察官の無効の意義には根拠がないとした。第1審が認定したように、G. W が左折を試みようとしているとき、彼は K の運転する乗用車が対向してくるのに直面して自分の自転車を道路の中央に至る前に停車し、K に対し道路警察法17条5項により認められる優先を尊重している。すなわち、G. W はその限りで、直面した交通状況と交通規則に即して振る舞っていた。彼が12歳に満たない者として官庁の許可なく単独で交通に関与したことには、疑いなく、道路交通警察法56条1項の規定等の違反がある。被告人 K の態度についてのみ、この違反は意味を持たない。なぜなら、交通状況はこのような禁止に対し、年少者について規定された自転車交通への関与の許可が与えられたに他ならない形で提示されるからである。

　12歳未満の子どもの、上で引用した規定の意味における特別な官庁の許可のない自転車交通への関与の禁止の目的は、身体的、精神的発育の状態により、自転車を安全かつ交通規則に従って運転する状態に通常はまだない自転車乗りを公の交通路から遠ざけておくことである。しかし、本件では年若い自転車乗りである G. W の、交通状況及び交通規則に従って振る舞うことへの無能力は、発生した事故の原因ではなく、むしろこの事故は、第1審の認定によれば、彼に対しこの種の非難を行うことができないにもかかわらず、発生したものであり、被告人 J. W の、自分の12歳に満たない息子 G. W のために自転車交通への関与のための特別な許可を取ってやることの不作為と、発生した事故との間の必要な違法性連関が欠ける。というのも、刑法335条の規定についても、行為形象（Tatbild）の意味において特殊な違法性が存在していなければならないという一般命題が妥当するからである。ある者が過失により禁止に違反するという事情は、その防止のために禁止が発令されるような結果についてのみ、その者を答責的とする。あらゆるその他の責任非難に対応しない結果についても責任を問おうとするならば、

すなわち、起訴においては、自分の息子の自転車操縦に対する能力を証明する官庁の許可を取ることを怠ったことだけをもって非難された被告人 J.W に対し、息子の自転車操縦に対する能力の欠如には帰せられない事故について責任を負うものとしようとするならば、それは、オーストリア刑法典によって導き出されるような責任刑法の枠組みを破壊するものである。

2　2つの判例の検討

　ここでみた OGH の判例では、過失致死罪に相当する犯罪（当時のオーストリア刑法335条の生命の安全に対する軽罪）の成立につき、結果発生に対する因果関係や結果予見可能性に加え、行為者の具体的な禁止違反行為と発生結果との間に違法性連関が必要であるとする考え方がとられていた。これによると、すでにみたように、行為者が違反した規範の禁止内容と発生結果との間に関連性がなければ、発生結果につき刑法335条の客観的構成要件が欠如することになる。

　（1）の事件についていうと、ここでは、自動車の運転資格のない人物に対し、運転免許試験の合否を確認せずにオートバイを譲渡したという義務違反により刑法335条の過失犯が構成されるかが問われている。しかしながら、この義務は、自動車運転に適性のない人物が運転するような状況にならないようにすることを目的としているだけであり、行為者につきこの点の配慮に欠けるといった事情がなければ、義務違反と自動車を譲渡された者による死亡結果の惹起との間には違法性連関は欠如し、客観的構成要件は存在しないとされる。そして、この事件では、被告人は義兄弟のことを冷静な人物であると思っていたのであり、また、この者は常習的飲酒者であったなどという事情も認められなかった。それゆえ、被告人はオートバイを義兄弟に譲り渡す際に彼の自動車運転資格の有無を確認する義務に違反してはいるが、この義務違反と、義弟が酒に酔った状態でのオートバイ運転中の事故により引き起こした死傷結果とは、客観的な違法性の側面において関連性を有しないとされたのである。すなわち、この死傷事故は、もっぱら義兄弟が酒に酔った状態でオートバイの運転を繰り返したことによるものであり、たしかに、被告人は彼にオートバイを譲渡するという形でその一因を与えてはいる。しかし、その際に彼が違反した相手の運転資格の確認という規則は、彼が義兄弟を冷静な人物と評価しており、客観的にも義兄弟が常習的飲酒者であるというような事情が認められない以上、自動車運転の適性のない人物が運

転する状況の阻止という目的に資するものとは言い難い。そこで、被告人による交通規則違反の態度と発生結果との間には、違法性の点での客観的なつながりに欠ける。

　また、（2）の事件において、被告人は、たしかに、12歳に満たない息子に官庁の許可なく成人の付き添いなしに自転車を運転させたという点で交通規則に違反している。しかし、この規則の目的は、交通規則を遵守して自動車を運転する能力をまだ身につけていない子どもが、自転車での交通に関与することを防ぐことにあるとされる。そして、被告人の12歳に3か月満たないだけの息子は、現実には事故当時、共同被告人の運転する自動車の優先通行を尊重するという形で、交通規則をきちんと遵守していた。事故の原因は、もっぱらこの共同被告人の自動車のスピードの出しすぎと、被告人の息子の自転車と出くわした際に不用意に急ブレーキをかけるという不適切な対応にあったのであり、これは、たまたま息子が一人で自転車を運転するために必要な官庁の許可を取るのを怠っていたという、被告人による当該交通規則違反とは無関係なものというべきである。

3　行為形象に特殊な違法性

　このようなOGHの判例によって展開された違法性連関の要件は、犯罪類型から得られる行為形象に特殊な違法性という概念を基礎としている。たとえば、（1）の事件に関し、OGHは違法性連関の基礎づけの部分でリットラーのテキストを引用する。そこでは、彼は、違法というためには、その行為が「行為形象に該当するものであり、かつその犯罪要件にも該当する態度が、何らかの観点の下で違法性という名辞を受けるに値するというだけでは十分でな」く、「その態度が・行・為・形・象・の・意・味・に・お・い・て・違法でなければならない」[19]という。「行為形象と違法性は互いに結びついていなければなら」ず、「このような特殊な、行為形象の示す方向にある違法性が欠如する場合、たとえその態度がその他の点で違法であるとしても、犯罪とはならない」[20]。このことをリットラーは正当防衛を例に説明する。すなわち、ある者が正当防衛により侵害行為者に傷害を負わせたが、その

19　Theodor Rittler, Lehrbuch des österreichschen Strafrechts I 2. Aufl., 1954, S. 120. （圏点は原文ではイタリック）なお、山中・前掲書（注17）320頁には、ここで取り上げている部分の全訳が紹介されている。
20　Rittler, a.a.O. (Fn. 19), S. 120.

際、この者が警察令により所持することが禁じられた特定の武器を使用していたとする。この場合、身体傷害という行為形象の充足と、禁じられた武器の使用という全く異なる分野の違法性とを一緒にして考えることはできない。身体傷害という、オーストリア刑法152条の行為形象によって類型化される違法性は、正当防衛という不法阻却事由により排除される。これに対し、禁じられた武器の使用による警察令違反の違法性は、依然として考慮されないままであるという[21]。すなわち、傷害罪の行為形象に特殊な違法性は、人の身体の傷害に尽きるのであり、この違法性が正当防衛により排除される以上、たとえ傷害の手段が他の法令に違反するとしても、それは傷害の行為形象とは関係しないものであることから、正当防衛の適法判断には影響しないということになる。このように、リットラーは行為形象に特殊な違法だけが、構成要件に該当する違法性を基礎づけるとするのである。

法益侵害が違法性の中心であるとするノヴァコフスキーも、このような考え方をとっていた。彼は、「態度が違法であるのは、それが保護客体の侵害を惹起するからである」としつつ、「そのような侵害が犯罪類型の意味において違法であるのは、それは、態度が犯罪類型に対応するような態様および事情において惹起される場合のみである」[22]とする。そして、「このような特殊な違法性は、通常、保護客体からのみ認められるのである」が、「攻撃の種類や態様が責任のみならず違法性として顕著なものである限りで、それらは、保護客体の侵害に、犯罪類型の意味における客観的事情の無価値にとって決定的であるという特徴を付け加えるのである」[23]。ここでは、法益侵害を違法性の基礎としながらも、犯罪類型に特殊な違法性が態度の違法性を根拠付けることが示されている。行為形象が各則の犯罪類型を通じて与えられるものであることからすると、ここでも、行為形象に特殊な違法性が語られているといえるであろう。

注目すべきは、ここで示される行為形象に特殊な違法性の概念が、ベーリンクの後期の構成要件論に由来するとみることができることである。このような発想

---

21 Rittler, a.a.O. (Fn. 19), S. 120. さらに彼は、委託の趣旨に反し、委託された金銭を用いて委託者を負担から免脱させた受託者を無罪とした OGH, SSt., 12, Nr. 18につき、委託に反することで民法上違法に行為しているというだけでは、刑法183条の背任罪にとって十分でないという理由で正当とする (a.a.O., S. 120 f.)
22 Friedlich Nowakovski, Zur Lehre von der Rechtswidrigkeit, ZStW, Bd. 63 (1951), S. 321.
23 Nowakovski, a.a.O. (Fn. 22), S. 321.

はもともと、オーストリアでは、カデチュカが、構成要件を違法性の指導形象とする後期のベーリンクの考え方を擁護して表明したものである。ベーリンクの考え方に対しては、犯罪の意味に満ちた統一から構成要件を切り取り、これを一方で行為と切り離し、他方で違法性と切り離し、犯罪を3つの要素に分割するのは、たとえば、戦争で敵を殺害する兵士は謀殺を、言うことを聞かない債務者の住居に強制的に立ち入る執行官は住居侵入を犯しているのを認めることにつながるというように、方法論的な面で異論が提起されていた[24]。カデチュカは、「ベーリンクのもともとの定義では、個別の犯罪メルクマールがそれぞれ無関係に並置され、そこでは、ある行為が特定の犯罪をなすのは、それが行為形象の意味において違法である、換言すると、それが『特殊に』違法である場合であること、また、何らかの責任で十分なのではなく、行為形象および特殊な違法性と関係したものでなければならないことが表現されていない限りでのみ」、このような異論に理由があるとする。しかしながら、カデチュカによると、ベーリンクはこのような誤りを後に認識し、改善しようとしたとされる[25]。すなわち、カデチュカは初期のベーリンクによる没価値的、記述的な構成要件概念に対しては、違法性および責任という実質的犯罪メルクマールとの関連性を欠く点を批判しつつ、指導形象としての構成要件論によりこれを改良する後期の試みに対しては、好意的に評価しているのである[26]。その上で、カデチュカは行為形象と違法の関係につき、両者の間に関連があるのは、「行為形象に該当する行為が、それが行為形象の意味において不法である、すなわち、それが特に、行為形象の形成の際に立法者の念頭にあった法益に対するような不法の性質を有する場合にのみ可罰的である」[27]限りでのみであるという。それゆえ、たとえば、所有者から請け負った家屋の取り壊しに日曜日に着手する工事業者は、日曜の安息に反するという理由で、違法に他人の所有物を損壊してはいないとされる。これについて、「行為が不法であるのでは十分でなく、所為（Tat）が不法でなければならないというようにも表現することができる。このことは少なくともベーリンクのもともとの定義では言い表されておらず、その限りでこの定義は、意思刑法として刑法

24　Ferdinand Kadečka, Willensstrafrecht und Verbrechensbegriff, ZStW, Bd. 59 (1940), S. 1 f.
25　Kadečka, a.a.O. (Fn. 24), S. 3.
26　Vgl. Kadečka, a.a.O. (Fn. 24), S. 2.
27　Kadečka, a.a.O. (Fn. 24), S. 16. このようなカデチュカの見解については、山中・前掲書（注17）319頁以下も参照。

を新たに形成することがなくとも、改良が必要なのである」[28]。

このようにカデチュカは、後期ベーリンクの構成要件論を違法性の指導形象としての構成要件概念を主張するものと解し、そこから犯罪類型から得られる行為形象と違法性を結び付けるものとして「行為形象の意味における不法」という概念を提示した。そして、このような発想はリットラーによって支持され、これに基本的な着想を得て、OGH は違法性連関論を展開したのである。このように見てくると、違法性連関論が類型論的な性格を有していることのルーツは、後期ベーリンクの構成要件論であるということもできる[29]。

4　後期ベーリンクの構成要件論

そもそも、ベーリンクが指導形象としての構成要件を唱えるようになった背景には、規範的構成要件要素をどのように理解するかという問題があったことに留意する必要がある。これに関し、彼は、「わずかな量」とか「とるに足らない価値」（当時のドイツ刑法370条）といった法の外部の規範的構成要件要素については、特段の困難は生じないのに対し、法的な規範的構成要件要素についての思考の困難は、「構成要件が、その現実化に存し、それにより特別に性格づけられた違法性にとっての指導形象にすぎず、法的な規範的要素を構成要件に受け入れることにより違法性の問題が先取りされるようにみえること」から生じるとする[30]。もっとも、ベーリンクによると、違法性そのものは、法定の構成要件の要素ではあり得ない。構成要件は、その現実化が肯定されることにより違法性も共に肯定されるという意味での「不法類型」ではない[31]。立法者にとって、類型によって把握される行為態様が余すところなく不法の領域に包含されるように類型形成を行うことは不可能であり、あらゆる類型は、不法類型として用いられるという目的上、違法なものと違法でないものの両者にまたがる表象像を認めることになる。これは法定の構成要件にも引き継がれる。それゆえ、構成要件は純記述

28　Kadečka, a.a.O.（Fn. 24）, S. 16 f. 本論文の主題が、ベーリンクの説のわずかな修正により、当時の時代思潮である意思刑法に適合した犯罪概念を形成できるかというものであることから、意思刑法に言及されている。
29　さらに、エーレンツヴァイクなどによる民法の違法性連関論の影響もあったとされる（山中・前掲書（注17）319頁）。Vgl. Auch Reitmaier, a.a.O.（Fn. ）, S. 103 f.
30　Ernst Beling, Grundzüge des Strafrechts, 1930, S. 30.
31　Beling, a.a.O.（Fn. 30）, S. 30. それゆえ、彼はここで、メツガー流の不法構成要件論を主張しているわけではない。

的な性格のものであり、違法か違法でないかという規範的問題には、これによってはまだ回答されていない。行為の構成要件該当性と違法性は、二つの互いに分割された領域として対置している。そして、「不法類型は可罰性の要件であるが、これは『構成要件』ではなく、むしろ構成要件と違法性の統合である」とされる[32]。

このように、ベーリンクは自説を修正したとされる後期の段階に至っても、まさに犯罪類型の「類型性」から構成要件の記述的性格は維持しており、構成要件概念に実質的違法性を取り込むようなことはしていないのである。その上で、規範的構成要件要素に関し、彼は以下のように述べる。すなわち、「構成要件が『記述的なもの』にすぎないにもかかわらず、立法者は、その犯罪類型を、彼によって考えられた表象像の輪郭を明らかにするのに役立つすべての選択の観点に従って、互いにそして自由に委ねられている領域から、切り分けることを妨げられない。その際、立法者は、たとえば他人の所有物（刑法242条）ないしは自己の所有物（刑法289条）のような、法的に規範的な個別概念（ここでいう個別概念は、類型的な相違を基礎づけることにはまったく適していない違法性そのものではない）を用いることができる。そのような個別概念が客観的側面と主観的側面に共通する指導形象に入り込む限りで、それらは『規範的構成要件要素』となる。行為の違法性の問題は、それによってはまだ処理されていない」[33]と。

オーストリアの違法性連関論が後期ベーリンクの構成要件に一つのルーツを持つというのであれば、そこでの構成要件の類型的、記述的性格は踏まえられているはずである。そして、このことは違法性連関論の基礎が、「行為形象に特殊な」違法性という、ある意味で形式的な評価に支えられていることに表れているといえる。すなわち、違法性連関論も、行為の実質的な（生の）違法性判断を取り込むものではない。ここに、違法性連関論の規範的・実質的判断と構成要件概念の記述的・形式性格は、両立可能なものであることが示されているといえる。

5　危険連関論

もっとも、上でみた「行為形象に特殊な違法性」は、リットラーのテキストでは違法性の部分で取り上げられており、また、違法性連関論にしてもその名称か

32　Beling, a.a.O. (Fn. 30), S. 31.
33　Beling, a.a.O. (Fn. 30), S. 31.

らは実質的違法性の判断とみなされ得るものではある。それゆえ、違法性連関の概念に関し、この帰属メルクマールが結果的に一般的違法性の構成要素であるとの誤解を避けるために、現在では「危険連関」と呼ばれるようになっている[34]。危険連関の概念は、この問題を構成要件に位置付けるのに適しているとされ、今日の判例も規範の保護目的について論じる場合に、危険連関を前提としているとされる。ここでいわれる規範の保護目的の理論は、「結果は、それが、生じた危険の防止の目的で禁じられる態度によって惹起された場合にのみ客観的に帰属可能とする」ものであり、「その場合にのみ、問題となる注意違反の行為と一般的に結びつく危険が、発生した侵害結果に現実化した」[35]と判断されることになる。ここでは、オーストリア刑法における危険連関論が、その実質的判断において、注意義務に反する行為によって生じた危険が発生結果に現実化した場合にのみ結果帰属を認める危険の現実化論を意味することが見てとれる[36]。

四　結びにかえて

　本稿では、三菱自工事件最高裁決定において示された「危険の現実化」の意義の検討から出発し、これと理論的基礎を共有すると思われるドイツの注意規範保護目的論およびオートリアの違法性連関論ないしは危険連関論についてみてきた。このうち、前者については、注意規範保護目的論が相当因果関係を超えた理論内容を有することに簡単に触れ、後者については、違法性連関の理論的基礎である「行為形象に特殊な違法性」という概念が、後期ベーリンクの構成要件に由来しているが、ベーリンク自身は指導形象としての構成要件概念においても、構成要件の記述的・類型的性格を維持していたことを明らかにした。すなわち、構成要件概念の記述的・形式的な性格と、違法性連関論の規範的・実質的性格は両立し得ることを、系譜学的検討から明らかにした。オーストリアの違法性連関論

34　Vgl. Reitmaier, a.a.O. (Fn. 10), S. 97. ブルクスタラーの提唱に係るとされている。
35　Reitmaier, a.a.O. (Fn. 10), S. 97.
36　危険連関論は、さらに、ここまできたような注意規範の保護目的を問題とする限定されたものと、道路交通における後発事故、行為後の被害者または第三者の落度ある態度、事故の医師による診療その他の処置における過誤、救助措置と関連した事故の様々な帰属問題と関係する拡張されたものに分かれるとされる。違法性連関論のその後の展開については、山中・前掲書（注17）326頁以下を参照。なお、構成要件の形式的性格と客観的帰属論の関係につき、安達光治「構成要件論の意義──序論的考察」法律時報81巻6号（2009年）15頁参照。

についても、構成要件判断の中で問題とされるのが適当と考えられ、危険連関論として発展してきたところである。いずれにおいても、行為者の違反した注意規範の目的と関連しない結果については、行為者に客観的に結果帰属されないとするものであり、危険の現実化の判断はこのような内容を含むものであった。

　このような観点から、過失犯における因果関係が問題となったいくつかの近時の最高裁裁判例を眺めると、「夜間潜水訓練事件」（最決平成4年12月17日刑集46巻9号683頁）や「航空管制官便名言い間違え事件」（最決平成20年10月26日刑集64巻7号1019頁）については、被告人の違反した注意義務はそれぞれ、潜水講習の際にインストラクターは受講生の動向に配慮し不用意に目を離さない、航空管制官はコックピットに正確な便名を告げて指示を出すというものであり、これに違反した態度から生じたその後の事態は、まさに注意規範違反の目的に対応するものといえよう。潜水講習においてインストラクターが目を離した間に初心者である受講生がパニックに陥ったこと、あるいは、管制官の誤った指示に従った航空機が異常接近し、衝突、接触を避けるために急降下等の措置を余儀なくされたことは、まさに、被告人の違反した注意規範が回避の目的としていた事態であるといえる。これに対し、「柔道整復師事件」（最決昭和63年5月11日刑集42巻5号807頁）については、このような判断が直ちに当てはまるといえるかについては疑問なしとしない。ここでは、被告人の誤った指示に従ったすえ、被害者の死亡という結果が発生した点では、上記の「航空管制官便名言い間違え事件」と共通するものがある。そして、被告人が医師であれば、患者に的確な指示を与えるという注意規範は、指示に従った患者に生じる結果と基本的に関連するといえる。しかし、この事件の被告人は、医師の資格を持たない柔道整復師である。指示の的確性に対する保障が業務外の事項には及ばないという前提に立つなら、基本的に医師が専ら従事する医療に関する事柄を業務としない柔道整復師には、一般論として医学的に誤った指示をすべきでないとしても、かかる注意規範の射程は、それに素直に従う患者の健康状態の維持・改善についてまで及ぶものではないであろう。それゆえ、「本件においては、被告人の誤った指示の危険性は、被害者が指示を忠実に遵守したことにより本来の態様で現実化し」[37]たものとの評価は、事実的つながりとしてはともかく、「三菱自工タイヤ脱落事件」最高裁決定が依拠する

37　永井敏雄「最判解（昭和63年度）」273頁。

とみられる、注意規範の保護目的との関連における危険の現実化の枠組みには合致しないように思われる。

　もとより、因果関係の内容として理解される危険の現実化論に、注意規範の保護目的のような規範的内容を認めることについては、因果関係の判断の規範化という方向からの批判があり得よう。しかし、本稿で見たとおり、かかる規範的判断枠組みは少なくとも構成要件の形式的性格と両立するものではある。さらに、ここでは、先にみた OGH の違法性連関論に関する判例において、責任刑法の原則が引き合いに出されていたことを想起すべきである。すなわち、自ら課される義務の目的とは関連しない事柄について負責されないということは、責任主義の要請である。このような視点からみたとき、注意規範の保護目的という規範的内容を含む結果帰属判断の妥当を主張する本稿を、私の敬愛する浅田先生に捧げることは、許されるように思われるのである。

刑法上の使用者責任に関する序論的考察
――いわゆるモビングの事例を素材に――

岩　間　康　夫

一　問題の所在
二　モビング事件（BGH 第 4 刑事部2011年10月20日判決）
三　不真正不作為犯としての使用者責任の根拠
四　事業関連性による使用者責任の制限とモビング行為
五　従業員の法益を保護すべき事業主の保障人的義務
六　まとめ

一　問題の所在

　企業・会社の従業員による犯罪行為に関し、幹部や上役の職員が両罰規定のような特別規定による以外に、不真正不作為犯としてどこまで刑事責任を負いうるのか。この「使用者責任（Geschäftsherrenhaftung）」[1]の問題は、保障人的義務の発生根拠（監視義務及び保護義務）に関連して、ドイツ刑法学においては特に最近、活発に議論され、このテーマに関する書籍や論稿も数多く公表されるに至っている。

1　なお、この Geschäftsherrenhaftung は、既にハロー・オットー（甲斐克則監訳、岡部雅人＝新谷一朗訳）「企業における安全確保義務違反の刑事責任」早法83巻 1 号（2007）117頁以下では「事業主責任」と訳されていることから、この先行業績に従うべきかとも思慮したが、例えばベルンド・ゲッツェ『独和法律用語辞典［第 2 版］』（2010）212頁において、この単語が「使用者責任」と訳されており、内容的にも民法不法行為法上の使用者責任と合致することから（そもそも、この刑法学上の議論における Geschäftsherrenhaftung という用語は、ドイツ民法典831条 1 項に規定される使用者責任を指す同語に由来するとのことである、Spring, Die strafrechtliche Geschäftsherrenhaftung, 2009, S.3; Schall, Geschäftsherrenhaftung und Mobbing, in: FS-Kühl, 2014, 417, S.417 Fn.1参照）、本稿では「（刑法上の）使用者責任」と称することにした。なお、この使用者責任の有力な限定基準とされている「事業関連性」（Betriebsbezogenheit）については、上掲の甲斐＝岡部＝新谷訳119頁以下及びローター・クーレン（講演、岡上雅美訳）「ドイツにおけるコンプライアンスと刑法」比較法学47巻 3 号（2014）165頁以下（181頁以下）の訳語に倣うこととした（わが国の民法上の使用者責任に関する民法715条本文には、その要件として「被用者がその事業の執行について第三者に加えた損害」と規定されているため、民法学上では上記の「事業関連性」に相当する概念が「事業執行性」と呼ばれるようである。例えば、森田宏樹「使用者責任における『外形理論』の意義について」淡路剛久古稀（2012）403頁以下（405頁）、潮見佳男『債権各論Ⅱ不法行為法第 2 版』（2009）123頁参照）。

そのような状況の下、2011年10月20日には、職場における職員への同僚による暴力的虐待を阻止しなかった上司に不真正不作為犯の成立を否定したドイツ連邦通常裁判所（BGH）第4刑事部の判決[2]が、この使用者責任の問題を正面から取り扱った[3]。この事件は、ドイツでも社会問題化している、いわゆるモビング（職場での特定人物に対する集団的虐待[4]）という、企業外の消費者等一般市民に対する加害行為ではなく、言わば企業内という閉鎖的社会での法益侵害行為に関するものではあるが、BGHが部下の犯罪に関して上司や幹部職員が同様に罪責を負うべき根拠とその限界の問題に初めて取り組んでおり、そこでの判示は事案の解決に直接影響を与える部分以外にも、多くの示唆を含んでいると言ってよい。

そこで本稿では、まず手始めに上記のBGH判決の事案や判示内容を検討の対象として一定の知見を得ることを通じ、刑法上の使用者責任という大きなテーマに関する論究の出発点を確認することとしたい。

二　モビング事件（BGH第4刑事部2011年10月20日判決）

1　事　案

まず、BGHが刑法上の使用者責任に関する見解を示した、いわゆるモビング事件判決を紹介する。原審（LG Siegen）の認定によれば、本件の事案は大要以下の通りである。

被告人はH市の道路建設局に勤務していた。2006年初夏に同局が緑地局と統

2　BGHSt.57, 42=wistra 2012, 64=NStZ 2012, 142=NJW 2012, 1237=StV 2012, 403=JR 2012, 303=JZ 2012, 967 usw.

3　Roxin, Anm zu BGHSt.57, 42, JR 2012, 305, S.308参照。わが国でも、国家賠償・損害賠償等の形で、職場内でのいじめに関する上層部の法的責任が認められることがある、最近でも例えば、静岡地浜松支判平23・7・11判時2123・70（ひろば2012年8月号65頁以下にも紹介あり）。

4　"Mobbing"という英語は元々、小鳥（に限らず、カラスなどにおいても見られるようである）が、捕食しようとするフクロウや鷹などに対し集団で行なう反撃的防御行動を意味する（「擬攻撃」とも呼ばれるように、実際の攻撃ではなく、嫌がらせをして追い払うためになされる）。やかましく鳴き立てたり、突撃するように飛び回ること等がその具体的態様とされる。ドイツでもこの言葉のまま定着し、職場や学校でのいじめ一般に対しても用いられている。ドイツ連邦労働裁判所1997年1月15日判決（BAG NZA 1997, 781）はモビングについて、以下のように説明している。「モビングとは、従業員相互あるいは上司による組織的敵視、嫌がらせ、あるいは差別である。それは、その原因がとりわけ個々の被用者もしくは被用者グループへの過大な、あるいは過小な要求、労働組織、あるいは上司の態度に存しうる職場でのストレス状況により助長される。とりわけモビングの認識、関係者の信用性の評価、及び職場での社会的に是認された行為態様との区別が困難を用意する。」

合された後において、彼は共同被告人S、K及びBの所属する班の職長であった。被害者Dは2006年2月から2008年7月の間に同じくH市の道路建設局に雇用されていたが、Sらとは別の班で作業していた。Dは労働時間内に繰り返し、Sらから時折棍棒、鎖、その他の道具をも使用した上で侮辱的な襲撃を受けていた。その中で、以下のような事件が発生した。

①2006年2月22日、3名の共同被告人はDを墓地内の礼拝堂に押し込んだ。K及びBはDの腕をつかみ、Sが棍棒でDの上半身を複数回力一杯殴打した。SとKが位置を交替した後、Kも多数回Dを殴った。その後3名は、肋骨を骨折し強い苦痛のため何時間も動けなくなっていたDを礼拝堂に残し、立ち去った。

②2008年はじめにS及びKは共同の行為計画に従い、Dが自動車に近づくと、Dを背後から襲い、Dは頭を自動車のボンネットに激しく打ち付けた。

③2008年はじめ、Dが被害を市の部署に申し出たため、彼がトラックに積み荷をする際、まずSに、続いてKに殴られた。

被告人はこれらの事件を含む計10件につき、危険傷害及び強要の幇助罪で起訴されたが、原審裁判所はいずれも無罪の判断を示した。それに対し、検察側から上記の3件に関し上告がなされたが、BGH第4刑事部は、以下のようにして、被告人における不真正不作為犯としての幇助罪の成立は否定しつつ、ドイツ刑法323条cの一般的救助義務違反の罪責を検討させるため、破棄差戻の判決を下した。

2 判 旨

BGHは、被告人は保障人的地位を有しなかったとする。本判決はまず、H市から委託された、被害者の法益を第三者による攻撃から保護すべき義務を否定する。即ち、たとえH市と被告人との労働契約により部下の従業員への保護義務が委任されたと認めえたとしても、いずれにせよ本件被害者はこの義務の対象外であったという。つまり、原審の認定によれば、被告人はDの直属の上司ではなく、Dは被告人の統率する班に何らかの理由で属していたわけでもなかったからである[5]。

次に本判決は、H市に課され、被告人により労働関係の範囲内で引き受けら

れた、共同被告人S、K、及びBによりDを害する犯罪行為を阻止すべき監視義務について検討し、それを否定する。これがいわゆる使用者責任に相当する義務ということになるが、BGHはここで、後述する通説の、事業関連性を要求する見解に依拠する。即ち、「なるほど、事業主ないしは上司としての地位から個別事例の事情に応じて部下の従業員の犯罪行為を阻止すべき保障人的義務が生じうる。しかし、これは事業に関連した犯罪行為に限定され、従業員が単に事業における彼の行為の機会に行なうに過ぎない所為を含まない（判例及び多数の文献を引用－筆者注）。所為は、それが作為行為者の事業活動あるいは事業の性質との本質的（inner）連関を示す場合に、事業と関連している[6]。」そこで、この基準に照らすと、S、K、Bによる被害者の虐待は事業に関連した犯罪行為ではないとBGHは結論を提示する。即ち、「それは労働関係の範囲内で共同被告人によりなされるべき活動と本質的連関を有しないし、その中に、まさに市の建築資材置場の操業に特に付着する危険が実現したわけでもない。特に共同被告人には被害者のいじめは『企業政策』——例えば、厄介な従業員を企業から退職させるため——の一部として経営者から委任されたのでもなく、共同被告人は彼らに営業上の地位によって認められた所為実行への労働技術的権限を利用したわけでもない[7]。」他方、検察官主張のように当該虐待に事業関連性を肯定するならば、事業関連性という基準が過度に拡張されるとBGHは懸念する。本判決によれば、同僚間で繰り返し行なわれる傷害の危険は複数の従業員を伴うすべての企業において存在し、それ故まさに具体的事業——本件では市の建築現場——に内在する危険ではない。また、虐待が繰り返されていたことから事業関連性を導くこともできない[8,9]。

もっとも、BGHは原審がドイツ刑法323条c（一般的救助義務違反）による可罰性の検討をしなかったことを理由に、原判決を破棄差戻したのである[10]。

本判決は、結論においては職長のモビングを阻止すべき保障人的義務の否定へ

---

5 BGHSt. Bd.57, S.44 Rn.10-S.45 Rn.11.
6 BGHSt. Bd.57, S.45 Rn.13.
7 BGHSt. Bd.57, S.46 Rn.15.
8 BGHSt. Bd.57, S.47 Rn.16f.
9 さらにドイツ刑法357条（部下に対する犯罪行為への使嗾）による被告人の罪責も、原審同様、否定された。何故なら、ここでも（規定上）問題となる違法行為が職務上なされていなければならないからである。BGHSt. Bd.57, S.48 Rn.18.
10 BGHSt. Bd.57, S.48 Rn.19ff.

と至ったが、その前提部分で、いわゆる刑法上の使用者責任を（有力説による業務に関連した行為への限定をも含めて）初めて明示的に肯定し、部下の犯罪行為に関する上司の不作為犯としての責任をその観点から検討した点で、大きな意義を有する。もっとも他方で本判決は、使用者責任の有力な制限基準である犯罪行為と事業との関連性がモビングのような職場内の人間関係上の紛議には何故認められないのか等、その詳細において新たな問題を提起したとも言えよう。

三　不真正不作為犯としての使用者責任の根拠

1　総説

上述の通り、ドイツでは、事業主（及び取締役等の幹部職員）が、当該企業の従業員が行なった犯罪行為について不阻止の刑事責任を負うことが（刑法上の）使用者責任（Geschäftsherrnhaftung）と呼ばれ、それに基づく不真正不作為犯の当否及び責任の範囲について議論が展開されている。モビング事件判決においてBGHは、その存在を初めて明示的に肯定しつつ、しかし具体的には、その際有力な制限要件として認められている「事業関連性」が本件虐待行為には認められないことを理由に、職長の保障人的義務を否定したが、特にここでは従業員同士のモビング行為に市の道路建設局・緑地局の事業との関連性が認められないとの評価は微妙な結論であり、あらためて問題とされなければならないであろう。いずれにせよ、その前提として、このような刑法上の使用者責任に関するドイツのこれまでの議論状況を跡づけることが必要である。

2　ドイツの判例

ライヒスゲリヒト（RG）時代の判例は、当初使用者責任には消極的であったとされる[11]。その理由は、例えば「上司部下の関係だけから部下の可罰的行為、とりわけ単独で爆発物保管の権限を有する従業員による爆発物法及び省令違反に関する事業主の刑法的答責性が引き出されうるのではない」[12]というものであった。

しかしながら、企業経営の全体あるいは一部の統率及び監視を委ねられた者が従業員により法律違反の輸出が行なわれたことにつき刑事責任を負うのか否かが

11　RGSt.13, 90; 19, 204; 35, 107; 48, 316; 57, 148 usw.
12　RGSt.48, 320.（それ以前の上記判決が引用されている。）

争われたライヒスゲリヒト第１刑事部1924年３月28日判決（RGSt.58, 130）は、一般論としてではあるが、「雇用者が被用者の選任の際に必要な注意を払わなかったか、労働の性質に関してその遂行の際特別の事情により統御及び再検査の誘因を有していたが、この義務に有責に違反し、これにより被用者により惹起された違法な結果を有責に共同惹起した場合には、雇用者は刑法上答責的とされている。これによれば、個別事例の事情に応じ、状況に応じて可能で必要な被用者の監視及び（事業の）労働の監督をすべき義務として表わされる、雇用者の被用者による可罰的行為を阻止すべき相応の法的義務が是認される。監視及び監督の義務は、状況に応じて被用者に必要な教育及び指示を与える義務をも含む。これらの原則は事業主に対するばかりでなく、企業内で活動する統率及び監視の機関にも、彼らが事業主に課される監視及び監督の義務を引き受けたか、彼らの側で他者を企業での活動のために採用した限りで、妥当する」とも判示しており[13]、当時の判例において必ずしも従業員の事業上の犯罪行為阻止義務が全面的に排斥されているとも断定できない状況にあった。

他方、モビング判決が出される直前の時期では、BGHの第５刑事部2009年７月17日判決[14]が、ベルリン市道路清掃局（BSR）の内部監査室長等の職にあった者が清掃局による沿道住民からの清掃料金過徴収を後に認識しながら是正に向けて行動しなかったことに関し、詐欺罪の不作為による幇助が認められた事件で[15]、労働契約による監視ないしは保護義務の引き受けに基づく料金修正義務の可能性を検討した上で、一応次のように判示し、引き受け対象となる事業主の義務内容について、使用者責任と捉えうるところまで広めに解していることを窺わせた。

「本件では、被告人が引き受けられた任務領域に基づいて保障人的地位を有していたことは疑いえない。しかし、弁護人及び検察官の見解とは異なり、保障義

---

13 RGは本件の具体的事情がそのような場合に当たるのかどうかを再吟味させるため、原判決を破棄している。
14 BGHSt.54.44.
15 本判決は原審LG Berlin同様、被告人の保障人的義務を結局肯定しているが、その発生根拠に関しては、本文で言及した義務の引き受けばかりでなく、さらに危険な先行行為をも候補として挙げた。しかし、BGHは以前の期間において被告人が統率する委員会による料金決定に、清掃料金徴収の対象とならない所有者なき土地まで含まれるという誤りがあったとしても、この誤りが次の期間における別構成の委員会による料金決定にまで影響するわけではないとして、近接した危険の発生（この要件につき、拙稿「共犯的先行行為に基づく保障人的義務について」川端古稀上巻（2014）603頁以下〔615頁以下〕も参照）を否定することにより、先行行為による料金修正義務の根拠づけを排斥している。BGHSt.54, 44, S.47 Rn.21.

務は自己の企業の財産侵害を阻止することに限られず、それは自己の企業から生じる契約の相手方に対する犯罪行為の阻止をも含みうる[16]。」

その上で、本判決は、大企業におけるいわゆるコンプライアンス・オフィサーを比較の対象として持ち出し、「そのような受任者には通常刑法上、企業の活動と関連する企業従業員の犯罪行為を阻止すべき刑法13条1項にいう保障人的義務が課される。これは企業幹部から引き受けられた、法違反及び特に犯罪行為を阻止すべき義務の必然的裏面である[17]」と述べ、間接的ながら、企業幹部に「刑法上、企業の活動と関連する企業従業員の犯罪行為を阻止すべき刑法13条1項にいう保障人的義務」を認めていたのである[18]。

3　使用者責任否定説

それでは、ドイツの学説は刑法上の使用者責任に対してどのような態度をとってきたのであろうか。まず、これに消極的な論者も一部で存する。例えばシェーンケ゠シュレーダー゠シュトレー゠ボッシュは、「使用者責任という誤解を招く概念は、既に」他「の保障人的地位が存するのでなければ、それにより自己の組織領域における危険源の抑制義務が肯定される限度で正当化される。それを超える、従業員の自己答責的行為に対する保障答責は存しない」[19]と全面的に否定する見解を示し[20]、ルドルフィ゠シュタインも肯定説の論拠とされる事業主の命令権や情報の優越も従業員の自己答責性を除去するものではないとして、このような自己答責性の観点を重視しつつ、刑法上の使用者責任一般に関してはドイツ刑

16　BGHSt.54, 44, S.48 Rn.25. その際、犯罪阻止義務まで認められるか否かについては、委任の目的が決定的に重要だと付け加えられている、S.49 Rn.26.
17　BGHSt.54, 44, Rn.27.
18　この点につき、注45も参照。もっとも、BGHは本件内部監査室長には、このようなコンプライアンス・オフィサーほどの義務内容は委任されていなかったとして、義務の引き受けによる清掃料金過徴収阻止義務を否定し（BGHSt.54, 44 Rn.28）、結局、被告人は公法組織（ベルリン市関連）の監査室長として、法律に基づく料金徴収を遵守すべき立場にあり、被告人の具体的な職務地位は沿道住民を詐欺的に増額された料金から保護する任務も含むとの理由で、料金過徴収の阻止義務を肯定している（Rn.29ff.）。
19　Schönke/Schröder/Stree/Bosch, StGB 29.Aufl., 2014, §13 Rn.53.（同旨、Jescheck, in: LK-StGB 11.Aufl., 1993, §13 Rn.45）なお、そこでは「使用者責任（Geschäftsherrenhaftung）」という用語が語義上家族経営的企業や小規模企業にしか妥当しえないという指摘もなされているが、これは非本質的な批判にとどまるであろう。
20　それに対し、Schönke/Schröder/Stree, StGB 27.Aufl., 2006, §13 Rn.52は通説論者の主張を引用しつつ、刑法上の使用者責任に肯定的であった。

法357条(部下公務員の違法行為への使嗾)、さらには軍刑法(WStG)41条(部下の監視義務違反)、海員法(SeemannsG)108条(船長等における船員の非行阻止義務違反)のような特別規定が存在しないことや[21]、逆に秩序違反法(OWiG)130条(従業員の義務違反行為の不阻止)[22]がこの種の行為を秩序違反としてしか評価していないことを刑法上の使用者責任否定の根拠として追加する[23]。また、シュプリングは事業領域における監視義務には実質的な責任根拠が必要とし、それは従業員が知識や能力不足のため、第三者を危険に曝すことなく自己の業務を履行しえないことであるとする。それ故、そのような知識・能力不足が周囲から認識しうる場合にしか事業主の従業員による犯罪行為を阻止すべき保障人的義務は存在せず、それ

---

21 Jescheck, a.a.O. (Fn.19) これに対しては、公権力に関する規定は私的な使用者の不真正不作為犯としての責任については何も述べていないとする Roxin, Geschäftsherrenhaftung für Personalgefahren, in: FS-Beulke, 2015, 239, S.241f. 等の批判がある。同様の見解として、例えば Beulke, Der „Compliance Officer" als Aufsichtsgarant? Überlegungen zu einer neuen Erscheinungsform der Geschäftsherrenhaftung, in:FS-Geppert, 2011, 23, S.30f.; Gerhard Dannecker und Christoph Dannecker, Die „Verteilung" der strafrechtlichen Geschäftsherrenhaftung im Unternehmen-Zur strafrechtlichen Verantwortung des Comliance Officers und (leitender) Angestellter bei der Übernahme unternehmensbezogener Aufgaben-zugleich Besprechung von BGH, Urteil.v. 17. 7. 2009 -5 StR 394/08, JZ 2010, 981, S.989; Schall, a.a.O.(Fn.1), S.420; Lindermann/Sommer, Die strafrechtliche Geschäftsherrenhaftung und ihre Bedeutung für den Bereich der Criminal Compliance, JuS 2015, 1057, S.1059.

22 秩序違反法130条の規定の和訳(筆者による)は以下の通り。「①事業あるいは企業の所有者として故意もしくは過失により、事業あるいは企業において、所有者に課され、その違反が刑罰もしくは過料に処される義務の違反行為を阻止するために必要な監視措置を怠る者は、適切な監視により阻止されたかかなり困難になったであろう違反行為が行なわれる場合に、秩序違反として行為する。監視人員の任用、注意深い選任、及び監督も必要な監視措置に含まれる。②公企業も1項にいう事業あるいは企業である。③略(法定刑)」

また、ドイツ刑法357条の規定(法務省大臣官房司法法制部編『ドイツ刑法典』(2007)の邦語訳による)も掲げておく。「①上司が部下に対して、職務上の違法な行為を唆し若しくは唆すことを企行し、又は、部下にそのような違法な行為を行わせたときは、この違法な行為に対して定められている刑が上司に科される。②他の公務担当者の公務に関する監督又は管理をゆだねられた公務担当者に対しても、前者の公務担当者が行った違法な行為を監督又は管理の対象とする職務に属する限りで、同じ規定が適用される。」

23 Rudolphi/Stein, in: SK StGB 8. Aufl., 2009, §13 Rn.35a. さらに、Jescheck, in: LK StGB 10. Aufl., 1979, §13 Rn.45; Stoffers, Anm. zu BGHSt. 54, 44, NJW 2009, 3176, S.3176; Kretschmer, Anm. zu BGHSt. 54, 44, JR 2009, 474, S.476. 他方、このような秩序違反法規定の排他性に根拠がないとする批判として、Landscheidt, Zur Problematik der Garantenpflichten aus verantwortlicher Stellung in bestimmten Räumlichkeiten, 1985, S.113. さらに、ロクシンは具体的に、秩序違反法130条は結果発生を要求しない危険犯に過ぎず、法益侵害の結果に関する使用者の重大な不作為を不真正不作為犯の原理から認めることを妨げるものではないと反論する、Roxin, a.a.O.(Fn.21) FS-Beulke, S.242f. 同旨を述べるものして、例えば Bauer/Wißmann, Strafrechtliche Geschäftsherrenhaftung im Unternehmen, in: FS-Schiller, 2014, 15, S.19 (刑法357条等の特別規定についても同様); Beulke, a.a.O.(Fn.21), S.29f.; Kang, Die Geschäftsherrenhaftung im Strafrecht, 2015, S.60 u. 163.

に対して、従業員が完全答責的に、また上記の問題なく行為する場合、使用者の責任は原則として秩序違反法130条及び刑法323条cによってしか考慮されないと述べ、刑法上の一般的な使用者責任に否定的な態度をとっている[24,25]。

このような否定説の根幹を成す、直接の行為者たる従業員の自己答責性に対しては、例えばロクシンが以下のように批判している。即ち、構成要件的結果について専ら直接の行為者が責任を負うべきとの法的原則は存しない。部外者の処罰を阻止する答責原理は、直接かつ自己の答責において行為する者が不可罰の範囲内にとどまる場合にのみ、正当である。また、このような発想の背後にはいわゆる遡及禁止論があるものと思われるが、それは行為支配を帰属原理とする作為犯の場合にしか妥当しえないし、作為犯においてすら、組織的権力装置による間接正犯という類型がこの間国際的に認められてきていることが示すように、貫徹できない見解である、と[26]。

4　使用者責任肯定説

それに対して、ドイツの通説は刑法上の不真正不作為犯としての使用者責任を認めている。もっとも、その理論的根拠については見解が分かれる。

(1) 営業の自由

まず、基本法12条1項において保障される、事業を運営し、それにより事業状

24　Spring, Die Garantenstellung des Compliance Officers oder: Neues zur Geschäftsherrenhaftung Zugleich Besprechung von BGH, Urteil vom 17.7.2009, GA 2010, 222, S.227.（彼が当該従業員に危殆化なき任務履行が不可能なことを認識しうる場合には、事業主の介入義務を肯定している点については、Spring, a.a.O.(Fn.1), S.286.）このように直接行為者の自己答責性を重視して、事業主等の阻止義務を否定する他の論者として、Brammsen, Die Entstehungsvoraussetzungen der Garantenpflichten, 1986, S.232f.; Heine, Die strafrechtliche Verantwortlichkeit von Unternehmen, 1995, S.116ff.（肯定説の援用する命令権や従業員の部分的未成熟は高度の保護義務を帰結しない）; Otto, Die Haftung für kriminelle Handlungen in Unternehmen, Jura 1998, 409, S.413; Gimbernat, Unechte Unterlassung und Risikoerhöhung im Unternehmensstrafrecht, in: FS-Roxin(70.Geburtstag), 2001, 651, S.661ff.; Fehr, Mobbing am Arbeitsplatz, 2007, S.202; Beulke, a.a.O.(Fn.21), S.39.

25　但し、否定説論者の一部は、第三者の特殊な危殆化が既に具体的事業の性質から生じる場合について例外を設ける。この場合、事業主は事業に属する物（例えば武器、毒薬）から生じる危険を直接制御しなければならないばかりでなく、これらの危険が従業員の誤った態度により実現されないよう配慮しなければならないという、Jescheck, a.a.O.(Fn.23) LK 10. Aufl.; Weigend, in: LK-StGB 12.Aufl., 2007, §13 Rn.56.

26　Roxin, a.a.O.(Fn.21)FS-Beulke, S.245f. その他の消極的評価として、例えばSchall, a.a.O.(Fn.1) FS-Kühl, S.419ff.; Rogall, Dogmatische und kriminalpolitische Probleme der Aufsichtspflichtverletzung in Betrieben und Unternehmen(§130 OWiG), ZStW Bd.98(1986), 573, S.616ff.

況における犯罪行為実行の高度の危険を作出する自由の裏面として刑法上の使用者責任を正当化しようとする見解がある[27]。しかし、人権から直接刑法上の義務を導くことができるのか、疑問である。

(2) 従業員に対する人的支配

次に、刑法上の使用者責任を支持する見解において、その根拠を部下従業員に対する幹部職員の人的支配に求める者がいる。その代表的主張者はシューネマンである。

周知の通り、シューネマンは保障人的義務の統一的根拠として「結果の原因に対する支配」を掲げるが、それを本質的結果原因に対する支配と被害者の脆弱性に対する支配とに区分している[28]。そして、前者の一類型として、危険物と並んで他人に対する支配が挙げられるところ、シューネマンはさらにそれを、体質上の（即ち、自然的）未成年者に対する支配と部分的（即ち、法的）未成年者[29]に対する支配とに細分化する[30]。その際、後者は、刑事成年に達した未成年者に対する親権者等ばかりでなく、上司と部下との関係、具体的には兵士、公務員、そして一般の、命令権を有する雇用者と被用者との間においても認められるという[31]。さらに、企業の幹部機関と一般労働者との間に存する情報の格差も、法的命令権と共に企業幹部の従業員に対する人的支配を根拠づけるとシューネマンは補足している[32]。

---

27 Schall, a.a.O.(Fn.1), S.423f.; Lindermann/Sommer, a.a.O.(Fn.21), S.1059; Wohlers/Gaede, in: NK StGB 4. Aufl., 2013, §13 Rn.53.
28 拙著『製造物責任と不作為犯論』(2010) 36頁以下の紹介も参照。
29 と言うより、その後の説明内容からすれば、成人（まさに職場の部下等）をも対象とすることから、むしろ「未熟者」とでも称した方が適切かもしれない。原語は „Unmündigkeit" である。
30 Schünemann, Grund und Grenzen der Unterlassungsdelikte, 1971, S.325 Fn.223によれば、部分的（法的）未成年に対する支配は刑事未成年を脱した者に対して認められるという。
31 Schüneman, a.a.O. (Fn.30) Grund, S.328; ders., Unternehmenskriminalität und Strafrecht, 1979, S.89f. もっとも、シューネマンによれば、このような保障人的義務の範囲は支配の範囲内に限られるため、上司の不作為責任は職務領域に、さらには彼の職務上の命令（非常時には懲戒）手段に限られる。そして、これらが役に立たなければ、支配自体が崩壊し、以降不作為の作為等価性は問題にならなくなるという（次注のLandscheidtも同様）。これは、後述する刑法上の使用者責任の「事業関連性」要件を厳格に把握する見解として捉えることができる（但し、後述四3の注55〔②説の主張者〕も参照）。
32 Schünemann, a.a.O.(Fn.31)Unternehmenskriminalität, S.102. さらに、Schünemann, Strafrechtsdogmatische und kriminalpolitische Grundfragen der Unternehmenskriminalität, wistra 1982, 41, S.44も参照。一般従業員に対する命令権を根拠とする者として、他に Rogall, a.a.O.(Fn.26), S.617; Landscheidt, a.a.O.(Fn.23), S.114ff.; Bottke, Haftung aus Nichtverhütung von Straftaten Untergebener, 1994, S.28; Rengier, Strafrecht AT 7.Aufl., 2015, §50 Rn.68（事業

しかし、このシューネマン説に対しては、権利から義務は導出されない[33]とか、事実的支配と法的支配との混同が見られる[34]、さらには、部下の犯罪行為はまさに事業主の支配権の挫折、即ち彼の命令の効果がなかったことの証左である[35]といった批判がなされている。また、使用者責任から事業外の事項に関する行為による法益侵害を一切除外するという具体的結論に関しては、同説の論者からも疑義が唱えられている[36]。

(3) 事業という危険源に対する支配

　他方で、(一部論者は人的支配の観点と共に) 危険源を個々の従業員に見るのではなく、施設・設備という危険物と合わせ、事業・営業の総体を危険源として観念し、それへの支配を使用者責任の根拠とする論者が比較的多いように見受けられる[37]。そこでは往々にして、人的危険と物的危険の区別が困難であるという背景が援用される[38]。

　　上の組織支配及び事業主の命令権」); Mühe, Mobbing am Arbeitsplatz - Strafbarkeitsrisiko oder Strafrechtslücke?, 2006, S.236f.
33　Heine, a.a.O.(Fn.24), S.117f.; Spring, a.a.O.(Fn.1), S.152; Knauer, Die strafrechtliche Haftung von Justiziaren, Innen-Revisoren und Compliance-Officers („Berliner Straßenreinigung-5 StR 394/08"), in: FS-Imme Roxin, 2012, 465, S.475, Dannecker/Dannecker, a.a.O.(Fn.21), S.989, Fischer, StGB 63.Aufl., 2016, §13 Rn.70; Schall, Grund und Grenzen der strafrechtlichen Geschäftsherrenhaftung, in:FS-Rudolphi, 2004, 267, S.271.
34　Otto, a.a.O.(Fn.24), S.413.
35　Roxin, a.a.O.(Fn.21) FS-Beulke, S.244. また、Beulke, a.a.O.(Fn.21), S.32f. は自己答責性原理及び今日における役割理解等から、凡そ上司の部下に対する支配の存在に疑義を唱える。
36　Rogall, a.a.O.(Fn.26), S.619; Mühe, a.a.O.(Fn.32), S.238.
37　Vgl. Roxin, Strafrecht AT II, 2003, §32 Rn.137ff.; ders., a.a.O.(Fn.3)JR 2012, S.306.
38　本説を採用する者として、他に例えば、Schall, a.a.O.(Fn.33)FS-Rudolphi, S.277f.; ders., a.a.O.(Fn.1)FS-Kühl, S.423f.; Otto, Die strafrechtliche Verantwortung für die Verletzung von Sicherungspflichten in Unternehmen, in: FS-Schroeder, 2006, 339, S.341 u. 356; Fehr, a.a.O.(Fn.24), S.193 u. 202; Mosbacher/Dierlamm, Anm. zu BGHSt.54, 44, NStZ 2010, 268, S.269 (「危険源に対する支配と結びついた事業主の組織権」); Dannecker/Dannecker, a.a.O.(Fn.21), S.990; Knauer, a.a.O.(Fn.33), S.475; Kuhn, Die Garantenstellung des Vorgesetzten -Zugleich eine Besprechung von BGH wistra 2012, 64-, wistra 2012, 297, S.298; Schlüchter, Der Kaufmann als Garant im Rahmen der unerlaubten Gewässerverunreinigung, in: FS-Salger, 1995, 139, S.158; Gimbernat, a.a.O.(Fn.24), S.656ff.; Wohlers/Gaede.a.a.O.(Fn.27), §13 Rn.53; Jäger, Von mobbenden Kollegen und betriebsblinden Vorgesetzten, JA 2012, 392, S.394; Konu, Die Garantenstellung des Compliance-Officers, 2014, S.180 (但し、人的・物的危険は区分可能とする、S.164); Fischer, a.a.O.(Fn.33); Lindermann/Sommer, a.a.O. (Fn.21), S.1059; Kang, a.a.O.(Fn.23), S.143ff. (但し、人的支配説をも併用する、S.142f. u. 163); Utz, Die personale Reichweite der strafrechtlichen Geschäftsherrenhaftung, 2016, S. 139. さらに、Jakobs, Strafrecht AT 2. Aufl., 1991, 29/36 も同旨か (「事業主はなるほど他者の態度自体については責任を負わないが、態度により惹起される彼自身の組織領域の構成については責任を負う。」例・事業主は有毒物質の交付を阻止した

この見解に対しては例えば、この観点は少なくとも一部の事例においては危険物支配による保障人的義務に解消できる[39]、違法な業務が人による法益の危険を惹起するとしても、まだそれだけで事業が危険だとは言えない[40]、さらに、そもそも従業員を危険源と称するのは日常用語例に合致しない[41]といった批判がある。
（4）義務の引き受け
　上述の、ベルリン市道路清掃局の料金過徴収を放置した監査室長の刑事責任が問われた事件で、結局BGH第5刑事部2009年7月17日判決[42]は監査室長に不作為による詐欺幇助の罪責を認めたが、その理由は最終的に同氏の「監視義務は事業主の活動の対象たるものの遵守、即ち、生じる費用の合法的精算をも含む道路清掃の法律による遂行に集中する。被告人の具体的な職務地位は沿道住民を詐欺的に増額された料金から保護する任務も含み、かくしてしかるべき保障人的義務をも根拠づけた」ところに求められた[43]。ここでは上記引用部分の直前に触れている公法上の機関の特殊性から、被害者（市民）の財産保護義務の側面にも言及されているようにも見えるが、他方で、監査室長にはいわゆるコンプライアンス・オフィサーとして事業主に対して引き受けられた、事業に由来する違法（犯罪）行為を阻止すべき義務の裏面として、そのような内容の保障人的義務を負うとの説明が見られることから[44]、料金過徴収阻止という作為義務の事業主（ベルリン市）からの引き受けに、監査室長の保障人的義務の根拠が求められたとも解しうるであろう。もし、このコンプライアンス・オフィサーとモビング事件における職長という中間管理職的立場の上司とを同視できるのであれば、事業主の義務（そもそもそれ自体がまさに使用者責任であるが[45]、ここではその根拠づけが十分可能で

　　り、営業用自動車の交通違反的利用を阻止しなければならない等）。さらに、営利企業の犯罪（詐欺罪、環境犯罪等）創出的構造をも援用する者として、Murmann, Grundkurs Strafrecht 3. Aufl., 2015, §29 Rn.64.
39　例えば、Beulke, a.a.O.(Fn.21), S.35は、物的危険と人的危険は両者が競合するケースでも大抵は区別可能であり、その場合は物的危険源の支配に基づく保障人的義務を認めればよく、純粋な人的危険のケースについては、そもそも行為者の自己答責性故、使用者等の介入義務は認められるべきでないとする。ここには、本説が物的危険源の支配による不作為答責を、他者を介した結果発生の場合にも無造作に拡張しようとしているとのボイルケの危惧が窺われる。
40　Spring, a.a.O.(Fn.1) 2009, S.175ff.; ders., a.a.O.(Fn.24) GA 2010, S.227.
41　Schünemann, a.a.O.(Fn.32) wistra 1982, S.43; Gimbernat, a.a.O.(Fn.24), S.661f.
42　BGHSt. 54, 44.
43　BGHSt. Bd.54, S.51 Rn.30.
44　BGHSt. Bd.54, S.49 Rn.27.
45　ここから、Schall.a.a.O.(Fn.1) FS-Kühl, S.417f.; Dannecker/Dannecker, a.a.O.(Fn.21), S.981;

あることを条件として）の引き受けによって、被告人のモビング阻止義務を説明するという方法も考えられる。

　もっとも、この義務引き受けも、コンプライアンス・オフィサー等による任意の引き受け行為を介して実現する事態を描写しているのではなく、当該地位に就任することを引き受けと擬制するに過ぎない手法であって、義務肯定の結論を言い換えただけとの批判が可能であろう[46]。よって、やはり本件の中間管理職自身に直接使用者責任を根拠づけうるのでなければならない。

（5）危険な先行行為

　シュプリングは、危険な先行行為という、学説では批判的見解も存する発生根拠が、事業環境における保障人的地位を根拠づけるために非常に有能な道具となると言う。その際、彼はそのような先行行為を従業員への一定の活動の割り当てに見、その上で、これにより直接の危険が作出されるのか、あるいは間接の危険しか作出されないのかによって、事業主の介入義務を決定づける。即ち、部下の差し迫る犯罪行為がその意思に依存するのであれば、直接の危殆化はこの従業員から発生するのであるから、これらの事例において上司が先行行為により責任を負うのは、従業員の犯罪行為を故意により助長するか、従業員における犯罪傾向が認識可能であったにもかかわらず、従業員をしかるべき任務に割り当てた場合に限られるという。それに対し、しかるべき任務に凡そ不適格な従業員が選任されるとか、上司が従業員に違法行為を強要するといった事例は、上述の場合とは本質的に相違している。これらの場合、事業主はその実現が部下の意思表動には依存しない第三者の法益への直接の危険を作出している。それ故、事業主による危険惹起が少なくとも客観的に過失によりなされ、社会的に不相当である以上、そこから先行行為に基づく保障人的地位が生じることになる[47]。

　　Kühl, Strafrecht AT 7. Aufl., 2012, §18 Rn.118b は、本判決が既に刑法上の使用者責任を暗黙のうちに前提としていると評価している。さらに遡って、Schönke/Schröder/Stree/Bosch, a.a.O. (Fn.19), §13 Rn.53は、いわゆる皮スプレー事件判決（BGHSt.37, 106；邦語の紹介として、例えば前掲拙著（注28）5頁以下参照）が、表面上は危険な先行行為を根拠として掲げつつも、製造物回収義務を製造・販売会社に認めることにより、実質的には使用者責任を認めていると評価している（同旨、Kühl, a.a.O. (Fn.45), §18 Rn.118b）。

46　前掲拙著（注28）106頁以下、及び拙稿「刑事製造物責任の諸論点――とりわけ回収義務の根拠に関するドイツの議論について――」刑ジャ37号（2013）4頁以下（8頁以下）参照。

47　Spring, a.a.O. (Fn.1) 2009, S.259. なお、シュプリングはこの箇所で、不適格な従業員を割り当てた場合においては先行行為の他に、従業員の認識可能な欠陥に基づく監視者的保障人的地位も競合しうるとしている。

もっとも、そのような先行行為自体について事業主に作為による共犯や過失作為犯による責任を負わせることにさほど支障はないと思われるだけに、それらを超えて不真正不作為犯の答責を課す根拠として、瑕疵ある選任という先行行為だけでは（そこで要求される危険の近接性等の要件に照らしても）なお不十分との批判は可能であろう。

四　事業関連性による使用者責任の制限とモビング行為

1　総説

しかしながら、例えば従業員の私生活における犯罪行為についてまで事業主が責任を負うのは不当であり、まさに従業員の自己答責性が事業主の刑事責任を排除すると言ってよい。そこで、ドイツの通説は従業員の犯罪行為が事業に関連してなされていることを要求し、単に事業・営業の機会になされたに過ぎない行為を刑法上の使用者責任の対象からはずしている。BGHもモビング事件でこの制限的要件により、従業員間の虐待行為について職長の阻止義務を否定した。そこでは、この要件が「所為は、それが作為行為者の営業活動あるいは営業の性質との本質的連関を示す場合に、事業と関連している」という形で幾分具体化されている。しかしながら、この程度の基準で、例えば従業員間のモビングが事業と関連しているか否かの結論を導き出すことは容易ではない[48]。そこで、ドイツの学説においては事業関連性の解釈指針が提案されているので、そのうちいくつかのものを見ておきたい。

2　OLG Karlsruhe 1971年3月25日判決

その前に、今回のBGH判決以前に、事業関連性の発想を打ち出したドイツ下級審判例を見ておこう。それは、カールスルーエ上級ラント裁判所1971年3月25日判決[49]である。

本件の事案は、被告人が部下の労働者と共に私人住居の地下室で、勤務する会

---

[48] 事業関連性基準の不明確性を指摘するものとして、例えば、Schramm, Anm. zu BGHSt.57, 42, JZ 2012, 969, S.971; Schünemann, a.a.O.(Fn.32) wistra 1982, S.43; Selbmann, Einordnung des BGH-Urteils vom 20. Oktober 2011-4 StR 71/11=HRRS 2012 Nr.74 in die Dogmatik zur Geschäftsherrenhaftung, HRRS 2014, 235, S.239 u. 242; Jäger, a.a.O.(Fn.38), S.394.

[49] OLG Karlsruhe, GA 1971, 281.

社の製造した暖房設備を点検していたところ、その機会に部下が他の地下室から郵便切手を盗み、被告人はその阻止を試みたが失敗し、結局、部下が切手を持ち去るのを黙認した、というものである。原審の陪審裁判所はこれを不作為による窃盗幇助と評価し、被告人を罰金刑に処した。彼の上訴に対し、OLG Karlsruhe は共同の労働の機会における部下の可罰的行為を阻止すべき上司としての性質に基づく被告人の保障人的地位を否定し、無罪を言い渡した。

　その中で、OLG Karlsruhe はまず、「事業上の部下の独立した行為から第三者の利益を保護すべき上司の保障人的義務は、危殆化される法益の保護が監視者の行為に大凡の関係において依存し、関係者が社会通念によりこの者の作為を信頼している場合にのみ認められうる。従って、決定的なのは特別の信頼状況の存在である。第三者の行為に関する保障人責任についてこれは、刑法上の答責性が一定の権威及び信頼関係のため監視義務者が被監視者から生じる第三者への危険を阻止することを公衆が信頼してよい場合にのみ存することを意味する。しかし、本件においては既に、両被告人が地下室に現われた時には暖房設備の設置が既に終わっており、作業員が暖房設備の点検のためもう一度地下室に戻ることを注文主がまったく知らなかったため、その場合に当たるとは言えない[50]」との一般論を述べた上で、「上司の、彼に営業上割り当てられた労働者の注文主に対する窃盗を阻止すべき刑法上重要な法的義務は存しない。この関係内で権限が展開される場合、これは事業のみに関連しているのであって、事業に関連した作用しか展開しえない。上司には彼に割り当てられた労働者の一般的生活行状に影響を与えたり監視するような権利もなければ義務もない。彼はなるほど事業主の命令権に与り、自己の専門知識に基づいて特別の信頼を享受する。しかし、この高い地位は彼が職場では労働自体に関する統率権しか有しないことを変えるものではない。それ故、上司には彼が事業及びこの範囲内で遂行される労働がもたらす危険を支配することしか期待されない。部下の労働者の１人が事業活動の機会に注文主に対し財産罪を行なうことはまさに委託された活動に内在する危険ではない。そのことはとりわけ、既に設置の完了した暖房設備の営利的になされる点検のみが問題となった本件において、妥当する[51]」として、保障人的義務の否定を根拠づけたのである[52]。ここには、たとえ事業活動の展開と時間的場所的に近接して

50　OLG Karlsruhe, GA 1971, S.283.
51　OLG Karlsruhe, GA 1971, S.283f.

いても、事業活動に特有の危険の現実化とみられない法益侵害についてまで、企業内の責任者に刑法上の阻止義務が課されるべきではないとの、事業関連性の発想が明確に示されている。

3 ドイツ学説における事業関連性をめぐる議論状況

ドイツの学説において、事業関連性の要件を不要とする論者は見られないと言ってよいが[53]、その概念としての曖昧さもあって、多様な一般的基準が主張されている。簡単に列挙すると、例えば①従業員が犯罪行為を彼らに委ねられた任務の遂行において行なうか、犯罪行為が彼らの事業活動と本質的で直接連関する場合に事業関連性を認める見解[54]、②従業員が企業のために行なう場合に事業関連性あり、自己のために行為する場合は事業関連性なしとする説[55]、③従業員が犯罪行為を事業への従事が彼に与える事実的及び法的作用可能性を利用して行なうのか否かによって決定する説[56]、④事業の任務及び目的と本質的に連関する行為について事業関連性を認める説[57]、⑤事業との本質的連関に着目するが、④説の挙げるような事業の任務及び目的と関連する行為ばかりでなく、事業経過における行為であっても一般人から見て連関ありと言える行為にまで事業関連性を認める説[58]である。そして、例えば、この中で事業関連性概念を最も緩やかに把握するように思われる③説を主張するシャルも、例えば、営業活動との関連なく同

---

52 また、本判決は、当該部下が立ち入った地下室が、社員が暖房設備の点検のために立ち入るべき部屋とは異なっていたことも指摘している、OLG Karlsruhe, GA 1971, S.284.
53 Roxin, a.a.O.(Fn.21)FS-Beulke, S.252f.によれば、これは刑事使用者責任肯定説のうち、事業全体を危険源と見る説からは必然の帰結だというが、従業員に対する命令権（人的支配）説からも、事業外の事項には使用者の責任は当然関連しえないであろう。むしろ、事業関連性の具体的範囲がこれら二説の間でどのように異なりうるのかが重要である。
54 Roxin, a.a.O.(Fn.37)AT II, §32 Rn.141; ders., a.a.O.(Fn.3)JR 2012, S.307（「従業員の営業に関連した誤った態度はそれが具体的企業の活動領域、会社の政策あるいは事業主の命令権限と関連することを前提とする」）; Landscheidt, a.a.O.(Fn.23), S.115f. 但し、ロクシンはその後、本文の⑤説に改説している、Roxin, a.a.O.(Fn.21)FS-Beulke, S.254f.
55 Bottke, a.a.O.(Fn.32), S.68f.; Schünemann, a.a.O.(Fn.31)Unternehmenskriminalität, S.106; ders., a.a.O.(Fn.32)wistra 1982, S.45.
56 Schall, a.a.O.(Fn.33)FS-Rudolphi, S.282f.; ders., a.a.O.(Fn.1)FS-Kühl, S.427. なお、Wohlers/Gaede, a.a.O.(Fn.27)も本説を援用するが、事業主が関与していないモビングについてはシャルとは異なり（即ち、BGH判決と同じく）、事業関連性を否定する。
57 BGHモビング事件判決が採った見解であるが（さらに、「事業に特に付着する危険が実現した」のか否かにも着目された）、実質的には①説と同じと言えよう。
58 Otto, a.a.O.(Fn.38)FS-Schroeder, S.343.

僚あるいは他の来訪者に対して行なわれる、窃盗、傷害、あるいは性的攻撃といった所為には事業関連性が認められないことを認めているが[59]、他方で例えば、事業の機会になされる贈賄、競業、あるいはカジノのクルーピエ（ディーラー）による賭博客への詐欺やディスコのドアボーイによる客に対する暴力行為（私怨によるものも含め）については、結論が分かれている[60]。

4　モビングの事業関連性
（1）否定・限定説

　BGH のモビング判決の結論に好意的な評釈類は、モビングは当然使用者責任の前提たる事業関連性を充足しないと解している。例えばロクシンは、たしかにモビングは企業に特殊な現象であるとは言えるが、そこから監視義務を根拠づける事業関連性を導出するのは、BGH が判示したように、この概念の過度の拡張だとする。というのは、従業員により営業中に行なわれる大抵の犯罪行為は事業上の共同生活の諸条件を利用するものだからである。企業内における性的襲撃及び窃盗も営業上の周辺状況が提供する機会により促進されている。BGH は、事業関連性の概念をそのように拡張すれば、事業主はもはや事業上の危険の回避についてばかりでなく、「労働時間内における従業員の処罰を受けない生活行状全体に関して」責任を負うことになろうと判示した。たしかにそれは監視者的保障人的地位の基本思想、即ち、具体的営業から発生する危険への制限に反するし、本件モビングは建築現場の任務及び目標とは関連しない、と。但し、ロクシンはモビング行為一般に事業関連性が否定されるべきとまでは考えず、従業員の営業に関連した誤った態度が具体的事業の活動領域、会社の政策あるいは事業主の命令権限と関連する限りでは、モビングについても事業関連性が認められるべきだとしている[61]。

　また、フェールはドイツ刑法340条（公務中の傷害[62]）における「職務執行中・

59　それらの場合においても事業の提供する事実的可能性が利用されているのではないかとの指摘として、Otto, a.a.O.(Fn.38) FS-Schroeder, S.342; Roxin, a.a.O.(Fn.21) FS-Beulke, S.254f. 参照。
60　Schall, a.a.O.(Fn.1) FS-Kühl, S.427. これらの事例につき、業務関連性を肯定するのは、例えば Roxin, a.a.O.(Fn.37) AT II, §32 Rn.139（但し、旧説時代）；Knauer, a.a.O.(Fn.33), S.476、否定する者として、例えば Gimbernat, a.a.O.(Fn.24), S.661f.
61　以上、Roxin, a.a.O.(Fn.3), JR 2012, S.307.
62　ドイツ刑法340条１項前段は以下の通り。「公務担当者が、その職務執行中に又はその職務に関連して、傷害を行い又は行わせたときは、３月以上５年以下の自由刑に処する。」（前掲（注22）

関連性」要件に関する判例・学説の議論に倣い、モビングにおいても事業に関連した犯罪行為は被用者の労働契約上合意された活動と彼により行なわれる犯罪行為との間に時間的及び実質的――内面的連関が存するか、行為者が彼の事業上の地位を被害者の嫌がらせのために利用する場合にのみ存するという。そのため、雇用者の保障人的義務は労働契約により義務づけられる履行と関連しないモビング行為には及ばない（例えば、休憩時間中の従業員への侮辱あるいは中傷、従業員に対する身体的ないしは性的攻撃）[63]。これは、刑法上の使用者責任を従業員に対する命令権（人的支配）により根拠づける見解（よって、命令権の対象となる事項以外に使用者責任は認められない）を想起させるものと言えようか[64,65]。

(2) 肯定説

それに対し、モビングに関し事業関連性を認める者として、例えばミューエがいる。彼はその結論を労働法的及び事実的背景を援用しながら詳細に述べている。本稿では紙幅の関係で要約的にしか紹介できないが、大要以下の通りである。ミューエはまず一般論として、①モビング行為が「余計な」従業員に対する現在の「会社政策」に基づいてモビング行為者の労働任務の一部である場合か、モビング行為者が特定の目的――大抵は私的な――を達成するために彼に与えられた労働技術的権限を利用する場合、及び②「余計な」あるいは嫌な従業員がモビングという手段により企業から放逐されるか、従業員を自主退職させることによって企業実務が特徴づけられる場合に限り、モビングの事業関連性を認める。要するに、企業幹部による従業員への直接の仕事上の嫌がらせ（パワハラ）と言えなければ、事業関連性は否定される。それ故、この限りでは、従業員間のモビングについてはここから除外されるとの結論も想起できるところである[66]。

『ドイツ刑法典』の訳による。)

63　Fehr, a.a.O.(Fn.24), S.197.

64　フェールの著書には「モビング行為が通常職場で行なわれるという事情にもかかわらず、このことはまだ、雇用者の組織力によりあらゆるモビング行為者の態度が操縦可能であることを意味しない」との記述も見られる、Fehr, a.a.O.(Fn.24), S.196. さらに、事業関連性の基準として、行なわれる犯罪と事業活動との密接な連関を要求し、当該犯罪が事業の場所でなされることはその徴表たりうるが、それ単独では意義を有しないとする者として、Landscheidt, a.a.O. (Fn.23), S.116f.

65　これ以外に消極的な論者として、Wagner, Anm zu BGHSt.57, 42, ZJS 2012, 704, S.709（保障人的義務に捕捉されうるのは事業に特殊な危険のみであり、事業自体は社会的に相当な行為。但し、保護者的保障人的義務及び物的危険源監視義務への解消可能性も示唆）；Rengier, a.a.O.(Fn.32)§50 Rn.69; Wohlers/Gaede, a.a.O(Fn.27).

66　Mühe, a.a.O.(Fn.32), S.239.

しかしながら、ミューエはモビングの事業関連性を肯定する。ミューエは、モビングの発生及びそれと結びついた犯罪行為の危険も同様に、個人が至る所で曝される人間関係のリスクとして表わされるのか、あるいはモビングの危険がまさに事業自体に付着するのかという形で問題設定する。モビングは社会的に隔絶された労働共同体の中で発生しており、たしかに被害者がモビングを免れようと思うのであれば、自主退職するとか、雇用者に対してモビングを理由に就労拒否権を行使することが法的には可能であるが、事実問題として、この従業員の生計を維持するためにはなかなか退職を決断することはできないし、就労拒否権を行使するには、雇用者の配慮義務違反の証明責任が被害者側に課されているため、モビングが大抵隠密裡に行なわれることもあって、実際にそれに成功する見込みは小さく、逆にそのような攻撃的行動に出たことにより「密告者」の烙印を押され、就労拒否権による補償を受けられないまま一層職場に居づらくなる。従って、被害者たる従業員は結局そのような法的措置に踏み切ることを躊躇せざるをえず、モビングが放置されたまま法益侵害に至る危険は時間の経過と共に強まるばかりとなる。このような状況は、被害者たる被用者の雇用による労働共同体への組み入れに伴なう法的・事実的な拘束や劣悪な職場環境によって発生するのであり、かくしてモビングによる法益侵害は事業ないしは職場の事情にまさに内在する危険の実現と言える。それ故、事業主による介入への依存性が認められ、それがモビングを阻止すべき保障人的地位を肯定する高度の信頼を正当化するというのである[67,68]。

---

67 Mühe, a.a.O.(Fn.32), S.240ff.
68 この他、モビングの事業関連性に肯定的な論者として、例えば、Kuhn, a.a.O.(Fn.38), S.298f. (Mühe と同旨を述べ、BGH 判決の理由づけを批判); Schramm, a.a.O.(Fn.48), S.979ff. (BGH のように事業対象との関連性に限られるべきではなく、営業中の職場での暴力的に決着される葛藤の根源はあくまで事業上の労働関係にあるとし、Mühe 説を支持)、Schall, a.a.O.(Fn.1)FS-Kühl, S.428ff. (Mühe に賛成。事業に類型的な構造的条件に存する危険であるモビングについても、自律的支配領域の所有者はこの領域から発生する危険を監視するよう義務づけられるという監視者的保障人的地位の指導原理が妥当する、と)、クーレン（岡上訳）・前掲（注１）182頁（BGH への疑義提示のみ); Wolmerath, Mobbing Rechtshandbuch für die Praxis 4. Aufl., 2013, S.85 u. 95f.〔「モビング行為が行為地として職場を必要とすると考える限り、モビングに付随してなされる犯罪行為は必然的に事業に関連した犯罪行為たりうる」〕; Selbmann, a.a.O.(Fn.48), S.243 u. 249 (BGHは具体的事案を度外視する一般的基準で排斥しており、これでは経済刑法全体が使用者責任の適用領域から除外されてしまうと懸念する。Mühe の叙述に同調); Kudlich, Mobbing als Betriebsaufgabe? –Zur Geschäftsherrnhaftung eines „Vorarbeiters" bei innerbetrieblichen Körperverletzungen Anmerkung zur Entscheidung des BGH 4 StR 71/11=HRRS 2012 Nr. 74, HRRS 2012, 177, S.179f. (BGH の「大胆な」具体的結論では、使用者責任が無対象になるであろ

(3) わが国の民事判例

　ここで参考までに、モビングと類似する事案について使用者責任を認めたわが国の民事判例における「事業執行性」の具体化基準と事案への適用も見ておきたい。

　まず、最判昭44・11・18民集23・11・2079では、上告人会社（土木建築等を業とする）の従業員（配管工）である被上告人が、水道管敷設工事に従事中、鋸の貸し借りを契機とした諍いの結果、同じく従業員であるＴに背後から突き落とされ、工事のために掘った穴に落下し、その後Ｔに暴行を受けて負傷したという事案につき、「被上告人が被った原判示損害は、Ｔが、上告会社の事業の執行行為を契機とし、これと密接な関連を有すると認められる行為によって加えたものであるから、これを民法七一五条一項に照らすと、被用者であるＴが上告会社の事業の執行につき加えた損害に当たるというべきである」とした。本判決で最高裁は「使用者の事業の執行行為を契機とし、事業の執行行為と密接な関連を有する行為」という基準で、本来の事業行為以外の所為についての事業執行（関連）性を肯定した。上記BGHの事案におけるモビングは、事業行為遂行中の所為とは必ずしも言えない（部分がある）点で、本最高裁の事案とは若干の相違が認められるが、従業員間の暴行に関する事業関連性の積極的判断として、その具体化基準と共に、一応の参考になろう。

　次に、最判昭46・6・22民集25・4・566では、寿司店の店員2名が使用者所有の自動車を運転し、出前に行く途中、同車の「右折」方向指示器を点灯したまま直進したため、これと衝突しそうになった他の自動車の運転者と口論になり、同人に暴行を加えて負傷させたという事案が問題となった。これにつき最高裁は上述の昭和44年判決と同様、「被上告人の被った原判示の損害は、右訴外人両名が、上告会社の事業の執行行為を契機とし、これと密接な関連を有すると認められる行為をすることによって生じたものであるから、民法七一五条一項にいう被用者が使用者の事業の執行につき加えた損害というべきである」との結論を示し、やはり「使用者の事業の執行行為を契機とし、事業の執行行為と密接な関連を有する行為」という基準により、被用者の事業活動中の暴行につき事業執行性を認めている[69]。

　　うと危惧）
　69　比較的最近でも最判平16・11・12民集58・8・2078で、「A組の下部組織における対立抗争にお

しかしながら、BGH 判決の基礎となるモビング事象も、「使用者の事業の執行行為を契機とし」ていることは間違いないが、「事業の執行行為と密接な関連を有する行為」とまで言えるかどうかについては、両論とも十分成り立ちうるであろう（そもそも、密接関連性の下位基準が明らかでなければならない）。それ故、残念ながらこのような最高裁民事判例による事業執行性の判定基準からモビング被害に関する刑法上の使用者責任に対し、有用な決定的示唆は得られないように思われる。

五　従業員の法益を保護すべき事業主の保障人的義務

　このように、見解の対立はあるものの、モビング被害者に関する刑法上の使用者責任については、少なくとも職務関連性要件充足の点で挫折することが予想されるが、使用者責任が元々事業に伴う対外的法益侵害を想定した制度であると考えれば、その結論もやむをえないと言えよう。しかし、従業員の職場内での被害につき、事業主等はまったく刑法上の阻止義務を負わないと解すべきであろうか。そこで、使用者責任とは別に、従業員の法益を保護すべき保護者的保障人的義務が観念できないか、ドイツの一部学説により問われている。
　ここではロクシンの見解を紹介しておく。ロクシンは事業関連性の否定に至るまで、上記モビング事件判決の処理に賛成している。その BGH 判決は上述の通り、被害者への保護者的保障人的義務については、そのような義務が市や上司にいかなる根拠から認められるのかについては未解決のままとしながら、いずれにせよ「被害者は行為の時点で被告人の人的答責領域内にはいなかった」との理由で否定したが（ロクシンはこの結論にも賛成する[70]）、これは、もし被害者が被告人の直属の部下であったような場合にはその種の作為義務をも認める余地を残した判断とも言いうる。ロクシンは、これに関して労働法上の配慮義務以外に保護機能の引き受けを要求するミューエ[71]や、配慮義務は労働契約の付随義務にとどま

いてその構成員がした殺傷行為は、A 組の威力を利用しての資金獲得活動に係る事業の執行と密接に関連する行為というべきであり、A 組の下部組織の構成員がした殺傷行為について、上告人は、民法715条1項による使用者責任を負うものと解するのが相当である」との判示がなされている。もっとも、以上のような事実的不法行為ではない、取引的不法行為の場合には、いわゆる外形標準説（従業員の職務そのものには属しないが、外観上職務の範囲内のように見える行為についても事業関連性を認める）の立場が採られているという。この点につき、例えば前掲（注1）の森田論文及び潮見教科書125頁を参照。
70　Roxin, a.a.O.(Fn.3), JR 2012, S.307.

るとするフェール[72]の諸説では狭すぎるとし、組織的モビングのような従業員の人格や人間としての尊厳の侵害を阻止すべき雇用者の義務は、既に従業員の企業への採用によって引き受けられていると見、現場で各職場の責任者に委任されていると構成する。その際、ミューエのように具体的な救助の確約は必要でなく、たとえ上司がそれを拒絶しても義務づけられるべきであるし、フェール説のように、従業員の重大な身体的侵害からの保護が副次的意義しか有しないとは言いえないと批判する[73]。ロクシンはさらに続けて、以下のように保護義務を理由づける。「従業員はこの（上司等による - 引用者注）保護に依存している。何故なら、彼は悪意ある同僚による襲撃から職場の離脱によって免れることができないからである（彼がその地位を失いたくなければ）。それ故、監視者的保障人的地位を根拠づけるためには十分でなかった、労働に条件づけられた事情は雇用者の保護者的保障人的地位を肯定するために援用されうるであろう[74]。」つまり、従業員への保護者的保障人的義務の場合、使用者責任においては事業関連性を根拠づけえなかった諸要因による支障はない（事業内容との関連は少なくとも緩やかでよいとの趣旨であろうか）ともロクシンは述べており、この点も注目に値する。

六　まとめ

以上、刑法上の使用者責任全般、及び具体的に職場でのいわゆるモビング事例へのその適用可能性に関するドイツの議論を概観した。そこで最後に、使用者責

71　Mühe, a.a.O.(Fn.32), S.231.
72　Fehr, a.a.O.(Fn.24), S.192f.（注71の Mühe と同様、労働契約の主たる意義は給与支払いの確保にあることを重視）本文以外の否定的見解として、Wagner, a.a.O.(Fn.65), S.707.（労働契約上の付随義務から保障人的義務は導かれない）；Schall, a.a.O.(Fn.1)FS-Kühl, S.431 Fn.101（労働契約による義務あるいは人間の尊厳の保護を曖昧に示唆するだけでは根拠づけられない）
73　Roxin, a.a.O.(Fn.3), JR 2012, S.307f. この他、従業員保護義務に積極的な論者として、Gallas, Studien zum Unterlassungsdelikt, 1989, S.90（労働契約の締結と結びついた保護の引き受け）；Kuhn, a.a.O.(Fn.38), S.298f.（労働契約上の付随義務としての配慮義務より。民商法や「一般平等法」（AGG）上の関連規定も援用）；Mansdörfer/Trug, Umfang und Grenzen der strafrechtlichen Geschäftsherrenhaftung-zugleich eine Besprechung von BGH, Urt. v. 20.10.2011 -4 StR 71/11-, StV 2012, 432, S.434（労働法上の義務を背景とした「事業の平穏を保障する義務」より）；Schramm, a.a.O.(Fn.48), S.970ff.（従業員を物理的及び心理的侵害から保護し、その尊厳及び人格を尊重すべき一般的保護義務より）；Wolmerath, a.a.O.(Fn.68), S.85（労働契約上の付随義務より）；Selbmann, a.a.O.(Fn.48), S.247.（労働契約の締結により発生）
74　Roxin, a.a.O.(Fn.3), JR 2012, S.308.

任の本来的問題領域からは若干ずれるかもしれないが、職場でモビングに遭う従業員の法益を保護すべき企業の幹部職員の保障人的義務は凡そ、そしていかなる範囲で認められるべきかにつき、若干の私見を述べてみたい。

　まず、ごく一般的に表現すれば、企業活動そのもの、及びそれに密接に関連した活動により従業員が取引相手や消費者等に対し与えた法益侵害につき、企業の幹部責任者も不真正不作為犯としての責任を負うべきとの命題（刑法上の使用者責任）には賛同したい。それは個々の事例に関して両罰規定・三罰規定等により立法化され、さらに（その具体的成立範囲についてはかなりの問題を抱えていることは看過されるべきではないが[75]）刑法上の製造物責任の議論が、事業活動による消費者等の侵害について、企業（幹部）に刑事責任も課されるべきとの発想が有力に存することを示している[76]ところからも支えられうると言えよう。また、その際の根拠については、事業活動全体を一種の危険源と見る説の方が、従業員への命令権に基づかせる間接正犯類似の構成よりも、義務のより適切な成立範囲の点をも含めて妥当ではないかと思われるが、ただ、同説における危険支配の捉え方は大雑把に過ぎ、単なる結論の言い換えにとどまる恐れもある[77]。それ故、事業内容と当該従業員の法益侵害行為との関連をはじめとして、幹部職員の選任・監督上の懈怠から（顕在的及び潜在的）法益侵害に至る危険実現の事象経過を可能な限り具体的に捉えた上で、その保障人的義務を個別事例ごとに説明できなければならず、その結果、従業員の行為が社会的実在たる企業・事業体等の、即ち事業主や幹部職員自身の態度と同視できる場合にのみ、刑法上の使用者責任が認められる

75　前掲拙著（注28）192頁以下参照。
76　なお、浅田教授は刑事製造物責任について、保障人的義務の根拠づけ可能性に疑問を呈し（さらに、過失犯の場合は容易に危惧感説につながるとの懸念も）、民事責任への解消を示唆されていた、浅田和茂「書評」法時73巻１号（2001）101頁以下（104頁）。
77　これだと、製造物責任による製品回収義務まで使用者責任によって一挙に認められることにもなりかねない。そうなれば、刑事製造物責任に関する「引き受け擬制説」（前掲拙著（注28）106頁以下及び118頁以下参照）に近い、当罰性に支えられた結論を言い換えただけの説明と化してしまう。この点、事業全体を危険源と見るロクシンは、人的危険は物的危険よりも認定が困難であることを認めつつ、そうであっても、差し当たりそのような人的危険が明らかに認められる場合（例えば、ドアマンが職務中来訪客を傷害する場面にディスコ経営者が居合わせていたとか、販売担当の従業員が顧客に詐欺を働いたことが顧客からの苦情で発覚した）、使用者は法益侵害阻止のために措置をとらねばならないと説明する、Roxin, a.a.O.(Fn.21)FS-Beulke, S.247f. なお、従業員を危険源と見ることへの異議については、少なくとも、例えば獰猛な飼い犬は危険源たりうるが、それと同様の状態に（一時的にではあれ）陥る従業員はそうではないというような区別は有意義とは言い難いであろう。

べきである。

　ただ、そうだとしても、そのような刑事責任は原則として、その種の法益侵害に事前に有効な対処をなしえない企業外の市民に対するものにとどめるべきであろう[78]。仮に企業内の従業員における法益侵害（とりわけ職場内の人間関係に基づくもの）を企業幹部が阻止すべきだとしても、それはいわゆる機能説にいう監視者的保障人的義務として（ばかり）ではなく、むしろ保護者的保障人的義務の一類型としての根拠づけによって手厚くなされるべきである。そして、その根拠として大きな手がかりとなるのは、労働法上の安全配慮義務の存在であるが[79]、もちろん、労働法的法律効果の根拠にとどまる同義務を刑法上の保障人的義務のためにそのまま援用するのは実質的に見て適切でない。そこで、さらに追加されるべき事情としては、例えば職場という外部から閉鎖された世界において無防備な状態にある従業員が、その職場全体を統率する地位にある幹部職員[80]に、法益保護

---

[78] もちろん、従業員の職務遂行上の過誤による法益侵害結果が他の従業員に(も)発生する場合は、内輪の者だからという理由で使用者責任が排除されるべきではない。なお、民法上の使用者責任は従業員の労働上の被害に関しても認められていること、四4（3）に上述した通りである。

[79] わが国の最高裁労働判例において、初めて安全配慮義務の存在が認められたのが最判昭50・2・25民集29・2・143（陸上自衛隊八戸車両整備工場事件）であり（「国は、公務員に対し、国が公務遂行のために設置すべき場所、施設もしくは器具等の設置管理又は公務員が国もしくは上司の指示のもとに遂行する公務の管理にあたつて、公務員の生命及び健康等を危険から保護するよう配慮すべき義務（以下「安全配慮義務」という。）を負つているものと解すべきである」）、最判昭59・4・10民集38・6・557（川義事件；宿直勤務中侵入者に殺害される）では、「使用者は、右の報酬支払義務にとどまらず、労働者が労務提供のため設置する場所、設備もしくは器具等を使用し又は使用者の指示のもとに労務を提供する過程において、労働者の生命及び身体等を危険から保護するよう配慮すべき義務（以下「安全配慮義務」という。）を負つているものと解するのが相当である」と判示し、平成時代に入ってからも、最判平12・3・24民集54・3・1155（電通事件）が、労働基準法や労働安全衛生法の規定を援用して「使用者は、その雇用する労働者に従事させる業務を定めてこれを管理するに際し、業務の遂行に伴う疲労や心理的負荷等が過度に蓄積して労働者の心身の健康を損なうことがないよう注意する義務を負うと解するのが相当であり、使用者に代わって労働者に対し業務上の指揮監督を行う権限を有する者は、使用者の右注意義務の内容に従って、その権限を行使すべきである」と判示した（安全配慮義務に関する最近の判例としてさらに、最判平26・3・24労判1094・22（東芝〔うつ病〕事件）。また、モビング事例についても、既にさいたま地判平16・9・24労判883・38（誠昇会北本共済病院事件；先輩男性看護師から被害者男性への各種いじめやハラスメントによる自殺）が「被告Ｓ会は、〔被害者〕に対し、雇用契約に基づき、信義則上、労務を提供する過程において、〔被害者〕の生命及び身体を危険から保護するように安全配慮義務を尽くす債務を負担していたと解される。具体的には、職場の上司及び同僚からのいじめ行為を防止して、〔被害者〕の生命及び身体を危険から保護する安全配慮義務を負担していたと認められる」とした上で、「本件いじめを認識することが可能であったにもかかわらず、これを認識していじめを防止する措置を採らなかった安全配慮義務違反」を認定している。

[80] もちろん、社長から直属上司に至るまでのうち、不真正不作為犯としての責任を負う職員の範

に関して依存していることが指摘できよう。

　もっとも、特にモビングのように、人（他の従業員）から法益侵害の危険が発生する場合には、上述の刑事使用者責任否定説の論者が強調したように、自己答責性の原則との抵触が懸念されるところであるし、従業員の些末な法益侵害についてまで幹部職員が刑罰威嚇の下で配慮しなければならないとすれば、そもそも本来社会的に相当であるべき事業活動自体に無用の停滞をもたらすことにも思いを致さねばなるまい。

　そこで、必ずしも理論的根拠づけとしては十分とは言い難いが、使用者たる社長等トップ以下で、事業所内における従業員の厚生について管轄し、責任を負うべき立場にある幹部職員は、従業員の最も重要で根本的な法益である生命の危険が職務に関連して生じている場合に、その実現を阻止すべく刑法上義務づけられると考えては如何であろうか[81]。

　さらに、阻止の対象たるべき法益侵害の範囲については、一般的な（刑事）使用者責任の議論において要求されている職務との一定の関連性が保護者的保障人的地位としての従業員保護義務についても同様に（但し、その範囲が「使用者責任」の場合と同一でなければならないかについては、別途検討の余地がある）要求されるべきであり、その重要な徴表として、例えば時間的（即ち、勤務時間中）あるいは場所的（即ち、職場における危険）状況に着目がなされるべきと考える。それでは、モビングがそのような意味における職務関連性の要件を充足するのかどうかであるが、この種の従業員保護義務は従業員が快適な職場環境で職務に専念することをも保障するものと考えるならば、狭義の職務上の生命危険（例えば、過労死）ばかりでなく、職場において不可避・不可欠な人間関係に基づいて生じるもの、それ故、少なくとも勤務時間中で職場（もちろん出先も含む）においてなされる（但し、上述の通り生命侵害の危険[82]ある）モビングについては、職務との関連性を認め

　囲を画定する作業がさらに必要である。
81　即ち、従業員の身体を直接保護すべき保障人的義務は除外されることになるが（上述の通り、安全配慮義務違反による民事上の損害賠償責任は、身体的・精神的被害についても認められている）、重大な傷害行為については、生命も脅かされていると評価する余地があり、従って本文で提示した私見によっても刑法的使用者責任は発生するであろう。つまり、例えば従業員間の比較的軽微な暴力行為（あるいは、盗難、侮辱等々）の不阻止までは、所定の幹部職員は不真正不作為犯としての責を負わないという形で、彼らの刑事責任の限界を設定する趣旨である。
82　どの程度の危険が必要なのかという点も重要であるが、単なる可能性では足りないとしても、高度の危険までは要しないとすべきではなかろうか。但し、危険の程度に応じて作為義務者がと

てよいと思われる。

かくして、職場での暴行・脅迫その他の手段による集団的いじめ・嫌がらせについて、しかるべき責任ある立場の幹部職員には、それが被害従業員の生命に対する危険をもたらすものに限って、刑法上の阻止義務が課され、その他の要件の充足を前提として、発生した結果（即ち、従業員の死亡・傷害）について、不真正不作為犯としてのしかるべき刑事責任（未遂が処罰される場合は、それも含め）を負うというのが、本稿のさしあたりの結論である[83]。もちろん、その内容は刑事使用者責任の「職務関連性」基準自体と同様、なお抽象論の域にとどまっていることを認めなければならない。

　　＊本稿は科研費基盤研究（B）（課題番号25285023、代表者・塩見淳）の助成を受けた研究成果の一部を含む。

　　るべき措置の内容は変化しうるであろう。
83　このような（保護者的）保障人的義務の根拠づけは職場にとどまらず、例えば学校の領域でも妥当しうるが、その際、児童・学生等を保護すべき義務の時間的場所的限界を明確に画定する必要があろう（例・上級生や同級生からのいじめによる生徒の自殺のケースで、いじめが主として学校外とか休校日に行なわれていた場合）。それは、宿命的曖昧さを帯びる職務関連性概念の具体化を図る作業でもある。

違法の統一性の一断面

橋　田　　　久

　一　はじめに
　二　学　説
　三　判　例
　四　終わりに

一　はじめに

　違法の統一性が論ぜられる一場面として、一つの行為が複数の構成要件に該当し、その一部について正当化事由の適用があり得る場合を挙げることができる。我国の学説によって繰返し俎上に上せられている事例は、無免許医が患者の同意を得て手術を行い成功したというものである[1]。そこでは、詳細は後述するが、医師法17条の無免許医業の罪（罰則は31条1項1号）が成立することを前提に、傷害罪について正当化を認める見解と可罰的違法性を阻却するに止める見解が対立している。
　学説が余り論じていないものの裁判実務で再三取上げられており、本稿の主題を成すのは、急迫不正の侵害に対する、凶器を使用して行われた反撃行為が、殺傷等の罪と共に銃刀法違反の罪、就中同法3条の銃砲刀剣類不法所持罪乃至同法22条の刃物不法携帯罪をも構成する事案である[2]。暴力団員が、対立する団の組

1　被害者の同意を構成要件該当性阻却事由と解するなら別論である。
2　所持とは、物を自己の支配し得べき状態に置くことを言う（伊藤榮樹・小野慶二・荘子邦雄編『注釈特別刑法第七巻』（平成4）408頁［阿部純二、北野通世］、平野龍一・佐々木史朗・藤永幸治編『注解特別刑法第6巻』（昭和61）47頁［米澤慶治］）。法定刑は、拳銃等につき1年以上15年以下の懲役（31条の3第1項）、猟銃につき5年以下の懲役又は百万円以下の罰金（31条の11第1項1号）、鉄砲（拳銃等及び猟銃を除く）又は刀剣類につき3年以下の懲役又は50万円以下の罰金（31条の16第1項1号）。所持が禁止されない刃物について問題となる（伊藤他編・注釈特別刑法第七巻649頁［阿部、北野］、木村靜子「判批」判評299号（昭和59）58頁）携帯は所持の一態様で、日常生活を営む自宅乃至居室以外の場所において、物をいつでも使用できる状態で

員に不意打ちされて生命に危険が及んだため、銃刀法に違反して携帯する刃物で反撃を行って相手を負傷させたが、銃刀法の規定を度外視すれば傷害罪について正当防衛が成立する事例が典型的と言えよう。ここにおいては、銃刀法違反の事実が傷害行為についての正当防衛の成否に与える影響の有無、更には、傷害罪に正当防衛を認める場合に翻って銃刀法違反の罪も正当化されるかが問われるのである[3]。

この問題状況においては、銃刀法違反の行為が本来は違法であることが前提とされている。即ち、刃物の携帯が「業務その他正当な理由による場合」（銃刀法22条）[4]に当る等、何等かの正当化事由が適用される場合は除かれる。刑法典上の正当化事由として、銃刀法違反の罪が銃砲刀剣類による人の殺傷の「危害予防」（同法１条）を目指し[5]公共の安全を保護法益とすることに鑑み、攻撃者から行為者の生命身体等に切迫した危険を斯かる社会的法益に転嫁したことによる緊急避難が考えられる[6]。正当防衛が成立することはない。正当防衛による侵害の対象は不正の侵害者の法益に限られるが、携帯等の行為は攻撃者に属しない超個人的法益を侵害するからである[7]。

なお、所持の罪やその一態様である携帯の罪は継続犯と解される[8]ため、その違法評価も原則として全体について行われようが、当初の携帯等は適法であっても、反撃目的に転じた後の携帯等が別行為として把握されるため違法評価を異に

自己の身辺に置き、これを継続することとされる（伊藤他編・注釈特別刑法第七巻651頁［阿部、北野］、平野他編・注解特別刑法第６巻326頁［米澤］）。法定刑は２年以下の懲役又は30万円以下の罰金（31条の18第３号）。

3 事情はドイツにおいても同様である（Mitsch, NStZ 1987, 457）。尤も本稿では、ドイツ法に十分触れることができなかった。

4 正当化事由と解される（伊藤他編・注釈特別刑法第七巻653頁［阿部、北野］）。

5 伊藤他編・注釈特別刑法第七巻387頁［阿部、北野］、平野他編・注解特別刑法第６巻13頁［米澤］。

6 内田文昭『犯罪概念と犯罪論の体系』（平成２）153頁。ドイツでも有力である。LK-*Rönnau/Hohn*, 12.Aufl., 2006, §32 Rn160; *Roxin*, Strafrecht AT I, 4.Aufl., 15/26; *Jakobs*, Strafrecht AT, 2.Aufl., 1991, 12/28; *Kühl*, Jura 1993, 119; *Frister*, Strafrecht AT, 7.Aufl., 2015, 16/20; *Baumann/Weber/Mitsch*, Strafrecht AT, 11.Aufl., 2003, 17/20. また、後述註64参照。

7 内田・犯罪概念と犯罪論の体系152頁、MK-StGB-*Erb*, Band 1, 2003, §32 Rn123. 公共が個人の違法な攻撃によって創出された正当防衛状況について答責的であることはないと言う者、*Kühl*, Jura 1993, 119. これに対して、正当防衛の成立可能性を認めるのは、坂井愛「判批」日法74巻１号（平成20）281頁。

8 所持につき、伊藤他編・注釈特別刑法第七巻411頁［阿部、北野］、平野他編・注解特別刑法第６巻47頁［米澤］。

する場合は、本稿の考察の対象に含まれる。後に見る判例の中にも、継続して行われていた所持、携帯行為の内、反撃行為と重なる部分のみ訴追されたものが散見される。

よって、本稿の状況は、行為者が攻撃から退避し得たにも拘らずその場に留まって反撃し、そこで使用した凶器を所持、携帯する「正当な理由」もないため、銃刀法違反の行為については緊急避難等の正当化事由が適用されず、他方で殺傷等の罪については正当防衛の成立可能性がある場合ということになる。そのような事例が頻出するかは定かでないが、後に示すように一定数の判例が存在し、理論的にも違法の統一性を論ずる素材としては意味を持ち得よう。本稿は、学説による検討が不十分と思われる斯様な事例における、銃刀法違反の罪と殺傷等の罪の違法性の関係を手懸りとして、違法の統一性の一断面に幽かな光を当てようと試みるものである。

二　学　説

我国において本稿の問題を論じたものは少ないが、理論的可能性として考えられるのは、就中、殺傷等罪について正当防衛の成立を認めることの肯否の対立と、否定説内部での可罰的違法性を阻却するか否かの対立であろう。

1　違法の統一性を巡る対立との対応関係

本稿の問題の帰趨は、違法の統一性についての考え方によって左右される。以下では、違法相対論及び違法一元論の主張と、それぞれからの帰結を確認する。

（1）違法相対論

違法相対論によれば、一つの行為であっても、これに適用される法規毎に違法評価が異り得る。例えば、無免許医師が医学的に適正な手術を行った事例では、医師法上の違法を認めつつ、傷害罪については正当化を行う[9]。本稿の問題状況においては、銃刀法違反の罪が成立する刃物等の携帯行為の継続中に行われた殺

9　平野龍一『刑法総論Ⅱ』（昭和50）219頁、町野朔「可罰的違法性の理論」法教207号（平成9）12頁以下、同『患者の自己決定権と法』（昭和61）156頁、西田典之『刑法総論（第二版）』（平成22）133頁、山口厚『刑法総論［第3版］』（平成28）190頁、西田典之・山口厚・佐伯仁志編集『注釈刑法第1巻』（平成22）341頁［今井猛嘉］。

傷等の行為は、正当防衛として正当化され得ることになろう[10]。斯様に違法の方向への連帯を否定するならば、逆に殺傷等の適法に連帯して今度は銃刀法違反の行為が正当化されることもない。但し、銃刀法22条の「正当な理由による場合」における犯罪不成立の定めを、刑法35条の如く適法方向への連帯を法定したものと解するならば、別論であろう。

　違法相対論の根拠として、京藤教授は法の裁判規範性を強調し、「裁判機関にとって、法律効果の発生要件の一つである違法性の判断は、各法分野の目的論的特殊性を反映して相対的であるほうが妥当な解決を引き出すのに望ましい。」と説く[11]。しかし、各法分野に相応しい妥当な解決は、法律要件としての違法を統一的に解しつつ法律効果は法分野毎に相対化する、いわゆる柔らかな違法一元論によっても得られるように思われるため、これが違法相対論の決定的な論拠とまでは言えないであろう。

　山口教授は、違法性の実質を法益侵害乃至危険の惹起と解することから、法益侵害が異れば違法性も異り得ることを導き、保護法益を異にする犯罪間での違法の相対化を必然とする[12]。即ち、構成要件該当性の段階においては当該「法益侵害・危険だけが処罰を基礎付けうる」なら、構成要件該当行為の違法阻却を判断するに際しては、この「法益侵害・危険を止揚（中性化）することができる、積極的価値の実現だけが考慮される」のであって、その行為が他の法領域において違法であることを考慮してはならない、と述べ、他の法領域で違法とされる行為にも、当該構成要件の枠内で積極的価値が実現されれば正当化を認めるのである[13]。確かに山口教授がその主張の前段で論ずる如く、或る罪の違法性を判断する際に別の罪に関わる事情を取込むことは、違法を根拠付ける構成要件の段階では許されない。本稿の事態においても、銃器によって攻撃者の生命等を侵害する

10　ドイツでは、武器法違反の罪が成立しても殺傷罪についての正当防衛の成立が妨げられないことに大方の一致がある。Schönke/Schröder/*Perron*, StGB, 29.Aufl., 2014, §32 Rn37; *Roxin*, Strafrecht AT I, 15/126; *Kühl*, Strafrecht AT, 7.Aufl., 2012, 7/83; *Jakobs*, Strafrecht AT, 12/28 Fn50a.

11　京藤哲久「法秩序の統一性と違法判断の相対性」平野古稀上巻（平成2）所収221頁。類似の主張として、「法がいちじるしく細分化した現在では、それぞれの法が機能をはたすことにより、近代国家の合理的運営がたもたれる。法がおのおのに託された機能を発揮することにより近代的合理化に奉仕しうる」との、荘子邦雄『労働刑法（総論）（新版）』（昭和50）155頁。

12　既に平野・総論Ⅱ218頁。

13　山口・総論190頁。

行為が殺傷等罪の構成要件に該当するか否かは、銃刀法違反の罪の成否を視野の外に置いて決せられる。しかし、或る罪の正当化を判断する段階では、当該構成要件外の事情である他法乃至他罪の違法性を考慮し得ると思われる。二つの段階が斯様に判断資料を異にして良いのは、構成要件該当性が当該犯罪についての類型的判断に過ぎないのに対し、正当化は行為が凡そ違法か適法かを判断する段階であること[14]による[15]。構成要件外の事情によって正当化を否定するのは実質的に罪刑法定主義に反する[16]との批判もあるが、構成要件該当性は既に確定しているため、構成要件の枠を越えて処罰を拡張するものではないとの反論があり得よう。尤も、当該構成要件外のあらゆる事情を勘案し得るかは検討を要する[17]。2で詳論する。

（2）違法一元論

（イ）違法一元論は、違法性が根本において法秩序全体に通ずる統一的なものであると主張する[18]。違法とは行為について国家が下す否定的価値判断であり、国家意思は統一的なものでなければならないからである[19]。このことを否定する違法相対論は「国家の法秩序の内部において評価矛盾を認めることにな」る[20]。以上に対しては、「一枚岩の法秩序が一国を支配している」というのは「一種のフィクション」[21]と論難されている。しかし、法秩序の内部において「個別の法分野が相互に矛盾・衝突を起こさないように解釈されるべきこと」[22]は、当然の理であると思われる。

14　松宮孝明『刑事立法と犯罪体系』（平成15）160頁。
15　そのことは既に、緊急避難における害の衡量に際して、当該構成要件該当行為の客体でないものを侵害利益に数える見解によって認められているところである。即ち、俄雨に遭った甲が、自分の服が雨に濡れないように乙から傘を奪う窃盗罪の例では、窃盗の客体ではない乙の服が濡れることも、正当化を否定する方向で考慮されている（林幹人『刑法総論［第2版］』（平成20）213、182頁、佐伯仁志『刑法総論の考え方・楽しみ方』（平成25）103頁）。また、拙稿「避難行為の相当性」産法37巻4号（平成16）55頁。
16　山口・総論107頁以下。
17　林・総論182頁、佐伯・考え方103頁。
18　佐伯千仭『四訂刑法講義（総論）』（昭和56）176頁、同『刑法における違法性の理論』（昭和49）12、16、370、392頁。
19　林幹人『刑法の基礎理論』（平成7）52頁以下、同・総論224頁、鈴木茂嗣『刑法総論［第2版］』（平成23）44頁参照。
20　浅田和茂『刑法総論［補正版］』（平成19）179頁。同旨、山中敬一『刑法総論［第3版］』（平成27）460頁。また、林・総論224頁。
21　町野・法教207号9頁。
22　松宮・刑事立法と犯罪体系123頁。また、井田良『講義刑法学・総論』（平成20）253頁註66。

また、違法一元論に向けては、「具体的な規範といっさい無関係の『法秩序全体を通じての一般規範』……に違反する違法一般というものを問題にする実践的意味［は］存在しない」[23]との批判も見られる。しかし、違法一元論には実践的な意義も存する。第一に、一つの行為についての許容、不許容の評価が並立するならば行為規範の名宛人が行為に出ることの可否の判断に窮する点に鑑み、刑法を行為規範と捉える立場からすると評価を統一する必要がある[24]。行為規範論と違法相対論は相容れないと言われる所以である[25]。第二に、違法を一元的に解さねばその行為に対する正当防衛の可否が定まらないことも指摘できよう[26]。

　（ロ）違法一元論に立つならば、本稿の事案では銃刀法違反の罪と殺傷等罪の違法評価が一致し、後者は前者に連帯して違法とされることになる[27]。この趣旨を説くのが、安廣元判事である。曰く、「正当防衛・過剰防衛について考察する際にいつも念頭に置くべきであろう」事項の一つとして、「銃砲刀剣類の所持・携帯の禁止との関係」がある。成程、侵害を確実に予期した者が、その所持等が法に触れない木刀やバットを防衛的な行為に終始する目的で準備し、現にその限度で反撃を行えば、正当防衛となることに疑いはない[28]。これに対して、拳銃や日本刀を準備することは、「法秩序を乱すものであって違法であり、銃刀法違反、凶器準備集合罪（迎撃型）等の犯罪が成立」する。「そして、侵害が予期されていたケースで引き続き拳銃等を現実に使用して加害に及ぶ行為も原則として違法」である。「銃刀法上の違法性からストレートにこれを用いる行為の刑法上の違法性が導かれるわけではないことは勿論で」あるが、「銃砲刀剣類の所持や携帯を厳しく制限する」「社会の基本的ルールを弛緩させるような法解釈が相当でないこともまた明らかといってよい」[29]、と。ここでは、若干の逡巡を見せつつも、結局は銃刀法の違法性の有無で正当防衛の成否を決しており、違法への連帯

23　前田雅英「法秩序の統一性と違法の相対性」研修559号（平成7）22頁。
24　松宮孝明『刑法総論講義［第4版］』（平成21）109頁以下、井田・総論253頁、高橋則夫『刑法総論［第2版］』（平成25）248頁、浅田・総論179頁。
25　町野・法教207号12頁以下、同・患者の自己決定権と法156頁、前田雅英『刑法総論講義［第6版］』（平成27）28頁、西田他編集・注釈刑法第1巻340頁以下［今井］。
26　浅田・総論179頁。また林・刑法の基礎理論45頁、同・総論224頁参照。
27　このような結論を不当と見て違法一元論を斥けるのは、西田・総論133頁。
28　安廣文夫「発言」刑雑35巻2号（平成8）259頁。
29　安廣文夫「正当防衛・過剰防衛に関する最近の判例について」刑雑35巻2号（平成8）240頁以下。

を認めるものと見て良い。

　その時、連帯して違法とされる殺傷等の行為に対しては正当防衛が許される。その構成は、超個人的法益のための正当防衛を認めるか否かによる。これを肯定する時、両罪の保護法益を保全するための正当防衛となるが、否定説に与するならば、超個人的法益を保護法益とする銃刀法違反の罪に当る行為は違法であっても正当防衛で阻止することができないため、ここでの正当防衛は専ら殺傷等罪に向けられた、生命身体等を保全法益とするものと見るべきである。そして、この点が違法相対論に対する優位性を成し得る。同説では殺傷等の罪が適法となるが故にこれに対する正当防衛は許されないことから、銃刀法違反の罪を阻止する超個人的法益のための正当防衛について肯定説を採用する場合、正当防衛の可否を決し得なくなるからである[30]。

　なお、連帯の方向については、違法の統一性を適法への連帯の意味に捉えること、即ち殺傷等罪に正当防衛の成立を認めその効果に連帯させて銃刀法違反の罪を正当化することはできないであろう。体系的に見れば、先ず構成要件該当性はそれぞれの罪について独立に吟味した結果肯定され、各罪の違法性が根拠付けられる。次いで正当化は、銃刀法違反の罪固有の正当化事由が存在しない本稿の前提から殺傷等罪についてのみ正当防衛の成否という形で問題となり、ここで違法の統一性の考慮が働いて、銃刀法違反の罪の違法に殺傷等罪の違法が連帯するため、後者の正当化が否定されることになる。従って、適法方向の連帯作用によって銃刀法違反の罪を正当化し得る前提としての適法な殺傷等の行為が存在しないのである。

　(ハ)　尤も、違法一元論の一部の論者は、本稿のような場合における犯罪毎の違法の相対性を明言する。かつて宮本博士は、法律上の観念を凡て規範的価値的に見た相対的なものと解する立場から「規範關係又は法律上の行爲の相對性」を唱え、一つの行為であってもこれに適用される「價値的な觀察の標準」が数次に亙れば違法評価が相対化すると断じた。例えば、公道を散歩する行為は一般的に

---

[30] (イ)の後段第一点の刑法の行為規範性については、確かに一つの行為で行われる殺人等の罪の許容と銃刀法違反の罪の不許容が並立するならば、行為規範の名宛人が行為に出て良いか否かの判断に窮する。しかし、行為規範性は構成要件にのみ認められ、正当防衛という正当化事由は利益衝突を事後的に解決する裁判規範であると考えるなら、正当防衛の成否を問う局面での違法の連帯が論ぜられる本稿の事案では、違法を連帯させるために行為規範性を援用することはできないであろう。

は適法であるが、右側歩行ならその点は違法、勤め先を無断欠勤して歩いているならその点は違法、知人の家に寄って借金を返すつもりならその点は適法、と説いていた。そして、医学的に適切な手術を医師免許のない者が行った事例について、「一方に適法行爲であると同時に他方に犯罪となる」と述べ[31]、傷害罪については違法阻却を認める。近時においても、三上准教授が、法秩序の統一性は同一の事実についての違法判断の統一性を求めるもので、「法律ごとに着目する事実の側面が異なること」はあり得ると論じ[32]、無免許医師の事例では、「医師法は無免許医業という事実の側面に着目し、刑法は医療行為という事実に着眼している」ことから宮本博士を支持する[33]。松原教授もまた、無免許医業罪と傷害罪が観念的競合の関係に立つことからも、両者はそれぞれ「業として医療行為を行ったという事実」と「人の身体の完全性を侵害したという事実」を対象としており、「異なる事実については、異なる違法評価が妥当するのは当然」と説いて、傷害罪の違法阻却を認める[34]。本稿の場面について見ると、銃刀法違反の罪は社会的法益に対する罪、殺傷等の罪は個人的法益に対する罪であって、両者は罪質を異にすることから、着目する事実も異なると考えられる。そうすると、論者によれば違法評価も異り得、後者は正当防衛として正当化されよう。

　しかし、取上げられる事実が異なることを理由に刑事法領域の内部で違法を相対化するなら、法領域を異にする場合には、各法領域は目的を異にする以上重要とされる事実も尚更異るであろうから、違法はより強い理由を以て相対化されよう。例えば、単純な債務不履行が民法上違法であるが不可罰とされる理由は、刑法では財産侵害の有無に加えて、「被害者にはなお民事裁判に訴えて損害を回復する途が残されている」こと[35]や行為の日常性等も考慮されることにあろうから、ここでも民法と刑法は異った事実に着目しているため、論者は債務不履行を刑法上は適法と評することになりかねないように思われる[36]。

31　宮本英脩『刑法大綱（第四版）』（昭和10）55頁。
32　三上正隆「宮本英脩の規範理論Ⅱ――一般規範の法源について――」早法56巻（平成18）181頁。
33　三上・早法56巻195頁註72。
34　松原芳博『刑法総論』（平成25）114頁。その他、林教授も、「同一の事実について……違法判断が相対的になることがあってはならない」が、「前提とする事実が異なっているときに、それに対する違法判断が異なってくるのは当然である。」と述べる（林・刑法の基礎理論52頁以下。また同・総論224頁）。
35　佐伯・刑法における違法性の理論381頁。

松原教授はさらに、攻撃者に対して反撃のために発射した弾丸が誤って第三者にも当ったような、防衛行為の結果が攻撃者のみならず第三者にも生じた場合、攻撃者に対する罪には正当防衛が成立するが、第三者に対する罪については正当防衛も緊急避難も成立せず違法となり得ることも援用している[37]。確かにこの場合は、一つの行為が二つの構成要件に該当する点で本稿の事態と選ぶところがないにも拘らず、それぞれの違法評価が異り得ることは一般的に承認されている。しかしここでも、違法一元論との矛盾を嫌って、第三者に対する行為についても正当防衛の成立を認める見解が主張される他[38]、逆に第三者に対する罪の違法性に連帯させて攻撃者に対する正当防衛の成立を否定する途もあり得よう。なお留保したい。

(ニ) 以上のように、違法一元論からは、若干の異論にも拘らず、本稿で取扱う事例において殺傷等罪が正当化されることはないのである。

2 各正当化事由の特性
(1) 総 説

1では、違法相対論と殺傷等罪の正当化、違法一元論とその違法という対応関係を明らかにした。しかし、違法一元論を採り、正当化の判断において他の構成要件に関わる事情を取込むためには、その受け皿となる要件が当該正当化事由に存しなければならない。正当化の判断に際して、当該正当化事由の成立要件と無縁の事情を考慮することはできないからである。このことは、正当化事由が競合する場合を考えても明らかである。例えば、理由なく殴り掛かって来た者を取り押さえる行為は、正当防衛にも現行犯逮捕(刑訴213条)にも当り得るが、攻撃が続行される危険性の有無という事実は、前者による正当化を判断する際にのみ、侵害の急迫性という前者に固有の要件の下で意味を持つであろう[39]。

そして、正当化の要件は、正当化の根拠から導き出されるものであるから、或る正当化事由の適用を論ずるに当って判断の基礎事情を選別する際には、その正当化根拠に遡る必要がある。佐伯教授の説く如く、「違法性阻却においてどの範

---

36 前田雅英『可罰的違法性論の研究』(昭和57) 66頁参照。
37 松原・総論114頁註21。
38 川端博『刑法総論講義 (第3版)』(平成25) 365、315頁、同『正当防衛権の再生』(平成10) 224頁。
39 東京高判平成25年3月27日 (判タ1415号180頁) 参照。

囲の違法を考慮してよいかは、問題となっている違法性阻却事由の根拠による」[40]。やや具体化して言えば、或る行為によって被害者個人の利益とは別に法秩序、社会秩序が侵害されることを、当該行為の正当化に際して考慮し得るか否かは、当該正当化事由が守ろうとするものが個人の利益を超えるか否かによる。そこで例えば、被害者の同意が専ら被害者の自己決定権を守るものであれば、同意に基く行為によって実現しようとした犯罪目的を正当化の判断に際して考慮すべきではないが、同意のみでは正当化するに足りず行為の相当性が相俟って初めて正当化を認めるなら、犯罪目的の存在によって正当化が否定され得るとされる[41]。緊急避難については、その正当化根拠を社会連帯という対立両当事者を越えた所に求めるならば、避難行為が他の犯罪目的の達成に資することを理由に正当化を否定することが可能である[42]。

以上の理を、一つの行為が二つの構成要件に該当する本稿のような場合について見ると、一方の構成要件該当行為によって保全乃至侵害される利益が他方に妥当し得る正当化事由の正当化根拠と無縁であれば、その利益の保全、侵害を正当化の判断に取入れるべきではないことになる。そこで佐伯教授は、無免許医師による治療の事例における傷害罪の正当化の判断に際して無免許医業の違法[43]が考慮されるか否かは、治療行為の正当化根拠が医業の特権と患者の治療を受ける利益のいずれに存するかによると述べている[44]。

尤も、違法一元論を採りながら、正当化根拠との接点がないことを理由に他の構成要件に関わる事情を考慮せず、その結果として違法判断を相対化するならば、矛盾の誹りを免れない。そこで、違法一元論は、正当化事由、少なくとも本稿で焦点となる正当防衛を、全法秩序との整合性を図るための要件を備えたものとして構想すべきであろう。延いては、その正当化根拠も、須く対立法益のみならず全法秩序に目を向けたものでなければならない。

---

40 佐伯・考え方104頁。
41 佐伯・考え方103頁。
42 強要緊急避難を念頭に置いている。拙稿「強制による行為の法的性質（一）」法學論叢131巻1号（平成4）104頁、同・避難行為の相当性64頁。
43 それは、当該患者の生命や身体の安全を超えた公衆衛生の侵害に存しよう（山中敬一『医事刑法概論Ⅰ』（平成26）85頁）。
44 佐伯・考え方104頁。

(2) 考 察

　以上を前提として本稿の問題状況に立ち返り、正当防衛の正当化根拠毎に検討を加える。

　攻撃者と被攻撃者という個人の利益衝突状況に着目し、具体的な生命や身体等の侵害利益と保全利益を衡量して後者が優越することに正当防衛の正当化根拠を求めるならば、銃刀法違反という超個人的法益に対する罪の不法を侵害利益として考慮に入れる余地はないため、この不法への連帯は否定され、殺傷罪についての正当防衛の成立が認められよう。

　しかし、対立する具体的な法益の観点のみから正当防衛を説明することには疑問があり、法確証という全体の観点を導入して、正当防衛は不正の侵害に対抗することによって個人を超えた法秩序をも守ると考えるべきであろう[45]。その時、殺傷等の罪に当る行為は、急迫不正の侵害に対して向けられた、法益保護の見地から必要な防衛行為であっても、反撃手段の携帯等が銃刀法に違反するならば法秩序の攪乱を生ぜしむるが故に、正当防衛としての正当化が否定される[46]。斯様に法を確証しないため違法な防衛行為に対しては、逆に正当防衛が許容されて良い。ここで見られるような、全法秩序の立場から正当防衛の成立が否定される状況を、我々は他にも知っている。想起すべきは、攻撃と防衛が均衡を著しく失する場合に正当化が否定される際、「社会の最大限の平和を確保することをめざす法の理念」[47]や「法律全体を貫く公平の観念」[48]という全法秩序の観点が持ち出されていることであろう。

　銃刀法違反の故に正当防衛の成立を否定する処理に適した要件は、「やむを得ずにした」の解釈によって導かれる防衛行為の相当性であろう。この要件は、「防衛行為がその際の事情からみて相当なもの」であること[49]、「当該具体的事態の下において当時の社会通念が防衛行爲として当然性、妥当性を認め得るもの」（最判昭和24年8月18日刑集3巻9号1465頁）を意味する。攻撃と防衛の著しい不均衡の場面がその主たる適用領域であるが、違法の統一性という同じく法秩序全体

45　簡単ながら、葛原力三・塩見淳・橋田久・安田拓人『テキストブック刑法総論』（平成21）126頁［橋田］。
46　斎藤信治「判批」新報97巻7・8号（平成3）273頁。
47　中森喜彦「防衛行為の相当、過剰、その認識」町野古稀上巻（平成26）所収142頁。
48　佐伯・総論203頁。
49　佐伯・総論202頁。

の立場が問題になる本稿の状況にも適合する要件と思われるのである。

3　違法の連帯の程度

銃刀法違反の罪の不法に連帯させて殺傷等の罪についても違法を認める場合、連帯の程度がさらに問題となる。

（1）可罰的違法の連帯まで認めるもの

銃刀法違反の罪が成立するならば刑法典上の犯罪についても可罰性を認める、いわゆる堅い違法一元論を採る者は少ないが、その趣旨の裁判例への賛意を表明する論者[50]はここに分類できよう[51]。しかし、一つの行為が甲罪と乙罪の構成要件に該当する時、甲罪を正当化する事情が存しても乙罪を正当化する事情がないことから甲罪についても可罰的違法を認めるのでは、甲罪独自の正当化事由の存在が無視されてしまい、妥当でない。本稿冒頭の例では、自己の生命に切迫した危険から免れるために刺突が行われているが、この場合と斯様な正当防衛状況なく相手を刺突した場合とを同列に論じて前者でも傷害罪の成立を認めるに帰し、その不当性は明らかであるように思われる。

（2）違法の連帯を認め可罰的違法の連帯は認めないもの

そこで、違法一元論の論者の多くは、刑法典以外の刑罰法規によって禁止、処罰される行為を刑法上も違法と解して違法の相対性を認めない[52]一方で、次のように言う。「ある行為が違法かどうかという問題と、その行為が特定の罰条で処罰されるべき違法性を備えているかどうかという問題とは、区別されなければならない。」「ある罰条ないし構成要件が予定している質や量の違法性（＝可罰的違法性）は……罰条ごとに相対的なのである」[53]。可罰的違法性論は「構成要件段階で処罰を根拠づける違法性に一定の『質』と『量』を要求する」ものであり、「違法阻却の判断でこの程度の『質』と『量』を備えた違法性が否定される以上、当該罰条による処罰に適さない違法しか残っていないのに処罰を肯定するのは矛盾であろう。」、と[54]。斯様に、（1）の見解とは異り、可罰的違法性は相対化

50　安廣元判事は、刑雑35巻2号242頁において、大阪高裁昭和56年判決（後述三1（2））を支持する。同趣旨の大阪高裁平成13年判決（後述同所）は同論文より後のものである。
51　松宮孝明「発言」刑雑35巻2号（平成8）260頁参照。
52　浅田・総論180頁。また中山研一・浅田和茂・松宮孝明『レヴィジオン刑法③構成要件・違法性・責任』（平成21）139頁［中山］。
53　松宮・総論107頁。

して「可罰的違法性の質の相違」を認めるのである[55]。医師法に違反する無免許医業としての手術の事例においては、医師法違反の違法性に連帯させて傷害行為も違法と解しつつ、可罰的違法阻却を承認している[56]。

本稿の事例について見れば、銃刀法に違反して為された殺人等の行為は違法である。しかし、処罰に必要な不法の質、量が構成要件毎に異る以上、銃刀法違反の可罰的違法が備わっているとしても、殺人等の行為については、それが急迫不正の侵害に対して防衛のために行われた過剰に互らないものであれば可罰的違法性が欠け、犯罪は成立しない[57]。銃刀法の規定が存在しなければ正当防衛が成立していたことは、等閑視できないのである。

斯様な可罰的違法性阻却を行う際、刑法36条の「正当」防衛規定を適用することには無理があるため[58]、超法規的可罰的違法阻却を認むべきことになる。

三　判　例

銃刀法3条の銃砲刀剣類不法所持罪或いは同法22条以下の刃物不法携帯罪等の銃刀法違反の罪の構成要件該当性の認められる行為が殺傷等の罪の構成要件にも該当し、後者について正当防衛の成否が問題となった判例を概観する[59]。

1　違法への連帯

判例には、銃刀法違反の罪が成立する場合に、その違法に連帯させることな

54　松宮・刑事立法と犯罪体系131頁。
55　佐伯・刑法における違法性の理論21頁。
56　佐伯・刑法における違法性の理論396、21頁、同・総論177、222頁、浅田・総論180頁、曽根威彦『刑法原論』（平成28）172頁。山中教授も、無免許医が緊急避難として手術を行った場合、「医師法上の違法は、違法の相対性を認めないかぎり正当化できない」として、「刑法上の緊急避難は、可罰的違法性を阻却するにすぎない」と述べる（山中・総論461頁）。
57　松宮・刑事立法と犯罪体系131頁、斎藤・新報97巻7・8号284頁。また、内田文昭『刑法概要中巻』（平成11）103頁。
58　文脈は異なるが、刑法35条の法令行為についての同様の指摘として、中山他・レヴィジオン刑法③147、142頁［浅田］。
59　携帯等が殺傷等の行為の前後にのみ行われている場合は対象外とする。防衛行為に出る前の凶器の携帯が訴追された事案でその正当化を否定したものとして、最決平成17年11月8日（刑集59巻9号1449頁）。連邦通常裁判所の判例にも、正当防衛状況が始まるまでの凶器の携行について武器法違反の罪での処罰を認めたものがある（BGH NJW 1986, 2716 = NStZ 1986, 357; BGH NJW 1991, 503 = JR 1991, 208; s. auch BGH NStZ 2012, 452）。

く、当該銃砲刀剣類等を用いて行う防衛行為について正当防衛の成立を肯定したもの（後述（1））と、連帯を認めて正当防衛の成立を否定したもの（後述（2））とが混在している。

（1）連帯の否定例

凶器の所持等について犯罪の成立を認めながら、その凶器を用いて行った殺傷等の罪に正当防衛を成立させた下級審裁判例の中には、両罪の違法性の関係に触れていないものもある一方（東京高決平成元年9月18日高刑集42巻3号151頁、東京地判平成8年3月12日判時1599号149頁）、これを明示した注目すべき裁判例として、和歌山地判昭和50年4月22日（刑月7巻4号564頁）を挙げ得る。暴力団構成員3名が、対立する暴力団の構成員によって攻撃されている仲間を救うために、日本刀を振りかざし、或いは拳銃の引金を引いたが不発に終った脅迫（暴力1条）の事案において、次の如く判示した。「被告人らがいわゆる暴力団構成員であり、他の暴力団構成員との衝突を予測して……所持の禁ぜられている拳銃刀剣火薬類を所持携行し、兇器準備結集集合の罪を犯していた違法状態にあったのであるが、このことの故に直ちにこれらの者のすべての行動を違法視できないのは当然である。けだし、兇器準備結集集合、銃砲刀剣火薬類不法所持の違法性は、抽象的危険性を本質とすると解されるが、その危険を現実化した本件脅迫の個別的実質的違法性まで根拠づけるとは解しがたいからである。……被告人らの兇器準備結集集合、銃砲刀剣火薬類所持の違法性が払拭できないのは当然である（……）ものの、本件脅迫そのものは、これらの違法性とは切り離されて、刑法三六条の正当防衛のすべての要件を十分に充足し、いまだ全体としての法律秩序に違反するに至らないもの、すなわち実質的違法性の阻却されているものと解するのが相当である。」（575頁）と。ここでは、脅迫の罪の違法性が他罪の違法性によって根拠付けられることはないと明言されている。

（2）連帯の肯定例

大阪高判昭和56年1月20日（刑月13巻1・2号6頁）の事案は次の如くであった。暴力団O組組長補佐甲は、対立するI組に狙われているO組組員を守るために実包入り拳銃を携帯していたところ、O組の別の組員がI組組員によって拉致されようとしたため、これを阻止すべく同拳銃を威嚇発射した。大阪高裁は、甲の拳銃及び実包の所持について銃刀法違反の罪の成立を認め、兇器を示して脅迫した暴力行為等処罰法1条違反の罪についても、以下の如く正当防衛を否定し

て犯罪の成立を認めた。即ち、「対抗行為がそれ自体違法性を帯び正当な防衛行為と認め難い場合には」、たとえ侵害が現在乃至切迫していても急迫性が欠けると、最決昭和52年7月21日（刑集31巻4号747頁）を参照して述べた上で、次のように言う。対抗行為の違法性は、「相手の侵害に先立つ状況をも考慮に入れて」、「相手の侵害の性質、程度と相関的に考察し、正当防衛制度の本旨に照らしてこれを判断するのが相当である。」殊に、相手からの侵害が避けられないと予想し、これに備えて法の禁止する兇器を準備した上でこれを用いて反撃した場合に正当防衛を認めるとすれば、「手段たる兇器の所持をも一定の範囲で正当と評価すべきことになり、正当防衛の本旨ひいては法秩序全体の精神に反する」（10～11頁）、と。

　これは、拳銃の準備や使用それ自体の違法性を少くとも根拠の一つとして侵害の急迫性を否定し、正当防衛規定の適用を排除して、暴力行為等処罰法1条違反の罪についても可罰的違法性まで認めたものである。そこで言及される「正当防衛（制度）の本旨」は、本稿が「やむを得ずにした」の要件で考慮する、正当防衛の正当化根拠としての法確証及びそこから導かれる違法の統一性の要請との解釈を容れる余地を残す。しかし、可罰的違法性まで連帯させるべきではない。なお、正当防衛の成立を認めれば反撃に用いられた兇器の所持までもが正当化されてしまうとの件りは、正当防衛の効果が銃刀法上の罪にも及ぶという、後に2で取上げる平成元年の最高裁が示した発想を表すものであれば、正当化への連帯による不当な結論を避けるために違法への連帯を行うものと言えよう。

　もう一つの連帯の肯定例は、大阪高判平成13年1月30日（判時1745号150頁）である。暴力団員である被告人甲等が、上部組織の暴力団の会長Aへの銃器による襲撃を予期し、襲撃者を殺害すべく、銃刀法に違反して違法に所持する拳銃を携帯して、理容店で散髪中のAを警護していたところ、店の外から7、8名の者がAと甲等に向けて銃撃して来たため、甲が拳銃を発砲して反撃し、2名を殺害した事案に関する。大阪高裁は先ず、「正当防衛の制度は、法秩序に対する侵害の予防ないし回復のための実力行使にあたるべき国家機関の保護を受けることが事実上できない緊急の事態において、私人が実力行使に及ぶことを例外的に適法として許容する制度であるところ、本人の対抗行為の違法性は、行為の状況全体によってその有無及び程度が決せられるものであるから……本人の対抗行為自体に違法性が認められる場合、それが侵害の急迫性を失わせるものであるか否

かは、相手の侵害の性質、程度と相関的に考察し、正当防衛制度の本旨に照らしてこれを決するのが相当である。」(157頁)と一般論を述べた上で、「被告人らが普段から取っていた……A会長の身辺警護の態勢は、けん銃を携帯した被告人が外出時のA会長に同行し、けん銃を携帯した者が乗り込んだ乗用車二台でA会長の周辺を見張るというものであり、そのこと自体、法の許容しない凶器を所持した態様の迎撃態勢であったというべきである。」から、「本件襲撃は、それのみを客観的に見ると切迫した事態であったけれども、それだけで正当防衛の成立が認められる状況としての急迫性が肯定されるものではなく、これに対する被告人らの普段からの警護態勢に基づく迎撃行為が、それ自体違法性を帯びたものであったこと……などの点に照らすと、本件犯行は、侵害の急迫性の要件を欠き、正当防衛の成立を認めるべき緊急の状況下のものではなかったと解するのが相当である。」(158頁)と判示した。

この判決も、急迫性要件を「正当防衛制度の本旨」から否定するための一事情として凶器携帯行為の違法性を挙げ、昭和56年判決を踏襲している。

2　適法への連帯

銃刀法違反の罪の構成要件該当性を認めつつ、殺傷等の罪について正当防衛の成立を認めた判例においては、正当防衛の効力を銃刀法違反の罪に及ぼしてその違法性を阻却する可能性が問題になり得る。目に付くのは、殺傷等の行為の前後に亙って携帯等を行ったが、殺傷等の行為時の携帯等のみが訴因として掲げられている場合である[60]。

60　他方、所持が正当防衛を契機に開始された場合には、そもそも所持に違法性が認められていない。その例は大阪地判昭和33年9月6日（一審刑集1巻9号1325頁）である。事案は以下の如くであった。不良青少年団体のK会とM会が衝突した際、K会の甲（被告人）は、M会のXによって日本刀で傷付けられた。甲は身を守るためにXから日本刀を奪って、逃げるXを仲間の乙や丙と共に追い、乙と丙がXを殴打した。その後、日本刀を手にして歩いていた甲は、銃砲刀剣類等所持取締令違反の現行犯人として逮捕された。大阪地裁は、甲がXから刀を奪って自己の事実的支配下に置いていたことが同令第二条の所持に該当すると認めた上で、甲は「Xの急迫不正の侵害行為に対して自己の生命、安全を衛るためやむをえずこれ［日本刀］をXから取上げて所持するにいたつたものであつて、所持開始の点をとらえて考えれば、被告人の日本刀の所持は、全く違法性を欠いたものであるといわねばならない。」と判示した。結論同旨、栃木力・西田眞基『銃砲刀剣類所持等取締法違反事件の処理に関する実務上の諸問題』（平成12）88頁。なお、同判決は、甲が「Xから日本刀を取り上げた後これをもつてXを追跡した……場合における所持は、いわゆる過剰行為として違法性を具有する」と解しつつ、期待可能性を否定している。

また、名古屋高判昭和26年6月20日（高刑判特27号116頁）は、酔漢が振り回している日本刀

そのような事案に関する最判平成元年11月13日（刑集43巻10号823頁）は、迫り来る攻撃者を菜切庖丁で脅した示兇器脅迫行為（暴力1条）について、銃刀法違反の点には全く触れることなく正当防衛を認めた上で、脅迫行為時における庖丁の携帯「行為は、Ｋ［攻撃者］の急迫不正の侵害に対する正当防衛行為の一部を構成し、併せてその違法性も阻却されるものと解するのが相当であるから、銃砲刀剣類所持等取締法二二条違反の罪は成立しない」と判示した。訴因とされた脅迫のための携帯行為を、脅迫行為についての正当防衛の効力によって正当化したものである。また、下級審にも、鋏で攻撃者を刺殺した行為が「正当防衛にあたるものと解される以上、その時点で、被告人が鋏を携帯、使用した行為も当然違法性が阻却される」と明言するものがあった（徳島地判昭和54年1月25日刑集38巻1号270頁［281頁］）。しかしその控訴審（高松高判昭和57年3月30日刑集38巻1号282頁）、上告審（最判昭和59年1月30日刑集38巻1号185頁）では、殺害行為についての正当防衛の成立が否定されたため、銃刀法違反の行為の正当化は問題とされていない[61]。

　逆に、凶器を用いた脅迫行為について正当防衛を認めながら、その所持の正当化を否定したのが、先の和歌山地判昭和50年4月22日である[62]。和歌山地裁は、正当防衛の成立が認められた脅迫「の時場所での刀剣挙銃火薬類の所持そのものの違法性阻却も問題たりうるが、継続犯であって、かつその用途まで問わないこれら犯罪について違法性の阻却される理由はない」と述べ、正当防衛の成立と時間的にも場所的にも重なる所持についての違法阻却を否定したのである。

　本稿の立場によれば、そもそも殺傷等の罪の正当化が首肯し難いものの、この点は一先ず措いて、平成元年判決の事案における被告人の携帯行為を正当化する際の理論構成について一言する。脅迫行為に成立するとされる正当防衛は、不正の侵害者たるＫの法益の侵害のみを正当化し、銃刀法違反の罪の保護法益の侵害までは正当化し得ない。それ故、最高裁が銃刀法違反の罪を示兇器脅迫罪につ

を取上げてその後十日間所持した事案につき、「日本刀の所持の開始自体は正当防衛の結果である」としても、「その返還又は届出の為に要する適当な期間を徒過した以後の所持は不法所持の責任を免れ得ない」と判示した。正当防衛が所持行為について認められたのか、日本刀の奪取について成立した何等かの犯罪について認められたのかは不明である。

61　深町晋也「判批」ジュリ1374号（平成21）106頁、大久保隆志「刃物携帯の罪数と訴因構成」広島法科大学院論集4号（平成20）73頁。

62　同事案での凶器の所持は脅迫行為以前から行われていたが、脅迫行為時の所持のみが公訴事実として掲げられていた。

いて成立する「正当防衛行為の一部」として正当化するのは、疑問と言わねばならない[63]。これに対して、緊急避難[64]や銃刀法22条の「正当な理由」条項[65]による正当化は、理論的にはあり得よう[66]。

四　終わりに

　本稿では、違法に所持、携帯している銃砲刀剣類等を用いて行った殺傷等の行為が急迫不正の侵害に対抗するためのものであった場合を素材として、刑罰法規間の違法の統一性について論じた。違法一元論の立場から殺傷等罪の正当防衛の成立を否定して行為を違法と解しつつ、可罰性は相対化して可罰的違法性の阻却を認めるに到ったが、検討が不十分であることは否めない。さらに考察を進めたい。

63　山口厚「判批」警研63巻1号（平成4）38頁、小林憲太郎『重要判例集刑法総論』（平成27）42頁、山本輝之「判批」法教117号（平成2）99頁。また、内田・概要中103頁、安廣・刑雑35巻2号247頁、Maatz, MDR 1985, 881f.

64　山口・警研63巻1号38頁、小林・重要判例集刑法総論42頁。但し、最判平成元年の事案では被告人に退避可能性があると見られることから、避難行為の補充性に疑問が生ずる。

65　山口・警研63巻1号38頁、阪井光平「判批」警察公論61巻7号（平成18）83頁。

66　最判平成元年が刃物の携帯を正当化した結論を支持する者、日髙義博「判批」判評377号（平成2）68頁、川口宰護「判解」最判解刑事篇平成元年度358頁、古田佑紀「判批」研修505号（平成2）45頁。

回避・退避義務再論

山　口　　厚

一　はじめに
二　回避・退避義務の問題性
三　予期された侵害と回避義務
四　侵害に対する防衛行為と退避可能性
五　防衛行為の相当性と退避可能性
六　自招侵害と回避義務
七　おわりに

一　はじめに

　正当防衛は理論的にも実際上も検討を要する問題の多い違法性阻却事由である。筆者は、正当防衛に関してすでにいくつかの機会に自らの見解を明らかにしてきた[1]。それにもかかわらず、なお分析が不十分で、論じ足りない点があるように思われるので、改めて検討を試みることとした。それは、「急迫不正の侵害」を回避すること、又はそれから退避することが可能であるのに、回避・退避せずに侵害者に対して反撃した場合、その反撃行為について正当防衛の成立が否定されることになるのかという「回避義務・退避義務」の問題である。この点については、そもそもそのような「義務」をおよそ認めることができるのかということ自体が問題である。そして、もしもそれを認めることができると解するときには、その根拠とともに、どのような場合にそのような「義務」が認められるのかを明らかにする必要があろう。現在、「義務」の存否自体、決着がついたというにはほど遠い状況にあるといえよう。
　本稿が取り扱う正当防衛に関しても含蓄のある見解を示されている浅田和茂先

---

[1] 山口厚・問題探究刑法総論45頁以下（1998年）、同「正当防衛論の新展開」法曹時報61巻2号1頁以下（2009年）、同・刑法総論［第3版］114頁以下（2016年）など参照。

生[2]が、このたびめでたく古稀をお迎えになるに当たり、ささやかなものではあるが、本稿を献呈して心からの祝意を表することにしたい。

二　回避・退避義務の問題性

　「急迫不正の侵害」を事前に回避すること、又は、それから退避することが求められ、それを怠って侵害者に反撃を加えた場合には正当防衛の成立が否定されることになるのかというのが、回避義務・退避義務（これを一括して「退避義務」ということがある）の問題である。このような退避義務は少なくとも一般的には認められないというのが、現時点における判例・学説の基本的理解であるといえよう。判例は、回避義務に関して、「刑法三六条が正当防衛について侵害の急迫性を要件としているのは、予期された侵害を避けるべき義務を課する趣旨ではない」としているが[3]、ここにそのような理解が正に示されているのである。「不正の侵害」に対して退避義務を認めるということは、法により「不正」すなわち違法と評価された行為が事実上世の中にまかり通ることを認め、退避義務が課される被侵害者にはそのことによる不利益を甘受することが求められることを意味する。これは、「不正の侵害」に事実上の優位性を承認することにほかならず、その侵害を「不正」すなわち違法と評価することと実際上矛盾するということもできよう。したがって、判例・学説が正当に前提とするように、退避義務は一般的には認められないのである。「正は不正に譲歩する必要はない」という原則は、このような価値判断、正当防衛の価値構造を示した原則であって、単に「正当防衛が認められた結果にすぎない[4]」のではない。退避義務が一般的には存在しないということを前提としないこうした理解は、後述するように、侵害者・被侵害者の関係を、不正・正という評価的視点を基本的に交えることなく、両者の要保護利益を衡量することによって判断しようとする立場を前提としてはじめて可能となるのではないかと思われる。そして、このような基本的理解・視座に疑問があることは、以下の叙述によって明らかになるであろう。退避義務は、本来ない

　2　正当防衛の諸問題のうち、たとえば自招侵害について、浅田和茂・刑法総論［補正版］235頁以下（2007年）を参照。
　3　最決昭和52・7・21刑集31巻4号747頁。
　4　佐伯仁志「正当防衛と退避義務」小林充先生／佐藤文哉先生古稀祝賀・刑事裁判論集上巻102頁以下（2006年）。

はずなのに、なぜ例外的に認められることがあるのか、そして、仮に例外的に認められるとしても、それはどのような根拠により、どの範囲で認められるのかという点についての検討がぜひとも必要になるといえよう[5]。

以下では、退避義務の問題を、「予期された侵害を回避する義務があるか」、「反撃行為が許される防衛行為といえるかという判断に当たり、退避可能性はどのような意義を有するのか」、「退避可能性は防衛行為の相当性の判断にどのような意義を有するのか」、「自招侵害の事案の解決に当たり、回避義務はどのような意義を有するのか」という領域に分け、順次、若干の検討を加えることにしたい。

三　予期された侵害と回避義務

予期された侵害については、予期したことのみによりそれを回避する義務は生じないが、積極的加害意思でその侵害に臨んだ場合には、当該侵害には急迫性が認められず、反撃行為に正当防衛は成立しないとするのが判例である[6]。この意味で、判例は、侵害の予期と積極的加害意思によって侵害を「回避する義務」を認めるものともいえる。ただし、ここで「回避義務」といっても、それが正当防衛に先立ち、侵害により必要となる反撃行為から「侵害者を保護する義務」として、正当防衛の成否と無関係に生じるわけではなく、侵害に対する反撃行為について正当防衛が認められず、「侵害に反撃すれば処罰され、侵害に反撃しなければ被害を受ける」ことになるため、被害の甘受を求めることはできないし、違法行為はなすべきでない以上、結果として侵害を回避することが法的に求められることになるということを表現するにすぎないのである。すなわち、回避義務は反撃行為を罰する構成要件によって元々規定された結果回避義務それ自体であるともいうことができるであろう。

以下では、回避義務・退避義務に関し重要な意義を有する三つの見解を中心に、それらの内容を精査し、相互に比較しつつ検討を加えることによって、問題の所在と解決の方向性を明らかにすることを試みたい。

まず、退避可能性の意義について早い時期に検討を加えた学説として、正当防

---

[5] 宮川基「防衛行為と退避義務」東北学院法学65巻68頁（2006年）をも参照。
[6] 最決昭和52・7・21・前出注3）。

衛の原理を正当な利益の保護と理解し、それを緊急事態における利益衝突を解決する法理と捉えた上で、正当防衛の緊急行為性及び違法性論の基礎にある相当性の思想[7]を根拠に、安全確実な退避可能性がある場合には防衛行為の内容をある程度制限してよいとする見解を採り上げることにする（この論者の見解を、以下、A説という）。この見解は、正当防衛の判断において退避可能性を考慮することを認めても、防衛行為の内容を制限するだけだから、被侵害者に完全な退避を求めるものではなく、したがって退避義務がないという原則と矛盾しないとするが、予期された侵害を回避する義務については、次に見るように、それを一定の限度・範囲で肯定している[8]。

　すなわち、A説は、予期された侵害を単に避けないというにとどまらず、将来の侵害を受けて立つことにより、被侵害者において正当防衛状況を作り出した場合には回避義務が認められるとするのである。このような回避義務が認められるためには、侵害の確実な予期が必要となるが、それに加えて、「侵害があれば反撃する意思」があればよく、判例にいう積極的加害意思までは必要でないとする。ただし、住居などで侵害を待ち受ける「待機型」の場合には、積極的加害意思が必要になるとされる。

　A説は、侵害について予期がある事案を「出向型」と「待機型」に区別し、「出向型」においては、「出向くことについて生活上の自由が制約される事態は少ない」とし、帰宅途中で待ち伏せされている虞があるが、通常の道順で帰宅するような場合を除いて、「侵害があれば反撃する意思」がある限り回避義務を認めてよいとする。これに対し、「待機型」の場合には、「侵害の予期される場所に留まることに生活上の利益の伴うことが多い」から、「侵害があれば反撃する意思」で留まっている限り、回避義務は生じないとするのである。これに対し、積極的加害意思がある場合には、その場所を私的闘争の場所として利用するものであって、その場に留まる正当な利益は存在せず、したがって、回避義務が生じるとする。

　A説は、上記の要件が充たされて回避義務が認められるのに、それに反して侵害に臨んだ場合には、予期した緊急事態を自ら現実化させたものであり、侵害

---

[7] 平野龍一・刑法総論 II 229頁（1975年）が言及する正当防衛の「社会化」を参照。
[8] 佐藤文哉「正当防衛における退避可能性について」西原春夫先生古稀祝賀論文集第一巻237頁以下（1998年）。

の急迫性が認められないとする。もっとも、予想外に大きな侵害を受けたときは、侵害の急迫性は否定されないとするのである。さらに、侵害を招致する挑発行為があった場合には、自ら緊急事態を招いたものとして、急迫性は否定されるとしている。

このようなA説については、侵害の予期と積極的加害意思で侵害の急迫性を否定する判例[9]との関係が問題となるが、この点は、当該判例は「待機型」の事案に関するものであって、そのために積極的加害意思が要求されたのであり、「出向型」の場合には別に解する余地があるという理解が全く不可能ではないであろう。ただし、A説においても、「侵害があれば反撃する意思」で回避義務が認められる「出向型」の場合には、単に侵害を予期しただけではなく、「将来の侵害を受けて立つ」といえることが必要だから、侵害に対して反撃する点について積極的な意思・態度が必要になるのではないかと思われる。もっとも、「出向型」の事案で、そこに出向く実質的な利益がないのにあえて出向く場合にはすでに「将来の侵害を受けて立つ」といえると解するときには、侵害の予期がある以上「侵害があれば反撃する意思」は広く肯定できると思われるから、侵害を回避することに実質的な不利益がない限り回避義務を広く認めることが可能になるといえよう[10]。なお、A説において積極的加害意思は、利益侵害にもかかわらず、回避義務を肯定する根拠となっていることに留意したい。

次に、予期された侵害の回避義務を、A説と同様に、被侵害者の利益を害するかどうかという見地から検討するものとして、正当防衛を「利益衝突の合理的解消」という観点で理解し、退避義務についても「現場に滞留する利益」を問題とすることによってその有無を判断する見解がある（この論者の見解を、以下、B説という）[11]。この見解は、正当防衛が緊急避難と違って補充性は成立要件とならず、そのため、侵害から退避することが可能であっても退避せず反撃してよい理由を「現場に滞留する利益」の保護に求めている[12]。すなわち、退避すること自体によって「現場に滞留する利益」が害されるから、それを保護する必要上退

9　最決昭和52・7・21・前出注3) 参照。
10　退避義務に関して、「現場に滞留する利益」を「一般的・制度的利益」と解する理解を、回避義務に関して「移動の自由一般」にまで及ぼせば、このような帰結は限定されうることになろう。
11　橋爪隆・正当防衛論の基礎75頁以下 (2007年)。
12　なお、この利益は現場にとどまるという具体的な利益であるにとどまらず、「一般的・制度的」利益だとされていることに留意したい。

避義務は一般的には認められないのである。その反面、保護に値するそうした利益が認められない場合には、退避義務が例外的に生じることになるといえよう[13]。

B説は、予期した侵害の事前の回避について、上記と同様の観点から、そうした危険回避行為を要求しても、それが行為者にとって特段の負担を意味しないような場合には、それを義務づけることができるとする。この回避義務に違反して侵害に直面した場合には、A説と同じく、侵害の急迫性の要件が充たされずに正当防衛の成立が否定されることになるのである。これは、「優越的利益原理の外在的制約としての危険回避義務」として説明されている[14]。B説によれば、危険回避義務を肯定するためには、侵害の確実な予期が必要となる。なぜなら、それが欠ける場合には、侵害回避行為は行為者にとって特別の負担となるからである。こうして、侵害の予期が認められることを前提とした上で、さらに特段の負担なく侵害の事前回避が可能である場合には、侵害回避義務が生じることになる。侵害のそうした事前回避がたとえ適法行為の断念を意味するとしても、それがわずかな負担にとどまるものならば、それが求められることになるともされる。他方、現場に滞留することに重要な生活上の利益が認められる場合には、たとえ重大な侵害を確実に予期していても、回避義務は生じない。なお、挑発的言動によって侵害を招いた場合については、挑発的言動の遂行について行為者に正当な利益が認められない限り、それを控えて侵害を回避する義務が認められるが、その場合には侵害の予期が不可欠な前提条件となるとされるのである。

以上のB説においては、もっぱら被侵害者の利益保護を問題とし、侵害者の利益保護という観点は提示されないため、侵害者・被侵害者の関係利益の衡量によって正当防衛の成否が決められることにはなっていない。この点が、後記C説との対比において、まず注目される。そして、侵害の回避によって重要な生活上の利益が犠牲になる場合には、そのことによって回避義務は生じないとされる点にも留意する必要があろう。判例及びA説とは違い、積極的加害意思によって回避義務を肯定するという立場には立っていない。もっとも、警察等の公的機

---

13 橋爪隆「正当防衛論の最近の動向」刑事法ジャーナル16号6頁（2009年）参照。
14 西田典之・刑法総論［第2版］135頁（2010年）は「回避義務」の原則を認めるが、これは、自招侵害等の場合に違法性阻却が否定されうるという事実を「原則」として位置づけたもので、事案解決のための判断基準として提示されているわけではない。

関に通報することによって侵害への対応が可能となる場合には、それが求められるとすることには注意が必要である。すなわち、侵害を回避する義務は生じないとしても、通報義務は生じうるから、それを怠ると正当防衛の成立が否定される場合があることになる[15]。

四　侵害に対する防衛行為と退避可能性

前記A説は、侵害から退避することが可能であっても、被侵害者に対し一般的に退避義務を課すことは、退避が行動の自由など正当な利益を制約する最たるものであることを考えると、いわれのない侵害に対し、そのような義務を要求することはできないとする。しかし、一般的に退避義務は要求できないとしても、防衛行為の内容面では制約を課してよいとしている。すなわち、安全確実な退避可能性があるときは、いわゆる質的過剰行為をすることは許されないというのである[16]。侵害者も、過剰な対抗措置を受けないという限度では法的に保護されており、過剰行為に至らない防衛行為は許されている上、安全確実に退避可能であるために質的に過剰な行為に出なくとも法益を確実に守ることができるから、被侵害者も侵害者の上記利益に対して優越性を主張することができないとされる。この場合には、質的過剰行為について防衛行為性が否定されるから、正当防衛にならないだけでなく過剰防衛にもならないことになる。なお、退避可能なのに、とくに過剰な手段を選んだ場合には、防衛の意思が欠けることにもなるとされている。

上記A説にはややわかりにくい部分もあるが、まず、事前の回避義務の可能性を認める同説においても退避義務は否定されている点が重要である。ここでは、「正は不正に譲歩する必要はない」という原則は、退避義務との関係では堅持されている。また、質的過剰行為について防衛行為性を否定する前提として、過剰に渉らない防衛行為によって侵害からの保護が可能であるとされていることにも留意する必要があろう。もしも、そのような過剰でない防衛行為が存在しないのであれば[17]、当該反撃行為は実は質的過剰行為ではないと解されることにな

15　最決昭和52・7・21・前出注3）の事案では、回避義務は生じないとしても、通報義務の違反によって正当防衛の成立が否定されることになる。
16　佐藤・前出注8）248頁以下。

るのではないだろうか。そうだとすると、正当防衛が成立しうることになる。このような留保が必要だとは思われるが、過剰に渉らない防衛手段があり、そして退避可能性があるのに、あえて質的過剰行為に出た場合は、結論として、実際上防衛の意思が認められない場合であるともいえ、いずれにしても当該行為について防衛行為性が否定されることになると理解することが不可能ではないであろう。

　前記B説は、退避義務について、「現場に滞留する利益」という観点から検討する[18]。その結果として、①自宅・仕事場等で侵害を受けたときは、現場に滞留することに「生活上の重要な利益」があるから退避義務が否定される[19]。これに対し、②公道や飲食店で侵害を受けたときなど、現場に滞留することに「重要な生活上の利益」が認められない場合、それだけで退避義務が肯定されるわけではなく、もっぱら他人の利益を侵害する目的で現場に滞留する場合に限って「現場に滞留する利益」の要保護性が否定され、その結果、退避義務が生じることになるのである。このようにして、B説では、基本的に侵害の目的は重視されず、「現場に滞留する利益」の要保護性の有無によって、退避義務の有無が決まることになる。

　上記B説については、上記②の場合、現場に滞留することに「重要な生活上の利益」が認められないとすれば、そのことだけをもって退避義務を肯定することが可能になるのではないかが問題となろう。そうなっていないのは、回避義務の場合とは違って、退避義務との関係で問題となる「現場に滞留する利益」は「一般的・制度的利益」であり、それ自体について、具体的な要保護性を超えた「一般的・制度的」な保護の必要性が肯定されているためではないかと思われる。したがって、それをも否定するために、もっぱら他人の利益を侵害する目的が要求されているのではないかと解される。「具体的に保護されるべき生活上の利益はとくにないが、滞留することは一般的・制度的にはなお保護に値する」というのは理解しにくいが、侵害者の行為が違法であることがこのような形・限度で考慮されていると理解することが不可能ではないであろう。すなわち、このような見方が可能だとすれば、「一般的・制度的利益」とされる「現場に滞留する

17　退避行為は防衛行為ではないことに留意が必要である。宮川・前注注7）49頁をも参照。
18　橋爪・前出注11）85頁以下。
19　退避義務を肯定する後記C説との重要な相違である。

利益」には、単なる被侵害者における利益侵害を超えた、侵害行為の「不正」という属性が反映していることになるから、そのような考慮を正面から肯定し、侵害者と被侵害者の利益の要保護性における質的相違、被侵害者の利益の質的優位性を認めるべきではないだろうか。要するに、侵害者の行為の違法という属性評価を正当防衛判断に具体的に反映させるべきではないかと思われるのである。

　前記 A 説及び B 説が被侵害者の正当な利益を害するか否かという観点から退避義務の問題を検討していたのに対し、侵害者の利益という新たな観点を採り入れて注目すべき結論を導いた見解が存在する（この論者の見解を、以下、C 説という）[20]。C 説も、B 説同様、正当防衛において緊急避難とは違い補充性が要件となっていないのは、「その場に滞留する利益」が保護される必要があるからであるとし、それによって要保護利益が加算されるからであると理解する。そして、B 説も認めているように、この利益は単なる具体的な利益に留まらず、「一般的・制度的利益」だとされる[21]。しかし、C 説は、それにとどまらず、「その場に滞留する利益」や「生活上の利益」など、被侵害者の利益が害されるかを問題として退避義務の有無を決しようとする A 説・B 説の考え方は、侵害者側の利益を考慮していない点において問題があるとされ[22]、侵害者の利益も考慮する必要があるとされるのである。この点が A 説・B 説と異なる C 説の独自性を基礎づけているということができよう。ここで留意する必要があると思われるのは、C 説は、正当防衛判断に当たり、侵害者の行為が違法であることをとくに考慮しようとするものではなく、侵害者の要保護利益を考慮する必要があるとするものであって、侵害者の行為の違法性を理由に被侵害者の利益保護をとくに厚くしようとするものでないだけなく、むしろ逆に、違法な行為を行う侵害者の利益保護を厚くしようとするものだということである[23]。

　C 説は、すでに紹介したように、「正は不正に譲歩する必要はない」という原則は、単に「正当防衛が認められた結果にすぎない」と解するものであり、同説においては、「不正の侵害」における「不正」は、それが法的に否認されるとい

20　佐伯・前出注 4) 88頁以下。さらに、佐伯仁志「裁判員裁判と刑法の難解概念」法曹時報61巻 8 号22頁以下（2009年）。
21　佐伯仁志・刑法総論の考え方・楽しみ方146頁（2018年）参照。
22　佐伯・前出注 4) 102頁。
23　この意味で、C 説は、侵害者・被侵害者の評価に当たり、「正は不正に譲歩する必要はない」と解する一般的見解と、二重の意味で逆の価値判断を行っていることになる。

う評価において考慮されるのではなく、被侵害者の正当な利益を害する危険をもつため、被侵害者の利益保護が問題となるという点において考慮されると理解できる。この点は、「その場に滞留する利益」を「一般的・制度的利益」と解するB説においては、すでに述べたように、侵害者の行為が違法であることが実際上考慮されていると解する余地があったこととは異なり、「一般的・制度的利益」への言及によって侵害者の行為の違法性が考慮されているわけではないことは、C説ではより明確化されていると見ることができよう。このように考えると、C説においては、正当防衛は侵害者・被侵害者の関係利益の衡量によってその成否が判断されることになると理解することができるように思われる。すなわち、C説において明言されてはいないが、正当防衛は緊急避難と基本的に同様の利益衡量の枠組みで判断されることになるのではないかと解される。

　このような立場からすると、被侵害者の反撃行為によって侵害者の生命が危険になることが想定される場合には、正当防衛で問題となる利益に関する限り、「一般的・制度的利益」とされる「その場に滞留する利益」を含め、衡量の対象となる利益にすぎない以上、生命に優る被侵害者の利益は考えられないから、正当防衛の成立が否定ないし制限されることになるのは必然的な帰結である。現に、C説は、同意殺や生命に危険のある同意傷害の可罰性に言及して、このような理解は「生命の最大限の尊重を要請している現行憲法に適合的」だとし、正当防衛の解釈として、「生命に対する危険の高い反撃については、おおまかな均衡性と補充性を要求するのが適切である」とするのである[24]。具体的には、①侵害の発生を確実に予期し、相手の生命に対する危険の高い防衛行為が必要になることを認識している場合には侵害の回避義務が肯定され、このことは住居や職場に適法に居る者についても妥当するとされる。これに対し、②予期しないで正当防衛状況が出現した場合、予期していても回避する義務がない場合については、生命に対する危険の高い防衛行為は、安全確実に退避できるのであれば行使できず、退避が必要になるとされる。また、生命に対する危険の高くない防衛行為については、現場に滞留する行為に要保護性がないとき、退避義務を負うことになるのである。

　上記基準のうち、生命に対する危険の高くない防衛行為については、現場に滞

24　佐伯・前出注21）145頁。

留する行為に要保護性がない場合、そのことによって退避義務が生じるという点は、利益侵害の有無によって退避義務の有無を考えるという出発点には忠実だが、まさに「正は不正に譲歩する」ことを求めるものであり、侵害者の行為が違法であることを考慮しないことからはじめて可能になる判断であるといえ、また、A説・B説が避けようとしていた帰結を承認するものといえる。また、生命保護の要請から、上記のような退避義務の基準がなぜ導かれるのか、その方向性はともかく具体的根拠は必ずしも明らかではない。それは、侵害者の「生命に対する危険の高い反撃」が問題になる場合であっても、緊急避難と全く同じ要件で正当防衛の成否を判断しようとしているわけではないからである。すなわち、侵害者の生命保護の観点から、正当防衛の成立要件を厳格化すべきだとしているにとどまると解されるからである。正当防衛を緊急避難と同じ要件で考えようとしていないことは妥当なことではあるが、そのために、正当防衛の成否に関する前記基準の根拠が不明瞭となっていることは否定できないであろう。たとえば、単なる退避可能性ではなく、安全確実な退避可能性が要件となるのかは、不当な結論を避けようとすれば必要なことではあるが、そのように解する根拠は必ずしも明らかではないように思われる。

さらに、「生命の最大限の尊重」を掲げつつ、侵害者・被侵害者の関係利益を比較衡量すると解されるC説の立場からは、問題は退避義務に留まらないのではないかという疑問がある。たとえば、「その物を渡さなければ痛めつけてやる」と脅迫する強盗犯人に対し、自らを防衛するため、侵害者である強盗犯人の生命侵害にまで及ぶ反撃が必要となる場合、C説では言及されていないが、およそ退避可能性がないときであっても、要求された物を渡すことによって強盗犯人の犯行が終了して侵害の危険が去るのであれば、反撃は依然として許されず、むしろ要求された物を相手に渡すことが義務づけられることになるのではないかと思われる。なぜなら、退避にしても、財物の放棄にしても、被侵害者における不利益、負担という意味では全く同等であり、被侵害者に生じる義務が前者に限られ、後者には及ばないと区別する理由が存在しないように思われるからである。このような帰結をC説が回避しようとするのかは不明であるが、「生命の最大限の尊重」というC説の立場からそれが可能かには疑問があろう。しかし、この帰結はさすがに妥当とはいいがたい。問題となるのは、もしも上記の帰結を回避しようとするのであれば、それは解釈上いかなる意味で可能かということであ

る。仮に、C説が言及するアメリカ法のように、「生命に対する危険の高い反撃」を立法上特別扱いするのであれば、その特別扱いの内容として退避だけを要求することは可能だと思われるが、そのような立法によることなく、被侵害者に課される負担を退避に限り、それ以外の行為は含まないとすることを解釈上説明できるかは問題であろう。もしも、「その場に滞留する利益」は、実は、正当防衛では補充性の要件が必要ないこととの関係で援用される単なる形式的な説明概念であって、実質的に保護に値するほどのものとは考えられていないというのであれば[25]、実質的に実害のない退避は要求できるが、「生命の最大限の尊重」にも限度があり、実害のある財物の放棄は要求できないという区別を行うことは可能かもしれない。しかしながら、そうだとすれば、あらゆる場合に退避義務を認めることができることになってしまいかねない。また、「その場に滞留する利益」をここまで形式化しないとしても、所詮無形の利益であり、実害が後に残らない「その場に滞留する利益」は、「一般的・制度的利益」とされているとはいえ、実質的にはさほどの保護に値しないと解されているとの理解もありえよう。そうだとすれば、いずれにしても、退避義務は幅広く肯定されることになると思われる。この点についてC説はどのように考えるのであろうか。「その場に滞留する利益」を「一般的・制度的利益」として適切に評価するためには、B説に関連して指摘したように、それは侵害者による侵害が違法であることの反映として理解され、被侵害者の利益に優位性を付与するための概念として理解される必要があるように思われるのである。

　C説に対しては、すでに述べたように、生命保護という要請は憲法上の要請としても理解できるが、それを不正な侵害者の生命の保護として正当防衛の要件に具体的に反映させることは、正当防衛の理論上当然に認められることとまではいえず、すでに同意殺の処罰がそうであるように、優れて政策的なものではないかということが問題となる。「生命の最大限の尊重」の例として言及される同意殺の処罰も、明文を待たず理論上当然のこととまではいえない[26]。C説の主張するような意味で正当防衛を制限することは、侵害者に対する一種の保護義務[27]を

25　もしも「一般的・制度的利益」が、実質的に保護に値する利益であることを意味するのではなく、形式的な説明として言及されているにすぎないのであれば、同じことばを使っても、B説とは全く異なる意味、むしろ正反対の意味をもつことになろう。

26　同意傷害の処罰は明文の規定なく肯定する見解が多数であるが、これは同意殺が明文で規定されていることが前提になっているのである。

被侵害者に課すことになるともいえ、それは立法上の根拠なしで、理論的に当然認めうることではないのではないかが問題とされるべきであろう。また、銃器が広く国民の手にある社会では、「生命に対する危険の高い」正当防衛を広範に認めることは、「現場での銃器による侵害者の処刑」に容易に至ることが危惧され、そのような事態から侵害者を保護する必要性が認められることから、「生命に対する危険の高い反撃」を政策的に制限することが要請されるともいえる。しかし、これは純然たる政策的な要請であり、また、こうした事情・考慮が我が国に妥当するかについては検討を要するであろう。いずれにしても、異なった社会で妥当するルールをそれと前提条件が異なる社会に妥当させることが適切かについては、慎重な検討が必要となると思われる。C説が提案する基準は政策的に見て大変興味深いものではあるが、すでに指摘したように、従来の正当防衛に関する価値判断をいわば逆転させようとするものでもあり、「生命の最大限の尊重」という理由だけによって、それを直ちに肯定することはできないように思われるのである。

　以上の検討からは、次のことを指摘できるのではないかと思われる。それは、正当防衛を単なる利益衡量で解決しようとすること、すなわち、「正　対　不正」という正当防衛の価値構造を単なる利益衡量に転換することは、正当防衛の基本的な特質を見失うことになるのではないかということである[28]。つまり、侵害が向けられた被侵害者の利益に加えて、「現場に滞留する利益」を加算することだけでは、不十分ではないかということである。たとえ、「現場に滞留する利益」を「一般的・制度的利益」として捉えるとしても、それを「利益」と捉えて衡量の対象にする以上、C説が適切に指摘する通り、侵害者の生命に優越することはありえないであろう。しかし、それでは、すでに指摘したように、被侵害者の生命以外の法益が侵害されることまでをも甘受することが必要となってしまうと思われる。このことは、侵害者の利益と被侵害者の利益とをいわば対等に衡量すること自体に問題があることを意味するといえよう。侵害者の行為は「不正」だという質的な評価・視点がなくては、正当防衛の特質を適切に把握することは困難

27　なお、髙橋則夫＝杉本一敏＝仲道祐樹・理論刑法学入門76頁［杉本一敏］（2014年）は、「負担要求可能性」という観念に言及している。

28　髙山佳奈子「正当防衛論（上）」法学教室267号82頁（2002年）参照。さらに根本的に検討を加えたものとして、坂下陽輔「正当防衛権の制限に対する批判的考察（一）」法学論叢177巻4号43頁、48頁（2015年）参照（執筆時点では未完結）。

である。この意味で、侵害者の利益と被侵害者の利益との非対等性、被侵害者の利益の質的優位性を確認することがぜひとも必要であろう。「正は不正に譲歩する必要がない」という原則は、単なる正当防衛判断の結果を示すものではなく、正当防衛の価値構造に関する基本原則として理解される必要がある。こうして、回避義務・退避義務が基本的には存在しないことを、判例と同様に確認する必要があるといえよう。また、生命の保護は重要な法的課題ではあるが、ここから「生命に対する危険の高い反撃」を類型的に制限することまでが直ちに導かれるわけではなく、提案されている基準の妥当性の検討とそのさらなる基礎付けが必要であることも確認すべきであろう。

五　防衛行為の相当性と退避可能性

　A説は、退避可能だというだけで防衛行為の相当性が失われることはないが、退避可能性の有無・程度は相当性の判断において必ず考慮されるべき重要な事情であるとする。すなわち、退避可能性が認められる場合には、侵害行為の客観的危険性が小さくなり、緊急の度合いが緩和され、より危険性の小さな防衛行為が容易になしうる結果、そのような防衛行為で足りたと評価すべき場面が出てくるというのである。

　これは、妥当な指摘だとは思われるが、法解釈の問題というよりは、事実認定ないし事実の評価の問題ではないかと思われる。そもそも、侵害を排除するため、攻撃的防衛でなくとも防御的防衛で足りるような場合に、攻撃的防衛に出たときには、防衛行為の相当性が認められずに過剰防衛となり、違法である。また、侵害をかわすだけで対応できるのに、侵害者に反撃することも許されないということは可能であろう。確かに、A説が指摘するように、退避可能性がある場合には、被侵害者には実際上余裕が生じ、侵害者にとって侵害性の低い防衛手段を選択することも可能となろう[29]。このような意味で、退避可能性によって防衛行為の相当性が事実上制約されるということは認めてよいように思われる。

29　塩見淳・刑法の道しるべ49頁（2015年）参照。

六 自招侵害と回避義務

　最後に、自招侵害の事案の解決[30]にとって回避義務論がどのような意義を有するかについて若干言及しておきたい。自招侵害について回避義務が問題となるのは、侵害を招致する行為を控えていれば侵害は行われず、反撃行為に出て侵害者の利益を害する必要は認められなかったであろうと想定されるからである。したがって、権利・義務とはいえず、それを行うことに実質的利益を認めることができない招致行為を控える義務は容易に認められうるであろうことを考えると、侵害が予想された範囲内にとどまるかぎり、正当防衛の成立は広く否定されることになると思われる。現に、Ａ説・Ｂ説はこのような帰結を認めているのである[31]。このように考えてよいかが問題であろう。

　学説には自招侵害について特別の考慮を行うことを否定すると解される見解もあるが[32]、このような見解は一般には支持されていない。ほとんどの見解は、意図的挑発の事案を中心として正当防衛の成立を否定しているといえよう。もっとも、意図的挑発の事案は、侵害の予期と積極的加害意思によって侵害の急迫性を否定する判例理論[33]により解決が可能である。したがって、問題は、この判例理論の射程外にある事案で、不正な暴行によって侵害を招致し、その侵害が当初の暴行の程度を大きく超えるものでない場合に、反撃行為に出ることが正当とされる状況が認められないとして正当防衛の成立を否定した判例[34]でカヴァーされないもの、たとえば言葉による挑発で積極的加害意思が認められない事案についてどのように考えるのかということである。

　学説には、急迫不正の侵害を招致した点についての寄与度によって、正当防衛の制約を認める見解がある。これは、急迫不正の侵害という緊急状態は、それを不正に生じさせた者の負担において解消されるべきだとする理解[35]に基づいてい

30　自招侵害に関する近時の研究として、瀧本京太朗「自招防衛論の再構成（１）（２）」北大法学論集66巻４号191頁以下、66巻５号231頁以下（2015年）が注目される（執筆時点では未完結）。
31　佐藤・前出注８）245頁、橋爪・前出注11）322頁以下。
32　井上宜裕「自招侵害論再考」川端博先生古稀記念論文集［上巻］114頁（2014年）参照。
33　最決昭和52・７・21・前出注３）参照。
34　最決平成20・５・20刑集62巻６号1786頁。
35　髙山・前出注27）83頁参照。

る。そのような理解から、意図的挑発の事案は被侵害者に100パーセントの寄与度が認められるから、正当防衛として反撃することはできないとする見解も主張されることになる[36]。これは、緊急状態の作出者に、作出された侵害について、一種の回避義務を肯定する見解だということができよう。問題は、こうした観点が問題解決に役立つ判断基準になりうるかということである。なぜなら、そもそも自招侵害の事案であっても、挑発されて侵害行為に及んだ被挑発者こそが侵害の原因でないか[37]が問題となりうるからである。そこで、侵害者（被挑発者）・被侵害者（挑発者）の寄与度を比較するとしても、両者に責任をどのように振り分けるか明確な基準を見出すことは困難であろう。侵害の招致に対する寄与度という観点は、別の観点から導出された結論を事後的に説明するもの以上にはなりえないのではないかという疑問があるように思われる。そこで、自招侵害の事案では、侵害者と被侵害者は「どっちもどっち」だとする理解も示されている[38]。これは寄与度の量的比較という難点を免れてはいるが、当該の事案について、本当に「どっちもどっち」といえるかが問題であろう。何らかの違法な挑発行為があれば、招致された侵害に対する正当防衛の成立を否定するのであれば別であるが、「どっちもどっち」と見てよい状況をさらに明確化することが望まれるといえよう。前記A説・B説が示唆するように、想定される範囲内の侵害に限るという限定を付するとしても、不正な挑発によって招致された侵害について幅広く正当防衛による反撃を否定することが妥当か、なお慎重な検討を要するように思われる。

　学説には、自招侵害について正当防衛の成立を否定することを「制裁」と捉え、その前提として侵害を事前に回避する作為義務を認める見解がある[39]。侵害を招致しないようにするために、それを行った場合に正当防衛の成立を否定するという論理自体は理解可能であるが、正当防衛を否定するということは、侵害招致自体を処罰しようとするものではなく、あくまでも招致した侵害に対する反撃

36　岡本昌子「正当防衛状況の創出と刑法三六条」大谷實先生喜寿記念論文集440頁（2011年）参照。
37　中空壽雅「自招侵害と正当防衛論」現代刑事法31頁（2003年）、松原久利「犯罪論における同時存在の原則と自招侵害」川端博先生古稀記念論文集［上巻］130頁（2014年）参照。
38　髙山佳奈子「『不正』対『不正』状況の解決」研修740号8頁（2010年）参照。
39　小林憲太郎「自招侵害と権利濫用説」研修716号6頁以下（2008年）、同「平成20年決定以降の自招侵害論について」判例時報2234号5頁（2014年）。

行為を処罰するものである。この意味で正当防衛の不成立を、上記の意味を超えて、「制裁」として理解することができるかには疑問があろう。そもそも、挑発行為自体に何らかの犯罪が成立することがあるのは別論、作為義務としての被挑発者保護義務を挑発者に認める根拠があるか疑問があるように思われる。

七　おわりに

　以上の検討からも明らかなように、回避義務と退避義務とでは、問題状況が異なり、それぞれに応じたきめ細かな考察が必要である。すでに回避義務については、一定の範囲で認められているともいえるが、自招侵害の事案に適用するに当たっては、なお慎重な検討が必要である。また、退避義務を肯定することについては、回避義務以上に問題が多いといえよう。退避義務については、それが存在しないという原点をいま一度確認する必要があるように思われる。

防衛行為の相当性に関する一考察

岡 本 昌 子

一 はじめに
二 相当性の要件と侵害の自招
三 「防衛行為の相当性」と「防衛行為としての相当性」の関係
四 おわりに

一 はじめに

（1） 36条の「やむを得ずにした」という文言を巡っては、必要性の要件と相当性の要件の要否と相互関係、各要件の内容に関して議論が繰り広げられてきたが[1]、通説は、必要性の要件と相当性の要件を内包するものと解している。この防衛行為の相当性の要件は、自招侵害においても重要なポイントを占めている。

その一つは、いうまでもなく、従来から自招侵害を相当性の要件で解決することを試みる見解が主張されてきたという点である。もっとも、自招侵害を相当性の要件によって解決することを試みる見解も、その理論構成において、大きく二つに分かれる。一つは、自招侵害の場合、自招者の法益の要保護性が減少するため、相当性が厳格化されると理論構成したり[2]、法確証の利益の観点から相当性を否定すべきと理論構成する等[3]、自招性を相当性の要件に反映させる見解である。しかし、同見解に対しては、防衛行為自体は攻撃に対して相当なものであるにも関わらず、なぜ自招侵害であるということだけで相当性が否定され得るのか、自招者の法益の要保護性が減少するというのは評価の先取りではないか等の

---

1 拙稿「正当防衛状況の創出と刑法三六条」『大谷實先生喜寿記念論文集』（2011年）427頁以下。
2 山本輝之「自招侵害に対する正当防衛」上智法学論集27巻2号（1984年）211頁以下、井田良『講義刑法学・総論』（2008年）288頁、松原芳博『刑法総論』（2013年）163頁、小川新二「判例研究」研修642号（2001年）28頁等。
3 橋田久「自招侵害」研修747号（2010年）5頁、12頁、同「正当防衛における防衛行為の相当性」西田典之・山口厚・佐伯仁志編『刑法の争点』（2007年）45頁。

批判がなされている。そして、同見解は、相当性の要件を規範化させて、(防衛行為の相当性ではなく) 防衛行為としての相当性を判断するものであり、実質的には、正当防衛の要件論を超えて違法性阻却原理・正当化原理によって自招侵害を解決する見解と同じことになるといえよう[4]。

これに対し、浅田和茂先生は、「正当防衛の成否は、実行行為(実行の着手)の時点でその成立要件を充たしているか否かによって判断すべきであり、それに至る経緯は正当防衛が否定された場合における量刑事情と解すべき[5]」とされ、挑発防衛は「侵害・防衛行為の大小・軽重などを考慮し相当性判断の中で解決されるべきである[6]」と主張される。同見解も、先の見解と同じく、自招侵害を相当性の要件で解決するものの、相当性の要件を規範化させず、自招侵害の場合もそれ以外の場合と同様に正当防衛の要件を充たすかを判断することから、先の見解に対する批判は当たらず、要件の過度の規範化という危険性も招かないという点で傾聴に値する。そこで、検討すべきは、正当防衛状況に至る経緯を正当防衛の成否の判断において除外し、自招侵害の事案をそれ以外の場合と同様の相当性の判断で解決することが果たして可能か、そして、そもそも、それが自招侵害に対する正当防衛の成否の判断方法として妥当なのかという点である。

(2) 自招侵害に関する学説は多岐にわたるものの、導かれる帰結に焦点を当てると、行為者の責めに帰す正当防衛状況の招致であった場合は、そうでない(行為者がまったく正当防衛状況の招致に関与していなかった)場合よりも正当防衛が認められる範囲が制限される、具体的には、(意図的場合であるか否かが実際の事案の判断基準として機能しうるのかという点は別として[7]、)意図的場合や故意による場合は正当防衛の成立を否定し、過失による場合は(正当防衛では要求されない)退避義務や補充性の要件を課すなど、行為者に認められる防衛行為の範囲が制限されるとする見解(以下、段階的制限論[8]という。)が有力である。自招侵害を正当防衛の要件論の枠内で解決することを試みる見解からは、これを相当性の要件におい

---

4 浅田和茂「刑事法学の動き」法律時報84巻6号 (2012年) 113頁、拙稿・前掲註 (1) 421頁以下。
5 浅田・前掲註 (4) 113頁。
6 浅田和茂『刑法総論』[補正版] (2007年) 234頁。
7 拙稿・前掲註 (1) 405頁以下、438頁以下を参照されたい。
8 この呼称は、松原久利「犯罪論における同時存在の原則と自招侵害」『川端博先生古稀記念論文集 [上巻]』(2014年) 145頁に倣った。

て説明するのが素直であるが、なぜ攻撃の自招が相当性の要件に影響を及ぼすのだろうか。

　もっとも、段階的制限論に対しては、侵害回避義務論から、「厳密な意味での必要最小限度の行為ではなく、多少やりすぎた行為であっても通常の正当防衛状況であれば許容されるとして、正当防衛として正当化される行為について一定限度の幅を持たせることを暗黙の前提にしている。……『必要最小限度』ではない行為についても正当防衛が成立するかのような前提自体が、きわめて問題であるように思われる[9]。」との指摘がなされている。正当防衛は不正対正の関係であることから、緊急避難のように補充性や厳密な意味での法益権衡は要求されないが、かといって無条件にいかなる行為でも防衛行為として認められるわけではなく、正当化が認められるためには、侵害に対して防衛行為として相当な範囲内のものであることを要するという点では争いはないといえよう。つまり、防衛行為としてできる限り侵害の少ない行為を採るべきと解されており、最判昭和44年12月4日[10]（以下、44年最判という。）を受けて、「必要最小限度のものであること」を要するとする見解が多い。それでは、先の指摘のように、「『厳密な意味での』必要最小限度性」を充たさなければ正当防衛を認めてはならないのだろうか。これは、相当性の要件を正当防衛の要件においてどのような意義を有するものと解するか、ひいては、相当性の判断方法・基準を如何に行うべきかという問題である。

　以上の様な問題意識から、本稿で、相当性の要件について、自招侵害の視点から考察し、正当防衛論における同要件の意義について考えてみたい。

二　相当性の要件と侵害の自招

1　自招性と相当性の要件の関係

（1）「自招侵害の問題を正当防衛の一般理論に解消[11]」し、相当性判断の中で

9　橋爪隆『正当防衛論の基礎』（2007年）278頁以下。同「これまでの連載をふりかえって」法教418号（2015年）94頁も、「かりに相当性をさらに制約すると解した場合、『必要最小限度』を下回るかたちで、どのように防衛行為が制限を受けるのかについては、明確な基準を示す必要があるだろう。」とされている。
10　刑集23巻12号1573頁。
11　井上宜裕「自招侵害論再考」『川端博先生古稀記念論文集［上巻］』（2014年）112頁。

解決することは可能か。仮に、このように解した場合、学説の多くが正当防衛の成立を否定する意図的場合についても、防衛行為として必要最小限度の手段を用いていたならば、自招性を相当性の要件に反映させない以上、原則として正当防衛を認め得るはずである。

浅田和茂先生は、「被挑発者の攻撃を待って反撃し、重要な侵害を加えるような場合には、通常、反撃が必要でないか、攻撃に対して反撃が著しく不均衡になるであろうから、必要性・相当性に欠けることになり、過剰防衛となって違法というべきである。たんなる故意・過失による挑発の場合には、通常、挑発者の側に反撃の必要性があり、また、攻撃に対する反撃が著しく不均衡にはならないであろうから、正当防衛が認められるであろう。このようにやむを得ずにしたという基準で（必要性・相当性の判断により）解決するのが妥当と考える[12]。」とされる。防衛者（以下、Xとする。）自ら意図的または故意に侵害を招いた場合、Xは侵害を事前に予期しており、このことから、①侵害を回避できたはずであり、防衛行為を行う必要性はなかった、又は、②攻撃に対して準備することができるので、反撃が著しく不均衡になるというイメージが湧く。しかし、①に対しては、たしかに、Xが自招行為を控えれば、相手が攻撃してくることはなかったといえるが、実際に攻撃を受けている以上、（「やむを得ずにした」という要件を規範化しない限り）侵害を排除するのに防衛行為は必要であったといわざるを得ないであろう。襲撃を予期して、充分な迎撃態勢を整えていたとしても、「防衛行為がなされてはじめて法益を保護することができるのであるから、いかに完璧な迎撃態勢であっても、法益侵害の危険がないとはいえ[13]」ず、そうすると防衛行為の必要性は認めざるを得ないと思われる[14]。

一方、②については、なるほど、いわゆる意図的場合や故意による場合は、侵害を予期していることから、いわゆる心積りが出来ており、侵害を予期しえない（自招侵害ではない）ケースに比べて落ち着いて冷静に手段を選ぶ余裕があり[15]、し

12　浅田・前掲註（6）235頁。
13　佐伯仁志『刑法総論の考え方・楽しみ方』（2013年）135頁。
14　橋爪隆「正当防衛状況の判断について」法教405号（2014年）107頁。
15　侵害を予期していた場合、侵害に対して準備することが可能となる点や心理的な余裕が認定できる可能性を指摘し、したがって、急迫性が否定される（川端博『正当防衛権の再生』（1998年）24頁）、または、必要性・相当性の要件が否定される（内藤謙『刑法講義総論（中）』（2001年オンデマンド版）346頁、伊東研祐「『侵害の予期』、『積極的加害意思』と防衛行為の『必要性』」研修710号（2007年）7頁、塩見淳『刑法の道しるべ』（2015年）49頁）等の見解が主張されてい

たがって、相当性の判断を厳格に行うべきようにも思える。しかし、仮に、このように考えるのであれば、落ち着いて冷静に手段を選ぶ余裕があったということは、侵害は切迫していなかったとして（相当性の判断の前に）急迫性を否定すべきなのではないだろうか。もっとも、これに対しては、侵害を予期していただけでは急迫性の要件は否定されないとの反論が考えられる。そうすると、急迫性の要件を充たすとするのであるから、急迫性の定義を「侵害が切迫していたこと」と解する通説・判例からは、今度は、先のように「落ち着いて冷静に手段を選ぶ余裕があった」と判断することができなくなってしまう。たしかに、侵害を予期していた者とそうでない者との間には相違があり、予期していた場合、侵害に備え、防禦の態勢を作る余裕はあるが、正当防衛状況「前」は余裕があっても、いざ侵害を受けて正当防衛状況となった後は、急迫性の要件を充たすとする以上、防衛手段を冷静に選ぶ余裕が認められる状況にはないはずである[16]。さらに、先の①②のように解する場合、正当防衛の成否において、実質上、「侵害を予期していたか否か」が判断の中核となり、それが妥当か、正当防衛は回避義務を要求していないという点と整合するのか、一考の余地があろう。

（2）　そもそも、自招侵害をそれ以外の場合と同様の相当性の要件の当てはめで解決するということが具体的にはどのような判断を行うのかを指すのかを考えると、例えば、巨漢の武道家を小柄な自招者が挑発し、攻撃を招いた事案などを想定した場合、必ずしもそれは容易ではないように思われる。勿論、相当性の要件を充たすか否かの判断の難しさは、自招侵害の場合に限ったことではないが、以下のような観点から、自招侵害をそれ以外の場合と同様の相当性の要件のあてはめで解決することには疑問がある。相当性の要件の判断は、平成元年11月13日の最高裁判例[17]以降、形式的な武器対等の原則の適用ではなく、諸事情を総合的に見て、実質的に判断すべきと解されている。その際、考慮される事情として、

　　る。なお、照沼亮介「侵害に先行する事情と正当防衛の限界」筑波ロー・ジャーナル9号（2011年）133頁、橋爪・前掲註（14）107頁も参照。
16　遠藤邦彦「正当防衛に関する二、三の考察——最二判平成九年六月一六日を題材に」小林充先生＝佐藤文哉先生古稀祝賀刑事裁判論集刊行会編『小林充先生＝佐藤文哉先生古稀祝賀刑事裁判論集上巻』（2006年）59頁以下、同「正当防衛判断の実際」刑雑50巻2号（2011年）187頁が指摘するように、急迫性を認めるにあたり、官憲に助けを求める暇がないとされる以上に切迫していたことが要求されているという実情に鑑みると、さらに冷静に防衛手段を選ぶ余裕はないと判断されるのではないだろうか。
17　刑集43巻10号823頁。

侵害行為と防衛行為の行為態様（性質、手段、方法、攻撃の執よう性、緩急の程度）、侵害法益と保全法益、年齢、性別、体力差、侵害者の性質（凶悪性・危険性）、他に採りえた手段の有無やその容易性・法益保護の可能性等が挙げられる[18]。自招侵害とそうでない事案との相違は、攻撃の自招の有無であるから、自招侵害を相当性の要件で解決する立場からは、自招侵害を適切に判断するために攻撃を自招したという事情をここに組み込むべきということになるが、果たしてそれは可能なのだろうか。先の例でいうと、「挑発して攻撃を招いた」という事情は正当防衛状況の創出に直接関わるものであるが、「巨漢の武道家」という攻撃者の体格や能力は正当防衛状況の創出に直接関わるものではなく、これらをどのように判断すればよいのかという素朴な疑問である。このような疑問を抱くのは、緊急状況において例外的に認められる私人による実力行使であるという正当防衛の趣旨から、急迫不正の侵害の存在は正当防衛を認める際の前提条件であり、実際、判例は急迫不正の侵害の存否（正当防衛状況の創出）の判断において厳格な態度を採っており、正当防衛論においてプライオリティを有するものとされているように思われるからである[19]。これを物語るものとして、侵害が継続していた場合とそうでない場合とで判例は急迫性の判断基準を異にし、前者の場合（すなわち、既に正当防衛状況が創出されている場合）に急迫性の判断を緩やかに解しているのではないかと指摘されていること[20]、そして、誤想防衛において、急迫不正の侵害の存否の判断そのものは、事後客観的になされていることが挙げられよう。仮に、このような理解が正しければ、相当性の要件が諸事情を総合的に考慮して判断されるものであるとはいえ、先述のような判断要素と攻撃の自招は、「正当防衛状況の創出」に直接関わる要素であるか否かという点で次元を異にするように思われ、したがって、先の巨漢の武道家と小柄な自招者のケース等においてどのように相当性の有無を判断するのか、簡単には答えられないように思われるので

---

18 大塚仁＝河上和雄＝佐藤文哉＝古田佑紀編『大コンメンタール刑法 第2巻』（第2版）（1999年）386頁（堀籠幸男＝中山隆夫）、川口宰護「刑法三六条一項にいう『已ムコトヲ得サルニ出テタル行為』に当たるとされた事例」『平成元年度最高裁判所判例解説刑事篇』（1991年）345頁、347頁註23。

19 井田良『刑法総論の理論構造』（2005年）170頁は、昭和52年最決に関連して、「緊急事態において国家機関の対応が間に合わないときの例外的な実力行使という正当防衛の制度趣旨が『急迫性』という要件に『結晶化』していると解釈することは高度の説得力を持つ」とされている。

20 橋爪隆「攻撃が中断した場合の『急迫不正の侵害』の存否」判セレ'97（1998年）30頁、小田直樹「『急迫不正の侵害』の継続と防衛行為の相当性」平成9年度重判解（1998年）152頁。

ある。

　以上のように考えると、自招侵害をそれ以外の場合と同様に相当性の要件の当てはめで解決するには、いくつかの克服すべき点があるように思われる。もっとも、これは、自招性を正当防衛の判断において考慮すべきという考えに立つことから生じるものであり、そもそも、先の見解は、冒頭で述べたように、防衛行為に至る経緯、つまり、自招したという、防衛行為に先立つ事情を正当防衛の成否において考慮しないというスタンスから主張されている[21]。そこで、この点について、次に検討してみたいと思う。

2　先行事情と相当性の要件
（1）　相当性の判断に関しては、防衛行為によって予期した以上の重大な結果が発生した場合を巡って、防衛行為により実際に発生した結果も含めて相当性を判断すべきかが議論されてきたが（いわゆる事前判断説と事後判断説の対立）、防衛行為に先行する事情について、どの時点まで遡って、どのような事情を判断資料とすべきかについては、必ずしも明らかではない。もちろん、自招行為について正当防衛の成否を判断するわけではなく、あくまで実行行為は自招者の行った防衛行為である。しかし、自招侵害に関していえば、例えば、XがAを正当防衛の名の下に侵害しようと意図して挑発したところ、予期した通りにAが怒って殴り掛かってきたので、自分の身を守ろうとAを素手で殴ったというような意図的場合についても、先行事情を除外し、正当防衛状況だけを考察したら、相当な範囲内の行為として相当性を認めざるを得ないが、この素手による応戦が自ら招いた攻撃に対して行われたものであったという点に意味があるのである。突然殴られるようなケースは稀であり、自招侵害を含み、何らかの事情や経緯があって正当防衛状況が発生するというのが通例であるという実情に鑑みても、正当防衛状況に先行する事情を正当防衛の成否の判断において一律に除外することは妥当でないと思われる。正当防衛の成否の判断においては、当該事案の情況・特徴・実態をいかに適正かつ実質的に反映させるかが求められているのである。

（2）　判例は、正当防衛の成否を判断する際、正当防衛状況に先行する事情を考慮して判断する傾向にあるといえよう。これは、攻撃の自招のような、防衛行

---

[21]　浅田・前掲註（4）113頁。同旨、井上・前掲註（11）114頁。なお、松原・前掲註（8）124頁、橋爪・前掲註（14）106頁参照。

為者側の事情に限ったことではない。例えば、財産に対する防衛を認めたものとして注目された、最判平成21年7月16日[22]は、「本件以前から継続的に……侵害する行為を繰り返しており、本件における……不正の侵害はその一環をなすものである。」と述べ、正当防衛状況に先行する事情を考慮している[23]。もちろん、以前の妨害行為が不正の侵害の一部を構成するわけではなく、「以前から同じような侵害を繰り返し受けているから、その分だけ被侵害者は多少やり過ぎても構わない、というわけではない[24]」。しかし、同判決の最高裁判所判例解説が主張するように、従前の経緯を抜きにして「侵害行為等、ひいては本件紛争の実態を正当に評価できないように思われる[25]」[26]。先行事情は、侵害行為の意思の強固さや執ようさ等を推認させる事情といえると同時に、「より穏便な手段によって侵害を回避することが期待できない（少なくとも、被告人がそのような手段を試みる義務はない）ことが示され[27]」、必要な防衛手段の認定においても重要な判断要素といえよう[28]。

　また、判例が正当防衛の成否の判断において先行事情を考慮することは、相当性の要件に限ったことではない。例えば、判例が採る積極的加害意思論は、先立つ侵害の予期を考慮して急迫性の要件を判断するものであるし、複数の攻防が繰り広げられた事案において、攻撃者のそれまでの攻撃態様から攻撃者の加害意欲の強さと更なる攻撃の可能性が認められた場合に侵害の継続性を認めるのも[29]、先行事情を判断資料としていることを表している。

22　刑集63巻6号711頁。
23　したがって、先行事情を考慮することに批判的な見解は、本判例について、「実行行為に先行する一連の事情が正当防衛の成否に影響を及ぼしうるかについては別途検討を要するように思われる。」と指摘している（井上宜裕「財産的権利等を防衛するためにした暴行と正当防衛」平成21年度重判解（2010年）176頁）。
24　橋爪隆「財産的権利のための正当防衛の成否」刑ジャ21号（2010年）88頁。
25　増田啓祐「財産的権利等を防衛するためにした暴行が刑法36条1項にいう『やむを得ずにした行為』に当たるとされた事例」『平成21年度最高裁判所判例解説刑事篇』（2013年）303頁。
26　同旨、山口厚「財産の権利と正当防衛――最一判平成21・7・16」NBL918号（2009年）74頁。なお、坂田正史「非身体的利益を防衛するために他人の身体の安全を侵害した被告人の行為につき正当防衛の成立が認められた事例」研修749号（2010年）23頁も「単発的なものである場合」と「侵害行為が執ように繰り返されて当該急迫不正の侵害に至った場合」とで防衛行為の相当性が認められる範囲が全く同一であるとは考え難いとし、その意味で、本判決は、侵害行為の程度や性質を正当に評価しようとする趣旨と理解することができるとする。
27　橋爪・前掲註（24）88頁。
28　奥村正雄「財産的権利のための正当防衛」同志社法学64巻6号（2013年）352頁。
29　最判平成9年6月16日刑集51巻5号435頁等。

もっとも、最近の判例の中には、正当防衛を否定するにあたり、先行事情を重視しすぎているのではないかと懸念されるものがある。例えば、神戸地裁平成26年12月16日判決[30]に対して、マナー違反を注意したら相手が殴ってきたような場合にも自招侵害ゆえに正当防衛は認められないという帰結になりかねないとの指摘がなされている[31]。どのようなマナー違反に対してどのような行為で注意したかにもよるが、この指摘は、正当防衛状況に先立つ事情をどのように正当防衛の成否の判断において考慮するかという問題の難しさを物語るものといえよう。

3　相当性の要件の判断基準

　(1)　自招侵害の場合、相当性の要件が否定される、又は厳格化されるとの見解が主張されている、と一言で言っても、各々がどのように「やむを得ずにした」行為の内容、判断方法・基準を考えるかによって、具体的事案に対する正当防衛の成否の結論は異なってくる。例えば、相当性の要件を防衛行為としての相当性（合理性）の意味で解する立場からは、「合理性の意味での『相当性』を要件とすることによって、……正当防衛の要件を緩和しようとするものである[32]」ことから自招侵害について正当防衛が認められる範囲が他の見解より広がる可能性がある一方、合理性の有無から範囲が狭くなる可能性もある。

　また、冒頭で触れたように、「厳密な意味での必要最小限度の行為」でなければ正当化されないとする見解から、段階的制限論に対して、「多少やりすぎた行為であっても通常の正当防衛状況であれば許容されるとして、正当防衛として正当化される行為について一定限度の幅を持たせることを暗黙の前提にしている」との批判がなされているのも、「やむを得ずにした」行為を如何に解するかという見解の違いを如実に表すものといえる。

　(2)　このように、「やむを得ずにした」行為の要件を如何に解し、如何に判断するかは、自招侵害に対する具体的な判断基準、そこから導かれる結論の是非の検討においても重要であるといえるが、先の批判のように「厳密な意味での必要最小限度の行為」でなければ正当化は認められないと解すべきなのだろうか。そして、自招侵害について段階的制限論は採りえないのだろうか。同批判が、利

30　Lex/DB25447069。
31　門田成人「自招侵害の処理方法」法セミ726号（2015年）129頁。
32　松原・前掲註（2）153頁。

益衡量説の立場から、正当防衛も「利益衝突状況の合理的解消[33]」を究極の目的とする点では緊急避難と同様であると解し、「緊急行為が正当化されるための要件の『原型』を緊急避難に求め、正当防衛の要件もその原型に照らして説明する、という学説[34]」から提起されているものであるということからもわかるように、この問題は、正当防衛の意義、そして、そこから導き出される正当防衛の要件の解釈と密接に関連し、ここでは詳述を控えるが、法益侵害の衝突の合理的解決、法益の保護等の観点を重視すると、相当性の要件を厳格に解し、厳密な意味での必要最小限度性を要求する方向に、正当防衛における不正対正の関係、緊急行為性を重視すると、同要件を緩やかに解する方向に進むといえよう。

　この必要最小限度性を必要性の要件と解するか、相当性の要件と解するかは、冒頭で触れたように、「やむを得ずにした」という文言をどのように解するかによって異なるが[35]、44年最判が「急迫不正の侵害に対する反撃行為が、自己または他人の権利を防衛する手段として必要最小限度のものであること」と判示したことから、学説においては、補充性の要件や厳密な意味での法益権衡、退避義務はないものの、防衛行為の相当性が認められるためには、必要最小限の手段が防衛行為として行われることを要すべきとする見解が多い。もっとも、本最判の最高裁判所判例解説も、「厳格な意味での必要最小限度の手段までをも要求したものではないと理解するべき[36]」としており、学説も、防衛行為者が行った行為より法益侵害の危険が少ない行為が存在した場合、正当化を即、認めないというような杓子定規で厳格な判断には否定的な見解が多い[37]。中には、正当防衛が不正対正の関係であることから、「必要最小限度の防衛手段をある程度上回る反撃が許される[38]。」とか、「『必要最小限度』の範囲は、防衛者の置かれている具体的

33　橋爪・前掲註（9）『正当防衛論の基礎』305頁。
34　杉本一敏「正当防衛における負担要求可能性――侵害回避義務と退避義務」高橋則夫＝杉本一敏＝仲道祐樹『理論刑法学入門――刑法理論の味わい方』（2014年）67頁。
35　必要性の要件と解する代表的見解として、山口厚『刑法総論』（第2版）（2007年）130頁以下が挙げられる。註1と関連するが、必要性の要件を必要最小限度性と解する見解は、相当性の要件を不要とするものが多い。
36　川口・前掲註（18）344頁。
37　大谷實『刑法講義総論』（新版第4版）（2012年）280頁以下、井田・前掲註（2）291頁、林幹人『刑法総論』（第2版）（2008年）193頁、前田雅英『刑法総論講義』（第6版）（2015年）275頁、松宮孝明『刑法総論講義』［第3版］（2004年）135頁、前田雅英他編『条解刑法』（第3版）（2013年）115頁以下、中森喜彦「防衛行為の相当、過剰、その認識」『町野朔先生古稀記念論文集』（2014年）145頁等。
38　林・前掲註（37）193頁。

事情や実際に利用できた防衛手段、彼の能力などを考慮して、防衛権の行使を委縮させない程度に広く認めるべきである[39]」と明言する見解もある。

　厳密な意味での必要最小限度性を要求しない見解は、より危険性の少ない防衛方法が存在したとしても、それを行うことが困難であった場合や、それによって確実に侵害から自己を守ることが出来るかが疑わしかった場合等には、相当性を認めるべきとされる。つまり、防衛行為の相当性の要件を、必要最小限度性を意味するとしながらも、実質的には、防衛行為としての相当性（合理性）の意味で用いているといえ、この点について、「相当性の要求は、防衛行為が総体として各違法性阻却原理の枠内に留まっていることを別個の形で表現したものであるといい得る[40]。」との指摘がなされている[41]。このことから、自招者の行った行為について正当化を認めるべきかを問う自招侵害の問題を相当性の要件で解決することを試みる見解が主張されることは当然の流れといえよう。

　（3）　攻撃に対する行為を、①攻撃防衛に属する反撃行為、②防御防衛に属する制止行為、③退避に大別した場合[42]、例えば、（冷静に判断できる）事後に判断したら、必要最小限度の行為は②の行為であったが、緊急時である防衛行為時において、②の行為で攻撃を完全に抑え込めるか（防衛に成功するか）確信がもてなかったので、完全に防衛に成功する①の行為を行った場合でも、先の多数説からは、相当性が認められる余地がある。そうすると、当該攻撃がＸ自ら招いたものであり、自招者の予期した範囲内のものであった場合には、（先述のように①ではなく、厳密な意味での必要最小限度の行為である）②でなければ正当化を認めない、という理論構成は、十分成り立ちうると思われる。

　もっとも、先の批判が指摘するように、相当性の判断において、いうなれば遊びの幅を持たせることは、行動の予測可能性を奪うおそれがある。その意味で、侵害回避義務論の立場からの先の批判は傾聴に値する。しかし、その一方で、不正の侵害を受けている者に対して「『特段の負担』があることといった付加価値までなぜ必要なのか[43]」という侵害回避義務論に対する疑問にも表れているよう

39　松宮・前掲註（37）135頁。
40　伊東研祐『刑法講義　総論』（2010年）191頁。
41　この表れとして、例えば、内藤・前掲註（15）346頁は、相当性の要件を「正当防衛に内在する制約を一般的に表現したもの」であるとされている。
42　川口・前掲註（18）352頁以下。
43　塩見・前掲註（15）51頁。

に、同理論によると衝突状況の合理的解決という観点から防衛行為者に対する負担[44]義務が拡大するおそれがあり、不正の侵害を受けている者に対する義務として妥当な範囲の負担義務かが問題となろう。

三　「防衛行為の相当性」と「防衛行為としての相当性」の関係

1　防衛行為の「相当性」と「合理性」

（1）　相当性の要件の枠内で自招侵害を解決する見解に立つと、他の要件を否定する見解と違い、相当性の要件を充たさず正当防衛が認められないと判断しても、原則として過剰防衛の成立する余地が残されることになる。もちろん、意図的場合についても過剰防衛の成立を認めてよいとの考え方もありうるし、過剰防衛は正当防衛のように違法性は阻却せず、その効果は任意的減免であることから問題ないとの考え方もありえよう[45]。また、相当性を著しく逸脱する場合は過剰防衛すら否定されると解すれば[46]、過剰防衛の成立する余地が残るという先の指摘は当てはまらないとの反論も考えられるが、どの程度法益の均衡を欠いた場合にそう判断されるのかは、いわゆる豆腐事例を除くと必ずしも明らかではない。この点について、自招性を相当性の要件に反映させる見解からは、「最も極端な意図的挑発のケース……やこれに準ずるケースでは、侵害を受けた者の法益の要保護性が完全に否定され、防衛すべき権利（法益）が認められないことから、36条の適用が否定されよう[47]。」と主張されるが、なぜ意図的場合には法益の要保護性が「完全に」否定されるのか、結論の先取りではないかとの批判を受けていることは、先に触れた通りである。

問題は、過剰防衛とは、裁判員制度を意識して平易な表現をするならば、自己を守るためとはいえ、「攻撃に対してやりすぎた」ということであり、正当防衛を認めるべきでない自招侵害のケースとは、「防衛行為者が『攻撃に対してやりすぎた』ので正当防衛を認めるべきでない場合」なのかという点である。つまり、そもそも、自招侵害は、防衛行為の相当性の問題なのか、それとも、防衛行

44　杉本・前掲註（34）75頁。
45　橋爪・前掲註（14）108頁は、メリットの乏しさを指摘する。
46　高橋則夫『刑法総論』〔第2版〕（2013年）287頁註76、林・前掲註（37）195頁註47。
47　井田・前掲註（2）288頁。

為としての相当性の問題なのか、である。

（2）　一言で段階的制限論と称しても、厳密には、「防衛行為の相当性」のレベル（つまり、相当性の要件）で理論構成するものと「防衛行為としての相当性（合理性）」のレベルで理論構成するものに分かれる。もちろん、防衛行為の相当性を充たすことによって防衛行為としての相当性を充たすのであるから、これらは切り離せない関係にあり、また、相当性の要件については、相対的な必要最小限度性を意味するとする見解や穏やかな均衡性を意味するとする見解等が主張されている一方、「防衛手段としての相当性（合理性）」を意味するとする見解も主張されており[48]、議論が交錯する。

当該行為が正当防衛として認められるかどうかは、防衛行為として相当な範囲内の行為であり、したがって、防衛行為としての相当性を有する行為といえるかどうかであるから、相当性の要件をわかりやすく、「防衛行為として許される行為だったか」、「防衛行為として合理性を有する行為だったか」という視点で判断することも強ち不当とは思われない。裁判員制度の開始を契機に、正当防衛の判断枠組みの再考がなされ、相当性の要件について、「『実際に行われた反撃行為は相当なものであったか』『被告人が被害者に対して行った行為は、やむを得ず身を守るためにしたものとして、妥当で許される範囲のものであるか』[49]、被告人の加害意思が争点となる類型では「『相手方の攻撃に対する防御として許せるものか』[50]」という観点から判断することが提唱されていることも納得できる。しかし、当該行為が、「急迫性」を充たす攻撃に対して「自己を守るために」行われた「相当な範囲内の行為」であったことから「防衛行為としての相当性」が認められるのであり、「相当性の要件」イコール「防衛行為としての相当性」と解することは、果たして妥当なのだろうか。相当性の要件を、いわゆる比例性を超えた防衛行為としての相当性（合理性）の判断を担うものとして正当防衛の成立要件の中で構成することに問題はないのだろうか。

この「防衛行為の相当性」と「防衛行為としての相当性」の関係について考えるにあたり、「比例性」等の諸々の判断要素を総合的に考慮して「防衛行為の合理性」の有無を判断するという新しい正当防衛規定を制定したカナダにおける議

---

[48]　松原・前掲註（2）153頁参照。
[49]　司法研究報告書第61輯第1号『難解な法律概念と裁判員裁判』（2009年）23頁。
[50]　同28頁以下。

論を紹介することとしよう。

2 カナダの新正当防衛規定をめぐる「防衛行為の合理性」とその判断要素に関する議論

（1） カナダで行われた正当防衛に関する刑法の一部改正（The Citizen's Arrest and Self-defence Act）に関しては、立法過程段階から草案に対して刑法学者や弁護士会から種々の懸念が示されていたものの、旧規定の複雑さ、規定相互間のオーバーラップに因る、説示における混乱に対して、長年根強い批判が加えられ、法改正の必要性が最高裁判決で明言されたことから[51]、この満場一致とでもいうような法改正に対する要望に応え、成立した[52]。

このような状況で誕生した本改正は基本的に歓迎されたものの、本改正において、遡及適用の可否に関する規定を設けていなかったこと、そして、司法省が公表したテクニカルガイド[53]もこの点に触れていなかったことから、現在、新規定の遡及適用を認める判例[54]と認めない判例[55]に分かれており、実務において、正当防衛規定をめぐる、従前とは異なった混乱を生じさせている。

新規定を遡及適用し得るかについて、カナダの最高裁は、ダイナリー（Dinely）ケース[56]で、「過去の事実及び行為に関する法的帰結の確実性の必要から、新法が遡及効を有するケースは例外でなければならないというのが、判例の長年の見解である。……当該新法を遡及適用するという明らかな立法意図が認められない限り、実体的権利に影響を与える新法は、将来に対してのみ効力を有するとみなされる[57]。」とし、遡及適用し得るか否かは、当該新法が実体的権利に影響を与

---

[51] R. v. McIntosh (1995), 95 C.C.C. (3d) 481 (S.C.C.).

[52] カナダの旧正当防衛規定及び本法改正の経緯については、拙稿「カナダ刑法における正当防衛と自招侵害に関する一考察」同志社法学51巻6号（2000年）116頁以下、「カナダ刑法改正議論と自招侵害」同志社法学56巻6号（2005年）807頁以下を参照されたい。

[53] Department of Justice, Canada, *Bill C-26 (S.C. 2012 c.9) Reforms to Self-Defence and Defence of Property: Technical Guide for Practitioners* (2013.3).

[54] R. v. Pandurevic, 2013 ONSC 2978 (CanLII), 298 C.C.C. (3d) 504; R. v. Caswell, 2013 SKPC 114 (CanLII), 421 Sask R 312. See also infra n. 62.

[55] R. v. Evans, 2013 BCSC 462 (CanLII), [2013] BCJ No 500 (QL); R. v. Wang, 2013 ONCJ 220 (CanLII), [2013] OJ No 1939 (QL); R. v. Simon, 2013 ABQB 303 (CanLII), 558 AR 384; R. v. Williams, 2013 BCSC 1774 (CanLII), [2013] BCJ No 2133 (QL). See also Steve Coughlan, Gerry Ferguson, Lee Seshagiri, *Annual Review of Criminal Law 2014*, 2015, at p. 142.

[56] R. v. Dinely, 2012 SCC 58 (CanLII).

[57] R. v. Dinely, supra n. 56, at para. 10.

えるか否かの判断によると判示したことから、本新規定が実体的権利に影響を与えるものか、つまり、旧法下の正当防衛の抗弁の内容を本質的に変更するものであるかが争われている。遡及適用を否定する判例は、ダイナリー・ケースの判断基準を踏襲し、本新規定は実体的権利に影響を与えるものであると判断して遡及適用を否定する傾向にある。もっとも、遡及適用を肯定した判例も、必ずしも本改正が実体的権利に影響を与えるものでないと考えているわけではなく、例えば、遡及適用を肯定したパンドゥレビック（Pandurevic）ケース[58]は、ダイナリー・ケースを踏まえるものの、立法府の意図に重点を置き、遡及適用を認めなければ、立法府が本改正により改善しようとした、旧法による悪影響を更に何年も放置することになるので、本改正により旧法を改善するという立法府の目的を果たすために遡及適用を認めるべきであるとし、そして、新法が全ての審理にすぐに適用されることを国会が本改正で意図していたことも明らかに推測できるとして、遡及適用を認めるべきであると結論づけている。さらに、本判決は、正当防衛を主張する被告人にとって遡及適用が有利に働くことも根拠として挙げている[59]。遡及適用の禁止の推定については、新規定が被告人に有利となる場合は同推定の例外事由となるかという点について争いがあることから[60]、本改正により被告人に有利となるかという点にも関心が寄せられているのである。

このように、本改正における国会の第一の意図は旧規定を簡潔化することであり、従前のカナダにおける正当防衛論の根本原理を本質的に変えることは意図していないとカナダ政府は説明しているものの[61]、本改正が新旧規定の構造における抜本的改正（攻撃を挑発していたか否かによって区別した複数の規定を単一の規定とする改正）であることから、現時点で複数の判例が正当防衛の抗弁の内容を本質的に変えるものであると判示している[62]。

---

58 R. v. Pandurevic, supra n. 54.
59 See also R. v. Urquhart, 2013 BCPC 184（CanLII）, at para. 49.
60 Ami Kotler, *Saved by the Bell? Retrospective Application of Bill C-26*, 37 Man. L.J. 181, 2013, at p. 192; Michael Benedict, *Amendments on self defence spark controversy with lawyers*, The Lawyers Weekly Vol. 34, No. 40, 2015, at p. 2.
61 Department of Justice, Canada, supra n. 53, at p. 8.
62 なお、遡及適用を認めた判例の中には、本論点が存在することを指摘しつつも、検察・弁護人共に新法の適用を主張したことから新法を適用しているもの（R. v. Crocker, 2013 CanLII 47614（NL PC））や、被告人は新旧法両方から抗弁の利益を得るべきであるとして新旧法両方を適用するもの（R. v. Parker, 2013 ONCJ 195（CanLII））もある。これらの議論の詳細は、文字数の関係上、別稿に譲ることとする。

(2) 新規定（34条）は、正当防衛の成立要件として、(a) 合理的な根拠に基づき、自己または他人に対して有形力が行使されている、または、自己または他人が有形力の脅威にさらされていると確信していたこと、(b) 当該犯罪にあたる行為が、自己または他人を有形力の行使またはその脅威から防衛するため、または保護するために行われたこと、(c) 当該犯罪にあたる行為が当該状況において合理的であったことという3要件を掲げ、(c) の「防衛行為の合理性」の判断において考慮される要素を同条2項に例示列挙している。同項に掲げられている要素は、(a) 攻撃の行為態様、(b) 切迫性、相手からの有形力の行使に対応することのできる他行為可能性の有無、(c) 事件における被告人の役割、(d) 両当事者の武器の使用（または使用するという脅迫）の有無、(e) 両当事者の体格、年齢、性別、身体能力、(f) 事件に先行する有形力の行使またはその脅威、そして、その行為態様を含む、当事者間の関係の性質、期間、歴史、(f.1) 当事者間の相互関係またはコミュニケーションの歴史、(g) 防衛行為の行為態様と比例性、(h) 防衛行為が、被告人が適法だと認識していた有形力の行使またはその脅威に対する反応であったかどうかであり、これらはあくまで例示列挙であることが立法過程において再三確認されている[63]。

施行後間もないことから、議論はまだ始まったばかりであり、正当防衛の成否において、実際にどのような変化が起こるかは未知数であるが、先述のように、「防衛行為の合理性」という観点から正当防衛の成否を判断する規定へ修正した本改正は、正当防衛の抗弁に実質的影響を及ぼす改正であるとする判例が既に下されている。そして、現段階で、既に以下のような議論が繰り広げられている。新規定が被告人の行為の合理性の有無の判断において考慮すべき要素を例示列挙の形で規定している点について、「何よりも新規定は、防衛行為が過剰であったかどうかよりも、防衛行為の潜在的『合理性』について判断するという思考に焦点を置いている[64]」と好評価がなされている一方、同規定が例示列挙であり、いずれの要素がより重要かということに関するガイドラインを何ら提示していないことから、法における不明確性と予測不可能性をもたらしているとの批判が有力

---

[63] 新規定の具体的な内容は、拙稿「自招侵害と正当防衛論」『理論刑法学の探究⑦』（2014年）13頁以下を参照されたい。

[64] Stephanie Heyens, *New self-defence bill redefines use of force*, The Lawyers Weekly, Vol. 33, No. 23, 2013, at p. 2.

になされている[65]。合理性の有無を判断する際の考慮事項をリストとして多く列挙すると相互矛盾を起こす可能性があるという指摘[66]も同一線上にあるといえよう。

（3）　カナダの旧規定の特徴であった、挑発の有無で正当防衛状況を分け、ケース・バイ・ケースの正当防衛規定を設けるという立法構造は、本改正で完全に撤廃され、先のテクニカルガイドは、防衛行為者が挑発していたという事実は34条2項の（c）に含まれると説明している[67]。したがって、新規定下では、挑発していたか否かは合理性の判断において考慮される要素の一つとして構成されることとなり、2項に列挙されている他の要素、例えば、体格や凶器の有無や種類、そして、比例性とも同列の考慮事項として扱われることになったわけであるが、このことから、挑発とそれら他の考慮事項との優劣はどうなのか、「挑発していた」という事実が合理性の判断にどの程度影響を及ぼすのか、これらの点が新規定下では明らかでないと指摘されている[68]。本稿で述べた、相当性の要件の判断において考慮される判断要素と自招性との関係に関する疑問と同旨の疑問がここでも見受けられる。

さらに、自招侵害に関しては、挑発が他行為可能性と共に合理性の判断における考慮事項として列挙されたことに対して、以下のような疑問も提起されている。旧規定下では、挑発事例の場合、被告人が可能な限り退避していたことを正当防衛を認める際の要件としていたが、新規定では、他行為可能性と同列に列挙されており、他行為可能性には退避可能性も含みうることから、新規定でも、挑発事例の場合、退避義務を要件として課すのか、退避していたことを期待するにすぎないのか、明らかでないと指摘されている[69]。新規定下では自招侵害におい

65　Kent Roach, *Criminal Law*, Fifth ed., 2012, at p. 334. See also Steve Coughlan, Gerry Ferguson, Lee Seshagiri, *Annual Review of Criminal Law, 2013*, 2014, at p. 95; Comment of Hamish Stewart（Professor of University of Toronto）at 41st Parliament, 1st Session, the House of Commons, Committee（2012.2.14）; The Canadian Bar Association, *Bill C-26, Criminal Code amendments（citizen's arrest and the defences of property and persons）*（2012.2）, p. 3.
66　Don Stuart, *Learning Canadian Criminal Law*, 12th ed.,（2012）, p. 921.
67　Department of Justice Canada, supra n. 53, at p. 26. See also Statement of Joanne Klineberg（Senior Counsel, Criminal Law Policy Section, Department of Justice, Canada）at 41st Parliament, 1st Session, the Senate, Committee（2012.5.17）.
68　Steve Coughlan, Gerry Ferguson, Lee Seshagiri, supra n. 65, at p. 97.
69　Steve Coughlan, Gerry Ferguson, Lee Seshagiri, supra n. 65, at p. 96.
　　カナダにおける自招侵害と退避義務との関係については、拙稿「正当防衛と侵害回避義務～イギリスの正当防衛論における退避義務を中心に～」同志社法学57巻6号（2006年）456頁以下を参

て退避義務を要件としないのであれば、カナダにおける正当防衛論における本質的な改正であるといえよう。

四　おわりに

　正当防衛の各成立要件は、「当該状況下でXが行った行為は、正当化が許される行為だったか」を判断しうるものとして実質化することが求められるが、その際、自招侵害など正当防衛状況に先行する事情が存在するケースについて妥当な正当防衛の成否の判断が行えるように実質化することも重要であろう[70]。その一方で、要件の実質化が、予測可能性を奪い、正当防衛権を不当に委縮させたり、行動の自由を制限することのないよう、過度の規範化は避けなければならない。

　自招侵害を正当防衛の要件の枠内で解決すべく、この成立要件の内容の実質化において、「やむを得ずにした」という要件を「当該状況下でXが行った行為は、正当化が許される行為だったか」を判断するものとして、つまり、正当防衛の成否の判断におけるコアである（「防衛行為の相当性」ではなく）「防衛行為としての相当性（合理性）」を担うものとして理論構成し、同要件の中で自招侵害を解決する方向性を模索することは十分に意義があると思われる。しかし、この方向性を模索する際には、本稿で述べたような克服すべき問題がある。そして、「やむを得ずにした」という要件をこのように理論構成することは、正当防衛論の構造（体系）において、他の要件との関係から問題はないか。法体系は異なれど、本稿で紹介したカナダの議論は、この点について慎重に検討すべきことを表しているように思われる。

　　照されたい。
70　Roach, supra n. 65, at p. 326は、新規定34条2項に列挙されているファクターは、近年の判例が、正当防衛の判断において、被告人の特徴や事件の経緯を反映させるために判断要素とすることを認めてきたものであると評する。

救助のための拷問、再び

飯 島　暢

一　はじめに
二　救助のための拷問に関する独米比較研究――王鋼(钢)のモノグラフの内容――
三　救助のための拷問の特異構造――人間の尊厳に対する侵害の特殊性？――
四　おわりに

一　はじめに

　法学の分野において、「絶対的」ということは、あり得るのであろうか。何らかの規範の絶対的な効力、或いは何らかの原理原則の絶対的な保障が主張されるとき、それらの効力・保障が外在的な諸条件に左右されて例外を許すことを拒絶する頑なな態度がその際に見てとれる。しかし、現実の法秩序において、そのようなことは果たして可能なのであろうか。例えば、刑法学の領域における刑罰論の議論では、絶対的な正義の理念に依拠するとされる絶対的応報刑論は一般的に退けられており、現実の法秩序における刑罰の効果・目的に依存した、相対的な刑罰正当化論を求める見解が主流となっている。絶対的応報刑論を哲学的に基礎づけた歴史上の思想家として、批判的に取り上げられることが多いカントでさえ、実は現実の法秩序との折り合いを付ける形で刑罰論を構想せざるを得なかったのである[1]。

　これに対して、現在に至るまで多くの人々から全く疑われることなく、例外なき絶対的な保障・効力が当然視されている原則がある。すなわち、人間の尊厳の保障と結び付けて主張されている拷問禁止原則である。同原則については、あまりにも当然であるとの直感が働き、その例外的許容の可能性を議論すること自体が嫌悪感を招いてしまうのかもしれないが、同原則の絶対性に対する多くの人々

1　飯島暢『自由の普遍的保障と哲学的刑法理論』(2016年) 80頁以下参照。

の信念は、現実との妥協を一切許さない非常に強固なものである。法秩序の現実性との折り合いが当然の前提とされて、刑罰論の領域での絶対性に対しては懐疑が持たれることと比較した場合、純粋に理論的な視点から眺めてみると、その差異には違和感すら覚えざるを得ない。いずれにせよ、拷問禁止原則は絶対的な効力を有する原則として、拷問を行う際の目的如何にかかわらず、例外なく妥当するとの立場が、特に基本法の中で人間の尊厳の保障を規定するドイツでは、刑法だけでなく[2]、公法一般における確固たる定説となっている。それ故に、いわゆる救助のための拷問の正当化をめぐる論争も、もはや終結したとの感さえある。ダシュナー事件を契機として、その正当化が激しく論じられたドイツでは、かつてのような過剰ともいい得る洪水のような関連書籍の出版はもはや見受けられない。あたかも、既に過去の議論であるとの扱いを受けているといっても過言ではないであろう。確かに、散発的に関連論文が公刊されることは当然にあるが、かつてのような勢いはもはや感じられないのである[3]。むしろ議論の中心は、救助のための拷問そのものではなく、論点の核心部をなす人間の尊厳の概念に係る、その侵害の意義や衡量可能性或いは相対化可能性の是非に関して、法哲学レベルでなされるようになっている[4]。

2　救助のための拷問に関するドイツ刑法学における通説的見解については、例えば、Armin Engländer, in: Matt/Renzikowski, Strafgesetzbuch. Kommentar, 2013, Rn. 58 § 32参照。

3　例えば、Albin Eser, Zwangsandrohung zur Rettung aus konkreter Lebensgefahr, in: Felix Herzog u. a. (Hrsg.), Festschrift für Winfried Hassemer, 2010, S. 713 ff.; Christian Fahl, Notwehr und Tabu, JR 8/2011, S. 338 ff.; Knut Amelung, »Rettungsfolter« und Menschenwürde, JR 1/2012, S. 18 ff. は、拷問禁止原則の絶対的な妥当性に疑問を呈し、一定の範囲で救助のための拷問の（刑法上の）正当化を主張している。なお、Rolf Dietrich Herzberg, Abwägungsfeste Rechte und Verbote?, in: Peter-Alexis Albrecht u. a. (Hrsg.), Festschrift für Walter Kargl, 2015, S. 181 ff. も、かつての自説を改めて（特に S. 189 Fn. 15参照）同様の立場をとる。これに対し、たとえ救助のためであったとしても、拷問禁止原則を絶対的に堅持するものとして、Michael Kahlo, Die Aufklärung als »Zeitenwende« und ihre Konsequenzen für die strafrechtliche Beurteilung staatlicher Folter, in: Diethelm Klesczewski u. a. (Hrsg.), Strafrecht in der Zeitenwende, 2010, S. 45 ff.; Holger Greve, Rechtfertigung privater „Folter" zwischen Nothilfe und Menschenwürde, ZIS 5/2014, S. 236 ff. がある。特に後者は、拷問禁止原則を私人に対しても絶対的に妥当させる。なお、Luís Greco, Was ist Folter?, in: Roland Hefendehl u. a. (Hrsg.), Festschrift für Bernd Schünemann, 2014, S. 69 ff. は、「拷問」を再定義し、そもそもダシュナー事件のように単に拷問を行う旨の威嚇がなされたにすぎない場合は、拷問禁止原則の対象外であるとする。更に、関連文献として、Jürgen Schwabe, Notwehrbefugnis und Grundrechte, RW-Heft 2, 2011, S. 218 ff. も挙げておく。救助のための拷問に関する正当化の是非は、不作為による急迫不正の侵害に対して作為を強制する形での正当防衛（緊急救助）が問題となる。同テーマに関する最近の文献としては、差し当たり André Stahl, Notwehr gegen Unterlassen, 2015を挙げておく。

注目すべきことに、このような状況下において、刑法学の文脈での救助のための拷問に関するモノグラフが、中国人研究者の手によって最近のドイツで公刊された[5]。しかも、同書は、ドイツだけでなく、アメリカの議論も参照した比較法的研究の手法によって執筆されており[6]、大変興味深い内容をなしている。

　私自身、救助のための拷問の正当化については、既に論文を公にし、私見を明らかにしている[7]。本稿は、その後に公刊されたドイツ語の関連文献[8]及び先に挙げたモノグラフを手掛かりにして、救助のための拷問を再考するものである。我が国においても、救助のための拷問をめぐる刑法上の諸問題は、全く無視されているわけではなく、様々な形で論じられ[9]、教科書レベルでも扱われる論点になっている[10]。しかし、拷問という非日常的なイメージしかわいてこない特殊な問題であるためか、特異な講壇事例としての扱いしか受けていないのが実情ではなかろうか。しかし、救助のための拷問の正当化は、正当防衛の特殊領域というだけでなく、人間の尊厳の保障のあり方が問われるという意味では法秩序のあり方そのものに関わる問題でもあり、その態度決定は、人間の尊厳がテーマとなる他の諸論点についても応用が可能となるはずの重要論点である。

4　例えば、Nils Teifke, Menschenwürde als Prinzip, in: Carsten Bäcker u. a. (Hg.), Junge Rechtsphilosophie, 2012, S. 159 ff., 168 ff.（＝足立英彦訳「原理としての人間の尊厳」金沢法学56巻1号［2013年］57頁以下、71頁以下）; Fiete Kalscheuer, Menschenwürde als Recht im Unrecht, Der Staat 52. Bd., 2013, S. 401 ff., 412. 但し、前者は、救助のための拷問の正当化について否定的であり、後者は、言及はしているものの具体的な結論を述べていない。
5　Gang Wang, Die strafrechtliche Rechtfertigung von Rettungsfolter, 2014.
6　なお、ドイツとイスラエルにおける救助のための拷問に関する比較法的研究として、Jasmin Schlenzka, Die Rettungsfolter in Deutschland und Israel – Ein Rechtsvergleich, 2011がある。同書は、2010/2011年の冬学期にケルン大学法学部に提出された博士論文であるが、特にイスラエルの現状を紹介した箇所（S. 288 ff.）がこれまた大変興味深い。
7　飯島『自由の普遍的保障と哲学的刑法理論』（前掲注1）173頁以下。
8　前掲注3における文献の他に、Stephan Stübinger, Zur Diskussion um die Folter, in: Institut für Kriminalwissenschaften und Rechtsphilosophie Frankfurt a. M. (Hrsg.), Jenseits des rechtsstaatlichen Strafrechts, 2007, S. 278 ff. を挙げておく。なお、スチュービンガーの見解については、ders., Notwehr-Folter und Notstands-Tötung, 2015, S. 37 ff. も見よ。但し、脱稿後に接したため、本稿では検討の対象とはしていない。
9　例えば、深町晋也「ドイツにおける『拷問による救助』を巡る諸問題」川端博他編『理論刑法学の探究⑥』（2013年）243頁以下。なお、クリスチャン・イェーガー（＝野澤充訳）「国家の尊厳の表れとしての拷問の禁止」法政研究81巻1・2号（2014年）108頁以下の〔翻訳者はしがき〕も参照。
10　例えば、小林憲太郎『刑法総論』（2014年）69頁以下。

二　救助のための拷問に関する独米比較研究
―― 王鋼（钢）のモノグラフの内容 ――

　まずは、王鋼（Wang Gang）によるモノグラフ（総頁数428頁）の内容を概観してみよう。同書は、2014年に Duncker&Humblot 社より公刊されているが、2013年の夏学期にフライブルク大学法学部に提出された博士論文を基にしている。Doktorvater は、ヴァルター・ペロン教授である。著者である王鋼は、現在、中国清華大学法学院で助理教授を務めている[11]。なお、以下では括弧内において原著の頁数を記載する。

　王鋼は、救助のための拷問の正当化の是非を独米の法状況の比較を通じて探求しようとしている。ドイツでの議論の端緒となった事例として、ダシュナー事件が挙げられているが、アメリカではそれと類似のレオン事件が1980年代初頭に発生していたものの、同国における議論は、具体的な事件ではなく、いわゆる ticking time bomb 状況という思考実験に依拠して行われている現状がまず指摘されている。ダシュナー事件と ticking time bomb 状況は、わが国でも既に紹介・検討されているので[12]、簡単にレオン事件について触れておこう。

　同事件は、犯人のレオンが共犯者とともに被害者のルイスを誘拐し、その兄から身代金をとろうとしたときに警察に拘束され、レオンがすぐに戻らないと共犯者によって被害者ルイスが殺害される危険性があったことから、警察官がレオンに対して被害者の居場所を白状するように要求したが、レオンが拒絶したため、警察官による拷問が加えられたという事案である。警察官が行った拷問というのは、具体的には、被害者の居場所を白状するまで、腕を背中に捻じ曲げ、首を絞める等の行為であった。裁判所（U. S. Court of Appeals for the Eleventh Circuit）による判断では、主に拷問によって得られた供述の証拠排除が問題となったが、更には、警察官による行為は、それによる情報の獲得が他人の身体の完全性或いは生命を保護するために合理的で必然的であったことから、正当化されないわけではない旨の結論がとられている（S. 3 f.）。ダシュナー事件との相違は明らかである。ダシュナー事件とは異なり、レオン事件では、警察官は実際に物理的な拷問

11　http://www.tsinghua.edu.cn/publish/law/3563/2013/20130924140541799187187/20130924140541799187187_.html 参照。
12　例えば、飯島『自由の普遍的保障と哲学的刑法理論』（前掲注１）173頁以下、181頁以下参照。

を加えたのである。そして、裁判所による結論も正当化の余地すら認めようとしなかったダシュナー事件の場合とは大きく異なっている。現在において、アメリカとドイツの法状況を救助のための拷問の正当化の是非という文脈で比較しようとする場合、両国の間での治安政策上の相違を意識せざるを得ない。つまり、アメリカではグローバルなテロとの戦いという背景の下で救助のための拷問が議論されるのに対して、ドイツではあくまでも国内での犯罪対策が意識されながら正当化の是非が問われているのである。このような相違からは、グローバルな形でのテロリズムによる方が被害も甚大なものとなるので、救助のための拷問の正当化もアメリカでは認められやすくなるのではないかとの印象が生じてくる。しかし、レオン事件の結末は、その時期から推察するに、そのようなテロリズムの世界的な蔓延とは無関係に下されたものである。つまり、そもそもアメリカでは、救助のための拷問は、ドイツと比較して認められやすい素地があったともいい得る。ダシュナー事件とレオン事件の対比は、モノグラフの導入部に置かれているが、両事件に象徴される独米の相違は、王鋼が同書の中で論述を進める際にも常に影響を及ぼしている。

　王鋼のモノグラフでは、続く第2部において、まず救助のための拷問がかなり厳密に定義されており、公権力の担い手が、ある人格の不利益となる、法律によって許容された制裁としては認められていない重大な害悪を、他の人間の法益に対する危険を防御するために必要となる情報を当該の人格から専ら獲得するために、賦課することであるとされる（S. 43）。そして、このような定義を前提にして、ドイツとアメリカのそれぞれの法秩序における救助のための拷問の正当化に関する議論が非常に綿密且つ緻密に紹介・検討されている。

　ドイツ法に関する部分（第3部）では、救助のため拷問がどのような構成要件に該当するかがまず論じられており（S. 44 f.）、それに続く形で、警察法上の権限の欠如（S. 60 ff.）、公務員が刑法上の正当化事由に依拠できるかどうかの問題（S. 74 ff.）、正当防衛による正当化の是非（S. 91 ff.）、緊急避難による正当化の是非（S. 174 ff.）が検討されている。そして、結論として王鋼は、救助のための拷問がドイツの法秩序においてはおよそ正当化され得ないものであるとするのが通説の立場であることを確認する。その根拠としては、基本法上の人間の尊厳の保障が正当防衛及び正当化的緊急避難の成立を絶対的に排除することが重視されている（S. 197 ff. 参照）。

アメリカ法に関する部分（第4部）においても、ドイツ法に関する部分と対応する諸問題が紹介・検討されている。特に、アメリカでは救助のための拷問の正当化をめぐり、正当防衛（self-defense 又は defense of others）ではなく（S. 267 ff.）[13]、緊急避難（defense of necessity）の適用の是非が論点の中心となっていることの紹介（S. 274 ff.）などは、大変興味深い。アメリカでは、功利主義的な思考から緊急避難による正当化が基礎づけられているが（もちろん、反対する論者も多数いる）、これはあくまでも純粋に理論的な事柄でしかなく[14]、（特に連邦レベルでは、緊急避難の適用に非常に謙抑的であるため）裁判実務において緊急避難による正当化が認められる可能性はほぼない。しかし、救助のための拷問を行った警察官の処罰を免除する手続上の方策は数多くあり、オバマ大統領もブッシュ政権下で被拘束者に対して拷問を行った公務員が将来においても訴追されない旨を宣言しているそうである。つまり、実際に救助のための拷問を行った警察官がいたとしても、アメリカにおいて訴追される可能性は低いことになる。

王鋼は、モノグラフの最後の部分（第5部）において、以上のような独米それぞれの法状況の分析に基づいて両者を比較し、救助のための拷問に関する自らの見解を導き出す。王鋼によれば、人間の尊厳の保障は法治国家の根幹をなす最上位の憲法的価値を有しており、それに基づく拷問禁止原則は絶対的に維持されなければならない。確かに、アメリカの状況は、ドイツとは異なり、人間の尊厳が憲法レベルにおいて絶対的な価値とは認められておらず（むしろ、公共の治安等の他の国家的価値との関係で後退させられることすらある。）、種々の国際法上の拷問禁止原則もそのまま国内法として直接的な効力が付与されるわけではない（S. 357 ff.）。しかし、王鋼は、ドイツ法だけでなく、アメリカ法においても救助のための拷問はおよそ正当化されてはならないとの結論を主張している。

王鋼によれば、拷問行為は人間の尊厳の保障の中核にある自己規定性を破壊するものであり、その形態を問わず（つまり、救助のためであろうとも）、対象者の人間の尊厳を侵害してしまう。そして、この点に、救助のための拷問との類似性が指摘され、その正当化の論拠の一つとして援用されることが多い救助のための意

---

[13] アメリカ法では、いわゆる急迫不正の侵害にあたる要件が、物理的な攻撃が実際にある場合にのみ認められるため、救助のための拷問の対象者が既に警察に拘束されている状況下では、先行する犯罪の被害者との関係でその者には当該の要件がもはや欠ける点が指摘されている。

[14] 純粋に功利主義的な緊急避難の規定は、模範刑法典にあるだけであり、各州法では、そのような規定形式が賛同を得ることがなかった点も指摘されている。

図的な射殺との違いがあるとされる。つまり、救助のための意図的な射殺では、犯罪行為の遂行が強制的に中止に追い込まれるだけであり、犯罪者の外的な自由の領域が制限を受けるだけでしかない。これに対して、救助のための拷問では、肉体的・精神的な苦痛から逃れるために、自らの意思に反する形で情報の提供を強制される結果、内面への侵害がなされてしまい、それによって人格的なアイデンティティーが破壊されることになる（S. 375 f.）。人間の尊厳は、憲法上の絶対的な価値として、生命と比較してもより手厚く配慮・保護される必要性があると主張されているが、救助のための拷問が、救助のための意図的な射殺とは異なって、人格性のアイデンティティーの破壊にまで至るとの見解は、まさに生命侵害よりも重大な事態として特徴づけることによって、生命侵害である救助のための意図的な射殺の許容性からの救助のための拷問の正当化の論理的な導出を遮断することを企図するものである。

また、ドイツにおいて救助のための拷問の正当化を認める見解は、ダシュナー事件の際の誘拐事件の被害者側にも人間の尊厳の侵害が存在し、人間の尊厳同士の衝突（国家の側から見れば、基本法における人間の尊厳の尊重義務と保護義務の衝突）が不可避的に生じているとして、これを正当化の出発点に据えようとしているが、王鋼によれば、そのような衝突があったとしても、拷問の対象者の人間の尊厳に対する尊重義務が優先されなければならない（S. 376）。ここでは、拷問の対象者（誘拐犯人）には、肉体的・精神的な苦痛の賦課を通じた人間の尊厳に対する重大な侵害が発生していることが前提とされている。しかし、誘拐の被害者の側の人間の尊厳の侵害が何故それよりも過小評価されるのか、その理由は定かではない。そもそも、尊厳同士の衝突を認めて衡量的な判断を行うにしても、王鋼は、犯罪者と被害者双方の直接的な利益だけではなく、いわゆるダムの決壊の危険或いは濫用の危険という救助のための拷問が有する間接的なマイナス効果も考慮の中に含めている[15]。

まとめてみると、王鋼は、基本法における人間の尊厳の絶対的な価値性を出発

---

15 Wang, Die strafrechtliche Rechtfertigung von Rettungsfolter（前掲注5）S. 377は、実際の救助のための拷問の事案では、拷問の対象者が本当に救助に役立つ情報を持っているか否かを事前に確定することがほぼ不可能であり、しかも、当該の拷問は原則的に非公開の場でなされることから、濫用の危険性がより深刻に危惧されなければならない。これに対して、犯罪が行われていることが明白であり、どこかの密室的な空間で秘密裡に行われることが少ない救助のための意図的な射殺では、状況は異なるとする。しかし、相対的な差異でしかないように思われる。

点にして、それを侵害する拷問行為が、たとえ他者の生命を救助する意図の下でなされたとしても、権力の行使としては法治国家の基準に合致するものではないとする。つまり、その正当化などは、法治国家それ自体の否定に至るものに他ならないことになる。従って、公法レベルにおいて、救助のための拷問が正当化される可能性はおよそ排除される。この点につき、アメリカ法の状況においては、人間の尊厳の保障が憲法上は不十分であり、国際法上の拷問禁止原則への配慮も欠けているとして、王鋼は批判を行っている（S. 378）。

公法レベルでの正当化の否定に続き、王鋼は、刑法上の正当化も否定する。救助のための拷問が、人間の尊厳を侵害するものとして憲法上禁止される限り、それは当然に刑法上の正当化の問題にも影響を及ぼし、結論を左右せざるを得ないとする。具体的には、人間の尊厳の保障は、正当防衛における法確証の原理と結び付けられる。つまり、人間の尊厳を侵害する防衛行為は法秩序を確証できないので、被要請性の要件を充足しないとして正当防衛の成立がおよそ否定される（S. 365 f.）。そして、同様の観点から、正当化的緊急避難における適切性（Angemessenheit）の要件が欠けるとされている（S. 368 ff.）。いうなれば、ドイツ刑法学の通説的見解そのままである。アメリカ法では、救助のための拷問につき、理論上とはいえ、緊急避難による正当化が一般的に主張されていた。最後に、王鋼は、そのような正当化の理論的根拠である功利主義的な思考に対する批判を行い、アメリカ法上も救助のための拷問が正当化されてはならないことを強調する（S. 379 ff.）。

王鋼の結論は、率直にいって、ドイツの通説的見解にそった内容であり、目新しさは何もない。しかし、救助のための拷問に関するアメリカ法の状況、そこでの正当化の是非をめぐる議論を詳細且つ緻密に紹介しており、有意義な情報に満ちていることは否定できない。そもそも、母国語ではないドイツ語で400頁を超える博士論文をまとめるのには、大変な労力が投入されたものと推測される。文章もドイツ語としては単純明快であり、辞書なしですらすら読み進めることができた。好著である。

だが、問題は、王鋼が主張するように、人間の尊厳の保障を絶対的なものとして妥当させて、救助のための拷問を絶対的に禁止することが果たして本当にできるのか否かである。絶対的な保障・妥当・禁止というためには、一切の例外を認めずに、個別の事例の具体的な特徴を完全に捨象して判断を行う所作が必要とな

る。そして、これにより、ダシュナー事件の際の誘拐事件の被害者、或いは ticking time bomb 状況における無辜の市民達の救助の高い可能性までもが捨象され、その者達に重大な侵害の受忍を強いる結果になったとしても、このことから目をそむけ、犯罪者側の人間の尊厳の保障を絶対視して、拷問禁止原則を貫徹させてもよいのであろうか。

確かに、ドイツにおいては、救助のための拷問は正当化されないが、免責される可能性はあるとして、問題解決のための妥当性が図られている[16]。しかし、正当化されないということは、救助のための拷問は禁止された行為のままであり、それを阻止する他者の行為自体が許容される結果[17]、法秩序が、誘拐事件の被害者及び ticking time bomb 状況における無辜の市民の諸利益の救助の可能性それ自体を違法なものとして評価している事態は変わっていないのである。

三　救助のための拷問の特異構造
――人間の尊厳に対する侵害の特殊性？――

救助のための拷問の絶対的な禁止を主張するためには、同拷問が単なる危険防御或いは正当防衛による法益侵害とは異なる特殊なものであることを基礎づけなければならない。ここでの危険防御とは、国家が主体となる法的強制の行使であり、警察による救助のための意図的な射殺が代表例である。危険防御或いは正当防衛により、侵害者の殺害という形で生命の剥奪すら許容されるわけであるから、救助のためとはいえ、拷問行為は、生命法益の侵害よりも重大であり、およそ許容されてはならないものであることがいえなければならないのである。言い換えれば、拷問行為によって人間の尊厳が侵害されると広く主張されているが、人間の尊厳の侵害は、単なる法益侵害とは異なる特殊な性格を有する点が明らかにされなければならない。このように、人間の尊厳の侵害の特殊性に着目せざるを得ないのは、救助のための拷問と救助のための意図的な射殺の差異を基礎づけ

16　例えば、Claus Roxin, Kann Staatliche Folter in Ausnahmefällen zulässig oder wenigstens straflos sein?, in: Jörg Arnold u. a. (Hrsg.), Festschrift für Albin Eser, 2005, S. 469; ders., Rettungsfolter?, in: Rainer Griesbaum u. a. (Hrsg.), Festschrift für Kay Nehm, 2006, S. 216; ders., Strafrecht Allgemeiner Teil, Bd. I, 4. Aufl. 2006, § 22 Rn. 168.

17　但し、責任（答責性）阻却による解決を前提としながら、第三者に緊急救助を行う権利を認めない（不可解な）見解として、Schlenzka, Die Rettungsfolter in Deutschland und Israel（前掲注6）S. 370がある。

て、前者と後者が全く異なるものであるが故に、後者が許容されても、前者が正当化されることがない旨を主張する際に、救助のための意図的な射殺の方が、救助という効果の点で確実性が高いとか[18]、濫用の危険性が低い[19]という現象面に関わる相対的な差異に着目するだけでは不十分だからである。相対的な差異だけから、絶対的な差異を導き出すことは不可能なはずである。

また、絶対的な拷問禁止原則を基礎づけるためには、救助のための拷問における人間の尊厳の侵害は、あくまでも拷問の対象者だけに認められるものでなければならないはずである。ここで、ダシュナー事件の際の誘拐事件の被害者にも人間の尊厳の侵害が認められてしまうと、尊厳同士の衝突が不可避となり、人間の尊厳同士の間で優劣を付けなければならなくなってしまう。確かに、王鋼も主張していたように[20]、尊厳の衝突を認めながら、拷問の対象者の尊厳の保障を優先させる見解もあるが、優劣を付けて保障の程度に差異を設けることは、出発点であったはずの「絶対的な」保障という事柄に反するといわざるを得ない[21]。従って、誘拐事件の被害者側には、具体的な犯罪行為が行われていたとしても、単なる法益（人間尊厳よりも価値の低い生命・身体・自由その他）が侵害されている、或いはされそうになっているだけであり、人間の尊厳は侵害されていないといえなければならないのである。

以上の2つの点に適う形で、救助のための拷問行為と人間の尊厳の侵害を基礎づけ得て初めて、拷問禁止原則の絶対性も主張することが可能になる。では、最近のドイツにおける文献では、救助のための拷問行為或いは人間の尊厳の侵害の内容はどのように捉えられているのであろうか。次にこれを見てみよう。

---

18 例えば、Kahlo, Die Aufklärung als »Zeitenwende« und ihre Konsequenzen für die strafrechtliche Beurteilung staatlicher Folter（前掲注3）S. 65 Fn. 89参照。
19 王鋼が、そのように主張していた。前掲注15参照。但し、人間の尊厳の侵害は、人格のアイデンティティーを破壊するものとして、生命侵害よりも重大であるとされていたので、王鋼も、現象面の相対的な差異だけを念頭に置いているわけではない。Wang, Die strafrechtliche Rechtfertigung von Rettungsfolter（前掲注5）S. 375 f. 参照。
20 Wang, Die strafrechtliche Rechtfertigung von Rettungsfolter（前掲注5）S. 376参照。
21 この点については、飯島『自由の普遍的保障と哲学的刑法理論』（前掲注1）217頁以下参照。但し、最近のドイツにおいては、人間の尊厳の衡量の可能性を肯定する見解が散見されるようになっている。例えば、Teifke, Menschenwürde als Prinzip（前掲注4）S. 159 ff.（邦訳57頁以下）; Kalscheuer, Menschenwürde als Recht im Unrecht（前掲注4）S. 401 ff.; ders., Kants Theorie der Abwägung, ARSP Bd. 99, 2013, S. 499 ff. なお、Philip Kunig, Menschenwürde und Verhältnismäßigkeit – Eine Gegenüberstellung, in: Matthias Mahlmann(Hrsg.), Festschrift für Hubert Rottleuthner, 2011, S. 152 ff. も見よ。

グレコは、救助のための拷問であったとしても、拷問禁止原則は絶対的に維持されなければならず、ticking time bomb 状況における市民達は死ぬ覚悟をしなければならないと断言する厳格な禁止論者である[22]。最近、グレコは拷問の定義を改めて行っている。グレコによれば、拷問とは、被害者の身体的側面を通じてその者の意思を他者が規定してしまうことであり、本来は意思が身体を支配すべきであるのに、この関係性を転倒させることに他ならないものである[23]。グレコは、拷問を定義し、身体的に媒介され、専ら行為者の恣意によって左右される、拘束下に置かれた人格の意思の屈服であるとする[24]。つまり、拷問概念のメルクマールとなるのは、①拷問の対象者が拘束下に置かれていること、②拷問が身体を媒介にして、しかも意思を圧倒する程度でなされていること、③拷問者がどのような意図で拷問行為を行うかは重要ではないこと、④国家機関による執行は必然的ではないことの４つである[25]。特に、②の点からは、暴力を加える旨を伝えて、威嚇するだけでは、身体的な接触性が欠けるため、拷問にはならないことになる。従って、ダシュナー事件の場合には、そもそも拷問行為は存在しないことになるのである[26]。

　このように、グレコは、身体接触性・身体関連性こそが、拷問概念の中心となる限界づけのメルクマールであるとするが[27]、本稿の関心からすると、①と④のメルクマールが重要となる。④のように、国家が行う場合に限定されないとなると、当然に私人による拷問行為とそれによる人間の尊厳の侵害は肯定されざるを得なくなる。そして、①が要求する拘束下であることも、例えば、ダシュナー事件の際の誘拐事件の被害者に当てはまる事柄である。つまり、救助のための拷問の場合につき、救助の対象となる被害者に対して、グレコが挙げるような定義に適った侵害行為がなされているときには、拷問の対象者だけでなく、そもそも対象者によって行われた、或いは行われている犯罪の被害者にも拷問の存在、つまりは人間の尊厳の侵害を場合によっては認めなければならなくなるのである。こうなると、人間の尊厳同士の衝突を肯定しなければならなくなり、先に述べたよ

22　飯島『自由の普遍的保障と哲学的刑法理論』（前掲注１）182頁注28参照。
23　Greco, Was ist Folter?（前掲注３）S. 75 f. 参照。
24　Greco, Was ist Folter?（前掲注３）S. 79.
25　Greco, Was ist Folter?（前掲注３）S. 76 ff. 参照。
26　Greco, Was ist Folter?（前掲注３）S. 81参照。
27　Greco, Was ist Folter?（前掲注３）S. 82.

うに、人間の尊厳の保障の絶対性及びそれを侵害する拷問行為の禁止の絶対性も主張できなくなるはずである。また、グレコの定義それ自体からは、拷問行為による人間の尊厳の侵害が生命侵害よりも重大なものであることは、導き出されてこない。

　人間の尊厳に対する侵害の特殊性の基礎づけを試みる論者としてヘルンレがいる。ヘルンレは、人間の尊厳の概念を抽象的に規定するのではなく、人間にとって重要となる具体的な利益と結び付けて、その内容を明らかにしようとする[28]。ヘルンレは、イスラエルの哲学者アヴィシャイ・マルガリートに依拠して、屈辱（Demütigung）というキー概念に着目する[29]。マルガリートは、健全な社会において重要となる要素として、その社会制度が自らの影響に服する人間に対して屈辱或いは辱めを与えないことを指摘していた。そして、屈辱を身体的なものだけではなく、人間存在に関わる精神的な苦痛として捉えていた。ヘルンレは、これに倣い、屈辱こそが根本的な人間の利益の侵害であり、これによって他の基本権の侵害とは区別される人間の尊厳に対する侵害の性質が明らかになるとする。

　但し、マルガリートの屈辱概念は、社会制度一般に関する文脈を念頭に置いて想定されたものであり、スノビズム、官僚制、失業といった諸現象の分析に用いられていた。そして、屈辱という概念は、日常用語としても非常に語意が広く、一般的な名誉毀損行為の場合でも被害者について認められてしまう。これでは、基本法によって規定された人間の尊厳の侵害を特徴づける概念としては、不適切なものとなってしまう。

　そこで、ヘルンレは、基本法の文脈においても適用可能となるように、一定の限定化を加え、「重大な屈辱」がある場合にのみ人間の尊厳の侵害を認めて、その要素として、（ⅰ）かつてユダヤ人に舗装道路の清掃をかがんで行うことが強制されたように、被害者の基準からして極端に不適切な自己表現が強制されること、（ⅱ）人種差別的に扇動する際の言動のような侮蔑的な態度が伝達・表明されること、（ⅲ）被害者が無力で完全に収容された状態に置かれていることの3点を挙げている[30]。これら3つの要素が全て同時にそろっている必要はなく[31]、

28　Tatjana Hörnle, Menschenwürde als Freiheit von Demütigungen, ZRph 1+2/2008, S. 41 ff.
29　Hörnle, Menschenwürde als Freiheit von Demütigungen（前掲注28）S. 51 f. 参照。
30　Hörnle, Menschenwürde als Freiheit von Demütigungen（前掲注28）S. 53 ff. 参照。
31　この点は、Hörnle, Menschenwürde als Freiheit von Demütigungen（前掲注28）S. 61において明示されている。

例えば、いずれかの1つが強度になされた場合には、それだけで重大な屈辱が肯定され得る[32]。また、ヘルンレからすると、殺害によって人間の尊厳が常に同時に侵害されるわけではない。殺害の場合には、被害者は犯罪者によって無力な状態に置かれるわけであるから、上記の（ⅲ）の要素は一応認められるかもしれない。しかし、それだけではなく、被害者に対して侮蔑・軽蔑の態度がシンボリックに表明されている必要があるとされている（つまりは、（ⅱ）の要素）[33]。例えば、共同体の利益のために功利主義的に生命が犠牲にされる場合が例として挙げられている。

　ヘルンレからすると、人間の尊厳は人間同士の関係において問題となる関係概念であり[34]、承認関係（Anerkennungsverhältnis）に基づいている[35]。承認関係とは、互いを自己と同等の存在として認め合う関係のことである。つまりは、先の3要素に基づく人間の尊厳の侵害も、承認関係を侵害して、他者を自己よりも劣った存在として扱って重大な屈辱を与えることを意味するものであろう。ヘルンレは、人間が身体的な知覚を通じて自己の世界を捉えているだけではなく、シンボルを媒介にして世界を経験する存在である限り、身体的な損害を超える不法の特徴を表す概念として、人間の尊厳の侵害は不可欠なものになるとし、一例として強姦による不法を挙げている[36]。

　重大な屈辱として人間の尊厳の侵害を捉えるヘルンレの試みは、人間の尊厳の侵害の特殊性を明らかにして、他の基本権或いは法益の侵害との差異を際立たせることを目的とするものである。しかし、救助のための拷問の文脈において、拷問禁止原則の絶対性及びその背景にある人間の尊厳の保障の絶対性の基礎づけに役立ち得るものかといえば、否定的に解さざるを得ないと思われる。拷問禁止原則の絶対性を基礎づけるためには、人間の尊厳の衝突を認めずに、その侵害については拷問の対象者だけに肯定しなければならなかった。しかし、ヘルンレが着目する重大な屈辱は、強姦の被害者に認められるわけであるから、私人同士の間でも人間の尊厳の侵害は起こり得ることになり、ダシュナー事件の際の誘拐事件の被害者についても、当然にその侵害は肯定される余地がでてくる。誘拐事件の

32　Hörnle, Menschenwürde als Freiheit von Demütigungen（前掲注28）S. 55.
33　Hörnle, Menschenwürde als Freiheit von Demütigungen（前掲注28）S. 56 f. 参照。
34　Hörnle, Menschenwürde als Freiheit von Demütigungen（前掲注28）S. 58.
35　Hörnle, Menschenwürde als Freiheit von Demütigungen（前掲注28）S. 60.
36　Hörnle, Menschenwürde als Freiheit von Demütigungen（前掲注28）S. 59参照。

被害者側に人間の尊厳の侵害を認め得る可能性がある限り、人間の尊厳の衝突は不可避となってしまい、拷問の対象者である誘拐犯人の人間の尊厳との優劣を付けざるを得なくなるのである。また、ヘルンレの見解では、人間の尊厳の侵害は、生命侵害よりも常に重大というわけではなく、人間の尊厳の侵害を伴う殺害とそれを伴わない殺害の存在がそれぞれ肯定される[37]。つまり、人間の尊厳の侵害と生命の侵害は、量的・質的にどちらがより重大かという観点では捉えられていない。この点も、先に挙げた拷問禁止原則の絶対性を基礎づけるための前提に反することになろう。

ところで、王鋼は、（絶対的な禁止の対象となる）拷問行為を行えるのは国家だけであり、私人による苦痛の賦課は当該の拷問概念には当てはまらないとしていた[38]。確かに、このように考えれば、人間の尊厳が侵害されるのは、国家機関である警察官等による拷問の対象者だけであり、救助の対象となる誘拐事件等の被害者側には人間の尊厳の侵害は発生していないとして（発生しているのは単なる法益侵害だけとなる。）、人間の尊厳の衝突を回避できることになる。但し、注意すべきことは、ここでは、人間の尊厳は国家による拷問行為を通じて侵害されるのであって、誘拐事件その他の犯罪によっては侵害されないことが前提とされなければならない[39]。このように、拷問の主体を国家に限定して、拷問行為の国家関連性を要求する立場が、拷問禁止原則の例外なき絶対化を掲げる論者の中には見受けられる。国家関連性を要求することにより、上記のように、人間の尊厳の衝突は回避できそうに思えてくるが、果たして本当にそういえるのかが問題となる。また、国家関連性により、拷問行為による人間の尊厳の侵害が、通常の犯罪による法益侵害よりも重大で特異な性質を有するということを主張できるのか否かも問題となる。以下では、この国家関連性という概念に着目して、拷問禁止原則の絶対的な妥当性について改めて考察してみたい。

例えば、ステューピンガーは、人間の尊厳は法秩序における最高の価値であり、規範よりも以前から既にあるものとして、存在論的に前置されているとする[40]。つまり、人間の尊厳の保障は、前実定的・前国家的なものとして、法治国

37　Hörnle, Menschenwürde als Freiheit von Demütigungen（前掲注28）S. 57参照。
38　Wang, Die strafrechtliche Rechtfertigung von Rettungsfolter（前掲注5）S. 30参照。
39　但し、Wang, Die strafrechtliche Rechtfertigung von Rettungsfolter（前掲注5）S. 376は、人間の尊厳同士の衝突を認めていた。従って、拷問以外の犯罪行為によっても、人間の尊厳は侵害されることになるはずだが、この点については全く触れられていない。

家における国家的行為の法的な限界を構成するとされている。法治国家に前置された、その構成的な規則であるが故に、どのような場合であれ、いかなる理由であれ、法治国家は人間の尊厳の保障に違反することができないわけである。スデュービンガーからすれば、拷問行為は、指を潰したり、手首の関節を引き延ばすことにより、その対象者の法主体性の全体を侵害し、人間の尊厳の保障に反するものとして、法治国家の規範的な現実性を具体的に規定すべき市民と国家の間の法関係性を破壊してしまう[41]。それ故に、法治国家は、法治国家としての自らのアイデンティティーを維持するために、拷問行為を自らの行動の選択肢の中から、いかなる事情であれ排除しなければならないのである[42]。

以上のようなステュービンガーの見解では、国家と市民の関係性の観点から拷問行為が捉えられており、拷問行為が国家によってなされることが当然の前提とされている。その反面、人間の尊厳は量化になじまないとして、ダシュナー事件のような場合についても、拷問の対象者と誘拐事件の被害者との間でその衝突を認めて衡量的な判断を行うことには否定的なのである[43]。つまり、人間の尊厳の侵害たる拷問行為は、国家によってなされるものであるとして[44]、誘拐事件の被害者には、そのような人間の尊厳の侵害を認めないとする態度が見え隠れしているように思われる。

しかし、拷問行為の国家関連性については、ドイツにおける有力な見解は、それを否定的に解し、私人に対しても拷問行為の絶対的禁止を妥当させる[45]。これ

40　Stübinger, Zur Diskussion um die Folter（前掲注８）S. 278 f.
41　Stübinger, Zur Diskussion um die Folter（前掲注８）S. 310 ff., 313参照。
42　Stübinger, Zur Diskussion um die Folter（前掲注８）S. 314参照。
43　Stübinger, Zur Diskussion um die Folter（前掲注８）S. 303 f. 参照。但し、ステュービンガーは、（誘拐事件の）被害者に対する国家の保護義務の履行が拷問禁止原則に反する場合には、それを行うことはできないとも主張しているので、人間の尊厳の衝突を認めた上で、拷問の対象者の人間の尊厳に対する配慮義務を優先させているとも理解できる。しかし、そうなると、人間の尊厳の間で優劣を付けていることになる。
44　Kahlo, Die Aufklärung als »Zeitenwende« und ihre Konsequenzen für die strafrechtliche Beurteilung staatlicher Folter（前掲注３）S. 57, 61は、カントに依拠して、人格としての人間の尊厳の根拠が実践的な自律性、つまりは意思の自己規定であるとするが、国家による拷問を通じて一定の自己表現へと強制されることにより、尊厳の主体たる当該人格の自律的なアイデンティティーの形成と維持が不可能にさせられるとする。ここでも、拷問は国家的なものであることが前提とされている。
45　例えば、Walter Perron, in: Schönke/Schröder, Strafgesetzbuch. Kommentar 29. Aufl. 2014, Rn. 62a § 32. このような立場を「通説」であるとして批判する Fahl, Notwehr und Tabu（前掲注３）S. 341が指摘するように、これでは、被侵害者自身も侵害者に対しては拷問的な方法によ

は、誘拐犯人が警察ではなく、例えば、被害者の父親が雇った傭兵集団等によって拘束され、同様に救助のための拷問を受ける場合を想定してのことであろう。つまり、絶対的な保障を徹底化させる意図によるものと推測される。だが、私人及びその集団に対しても人間の尊厳の侵害たる拷問行為を絶対的に禁止する場合[46]、実は国家の側には、一種の手詰まりの状態が発生してしまう。例えば、国家に匹敵するような大規模のテロリスト集団によって拉致・拘束されて拷問行為を受けている被害者を救助するために、当該集団の構成員の一人を拘束した警察が拷問行為を行う場合を想定してみよう。ここで、拷問禁止原則の絶対性を貫いて、国家機関である警察が拷問を控えてしまうと、それは被害者に対する当該テロリスト集団による拷問行為を容認することにつながってしまい、絶対的禁止という出発点との矛盾をきたすのである。

　いうなれば、ここで国家が容認（黙認）する拷問行為については、間接的な国家関連性が肯定されざるを得ない。これは、救助のための拷問の文脈において、人間の尊厳を侵害できるのは拷問行為だけであり、他の犯罪によっては単なる法益侵害しか発生しないという前提に立ちながら、拷問行為の内容をどのように定義しようとも当てはまる事柄である。この点を回避するためには、拷問を行う集団の規模や拘束性の程度といった事実的な側面を捨象して、国家関連性を規範的に捉えて、あくまでも国家とその構成者である人格との間だけでの問題として拷問禁止原則を捉えて（但し、当該法秩序の構成員以外との関係には妥当しなくなる）、私人が行う場合については間接的な国家関連性というものを否定するか[47]、国家関連性を逆に極端な形で事実的に捉えて、国家が直接に手を下している直接的な

　　　る正当防衛を通じて自分の生命を守ることができなくなってしまう。例えば、毒薬を注射された被侵害者が、一定の時間内に解毒剤を服用するために、侵害者を拘束し、拷問的な方法で無理やり解毒剤のありかを白状させるような事例を想定できるが、当該の方法による自己の生命の防衛は、およそ排斥されてしまうことになる。拷問禁止原則を私人に妥当させることに反対する見解として、例えば、Engländer, in: Matt/Renzikowski（前掲注２）Rn. 59 § 32参照。なお、Rudolf Rengier, Strafrecht Allgemeiner Teil, 7. Aufl. 2015, § 18 Rn. 99も見よ。

46　Greve, Rechtfertigung privater „Folter" zwischen Nothilfe und Menschenwürde（前掲注３）S. 236 ff., 241 ff. は、人間の尊厳の保障は私人に対しても拘束力を有していることを出発点にして、重大な苦痛の賦課及び被害者の特別な屈辱等の基準を満たすことにより、人間の尊厳の侵害に当たる拷問行為は私人に対しても禁止されることを主張している。

47　しかし、国家関連性が構成員との関係で妥当する規範的なものであるとすると、国家による拷問の対象者と同様に当該法秩序の構成員であるはずの私人による拷問の対象者に対しても、拷問が行われないようにすべき義務が「絶対的に」国家に課されるはずであり、間接的な国家関連性を否定して、後者における拷問を絶対的には禁止しない理由が当然に問われざるを得なくなる。

国家関連性の場合だけに同原則を限定するしかない。しかし、これらのような限定は、拷問禁止原則或いは人間の尊厳の保障の「絶対性」にはそぐわないはずである。

また、拷問行為に国家関連性を要求し、拷問による人間の尊厳の侵害は国家によってのみ行われ得るとしてしまうと、絶対性の基礎づけの前提にあった、人間の尊厳の侵害を単なる法益侵害よりも重大なものとして捉える点にも反してしまうように思われる。何故ならば、人間の尊厳があくまでも国家による侵害だけから保護されるのに対し、法益は国家及び私人の侵害から保護されるのであるから、後者の方がより手厚い保護を受けることになり、より手厚い保護を受けるものの侵害の方がより重大な事態であるとの結論に至るはずだからである[48]。しかし、このような考えは、人間の尊厳と法益を段階的な差異の観点に基づいて捉えることからの帰結であって、両者を全く別次元の事柄であるとすれば、国家による侵害からしか保護されなかったとしても、単なる法益侵害とは全く異なる特異なものとして、それよりもはるかに重大な事態であると人間の尊厳の侵害を理解すること自体は不可能ではない。つまり、法益がどのような程度・態様で保護を受けていようが、それを度外視して、いわば法益の存在とは無関係な、一切の例外的な正当化の余地を認めない絶対的な価値として人間の尊厳を捉えるわけである。

しかし、自由の基盤であるはずの法益とは無関係に、絶対的な価値として保護されるのでは、その際に保護の対象となるのは、たとえ「法治国家」のアイデンティティーであるとされたとしても、各人格の自律性とは切り離された客観的な価値観でしかない。このような価値観を絶対的に保障して、たとえ生命の救助のために必要であったとしても、一定の行為の実行を事情の一切を問わずに無条件的に禁止し、生命喪失の受忍を強要するのでは、拷問禁止原則及び人間の尊厳の保障の根底にあったはずのリベラルな立場からは程遠いものになってしまうといわざるを得ない。

48　この点については、飯島『自由の普遍的保障と哲学的刑法理論』（前掲注1）216頁以下を参照。

四　おわりに

　冒頭で述べたように、刑罰論では、絶対的な正義の実現なるものそれ自体が否定的に解されている。しかし、拷問禁止の文脈では、いわば絶対的な価値の実現が求められている。このような非対称性に疑問を持ったことから、本稿では、最近の関連文献に基づいて、改めて救助のための拷問の正当化の是非について考察してみた。結論は、拷問禁止原則については絶対的な妥当性を基礎づけることはできないという、かつて述べた見解[49]を繰り返すものでしかない。拷問行為などは、行われてはならないのは当然である。しかし、その禁止の絶対性そのものが全く疑問視されることなく、人間の尊厳の保障と結び付けられて主張されているとしたら、やはり問題点は指摘しておかなければならない。法及び刑法の目的が自由の普遍的保障に求められるとき[50]、その際には、現実的な法秩序と折り合いを付ける形での普遍性の維持というものが当然に想定されている。この意味で、普遍性と（硬直的な）絶対性は異なっている。（刑）法においては、普遍性については語ることができても、絶対性ということはいえないのではなかろうか[51]。そして、仮にいえたとしても、そこから具体的な結論を直接的に導き出してはいけないように思われるのである。

　［付記］　本稿は、平成27年度関西大学研修員研修費に基づく研究成果の一部である。

49　飯島『自由の普遍的保障と哲学的刑法理論』（前掲注１）220頁以下。
50　飯島『自由の普遍的保障と哲学的刑法理論』（前掲注１）89頁以下参照。
51　カントによって絶対的な妥当性が謳われたとされる虚言の禁止についても、現実的な法秩序を念頭に置く法的な根拠から、それが解除されて、虚言が許容される可能性があることについては、Rainer Zaczyk, Das Recht und die Lüge, in: Carl-Friedrich Stuckenberg u. a. (Hrsg.), Festschrift für Hans-Ullrich Paeffgen, 2015, S. 90 ff., 93 f. 参照。なお、法の基礎づけにおいて現実性を考慮することが、人間の自由な主体性（存在性）を自然的な諸条件に丸投げするものではない点については、ders., Was ist Recht?, in: Werner Gephart u. a. (Hrsg.), Rechtsanalyse als Kulturforschung II, 2015, S. 31参照。

フランス緊急避難論の現状

井 上 宜 裕

一　日本の緊急避難論の現状
二　フランスにおける緊急避難の法的性質
三　フランスにおける緊急避難の成立要件
四　結びに代えて

一　日本の緊急避難論の現状

1　はじめに

　浅田和茂先生の古稀をお祝いするに当たり、初心に立ち返る意味も込めて、先生ご指導の下、最初に手がけたテーマである緊急避難論をここで改めて取り上げてみたいと思う。

　浅田先生の御説は、違法性阻却中心の二分説を基本に据えつつ、民法上違法な行為は刑法上も違法と考え、①優越的利益が認められる場合の違法性阻却、②その内、民法上違法な場合の可罰的違法性阻却、③法益同価値の場合を責任阻却と解する、いわゆる違法性阻却中心の三分説[1]である。本説は、刑法37条の緊急避難を基本的に違法性論に位置づけた上で、法益衡量の観点から優越的利益の存否を判断し、優越的利益の存しない法益同価値の場合を責任阻却とするが、優越的利益が存する場合でも、民法720条との関連で、民法上違法とされる場合には、違法性阻却ではなく、可罰的違法性阻却と解するものである。結果無価値一元論を徹底する一方で、違法の統一性の確保も志向するこの見解は、論理的一貫性もさることながら、法秩序全体をも視野に入れた類い稀なる主張の一つといえる。

　もっとも、違法性阻却中心の三分説に対して、なお検討すべき点はいくつかある。

---

[1]　浅田和茂『刑法総論〔補正版〕』（成文堂、2007年）246頁。

まず、同説によれば、保全法益が侵害法益をわずかに上回るものの、侵害法益も相当な大きさである場合、例えば、自己の生命を保全するために、無関係の第三者に重傷を負わせるような場合、危難を転嫁される第三者は避難行為に対して正当防衛ができなくなる[2]。この第三者保護の不十分性は、違法性阻却中心の三分説が前提とする、法益同価値の場合を責任阻却とする違法性阻却中心の二分説に向けられる批判でもある。

また、違法性阻却中心の三分説は、民法720条が物から生じる危難を第三者に転嫁する場合を包含していないことから、この場合を民法上違法と捉え、仮に優越的利益が存するとしても、可罰的違法性が阻却されるにとどまると解する。しかし、これに対しては、そもそも民法が物から生じる危難の第三者転嫁を違法と考えているのかどうかが定かでなく、根拠規定の民法720条自体、その合理性を疑問視する向きもある等、刑法と民法の交錯領域が抱える問題性自体への対応が迫られている[3]。

2　日本における近時の緊急避難論
（1）学　説

緊急避難の法的性質をめぐる議論は、近時の日本においてなお活発である[4]。

例えば、「犯罪の本質は刑罰で処罰される程度の法益侵害結果が生じたことにあるという立場から見れば、保護法益が犠牲法益と同価値である場合、それを犯罪として取り扱うわけにはいかない」とした上で、「同価値の法益が衝突した場合、ある行為が法益保全のための有益な行為であると積極的には確認できないものの、法益侵害というマイナス結果をもたらしたか否か、法益均衡の現状を破壊したか否かといった観点からは、その行為が刑法の処罰に値する有害行為ではないと消極的に確認できるのである」として、違法阻却一元説が主張される[5]。

2　この場合、仮に、避難行為に対して緊急避難を認めるとしても、侵害法益が保全法益を上回ることになり、せいぜい過剰避難が成立するにすぎず、適法に対抗することができなくなる。
3　民法720条との関連を踏まえつつ、刑法上の緊急避難をどう捉えるかは、可罰的違法性阻却説にとってきわめて重要な問題である。この点につき、曽根威彦「刑法からみた民法七二〇条」『刑事違法論の展開』（成文堂、2013年）231頁以下参照。
4　日本における従来の緊急避難の法的性質をめぐる議論については、井上宜裕『緊急行為論』（成文堂、2007年）5頁以下参照。
5　黎宏「緊急避難の本質について」瀬川晃編『大谷實先生喜寿記念論文集』（成文堂、2011年）578頁。同論文は、中国刑法を素材にしつつ、違法阻却一元説を展開する。渡邊譽「緊急避難の

これに対して、「急激な嵐という危難に遭遇し自分の生命が危険にさらされたAが、その危難につき何の罪もない第三者Bの生命を侵害した場合」を例に、「何の罪もない『Bの』立場を無視して、法は、Aの行為が適法（違法阻却）だといえるのだろうか」と指摘した後、「上例のAが緊急避難で処罰されないのは、A対Bが正対正の関係にあるため法は違法と判断できないものの、法はAを非難できるかどうかは判断できるので、検討を進めた結果非難できないといえる場合はAの責任が阻却されるからである。つまり、緊急避難でもっとも重要なのはA、Bをできるだけ公平に扱うことなのである」として、責任阻却一元説も展開されている[6]。

　その他、「違法性阻却を原則としてとらえるべき」としつつも、「元来、緊急避難は責任阻却を含む概念であるところ、正当化事由としての性格を認めるとしても、責任阻却を放逐する十分な理由づけがなされない以上は、責任阻却概念を認めるべき」として、違法阻却中心の二分説を主張するもの[7]もあれば[8]、緊急避難の法的性質論との関連で、危難を転嫁される第三者の保護の問題を積極的に取り上げて論じるもの[9]もみられる[10]。

　また、不処罰根拠に基づいた要件解釈の不徹底を問題視し、緊急避難論の再検討を試みる動きもある。即ち、「緊急避難論では伝統的に、第三者の正当な利益を侵害する避難行為が不処罰とされる根拠を考察し、その根拠に基づいて要件を

　　法的性格」南九州大学研究報告40B号11頁以下も同様に、違法阻却一元説を主張する。
6　上野芳久「緊急避難の本質」髙橋則夫他編『野村稔先生古稀祝賀論文集』（成文堂、2015年）94-97頁。
7　高良幸哉「緊急避難の法的性格と期待可能性の概念について」中央大学大学院研究年報（法学研究科篇）43巻（2013年）180頁。
8　関哲夫「緊急避難の法的性質について」早稲田法学87巻3号（2012年）446頁以下は、避難行為者が危難転嫁の避難行為を行う緊急危難状況を危険共同体型と危険引き込み型に分類した上で、前者の場合を正当化事由、後者の場合を有責性阻却事由とする。
9　永井紹裕「緊急避難における転嫁と第三者保護について」早稲田大学大学院法研論集147号（2013年）207頁以下。なお、同「緊急避難の制約根拠について（1）・（2）」早稲田大学大学院法研論集149号（2014年）253頁以下、同152号（2014年）253頁以下参照。
10　その他、緊急避難論に関わる近時の論稿としては、鈴木優典「緊急避難論における補充性の要件」髙橋則夫他編『曽根威彦先生・田口守一先生古稀祝賀論文集［上巻］』（成文堂、2014年）385頁以下、橋田久「緊急避難に対する緊急避難」名古屋大学法政論集256号（2014年）496頁以下、同「正当防衛に対する緊急避難」同262巻（2015年）1頁以下、山川秀道「緊急避難と自己決定」広島法学36巻2号（2012年）110頁以下、吉田敏雄「正当化緊急避難（1）・（2）・（3・完）」北海学園大学法学研究48巻2号（2012年）281頁以下、同48巻3号（2012年）459頁以下、同48巻4号（2013年）603頁以下、同「免責緊急避難」同49巻1号（2013年）1頁以下等がある。

解釈するという方法が採られてきた。法益の保護を目的とする刑法において、法益侵害行為を不処罰とする判断が正当化されるためには十分な根拠が必要であろう。それゆえ、こうした要件解釈の方法自体は正当というべき」としつつも、「しかしその一方で、明確な根拠に基づいた要件解釈論の構築ないし精緻化はなお不十分なものにとどまっているように思われる。例えば、『危難』に必要とされる法益侵害の可能性の水準は、刑法三七条を適用するうえで極めて基本的な論点であるにもかかわらず、これまでほとんど議論されてこなかった。また、『やむを得ずにした』の意義については、危難転嫁以外に『現実的可能性のある』危難回避の方法がないことをいい、『絶対に他の方法がないという必要はない』と解する立場が一般的であるが、『現実的可能性』の具体的な判断方法はもとより、そのように解する根拠も未だ明らかとは言い難いように思われる」として、明確な根拠に基づく刑法37条の要件解釈論の提示が緊要な課題の一つとの主張[11]がなされている。

このように、日本では、緊急避難の法的性質論への関心が依然強い。無関係の第三者への危難転嫁が正当化されうるのかどうかは、緊急避難の永遠のテーマともいえる。緊急避難の個々の要件解釈論はそれ自体として相当程度、展開されているように思われるが、緊急避難の法的性質論と個々の要件解釈論の関係については、上述の指摘のとおり、今一度検討してみる余地があろう。

(2) 判 例

他方で、最近、強要緊急避難の成否が問題とされた下級審裁判例が登場したことで、ますます緊急避難論が活性化しつつある[12]。

東京高裁平成24年12月18日判決（判時2212号123頁、判タ1408号284頁）の事案は次のようなものであった。

被告人は、平成23年7月ないし9月頃にかけて、T警察署のA警察官及びB

---

11 遠藤聡太「緊急避難論の再検討（一）」法学協会雑誌131巻1号（2014年）106-107頁。なお、緊急避難の法的性質論と要件解釈論の有機的関連の解明を志向する本論文は、2016年1月末現在、連載中である（同「緊急避難論の再検討（二）・（三）・（四）・（五）・（六）」同131巻2号（2014年）450頁以下、同131巻6号（2014年）1093頁以下、同131巻7号（2014年）1255頁以下、同131巻12号（2014年）2485頁以下、同132巻7号（2015年）1292頁以下）。

12 上野芳久「強制による行為」高橋則夫他編『曽根威彦先生・田口守一先生古稀祝賀論文集［上巻］』（成文堂、2014年）401頁以下、神元隆賢「強制状態における行為（一）・（二）・（三）・（四・完）」北海学園大学法学研究48巻1号（2012年）73頁以下、同48巻2号（2012年）303頁以下、同48巻3号481頁以下、同48巻4号（2013年）623頁以下参照。

警察官に対し、覚せい剤密売事件に関する情報提供を行い、その見返りとして、A警察官ないしT警察署から被告人に謝礼が支払われていた。

警察官らが、被告人に対し、捜査対象者に接触することまで明示的に求めたか否かは定かではないが、被告人は、本事件の捜査が続行しているものと考えて、警察官らに提供するさらなる情報を得るために、捜査対象者への接触を試みた。

平成24年1月、捜査対象者の所属する暴力団事務所を訪れた被告人が、同人から本事件の情報を聞き出すことに成功し、同所を辞去しようとしたところ、既に覚せい剤を使用しその影響下にあった捜査対象者は、けん銃を被告人のこめかみに突き付けて、覚せい剤を自ら注射するよう強要した。被告人は、断れば殺されると思い、仕方なく覚せい剤を使用した。

上記事案につき、緊急避難の前提事実の存在を否定した原判決(横浜地判平成24年8月28日(LEX/DB文献番号25501740))に対し、東京高裁は、以下のように述べて、緊急避難の成立を肯定し、無罪判決を下した(破棄自判)。

「被告人は、覚せい剤を使用してその影響下にある捜査対象者から、けん銃(以下『本件けん銃』という。)を右こめかみに突き付けられ、目の前にある覚せい剤を注射するよう迫られたというのである。関係証拠上、本件けん銃が真正けん銃であったか否かや、実弾が装填されていたか否か等は不明であるが、逆に、本件けん銃が人を殺傷する機能を備えた状態にあったことを否定する事情もなく、被告人の供述する状況下では、被告人の生命及び身体に対する危険が切迫していたこと、すなわち、現在の危難が存在したことは明らかというべきである。

次に、被告人が自己の身体に覚せい剤を注射した行為が、現在の危難を避けるためにやむを得ずにした行為といえるかについて検討すると、『やむを得ずにした行為』とは、危難を避けるためには当該避難行為をするよりほかに方法がなく、そのような行為に出たことが条理上肯定し得る場合をいうと解される(最高裁判所大法廷昭和24年5月18日判決・裁判集刑事第10号231頁参照)ところ、本件においては、覚せい剤の影響下にあった捜査対象者が、けん銃を被告人の頭部に突き付けて、目の前で覚せい剤を使用することを要求したというのであるから、被告人の生命及び身体に対する危険の切迫度は大きく、深夜、相手の所属する暴力団事務所の室内に2人しかいないという状況

にあったことも考慮すると、被告人が生命や身体に危害を加えられることなくその場を離れるためには、覚せい剤を使用する以外に他に取り得る現実的な方法はなかったと考えざるを得ない。また、本件において危難にさらされていた法益の重大性、危難の切迫度の大きさ、避難行為は覚せい剤を自己の身体に注射するというものであることのほか、本件において被告人が捜査対象者に接触した経緯、動機、捜査対象者による本件強要行為が被告人に予測可能であったとはいえないこと等に照らすと、本件において被告人が覚せい剤を使用した行為が、条理上肯定できないものとはいえない。

　そして、本件において、被告人の覚せい剤使用行為により生じた害が、避けようとした被告人の生命及び身体に対する害の程度を超えないことも明らかであるから、被告人の本件覚せい剤使用行為は、結局、刑法37条1項本文の緊急避難に該当し、罪とならない場合に当たる。」

　本判決が登場したことによって、強要緊急避難の正当化如何が改めて論じられるようになり、それに伴い、強要緊急避難の特殊性の他、通説である違法阻却一元説の妥当性等が精査されるに至った[13]。

二　フランスにおける緊急避難の法的性質

1　歴史的経緯

　フランスにおいて現行刑法典が施行されてから20年余りが経過した。ここでは、現行刑法典において緊急避難規定が創設されるまでの経緯を確認しておく[14]。

　フランスは、1791年刑法典（革命刑法典）においても、1810年刑法典（ナポレオン刑法典）においても、緊急避難の一般規定をもたなかった。そのような中、フ

---

[13] 本判決を評釈したものとして、井上宜裕「重判解（平成26年度）」ジュリスト臨時増刊1479号159頁、神元隆賢「判批」北海学園大学法学研究49巻1号（2013年）205頁、高良幸哉「判批」法学新報122巻3-4号（2015年）297頁、永井紹裕「判批」早稲田法学90巻2号（2015年）123頁、新阜直茂「判批」季刊刑事弁護77号（2014年）90頁、橋田久「判批」刑事法ジャーナル38号（2013年）79頁、前田雅英「判批」捜査研究760号（2014年）19頁、松宮孝明「判批」法セミ711号（2014年）137頁がある。

[14] フランス緊急避難論の概要については、井上・前掲注（4）16頁以下参照。

ランス緊急避難論を飛躍的に発展させるきっかけになったのは、Ménard 事件である。

本件は、いわゆる緊急窃盗の事案で、Château-Thierry 軽罪裁判所1898年3月4日判決（第一審判決）[15]は、後世に語り継がれる荘厳な判示を行い、主に心理的強制を顧慮しつつ、被告人を無罪とした。

> 「十分に組織された社会において、その社会の構成員、とりわけ一家の母親が、自らの過失によらずしてパンを欠くことがあるのは遺憾である。このような状況が存在し、Ménard 婦人の場合のように、これらの状況が明らかに証明されるときには、裁判官は、法律の厳格な規定を人道的に解釈することが可能であるし、またそうしなければならない。貧困と飢餓は、あらゆる人間からその自由意思の一部を奪い、相当程度、その善悪の観念を減退させうるものである。通常は咎められるべき行為も、その行為者が、それなしでは我々の肉体の活動ができなくなるような最低限必要とされる食糧を獲得するという差し迫った必要のみによって行動する場合には、その行為の悪意的性格の大部分が失われる。飢餓の激しい苦痛と、本件のような願望、即ち、自分の養っている幼子をその苦痛から免れさせようとする母親にとっては当然ともいえる願望とが結びつく場合には、悪意的意図はよりいっそう軽減される。従って、自由でかつ故意による犯罪にみられる悪意的心情のあらゆる特徴は、Ménard 婦人によってなされた行為にはみいだされない。また、彼女は、将来就くことができるであろう最初の仕事によりパン屋 P に弁償することを申し出ている。かくして、彼女の訴追を終了させるべきである。」

これに対して、Ménard 事件の第二審である、Amiens 控訴院1898年4月22日判決[16]は、犯罪的意図の不存在という第一審判決とは異なる理由づけにより、被告人無罪の結論を維持した。

> 「事件の例外的状況から、Ménard 婦人が咎められるべき行為を行った時点で、悪意的意図が存在したと断定することはできない。疑わしきは被告人

---

15 Trib. Château-Tierry, 4 mars 1898, S.1899.2.1, D.1899.2.329.
16 Amiens, 22 avr. 1898, S.1899.2.1, D.1899.2.329.

の利益に帰せられねばならない。第一審判事の理由付けは採用しないが、控訴された原審判決を維持する。」

　緊急避難の正当化事由としての承認は、1950年代半ばまで待たなければならなかった。
　不衛生なバラックに妻子とともに居住していた被告人が建築許可の下りる前に住居の建築に着手したという事案で、Colmar 軽罪裁判所1956年4月27日判決[17]は、緊急避難による正当化を認めた。

　　「Grandidier が建築を企図したのは、彼が家族をしかるべき健康的な形で居住させるという絶対的必要性に迫られたためと解される。この緊急状態は、正当化事由を構成する。このため、被告人は、法規に従わなかったことについて非難されえないのである。かくして、彼が咎められる犯罪について、彼に無罪を宣告しなければならない。」

　この判決以降、下級審では緊急避難を正当化事由として位置づけるものが散見されるようになる。
　例えば、Colmar 控訴院1957年12月6日判決[18]では、格調高い表現で緊急避難について次のように述べられている。

　　「緊急避難の承認は、法の基礎の一つである。当初の法文尊重主義から解放され、進化した法律文明は全て、法律においてであれ、学説及び判例においてであれ、緊急避難を承認している。緊急状態または緊急現象を特徴づけるもの、それはより高い利益を保全するために、刑罰法規により禁じられた行為を実行するしか手段をもたない者が置かれる状況である。」

　破毀院によって緊急避難が正当化事由として承認されたのは、破毀院刑事部1958年6月25日判決[19]においてである。

17　Trib. Colmar, 27 avr. 1956, S.1956.1.165, D.1956.500, JCP.1957.II.10041., Gaz.Pal.1956.2.64.
18　Colmar, 6 déc. 1957, D.1958.357.
19　Crim., 25 juin 1958, D.1958.693, JCP.1959.II.10941, RSC.1959.111.

事案は、次のようなものであった。

　被告人 Lesage は、1956年1月16日、国道165号線を約80km/h で走行していた。理由は不明だが、車のドアが突然開き、同乗していた妻と子供が路上に投げ出された。被告人は、右手で妻子を引き止めようとし、左手だけでハンドルを握り、妻子を轢かないように左に大きくハンドルを切った。その結果、彼の車は道路を横向きに塞ぎ、80km/h で反対向きに走行中であった Goff 運転の車の前に立ちはだかった。2台の車は衝突し、Goff 夫妻及び Lesage の同乗者 Hudhomme が重傷を負った。

　破毀院は、故意によらない傷害につき、緊急避難の成立を肯定し被告人を無罪とした原審判決を破棄、差し戻した。

「控訴審判事は、次の点を示すべきであった。まず、被告人によってなされた操作が彼が恐れた事故を唯一回避できるものであったこと、即ち、第三者にとってより危険性の小さい操作が他に存在しなかったこと、次に、この操作がない場合に彼の妻子が晒される傷害の仮定的な危険が、この操作によって Goff 夫妻及び自車の同乗者が晒された確実かつ重大な危難よりも恐るべき結果をもたらしうるものであったこと、最後に、ひとりでに開くかまたは妻子の誤操作で開くおそれのあるドアのついた車において、被告人のそばに妻子を座らせることによって、被告人自身がこのいわゆる緊急状態を創出したのではないこと、以上について示す必要があったのである。」

　学説も、判例の流れに呼応ないしそれに先んじて、緊急避難を客観的不処罰事由と捉えるようになり、現在では、社会的有益性に基づく正当化事由と捉える見解が多数を占めている[20]。

　以上の経過の後、現行刑法の制定に伴い、緊急避難規定が創設されることになる。

現行刑法122-7条「自己、他人または財産を脅かす現在または急迫の危険に直面して、その人またはその財産の保護に必要な行為を行う者は、刑事責任を負わない。但し、用いられた手段と脅威の重大性との間に不均衡がある場

20　緊急避難の不処罰根拠をめぐる学説の動向について、井上・前掲注（4）35頁以下参照。

合はこの限りでない」。

2　近時の動向

現在でも、緊急避難のもつ社会的有益性をその不処罰根拠とするのが一般的[21]であるが、近時では、その際、正当防衛との類似性ないし共通性を強調する立場もみられる。

正当防衛と緊急避難に共通の緊急行為性に着目するこの論者は、「客観的不処罰事由の最も典型的な範例であるという点に異論のない正当防衛と、緊急避難を非常に強い関係が結びつけている以上、緊急避難を正当化事由に位置づけることは、論理的であった。旧刑法典も（旧刑法328条）現行刑法典も（刑法122-5条）、防衛行為が『緊急によって要請される』と規定することで、明らかにこれを肯定している」とし、「実際、正当防衛は、緊急避難の『娘』であるといわなければならない。そして、優れた立法技術は、まず第一に、原則的解決、即ち、緊急犯罪の不処罰を明確に示し、次に、正当防衛のような個別事例にそれを適用することを要請したのである」と述べている[22]。

三　フランスにおける緊急避難の成立要件

1　歴史的経緯

緊急避難が明文化される以前、緊急避難の成立要件は、上述の判例等によって練り上げられていった[23]。

上記破毀院1958年判決では、①当該行為が危難を唯一回避できるものであった

21　BOULOC, Bernard, Droit pénal général, 24ᵉ éd., 2015, pp.358-359; CANIN, Patrick, Droit pénal général, 7ᵉ éd., 2015, p.89; LARGUIER, Jean, CONTE, Philippe, MAISTRE du CHAMBON, Patrick, Droit pénal général, 22ᵉ éd., 2014 p.70 etc.
22　MASCALA,Corine, Faits justificatifs, État de nécessité, Pénal Code Art.122-7, fasc.20, Juris-Classeur Pénal, 2013, n°14. 他方で、MASCALAは、正当防衛と緊急避難の相違点として、正当防衛の場合、危険の主体が特定され、この者が反撃行為から生じる損害を被るという意味で、「個別化される」攻撃によって具象化されるのに対して、緊急避難の場合、危難は非人称的で匿名性をもち、ここでの被害者は無関係の第三者であるとする（MASCALA, op.cit., n° 20）。なお、被害者が危険主体である場合に緊急避難の成立を肯定した、破毀院刑事部1986年7月16日判決（Crim., 16 juillet 1986, D.1988.390）参照。
23　現行刑法典施行以前の緊急避難の成立要件をめぐる問題状況について、井上・前掲注（4）43頁以下参照。

こと、②避難行為を行わない場合の危険が、避難行為によって生じる危難よりも重大であること、③被告人自らが緊急状態を創出していないことが挙げられていた。

現行刑法122-7条が掲げる成立要件は、①自己、他人または財産を脅かす現在または急迫の危険があること、②その人またはその財産を保護するために犯罪を犯す必要性があること、③用いられた手段と脅威の重大性との間に不均衡がないことである。

立法理由によれば、現行の緊急避難規定は既に判例によって確立されたものを明文化したにすぎないとされている[24]。しかし、判例によって提示された成立要件と現行刑法典の緊急避難規定が挙げる成立要件の間には、先行過失の不存在を要件とするか否か、法益同価値の場合を含めるか否か等の相違点がある[25]。

緊急避難の成立要件につき、学説は一般に、緊急状況に関する要件として、危難の現在性、急迫性、避難行為に関する要件として、避難行為の必要性、保全利益と侵害利益の均衡性を挙げている[26]。

現行刑法で緊急避難規定が制定される以前、特に激しい争いがあったのは、先行過失の不存在を要件とするか否かと、法益同価値の場合に緊急避難の成立を肯定するか否かの二点である。

前者については、判例が上述のように先行過失の不存在を要件とするのに対して、学説の圧倒的多数は、「擬律は、行為時に行われなければならない」という刑法上の大原則に抵触すること、単なる軽率の責めを負うにすぎない者に対して故意犯を成立させてしまうこと等を理由に、これを不要とした[27]。この点、現行刑法で緊急避難規定が導入された際に、先行過失の不存在が要件化されなかったこともあって、不要説[28]が立法論上の根拠も加えて主張されるようになった一方、判例[29]は現行刑法施行後も先行過失の不存在を要件として維持し続けた[30]。

---

24 Circulaire du 13 mai 1994参照。
25 破毀院1958年判決と現行緊急避難規定との対比について、井上・前掲注（4）50頁参照。
26 学説における緊急避難の成立要件について、井上・前掲注（4）43頁以下参照。
27 先行過失の不存在をめぐる議論状況について、井上・前掲注（4）44頁以下参照。
28 近時において、先行過失の不存在の要件を不要とするものとして、KOLB, Patrick, Cours de droit pénal général, 1re éd., 2015, p.254; KOLB, Patrick, LETURMY, Laurence, Droit pénal général, 10e éd., 2015, p.104; LARGUIER=CONTE=MAISTRE du CHAMBON, op. cit.(note 21), p.69; PRADEL, Jean, Droit pénal général, 20e éd., 2014, pp.329-330等がある。
29 破毀院刑事部1999年9月22日判決（Crim., 22 sept. 1999, B. n°193）。
30 緊急避難規定導入後の先行過失の不存在要件をめぐる議論状況について、井上・前掲注（4）50頁以下参照。

後者については、緊急避難の不処罰根拠を社会的有益性と解しつつ、法益同価値の場合をいかに説明するかが焦点となった。この点、法益同価値の場合には、もはや緊急避難行為は社会的に有益ではないとして緊急避難の成立を否定する見解は少数にとどまり、多数説は、法益同価値の場合も、社会はこれを処罰する利益をもたず、当該緊急避難行為は社会的に無害であると解して、緊急避難の成立を肯定した[31]。ちなみに、現行緊急避難規定は、「用いられた手段と脅威の重大性との間に不均衡がないこと」としており、若干の曖昧さは残るものの、文言上、法益同価値の場合を排除するものではないようにみえる[32]。

2 近時の動向
(1) 判 例
(a) 否定判例　　緊急状況に関する要件である危難は、現実のものでなければならず、いわゆる誤想避難は緊急避難となりえない。破毀院刑事部2012年3月14日判決[33]では、子どもに対する父親による暴力が想定されるとして、父親への子供の引き渡しを拒否した母親が子の引き渡し拒否罪に問われた事案で、父親の暴力については何ら証明されていないとして、緊急避難の主張が斥けられている。

危難は現在性ないし急迫性を有している必要がある。この点、大幅な速度超過により交通事故を起こした自動車運転者が、自己を追跡してくる車から逃れるために全速力で走行したと主張した点につき、破毀院刑事部2012年6月26日判決[34]は、事故の時点では、追跡車両はもはや視界から消えていたのであって、このことは真の危難の不存在を意味すると判示して、緊急避難の成立を否定した。

また、Nouméaの行刑センターから脱走を試みた被告人が、欧州人権条約に反する劣悪な拘禁環境に晒されているとして、自己の行為を正当化するため緊急避難を主張したところ、破毀院刑事部2012年6月6日判決[35]は、被告人が実際には

31　法益同価値の場合の緊急避難の成否をめぐる議論状況について、井上・前掲注（4）46頁以下。
32　現行緊急避難規定における衡量要件について、井上・前掲注（4）49頁参照。近時において、法益同価値の場合に緊急避難の成立を肯定するものとして、BOULOC, op. cit.(note 21), p.359; JACOPIN, Sylvain, Droit pénal général, 3ᵉ éd., 2015, p.368; KOLB, op.cit.(note 28), p.256; LARGUIER=CONTE=MAISTRE du CHAMBON, op. cit.(note 21), p.70; PRADEL, op. cit. (note 28), p.331等がある。
33　Crim., 14 mars 2012, n° 11-85.421, Dr. pén. 2012, comm. 82.
34　Crim., 26 juin 2012, n° 11-85.919.
35　Crim., 6 juin 2012, n° 11-86.586.

いかなる現在または急迫する危難にも晒されていないことが調査によって示されており、被告人が緊急避難による恩恵を受けることはできないと判示した。

(b) 肯定判例　避難行為において、用いられた手段と脅威の重大性は均衡していなければならない。この点、フランス国鉄の監視員が車両内で自らの連れている犬に噛みついた口輪の外れた犬を武器で殺害した事案で、破毀院刑事部2011年3月8日判決[36]は、「自らの動物に急迫した現在の危難に直面して、被告人はやむなく行動したのであり、その反応は、被害動物によって創出された危険に比して相当である」として、動物殺害罪（刑法R.655-1条）につき、緊急避難の成立を肯定した[37]。

同様に、破毀院刑事部2011年4月5日判決[38]は、吠えまくる複数の犬が自分のおとり用の鴨を殺しに行くのを防ぐため、猟師がこれを立ち去らせようとして空砲を撃った後、この犬に向けて発砲した場合に緊急避難を成立させた。

（2）学　説

近時、先行過失の不存在を緊急避難の要件とすべきとする見解が展開されている。例えば、ある論者によれば、心理的・精神的所与は状況の客観的内包に条件付けられる以上、客観的不処罰事由の検討に際し、心理的・精神的所与の顧慮が禁じられるわけではないとされ、行為者の先行過失が緊急避難の成立の妨げとなるということは、挑発防衛に際し正当防衛の成立を否定し、過度の熱意（excès de zèle）と結びついた行為者の罪過（faute）に際し法律の命令による正当化を否定し、また、明らかに違法な命令の実行が正当な官権の指令として正当化されないとする解決と軌を一にするにすぎないとされる。その上で、この論者は、刑法122-7条が先行過失の不存在の要件を盛り込まなかったのは確かであるとしても、「良識が要請する反論が提起されないのであろうか。即ち、自らの過失によって、決定的な形で、危険な状況の創出に寄与した者に不処罰が保障されるならば、注意の弛緩及び最も恐れるべき濫用を助長する危険はないのか。逮捕を逃

36　Crim., 8 mars 2011, n° 10-82.078, Dr. pén. 2011, comm. 75.
37　もっとも、刑法R.655-1条の動物殺害罪は、「必要なく（sans nécessité）」行う殺害のみを処罰対象としており、緊急状態で行われる場合は、そもそも同条に該当しないことになる。
38　Crim., 5 avril 2011, Dr. pén. 2011, comm. 92. その他、下級審判例として、3歳半の子供の精神的バランスを脅かす、現在かつ急迫する危難の存在を示す精神鑑定結果は、子供の引き渡し拒否罪を正当化しうると判示した、Colmar控訴院2014年6月8日判決（Colmar, 8 juin 2014, AJ Pénal 2014, p.416）がある。

れるため、制圧しようとする被害者または証人に暴行を加えた被現行犯逮捕者が正当化される日が近いうちに訪れるのではないか」と述べている[39]。また、別の論者は、「刑法122-7条は過失の不存在を援用しておらず、学説は分かれていた。しかしながら、過失の不存在が必要であるように思われる。というのも、行為者が自らこの状況に身を置いた場合に、真に、現在ないし急迫した危難について語ることはできないであろう。さらには、緊急犯罪の不処罰根拠が、行為者が過失なく犯罪の実行を余儀なくされたことを要請している」としている[40]。

他方、法益同価値の場合に緊急避難の成立を否定する主張もある。即ち、「我々にとって、『社会的に有益な』行為の概念は、二つの害悪の間で、共同体の最大の利益のために最小のものを選択することができた者の不処罰を説明するのには非常に納得のいくもののように思われるとしても、『社会的に無害な』行為の概念は、我々には疑わしくみえる。他者の生命が保護されるからといって、熟慮の上、ある者に死をもたらすことが『無害』といわれるのであろうか。重大な危険を回避するために、処罰されることなく、死亡事故を起こしうるといわれるのであろうか。このようなことを認めるわけにはいかないであろう」とされている[41]。

四　結びに代えて

以上、フランスにおける緊急避難論について、歴史的経緯をみた上で、主として直近の状況を概観した。

そこからはまず、緊急避難規定の創設前後で議論状況は大幅に変わることはなく、連続性・継続性が維持されているのがみて取れる。逆にいえば、現行刑法による緊急避難の明文化には、概念の明確化を図るという意味で、それなりの利点

39　MASCALA, op. cit.(note 22), n°s 38-40.
40　BOULOC, op. cit.(note 21), p.360. なお、MAYAUD, Yves, Droit pénal général, 5e éd., 2015, p.511も「当該犯罪の実行時に評価すべきこの運命性（fatalité）は、当事者自らに帰責される行動の結果であってはならない」とする。また、BOULOC, Bernard, MATSOPOULOU, Haritini, Droit pénal général et procédure pénale, 19e éd., 2014, p.140も、先行過失の不存在を緊急避難の成立要件として挙げる。
41　これに関連して、PIN, Xavier, Droit pénal général, 7e éd., 2016, p.225では、法文が規定しているのは、用いられた手段と脅威の重大性の均衡であって、衝突する利益の均衡性ではないとされ、利益が同価値の場合、判事にはこれを序列化する権能がない以上、この法文は理解できると述べられている。

はあったとしても、個々の要件解釈において、緊急避難規定による立法的解決は、十分な効果を発揮しえなかったということでもある。

上述のように、先行過失の不存在の要件を現行の緊急避難規定は導入しなかったにもかかわらず、判例はその後も必要説を維持し、学説の中にも敢えてここへ来て必要説を唱える論者が出現している現状は、まさにこのことを如実に示している。必要説の主張は、おそらく、緊急避難規定導入後も判例が必要説に立っていることに影響されたためであろう。

同様に、法益同価値における緊急避難の成否についても、法文上、これを排除する趣旨は看取されえないはずであるが、依然、法益同価値の場合の緊急避難否定説が唱えられている。

法益同価値の場合に緊急避難を否定することは、緊急避難規定が明文化された今日においては罪刑法定主義上の疑義を生じさせることになる。被告人に有利な規定の射程を明文によらずして狭めることは、処罰規定の類推的拡大と同様、罪刑法定主義違反である[42]。この点は、日本の緊急避難論にも当てはまることであり、法益同価値の場合を刑法37条の適用外とすることは厳に慎むべきである[43]。ちなみに、先行過失の不存在を緊急避難の成立要件に含める場合にも、これを明文化していない現行規定の下では、同様の問題が起こりうる。

法益同価値の場合に緊急避難を否定する主張は、刑法122-7条の不処罰範囲を縮減するため、罪刑法定主義上許されないが、この論者による、「他者の生命が保護されるからといって、熟慮の上、ある者に死をもたらすことが『無害』といわれるのであろうか」との指摘は、危難を転嫁される第三者の保護を考える上では重要である。

この指摘は、緊急避難に違法阻却の効果を広く認める、日本の通説である違法阻却一元説や違法阻却中心の二分説等にも妥当するものといえる。緊急避難の法的性質をめぐる議論が意識すべき最も重要な点は、刑法37条が保障する不処罰範囲を縮減することなく、いかに危難を転嫁される第三者を保護するかであろう[44]。

最後に、民事上の問題についても触れておく[45]。フランスでは、正当防衛の場

---

42 井上宜裕「罪刑法定主義の意義と処罰の必要性」清和法学研究17巻2号(2010年)73頁以下参照。
43 山口厚『刑法総論〔第3版〕』(有斐閣、2016年)148-149頁。井田良『講義刑法学・総論』(有斐閣、2008年)302-303頁も参照。
44 井上・前掲注(4)66頁以下。

合と異なり、緊急避難の場合は、何らかの形で被害者の保護を図るべきという点で見解の一致をみており、その際、緊急避難行為者に罪過はなく、一般的な不法行為責任は追求しえないという点もほぼ争いはない[46]。現在、比較的多数を占めているのは、不当利得の問題として処理する見解[47]であるが、近時では、より端的に、犯罪被害者補償制度（刑事訴訟法706-3条以下）によるべきとの主張[48]もみられる[49]。

　日本でこの点は、民法720条との関連で問題とされるが、そもそも緊急行為者に不法行為責任を問いうるのかどうかについて、改めて検討してみる余地もあるように思われる。その意味では、緊急避難論において、被害者の保護を図りつつ、違法の統一性を確保する方策を不法行為論以外の領域で模索するのも一つであろう[50]。

45　井上・前掲注（4）58頁以下参照。
46　BENILLOUCHE, Milaël, Droit pénal général, 2015, p.224; BOULOC=MATSOPOULOU, op. cit. (note 40), pp.140-141; CANIN, op. cit.(note 21), p.90; JACOPIN, op. cit.(note 32), p.377; KOLB, op. cit.(note 28), p.257; PIN, op. cit.(note 41), p.226; LARGUIER=CONTE=MAISTRE du CHAMBON, op. cit.(note 21), p.71; PRADEL, op. cit.(note 28), p.332; VICENTINI, Jean-Philippe, CLÉMENT, Gérard, DUBOST, Frédérique, CLÉMENT, Béatrice, Fiches de droit pénal général, 5ᵉ éd., 2015, p.192 etc.
47　BOULOC=MATSOPOULOU, op. cit.(note 40), p.141; PIN, op. cit.(note 41), p.226 etc. なお、PRADEL, op. cit.(note 28), p.332は、不当利得と並んで、事務管理も挙げる。
48　MASCALA, op. cit.(note 22), n° 63. MASCALA は、犯罪被害者補償制度について、「共同体の連帯の観念に着想をえたこの補償は、『緊急』犯罪の不処罰に割り当てられうる根拠と完全に符合する。というのも、その根拠の中核は、まさに、結局のところ、なされた行為が社会的有益性を示しているという点にあるからである。社会が最終的により大きな害悪の回避を可能にしたこの行為を処罰する必要はないが、社会はこの活動の恩恵を受けている以上、社会がたまたま被害者となった者に生じえた損害を補償する任を負うのは当然である」（MASCALA, op. cit. (note 22), n° 64）とする。
49　場合によっては、民法1384条1項の物から生じる賠償責任、または、交通事故被害者の状況の改善及び賠償手続の迅速化のための1985年7月5日の法律第85-677号に基づく賠償責任が発生する余地はある。CANIN, op. cit.(note 21), p.90; LARGUIER=CONTE=MAISTRE du CHAMBON, op. cit.(note 21), p.71参照。
50　井上・前掲注（4）67頁以下。なお、PIN, op. cit.(note 41), p.226は、正当防衛における攻撃者とは異なり、緊急避難の被害者は完全に無辜の者であり、避難行為者は被害者が受けた損害を民事上補償する義務を負うとした上で、次のように述べている。即ち、「この補償の根拠については争いがある。民事責任というのは満足がいくものではない。というのも、ある行為が刑事では正当化される一方で、民事では違法行為とされる訳にはいかないからである。これは、同じ行為が法に反し、また同時に、法に反しないということである。不当利得の概念は、より適合的と思われる。いずれにしても、この解決は、さまざまな正当化事由間に存在する制度の統一性にそれほど影響しない」と。

加虐的行為事例における承諾と危険引受け

塩 谷 毅

一　はじめに
二　SMプレイ事件判決
三　検　討
四　おわりに

一　はじめに

　傷害に対して、被害者の承諾はどの範囲で犯罪（違法性）を阻却する効果を持つのであろうか。これが、殺人に対する被害者の承諾の場合ならば、我が国では刑法202条（自殺関与・同意殺人罪）の規定が存在するので、生命処分は被害者の完全な自由でないということが立法上明白である。しかし、傷害に対する被害者の承諾の場合には、我が国では手がかりとなる規定が存在しないので、承諾の犯罪（違法性）阻却効果が認められる範囲は解釈にゆだねられている。

　この点、我が国における学説状況は以下のようになっている。まず、傷害に対する個人の処分権を無制限に認めて、同意傷害はそれが被害者の自由な意思に基づくものであるならばどのような場合にも完全に犯罪が阻却されるとする見解がある[1]。我が国では同意傷害罪という特別な構成要件がないので、そのような見解も解釈論上可能であるが、傷害に対する承諾に一定の範囲で制限を設けようとする考え方の方が一般的である。すなわち、「結果無価値」を重視する論者は、「傷害の程度（重さ）」に着目して、身体法益に対する被害者の処分は原則として認められるが、それが「生命に危険なほどの重大な傷害」の場合には処分権が制限されるとしたり[2]、あるいは、端的に「重大な傷害」の場合には処分権が制限

---

[1]　斉藤誠二『刑法講義各論（新訂版）』（1979）175頁、浅田和茂『刑法総論（補正版）』（2007）206頁、深町晋也「被害者の同意」西田典之・山口厚・佐伯仁志編『注釈刑法（第1巻）』（2010）364頁。

されるとする[3]。これに対して、「行為無価値」を重視する論者は、被害者の処分権の限界として「行為目的」や「行為態様」を重視し、「行為の社会的相当性」によって限界を設定しようとしている[4]。「行為の社会的相当性」を重視する見解は、暴力団の指つめや犯罪目的（保険金詐取目的など）の同意傷害のような場合に、傷害の程度が生命に危険なほど重大な傷害あるいは端的に重大な傷害とまではいえない場合になお被害者の承諾の違法性阻却効果を否定し、傷害罪成立を肯定しようとする点に独自の意義を持っている。

これに対して、ドイツでは、ドイツ刑法228条（同意傷害罪）という独自の構成要件が存在する[5]。それ故、1970年対案のように、何の制限も設けず同意傷害をすべて不可罰にしようという見解は立法論である。解釈論としては傷害への承諾に「善良な風俗」という概念による制限があるのは不可避であり、学説は、傷害罪における承諾の限界として同意傷害罪規定にいうところの「良俗違反性」の具体的な中身の探求に向かっている。それは、我が国と同様、「行為目的など行為の反倫理性」を重視する論者[6]と「傷害の重大性」を重視する論者[7]にほぼ大別できる。

2 　平野龍一『刑法総論Ⅱ』（1975）254頁、西田典之『刑法総論（第2版）』（2010）189頁、山口厚『刑法総論（第2版）』（2007）163頁、松宮孝明『刑法総論講義（第4版）』（2009）126頁、曽根威彦『刑法各論（第5版）』（2012）18頁、大谷實『刑法講義総論（新版第4版）』（2012）254頁、高橋則夫『刑法総論（第2版）』（2013）313頁。
3 　内藤謙『刑法講義総論（中）』（1986）588頁、山中敬一『刑法総論（第3版）』（2015）211頁、井田良『講義刑法学・総論』（2008）322頁、松原芳博『刑法総論』（2013）127頁。
4 　木村亀二『刑法総論』（1959）285頁、大塚仁『刑法総論（第4版）』（2008）421頁、福田平『全訂刑法総論（第5版）』（2011）181頁。
5 　ドイツ刑法228条は、以下のような規定である。「行為が、同意にもかかわらず善良な風俗に違反する場合には、被害者の同意に基づく傷害は違法である。」
6 　例えば、ベルツは、行為の良俗違反性は、「行為者の動機と行為でもって追求された目的」によって決定されるとする。ただし、SM事例について、「関与者の相互の合意があり、公然と行われたものでなく、未成年者への性的暴行でなく、持続的な身体傷害がなければ、アブノーマルな性欲満足のための傷害行為は、良俗違反ではあるが当罰的でない。それは、立法論的には不可罰にすべきである。なぜならその場合には関与者の個人的な利益にのみ関係しているからである」としている。Ulrich Berz, Die Bedeutung der Sittenwidrichkeit für die rechtfertigende Einwilligung, GA 1969, S.146f.
7 　例えば、ヒルシュは「重大な傷害」かどうかを承諾の違法性阻却効果の判断基準に掲げている。故意の殺人の場合には、同意による正当化は全く排除されるが、身体傷害の場合には、侵害の程度は様々であり得るのであり不可罰の領域も存在し、身体の完全性の中核領域への侵害だけを「タブー視」する必要があるので、それ以外ならば同意によって身体傷害は不可罰になりうるとしている。Hans Joachim Hirsch, Einwilligung und Selbstbestimmung, in Welzel-FS, 1974, S.775ff., S.797.

それでは、裁判実務において同意傷害はどのように扱われているのであろうか[8]。この点、我が国では、少なくとも文言上は「社会的相当性」や「行為目的」の観点を重視して、多くの裁判例において傷害における承諾の制限がはかられている[9]。ドイツの判例も、かつてはそのような立場に立っていた。例えば、SM行為に対する戦前のライヒ裁判所判決において、軽微な傷害を負わせただけであるにもかかわらず、行為は良俗違反であると判断されていた[10]。ところが、かつては「反倫理的」という意味での「良俗違反」の典型と考えられていたSM事例は、1943年以降50年以上の長きにわたって1件も処罰されない状況が続いており[11]、学説においても、性的行為の多様性と寛容性の観点からSM行為は明確に良俗違反であるとはいえないとする評価が有力になってきていた。そのような状況の中で、近年、この分野において注目すべき連邦裁判所判決が現れた。すなわち、「SMプレイ事件」は、被害者の承諾を得て行われたSM行為によって被害者を死亡させてしまった事案であるが、連邦裁判所は「法益侵害の重大さ、とりわけ死の具体的な危険」という観点から良俗違反性を判断し、それまでの「反倫理性」の観点からの判断に対して明白な方向転換を行ったのである[12]。学説においても、この事件を契機に同意傷害の問題に関する議論が活発になっている。そこで、本稿では、この事件を中心にして、加虐的行為事例における承諾と危険引受けの問題を検討することにする。

二　SMプレイ事件判決（BGH Urteil vom 26.5.2004.）[13]

1　事案の概要

　被害者は、アブノーマルな性交、とりわけいわゆる「緊縛プレイ」に強い関心

---

[8]　日独の同意傷害における判例の状況について、塩谷毅『被害者の承諾と自己答責性』（2004）126頁以下を参照。
[9]　同意傷害に関する最高裁決定として有名な「保険金詐取目的による同意傷害事件」（最決昭和55・11・13刑集34巻6号396頁）など。
[10]　RGJW 1928, 2229.
[11]　Harald Niedermair, Körperverletzung mit Einwilligung und die Guten Sitten, 1999, S184.
[12]　たとえば、ロクシンは、SMプレイ事件判決は、BGH判決として初めて明らかにそれまでのRGの見解（SM行為は良俗違反で可罰的である）を変更したものであるとしている。Claus Roxin, Strafrecht AT, Bd1, 4.Aufl.2006., S.567.（Rn.65, 66.）
[13]　BGHSt 49, 166. 本判決の紹介として、鈴木彰雄「ドイツ刑事判例研究（2）同意傷害の反良俗性」名城ロースクール・レビュー2号（2005）155頁以下。

を持っていた。被告人は、過去において、被害者に性的興奮作用をもたらす一時的な酸欠を引き起こすために、ロープやザイルで彼女の首を絞めたことがあった。

その後、しばらくの間、そのような緊縛プレイは行われなかった。なぜなら、被告人がそのような行為の安全性を疑ったからである。被害者は本件行為が行われた日に被告人に対して新たに緊縛プレイを行うことを要求し、そのために必要な道具（縄、木片、並びに金属パイプ）を自分自身で準備した。被告人は最初抵抗していたが、その後彼女の望みに応じた。被告人は行為の安全性を疑ったが、被害者は彼の疑念を吹き払い、従来使用していた縄の代わりにこの日は金属パイプを使用することを要求した。

被告人は、最初、首締めのために木片を使っていたが、その後彼女の望みに応じて金属パイプを使用した。その際、彼は、金属パイプの使用は危険であるということを認識していたが、彼女によってその使用を説得された。被害者は窒息死したが、被告人は被害者が死ぬことはないと信頼していた。彼の能力と個人的な認識によれば、彼は行為の危険性を認識し、与えられた注意義務の要求を満たすべきであった。

間隔を置いて数回、少なくとも3分間、彼は金属パイプで彼女の首を圧迫し続けた。それによって被害者の脳への血液供給が妨げられ、酸欠によって心拍停止、そして被害者の死が引き起こされた。

地裁は、被告人の（未必の）殺意を証明できなかった。確かに彼は加虐的行為の危険性を認識していたが、しかし、死は発生しないと真剣に信じていたからである。地裁は傷害致死罪も否定した。なぜなら、被告人の行為は良俗違反でなく、彼は被害者の有効な同意でもって傷害行為を実行したからである。それ故、被告人の行為は過失致死罪に該当すると評価され、1年10ヶ月の自由刑が言い渡された。

2　判　旨
（1）正犯性について

被告人は正犯である。なぜなら、死を導く事象について被告人が行為支配を持っているからである。確かに、被害者が被告人に指示を出していたし、行為の危険性について被告人の疑念をたびたび吹き払うことによって被害者が事象経過

を被告人とともに制御していたといえるが、そのことは被告人が正犯であるということと矛盾しない。それ故、本件の事象は、「自己答責的な自傷または自殺」への共犯と評価されるべきでなく、正犯的になされた合意による他者危殆化と評価されるべきである。

（2）同意について

しかし、地裁の見解に反して、被告人の行為は被害者の同意によって正当化することはできない。

（a）ドイツ刑法228条によれば、被害者の同意によってなされた傷害は、行為が同意にもかかわらず善良な風俗に反している場合に違法になる。国家的な刑罰の予測可能性の要求を満たすために、善良な風俗の概念は倫理的なカテゴリーではなく法的な中核領域にのみ限定されなければならない。法的基準によって良俗違反性が明確に確定され得ないならば、傷害罪による有罪判決は排除される。

行為の良俗違反性の判断においてどのような基準を考慮すべきかについては争いがある。とりわけ、行為を法益侵害の態様と範囲によってのみ考慮すべきかどうかということと、行為によって追求された目的を考慮すべきかどうかについては争われている。ライヒ裁判所にまで遡る古い判例や一部の学説によれば、行為者の行為目的や動機は重要なものとして判断の中に取り込まれ、「不純な」すなわち倫理的に非難されるべき目的が重要とされている。このような考え方は、不明確な限界を導くと批判されている。

近時の判例や有力説によれば、発生した傷害の範囲と傷害と結びついた生命の危険の程度を考慮して、構成要件的な法益侵害の特別な重さのために、被害者の同意にもかかわらず傷害が法秩序によって受け入れられうるかどうかが、行為の良俗違反性にとって決定的である。良俗違反性の判断にとって、傷害結果の態様と重さ及びあり得る生命の危険の程度に照準が合わせられるべきである。なぜなら、被害者の処分の自由への国家の一般予防的な干渉は、ドイツ刑法226条において規定された重傷害の場合においてのみ正当と認められるべきだからである。この見解によれば、行為によって追求された目的は、良俗違反性判断にとっては例外的にのみ意味を持つにすぎなくなる。すなわち、当該傷害はそれだけでは良俗違反的と評価されるべきであるが、そのような消極的な評価が積極的な目的によって相殺されるといえる場合にのみ例外的に意味を持つにすぎないのである。例えば生命維持目的で行われた医師による治療侵襲のように、積極的に相殺する

目的が設定される場合には重傷害であっても被害者の自由な処分が許されるのである。

(b) 被告人の行為は特別な性的動機のみによって善良な風俗に違反しているとは評価され得ない。

SM行為ではみだらな目的が追求され、行為は善良な風俗に違反するというライヒ裁判所の見解は、変化したモラルの考え方によってすでに時代遅れのものになった。今日の国民の一般的な見解によればSM行為について明確な良俗違反性は確定され得ない。その上、刑法各則第13章の表題を「風俗に対する罪」から「性的自己決定に対する罪」に取り替えた1973年11月23日の第4次刑法改正の評価と、ライヒ裁判所の見解は矛盾する。

身体傷害のある一定の程度もしくはあり得る生命の危険によって同意が原則的に正当化の効果を持たないかどうかについて、当刑事部は脅かされた法益侵害の程度もしくは重さが基準になると考える。それは「事前的に」なされる評価によって決められる。当刑事部は、どのような侵害の強さが良俗違反と考えられるかということと、どのような要件の下で行為目的が行為の評価の中に取り込まれるかということを未解決なままにしておくことができる。いずれにせよ、良俗違反性の限界は、本件のように傷害行為によって被害者に具体的な死の危険がもたらされた場合には超えられる。ドイツ刑法216条は殺害もしくは傷害に対する同意の正当化効果を限界づける。なぜなら、法はこのような法益を維持する社会的な利益を追求しているからである。自殺や自傷という形態における被害者自身による侵害は確かに不可罰である。しかし、公共の利益という観点から、自己の身体的完全性もしくは生命という法益についての処分可能性は限界づけられるのである。第三者による侵害に対する身体の完全性及び生命法益の保護については、法秩序にとって許容可能な範囲においてのみ個人の自由な処分が認められるのである。

本件において、被告人の行為は甘受されうる限界を超えていた。金属パイプによる少なくとも3分間を超える被害者の首締めは、被害者の具体的な生命の危険をもたらした。なぜなら、本件でなされたやり方では、生命の危険は、被告人にとって支配可能なものではなかったからである。このことは、検察官の上告に基づいて判決の破棄へと導く。

(3) 新たな公判のための指摘

(a) もし被告人を傷害致死罪によって有罪にしようとするならば、被告人の故意あるいは責任を阻却する錯誤を論じるべきである。被告人は、彼の態度から明らかなように、彼の行為の危険性を認識していた。本件では、正当化根拠の事実的要件についての錯誤として取り扱われるべきであるような、具体的な死の危険について被告人が錯誤していたということから出発することはできない。行われた傷害が良俗違反であるかどうかという評価についての錯誤が考えられる。行為の良俗違反性を間違って判断したり、無効な同意を有効であると考えたりした場合には禁止の錯誤になる。傷害の良俗違反性判断においては法的評価が問題になるので、被告人の錯誤はドイツ刑法17条によって判断されるべきであり、被害者の生命の高い危険性を考えれば、その錯誤は被告人にとって回避可能であったといえる。その点、被告人の表象についてより詳細な認定が要求されうる。

(b) 傷害致死罪による有罪判決を下そうとするならば、正当化は認められないとしても、事実上存在した同意によって減刑される可能性を考慮に入れなければならない。また、ドイツ刑法227条2項による傷害致死罪の「比較的重くない事態」を認めることも検討されなければならない。なぜなら、被害者は自身の決断の射程を完全に知って同意していたからである。

三　検　討

1　自己危殆化と他者危殆化の区別

連邦裁判所は、SMプレイ事件判決において、まず、自己危殆化への関与と合意による他者危殆化の区別から検討を始めている。そのような区別を行う意義は、私見によれば、以下の点にある。他者危殆化の場合は、行為者が結果発生を導く行為を直接行うので、まずもって彼に結果が帰属し、正犯性も存在すると一応推定される。これに対して、自己危殆化への関与の場合は、行為者の行為後に被害者行為が介入するので、生じた結果は被害者に帰属すると一応推定されるのであり、行為者への結果帰属は他者危殆化の場合に比べて疑わしくなる。最終的な行為者の可罰性は、決して両類型のどちらなのかということだけによって決まるわけではなく、被害者の自己答責性が最終的に決定するのであるが、結果帰属や正犯性の一応の推定に違いがある以上、議論の出発点としてこの両類型を区別

し、それを意識しておくことは必要なのである。

両者の限界基準について、本件では、「行為支配」の観点から合意による他者危殆化であるとされている。私見によれば、危険引受けの諸事例は、「結果発生への直近行為を行った者が被害者自身だったのかそれとも行為者だったのか」に従い、自己危殆化への関与と合意による他者危殆化の二つの類型に分けられる。すなわち、被害者の自手実行だったのかそれとも他手実行だったのかによる区別である。この基準からも、本件は被告人が被害者の首を絞めて殺害したのであるから他者危殆化の事案であるといえるのである。

2　被害者の自己答責性

自己危殆化への関与であれ、合意による他者危殆化であれ、行為者の最終的な可罰性は被害者の自己答責性によって決定される。被害者の自己答責性が認められるということは、事象における中心的な役割を担ったのは被害者自身であるということであり、それは被害者の広い意味での正犯的な自損行為が行われたということを意味している。その結果、行為者は被害者の自損行為に関与しただけであったのだと評価され、行為者には共犯的な処罰のみが問題になるのである。

私見によれば、被害者の自己答責性が認められるための要件としては、危険認識、自己答責能力、自己答責的態度の３つが必要である。①まず、主観的要件として、最終的には結果が発生しないだろうとその可能性を内心で打ち消したにせよ、その危険行為が特定の構成要件的結果に結びつきうることの表象がいったんは被害者にあって、なおそれでも任意に危険に接近していったという意味での危険認識が必要である（意識的な危険引受け）[14]。②つぎに、危険認識という要件の前提として、被害者が自己の法益に対する危険の判断に関して必要な自己答責能力が存在したことが第二の条件となる。③さらに、客観的要件として、被害者が単に成り行きに身を任せ行為者の手に自らを委ねたというのではなく、少なくとも行為者と同程度以上に結果発生に対して積極的な自己答責的態度を示したことが必要である。この点、自己危殆化への関与の場合には、結果発生に至る行為を直接自らの手で行ったということからこの要件は満たされる。これに対して、合意

14　たとえば、被害者は軽い傷害の危険は意識していても、死亡結果には全く思い至らなかったような場合には、死亡事故が発生したときに被害者は死という危険を引き受けていたとすることはできない。

による他者危殆化の場合には、直接結果発生に至る最終行為が行為者の手に委ねられていることから原則的に行為者の正犯性が推定されるので、この要件を認定するためには特別な事情が必要である。すなわち、事象全体において被害者の方がイニシアチブをとっていたことが明らかに示される場合でなければならず、具体的には、行為者が結果発生の危険を指摘し、自己の行為実行を控えるつもりであると被害者に説得していたにも関わらず、被害者が彼の行為の遂行をなお要求し駆り立てるような場合に、この要件が満たされるのである。

　このような観点から本件を見ると、まず、被害者の①危険認識についてはおそらく肯定することができるであろう。「首締めによる窒息」という行為について、被告人はその安全性に疑いを持って行為をためらっていたし、被害者自身も軽率にもその危険性を過小評価していたのであろうが、窒息してしびれてしまうほどの首締めであるから生命の危険があるような性質のものという認識はあったのだろうと思われる。また、被害者の②自己答責能力が疑われるような事情も本件においては特に存在しない。問題は③自己答責的態度が被害者に認められるか否かである。ここでは、本件において「被害者が被告人に指示を出していたし、行為の危険性について被告人の疑念をたびたび吹き払うことによって被害者が事象経過を被告人とともに制御していた」点が重要である。事案の詳細は必ずしも明らかではないが、「行為者が結果発生の危険を指摘し、自己の行為実行を控えるつもりであると被害者に説得していたにも関わらず、被害者が彼の行為の遂行をなお要求し駆り立てた」とも見ることができるからである。しかしながら、性的興奮を得るために、SM行為にやや消極的な被告人に対して被害者が指示を出したり、安全性への疑念を吹き払うような発言を被害者がしたというだけでは、未だ「事象全体において被害者の方がイニシアチブをとっていたことが明らかに示される場合」とまでは必ずしもいえないであろう。有名な「メーメル河事件判決 (RG Urteil vom 3.1.1923.)[15]」は、嵐で増水している川を乗客（被害者）の要求により小舟で渡河を試みた渡し守が舟を転覆させて乗客を死なせてしまった事案であるが、渡し守が悪天候における渡河の危険性を主張して渡河を控えたいと慎重に対応していたにもかかわらず、乗客が渡河を強く要求したという事情があった。そのような場合ならば、被害者の明確なイニシアチブがあったといえるが、

15　RGSt 57, 172.

本件の場合はそれほど明確な被害者の自己答責的態度までは認めがたいように思われる。

3　被害者の承諾と危険引受け

なお、被害者の承諾と危険引受けの関係はやや曖昧であるが、これは明確に区別しなければならないものである。法益の処分として構成要件該当性または違法性を阻却する被害者の承諾と、正犯性のみを否定する危険引受け（における被害者の自己答責性）はその要件も法的効果も異なっているので、注意しなければならない。危険引受けは、過失致死傷罪のような過失犯の領域において主に問題になるのであり、SM 事例における傷害致死罪のような結果的加重犯は、加重結果との関連において危険引受けが一部関連するものの、基本犯（故意犯）に対する被害者の承諾の方に力点があるのである。

危険引受けの問題状況において、被害者は「結果の発生そのもの」には納得しておらず、ただ「危険な行為を実行すること」のみを容認しているに過ぎない。結果の発生については、それに全く思いをはせていないか、あるいはせいぜい漠然とした危惧感の程度でその可能性はありうるとしか思わず、おそらく大丈夫だろうと考えて結果発生の可能性を最終的に心の内で打ち消していたのであって、結果が発生するのであればそれでもかまわないとまでは決して思っていない。本件においても、被害者は被告人に金属パイプによる首締めを依頼しているが、自身の死亡について「おそらく大丈夫だろうと考えて結果発生の可能性を最終的に心の内で打ち消して」依頼したと思われる。このような場合、死という最終結果は被害者の承諾によって正当化されることはないのである。その理由は、以下の三点にある。まず、第一に、承諾の対象は行為では足りず結果でなければならない。本件では、首締め行為に対する承諾は認められても、死という結果に対する承諾は認められない。すなわち、暴行・傷害に対する承諾までしか認められないのである。第二に、承諾によって被害者と法益との保護必要性という関係を断ち切るためには、単に被害者が結果発生を認識・予見しただけでは足りず、承諾の心理的内容としても、被害者が結果発生を「意欲するか、少なくとも認容的に甘受する」ことが必要である。本件において、被害者に死亡結果に関する意欲や認容的甘受は認められない。第三に、危険引受けにおける中心事例は被害者に死亡結果が生じた場合であるが、その場合、仮にここでの被害者態度を死の結果発生

についての承諾であるととらえたとしても、そもそも被害者の生命処分意思には完全な違法性阻却効果が与えられていないのであるから、そのことから直ちに行為者の犯罪阻却を導くことは出来ない。そして、生命という法益は被害者が完全に放棄しきれるものではないということは、行為者の主観的事情によって変わるものではないので、行為者が過失であっても生命侵害は違法といわざるを得ないのである[16]。

4 傷害罪における承諾の制限範囲

本件において、被害者は金属パイプによる首締めという暴行・傷害については認識も認容もあり承諾しているが、そのような傷害に対する承諾は違法性阻却効果を有するかが問題になった。この点、地裁と連邦裁判所の考え方は異なっていた。地裁は、(必ずしも明らかではないが、おそらく倫理主義的な立場から承諾の違法性阻却効果を考えることにより、SM行為の反倫理性は今日のモラルに従えば明確に確定できないので、) 行為者の行為は良俗違反であるといえず、故意の傷害への承諾に違法性阻却効果を肯定し、過失致死罪を認定した。これに対して、連邦裁判所は、倫理主義的な立場から明確に離れ、(SM行為の反倫理性は今日のモラルに従えば確定できないとしたものの、) 重大な傷害説的な立場から、本件の首締め行為は生命に危険がある傷害なので承諾の違法性阻却効果は否定され、傷害致死罪が認められるとした。

このような連邦裁判所の見解に対して、ドゥットゥゲは、それは法哲学的に邪道であり、結論は正しいかもしれないがその論拠は間違っているという。彼によれば、善良な風俗という概念が法以外の社会秩序を参照することは認められるべきである。「社会倫理から法へ」という方向と「人の行動を制御するために作られた法から社会的な価値へ」という方向は、複雑に絡み合って解釈論上の「螺旋」が形成される。それは、「人間の尊厳」を保障するための「橋」である。人間の尊厳を保障するために、身体の完全性への侵害を許容することはできないという人の処分の自由の限界を、法秩序は設定する。軽率さからの保護という意味において、不可逆的な結末（とりわけ死）を回避するために個人の処分の自由が他から干渉されなければならないという場面では、個人の処分の自由を法秩序が

---

16 島田聡一郎「被害者による危険引受」山口厚編著『クローズアップ刑法総論』(2003) 136頁。

制限することが許されるのである[17]。

　また、彼によれば、良俗違反性を判断するときに行為者の目的を考慮することを厳格に排除すべきであると考える論者は、行為者の意図とのいかなる関連づけも心情刑法に陥ることになってしまうと誤解しているとする。人の態度（行為）は、外部的な要因だけでなく、行為者の意図という内部的な要因を考慮して初めてその社会的な意味が手に入れられることが見落とされている。そうでないと、故意と過失の区別や、窃盗と使用窃盗との区別をすることができなくなる。行為者の主観的目的を考慮しないという論者は決してその立場を貫徹することができないのであり、不当な結論を回避するためには彼らの出発点に不誠実にならざるを得ない。彼らの考え方を貫徹すれば、治療意図に基づいて重大な傷害もしくは生命に危険な手術を行った医師を処罰することになってしまう。連邦裁判所は、法益侵害の強さと並んで、行為者の意図も判断の中に取り込むべきかどうかということと、それを取り込むとしたらどの程度まで取り込むべきかという点を未解決なままにしたが、明確にする努力をすべきであったとしている[18]。

　これに対して、ヒルシュは、連邦裁判所が「法益的解決」に転換したことに賛成し、この考え方は1970年のドイツ刑法学者会議で示されてから30年以上もの歳月を費やしついに成し遂げられたと評価している。連邦裁判所は法益的解決を採用するとした後に、もう一度目的という主観的な観点による倫理的な評価に立ち返った。ライヒ裁判所はSM行為の反倫理性から良俗違反を肯定していたが、他方連邦裁判所はそれとは異なり、SM行為は今日では明確に良俗違反であると判断することはできず、それ故アブノーマルな性的目的のために良俗違反であるとすることはできないと理解したのである。このように判断根拠として倫理的な評価に再び立ち返ったということが、取りも直さず連邦裁判所が地裁に対して伝統的な倫理的評価による判断基準の不適格性を断固として明確にしようとしたということをも説明しているのである[19]。

　また、彼は、本件において傷害致死罪が成立するという結論が賛成されうるとしても、一連の前提問題が解決されなければならないとしている。まず、過失犯

17　Gunnar Duttge, Der BGH auf rechtsphilosophischen Abwegen -Einwilligung in Körperverletzung und "gute Sitten", NJW 2005, S.260f.
18　Duttge, a.a.O.（Anm.17.）S.262.
19　Hans Joachim Hirsch, Anmerkung（BGH Urt vom 26.5.2004), JR 2004, S.475f.

において同意は与えられ得ないかという問題について、正当化の対象は過失犯においては（結果ではなく）注意義務に違反する危険な行為であるとしている（行為説）。つぎに、傷害致死罪との関連で承諾の効力がどうなるかという問題が設定される。この点、傷害致死罪に関する連邦裁判所の説明を読むならば、通常、故意の傷害と結びついた死の危険は行為の良俗違反を引き起こすという印象が与えられる。傷害致死において死が故意の傷害から生じるような状況は、生命の危険の高い程度を意味しているのではないかが疑われるからである。しかしながら、致死の危険が高くなかった傷害致死の事例も考えられるので、行為の良俗違反性を認めることができるような危険性の程度が確定されなければならない。いずれにせよ、本件においては具体的な生命の危険は肯定される。なぜなら、性感を高めるために被害者の首を金属パイプで絞めるという本件において死を引き起こした危険は、被告人にとって支配可能なものでなく、それ故非常に高度な危険が存在していたといえるからである[20]。

　本件は、我が国の学説状況に照らすと以下のように整理できよう。第一に、無限定説からは、本件においても傷害への承諾の違法性阻却効果は肯定され、故意の傷害の点は正当化されて過失致死罪が成立することになる。第二に、生命危険傷害説及び重大な傷害説からは、本件では生命の危険があるので傷害への承諾の違法性阻却効果は否定される。従って、傷害致死罪が成立する。第三に、社会的相当性説からは、SM行為の反倫理性（社会的相当性）をどのように評価するかにかかっている。社会的に不相当であると考えるならば、承諾の違法性阻却効果は否定され、傷害致死罪が成立する。他方、明確に社会的に不相当であるとまではいえないと考えるならば、承諾の違法性阻却効果は肯定され、過失致死罪が成立する。

　この点については以下のように考えるべきである。社会的相当性説のような倫理主義的な立場は、価値多元主義的な今日の社会において直感によって処罰の限界が左右されることになるので妥当でない。他方、無限定説のように生命に危険のある傷害への承諾にまで違法性阻却効果を認めることは、個人の自己決定の存立基盤である生命そのものを脅かすことになりかねない。そこで、第二の立場が正当である[21]。そのなかで、生命危険傷害説を採るべきかそれとも重大な傷害説

20　Hirsch, a, a.O.(Anm.19.) S.476f.
21　生田勝義『行為原理と刑事違法論』(2002) 214頁以下も参照。

を採るべきかについては以下のように考えるべきである。自己決定の存立基盤である個人の抹殺を意味する生命処分と、生命そのものには危険が及ばない身体の重要部分の処分との間には、質的な差違が存在する。後者の場合には、未だ自己決定の可能な主体が存続するのであり、自己の身体の処分は、それがたとえ重大なものであれその人の生き方・価値観の問題として許容し得るように思われるからである。従って、身体法益の処分は「生命に危険な傷害」に限りその処分権が制限されると解すべきである。本件においては、金属パイプである程度の時間継続して被害者の首を絞め続けたのであるから、具体的な生命の危険のある傷害であり、承諾の違法性阻却効果は否定され、傷害致死罪が成立する。従って、連邦裁判所の判旨は、結論もその理由づけも正当である。

5　事実上存在する承諾

さらに、本件では、傷害に対する被害者の承諾は、具体的な生命の危険の観点から違法性阻却効果を持たないとされながらも、事実上存在していれば刑を減軽する可能性があることが示唆された。そして、そのような「事実上存在する承諾」によって、ドイツ刑法227条1項の通常の傷害致死罪ではなく、ドイツ刑法227条2項の「傷害致死罪の比較的重くない事態」が適用されることが示唆された。

確かに、「傷害罪における承諾の制限範囲」という問題は、承諾によって傷害罪の違法性（論者によっては構成要件該当性）が阻却され、犯罪の完全な不成立が導かれるかどうかという議論である。従って、何らかの観点から傷害罪における承諾に制限を設けたとしても、その承諾は「全く無効」なものであり違法性軽減のような効果すら持たないということに直結するわけではない。強制され、意思が抑圧されて行った承諾や法益関係的な錯誤がある承諾のように、任意性や真意性がない被害者の承諾ならば完全に無効なものであり、それは全く無意味なものとして扱われるべきである。これに対して、任意性や真意性に問題が無い承諾であるならば、例えば生命の危険性の故に傷害への承諾が完全な違法性阻却効果までは持たないとしても、違法性を軽減する事情として「部分的には有効」であり、行為者に有利に働く事情にはなり得るはずである。

この点、ドイツでは我が国と異なり、傷害の罪の領域において細かな事情の区別から様々な構成要件が用意されているので、「事実上存在する承諾」言い換え

るなら「部分的には有効な承諾」によって通常の傷害罪や傷害致死罪から構成要件が変更されることが考えられる。連邦裁判所は、前述したように、ドイツ刑法227条2項の「傷害致死罪の比較的重くない事態」に変更されるとしている。これに対して、ヒルシュは、むしろドイツ刑法224条1項の「生命を危うくするような危険傷害」に変更されるとしている[22]。

　我が国では、このような特殊な構成要件が存在しないので、承諾の違法性阻却効果を制限する以上は、通常の傷害罪や傷害致死罪が成立するとせざるを得ない。しかし、よく指摘されるように、同意殺人罪（刑法202条）の場合でさえ法定刑の長期は7年の懲役であるのに対し、傷害罪は15年の懲役、傷害致死罪は20年の懲役である。殺人における承諾の場合と傷害における承諾の場合で、このままでは刑のアンバランスが生じる。従って、傷害における承諾の違法性阻却効果を否定し、傷害罪や傷害致死罪が成立するとした場合であっても、同意殺人罪との対比から、承諾の真意性や任意性が認められる場合には刑を7年以下の懲役にとどめなければならない。このことは、「事実上存在する承諾」の効果であると説明できるであろう。

6　承諾の錯誤

　なお、本件では、被告人が行為の生命への具体的な危険性を現実に認識していたために、承諾という違法性阻却事由の事実的前提に関する錯誤は否定され、禁止の錯誤のみが考慮されている。すなわち、行為の良俗違反性を間違って判断したり、無効な承諾を有効であると判断した場合であっても、構成要件の錯誤でなく禁止の錯誤にすぎないので、ドイツ刑法17条に従って、錯誤が回避し得た場合に限り責任がないものとされるにすぎないというのである。

　これに対して、「ヘロイン注射事件判決（BGH Urteil vom 11.12.2003）[23]」は、ヘロインを自己注射することができなかった障害者である被害者の要求に従って飲酒酩酊状態の被害者にヘロインを注射して死なせてしまった被告人が傷害致死罪に問われた事案であるが、連邦裁判所は、以下のように述べて、行為者の錯誤に

22　Hirsch, a, a.O.(Anm.19.) S.477. なぜなら、生命危殆化の認識はドイツ刑法224条1項において「認識ある過失」であると考えられており、そう考えた方が処罰の関連において二重評価されなくなるからであるとする。
23　BGHSt 49, 34. 本判決の紹介として、鈴木彰雄「ドイツ刑事判例研究（3）合意によるヘロインの使用と傷害致死罪の成否」名城ロースクール・レビュー3号（2006）75頁以下。

よって傷害の故意が否定され、傷害致死罪が維持できなくなるとしたことが注目に値する。「被告人が具体的な死の危険を知らなかったならば、例えば、彼が被害者の健康障害の重大さと飲酒酩酊の程度を不正確に評価し、ヘロイン注射は被害者に単に軽い薬物酩酊状態を起こさせるだけであると考えていたならば、彼は同意傷害罪の法的評価を錯誤したのではなく、違法性阻却事由に関する事実を錯誤したのであり、そのような錯誤は禁止の錯誤ではなく構成要件の錯誤のルールによって取り扱われるべきである。」このようにして、傷害罪における承諾の制限範囲を「具体的な生命の危険」から限界づける場合には、具体的な生命の危険が実際には存在するにもかかわらずそれが存在しない（軽い健康障害を起こさせるにとどまる）と錯誤したことは、承諾という違法性阻却事由の事実的前提を錯誤したものとして、傷害の故意を否定するとしたのである。

　これらの判決を参考にして、行為者が「自己の行為が社会的文脈からはいかがわしいものと受け取られると思っていたが、軽い傷害であり、少なくとも生命に危険なほど重大な傷害であるとは思っていなかった（実際には生命に危険な傷害であった）」という場合、行為者の錯誤はそれぞれの立場からどのような意味を持つのかを整理すると以下のようになるであろう。

　まず、同意傷害における承諾の制限範囲を社会的相当性説から考える場合は、行為が社会的に不相当であると正確に認識している以上、違法性阻却効果が無い承諾であると錯誤無く認識していたことになるので、行為の危険性に関する行為者の錯誤は特別な意味を持たないことになろう。これに対して、生命危険傷害説から考える場合には、生命に危険が無いような軽い傷害だと錯誤していたことは、傷害の違法性を阻却する承諾の事実的前提を錯誤していたものとして、（厳格責任説以外の立場からは）傷害の故意を阻却すると考えることができるのではないかと思われる。

四　おわりに

　最後に、今までのドイツの議論を参考にして、我が国におけるSM行為事例を検討する。我が国における殺意のないSM行為事例判決としては以下のものがある。まず、①「性交中の素手による絞殺事件」[24]において、被告人は内縁の妻と性交中に快感を増大させる目的で彼女の承諾を得て彼女の首を手で絞めて

誤って窒息死させてしまった。裁判所は、首を絞めることについて相手方の要求もしくは同意を得ているので暴行罪は成立しないとし、また被告人が被害者との性交において過去にしばしば彼女の首を絞めたことがあり、その時はいずれも彼女が死亡するに至らなかったのであるから、致死につき「不確定犯意又は未必の故意」があったとはいえないとして過失致死罪で処断した。ところが、②「性交中の紐による絞殺事件」[25]は、①とほぼ同種の事案で寝間着の紐で首を絞めて死なせてしまったのであるが、裁判所は、たとえ首を絞めることについて被害者の承諾があっても、「行為の態様が善良な風俗に反するとか、社会通念上相当な方法、手段、法益侵害の限度を超えた場合」には違法性は阻却されないとした上で、本件のように紐で首を絞めるのは、手で絞めるのとは異なり、生命に対する危険性を強度に含んでいるから暴行の違法性は阻却されないとして、傷害致死罪で処断した。さらに、③「性交中のナイロン製バンドによる絞殺事件」[26]も、これらとほぼ同種の事案で、ナイロン製バンドで首を絞めて死なせてしまったのであるが、裁判所は暴行や傷害の違法性が阻却されるためには、「単にそれが被害者の承諾、嘱託に基づくというだけでなく、その行為が社会的に相当であると評価されるものであることを要する」とした上で、本件絞頸行為の客観的態様は窒息死のおそれが強く、社会的相当性の限度を超えるので違法性は阻却されないとして傷害致死罪で処断した。最後に、④「SMプレイ中のロープによる絞殺事件」[27]も、覚せい剤を注射してロープによる緊縛や暴行などのSMプレイを行っているうち、首にかけたロープが強すぎたため被害者を死なせてしまったのであるが、「生命の危険や身体の重大な損傷の危険を包含しているような場合」には嘱託や承諾によって暴行の定型性あるいは違法性が阻却されるものではないとした上で、本件での行為は「生命、身体に対する重大な危険」をはらんでいるので暴行の定型性を具備しておりまた違法性も有するとして、傷害致死罪で処断した。

以上のように、これらSM行為事例判決では、手で首を絞めた最初の①判決だけが過失致死罪で処断したのに対し、何らかの道具を用いて首を絞めた他の3

---

24 大阪高裁昭和29年7月14日判決、高刑裁特1巻4号133頁。
25 大阪高裁昭和40年6月7日判決、下刑集7巻6号1166頁。
26 東京高裁昭和52年11月29日判決、東高時報28巻11号143頁。
27 大阪地裁昭和52年12月26日判決、判例時報893号104頁。

つの判決は傷害致死罪で処断している。そして、①判決が、「暴行は承諾によって違法性が阻却される」という命題と殺意が認められないということから傷害を否定して過失致死罪としたのに対し、②と③の判決が社会的相当性説的な立場から、④判決が生命危険傷害説もしくは重大な傷害説的な立場から傷害への承諾に犯罪成立阻却効果を否定し、結論として傷害を肯定して傷害致死罪としている。ただし、②と③の判決も一般論としては社会的相当性（社会通念）による承諾の効果の制限を論じながらも、SM行為の「反倫理性（いかがわしさ）」を直接問題にするのではなく、「生命に対する危険」から社会的不相当を説明している点に注意が必要である[28]。

このように、4つの裁判例において、過失致死罪と傷害致死罪に判断が分かれたことについて、②判決が述べているように、一般的には次のように説明される。①事件は首を手で締めた場合であるが、他の事件は紐やナイロン製バンドなど何らかの道具を用いて絞殺しており、そのような場合には被害者の生命の危険が一層高まるから、①事件については暴行・傷害への承諾をなお有効として過失致死罪としつつ、他の事件は承諾を無効として傷害致死罪で処断したのである[29]。しかし、その相違は微妙なものであり、両者の違いを手段の危険性の差に求めることができるかについては疑問が表明されている[30]。実際にも、②判決の原審（大阪地裁）は、寝間着の紐という道具を用いた絞殺について、傷害致死罪ではなく重過失致死罪で処断していたのである。

そこで、4つの判決を統一的に理解しようとする立場が注目される。まず、第一に、社会的相当性説の立場から、SM行為の「反倫理性（いかがわしさ）」に着目することによって傷害への承諾の犯罪成立阻却効果を否定し、傷害致死罪に統

28　もっとも、社会的相当性説は、例えば「治療意図に基づく生命に危険な手術」の場合にはたとえ「生命に危険な傷害」であっても社会的に相当であるとするはずであるので、やはりSMプレイの場合はそれが「いかがわしい」行為であるという判断が前提にあって、それと「生命に危険な傷害」であることとが相まって社会的に不相当であるという判断になっていると思われる。

29　町野朔「被害者の承諾」西原春夫ほか編『判例刑法研究2』(1981) 198頁以下。被害者が承諾を与えていた範囲で、暴行・傷害の違法性が阻却されるとした場合には、その範囲を超えて発生した死傷の結果を行為者が認識していない以上、故意責任を問い得ないことになるが、他方、加虐行為に同意があるにもかかわらずそれが違法と見られるときには、当該加虐行為を認識している行為者には少なくとも故意の暴行があるから、被害者が死亡した場合、傷害致死罪が成立することになるとする。

30　佐伯仁志『刑法総論の考え方・楽しみ方』(2013) 226頁。区別できないとすれば過失致死罪で処断した①判決はもはや先例としての価値を失っていることになるとする。

一しようとするものである[31]。第二に、生命危険傷害説あるいは重大な傷害説の立場から、首を手で締めた①判決の場合にも具体的な生命の危険を肯定することによって傷害への承諾の犯罪成立阻却効果を否定し、傷害致死罪に統一しようとするものである[32]。第三に、無限定説の立場から、たとえ死の危険があっても死の結果が出ない限り傷害罪として処罰する必要は無く、死の結果が出たときは過失致死罪として処罰すべきであるとして、4つの事件を過失致死罪に統一しようとするものである[33]。

　前述したように、社会的相当性説は直感によって処罰の限界が左右されることになるので妥当でなく、他方、無限定説は生命そのものを脅かすことになりかねずやはり妥当でないので、第二の立場が正当である。そして、生命に危険が無い重大な傷害ならば、未だ自己決定の可能な主体が存続するのであるからそれがたとえ重大なものであれその人の価値観の問題として許容し得るので承諾の効果を制限する必要は無く、結局、生命危険傷害説を採るべきである。この立場からは、首を手で締めた①事件の場合でも、生命に対する具体的な危険は肯定できるように思われるので、4つの事件は傷害致死罪で統一すべきであろう。その場合も、刑法205条を用いつつ、刑法202条との刑のアンバランスに対する考慮から、承諾の任意性や真意性に問題が無いのであれば、7年以下の懲役の限度で処断しなければならない。また、もし、行為者が自己の行為について「被害者に軽い酸欠を引き起こすだけであり、生命に具体的な危険は無い」と錯誤していたのであれば、違法性阻却効果のある承諾の事実的前提に関する錯誤（すなわち、違法性阻却事由に該当する事実の錯誤）として傷害の故意を否定し、過失致死罪で処断することができるように思われる。

　筆者は、大学院進学以来、刑法読書会などにおいて浅田先生から親身なご指導をたびたび賜った。浅田先生の古稀を心からお祝いし、ますますのご活躍とご健康をお祈りして、本稿を閉じることにする。

31　しかしながら、実際には、我が国の社会的相当性説の論者は、性風俗に寛容な我が国の社会通念に照らすと性的倒錯自体を社会的不相当とする必要は無いとする見方をしている。阿部純二「傷害罪と承諾──その一側面」『鴨良弼先生古稀祝賀論集』（1979）419頁。
32　大谷實「暴行と傷害」西原春夫ほか編『判例刑法研究5』（1980）42頁以下。①判決について、「生命侵害の危険を含む行為にまで承諾が及ぶかは疑問であろう」としているので、この事件も傷害致死罪で処断すべきであったと考えられているように推測される。
33　中山研一「被害者の同意と暴行・傷害の故意（二・完）」北陸法学8巻1号（2000）15頁。

刑事責任の実体と認定

小 田 直 樹

一　はじめに
二　浅田刑法学と責任論のあり方
三　責任の実体論と認定論
四　機能主義的な語り方
五　おわりに

一　はじめに

　浅田和茂先生は、その著書『刑事責任能力の研究』において、責任主義の思想と展開を深く考究された。責任能力は「非難」が向けられる意思決定に不可欠な「前提」であり、「決定規範の名宛人たる能力」としての「有責行為能力」を基本として（規範的責任能力）、具体的な行為者に個別的な行為の時点において必要であり、予防の観点（刑罰適応性）は専ら限定する方向で考慮されるべきだ（可罰的責任能力）と主張される[1]。規範的評価／可罰的評価を区別する枠組が責任能力論に組み込まれている。刑法学の核心に同様の枠組を描きながら、「二元的犯罪論」という構想に至る鈴木茂嗣先生との議論の応酬は、私にとって、刑法学において「体系」がもつ意味を熟慮すべき契機となった。
　浅田先生における犯罪論の構成は、その本質を「認識論」と捉え、佐伯刑法学の枠組の延長線上で、客観的違法論を貫徹した行為評価の上に、心理的責任論という基礎を確認しつつ、可罰的違法性・可罰的責任の議論を積み上げるものであり、刑法学の伝統を維持した堅固な体系である[2]。鈴木先生は、実体（性質）論と

---

[1] 浅田和茂『責任能力の研究上巻・下巻』（成文堂、1983-1999）を参照。上巻10頁を前提に下巻82頁以下で責任能力の捉え方が示されており、個別行為時の「有責行為能力」を求める立場から、「原因において自由な行為」の法理を否定される（下巻130頁、158頁）。
[2] 浅田和茂『刑法総論［補正版］』（成文堂、2007）を参照。浅田先生のご業績は多岐にわたるのだが、以下での引用は、浅田・総論と前掲書（上巻・下巻で示す）に限ることにしたい。

「認定論」の峻別を主張し、「認識論」という言葉は混乱をもたらすと批評する。私は、その情景を傍らから眺めながら、コメントを求められる立場にあったのだが、議論が噛み合わない歯痒さを感じていた[3]。通説的な「規範的責任論」は、その実質を「評価」に見出す。その語り口に対して、より「事実的」な「基礎」を明確に捉えるべきだと主張する点で、両者は近い関係にあるのに、表現の仕方は対極的であり、議論は当初からすれ違いに終わる印象であった。それは実体法学と手続法学の対話の難しさを投影している。この小稿では、「すれ違い」の意味を探りつつ、「対話」の行方（二つの学の繋ぎ方）を展望してみたいと思う。

そこで、まずは、浅田刑法学（その責任論）の実体法学としての純粋性を確認し（二）、鈴木刑法学と対比しつつ、責任論を二元的に捉える文脈、手続法学への繋ぎ方の問題を検討した（三）上で、いわゆる「機能主義」の立場に「対話」を促進しうる「語り方」としての意味があることを確認する（四）。刑事責任論の全体像から見直す点で、「構造と認定」を検討してきた過失犯の扱い方に関する研究[4]を補う意味もある。この小稿は、浅田先生の古稀のお祝いとして、その学恩に感謝しながら、過失犯論の総括を企図しつつ、先生の前で示すささやかな一歩である。

二　浅田刑法学と責任論のあり方

浅田先生の犯罪論は伝統的な実体法学の語り方を維持している。犯罪という言葉（形式）が捉える「実体」を解析する議論として、基礎となる実在と評価の相関を視野に収めて、その認識を表現するのが犯罪論の基本的な姿である。浅田説は、その意味での「認識論」を展開し、まずは対象を実在（事実）として描こうとする[5]。実在は外的な行為と内的な意思として捉えられる。責任は行為に関わ

3　鈴木茂嗣『二元的犯罪論序説』（成文堂、2015）の第 1 章が浅田説への鈴木説の対応として展開されている（この論文の経緯と私の立場については、同書 3 頁注 1 を参照）。
4　拙稿「過失犯の構造と認定」三井誠先生古稀祝賀論文集（有斐閣、2012）119頁以下、「過失の『問い方』について」神戸法学63巻 2 号（2013） 1 頁以下、「過失犯における危険性と注意義務」川端博先生古稀記念論文集上巻（成文堂、2014）335頁以下。
5　これに対して、鈴木刑法学は、「評価」の解析（評価構造論）を先行させて、根拠となる事実（評価要件事実）を後から語る。犯罪論の到達点を裁判上の「事実認定」に資する要件（認定要件事実）の設定を巡る議論（認定論）に見出し、刑法学に、そこに至る論理過程として、「事実」の抽出（その正当化）の作業を求めるからである（前掲書15頁は、刑法学の任務は訴訟手続上の

る意思決定に求めるのが基本である。もちろん、「評価」の側面を無視するわけではなく、例えば、「責任構成要件」という言葉について、それも責任を認めるための条件だという意味で、「構成要件・違法」が「責任構成要件」に含まれるべきだと指摘する[6]。事実に対する評価の積み重ねによってのみ「犯罪」が認められることを示している。責任論も同様の構造であって、「規範的責任論の下でも、責任の中核をなしているのが、故意・過失という行為者の心理状態であることに変わりはなく、その心理状態が非難可能なものであることが要求されている」という[7]。「実在」の必要性を心理的責任論の擁護という形で示した上で、「期待可能性」は「非難」という評価を制約する例外的状況の問題とする（期待不可能性が責任阻却の一般原理にあたる）。責任評価の主観性を徹底する趣旨で、その判定が「類型的行為事情」に係わるのは「認定のために情況証拠の利用が必要であるというにすぎない」という[8]。「認識論」が「認定」そのものでないことは、このような整理に現れている。かくして、責任の「実体」は事実的なものに求められる。故意・過失という心理状態（事実）に達しうる前提（責任前提説）たる能力状態（事実）を扱うのが「責任能力」だから、能力を前提としない故意の「構成要件的」な把握には批判的である[9]。「実体」として、故意には可罰的違法性の意識も必要であり（厳格故意説）、過失も「故意がない」ことを前提とする「不注意な心理状態」だとされる[10]。

　浅田説における「評価」は、常に権力抑制に機能する方向で読み取られ、多様な視点が重畳的に可罰性を絞り込む形に整理されている。いわゆる「過失の標準」の扱い方がその典型である。責任主義の要請に応じて主観説を基本に据えながら、「一般に法は通常人を対象として制定されている」から、通常人の能力を超えている場合でも、それを理由とした「法的非難は及ばない」として、（規範的責任はあっても）可罰的責任が否定されるとする。期待可能性で唱えられる国家標準説もここに合流して、「期待可能性の低減の程度が著しい場合には、可罰的

　　「事実認定」の「お膳立て」だという。）。認定＝訴訟上の認識だけを重視するかのような議論は、刑法学の伝統的な思考方法ではないであろう。
 6　浅田説の「体系」は、「可罰的責任」の位置づけを中心に、上巻34頁に示されている。
 7　浅田・総論272頁。
 8　浅田・総論274頁。
 9　浅田・総論298頁。
10　浅田・総論325-326頁（注意すれば違法と分かったはずだというのは、違法性に関する過失である）、341-342頁（裁判官による注意義務違反の判断そのものではない）。

責任に達しないという形で機能する」とされる。その結果、「行為者標準説、平均人標準説、行為事情の類型的把握、国家標準説は、相互に矛盾するものではなく、レベルを異にしつつ妥当することになる」という[11]。責任主義が行為者個人の他行為可能性の要求にある限り、行為者標準説が基本でなければならないが、実務上は類型的把握に努める必要がある。法は平均人を超える要求まではできないから、平均人標準説も答責の限界となり、また、刑事制裁の重さに見合う程度を要求することから国家標準説も考慮される、というのである。

以上のような考え方の下で、「責任は、裁判官の判断（非難ないし帰責）そのものではなく、その判断を可能にする行為者の状態（非難可能性）」であるといい、「責任能力と故意・過失によって非難可能性が推定され（原則型）、期待不可能性によってその推定が破られる（例外型）という基本的構造」を描き、責任能力を「故意・過失の能力」と捉えている[12]。責任無能力者には（非難可能な）故意・過失はありえないことになる[13]。もっとも、故意・過失よりも先に責任能力を検討すべきかを問題として、「過失窃盗の疑いのある事例で、責任無能力を理由に（過失窃盗の点には触れずに）無罪とすることが適当か」について、「責任論内部の判断なので（体系論と認定論とを区別し）例外的に故意・過失を先に判断するものとする（構成要件と犯罪類型とを区別し、故意・過失は前者の要素ではないが後者の要素であるとしたうえ、認定の順序としては犯罪類型・違法・責任の順とする）」可能性を示している[14]。純化した実体論は事実の属性（客観／主観）で体系化されるが、具体的な事例の判断には原則／例外を整理する枠組が望まれるため、「認定」の段階では調整を要することになるのではないか。このような言説を読み解くことで、責任論の二元的な理解を検討してみたい。

---

11 浅田・総論342頁（過失の標準論から見れば、結論は折衷説と一致する）及び359頁。
12 浅田・下巻93頁及び総論282頁。
13 心神喪失者等医療観察法の対象行為該当性を判断するための「故意」の認定が議論されており、最決平成20・6・18刑集62巻6号1812頁は、「対象者の行為を当時の状況の下で外形的、客観的に考察し、心神喪失の状態にない者が同じ行為を行ったとすれば、主観的要素を含め、対象行為を犯したと評価することができる行為であると認められるかどうかの観点から」検討するとした。ここでは能力を度外視した「主観的要素」の認定が想定できるのだが、浅田説からすれば、同法における特別な扱いでしかないのであろう。
14 浅田・下巻94頁。体系的概念（犯罪の成立要件）としての「構成要件」と罪刑法定主義の観点から導かれる「犯罪類型」を区別する主張となっている（浅田・総論95頁）。

三　責任の実体論と認定論

1　(個別)行為／行為者

　まず、「個別行為責任論」に依拠しながら、「行為者の状態(非難可能性)」という表現を使うことの意味を考えてみよう。鈴木説も、「『違法性』はまさに『行為』に対する評価であるものの、『有責性』はむしろ『行為者』に対する評価」、「違法行為をした行為者に対する非難可能性の評価」であるという。両者に理解を共有できる部分がありそうだが、鈴木説は、その上で、「行為と責任の同時存在」の原則は「『責任評価』には妥当するものの、『責任要件事実』については……むしろ『事前存在』の原則が妥当する」のであり、「違法行為以前に行為者がどのような状況(違法行為を回避しうる状況)にあったかこそが重要」だという[15]のに対して、浅田説は、それを結果行為説(同時存在の緩和説、例外モデル)の説明と受け止めて、「責任能力および故意・過失は実行行為の時点における行為者の能力および心理状態を意味する」と反論する[16]。責任を「能力および心理状態」という実在に求めて、「個別行為責任論」はその同時存在を要請するという。両者は「事実的基礎」の捉え方では全く異なっている。

　浅田説は、体系上、消極的責任主義・個別行為責任論に基づいて、「実行行為」時の他行為可能性を確認する要件として「責任能力」と「故意・過失(心理状態)」という事実を求める。加えて、例外的に「期待不可能」という評価をもたらす行為状況を問題にする(異常な行為状況が責任の消極的な要件となる。)。どちらも「事実」を扱うが、原則／例外の区別があり、「行為状況」は「行為者の状態」に対する「評価」の制約を扱う資料に過ぎない。だから、「責任」を「行為者の状態」だと述べることに抵抗がないのであろう。それ自体は了解しうるが、原則／例外を決めた理由が問題である。鈴木説は、そのような「事実」の振り分けは、既に刑訴335条の構造に応じた「認識」に縛られているとみる。「事実認定」

---

[15]　鈴木・前掲書60-61頁。前段部分には、「『当罰性』は行為者と処罰主体となる国家との間の『関係』に対する評価」であるという説明が続く。また、同書41頁は、責任評価要件事実としての回避可能状況は、「予見可能性」であれ、違法性の「弁識可能性」であれ、適法行為の「期待可能性」であれ、違法行為実行の前に存在すべきものである、とする。「回避可能状況」は「可能性」を判断するための「要件事実」の総称のようである。

[16]　鈴木・前掲書42頁注28の浅田コメントを参照。

に繋ぐ論理として原則／例外を考えると、例えば、故意について、「構成要件該当事実の認識」／違法意識が不可能となる「行為状況」に区別すること（責任説）を同じレベルの問題とみることもできるであろう。更には、不法（構成要件該当の違法行為と認識）／非難が不可能になる「行為状況」を区別して、「錯誤」「責任無能力」「期待不可能」を「例外」を扱う資料として列挙することも可能ではないか。鈴木説によれば、刑法学が構成／阻却を分ける視点は定かでなく、通常の「体系」論理は恣意的である。整理の仕方に共通基盤がないから、「混乱・複雑化」が生じており、「純化・簡明化」が必要だという[17]。

　「体系」のあり方は、事実的なものから評価的なものへ、一般的なものから個別的なものへ、客観的なものから主観的なものへ、という形で表現されてきた。行為／行為者も（旧派／新派の意味で）客観的／主観的という文脈にある。責任と「行為者」の対応には学説史の影響もある。浅田説は「責任能力」を研究対象としたからこそ、「行為者」を分解不可能なものとして措定するのかも知れない。刑法が38条と39条を並置する以上、「心理状態」と「能力」を「要件」レベルの「事実」として扱うことは当然だと読むこともできる。それでも、「違法を（その判断対象を含めて）客観的にとらえること」が重視されており、客観的／主観的という視点を対象事実の問題として扱う、「実在」の解析・「評価」の範疇化を方法とする、純粋な実体法学の伝統的な体系だと思われる[18]。そこで、「行為者」は、主観的な「実在」として取り上げられると読むべきなのであろう。

　もっとも、「体系」が「実体」に関わる特定の思想の表現とは言い切れない。例えば、リストの「体系」が同様の構造を示していても、その客観／主観が同じ意識を示すとは言えない。新派の「徴表主義」は、求める「実体」は「行為者」の内面でありながら、その「認定」の資料として「行為」を解析するに等しい。〈評価が向けられる「実在」が体系内になければならない〉という前提が共有されているかは疑わしいから、「実体論」の「体系」が「認定」の論理で要件化された「事実」の分類と配置でしかない可能性もある。

17　「性質論／認定論」を区別する「サラブレッド理論」でなければ「混乱」「複雑化」が生じ（鈴木・前掲書13頁）、自説には「純化」「簡明化」の実益があるという（同38頁）。また、刑法学と刑訴法学、理論と実践（訴訟活動）の関係が明確になり、両者が架橋され、「要件事実論」を媒介として民事法学との対話も容易になるという（同38頁）。

18　浅田・総論94頁以下は「伝統的な犯罪論体系」を自認する。「客観的違法論」を原点とする（引用部分は同96頁）理由は、評価規範の先行テーゼにある（同171-172頁）。

鈴木説は、自ら「評価構造論」というように、「構造」を解析するにしても、「実体」を「評価」の側に見出しているように見える（「実在」に投影させる意味で「性質」というのであろう）。「責任」よりも、「有責性」評価の位置づけと（その必要性、処罰の）正当化を扱う意識であり、「行為」と「行為者」を繋ぐ論理として、主体的・目的的な「犯罪回避行為」に注目すべきだという[19]。しかし、行為制御の過程は、現実そのものではなく、仮想の判断なのだから、その部分が「主体的・目的的」なものとして描かれるのは当然のことである。「行為者」に主体的・目的的な行動力があったことを要件とするわけではなく、通常の責任能力論を裏書きしているだけであり、「認定」上は阻却事由として構成すればよいという[20]。量刑にまで及ぶ訴訟手続を想定して、行為から行為者へ、更に、国家と行為者の関係へと、「評価」対象が広がっていく様を描くことは、規範的評価から可罰的評価へと展開する「評価構造論」の方針を貫くものなのだろうが、犯罪論の中で「行為者」を持ち出す趣旨はさほど明らかではない。

　刑法学が処罰の正当化理由を示す役割を担うのならば、どのような論理を経るとしても、最後は、国家の反作用がその「行為者」に向けられてよいことを説明しなければならない。終着点に「行為者に対する評価」が必要なことは確かである。それでも、行為者主義ではなく行為主義を採用した段階で、犯罪論は行為を対象とすることを選択したはずである。〈犯罪は行為である〉という命題が不法（違法評価）レベルだけのものならば、「徴表主義」の犯罪観もその枠内にあると言うべきではないか。客観／主観の区別を重視する論者が「実在」たる「意思」や「行為者」を対象とする場合、客観的違法論を高唱する反面で、実質的には、「責任」と名付けた主観的違法論に共感しており、新派の思想を裏書きするに等しいのではないかという疑いがある。行為主義を掲げるのならば、「行為者」は責任論の背景に退くべきであり、責任を「行為者の状態」と捉えることに抵抗すべきではないか。少なくとも、このような素朴な疑問が残るところに「混乱・複雑化」の根源があるように思われる。

　犯罪論と刑罰論の境界線を維持し、「行為の可罰性」と「行為者の要罰性」を別個の問題と区別して、「個別行為責任論」を重視するのならば、「体系」内の「責任」評価の段階で「行為者」の具体的な個性に深入りすることは避けた方が

19　鈴木・前掲書23頁及び81頁以下。
20　鈴木・前掲書36-37頁。

よい。「認識論」として「事実」を語れば、「能力および心理状態」は「行為者の状態」だが、裁判が「実体法の実現」を図る場面に及んだとき、その主張は「能力および心理状態」の直接的な「認定」を求めることになる。それが浅田説の望むことなのだろうか。無能力者の過失窃盗事例の場合に、体系論と「認定論」を区別して、「能力」判断の前に（故意を否定して）事件を処理する道を確保することは、故意・過失を「行為」評価のレベルで扱う可能性を踏まえた、異なる感覚が現れているように思われる。そこで、一般的に「能力」問題を（責任阻却事由として）後に残すような「体系論」に修正しておくか、あるいは、その「体系論」は「実在」という縛りをかけた「実体論」であり、そのまま訴訟上の「認定」に繋ぐことの当否は定かでないと認めて、「認定論」の次元（における要件把握の調整）を追加的に論じるべきではないか。私見によれば、近時の学説が評価的な性質を重視する「実質的責任論」に転じたのは前者の道を採ることであって、鈴木説は独りだけ後者の道を歩んでいる。

　すなわち、いわゆる「機能主義」が唱えられて以降、実務上の扱いを合理化（⇔規律）する論理を求める意識が強く、多数説は（浅田説が重視する）原理的なもの・伝統的な方法を修正して「実体論」の実用性を高める方向に転じているように思われる。浅田説は、実体法学として純粋に過ぎるから、（「能力および心理状態」の積極的な認定を求めることになる点で）実務との関係では壁にぶつかる。鈴木説は、「二元論」という手法で壁を突破しようとするが、「実体論」が（規範論の影響で）「評価」の解析に傾き過ぎており、具体的な事件における「実在」を扱う意識の強い実体法学から離れてしまう。「事実」を軽視するわけではなく、「要件事実」という形式で、裁判上の「事実認定」に繋ぐように語るべきだと言うのだが、刑法学の立場で見ると、その説得力に疑いがある[21]。とはいえ、責任論は、「規範的責任論」で「評価」を重視する議論に移行しているから、その特異性がさほど目立たない。とりわけ「原因において自由な行為」は、鈴木説の「実益」が現れる問題だとされる[22]。そこで、浅田説と鈴木説を対比して、責任に関わる「事実」の扱い方を考えてみたい。

21　刑法学の役割を裁判手続の「お膳立て」に絞り込むような主張（鈴木・前掲書15頁）では視野が狭すぎるであろう。詳細については、拙稿「犯罪論のあり方について－鈴木茂嗣『二元的犯罪論序説』を受けて－」神戸法学66巻1号（2016）235頁以下を参照。

22　鈴木・前掲書40頁以下。また、69頁以下の「第3章 責任要件事実と目的的行為論・主体の行為論」は、より広く、「二元的」把握と責任論との関係を扱っている。

2 実在／事実／評価

　構成要件に該当する事実が前提にあれば、違法性の推定が認められ、その阻却・減少に関わる事実は（刑訴法335条2項によれば、当事者の主張に基づいて）例外的に取り上げられるに過ぎない。その上で、不法を実現した行為者が平均人だと推定すれば、有責性の推定も認められ、その阻却・減少に関わる事実も同様に扱ってよい。このような論理で、「事実」相互の意味的な関係から、「認定」が不可欠な「事実」は絞り込まれるが、「推定」の土台として、構成要件該当事実は必ず積極的な認定を要する。故意・過失も「積極的な認定」を要する点は同じなので、「構成要件」の枠内で扱うに値する。客観／主観の区別よりも原則／例外の区別を重視すると、罪を基礎付ける（構成する）・「積極的な認定」が必要な要件の総体を「構成要件」と呼ぶのが「簡明」である。鈴木説は、このような（刑訴法335条に基づく）「構成要件」概念を想定しつつ、それは刑訴法学が扱うべき問題であり、刑法学はその前提にあるべき議論、罪刑法定主義の要請に対応する「犯罪類型」の議論に止まるべきだという[23]。構成要件／犯罪類型の区別は浅田説にもみられるが、その用語法は逆である。浅田説では、「構成要件」が「体系」概念であるのに対して、「犯罪類型」が「認定」の文脈に位置している。そこで、構成要件該当性という評価を先行させることに積極的な意味を認められるのかが問題である。行為（事実）に対する第一の評価だが、罪刑法定主義に見合う機能（個別化）を確保しているわけではなく、一般から個別への展開で違法評価の「原則」部分を問題とするに過ぎない。鈴木説は、それ自体が「認定」の思考だから、構成／阻却に割り振りすることが目的ならば、訴訟上の「事実」の扱いに繋ぐ形で（新たな「構成要件」概念で）整理する方がよいという。

　刑法学の難解さの一因は、要件－効果の関係を語る言葉の曖昧さにある。要件（事実）に基づく効果（評価）の発生という関係が基本となる一方で、「評価」に基づいて「事実」が認められる関係もある。犯罪は事実と評価の複合だから、評価を要件のように論じる言説も並び立ち、そもそも、構成要件該当性・違法性・有責性という「評価」が（総則所定の）犯罪の一般「要件」とされている。これら三つの「評価」が揃う場合に「犯罪」があるという関係から議論を始める。しかし、例えば、過失と注意義務と予見可能性・回避可能性の、どれが要件となる

---

[23] 鈴木・前掲書9頁以下及び99頁以下。

「事実」で何が「評価」なのか、その充足でどんな効果が発生するかが曖昧なままでは、訴訟活動へ繋ぐ議論の基盤が安定しないであろう。

そこで、鈴木説は、評価構造論／要件事実論を区別して、「評価」の相互関係を整理する議論（性質論）から「事実的基盤」を切り出す議論（要件事実論）へ展開する「体系」を主張する。責任論の場合には、その核心は「非難」を基礎付ける適法行為の「期待可能性」＝違法行為の「回避可能性」であり、それを認めるには、4つの可能性（①行為結果の予見可能性、②違法性の弁識可能性、③回避行為の決意可能性、④回避行為の遂行可能性）を保障する事情が必要となる。①に関わる要件事実が故意・過失であり、②③の能力面に関わる責任要件事実が責任能力であり、それらの行為状況面に関わるのが「違法意識の可能性」と狭義の「期待可能性」だという[24]。しかし、いわゆる「他行為可能性」の中身を細かい「評価」に切り分けても、それだけで新しい視点が加わるわけではない。故意・過失と責任能力が要件となり、違法意識可能性と期待可能性が「状況」問題として確認を要するという結論は全く変わっていない。それでいて、ここでの「可能性」と「事情」はどう関係するのか、故意・過失と「違法意識の可能性」や「期待可能性」は同じレベルの議論として扱ってよいのか、これらも「評価」だとすればその「事実的基礎」となる「事情」を具体化する議論が更に必要なのではないか、等々の疑問はやはり残っている。

鈴木説の独自性は、「行為者」に対する責任評価は同時存在すべき[25]でも、責任要件事実は事前に存在すべきであり、原因において自由な行為は、「原因において自由に回避可能だった違法行為」として、それ自体が責任主義に対応している、と主張する[26]点にある。違法行為の回避可能性が事前にあれば非難できる、という事前責任の論理を無限定に受け容れるようにも見える。しかし、いわゆる例外モデルは、能力時の意思（行為決意）の実現過程として捉えるので、意思（行為決意）と能力の同時存在を前提として、「実現」と言える関係ないし「意思

---

24 鈴木・前掲書23頁、83頁。
25 「評価構造論」は（「認定論的体系」との対比で）全ての評価の「同時」性を前提としていた（鈴木・前掲書15頁）が、「評価」分析の順序に時制上の意味はないという趣旨であった。ここでの「同時存在」は、（回避可能であった）違法行為がなされて初めて（行為者に対する）非難が可能になるという関係を示す趣旨であろう（同86頁）。
26 鈴木・前掲書26頁、42頁、86-87頁。だから、評価構造論／評価要件事実論を区別する構想は、「混乱」を回避する「実益」があるというのである。

の連続性」を基盤とするものと考えられる。これに見合う歯止めがあるかが問題である。確かに、「あえて違法行為を選択する意思」としての故意が「事前」に存在すべきことを求めているが、「評価」の同時存在で足りるといい、その相互関係には縛られずに、「責任要件事実」を前倒しする自由を認めるのならば、責任の「基盤」が解体されてしまう[27]。「行為者」という連結点だけで、責任を合理化できるだろうか。「能力」の変化は「行為者」自体の変化であり、基盤となる人格同一性それ自体が疑われるとも言える。この点を問題にしないのでは、「実在」から離れて、責任論の表層しか見ていないとの批判を免れないように思われる。浅田説が責任前提説にこだわり、「能力」を「構成」的に語るのは、そこに問題を見ているからであり、だからこそ否定説に至るのであろう。

　一方で、浅田説は行為時の「行為者」を評価対象として捉えた上で、その「能力および心理状態」に要件となる(「認定」すべき)事実を求める。求められる「評価」との関係で、そこまでの「実在」が本当にいるのかが問題である。他方で、鈴木説は、「行為者」という枠を(その変化を疑うこともなく)「回避可能性」の土台に据えているだけであり、現実の「行為者」を見ているとは思えない。「評価構造」の分析に傾斜して、事実の「実在」に伴う意味を軽視し過ぎではないか。「要件事実」という枠付けだけで「事実」を扱うことには無理があり、やはり、一定の「実在」を対象化する判断(構成要件論の意義はそこにあった)を先行させた上で、(「原因において自由な行為」のような「例外」を認めるのであれば、その許容条件を示す形で)「評価」の実質を具体化しなければならないであろう。

　多数説は、責任を他行為可能な状況下における行為決意の反規範性(決定規範違反)と捉えて、構成的に語るか阻却・減軽の問題とみるかには相違がありうるとしても、結果の予見…違法意識(の可能性)…(適法行為の)期待可能性を確認すればよい、それらが整えば異なる決意が可能であった=「他行為可能」であったと「認定」できる、という論理に依拠してきたはずである。具体的な「実在」としての「行為」という枠組の中で語る。「行為者」はその「能力」が「可能性」問題の背景となるに止まる。直接「人格同一性」を問題としてきたわけではない。要するに、非難を基礎付ける「事実」とは、当該「行為」の制御過程として

---

[27] 鈴木・前掲書85頁は、目的的行為論の故意論を批判する文脈で、「行為選択意思」としての故意と「行為構成意思」としての目的の相違を強調する。「選択」時と「行為」時を繋ぐものは不明であり、「回避可能性」という「評価」だけに止まるのではないか。

想定される連鎖的な仮定の事実であり、行為決意までの過程を問題としている限り、「可能性」という「評価」の中身をどう語ろうとも「要件」となる部分には大差がない。規範的な「制御」の過程をどう描くかが議論の分岐点である。敢えて言えば、行為と行為決意の同時性（同時的コントロール）を必須のものと読み込むか否かが問題であり、「原因において自由な行為」の場合は、「行為」把握における例外的扱いの要否・当否が問われるのだと思われる[28]。

浅田説の場合、「制御」だけで考えると過剰な要求とも言えるのだが、違法意識そのものが故意非難に不可欠だと捉えていること（厳格故意説）や、故意・過失という心理状態と共に、前提となる責任能力も構成的に語っていることに特徴がある。「実在」を「評価」の中に埋没させるべきでないという意識である。しかし、「故意・過失の能力」を構成的な「事実」として「行為者」の評価を論じる見方が求める「実体」とは何であろうか。違法意識の弱さという「危険な性格」を考慮する主観主義が相応しいのではないか[29]。責任の「実体」は「性格」にあっても、「認定」が徴表たる個別行為の評価に制約されれば、もたらされる「体系」には大差がない。浅田説がこのようなロジックを示しているわけではなく、原理（消極的・個別行為責任主義）と伝統的な方法を堅持する純粋さが現れているだけだが、だからこそ、繋ぐ論理（認定論）がなければ、国家権力の抑制や刑事裁判のコントロールという本来の意図から外れて、その主張は逆方向に（行為者の内面に立ち入る裁判を求める主張として）機能しそうである。少なくとも、責任能力については、訴訟では39条の定めた「心神喪失・心神耗弱」が刑訴法335条2項に応じて扱われるのだから、「責任無能力・限定責任能力」を「阻却・減軽」事由として扱う実務に「繋ぐ」べきであろう。故意・過失という「心理状態」はどうか。その「認定」をどこまで求めるべきだろうか。

3　故意（犯）／過失（犯）

浅田説は故意・過失を「責任構成要件」として違法評価の後に位置付ける。評

28　「原因において自由な行為」に関する私見は、拙稿「『認定論』という構想について」広島法科論集3号（2007）227頁以下、258-259頁を参照。「例外的扱い」の理由づけを、「禁反言の感覚」に基づく「全体的考察」の導入に求めているのだが、「法理の濫用」や「責任補填原理」を唱える見解（浅田・総論292頁を参照）に近いと言えるであろう。

29　それが違法論に波及すれば主観主義の刑法学だが、責任論で扱えば「性格責任」「行状責任」「人格責任」等々の言葉に載せられて、評価は異なったものとなりうるだろう。

価規範の先行テーゼに基づき違法＝客観／責任＝主観の区別を重視する客観的違法論である。しかし、評価規範違反と法益侵害説を土台にしても、それだけで刑法上の「違法」が決まる保障はない。故意・過失を評価規範の対象として取り上げてはならない理由はあるのだろうか。「構成要件的故意」を疑う文脈で、いわゆる「ブーメラン現象」を矛盾とみる見方も指摘されている[30]が、私見によれば、それこそが「認定」のためにする論理である。〈「体系」は全ての犯罪を収める枠組でなければならない〉〈犯罪の成否を決める「認定」は単一の「体系」内で語らなければならない〉という公理があるのだろうか。〈故意犯と過失犯は全く別個の「体系」である〉〈故意犯が否定されたならば、過失犯の「体系」に移って考え直すのだ〉という説明がなぜ許されないのだろうか。「体系」の美しさを争うような議論の意味は乏しい。過失犯は38条1項但書きに基づく例外である。いかなる意味での「例外」かは解釈に委ねられている。たとえ責任形式の違いと捉えるにしても、〈実体の〉違いに応じた（認定の）扱い方が根本的に異なるのであれば、それらを一つの「体系」内に並置することが必然かは疑わしい。「体系」は、整理の仕方・論じ方・問い方・等、犯罪論の方法に関わる問題でしかない。むしろ、原則／例外を書き分けて、「例外」の理由と対応を具体的に示す議論にこそ力を注ぐべきであろう。

　浅田説の故意責任は、責任能力を前提とし、「犯罪事実の認識と違法性の意識を故意の内容とすることによってはじめて、犯罪の主観的側面を的確に把握し、かつ、故意犯の強い責任非難を根拠づけることができる」という理解に基づいている。（未必の）故意と（認識ある）過失の区別は、「反対動機となりうるような蓋然性の認識」に求められているが、（可罰的違法性の意識を要求する）厳格故意説を唱えるので、誤想防衛の場合だけでなく、法律（違法性）の錯誤があった場合には広く故意阻却を認めることになる[31]。蓋然性認識の欠如、正当防衛の誤認、違法意識の欠如で、全て故意が否定され、過失の検討に移行することになる。両者は並置される責任形式だから（体系上）問題ないと言うだろう。

　しかし、注意すれば蓋然性を認識し得たこと、注意すれば防衛状況の不存在に気づき得たこと、注意すれば可罰的違法と意識しえたことは、それぞれ異なる内容をもつ過失判断であり、故意から過失に「移行」するルートに様々な種別があ

30　浅田・総論94頁。
31　浅田・総論298頁（非難の重さ）、305頁（蓋然性説）、326頁（厳格故意説・法律の錯誤）。

ることは否定し難い。「種別」をそれぞれ構成要件段階、違法段階、責任段階からの「移行」として表現する「体系」があってよいのではないか。すなわち、故意責任が問えない場合（その理由は多様である）に補充的に検討するのが過失犯であり（過失の内容は多様である）、「個別化」のために故意／過失を構成要件で扱うとしても、その裏側を硬直的に考える必要はない。「個別化」は、特定の罪で刑事責任を問うための最低限の（構成要件的な）条件を満たしていたかを確認するだけであり、A罪のそれが満たされた場合にB罪であり得ないことまで意味するかは両罪の（法条競合）関係に依存する。とりわけB罪が過失犯ならば、多様な「種別」が含まれており、全てを「過失」という言葉が包摂する以上、過失犯の「体系」は故意犯とは全く異なる複合的な・開かれた構造をもつものと理解すべきではないか。

　浅田説は、客観主義を貫いて、違法（構成要件）論から主観的要素を排除しようとする[32]。違法論の客観化を徹底する反面で責任論の主観性が強調されて、しかも、主観的事実の「実在」が要求されている。しかし、その「主観」の「認定」を求めることの当否は検討すべきだろう。違法論で扱うと「心情刑法」のレッテルを貼られて厳しく批判される。同じ「事実」を「責任論」で扱えば問題がないのだろうか。確かに、「客観」評価を先行させて「主観」の扱いを枠付けることも重要だが、法がどこまで「主観」に立ち入るかが問題である。浅田説は、責任説による責任の空洞化を批判する[33]が、逆に言えば、責任説ならば、「構成要件該当事実の認識」さえ確認できれば、他は全て「行為」の「評価」問題として扱うわけである。どちらが個人の思想・心情の保護に資するだろうか。行為主義の目指すところがそうであるように、国家の「評価」が内心領域に踏み込まないような理論に構成することは、それ自体に価値がある。実務に重要なのは、違法要素か責任要素かではなく、どんな「事実認定」が必要となるかである。「主観」を削ぎ落とす「実体論」は、「主観」の「認定」を軽減する。「主観」の「実在」に拘るのは、実体法学の伝統への拘りであり、「体系」論の偏重に通じる。それは機能主義の刑法学が転換を求めた態度であろう。

　そこで、過失犯の本質を「不注意」という「心理状態」に求める理解にも批判的にならざるを得ない。「心理状態」の直接的な「認定」は極めて困難であり、

32　浅田・総論124頁以下。
33　浅田・総論331頁は、「責任の実体を否定し、責任を過度に規範化する」と批判する。

様々な「要件事実」を具体化していく必要がある。結局は、客観的な「注意義務」を語ることに等しくなるであろう。いずれにせよ、「不注意」の「種別」を具体的に扱うべきであり、故意犯と対比しつつ、規範的な制御の過程を具体的に描くこと、その過程上の位置づけに応じて「種別」を列挙すること、そして、それぞれでどのような事実が「認定」されるべきかを示すことが課題となる。「制御」は「結果回避可能性」の捉え方に関わる。過失犯の「制御の過程」が故意犯のそれとは異なることを確認し、そこを原点とすべきであろう。

　犯罪の原型が故意犯であること（38条1項が示す故意要求原則）は、蓋然的な結果の予見があればその行為は止めるべきだという素朴な発想にあるだろう。浅田説は、故意犯における非難の重さを違法意識を伴う意思決定に求めるが、38条3項との整合性に疑いがある。予見しながら回避の配慮を示さぬまま行為に及ぶ（少なくとも「消極的認容」の）態度であれば重い非難に値しうると見て、「主観」の扱いは軽くすべきである[34]。反面で、過失犯は、回避の配慮が不十分であった場合として、「回避可能性」を個別に判定すべきことになる。標語的に言えば、故意責任は行為中止義務の違反だが、過失責任は行為修正義務の違反であり、「行為」を続けながら結果を回避しうる「修正（手段）」の（選択）可能性を確認しないと責任を問えない。過失は手段選択のミスであり、採りえた選択肢の検討が必要である。「選択肢」は多様な形で想定されるから、「ミス」にも多様性がある。手段的能力は「選択肢」を制約するから、「修正（手段）」は行為者毎に個別化される。一定の「手段的能力」を資格要件とする制度内の行為ならば、無能力者の参加はそれ自体が「過失」となりうる（引受過失）。法的意味を踏まえた対応が求められる場面では、法知識の有無を「手段的能力」に準じて扱う余地もある[35]。行為動機が衝突する相手方と平和的に交渉することや、行為動機を共有する他者に協力を求めることも「選択肢」に入るから、行為者の立場だけで話が完結するわけではない。そこで、故意犯の体系ならば違法論・責任論・共犯論で扱うべき事情が、「過失」判断に入り込む可能性があり、故意犯とは全く異なる、

---

[34] 鈴木説のいう「選択意思」に一定の意味を見出すとすれば、「意図」や「積極的認容」を求めることになるであろう。「可能性」の認識に止まる場合は、それを要求することが望ましいと考える。故意の限界づけは、知的要素と意的要素の相関的な評価となり、それを超える部分は「量刑責任」に関わる「情状」として位置付ければよいであろう。

[35] 業法上の犯罪がその規律を受ける業務者に適用される場合、規制に関する知識を当然の前提としてよいか否かは既に「過失」判断の枠内で考慮すべきものとなるであろう。

補充的・複合的な帰責構造を想定すべきであろう。

　責任(非難)の対象が「個別行為責任」により行為時の意思に限られるのならば、他の行為の「選択」可能性を行為(決意)時における意思自由の問題として確認すべきことになる。その際、故意犯では、「行為中止」という選択の考慮で足りることが前提であり、単純な選択なので、行為動機を支配する他の原因(緊急状況や幻覚・妄想)がない限り、自由にできたと推定される(推定を破る「他の原因」を検討することは違法論・責任論の課題となる)。過失犯の「行為決意」は同様に扱えない。法の求める「行為決意」の方向が具体的事案に依存するとき、「推定」を前提とした議論はできず、「意思自由の問題」を「過失」から切り離して扱うのは難しい。そこで、過失と責任能力の関係は、故意と責任能力の関係とは様相を異にし、違法意識可能性や期待可能性の位置づけも視野に入れて整理し直すべきである。通常は、故意が結果予見であり、過失が結果の予見可能性だから、故意犯の帰責で仮定される「制御」の過程が「可能性」を起点として、つまり、結果を予見していたならば…という「仮定」の下で、同様に想定できると言うのだろう。しかし、「行為中止」に向けた仮定ではなく、事案に応じて「行為修正」に向けた仮定を組み上げなければならない以上、「意思自由の問題」も一緒に扱うしかないのではなかろうか。

　浅田説は責任前提説だから、故意・過失に共通の「責任能力」を想定している。故意と過失は結果予見の有無で対極にある。それでいて「前提」となる同じ能力を想定するのならば、それは事実認識(～予見)の能力とは無関係だと考えるべきではないか[36]。加えて、「能力」が状況に対処する力だとすれば、要求される「実在」自体が行為状況に依存する。過失犯の場合は、その「行為」の捉え方が流動的であって、「行為状況」の特定も単純ではなく、その「能力」問題を画一的に扱うことはできないように思われる。上述のように、「過失」の種別によっては、法知識が「手段的能力」として資料に組み込まれる可能性もある。そこで、責任能力と故意・違法意識可能性・期待可能性を切り分ける、故意犯での責任要素の捉え方が(故意を過失に代えて)過失犯の責任評価に応用できるかは疑

36　認識能力は手段的・事実的なものであり、規範に対応する弁識能力とは異なると捉えるのならば、「責任能力」を検討する前に、行為者の「認識能力」に応じて事実的な「構成要件的故意・過失」を論じることはできるであろう。その裏側の関係(認識能力がなければ規範対応能力も疑われること)は理解しうるが、浅田説が責任前提説を理由にして、表側における区別～故意・過失の類型的な把握を否定することは説得的でないと思われる。

わしい。過失犯は故意犯と同等な「三段階体系」に（単純には）はまらない構造のように思われる。求められる規範的な「能力」は、「行為中止」に向けて葛藤状態の中で決意に至る（動機過程の制御）の能力ではなく、「行為修正」に向けて互いに呼び掛けあい・譲り合うことのできるような能力である。過失犯の基本型[37]は、社会的な交渉の中で問題となる犯罪であり、具体的な交渉に対応しうる能力を求める必要があるため、状況面で捉えて、違法意識可能性や期待可能性という「評価」の問題として扱うことを考えるべきであろう。

　その際、交通事故を例にとれば、行為者は自動車の運転者であり、道路交通法の知識は当然に備えており、ルールに応じて「呼び掛けあい・譲り合う」行動の仕方も知っていることを前提として「評価」されるであろう。その意味で、「可能性」を「認定」する際の基準となる「能力」は免許を取得している自動車運転者のレベルに設定される。その理由づけを「手段的能力」としての位置付けに求めるのでも構わないが、（道交法の）法知識に基づく「弁識」の問題に及びうることは否定できない。結果として、道路交通における「過失」は、「自動車運転者」として類型化された「平均人」を標準として示されるから、「実体論」としても、個人の能力状態はこの標準との対比で扱われるであろう。その上で、標準的な能力のない者が運転していた場合、それで責任阻却になるわけではなく、むしろ、危険性の大きさ・結果予見の容易さが認められて、「過失」の捉え方が変わるであろう。そこで、故意犯の場合に「責任能力」に積み残される話が、過失犯では「過失」評価の中に取り込まれて、「過失の能力」を直接「認定」すべき事態はほとんど生じないように思われる。

　制度的な枠組から評価されるべき過失犯の事例では、このような「実体と認定」の関係が現れるだろう。我々の社会はあらゆる場面で「制度」化が進んだ。（人身被害をもたらしうるような）活動が「制度」と無関係にされることは希であり、実は、そのような過失事例の方が多いのではなかろうか。だとすれば、個人標準で「過失」と「能力」を問題にすべき事例は限られたものでしかなく、それが当初のモデルであったとしても、過失犯の扱い方は変化を受ける。本来の責任主義が個人標準を求めていても、「制度」が社会生活を規律する枠組として定着

---

[37] 故意犯を遂行する過程における失敗で考慮される過失犯は、類型的には別個のものと考えられる。結果的加重犯がそうであり、目的と手段の不当性が意味的にズレを含む錯誤事例の場合も、（意思自由の問題に関しては）故意犯に準じる扱いが想定される。

すれば、「社会生活上の注意」を扱う過失犯の「実体論」は組み立て方が変わる。「責任論」もこのような過失犯論の変化と並行して変わった。そこには、「実体論」を新たに展開するように見えて、実は、実務上の扱いへの影響（繋ぎ方）を意識した、（機能主義的な）理論の再構成が垣間見える。「犯罪の認定」は「実体」の描き方を変えることで合理化される面があることを確認しておきたい。

四　機能主義的な語り方

　刑事責任の理解については、心理的責任論から規範的責任論への移行をどのように受け止めるかが問題である。行為主義の下では「行為」を「実在」として捉えればよく、その「非難可能性」という「評価」に重点が移る。「期待可能性」という限界判断を事実化するのは難しく、また、意思自由[38]に支えられた意思決定に対する「非難」だけでは、形而上学的に応報～罪刑均衡という限界を示すにしても、現に賦課する刑罰に内容を与えることはできない[39]。処罰の正当化は、応報を微調整するだけのような、追加的な言葉で済ませてよい話ではないであろう。「実質的責任」を（人々の規範意識と）犯人の規範心理層への働き掛けという（統合的な）予防論で説明する筋書は、少なくとも、過去の清算に閉じこもる議論から、過去を受け止めつつ将来を展望する議論へ視野を広げる点において優れているように思われる。それを「責任」の土台に据えるのならば、能力や心理状態を重視するのは得策でない。悪しき意思を「実在」として求める理論は、裁判にその「認定」を求めるものとなり、「疑わしき」場合には全て無罪として扱うべきだという筋書にはまる。実体法学の伝統を純化した先に予想されるのは、（期待可能性の主観説に対する批判に現れる）刑事司法制度の機能不全である。浅田説はその道を進みつつ、「情況証拠の利用」による「認定」で対応すると言うのだが、「実体論」を守るだけで、実際上の問題を解決できると思えない。厳格な要

---

[38] （脳）科学の進歩で意思が解析され、自然的な因果性で説明できる世界が拡がれば、それは自由の基礎付けではなく、むしろ不自由の描写であろう。未解明であることこそが自由の実質ならば、解明の徹底を拒むものみが自由を信奉できる。ひとまず、「進歩」を拒否できないと自覚するのであれば、因果性を認めつつ「自由」や「非難」を基礎付けるしかない。

[39] 応報が「合理的な基礎を欠くがゆえにこそ合理的な帰結を生み出す」との主張（小林憲太郎「刑法の判例と実務－第一回　刑罰の目的」判時22274号（2016）3頁、6頁以下）もあるが、それだけでは、威嚇の真摯性を示すことを超えて、処罰の中身を決める指針になるとは思えない。

件を求めるのならば、推定規定などを併せて用意しなければ、実務上は扱いにくい。実体法学の純化は手続法学に負荷をもたらす。だから、刑法学も、刑法の機能性を確保する方向に踏み出して、堅い「体系」思考から脱皮したのであろう。

いわゆる「ソフトな決定論」が規範心理層における決定で自由との両立を唱える場合、「個別行為」に現れた限度内の一部にせよ、答責の根拠が人格や性格といった「行為者」の属性に求められることは否定し難い[40]。しかし、「応報」は犯人と社会の間の「応答」であればよく、「答責」を（自由の部分には「本来の非難」になるとして）規範的な不自由の部分では予防（矯正）に繋がるもの（展望的な非難）として想定することは、具体的な「行為者」において、どこまでが自由であったかを解明しなくてもよい理由、つまり、（不可知論[41]を土台にして）一般的な「他行為可能性」の確認の下で処罰を正当化できる理由を示しうる点で、少なくとも、実務のあり方に繋ぐ論理（仮説）として有意義であるように思われる。「解明しなくてもよい」ということが、「行為者（人格）」を「責任」評価の背景に止め置くことを可能とする。「個別行為責任論」が「人格」に踏み込まないことを求めるとき、たとえその説明方法が性格に及んでいても、目指すものを合理化しうるような「仮説」ならば、それ自体の価値を認めたいと思う。

「個別行為責任」でも、それが「応答」の関係ならば、既に「応答」を経験済みの者に対して問責する場合は内容が異なりうる。「行為者の要罰性」に議論が及んだとき、累犯の加重処罰を典型とする責任の「幅」を基礎付けるには、（人格形成過程が理由にならないとすれば）犯人と社会（国家）の関係の相違に意味を認めるしかないであろう。前刑に「展望」の意味があればこそ、「関係の相違」を語れるのだと思われる。浅田説が「個別行為責任」を貫徹して累犯加重を批判する[42]のは筋の通った話だが、特定の規定を違憲だと切り捨てる前に、現在の法状態を支えうる議論を構想すべきであろう。

故意論の現状はどのように評価すべきだろうか。38条2項を考慮すると「罪にあたる事実の認識」は必要だが、3項により違法意識は不要である。事実認識が

---

40 浅田・総論273頁によれば、平野説（性格論的責任論）の問題点は、「本来の非難」とはいえず、「責任よりも危険性に向けられた理論である」ことにある。

41 責任評価を実践する場面で、我々の認識能力に限界があることを所与の前提とすべきことのみならず、「人格」への介入を限界づける意味において、知るべきでない領域を確保することも考えてよいのではないか。

42 浅田・総論508頁。

反対動機形成につながる過程を担保する要素として「違法意識の可能性」が必要となる。この「可能性」は「心理的事実」ではなく「評価」の問題と捉える方が素直であろう。とすれば、責任説の枠組が理論的には望まれるが、38条はその規定形式ではない。そこで、「事実認識」を「違法意識が可能な認識」に制約することで、求める「実質」を38条1項の枠内で確保する議論が主張される（実質的故意論）。個別化された「構成要件」の認識を緩める点が批判の対象となっているが、「評価」的なものを「要件事実」に取り込む方策の一つを示したことになる[43]。求める機能を条文に載せる「語り方」である。

　故意と過失の境界を「蓋然性の認識」に求めるか「認容」に求めるかが争われる。「認容」という意的要素は内心領域に踏み込むことになるから、それよりは、蓋然性説が客観主義に馴染むと評価されることが多い。しかし、蓋然性は可能性の高さであり、それ自体は「実行行為」の限定として扱える話であろう。とすれば、蓋然性説は、客観的事実として確認されるものの「認識」を問うに過ぎず、直接的に心理状態を画する議論ではない。身体の枢要部を攻撃していれば（殺害の）故意を認定できるという実務を先取りし、枢要部の攻撃となりうることの認識があれば故意であると表現するに等しい。それは、「認定」への繋ぎを読み込んだ「実体論」の再構成であり、故意/過失の境界を主観の外で決めるに等しい。加えて、強い行為動機が認められれば故意は認定されやすく、回避的・抑制的な行動があれば故意は否定されやすい。これらの「認定」上の慣行から逆算して「実体論」を再構成すれば動機説となり、それは「認容説」の読み替えとも言える。一方で、行為動機の強さは反対動機を乗り越える利己的な価値判断を推認させる。「反対動機」を乗り越えて結果の発生を「仕方がない」と受け容れる意思こそが「積極的認容」であろう。優越的な行為動機の認定は「積極的認容」の認定に等しい。他方で、回避行動の欠如は「無関心」さを推認させる。可能性認識がありながら、無関心のままで行為に出る場合こそが「消極的認容」であろう。かくして、蓋然性説や動機説は、故意の「認定」手法（の慣行）を理由づける、「実体論」の再構成だと思われる。その説得力は実務感覚との近さに基づくものであろう。

43　同様にして、違法と意識しうるだけの弁識能力とか、（動機制御を）期待しうるだけの制御能力とかの「定義」をすれば、刑事責任に求められる「評価」は「責任能力」規定の中に読み込まれることになる。状況と能力は相関的なものである。

実務上の扱いは法規に基づいて実現される。もちろん、超法規的なレベルで「要件」を立てて説得する議論もありうるが、実務家が法規を離れた扱いを採用することは希有であろう。だから、刑法を「機能」させるには、求める「評価」を法規の上にどう載せるかを考える必要がある。それは「要件」となる「事実」に求められる性質を語る言葉となる。だから、評価に依存するような「要件」の提示が増えてくる。評価的な属性が様々な形で上乗せされて、「事実」としての捉え方が曖昧になると、実務上の扱いにブレが生じやすくなる。最大の原因は、刑法典が旧い形式のままなのに、議論の深化（細分化）は留まるところを知らないからである。「実体」を「認定」によりよく（ブレのないように）繋ぐためには、刑法典の規定ぶりを変えていく必要もあるのだが、通説的な見解が固まらず、それが実現できない間は、「実体論」とは区別して「認定」に繋ぐ議論を意識的にやるしかないであろう。すなわち、「要件」のレベルは「評価」を伴う「事実」として設定しておいた上で、「評価」を安定化させるための下位基準を設定する。「下位基準」のレベルで「認定」対象となる「要件事実」を具体化するという語り方である。だからこそ、（鈴木説が「混乱・複雑化」と評価する）実体論と認定論の絡み合いが現れてくるのであろう。このような筋書が広汎に及んでいるのが刑法学の現状ではなかろうか。

　浅田説のあり方は、実体法学として純粋であるが故に、単純には賛同し難いものである。「実在」としての「意思」が疑われる（認識なき過失の）事例にも及びうる「刑事責任」を想定する場合、その「実体論」の虚構性は露わになる。専ら「予見可能性」という資料（状況証拠）だけで推認されるような「不注意」に「刑事責任」を基礎付ける「実体」はあるのだろうか。その「可能性」自体も「行為状況」と「行為者」の（仮定的な）「能力」の相関で描くしかないであろう。「認識なき過失」は過失とは言えないという見解もあるが、「制度」の中の人間を扱うべき現代社会における刑事司法の実務をそれで語り尽くせるとは思えない。「状況証拠の利用」による「状況」の「認定」に決定的な重みを与えるような方向性が望ましいとは思えない以上、「実体論」の再構成を目指すべきだと思われる。それが許されない限度に達すると言うのならば、「認定論」を別途に展開して、原理的に許せる範囲の「実体論」と実務上の扱いを繋ぐべきであろう。

五　おわりに

　「可罰的違法性論について研究してみたいと思っています。」刑法読書会の後、浅田先生と直接お話をさせて頂いた時に、そう言った記憶がある。「東京中郵事件の判断をいかに再生するかが問題だよね。」と言われたように思う。実は、私の興味は、「可罰性」の扱い方という、方法論的な様相に向かっていたのだが、先生の回答は正に（関西）刑法学のスタンダードであり、「やっぱりそういう議論が普通なんだ」と思い、大いに自戒した。浅田先生はいつもスタンダードを外さない方である。私の印象はそれに尽きる。その後、私は、「違法の相対性」が問題となりうる事例を幾つか検討してみたが、最近は、鈴木先生の影響もあって、かなり開き直って「方法論的な様相」の話題を探っている。この小稿も、そのような客観性の乏しい・不勉強を露呈した物言いばかりだが、先生の学恩を忘れていないことの証として、敢えて載せて頂くこととした。大きく誤っている可能性を認識しつつ、やむを得ないと認容している。何と言っても、私は責任論が解っていないからである。
　自由意思をめぐる論争、規範的予防論の功罪、現代社会における責任概念の変化、帰責・問責・答責を議論する地平の捉え方、等々、答えが決まりそうにない問題が多すぎる。刑事責任論は、哲学・社会学・倫理学・政策学・等々、あらゆる学問がごった煮になった闇鍋のようである。先行研究のどれもが一理（利）あると思うだけで、どう考えても決断できない。自由な部分に向かう「非難」と、不自由な部分を扱う「予防（矯正）」は対極にあるのだろうが、やはり、両者とも「一理（利）ある」と思うのだ。〈価値相対主義を前提にして、法益侵害で語るべきだ〉という違法論の傾向を横目で睨みながら、〈価値相対主義の下で「責任」の構想を統一することなどは無理だ〉と思わずにはいられない。無理な世界を進む道はどこにあるか。この小稿で達したのは、妥協できる「仮説」があればよい、それで実務に繋ぐ話を作れたら、繋ぎ方の質を高める方がよい、という開き直りである。脳死論にせよ過失犯論にせよ、同じ道を歩んだ気がする。やはり人間の行動は「人格」で決まってしまう。危ういと思いつつ認容するのも自分だが、結局そうしてしまう人間だと自覚する（やがて後悔する）のも自分である。原因は何であれ反省できること、これから先はまだ判らないこと、「自由」が本当

にあるとすれば未来においてではないか。現状で実感できるのはそれだけである。だから、こんな拙い話になったと言わざるを得ない。

　実は、「刑事責任の実体と認定」と言いながら、正にスタンダードな「精神鑑定」の話を扱っていない。浅田先生の専門なのに失礼な話である。弁明しておくと、最決平成21・12・8刑集63巻11号2829頁が出て、議論が沈静化したようにも思えるし、それでは余りにも「事実認定」に寄り過ぎてしまう。「実体」が「法的病気概念」だから、「精神鑑定」にその「認定」を拘束する力まではないが、専門家の知識は（合理性を欠くものでない限り）尊重に値するという話である。「事実認定」との繋ぎには、「責任能力」とか「弁識能力」とかではなく、もう一つ次のレベルに掘り下げて「事実」を語る言葉が必要であると思われる。鈴木説のいう「要件事実論」は、問題毎・事例毎に、「レベル」を見極める作業が厄介であり、自信をもって語れるものは何もない。私見の「認定論」は、その手前で、ある種の「例外」の扱い方を検討する理論として想定している。一方では、それを具体的な事例で示すことを、他方では、過失犯の「制御過程」を描いて「種別」を整理し、幾つかの例を示しながら、「過失の認定」のあり方をまとめることを、次の課題としておきたい。

責任と決定論についての小考

中　村　悠　人

一　本稿の課題
二　決定論・自由意志論・両立可能論——議論の整理
三　神経科学の視座
四　他行為可能性の意味
五　フィクションとしての自由意志？
六　社会的構成物としての自由
七　人格と行動統制

一　本稿の課題

　本稿は、自由意志を巡る議論を素材にして、責任と決定論の両立可能性を検討するものである[1]。周知のように、責任論においては、意志の自由の肯否について多くの議論が展開されてきた。意志の自由を認める立場（いわゆる非決定論）からは、人間の意志は選択の自由を有するとし、従って、他行為を選択する可能性（他行為可能性）があったにもかかわらず、犯罪となる行為を行ったことにつき、行為者を道義的に非難可能であるとする。行為者には犯罪を行うという選択肢とこれを思いとどまるという選択肢があったが、犯罪という選択肢を自由意志で選んだことが非難に値することになる。いわゆる旧派は、この道義的責任に基づいて、刑罰は非難の現れとしての応報刑であるとした[2]。
　他方で、意志の自由を否定する立場（いわゆる決定論）からは、人間の意志決定は素質と環境によって決定されているとして、他行為可能性はないとした。そのため、非難可能性としての責任は否定され、責任は、社会的に危険な行為者がそ

---

[1]　なお、本稿では、哲学や神経科学の論稿にも触れるため、引用を除き「意志」で統一している。
[2]　大場茂馬『刑法総論　下巻』（中央大学、1917年）627頁、小野清一郎『刑法講義』（1932年）124頁以下。

の性格の危険性の故に社会防衛のための一定の措置を受けるべき地位にあることを意味する。いわゆる新派は、刑罰に代えて、そのような措置として特別予防的な保安処分を科すべきと主張した[3]。

もっとも、意志の自由を認める立場に対しては、なにものにも決定されない自由な意志というものはあり得ず、もしあるとしても、それでは刑罰による犯罪予防効果も効果を持たないことになると批判がなされる。他方、意志の自由を否定する立場に対しては、人間の意志が因果的決定の所産であれば、非難や帰責という行為自体も、因果的決定の所産であり、それらは因果的に決定された行為に対するやはり因果的に決定された事実的な反応に過ぎず[4]、責任刑法を放棄することになると批判される。

そこで、意志の自由を認める立場からも認めない立場からも歩み寄りがなされ、旧派の側からは、人間の意志は素質と環境に決定されつつも、なお最終的な意志決定の段階で、自由な意志決定の余地は残されているという「相対的意思自由論」が主張され[5]、新派の側からも、社会的道義的責任の理論として、期待可能性論を採用する見解が現れた[6]。さらに、意志も法則に従うが、人格には生理的な層と規範心理的な層とがあり、前者は素質と環境により決定されるが、後者は社会的非難によって決定されることが自由を意味し、非難による条件づけが目指されるべきという見解[7]（「やわらかな（ソフトな）決定論[8]」）も主張された。

3　牧野英一『刑法總論 第四版』（有斐閣、1949年）280頁以下。
4　この点で、Karl Popper, The Open Universe: An Argument for Indeterminism (From the Postscript to the Logic of Scientific Discovery, edited by William Warren Bartley), 1982, p. 124. を参照。さらに、John C. Ecoles, Facing Reality, 1970, p. 20（ジョン・C・エックルス（鈴木二郎・宇野昌人訳）『脳と実在』（紀伊國屋書店、1981年）21頁以下）では、決定論の主張者らは「その論理的帰結がみずからの主張を無意味にしているという事実に気がつかない。というのは、彼らの主張という行為自身、単に以前の条件づけの結果として認められるべきだということになり、この条件づけの効果を示しているに過ぎないことになる」とする。それ故に、上原行雄「非決定論と自由の構図素描」上原行雄・長尾龍一編『自由と規範 法哲学の現代的展開』（東京大学出版会、1985年）74頁以下、72頁で「決定論が成立するとすれば、いっさいの責任論は責任論として成立しえないのである。」とする（傍点原典ママ）。
5　植松正「責任能力」日本刑法学会編『刑事法講座 2 巻』（有斐閣、1952年）281頁以下。
6　木村龜二『刑法総論（有斐閣、1959年）324頁。なお、同「刑事責任の本質」法哲学四季報 2 号19頁以下も参照されたい。そこでは、規範的責任論が自由意志を否定し道義的責任論を採用しなかったことことに検討を加えている。さらに、Edmund Mezger, Strafrecht. Ein Lehrbuch, 3. Aufl., 1949, S. 251 ff. も参照。
7　平野龍一「人格責任と行為責任」同『刑法の基礎』（東京大学出版会、1966年）（刑法学会編『刑法講座 3 巻』（有斐閣、1963年））31頁以下、特に44頁。なお、平野龍一「刑事責任について――批判に答えて――」前掲書61頁以下、64頁も参照。

例えば、「相対的意思自由論」からは、「意思の自由および行為の自由は、道義的責任の基礎をなすものである。意思の自由とは、意思が何物にも決定されないということではない。それは具体的に二つ以上の行為の可能性を残している。」として「行為は決定されつつ決定するもの、たえず新たなるもの、自由なものである。」と主張される[9]。さらに、「素質と人格環境との相互作用のもとに行為者人格が形成され、そうして行為者人格と行為環境との相互作用のもとに犯罪行為が決定されるのである。しかし、この場合に、人格の形成なり行為なりが、自然必然的に、行為者の選択の自由をまったく排除するような意味で決定されるのではない。」として、「人格は素質環境に決定されながらも、その範囲内でみずからを決定して行くものである。」とされる[10]。

この点で、決定論を自然科学的な決定論と歴史的決定論にわけ、歴史的決定論においては、ある程度の法則からの自由を認める見解がある。すなわち、「人間的意思も亦歴史的に決定せられながら常に創造的に作用するものと理解される」として、「決定論の意思は経験的世界において遺伝と環境、社会的、歴史的状況の下に決定せられながら、自然法則に常に支配されることなく、その限度において自由に、従って、因果関係を支配、統制しながら、歴史的、創造的に作用し得るところの意思」とされる[11]。この見解は、法則からの自由を認める点で、人間の意志が非決定的であるようにも思われるが、それは歴史的決定論の文脈であり、自然科学的な決定論における主張ではない[12]。ここでは、（二元論的に理解することで）決定論と自由とが矛盾しないことが意識されている。これは、前述の人格を生理的な層と規範心理的な層にわけ、後者に自由を認める見解にも通底しているところがある[13]。

---

8 William James, The Dilemmna of Determinism, 1884, in: Paul Edwards/Arthur Pap (ed.), A Modern Introduction to Philosophy, 1959, P. 329.
9 小野清一郎『刑罰の本質について・その他』（有斐閣、1955年）95頁以下。
10 団藤重光『刑法綱要総論 第三版』（創文社、1990年）12頁。さらに、同「刑法における自由意志の問題」尾高朝雄教授追悼論文集刊行委員会編『尾高朝雄教授追悼論文集 自由の法理』（有斐閣、1963年）220頁以下も。
11 木村・前掲（注6）62頁以下。
12 なお、この点で、大野平吉「刑法と自由意思」中山研一ほか編『現代刑法講座 第1巻』（成文堂、1977年）37頁以下も参照。
13 碧海純一「法の運用における客観性と主体性——団藤重光著『法学入門』をめぐって」同『法哲学論集』（木鐸社、1981年）339頁（法学協会雑誌92巻1号（1975年）107頁）も、「我々が典型的に『自由』であると考える行為は、社会規範が人格への内面化によって人の行為をある意味で強く『決定』しているような場合（獄中で毒杯を仰いだソクラテス、闇の食料を拒んで死をえら

このように、決定論の立場からも自由を認め、責任非難が可能であるとの主張がなされている。もっとも、この主張が成り立つためには、決定論と自由、自由意思、責任が両立し得ることを論証する必要がある。本稿では、その両立可能性を検討するなかで、他行為可能性や自由の意味を再検討していきたい。まず以下では、やわらかな決定論とかたい（ハードな）決定論の両者を比較して、その着眼点の違いを整理したい。

二　決定論・自由意志論・両立可能論——議論の整理

　人の行為が決定されたものであるならば、その行為は、自身がどうすることもできなかった過去の事態と因果法則とによって決定された結果であり、自身が行った通りにしか行動できなかったことになる。この決定論が真であるならば、あらゆる犯罪行為者は犯罪を犯さない自由意志を有していなかったのだから、彼に責任を問うことができない。行為を非難することができるのは、行為者が因果律に支配されていない自由意志によって行動したときだけである。それ故に、その行為者に対しては、（行為者の自由意志を前提とする）非難の要素を含まない処置により、その将来の行動を改善することができるぐらいである。いわゆるかたい決定論はこのようにして、決定論と自由意志ないし責任とは両立をしないと説く[14]。

　決定論と自由意志ないし責任が両立しないと主張する点では、先のような自由意志を認める立場も同様である。正常な人間の行為は因果的に決定され尽くしてはおらず、それ故に責任を問えると考えるわけである。一般に自由意志論と呼ばれるこの見解は、諸外国ではリバタリアニズム（libertarianism, Libertarismus）と呼ばれるものである[15]。もちろん、政治哲学において用いられるリバタリアニズムを意味するものではない。この両立を否定する・不可能とする見解は、両立不可能論（incompatibilism, Inkompatibilismus）と呼ばれる。これに対して、因果的に

んだ山口判事の行為など）であ」るとしている。さらに、同「法哲学の世界観的課題——特に自由意志問題——に関する予備的考察」矢崎光圀編『井上茂教授還暦記念　現代の法哲学』（有斐閣、1981年）35頁以下も参照。

14　丹治信治「行為の自由と決定論」大森荘蔵ほか編『新・岩波講座哲学　第10巻』（岩波書店、1985年）164頁以下、Peter van Inwagen, An Essay on Free Will, 1983, ch. 1, sec 6, ch. 3 を参照。

15　Lawrence H. Davis, Theory of Action, 1979, pp. 109-111.

決定された行為にも自由意志を認めることができるという形で主張されることがある。これは、決定論と自由意志ないし責任とが両立できるという見解であり、両立可能論 (compatibilism, Kompatibilismus) と呼ばれる。

かたい決定論とリバタリアニズムが、自由意志が経験的に認められるか否かの論争であるのに対して、両立可能論と両立不可能論の争いは、行為の因果的決定と責任との関係に関する道徳的な論争とされる[16]。例えば、やわらかな決定論からは次のように主張される。すなわち、法には二つの意味があり、それが混同されている。一つが命令であり、この場合は人間の意欲を対象とし、これを強制する。もう一つは法則性であり、この場合は記述であって、何らも禁止や強制という要素を含まない。そして、自由とは強制されていないことを言うのであって、法則性がないことを言うのではない[17]。このように、人間の意志が法則に従うものであることを認めつつ、人間の意志に自由を認めるのである[18]。

「『……人間が自由だからこそ、すなわち、因果律に支配されていないからこそ、賞罰を帰せられるのである』などと言われる。しかしそれは全く逆である。人間が自由であるから賞罰を帰せられるのではなく、賞罰を帰せられるから自由なのである。人間の行動が因果法則によって決定されていないから自由なのではなく、疑いもなく決定されているにもかかわらず自由なのである。人間は、その

---

16 森村進「刑事責任における「自由意志」問題」同『権利と人格——超個人主義の規範理論——』（創文社、1989年）201頁以下、203頁。決定論は経験的命題であるとの主張に対する反論として、瀧川裕英『責任の意味と制度——負担から応答へ——』（勁草書房、2003年）56頁。

17 Thomas Hobbes, Of Liberty and Necessity, in: Vere Chappell ed., Hobbes and Bramhall on Liberty and Necessity, 1999, p. 30, 72-81 は、強制からの自由と必然性からの自由を区別し、人間の自由に関して、強制からの自由は語り得るが、必然性からの自由はないとした。また、David Hume, A Treatise of Human Nature, pp. 408-411 も、強制と対比されるのは自発性の自由であり、必然性・原因性と対比される無差別の自由とは区別していた。必然性を否定する無差別としての自由ではなく、強制を否定する自発性としての自由が問われている。さらに、Mortiz Schlick, Fragen der Ethik, 1930, S. 108 では、「意志が『心理法則に従う』」という場合、その法則とは、意志に一定の決意を押しつけたり、意志が本来持ち得なかった欲求を強要したりする法則ではなく、人間が一定の状況でいかなる欲求を実際に有するかを公式化するだけの自然法則にほかならない。それは、意志の性質を記述するものであって、天文学的法則が遊星の性質を記述するのと異ならない。『強制』が人間の自然的欲求の充足を抑止するところに存するものである以上、自然的欲求が生じる際の当該準則を同時に『強制』とみなすことは如何にしてできるというのか。」とする。なお、ホセ・ヨンパルト「刑法と自由意思——その問題提起に内在する問題点——」法の理論1巻（1981年）211頁以下、215頁以下も参照。

18 David Hume, Of Liberty and Necessity, Equiry concerning the Human Understanding, 1748, pp441-450; John Stuart Mill, A System of Logic, Ratiocinative and Inductive, Chapt. 2, 1843, Book IV, pp. 341-347.

行動が帰責の帰結点であるが故に自由なのであり、たとえその行動が因果法則によって決定されていようとも、人間行動は帰責の帰結点たり得る。[19]」このように、決定論を真と考えても、責任を帰すこと（賞賛・非難をすること）が道徳的に正当化されるかが問題であるならば、両立可能論は成り立ちそうである。

もっとも、両立不可能論からは、そこでの自由はあくまでも強制されていないという意味での自由にとどまり、決意や行動に関しての選択可能性を含意していないと指摘され、決定論が成立するということは、このような選択可能性を排除することにほかならないと批判されるわけである[20]。そして、近年の神経科学の立場から、決定論と責任は両立しない旨の主張も、ここに位置づけることができよう。以下では、この点を概観していく。

三　神経科学の視座

ベンジャミン・リベットは、自由意志を経験的に実証するために、神経科学的実験に取り組んだ[21]。その実験では、被験者を椅子に座らせ、身体に電極を取り付け、脳波計を使って身体動作のための「運動準備電位」を測定できるような状態にしたうえで、当該被験者は自発的な決断に基づきその手や指を動かしたり曲げたりすることを指示された。さらに、意識は本人だけが体験できるものであるため、被験者は、オシロスコープ画面の時計の文字盤に示された2.56秒で1周する標識を見ながら、動作の決意をした瞬間をチェックし、報告するように指示された。この実験において、運動準備電位の開始時期、意識的な決意が下された時期、身体運動の開始時期が測定された[22]。

この実験の結果は、被験者が意識的な決意をしてから身体運動が生じるまでに

19　Hans Kelsen, Causality and Imptation, in: do., What is Justice?, 1957, p. 334. 翻訳として、ハンス・ケルゼン（宮崎繁樹ほか訳）『正義とは何か』（木鐸社、1975年）。
20　上原・前掲（注4）73頁以下。内藤謙『刑法講義総論（下）Ⅰ』（有斐閣、1991年）782頁以下。
21　リベットの研究の紹介とその評価、分析をする文献は多数あるが、ここでは刑事法の領域の文献に触れておく。神田宏「脳科学・意思自由・刑法学——現代によみがえる意思自由論争？——」近畿大學法學55巻4号（2008年）37頁以下、松村格「意思の自由と刑事責任（1）——ニューロン決定論との批判的対話——」駒澤法学11巻1号（2011年）122頁（67頁）以下、増田豊『規範論による責任刑法の再構築——認識論的自由意志論と批判的責任論——』（勁草書房、2009年）448頁以下。
22　Benjamn Libet, Unconscious cerebral initiative and the role of conscious will in voluntary action, in: Neurophysiology of Consciousness, 1993, pp. 529-313.

約200ms（ミリ秒）かかったが、脳波図からは、運動準備電位は被験者の意識的な決意・意志よりも既に350ms以上前に生じていた、というものである。つまり、意識的な決意・意志が成立する以前に既に、無意識的な脳神経活動たる運動準備電位が始まっており、意識的な決意・意志は身体運動の起動点ではなく、既に開始されている脳活動の（中間）結果に過ぎないことになる[23]。そして、意識的な決意・意志は、身体運動の直接的な原因ではないことになる[24]。

もちろん、この実験結果についてはいくつかの批判が提示されている。例えば、リベットの実験は人為的に設定された条件の下で実施されたものであり、単純な身体運動に関わるものであったため、慎重に対応すべきとの指摘がなされている[25]。さらに、リベットの実験では自由意志が存在しないことを経験的に証明したことにはならないとの指摘もある。すなわち、リベットにおいては、意志は単一で、時間的に厳密に規定し得る出来事であることを想定するが、意志形成は、しばしば非常に複雑なものであり、長い時間を要するものである。リベットの実験においても、身体運動に対する意識的な決意・意志の前に、指示に従い、要求された行為を遂行しようとする被験者の決定が先行しているはずである。リベットの意志作用は、これより以前に開始されてしまっている決定プロセスの最終段階として理解でき、運動準備電位は、指示に従うという決定の結果とも理解できる。そのため、リベットの実験は自由意志の不在を経験的に証明したものとは言えないことになる[26]。

このような指摘も含めて、この実験結果は、様々な議論を世界レベルで巻き起こした。そして、リベットの実験結果を踏まえて、神経科学のなかから、決定論を強く主張する見解が現れた。例えば、ヴォルフ・ジンガーは、自由意志を有す

---

23 Wolfgang Prinz, Freiheit oder Wissenschaft?, in: Mario von Granach/Klaus Foppa (Hrsg.), Freiheit des Entscheidens und Handelns. Ein Problem der nomologischen Psychologie, 1996, S. 99.
24 なお、リベット自身は、意識的な決意・意志には拒否権（vote）のようなものが帰属し、自由意志は意識的な決意・意志が拒否権を行使するという限度で、個人に自己決定を求める倫理的・法的規範体系と調和し得ると主張した（Benjamin Libet, Do we have free will?, in: Benjamin Libet/Anthony Freeman/Keith Sutherland (ed.), The Volitional Brain. Towards a Neuroscience of Free Will, 2000, pp. 47-57.）。
25 Gerhard Roth, Das Gehirn und seine Wirklichkeit, 1997, S. 307 ff.; ders., Fühlen, Denken, Handeln. Wie das Gehirn unser Verhalten steuert, 2001, S. 437 ff.
26 Michael Pauen, Grundprobleme der Philosophie des Geistes, 2005, S. 292 ff.; ders., Grundprobleme der Philosophie des Geistes und die Neurowissenschaften, in: Michael Pauen/Gerhard Roth (Hrsg.), Neurowissenschaften und Philosophie, 2001, S. 111 f.

るという経験は一人称の観点からは現実的なものであるが[27]、自然科学の視点からは幻想（Illusion）として規定されなければならないとする[28]。自然科学的見地からは、自由意志のような心的作用者（mentales Agens）のための余地は残されておらず、自由意志が認められないために責任主義は放棄すべきものとなり、刑罰よりも保安・保護処分で対応することになる[29]。

また、ゲルハルト・ロートも自由意志を否定する。ロートは意志自由と人間の自律性を区別する。ここでの自律性は、自由を意味せず、有機体の生存を保障するシステムとしての自律性を意味し、無意識的な情動作用をも包括する総合的な有機体の自己評価・自己制御能力を意味している。そして、人間の行為はこのような意味での自律性によって支配されており、自由意志とは相いれないとする[30]。社会は、何らかの意味において道徳的な責任を問題にする限り、誰も処罰してはならない。しかし、刑罰の法定や刑罰の執行自体を通じて、情動を伴う経験的記憶に影響を及ぼし、個人の行動を改めさせることもできる。行刑システムは改善システムでなければならないと主張するのである[31]。

ここでは、神経科学の実験結果に基づいて、自由意志を否定し、決定論が主張されている。そして、その決定論は、行為の説明として、機械と同様の自然法則に基づく機械論的説明のみを肯定し、行為者の欲求や意志によって行為を説明する志向的説明を否定する。そうして、人間の行為は、物理的現象に還元されることになる[32]。このような機械論[33]からは、人間の行為は神経細胞の状態とそれを原因とする筋肉細胞の収縮によって説明される。この思考は、いわば還元主義的な自然主義であり、心的状態も全て神経状態・物理的状態に還元される物理主義（phisicalism）である。この論からすれば、決定論と責任ないし自由意志は両立し

---

27 Wolf Singer, Beobachter im Gehirn, 2002, S. 73 ff.
28 Wolf Singer, Ein neues Menschenbild?, 2003, S. 9 ff., 24 ff., 54 ff.
29 Singer, a.a.O. (Fn. 27), S. 54 ff., 65.
30 Roth, a.a.O. (Fn. 25 (Fühlen, Denken, Handeln)), S. 447 ff.
31 Gerhard Roth, Aus Sicht des Gehirn, 2003, S. 180 f.
32 Norman Malcom, "The Conceivability of Mechanism", in: Gray Watson (ed.), Free Will, 1982, p. 127 f. を参照。
33 坂本百大『人間機械論の哲学——心身問題と自由のゆくえ』（勁草書房、1980年）を参照。なお、決定論を事実命題ではなく科学的方法論であると理解する見解として、長尾龍一『神と国家と人間と』（弘文堂、1991年）78頁以下、87頁を参照。この点で、瀧川・前掲（注16）54頁は、「仮に科学的方法論として決定論を採用しないとしても、実際に全ての出来事が決定されているならば、やはり責任の可能性が問題になる」とする。

ない。

　もちろん、このような還元主義的、物理主義的な把握は、一定程度説得性を有するものの、精神ないし心理が物質ないし生理によって完全に決定されていることと、精神ないし心理にも法則性を認めることは別であるとの批判があり得よう[34]。あるいは、決定論は他行為可能性の否定を意味するので、いかなる行為を行うかは宿命であるとする宿命論のように[35]、他行為可能性は責任の必要条件であるか否か、必要であるとしてもそれはどのような意味での他行為可能性であるのかが問われる必要がある。

四　他行為可能性の意味

　自由意志論（リバタリアニズム）では、自由意志を肯定するために、別様の可能性、意志の合理性、起動者性が必要とされてきた[36]。すなわち、人が実際に行為したのとは別様に行為することができたであろうという意味における別様の可能性と、当該行為が理性的な理由に基づいて遂行されたという意味における意志の合理性ないし合理的決定性、そして、一定の人が当該行為を起動した者とみなされるという意味での起動者性ないし自発性である。

　別様の可能性は、一般に他行為可能性の問題として議論がなされている。決定論が正しいなら他行為可能性が存在しないことになり、他行為可能性が存在しないと責任を問うことはできないし、問うことは不当となる。このような命題のもとに、他行為可能性は自由意志の要素であり、責任の条件とされる[37]。この他行為可能性については、自由を巡って様々な批判があったわけであるが[38]、なかでもハリー・フランクファートは、他行為可能性と責任の内在的連関に疑問を呈している[39]。

34　平野龍一「意思の自由と刑事責任」前掲書（注7）17頁。
35　宿命論は他行為可能性を否定する。瀧川・前掲（注16）233頁注26。
36　Gottfried Seebaß, Wollen, 1993, S. 251 ff.; Henrik Walter, Neurophilosophie der Willensfreiheit, S. 2 ff.
37　ここでは、中義勝「刑事責任と意思自由論」刑法雑誌14巻3・4号（1966年）401頁以下、ヨンパルト・前掲（注17）247頁以下を参照。
38　注17を参照。
39　Harry Frankfurt, Alternate Possibilities and Moral Responsibility, The Journal of Philosophy 66 (3), 1969, pp. 829-39.

フランクファートは、他の様にも行為できた場合にしか、人は自らの為したことについて道徳的責任を負わないという原理を「他行為可能性原理」として、この原理は偽であることを証明しようとした[40]。その際、例えば、「XはYを殺したいと以前から考えていた。ある時点tで、XはYを殺そうと自ら決意してYを殺した。しかし実は、ZもYに死んでほしいと以前から考えていた。ただ、Zは自分で手をかけることは避けたいと思っていた。むしろ、XがYを殺してくれればいいのにと考えていた。そこでZは、ある方法（特殊な催眠術、特殊な装置の脳への埋め込みなど）を使って、ある時点tでもしXがYを殺そうとしなければ、Yを殺そうという意志がXに生じるようにしておいた。」というような事例が援用される[41]。このいわゆるフランクファートの反例では、Xは、それ以外の仕方で行為できなかったにもかかわらず、XはYを殺そうと自ら決意して殺しているために、Yを殺したことに責任がある。そのため、他行為可能性原理は偽となることになる。

これに対して、ピーター・ヴァン・インワーゲンは、決定論と責任の両立不可能論に立脚して反駁しようと試みた[42]。特に、個別的出来事に関する回避可能原理（ある（個別的）出来事を避けることができた場合にしか、人はその出来事に対して道徳責任を負わない）と、普遍的事態に関する回避可能原理（ある事態が成立し、その事態が成立するのを避けることができた場合にしか、人はその事態に対して道徳的責任を負わない）を区別し、その妥当性の証明を試みる[43]。そして、ある人がある行為に責任があるならば、その人が責任を負うような出来事または事態が存在するという命題を示し、決定論は他行為可能性を否定するという命題と前述の二つの回避可能原理から、たとえ他行為可能性原理が誤りであるとしても、決定論が正しいとするならば、責任が存在する余地はないという帰結を導く[44]。このように、決定論と責任は両立しないとするのである。

もっとも、この批判は、決定論と責任の両立可能性を批判してはいるが、他行

40　Ibid., p. 829, 834-837.
41　ここでは、瀧川裕英「他行為可能性は責任の必要条件ではない」大阪市立大学法学雑誌55巻1号（2008年）33頁以下から引用している。
42　Peter van Inwagen, Ability and Responsibility, in: John Martin Fisher (ed.), Moral Responsibility, 1986, pp. 153-173.
43　Ibid., p. 157, 161.
44　Ibid., p. 157

為可能性が存在することを証明するものとは言えない。自由意志を正面から認めるリバタリアニズムにとっては、決定論と責任は両立せず、責任にとって他行為可能性は必要条件と捉える。それ故に、他行為可能性が正面から認められなければならない。この点で、弱い別様の可能性を主張する見解がある。これは、確かに同一の状況の下では認められないかもしれないが、ほとんど同一の状況のもとにおける、あるいは非常に類似した状況のもとにおける別様の可能性（弱い形態における別様の可能性）はあり得るという[45]。また、他決意可能性として他行為可能性を認めるもの[46]や、実際に行った行為とは別の行為を行う兆候を示すことで他行為可能性を認めるものもある[47]。

しかしながら、リバタリアニズムが主張する他行為可能性が、このような弱い他行為可能性で十分であるかは疑問が残る[48]。リバタリアニズムからすれば、このような「かすかな自由[49]」では責任を基礎づけるのに十分ではないのではないかという疑問が生じるのである。このように考えると、他行為可能性ははたして自由意志の、はたまた責任の必要条件であるのかが改めて問われなければならない。この点で、他行為可能性は、他行為のための意志決定の自由とは区別されるべきであるとして[50]、具体的個別的問題としての他行為可能性は、行為の自由に関わるものであり期待可能性の問題とされることがある[51]。「行為者が所与の具体的環境において、もしのちほど非難されるような意思力や配慮を欠くことなく、これを適用していたなら、他の行為をなしえていたであろう」というのが他行為可能性であるとしても[52]、非難されるような意思力や配慮の欠如は意志の自

45　Walter, a.a.O. (Fn. 36), S. 358. もっとも、両立不可能論の文脈ではない。増田・前掲（注21）409頁を参照。
46　中島義道『後悔と自責の哲学』（河出書房新社、2006年）24頁を参照。
47　浅田和茂「責任論」ジュリスト1348号（2008年）29頁以下、35頁（特集刑法典の百年）
48　この点で、Geert Keil, Willensfreiheit, 2007, S. 92 ff. を参照。また、増田豊「洗練されたリバタリスムスとしての自由意志論の可能性——ゲエルト・カイルの見解をめぐって——」明治大学法律論叢85巻4・5号（2013年）237頁以下、243頁。さらに、カイルの見解に批判的な文献として、Bettina Walde, Willensfreiheit. Libertarisch, kompatibilistisch-order beides?, DZPhil 57 (2009), S. 133 ff.; dies., Willensfreiheit und Hirnforschung. Das Freiheitsmodell des epistemischen Libertarismus, 2006 を参照。
49　John Martin Fischer, The Metaphysics of Free Will. An Essay on Control, 1994, p. 134.
50　松村格「意思の自由と刑事法学——問題点の指摘とその解決の試み——」駒澤大学法学論集18号（1978年）（同『システム思考と刑事法学　21世紀末刑事法学の視座』（2010年））199頁以下、211頁。
51　大谷實『刑事責任の基礎　意思の自由と責任能力』（1968年（訂正版1977年））72頁。
52　中・前掲（注37）411頁

由の問題とされるのである[53]。ここでは、他行為可能性は、責任のモメントではあっても、自由意志の固有のモメントからは外される[54]。

もっとも、他行為可能性が期待可能性の問題であるとしても、期待可能性が責任の問題であり責任を問うためには必要であるとするならば、責任の条件として他行為可能性が求められることになる。そのため、そこでの他行為可能性の意味（期待可能性で求められていたもの）を明らかにする必要がある。期待可能性においては、現実に行われた行為を評価する際に、現実には行われていない（適法）行為を持ち出す。現実に行われた行為とは別の適法行為をとることが期待可能であったか否かという形で、現実に行われた行為の意味を明らかにしている[55]。現実に行われた行為と期待される適法行為とのズレを明らかにするために、対照項[56]として持ち出されるわけである。

このように考えていくと、責任を問ううえで必要とされる他行為可能性として求められるものは、リバタリアニズムが求めるような強い他行為可能性、つまり、全く同じ状況において（事実的に）別様に行為することができたことではない。むしろ、対照となる標準[57]として求められることになる[58]。以上のような意味で他行為可能性を捉えるならば、責任の条件としては事実的な他行為可能性までは不要となり、決定論の立場からしても、このような意味での他行為可能性を否定しないことになろう。

---

53 松村・前掲（注50）212頁。
54 松村・前掲（注50）211頁。
55 この点で、林幹人『刑法の基礎理論』（東京大学出版会、1995年）（同「意志の自由と規範の防衛」上智大学法学論集39巻1号（1995年））1頁以下、14頁以下も参照。
56 瀧川・前掲（注16）80頁。
57 付言すれば、期待可能性の標準において、知的な能力や生理的な能力は行為者を標準とすべきであって、その意味では行為者標準説の指摘は正しい。しかし、規範心理的なものまで行為者を基準とすることは不当である。その意味で、何らかの外的な基準が必要とならざるを得ない。平均人標準説の指摘はここに向けられる。もっとも、何を平均化するのかが明確化されていなかったのが問題であった。ここでも、対照となる標準として、期待される側の視点だけでなく、期待する側の視点（法の期待）が求められる。佐伯千仭『刑法講義（総論）四訂版』（有斐閣、1981年）290頁以下の指摘の画期性はここにある。この点で、德永元「責任主義における期待可能性論の意義について（三・完）」九大法学109号（2014年）1頁以下、44頁以下では、行為者個人の観点の必要性を強調する。
58 瀧川・前掲（注16）80頁は、「他行為可能性における行為は、現実の行為の意味を明らかにするために、そしてそのためにだけに要請されるのであり、重要なのはあくまでも現実の行為の意味なのである。」とし、他行為可能性とは「事実的他行為可能性」ではなく、「いかなる行為理由で行為が行われ、行為の意味が何であるかを確定するために必要とされる『意味的他行為可能性』である」と主張する。そして、意味的他行為可能性と決定論は両立するという（81頁）。

五 フィクションとしての自由意志？

　以上の検討で決定論と責任が両立し得ることが指摘されたわけであるが、その両立を考えるうえで検討を要するのが、自由意志を擬制する、あるいはフィクションとして求める見解である[59]。この見解は、自由意志を科学的に証明することは困難であるが、人間は「社会的実践の主体」として、自由なものとして擬制されているとする[60]。近年では、自由意志の擬制は「規範が要請しているフィクション」として「成人した人間は、異常な事情の下でのみ、責任非難を阻却しうるということであり、また、通常は、犯行への誘惑に打ち勝つのに必要な意思力を備えている」という前提から出発し、「刑罰制度の観点からも、受刑者を治療の対象としてではなく、自由な人格をもった人間として処遇することを要請されている」ものであると主張される[61]。また、類似の見解として、「責任の有無と程度を決めるための基準としての自由と可能性は、経験的事実ではなく、規範的要請ないし仮設（仮「設」であって、仮「説」ではない）として根底に置かれなければならない」ともされる[62]。

　ここでの問題は、フィクションでは疑わしきは被告人の利益に反するのではないかという点もさることながら[63]、フィクションの意味である。この見解は、リバタリアニズムと異なり、自由意志を事実的に求めるわけではない。むしろ、不可知論的に自由意志があるかには答えていない[64]。そして、決定論と責任は両立しないという理解を前提に、責任を認めるために自由意志を仮に求めるわけである[65]。しかしながら、前述の通り、決定論と責任の両立可能性はあり得る。ま

59　中・前掲（注37）423頁、中山研一『現代刑法学の課題』（日本評論社、1970年）190頁、佐伯・前掲（注57）235頁。
60　中・前掲（注37）421頁、佐伯・前掲（注57）235頁。
61　山中敬一『刑法総論 第3版』（成文堂、2015年）626頁。
62　井田良『講義刑法学・総論』（有斐閣、2008年）358頁。
63　浅田和茂『刑事責任能力の研究 下巻』（成文堂、1999年）84頁。なお、安田拓人『刑事責任能力の本質とその判断』（弘文堂、2006年）4頁以下は、他行為可能性を否定する特別予防論に基づく刑事制裁を構想する場合に比べ、責任刑法を構想する場合の方が行為者にとって有利であるとして、他行為可能性をフィクションとして認める。
64　Claus Roxin, Strafrecht Allgemeiner Teil, Bd. 1, 4. Aufl., 2006, § 19 Rn. 39 ff. (S. 869 ff.)
65　井田良『刑法総論の理論構造』（成文堂、2005年）229頁を参照。芝原邦爾ら編『刑法理論の現代的展開 総論I』（日本評論社、1996年）183頁［堀内捷三］は、意志自由を作業仮説としている。

た、規範的要請の内容が虚構というほどに社会的実在性のないものであるかは検討を要する。

この点で、主観的な意志自由を責任帰属の根拠とする見解（主観的意志自由論）がある。この見解は、日常的な体験においても、何かをしようとするときに別様にも決断し行為できたであろうという意識を我々が抱いているのであり、私が主観的な自由として自由の意識を感じているかが責任非難に決定的であり、客観的に自由であるか否かは重要ではないとする[66]。さらに、意志自由を意志自由の体験として理解し、このような自由の体験はフィクションではなく、有用な認知的現実であるという主張もなされる[67]。もっとも、自由の意識だけで責任非難の根拠たり得るかは検討を要する。「犯された不正の心的な結果としての悔悟の念や良心の呵責を必ずしも全ての人間が感じるわけではない[68]」ため、主観的事実に基づいて帰責の可能性を基礎づけることに疑問が残るからである。

自由意志を擬制する見解も、主観的意志自由論も、自由意志の存在自体の証明を回避する点では共通している。これに関して、決定論とも非決定論とも両立する「認識論的非決定論（epistemischer Indeterminismus）」が主張されている[69]。これは、「存在レヴェル（ontische Ebene）では決定論が正しいとしても、認識レヴェル（epistemische Ebene）では現時点での人間の認識能力が限定されているために将来のことは完全には知り得ないし、その限りで未来はわれわれに開かれており、われわれは別様の可能性（複数の選択肢）を有している（ように見える）[70]」として、暫定的に、自由意志を想定する見解である[71]。認識論のレベルで非決定

---

[66] 例えば、Max Ernst Mayer, Die schuldhafte Handlung und ihre Arten im Strafrecht, 1901, S. 94 ff.; Björn Burkhardt, Freiheitsbewußtsein und strafrechtliche Schuld, in: Albin Eser (Hrsg.), Festschrift für Theodor Lenckner zum 70. Geburtstag, 1998, S. 1 ff., 3 ff.; Heinz Schöch, Willensfreiheit und Schuld aus strafrechtlicher und kriminologischer Sicht, in: Josef Eisenburg (Hrsg.), Die Freiheit des Menschen. Zur Frage von Verantwortung und Schuld, 1998, S. 82 ff., 92. さらに、Eduard Dreher, Die Willensfreiheit. Ein zentrales Problem mit vielen Seiten, 1987, S. 283, 395 f. では、自由意志は自由の意識に内在するものであり、経験的な証明を要しないとする。

[67] Theo Herrmann, Willensfreiheit – eine nützliche Fiktion?, in: Mario von Cranach/Klaus Foppa (Hrsg.), Freiheit des Entscheidens und Handelns. Ein Problem der nomologischen Psychologie, 1996, S. 56 ff., 69. Prinz, a.a.O. (Fn. 23), S. 86 ff. も参照。Hans Vaihinger, Die Philosophie des Als Ob, 1922, S. 573 は、「人間は自由だからではなく、自分が自由であると思っているから、悔悟の念や良心の呵責を覚える。」とする。

[68] Hans Kelsen, Reine Revhtslehre, 2. Aufl., 1960, S. 99.

[69] 増田・前掲（注21）469頁、514頁、560頁以下を参照。

[70] 増田・前掲（注21）469頁。

[71] 増田・前掲（注21）577頁曰く、「われわれ人間の認識能力が不完全であるため、存在論レヴェ

論を主張し、自由意志を構成しようとする[72]。

　この見解は、人間の認識能力を将来の出来事を完全に予測することができるかという点にかからしめている[73]。そのため、仮に将来的に人間の認識能力が向上するなどして、将来の出来事を完全に予測できるようになったとした場合に、自由意志を想定することは否定するのであろうか。確かに、還元主義的な物理主義からは、物理的状態が行為を決定するとして、責任を否定することはある。もっとも、その主張の背後には、行為者の外部の何かによって行為が決定されることによって行為者性が否定されるという判断が存在しているように思われる[74]。そのため、むしろ問題は、行為を決定する行為者とは何なのかというものである。決定論からは、ある行為が行為者の素質や環境、心理的状態などによって説明可能であり、それらの要因についてさらにその原因を問うことが可能であったとしても、行為者の仕業と評されるものがあるように思われる[75]。認識論的非決定論

ルにおいて決定論あるいは非決定論のいずれを真であるかという不毛な形而上学的論争を一端は休止し、われわれとしては（とりわけ刑法研究者としては）このような認識論的非決定論の立場を暫定的に現状ではより優れたものとして採らざるを得ないように思われる。」

72　認識論的非決定論を、非両立論と両立論に対する第三の立場として主張するものとして、Bettina Walde, Was ist Willensfreiheit? Freiheitskonzepte zwischen Determinismus und Indeterminismus, in: Helmut Fink/Rainer Rosenzweig (Hrsg.), Freier Wille - frommer Wunsch? Gehirn und Willensfreiheit, 2006, S. 91 ff. を参照。

73　この点で、林幹人『刑法総論 第2版』（東京大学出版会、2008年）41頁は、「この世界は、決定論の説くようにすみずみまで法則の支配下にあるのかは、われわれは知らないし、おそらく知りえないことである。われわれが知っているのは、この世界が、人間の意思・行為も含めて、確率的・統計的に決定されているということである。」としてモデストな決定論を主張する。この見解は、自由意志を否定している点では決定論的であるが、確率的・統計的にランダムであるものが残るならば、決定されていない部分を認めるので、非決定論的である。なお、ランダムであることと自由は異なるのではないかという疑問も残る。なお、増田・前掲（注21）474頁注9では、相対的非決定論は、「それが『存在レヴェル』で主張されるとすれば非決定論そのものであり、『認識レヴェル』で単に予測不可能なものを認めるのであれば、『存在レヴェル』では決定論にほかならない。」とする。

74　この点で、Immanuel Kant, Kritik der reinen Vernunft, Werkausgabe Band III und IV. Herausgegeben von Wilhelm Weischedel (suhrkamp taschenbuch wissenschaft 55), 1968, B 582, 583 (S. 503).

75　Immanuel Kant, Krikik der praktischen Vernunft, Werkausgabe Band VII. Herausgegeben von Wilhelm Weischedel (suhrkamp taschenbuch wissenschaft 56), 1968, A 175, 176 (S. 222) では、「理性的存在は、彼が行う法則違反的行為のそれぞれについて、この行為がたとえ現象としては過去において十分に決定され、その限りで避けがたく必然的であるとしても、この行為を為さないことも可能であったと正当に言うことができる。なぜなら、この行為は、それを決定する一切の過去とともに、彼の性格というただ一つの現象体に属しているが、この性格は彼が自分自身にしつらえたものであり、この性格に従って彼は一切の感性に依存していない原因としての自分に、その現象の因果性を自ら帰せしめるからである。」とされる。

が自由意志を想定するのは、このような場合の責任非難を説明するものであろう。そう考えると、結局のところ、決定論と責任が両立する構造が問われるべきことになる。認識論的非決定論は、自由意志を単なる虚構ではなく、社会的構成物として構成する点で優れている。自由意志を社会的現実とするのである[76]。フィクションとしての自由意志もこの意味で捉え直す必要があろう。この点を明確にするために、存在論的に決定論をとりつつ両立可能論を展開するユルゲン・ハーバーマスの見解を見ていきたい。

六　社会的構成物としての自由

　ハーバーマス[77]は、前述したジンガーやロートのような還元主義的な決定論に疑問を呈したうえで、自由と決定論を論じる[78]。まず、ハーバーマスにとっては、他行為の可能という意味における自由も「理由」ないし「熟慮（Überlegung)」に結びつけられる。そして、理由に到達する熟慮によってはじめて自由の活動領域が開かれることになる[79]。行為を動機づける理由の役割は、因果的な惹起のモデルによっては把握されないものであり、理由による合理的な動機づけは、「理由の交換」という公共のプロセスへの関与者の観点からのみ説明し得るとする[80]。行為の合理的説明は、通常の因果的説明とは異なり、行為発生の事実的開始にとって十分な条件を示すものではないとされ、理由による動機づけは、理由を勘定に入れて合理的な立場を想定する行為者だけでなく、自らの洞察によって決定され得る行為者も必要とされる[81]。

　このように、ハーバーマスは、行為者に自由を認め、責任の帰属にとって合理

76　増田・前掲（注21）572頁は、「自由意志というものは自然科学の知見と両立し得ないような仕方で規定されてはならない。その意味において、自由意志（意志の自由）は客観的なものであり、＜自然的＞基盤を有するものである。しかし、そうした知見に反しない限りにおいて、自由意志は相互主観的に構成される＜社会的＞現実である。」とする。

77　Jürgen Habermas, Freiheit und Determinismus, in: Hans-Peter Krüger (Hrsg.), Hirn als Subjekt? Philosophische Grenzfragen der Neurobiologie, 2007, S. 101 ff.

78　Ebd., S. 102 f.

79　Ebd., S. 104. ピーター・ビエリ（Peter Bieri, Das Handwerk der Freiheit, 2001）を引用しつつ、自由な決断が意味するのは、行為者は自己の意思を「理由によって条件づける」のであり、決定に対して開かれたモメントがあるということは、合理的に条件づけられていることを排斥するものではないとする（Habermas, a.a.O. (Fn. 77), S. 104 f.）。

80　Ebd., S. 105.

81　Ebd., S. 107.

的決定性を要求する。さらに、行為者は理に適ったことをしていると確信していなければならず、また自らそれをしているのでもなければならないとする。行為者が起動者（Urheber）として把握されるのは、彼が自己の身体を同定し、行為する能力を有する肉体として存在しているからである。こうした行為者の経験の見地からは、大脳辺縁系によって制御される自律神経の過程も、因果的に決定されたものから可能性を付与する諸条件に変換されることになる。つまり、自由は理由によって条件づけられているだけでなく、自然にも条件づけられることになる[82]。

　ここで、ハーバーマスは、デカルト的心身二元論とは異なる、関与者と観察者の説明的観点（Erklärungsperspektive）に着目した方法論的二元論を主張する[83]。ハーバーマスにとっては、心的な言語ゲームと物的な言語ゲームは相互に還元し得ない。そこで、経験的な言語ゲームに基づく「観察者の観点」は、社会化された主体に対して世界への認知的な通路を開くために必要とれるコミュニケーション的・社会的な実践の「関与者の観点」と交差せられ、組み合わされなければならない。つまり、一人の人格において観察者と関与者の両方であり得ることになる[84]。

　このような観点から、ハーバーマスは「理由の空間」に公共的意味を与える。そこでは、知的な脳のインターラクションが重要となる。そして、私という意識の中に、社会的なコミュニケーション、つまり、話し手と受け手と観察者という役割でのコミュニケーションを経由して再生される文化的なプログラムが個人の脳へと接続される事態が映し出されることになる。その際、一人称、二人称、三人称という相互に交換し得る役割が、公共的な理由の空間の中に個々の有機体が個別的に組み込まれることにも貢献する[85]。このようにして、「『私』は社会的構成物として理解されるが、しかしそのために、決してイリュージョンではない[86]」とする。

　ハーバーマスの見解の特徴は、神経科学の研究が指摘したような物理的な影響を認めたうえで、社会的な構成物として自由を構成する点にある[87]。心的状態も

82　Ebd., S. 107.
83　Ebd., S. 108.
84　Ebd., S. 108 ff.
85　Ebd., S. 120.
86　Ebd., S. 120.

全て神経状態・物理的状態に還元される物理主義では説明できない、コミュニケーションの役割に注目し、一人称（話し手）、二人称（受け手）、三人称（観察者）が相互に入れ替わりつつ結びついているというパースペクティヴを持ち出す。ここでは、感覚的存在ないし現象人（homo phaenomenon）としての個人ではなく、コミュニケーション的に構成された権利と義務についての名宛人である人格が問題となっている。

この点で、ギュンター・ヤコブス[88]は、個人としては、現代の脳研究の成果に従って自由ではないとしても[89]、規範的予期の名宛人である人格は答責的なものであり、規範遵守能力は答責的な人格に帰せられるとする[90]。答責的な諸人格だけが、自由の余地（Freiräume）を必要とし、因果的に決定されている個人はそうではないのであって、答責的な諸人格によってのみ自由の余地は制度的に保障され得るとする。その際、行為自由と結果の答責が相互に条件づけられており、人格には制度的に保障され、誰にも妨げられない自己統治への自由の意味で誰にも妨げられない自由が認められ、このような自己統治を要求する者は規範の遵守を「支払」わねばならないことになる[91]。そのため、答責に対応するのは自立性（Selbständigkeit）であり、意志自由ではない[92]。そして、意志自由は、自然科学的構造物としてではなく、規範的構造物として、方向づけを提供することについての隠喩として受け取られることになる[93]。

87　Michael S. Gazzaniga, The Ethical Brain. The Science of Our Moral Dilemmas, 2005, p. （翻訳として、マイケル・S. ガザニガ（梶山あゆみ訳）『脳のなかの倫理──脳倫理学序説』（紀伊國屋書店、2006年）134頁以下）は、脳は自動的に働くが、人は自由である。私たちの自由は集団のなかで人と人が相互作用する場に見出される。」のであり、「責任は社会が定めたルールであって、人と人が相互作用する場面においてのみ発生する。」として、責任を社会のルールのなかに存在する社会的概念とする。

なお、Tonio Walter, Hirnforschung und Schuldbegriff. Rückschau und Zwischenbilanz, in: Andreas Hoyer u. a. (Hrsg.), Festschrift für Friedrich-Christian Schroeder zum 70. Geburtstag, 2006, S. 131 ff. は、自由をもっぱら法的な規範的構成物として理解する見解に反対し、規範的なものとともに人間の存在に関わる事実的な能力や要求も考慮すべきとするが、法律学は自然科学とは異なり、法政策を追求するものであり、規範的な観点からの概念構成は否定されないとする。

88　Günther Jakobs, Individuum und Person. Strafrechtliche Zurechnung und die Ergebnisse moderner Hirnforschung, ZStW 117 (2005), S. 247 ff. を参照。

89　Ebd., S. 247 ff., 255 f.

90　Ebd., S. 260.

91　Ebd., S. 261.

92　Ebd., S. 266.

93　Ebd., S. 264.

以上の見解は、自由意志を擬制するあるいはフィクションとして要求するというだけではなく、自由意志が規範的に要請される根拠を明らかにし、その構造を示そうとする点で優れていると思われる。そして、そこでは、社会的な構成物としての自由の名宛人として、法の名宛人、つまり権利・義務の名宛人として人格が構想されている。人は生身の人間として神経回路によって決定されていても、同時に権利・義務の名宛人たり得ることが示されているのである。その意味で、このような人格を想定する場合には、決定論と責任は矛盾するものではなく、両立し得ることになる。

七　人格と行動統制

　自由と責任が社会的ないし規範的構成物であり、人間は個人であると同時に人格であると解することで、決定論においても責任を問うことが可能となった。これに関して、前述のように、平野龍一博士により、やわらかな決定論として、人格の生理的な層と規範心理的な層に着目する見解が主張されていた[94]。そこでは、生理的な層は素質と環境により決定されるが、規範心理的な層は社会的非難によって決定されることが自由を意味し、非難による条件づけが目指されるべきとされ、刑罰による行動統制が目指される。

　この見解では、第三者による強制や精神の障害等の生理的要因に規定された行為は、不自由なものとして（刑事）責任を問わないが、刑罰によって影響を与えることが可能な規範心理的な層が行為の決定要因となっているときには、責任が問われ得る[95]。この刑罰によって影響を与えることは、単に快・不快を計算する意識の層に働きかけて威嚇を行うというものではない[96]。フォイエルバッハは、（道徳と異なり）刑法においては自由意志を否定し[97]、心理強制説を説いたが[98]、そ

---

[94] 注7を参照。なお、Karl Engisch, Die Lehre von der Willensfreiheit in der strafrechtsphilosophischen Doktrin der Gegenwart, 1963, S. 41 も参照。
[95] やわらな決定論においては意味による決定が重視され、規範意識によって決定されることが自由を意味すると主張する文献として、松宮孝明『刑法総論 第4版』（成文堂、2009年）9頁、167頁。この点で、アルトゥール・カウフマン（上田健二監訳）『転換期の刑法哲学 第2版』（成文堂、1999年）190頁以下、195頁では、あるものからの自由ではなくあるものへの自由として、因果連関からではなく、意味連関から生じる決定因子に着目している。
[96] 林・前掲（注55）23頁は、苦痛・快楽に反応する意識の層よりも、規範に反応する意識の層に働きかけてた方が、より効果的に一般予防の効果を達成することができるとする。

こでの人間[99]は、自由を想定される人格ではなく、快・不快計算に基づく個人である[100]。

このような人間観は、まさに自由でないために、責任を問うことはできなくなる。もっとも、注意しなければならないのは、人格を想定し、規範心理的層に影響を与えるとしても、それが自律性を害し、自己統治の自由を侵害するような行動統制は許容されないだろうという点である。そこでは、もはや自由（社会的構成物）が認められないからである。

本稿では、決定論と自由、自由意志、責任の関係を検討することで、その両立可能性についてを示唆し、さらに人間の人格としての側面に注目する重要性を指摘した。この「人格」の検討は、（刑）法における人間観に欠かせないものである。責任論において伝統的に議論されてきた累犯加重の問題もこれに関連する。さらに、近年議論の俎上にある、敵味方刑法ないし敵に対する刑法（Feindstrafrecht）[101]にも関わる問題である。この敵味方刑法においては、テロリストなど一定の行為者を人格として認めない点が問題となるからである[102]。本稿で行えなかったこれらの検討については、別稿を期したい。

---

97 Paul Johann Anselm von Feuerbach, Revision der Grundsätz und Grundbegriffe des positiven peinlichen Rechts, Teil 1, S. 319 f., Teil 2, S. 71 ff. この点で、高橋直人「心理強制説をめぐる十九世紀前半の議論」浅田和茂ほか編『自由と安全の刑事法学――生田勝義先生古稀祝賀論文集』（法律文化社、2014年）177頁以下、183頁も参照。
98 Ebd., Teil 2, S. 162; ders., Lehrbuch des gemeinen in Deutschland geltenden Peinlichen Rechts, 1. Aufl., S. 15 f.
99 高橋直人「意思の自由と裁判官の恣意――ドイツ近代刑法成立史の再検討のために――」立命館法学307号（2006年）1頁以下、44頁以下を参照。さらに、山口邦夫『一九世紀ドイツ刑法学研究（八千代出版、1979年）30頁、53頁も参照。
100 神経による決定ではなく、心理的決定に焦点を当てているだけで、人格ではなく個人を問題としている点ではジンガーらの神経科学の議論と同様であると指摘するものとして、Jakobs, a.a.O. (Fn. 88), S. 253.
101 ギュンター・ヤコブス（平山幹子訳）「市民刑法と敵味方刑法」立命館法学291号（2003年）459頁以下、川口浩一「敵に対する刑法と刑罰論」法律時報78巻3号（2006年）14頁以下を参照。
102 Michael Pawlik, Der Terrorist und sein Recht. Zur rechtstheoretischen Einordnung des modernen Terrorismus, 2008, S. 38 ff. を参照。

責任能力と自由意志論

川 口 浩 一

一　問題の所在
二　刑法学における意思自由擬制説批判
三　英米分析哲学における自由意志論に基づく議論の整理
四　刑法学的意思自由論の再分類
五　浅田説の位置づけと問題点
六　暫定的結論

「…そこで逃げ道を求めて、ただたんに自然法則にしたがうかれの因果性の決定根拠のあり方を比較的な自由の概念にならって考えるとしても…、それは惨めな言い逃れにすぎない。いまなお若干のひとびとはこの言い逃れにとどまっていて、あの困難な問題を些細な字義の詮索で解決できたと思い込んでいるが、しかしこの問題の解決をめぐっては、数千年の努力が空しくも費やされていることであり、こうしたまったく皮相なやり方ではかばかしい結果など得られようはずもないものなのである。」(„Eine Ausflucht darin suchen, daß man bloß die Art der Bestimmungsgründe seiner Kausalität nach dem Naturgesetze einem *komparativen* Begriffe von Freiheit anpaßt..., ist ein elender Behelf, womit sich noch immer einige hinhalten lassen, und so jenes schwere Problem mit einer kleinen Wortklauberei aufgelöset zu haben meinen, an dessen Auflösung Jahrtausende vergeblich gearbeitet haben, die daher wohl schwerlich so ganz auf der Oberfläche gefunden werden dürfte.")

Immanuel *Kant*, Kritik der praktischen Vernunft, A 96; W 221[*]

一　問題の所在

浅田和茂教授は、その著書『刑事責任能力の研究・下巻』[1]において責任能力[2]

---

[*] 邦訳は、坂部恵・伊古田理訳『カント全集』(岩波書店・2000年) 263頁による。
[1] 浅田和茂「責任能力論——私見の概要」『刑事責任能力の研究・下巻』(1999年) 所収77頁以下。
[2] 責任論との関係については浅田和茂『刑法総論』(補正版・2007年) 281頁以下も参照。また責

を「規範的責任能力」(=「決定規範の名宛人たる能力」としての「有責行為能力」)と「可罰的責任能力」(=「規範的責任能力」を前提としたうえでの「事実的・政策的・規制的判断として規範的責任が一定の程度に達していること」および「刑罰適応性」)に区別され、後者は専ら前者を限定する方向に機能すべきであるとされる。そしてその前提となる「意思の自由」に関する見解を、次の6つのテーゼに要約される[3]。

① 「責任を非難可能性と理解し、非難を回顧的にとらえる以上、行為時における当該行為者の他行為可能性が、その前提になるものと解さざるをえない。」
② 「他行為可能性を一般人・平均人を標準にして考えることによっては、本人に対する責任非難を基礎づけることはできない。責任非難は、あくまで『汝為しうるが故に為す…』といえる場合にのみ可能なのであって、一般人を標準にすることは、『汝為すべきが故に為しうる』という不可能を強いる論理を認めることに他ならないからである。」
③ 「いわゆる『やわらかな決定論』は、…『外部からの自由』を問題にするものであって、『自由意思』(内部からの自由)を論ずるものではなく、その展望的非難は、他行為可能性を理由とする回顧的非難とは別のものであって、責任非難を根拠づけうるものではない。」
④ 「行為時における当該行為者の他行為可能性を前提にすることは、『相対的意思自由論』ないし『相対的非決定論』に与することになるが、そこから直ちに『道義的責任論』や『積極的責任主義』が導かれるわけではない。道義性の過度の強調は、苛酷な行刑に導き、法と道徳の峻別を危くすることになる。むしろ責任非難は、他行為可能性を前提とした『規範的非難』と考えれば足りるのであって、道徳的非難や倫理的非難とは峻別されなければならない(刑法は、犯罪を犯さないことを要求するだけであって、立派な人間になることを要求しているわけではない)。また、その意味での規範的責任が、存在する場合であっても、そのことから直ちに『責任あれば刑罰あり』(積極的責任主義)とすべきではなく、さらに『可罰的責任』の観点から不処罰とすべき場合を認めるべきである。」
⑤ 他行為可能性を「処罰の正当化根拠」とする説は「証明不可能な事態を被告人の不利益に判断することは『疑わしきは被告人の利益に』の原則にも反する(虚構ないしフィクションとしての意思自由論のネックも、この点にあった)。やはり、相対的意思自由論ないし相対的非決定論自体を正面から肯定せざるをえないのではない

任論を日本における歴史的観点から概観した論文として同「責任論」ジュリスト1348号(2008年)29頁以下(「意思自由論争」については34頁以下)。なお本稿が扱う日本の刑法学説は、紙面の関係上、主に2000年以降のものに限定する。それ以前の重要文献については浅田・同論文34-5を参照。
3 浅田・前掲書(注1)83頁以下。なおその要約として同・前掲書(注2)174頁以下も参照。

であろうか。」
⑥　意思自由のとらえ方について、ドイツの議論[4]等を参考にしつつ、「他行為可能性を積極的に根拠づけることによってはじめて、責任能力を有責行為能力と解し、その心理学的要件として弁識能力のみならず制御能力を要求することも可能になるように思われる。」ここで問題となる意思自由とは、（人間が無原因に意思決定するという意味の）「『あるものからの自由ではなく、『あるものへの自由』であって、因果連関からではなく意味連関から生ずる決定因子を付加することにより、因果過程を被覆決定する、という意味であり、それは、現実の社会、われわれの文化に深く根ざしているものなのである。」[5]

本稿は、以上のような浅田教授（以下では敬称略）の相対的意思自由論を特に（分析）哲学的な観点[6]から批判的に検討しようとするものである。

二　刑法学における意思自由擬制説批判

（1）周知のように刑法学における責任論においては意思自由論〔非決定論〕に基づく旧派（古典学派）の「道義的責任論」と（ハードな）決定論に基づく新派（近代学派）の「社会的責任論」が対立していたが、「相対的非決定論やソフトな決定論などによって、以前ほどの激しい対立ではなくなってきている」[7]とされる。山中敬一も現在の学説を従来の①非決定論（意思自由論）／②決定論の対立図式から③相対的非決定論（意思自由論）／④やわらかな（ソフトな）決定論や不可知論を前提とした⑤意思自由擬制説または規範的要請説へと議論が移行しているとする[8]。そしてこの⑤の立場における自由意思の擬制は「規範が要請している

---

[4]　そこで引用されているのは、アルトゥール・カウフマン（浅田和茂訳）「刑法における責任原理のための反時代的考察」同（上田健二監訳）『転換期の刑法哲学』（第2版・1999年）所収190頁以下（Arthur *Kaufmann*, Unzeitgemäße Betrachtung zum Schuldgrundsatz im Strafrecht, JURA 1986, 225 ff.）とベルント・シューネマン（葛原力三・川口浩一訳）「予防刑法における責任原理の機能」同編（中山研一・浅田和茂監訳）『現代刑法体系の基本問題』（1990年）所収179頁以下（Bernd *Schünemann*, Die Funktion des Schuldprinzips im Präventionsstrafrecht, in: Schünemann (Hrg.), Grundfragen des modernen Strafrechtssystems, Berlin-New York 1984, S. 153 ff.）の2論文である。
[5]　浅田・前掲書（注2）274頁以下。
[6]　なお free will, Willensfreiheit の訳語としては刑法学では「自由意思」（「意思自由」）、哲学では「自由意志」が用いられることが多いので、本稿では原則として刑法学者の学説において用いられる場合は「意思」を、哲学者の議論において用いられる場合は「意志」の訳語を用いることにする。
[7]　高橋則夫『刑法総論』（第2版・2013年）334頁。

フィクション」として「成人した人間は、異常な事情の下でのみ、責任非難を阻却しうるということであり、また、通常は、犯行への誘惑に打ち勝つのに必要な意思力を備えている」という前提から出発するということであり、「刑罰制度の観点からも、受刑者を治療の対象としてではなく、自由な人格をもった人間として処遇することを要請されている」[9]ものであるとする。山中と同様、この規範的要請説を支持するのは井田良である。すなわち井田は「責任の有無と程度を決めるための基準としての自由と可能性は、経験的事実ではなく、規範的要請ないし仮設（仮「設」であって、仮「説」ではない）として根底に置かれなければならない」[10]とするのである。さらに高橋則夫も「そもそも、自由意思と決定論が両立しないものなのか、あるいは両立し得るものなのかという前提問題すら解決されていない」としたうえで、社会心理学者小坂井敏晶の議論[11]を援用して「責任は実体としての責任ではなく、社会的虚構とさえいえる」が、「このような社会的虚構がなければ社会が存立することはできず、その結果、責任および刑罰は、自由意思を仮設として前提しなければ、存立不可能な制度と理解せざるを得ない」[12]とする。

（2）このような「虚構ないしフィクションとしての意思自由論」に対して、浅田は、正当にも「疑わしきは被告人の利益に」の原則に反するものであると批判している（上記テーゼ⑤参照）[13]。林幹人も同様に「犯罪の内容である責任を、『フィクション』によって構成するべきではない」、すなわち「国家が人に重大な不利益を科する前提としての刑事責任について、有るかどうかわからないものを、『有る』と擬制するべきではない」とする[14]。このような批判について安田拓人は「他行為可能性を否定し、特別予防論に基づく刑事制裁を構想する場合に比べ、他行為可能性を肯定し、法的非難としての責任・刑罰を構想する方が、行為者にとって有利なのだから、他行為可能性は『フィクション』であってもよ

8　山中敬一『刑法総論』（第3版・2015年）624頁以下。
9　山中・前掲書（注8）626頁。
10　井田良『講義刑法学・総論』（2008年）358頁。
11　小坂井敏晶『責任という虚構』（2008年）157頁以下。
12　高橋・前掲書（注7）334頁。
13　浅田・前掲書（注1）84頁。
14　林幹人『刑法総論』（第2版・2008年）37頁（さらに「現行憲法は、科学的な証明のない非決定論を前提としているとも解されない。さらに、『自由の意識』や一般の確信は、自由意思の存在の証拠にはならない」（同・37-8頁）ともする）。

い」[15]と反論している。

（3）しかし本当に特別予防論に基づく刑罰制度の方が自由意思に基づく責任に基づく刑罰制度よりも、対象者にとって有利なのだろうか。アメリカの哲学者ダーク・ペレブーム（Derk Pereboom）はその著書『自由意志なしで生きる』[16]で後述のハード決定論（ハード非両立論）に基づいて、現在有力に主張されている刑罰理論[17]である①応報主義、②道徳教育論、③帰結主義的抑止論、④正当防衛論を批判し、唯一正当化できるのは「隔離」だとする。そしてこの「隔離」が正当化されるのは対象者の危険性が立証される場合に限定され、隔離中に行われる「治療」（危険除去処置）についても「人間の尊厳を犯すような治療までが許されるわけではない」[18]とする。これに対してアメリカや日本の刑罰制度はペレブームによればありもしない（あるいはフィクションにすぎない）意思自由に基づいて、再犯の危険性のない行為者に対しても刑罰（場合によっては死刑）を加えていることになり、その方が対象者にとって必ずしも有利であるとは断定できないであろう。また（科学）哲学者の戸田山和久は、ペレブームのいう自由意志なき世界は、スピルバーグの映画『マイノリティ・レポート』に描かれているような、「将来、反社会的行動をするように決定されている人間をスクリーニングしてあらかじめ予防拘禁する」「究極の管理社会」、「ディストピア」[19]になってしまうとは限らず、「意志の自由の概念がなく、したがって責任を負うとかとらせるという実践もなく、だけど市民的自由は保障されている社会はありうる」[20]とする。

さらにフィクション論の基礎には、いくら議論しても、結局、意思自由が存在するかどうかは知ることはできないとする不可知論があるが、ミヒャエル・パヴリック（Michael Pawlik）が指摘するように、意思自由論を擁護するために、不可知論または「意思自由が存在しないということは証明されていないが、それが存

15　安田拓人「責任の概念」西田典之・山口厚編『刑法の争点』（2007年）54頁。
16　Pereboom, Living Without Free Will, Cambridge 2001. その内容のわかりやすい要約として戸田山和久『哲学入門』（2014年）174頁以下がある。
17　以下の諸理論に対するペレブームの批判については戸田山・前掲書（注16）384ページ以下参照。
18　戸田山・前掲書（注16）390頁以下。なおPereboom, "Free Will Skepticism and Criminal Punishment," in: The Future of Punishment, Thomas Nadelhoffer, ed., New York, 2013, pp. 49-78も参照。
19　戸田山・前掲書（注16）394頁。
20　戸田山・前掲書（注16）395頁（戸田山は、ディストピアとは、その逆の「市民的自由は制限されている一方で、みんな責任だけはとらされる社会」だとする）。

在するということも証明されていない」[21]というノン・リケット論を援用するのはカテゴリー的に誤りであり、規範的要請としての意思自由論も誤解を招くものである[22]。すなわち増田豊が指摘するように「実体二元論（存在論的二元論）は論外であるが、自由意思を擁護するためには、何らかの意味における二元論に依拠しなければならない」[23]からである。また上記（1）で高橋が強調する社会的制度としての責任は、哲学者ピーター・ストローソンの意味における「人格的反応的態度（personal reactive attitudes）」[24]として社会的に「実践」されているものであり、それを「虚構」であるとするのは誤解を招きやすい表現であろう。

三　英米分析哲学における自由意志論に基づく議論の整理

以上の議論から、刑法学において有力なフィクションとしての意思自由論は、実践的にも理論的にも妥当ではないことが明らかになった。そこで問題となるのは残された選択肢は何かということである。ここで議論を整理するために役立つのが英米の分析哲学における自由意志論[25]である。野矢茂樹は、その学説を次の表のように整理している[26]。

21　Thomas *Hillenkamp*, Strafrecht ohne Willensfreiheit, JZ 2005, 319. なお *ders.*, Hirnforschung, Willensfreiheit und Strafrecht‐Versuch einer Zwischenbilanz, ZStW 127 (2015), 10 ff. も参照
22　Michael *Pawlik*, Das Unrecht des Bürgers, 2012, Tübingen, S. 281 ff.
23　増田豊『規範論による責任刑法の再構築──認識論的意志自由論と批判的責任論』（2009年）525頁。
24　Peter *Strawson*, Freedom and Resentment, in: Gary Watson ed., Free Will, 2nd ed., 2003 Oxford, pp. 72-93 = 法野谷俊哉訳「自由と怒り」門脇俊介・野矢茂樹編『自由と行為の哲学』（2010年）31頁以下参照（そこでは personal reactive attitudes は「個人的反応態度」と訳されている）。なお野矢茂樹「序論」同書7頁は、このストローソンの見解を、両立論というよりも自由意志論の問題は決定論の是非とは関係ないとする「無縁論」と呼ぶべきであるとするが、私見によればドイツの刑法学者ギュンター・ヤコブスも（方法論的には異なるが）一種の無縁論を主張するものである。Günther *Jakobs*, Strafrechtsschuld und „Willensfreiheit", In: Hans-Joachim Freund/Günther Jakobs/ Siegfried Zielinski /Carl Christian von Weizsäcker, Interdisziplinäres Plenum Bewusstsein und Willensfreiheit, 2013, S. 29-39; *ders.*, Individuum und Person. Strafrechtliche Zurechnung und die Ergebnisse moderner Hirnforschung, ZStW 117 (2005), S. 247-266（この論文については増田・前掲書［注23］527頁脚注4参照）; *ders.*, Strafrechtliche Schuld ohne Willensfreiheit, in: Dieter Henrich (Hrsg.), Aspekte der Freiheit: Vortragsreihe der Universität Regensburg, 1982, S. 69-83
25　英米分析哲学における自由意志論の概観として美濃正「決定論と自由──世界にゆとりはあるのか？」中畑正志編『岩波講座哲学〈2〉形而上学の現在』所収161頁以下、野矢茂樹「序論」門脇＝野矢編・前掲書（注24）1頁以下参照。なお安藤馨「現代自由意志論の諸相：論理的決定論について（1）」神戸法学雑誌62巻3・4号（2013年）147頁以下も参照。

	両立論（①やわらかな〔ソフト〕決定論）	
非両立論	決定論を認める（②かたい〔ハード〕決定論）	
	決定論を否定する	自由を擁護する （③リバタリアニズム）
		自由も否定する （④非決定論的自由意志否定説）

　ここでは詳しく検討する余裕はないが、この図式とこれまで述べてきた刑法学上の対立状況の関係を述べておこう。美濃正は、哲学的意志自由論の動向を次のように要約している。
　(1) 両立論については、特にピーター・ヴァン・インワーゲン（Peter van Inwagen）による批判[27]に対して、一方で「他行為可能性」（選択可能性＝Alterna-

---

26　門脇＝野矢編・前掲書（注24）5頁。
27　ヴァン・インワーゲン（Peter *van Inwagen*, An Argument for Incompatibilism, in: Gary Watson ed., Free Will, 2nd ed., 2003 Oxford, pp. 38-57）は、次のような「帰結（結果）論拠」によって両立論（やわらかな決定論）を批判している（要約は、美濃・前掲（注25）166頁による）。
　1　もし決定論が真なら、人間の行為を含めてすべての出来事ないし状態（以下、「状態」とする）は、世界の過去の状態と自然法則によって（因果的に）必然化される。
　2　もし人間の行為が世界の過去の状態と自然法則によって必然化されているとすれば、自然法則かまたは世界の過去の状態の記述を偽とすることができない限り、人間は現実になす行為しかなすことはできない。
　3　人間は、自然法則も世界の過去の状態の記述も偽とすることはできない。
　4　したがって、決定論が真なら、人間は現実になす行為しかなすことはできない。
　5　現実になす行為しかなすことができないのなら、人間には自由（意志）はない。
　6　それゆえ、もし決定論が真なら、人間には自由はない。──非両立説
増田豊「洗練されたリバタリスムスとしての自由意志論の可能性──ゲエルト・カイルの見解をめぐって」法律論叢85巻4・5号（2013年）241頁以下は、さらにこれを簡潔に次のように要約している。
　前提（1）：仮に決定論が真であるとすると、われわれの行為は自然法則と遠い過去の出来事から生ずることになる。
　前提（2）：自然法則を変更したり、ましてやわれわれが誕生する前の出来事を変更したりするようなことは、われわれの力の及ばないことである。
　結論：ゆえに、過去と自然法則とから生ずる因果的帰結は、われわれ自身の行為をも含めて、われわれの力の及ばないことである。
他方でヴァン・インワーゲンは非決定論に対しても次のような「自由の不可能性論証」によってそれを批判している（Peter *van Inwagen*, The Incompatibility of Free Will and Determinism, in: Gary Watson ed., Free Will, 1st ed., 1982 Oxford, pp. 46-58＝小池翔一訳「自由意志と決定論の両立不可能性」門脇・野矢編・前掲書（注24）129頁以下。要約は美濃・前掲（注25）173頁以下、なお戸田山・前掲書（注16）312-3頁も参照）。
　1　非決定論が真だとしよう。
　2　私がある「自由」な行為を実行したとしよう。
　3　自由意志説によれば、「自由」な行為は、それがなされた時点までの世界の全出来事・状

tive Possibilities）概念分析を精緻化しようとする動きと、ハリー・フランクファート（Harry Frankfurt）[28]らによる（特にフランクファート型反例〔Frankfurt-Type Counterexamples〕[29]によって）「他行為可能性」を否定し議論の重点を「人格性」ないし「行為者性」へと移行させようとする動きがあるが、後者の議論は「帰責可能な行為の条件の分析を出発点とするものであったため、自由の成立条件の分析としてはやや迷路に迷いこんだ感がある。」[30]

（2）自由意志説については、たとえすべてが決定されていないとしても、それは自由ではなく単なる偶然の出来事に過ぎないのではないかとの批判に対し

　　　態と自然法則によって決定されていない出来事・状態の一つである。
　4　では、私の行為は、どのようにして生じたのだろうか？　私の熟慮も「自由意志」の発動も行為の時点までの世界の全出来事・状態の一部でしかなく、そして自然法則によっては私の行為は決定されないのだから、私の行為が私の熟慮や「自由意志」の発動によって生じたと言うことはできない。
　5　したがって、私の行為は単なる偶然によって生じたと言わざるを得ない。
　6　しかし、単なる偶然によって生じた行為は決して自由な行為ではない。
　7　それゆえ、自由意志説は誤っており、非決定論の仮定のもとでは自由は不可能である。
28　Harry G. *Frankfurt*, Alternate Possibilities and Moral Responsibility, in: in: Gary Watson ed., Free Will, 2nd ed., 2003 Oxford, pp. 167-176 = 三ツ野陽介訳「選択可能性と道徳的責任」門脇・野矢編・前掲書（注24）81頁以下；*Frankfurt*, Freedom of the Will and the Concept of a Person,: in Watson ed., *Id.*, pp. 322-336 = 近藤智彦訳「意志の自由と人格という概念」門脇・野矢編・前掲書（注24）99頁以下参照。フランクファートは、前者の論文「選択可能性と道徳的責任」で有名なジョーンズの事例を挙げている（84頁以下）。
　　　ジョーンズがあることをみずからの理由のために行おうとしていたが、ある者が同じ行為を脅迫によって行わせようした。ジョーンズはこの行為を行った。
　　　ジョーンズ1：脅迫の影響を受けるような人間でなく、やると決めたらどんな犠牲を払っても行う。脅迫とは無関係に行った。
　　　ジョーンズ2：脅迫されると震えあがってしまう。そこで脅迫されてその行為を行ったが、その行為はた内容は自分のやろうとしていた行為だったが、脅迫されたことにうろたえて、そのことを忘れてもっぱら脅迫におびえてその行為をした。
　　　ジョーンズ3：脅迫の影響を受ける人間であったが、もともと行為しようとおもっていたので行為した。
　　　ジョーンズ4：ブラックはジョーンズ4が決意するまで待って、ブラックが望んでいた内容と一致していたらそのままにし、そうでなければ何らかの手段（脅迫・投薬・催眠術・脳への直接的作用など）によってブラックの意図した行為を行わせた。
　　　なお戸田山和久『哲学入門』330頁以下の事例、334頁の事例（マルティン・ルターの例）、ダニエル・デネット（阿部文彦・木島泰三訳）『思考の技法──直観ポンプと77の思考術』（2015年）591頁以下、瀧川裕英『責任の意味と制度──負担から応答へ』（2003年）61頁以下も参照。
29　これに対する最近の反論として Philip *Swenson*, "A challenge for Frankfurt-style compatibilists", Philosophical Studies 172 (5): 1279-1285 (2015); Michael *Robinson*, "The Limits of Limited-Blockage Frankfurt-Style Cases", Philosophical Studies 169 (3): 429-446 (2014); Randolph *Clarke*, Omissions, Oxford 2014, pp. 136 ff.; M. *Robinson*, "Modified Frankfurt-Type Counterexamples and Flickers of Freedom", Philosophical Studies 157 (2): 177-194 (2012) 等がある。
30　美濃・前掲（注25）180頁。

て、ロデリック・チザム（Roderick M. Chisholm）[31]に代表される行為者因果説（の修正）から反論しようとする立場とロバート・ケイン（Robert Kane）のような非決定論的（確率論的）因果説[32]によって意志自由を肯定しようとする立場があるが、後者のほうがより有望であるとされる（ただしそれは必ずしも両立説とも矛盾しないのではないかともされている）。

（3）そしてより根本的には、自由概念の再検討、すなわち「『自由』概念を適切に解明し、それが科学の描き出す世界像のうちに無理なく位置づけられうるか否か明らかにすること」が必要であるとするが、この議論は一定の方向、すなわち「自由概念の解明のための鍵になるのは行為の動機（あるいは理由、目的、意図等々）との関わり方の解明だという認識」（強調原文）へと収斂しつつあるとする。[33]

この点に関して戸田山和久も、ダニエル・デネット（Daniel Dennett）[34]に依拠して、決定論や自由意志論を従来のような「世界全体が決定されているかなどという形而上学的問題としてではなく、責任ある自由な行為主体と認知計算メカニズムという、二つの自己理解の対立として、この問題を考えていくのがよい」[35]（強

31　Roderick M. *Chisholm*, Human Freedom and the Self, in: Watson ed, supra note 28, pp 26-37.
32　Robert *Kane*, "Free Will: New Direction for Ancient Problem", in Kane ed. Free Will, Blackwell 2002, pp. 222-246（以下の要約は美濃・前掲（注25）177頁以下による）．ケインは、自由な行為とは行為者の動機あるいは理由を非決定論的（確率論的）原因とする出来事であるとし、この意味での自由な行為は、「自己形成的行為」として生じるとする。この「自己形成的行為」とは、ケインによればいわゆる意志の葛藤が生じた際に、それを乗り越えて選択され実行され、その結果、行為者の一定の性格を形成する行為のことである。たとえば、重要な商談の場に急ぐビジネスウーマンが、誰かが暴行されている（あるいは見知らぬ子供が池でおぼれている）のを目撃したとする。彼女は一方で被害者を助けなければと思うが、他方では商談をぜひ成立させ自分のキャリアアップをはかりたいとも強く思う。彼女は、一つの非決定論的過程に直面しているとケインは言う。彼女がいずれかの行為を選択実行するとき、それを自分の動機にしたがって選びとった行為として是認し、かつそれに対して責任を取る用意ができていることだろう。したがって、その行為は彼女の自由な行為と言えるとされるのである。このケインの議論では、自己形成的行為を自由な行為とするのは、それが行為者の動機に従って選びとられた行為であるということであり、当の行為を生み出したのが現実に非決定論的過程であるか否かには関わりがない。なお美濃・前掲（注25）179頁は、ケインが自己形成的行為を非決定論的過程の産物であるという点に固執する根拠は、彼がヴァン・インワーゲンの帰結（結果）論証を受け入れているということであるとする。この見解に対応した刑法学説は言うまでもなく団藤重光の人格形成責任論（同『刑法綱要総論』〔第3版・1990年〕258頁以下）である。
33　美濃・前掲（注25）180-1頁。
34　ダニエル・デネットの自由意志論について Daniel C. *Dennett*, Elbow Room: The Varieties of Free Will Worth Wanting. Cambridge, Mass, 1984; ダニエル・C・デネット（山形浩生訳）『自由は進化する』（2005年）；同・前掲書『思考の技法』（注28）527頁以下（要約として600頁以下）を参照。

調原文）とし、そのうえでチザムのような自由のインフレ理論ではなく、デネットのような自由のデフレ政策を採用すべきであるとする。そのような「最小限のデフレ的自由」すなわち「原自由」とは「自己コントロールの能力」（313頁）に他ならず、「決定論は自己コントロールとしての自由と両立可能」（321頁）である。そのような原自由の人間的進化形態が言語共同体内の「理由を尋ねあう実践」における「反省的自由」（325頁）であるが、そこでは「他行為可能性」はそのような自由には必要なく（332頁）、「他のようにもすることができた能力としての自由」とは、実は「過去の間違いから学び、未来の行動を修正する能力に他ならない」のであり、このような自由ならば「持つに値する自由」といえる（336頁）とされる。しかし戸田山は、デネットとともに、それが「道徳的に重要な自由」すなわち「責任のある自由」となるためにはさらに「自己と呼ばれる組織化を経由して」（357頁）「価値を自分で設定し自分をつくる自由」（369頁）である必要があるとするのである。

なお刑法学者の増田豊[36]は、この自由概念の問題をドイツの精神科医で神経科学者、哲学者でもあるヘンリック・ヴァルター（Henrik Walter）の議論[37]を援用して自由意志の要件の問題として再構成している。ヴァルターは、カント以来、自由意志の要件として①「別様の可能性」（選択可能性・他行為可能性）、②「合理的決定性」（意味・理由指向性）、③「起動者性（Urheberschaft）」の3つが問題とされてきたとする。増田によれば、この①は「同一の事情の下でも行為者が決断・行為する可能性」すなわち「複数の選択肢が選択し得るものとして存在したということ」を、②は「理由に基づいて合理的に決断・行為する能力」すなわち「熟慮能力」による「合理的な選択」がなされたことを、そして③は「決断・行為が行為者自身に起因するということ」すなわち「『私』あるいは『自己』が決断・行為の源泉であるということ」を内容とするものである。この各要件は、上記の英米における議論に対応している（例えば両立論を主張するデネットはフランクファートと同様に①の要件を不要であるとし、②の合理性を進化論的自然主義の立場から解釈し、③の起動者についてもチザムのような形而上学的解釈を斥け「デフレ的」解釈を試みているのである）。

---

35 戸田山・前掲書（注16）297-8頁（以下次注までの間、同書の頁数は本文中の括弧内に示す）。
36 増田豊・前掲書『規範論による責任刑法の再構築』（注23）562頁以下。
37 Henrik *Walter*, Neurophilosophie der Willensfreiheit, 2. Aufl., Paderborn 1999.

さらに、存在論と認識論の関係という哲学的問題との関連で、自由意志論（リバタリアニズ）の学説をさらに分類すれば、①「統一的な存在論・認識論範疇体系」(einheitliches ontologische und espistemologische Kategoriensystem)[38]内部において意志の自由の存在を立証しようとする存在論的非決定論に基づく自由意志論、②カントなどの存在論的二元論に基づく意思自由論、③存在論的には一元論を採りつつ認識論的には二元論を採る認識論的二元論に基づき、自然レベルにおいては決定論を採りつつ規範的な（刑事）責任のレベルにおいては因果性に支配されない（意志）自由を認めるという戦略（責任と決定論の両立論）によるかである。①は前述の「相対的意思自由（非決定）論」に、②は「やわらかな（ソフトな）決定論」に対応するものである。したがって冒頭に述べた浅田説もこの①の意味における「意思自由」の立場をとるものであるが、その論拠がこの立場と整合的かどうかが検討されるべきであろう。

四　刑法学的意思自由論の再分類

1　存在論的レベルにおける一元論的意思自由論と二元論的意思自由論

浅田と同じく「相対的意思自由論」の立場に立つ内藤謙は、「経験的事実の世界でも、非決定論（＝自由意思肯定論）に傾いている」[39]と述べているが、その根拠は示されていない。カントの「叡智界／感性界」のような（存在論的）二元論を採らずに、一元論的に「自由意思」の存在を主張しようとするならば、経験的事実の世界においても（経験的事実という同一レベルで）人間の意志が因果的には決定されていないということを証明しなければならないが、そのような証明は、現在の自然科学的な「唯物論的」世界観からは、量子力学におけるミクロレベルの現象を除いて[40]、不可能であるといわざるをえない。それにもかかわらず自由意志論を基礎づけようとするならば、行為者こそが行為の究極の原因（あるいは「起動者」）であるとする「行為者因果説」によるか次に述べる「非決定論的（確率的）因果説」によるしかないことになろう。

38　*Pawlik* (o. Fn. 22), S. 284 Fn. 172.
39　内藤謙『刑法総論講義・下Ⅰ』（1991年）786頁。
40　戸田山・前掲書（注16）310頁以下。

2 確率的・統計的（非決定論的）因果論に基づく意思自由論

林幹人は、「やわらかな決定論」は「刑法の予防目的から、責任の内容を規定しようとしている点で、正当なものと思われる」が、「ただ、この見解は厳密な意味での決定論に立っているのであるが、これには疑問がある」とする。すなわち、「この世界は、決定論の説くようにすみずみまで法則の支配下にあるのかは、われわれは知らないし、おそらく知りえないことである。われわれが知っているのは、この世界が、人間の意思・行為も含めて、確率的・統計的に決定されているということである」とし「モデストな決定論」を主張する。そして「このことは、誰も疑うことのできない、この世界の基本的な真理であり、このことだけが刑法の前提となるのである」とする。ここで林は自説を決定論の一種であると主張しているが、上述の哲学的議論における分類によれば、むしろ自由意志肯定論のヴァリエーションであるケインの「自由な行為とは行為者の動機あるいは理由を非決定論的（確率的）原因とする出来事であるとする」「非決定論的（確率的）因果説」と類似の見解であるといえよう。しかしケインがそこで原因としているのは「自己形成行為」（意志の葛藤が生じた際に、それを乗り越えて選択され実行される行為）であるが、林は「犯罪行為は、行為者の反規範的意思に基づくものであり、その反規範的意思は過去の学習によって形成されたものであり、そして、犯罪を処罰することによって人々の規範意思を強化し犯罪を犯す可能性を減少させることができるという意味での法則（それは法則というにはあまりに粗雑なものであるが）がある」とし、「反規範的意思としての責任」は、刑法の目的から要求されるものであり、「反規範的意思をもって違法行為を行ったことを根拠として処罰することによって、将来人々が反規範的意思をもたないように条件づけ・動機づけようとするのであ」り、「反規範的意思がなかった者をも処罰するときは、人々は反規範的意思をもたないように努めなくなるであろう」とする。そして「刑法上自由意思とはこの反規範的意思をもって行為したことを意味し、他行為可能性とは現実には反規範的意思をもっていたことを前提として、あるべき規範意思をもっていたならば他行為可能であったことを意味し、期待可能性とはそのようなあるべき規範意思をもつことが期待できたことを意味する」とする[41]。

---

41 林・前掲書（注14）38頁以下（責任の基礎）。「自由意思は、仮定的に判断されなければならない。すなわち、非難の対象となる現実の意思に代えて、あるべき意思をもったならば、他行為可能であったとき、自由意思があったとするのである。他人の強制や精神障害の支配によって、あ

しかしケインによって非決定論的に形成されたとされる自己あるいはその性格は、(それが実在するとしても) 必ずしも意志の葛藤に基づく選択によってのみ決定されるだけでなく、目的達成のためには、何の葛藤もなく殺人などの犯罪を犯す「サイコパス」[42]の事例にみられるように、何を「選択」するかが例えば「人格障害」などによって予め決定されている場合もあり、突き詰めて考えればあらゆる選択や決定は、それが一見 (prima facie)「自由意志」によるように見える場合であっても、それに先行する何らかの要因によって決定されている可能性は否定できないのではないだろうか。林も「反規範的意思」が (確率論的意味で「自由な」)「学習によって形成された」ものであることを根拠にして責任を認めているが、ここにも同様の問題があるのではないだろうか。さらに林が断言している統計的・確率論的法則のみが「誰も疑うことのできない、この世界の基本的な真理」であるということにも疑問の余地がある。確かに、カナダの科学哲学者イアン・ハッキング (Ian Hacking) が「第二次科学革命」[43]と呼んだ決定論的因果法則とは別の統計的・確率的法則の発見による科学的知識の確実性の喪失や量子力学によるミクロレベルにおける世界の非決定性の証明などは、「誰も疑うことのできない、この世界の基本的な真理」であると現在では考えられているといってよいであろう。しかし、われわれの意思自由 (自由意志) の問題が、例えば脳内に存在する、次の状態が確率論的にしか決まらない「量子サイコロ」がふられ、それが自由意志の正体であるといった議論を、戸田山は次のような2つの疑問点を挙げて批判している。すなわち、①量子論的非決定性は、あくまでミクロレベルに関するものであって、マクロレベルの問題であるわれわれの「行為のレベルでは、ミクロレベルの非決定性は相殺されて、計算メカニズムとしてのわれわれにはおおむね決定論的な法則が当てはまると考えることもできる」という疑問と②仮にマクロレベルのわれわれの行為においても (統計的・確率的にしか) 決定されていないと考えたとしても、それが偶然の産物なら自由だとはいえないのではないか

　るべき意思をもちえないとき、人は不自由で ある。そのときは、人は自分の意思で行為を選択したとはいえないからである」(林幹人「責任能力の現状―最高裁平成20年4月25日判決を契機として」上智法学論集52巻4号 (2009年) 38頁)。
42　サイコパスに関する最近の脳科学的研究動向については、ケヴィン・ダットン (小林由香利訳)『サイコパス――秘められた能力』(2013年) 参照。
43　イアン・ハッキング (石原英樹・重田園江訳)『偶然を飼いならす――統計学と第二次科学革命』(1999年)、戸田山・前掲書 (注16) 309頁参照。

という疑問である。この②は、言い換えればランダムであるということと自由であるということは異なるということであろう[44]。重要なのは後者の疑問点であり、もしそれが自由なものであるといえないのであれば、そのような考え方は、自由意志論ではなく3で挙げた野矢の分類の④の決定されていないが自由でもない「非決定論的自由意志否定説」になってしまうであろう。逆にいえば、たとえ（統計的・非確率的）非決定論が証明されたとしても、自由であることが積極的に示されなければならないのである。

3　認識論的二元論に基づく（言語ゲーム的）「認識論的自由意志論」（「批判的責任論」）

　日本の刑法学における意思自由論（自由意志論）のなかで最も哲学的でかつユニークなものとして位置づけられるのが増田豊の「認識論的自由意志論」[45]であることに異論はなかろう。増田はまず方法論的に「超自然的な心的実体を認める存在論的二元論（デカルト主義）」も心的要素を消去する「消去主義」も物理的「還元主義」も斥け、「一つの実体（包括的な自然）について異なる説明パースペクティヴ、異なる言語ゲームを想定する認識論的二元論という方法論的戦略」を採用し、遂行的意味にもかかわる自由意志の「意味理論的性質」に着目する。そして、脳科学との関係においては、言語ゲームの多元性を認めるが、そこから還元主義的言語ゲームの優位性を否定するパヴリック[46]とは異なり、「自由意志に関して『神経科学の言語ゲーム』と『刑事法学の言語ゲーム』（刑事責任の言語ゲーム）とは異なる言語ゲームであるとしても、後者は前者と両立し得るような

44　例えばわれわれは、完全にランダムな目が出るように設計されたスロット・マシーンがあったとしても、それが自由であるとはいわないであろう。なおランダム性と自由意志論の関係についてはデネット・前掲書『思考の技法』（注28）384頁以下（「67　岩・紙・はさみ」）参照。

45　増田豊・前掲書（注23）397頁以下。なお同書以後の自由意志論に関する業績として、同「認識論的二元論と認識論的自由意志——批判的責任の言語ゲーム（1）（2）心の哲学と刑法のメタ理論的基礎」法律論叢81巻4・5号1-33頁、6号（2009年）1-33頁、同「脳科学の研究成果と責任概念」明治大学社会科学研究所紀要 48巻1号75-85頁（2009年）、同・前掲（注27）法律論叢 85巻4・5号237-278頁（2013年）、同「洗練された汎心論は心身問題解決の最後の切札となり得るか——パトリック・シュペートの『段階的汎心論』のモデルをめぐって」法律論叢87巻4-5号69-99頁（2015年）、同書に未収録の論文として同「自由意志と刑事責任」明治大学社会科学研究所紀要46巻1号201-211頁（2007年）がある。

46　*Pawlik* (o. Fn. 22), S. 284 ff. 言語ゲーム論にもとづく論証に対する批判として Armin *Engländer*, Buchbesprechung, JZ 2014, S. 38; Ulrich *Pothast*, „Freiheit und Verantwortung": Eine Debatte, die nicht sterben will -und auch nicht sterben kann, Frankfurt am Main 2011, S. 165 ff., 179 ff.

仕方で組み立てられることが必要であろう」とする。そして前期ヴィットゲンシュタインの『論理哲学論考』[47]の中の「意志自由というものは、未来の行為を今の時点では知ることができないという点に認められるのである」という部分を引用して、これは認識論的非決定論を表明したものであるとし[48]、そこから「『人間の認識の能力の不完全性』を前提とした『非認識論的決定論』の立場が、われわれの「認識論的自由意志論」の基礎におかれるべきである」[49]とする。それゆえ①「われわれ（市民社会）が行為者個人に帰属し得る責任は」、「究極の責任」ではなく「一応の責任」または「人間のもとにある責任」に過ぎず、②それゆえ「積極的応報」ではなく「消極的応報」のみが要請され、また④「市民一人ひとり」も「市民社会の構成員として、犯罪を防ぐことができなかったことに対するメタ責任」を負っていることから事件の解決・将来の犯罪予防のための「熟議」が要請されることになり（「批判的責任論」）、⑤市民刑法／敵対（敵に対する）刑法を区別し、「敵」の人格性を否定するような（ヤコブスのような）敵対刑法論は断固拒絶されるべきであるとする[50]。

以上では紙面の関係で増田説の概略のみを示すに留めたが、ここではその前提となる認識論的非決定論と自由との関係で、その問題点を指摘しておこう。確かに人間の認識能力は不完全なものであり、たとえ決定論的世界像が正しいとしても「認識論的」に「未来の行為」をすべて予測することは不可能であろう。しかし将来の行為が予測できないということが真だとしても、そのことが（前述の「デフレ的」意味においてさえも）自由であるといえるのであろうか。決定されていることを認識できずに行為する行為者は、単に「自由」だと思い込んでいるだけに過ぎないのではないか、という疑問がどうしても払拭できないのである。なお増田説の最近の展開[51]を含めその他の点については、特に自由意志論と脳科学の

---

47 Ludwig *Wittgenstein*, Werkausgabe, Band 1: Tractatus logico-philosophicus / Tagebücher 1914-1916 / Philosophische Untersuchungen Taschenbuch, Frankfurt am Main 1984, S. 48 (5.1362).
48 増田・前掲書（注23）469頁。
49 増田・前掲書（注23）578頁。
50 増田・前掲書（注23）578-585頁。
51 例えば、後述の階層・成層理論については、「自由（目的的決定）と自然的因果性とを『エレガントな仕方』で調停しているように見えるが、どのようにしてこの目的的決定が、〈可能的な〉因果連鎖ではなく、〈現実的な〉自然的因果連鎖にまで作用するのかという問題が、カントにおける『自由に基づく因果性』の場合と同様に、解決されていない」のではないかという疑問が提示されているが、「創発理論と結びつけられた階層／成層モデルは、脳科学においても自然の構

関係についてさらなる検討が必要となろう。

五　浅田説の位置づけと問題点

（1）上述のように浅田は意思自由論の根拠として挙げるのは、次の2点である。①そこにおける自由とは「『あるものからの自由』ではなく、『あるものへの自由』であって、因果連関からではなく意味連関から生ずる決定因子を付加することにより、因果過程を被覆決定する、という意味であ」ること及び②それが「現実の社会、われわれの文化に深く根ざしている」ことである[52]。

（2）このうちの①について佐伯仁志は、次のように批判している。すなわち「しかし、決定因子が『意味連関から生ずる』とは何を意味するのだろうか。浅田教授は、心身二元論をとられるのだろうか。また、現実には存在しなかった決定因子を付加するとは、行為時の『同一の条件の下での』他行為可能性ではなく、『類似した条件の下での』他行為可能性を問題にしていることになるのではないだろうか。もしそうであれば，それは決定論と矛盾する立場ではない。」[53] この批判を検討するためには、浅田が援用するアルトゥール・カウフマン（Arthur Kaufmann）の見解を検討することが必要であろう。カウフマンによれば、「倫理的に自由な行為は、因果的決定への否認の点ではなくむしろその被覆決定の点に（正確には、そのような被覆決定の可能性の点に）ある」、すなわち「それは、別の種類の固有の決定因子、すなわち世界の因果連関からではなく、その意味連関から生じる決定因子を付加すると点において成り立つ。」[54]特に、そこではニコライ・

　造を理解するために益々重要な理論的戦略となっているように思われる」とされ（増田・前掲（注27）法律論叢85巻4・5号274-5頁脚注（16））、また他方でパトリック・シュペート（Patrick Spät, Der Mensch lebt nicht vom Hirn allein: Der graduelle Panpsychismus, Berlin 2012）などの「洗練された（＝段階的・成層的）汎心論」を「理論的に最も矛盾の少ないモデル」であり「心身問題解決の最も有望な選択肢の一つ」であるとし（同・前掲（注）法律論叢87巻4・5号97頁）、それを「洗練された弱い創発論のモデル」と「成層理論のモデル」と結びつけることによって「自由意志」も汎心論を基盤として展開される創発現象であり、「心のディスポジション」が階層的・成層的に展開・増幅した「人格的心身現象」として自由意志をとらえなおす可能性も開けてくるとされる（同上99頁）。なお汎心論については浅野光紀「汎心論と心的因果――心身問題の解決に向けて」思想1102号（2016年）7-24頁、同「汎心論と物理主義」哲学135号25-43頁（2015年）、伊藤春樹「意識の本質をどこに置くか：汎心論的眺望と意識の進化」思索＝Meditations　45号39-63頁（2012年）参照。

52　浅田・前掲書（注2）274頁以下。
53　佐伯仁志『刑法総論の考え方・楽しみ方』（2013年）319頁脚注7。

ハルトマン（Nicolai Hartmann）の見解[55]が援用されていることに注目すべきであろう。ハルトマンによれば「倫理的意思を特徴づけるのは、何らかの決定因子の放棄ではなく、決定にマイナスではなくまさにプラスを新たに付け加えることであ」り、目的に向かって初めから固定されているのではない因果経過に、目的に合わせて法則性を洞察する者が新たなプラスを付け加え操縦することは可能でありこれは因果法則〔に基づく決定論〕に矛盾するものではないとするのである[56]。この引用部分からも明らかなように、これは両立論的決定論に基づく立場[57]であり、その見解を非両立論的自由意志論の根拠とすることはできないものである。これに依拠するカウフマンの立場も、この引用部分の直後に「固い決定論」すなわち非両立論的決定論を批判しているのであり、浅田の主張する「相対的意思自由論」ではなく、むしろ両立論的決定論を採るものと理解するほうが自然であろう。さらに佐伯は、浅田説に対して①そこにいう決定因子が「意味連関から生ずる」とは何を意味するのか、②これは心身二元論[58]に基づくものなのか、③「現実には存在しなかった決定因子を付加するとは、行為時の『同一の条件の下での』他行為可能性ではなく、『類似した条件の下での』他行為可能性を問題にしていることにな」り、「もしそうであれば．それは決定論と矛盾する立場ではない」のではないか、という疑問を提起している[59]。さらに、松宮孝明も「現在の多数説は、まだ非決定論にこだわって、人間の意思には決定される部分と決定されない部分とがあるとし、その決定されない部分が『責任』を根拠づけるとする『相対的非決定論』によれば『責任が重ければ重いほど、刑罰は効果を

54　カウフマン・前掲書（注4）190頁以下、195頁。
55　カウフマン・前掲書（注4）195頁注10（216頁）ではハルトマンの『倫理学』（Ethik, 3. Aufl. (1949)）と『目的論的思考』（Teleologisches Denken, 1951）を引用している。
56　カウフマン・前掲書（注4）195頁。
57　なおハルトマンの立場が一種の成層理論に基づくことに関しては増田・前掲書（注23）507頁以下、そして、前述のように、このハルトマンの「成層理論」に基づく「目的的決定」という高次の（トップダウンの）決定形式という構想が脳科学においても自然の構造を理解するための重要な理論的戦略となっていることについては同・前掲（注27）法律論叢85巻4・5号274-5頁脚注(16)、しかしそこでは、ハルトマンのような「一元論的因果的決定論」は退けられ、（物理的）因果決定とは異なる「高次の決定形式」の存在を認める「二元的決定論」に基づくものであることについては増田・前掲書（注23）416頁以下を参照。
58　なお増田・前掲（注27）法律論叢85巻4・5号274頁脚注(16)によれば「成層モデルに依拠するハルトマンは、感性界（現象界）において決定論を前提とするカントの『二世界論』、叡知界（物自体）における『自由に基づく因果性』の理論を肯定的に評価し、二世界論をいわば『二層理論』として捉え、カントは自由意志を上位層の中に位置づけた、と理解してい」たとされる。
59　佐伯・前掲書（注53）317頁脚注7。

もたない』というジレンマに陥ることになる」との批判を加え、これに対し「今日の『決定論』は、『意味による決定』」を重視する」ものであり、「非難」という意味を重視する限りで、それは「道義的責任」であり、責任が「道義的」（＝倫理的）であることは、法と倫理を混同するものでもなく、「法と倫理の混同とは、社会にとって有害ではない行為を、——たいていは時代遅れの——倫理に反するという理由で処罰することをいう」のであるので「法と倫理の峻別は、責任のもつ『非難』という倫理性を否定するものではな」く、「以上のような意味で、『決定論』と『道義的責任論』は調和しうる」[60]として両立論的決定論の立場に立っているのである。

（3）次に前述の②の論拠は、ベルント・シューネマン（Bernd Schünemann）がいくつかの論文[61]で繰り返し主張している言語学における「フンボルト・ウォーフ言語理論」[62]（「サピア・ウォーフ仮説（Sapia-Whorf hypothesis）」）または「言語相対仮説（linguistic relativity hypothesis）」（あるいは「言語相対論」）[63]に基づく意思自由論の基礎づけを援用したものである。言語相対論とは、言語と人間の思考・文化の関係に関する仮説で、その源流はヴィルヘルム・フォン・フンボルト（Wilhelm von Humboldt）に遡り、サピア（Edward Sapir）とウォーフ（Benjamin Whorf）の言語観にその端的な表現を見いだすことができる。このサピア・ウォーフ仮説では、言語は思考を表現したりまとめたりする手段なのではなく、むしろわれわれの思考を形作る鋳型であるとされ、「強い仮説」と「弱い仮説」とがある。「強い仮説」とは、「人間の思考は言語に規定される」というもので、「言語決定論」（linguistic determinism）と呼ばれることもある[64]。「弱い仮説」とは、「概念の範疇化は言語・文化によって異なる」というもので、「言語相対論」というときは後

60　松宮孝明『刑法講義総論』（第4版・2009年）167頁。
61　シューネマン・前掲（注4）188頁以下（*Schünemann* [o. Fn. 4], S. 163 ff.); *ders*, Zum gegenwärtigen Stand der Lehre von der Strafrechtsschuld, in: Dölling (Hrg.), Festschrift für Ernst-Joachim Lampe, 2003, S. 537, 547 ff.; *ders*., Das Schuldprinzip und die Sanktionierung von juristischen Personen und Personenverbänden: Lehren aus dem deutsch-spanischen Strafrechtsdialog, GA 2015, 275, 278 f.
62　シューネマン・前掲（注4）188頁（*Schünemann* [o. Fn. 4], S. 163)。これに対して言語学では「サピア・ウォーフ仮説」という名称が使われることが多い（次注参照）。
63　東郷雄二「インターネット言語学情報：言語相対論」言語30巻10号（2001年）98頁以下、今井むつみ「サピア・ウォーフ仮説（Sapia-Whorf hypothesis）」／「言語相対仮説（linguistic relativity hypothesis）」辻幸夫・編『新編 認知言語学キーワード事典』（2013年）130頁、さらにジュリア・ペン（有馬道子訳）『言語の相対性について』（1980年）も参照。
64　東郷・前掲（注63）98頁。

者をさすことが多い。最近の論文ではシューネマンは、この強い仮説に基づき「責任と意思自由は、現実の社会的再構成において言語的コミュニケーションによって創り出され、それによって、われわれがわれわれ自身について、意思自由でないように話したり、言語的に施行することはできないことが証明されている。これによって生み出された社会的現実は、…言語によって基礎づけられる社会の、刑法よりもずっと先行する（voraus liegend）根本的階層に由来するものである」としている[65]。しかしこの言語相対論の「強い仮説」に対しては、言語学上の批判も強く、また実証的に証明されているとはいえないのである[66]。

（4）さらに浅田は、他行為可能性の問題に関してフランクファート[67]の「催眠術師AはXを殺したいと思い、Bに、BがXを殺さないような兆候を示した場合には催眠術は働かないようにした」という事例について「BがXを殺さない兆候を示したとすれば、その点に（事実的）他行為可能性は認められる。この場合、それを阻止する催眠術は意思の自由を奪うものであって、Bの責任は否定される」[68]とする。これに対して瀧川裕英はそのような兆候を示すこと（例えば特定の仕方で赤面・痙攣する）は行為ではなく、「Xを殺さない兆候」を示すことは他行為可能性とはいえないと反論し、さらにそれが自由だとしても、ジョン・フィッシャー（John Fischer）が批判するようにそのような「かすかな自由」[69]があ

65　*Schünemann*, (o. Fn. 61) GA 2015, 278 f.
66　これに関して東郷・前掲（注63）98頁は、「最大の問題は『強い仮説』を実験的に証明することが難しいという点にある」とする。また仮にシューネマンのいうように「インド・ゲルマン語族」においては、その文法形式の中に意思自由が根ざしているとしても、例えば文法形式が全く異なる日本語のような言語においてもそれが妥当するかどうかについては不明であり、また場合によってはドイツにおいては意思自由が存在するが日本においては存在しないという事態が生じうるが、そこまでの「強い仮説」は理論的にも経験的にも妥当なものとは思えない。
67　フランクファート・前掲（注28）「選択可能性と道徳的責任」91頁以下（ジョーンズ4の事例）参照。
68　浅田・前掲（注2）ジュリスト1348号35頁。
69　John Martin *Fischer*, The Metaphysics of Free Will: Essay on Control, Cambridge Mass, 1994, p. 184. フィッシャーに関しては以下の文献も参照。壁谷彰慶「【書評】責任帰属とコントロール──*Fischer & Ravizza*, Responsibility and Control, Cambridge University Press, 1998」千葉大学人文社会科学研究13号（2006年）188頁以下（本書は、「別様にすることができた」という様相概念に訴える「統制コントロール」ではなく、現実に行為者が当の出来事に対して適切な因果関係をもちえたかどうかという「誘導コントロール」に注目するものであり、当の行為を導いた人物の内的構造と、人物から当の出来事に至る外的経路がもつ特徴づけによって説明するもの、その利点は、別様になすことができたがゆえに帰責がなされる場合だけでなく、別様になすことができなかったにもかかわらず帰責がなされる場合をも、一貫した説明図式で対応できる点にあるとされる）。

るとなぜ責任があるといえるのかは不明であり、むしろ責任があるといえるためにはもっと実質的な自由が必要ではないかと批判する[70]。言い換えれば、このような「かすかな自由」は、デネットや戸田山のいう「持つに値する自由」[71]（freedom worth wanting）とはいえないのではないだろうか。

（5）最後に佐伯は、浅田説の他行為可能性の認定方法についても問題点を指摘している。すなわち、佐伯は、浅田が意思自由をフィクションとしてではなく認めるべきであるとし、一般人・平均人を基準にして行為者を非難することはできないとするとするにもかかわらず、①その「個別的他行為可能性の認定は、訴訟の場では行為者の立場に置かれた平均人の他行為可能性を想定して類型的になされざるを得ない、とするので、他行為可能性を一般的に判断する見解と実際には変わりがな」くなってしまい、さらに②浅田は「これを、状況証拠による認定一般の問題であるとされるが、このような認定方法によって行為時の個別的他行為可能性が合理的疑いを超える程度に証明できるとは思えない」[72]と批判している。一般人基準には確かにその不明確性などの様々な問題があり、実際、その認定に当たっては（客観的な）規範的判断は不可欠であるところ、行為者個人を基準としたところ状況は同じである。それゆえ純粋に事実的に個人的他行為可能性を証明することは、佐伯のいうように不可能ではないかと思われる。

六　暫定的結論

以上の考察により浅田の（非両立的）意思自由（自由意志）肯定論（リバタリアニズム）には、意思自由擬制論を拒絶し、意思自由（自由意志）の哲学的基礎づけを試みている点で注目すべき見解ではあるが、①現在の多くの哲学者・科学者たちが共有する（唯物論的）存在論的一元論と調和しない前提に基づいているのではないかという疑いがあり、②非両立論的意思自由論の根拠が十分に示されておらず、③認定論的にも他行為可能性をどのように認定するかにつき説得的なモデルを提示しえていないという問題点があるといえる。以上の考察により、哲学的に

70　瀧川裕英「他行為可能性は責任の必要条件ではない」法学雑誌55巻1号（2008年）31頁以下、41頁。
71　戸田山・前掲書（注16）336頁。
72　佐伯・前掲書（注53）318頁脚注5。

見ても非両立的自由意志肯定論よりも、両立論の方向で（刑事）責任の問題を考える戦略がより検討に値するものではないかというのが本稿の暫定的[73]結論である[74]。もちろん両立論にも数多くの問題点が指摘されており、それらについては別稿[75]で展開する予定である。

73　哲学における「暫定性」の意義については Michael *Pawlik*, Vom Nutzen der Philosophie für die Allgemeine Verbrechenslehre, GA 2014, S. 369 ff., 388 f.
74　この方向性は、戸田山・前掲書（注16）368頁が要約し賛成しているデネットの方針、「自由と責任の概念をデフレ的に再解釈し、それが決定論的世界の中でも進化可能だということのシナリオを提示する。これにより、決定論的な認知計算メカニズムとしてのわれわれという自己理解と、自由で責任ある行為主体という自己理解とを両立させようとする」方針に類似したものであるといってよいであろう。但し戸田山は、その直後にデネット説へのいくつかの「不満」点を指摘し（同368頁以下）、この方針でうまくいかなくなった場合には、前述のペレブームのような「ハードボルイド路線」（同374頁）に移行する可能性も留保している。
75　さしあたり現在予定しているのは、本稿で十分考察できなかった増田説、ヤコブス説、さらにダニエル・デネット説の検討を中心とした論文である。

妄想性障害と責任能力
―― 責任能力の体系的地位にも関連させて ――

岡 上 雅 美

- 一 はじめに
- 二 責任能力と鑑定にかかわる判例の現状
- 三 妄想性障害と刑事裁判
- 四 最高裁平成27年判決の批判的検討
- 五 補論：妄想性障害と部分的責任能力
  ―― 責任能力の体系的地位についての若干の考察
- 六 結びに代えて

一 はじめに

　責任能力の判断は、裁判員にとっても職業裁判官にとっても困難を伴うものであり、刑事裁判にとって極めて重要な意味をもつ。責任能力に関する刑法第39条は、「心神喪失者の行為は、処罰しない」（第1項）、「心神耗弱者の行為は、その刑を減軽する」（第2項）とのみ定めるごく簡易な規定である。責任無能力の場合には不処罰、限定責任能力の場合には必要的減刑という、いずれも大きな法効果を伴う規定であるが[1]、このように強力な法効果が付与されているにもかかわらず、同条の内容は、ほぼすべてが解釈に委ねられている。例えば、心神喪失とは「精神の障害により事物の理非善悪を弁識する能力」（弁識能力）または「この弁識にしたがって行動する能力」（制御能力）の欠如した状態であり、心神耗弱とはこれらの能力が著しく減退した状態をいうとされている[2]。この精神の障害の有無・程度を生物学的要素と、弁識能力と制御能力の有無・程度を心理学的要素といい、これらの双方を用いる混合的方法によって責任能力を最終的には裁判所が

---

[1] 比較法的に言えば、責任無能力の場合の犯罪不成立は当然にせよ、限定責任能力の場合には任意的減刑の立法例は少なくない。ドイツ刑法典第21条は限定責任能力に関する規定であるが、刑の軽減は任意である。

[2] 大判昭和6年12月3日刑集10巻682頁。

規範的に評価するというのが、確定的な判例であり、学説もこれを支持している。

とくに生物学的要素については、被告人の精神障害と被告人の行為当時の能力という精神医学等に関わる判断であるだけに、たとえ責任能力の判断が究極的には法律判断・規範的判断であるとしても、これらの責任能力に関する事実は、司法精神医学の専門家による科学的な診断を必要とするものであるということも否定しえない。裁判官の心象とは異なる鑑定結果が出されたときに、裁判官が鑑定を顧みずに「自由に」責任能力判断をしてよいわけではない。このジレンマをどのように解決すべきかは、旧来から責任能力論の中でも中心的なテーマであり、浅田和茂教授も実務の鑑定軽視ともいえる傾向を危惧する立場から考察を加えられ、「緩やかな事実上の推定」を認めるべきことを主張されている[3]。周知のようにこの分野は、近時、注目すべき最高裁レヴェルの判例がいくつか現れたところであり、今なお流動的な議論状況にある。妄想性障害の場合における最高裁の判断手法も示された。本稿は、妄想性障害という角度から、責任能力の基本問題について試論的な考察を加えることにしたい。

二　責任能力と鑑定にかかわる判例の現状

1　最高裁判所判例における責任能力判断の近時までの流れ

本論である妄想性障害の問題に入る前の前提的作業として、責任能力と鑑定の拘束力に関する最高裁判例の流れを極大まかに整理しておこう[4]。後に、検討の対象とする妄想性障害に関わる最高裁判所平成27年5月25日判決（以下では、平成27年判決と呼ぶ。）[5]が判例上どのように位置づけられるかを明確にするためである。

冒頭で述べたように、被告人の責任能力は、混合的方法により判断される[6]。まず、前提として生物学的要素である精神障害の有無およびその程度が判断され、その後、それが心理学的要素（弁識能力および制御能力）に対して影響を与え

3　浅田和茂『刑法総論［補正版］』（2007年）284頁。同『刑事責任能力の研究　下巻』（1999年）は、第四部全体（189頁以下）でこの問題を扱うものである。

4　これに関する文献は多数あるが、三好幹夫「責任能力判断の現代的課題」刑法雑誌51巻2号112頁が、実務的な観点から明快かつ簡便に判例を概観している。

5　判時2265号123頁、判タ1415号77頁。岡上雅美・判批・平成27年度重要判例解説（2016年）149頁以下は、この判決に対する評釈である。本稿は、評釈では紙幅の関係で論じ得なかった、より詳細な検討をドイツの判例も参照しつつ行うものである。

6　大判前掲注2。

たか否かそして与えたとした場合にはどの程度の影響だったのかが判断される。最高裁判所昭和58年9月13日決定（以下では、昭和58年決定と呼ぶ。）[7]によれば、被告人の精神状態が心神喪失や心神耗弱に該当するか、または完全責任能力が認められるかは、「法律判断であって、それは専ら裁判所に委ねられるべき問題であることはもとより、その前提となる生物学的、心理学的要素についても、法律判断の関係で究極的には裁判所の評価に委ねられるべき問題である」。

このように、法的な意味での鑑定の「拘束力」は否定されるのが一般である。確かに、鑑定も裁判官の証拠評価に属するものであり、裁判を行う権限はもっぱら裁判官に属すること、そして、鑑定の結論も一義的ではなく互いに相反するときには、最終的な判断を裁判所が行わざるを得ないことに鑑みても、「究極的には裁判所の権限に属する」と考えることは、基本的に妥当である。しかしながら、科学的な意味での被告人の精神状態について専門的に判断しうるのは、やはり精神医学や心理学の専門家である鑑定人以外にはありえない。この昭和58年決定は、裁判官が鑑定人の意見を離れた判断を行う傾向を生じさせる下地となった。しかも、いわゆる自衛官殺害事件において、最高裁判所は、いわゆる不可知論すなわち心理学的要素の個別の診断は不可能であり、精神疾患の存在をもって責任無能力を決するという見解を排し、「被告人が犯行当時統合失調症にり患していたからといって、そのことだけで直ちに被告人が心神喪失の状態にあったとされるものではなく、その責任能力の有無・程度は、被告人の犯行当時の病状、犯行前の生活状態、犯行の動機・態様等を総合して判定すべきである」として、行為当時の被告人の責任能力の有無を総合判断によって判断すべきこととした[8]。このような判例の状況において、裁判官は、責任能力について総合的な法律判断を行うべきであるという命題の下に、鑑定の扱いについて、実際の運用はともあれ、少なくとも判例の文言上、裁判官はほぼ絶対的に優位な権限を認められたことになる。

その後、2005年に裁判員制度が発足し、一般の市民である裁判員が事実認定の一環として被告人の責任能力の判断をも行わなければならないという新たな社会的背景の下で、実際の裁判員裁判で鑑定の扱いの困難さが現実化する前に、この問題についての指針を表したものと評価しうる判決が現れた。最高裁判所平成20

---

[7] 最決昭和58年9月13日裁判集刑事232号95頁。
[8] 最決昭和59年7月3日刑集38巻8号2783頁。

年4月25日判決（以下では、平成20年判決と呼ぶ。）[9]である。統合失調症に関する事案において、同判決によれば、生物学的要素と心理学的要素の有無および程度については、「その診断が臨床精神医学の本分であることにかんがみれば、専門家たる精神医学者の意見が鑑定等として証拠となっている場合には、鑑定人の公正さや能力に疑いが生じたり、鑑定の前提条件に問題があったりするなど、これを採用し得ない合理的な事情が認められるのでない限り、その意見を十分に尊重して認定すべきものというべきである」と判示した。すなわち、専門家である鑑定人による鑑定の十分な尊重が原則であり、これを採用し得ない例外的な場合には、鑑定を排斥しうるだけの「合理的な事情」が存在しなければならないというのである。責任能力の判断に対する何らかの指針・枠組みは、裁判員による安定的な責任能力の評価にとっては必要不可欠なものであったし、この判断枠組みの内容も、学説からも概ね歓迎されたといってよいように思われる[10]。さらなる問題は、何が鑑定を採用しえない「合理的な事情」なのかという各論的な問題である。平成20年判決は、この例示として、鑑定人の公正さや能力に疑問のある場合と、鑑定の前提条件に問題がある場合の2つを挙げている。その他「合理的な事情」にはどのようなものがあり、どこまでが含まれるかというその具体化の問題は、運用面にかかわるものであるが、この平成20年判決の意義と射程を大きく左右することになるものであり、今後の事例の蓄積を必要とすることとなった。

　しかしながら、続く最高裁判所平成21年12月8日決定[11]は、統合失調症が問題とされた事案において、責任能力が法律判断であることを再び強調し、ただし平成20年判決の判断枠組みには従いながらも、被告人に心神喪失を認めた鑑定の「事実上の拘束力」も否定して、「鑑定の前提資料や結論を導く推論過程に疑問がある」として、鑑定の一部を採用し、「犯行当時の病状、幻覚妄想の内容、被告人の本件犯行前後の言動や犯行動機、従前の生活状態から推認される被告人の人格傾向等」を総合判断することにより、鑑定意見に反して被告人に心神耗弱を認めた原判決を「その判断手法に誤りはなく、また事案に照らし、その結論も相当

9　最判平成20年4月25日刑集62巻5号1559頁。
10　浅田和茂・判批・判例評論610号（判時2054号）（2009年）27頁以下、林幹人『判例刑法』（2011年）114頁以下、林美月子「責任能力判断と精神鑑定――最高裁平成20年4月25日判決を景気として――」立教法学87号（2013年）1頁以下、安田拓人・判批・平成20年度重要判例解説（2009年）179頁以下。
11　林美月子・判批・平成21年度重要判例解説（2010年）202頁以下。

であって」是認できるとした。

　この総合判断の手法に影響を与えたと考えられるのが、司法研究報告書『難解な法律概念と裁判員裁判』である[12]。同書では、統合失調症の場合を例にとり、統合失調症の状態で行われた犯行についての責任能力の判断方法として、「精神障害のためにその犯罪を犯したのか、もともとの人格に基づく判断によって犯したのか」という観点から検討するのがよいとされている[13]。①統合失調症の圧倒的な影響力によって当該犯行を行ったのか、②その影響を著しく受けているが、なお、もともとの人格に基づく判断から行われた部分もあるのか、それとも③その影響は著しいものではなく、もともとの人格に基づく判断によって犯行が行われたのかにより、それぞれ①心神喪失、②心神耗弱、③完全責任能力を判断することができるというのである。なお、このような視点は、統合失調症のみならず、躁うつ病、アルコール関連障害、薬物関連障害、広汎性発達障害、人格障害の場合にも有用であるとされている。

2　妄想性障害に関する平成27年判決

　以上のような流れの中で、最高裁判所は、平成27年判決[14]において、妄想性障害に罹患していたとされる被告人に対して、3つの鑑定意見をすべて退け、完全責任能力を認めて死刑を言い渡した。上記の判例の流れにおいて、今回の判決は、従来からの判断枠組みに沿った事例判例ではあるが、妄想性障害にかかる最高裁としては初の判断である[15]。まず、最高裁判所の判示内容を辿っておくことにしよう。

12　司法研修所編『司法研究報告書　難解な法律概念と裁判員裁判』（2009年）。責任能力については同書36頁以下。これにつき、例えば、浅田和茂「裁判員裁判と刑法――「難解な法律概念と裁判員裁判」を読む――」立命館法学327＝328号（2009年）1頁以下、高橋則夫「裁判員裁判と刑法解釈――司法研究報告書を素材に――」刑事法ジャーナル第18号（2009年）2頁以下、吉岡隆一「裁判員制度と責任能力――平成19年度司法研究『難解な法律概念と裁判員裁判』の検討――」法と精神医療25号（2010年）16頁以下。
13　『難解な法律概念と裁判員裁判』前掲注12　38頁。
14　この判決についての評釈としては、注5のほかに、豊田兼彦・判批・法セミ729号（2015年）129頁、前田雅英・判批・捜査研究774号（2015年）55頁以下、安田拓人・判批・判例セレクト2015〔I〕（2016年）28頁がある。
15　なお、下級審の判例状況については、後述（2）を参照。

【事案の概要】

被告人は、長年、親族を含む隣人らに怨恨の情を募らせていたところ、犯行前夜の北隣の隣人との口論をきっかけに、自宅に東西に隣接する2軒の家屋内等において、隣人らを骨すき包丁で突き刺すなどして、7名を殺害し、1名に重傷を負わせた後、母親が現住する自宅にガソリンを撒いて放火し、これを全焼させた。

弁護人は、被告人の責任能力につき、持続性妄想性障害の影響による心身喪失もしくは心神耗弱、または、表出性言語障害の影響等による心神耗弱を主張した。そして、2つの鑑定意見が、被告人は責任能力が著しく欠損した状態にあったと評価したが、第1審[16]は、被告人に完全責任能力を認め、死刑を言い渡した。鑑定意見の1つ（以下では「山口鑑定意見」という。）は、被告人が犯行当時、妄想性障害・被害型に罹患しており、「当該障害に罹患している者の被害妄想を訂正させることは極めて困難で、妄想のテーマとなっている領域については、理非判断能力が著しく侵されていたと判断するのが妥当である」と述べており、他方の1つ（以下では「山上鑑定意見」という。）は、被告人を妄想性障害ではなく情緒不安定性人格障害と診断し、「被告人には表出性言語障害が認められ、これが人格形成に大きな影響を及ぼしたと考えられることや、隣人たちに対する強固な被害念慮が本件犯行を促す上で重要な役割を果たしたと考えられることなどを総合して考えれば、心神耗弱を認められても不当ではないような精神状態にあったと考えられる」とした。

原審[17]は、被告人に完全責任能力を認めた第1審の認定は相当として是認できるとして、控訴を棄却した。原審では、第1審の2つの鑑定意見についての意見を求められた鑑定意見（以下では「五十嵐鑑定意見」という。）が、山口鑑定意見は生物学的要素の判定から直接的に責任能力の有無および程度を導き出すという不可知論的手法を採用しており、妄想性障害が本件犯行に与えた影響に関する考察は十分とはいえないとして、そして、山上鑑定意見については、被害念慮であったとしても妄想性障害と診断するのが精神科臨床の一般的な考えであるとして、双方の鑑定意見を否定した。しかし、結論的には「被告人は、妄想性障害により、その判断能力に著しい程度の障害を受けていたものの、判断能力が全くない状態にあったとまではいえない」と被告人の限定責任能力を示唆していた。

16　神戸地判平成21年5月29日判時2053号150頁。
17　大阪高判平成25年4月26日判例集未搭載 LEX/DB25540670。

【判旨】（上告棄却）
　最高裁判所は、被告人の責任能力が法律判断によるべきこと、そして、平成20年判決の判断枠組みに従うことを述べた上で、本件の３つの鑑定意見には従えない「合理的な事情」があるとして、以下のように述べた。
　不可知論的手法による山口鑑定意見および被告人に妄想性障害を否定する山上鑑定意見を採用し得ないという点、および、本件犯行当時、被告人が妄想性障害に罹患しており、本件犯行も一定程度その影響を受けたものである点については、五十嵐鑑定意見を採用する。しかし、最高裁判所は、「五十嵐鑑定意見中、被告人が、妄想性障害により、その判断能力に著しい程度の障害を受けていたとする部分については、以下のとおり、これを採用し得ない合理的な事情が認められ、これと同様の判断を示した上で被告人に完全責任能力を認めた原判決の結論は、当裁判所も是認することができる」と判示した。
　最高裁判所が、五十嵐鑑定意見とくに限定責任能力を示唆する結論について「これを採用し得ない合理的な事情」として掲げているのは、同鑑定が以下の５点（判決文で付されている番号に従う。）を十分に考慮していないということである。
① 　被告人は、子供の頃から短気で、些細なことに興奮しやすい性格だった。嫌がらせをしてきた相手を包丁を持って追いかけたり、刃物で斬り付けたりするなどの行為があった。
② 　被害にあった親族との間では、いずれも本件犯行の数年前に比較的大きなトラブルを起こしており、被告人は、それらのトラブルをきっかけとして、被害者らに対する殺意を抱くようになり、本件犯行の日まで殺害の機会をうかがっていた旨の供述をしているところ、そのような供述は、被告人の性格傾向や、被害者らとの長年にわたる確執を考慮に入れれば、十分了解可能で、不自然、不合理とはいえない。
③ 　被告人の唯一の精神症状である妄想は、被害者らが自分たちを除け者にし、陰口をたたいたり、監視したりしている等というものであって、自分たちの生命、身体を狙われていて、攻撃しなければ自分たちがやられるといった差し迫った内容のものではなかった。また、被告人が実際に被害者ら隣人から疎まれ、警戒されていたことは被告人のみならずその家族も認めていた事実であり、被告人の妄想は、現実とかけ離れた虚構の出来事を内容とするものでもなかった。

④　本件犯行の際の被告人の行動は、合目的的で首尾一貫している。また、犯行時の記憶に大きな欠落はみられない。
⑤　なお、被告人は、口論になった隣人を後回しにして、被害者らを襲うことにした理由について、最も強い恨みや憎しみを感じていた被害者らに逃げられてはいけないと考えたためである旨供述しており、そこにも特段の異常性はみられない。

　上記の①から⑤に掲げた事情からすれば、本件犯行は、長年にわたって被害者意識を感じていた被告人が、近隣のトラブルにより被害者らに対する怒りを募らせ、殺意を抱くにまで至り、犯行前夜の自宅北側に居住する別の隣人との口論をきっかけに、この際被害者らの殺害を実行に移そうと決断し、おおむね数年来の計画どおりに遂行したものであって、その行動は、合目的的で首尾一貫しており、犯行の動機も、現実の出来事に起因した了解可能なものである。被告人が犯行当時爆発的な興奮状態にあったことをうかがわせる事情も存しない。被告人は、妄想性障害のために、被害者意識を過度に抱き、怨念を強くしたとはいえようが、同障害が本件犯行に与えた影響はその限度にとどまる上、被告人の妄想の内容は、現実の出来事に基礎を置いて生起したものと考えれば十分に理解可能で、これにより被害者意識や怨念が強化されたとしても、その一事をもって、判断能力の減退を認めるのは、相当とはいえない。
　したがって、被告人の事理弁識能力および行動制御能力が著しく低下していたとまでは認められないとする原判決は、経験則等に照らして合理的なものといえる。
　最高裁判所は、以上のように判示した。

三　妄想性障害と刑事裁判

1　精神疾患としての妄想性障害

　妄想性障害とは、どのような事象なのだろうか[18]。これは、「理論的、系統的

18　妄想性障害に関する記述は、中谷陽二「パラノイアから妄想性障害へ──連続と不連続」臨床精神医学42巻1号（2013）5頁以下および安藤久美子／岡田幸之「パラノイア／妄想性障害と司法精神医学」臨床精神医学42巻1号（2013）101頁以下を主たる情報源とした。途中の数値等は注5のDSM-Vにより最新の形で確認しえたものである。

な妄想がしだいに発展し、確固不動の妄想体系をつくる[19]」慢性精神病である。DSM-Vによる妄想性障害の診断基準を一部抜粋してみる[20]。妄想性障害（delusional disorder）とは[21]、

A. 奇異でない内容の妄想が少なくとも1か月持続する。
B. 精神分裂病の基準を満たしたことがない。
C. 妄想またはその発展の直接的影響以外に、機能は著しく障害されておらず、行動も目立って風変わりであったり奇妙ではない。（後略）

妄想性障害の有病率は0.03％とされ、統合失調症の有病率が1％であることに比べれば、相当稀な精神疾患である。そして、病型としては、妄想の主題により7型に分けられる。すなわち、①色情型（他の誰かが自分と恋愛関係にあるというもの）、②誇大型（肥大した価値、権力、知識、身分、あるいは神や有名な人物との特別なつながりに関するもの）、③嫉妬型（自分の性的伴侶が不実であるというもの）、④被害型（自分または身近な誰かが何らかの方法で悪意に扱われているというもの）、⑤身体型（自分に何か身体的欠陥がある、一般身体疾患にかかっているというもの）、その他、これらの病歴を2つ以上併存させている⑥混合型および⑦特定不能型がある。

統合失調症であれば、妄想以外にも症状があり、次第に生活が困難になってくることから、精神科医での受診が自発的にまたは周囲の人々の介入により行われることが多いが、妄想性障害の場合には病識がなく、以下に述べるように通常の社会生活を営むことができることから、医療を求めることがほとんどないために、一般精神臨床ではあまりその病像は知られていないとされ[22]、妄想性障害についてはその精神疾患としての存在自体も問題とされてきたという経緯もあり、なお解明されていない部分が多いという。

何より、この精神障害の特徴は、妄想を除いては「正常の人と区別がつかない[23]」点にある。妄想性統合失調症とは異なり、「妄想は、統合失調症に比べる

---

19 大月三郎ほか『精神医学（第5版）』（2003年）249頁。
20 DSMとは、Diagnostic and Statistical Manual of Mental Disordersの略語であり、「精神障害の診断と統計マニュアル」と訳されている。アメリカ精神医学会（American Psychiatric Association）による、当該分野における共通用語と標準的な診断基準とを統一し、統計資料を記載した書籍である。現在の最新版は、第5版である。
21 訳は、中谷・前掲注18 9頁による。引用部分以外の本文は要約である。
22 安藤／岡田・前掲注18 101頁。

と奇異ではなく、現実生活で起こりうる状況に関するものである[24]」という。知的活動は保たれ、妄想以外では合理的な行動も十分にとれるし、思考や行動も首尾一貫しており、日常生活の常態として社会的適応能力がある。妄想性障害にはなお病像として明らかでないところがあるとしても、妄想性障害に罹患している者の中には、家庭の内外でトラブルを繰り返し、社会的・心理的に孤立した生活を送る中で孤独感・被害者意識を強めてゆき、殺人や放火等の重大な犯罪を犯すにまで至るケースがある[25]。

しかも、妄想性障害で犯罪を犯した者は、「犯罪」の正当性は決して譲らないが、死刑に値する行為である等の認識はあり、一見、犯罪に対する「社会的自己批判」も内省も行うことがある。したがって、検察官や判事の目には、これらが被告人の行動に「合理性」があるという判断材料となりやすいという[26]。

しかしながら、妄想性障害は、いったん形成された妄想体系を訂正することは不可能または困難であって、判断能力・制御能力の不存在または著しい低減が検討されるべきこととなる。

2 妄想性障害に関する下級審判例

妄想性障害は、下級審においても責任能力および量刑事情の領域で現われている。LEX/DBインターネットTKC法律情報データベースおよび裁判所ウェブサイト[27]で被告人の妄想性障害が争われた下級審判例を検索してみると、34件を見つけることができた[28]。平成2年から平成27年の地方裁判所または高等裁判所の判決である。

網羅的でないことは明らかではあるが、これら34件を分類して大まかな傾向を表してみると以下の通りである。内訳として、①被告人に妄想性障害を認め、心神喪失により無罪を言い渡したもの　3件、②妄想性障害ではなく、統合失調症を認め、無罪を言い渡したもの　1件、③妄想性障害による心神耗弱を認めたも

23　大月ほか・前掲注19　249頁。なお、安藤／岡田・前掲注18　104頁の解説も参照。
24　加藤伸勝『精神医学（第12版）』（2013年）154頁。
25　安藤／岡田・前掲注18　101頁。
26　坂口正道「統合失調症、妄想性障害」中谷陽二編『司法精神医学2刑事事件と精神鑑定』（2006年）148、149頁。
27　http://www.courts.go.jp/
28　2016年6月現在。ただし、実際に妄想性障害が認められたものに限らない。なお、最高裁平成27年判決の第1審および原審も含む。

の　9件、④妄想性障害を否定し、あるいは犯行への影響が大きくないとして完全責任能力を認めたもの　21件である。被害妄想等がある場合の事案であり、犯行は殺人や放火、傷害致死等の重大犯罪であり、死刑事件も散見される。

　興味深いことに、被告人に妄想性障害を認めて心神喪失による無罪判決を出した3件は、すべて初期のものである[29]。第1例である千葉地方裁判所判決[30]は、全人格的崩壊を伴わない妄想性障害については、動機の了解可能性についても、被告人の一時的な憐憫・悔悟の念も、冷静な態度も、妄想と切り離して考慮することには意味がないとして、これらの事実があるからといって被告人の弁識能力があるという証左にはならないとして、被告人は心神喪失の状態にあったと判示した。また、神戸地方裁判所判決も、被告人には犯行前に自制心が見られたこと、自責の供述を行い自ら自首していること、判断能力・分析能力があることを挙げる検察官の主張に対して、これらは被告人が妄想性障害に支配されていたことを否定する事実ではないと認めて、同じく無罪判決を下した。

　無罪判決の理由づけに特徴的なのは、被告人が冷静に見える事情があっても、それらを被告人の判断能力の存在に直結させずに、むしろ妄想性障害の支配を受けていることを示すものだという妄想性障害の・特・殊・性について十分に言及していることである。

　これに対して、最近の判例では無罪判決は存在せず、心神耗弱を認める若干の判例もあるものの、完全責任能力を認めるのが大多数である。最高裁平成27年判決も含め、判例は、妄想性障害に対して極めて厳しい態度をとっている。ただし、その中でも着目すべきものとして、完全責任能力を認めているが、軽減的量刑事情として妄想性障害の影響があったことを挙げ、死刑を回避した広島地方裁判所判決[31]があるほか、司法報告書の基準である犯行が「もともとの人格(ないし元来の人格)」から行われたものであるかを明文で採用している判決として、横浜地方裁判所平成25年8月6日判決[32]や山口地方裁判所平成27年7月28日判決[33]がある。

29　那覇地判平成9年7月18日 LEX/DB25420517の後には見当たらなかった。
30　千葉地判平成2年10月15日判タ771号283頁。
31　広島地判平成24年3月9日 LEX/DB25480910。
32　横浜地判平成25年8月6日 LEX/DB25504611。
33　山口地判平成27年7月28日判時2285号137頁。なお、被告人には完全責任能力が認められ、死刑が言い渡された。

3 妄想性障害とドイツ判例

ドイツでは、妄想性障害 (wahnhafte Störung/ Wahnvorstellung) は刑法典第20条の「その他の重大な精神的変倚 (schwere andere seelische Abartigkeit)」に含められ[34]、連邦最高裁レヴェルでも妄想性障害に関する判断がすでにいくつもなされている。

ドイツでは、わが国の判例実務とは異なり、「被告人の妄想性障害が認定される場合は、それだけで被告人の責任能力が排除され、または少なくとも責任能力の大きな減少が認められる」ものとされている[35]。

連邦通常裁判所1990年9月24日判決[36]は、これに関する判決である。故殺未遂および運転許可なしの運転の事案において、原審は、被告人の妄想性障害を認めたが、著しい限定責任能力ではあるが有責であるとしたところ、連邦通常裁判所は、不法を認識しえたかが問題であるとして、原審と同様に限定責任能力を認めたが、さらに妄想性障害に起因する禁止の錯誤 (Verbotsirrtum) があるとして、被告人に無罪を言い渡した。また、連邦通常裁判所2012年5月16日判決[37]も妄想性障害に関する事案であるが、非難可能性の基準として、上記1990年判決と同じく不法認識の可能性の基準と並んで、妄想を形成した状態において他行為の選択肢 (Handlungsalternative) があったかどうかという基準[38]により判断し、被告人に無罪を言い渡している。少なくともこれらの判例においては、「動機の了解可能性」、「合目的性」、「首尾一貫性」などの基準は、およそ用いられていない。

いずれも、動機の了解可能性を主たる基準とするわが国の判例とはかなり異なった傾向を呈している。

四　最高裁平成27年判決の批判的検討

さて、すでに述べたように、平成27年判決は、平成20年判決の枠組み、すなわち鑑定の尊重を原則としつつ、それを採用しえない「合理的な事情」がある場合には例外的にその判断を離れることができるという判断手法の一適用事例である

34　*Jähnke*, §20 Rn. 38, in: Leipziger Kommentar, 11. Aufl., 1993.
35　BGHR StGB §20 Psychose 1 und 2; BGH Beschluss v. 09.04.2002 - 5 StR 100/02.
36　BGH Beschluss v. 24.09.1990 - 4 StR 392/90.
37　BGH Beschluss v. 16.05.2012 - 3 StR 33/12.
38　これについては、すでに BGH Beschluss v. 24.07.1997-1StR 351/97がある。

という意味で、妄想性障害の場合における「合理的な事情」に関する事例判例ではある。それでも、妄想性障害については最高裁判所における初の判断でもあり、今後は実務で大いに参考にされることであろう。しかしながら、妄想性障害について上で述べてきた精神科学的な知見を出発点とすると、――本稿は、当該被告人の責任能力の有無それ自体を判断できる由もなく、また、それは本稿の目的ではないが――最高裁が「合理的な事情」があると結論付けたその判断手法についていくつかの重大な疑問が払拭しえない。平成27年判決が、五十嵐鑑定意見の一部を採用しなかった理由は、同意見がいくつかの事情を十分に考慮しなかったというものである。以下、疑問点を列挙してみる。

（1）五十嵐鑑定意見が十分に考慮しなかったとされる事情の一は、被告人の子供・青年期（妄想性障害罹患前）の行状、すなわち短気で些細なことに興奮しやすい、包丁や刃物を持ち出し、自分の敵に対しては強い攻撃性を見せる一方で、自分を尊重してくれる相手とはとくにトラブルがないという事実である。

1つの疑問は、個別行為責任とは直接関係しないと思われるこれらの過去の事実をなぜ考慮すべきなのかの理由が明らかでないことである。明示もせずに、行為責任論を離れて人格責任論や性格責任論を採用するという責任論の大転換を一判決が行ったとは考えにくいとすれば、より可能性のあるのは、上述の司法報告書の基準「精神障害のためにその犯罪を犯したのか、もともとの人格に基づく判断によって犯したのか」に依拠したのではないかということである。子供時代からもともと揉め事の解決に刃物を持ち出す人格だったということであり、敵と味方とを分けて異なった態度をとっており、精神の障害の影響がなくともこのようなことをする人格だということである。

しかしながら、司法報告書自身が、その判断基準は統合失調症その他について記したものとしており、妄想性障害に同基準が適用できるとは言っていない。最高裁判所は、司法報告書以上に、同基準の適用範囲を妄想性障害にまで広げたことになるが、それについて司法精神医学的な論証も規範的な論証もなされていない。基準としての妥当性がまずは疑われるところである。

もし仮にこの基準を適用したとしても、その判断方法にはさらなる別の疑問がある。平成27年判決は、子供のころからの性格・行状を考慮していない点を五十嵐鑑定意見の排除へとつなげている。それは、それら過去の事実と今回の犯行との同質性を認めることにより、精神疾患の影響の少なさ、もともとの人格から生

じたものであることを言おうとしているようだが、この同質性の有無についてこそ、専門家の判断が必要だったのではないだろうか。過去に、刃物を持ち出すことはあっても、殺人には至らなかった場合、すなわち振り上げた刃物を静かに下ろすことができた場合と、今回の犯行の場合とが同質の行為態様であると科学的にも言いうるのだろうか。子供のころの行為と今回の犯行との間に断絶性・異質性が専門的に認められるのであれば、子供のころの性格や行状の考慮は必要ではないということににあり、五十嵐鑑定意見がこれらを考慮しなかったとしても、それには理由があるということになる。

（2）平成27年判決が被告人の完全責任能力を認めた別の理由として、動機の了解可能性、被害にあった親族との比較的大きなトラブルをきっかけにして殺意を抱くようになり、殺害の機会をうかがっていたという供述は、被告人の性格傾向等を考慮に入れれば、十分了解可能であることが指摘されている。そして、被告人の妄想は、自分たちの生命身体に対する差し迫った内容をもつものではなく、実際にも、被告人が隣人から疎まれ、警戒されていたという事実があり、妄想が現実とかけ離れた虚構の出来事を内容とするものではなかったこと、そして、本件犯行における被告人の行動は「合目的的で首尾一貫」しており、犯行時の記憶に大きな欠落はないことを挙げる。

しかしながら、平成27年判決が掲げるこれらの事情は、まさに妄想性障害という精神疾患の特徴そのものであり、まさに被告人の被害妄想のテーマそのものである。最高裁が意図するように、これらは被告人が精神障害の影響を受けていないことを示す事実なのではなく、逆に、被告人の精神状態がまさに妄想性障害に支配されていたことを示すようにも思われるのである。

五十嵐鑑定人は、原審での鑑定書面から被告人が妄想性障害に罹患していることを結論づけたが[39]、それは、最高裁が言うように、上記の事実を考慮しなかったからではなく、まさに十分に考慮したからこそ、そのような結論に達したと言えるのではないだろうか。

39　結局、被告人の責任能力判断をするにあたり、直接被告人の精神状態を観察したのは、第１審で出された鑑定である山口および山上各鑑定人であり、それらの鑑定意見が排斥され、一部採用された五十嵐鑑定人は、問題の立て方が、山口および山上鑑定意見の是非であったことから、書面による診断を行ったにとどまるようである。したがって、被告人を直接診断したのは、いずれも鑑定意見が採用されなかった２名の鑑定人であり、これがとくに死刑事件の手続として十分だったのかも疑問である。

また、ここで最高裁判所が用いる「了解可能性」ないし「合理性」という基準は、統合失調症のように精神機能の分裂や認知障害を伴う場合には有効となりうるとしても、妄想性障害のような知的活動に欠損のない場合に適しているかにも疑問がある。妄想性障害における妄想は、幻聴による声や神に命じられたというような非現実的な虚構の幻覚や幻想に支配されたり、不可解な行為態様をとったりするというものではない。実際の隣人トラブルという現実的な基礎をもつということと、妄想体系が形成され、それが容易には撤回しえないということとは妄想性障害の場合には両立しうるのであって、現実的な基礎をもつということが妄想性障害の影響を否定する論拠にはなりえないのである。

　平成20年判決が、鑑定を退ける例外的な「合理的な事情」として例示していたのは、鑑定人の公正さや能力に疑問のある場合と、鑑定の前提条件に問題がある場合という、いわば形式的な、鑑定の内容ないし方法それ自体には立ち入らない前提的事情であった。しかしながら、平成27年判決が「合理的な事情」として挙げたのは、まさに鑑定の実質的な内容または方法それ自体――どのような事情を考慮するか――にまで踏み込むものであり、平成20年判決からは読み取ることのできない、同判決の掲げる例示とは性質の違うものである。このような実質的な判断を精神医学の非専門家である法律家が行うことは、まさに専門家の領域に立ち入って、その判断を軽視していることに他ならないのではないだろうか。

　（3）平成27年判決が「了解可能」ないし「合理的」と判断したものの中には、結論を述べるだけで、なぜそのように言えるのかが明らかにされていない事項も含まれる。その結果として五十嵐鑑定意見も挙げている疑念、「妄想性障害の影響で衝動性や攻撃性が高まっていたというところに、きっかけとなる隣人との口論があって、爆発的に興奮したからこそできたのではないか、その原因となる妄想性障害がなければ本件犯行は行われなかったのではないか」という疑問はなお残るように思われるのである。本件の場合、被告人には妄想性障害のみを検討して足りるというわけではなく、てんかん等の影響も見られるところであり、判決文では否定しているものの、妄想性障害の影響で犯行へのブレーキが利かなくなっていた状態での情動行為の可能性も専門家に判断を仰ぐべきであったように思われる。

　判旨の中には、直接の口論の相手方には攻撃をせず、これはきっかけに過ぎず、長年の被害妄想を抱いていた別の隣人を殺傷しに行ったことについて、「最

も強い恨みや憎しみを感じていた被害者らに逃げられる」ことを恐れたためだとして、これも異常ではないと述べているが、本当にそのように結論づけることができるかにもより説得的な説明が必要であった。

（4）全体的に見てみると、平成27年判決は、妄想性障害という精神疾患の特殊性をとくに考慮することなく、統合失調症と同じ基準での「了解可能性」ないし「合理性」をもって判断することに終始しているが、妄想性障害の場合の判断力の異常さや訂正しにくさという意味での弁識能力、引き返しにくさという意味での制御能力の欠損について十分に説明しなかった点には、やはり問題があるように思われる。

五　補論：妄想性障害と部分的責任能力
——責任能力の体系的地位についての若干の考察

最後に、補論として責任能力の体系的地位、すなわち部分的責任能力という概念を認めることの是非について、当該概念は好訴症（パラノイア）と関連させて論じられることが一般であるので、一言しておきたい。責任能力の体系的地位の問題は、これを他の責任要素とは別の責任前提説[40]と責任要素説[41]の間で争いがあることは周知のとおりである。責任前提説は、責任能力に特別の体系的地位を認め、個々の行為についての前提となる一般的人格的能力として、他の責任要素の前提となると解する[42]。これに対して、責任要素説は、責任能力を違法性の意識や期待可能性と並ぶ一責任要素と捉えるが、個別行為責任の考え方によりなじむものだと考えられている。両者の相違は、具体的に部分的責任能力を認めるか否かに現れる。例えば、好訴症というパラノイア症状を有する場合に、この概念を認める立場からは、虚偽告訴罪については責任無能力であるが、妄想とは無関係の窃盗罪については責任能力を認めることができるということになり、他方、責任前提説では、このような判断は認められないということになる。

しかしながら、最高裁昭和59年決定で明らかにされた可知論から出発するならば、すなわち重厚な精神疾患があればそのことをもって責任能力を否定するとい

40　大谷實『刑法総論〔第4版〕』（2013年）180頁以下、平野龍一『刑法総論Ⅱ』（1975年）281頁。
41　団藤重光『刑法綱要総論〔第3版〕』（1990年）276頁、内藤謙『刑法講義総論（下）Ⅰ』（1991年）799頁以下。なお、山中敬一『刑法総論〔第3版〕』（2015年）641頁。
42　大谷・前掲注40　181頁。

う不可知論を退けるならば、責任能力はつねに当該犯行とのかかわりで個別具体的に判断されることとなり、したがって、責任前提説は可知論とは整合しないということになろう。それゆえ、○月×日のAという犯行については責任無能力だが、△月□日のBという犯行については責任能力があるということは、可知論による個別的判断では当然に認められるということになる。その意味では、部分的責任能力という事実は、認められてしかるべきではある。

しかしながら、部分的責任能力が法的概念として必要かといえば、A罪については責任無能力で、妄想の主題から外れるB罪について全く問題なく責任能力が認められるというように単純化できるかというと必ずしもそうではない。妄想性障害にかかる判例実務においても、罪名は殺人であり放火であり、さまざまである。妄想のテーマから外れれば、それで責任能力を肯定してよいかといえば、例えば、善悪の弁識ができなくなっている、いったん抱いた動機から引き返すことができないといった、個別の犯罪類型を超えた共通部分が存在する以上、やはり犯罪類型にかかわらず、当該犯行における責任能力（のみ）を仔細に検討することが重要である。実務において、虚偽告訴罪で訴追されたのであれば、実際に遂行されていない窃盗罪で責任能力があるか否かはそもそもまったく現実化しえない問題である。部分的責任能力という概念の要否に関する判例が現われないのは自明である。このように考え、現在、判例実務で支配的である可知論を前提とする限り、部分的責任能力は不要な法律概念であり、したがって、責任能力は、通常の責任要素の一となる。

六　結びに代えて

妄想性障害とは、なお精神医学その他の関連諸科学によりさらにその解明が進む余地がある。その詳細が明らかになるのに伴い、その影響が鑑定のあり方にも及ぶ可能性もあるように思われる。しかしながら、妄想性障害がなお一般常識としてその病像も知られていない精神疾患である以上、我々法律家は、いっそう真摯に専門家の意見に耳を傾けるべきである。「被告人がきちんとして見える」ということをもって、被告人が一般人と同じ弁識能力・制御能力を備えていると推論することは、妄想性障害の場合については誤りであるとさえいってよいだろう。精神疾患については、その疾病の特殊性も十分に勘案した基準の定立が必要

な場合もあり、平成27年判決は、疑問の多いものであった。妄想性障害にかかわる実際の事案では、多数の人命が失われるなど、法益侵害性が大きく、刑罰も重くなっている場合も少なくないことからも、妄想性障害事案での責任能力については、この疾患の特性に着目した判断が、今後の実務において切に望まれるところである。

※本稿を執筆するにあたっては、中谷陽二筑波大学名誉教授からの有益なご教示および文献のご紹介をいただき、とくに本件が情動行為の可能性を含む複雑な事例であることの示唆をいただいた。また、ドイツの事情に関しては、ドイツ連邦共和国ハレ・ヴィッテンベルク大学法学部 Henning Rosenau 教授から資料の提供をいただいた。両教授に対して、ここで厚くお礼申し上げる。もちろん、本文の記述の責任はすべて筆者にある。

窃盗症（クレプトマニア）・摂食障害と刑事責任

城 下 裕 二

一　問題の所在
二　窃盗症・摂食障害の各症状および両者の関係
三　裁判例の概観
四　検　討

一　問題の所在

　近年、窃盗事犯、特に常習的な万引き事犯において、経済的な困窮を動機としない非利欲犯的事例が増加しており、その1つの特徴として、行為者が窃盗症（クレプトマニア）ないしは摂食障害（あるいはその両者）に罹患しているという事情があることが指摘されている[1]。事案によっては、これらの疾患が刑事裁判において責任能力の有無ないしは程度を争う対象とされることもあり、あるいは減軽方向の量刑事情とすべきことが主張されることも多い。こうした状況については実務家を中心とした報告も蓄積されつつある[2]。

1　例えば、読売新聞2013年8月1日付夕刊（東京版）の解説記事「万引き繰り返す精神障害」、朝日新聞2015年10月5日付朝刊（西部本社版）の解説記事「万引きやめられぬ　心の病」参照。また、法務省法務総合研究所（編）『犯罪白書（平成26年版）』（2014年）の特集「窃盗事犯者と再犯」（207頁以下）では、窃盗事犯の保護観察対象者の中で摂食障害を有する者には、窃盗癖（クレプトマニア）をも有する者がいることが、専門的な治療施設の状況と共に紹介されている（263頁）。さらに、平成23年6月中に窃盗により有罪判決が確定した者（2421名）を対象に行われた特別調査によれば、罰金処分者（766名）の「犯行に至った背景事情」として、女子の30～39歳では「摂食障害」が17.1％であり（「配偶者とのトラブル」、「体調不良」と並んで）最多となっている（279-280頁）。

2　本稿で個別に引用する文献のほか、日本嗜癖行動学会誌「アディクションと家族」23巻3号（2007年）（特集・クレプトマニア）、同26巻4号（2010年）（特集・クレプトマニアと摂食障害）、同29巻3号（特集・クレプトマニア再考）所収の諸論文、林大悟「クレプトマニア（窃盗癖）再犯でも弁護人ができること」刑弁64号（2010年）28頁以下、田中拓「常習累犯窃盗被告事件　あるクレプトマニアの情状弁護で新人弁護士が得たもの」同67号（2011年）86頁以下などを参照。

本稿では、窃盗事犯において行為者が窃盗症ないし摂食障害に罹患しているという事情が、刑事責任との関係でどのような意味を有しているかについて、裁判例（公刊物もしくはデータベースに登載されているもの）を分析しながら検討することにしたい。

二　窃盗症・摂食障害の各症状および両者の関係

1　窃盗症

窃盗症（窃盗癖・クレプトマニア [kleptomania]・病的窃盗 [pathological stealing]）は、経済的理由による窃盗・職業的犯罪者の窃盗などとは異なり、窃盗に先立つ強い渇望と衝動があり、行為中のスリル、成功時の達成感、解放感、安堵感に執着し窃盗行為が習慣化する精神疾患である。発症は通常、青年期後期である。病因については、心理社会的因子としての厳しいストレスないしはリビドー、生物学的因子としての脳疾患、精神的遅滞、神経学的徴候（大脳皮質の萎縮および側脳室の拡大）、モノアミン（神経伝達物質）代謝の障害（特に中枢神経系の伝達物質であるセロトニン系の異常）が指摘されている。治療的には、認知行動療法が有効で、薬物療法では、SSRI（選択的セロトニン再取り込み阻害薬）、三環系抗うつ薬、トラゾドン、リチウム、バルプロ酸、ナルトレキソンなどの有効性が報告されている[3]。窃盗症は、1838年にフランスにおいて本能性モノマニーの1つとして位置づけられ、ICD-9（1975）と DSM-Ⅲ（1980）によって疾患分類上で公式に認知された[4]。

DSM-5（2013）では、窃盗症は、反社会性パーソナリティ障害、放火症などとともに「秩序破壊的・衝動制御・素行症群」（Disruptive, Impulse-Control, and Con-

---

3　以上については、Benjamin J. Sadock et al, Kaplan & Sadock's Comprehensive Textbook of Psychiatry, Vol. 1, 9th ed., pp. 2180-2181、加藤敏ほか（編）『現代精神医学事典』（弘文堂、2011年）622頁［竹村道夫］、小畠秀吾「盗みと窃盗癖」臨床精神医学34巻2号（2005年）151頁、井上令一＝四宮滋子（監訳）『カプラン臨床精神医学テキスト・第2版』（メディカル・サイエンス・インターナショナル、2004年）847頁以下を参考にした。

4　Susan L. McElroy et al, Kleptomania: clinical characteristics and associated psychopathology, Psychological Medicine, 1991: 21, p. 93. kleptomania は、DSM-Ⅰ（1952）では明確な診断の対象とされていなかったために補助的な術語として用いられ、DSM-Ⅱ（1968）ではいったん姿を消し、DSM-Ⅲで衝動制御の障害として再び取り上げられることとなった。See, Marcus J. Goldman, Kleptomania: Making Sense of the Nonsensical, The American Journal of Psychiatry, 1991: 148, p. 987.

duct Disorders）に属するものとされ、下記の5項目の診断基準（312.32）が示されている[5]。

　A．個人用に用いるためでもなく、またはその金銭的価値のためでもなく、物を盗もうとする衝動に抵抗できなくなることが繰り返される
　B．窃盗に及ぶ直前の緊張の高まり
　C．窃盗に及ぶときの快感、満足、または解放感
　D．その盗みは、怒りまたは報復を表現するためのものではなく、妄想または幻覚への反応でもない
　E．その盗みは、素行症、躁病エピソード、または反社会性パーソナリティ障害ではうまく説明されない

　また、ICD-10（1990）の診断基準[6]では、「病的窃盗（窃盗癖）」（F63.2）は「成人のパーソナリティおよび行動の障害」の一部である「習慣および衝動の障害」に当たるとされ、「この障害は物を盗むという衝動に抵抗するのに何度も失敗することで特徴づけられるが、それらの物は個人的な用途や金儲けのために必要とされない。逆に捨ててしまったり、人に与えたり、秘匿したりすることがある」と説明されている。

2　摂食障害

　摂食障害［eating disorders］は、拒食・過食などの食行動異常と、体型に関する特異な感じ方を特徴とするいくつかの病態の総称をいう。女性患者が圧倒的に多く、一部は慢性化する。神経性やせ症（神経性無食欲症）［anorexia nervosa］と神経性過食症（神経性大食症）［bulimia nervosa］が典型であり、生物学的因子として前者では内因性オピオイドあるいは視床下部・下垂体系の機能障害が、後者ではセロトニン及びノルエピネフリン（副腎髄質ホルモン）の関係が指摘されてきた。社会的因子として痩身を重要視する圧力が、また心理的因子として思春期

---

[5]　髙橋三郎＝大野裕（監訳）『DSM-5 精神疾患の診断・統計マニュアル』（医学書院、2014）469頁以下。
　　なお、DSM-Ⅳ-TR（2000）では、「他のどこにも分類されない衝動制御の障害」に位置づけられ、また、訳語としては「窃盗癖」が用いられていた（髙橋三郎＝大野裕＝染矢俊幸（訳）『DSM-Ⅳ-TR 精神疾患の診断・統計マニュアル［新訂版］』635頁以下）。以下、本稿では、裁判例で「窃盗癖」ないしは「クレプトマニア」の表記が使用されている場合であっても、「窃盗症」で統一する。
[6]　融道男ほか（訳）『ICD-10 精神および行動の障害——臨床記述と診断ガイドライン——［新訂版］』（医学書院、2005年）223頁。

の成長課題が挙げられることは両者に共通している。摂食障害患者に窃盗行為が多いことは従来から指摘されており、頻度は神経性やせ症で4～35%（過食性障害［binge-eating disorder］が伴う場合は24～55%）、神経性過食症で24～79%との報告がある。治療は、症状に応じて、栄養補給や身体合併症の治療のほか、認知行動療法、支持的精神療法、家族療法、薬物療法などが行われる[7]。摂食障害は、現代的意味での医学的報告としては1873年（フランス）および1874年（イギリス）に遡るが、疾患分類上で公式に認知され、かつ無食欲症と過食症が区別されたのはDSM-Ⅲにおいてであった[8]。

DSM-5の診断基準[9]では、「食行動障害および摂食障害群（Feeding and Eating Disorders）」の一部として、神経性やせ症／神経性無食欲症（307.1）および神経性過食症／神経性大食症（307.51）が記載されている。また、ICD-10（1990）の診断基準（F50）[10]では、神経性無食欲症（F50.0）は「患者自身によって引き起こされ、および／または維持される意図的な体重減少」によって特徴づけられる障害であるとされ、神経性過食［大食］症（F50.2）は「発作的に繰り返される過食と体重のコントロールに過度に没頭すること」が特徴で、患者は食べた物の「太る」効果を減じるために極端な方法を用いるとされている。

3 窃盗症と摂食障害の関係

窃盗事犯について、行為者の窃盗症・摂食障害が問題となった裁判例では、後に見るように、各々単独で罹患している場合と、両者の合併症ないし併存症の場合とがある[11]。DSM-5においては、窃盗症の併存症の1つに摂食障害群（神経性

---

7 以上の説明については、Sadock et al, supra note 3, at pp. 2128-2149、加藤敏ほか・前掲注（3）621頁［西園マーハ文］、井上＝四宮（監訳）・前掲注（3）798頁以下、田口寿子＝中谷陽二＝風祭元「神経性大食症、強迫性障害に合併したkleptomaniaの一鑑定例」犯罪学雑誌65巻6号（1999年）269頁以下を参照した。
8 E. L. Edelstein, Anorexia Nervosa and Other Dyscontrol Syndromes, 1989, p.3; Sadock et al, supra note 3, at p. 2128.
9 髙橋＝大野（監訳）・前掲注（5）332頁以下。
10 融道男ほか（訳）・前掲注（6）186頁以下。ICD-10では、このほかに摂食障害の分類に、非定型神経性無食欲症（F50.1）・非定型神経性過食［大食］症（F50.3）・他の心理的障害と関連した過食（F50.4）・他の心理的障害と関連した嘔吐（F50.5）・他の摂食障害（F50.8）・特定不能の摂食障害（50.9）が含まれている。
11 後掲の［裁判例②］［裁判例⑫］［裁判例⑬］を参照。竹村道夫「窃盗癖の臨床と弁護について――嗜癖治療の現場から――」『日弁連研修叢書　現代法律実務の諸問題〈平成23年度研修版〉』（第一法規、2012年）929頁以下では、精神科治療施設を受診した窃盗癖患者132例のうち、男性

過食症など）が挙げられている一方で、摂食障害の併存症に窃盗症の記載はない[12]。この部分のみから判断すると、窃盗症に先に罹患した者が、次に摂食障害を発症するのが一般的であるようにも思われる。しかし他方、わが国の精神医学者の経験に基づく報告では、窃盗症が先に発病する例は両疾患合併患者の約20％であるとの指摘もあり[13]、これを前提とするならば、むしろ摂食障害に罹患した者が、後発的に窃盗症に罹患するという形での併存症が通常であるということになる。裁判例でも、「摂食障害の合併的症状としての窃盗癖」という表記を用いたものがある[14]。ただ、従来は、摂食障害患者が過食症発症後に食費節約のために、あるいは「どうせ嘔吐する物だからわざわざ金を支払う必要はない」という心理が働いて食品を窃取（万引き）するという説明がなされてきたが、実際には過食症のみならず拒食症患者も一般人よりも多く万引きをし、食品以外の商品のみ盗む患者もおり、経済的に裕福で食費節約の必要がない者も多いなど、そうした説明と一致しない事例も少なくなく、何よりも窃盗症が先に発症する上記の20％の存在を根拠づけられない[15]との疑問も提起されている。

そこで最近では、摂食障害患者は過食、拒食を問わず、生理的に飢餓状態にあることに着目して、そこから「涸渇恐怖」（物資や自己の人間的価値が減ることへの異常な恐怖）が生じ、それに対抗し、あるいはそれを自己治療しようとするために「溜め込み（hoarding）」を原動力とする窃盗衝動が起き、最初の窃盗に成功すると犯行時の緊張感、成功時の解放感が一体となった体験が反復によって強化され、嗜癖化して窃盗症に至るとする分析が有力に主張されている[16]。これによれ

　　4例（10％）、女性68例（74％）が摂食障害との合併症であったとされている。また、このほかの合併症として、アルコール依存症、薬物濫用・依存症、気分障害、その他の衝動制御の障害、パラフィリア（性嗜好障害）、広汎性発達障害が掲げられており、合併のなかったものは男性4例（10％）、女性7例（8％）であったと報告されている。
12　髙橋＝大野（監訳）・前掲注（5）470頁、338頁。ただし、同470頁では「窃盗症は……摂食障害群……と関係しているかもしれない」としているので、必ずしも窃盗症が先行する場合のみを指しているわけではないと解する余地もある。
13　竹村・前掲注（11）933頁。
14　後掲の［裁判例⑬］を参照。
15　竹村・前掲注（11）938-939頁、同「摂食障害と窃盗癖」臨床精神医学42巻5号（2013年）569頁。
16　竹村・前掲注（14）569-570頁、同・前掲注（11）938頁以下。この見解は、後掲の［裁判例⑧］における意見書の中で「被告人は、摂食障害及び窃盗癖という精神障害の他に、病的な溜め込み症状があり、これが衝動制御の障害という窃盗癖の症状を重篤にしていたと考えられる」という形で説明されており、裁判所もこの説明について信用性を肯定している。

ば、摂食障害と窃盗症という両疾患は「涸渇恐怖」と「溜め込み症状」という要因によって緊密な関係で結びつけられていることになり、両疾患のいずれが先行した場合でも、これらの要因が連結作用を営むことによって他方の疾患を併発する可能性が生じる。以下においては、一方のみの発症例、および両者あるいは他の疾患との合併例も含めて、これらの疾患に起因する窃盗事犯の裁判例を見ておくことにする。

三　裁判例の概観

1　心神喪失が争われた事例

摂食障害（神経性食思不振症）に罹患した行為者を心神喪失とした（おそらく公刊物における唯一の）事例として、〔裁判例①〕大阪高判昭和59年3月27日（判時1116号140頁）〔窃盗2件・被害額29,092円〕がある[17]。第1審（枚方簡判昭和57年12月24日公刊物未登載）は、被告人に心神耗弱を認め、心神喪失の主張を排斥したが、第2審である本判決は、鑑定意見[18]の「被告人は、本件各犯行当時、一般常識的には窃盗が犯罪行為であることは認識していながら、神経性食思不振症に罹患しているため、食品窃取を含め食行動に関しては、自己の行動を制御する能力をほぼ完全に失っていたと考えられる」との見解を「一連の窃盗行為にみられる異常性を合理的に解明するもの」と評価しつつ次のように判示した。「被告人は、本件各犯行当時、神経性食思不振症の重症者であったため、事理の是非善悪を弁識する能力は一応これを有していたものの、食行動に関する限り、その弁識に従って行為する能力を完全に失って」おり「いずれも心神喪失の状態において行なわれたものであると認定するのが相当である」。本判決については、精神医学者から

17　1回目の犯行は同種窃盗事犯で懲役刑の執行猶予の判決を言い渡されてから2か月後に、2回目の犯行は1回目の犯行で起訴されてから1か月も経たないうちに行われた。
　　なお、以下で見る裁判例は、すべて「万引き」型で、かつ今回が再犯（3回目以上の場合を含む）となる窃盗事犯（〔裁判例⑰〕のみ常習累犯窃盗）である。

18　鑑定意見ではこの前提として、「被告人は16歳のころから神経性食思不振症を発症していたと診断され……その最も重症例であるといえる。……神経性食思不振症者の場合、食料品を盗むことは食行動異常と同様全くの衝動的行為である。被告人は本件当時、過食と嘔吐の日々を送る中で食料品を頻回に窃取しているが、これらは右に述べた神経性食思不振症の一症状としての衝動的行為であったと考えられるべきであり、一般にみられる常習性窃盗とは明らかに区別される病態である」と指摘されていた。

は、不可知論において責任無能力になるのは極めて稀とされてきた器質的疾病のない行為者（いわゆる Gruhle の分類の第3群[19]に属する精神障害者で、精神病質者あるいは神経症の者などが含まれる）について、深刻な精神的崩壊を認めざるを得ない場合があることを主張した精神科医の意見を容れて「全くの衝動行為」と評価した例として[20]、あるいは、各種依存を病理的行動様式として治療対象にする傾向が近年優勢になっており、そうした観点が法的判断に持ち込まれた例として[21]紹介されている。

本判決当時、検察実務家からは、万引きしなくても過食、盗食は可能であるし、この症例の患者が必然的に万引きするものでもないことから、本判決は、（制御能力に大きな影響のある）拒食・過食と、摂食のための万引きとを、食行動の一環として同一視しており、完全責任能力または限定責任能力とすべきであるとの批判が提起された[22]。これに対しては、精神医学者の立場から、万引きはあくまでも過食のための食料品調達行為であって過食行為と同列に論ずるべきではないという主張には一理あるとしつつも、摂食障害患者の万引きを空腹の人の窃盗に近似の行為と捉えるのは——過食衝動（渇望）と健常人の空腹感とは異質であることからみても——摂食障害の病理を見落としている[23]との反論もなされている。

他方、摂食障害と他の精神障害が併存している事例で、弁護側から心神喪失が主張され、これが排斥された事例も見られる。大量の薬物およびアルコール摂取による意識障害に摂食障害が重畳的に作用したとされる［裁判例②］さいたま地判平成25年11月6日（LLI/DB L06850608）〔窃盗1件・被害額3,119円・求刑：懲役2年6月／量刑：懲役2年2月〕は、「その動機は……自己消費目的と認められて了解可能であるし、その態様も……盗み取ろうとする犯人の行為として合理的かつ合目的的なものといえる」ことなどから被告人に完全責任能力を認めた[24]。また、被

---

19 Vgl. Hans W. Gruhle, Der § 51 StGB vom Standpunkt des Psychiaters, Edmund Mezger und Ernst Seelig（hrsg.）, Kriminalbiologische Gegenwartsfragen, 1953, S. 84.
20 西山詮「責任能力の精神医学的基礎」松下正明（編）『臨床精神医学講座第19巻　司法精神医学・精神鑑定』（中山書店、1998年）41-42頁。
21 岡田幸之「精神鑑定の現状と問題点」松下（編）・前掲注（20）107頁。
22 伴義聖「判解」研修434号（1984年）50-51頁。
23 中谷陽二「摂食障害患者の万引きと司法精神医学」アディクションと家族26巻4号（2010年）293頁。論者は、後出の［裁判例⑤］の鑑定人として、本裁判例を参照しつつ、参考意見として被告人の心神耗弱を主張している。
24 本裁判例では、被告人が専門病院で入院治療を受けたことなどから自己の問題点について十分に認識できたはずであるにもかかわらず、前回の裁判確定後の状況を見ると、そうした問題点の

告人が摂食障害と解離性障害に罹患していたとされる［裁判例③］京都地判平成26年10月16日（LLI/DB L06950516）〔窃盗1件・被害額1,795円・求刑：1年2月／量刑：懲役1年2月執行猶予5年〕も「被告人は……摂食障害で過食嘔吐を繰り返すことから食費が相当にかさみ……食費を浮かそうとして本件に及んだと理解することができ、その動機も十分了解可能であること」などの認定事実に鑑定人の鑑定結果・公判供述などを総合して、同様に被告人に完全責任能力を肯定した。

　これらに対して、最近、［裁判例④］新潟地判平成27年4月15日（LLI/DB L07050712）〔窃盗1件・被害額1,810円・求刑：1年／量刑：懲役7月〕が、摂食障害（神経性無食欲症）および低酸素脳症による認知症に罹患している被告人について、行動制御能力が欠如していた疑いがあることによる心神喪失の主張を排除しつつ、心神耗弱を認めたことが注目される。本判決は、医師の鑑定書における「過食したいが、どうせ吐くから買うのはもったいないという犯行動機は、自己中心的で短絡的だが了解可能である。……思春期から窃盗を繰り返しており、窃盗自体は元来の人格と親和性があるが、認知症発症後に頻回になっており、この点は元来の人格と異質である。……被告人は、神経性無食欲症による過食への渇望および低酸素脳症による認知症による衝動制御困難さが影響した結果、物を盗もうとする衝動に抵抗困難となり、本件犯行に至った」との内容（概要）を合理的であると評価した上で、「本件犯行当時、被告人は……その精神障害により行動制御能力が著しく障害され、心神耗弱の状態にあった」と結論づけている。

2　心神耗弱が争われた事例

　摂食障害のみに罹患している事例で心神耗弱の有無が問題となったものとしては、まず［裁判例⑤］東京地判平成22年6月9日（LLI/DB L06530819）〔窃盗3件・被害額12,855円・求刑：2年／量刑：懲役1年6月〕がある。そこでは、「犯行態様や前後の状況をみると……人目を忍んで見つからないよう行動しており……制御困難な衝動に突き動かされたというよりも一定の制御ができている行動と評価でき」、また「被告人は少年時から万引きを繰り返していたもので、人格が形成される思春期以後はずっと万引きをしてきた」ために「窃盗が被告人の本来の人格と異質であるなどとは到底いえない」だけでなく、「旺盛な食欲と体型維持と

克服に向けた努力を怠っているといわざるを得ず、「摂食障害等の点を特に有利に考慮することは相当でない」と指摘されている。

いう相反する欲望を両立させるためには、過食・嘔吐は、被告人にとって合目的的で合理的な行動という側面があることを否定できない」として、「犯行の動機・態様はいずれも了解可能で、事理を弁識し、行動を充分に制御していた」ことから完全責任能力を肯定した。控訴審である［裁判例⑥］東京高判平成22年10月28日（判タ1377号249頁）〔量刑：懲役1年保護観察付執行猶予4年〕も、「被告人が犯行の経緯や動機について述べるところは、被告人が本件各犯行当時摂食障害に罹患していた事実に照らせば、十分に了解可能なものである」として、「各犯行は、被告人の疾患である摂食障害（神経性過食症）の症状である過食衝動に強く影響を受けたものとはいえるが、各犯行態様及び犯行直後の被告人の行動は、いずれも……合理的な行動と評価することができ、また、被告人の平素の人格から極端にかけ離れたものともいえない」と判断し、「被告人は過食衝動の影響を強く受けてはいたが、事理弁識能力及び行動制御能力が著しく低下していたとはいえ」ないとして第1審の結論を支持した。両者共に心神耗弱の主張を退けているが、第1審は、事理弁識能力・行動制御能力のいずれも低下が見られないとしているのに対して、控訴審は、本件各犯行が摂食障害の症状である過食行動に「強く影響を受けたもの」であることを認めつつ、事理弁識能力及び行動制御能力が「著しく低下していたとはいえ」ないとした。このような、責任能力が疾患によって一定程度の影響を受けていることを認めながら、結論的には心神耗弱状態にあったことを否定する傾向は、窃盗症または摂食障害と他の精神障害が合併している事例においても看取される。

　例えば、被告人が神経性無食欲症と強迫性障害に罹患していた［裁判例⑦］東京高判平成21年12月10日（判タ1346号74頁）〔窃盗3件・被害額3,183円・量刑：懲役6月〕では、「本件各犯行は、それなりにまとまった首尾一貫した行動であ」るとする鑑定意見を踏まえて、「本件の各犯行態様、被告人の犯行前後の様子や言動などをも併せ考慮すると、被告人の本件各犯行時の責任能力は、健常人と比較すれば障害されていた可能性を否定することができないが、一定程度保たれていたものであ」り、心神耗弱の程度には至っていないと判示した。同様に合併の事例として、［裁判例⑧］神戸地明石支判平成25年10月22日（LLI/DB L06850714）〔窃盗1件・被害額3,990円・求刑：懲役10月／量刑：懲役7月〕は、被告人の前頭側頭型認知症について、その程度はさしたるものではなかったとして完全責任能力を認定したものであるが、弁護人が、被告人は摂食障害および窃盗症に罹患していると

の立証を試みたことについて、食行動の異常は前頭側頭型認知症の特徴的症状の一つであるとしつつ、「食の関係での異常行動は認められない」ことなどから、摂食障害に罹患しているものの「責任能力に影響を及ぼすほどのものではない」とし、また窃盗症の症状はみられないとした。［裁判例⑨］大阪高判平成26年10月21日（LEX/DB 25447145）〔窃盗1件・被害額10,000円超・求刑：1年／量刑：懲役8月〕は、被告人がウェルニッケ・コルサコフ症候群、摂食障害、アルコール依存症、クレプトマニア、PTSD等に罹患しているとの診断を受けている事例について「犯行態様は、被告人が行動制御能力を一定程度低下させていることをうかがわせるものも含むが、全体としては、行為の違法性を十分認識した上での、突発的でない、おおむね合理的な行動といえる」ことから、「本件当時、被告人の是非善悪弁別能力に関わる認知に障害を生じていたことはないし、行動制御能力についても、一定程度障害されていたものであるが、その程度は重大ではな」かったとして、被告人に完全責任能力を認めた。

3 （再度の）執行猶予の可否が問題となった事例

　心神喪失ないし心神耗弱を認めることの可否が争われていない事例においても、窃盗症あるいは摂食障害に罹患した状態での犯行であること、さらにはそれらの治療に取り組んでいること、治療のための環境が整備されていることなどが有利な量刑事情、特に（再度の）執行猶予にすべき事情となりうるかどうかが問題となる。

　摂食障害のみの罹患事例では、執行猶予中の再犯である前出の［裁判例⑥］が、「責任能力に影響するとはいえないものの本件各犯行の動機形成について摂食障害が大きく寄与していること、被告人については摂食障害の治療が必要であるところ、専門医による治療計画が準備され、被告人の両親が治療に要する経済的援助を約束し、原審公判及び当審公判において被告人が治療に真剣に取り組む決意を表明していることなど」を考慮して、「直ちに服役させるよりも、最後の機会として、社会内において治療を受けさせながら更生の道を歩ませるのが相当である」として、再度の執行猶予（保護観察付）を認めた。

　また、窃盗症のみの罹患事例では、同じく執行猶予中の再犯である［裁判例⑩］福岡高判平成25年6月26日（LLI/DB L06820366）〔窃盗1件・被害額207円・求刑：懲役1年2月／量刑：懲役10月保護観察付執行猶予4年〕は、原判決後に被告人が

クレプトマニアに罹患しており、6か月の入院治療が必要であるとの診断を受けたものであるが、その後入院し、治療にも積極的であり、治療効果が確実に上がっているとの評価を医師から受けていること、入院先の病院からは、専門治療が適切に継続される限り再犯の可能性は少ないとされていること、さらには被告人が原判決後、被害者支援のための贖罪寄付を行っていることから、「被告人が、今後も……入院治療を継続する保証はなく、また、治療によって再犯の可能性がなくなるまでの保証はないことなど、検察官指摘の諸事情を考慮しても、本件は、刑法25条2項所定の『情状に特に酌量すべきものがあるとき』に至ったというべきであ」ると判示して、再度の執行猶予（保護観察付）を相当とした。同様に執行猶予中の再犯である［裁判例⑪］京都地判平成25年9月19日（LLI/DB L06850484）〔窃盗1件・被害額605円・求刑：懲役1年2月／量刑：懲役1年保護観察付執行猶予5年〕も、被告人が既に約半年にわたる入院治療を受けており治療を継続する意思を述べるなど更生への強い意欲が認められ、家族らの監督が期待でき社会内で更生する環境も整ったとして、再度の執行猶予（保護観察付）を認めている。

　窃盗症と摂食障害の合併事例では、執行猶予中の再犯である［裁判例⑫］東京高判平成25年7月17日（東高時報64巻1＝12号152頁）〔窃盗1件・被害額1,616円・求刑：懲役1年2月／量刑：懲役8月保護観察付執行猶予3年〕が、「犯行には、被告人のクレプトマニアや摂食障害等の精神症状による衝動制御の障害が関連しており、被告人は現在その治療中で、現にその治療効果も上がっていることが認められ、本件が比較的軽微な万引き事案であり……被害店との間で示談が成立し、被害届が取り下げられていることなどを併せ考慮すると、被告人に対しては、再度刑の執行猶予を付して、被告人にその治療を継続させつつ、社会内における更生の機会を与えることが、正義に適う」と判示して、再度の執行猶予（保護観察付）を言い渡した。同じく合併事例の［裁判例⑬］長野地松本支判平成26年9月18日（LLI/DB L06950412）〔窃盗2件・被害額2,458円・求刑：懲役2年／量刑：懲役2年執行猶予4年〕は、第一犯行の保釈中に第二犯行に及んだという事案であるが、「執行猶予中の場合と比べて反規範性の程度が異なるとはいえ……相応の刑罰的非難に値し、被告人の刑責を軽く見ることは到底できない」としながらも、「その犯行当時被告人は摂食障害（過食と自発的嘔吐という食行動の異常）のみならず合併疾患としてクレプトマニア（病的窃盗）にも罹患していたことを否定できないとこ

ろ、このような精神疾患（障害）が各犯行の動機形成上ひいては衝動制御の面である程度影響していたものと認められること、各被害の弁償が済んでおりこの限度で違法性の事後的低減と評し得ること、正式裁判を受けたのは今回が初めてであることをも考慮に入れると、被告人を直ちに服役させる必要があるとまではいえない」として執行猶予を認めた。また、前頭側頭型認知症の二次症状として窃盗症と摂食障害に罹患しているとされた［裁判例⑭］大阪高判平成26年3月18日（LLI/DB L06920124）〔窃盗1件・被害額3,990円・求刑：懲役10月／量刑：懲役10月保護観察付執行猶予4年〕は、執行猶予中の再犯について「被告人の是非弁別能力及び行動制御能力自体は著しく減退するには至っていなかったとしても、前頭側頭型認知症の影響により自己統制力が低下したために本件犯行に及んだという可能性をたやすく否定できない」としつつ、被告人が治療に意欲を見せており、入院期間中、再犯がなかったことも確かであること、家族の協力により、前件時と比較すると再犯防止のための環境や監護体制が格段に整っていることなどを指摘して、執行猶予（保護観察付）を言い渡している。

　以上に対して、（減軽事情としては考慮するものの）執行猶予を認めることに消極的なものも見られる。いずれも窃盗症単独の事例であるが、まず［裁判例⑮］さいたま地判平成23年12月27日（LLI/DB L06650748）〔窃盗1件・被害額1,600円・求刑：懲役1年6月／量刑：懲役1年〕は、被告人が万引きによる累犯前科2犯を含め窃盗罪による前科合計6犯を有しており、本件も執行猶予中の再犯であるところ、「本件犯行の際、被告人なりに考え、状況を判断しながら目的に沿った行動をしていたと評価できること」などから「本件犯行時において、衝動制御の障害により被告人の行動制御能力が低下していたとしても、その程度はさほど大きなものとはいえ」ないとして、被告人が「反省の態度を示すとともに、盗癖の治療を受けるなどして再犯防止のための努力を継続していること」を考慮に入れても実刑が相当であるとした。また、［裁判例⑯］大阪高判平成26年7月8日（LEX/DB 25446763）〔窃盗1件・被害額36,135円・量刑：懲役10月〕は、前件の裁判の4年8か月後の再犯である被告人について「特段の支障なく通常の日常生活を営んでいたものであ」り、「本件犯行の際も……商品獲得という万引きの目的実現に向けた合理的な行動を取っていることが認められる」ことから、「クレプトマニアに罹患していたとしても、それが被告人の本件犯行当時の衝動制御能力に及ぼす障害、そして、行動制御能力に及ぼす影響はごく軽微なものであった」とした。そ

して、被告人が本件犯行後に入院して治療を受け、退院後は自助グループに参加し、原判決後は専門医に通院するなどして「再犯防止に向けて真摯に取り組んでいることは、一般情状として被告人のために有利に酌むべき事情といえる」ものの、「これまで万引きを繰り返してきたことを真摯に反省し、今後も治療に対する強い意欲を持ち続け、家族がこれを支えていくのであれば、服役により責任を果たした後においても治療を続けることは十分に可能である」として、懲役10月の実刑に処した原判決は不当とはいえないとした。さらに、［裁判例⑰］静岡地判平成26年10月9日（LLI/DB L06950498）〔常習累犯窃盗・求刑：3年／量刑1年8月〕は、前刑の執行後7か月後の再犯について、窃盗症の専門的治療を受ける意思を表していることなどを有利に考慮して酌量減軽した上で、「自らが犯した罪の重さをしっかり受け止めさせた上、早期に疾病の治療を受けさせ、家族の支援を受けつつ、社会内における更生を図らせることが相当である」として実刑に処した。なお、前出の［裁判例⑨］も、仮に心神耗弱に当たらないとしても被告人に再度の執行猶予を付すべきであるとの弁護人の控訴趣意に対して、「所論は……被告人に対しては刑罰よりも上記治療を優先させるべきである旨の主張をするところ、現在の治療が被告人にとって必要かつ有効であるとしても、そのような一般情状が本件の犯情ないし被告人の刑事責任を大きく減殺するものとはいえないのであって、治療の必要性が行為責任（ないし応報）を基本とする刑罰の必要性に優先するというような考えは採り得」ないとしている。

四　検　討

1　責任能力の有無・程度

窃盗症ないし摂食障害に罹患した者の責任能力に関しては、［裁判例①］のように心神喪失を認めたものも存在するが、これは例外に属し、現在ではこのいずれかに単独で罹患している者、もしくは両者の合併症の者について心神喪失・心神耗弱を認めた裁判例は見られず、量刑上減軽事情としての考慮にとどまっている。また、このいずれか（あるいは両者）と他の疾患が合併した者についても（［裁判例④］を除いて）基本的に同様である。

もっとも前述のように、これらの障害によって、責任能力、特に制御能力[25]が一定の影響を受けていること自体は肯定されていることが多い。この判断が

「量」ないし「程度」の問題であるとするなら、仮にその「程度」が著しいといえるレベルに達した事案が生じた場合には、少なくとも心神耗弱が認められる可能性も生じる。実際にも、精神医学者からは、摂食障害が重篤な場合、あるいは鬱病、解離性障害を合併している事例では心神耗弱を肯定しうるとする見解もあり[26]、［裁判例④］も同様の方向を示唆するものともいえよう。

　責任能力の有無ないし程度が争われた裁判例では、［裁判例①］を除いては、「動機の了解可能性」が判断要素の1つとされている[27]。例えば［裁判例⑥］は、「被告人は……（第一の）犯行の動機等について、店内で強い過食衝動に襲われ、予算を超える食料品を買物かごに入れ、買うかどうか悩み、結局、万引きすることを選択したと述べており……（第二の）犯行の動機等については、店内でカツ丼等を見たとき、強い過食衝動に襲われ、値段も見ずに買物かごに入れた、普段はこんな無駄な買物はしない、自分の意識の中には無駄な買物にお金を払うつもりはないという意識は持っていたと思う……などと供述して」おり、「被告人が犯行の経緯や動機について述べるところは、被告人が本件各犯行当時摂食障害に罹患していた事実に照らせば、十分に了解可能なものである」と判示している。ここで問題となるのは、動機の了解可能性の判断が、「被告人が犯行当時摂食障害に罹患していた事実」を前提としてなされている点である。従来、動機の了解可能性にいう「了解」とは、「健常な（すなわち自由意思が阻害されていない）精神状態における動機として理解可能であること」[28]を意味するものと理解され

---

[25] DSM-5における窃盗症の診断基準からも明らかなように、行為者の弁識能力には問題がなく、制御能力が減弱していると認められている場合が多い。

[26] 竹村・前掲注（11）942頁。さらに、高木洲一郎ほか「摂食障害患者の万引きの法的処分をめぐって――現状と問題点――」臨床精神医学37巻11号（2008年）1426頁、田口＝中谷＝風祭・前掲注（7）277-278頁を参照。なお、東京高決平成21年11月27日（LEX/DB 25463738）は、執行猶予期間中の窃盗行為について、摂食障害のために責任能力が喪失ないしは減退していたと判断される可能性があるとして、善行保持義務違反による執行猶予の取消請求を棄却している。本件について、妹尾孝之「窃盗（万引き）被告事件　即時抗告で執行猶予取消決定を逆転」刑弁63号（2010年）141頁以下、中島宏「判解」同212頁以下参照。

[27] 周知のように、近年実務上も参照されることの多い、他害行為を行った者の責任能力鑑定に関する研究班（編）『刑事責任能力に関する精神鑑定書作成の手引き　平成18～20年度総括版（ver. 4.0)』(2009年）1頁以下も、「鑑定にあたっての7つの着眼点」の1つに「動機の了解可能性／了解不可能性」を挙げている。なお、裁判例においては、「動機の了解可能性」の他に「犯行の了解可能性」という指標が用いられることもある。両者の関係について、城下裕二「アスペルガー症候群と刑事責任」井田良ほか（編）『川端博先生古稀記念論文集［上巻］』（成文堂、2014年）264頁以下参照。

[28] 十一元三「広汎性発達障害が関与する事件の責任能力鑑定」精神医学53巻10号（2011年）968

てきた。しかしながら、上記判示のように動機の理解の中に障害特性を織り込んで「強い過食衝動に襲われて万引きをしたこと」が了解可能であるとするのでは、当該障害からそうした動機は生じやすいのであるから、常に了解可能であるとの結論に至る恐れがあるように思われる[29]。こうした事態を回避するためには、動機の了解可能性を判断するにあたっては、当該行為者の有する障害特性を一旦捨象した上で、健常な精神状態でそうした動機を抱くことが理解できるかどうかといった視点から検討される必要がある。

　また、責任能力判断の前提として、当該精神疾患に罹患していることを認定する際に、特に窃盗症の場合、上述したDSM-5の診断基準Aの「個人用に用いるためでもなく、またはその金銭的価値のためでもなく、物を盗もうとする衝動に抵抗できなくなることが繰り返される」との要件を厳格に解すると、財産犯である窃盗は金銭的価値ないし個人的効用の取得を伴うことが通常である以上、Aを充足し、かつ診断基準Dの「その盗みは、怒りまたは報復を表現するためのものではなく、妄想または幻覚への反応でもない」に抵触しない事例は極めて限定的にしか生じないことになる。そのため、そもそもDSM-5が臨床上ほとんど存在しない精神疾患の診断基準を設定したものと解するのは不自然であることからも、「主たる動機、目的が『個人的に用いるのではなく、金銭的価値のためでもない』のであればよいという柔軟な解釈をもって正当と解する」との見解[30]も主張されてきた。同旨の見解は［裁判例⑫］における医師の意見書にも見られ、裁判所は同意見書の信用性を肯定している。この点は、上述した動機の了解可能性判断にも影響を及ぼすものといえよう。すなわち、金銭的価値ないし個人的効用の取得という要素が多少なりとも混在した場合、その部分のみを評価するならば「動機は了解可能である」という結論が導かれやすい。しかし、そのように動機を分断的に捉えることは、窃盗症ないし摂食障害に罹患して窃盗行為を遂行し

　　頁。なお、大川晋嗣「クレプトマニアと責任能力の関係が問題となった事例」捜研746号（2013年）62頁以下参照。
29　近藤和哉「責任能力判断における『了解』について（一）」上法39巻2号（1995年）110頁は、「行為者の異常な精神状態を了解判断の中に取り込むならば、およそ了解できないものは存在しないことにもなりかねない」とする。さらに、本庄武「判解」新・判例解説委員会（編）『新・判例解説Watch vol.17』（日本評論社、2015年）193頁参照。
30　林大悟「窃盗常習者による事件の弁護」アディクションと家族29巻3号（2013年）222頁。竹村・前掲注（11）936頁も、「基準Aの真意は、生活困窮者による食べ物や生活用品の万引きとか、職業的犯罪者による換金目的の窃盗のような例を除外するという意味ではないか」とする。

た者の責任能力を全体的に評価するのに適切な方法であるとはいえないであろう。行為者が行為時に有する主観的要素が複合的なものとなりやすいという、これらの疾患に起因する窃盗事犯の性質に鑑みれば、主たる動機が健常な精神状態におけるものとしては理解不可能である場合、端的に「動機は了解不可能である」と判断されるべきであるように思われる。

2 「制御能力が低減した状態」と期待可能性——精神鑑定との関係

裁判例の多くは、窃盗症ないし摂食障害に罹患した行為者について、「心神耗弱には至らないが、制御能力が低減した状態」にあると判断している。こうした事情は、法的性格という面から見れば、他行為可能性の幅が狭くなっていたという意味において、期待可能性の減弱に基づく責任減少事由と捉えることも可能である。もっとも、行為者の内部的な自由・精神的な正常性が責任能力の問題であり、外部的な自由・行為状況の正常性が期待可能性の問題であるとする伝統的な理解[31]に立つならば、上記のような精神疾患を期待可能性の問題として扱うこと自体に対する異論も生じるであろう。しかしながら、こうした伝統的な理解を前提としつつも、精神疾患のある行為者に関して、「状況に応じた行為者の対応が通常人の性格のバリエーションの範囲内に収まっている場合は期待可能性の問題、通常人には考え難い対応がなされている場合は責任能力の問題と考える」べきである[32]という見解もみられる。確かに、従来、例えば過剰防衛（刑法36条2項）の法的性格について責任減少説が主張してきたことは、驚愕・興奮・狼狽による期待可能性の減弱であり、そこではまさに行為者の精神状態ないし心理状態が考慮要素とされてきたのである[33]。こうした理解を前提とすれば、精神疾患であるということだけで直ちに期待可能性の問題から排除されるということにはならない。当該精神疾患がまず責任能力に影響を与えるものであるかどうかが検討された後、それが影響を与えるものではないと判断された場合には、次に期待可能性の問題として検討されるべきことになるといえよう。

精神疾患を期待可能性の問題として検討する際に、責任能力に関して論じられる精神鑑定との関係はどのように理解されるべきであろうか。この点で興味深い

31　Reinhart Frank, Strafgetzbuch für das Deutsche Reich, 18. Aufl., 1931, S. 147.
32　本庄・前掲注（29）193頁。
33　学説の状況について、浅田和茂『刑法総論［補正版］』（成文堂、2007年）237頁参照。

のは、窃盗症ないし摂食障害の事例ではないが、神戸地判平成25年10月31日（LEX/DB 25502421）およびその控訴審である大阪高判平成26年10月3日（LEX/DB 25505292）である。本件は、Xが、妻であるY、Z（Yの姉）とともに、偶々知り合ったWと共同生活を営むようになり、4名で共謀のうえ被害者A（YとZの実母）を不法に監禁した上で傷害により死亡させ、死体を遺棄したほか、XがWと共謀のうえ、Zにも傷害を負わせ、不法に逮捕監禁したというものである。背景事情としては、Wの叱責・恫喝などにより、X、Y、ZはWの指示に盲従し、心理的に支配されており、第1審の共同鑑定では、被告人らには明らかな精神障害があったとはいえないが、学習性無力感（人間関係において一方的な支配関係が続くことにより、支配された者は自発的に考えることを停止し、常識や問題解決能力を喪失する状態）に陥っており、XとYは弁識能力および制御能力の双方が、Zについては制御能力が完全に喪失されていたとされた。

　第1審・控訴審ともに完全責任能力を認め、Xについては第1審で懲役5年に処したところ、控訴審では破棄自判され懲役3年執行猶予5年が言い渡された。第1審は、「責任能力の有無・程度については、生物学的要素である精神の障害により、心理学的要素である……各能力を喪失していなかったか否か、あるいは、これらを著しく減退させてはいなかったか否かを判断すべきであるとするのが通説・判例である。一方、本件鑑定は、被告人3名のいずれについても、生物学的要素としての精神の障害を根拠として上記の結論に至っているものではなく、学習性無力感ないしは心理的監禁状態などという、専ら心理学上の概念から上記の結論を導いているにすぎず、責任能力の判断において前提条件となる精神の障害の認定を欠くものといわざるを得ない」とする。そして、「本件鑑定は……Wの言動等により各被告人がそれぞれ心理的にどのような影響を受けたのかを具体的に考察しているものであり、実質的に見れば、本件各犯行当時の具体的な状況を前提とすると、被告人3名に本件各犯行に及ばないことを期待することはできなかった、すなわち、期待可能性がなかったとの趣旨をいうものと理解することもできる」ことから、「被告人3名の期待可能性の有無を検討するに当たり、本件鑑定における心理学的考察については、その前提条件に問題があったりするなど、これを採用し得ない合理的事情が認められるのでない限り、その意見を十分尊重すべきであると考えられる（最判平成20年4月25日・刑集62巻5号1559頁参照）」と判示している。

このように第1審は、生物学的要素の欠如を理由として完全責任能力を肯定しつつ、心理学的要素については期待可能性において判断するかのような論の運び方になっている。同時に、第1審では、責任能力判断では鑑定を採用し得ない合理的な事情がないかぎりは鑑定を尊重すべきであるとの（最高裁平成20年判決の）原則をそのまま期待可能性に適用しているようにも見える。これに対して控訴審は、第1審が摘示する「最高裁判所判決の判示は、臨床精神医学上の専門的知見を要する精神鑑定等が責任能力の判断において占める位置づけなどを踏まえ、精神医学上の鑑定意見等が証拠となっている場合における裁判所の責任能力の有無、程度についての判断の在り方をあらわしたものにほかならないのに、そのような同判決の考え方が、本件の期待可能性の判断に当たっても、一審判決がいうような形でそのまま妥当するものと考えてよいかも疑問とせざるを得ない」として、第1審の立場を批判している。

　確かに、精神医学上の鑑定が大きく関係する精神障害の存在が前提条件である責任能力判断と、精神障害を必ずしも要件とはしない期待可能性判断とでは、鑑定の位置づけは本質的に異なると解するならば、控訴審の立場が支持されるようにも思われる。しかしながら、最高裁平成20年判決が、精神障害の有無や程度、それが行為者の心理状態にいかなる影響を及ぼしたかの診断は「臨床精神医学の本分」であるとして鑑定意見の十分な尊重を求めたことの意義[34]は、鑑定が責任能力判断のためかどうかとは関係なく当てはまるものというべきである[35]。心理学的要素が、責任能力判断と期待可能性判断の両者に共通して関連するものであることに鑑みても[36]、期待可能性の判断資料となる心理学的要素については、一定の信頼できるエビデンスに依拠することが重要であると解されるからである。近時、「精神の障害」とは、特定の診断名が付される疾患である必要はなく、行為時に存在していた精神症状と解すべきである[37]との有力な見解がみられるが、こうした見解においても、生物学的要素と心理学的要素との境界線はより流動的

34　本判決の意義については、浅田和茂「判批」判評610号（2009年）23頁以下を参照。
35　本庄・前掲注（29）194頁参照。
36　団藤重光「責任能力の本質」日本刑法学会（編）『刑法講座・第3巻』（有斐閣、1963年）36頁は、「期待可能性の問題は環境の面の極を出発点とし、責任能力の問題は素質の面の極を出発点としながら、その中間においては両方の問題が交錯し競合してつながっている」とされる。
37　森裕「責任能力論における精神の障害について」阪法56巻3号（2006年）664頁、同「刑事精神鑑定における精神医学的判断について」判タ1379号（2012年）85頁以下参照。

となり、従来は心理学的要素に分類されていた諸事情に関しても、専門的知見の重要性はさらに増大するものと思われる。

3 刑の一部執行猶予制度との関係

三で概観したように、裁判例では、窃盗症ないしは摂食障害に罹患していること、さらにはそれらの治療のための環境が整備されていることなどを（再度の）執行猶予を付すための事情として積極的に評価するものがある一方で、被害額が比較的大きいこと、前科が複数あることなどの「犯情」を重くする事情が認められる事案では、これを消極的に解する場合もある。こうした判断は、特別予防的考慮に基づいて、責任相応刑をどこまで緩和させるべきかという、量刑における「責任拘束性」の問題が表面化したものに他ならない。

確かに、「犯情」が重い場合[38]に、量刑における「責任拘束性」を重視して、特別予防の必要性（いわゆる「一般情状」の一要素）を優先すべきではないとする判断は、わが国の量刑実務において有力である。また、執行猶予は特別予防的考慮のみに依拠して言い渡されているわけでもない[39]。ただ、窃盗症ないしは摂食障害が原因で窃盗行為を繰り返す被告人に対しては、刑罰は必ずしも有効には機能せず、制御能力の低減と相俟って、執行後に再び犯行に至らせてしまう可能性があることは否定できない。少なくとも、執行猶予とすることによって、施設内処遇では不可能な、再犯防止につながる治療の前提条件が確保されることは事実である。［裁判例⑨］［裁判例⑯］は、治療をするならば刑罰の執行を終えた後でなされるべきであるとするが、むしろ本来は刑事施設においても再犯防止に向けた治療的処遇が行われることが望ましいというべきであろう。［裁判例⑨］は、治療よりも刑罰が優先されるべきことを指摘するにあたって、所論が有効性を主張する認知行動療法が矯正施設においてなされている例があることに言及している。しかし、犯罪白書（平成26年度版）でも指摘されているように、窃盗受刑者に対する再犯防止指導については、全国的に統一された標準的なプログラムは存在しておらず、それぞれの刑事施設において、従前から独自に処遇類型別指導と

---

38 もちろん、前科が多いことを特別予防に影響を与える要素と解することもできるが、周知のように、実務においてはこれを「犯情」に（も）反映させる見解が有力である。これについては、城下裕二「判批」判評669号（2014年）151頁参照。
39 植野聡「刑量の選択と執行猶予に関する諸問題」大阪実務研究会（編著）『量刑実務大系4』（判例タイムズ社、2011年）47頁以下参照。

して窃盗防止指導を実施してきたという経緯がある[40]。わが国の刑事施設における精神科医療の実態については限られた調査しか存在しないが、特に医療刑務所に関しては、職員数が限定されていること、療法に制限があること、検査や薬物の種類が限定されていることなどの問題点が指摘されており[41]、窃盗症ないし摂食障害についても、現状では、再犯防止という観点からは施設内処遇に多くを期待することは困難であり、社会内における医療施設での治療を選択することが望ましい場合は数多く想定される[42]。しかしこれは、量刑における「責任拘束性」を重視する現在の量刑実務にそのまま受け入れられるものではないようである。

そこで考えられるべきことの1つとして、2016年から実施される刑の一部執行猶予制度の活用がある[43]。本制度について、制定過程では、全部執行猶予と全部実刑の中間的な刑事責任の犯罪者に対応しようとするものであることから、全部執行猶予より少しだけ重い「全部執行猶予の亜種」と位置づける理解が有力であったようである[44]。しかし、そうすると、従来であれば全部執行猶予の対象となりえた者について、情状に照らして施設内処遇を受けさせた後で執行猶予を付するという発想に至りうる。本制度導入目的の主要な要因である、施設内処遇と社会内処遇の有機的連携を重視するならば、全部実刑の亜種として本制度を捉え、従来であれば全部実刑もあり得た被告人について、いったん刑事施設に収容して、問題のある環境や習慣から遮断したうえで矯正処遇を実施し、釈放後の猶予期間において社会内処遇(治療)の機会を与えるという方向性も検討に値しよう。[裁判例⑨][裁判例⑯]が述べるような趣旨も、こうした対応に合致してい

---

40 法務省法務総合研究所(編)・前掲注(1)254頁。
41 例えば、平田豊明ほか「簡易鑑定および矯正施設における精神科医療の現状——精神科七者懇ワーキングチームからの調査報告と提言——」精神神経学雑誌106巻12号(2004年)1539頁以下、黒田治「医療刑務所における精神科医療の現状と問題点」町野朔=中谷陽二=山本輝之(編)『触法精神障害者の処遇[増補版]』(信山社、2006年)156頁以下、中島直『犯罪と司法精神医学』(批評社、2008年)53頁以下、57頁以下などを参照。
42 もちろん、施設内においてもこれらの疾患の治療へ向けた取り組みは実施されつつある。例えば、浅見知邦=岩堀武司「矯正施設の摂食障害患者 特に八王子医療刑務所の治療環境について」矯正医学58巻1号(2009年)1頁以下、小島まな美「女子刑務所における摂食障害受刑者問題の現状と対策について」刑政126巻2号(2015年)98頁以下、西岡慎介「矯正医療の現状について」罪と罰53巻2号(2016年)11頁以下参照。
43 本法については、白井智之=猪股正貴=土倉健太「刑法等の一部を改正する法律及び薬物使用等の罪を犯した者に対する刑の一部の執行猶予に関する法律について」曹時68巻1号(2016年)25頁以下参照。
44 この点について、太田達也『刑の一部執行猶予 犯罪者の改善更生と再犯防止』(慶應大学出版会、2014年)18頁以下を参照。

るのではないだろうか。

　刑の一部執行猶予の言い渡しの要件である「再び犯罪をすることを防ぐために必要であり、かつ、相当である」（刑法27条の2第1項）こと、すなわち再犯防止の①必要性・②相当性については、①で施設内処遇と社会内処遇の連携を図ることが本人の再犯防止のうえで必要かどうかを判断し、②は（1）予防面での相当性と、（2）犯情（刑事責任）面での相当性に分けて考慮することとされている[45]。窃盗症ないし摂食障害に罹患している被告人の場合、①で社会内処遇（医療機関における治療）の必要性が認められ、②についても（1）治療を受ける環境が整備されており、本人も治療に向けた積極的な態度を示していること（2）（主として制御能力の低減による）責任の減少が認められること、などが判断要素になると解される。

　刑の一部執行猶予制度では、保護観察に付するか否かは任意的である（刑法27条の3第1項）。近時、法務省保護局の実務家から、窃盗症に起因する窃盗事犯に関して、保護観察下においたことで対象者に却って遵守事項に違反してはならないという強いプレッシャーが生じ、再犯に追い込まれた事例が紹介されている。そこでは、衝動制御の障害がある者には、「保護観察が前提としている心理的強制による行動の自制が働く余地がきわめて限られている」ことから、今後、保護観察における窃盗症への対応を分析・研究した上で、有効な専門的処遇の手法が開発できれば保健医療機関等と保護観察所が連携して再犯防止の効果を挙げられることが指摘されている[46]。保護観察の場合に限らず、社会内処遇が有効に機能するためには、窃盗症ないし摂食障害の治療方法・治療体制自体の改善[47]もさることながら、当該疾患の特性を踏まえた処遇内容の評価・検証も常に求められることに留意しなければならない。

45　白井ほか・前掲注（43）39頁以下。さらに、小池信太郎「刑の一部執行猶予と量刑判断に関する覚書」慶應ロー33号（2015年）268頁以下参照。

46　前川洋平＝西平俊秀「窃盗事犯に解する処遇」今福章二＝小長井賀輿（編）『保護観察とは何か』（法律文化社、2016年）226頁。なお原田國男「量刑における回復・治療プログラム参加の意義――裁判官としての経験から――」刑弁64号（2010年）〔同『裁判員裁判と量刑法』（成文堂、2011年）所収、199頁以下〕21頁は、第1審で保護観察付執行猶予となった被告人が、検察官の量刑不当による控訴中に医療機関に入院し、退院後に再犯に及んでしまったという事例に関して、実刑か否かが問題になっている公判中にもかかわらず再犯に出るという「極端な形で犯罪への衝動性が証明されているともいえる」と指摘されている。

47　2015年2月、国立精神・神経医療研究センターに摂食障害全国基幹センター（CEDRI）が、また同年9月、宮城県・静岡県・福岡県に摂食障害治療支援センターが設置された。

実行行為開始後の責任能力低下について
――３つの解決策とその役割分担――

安 田 拓 人

一　はじめに
二　先決問題：責任能力低下前の行為への結果の帰責可能性
三　事例グループごとの解決策：完全な責任非難の肯定可能性
四　原因において自由な行為の理論との関係

一　はじめに

　実行行為開始後に責任能力が低下等し、その状態でさらに実行行為に及び、結果を惹起した場合に、責任能力低下後の実行行為およびそこから生じた結果につき刑法39条の適用を排除し、完全な責任を問うことが可能かという問題（以下「本検討課題」）をめぐっては、わが国では、下級審裁判例において幾つかの判断が積み重ねられる中、これを契機として、相応の議論が蓄積されてきている。

　もっとも、従来の議論は、本検討課題の前提となる状況を適切に確定していないために、それぞれの主張のもつ意味合いが必ずしも判然としないところがある。また、議論自体が、大枠を示すものにとどまっている場合が多く、一見すると、見解の相違にもかかわらず結論が変わらないことから、本検討課題を仮象問題だとする見解まで登場するに至り、議論の意義が問い直される状況が生じているといえよう。

　また、わが国の裁判例の立場は、一個の実行行為の途中で責任能力が低下しても、当該行為が完全責任能力状態で開始された以上刑法39条の適用は問題とならないとの見解（後述の解決策Ｂ）と最も整合的であるように思われる一方で、そのような見解からは本来不要であるはずの要件が立てられ、あるいは、ファクターが考慮されているようにも思われ、裁判例の立場がこれによってしか説明できないものなのかにも再検討の必要があるように思われる。

　そこでまず必要だと思われるのは、先決問題により自ずと解決されうる場合を

まず本検討課題の対象から括りだす作業である。この作業を経ることで、本検討課題として議論されるべき場合を正確に確定することが可能となろう。そのうえで、従来の見解がそこでどのような対立軸を形成することになるかをより精緻に検証し、真の対立点を浮かび上がらせたうえで、その解決策を提示しようとするのが本稿の目的である。

二　先決問題：責任能力低下前の行為への結果の帰責可能性

1　浅田教授の見解の批判的検討

（1）伝統的な理解によれば、責任能力ある段階で実行行為が行われ、それと法的因果関係が認められる形で結果が実現していれば、既遂犯につき完全な非難を行うことができる。この理解からすれば、少なくとも責任能力低下前の実行行為だけを捉えても結果を帰属することができるのであれば、結果につき完全な責任を問うことは問題なく可能となる。これに対し、有力な見解では、このような帰責可能性が限定的に解され、もって本検討課題の扱う範囲が拡張的に捉えられてきたように思われる。

例えば、浅田教授は、当初、「結果に直結する行為が責任能力のある時点で行われたとすれば、原因において自由な行為を問題にするまでもなく、因果関係の問題として処理できる……。しかし、結果に直結する行為が心神耗弱ないし心神喪失状態で行われた場合は、やはり原因において自由な行為の法理を援用しなければ完全な責任を問うことは難しいであろう」と述べておられた[1]。

しかし、他方で、浅田教授は、行為者自身の行為が介在した場合につき、「一罪の内部において」であれば、因果関係の有無・因果関係の錯誤の問題として処理しうることを肯定されている。すなわち、「因果関係の有無にとって重要な行為後の介在事情は、原則として行為者自身の行為を含まないことに注意すべきである」と述べつつ、行為者自身の行為が一個の行為とみられる場合には、因果関

---

[1]　浅田和茂『刑法総論〔補正版〕』（平成19年）296頁。これを支持するものとして石井徹哉「原因において自由な行為」法学教室430号（平成28年）36頁。これに対し、伊東研祐『刑法講義総論』（平成12年）270頁は、反復的・連続的な行為の途中で能力が低下した場合につき、意思決定が繰り返しなされていることを理由に直接的結果惹起行為につき責任が問えるかを問題とすべきだとされつつも、実際の解決策としては本稿と同様の分析を行っておられる（前半の例が後述の解決策Ｃによるもの、後半の例が解決策Ａによるものと思われる）。

係とその錯誤の問題として処理しうることを肯定され、その例として「岸壁で射殺したと誤信したが、まだ瀕死の状態であり、そのまま崖下に転落させたところ、頭を打って死亡したような場合」を挙げておられる[2]。この例において死亡結果を直接惹起する行為（崖下に転落させる行為）は殺意によらないものであるが、それにもかかわらず、これを介在事情とみて当初の拳銃発射行為に死亡結果が帰属されることを肯定されているのである[3]。そうだとすれば、結果に直結する行為自体が責任能力低下後になされているという一事のみを理由として、原因において自由な行為の理論によらなければならない必然性はなく、これらが一個の構成要件実現過程[4]と言える限りで、問題なく完全な責任非難が肯定されるはずである。

教授のかつての見解の前提には、責任能力の有無・程度の差は行為ないし所為としての断絶をもたらし、能力低下後の行為ないし所為は能力低下前のそれと別個のものと捉えるべきだとの理解があったのかもしれないが、行為論ないし構成要件論レベルで判断されるべき行為ないし所為の個数が、責任論における考慮によって左右されるとすることは、体系的にみて問題があろう。そして、教授ご自身も、教授の体系によれば責任の問題である殺意がある行為とない行為を、時間的・場所的離隔の程度いかんにより教授のいわれる一個の行為（一個の構成要件実現過程）と捉える余地を認めておられるのだから、責任能力の有無・程度の場合だけ異なる扱いをする説得的理由は見出しがたい。

（2）この点を意識されたのか、より最近の論文では、「はたして責任能力の有無・強弱によって一連の行為を分断することが可能か」という問題を提起され、結論的には、「本問で問題となるような一連の行為は、通常は（責任能力が問題とならない場合は）包括一罪として既遂で処理される類型である……が、そのうち結果を発生させた当該行為が心神耗弱・喪失状態で行われた場合は、例外的に（構成要件・違法性のレベルでは決定はできないので責任のレベルで）行為を分割すべき

---

2 浅田・前掲書318頁。
3 浅田・前掲書318頁以下は「1個の行為であってはじめて因果関係が問題になり、通常は、因果関係が認められ因果関係の錯誤は重要でないと判断されることになる」とされている。
4 浅田教授のいわれる「1個の行為」にいう行為とはHandlungではなくTat（所為）の意味であり、一個の構成要件実現過程と同義だと解される。この表現は後の論文では「一連の行為」に置き換えられている。浅田教授の旧説に限らず、相当数の論文等において、Tatに対応する内容が「行為」と表現されているが、このことは本検討課題をめぐる議論を見えにくくしている大きな理由と思われ、改善が強く望まれるところである。

である」との見解を打ち出されるに至った[5]。

　しかしながら、この見解は、全体として理解困難だと言わざるをえない。責任能力低下前と低下後の行為を一連の行為（一個の構成要件実現過程）と捉え、低下後の行為を介在事情とみる場合の問責対象たる行為は、能力低下前の行為だけであり、そこですべての可罰性の要件が満たされているにもかかわらず、介在事情たる行為それ自体をみれば責任能力低下状態でなされたものであったことを、浅田教授ご自身も問題なく故意既遂犯に関する完全な処罰を肯定される、介在事情たる行為自体が殺意なく行われたことと異なって扱う理由がどこにあるのかは、容易には理解しがたいものがある。

　この点、林（美）教授の旧説では、行為者の第2行為が介入した事案につき、客観的な因果関係の相当性が認められることを前提としつつ、なお「主体的対応」を問題とすべきだとの理解が示されている[6]。これによれば、殺意に基づく絞首行為（第1行為）による被害者の死亡を誤信して、犯跡隠蔽目的でまだ生きている被害者を「死体」と思って埋める第2行為に及び、これにより被害者が死亡した場合には、第2行為については主観的な故意の連関が欠け、別個の主体的対応があったものとして、第1行為に殺人未遂、第2行為に過失致死を認めるべきであり、実行行為の途中から責任無能力となった場合には、「決意は実現されておらず、単に同じ客体に向けられた責任無能力者の意思が存在するにすぎないとして、殺人未遂のみが成立することになる」。すなわち、教授によれば、「結局は、[こ]のような場合について、因果関係の錯誤の理論を用いないのと同義になる」のである。林（美）教授の見解では、故意の場合と責任能力の場合が統一的に扱われている限りでは、一貫したものがあると言えよう。

　しかし、教授自身は、第1行為に結果が客観的に帰属されることを肯定されているのであり、この場合の問責対象たる行為は第1行為だけなのであるから、そこで可罰性の要件が完全に備わっていれば、既遂犯での完全な責任非難を否定する十分な根拠はやはり乏しいように思われる。林（美）教授が、第1行為時における故意ないし責任能力だけでは十分でないとされる理由は、同時コントロールの欠如にあるのであろう。しかし、故意も責任能力も、それと同時存在する行為

---

[5] 浅田和茂「実行行為開始後の心神喪失・耗弱について」『宮澤浩一先生古稀祝賀論文集第2巻』（平成12年）390頁。
[6] 林美月子『情動行為と責任能力』（平成3年）196頁以下。

についてしかコントロールが及ばないとするのは、心理学等の知見によって裏付けられた根拠ある主張ではなく、単なる決めつけにすぎない。一般的な理解によれば、故意は、一連の構成要件実現過程すべてを貫く実現意思であり、それを構成する部分的行為ごとに観念されるものではありえない[7]。責任能力もこれと同様である。この理解が共有されないのは、故意もしくは責任能力に、特別な加重要件が立てられているということである。

（3）いずれにせよ最低限明らかなことは、浅田教授（さらには林（美）教授）の見解の根底には、依然として、結果を直接惹起する行為の時点での責任能力を問題とすべきであり、当該時点で能力が低下している以上、理論構成はともかく刑法39条の適用が不可避だとの理解が厳然と存在しているということである。そこで、このような結論に至りうる、さらなる見解を分析対象に据えて検討する中で、このような理解の当否を明らかにすることとしたい。

2　未遂故意・既遂故意区分説について

（1）結果を直接惹起する行為の時点での責任能力を問題とすべきであり、当該時点で能力が低下している以上、原則として刑法39条が適用されるべきだとする最も説得的な理論的根拠を提供するのは、未遂故意・既遂故意区分説である。

これを詳細に基礎づけたヴォルター[8]によれば、早すぎた構成要件実現の場合、行為者が客観的には帰属可能な仕方で重要な因果経過の逸脱なく完全な結果危険を創出し、結果を実現しているが、既遂故意およびあるいは既遂責任なく行為したのだとされる。既遂犯での処罰の支柱、既遂の処罰根拠は、保護法益に対する危険で特に強度の攻撃、答責的かつ故意に実行に移された結果危険ある未遂である。既遂に対する責任は、結果に適した危険に対する人的・個人的な責任によって媒介される。行為者は、既遂にとって必要なことすべてをなしたことを認識し、それに対する責任を負わなければならない。こうした最大の未遂が要件となるというのである。しかし、これだけでは、ヴォルターも自認するとおり、自らが妥当とする結論が同義反復的に様々な表現でもって述べられているだけで、

7　佐久間修「実行行為と故意の概念――早すぎた結果発生を素材として――」法曹時報57巻12号（平成17年）20頁以下、同『刑法総論』（平成21年）139頁。
8　Jürgen Wolter, Vorsätliche Vollendung ohne Vollendungsvorsatz und Vollendungsschuld? Zugleich ein Beitrag zum "Strafgrund der Vollendug", FS-Leferenz, 1983, S. 557 ff. 以下いちいち頁数を掲記しない。

論拠は何も提示されていない。

ヴォルターが根拠とするのは、ドイツ刑法24条の中止犯の規定である。ヴォルターは、終了未遂の場合には、積極的に既遂を阻止しなければならず、その限りで既遂リスクを負っているとし、未終了未遂に比べて行為者の地位が悪化し刑が加重されるのであれば、責任刑法の観点から、未遂の最終段階まで責任連関が認められなければならないとする。不処罰の中止が不法減少・責任減少を基礎とし、未終了未遂と同じ基準で不法・責任減少による不処罰に至るために、終了未遂の場合より重い法的義務が課されているのだとすれば、終了未遂における実現された不法・責任はより大規模なものである。不法と責任の一致原則からすれば、それゆえ、故意が未遂の終了まで及んでいなければならず、そうでない場合には、客観的・主観的行為不法の重要部分が欠如し、または、答責が著しく欠如する。ここで既遂犯での処罰を認める見解によれば、行為者は、「故意と責任の滑り台」を落ちていくことになるというのである。

さらに、実行行為途中で責任能力が失われた場合についても、因果関係の錯誤により処理する見解は、部分的責任ないし部分的危険を基礎に故意への帰責を認めるもので、既遂責任がないこと、刑法20条（責任無能力）が問題となることを無視しており、ここでの既遂処罰は法治国家原則違反・憲法違反になるのだとしている。

そして、ドイツでも[9]わが国でも[10]、これと同様の見解は有力に主張されている。

（2）確かに、わが国の刑法43条但書は、「犯罪を中止した」とのみ規定し、ドイツ刑法のように未終了未遂と終了未遂とで中止行為の要件を書き分けているわけではない[11]が、わが国の支配的な見解を前提としても、中止行為として不作為

---

9 例えば、Wolfgang Frisch, Tatbestandsmäßiges Verhalten und Zurechnung des Erfolgs, 1988, S. 582 ff.

10 例えば、林美月子「実行行為途中からの責任無能力」神奈川法学28巻1号（平成5年）301頁以下、町野朔『刑法総論講義案I』（平成7年）207頁以下、248頁以下、長井圓『交通刑法と過失正犯論』（平成7年）407頁以下、林幹人『刑法総論［第2版］』（平成10年）247頁以下、林美月子「実行途中からの心神喪失・耗弱」現代刑事法2巻12号（平成12年）52頁以下、西村秀二「『早まった結果惹起』について」富大経済論集46巻3号（平成13年）653頁以下、石井徹哉「いわゆる早すぎた構成要件の実現について」奈良法学会雑誌15巻1=2号（平成14年）34頁以下、高橋則夫「『早すぎた構成要件実現』の一考察——いわゆるクロロホルム殺人事件をめぐって——」早稲田法学80巻1号（平成17年）12頁以下、林幹人『判例刑法』（平成23年）96頁以下、高橋則夫『刑法総論第2版』（平成25年）178頁以下、松原芳博『刑法総論』（平成25年）291頁以下、306頁以下、など。

11 島田聡一郎「実行行為という概念について」刑法雑誌45巻2号（平成18年）233頁は、規定の違

で足りる場合と積極的な結果防止措置が必要となる場合があり、そのまま推移すれば既遂にいたる危険がすでに生じている場合には中止行為の要件が加重される[12]のだから、その限りでわが国の中止犯規定を前提としても、ヴォルターの見解と同様のことを主張することは可能だとは言えよう。

　しかし、未終了未遂／終了未遂、ないし、そのまま推移すれば既遂にいたる危険の発生の有無は、当該行為に出る時点で決まっていることではなく、ドイツ法においてもわが国においても、あくまで中止行為の時点で判断されるものである[13]。5回に分けて痛めつけて死なせるつもりで3回目ですでに死亡の危険が生じてしまえば、行為が5分の3しかなされておらず未終了未遂になり、不作為による中止で足りるということはありえない。5回に分けて痛めつけて死亡させるつもりの行為者には、3回目（まで）の行為に及ぶ時点では、「結果を発生させるために、行為者はもはやそれ以上別の行為を行う必要がないような行為」の認識は認められないはずであるし、「将来さらに別の行為を行わなければならないという意識」も有しているであろう。要するに、早すぎた構成要件実現に関して行為者の意思内容が判断されるべき時点と、中止行為として何をなす必要があるかが判断されるべき時点は異なっており、そのような異なる基礎に立つ議論を他方の論拠とすることはできないはずなのである[14]。そして、このような例を考えれば、未遂故意しかないのは、自らが3回目の行為でもっては致命的傷害を負わせないだけのコントロールをなしうるとの錯誤によるものにすぎず、事象コントロールがそこまで自由自在になるものではなく、事後的客観的に、そのまま推移すれば既遂にいたる危険が発生するかには偶然の事情も与りうることをも考慮すれば、このような自らの能力への過信でもって既遂責任が否定されるべき十分な理由はないように思われる[15]。

　（3）また、ヴォルターは、終了未遂の場合には中止による違法・責任減少に到達するためにより多くのことをなさなければならないことを根拠に、中止義務

　　いを根拠に、この点は論拠になり得ないとされている。
12　さしあたり伊藤渉ほか『アクチュアル刑法総論』（平成17年）268頁以下［安田拓人］参照。
13　ドイツでは、中止の視界（Rücktrittshorizont）という表現のもと、中止行為時の客観的・主観的状況に即した判断がなされるのが一般的である。
14　Soichiro Shimada, Erfolgszurechnung bei vorzeitig ausgelöstem Kausalverlauf in Japan, GA2011, S. 108.
15　佐藤拓磨「早すぎた構成要件実現について」法学政治学論究63号（平成16年）240頁以下、なお齋野彦弥『基本講義刑法総論』（平成19年）72頁以下。

が加重されていると考え、その義務の大きさゆえに終了未遂の方が未終了未遂よりも違法性が高度だとし、その高度の違法性に対応するより高度の責任が認められなければならないとする。わが国でも、野村博士が同様の理解を示されている。すなわち、刑法規範は、法益保護の動的機能の観点から、実行行為に着手してもその終了に至るまで関心を寄せ、結果の発生を防止するために実行行為を中止する義務を課すものと考えるべきだとの理解から、実行行為に出ないことを命じる①犯罪避止義務、実行行為を継続しないことを命じる②犯罪中止義務、実行行為終了後の③犯罪結果発生防止義務を区別し、これら各義務に違反する行為につき責任非難を加えるためには、責任能力による同時的コントロールが必要であるとの結論を導かれているのである[16]。

筆者は、かつて、野村博士の見解に対し、「『この見解が成り立つのは、そうした義務違反を違法性の根拠とし、義務違反に伴って違法性が比例的に増大すると考える場合に限られよう。違法性の構造の差異（端的には違法性の減少）をもたらしうるものは、同時に、違法性を根拠づけうるものでもあるはずだからである』。しかし、《行為規範は、行為者が実行行為に出たことによって完全に違反されたのであり、それ以後におけるそうした義務違反が違法性を高めるというのは疑問である》。……この立場を一貫すれば、実行行為終了後（終了未遂後）に責任能力が低下した場合であっても完全な責任を問えなくなり、結論的に妥当でない」[17]と述べた。ヴォルターの見解をも踏まえれば、『　』の推論は的外れではなく、この批判は結論的にはなお維持しうるが、《　》の批判は立場の相違を述べたにとどまっていた。

そこで、この点につきさらに検討するに、こうした見解の決定的問題点は、中止行為による違法性ないし責任の減少を先行する実行行為そのものの違法性・責任を減少させるものと捉えるところにあるものと考えられる。曽根博士は、中止犯の減免根拠に関する違法性減少説に対し、「障害によっても中止行為によっても同じように行為の違法性は減少するのであって、中止犯において未遂犯の違法性がさらに減少するわけではない」[18]との批判を述べられたが、この批判はまさにヴォルターらの見解の基礎を掘り崩すものでもある。すでに成立している未遂

16　野村稔『刑法総論〔補訂版〕』（平成10年）288頁以下。
17　安田拓人「判批」甲南法学37巻1＝2号（平成8年）78頁。
18　曽根威彦『刑法総論［第四版］』（平成20年）227頁。

犯の違法性・責任が、事後的な中止行為によって減少することはおよそありえないのであるから、中止犯が障害未遂より有利に扱われる根拠は中止行為自体のもつ有価値性に求められるべきである[19]。既遂にいたる危険を転換・逆転すること[20]、それにより、既遂に至る危険性を既遂犯が成立しない（未遂が成立する上限）ぎりぎりのところ[21]以下にまで減少・消滅させることに、中止行為の有価値性があるのである。言い換えれば、中止犯の有利な扱いは、中止行為がなされた場合に例外的に実行行為に後続する中止行為のもつ有価値性に着目してなされるものであって、実行行為それ自体の違法性等が事後的に減少するからではない。それゆえ、ヴォルターらの見解は、立論の前提を誤っているように思われる。

（4）もっとも、他方で、未終了未遂／終了未遂、あるいは、そのまま推移すれば既遂に至る危険性の有無が偶然的であり、その誤信に既遂責任を否定するという重要な法的効果を結びつけるべきではないのは確かであるが、着手未遂の最下限（＝実行の着手）＋法的因果関係をたどった結果実現＝既遂と考えることに対しては、それで足りることの論証がさらに求められるようにも思われる。

この点については、ヴォルターが客観的には既遂犯になっていることを認めていることが重要である。すなわち、行為者はこの場合、既遂結果を客観的に帰属可能な問責対象行為を「まさしく既遂結果を発生させる意思」でもって実行している。ヴォルターの見解によっても足りないのは「まさにこの行為でもって既遂を発生させる意思」だけなのである。

それゆえ問題は、客観面にはなく、既遂犯の成立要件として必要な「故意」とはどのようなものでなければならないのか、それがわが国の法規定に照らし根拠があるものか、ということに収斂する。

筆者は、すでに早すぎた構成要件実現の問題に関し、ロクシンの見解[22]を参考にして、「未遂犯は、既遂犯の構成要件を修正したものであるが、それは結果もしくは因果関係が欠ける場合についても、着手（直前行為の開始）でもって処罰することを可能にしているにすぎず、既遂犯と異なる構成要件的行為を予定するものだとまでは言えない[23,24]。また、例外的に処罰されるにすぎず、各則に個別に

---

19 さしあたり安田・アクチュアル刑法総論265頁以下。
20 これを印象深く述べるのが Christian Jäger, Der Rücktritt vom Versuch als zurechenbare Gefährdungsumkehr, 1996 である。
21 この限度で安田・アクチュアル刑法総論269頁の表現を補正する。
22 Claus Roxin, Zur Erfolszurechnung bei vorzeitig ausgelöstem Kausalverlauf, GA2003, S. 263 ff.

規定されるにすぎない予備と、主要な犯罪について広く処罰の対象とされ、総則に規定される未遂犯との間には、刑法上明確かつ重要な差があるが、それ以降の段階については、例外的存在である中止犯の場合を除き、刑法上の扱いを分けるべき根拠となる規定はない[25]……。それゆえ、構成要件実現の意思でもってそうした決定的段階である着手の段階を突破したことにより、完全な行為反価値あるいは故意責任は実現された」ものと考えるべきだとの見解を述べた[26]が、これは現在も維持しうるものと考えている。ただし、このような見解は、着手を法益の具体的危殆化ないし時間的切迫性でもって判断する理解からは支持不可能であり[27]、あくまで着手を構成要件実現にいたる自動性・確実性ある段階で認める理解が前提となっている。後者の理解によれば、着手が認められるということは、そこまでやればあとは障害なく事態が推移し、構成要件実現・既遂に至りうるような行為を構成要件実現意思で行ったことを意味する。そして、そうである以上、その意思が既遂犯での完全な処罰を正当化することは認められてよいという

23 佐久間・前掲論文22頁、板倉宏「早すぎた構成要件の実現」日本大学法科大学院法務研究2号（平成18年）10頁以下、立石二六『刑法総論［第4版］』（平成27年）274頁以下。福田博士が、同「『早すぎた構成要件の実現』について」判例タイムズ1177号（平成17年）126頁以下で述べられるように、刑法43条は「これを遂げなかった」と規定し、「未遂＝既遂－法的因果関係を経た結果発生」であることを明示している。反対説は、法文を無視した解釈だと言わざるを得ない。
24 浅田教授も、「未遂と既遂とでは実行行為が異なるとすることには疑問がある」として未遂故意・既遂故意区分説に批判的であるが、その理由は、同説によれば未遂犯を成立させる行為の要件が既遂犯のそれに比べて緩和され、例えば強姦に関する最高裁昭和45年7月28日決定・刑集24巻7号585頁のダンプカー事件で、手段たる暴行・脅迫の開始がなければ強姦既遂を成立させるだけの着手はないとする厳格な理解をとっても、これにより別途未遂犯の成立可能性が開かれることに対する警戒にあるようである。
25 ここで本文中に引用されていたのは中森喜彦「実行開始後の責任能力の低下」『中山研一先生古稀祝賀論文集第3巻』（平成9年）225頁、佐藤・前掲論文240頁以下である。
26 安田拓人「判批」『平成16年度重要判例解説（ジュリスト臨時増刊1291号）』（平成17年）158頁。
27 もっとも、こうした見解からも、結果惹起に向けられた同一の意思に基づき一体として把握される一連一体の実行行為を開始する意思があれば現実的な故意が認められ、一連一体の行為のいずれかによって惹起された結果について既遂犯の成立を認めることは可能だとされており（山口厚『刑法総論［第3版］』（平成28年）234頁。さらに、島田・前掲刑法雑誌234頁、今井猛嘉ほか『刑法総論［第2版］』（平成24年）137頁［今井］、佐伯仁志『刑法総論の考え方・楽しみ方』（平成25年）279頁以下。やや厳格な絞りをかけるものとして、橋爪隆「遅すぎた構成要件実現・早すぎた構成要件実現」法学教室408号（平成26年）117頁以下。）、問題の解決が着手の有無と連動させられていないだけで、実質的に考慮されている事柄は同じだと思われる。本稿も、後述のように、この問題の解決が着手の有無に依存するのは結果犯の単独直接正犯だけだと考えるから、これらの見解との差は表面上なくなるが、しかし、本稿の見解はあくまで結果犯の単独直接正犯を基軸として43条という法規定の自然な解釈に理論的根拠を置くのに対し、これらの見解では、一連一体の行為の起点を画する基準およびそれを支える理論的根拠がなく、もって既遂犯を基礎づける故意が認められる根拠も不確かなものにとどまることにならざるをえない。

ことなのである[28]。

（5）この問題の本籍地が既遂犯での処罰を支える故意の問題であることは、ドイツの判例で問題となった以下のような事案で検証することができる。BGH NStZ2002,475の事案では、被告人の計画は、被害者の静脈に空気を注射して殺害するというものであったが、実際には、被害者を抵抗不能にするため、２人が頭部・頸部を殴り、１人が布で拘束していた際に喉頭突起が折れ、血を吸い込んだために窒息死したという経過をたどっており、かつ、仮に注射をしていたとすれば計画の２倍量でも死亡結果を引き起こすのには不十分であった。この事案につき BGH は、暴行には刑法22条（未遂の定義規定）にいう直接的開始が認められるとし、暴力的に相手方を抵抗不能にする行為と注射は一体（die Einheit）であり、因果経過の逸脱が重要でない（unwesentlich）場合、つまり、想定した経過と実際の経過が等価である場合には、それは考慮されない（unbeachtlich）とし、故殺の既遂を認めたのである。この事案では、計画通り事態が推移したとしても既遂には至らなかったのであるから、ここでの故意に対応する危険は不能犯と境を接する未遂を支えるだけのものでしかない。それでも BGH は、それにより支えられた着手があり、着手が認められる行為に結果が帰属しえ、因果関係の錯誤が重要でない以上、既遂犯につき完全な処罰が可能だとしたのである。この結論は、故意は実現意思であり、主観的な行為反価値を支える要素として、あくまで行為の時点で判断されるべきものであることからすれば、十分な説得力を持ち得よう。行為の時点では、あくまでその時点で判明した事情を基礎にした危険判断のみが可能なのであり、それにより計画された空気注射に構成要件実現の危険性があると判断される以上、構成要件実現に向かってルビコンを渡る意思、すなわち、着手に及ぶ意思があるのであるから、既遂犯での処罰を支える故意として足りないものはないと言うほかないのである。

（6）このことからすれば、実行行為途中で責任能力が低下した場合でも、着手の段階が完全な責任能力ある状態で突破されている以上、少なくとも能力低下前に行われた実行行為は、既遂犯での完全な処罰を認めるための問責対象行為と

28　福田・前掲論文126頁以下、葛原力三ほか『テキストブック刑法総論』（平成20年）230頁［塩見淳］、奥村正雄「判批」同志社法学59巻６号（平成20年）557頁以下、斎藤信治『刑法総論〔第６版〕』（平成20年）224頁、西田典之『刑法総論〔第２版〕』（平成22年）229頁、大谷實『刑法講義総論〔新版第４版〕』（平成24年）174頁以下など。

して必要十分なものだということになる。

　ヴォルターらの見解は、客観的には既遂に達していることを理由に中止犯の成立可能性を否定しつつ、着手未遂と実行未遂とで中止要件のハードルの違いを理由に未遂の最終段階まで完全な責任能力がなければならないとするものであったが、成立可能性のない中止犯を支えるために責任能力がなければならない理由はないとの形式的な批判をさておいても、このような見解は、結論的に、責任能力の存在を中止犯の成立要件とするに等しく、明文に反して中止の成立要件を狭めるものであり、法治国家原則違反・憲法違反だとの批判は自らに返ってくることとなるように思われる。

三　事例グループごとの解決策：完全な責任非難の肯定可能性

1　能力低下前の行為が能力低下後の行為と因果性が認められる場合

　二までの検討を踏まえれば、責任能力低下前の行為だけを捉えても結果を帰属することができるのであれば、結果についても問題なく責任非難が可能である。しかしながら、本検討課題が対象とする事案では、結果を直接惹起する行為は責任能力低下後に行われているので、このことが認められるのは、責任能力低下前の行為に能力低下後の行為との因果性が認められる場合に限られよう。そうした因果性が認められる場合には、問題なく能力低下前の行為だけを問責対象とし、能力低下後の行為を介在事情ととらえて、発生した結果も含めて構成要件実現過程全体について完全な責任非難を加えることができよう。とはいえ、ここでは同一行為者の行為が問題となるうえ、責任能力低下は事前に予見されているわけでもないから、能力低下後の行為に意識的に影響を与える働きかけを能力低下前の行為につき認めうることは殆どないと言えよう。山中教授は、重要なのは責任能力低下後の直接的結果惹起行為を惹起したかであるとされ、能力低下前の実行行為の継続発展したものが能力低下後の行為かどうかだとされる[29]が、継続発展性だけをもって能力低下前の行為が能力低下後の行為を惹起したと評価することは困難だと思われる。

　それゆえ、責任能力低下前の行為が能力低下後の行為と因果性が例外的に肯定

---

[29] 山中敬一「実行行為の途中での責任能力の減弱・喪失状態に陥った事案に関する一考察」産大法学32巻2＝3号（平成10年）376頁以下。

されうるのは、能力低下前の行為によりもたらされた精神的興奮等が能力低下後の行為に影響を及ぼしたような場合、言い換えれば、①能力低下前の行為→②精神的興奮状態等の招来→③能力低下後の行為、という因果性が認められる場合であろう[30,31]。例えば東京高裁昭和54年5月15日判決・判時937号123頁の事案では、「被告人が行為中途でおちいった情動性朦朧状態」が「被告人が相手方に対して意図的に右のような重大な加害を開始してしまったことによる激しい精神的興奮が少なからず起因しているものであることは容易に窺知できる」「その精神的興奮状態は被告人において自ら招いた面が多い」との判断がなされている。確かに、東京高裁自身は、能力低下前の行為の重大性、精神的興奮状態の自招性は、「本件行為全体の非難可能性の有無、程度」「非難可能性の減弱を認めるべき実質的根拠」の判断材料として位置づけている。しかし、この事案で、①能力低下前の行為→②精神的興奮状態の招来→③能力低下後の行為、という因果性が認められれば、能力低下前の行為だけを捉えて完全な処罰を認めることに問題ないことは明らかである[32]。

もっとも、同判決では①→②は認定されているようであるが、これには疑問がありうる。近時公刊された中田修博士の鑑定例集によれば、被告人には洋ばさみで2～3回刺したまでの記憶しかないことから、「犯行を開始してまもなく、激烈な情動のために情動性もうろう状態に陥ったものと推定される」、「自信欠乏型敏感性格……のために、長期にわたって、犠牲、忍従の生活に甘んじ、その間に不満、うっ積が蓄積し、ついに本件犯行となって爆発したものと考えられる」と結論づけられており[33]、蓄積されたうっ積が、犯行前の諍いおよび被害者に頸部を絞められたことで爆発したのだとすれば、同判決がいう、責任能力低下前の行為が精神的興奮状態をもたらしたという判断には相当の疑問が向けられてよい。

---

30 林幹人『刑法の基礎理論』（平成7年）148頁は、「原因において自由な行為の理論」の適用としてではあるが、自由な行為が責任能力低下後の行為の原因になっていたのでなければならないとの理解のもと、本文と同様の分析を行っておられる。もっとも、教授は、未遂故意・既遂故意区分説に立たれるから、能力低下前の行為が既遂故意を成立させるものであることの確認なくしては、このような分析に入ることはできないはずである。
31 井田良『講義刑法学・総論』（平成20年）459頁は、責任能力低下が限定責任能力まででしかない場合には、能力低下後の行為を問責対象と捉えるほかはないとされ、この解決を否定されるが、このような因果性が認められる場合に、限定責任能力状態でなされた行為の介在が能力低下前の行為だけを切り取って問責対象と捉えることの妨げになる理由は明らかではない。
32 林（幹）・前掲刑法の基礎理論150頁。
33 中田修『我が精神鑑定例Ⅰ』（平成26年）693頁以下、とくに698頁。

また、②→③を認めやすいのは、精神的興奮状態により能力低下後の行為に、抑制解除の発現とみられる衝動性の昂進、粗暴性の増大、攻撃の激化といったものがある事案であろうが、本判決では、能力低下後「の実行行為は右殺意のおのずからなる継続発展として、かつ主としては右と同じ態様の加害行為をひたすら反覆継続したという関係」だと認定されている限りでは、②→③を認めにくい事案だと言えよう。

これに対し、大阪地裁昭和58年3月18日判決・判時1086号158頁の事案は、こうした①→②→③の関係を認めることができるものである。大阪地裁は、①→②につき、「その後の被告人の錯乱状態は、被告人自らの飲酒及びそれに先き立つ暴行等の行動によって招かれたもの」だとしており、責任能力低下前の行為が錯乱状態を招いた共同原因であるとしている。そして、②→③につき、「右状態で行われた暴行は、前段階におけるそれと態様を異にするものでもない」との判断はみられるが、他方で、責任能力判断に関するものであるものの、「本件犯行における暴行は、約一時間にわたって判示のとおり執拗にくり返されており、その内容、とりわけ犯行後半におけるそれは、転倒した被害者を路上に引きずり廻し、殴打足蹴にしたほか、同人の下半身の着衣をはいで裸にし、露出した陰茎を握って引っ張るなど異常さを窺わせるものである」との判示がなされており、後半の行為が錯乱状態の影響下でなされたものだと評価されうるものとなっている。その限りで、②→③の関係も認めることができるであろう[34]。このようにみれば、大阪地裁の事案では、責任能力低下前の行為に能力低下の行為との因果性が認められるがゆえに、責任能力低下前の行為だけを問責対象にしたとしても傷害致死につき完全な責任を問うことができたように思われる。

2 能力低下前の行為が能力低下後の行為と因果性が認められない場合

（1）他方、本稿の理解によれば、既にみた東京高裁昭和54年5月15日判決の事案のほか、長崎地裁平成4年1月14日判決・判時1415号142頁の事案もまた、責任能力低下前の行為に能力低下後の行為との因果性が認められる場合ではないように思われる。まず、同判決によれば、「犯行開始時において責任能力に問題はなかったが、犯行を開始した後に更に自ら飲酒を継続したために、その実行行

---

34 林（幹）・前掲刑法の基礎理論151頁。

為の途中において複雑酩酊となり心神耗弱の状態に陥った」ものとされているから、明らかに①→②は認められない。他方、後半部分における重大な加害行為も、「敷居につまずき……頭を強打したことから、一層激昂し」てなされたものである。判決を詳細に検討しても、複雑酩酊となった時点は明らかでなく、「本件犯行の中核的な行為を行った時期には複雑酩酊の状態になっていた」とされているにすぎないから、この「激昂」が複雑酩酊の原因なのか、複雑酩酊ゆえに抑制が解除されてのことなのかは判然としない。仮に前者だとすれば、②→③とつながる流れは、あくまで敷居での転倒にまでしか遡及しない（転倒→激昂→複雑酩酊→能力低下後の暴行という因果の流れとなる）から、①→②→③の関係は認めがたい。他方、後者だとすれば、②→③の流れは認められる。

しかし、本件で複雑酩酊をもたらしたのは、責任能力低下前の暴行ではなく、それと並行してなされている飲酒であるから、責任能力低下前の行為が責任能力低下後の行為と因果性をもつことは認めがたいように思われる[35]。そして、責任能力低下前の飲酒を、責任能力低下後の行為の非難の根拠とすることは、明らかに原因において自由な行為の理論の適用であると整理されるべきであり、これにより完全な責任非難を認めることとなろう。

（２）もっとも、完全な責任な非難を認めうるロジックとしては、責任能力低下前の行為と低下後の行為が一個の実行行為と認められれば、当該行為に及んだことに対する非難は完全に可能だとする、もう１つの可能性もありうるから、これと原因において自由な行為の理論による場合との関係がさらに問題とされなければならない。

中森教授によれば、着手後の責任能力の低下の事例において重要なのは実行行為の一体性・一個性であり、責任能力の低下後に新たな認識が生じ別の行為が行われたと見るべきでないのであれば、行為は全体として一個であり、行為者はその全体について責任を負うとすべきだとされる[36]。中空教授も同様に、実行の開

35　小池信太郎「判批」山口厚ほか編『刑法判例百選①総論〔第７版〕』（平成26年）75頁は、この飲酒を「腹立ち紛れに飲酒しながら暴行したという密接な関連性から、実行行為の危険に取り込める」とされ、最高裁平成16年10月19日決定・刑集58巻７号645頁を参照判例として挙げておられるが、最高裁の事案は、暴行を予定して停車を求めていることから、手段・目的関係により、後行する暴行を実行行為と一体的に考慮しうる介在事情と捉えうるのに対し、長崎地裁の事案ではそのような関係はないから、「飲酒を実行行為の危険に取り込める」のは、飲酒が気勢をつけるためで、能力低下前の暴行の危険を高めていたような場合に限られよう。

36　中森・前掲論文225頁以下。

始時に責任能力が存在する承継的責任無能力の事例の解決にあたって重要なのは、その意思決定の射程範囲のみだとの理解を示されている[37]。

こうした見解によるとき、責任能力低下の前後での「行為態様の同一性」が認められる場合[38]、すなわち、東京高裁昭和54年5月15日判決の事案のように、責任能力低下後の実行行為が責任能力に特段の減弱のない状態における殺意の「おのずからなる継続発展として、かつ主としては右と同じ態様の加害行為をひたすら反覆継続したという関係」、大阪地裁昭和58年3月18日判決の事案のように、責任能力が低下した状態で行われた暴行は、「前段階におけるそれと態様を異にするものでもない」との事情が認められる場合には、問題なく一連の構成要件実現過程全体について完全な責任非難が可能となる。

（3）他方、長崎地裁平成4年1月14日判決の事案では、被告人の行為が、手拳による殴打から足での踏みつけ、さらには肩たたき棒による頭部滅多打ちへとエスカレートしていることが問題となりうる。本稿のような見解は、殺人罪のような結果犯における単独直接正犯の場合に実行の着手が認められる場合には、少なくとも未遂犯を成立させるだけの行為反価値ないし責任が認められ、あとは結果を帰属できるかだけが問題となるにすぎないとの理解を前提としている。これに対し、長崎地裁の事案は傷害致死罪であり、この事案の一連の行為を全体として傷害致死1罪で評価するにしても、殺人罪における着手とパラレルに捉えうるのは、やはり結果発生の現実的危険性をもった行為、結果発生への自動性・確実性が認められる行為に限られるのではないだろうか。

確かに本件傷害致死罪の着手は、最初の手拳での殴打行為に認められることとなろう。しかし、本問題との関係で決定的であるのは、殺人罪のような結果犯における単独直接正犯の場合に実行の着手があれば、既遂結果を帰責されてよいだけの行為反価値ないし責任が認められるということなのであるから、形式的に着手があるかを確認すれば足りるわけではないのであり[39]、そのようなことを肯定

---

37 中空壽雅「実行着手後の心神喪失・心神耗弱といわゆる『同時存在の原則』」『西原春夫先生古稀祝賀論文集第2巻』（平成10年）260頁以下。
38 山本光英「実行の着手後の責任無能力」大学院研究年報（中央大学大学院法学研究科）16号Ⅰ-2（昭和62年）103頁以下、小野晃正「『承継的責任無能力』と実行行為の個数について（二・完）」阪大法学62巻2号（平成24年）438頁以下。なお、安田・前掲甲南法学79頁以下は、覚せい剤所持罪のような継続犯の場合にこれに着目し、そこで刑法39条の適用が排除されることを手がかりに、本検討課題に取り組んだが、現在では、継続犯を実行行為の継続と捉える伝統的見解に相当疑問が強まりつつあるので、同稿における論証は撤回したい。

しうる段階を見極めることが必要になろう[40]。そして、本件事案における責任能力ある段階でなされた手拳による殴打行為は、おそらくそのような行為だとは評価しがたいように思われるのである。本件事案では、責任能力低下前の行為は、致死結果をもたらす可能性のない暴行の実行行為でしかなく、致死結果を直接もたらしうる暴行は責任能力低下後になされている[41]。確かに、未遂故意・既遂故意区分説が否定されるべきだとすれば、致死結果を直接もたらしうるだけの行為が責任能力ある状態で開始されなければならないとまでは言えないであろう[42]。しかし、少なくとも、そうした行為に至る自動性・確実性ある段階が責任能力ある状態で突破されたのでなければ、加重的結果をもたらした責任能力低下後の行為を責任能力低下前の行為と一体性・一個性ある行為として、完全な責任非難を加える実質的根拠に欠けるはずであり、長崎地裁の事案では、このような事情は認められないように思われるのである。

39　これに対し、中空壽雅「判批」関東学園大学法学紀要6号（平成5年）307頁は、最終的意思決定時を重視する立場から、長崎地裁の事案についても、着手があり、その意思の実現があれば足りるとされている。
40　Shimada, a.a.O., S. 105 ff., 109. は、共同正犯、間接正犯、狭義の共犯を挙げて、実行の着手の有無が決定的でないことを説得的に論証されている。間接正犯については、着手を利用行為（手離し）に認める本稿の見解からは、事実上なお本検討課題の解決が着手の有無にかからせられうるが、それは形式的なことにすぎない。いずれにせよ、教唆・幇助については正犯者、（直接実行者でない）共同正犯については共同者の1人の実行という他者の実行の有無に可罰性がかからせられると考える支配的理解から出発すれば、少なくともその実行が予定より早くなされたことでもって完全な処罰を認めない見解の不当性はより明らかとなる。また、同時に、その完全な処罰の可否が、どのような類型においても一律に実行の着手にかからせられるものでないことも自ずと理解できる。島田教授からこの論拠を伺ったときには、例外的場合として位置づければ足り、伝統的見解の骨格は揺るがない旨お答えしたが、考えが進んだ現在では、この指摘は、伝統的見解の射程を画する重要な意義をもつものと理解しており、ドイツ語で書かれているものの、わが国の議論において必ず参照されるべき価値があるものと思われる。
41　川端博『責任の理論』（平成24年）140頁以下は、すでに当初の暴行によって「顔面がどす黒くなって目は見えないように腫れあがっている」のであり、なお当初の行為だけでも十分に重大な結果の発生をもたらし得る重大な侵害行為があったと言い得ると評価されている（中森・前掲論文226頁も、本件事案と東京高裁昭和54年5月15日判決の事案・大阪地裁昭和58年3月18日判決の事案との「違いは質的なものではない」とされている）が、同時に博士は、前者は被害者が「立ち歩ける程度のもの」であったことを的確に指摘されており、本件死亡結果をもたらしうる程度の暴行かという点で、能力低下の前後で質的相違があったとするのが自然なように思われる（この限りで小野晃正「実行着手後の責任能力低下と行為分断の可否」刑法雑誌55巻2号（平成28年）274頁以下、滝谷英幸「『一連の行為』概念をめぐる思考方法（2・完）」法研論集142号（平成24年）142頁、なお松宮孝明『刑法総論講義〔第4版〕』（平成21年）176頁）に賛成である）。
42　島田聡一郎・前掲刑法雑誌273頁以下。この限りで安田・前掲甲南法学80頁の見解を改める。

四　原因において自由な行為の理論との関係

（1）ここまでの検討結果をまとめると、以下のようになろう。

まず、能力低下前の行為が能力低下後の行為と因果性が認められる場合には、「能力低下前の行為だけ」を問責対象行為として（も）、一連の構成要件実現過程全体について完全な責任を問うことは問題なく可能である（解決策A）[43]。もっとも、これが可能となる場合としては、理論的には、能力低下後の行為に意識的に影響を与える働きかけを能力低下前の行為につき認めうる場合もありえようが、それはおそらく例外的な事態であり、能力低下前の行為によりもたらされた精神的興奮等が能力低下後の行為に影響を及ぼしたような場合、言い換えれば、①能力低下前の行為→②精神的興奮状態の招来→③能力低下後の行為、という因果性が認められる場合が殆どであろう。大阪地裁昭和58年3月18日判決・判時1086号158頁の事案は、このような解決が可能と思われる。検察官がこのように起訴した場合には、争いうるのは、能力低下がいつからあったのかをさておけば、せいぜい法的因果関係の有無と因果関係の錯誤に限られよう。

（2）次に、能力低下前の行為に能力低下後の行為との因果性が認められない場合には、能力低下前の行為と能力低下後の行為を一個の実行行為と捉え、その開始時に責任能力があった以上、一連の構成要件実現過程につき完全な非難が可能だとの解決策（B）と、能力低下後の行為だけを問責対象行為と捉えたうえ、原因において自由な行為の理論による解決策（C）が考えられる。AもBも、いずれも心神喪失・耗弱状態での行為から生じた結果を実行行為に帰属させることができるかを問題としている限りで違いはないとの理解も示されている[44]が、解決策Bによる場合は、結果が責任能力低下後の行為から生じ、かつ、能力低下前の行為に能力行為低下後の行為との因果性が認められなくても、一連の構成要件実現過程につき完全な非難が可能となるという決定的な違いがある。

解決策Bにとって決定的なのは、自由な決断により起動された行為としての

43　この解決策だけによる見解として神田宏「原因において自由な行為？——実行行為の途中で責任能力に疑いの生じた場合の刑法的処理について——」近畿大学法学44巻2号（平成9年）72頁以下。この解決策が、能力低下後の行為の遂行自体を含めた問責にこだわらないもので、事案の実体に即した罪責評価という見地において違和感が残るとする指摘として、小池・前掲論文75頁。
44　佐伯仁志「コメント②」山口厚ほか『理論刑法学の最前線』（平成3年）168頁。

性格が失われない以上、言い換えれば、行為の一個性が認められる以上、結果を直接帰属する対象は能力低下後の部分でよいということである。それゆえ、検察官がこのように起訴した場合には、争いうるのは、能力低下がいつからあったのかをさておけば、せいぜい行為の一個性の有無だけであろう。本稿の見解によれば、東京高裁昭和54年5月15日判決の事案は、解決策Aでは一連の構成要件実現過程につき完全な非難を向けることは困難だと思われるが、解決策Bによるときには問題なく可能となる。

なお、大阪地裁昭和58年3月18日判決のような事案は、解決策A・Bのいずれによっても一連の構成要件実現過程につき完全な非難が可能となるから、そのいずれが優先されるべきかが問題となりうる。本稿の見解のように解決策Bを支持しうると考える場合には、本来的には解決策Aによるべき必然性はなく、Aは独立の意義をもたないことになる。他方、解決策Bを認めない場合[45]には、解決策AはCを適用するための先決問題として重要性をもつことになるのである。

（3）最後に、解決策Cの独自性は、完全な責任非難を肯定するために責任能力ある段階での暴行等の実行行為ではなく責任能力低下の自招行為を考慮する点にある[46]。解決策A・Bによるときには、責任能力ある段階で暴行等の実行行為に及んだことに完全な責任非難が成立しており、あとは、能力低下前の行為に能力低下後の行為・結果を帰属できるか（A）、能力低下後の行為が能力低下前の行為と一個のものと認められるか（B）だけが問題となる。これに対し、解決策Cによるときは、問責対象たる実行行為は本来的にはあくまで能力低下後の行為だけであり、その時点では能力はすでに低下していることになる。

この場合には、原因において自由な行為の理論をめぐる対立状況[47]がそのまま反映される。代表的なものに即して見れば、実行行為を前倒しする原因行為説（間接正犯類似説）からすれば、能力低下前の時点で、自らを能力低下（伝統的見解によれば無能力）状態に陥れ、そこで構成要件を実現する行為に及ぶ認識でもって、飲酒等に及び、能力低下後に結果行為に及んだことが必要であろう。この見

45　既に掲げた見解のほか、橋本正博『刑法総論』（平成27年）181頁以下。
46　佐伯・前掲論文168頁は、「原因において自由［な行為］の理論によるかどうかの争いは、仮象問題ではないかという疑いが強い」とされているが、この限りでは、原因において自由な行為の理論によらなければならない場合が厳然と存在するように思われる。
47　簡単な見取り図として安田拓人「原因において自由な行為」西田典之ほか編『刑法の争点［第3版］』（平成12年）84頁以下。

解によるときに初めて、前半における飲酒行為等を問責対象たる実行行為と捉えることが可能となる。しかし、例えば、長崎地裁平成4年1月14日判決の事案を、伝統的見解を考慮して責任無能力になった事案だったと修正した場合、被告人の飲酒は、能力低下の原因であることは確かで、その未必的認識は認められようが、能力低下後の激烈な行為に関する故意があるようには思われないから、原因行為説（間接正犯類似説）によりこの事案で刑法39条の適用を排除することは困難だと思われる。

原因行為を問責対象としうるとすれば、飲酒を続け酩酊の度合いを上げていっていることが、異常酩酊による責任能力の低下をもたらし、このことも与って、敷居での転倒のような契機があれば激昂しての激しい暴行に及ぶ危険性を設定したことをもって、飲酒行為そのものを実行行為とみうるような例外的な場合[48]に限られるものと思われる[49]。

他方、責任能力低下後の結果行為を問責対象とする結果行為説による場合には、その多数の見解によれば、能力低下前に能力低下後の行為に関する予見[50]があるにもかかわらず行われた飲酒等を自由な意思決定と捉え、その意思決定が実現している限りで、完全な非難が可能となる[51]はずである。しかしながら、同様の理論的基盤に立つ解決策Bにより完全な非難が認められていない場合に、この構成でもって新たに完全な非難が可能となることは考えにくいように思われ、この限りでは原因において自由な行為の理論によるかという問題は確かに仮象問題となる。

これに対し、筆者が別稿で基礎づけたように、責任能力低下後の行為を構成要件該当行為として問責対象としつつ、当該能力低下の事前の回避可能性、および、後の犯行の予見可能性があれば完全な非難が可能だとする場合[52]には、長崎

---

48 内田文昭『改訂刑法Ⅰ（総論）』（昭和61年）239頁の挙げる、「四畳半の狭い部屋に乳幼児を数人以上並べて寝せつけ、部屋の中央に仁王立ちになって飲酒をはじめたような場合」であることまでは不要であろうが、飲酒行為自体に構成要件実現に自動性・確実性をもって至る現実的危険性が内在していると評価できるような場合であることが必要であろう。
49 これはあくまで解決策Cによるものであり、能力低下前の暴行等それ自体を問責対象とする解決策Aとは異なることに注意が必要である。
50 事前の故意と表現されることもあるが誤解を招く表現である。
51 例えば、大谷・前掲書326頁以下、川端博『刑法総論講義第3版』（平成25年）432頁以下、など。
52 安田拓人「回避しえた責任無能力状態での故意の犯行について（二・完）」法学論叢142巻2号（平成9年）32頁以下。ここでは有責な情動の場合を念頭に置いて理論構成を行ったが、安田・前掲争点でこの見解を一般化し、原因において自由な行為の理論の1つとして位置づけた。

地裁平成 4 年 1 月14日判決の事案でも、アルコールの脱抑制作用は飲酒経験ある者には既知のことであり、執拗に保険金受取りを主張する被害者に対する憤懣の情を強めつつ飲酒を継続していたのであるから、後の激しい暴行の予見までは認められなくても、その予見可能性は肯定しえた可能性がある。そうだとすれば、長崎地裁平成 4 年 1 月14日判決の事案は、解決策 C のうち本稿のような見解によって初めて完全な非難を肯定しえたものと思われる。かつて筆者は、本件につき結論的に「傷害致死での完全な責任を問うためには、責任能力低下後の激しい暴行行為について、改めて、原因において自由な行為論を適用した検討が必要となる」[53]とのみ述べており、同様の理解を示す見解も散見されるが、実際には、同理論・解決策 C によったとしても、一連の構成要件実現全体につき完全な非難をなしうるのは、特定の見解による場合に限られることには注意が必要であろう。

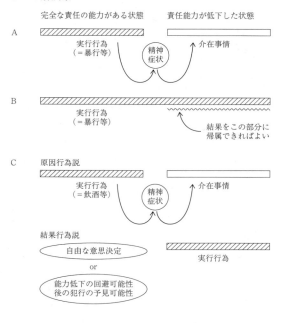

---

53 安田・前掲甲南法学80頁。

危険運転致死傷罪の酩酊・病気類型と
原因において自由な行為

葛　原　力　三

一　問題の所在
二　構成要件モデルとの関係
三　例外モデルとの関係
四　alic 否定論との関係

一　問題の所在

　自動車の運転により人を死傷させる行為等の処罰に関する法律（以下、「自動車運転致死傷行為処罰法」）2条1号、および3条は、少なくとも交通事犯の領域において原因において自由な行為の法理（以下「alic」と略記）を不要なものとしたように見える。刑法旧208条の二の薬物・酩酊運転類型に病気類型を追加したことによって、交通事犯において alic の適用をもって可罰性を確保すべき場面をほぼ網羅したと言えるからである。

　同法2条1号、3条は、直接の致死的運転行為の時点で責任無能力、特に意識不明である事例群中、無能力状態を来す二大原因、薬物中毒・酩酊および病気をカバーしたし、故意に酩酊状態等に陥り、刑法39条による責任阻却を利用して処罰を免れながら責任無能力状態で故意の犯罪を遂行するという、alic の一つの典型的事例類型（以下、「故意＋故意類型」と呼ぶ）は、交通事犯においては、事実上ほとんどあり得ない。

　また、過失的に無能力状態に陥り、過失あるいは無過失の結果行為を行う場合（以下、「過失＋過失・無過失類型」）を処罰するについては、alic は必要ないとすらされることもある。判例も、てんかん発作の予見が可能であるのに自動車を運転して発作による意識喪失状態あるいは朦朧状態で事故を起こした場合について、自動車運転自体を差し控える義務があるにも関わらず運転したことに過失があるとして業務上過失致死傷罪ないし自動車運転過失致死傷罪を認めるという態度を

示してきた[1]。

そこで残るは、発作を予見しながら自動車運転を開始し、あるいは異常酩酊や中毒状態を予見しながらアルコールや薬物を摂取した上で自動車運転を開始し、またはそうした状態に気づきながら運転を継続した結果、ほぼ無意識状態で事故を起こす場合（以下、「故意＋過失・無過失類型」）のみである。そして、まさしくこの場合を規定したのが自動車運転致死傷行為処罰法の2条1号[2]および3条である。

このように見ることが許されるとすれば、alic の適用に際して必要とされる無能力状態に陥る行為（以下「原因行為」）の属性としては様々なものが主張されており、且つそれらが自動車運転致死傷行為処罰法2条1号、3条の予定する諸要件とは必ずしも一致しない以上、交通事犯に限らず一般的に妥当する法理であるとされる alic 適用によって成立する罪（殺人、傷害、傷害致死、自動車運転過失致死傷の各罪）と同法2条1号、3条の罪との（罪数）関係を整理しておく必要がある。

他方、alic の根拠づけを巡る学説は、無能力状態に陥る行為自体に構成要件該当性を認め行為と責任の同時存在原則を維持しようとする構成要件モデル[3]、構

---

1 最高裁は、既に1951年に、責任無能力状態における故意的犯行の過失的惹起は、全体として過失犯となることを宣言している（最判昭和26年1月17日刑集5巻1号20頁）。最高裁は、酩酊状態に陥る過程から結果惹起行為、即ち、当該事件の事実においては、異常酩酊状態において故意的に刃物で刺突して死に至らしめる行為に至るまでの全過程を、一個の過失犯であると構成して、これを次のように根拠づけた。即ち、被告人のごとき、多量のアルコールを引用すると病的酩酊に陥り、その下で責任無能力状態において他人を犯罪の危険にさらす「遺伝形質」を有する者は、そもそも飲酒を控えるか飲酒量を限定してそうした危険を適時に抑止すべき注意義務を負う。同様の判断を示した高裁判例に大阪高判昭和32年11月1日高裁特4号22号585頁がある。ここでは、alic 自体は殆どいかなる機能をも果たしておらず、単に、過失、正確には注意義務を根拠づける危険を孕んだ態度が早い時点にずらされているに過ぎない。このような構成には、その後、故意行為の惹起の場合についてのみならず、過失犯一般について、多くの判例が従うことになった。このような判例の展開を背景として、学説においても原則として、alic は過失犯においては殆ど無用であることが認められるようになった。てんかん発作による事故の事例について、およそ自動車運転を差し控える義務に言及したものとして、例えば、自動車運転過失致死傷罪につき鹿児島地判平成24・1・6 LEX/DB 2548017（自動車運転過失致死）、宇都宮地判平成23・12・19 LEX/DB25480381（自動車運転過失致死）、業務上過失致死傷罪について大阪地判平成6・9・26判タ881・291他がある。

2 自動車運転致死傷行為処罰法2条1号、3条に言う「正常な運転が困難な状態」はその開始から結果発生までの全過程にわたって責任無能力状態であるとは限らない。特に同法2条1号においては被告人が困難な状態に気づいた時点ではまだ責任能力があると考えなければ、同条は alic によっても説明できない、およそ刑法39条と矛盾する規定だということになってしまう。

3 団藤重光・『刑法綱要総論（第3版）』（1990年）161頁、最近では、富樫景子・法学74巻5号36頁以下、石井徹哉・法教430号35頁。実行の着手は結果行為時に認めるべきだが、責任能力は正犯行為が原因行為であればその時点にあれば良いとする平野龍一・『犯罪論の諸問題（上）』

成要件該当行為はあくまでも責任無能力状態下の行為(以下「結果行為」)であるとしつつ、同時存在原則に例外を認めあるいは同時性の要請を満たす範囲を拡張する例外モデル[4]、そして、我が国では現在、浅田和茂を主唱者とする alic 否定論ないし立法必要論[5]の三つに大別される。

最も単純な見方をすれば、自動車運転致死傷行為処罰法の成立は、一部は既に刑法旧208条の二の立法以来、立法必要論を採用したと同時に alic 否定論を背後から根拠づけているということになる。しかし、だからといって否定論の一人勝ちというわけではない。構成要件モデルは、今時立法は不法の根拠事実、すなわち構成要件該当行為が原因行為であることを確認しその構成要件要素を明確化した立法であると主張できる。他方、例外モデルは、責任無能力状態に陥れる行為自体は結果行為の故意犯・過失犯の構成要件とは別物であることを明示した立法であると主張できる。そればかりか、例外モデルの一部が要求する事前の帰責事由(Vorverschulden)を厳格化して明示する立法であるとさえ言え、結局、理論的には三者三様にそれぞれ勝利宣言を行うことが可能なのである。

このような状況が成り立つのは、各学説の背後に共通の基本思想があるからであろう。つまり、原因行為を既に構成要件該当行為と考えるか否かは、解釈技術上の問題であって、いずれのモデルにも、立法必要論にすら共通するのは、事前的帰責事由を要件とするタイプの例外モデルに典型的に現れている、自ら責任無能力状態を招来する者はその法律効果として不処罰という利益を享受してはならないという、法(処罰)感情、ないしは権利濫用または衡平の思想である[6]。原因

(1981年)、127頁以下、同様に原因行為が事後的に実行行為としての属性を取得するとする、山中敬一・『刑法総論(第3版)』(2015年)、666頁も構成要件モデルの変種であると言える。alic を巡る日独の学説状況について詳細は富樫・前掲参照のこと。

4 我が国では「責任モデル」と呼ばれることもある。古くは、佐伯千仭・『刑法における違法性の理論』(1974年)322頁以下、西原春夫・『犯罪実行行為論』(1998年)156頁以下、中義勝・『講述犯罪総論』(1980年)、171頁以下。最近では、安田拓人・論叢142巻2号(1997年)41頁以下、中空壽雅・早研54号(1990年)223頁、山口厚・『鈴木茂嗣先生古稀祝賀論文集(上巻)』(2007年)215頁以下、杉本一敏・早法88巻2号(2013年)129頁以下他。

5 否定説として浅田和茂・『刑法総論〔補正版〕』(2007年) 293頁以下、同・現代刑事法20号(2000年)42頁以下、同・『刑事責任能力の研究(下巻)』(1999年)130頁以下、293頁以下、立法必要論として、平川宗信・『現代刑法講座第二巻』(1979年)291頁以下、同・現代刑事法20号(2000年)36頁以下。

6 安田・前掲(註4)、中空・前掲(註4)227頁以下、丸山治・北圜19巻1号(1983年)39頁以下等、事前の帰責事由を要求する見解は、その端的なあらわれであるが、必ずしもこの点を明言するわけではない。その他でも、通常は、責任無能力状態を自ら招いた場合を処罰できないのは不当である(山口厚・『刑法総論(第2版)』(2007年)254頁、井田良・『講義刑法総論』(2008

行為時に注意義務違反を求めることで過失犯においては敢えて alic を適用する必要はないとする考え方も、結果発生直前の落ち度ある態度について他行為可能性がないことを事前的な帰責事由の存在によって克服しようとする点で同じと言ってよい。構成要件モデルと例外モデルは同じことを別の側面から言っているにすぎないとさえ言える。もちろん、自動車運転死傷行為処罰法 2 条 1 号、3 条もそのような思想を前提とするものと理解するのが自然であると考えられる。

　このような観点からも、自動車運転死傷行為処罰法 2 条 1 号、3 条が、alic のいわば第四のモデルとして、他の構成要件、例外、否定論・立法必要論の三モデルとの比較において優れているのか、優れているとすれば、それは競合が生じる場合に他を排除する程度に優れているのか、あるいは相補的関係に立ち得る[7]ものなのかを吟味しておく必要がある。特に、危険運転致死罪の薬物・酩酊・病気類型が具体的危険犯と結果的加重犯のコンビネーションという構成を採っていることから、原則として単純結果犯である殺人、過失致死を念頭に構成された alic の諸モデルとの守備範囲の重なりとズレを確認しておくことは、交通事犯以外の領域において alic の根拠づけを検討する際にも有用であると思われる。

二　構成要件モデルとの関係

1　自動車運転死傷行為処罰法 2 条 1 号、3 条の根拠づけとしての構成要件モデル

　構成要件モデルは、危険運転致死罪の薬物・酩酊・病気類型規定を根拠づける理論としてみた場合、例外モデルに比して優位に立つ。尤も、それは構成要件モデルがいわば当たり前のことしか言っていないからに過ぎない。

　構成要件モデルは、一般的理論としては、本来 alic 不要論でもあり否定論でもある[8]。責任能力のある状態で行われた原因行為がそれ自体構成要件該当行為であれば完全な責任を問いうるのはいわば当然のことであり、それゆえ、結果行為

　　年）371 頁「どう考えても不当な結論」）、社会的な処罰要請がある（曽根威彦・『刑法原論』
　　(2016 年) 305 頁)、正義の観念に基づいて処罰すべき場合である（日高義博・『刑法総論』(2015
　　年) 275 頁)、などとぼんやり表現されるに過ぎない。
[7]　構成要件モデルと例外モデルを相補的関係に立つものと見るのは、山口・前掲（註 4）215 頁。
[8]　団藤・前掲（註 3）161 頁以下、平川・前掲（註 5）『現代刑法講座』291 頁以下、同・前掲（註
　　5）現代刑事法 36 頁以下。

が責任無能力状態下で行われた場合について刑法39条の適用を除外するのに、特別なルールを必要としない。結果行為だけを取りあげれば39条が適用されて処罰されない、というだけである。過失犯においては「正犯性の基準が相対的に緩いため」[9]、原因行為に構成要件該当性が認められ易いとされるが[10]、殺人罪や傷害罪といった単純結果犯においては、故意犯であってもこの点にさして違いはないことは、所謂クロロホルム事件において裁判所が示した構成要件該当行為の始点の理解[11]を見ても明らかである[12]。これらの結果犯においては結果発生の蓋然性のみが構成要件的行為記述の内容をなすという点では過失致死罪と異ならず、且つその既遂犯の構成要件該当行為の始点は、必ずしも未遂犯処罰の開始時点としての実行の着手と同じである必要はない[13]からである。

自動車運転死傷行為処罰法3条は、殺人罪、傷害罪、過失致死罪では個別事案の特殊性とその評価に依存する結果発生の蓋然性の判断を、正常な運転が困難な状態に陥るという状況と、その原因として薬物摂取、酩酊、そして病気を特定的に挙示することによって類型化したものである。そして結果発生の直前の行為（結果行為）がどのような状況で行われたか、故意か過失か無過失、無意識かを問題としない。これはまさしく、構成要件モデルの弱点とされる故意犯における原因行為の構成要件該当性認定の困難さを立法的に解決しようとしたものだとも言えるのである[14]。

しかし、このことは反面、いかなる場合に、原因行為が構成要件該当となるかをそれ自体としては示すことができない構成要件モデルの不十分さを表してい

9　山口・前掲（註4）、216頁。
10　団藤・前掲（註3）162頁をはじめとして、alic の適用としてこの点を指摘する学説が多い（最近では、井田・前掲（註6）455頁、山口・前掲（註6）258頁以下）が、alic 不要論として語られることもある。例えば、前田雅英・『刑法講義総論（第6版）』（2015年）309頁、西田典之・『刑法総論（第2版）』（2010年）、284頁以下。
11　最決平成16年3月22日刑集58巻3号187頁
12　同旨石井徹哉・法教430号33頁。尤も、この判例においては、行為者の主観的な行為計画における構成要件該当行為の開始が問題とされているという点には注意が必要であろう。
13　平野龍一・『刑法　総論II』（1975年）301頁、西田・前掲（註12）、300頁以下他。実行の着手は未遂犯固有の成立要件の一つであるに過ぎない。町野朔・『松尾浩也先生古稀祝賀論文集上巻』（1998年）356頁以下、特に363頁も同旨に読める。
14　但し、原因行為の構成要件該当性を言うに際して、責任無能力状態下の自らの行為を道具として利用する間接正犯類似の事態であることを援用するバージョン（団藤・前掲（註3）161頁）は、自動車運転死傷行為処罰法2条1号、3条の説明としては妥当しない。結果行為の種類を特定せず無意識状態での運転をも含むこれらの罪においては、結果行為を原因行為時点の故意によってコントロールできる可能性は、少なくとも道具と呼べる程には高くない。

る。ことに、自動車による直接の死傷行為が例えば睡眠ないし意識喪失状態下で行われ、且つその睡眠ないし意識喪失状態の招来につき運転者自身に落ち度がある場合、いかなる条件の下でこれを処罰するのが適切かという実践的問いに対して、原因行為の構成要件該当性を言うだけでは何の助けにもならないからこそ、このような立法が必要であったと考えられる。構成要件モデルは、刑法39条の適用を巡る刑法総論的な「理論」としては独自の価値を持たないのである[15]。

2　捕捉される事例類型の競合と差違

　自動車運転死傷行為処罰法2条1号、3条は、交通危殆化行為に致死傷結果発生という要件を組み合わせた一種の結果的加重犯的構造を持つように見える。いずれの規定も致死傷結果に関する規定振りから、これについては故意を必要としないように解釈できる一方で、同法2条1号（刑法旧208条の二）は、正常な運転が困難な状態にあったことを要件とし、3条は、その構成要件的行為をアルコール、薬物または病気の影響により正常な「運転に支障が生じるおそれがある状態で、自動車を運転」する行為に限り、これに対応する故意を要求する。

　しかし、同法2条1号は、実は過失犯に非常に近い内容を有している。2条1号の故意は、運転困難状態の認識である。この故意が単純な自動車運転過失致死罪に比して非常に重い法定刑を根拠づけるとすれば、その不法内容は、困難な状態に気づいた時点において運転を停止すべき義務の違反に求められることになろう。このような義務は、予見されていない致死傷結果との関係でいえば、過失犯における結果回避義務そのものであると言ってもよい。この点の故意は、そのような結果回避義務があることの間接事実として機能するにすぎない。つまり、2条1号は、故意＋過失・無過失類型であるという外観に反して、その内実は過失＋過失・無過失類型に非常に近い[16]。

　同法3条は、その構成要件的行為を「アルコール又は薬物の影響により、その走行中に正常な運転に支障が生じるおそれがある状態で、自動車を運転」する行為と「自動車の運転に支障を及ぼすおそれがある病気」「の影響により、その走

---

[15] 杉本一敏・早稲田ロー5号（2011年）261頁以下はこのような見方を皮相であると断じる。理由は今ひとつ明らかではない。
[16] 故意は責任要素に尽きると考える場合は、運転困難状態で運転を続けるという状態が不法加重の根拠となる、と表現することになろうが、その点の認識が実は過失犯における結果行為の予見可能性の間接事実と同じ機能を有する点では同じである。

行中に正常な運転に支障が生じるおそれがある状態で、自動車を運転」する行為に限っている。ここでは「おそれがある状態」を挟むことによって、交通危殆化という中間的結果が要件とされ、その状態の認識が要求されることによって、故意の危険犯を基本犯とすることが少なくとも2条1号に比してより明確にされている。しかし、ここでも2条1号におけると同様に、過失+過失・無過失類型が捕捉されていると考えることができる。

　自動車運転致死傷行為処罰法成立以前に、てんかん発作による意識喪失ないし朦朧状態で致死傷結果を生じた場合を、自動車運転過失致死罪あるいは業務上過失致死とした下級審判例の多くは、過失を認定するに際して、病識があったことや、発作ないし意識喪失の経験、症状の認識といった事情を指摘している。これはまさに、同法3条「正常な運転に支障が生じるおそれがある状態」に当てはまる事情の認識があったことの謂いである。

　例えば、鹿児島地判平成24・1・6（LEX/DB 2548017）は、被告人が従来からたびたび発作をおこしていたこと、運転中に意識を喪失して物損事故をおこした経験があったこと、医師からてんかんと診断され自動車運転をしないよう厳しく指導されていたことを挙げて自動車の運転は厳に差し控えるべき自動車運転上の注意義務があったとした。また、宇都宮地判平成23・12・19（LEX/DB25480381）も、医師から投薬治療と自動車の運転を差し控えるべく指導を受けていたこと、てんかんの発作により意識を喪失して事故を起こした経験、さらに、運転開始前には、前夜に服薬を失念したことに気づいており、睡眠不足及び疲労の蓄積からてんかん発作の予兆を感じていたことを挙げて、「自動車の運転は厳に差し控えるべき自動車運転上の注意義務がある」とした。

　大阪地判平成6・9・26（判タ881・291）も、業務上過失致死傷罪について、こうした事情を詳細に認定している。曰く、医師の診断、運転を差し控えるべき指導は受けていなくても、年に1回ないし2、3回の割合で、「一時的な意識障害に陥る発作に見舞われ続けており、しかも、自動車運転中に右発作が起きたこともあったので、そのような心身の状態で自動車を運転した場合、いつまた右発作に見舞われて正常な運転ができなくなるかも知れないことを十分認識していたのであるから、このような場合、自動車の運転を差し控えるべき業務上の注意義務がある」、「発作は夜間くつろいでいるときや睡眠中に起こることが多かったとはいえ、回数こそ少ないものの、昼間に自動車運転中や仕事先に赴いた際に起きた

こともあったこと」、「しかも、被告人は右のような意識障害が起きた際の状況を妻などから知らされたり、自覚するなどして十分認識していたこと」、「従業員がいた時期には、商品の配達は従業員に任せ、通勤の時以外は極力自分で自動車を運転しないようにしていたことなど」からすれば、自動車の運転中に「一時的な意識障害に陥る発作に見舞われうることを予見することは十分可能であったというべきである」[17]。

東京地判平成5・1・25判時1463・1612（LEX/DB 28019298）は、ほぼ同様の事情の指摘に加えて、てんかんの症状を有する者は自動車の運転免許を取得することができないことを知りつつこれまで免許の更新を受けて車の運転を継続していたことを過失の根拠として挙げている。

また、仙台地判昭和51・2・5刑月8・1=2・41（LEX/DB 27916867）は、病名につき明確な認識はなかったものの、そのような病気に罹患していることは熟知していたのであるから[18]、「本件運転開始時にも、その運転中発作が起こりうることは当然予見可能であり、かつその予見に従って運転を回避すべきであったのに、その予見をすることなく本件運転を為した事自体に過失が認められるのであるから、その後の発作による心神喪失の点は、本件における責任の存否には何ら影響を及ぼすもの」ではないとした。

運転中に瞬間的睡眠に陥った事例を扱った諸判例も、同様に、自らの就労による過労状態を認識しており、運転中に眠気を感じた、あるいは既に居眠りしてしまったことに気づいた自動車運転者は、直ちに運転を中止する義務を負うという形で過失を認定している[19]。

このように、自動車運転致死傷行為処罰法2条1号、3条が、故意犯（ないし

17　発作の頻度、確率に言及したものとして、東京高判昭和43・9・5高刑集21・4・341 LEX/DB 27921598の第一審である東京地判昭和43・4・22　同刑集所収 LEX/DB 25408131がある。東京地裁は、6年間に6回の発作経験があり、前年は1年に2回の発作があったという事案について、「てんかん発作の出現度、特に自動車運転中にてんかん発作が起こる確率は必ずしも高いものとは言えない」が、この程度の「確率がある場合には、被告人は自動車の運転行為自体を避止しなければならない法律上の注意義務がある」とした。
18　同様に病名は知らなくても症状の認識があればよいとしたものに大阪地判昭和42・9・26判時508・78、判タ214・255　LEX/DB 27916658がある。
19　大津地判平成6年4月6日 LEX/DB 27827534、宇都宮地判平成13年6月13日 LEX/DB28065240、千葉地判平成13年11月19日 LEX/DB28075400、広島高判平成15年7月15日 LEX/DB28095388、東京高判平成19年5月10日 LEX/DB25365670、仙台地判平成23年6月8日 LEX/DB25480036、名古屋地判平成23年7月8日 LEX/DB25443780、仙台高判平成23年11月15日 LEX/DB25480035、大阪地判平成24年2月23日 LEX/DB25480532。

結果的加重犯の変種）に見えて、その実、病気類型の過失犯判例の態度を立法化したものに過ぎないと見ることができるとすれば、二つの問題が生じる[20]。

第一に、「正常な運転に支障が生じるおそれがある状態」ないしその認識が、本来、過失の実質をなすべき事情だとすると、自動車運転致死傷行為処罰法2条1号、3条の法定刑（20年以下の懲役）が同法成立以前の、刑法上の自動車運転過失致死ないし業務上過失致死罪に比して格段に重いことを説明することが困難となる。単純な過失致死と比較した場合、自動車運転中であったこと（自動車運転過失致死傷罪）、反復継続されていた事務であったこと（業務上過失致死傷罪）が刑を格段に重くする理由ですら、既にかなり説明困難であるのに、従来、それらと全く同じ罰条で捕捉されていた行為が格上げ処罰される理由は、威嚇効果を期待した政策的措置であると言う以外には、ほぼ説明不能であろう。尤も、この点は、構成要件モデルの罪というわけではなく、自動車運転致死傷行為処罰法自体の問題である。

第二に、故意＋故意類型のalicによる処理との整合性に問題が生じる。正常な運転が困難な状態ないしそのおそれがある状態についての故意は、致死ないし致傷結果についての未必の故意を含み得る[21]。そうした故意があった場合、傷害致死ないし殺人＋alicによる処罰は、困難である。通常の結果的加重犯とは異なり基本犯のみで処罰する規定がなく、基本犯についての故意に致死結果についての未必の故意が含まれてしまう以上、致死、致傷結果について故意がある場合を単純に、殺人罪、傷害罪とする訳にはいかない。少なくとも殺人罪との関係においては自動車運転致死傷行為処罰法2条1号、3条は、故意＋故意類型についての減軽類型として特別法関係に立つことになろう。一般法としての構成要件モデルは、ここではその適用を排除されることになる。

また、薬物、アルコールの摂取または、政令に定められた病気を理由に意識喪失状態に陥り、自動車運転以外の行為によって致死傷結果を生じた場合をalicの構成要件モデルを適用して、過失致死ないし殺人罪で処罰することも難しくなったと言えるかも知れない。自動車運転致死傷行為処罰法2条1号、3条が、結果行為時点において責任能力がない場合を処罰できる場合を制限的に規定したと見

---

20 原因行為自体が過失行為であるとすることが構成要件モデルの適用の結論なのか、当然のことなのかは置くとして、そして、構成要件モデル固有の問題ではないにせよ、である。
21 このように解釈する場合には、法定刑の重さはある程度説明できるかも知れない。

ることもできるからである。後から制限的立法がなされたことによってより範囲の広い解釈が類推禁止に抵触することになることを原理的に排除することはできないであろう。

三　例外モデルとの関係

1　競合関係

　構成要件モデルと自動車運転致死傷行為処罰法2条1号、3条の罪が少なくともその一部において特別法関係に立つのに対して、責任無能力状態における自動車運転によって人を死傷させた場合に例外モデルを適用して殺人罪、傷害致死罪ないし自動車運転過失致死罪を認めることは、自動車運転致死傷行為処罰法2条1号、3条の罪の成立を認めることとは全く別物であることになる。

　例外モデル[22]は、少なくとも結果行為の最終的意思決定の時点で責任能力があったこと、あるいは責任無能力状態の招来に過失があったことという事前的帰責事由を要求する。自動車運転致死傷行為処罰法2条1号、3条は、上述のように実質的には過失犯的要件であるとはいえ、現に正常な運転が困難な状態にあることの故意ないしそのおそれがあることの故意を要件とする。ここでは、事前的帰責事由の要件が、例外モデルのalicが適用される場合よりも、限定され厳格化されていると言ってもよい。その意味で、例外モデルと自動車運転致死傷行為処罰法2条1号、3条とは一定の重なり合いを持つ。しかし、同法2条1号、3条においては、その事前的帰責事由自体が構成要件該当行為であるのに対して、例外モデルのalicを適用する場合、構成要件該当行為はあくまでも人の死傷を来す直前の故意、過失行為（危険運転）、例えば、現に自動車で人を轢く行為であっ

---

[22]　本稿では、「例外モデル」という概念は、構成要件該当行為である結果行為以前のいずれかの時点にある責任能力を理由に刑法39条の適用を拒む見解全てを含む意味で用いる。つまり、比較的古い、単純に回避可能な時点の最終的な意思決定が責任能力に担われていればよいとする見解と、刑法39条の適用例外を認める要件として特定の事前的帰責事由を要求する見解の両者を含むものと理解されたい。前者の例としては佐伯、中、西原、後者の代表として安田、中空（各前掲〔註4〕）がある。なお、山口厚は、「構成要件モデル」と「責任モデル」を排他的なものではなく、一方が適用できない場合は、他方を適用するということも可能だとする（山口・前掲（註4）215頁）。山口構想においては、法益侵害結果の高度の客観的可能性を要件としない分、そのいわゆる「責任モデル」（例外モデル）の方が要件が緩いと理解できるが、だとすれば、より緩い方が一般原則になるから、構成要件モデル適用の必要はないはずである。

て、事前的帰責事由は、当該行為が責任無能力状態で行われた場合にもこれを処罰するための例外的要件に過ぎない。

両者はその捕捉する事例類型も異なる。危険運転致死傷罪の薬物・酩酊・病気類型は、故意の交通危殆化行為に基づく致死傷結果発生であり、結果自体については故意・過失・無過失を問わないという結果的加重犯類似の構成となっている。構成要件モデルにおいては原因行為の故意過失が罪名を決めるので、この観点でも自動車運転致死傷行為処罰法2条1号、3条の構成と親和性を有するが、例外モデルでは結果行為の故意過失が罪名を決める。それ故、結果行為が無過失の場合、alic による処罰はできないし、結果行為に過失しかない場合に故意犯として処罰することもまたできない[23]。

従って、両者は全く別の理由に基づく処罰であり、自動車運転致死傷行為処罰法2条1号、3条と alic 適用による殺人罪、傷害致死罪ないし自動車運転過失致死傷罪とは同時適用可能であることになる。その意味で例外モデルは理論的には自動車運転致死傷行為処罰法成立の影響を受けない。両者適用可能な場合は観念的競合となろう。

2　価値的優劣

このように自動車運転致死傷行為処罰法2条1号、3条と例外モデルの alic による処罰とが論理的には独立して併存しうるとすると、問題は、両者の価値的優劣にあることになる。

まず、自動車運転致死傷行為処罰法2条1号、3条による処罰と例外モデルの alic を適用した自動車運転過失致死罪による処罰とが共通点は有しはするものの別の事態を捕捉しようとするものだとすると、明確な根拠規定を有しない後者が類推禁止に抵触する虞が成立する。そもそも例外モデル、少なくともその事前的帰責事由を要求するバージョンは、刑法39条の文言自体には何らの手がかりも含

23　意識喪失状態での運転の場合、omissio libera in causa であると考える余地もある。この場合、例外モデルにとっても、原因行為が構成要件該当の不作為となり得るので、作為義務と作為可能性も事前の責任能力ある時点における判断であることになる（中・前掲（註4）173頁以下）。この場合には、自動車運転致死傷行為処罰法は、理論的には、作為義務の判定時点を遡及させることを正当化する根拠を与えることになるが、これを根拠として自動車運転過失致死罪の適用のために作為義務の時点をずらすことは、類推禁止に牴触する虞を生じる。作為と不作為の区別の可否、要否に関する最近の論考として山下裕樹・法の理論33号（2015年）97頁参照。

まれていない、39条適用の制限要件を、ドイツ刑法17条の回避可能性要件、あるいは日本刑法38条の「情状による減軽」規定との類比から導き出す解釈論である[24]。その点で既に類推的な思考法によっているのに加えて、責任無能力状態も含む回避不能状態を故意的に惹起したことを明示的且つ限定的に要件とする法律が成立したことによって、その要件を満たさない場合に、一般的な自動車運転過失致死罪を適用するだけならともかく、同時に刑法39条の適用除外をも行うことには、規定成立の時間的順序は逆であるとしても、法文の現状を前提に法律効果の予測可能性を考えた場合には、罪刑法定主義上の疑念はぬぐえないことになる。

次に、自動車運転致死傷行為処罰法2条1号、3条の加重根拠の説明が問題となる。自動車運転致死傷行為処罰法2条1号、3条は結果行為が無過失である場合も含む。結果行為が故意または過失である場合に例外モデルを適用した場合、つまり自動車運転過失致死傷罪に比して、同法2条1号、3条の法定刑は極めて重い。例外モデルにとって結果行為について刑法39条の適用を除外するための要件に過ぎない、原因行為時の帰責事由がこれほどの加重効果を有することは、例外モデルの理論的根拠からは説明できない。問責対象は結果行為に限るべきだとする例外モデルの前提が正しいとすると、自動車運転致死傷行為処罰法2条1号、3条は不当な立法だということになる。

逆に同法による事態の評価が正しいことを前提とすると、例外モデルは責任無能力状態の自招による法益侵害結果惹起の処罰根拠を正しく捉えていないということになろう。少なくとも自動車運転中に運転者自らの落ち度によって責任無能力状態が生じること自体、他の交通関与者の生命身体を危殆化するから、そのような一種の中間結果があることこそが、単純な過失致死に比してこれを重く処罰すべき理由であり、この種の事案において alic 的構成が要請される背景であるということになる。つまり、同法2条1号、3条が、不特定多数人に対する危険犯[25]と特定人についての侵害犯のコンビネーションであって、法益侵害性を複合的に記述していることは、alic の背景にある当罰評価の一部を責任の次元から不

---

24 安田・前掲（註4）42頁。
25 自動車運転致死傷行為処罰法2条、3条の各行為類型は、2条2号以下の選択肢も含めてドイツ刑法315c条の交通危殆化罪に酷似しているが、具体的危殆化（「危うく事故になるところだったこと」BGH NJW95,447）を要件とするドイツ法とは大きく異なる。

法の次元に変換して表現したものであると見ることができるのである。

　なお、自動車運転致死傷行為処罰法2条1号、3条の構成要件的行為が例外モデルの一部がいう事前的帰責事由（Vorveschulden）に対応すると考えると、同法がこれを一応、形の上だけでも故意に限っていることは、例外モデルにおける事前的帰責事由が通常は過失で足りるとされる[26]こととの比較において、例外モデル適用の場合との法定刑の差異を説明しうるかもしれない。しかし、すでにみたように、同法2条1号、3条の故意は実質上、過失認定の間接事実に過ぎないのでこの説明は採れない。

四　alic否定論との関係

　alic否定論のうち、責任無能力状態の自招の場合に何らかの形で39条の適用を制限ないし除外する可能性と必要性を原理的に否定する立場からすると、自動車運転致死傷行為処罰法2条1号、3条のような立法は、脱法行為であることになる。

　否定論のうち、alicは解釈論としてはあり得ないが、立法としては可能である、あるいは積極的に立法が必要であるとする立場からは、自動車運転致死傷行為処罰法2条1号、3条の立法としての適切性[27]が問題となる。

　立法者は、自動車運転致死傷行為処罰法3条の導入によって、刑法旧208条の二1項1文をそのまま引き継いだ2条1号の要件、特に故意要件を緩和した。二段階構造になった回りくどい危険運転状態の記述、すなわち、「その走行中に正常な運転に支障が生じるおそれがある状態で、自動車を運転し、よって、その病気の影響により正常な運転が困難な状態に陥り」という記述は、単に立法技術の

26　安田・前掲（註4）42頁、中空・前掲（註4）227頁以下。
27　なお、alicとは直接関係しないが、自動車運転致死傷行為処罰法6条2項の無免許運転による3条2項の加重は、二重評価である。「自動車の運転に支障を及ぼすおそれがある病気として政令で定めるもの」は、運転免許の取り消しないし欠格事由となる病気と同一である（道路交通法90条1項1号、政令169号2014年4月25日33条‐2‐3）。このことは、無免許運転を理由とする加重規定が適用される場合には同一事物の二重評価となる。それらの病気のうちの一つを理由として免許を取り消された者は、それにもかかわらず自動車を無免許で運転して当該病気の影響により致死的な事故を起こした場合、当該病気であるという事情を理由に二重の加重処罰を受けることになる。政令に定められた病気の患者は、本来その危険性を理由に自動車運転を許されないが、この否定的評価は、既に自動車運転致死傷行為処罰法3条2項の危険運転致死傷罪病気類型によって捕捉されているのである。

拙劣を示すというわけではない。第一段階である「走行中に正常な運転に支障が生じるおそれがある状態」には故意が及んでいなければならないとされる。第二の「正常な運転が困難な状態」という段階は、刑法旧208条の二1項以来、自動車運転致死傷行為処罰法2条1号においても要件とされている。この段階は、認識されていないことが多いし、気づいたときにはもはや事故が回避不能となっていることもあり得る。つまり2条1号の罪が成立し得る場合は多くない。そこで、この前に、もう一つの故意基本犯の段階を設けて、第二段階を故意の要件から解放することが、適用事例を増やし、特定の病気の患者およびアルコールないし薬物摂取者の運転禁止を実効あらしめるためには望ましいとされたのである[28]。同じ文言を持つ2条1号と3条が併存している以上、3条における第二段階は故意であることは要しないとすることは、形式的な解釈としては成り立つ。

　結果的加重犯規定は、通常、重い結果について故意ある場合を明示的に排除していないし、重い結果に過失ないし重過失を結びつけることもしていない。結果的加重犯規定は、対応する故意結果犯があることとそれとの比較においてより軽い法定刑から、そのように解釈されているにすぎない。加重類型ではないという意味で、通常の結果的加重犯とは異なる自動車運転致死傷行為処罰法3条においても、同様に、重い結果が故意にカバーされている必要はない[29]という解釈は可能である。また、危険運転状態の第二段階についても、対応する故意犯の規定として2条1号がある限度で、そのように解釈することはできる。

　しかしながら、このような文言によって故意要件を実質的に緩めたことになるのかはきわめて疑わしい。自動車の「走行中に正常な運転に支障が生じるおそれがある状態」と「正常な運転が困難な状態」とを故意との関係で区別すること、その間に明確な限界線を引くことは、ほぼ不可能である[30]。つまり、正常な運転が現実に困難な状態を未必的にさえ予見していない者は、通常、「正常な運転に支障が生じるおそれがある状態」も認識していない。「支障が生じるおそれがある状態」は、結局は、「困難な状態」が客観的に予見可能であることしか意味し得ないから、前者の認識は後者の予見である。従って、自動車運転致死傷行為処

28 　立法者の意図については、塩見淳・法教395号（2013）、31頁、今井猛之・刑ジャ41号（2014）、9頁以下。
29 　故意がなくてもかまわないだけで、上述したように故意にカバーされている場合を排除する趣旨ではない。
30 　この点につき杉本一敏・刑ジャ41号（2014）、21頁以下。

罰法3条は、故意の観点からは同法2条1号に何事をも追加していないと言える。客観的要件としてより切迫性の低い交通危殆化と病気類型を追加したにとどまるのである。

　明示的客観的要件である病気の影響、アルコールあるいは薬物摂取の認識は、絶対に必要である。仮に病気ないしアルコールまたは薬物摂取の認識が同時に「支障が生じるおそれ」の認識をも根拠づけるとすれば、自動車運転致死傷行為処罰法3条は、すくなくとも故意の次元では抽象的危険犯を基本犯とする結果的加重犯であることになってしまう。そうすると、第二段階が無意味になり、基本犯の二重構造はいずれにせよ実践的な意味を持たない。

　単純な居眠り運転は、自動車運転致死傷行為処罰法によっては捕捉されていない。単純な疲労から、つまり政令に定められた病気によってではなく、運転中に眠り込んでしまった運転者（例えば亀岡暴走事件[31]）は、そのことによって生じた重い結果について従来通り自動車運転過失致死傷罪（自動車運転致死傷行為処罰法6条）で処罰されるにすぎない。事故直前の深刻な疲労は、これを立証することが困難な場合も多いであろうし、その点についての故意となるとなおさら困難で、ほぼ立証不能な場合もあると言えよう。立法者がこのような事例群を自動車運転致死傷行為処罰法3条に組み込まなかった理由はこの点にあると思われる。たしかに睡眠時無呼吸症候群の場合、個別のマイクロスリープの予兆を直前に感じることは希であると言う。それ故にこそ、これを政令指定の病気として、その病識があることを犯罪成立要件とする必要があったし、逆にそうすることで立証を容易にすることもできた。しかし、単純な過労の場合を別途捕捉する必要と可能性はほんとうになかったのであろうか[32]。いずれにせよ、ほぼ同様の事例構造である病気や酩酊の場合と比べて法定刑の著しい格差ができてしまっている。

　最後にalic論を離れて、悪質な交通事犯に対する適切な刑量の確保という観点からは、自動車運転致死傷行為処罰法2条1号、3条は必要なかったと言えるかも知れない。ドイツ刑法315条cのような交通危殆化犯と自動車運転過失致死罪の二罪とすることで、運転者が自らの落ち度ある態度で運転不能状態に陥った場

31　大阪高判平成25年9月30日LEX/DB25502069
32　関越自動車道夜行バス事故に関する前橋地判平成26年3月25日LEX/DB25446352は被告人が睡眠時無呼吸症候群に罹患していたことは、被告人の、運転中「眠気を感じたことはない」という公判廷での供述を裏付けるものではないとした。

合の処罰要請には十分応えることができたのではなかろうか。不特定多数人に対する危険犯と個人に対する侵害犯なので、危険犯の方の記述如何では併合罪とすることも可能であろう。クレーン車暴走事件[33]、あるいは亀岡暴走事件について社会的に重罰の要請、処罰感情が成立しており、これに対処する必要があるとしても、これを満足させるには、類例のない結果的加重犯の変種を新設するまでもなく、危険犯の創設で足りたのではなかろうか。

33　宇都宮地判前掲（註19）

刑法における責任事情の錯誤

松 原 芳 博

一　はじめに
二　責任に関する錯誤の分類
三　通説——回避可能性な錯誤に限り免責的効果を認める立場
四　少数説——錯誤の回避可能性を問わず免責的効果を認める立場
五　ドイツ語圏の諸国における誤想免責的緊急避難
六　検　討

一　はじめに

　従来、刑法における錯誤論は、構成要件該当事実の錯誤、違法性阻却事情の錯誤、違法性の錯誤を主要な対象とするものであって、責任に関する錯誤はせいぜい付随的に扱われるにすぎなかった。構成要件を違法・有責類型と解する論者も、構成要件該当事実の錯誤については違法類型としての構成要件要素を念頭に置いてきたように思われる。責任に関する錯誤があまり論じられてこなかったのは、もともと行為者の責任が主観的な存在であるため、客観と主観との齟齬という意味での錯誤は観念し難いと考えられたからであろう。しかし、規範的責任論のもとでは、適法行為の期待可能性に影響を及ぼす外部的付随事情が存在するとされる。また、証拠隠滅等罪（刑法104条）における「証拠の他人性」のように、適法行為の期待可能性を認めうる状況として構成要件上に類型化された事情[1]も

1　町野朔『刑法総論講義案Ⅰ〔第2版〕』（信山社、1995年）117頁等参照。これに対して、本犯の犯人は証拠隠滅等罪の不法を実現しえないとして、「証拠の他人性」を違法類型としての構成要件に位置づけるものとして、斉藤誠二『特別講義 刑法』（法学書院、1991年）302頁、安田拓人「司法に対する罪」法教305号（2006年）77頁以下（さらに、本稿六3も参照）。しかし、犯人による証拠の隠滅は、犯人以外の者による証拠の隠滅と同程度に国家の科刑作用を侵害するものであるし、防御権の限界を超えたものであって正当な反対利益も認められないことから、違法の実質を法益侵害とみる限り、この事情を違法の観点から説明することは困難であろう。また、自己の証拠の隠滅は、刑事司法の関与者という立場から政策的に処罰の対象から除外されているとす

存在する。さらに、しばしば一身的処罰阻却事由と解されてきた盗品関与罪における親族間特例（同法257条1項）や犯人蔵匿等罪および証拠隠滅等罪における親族間特例（同法105条）等の刑の減免事由も、その実質的根拠を適法行為の期待可能性の減少に求める限り、客観的事情として記述された責任阻却・減少事由として理解されるべきである[2]。これらの客観的に記述された責任事情については、客観的事実と行為者の主観的認識との齟齬という意味での錯誤が生じうる[3]。

二　責任に関する錯誤の分類

　責任に関する錯誤については、いくつかの観点から分類することが可能である。

　第一に、責任に関する錯誤は、「責任を基礎づける事実」に関する錯誤（責任事情の錯誤）と「責任評価」に関する錯誤（有責性の錯誤）とに分類することができる。有責性の錯誤のうち最終的な責任評価の錯誤は、行為者の責任に影響を及ぼさないものと解すべきである[4]。責任評価に関する認識ないし認識可能性が責任評価を左右するとすれば、責任評価は認識（可能性）の対象であると同時に認識（可能性）の帰結であるという論理矛盾をきたし、「責任評価の認識（可能性）」の認識（可能性）……という無限後退をもたらすからである。また、有責性の錯誤のうち個別の責任阻却事由等の要件に関する錯誤（たとえば、親しい友人の刑事事件に関する証拠の隠滅は刑法上責任が阻却されると思っていたという錯誤）につ

　　るものとして、前田雅英『刑法各論講義〔第6版〕』（東京大学出版会、2015年）464頁。しかし、その政策的考慮の内実は明らかではない。その政策的考慮とは、結局、期待可能性への配慮に帰着するものではないだろうか。
2　佐伯千仭「一身的刑罰阻却原因」同『刑法に於ける期待可能性の思想〔増補版〕』（有斐閣、1985年）399頁以下、松原芳博『犯罪概念と可罰性――客観的処罰条件と一身的処罰阻却事由について――』（成文堂、1997年）367頁以下参照。
3　責任事情の錯誤に関する文献として、佐伯千仭「期待可能性に関する錯誤」同『刑法に於ける期待可能性の思想〔増補版〕』（有斐閣、1985年）453頁以下、植田重正「期待可能性」日本刑法学会編『刑法講座 第3巻』（有斐閣、1963年）31頁以下、中山研一「責任阻却事由の錯誤（期待可能性の錯誤）」Law School 8号（1979年）25頁以下、石堂淳「責任阻却事由の錯誤――期待可能性の錯誤を中心として」阿部純二ほか編『刑法基本講座 第3巻 違法論／責任論』（法学書院、1994年）317頁以下。
4　これに対して、責任の要件として可罰性の認識可能性を要求する立場（町野朔「『違法性』の認識について」上智法学24巻3号（1981年）226頁以下、齋野彦弥『故意概念の再構成』（有斐閣、1995年）193頁以下、232頁以下）からは、回避不可能な有責性の錯誤は、可罰性の認識可能性を失わしめることから責任を阻却することになるであろう。

いても、この錯誤によって行為者の心理状態が切迫したものになるわけではないから、その回避可能性の有無を問わず免責的効果は認めるべきでないと考えられる[5]。

第二に、責任事情に関する錯誤は、前述の「証拠の他人性」や盗品関与罪における親族間特例のような法律上に要件が具体化されている「類型的責任事情」に関する錯誤と、超法規的責任阻却事由としての期待不可能性を基礎づける事情や責任関係的な量刑事情のような「非類型的責任事情」に関する錯誤とに分けることができる[6]。責任事情の錯誤（期待可能性に関する錯誤）をめぐる従来の議論には、この双方を念頭に置いているのか、いずれか一方を念頭に置いているのか判然としないものが少なくない。

第三に、責任事情に関する錯誤は、他人の刑事事件の証拠を自己の刑事事件の証拠と誤信して隠滅した場合や親族と誤信して非親族から盗品を譲り受けた場合のような「免責方向の錯誤」と、自己の刑事事件の証拠を他人の刑事事件の証拠と誤信して隠滅した場合や非親族と誤信して親族から盗品を譲り受けた場合のような「負責方向の錯誤」とに分けることができる[7]。この分類は、行為者の認識と客観的事実のいずれが免責的であるのかという錯誤の「方向」を表すものであって、「免責」「負責」という結論を先取りするものではない。盗品関与において客観的に存在している親族関係を行為者が認識していなかった場合のような類型的責任事情に関する負責方向の錯誤を理由に法の定めた免責的効果を否定することは、行為者に不利益な方向で刑法の文言を逸脱するものであって罪刑法定主義に反するであろう[8]。

---

[5] 佐伯千仭『四訂 刑法講義（総論）』（有斐閣、1981年）281頁参照。これに対して、曽根威彦『刑法原論』（成文堂、2016年）428頁は、「期待可能性の評価自体に関する誤信は、その錯誤が避けられなかった場合にかぎり責任が阻却される」とし、石堂・前掲注3）324頁も、責任に関する法律の錯誤は禁止の錯誤として処理すべきとする。

[6] 緊急避難の全部または一部を責任阻却事由と解する場合、その要件事実に関する錯誤（誤想避難）は、類型的責任事情に関する錯誤に属することになるが、緊急状況および避難行為が多種多様であることから、その要件の類型化は緩やかであり、非類型的責任事情に関する錯誤の性格を併有するであろう。

[7] 従来、この分類に相当するものとして、「積極的錯誤」と「消極的錯誤」という分類が用いられてきた。しかし、その「積極的」「消極的」という性格づけが、責任（ないし期待可能性）の存否を基準としているのか、当該事情の存否を基準としているのかは明らかではないし、後者であるとすれば、犯罪の積極的成立要件として規定されている事情と責任阻却事由ないし刑の減免事由として規定されている事情とで用語が逆転するため混乱を招くおそれがある。

[8] 類型的責任事情に関する負責方向の錯誤の場合に免責的効果が認められることの説明として、

第四に、責任事情に関する錯誤は、その存在自体が一定の行為者の身体的・心理的状態を徴憑する「徴憑的責任事情」に関する錯誤と、行為者の心理に影響を及ぼすことを通じて行為者の責任の存否・程度を左右する「因果的責任事情」に関する錯誤とに分けることができる[9]。徴憑的責任事情に属するのは、刑事責任年齢（刑法41条）における「14歳未満であること」、心神喪失・心神耗弱（同法39条1項・2項）における生物学的要素としての「精神の障害」[10]、常習賭博罪（同法186条1項）や常習累犯窃盗罪・常習特殊窃盗罪（盗犯等防止法2条、3条、4条）における常習性等である。これらの事情は、それ自体が行為者の能力や心理状態を推認させるものであるから、その客観的存在が行為者の責任の有無・程度の指標となるのであって、その錯誤は行為者の責任に影響を及ぼさないと考えられる[11]。これに対して、因果的責任事情は、それ自体として行為者の能力・状態を示すものではなく、行為者が行為に出る際の「環境」として記述される事情であって、法律に類型化されたものも含めた期待（不）可能性を基礎づける事情に相当する。

以上から、本稿では、類型的および非類型的な因果的責任事情に関する免責方向の錯誤を対象として検討を進めることにしたい。

三 通説――回避可能性な錯誤に限り免責的効果を認める立場

わが国の通説的見解は、因果的責任事情に関する免責方向の錯誤につき、その錯誤が回避不可能な場合に限って故意または責任を阻却するとしている。

たとえば、団藤重光は、「期待可能性を阻却するような事情がないのにかかわ

佐伯・前掲注5）282頁は、法定の類型的責任事情は期待不可能性に関する反証を許さない推定を定めたものであるとする。これに対して、浅田和茂『刑法総論〔補正版〕』（成文堂、2007年）361頁は、責任事情に関する負責方向の錯誤においては、規範的責任は否定されないが、特別予防および一般予防の必要性の欠如を理由として可罰的責任が否定されるとする（同「責任と予防」阿部純二ほか編『刑法基本講座 第3巻 違法論／責任論』（法学書院、1994年）229頁も参照）。

9 Vgl. Augst Hegler, Subjektive Rechtswidrigkeitsmomente im Rahmen des allgemeinen Verbrechenbegriffs, Festgabe für Reinhard von Frank, Bd.1, 1930, S.253f.

10 これに対して、心神喪失・心神耗弱における心理的要素としての弁識能力および制御能力は、主観的・心理的な事情（行為者の自我の領域に属する事情）であって、その性質上、錯誤は問題となりえないであろう。

11 佐伯・前掲注3）483頁参照。これに対して、内田文昭『刑法概要 中巻（犯罪論(2)）』（青林書院、1999年）328頁は、自分の年齢が14歳に達していないという錯誤に陥った場合、それが無理もないときには行為者の責任が阻却されるとする。

らずその存在を誤認したとき（期待可能性に関する錯誤）」は、違法性に属する事実の錯誤とは区別されなければならないとしたうえで、「期待可能性理論の考え方を推せば、〔期待可能性に関する錯誤では、〕その誤認そのものが不可避であったばあいに、はじめて全体として期待可能性が阻却され、したがって故意が阻却されるものと解するのが妥当であろう」とする[12]。

　また、大塚仁は、「期待可能性はいわゆる客観的責任要素であって、心理的責任要素としての故意責任と並列する責任要素であるから、期待可能性の錯誤は……責任故意の裏面の問題としての錯誤とは性質を異にする」としたうえで、そこでは「期待可能性の錯誤のもとに行われた行為自体が、適法行為についての期待可能性を有するかどうか」が問題であり、「期待可能性の理論を判断の規準として、行為者がそのような錯誤に陥ったことが期待不可能であったかどうかを検討し、真にやむをえなかったとみられる場合に限って、期待可能性の欠如に基づく責任の阻却が認められるべきである」とする[13]。

　さらに、石堂淳は、責任事情に関する免責方向の錯誤につき、「錯誤が避けえなかった場合は、行為者において客観的な状況を認識しえない以上、適法な行為に出る期待可能性がないと判断してよい」が、錯誤が避けえた場合には、「行為者において錯誤が避けえたということは、客観的事情を正しく認識することが可能であったということであり、それにより適法行為に出ることが期待可能であったということではなかろうか。つまり、行為時の行為者の心理状態そのものがただちに責任非難を阻却するわけではなく、そのような心理状態に陥ることが避けえたか否かという前段階の可能性が問題なのである。そして、この錯誤が回避しえたという可能性が、適法行為の期待可能性、さらには責任の内容としての非難可能性を基礎づけることになる」とする[14]。

　このような回避不可能な錯誤に限って免責を認めるという処理は、違法性の意識（の可能性）に関する厳格責任説における違法性阻却事情の錯誤の処理と同じである。そこで、厳格責任説の論者[15]は、違法性阻却事情の錯誤の処理を責任阻

12　団藤重光『刑法綱要 総論〔第3版〕』（創文社、1990年）331頁（〔　〕内は松原）。
13　大塚仁『刑法概説 総論〔第4版〕』（有斐閣、2008年）480頁。
14　石堂・前掲注3）321頁。
15　齊藤信宰『刑法における錯誤論の研究』（成文堂、1989年）223頁以下、228頁、西原春夫『刑法総論 下巻〔改訂準備版〕』（成文堂、1993年）481頁以下（期待不可能性を基礎づける事実の錯誤については、違法性の錯誤の場合と同様の基準で処理されるべきとする）、香川達夫『刑法講義

却事情の錯誤に応用したものとして、この立場を支持している。さらに、この立場は、制限責任説の論者[16]、制限故意説の論者[17]、厳格故意説の論者[18]からも広く支持されている。厳格責任説の論者以外は、この処理の正当性を期待可能性の本質から導いている。もっとも、この期待可能性の本質からの議論は、期待可能性の非類型的・実質的な性格を前提としているところがあり、どこまで類型的責任事情を視野に入れたものであるかは定かではない。なお、責任事情に関する回避不可能な錯誤の効果を故意の阻却とするか責任の阻却とするかは、期待可能性を責任形式としての故意の一要素と解する[19]か、故意とは別個の責任要素と解する[20]かという体系的な違いに基づくものであって、実質的な相違ではないと考えられる。

四　少数説——錯誤の回避可能性を問わず免責的効果を認める立場

これに対して、因果的責任事情に関する免責的方向の錯誤につき、錯誤の回避可能性を問うことなく免責的効果を認める見解も有力である。

たとえば、佐伯千仭は、「真に責任を阻却又は減軽する事由がなくても行為者が錯誤によりそれがあると確信した以上は、彼の精神状態はその実在せる場合と同様であつた筈だから、少くとも当該の態度に関する限りは——その態度が過失に基くときに更にこの過失と当該の態度を含んだ全体を『原因に於て自由なる行為』としての見地から観察することは又別である——責任の阻却又は減軽に関する規定の類推若くは準用があるべきである」とする[21]。

浅田和茂は、「期待不可能性による責任阻却が、外部的行為事情の行為者の内

　総論〔第3版〕』（成文堂、1995年）281頁、野村稔『刑法総論〔補訂版〕』（成文堂、1998年）316頁、福田平『全訂 刑法総論〔第5版〕』（有斐閣、2011年）225頁、大谷實『刑法講義 総論〔新版第4版〕』（成文堂、2012年）356頁、川端博『刑法総論講義〔第3版〕』（成文堂、2013年）468頁以下、橋本正博『刑法総論』（新世社、2015年）204頁等。

16　中義勝『講述 犯罪総論』（有斐閣、1980年）189頁、井田良『講義刑法学・総論』（有斐閣、2008年）390頁、高橋則夫『刑法総論〔第2版〕』（成文堂、2013年）371頁等。

17　団藤・前掲注12）331頁等。

18　大塚・前掲注13）480頁、岡野光雄『刑法要説 総論〔第2版〕』（成文堂、2009年）208頁等。

19　団藤・前掲注12）323頁以下。なお、回避不可能な期待可能性の錯誤の効果を故意の阻却と解した場合、過失犯の成立の余地があるのかが問題となるが、論者は、期待可能性を過失の要件ともしている（団藤・前掲注12）347頁）ことから、過失犯の成立も否定するものと思われる。

20　大塚・前掲注13）477頁以下。

21　佐伯・前掲注3）456頁。佐伯・前掲注5）281頁も参照。

心への反映を理由とするものであるとすると、期待可能性に関する積極的錯誤の場合は、むしろ直截に行為者の心理状態そのものについて期待可能性の有無を判断すべきである。すなわち、錯誤に過失があったか、錯誤が不可避であったかという基準ではなく、期待可能性を否定するに足るほどの心理的状態であったか否かが基準とされるべきであろう。そうすると、期待可能性に関する積極的錯誤の場合は、すでに規範的責任のレベルで、責任の阻却ないし減弱が認められるべきことになる。」とする[22]。

町野朔は、「構成要件要素の存在ばかりでなく、違法阻却事由、責任阻却事由が存在しないことも犯罪事実である」から、「そのような事由が存在すると誤信したときには故意が阻却されるのが原則」であり、「期待不可能性の存在をもたらす事実を行為者が誤認したときは故意が阻却される」とする[23]。

鈴木茂嗣は、「たとえ誤想に基づく場合であっても、結果回避行為決意の期待可能性を否定するような状況を認識していたがために当該違法行為を選択するほかなかったという場合には、当該行為は自由な『選択意思』に基づく行為とはいえず、したがって『故意』の行為ということもできない」とする[24]。

平野龍一は、「故意と過失とで、期待可能性の程度に違いがあると考えることも可能である」としたうえで、「親族相隠のように、法が、とくに一定の客観的事由があれば責任は阻却（減少）されるという規定を置いている場合には（その事由の性質にもよるが）、これを誤想すれば責任を阻却（減少）するとするのが、少なくとも原則でなくてはならない」[25]として、類型的責任事情の錯誤に関する限り錯誤の回避可能性を問題とせずに責任の阻却・減少を肯定する[26]。

22　浅田・前掲注8）『刑法総論〔補正版〕』361頁。なお、浅田は、「期待可能性が、責任能力および故意・過失の存在によって推定される責任を阻却するものである以上、（故意・過失はすでに確定済みであるから）期待可能性の錯誤によって故意・過失に影響があると考えるのは論理的でない。」（同書360頁）と述べている。
23　町野・前掲注1）213頁以下。なお、町野は、「確かに、その誤信がやむをえないものではなかったときには、行為者の責任は阻却されない。しかし、責任があるからといって、ただちに故意が存在するということにはならない」と付言している（同書215頁）。
24　鈴木茂嗣『刑法総論〔第2版〕』（成文堂、2011年）97頁。鈴木によれば、期待不可能状況の誤信に過失があった場合には、過失犯が成立する（同書98頁）。
25　平野龍一『刑法総論Ⅰ』（有斐閣、1972年）167頁。
26　堀内捷三『刑法総論〔第2版〕』（有斐閣、2004年）205頁は、「責任能力や期待可能性が存在しないと誤信しても故意は認められ」、「誤信した点に相当な理由がある場合には責任の阻却あるいは減軽が問題となる」が、「証拠隠滅罪（104条）における証拠の他人性のように、責任阻却事由が構成要件要素であるときは、その錯誤は故意を阻却する」として、非類型的責任事情と構成要

以上の諸見解は、（少なくとも類型的な）責任事情に関する錯誤につき錯誤の回避可能性を問わずに免責的効果を付与する点で共通している[27]が、各論者の予定する免責的効果は、刑の減免規定の準用、責任の阻却、故意の阻却に分かれている。この効果の違いは、故意の体系的地位や故意の認識対象に関する理解の相違によるところがある一方で、各論者が念頭に置いている責任事情の相違によるところもあるように思われる。また、故意が阻却された場合、あるいは、刑の減免を定めた規定が準用された場合に、別途、過失犯が成立する余地が残るのかも、少数説の内部で見解が分かれている。なお、この少数説に属する諸見解には、通説的見解とは逆に、主として類型的責任事情を念頭に置くと思われるものが多く、どこまで非類型的責任事情を視野に入れているのか定かでないものがある。

五　ドイツ語圏の諸国における誤想免責的緊急避難

　ドイツ語圏の諸国では、刑法典に責任阻却事由（免責事由）としての緊急避難（免責的緊急避難）が規定され、この免責的緊急避難を基礎づける事情の錯誤（誤想免責的緊急避難）の処理について議論がなされてきた。

　ドイツ刑法に関する立法史において、期待不可能性を理由とする緊急避難規定はドイツ刑法1925年草案[28]22条に遡る。同条１項は「他の方法をもってしては回避することのできない重大な損害を伴う、自己または他人に対する現在の危難を避けるために、刑を科せられた行為をした者は、事情上、切迫する損害を忍受す

件的責任事情（法定の刑の減免事由の扱いは明示されていない）とを別異に扱う「二元論」に立つ。また、伊東研祐『刑法講義 総論』（日本評論社、2010年）291頁以下は、期待可能性の欠如・低減が構成要件や刑の減免事由に取り込まれた場合については通常の故意論ないし錯誤論を適用すれば足り、超法規的責任阻却事由としての期待不可能性の錯誤に関しては、最終的に法秩序が適法行為に出ないことを要求しうるかの判断に帰着するとする。

27　このほか、錯誤の回避可能性を問わずに免責的効果を認めるものとして、中山研一『刑法総論』（成文堂、1982年）397頁、内藤謙『刑法講義総論（中）』（有斐閣、1986年）441頁、本間一也「期待可能性」阿部純二＝川端博編『基本問題セミナー刑法１　総論』（一粒社、1992年）252頁以下、中野次雄『刑法総論 概要〔第３版補訂版〕』（成文堂、1997年）213頁（期待可能性のない状況にあると誤信している場合、「行為者がそう思っている以上やはり他の行為は期待できないわけであるから、結局は期待可能性を欠く１つの場合として、少なくとも故意責任は阻却すると考うべきであろう」とする。）、林幹人『刑法総論〔第２版〕』（東京大学出版会、2008年）339頁、吉田敏雄『責任概念と責任要素』（成文堂、2016年）219頁、曽根・前掲注５）428頁等。

28　訳出に当たっては、司法省調査課編『一九二五年独逸刑法草案並に理由書（総則篇）（司法資料第97号）』（司法省調査課、1925年）を参考にした。

ることが行為者に期待しえなかったときは、故意犯として処罰することはできない。」とし、同条2項は「行為者が、このような危難を誤想し、かつ、その誤想が過失に基づくときは、過失犯処罰規定を適用する」と規定していた。

ドイツ刑法1927年草案22条は、いわゆる二分説に立って違法性阻却事由としての緊急避難（正当化緊急避難）と責任阻却事由としての緊急避難（免責的緊急避難）とを並置し、1930年草案もそれを踏襲したが、いずれも誤想避難に関する規定は置いていない[29]。

ドイツ刑法1956年草案[30]は、19条において、違法性阻却事情（正当化事情）および責任阻却事情（免責事情）の錯誤一般につき、「所為の遂行に際して所為を正当化または免責する事実が存在すると誤想した者は、故意犯としては処罰しない。過失犯としての可罰性はこの限りでない。」として、回避可能性を問うことなく故意の阻却を認める一方で、40条において、正当化緊急避難および免責的緊急避難の状況に関する誤信（誤想避難）につき、「事態を慎重に検討しかつ相反する利益を良心的に比較衡量した場合、またはこのような検討および衡量が事情上行為者に期待しえなかった場合に限って」罰せられない旨の特則を設けた。

ドイツ刑法1962年草案[31]も、20条において、「所為の遂行に際し、所為を正当化または免責すべき事情が存在すると誤信した者は、故意犯としては罰せられない。錯誤がその者にとって非難すべきであり、かつ過失犯処罰規定が設けられている場合には、過失犯として罰せられる。」と規定し、違法性阻却事情および責任阻却事情の錯誤につき回避可能性を問うことなく故意の阻却を認める一方、40条2項において、誤想免責的緊急避難につき、「その者にとって錯誤が非難すべき場合に限って、これを処罰する」が、処罰する場合においては刑を必要的に減軽するものとした。

これに対して、ドイツ刑法1966年対案[32]23条本文は、免責的緊急避難につき、「自己、近親者またはその他密接な関係のある者の生命、身体または自由に対す

29　内藤謙『刑法改正と犯罪論（上）』（有斐閣、1974年）177頁以下参照。
30　訳出に当たっては、斉藤金作訳『一九五六年ドイツ刑法総則草案（早稲田大学比較法研究所紀要第3号）』（早稲田大学比較法研究所、1958年）を参考にした。
31　訳出に当たっては、法務省刑事局編（斉藤金作ほか訳）『一九六二年ドイツ刑法草案（刑事基本法令改正資料第二号）』（法務省刑事局、1963年）を参考にした。
32　訳出に当たっては、法務省刑事局編（宮沢浩一訳）『一九六六年ドイツ刑法草案総則対案（刑事基本法令改正資料第一二号）』（法務省刑事局、1968年）を参考にした。

る現在の危険を回避するために、違法な所為を犯した者は、所為の事情上、その者にとって他の行為が期待しえない場合、責任なく行為したものである。」と規定し、誤想避難に関する規定を置いていないが、その説明書によれば、「現在の危険を……回避するため」という要件は行為者の主観を基準とするものであって、危難を誤想した場合も免責的緊急避難そのものに当たるとされる[33]。

なお、現行ドイツ刑法総則の施行（1975年）以前のドイツの判例は、生命・身体に対する危険を避ける方法がないと誤信して内容虚偽の証言を行った者を過失偽証罪とする（BGHSt5, 371）など、誤想免責的緊急避難について錯誤の回避可能性を問うことなく故意を阻却する立場を採っていた。

現行ドイツ刑法[34]は、違法性阻却事情および責任阻却事情に関する錯誤の一般規定を置かず、緊急避難に関しては正当化緊急避難と免責的緊急避難を34条と35条に書き分けたうえで、誤想免責的緊急避難につき35条2項で「行為者が、行為時に1項により自己を免責することになる事情が存在すると誤想したときは、その者が錯誤を回避しえた場合に限り罰せられる。刑は、49条1項により減軽される。」と規定した。刑の必要的減軽は、免責的緊急避難状況を誤信した場合には緊急避難状況が実際に存在する場合と同等の動機づけへの圧力があるのが通常であることを考慮したものとされる[35]。

これに対して、現行オーストリア刑法[36]10条は、1項で免責的緊急避難を規定し、2項後段で「行為者が、自己の行為を免責する事情が存在すると誤想し、その誤想に過失があり、かつ過失犯処罰規定が設けられている場合には、過失犯として罰せられる。」と規定している。その説明書によれば、緊急避難状況の存在を誤信した場合には緊急避難状況が実際に存在する場合と同様の心理状態で行為したことから免責されるが、行為者が緊急避難状況の存在につき相当の注意をもって検討しなかった場合には、この注意義務違反について過失責任を負うものとされる[37]。

以上のように、誤想免責的緊急避難については、ドイツ刑法1925年草案、1966

33　内藤・前掲注29）239頁参照。
34　訳出に当たっては、法務省大臣官房司法法制部編（宮澤浩一ほか訳）『ドイツ刑法典』（法曹会、2007年）27頁を参考にした。
35　内藤・前掲注29）323頁参照。
36　訳出に当たっては、法務大臣官房司法法制調査部編（西原春夫ほか訳）『オーストリア刑法典』（法曹会、1975年）を参考にした。
37　内藤・前掲注29）370頁以下参照。

年対案、かつてのドイツの判例およびオーストリア現行刑法が、責任事情の錯誤に関するわが国の少数説と同様の処理をしているのに対して、ドイツ刑法1962年草案および現行ドイツ刑法は、責任事情の錯誤に関するわが国の通説的見解と同様の処理をしている（ドイツ刑法1956年草案は、事態の慎重な検討および対立利益の良心的な比較衡量という要件の理解の仕方によって、いずれとも解しうる）。もっとも、後者の流れは、正当化緊急避難を含めた緊急避難の特性に注目して形成されてきたものであって、責任（阻却）事情の特性に注目して形成されてきたものではない。現行ドイツ刑法には規定されなかったものの、1956年草案および1962年草案では、誤想免責的緊急避難以外の責任阻却事情の錯誤について、回避可能性を問うことなく故意の阻却を認める規定が置かれていたのである。また、現行ドイツ刑法が、回避可能な禁止の錯誤の場合に刑の任意的減軽を認めるにすぎない（17条）のに対して、回避可能な免責的緊急避難状況の誤信（誤想免責的緊急避難）の場合には、行為者の動機づけへの圧力を考慮して刑の必要的減軽を認めていること[38]も注目される。

六　検　討

1　因果的責任事情の機能

　責任事情に関する錯誤をいかに処理すべきかという問題は、当該事情がいかなる理由から行為者の非難可能性に影響を及ぼすのかという問題に遡って検討されるべきであろう。

　因果的責任事情が行為者の非難可能性に及ぼす影響は、①外部的事情→②当該事情の認識→③心理的圧迫→④規範意識の機能不全という過程をたどる[39]。行為者の非難可能性の存否・程度を決するのは④であるが、④は、外部から認識し難いため、訴訟の場では、しばしば①から推認される。具体的には、①を間接事実

38　クラウス・ロクシン（山中敬一監訳）『刑法総論〔第4版〕第1巻 翻訳第2分冊』（信山社、2009年）502頁は、この扱いの違いは、回避可能な禁止の錯誤において存在しうる法敵対的態度が、回避可能な免責的緊急避難状況の誤信においては存在しないことに基づくとする。

39　なお、非類型的因果的責任事情には、行為者の意識に働きかけるもののほか、天候や気温といった行為者の深層心理や身体の状態に働きかける事情も含まれうる。その場合には、②の段階は自覚的な認識でなくとも、広く行為者の五感への作用で足りることになる。しかし、類型的責任事情には、深層心理や身体の状態に働きかける性質のものは見当たらない。以下では、さしあたり行為者の意識を通じて責任に影響を及ぼす事情を念頭に検討を進めたい。

として②を推認し、②を間接事実として③を推認し、③を間接事実として④を推認することになる[40]。証拠隠滅等罪における証拠の他人性や盗品関与罪における親族関係のような類型的責任事情は、①の段階を類型化したものであって[41]、行為者の非難可能性（の不存在・低減）を推認させる間接事実を法律要件に昇格させたものとみることができる。

　この推認関係の図式に当てはめれば、責任事情に関する錯誤の事案は、①は存在しないが②が存在する場合に当たる。この場合には、①が存在していなくても、①によって証明されるべき②の存在が認められることから、②によって最終的に推認される④に対応した法的効果を付与するに値するであろう。①の認定論上の意義は、もっぱら②（ひいては④）を推認する点にあるので、②が認定された以上、①の存否を問題とする必要はない。少数説が「責任を阻却・減軽する事情を誤想した場合は、当該事情が実在している場合と同様の心理状態にあるから、責任の阻却・減軽の効果を認めるべきである」と述べるのは、上記のことをいうものであろう。

　これに対して、通説的見解は、①→②の過程に「過失」があるときは免責的効果を否定するものといえる。しかし、違法性を基礎づける事情の誤認に関する過失が、行為者の法益尊重意識の欠如の反映として行為者の非難可能性を基礎づけうるのと異なり、法益侵害性と関係のない責任事情の誤認に関する過失は、行為者の法益尊重意識の欠如を示すものではないことから、行為者を非難する契機とはなりえないであろう[42]。また、通説が類型的責任事情をも射程に入れたものであるとすれば、類型的責任事情の錯誤について「全体としての期待可能性」を問うことは、法が一定の状況を類型化した趣旨を没却することになるのではないだろうか。刑法は、類型的責任事情においては、「何らかの意味での他行為可能性」ではなく、「特定の状況において想定される特定の心理状態」に注目していると考えられるからである。

40　「因果的責任事情」は、本文で述べた意味で徴憑的機能を有しているが、行為者心理への因果的作用を根拠として徴憑関係が成立している点で「徴憑的責任事情」とは異なっている。

41　ちなみに、②の段階を類型化したのが偽造通貨収得後知情行使罪（刑法152条）における「知情性」、③の段階を類型化したのが盗犯等防止法1条2項の正当防衛の特則における盗犯排除行為の際の「恐怖、驚愕、興奮または狼狽」である。

42　林・前掲注27) 339頁は、錯誤の回避可能性を問題とする通説的見解を「責任を阻却させる客観的事情についても注意深くあることを要求するものであって、妥当でない」と批判する。

こうして、因果的責任事情に関する免責方向の錯誤については、錯誤の回避可能性を問うことなく免責的効果を付与する少数説が基本的に支持されるべきである。また、責任事情は法益侵害性と関係のない事情であり、その錯誤に関する不注意は法益尊重意識の欠如を示すものではないことから、因果的責任事情の錯誤が回避可能であった場合における過失犯の成立も否定されるべきであろう[43]。類型的責任事情が問題となる盗品関与罪や証拠隠滅等罪では、そもそも過失犯処罰規定が存在しないため過失犯の成否は問題とならない。一方、免責的緊急避難の前提事情を過失で誤信した場合には、過失犯の成立を肯定する方が妥当であるようにも思えるが、それは、免責的緊急避難には責任減少と並んで違法減少の側面があり、違法減少事情の誤信に関する不注意として過失犯の成立が基礎づけられるからではないだろうか。いずれにせよ、わが国の刑法37条に規定された緊急避難は、害の衡量を要件としていること、第三者のための緊急避難を認めていることなどから、違法性阻却事由と解すべきである。
　以下、個別の責任事情に関する錯誤の処理について具体的に検討することにしたい。

2　責任減少事由

　親族間の盗品関与罪における刑の免除の根拠は、親族に対する庇護的心情に基づく適法行為の期待可能性の低下に求められる。そこで、親族からの依頼であると誤想した場合には、現実に親族から依頼された場合と同様の心理状態にあることから、刑法257条を準用して刑を免除すべきである[44]。親族からの依頼であるという誤想に関する回避可能性は、法益尊重意識の欠如の反映とはいえないので、同条の準用を排除するものではない。

43　過失による原因において自由な行為の責任も、構成要件モデルの見地からは、酩酊によって責任無能力に陥ることに対する予見可能性ではなく、酩酊下で法益侵害行為に出ることに対する予見可能性によって基礎づけられるものというべきである（最大判昭和26年1月17日刑集5巻1号20頁参照）。

44　この場合には刑法257条の要件を充足しないことから、同条の「適用」ではなく「準用」とするのが穏当であろうが、抽象的事実の錯誤に関する同法38条2項を介在させて257条の「適用」を認めるという処理も可能であろう（町野・前掲注1）216頁参照。なお、この場合には38条2項を「準用」したうえで257条を「適用」すべきとするものとして、大山徹「刑法38条2項『準用』の可能性について」香川法学35巻1＝2号（2015年）79頁以下）。他の責任減少事由に関しても、同様のことがいえる。

犯人蔵匿等罪において蔵匿の対象が親族であると誤想した場合や、証拠隠滅等罪において隠滅の対象が親族の証拠であると誤想した場合にも、誤想の回避可能性の有無を問わず、同法105条の刑の任意的免除規定の準用を認めるべきである。

同法244条1項の配偶者・直系血族・同居の親族間の窃盗（親族相盗）については、これを「法は家庭に入らず」という政策に基づく一身的処罰阻却事由と解する判例・通説[45]からは、その誤想に免責的効果は認められない[46]が、これを適法行為の期待可能性の低下に基づく責任減少事由とみる立場[47]からは、財物の所有者および占有者が所定の親族であると誤想したときは、その誤想の回避可能性の有無を問うことなく同項を準用して刑の免除を認めるべきである[48]。

過剰防衛を適法行為の期待可能性の低下に基づく責任減少事由とみる立場（責任減少説）[49]からは、急迫不正の侵害を誤想したうえで、誤想した侵害に対して相当性を逸脱した反撃行為を意識的に行った「誤想過剰防衛」は、責任減少事由に当たる事実の存在を誤想したという意味で責任減少事情に関する錯誤の事例に属することになる[50]。それゆえ、回避可能な限りで責任事情の錯誤に免責的効果を認める通説的見解からは、誤想過剰防衛については、急迫不正の侵害に関する誤想が避けられなかったときに限り、過剰防衛に関する刑の任意的減免規定（同法

45　最判昭和25年12月12日刑集4巻12号2543頁、団藤重光『刑法綱要 各論〔第3版〕』（創文社、1990年）581頁等参照。

46　もっとも、福岡高判昭和25年10月17日高刑集3巻3号487頁、広島高判岡山支判昭和28年2月17日判特31号67頁は、親族の物と誤信したときは刑法38条2項により、親族相盗に準じて処断すべきとする。

47　瀧川幸辰「親族相盗例の適用範囲」民商法雑誌4巻1号（1936年）228頁、林幹人『刑法各論〔第2版〕』（東京大学出版会、2007年）203頁、曽根威彦『刑法各論〔第5版〕』（弘文堂、2012年）126頁、西田典之『刑法各論〔第6版〕』（弘文堂、2012年）164頁、松原芳博『刑法各論』（日本評論社、2016年）224頁以下等。

48　町野・前掲注1）216頁、西田・前掲注47）166頁は、244条1項は責任減軽類型としての構成要件を規定したものであるから、親族関係の存在を誤想した場合には、抽象的事実の錯誤として、38条2項により244条1項の規定を適用すべきであるとする。

49　平野龍一『刑法総論Ⅱ』（有斐閣、1975年）245頁、堀内・前掲注26）162頁、西田典之『刑法総論〔第2版〕』（弘文堂、2010年）177頁以下、佐伯仁志『刑法総論の考え方・楽しみ方』（有斐閣、2013年）164頁等。

50　これに対して、過剰防衛を違法減少事由とみる立場（違法減少説）からは、誤想過剰防衛の場合には、違法減少の前提となるべき急迫不正の侵害が存在しないことから、36条2項の適用ないし準用を否定すべきとされる（町野朔「誤想防衛・過剰防衛」警察研究50巻9号（1979年）54頁）。しかし、違法減少説からも、誤想過剰防衛では違法性の低下した事態の認識しかないことから、故意犯としての罪責に関する限り、刑法38条2項を媒介として同法36条2項の準用を認めるべきであろう（山口厚『刑法総論〔第3版〕』（有斐閣、2016年）212頁、林・前掲注27）200頁参照）。

36条2項)の適用ないし準用が認められることになろう[51]。しかし、誤想過剰防衛においては、行為者は実際に急迫不正の侵害が存在する場合と同様の36条2項が予定する心理状態にあることから、誤想の回避可能性の有無を問わず同項の準用を認めるべきである[52]。誤想過剰避難についても、同様に、誤想の回避可能性の有無にかかわらず、過剰避難に関する刑の任意的減免規定(同法37条1項ただし書)の準用を認めるべきである[53]。

3 責任類型としての構成要件の要素

証拠隠滅等罪において隠滅の対象が自己の刑事事件に関する証拠であると誤想した場合にも、行為者は現実に自己の刑事事件に関する証拠である場合と同様の心理状態にあることから、錯誤の回避可能性の有無を問うことなく、同罪による処罰は否定されるべきである。もっとも、証拠の他人性は、刑の減免事由としてではなく、積極的な犯罪成立要件として規定されており、構成要件の性格に関する違法・有責類型説からは責任類型としての構成要件要素と解されるものである。したがって、その錯誤の具体的な処理は、同罪の故意を否定するという方法によることになる。ただし、違法類型としての構成要件要素に関する錯誤と、証拠の他人性のような責任類型としての構成要件要素に関する錯誤とでは、故意が阻却される理由が異なる。違法類型としての構成要件要素の錯誤においては、法益侵害事実の認識が欠けるため、法益侵害を志向する意思決定としての故意の存在が否定される。これに対して、責任類型としての構成要件に属する客観的事情は、その実質的根拠からすれば主観的事情として規定されるべき事情であるにもかかわらず、その客観的存在と行為者の認識とが一致するのが通例であるため、認定の容易さや法文の簡明さといった見地から客観的事情として規定されたものであって、例外的にその認識を欠く場合には、行為者は立法者が可罰的責任を有すると想定した心理状態にないため、当該犯罪の責任構成要件を充たさないと考

---

51 村井敏邦「正当防衛に関する錯誤と過剰防衛に関する錯誤」警察研究51巻4号(1980年)46頁参照。もっとも、福田・前掲注15)217頁注(五)は、過剰防衛につき責任減少説を採り、かつ責任事情の錯誤の処理につき通説的見解に立ちつつ、誤想過剰防衛の場合に誤想の回避可能性の有無を問うことなく36条2項の準用を認めている。
52 最決昭和41年7月7日刑集20巻6号554頁、最決昭和62年3月26日刑集41巻2号182頁も、誤想過剰防衛につき、誤想の回避可能性の有無を問うことなく36条2項の適用を認めている。
53 大阪簡判昭和60年12月11日判時1204号161頁も、誤想過剰避難につき、誤想の回避可能性の有無を問うことなく37条1項ただし書の適用を認めている。

えられるのである。

　これに対して、構成要件を違法類型とみることを前提として、証拠の他人性は、期待可能性の見地から構成要件に取り入れられた事情であるが、いったん構成要件に取り込まれた以上、「違法行為類型を客観的に形成する意味をもつことになり、責任要素としての意味を失う」とする見解[54]もある。しかし、証拠の他人性を「違法行為類型」を形成する要素と解するのは、当該事情から本来の性格を奪うことで当該事情に関する解釈上の手掛かりを失わせるとともに、法益侵害性と無関係な事情を「違法行為類型」の要素とすることで違法性と責任との区別を不分明にする。証拠の他人性を違法行為類型の要素と解するなら、犯人以外の者による証拠の隠滅行為を犯人自身が教唆・幇助した場合、正犯者が違法行為類型を充足しているため犯人自身に教唆犯・従犯の成立が肯定されることになる（同罪を身分犯とみるなら、「犯人以外の者」は違法身分となり、刑法65条1項によって犯人自身に共犯の成立が認められることになる[55]）が、その帰結は証拠の他人性が犯人の責任の観点から規定されたことと整合しないであろう[56]。

4　非類型的責任事情

　超法規的責任阻却事情や量刑事情のような非類型的責任事情はすべて、行為者の非難可能性の存否・程度を証明するための間接事実としての性格をもつ。それゆえ、その錯誤の処理は、当該事情が行為者の非難可能性とどのような意味で結びついているのか（当該事情による立証趣旨）によって決まることになる。

　まず、当該客観的事情が責任能力や常習性に類する徴憑的責任事情としての意味をもつときは、それ自体で行為者の非難可能性の有無・程度を徴憑するものであるから、その錯誤を問題にする必要はない。

　次に、因果的責任事情のうち天候や気温のように行為者の深層心理や身体の状

54　山口・前掲注50）33頁以下。松宮孝明『刑法各論講義〔第4版〕』（成文堂、2016年）475頁も同旨。

55　責任要素もいったん構成要件に取り入れられた場合には「責任要素としての意味を失う」とすれば、業務上横領罪（刑法253条）における「業務者たる地位」や自己堕胎罪（同法212条）における「妊娠中の女子」のような「責任身分」とされる事情（山口・前掲注50）346頁）も、責任要素としての意味を失って違法身分に転化するのではないだろうか。

56　論者も、期待可能性の欠如という観点から犯人自身による証拠隠滅の教唆の可罰性を否定しており（山口厚『刑法各論〔第2版〕』（有斐閣、2010年）589頁）、共犯との関係では証拠の他人性を通常の「違法行為類型を形成する要素」とは別異に扱っている。

態に働きかける性質のものに関しては、行為者の認識は重要ではない。

　これに対して、因果的責任事情のうち行為者の意識を通じて行為者の非難可能性の有無・程度に影響を及ぼすものに関しては、前述のように、当該事情の客観的存在は、行為者の当該事情の認識に関する間接事実となることを通じて、行為者の非難可能性の有無・程度に関する間接事実となる。したがって、行為者が当該事情に関して錯誤に陥っている場合には、より要証事実に近い行為者の認識の方が行為者の非難可能性に関する間接事実として採用されることになる。この場合、法益侵害性と関係のない事情に関する不注意は行為者の非難可能性を基礎づけえないことから、行為者の錯誤が回避可能な場合であっても、行為者の現実の認識が期待可能性判断の基礎に置かれるべきである。もとより、非類型的責任事情は、単独で適法行為の期待（不）可能性を基礎づける場合よりも、他の事情と相まって期待（不）可能性を基礎づける場合が多いであろう。その場合は、他の事情を含めた総合判断を要するという意味で「全体としての期待可能性」が問われるが、それは、当該事情に関する錯誤が回避可能である限り期待可能性を肯定するという遡及的な判断を意味するものではない。

　こうして、当該事情を間接事実として行為者の非難可能性を推認しようとする際の立証趣旨によって、当該事情の存在自体または当該事情に関する行為者の認識のいずれかが意味をもつのであって、非類型的責任事情に関する「錯誤」は仮象問題にすぎないというべきである。

医療事故調査制度と医師の刑事責任

松 原 久 利

一　はじめに
二　新たな医療事故調査制度の特徴
三　医師の刑事責任の限定の試み
四　医療事故調査と医師の法的責任追及の関係
五　おわりに

一　はじめに

　2014年6月25日に、「地域における医療及び介護の総合的な確保を推進するための関係法律の整備等に関する法律」が成立し（法律第83号）、医療法が改正され、新たに医療事故調査制度が設けられた（同法6条の10以下参照）。翌2015年10月から調査が開始され、医療事故調査報告（院内調査）は11月が1件、12月が6件、2016年1月が8件、2月が18件、3月が17件、4月が16件（累計66件）、医療事故調査・支援センターへの調査依頼2件とのことである[1]。

　今回の医療事故調査制度の特徴は以下の点にある。第1に、医療機関の自律的な取組みとしての医療事故調査である院内調査が原則である。第2に、第三者の調査機関として民間の「医療事故調査・支援センター」が設けられ、当該医療機関による報告と調査が義務付けられる。同センターは、当該病院の管理者または当該医療事故に係る遺族からの依頼があったときは、必要な調査を行い、その結果を当該管理者および遺族に対して報告しなければならない（医療法6条の17）。第3に、医療事故調査は医療の安全の確保（医療事故の原因究明および再発防止）を目的とするものであり（医療法6条の11）、個人の責任追及を目的とするものでは

---

[1]　4月までの医療事故報告受付件数は222件、相談件数は1141件とのことである。日本医療安全調査機構「医療事故調査の現況報告（4月）」（http://www.jssh.or.jp/uploads/uploads/files/houdoushiryo20160510.pdf――最終アクセス2016年5月31日）。

ないことから[2]、過失の有無は判断しないこととされ、同センターが調査結果を警察あるいは行政官庁に通知する手続は定められていない（医師法21条による届出は依然として行われる。）。いわば法的責任追及手続とは完全に切り離された医療事故調査制度が創設されたことになる。

　医療の安全を確立するために、このように法的責任追及とは切り離され、当該医療機関の自律的な院内調査を原則とし、第三者機関である医療事故調査・支援センターが補充的に調査するという事故調査は妥当であろうか。以下では、新たな医療事故調査制度を概観し、医療事故の原因究明及び再発防止と医療者の法的責任との関係について検討することとする。

二　新たな医療事故調査制度の特徴

1　調査の概要

　今回新設された医療事故調査制度の概要は、以下のとおりである。医療事故が発生した場合、まず、当該事故が法律上の医療事故（当該病院等に勤務する医療従事者が提供した医療に起因し、又は起因すると疑われる死亡又は死産であって、当該管理者が当該死亡又は死産を予期しなかったものとして厚生労働省令に定めるものをいう（医療法6条の10第1項）。）に該当するか否かを医療機関の管理者が判断する。医療事故に該当すると判断した場合、遺族にその旨を説明する（医療法6条の10第2項）とともに、医療事故調査・支援センターに報告する（医療法6条の10第1項）。次に、当該医療機関自身が院内調査を実施する（医療法6条の11第1項）。院内調査終了後、医療機関は遺族に対して説明する（医療法6条の11第5項）とともに、調査結果をセンターに報告する（医療法6条の11第4項）。基本的には、調査はこの段階で終了する。ただし、調査結果について医療機関の管理者または遺族から調査の依頼があったときは、医療調査・支援センターは必要な調査を行う（医療法6条の17第1項）。センターの調査結果は医療機関および遺族に報告される（医療

　2　厚生労働省「医療事故調査制度に関するＱ＆Ａ」（平成27年）3頁、27頁（http://www.mhlw.go.jp/file/06-seisakujyouhou-108000000-Iseikyoku/000008699.pdf――最終アクセス2016年5月31日）、厚生労働省医政局長「地域における医療及び介護の総合的な確保を推進するための関係法律の整備等に関する法律の一部施行（医療事故調査制度）について（医政発0508第1号）」(http://www.mhlw.go.jp/topics/bukyoku/isei/i-anzen/hourei/dl/150508-1.pdf――最終アクセス2016年5月31日）9頁、11頁参照。

法6条の17第5項)。医療事故調査・支援センターは、医療機関に対して説明・資料提出等の協力要求をする権限を有し、医療機関はそれに応じる義務がある(医療法6条の17第2項、第3項)。医療機関が応じない場合には、同センターは公表の措置をとることができるが(同条4項)、直接の制裁は科せられない。医療事故調査・支援センターは、「医療事故調査を行うこと及び医療事故が発生した病院等の管理者が行う医療事故調査への支援を行うことにより医療の安全の確保に資することを目的とする一般社団法人又は一般財団法人」であり、その申請により厚生労働大臣が指定することができる(医療法6条の15第1項)。

2 院内事故調査

　新設された医療事故調査制度は、航空機事故調査や消費者事故調査が権限ある公的第三者機関による調査であるのとは異なり、医療機関の自律的な取組みとしての医療事故調査である院内調査が原則である。これは、医療事故調査制度を維持するためには、医療者が中心となった自律的体制が必要であり、この自律的体制は、プロフェッショナルオートノミーに根差す組織であり、自浄作用としての学習・再教育・制裁機能を備えることが不可欠であるとの医療界の意見が反映されたものといえる[3]。事故はすべて医療機関内の医療専門家の支配領域内で生じること[4]、問題解決に必要な情報が設計段階から分析され、ほとんど最初から揃っている航空機事故とは異なり、医療現場では患者の情報が最初からすべて揃っているわけではなく、情報が制約された条件下では、どんなに優れた医師でもつねに正しい判断を下すことは不可能であることから、一定の割合で医療事故が発生することは避けられないという医療事故の特性[5]、事故の報告を当該医療機関に義務づけなければ、事故の存在すら明らかにならず、進んで当該医療機関に事故調査の第一次的責任を負わせることによって、より真相に近づき原因調査が可能になること、調査は行政などの第三者が強制的権限をもって実施するもの

---

[3] 日本医師会医療事故調査に関する検討委員会「医療事故調査制度に向けた具体的方策について」(2013年)(http://dl.med.or.jp/dl-med/teireikaiken/20130612_1.pdf――最終アクセス2016年5月31日) 2頁。
[4] 石川寛俊「医療事故調査制度について」比較法センター「医療と法ネットワーク」編『動き出す医療事故調査制度』(SCICUS、2015年) 10頁。
[5] 河野龍太郎「医療事故調査は『犯人探し』ではありません」日経メディカル編『医療事故調査制度対応マニュアル』(日経BP社、2015年) 117頁。

ではなく[6]、当該医療機関の自発的な調査の実施が、再発防止、医療の質の向上、安全の確保につながること[7]、患者が死亡する医療事故は年間1300～2000件と試算されており[8]、医療事故の死亡事例のすべてを第三者機関が調査することは現実的でないことなどから[9]、院内事故調査を原則とすることは積極的に評価されている。もっとも、従来の単線方式（院内調査の原則）は、事故の隠ぺいに利用され、身内の調査であるために、原因の探求が不完全で杜撰であり、効果的な再発防止策となることが少なかったために、社会の信頼を得られなかったことから、第三者による事故調査機関の創設が求められた経緯からすると[10]、調査能力、専門性、中立性、公平性の観点から、信頼できる調査機関であることが必須であり、これを担保するためには、専門学会レベルの支援、経験のある専門家である外部委員の参加が不可欠であるとの指摘があった[11]。

6　山本和彦「医療事故調査の新たな制度」法律のひろば67巻11号（2014年）11頁。
7　平成26年厚生労働科学研究費補助金地域医療基盤開発推進研究事業「診療行為に関連した死亡の調査の手法に関する研究」（研究代表者　西澤寛俊）（2015年）（http://www.ajha.or.jp/topics/kouseiroudoukagaku/pdf/h26kk_houkoku.pdf――最終アクセス2016年5月31日）6頁、山本和彦「医療事故調査制度の創設の経緯および制度の概要と課題」日経メディカル編『医療事調査制度対応マニュアル』（日経BP社、2015年）33頁、同・前掲注（6）11頁、日本弁護士連合会第51回人権擁護大シンポジウム第2分科会実行委員会編「第51回人権擁護大シンポジウム第2分科会基調報告書『安全で質の高い医療を実現するために――医療事故の防止と被害の救済の在り方を考える』」（2008年）（http://www.nichibenren.or.jp/library/ja/jfba_info/organization/data/51th_keynote_report081007_2.pdf――最終アクセス2016年5月31日）162頁以下。
8　第13回医療事故に係る仕組み等のあり方に関する検討部会資料3-1「診療行為に係る死亡事故症例の年間発生件数試算」（http://www.mhlw.go.jp/stf/shingi/2r985200000333dq-att/2r985200000333m8.pdf――最終アクセス2016年5月31日）。
　なお、厚生労働省は、4月までの届出が222件にとどまることから、地域や医療機関ごとの届出数のばらつきを是正するため、(1) 関係機関で連絡協議会を新設し、届出対象の統一基準を設け、(2) 死亡した患者の遺族が調査を求めた場合に、医療機関側に要望を伝える仕組みを新設する方向で制度を見直すとの報道があった（毎日新聞2016年5月24日（mainichi.jp/articles/20160525/k00/00m/040/114000c））。
9　医療事故に係る調査の仕組み等のあり方に関する検討部会第4回議事録（2012年）（http://www.mhlw.go.jp/stf/shingi/2r9852000002g9o4-att/2r9852000002g9s7.pdf――最終アクセス2016年5月31日）17頁参照。
10　植木哲／江涛「日本における医療事故調査制度の導入――医療事故調査・支援センターの新設と問題点」千葉大学法学論集30巻1＝2号（2015年）402頁以下、日本弁護士連合会・前掲注（7）135頁以下参照。
11　上田裕一「院内医療事故調査委員会への専門医の外部委員としての関わり――日本心臓血管外科学会の対応を中心に」年報医事法学29号（2014年）80頁以下、長尾能雅「医療事故調査制度が有効に機能するための課題」比較法センター「医療と法ネットワーク」編『動き出す医療事故調査制度』（SCICUS、2015年）62頁。

3　民間の第三者機関としての医療事故調査・支援センター

　2008年の医療安全調査委員会設置法案大綱案が、医療事故調査委員会を政府内に設置する公的機関として位置づけていたのに対して、改正医療法は、第三者機関として独立性・中立性・透明性・公正性・専門性を有する民間組織としての医療事故調査・支援センターを設置する（医療法6条の15）[12]。医療事故調査・支援センターは、独自の単独調査は予定されておらず、医療機関の管理者の事故発生の報告を前提として、医療機関の管理者または遺族の調査依頼があったときに、必要な調査をすることができるとされている（医療法6条の17）。

　これも、医療界が統一して参加し、かつ、安定的に維持される体制作りが不可欠であり、その際、官制の体制ではない医療界の自律的体制作りを目指すべきであるとする医療界の意見が反映されたものといえる[13]。この組織が医師に対する懲戒権限を有する厚生労働省の下に設けられることに対する反発などもあったようである[14]。

　この点については、調査は医療の専門家集団が医療事故におけるヒューマンエラーの要因を分析して、再発防止に資することが最も重要であり[15]、第三者が強制的権限をもって実施するものではないとする積極的評価もあるが[16]、中立性、公平性、独立性、公正性の観点から、第三者機関の役割を大きく限定しようとするものである点で問題があり、同じ分野の専門家の意見を集約する国の機関を設けて、原因究明・分析を行う方がよいとの指摘もあった[17]。また、事業の継続性、財政的な裏付け、調査権限等の点で弱点も指摘できるともいわれている[18]。センターは、医療機関に対して説明・資料提出等の協力要求をする権限を有し、

12　医療事故に係る調査の仕組み等に関する基本的なあり方（2013年）（http://www.mhlw.go.jp/stf/shingi/2r985200000339xk-att/2r98520000033a1k.pdf――最終アクセス2016年5月31日）2頁参照。
13　日本医師会・前掲注（3）2頁、川出敏裕「医療事故調査制度の在り方について」町野朔先生古稀記念『刑事法・医事法の新たな展開下巻』（2014年）53頁。
14　山本・前掲注（6）16頁注（10）。
15　上田・前掲注（11）83頁。
16　山本・前掲注（6）11頁。
17　樋口範雄「医療事故調査制度と3つのシナリオ」比較法センター「医療と法ネットワーク」編『動き出す医療事故調査制度』（SCICUS、2015年）38頁、田邊昇「国が事故調査報告書を収集するだけではダメ」日経メディカル編『医療事故調査制度対応マニュアル』（日経BP社、2015年）103頁。
18　加藤良夫「医療事故調査制度　実務上の留意点、その他の展望――患者側弁護士の立場から――」自由と正義66巻9号（2015年）49頁。

医療機関はそれに応じる義務があり、医療機関が応じない場合には、センターは公表の措置をとることができるが（医療法6条の17）、罰則規定を有する消費者事故調査等とは異なり、直接の制裁は科せられない。これも民間機関としてのセンターの限界である[19]。附帯決議においても、医療事故調査等支援団体の中立性・専門性が確保される仕組みの検討を行うこと、また、事故調査が中立性・透明性及び公正性を確保しつつ迅速かつ適正に行われるよう努めることとされている[20]。

こうして、今回の医療事故調査制度は、院内調査を原則とし、第三者機関である医療事故調査・支援センターの並立を前提とした複線式・協働型の制度となっている[21]。

4　医師の責任追及と医療事故調査制度

大綱案が、故意または重大な過失があると判断される事例を警察に通知するとして、刑事訴訟迫の可能性を残したことに対しては、医療界が強く反発した。その後、検討部会の過程において、事故調査制度は医療従事者個人の責任を追及するためのもの（責任追及型）ではないことについては意見の一致があったが、医療従事者に対する責任免除を絶対のものとして原因究明を図る（責任免除型）のか、責任問題とは切り離して原因究明を図る（責任分離型）のかという点の認識の相違から、激しい議論が展開された[22]。

責任免除型を主張する見解の根拠は次のようなものである。第1に、医療の安全と法的責任とはまったく独立の現象であり、法的責任が追及される可能性があるのでは、医師は真実を語ることができず、かえって原因究明および再発防止を阻害する恐れがあるから[23]、非懲罰性の確保が重要である[24]。第2に、個人を対

19　山本・前掲注（6）13頁。
20　平成26年6月17日参議院厚生労働委員会附帯決議（2）医療事故調査制度について（イ）（http://www.sangiin.go.jp/japanese/gianjoho/ketsugi/186/f069_061701.pdf——最終アクセス2016年5月31日）参照。
21　植木哲／江涛・前掲注（10）403頁。なお、手嶋豊「医療事故調査についての現況」年報医事法学30号（2015年）289頁以下参照。
22　山本・前掲注（7）29頁注18参照。
23　長谷部圭司「遺族に報告書が渡れば民事訴訟は避けられない」日経メディカル編『医療事故調査制度対応マニュアル』（日経BP社、2015年）114頁。
24　西澤寛俊「医療事故調査制度の施行について——医療機関の立場から——」自由と正義66巻9号（2015年）63頁。

象とする刑事責任の追及では、システム性の事故の原因を解明できない。第3に、医療事故の原因究明および再発防止を図る責任は医療の専門家である医療職にあるのであって[25]、医療の専門家ではない一般の警察官・検察官の捜査には医療の専門知識がないために、真相解明が期待できない[26]。

　これに対しては、刑事責任のみならず、一切の法的責任を追及すべきでないとするのは、国民感情として受け入れられるかは疑問があり現実的ではない[27]、また、社会的責任を恐れて真実を話さないことはあり得るのであるから、法的責任を追及しなければ原因究明および再発防止が可能になるとするのは楽観的に過ぎるとの批判がある[28]。さらに、免除型の主張は、刑事責任の問題と医療安全対策の問題を混同して論じるものであり[29]、医療の安全と個人の刑事責任の追及は分けて考えるべきであるとの指摘がある[30]。刑事責任を追及するか否かに関する判断において、医療の専門的知見が尊重されるようにすることは必要であるが、医療事故の原因究明・調査を捜査機関以外の専門機関が行うかどうかという問題と、調査の結果、医療関係者に過失が認められた場合に、刑事責任を追及するか否かは別個の問題というべきであろう[31]。

　こうして、調査は医療関係者の過失を認定するために行われるものではないとして、司法から独立した調査制度は不可欠であり、医療の現場への刑事司法の介入を懸念する医療側に配慮する形で、警察への通報は行われないこととされ

25　樋口範雄「医療事故防止に向けた仕組み――アメリカとの比較」法律のひろば67巻11号（2014年）44頁、古川俊治「新しい医療事故調査制度について」医学振興79号（2014年）8頁。
26　樋口範雄「医療の安全と法の役割」ジュリスト1396号（2010年）8頁以下、神谷恵子編著『医療事故の責任』（毎日コミュニケーションズ出版、2007年）2頁以下、日本医師会医療事故責任問題検討委員会「医療事故に対する刑事責任のあり方について」（2007年）7頁以下（http://dl.med.or.jp/dl-med/teireikaiken/20070509_1.pdf――最終アクセス2016年5月31日）、清水真「医療事故への刑事法の対応に関する考察」獨協法学64号（2004年）129頁、小松秀樹『医療の限界』（新潮社、2007年）5頁。
27　消費者庁「事故調査機関の在り方に関する検討会取りまとめ」（2011年）（http://www.caa.go.jp/safety/pdf/matome.pdf――最終アクセス2016年5月31日）16頁。
28　医療問題弁護団「『現場からの医療事故調ガイドライン検討委員会最終報告書』に対する意見書」（2015年）10頁（http://www.iryo-benngo.com/general/press/pdf/42/press01.pdf――最終アクセス2016年5月31日）10頁、笹倉宏紀「事故調査と刑事司法」刑事法ジャーナル28号（2011年）49頁。
29　飯田英男『刑事医療過誤Ⅱ（増補版）』（判例タイムズ社、2007年）25頁。
30　萩原由美恵「医療過誤における刑事責任の限定」中央学院大学法学論叢24巻1＝2号（2011年）148頁、高アンナ「日米における刑事医療過誤――過失の内容及び判断基準」北大法学論集63巻6号（2013年）106頁。
31　佐伯仁志『制裁論』（有斐閣、2009年）322頁。

た[32]。すなわち、今回の医療事故調査制度は、個人の法的責任を追及するためのものではなく、行政・刑事処分とは切り離されたものとなっており、純粋に法的責任から独立した事故調査制度が創設されることになった[33]。

このような制度に対しては、一方で、現段階で関係者が合意できる最善のものが作られたとの積極的評価もあるが[34]、他方で、医療事故に刑事司法がどのようにかかわるべきかという問題について、制度的な手当を何らしておらず、事故調査と捜査の対象が重複し、調査と捜査が二重に行われ、刑事手続が事故調査の実施を妨げているという問題は解決されないことになり、議論を振り出しに戻してしまったとの指摘もある[35]。

また、医師法21条による異状死届出についても、まったく手をつけていない。異状死届出については、現状の届出制度が適用され、公布後2年以内に見直しをすることとされた（附則2条）。したがって、本質的な問題を避けたともいえる[36]。これも、今回の制度は法的責任と切り離されたものであること、事故調査と法的責任の関係のあり方については、他の事故調査制度とも共通する問題として、引き続き検討が必要とされたことから棚上げされたものである[37]。

しかし、そうすると、医療関連死の一部は異状死として警察に届け出ることになり、捜査情報が開示されず、医療機関に情報が共有されず、院内調査は不完全なものになる[38]。また、医療事故についての警察の捜査を適正な範囲に限定するという観点からは、警察への通知の仕組みを設けるべきであったとの指摘がある[39]。医療側からも、本質的な問題は、医療事故への過剰な刑事司法の介入をいかに防ぐかという点にあったにもかかわらず、これを放置したとの批判があるところである[40]。

---

32 医療事故に係る調査の仕組み等に関する基本的なあり方・前掲注（12）3頁。
33 川出・前掲注（13）57頁、山本・前掲注（7）35頁、同・前掲注（6）14頁、田邉・前掲注（17）101頁。
34 山本・前掲注（7）35頁、同・前掲注（6）11頁、樋口・前掲注（25）46頁以下、石川・前掲注（4）13頁。
35 川出・前掲注（13）54頁、59頁、植木哲「医療ADRの現在とこれから」法律のひろば67巻11号（2014年）39頁。
36 古川・前掲注（25）8頁。
37 山本・前掲注（7）35頁以下、同・前掲注（6）15頁、樋口・前掲注（17）38頁。
38 武市尚子「（院内）事故調査と死因究明制度」年報医事法学29号（2014年）92頁。
39 川出・前掲注（13）59頁。
40 古川・前掲注（25）8頁。

5 医療機関の報告・調査義務

第6次改正医療法は、医療機関に医療事故調査支援センターへの全件報告および調査の義務を規定しており（同法6条の11）、また、センターは医療機関に対して説明・資料提出等の協力要求をする権限を有し、医療機関にはこれに応じる義務がある（同法6条の17）。これは、医療事故情報の一元管理体制が整備され、外部機関が報告書を検証することで統計が出ることにより、原因究明、再発防止のシステムができたという意味で画期的なことであると評価されている[41]。

三　医師の刑事責任の限定の試み

1 医療の特殊性

医療は、以下のような点で特殊性を有する。第1に、医療行為はつねに一定の結果を保障できないという不確実性がある。第2に、あらゆる過誤が構成要件的結果に直結する高度の危険性を有しており、良心的な医師でも偶発的な過誤を発生させ、その過誤を事後的にみると回避可能といえるが、人間の不完全性に鑑みれば、職務遂行の典型的な過ちとして経験則上計算に入れられるべきものであるという危険傾向性がある。第3に、重要な治療上の決定を迅速に下さなければならず、事前に危険を回避することは困難である[42]。

医療側からは、このような特殊性から、医療過誤に対する医師の刑事責任の追及は不当であるとの主張がある。その根拠は以下のようなものである。（1）医師の処罰は、医師を自己保身に走らせ、事故原因の解明が困難になり、医療事故の防止につながらない。（2）リスクの高い医療を引き受ける医師がいなくなり、萎縮医療に陥る[43]。（3）医療が高度化し、医療事故はシステム要因が大きく

---

[41] 山本・前掲注（7）31頁、同・前掲注（6）12頁、石川・前掲注（4）13頁、樋口・前掲注（17）36頁、同・前掲注（25）47頁、小林弘幸・岩井完「新たな医療事故調査制度の内容と課題」医学振興79号（2014年）11頁。

[42] 岩崎正「刑事手続打切り論についての一考察（一）――医療過誤の刑事責任限定論を契機として――」阪大法学64巻2号（2014年）160頁以下、山中敬一『医事刑法概論Ⅰ』（成文堂、2014年）25頁。航空機事故について、池田良彦「システム性事故と刑事過失責任――事故調査を優先させることの意義について――」東海法学42号（2009年）1頁以下、藤原琢也「航空事故の防止と刑事法（一）～刑罰優先主義からの脱却～」北海学園法学研究49巻1号（2013年）69頁、（二）同2号421頁、神馬幸一「医療の視点が司法に活かされるための制度設計」静岡大学法政研究18巻3＝4号（2014年）7頁、22頁。

[43] 小松・前掲注（26）5頁、萩原・前掲注（30）127頁、藤原・前掲注（42）（二）2号421頁。

関わっており、個人責任を追及する処罰は組織的な医療行為に対する責任のあり方に適応しておらず、医師個人に刑事責任を負わせても医療の安全にはつながらない[44]。(4) アメリカでは医療過誤は処罰の対象とされていない。(5) 誠実な医師が選択的に処罰され不平等である[45]。このような医療の特殊性から、医療事故については刑事免責すべきであるとの主張も見られる[46]。

しかし、このような医療の特殊性から、医療一般について一律に刑事責任追及の可否を論じることには論理の飛躍があるように思われる[47]。(1) については、予防効果が小さいということは過失犯一般において問題となることであり、医療事故に限ったことではない[48]。過失犯一般の問題と医療上の過失に特有の問題とを区別して論じないと、議論が混乱することになる[49]。また、刑罰の目的は犯罪予防に尽きるものではなく、予防効果だけを根拠に刑罰を科す必要がないとはいえないし、違法性の意識の維持・強化という意味での刑罰による積極的一般予防効果は否定されるべきではないであろう[50]。

(2) については、単純ミスについて刑事責任を追及したからと言って、直ちに萎縮医療につながるとはいえないであろう。また、前述のように、損害賠償などの民事責任や行政処分からの免責は考えられないとすれば、刑事責任についてのみ免責を認めることが事故の報告のインセンティブになるのかは不明である[51]。

(3) については、たしかに個人責任が原則である現行刑法においては、組織

---

44 樋口・前掲注 (26) 8頁以下、小松・前掲注 (26) 93頁、99頁。
45 日本医療法人協会医療事故調運用ガイドライン作成委員会編『医療事故調運用ガイドライン』(へるす出版、2015年) 22頁、神馬・前掲注 (42) 8頁、岩崎・前掲注 (42) 165頁。
46 長谷部・前掲注 (23) 114頁。軽過失を免責し故意・重過失のみを刑事罰の対象とすべきであるとするのは、宮澤潤「医療事故調は紛争解決のツールとなり得るか」法律のひろば67巻11号 (2014年) 22頁、萩原・前掲注 (30) 146頁。
47 井田良「医療事故の医師に対する刑事責任の追及のあり方」『三井誠先生古稀祝賀論文集』(有斐閣、2012年) 240頁、同「医療事故と刑事過失論をめぐる一考察」曽根威彦先生・田口守一先生古稀祝賀記念論文集 (上巻) (成文堂、2014年) 601頁、前田雅英「事故調査と過失責任」警察学論集64巻1号 (2011年) 142頁、山本紘之「過失犯の処罰限定論について」法学新報121巻11=12号 (2015年) 128頁、神馬・前掲注 (42) 8頁。
48 古川伸彦「ドイツにおける事故と過失——医師の刑事責任の限定?」刑事法ジャーナル28号 (2011年) 28頁。
49 佐伯仁志「医療の質の向上と刑事法の役割」ジュリスト1396号 (2010年) 31頁。
50 川出敏裕「刑事手続と事故調査」ジュリスト1307号 (2006年) 11頁以下、井田・前掲注 (47) 三井古稀244頁。
51 佐伯・前掲注 (31) 321頁以下参照。

的な責任追及に限界がある。しかし、そうであれば組織自体の処罰の導入により対処することも考えるべきであって、ただちに個人の刑事責任を追及しなくてよいということにはならないであろう[52]。「将来の医療過誤を防止するためには、医療機関の管理監督体制の問題点を検討してその改善を図ることも重要であるが、それと同時に、現実に医療業務・看護業務に従事する者が個々の業務の際に基本的な注意を怠らないように努め、これを怠った者に適正な制裁が加えられることも重要なのであって、これはいずれか一方を重視すれば他方を軽視してもよいという性質の事柄ではない」といえよう[53]。

（4）については、アメリカにおいても医療上の過失によって患者を死傷させた医療関係者に刑罰が科せられることはあるとの指摘もある[54]。

（5）については、ある一つの事例に関する刑事訴追が妥当でないからといって、医療過誤に対する刑事責任追及全体が不適当ということにはならないであろう[55]。医療過誤において処罰が適当である場合は存在するのであり、重要なのは、刑事過失が認められる基準が明らかではないという問題であろう。

　医療事故の問題解決のためには、原因究明、再発防止、被害者救済と並んで、やはり適切な刑事責任の追及は不可欠であろう。たしかに、刑事責任の検討に当たって、医療の不確実性、危険傾向性といった特殊性を考慮することは必要であるが、それは結果回避可能性に基づく結果回避義務違反の判断において注意義務違反が否定される[56]、許された危険として処罰対象から外れる、医学的適応性が

52　佐伯・前掲注（51）321頁、川出・前掲注（50）13頁、井田・前掲注（47）三井古稀237頁、飯田・前掲注（29）29頁。
53　大阪高判平成16年7月7日刑事医療過誤Ⅱ増補版（判例タイムズ社、2007年）590頁。
54　佐伯・前掲注（49）32頁、佐伯仁志＝于佳佳「英米における医療過誤への刑法上の対応」刑事法ジャーナル28号（2011年）29頁以下、星周一郎「マイケル・ジャクソンの急逝――アメリカにおける医療過誤に対する刑事法的対応・再論――」都立大学法学会雑誌55巻2号（2015年）99頁――1980年代以降は、刑事医療過誤の増加傾向が見られるようになる、高・前掲注（30）161頁、藤原・前掲注（42）85頁、佐伯・前掲注（31）311頁。ドイツについて、古川・前掲注（48）22頁以下、萩原・前掲注（30）126頁、佐伯仁志「ドイツにおける刑事医療過誤」『三井誠先生古稀祝賀論文集』（有斐閣、2012年）251頁以下参照。なお、オーストリアでは、行為者が医師であって、その傷害または健康侵害が治療の遂行において生ぜしめられ、かつ、当該所為から14日を超えない健康侵害または就業不可能が生じた場合に過失傷害罪の成立を限定する規定（刑法88条）が2010年に削除された（古川・前掲注（48）23頁、山本・前掲注（46）135頁）。）。問題は、いかなる医療過誤が刑事処罰に値する「刑事過失」に当たるのかが必ずしも明らかになっているとはいえないことにあると指摘されている（星・前掲108頁）。
55　佐伯・前掲注（31）320頁以下参照。
56　山本・前掲注（47）131頁、神馬・前掲注（42）7頁参照

あり、医療水準に則ったものでインフォームド・コンセントがあるのであれば、正当業務行為として違法性が阻却されるというように、一般化にはなじまない事態が問題となっており、医療の特殊性は、個別事案の処理に当たって考慮すべきものであろう[57]。

2 医師の刑事責任の限定

このように、医療過誤には他の過失犯とは同列に論じることのできない問題があることから、刑事責任を限定すべきであると主張されている。第1に、軽微な過失を免責し、重大な過失[58]、または標準的な医療から著しく逸脱した事例[59]、明白な過失[60]、軽率、単純に明白な違反[61]、疑問の余地のない不注意、可罰的過失[62]といった一定程度以上の過失[63]に処罰を限定すべきであるとの見解がある。第2に、医師の場合に限定して、他の過失犯より広く免責する見解がある[64]。第3に、起訴猶予、手続打切り等により手続法的に処罰を限定する見解がある[65]。

さらに、認識なき過失の場合は、非難可能性に欠けるから不処罰とすべきであるといわれることがある[66]。これは認識ある過失と認識なき過失という過失の種類による区別といえるが、認識が欠けていること自体が不注意として非難できる場合もある[67]。また、認識ある過失と認識なき過失は事実的な違いにとどまり、

---

57 井田・前掲注（47）三井古稀235頁、星周一郎「アメリカにおける医療過誤に対する刑事的対応」都立大学法学会雑誌50巻2号（2010年）217頁。
58 甲斐克則『医療事故と刑法』（成文堂、2012年）19頁、萩原・前掲（30）146頁、高・前掲注（30）107頁、宮澤・前掲注（46）22頁、前田・前掲注（47）150頁。畔柳達雄『医療と法の交錯』（商事法務、2012年）367頁は、重大な過失がある場合を除いて、それ以外の場合は原則として親告罪とする特別規定を設けることを提案する。
59 医療安全調査委員会設置法案大綱案第25（www.mhlw.go.jp/stf/shingi/2r98520000022qp8-att/2r98520000022qu5.pdf——最終アクセス2016年5月31日）。
60 厚生労働省「医療における業務上過失致死傷罪が適用される範囲」（2008年）1頁 http://www.mhlw.go.jp/shingi/2008/10/dl/s1031-9c_0003.pdf——最終アクセス2016年5月31日）。
61 山本・前掲注（47）129頁以下参照。
62 米田泰邦『管理監督過失処罰』（成文堂、2011年）121頁以下、同『医療者の刑事処罰』（成文堂、2012年）74頁。山中・前掲注（42）45頁は、理論的に「可罰的過失」をどのように位置づけるかは、いまだ明確にされているとはいえないとする。
63 山本・前掲注（47）130頁参照。
64 山本・前掲注（47）133頁以下参照。
65 岩崎・前掲注（42）166頁以下参照。
66 日山恵美「医療の安全確保における刑事過失論の限界——刑事医療過誤判決の分析から——」年報医事法学23号（2008年）12頁以下、甲斐克則「刑事医療過誤と注意義務論」年報医事法学23号（2008年）97頁、同『責任原理と過失犯論』（成文堂、2005年）127頁以下。
67 古川・前掲注（48）25頁、神馬・前掲注（42）14頁。

前者の方が後者より類型的に当罰性が高いという規範的な違いや、段階的な関係を意味するものではないであろう[68]。

重大な過失、軽率、単純に明白な違反、疑問の余地のない不注意、可罰的過失に限定するという見解は、過失の程度により限定しようとするものであるが、重過失に対しては、その判断基準が明らかではないという批判がある[69]。また、医療行為の不確実性を考慮すれば、そのような法的基準の設定は困難であると批判される[70]。過失の程度による限定は、解釈論的には医療事故に限定されるものではなく、まして医師という行為主体に限定されるものではない[71]。また、医療の特殊性自体は理解できるものの、それが軽率性ないし無謀性という制限的要件になぜつながるのか、そこには論理の飛躍（ないし論証の空白部分）があるとの批判がある[72]。

他方で、注意義務違反の「程度」が著しい場合に刑事責任を限定することは、ヒューマンエラー[73]の処罰を際立たせるものとなる。個人の責任を追及しても、同様の事故は繰り返されており、ヒューマンエラーの処罰は医療の安全対策においてデメリットをもたらす。したがって、ヒューマンエラーに関する専門家の的確な助言を得て、行為者の誤った行動が、行為者の立場に立って合理的に説明がつくものであり、注意資源が十分に回避行動に向けえない状況にあったのなら、非難は向けられないとの主張がある[74]。この主張に対しては、「技術的な未熟さや手技の失策の背景に、規範意識により制御可能な意思的行為を見出しうる（たとえば、意識を集中して注意を働かせることで、意思決定の修正や再試行が可能となり、

---

[68] 井田・前掲注（47）三井古稀243頁。
[69] 日本医師会医療事故における責委任問題検討委員会「医療事故による死亡に対する責任のあり方について――制裁型の刑事責任を改め再教育を中心とした行政処分へ――」（2010年）（http://dl.med. or.jp/dl-med/teirekaiken/20100310_1.pdf――最終アクセス2016年5月31日）5頁以下。
[70] 神馬・前掲注（42）13頁。
[71] 古川・前掲注（48）28頁。
[72] 井田・前掲注（47）三井古稀240頁。
[73] 河野・前掲注（5）117頁、ジェームス・リーズン・林喜男監訳『ヒューマンエラー――認知科学的アプローチ』（海文堂、1994年）10頁以下、187頁以下――計画されて実行された一連の人間の精神的・身体的活動が意図した結果に至らなかったもので、その失敗が他の偶発的事象の介在に原因するものではない場合。これはシステムの中で起きるものであって、一定の割合で事故が発生することは避けられず、その予防対策はシステム全体の改善として検討されなければならないとされる。なお、シドニー・デッカー・芳賀繁監訳『ヒューマンエラーは裁けるか』（東京大学出版会、2009年）219頁以下参照。
[74] 日山恵美「医療事故と刑事過失責任」甲斐克則編『医療事故と医事法』（信山社、2012年）259頁以下。

当該エラーを回避できる）場合は多く、その限りで刑事責任は肯定できるのであり、エラーの種類・態様の分析により、責任を問いうるものとそうでないものとを区別し、特定のものを刑事責任の対象から排除するという試みは成功しないであろう」との反論もある[75]。

医療安全調査委員会設置法案第3次案では、悪質な事例、故意、重大な過失（標準的な医療から著しく逸脱した医療）に限定して捜査機関への通知を行うとされていたが、医療側から重大な過失の範囲について異論が出され、大綱案では、より客観性のある表現として、「①故意による死亡・死産の疑いがある場合、②標準的な医療から著しく逸脱した医療に起因する死亡・死産の疑いがある場合（②に該当するか否かについては、病院、診療所等の規模や設備、地理的環境、医師等の専門性の程度、緊急性の有無、医療機関全体の安全管理体制の適否（システムエラー）の観点を勘案して、医療の専門家を中心とした地方委員会が個別具体的に判断することとする。）、③当該医療事故死等に係る事実を隠ぺいする目的で関係物件を隠滅し、偽造し、又は変造した疑いがある場合、類似の医療事故を過失により繰り返し発生させた疑いがある場合その他これに準ずべき重大な非行の疑いがある場合」とされた（第25）。

これに対しては、一方で、医療関係者からは、なお基準があいまいであり、警察の介入を阻止できないとして反対された[76]。しかし、他方で、大綱案は、重大な過失という法的な概念を用いることなく、医療安調査委員会の中心的な構成メンバーとなる医療関係者による医学的な判断に適した基準として立てられたものであって、必ずしも不明確なものとはいえないとの反論がある[77]。また、業務上過失の内容を医療事件との関係で具体化したものと理解することもでき[78]、一般人からみて処罰に値すると考えられる医療過誤を通知の対象とすべきであり、それが刑事処分の対象となる「過失」の認められる過誤となり[79]、基本的に支持し得るとの評価もあった[80]。

---

75 井田・前掲注（47）三井古稀244頁。なお、飯田英男『刑事医療過誤Ⅲ』（信山社、2012年）43頁参照。
76 日本医師会医療事故における責任問題検討委員会・前掲注（69）5頁以下。
77 川出・前掲注（13）60頁。
78 井田・前掲注（47）三井古稀240頁。
79 星・前掲注（57）218頁。
80 佐伯・前掲注（49）33頁、日本弁護士連合会・前掲注（7）199頁。

現状において、医療過誤に対する刑事処罰は謙抑的に行われており[81]、刑事裁判においても最終的な結論においては妥当な判断がなされているとの評価もある[82]。それにもかかわらず医療界から刑事司法に対して批判があるのは、医療の専門家ではない警察・検察・裁判官による捜査・訴追・裁判において、どのような行為が捜査・訴追・処罰されるのか不明確でわからないという不信のためであろう。そうすると、「重大な過失」による刑事責任限定論だけで萎縮医療を防ぐことは難しいということになる[83]。ここでの問題は、医療事故の分野において過失犯の成否の判断基準が不明確ではないかということである。

3 適正な過失犯処罰のあり方

過失犯は、本来的に積極的一般予防を除いては、予防効果が減殺されている。したがって、過失犯処罰は謙抑的に適用すべきである[84]。前述のように医療分野において一律に刑事責任を限定すべきであるという主張は説得的とはいえないとしても、不確実性、危険傾向性、行為時の結果予測困難性といった医療行為の特殊性を考慮して、裁判時から過去を振り返って結果責任に近い刑事責任の追及との批判を招くことのないように、個々の医療の特質に応じた過失判断のあり方を検討することが必要である[85]。

医療措置の選択においては、一定の範囲内で医師の裁量が認められ、その範囲内にある限り過失は否定される。その限界を画するのは、当該分野における「医療の一般水準」と患者の自己決定権であるともいわれている[86]。医療行為が刑事制裁に値するか否かについては、当該医療行為がこのような医療水準を満たすかどうかが重要な意味を持つ[87]。したがって、刑事処分の基準が不明確であるとの医療関係者からの批判に応えるためには、医師の行動準則である「医療水準」を

---

81 山中・前掲注（42）19頁。
82 日山・前掲注（74）257頁。
83 日山・前掲注（74）258頁。
84 山中・前掲注（42）26頁、藤原・前掲注（42）2号442頁以下。
85 井田・前掲注（47）三井古稀235頁、日山・前掲注（74）258頁参照。
86 中山研一「医療事故の刑事判例の動向」中山研一・甲斐克則編著『新版医療事故の刑事判例』（成文堂、2010年）7頁。
87 山中・前掲注（421）441頁、鵜飼万貴子「医療事故調査制度と、その無謬性〜産科医療補償制度とモデル事業の例から〜」比較法センター「医療と法ネットワーク」編『動き出す医療事故調査制度』（SCICUS、2015年）28頁。

客観化・明確化すること、個々の医療の特質に応じた過失判断のあり方を検討し、現在の医療水準や医療事故の類型に即しつつ、注意義務違反の内実をより具体化・精緻化することが必要である[88]。

　治療行為が正当化されるためには、治療行為が病者の生命・健康の維持・増進にとって必要であるという医学的適応性と、治療行為が医学上一般に承認された医療技術に則って行われるという医術的正当性が必要であるとされている[89]。また、民事判例においても、医療における注意義務の基準は診療当時の臨床医学の実践における医療水準であるとされている[90]。この医療水準は、必ずしも一律のものではなく、医療の個人性、地域性が考慮されるべきであり、具体的・個別的・流動的で相対的なものであるとされている[91]。刑罰が科せられる基準の明確性の要請から、医療水準は客観的に判断されるべきであるから、原則として、当該医師と同じ領域の専門医が当該医師の立場に置かれたならば、どのように判断し、どのような医療措置を選択すべきであったかが判断基準となる[92]。

　この医療水準について、「医師に医療措置上の行為義務を負わせ、その義務に反したものには刑罰を科す基準となり得る医学的準則は、当該科目の臨床に携わる医師が、当該場面に直面した場合に、ほとんどの者がその基準に従った医療措

88　山中・前掲注（42）44頁、萩原由美恵「医療過誤訴訟における医療水準」中央学院大学法学論叢22巻1号（2009年）47頁、高・前掲注（30）107頁、星・前掲注（54）109頁、日本弁護士連合会・前掲注（7）162頁、鵜飼・前掲注（87）28頁、山本・前掲注（47）138頁――専門分野全般で過失犯の行為規範性を具体化することで萎縮効果を減少させることが可能であるとする。佐伯・前掲注（54）三井古稀253頁は、起訴法定主義がとられているドイツにおいて、起訴強制手続における裁判所の決定が多数存在していることは、医師の注意義務を明確にして、医療過誤の再発を防止する上で、重要な意義を有しているとする。
89　大谷實『刑法講義総論新版第4版』（成文堂、2012年）261頁参照。なお、岩崎・前掲注（42）163頁は、「医療水準」ないし「医学的準則」に達しない場合は、実体法上犯罪の成立を否定することはできないことから、手続の打ち切りによる処罰の限定を提案する。
90　最判昭和57年3月30日判時1039号66頁、最判昭和57年7月20日判時1053号96頁、最判平成4年6月8日判時1450号70頁等。なお、木村壮介「医療・介護総合確保推進法における『医療事故調査制度』について」医学振興79号（2014年）15頁参照。
91　山中・前掲注（42）418頁参照。
92　東京地判平成13年3月28日判時1763号17頁、山中・前掲注（42）418頁以下参照。現場での治療方法を特に重視した医療水準を積極的に導入すべきであるとするのは、萩原・前掲注（88）49頁。医療の実際に依拠してなされる医療行為が法律上相当とされるか否かによって過失の判断がなされるべきであろうとするのは、高・前掲注（30）107頁。この分野での過失判断は現場の実態ないし慣行と専門家の知見を尊重したものであるべきであると同時に、「刑事過失」を「民事過失」よりも一段高いものにする解釈論の展開が必要とするのは、松宮孝明「診断行為と過失」中山研一＝甲斐克則編『新版医療事故の刑事判例』（成文堂、2010年）64頁。

置を講じていると言える程度の、一般性あるいは通有性を具備したものでなければならない。なぜなら、このように解さなければ、臨床現場で行われている医療措置と一部の医学文献に記載されている内容に齟齬があるような場合に、臨床に携わる医師において、容易かつ迅速に治療法の選択ができなくなり、医療現場に混乱をもたらすことになるし、刑罰が科せられる基準が不明確となって、明確性の原則が損なわれることになるからである。…医療行為が身体に対する侵襲を伴うものである以上、患者の生命や身体に対する危険があることは自明であるし、そもそも医療行為の結果を正確に予測することは困難である。したがって、医療行為を中止する義務があるとするためには、検察官において、当該医療行為に危険性があるというだけでなく、当該医療行為を中止しない場合の危険性を具体的に明らかにした上で、より適切な方法が他にあることを立証しなければならないのであって、…このような立証を行うためには、少なくとも、相当数の根拠となる臨床症例、あるいは対比すべき類似性のある臨床症例の提示が必要不可欠である」とした裁判例がある[93]。

　これは、医療行為が必然的に有するリスク、危険傾向性、医療行為の結果を事前に正確に予測することの困難性、不確実性、それに伴う医師の治療措置選択上の裁量性を考慮したものといえる[94]。医学的知見を必要とする事案については、医師集団における水準と明らかに異なる内容の医療措置を義務づけることはできないのであり、また、医師の裁量の範囲内にある医療措置についての優劣の判断は、原則として医師集団に委ねられているというべきであろう[95]。このような形で過失認定の基準になる行動準則を捉えるのであれば、医療関係者からの批判は回避できるように思われる[96]。このような刑事上の過失と民事上の過失の相違を明らかにすることは、今後の検討課題である[97]。

---

[93] 福島地判平成20年8月20日 LEXDB/25462845。
[94] 井田・前掲注（47）三井古稀233頁、同・前掲注（47）曽根・田口古稀601頁。
[95] 日山恵美「シンポジウムⅢ医療安全とプロフェッション『刑事法の立場から』」年報医事法学26号（2011年）160頁。
[96] 井田・前掲注（47）三井古稀234頁
[97] 山中・前掲注（42）44頁以下、佐伯・前掲注（31）302頁参照。

四　医療事故調査と医師の法的責任追及の関係

1　責任免除型

医療の特殊性から、医療事故について刑事免責すべきであるとの見解からは、医療事故調査のみを行い法的責任追及機関を廃止するという制度も考えられるが、前述の通り、これは非現実的であろう[98]。

2　分離型の問題点

事故調査が責任追及と無関係であるとすると、事故調査手続の中で重大な過誤があったか否かの判断はなされないのであるから、捜査機関が捜査を開始するか否かの判断のための必要な情報を得られる保障はなく、その判断は全面的に捜査機関に委ねられることなる。これは事故調査機関の専門的な判断を尊重する仕組みではなく、刑事手続が事故調査の実施を妨げているという問題は解決されないことになる[99]。専門的な事故調査機関を創設しただけでは、事故調査手続が捜査手続に優先されることにはならないのであって、そのための仕組みを整える必要がある[100]。

そこで、事故調査手続に、事件を刑事手続に回すかどうかの事実上の振り分け機能を持たせることが考えられる。大綱案では、刑事手続においては事故調査委員会の専門的な判断を尊重し、委員会からの通知や行政処分の実施状況を踏まえつつ対応するとされていた。これにより刑事手続の対象となる事例は、事実上悪質な事例に限定される。このように、通知制度を設けることにより、医療事故について調査を行う第一次的な主体を捜査機関から医療関係者が中心となる事故調査委員会に移し、刑事責任を問うべき事例か否かについて、専門的判断による事前の振り分けを行うことができるとして、これを積極的に評価する意見もあった

98　医療事故に係る調査の仕組み等のあり方に関する検討部会第4回議事録（2012年）（http://www.mhlw.go.jp/stf/shingi/2r9852000002g9o4-att/2r9852000002g9s7.pdf——最終アクセス2016年5月31日）16頁、消費者庁「事故調査機関の在り方に関する検討会とりまとめ」（2011年）（http://www.caa.go.jp/safety/pdf/matome.pdf——最終アクセス2016年5月31日）16頁、佐伯・前掲注（31）314頁、日本弁護士連合会・前掲注（7）200頁。
99　川出・前掲注（13）58頁。
100　川出・前掲注（13）54頁。

が[101]、前述のように、なお刑事責任追及に陥る恐れがあり、警察への通知基準があいまいで、警察の介入を阻止できないという医療側からの反対が多かった[102]。

3　協働・連携型

　事故調査と刑事手続の関係は、いずれか一方が優先すべきであるというより、両者の両立が重要となるというべきであろう[103]。そこで、事故調査と捜査手続を独立のものとしたうえで、事故調査機関と捜査機関による活動の調整を図りつつ、両者が事実上の協力を行う仕組みが提案されている[104]。そのためには、捜査機関が事故調査機関の判断を尊重することが担保されなければならない。したがって、両機関の間で、刑事責任を問うべき医療事故の範囲について合意がなされているか、その考え方が一致していることが必要であり、捜査機関として刑罰を科すに値すると考えられるような事件について、確実に通知がなされる体制が必要である[105]。

　この意味においては、大綱案は、標準的な医療行為から著しく逸脱した医療に起因する死亡を通知の基準としており、これに対しては明確でないとの批判があったが、医療関係者による医学的な判断に適した基準として立てられたものであり、医療事故の当罰性に関する実務上の感覚に適合してものであって、必ずしも不明確という批判は当たらないのではないかと思われる[106]。産科医療無過失補償制度では、原因分析委員会における原因分析の結果、診療行為等が、一般的な医療から著しくかけ離れていることが明らかで、かつ産科医療として極めて悪質である場合は、加入規約第27条に基づき、補償金と損害賠償金の調整を行う調整委員会へ諮るとともに、その旨を分娩機関および補償請求者に通知するとされている[107]。

101　川出・前掲注（13）57頁。
102　日本医師会医療事故における責任問題検討委員会・前掲注（69）5頁以下。
103　笹倉宏紀「事故調査と刑事司法（上）――『事故調査機関の在り方に関する検討会』の『取りまとめ』をめぐって」ジュリスト1432号（2011年）30頁。
104　川出・前掲注（13）55頁。航空事故調査「覚書」（1972年）、消費者事故調査委員会、製品評価技術基盤機構、警察庁「消費生活用製品に起因する事故の捜査における関係機関との協力について」（2009年）（https://www.npa.go.jp/pdc/notification/keiji/souichi/souichi20090219-2.pdf）。
105　川出・前掲注（13）60頁。
106　川出・前掲注（13）60頁。
107　上田茂「産科医療補償制度の補償金と損害賠償金の調整等について」判タ1418号（2016年）74頁参照。

4 行政処分

　医師等に対する行政処分は、医療の質を確保し、国民の生命・健康を保護することを目的として、医師に対する再教育等により医療の質の改善を図るものとされている。しかし、これまでの医師に対する行政処分は、罰金以上の刑に処せられる刑事判決（医師法4条3号）を待って、これを資料として医道審議会が処分内容を勧告し、厚生労働大臣が処分を行うものとされていた。違法行為の事実認定は刑事訴訟を通じてなされ、行政調査には強制調査権は付与されておらず、不法行為のような犯罪にならない行為は処分の対象外である。そのために、刑事判決に依存する処分となり、実質的には犯罪をした医師に対する追加的な制裁となっているとも批判される[108]。行政処分と刑事処分が無関係に働き、かつ、この種の刑事裁判が長期化し、問題のある医師は教育もなされず、再発防止のための措置も不十分なままに放置され、各医療機関のリスク情報を共有できないというように、安全性を向上させるための総合的な行政処分制度が整備されているとはいえなかった。

　そこで、行政処分のあり方の見直しが検討され、「刑事事件とならなかった医療過誤についても、医療を提供する体制や行為時点における医療の水準等に照らして明白な注意義務違反が認められる場合などについては、処分の対象として取り扱うもの」とされた。また、業務上過失致死傷については、「行政処分の程度は、基本的には司法処分の量刑などを参考に決定するが、明らかな過失による医療過誤や繰り返し行われた過失など、医師、歯科医師として通常求められる注意義務が欠けているという事案については、重めの処分とする」とされた[109]。

　なお、2004年以降、「罰金以上の刑が含まれる事件」で公判請求した事件または略式命令を請求した事件について法務省から厚労省に情報が提供され、提供された情報を厚生労働省で調査のうえ、行政処分を審議するようになっている[110]。

108　髙梨滋雄「医師に対する行政処分」医療問題弁護団『医療問題弁護団35周年記念シンポジウム報告書　医療事故対策の現状と課題——医療問題弁護団の政策形成への関わり——』（2013年）（http://www.iryo-bengo.com/general/press/pdf/38/press01.pdf——最終アクセス2016年5月31日）55頁、日本医師会・前掲注（69）14頁、日本弁護士連合会・前掲注（7）203頁。
109　医道審議会医道分科会「医師及び歯科医師に対する行政処分の考え方について」（2002年）（http://www.mhlw.go.jp/shingi/2002/12/s1213-6.html——最終アクセス2016年5月31日）。
110　医政局医事課「『罰金以上の刑に処せられた医師又は歯科医師』に係る法務省からの情報提供体制について」（2004年）（http://www.mhlw.go.jp/houdou/2004/02/h0224-1.html——最終アクセス2016年5月31日）。

2006年には、医師法、医療法等が改正され、戒告処分の新設、業務停止期間の上限（3年）の法定、再免許、再教育、間接強制調査権の新設、医師以外の医療職に関する行政処分の改正が行われた[111]。

こうして刑事処分がなくても行政処分が可能にはなったが、実際に刑事事件の有罪判決はないが行政処分が行われた事案、行政処分のみが行われた例は極めて少数という状況であり[112]、医師法、医療法改正による行政処分の改善は、なお十分であるとはいえない[113]。

大綱案は、個人に対する行政処分に加えて、病院等におけるシステムエラーに対する改善計画の提出命令・変更命令等の組織に対する行政処分権限の創設を規定していた。これは、システムエラーの問題への対応として積極的に評価されていた[114]。また、あえて刑罰を科すまでの必要性がない場合があることから、事故調査結果に基づいて行政処分が先行して行われる、すなわち行政処分に値する医療事故を事故調査機関が選別して、行政処分担当の行政官庁に通知するという仕組みの創設を検討する必要性も指摘されている[115]。行政処分との関係においても完全に分離する今回の調査制度には、この意味においてもなお検討すべきところがあるように思われる。

5　民事責任

医療事故における被害者救済のためには、これまで民事訴訟による解決手段が用いられてきた。しかし前述のように、不確実性、危険傾向性を有する医療行為の場合、個々の医療者の注意如何によって対処することには限界があり、一方で、訴訟リスクの増大から萎縮医療、医療崩壊が問題となり、他方で、患者側も訴訟によって納得のいく解決に至ることはできない場合も多くなる。そこで、被

---

[111]　医師法7条2項1号（戒告処分）、同項2号（3年以内の医業停止）、同条3項（再免許）、7条の2（再教育）、7条の3（間接強制調査権）。
[112]　宇賀克也「医療事故の原因究明・再発防止と行政処分――行政法的視点からの検討」ジュリスト1396号（2010年）17頁以下、飯田・前掲注（75）39頁、勝又純俊「医療事故に関与した医師・歯科医師に対する行政処分の最近の状況」犯罪学雑誌76巻1号（2010年）12頁以下、同「医療事故に対する行政処分の最近の動向」甲斐克則編『医療事故と医事法』（信山社、2012年）47頁以下、高梨・前掲注（108）55頁参照。
[113]　磯辺哲「シンポジウムⅢ医療安全とプロフェッション　行政法の立場から」年報医事法学26号（2011年）173頁、畔柳・前掲注（58）318頁以下、高梨・前掲注（108）55頁。
[114]　宇賀・前掲注（111）22頁。
[115]　川出・前掲注（13）62頁、日本弁護士連合会・前掲注（7）204頁。

害者救済のために、民事訴訟以外の道が開かれ、ニーズに応じた迅速な対応が図られる体制が整えられていかなければならいともいわれている[116]。このように、過失責任主義に基づく現在の訴訟制度の枠組みは、医療紛争解決の最善の手段とはいえないのではないかという観点から、近年、裁判外紛争解決手段として、医師賠償責任保険[117]、医療ADR[118]、産科医療補償制度[119]が利用され始めている。

　これらの多様な裁判外の紛争解決方法により、確実な被害補償システムが構築され、より迅速な被害者救済が可能になり、医事紛争の解決に大きな役割を果たすことが期待される。もっとも、医師賠償責任保険制度については、医療者の過失を前提とした制度であり、無責と判断されると保険金が支払われない仕組みとなっている点で、医療ADRとの連携が不十分であるとの指摘もある。これに対して、産科医療補償制度は、医療にリスクが伴うことを前提に、このリスク、それに伴うコストを社会全体で負担するという観点から導入されたもので、今後の医療紛争の在り方を根本から変える可能性を秘めた画期的制度であり、産科以外の分野への展開の可能性も注目されると評価されている[120]。

　産科医療補償制度は、分娩に関連して発症した重度脳性麻痺児とその家族の経済的負担を速やかに補償し、脳性麻痺発症の原因分析を行い、同じような事例の再発防止に資する情報を提供することなどにより、紛争の防止・早期解決および産科医療の質の向上を図ることを目的とする[121]。本制度は、分娩に関連して発症した脳性麻痺を補償対象とし、補償請求者からの補償認定の依頼に基づき、分娩機関が運営組織（公益財団法人日本医療機能評価機構）に対して補償認定を請求する。補償対象として認定された場合、運営組織は損害保険会社に補償金を請求

116　山中・前掲注（42）33頁、中島恒夫「水戸黄門と消費者事故調に学ぶ医療事故調査制度の在り方」日経メディカル編『医療事故調査制度対応マニュアル』（日経BP社、2015年）111頁、山本・前掲注（6）15頁、加藤良夫編『実務医事法（第2版）』（民事法研究会、2014年）669頁。
117　日本医師会「日本医師会医師賠償責任保険制度（2014.11.16）」（http://www.med.or.jp/doctor/report/003368.html──最終アクセス2016年5月31日））参照。
118　植木・前掲注（35）31頁以下、日本弁護士連合会・前掲注（7）82頁以下参照。
119　公益社団法人日本医療機能機構「脳性麻痺に関する産科医療補償制度の詳細」（http://www.sanka-hp.jcqhc.or.jp/detail/compensation.html）、日本弁護士連合会・前掲注（7）105頁以下、前田哲兵「無過失補償制度」医療問題弁護団・前掲注（107）27頁以下参照。
120　加藤編・前掲注（116）282頁、最高裁判所事務総局「平成25年7月　裁判の迅速化に係る検証に関する報告書（社会的要因編）」（2013年）（http://www.courts.go.jp/vcms_lf/20524011.pdf──最終アクセス2016年5月31日）110頁、日本弁護士連合会・前掲注（7）109頁。
121　産科医療補償制度加入規約1条（http://www.sanka-hp.jcqhc.or.jp/documents/agreement/pdf/ob_kiyaku_H27_1.pdf──最終アクセス2016年5月31日）。

し、損害保険会社から補償請求者に補償金が支払われる。補償対象として認定された全事例について、原因分析委員会と原因分析委員会部会において医学的観点から原因分析を行い、原因分析報告書を保護者と分娩機関に送付する。分娩機関が損害賠償責任を負い、損害賠償額が確定した場合、損害賠償金と補償金との二重の支払いを回避するために調整が行われる[122]。原因分析委員会により、当該重度脳性麻痺について加入分娩機関における診療行為等が、一般的な医療から著しくかけ離れていることが明らかで、かつ産科医療として極めて悪質であることが明らかであるとされた場合、機構が別に設置する医療訴訟に精通した弁護士等を委員とする調整委員会に諮り、調整委員会が補償金と損害賠償金の調整を行う（加入規約27条）。「一般的な医療から著しくかけ離れていることが明らかで、かつ産科医療として極めて悪質であることが明らかである」場合とは、極めて怠慢な医療行為、著しく無謀な医療行為、本来の医療とは全く無関係な医療行為等がこれに該当するとされている[123]。 このように、無過失補償制度においても、原因分析の過程において過失の有無について事実上明らかになることもあり得るのであり、損害賠償責任との調整を図る場合には、医療者の過失の有無の判断と無関係ではないことに注意が必要である。

　なお、無過失補償制度については、新たな医療事故調査制度が調査対象を死亡事例に限定して、過失の有無を判断しないとされ、無過失補償制度の検討の前提にできる仕組みとはならなかったことから[124]、第5回医療の質の向上に資する無過失補償制度のあり方に関する検討会において、医療事故調査制度を確立し、事故等の現状把握が先決であるとして、検討をいったん打ち切ることとされた[125]。

6　医療事故調査制度と民事責任・行政責任・刑事責任との関係

　新たな医療事故調査制度は、法的責任とは完全に分離された制度であるだけに、事故調査と法的責任追及の調整の問題は今後の大きな課題である。医療事故

122　産科医療補償制度標準補償約款8条（http://www.sanka-hp.jcqhc.or.jp/documents/agreement/pdf/obstetrics_yakkan_aft_20150101.pdf——最終アクセス2016年5月31日）。
123　上田・前掲注（107）74頁。
124　「無過失補償制度のあり方についての論点」（2013年）（http://www.mhlw.go.jp/file.jsp?id=148486&name=2r98520000034xk4_1.pdf——最終アクセス2016年5月31日）1頁参照。
125　第5回医療の質の向上に資する無過失補償制度等のあり方に関する検討会議事録（http://www.mhlw.go.jp/stf/shingi/0000013838.html——最終アクセス2016年5月31日）参照。

に対する法的責任追及の手段としての民事責任、行政処分、刑事責任は、それぞれ独立の法的責任であり、その目的も異なることから、別々に責任が追及されてきた。しかし、医療事故の原因を究明し、再発防止策を実施し、被害を回復して責任を明確にするためには、これらの関係を検討することが必要である。

　刑事制裁の最終手段性から考えると、刑事責任追及の前に民事・行政責任で十分目的を達成できる場合には、刑事制裁を科さないという原則を確認する必要がある。そのためには、特に再発防止および被害回復手段として機能しうる民事・行政処分の存在が前提となる。すなわち、医療行為の特殊性に基づいて、まず、医療専門家による事故調査が行われるべきである。次に、医療事故調査制度による調査結果に基づいて、行政処分に値する医療事故を事故調査機関が選別して、担当行政庁に通知し、医療機関・医療従事者個人に対する行政処分が先行して行われ、これとは別に民事訴訟、医療ADR、無過失賠償制度等により迅速な被害者救済を図る。通常であれば、それ以上の法的責任追及はしない。医療水準からの重大な逸脱という意味での責任がある場合や、再犯の場合のように悪質な場合には刑事処分を科すというようなシステムの創設を検討する必要があろう[126]。

　民事責任との関係については、被害者救済の問題を棚上げにしたまま医療の安全を図っていくことは難しく、医療紛争の1回的解決の実現に向けた努力こそが必要となるとして、医療事故調査制度と医療ADR機関の連携[127]、あるいは医療被害防止・救済センター構想[128]が提案されている。

　行政処分・刑事責任との関係については、前述のような責任免除型、責任追及型、今回の責任分離型の他に、調査機関による告発を訴訟条件とする専属告発制度も考えられるが[129]、これも事故調査と刑事手続との結合を認めるものとして、医療界からの理解を得ることは困難であろう。そこで、事故調査と捜査手続を独立したものとした上で、事故調査機関と行政処分担当機関・捜査機関による活動の調整を図りつつ、両者が事実上の協力を行う仕組みが提案されている[130]。

　前述のように、事故調査制度の実効性を確保するために、過失責任を問わない

126　川出・前掲注（13）62頁、佐伯・前掲注（31）314頁。
127　植木／涛・前掲注（10）406頁、植木・前掲注（35）39頁以下、日本弁護士連合会・前掲注（7）82頁以下参照。
128　加藤・前掲注（18）52頁、日本弁護士連合会・前掲注（7）121頁。
129　川出・前掲注（13）54頁、佐伯・前掲注（31）314頁参照。
130　川出・前掲注（13）55頁、笹倉・前掲注（28）50頁以下参照。

制度の構築は困難である。したがって、まずは過失責任を残した上で、事故の原因究明の阻害原因を除去できる方向で制度設計を検討すべきであろう[131]。医療事故について警察の捜査を適正な範囲に限定するためには、事故調査機関から捜査機関への通知の仕組みが必要であろう。そして、捜査機関が事故調査機関の判断を尊重することが担保されていなければならない。そのためには、事故調査機関と捜査機関との間で、刑事責任を問うべき医療事故の範囲について合意がなされていることが必要である。このようにして、捜査機関として刑罰を科すに値すると考えるような事件について、確実に事故調査機関から通知がなされる体制が必要である[132]。また、捜査機関と行政処分担当機関とが連携して、刑事責任を問うまでの必要はない場合について、行政処分の可否を判断し、必要であれば処分を科すという仕組みも必要であろう。そのために、各機関が情報を共有し、情報・証拠の提供がなされるべきであろう。

　他の分野においては、たとえば、運輸安全委員会は、捜査を担う警察と覚書を交わす等により、警察の犯罪捜査と運輸安全委員会の事故調査が競合する場合に、相互の調整を図るものとする[133]。消費者安全調査委員会は、委員会から警察に対し事故等原因調査に関する情報提供の要請があったときは、警察は支障のない限りこれに応じるものとし、警察は調査委員会に対し犯罪捜査に資する情報提供の要請があったときは、調査委員会は支障のない限りこれに応じるものとする。また、犯罪捜査と事故調査が競合する場合、警察と調査委員会または消費者庁は事前に協議し、犯罪捜査と事故等原因調査が相互に支障をきたさないように調整を図るものとする[134]。独立行政法人製品評価技術基盤機構は、消費生活用製品に伴う事故に関して、警察と連携・協力するものとする[135]。このように、各機関が事故情報を共有し、連携・協力して、民事責任、行政処分との連携を図りながら、真に処罰に値する行為についてのみ刑事処分を科すべきであろう。

131　川出・前掲注（50）13頁以下、笹倉・前掲注（103）29頁以下参照。
132　川出・前掲注（13）59頁参照。
133　「警察庁との覚書関係資料」（http://www.mlit.go.jp/jtsb/fukuchiyama/kensyou/fu04-shiryou6-1-20091207.pdf――最終アクセス2016年5月31日）参照。
134　「警察庁との確認事項」（http://www.caa.go.jp/csic/soshiki/legal/pdf/20121116npa_1.pdf――最終アクセス2016年5月31日）参照。
135　警察庁「消費生活用製品に起因する事故の捜査における関係機関との協力について」・前掲注（104）参照。

五　おわりに

　医療事故の問題を解決するためには、原因究明、再発防止、迅速な被害回復、適切な法的責任追及が必要であり、これらはいずれも不可欠である。したがって、その実現のためには、医療専門家の見解を適切かつ公平に取り入れた、医療従事者の立場からも納得できる運用となるべく制度設計をすることが重要である[136]。そのためには、第1に、中立性、公正性、透明性、独立性、専門性の観点から信頼される事故調査委員会が存在しなければならない。第2に、その専門的知見が、被害回復手段として有効な民事責任追及、再発防止・医療の質の向上のための手段として機能し得る行政処分、および刑罰を科すに値する刑事責任追及を行うか否かに関する判断において尊重されるような仕組みが必要であろう[137]。

　法的責任追及の可否の判断に当たって重要となるのは、医療水準ないし標準的な医療から逸脱した医療の判断である。したがって、この判断基準を明確にして、医療行為への萎縮効果が生じないようにすることが重要である。原因究明・再発防止を目的とする事故調査において再発防止に役立つ重要な事実と、民事責任、行政処分、刑事責任の可否を判断するために重要な事実には、基本的な共通点と目的の相違に基づく相違点がある。そこで、医療専門家による分析結果を前提として、各機関が基本的な情報を共有しつつ、それぞれの目的を実現するために必要な情報を交換し、活動を調整して、連携・協力しながら一定の評価基準を策定することが求められる。

　このような事故調査制度と法的責任追及の問題は、医療事故に限られず、他の分野の事故調査において共通して問題となるものであるから、事故調査全般の問題として、統一的な制度を創設する方向で検討を進めることが必要である。

　　［付記］本稿は、科学研究費助成事業（研究種目：基盤研究B、課題番号26285020、研究課題：犯罪予防論の多角的研究）の助成を受けた研究成果の一部である。

136　日山・前掲注（73）医療事故と医事法258頁。
137　川出・前掲注（13）59頁、宇賀・前掲注（108）29頁、畔柳・前掲注（58）365頁、368頁。

実行の着手について

武 田　　誠

一　はじめに
二　二件の最高裁決定（認定事実）
三　最高裁の判断
四　最高裁判断の分析
五　私　見

一　はじめに

　刑法43条は、「犯罪の実行に着手してこれを遂げなかった者は、その刑を減軽することができる」と規定し、未遂犯についての法的効果を示している。この規定から明らかなように、「実行の着手」という概念は、「これを遂げなかった」、すなわち、行為者の意図した結果が発生しなかった場合に問題にされるべき概念である。その意味で、一般的にいえば、逆に行為者の意図した結果が発生した場合には、実行の着手時点をどこに求めるかは重要な問題ではないといえよう。極端な言い方をすれば、結果が発生した以上、実行の着手時点をどこに設定しようが重要な問題ではないではないといえるのである。

　しかし、判例上、行為者の意図した結果が発生したのにもかかわらず、なお、実行の着手時点が論じられる事件が存在する。その事情は事件ごとにさまざまである。ただ、本稿の目的は、かならずしも、事件ごとに異なるその事情を明らかにすることにはない。本稿の目的は、行為者の意図した結果が「その意図どおりに」発生した事件で、実行の着手が認定された判断基準を分析し、それを検討することにある。

　本稿で検討対象にするのは二件の判例である。その意味で、本稿は単なる判例研究の域をでるものではない。さらに、本稿で取り上げる二件の検討対象は、いずれも周知の、すでに多くの判例批評の対象になっている事件である。したがっ

て、ここで私がさらに検討を加える意義があるかについて自信もない[1]。ただ、私なりの視点からの検討にもそれなりの価値があろうかとも考え、あえて以下の二件の判決を取り上げる次第である。

二　二件の最高裁決定（認定事実）

1　最高裁判所昭和45年7月28日第三小法廷決定（刑集24巻7号585頁）

まず取り上げる事件は「強姦罪における実行の着手」として引用されている事件[2]である。最初に、裁判所の認定した事実を示すことにしたい。

> 「原判決ならびにその維持する第一審判決によれば、被告人は、昭和四三年一月二六日午後七時三〇分頃、ダンプカーに友人のYを同乗させ、ともに女性を物色して情交を結ぼうとの意図のもとに防府市内を徘徊走行中、同市八王子一丁目付近にさしかかった際、1人で通行中の甲女（当時二三歳）を認め、「車に乗せてやろう。」等と声をかけながら約一〇〇メートル尾行したものの、相手にされないことにいらだったYが下車して、同女に近づいて行くのを認めると、付近の同市佐波一丁目赤間交差点西側の空地に車をとめて待ち受け、Yが同女を背後から抱きすくめてダンプカーの助手席前まで連行して来るや、Yが同女を強いて姦淫する意思を有することを察知し、ここにYと強姦の意思を相通じたうえ、必死に抵抗する同女をYとともに運転席に引きずり込み、発進して同所より約五、〇〇〇メートル西方にある佐波川大橋の北方約八〇〇メートルの護岸工事現場に至り、同所において、運転席内で同女の反抗を抑圧してY、被告人の順に姦淫したが、前記ダンプカー運転席に同女を引きずり込む際の暴行により、同女に全治までに約一〇日間を要した左膝蓋部打撲傷等の傷害を負わせた。」

本件認定事実のうち、私見によれば、注目すべき部分が二点ある。まず挙げたいのは、「必死に抵抗する同女をYとともに運転席に引きずり込み、発進して同所より約五、〇〇〇メートル西方にある佐波川大橋の北方約八〇〇メートルの護

---

[1] 私は大学院に入学以来、研究者としてなんとか独り立ちできるまで、浅田先生にさまざまな面でお世話になった。その先生の古希のお祝いの論文集にこの程度の作文しか献呈できないことに恥じ入るとともに、先生に対し失礼であると反省している。ただ、私が研究者として自身の考えをもつことができるようになるまでに、「浅田説」から多くのことを学び、影響を受けたことは間違いがない。本稿もその延長線上にあることをもって、浅田先生のお許しを請うと同時に、先生に御礼を申し上げる次第である。

[2] 刑法判例百選・総論では、以下の評釈が収録されている。墨谷葵・別冊ジュリスト57号156頁、小田直樹・別冊ジュリスト111号134頁、142号130頁、松原芳博・別冊ジュリスト166号128頁、関哲夫・別冊ジュリスト189号128頁、西村秀二・別冊ジュリスト220号128頁。

岸工事現場に至り、同所において、運転席内で同女の反抗を抑圧してY、被告人の順に姦淫した」という部分である。つぎに問題にしたいのは、「ダンプカー運転席に同女を引きずり込む際の暴行により、同女に全治までに約一〇日間を要した左膝蓋部打撲傷等の傷害を負わせた」という部分である。

2　最高裁判所平成16年3月22日第一小法廷決定（刑集58巻3号187頁）

本件は、周知のように、「早すぎた結果の発生」というタイトルで取り上げられている事件[3]である。裁判所の認定事実は以下のとおりである。

> 「（1）被告人甲は、夫のVを事故死に見せ掛けて殺害し生命保険を詐取しようと考え、被告人乙に殺害の実行を依頼し、被告人乙は、報酬欲しさからこれを引き受けた。被告人乙は、他の者に殺害を実行させようと考え、丙、丁及び戊（以下「実行犯3名」という。）を仲間に加えた。被告人甲は、殺人の実行の方法については被告人乙らにゆだねていた。
> （2）被告人乙は、実行犯3名の乗った自動車（以下「犯人使用車」という。）をVの運転する自動車〈以下「V使用車」という。〉に衝突させ、示談交渉を装ってVを犯人使用車に誘い込み、クロロホルムを使ってVを失神させた上、最上川付近まで運びV使用車ごと崖から川に転落させてでき死させるという計画を立て、平成7年8月18日、実行犯3名にこれを実行するよう指示した。実行犯3名は、助手席側ドアを内側から開けることのできないように改造した犯人使用車にクロロホルム等を積んで出発したが、Vをでき死させる場所を自動車で1時間以上かかる当初の予定地から近くの石巻工業港に変更した。
> （3）同日夜、被告人乙は、被告人甲から、Vが自宅を出たとの連絡を受け、これを実行犯3名に電話で伝えた。実行犯3名は、宮城県石巻市内の路上において、計画どおり、犯人使用車をV使用車に追突させた上、示談交渉を装ってVを犯人使用車の助手席に誘い入れた。同日午後9時30分ころ、丁が、多量のクロロホルムを染み込ませてあるタオルをVの背後からその鼻口部に押し当て、丙もその腕などを押さえるなどして、クロロホルムの吸引を続けさせてVを昏倒させた（以下、この行為を「第1行為」という。）。その後、実行犯3名は、Vを約2km離れた石巻工業港まで運んだが、被告人乙を呼び寄せた上でVを海中に転落させることとし、被告人乙に電話をかけてその旨伝えた。同日午後11時30分ころ、被告人乙が到着したので、被告人乙及び実行犯3名は、ぐったりとして動かないVをV使用車の運転席に運び入れた上、同車を岸壁から海中に転落させて沈めた（以下、この行為を「第2行為」という。）。

---

[3]　刑法判例百選・総論では、以下の評釈が収録されている。塩見淳・別冊ジュリスト189号130頁、古川信彦・別冊ジュリスト220号130頁。

（4）Ｖの死因は、でき水に基づく窒息であるか、そうでなければ、クロロホルム摂取に基づく呼吸停止、心停止、窒息、ショック又は肺機能不全であるが、いずれであるかは特定できない。Ｖは、第2行為の前の時点で、第1行為により死亡していた可能性がある。
（5）被告人乙及び実行犯3名は、第1行為自体によってＶが死亡する可能性があるとの認識を有していなかった。しかし、客観的にみれば、第1行為は、人を死に至らしめる危険性の高い行為であった。」

私見によれば、注目すべき事実は以下の五点である。第一に、被告人（乙）が「示談交渉を装ってＶを犯人使用車に誘い込み、クロロホルムを使ってＶを失神させた上、最上川付近まで運びＶ使用車ごと崖から川に転落させてでき死せるという計画を立て」たこと。第二に、実行犯3名が、「計画どおり、犯人使用車をＶ使用車に追突させた上、示談交渉を装ってＶを犯人使用車の助手席に誘い入れた。同日午後9時30分ころ、丁が、多量のクロロホルムを染み込ませてあるタオルをＶの背後からその鼻口部に押し当て、丙もその腕などを押さえるなどして、クロロホルムの吸引を続けさせてＶを昏倒させた」（第1行為）こと。第三に、被告人（乙）と実行犯3名が、「ぐったりとして動かないＶをＶ使用車の運転席に運び入れた上、同車を岸壁から海中に転落させて沈めた」（第2行為）こと。第四に、「Ｖの死因が、でき水に基づく窒息であるか、そうでなければ、クロロホルム摂取に基づく呼吸停止、心停止、窒息、ショック又は肺機能不全であるが、いずれであるかは特定できず、Ｖは、第2行為の前の時点で、第1行為により死亡していた可能性がある」ことである。そして最後、第五として、被告人（乙）及び実行犯3名は、「第1行為自体によってＶが死亡する可能性があるとの認識を有していなかったが、客観的にみれば、第1行為は、人を死に至らしめる危険性の高い行為であった」ということである。

三　最高裁の判断

1　昭和45年決定

「被告人が甲をダンプカーの運転席に引きずり込もうとした段階においてすでに強姦に至る客観的な危険性が明らかに認められるから、その時点において強姦行為の着手があつたと解するのが相当であり、また、甲に負わせた右打撲傷等は、傷害に該当すること明らかであつて、以上と同趣旨のもとに被告人の所為を強姦致傷罪にあたるとし

た原判断は、相当である。」

　最高裁は、被告人が甲をダンプカーに引きずり込もうとした時点に実行の着手を認めた。その理由は、その時点で強姦に至る客観的な危険が明らかに認められるから、というのである。
　ここで、次項での検討のため、私見による疑問提起をしておきたい。まず、この最高裁による危険判断は事前判断かそれとも事後判断か、という問いである。つぎに、ここで指摘されている「客観的危険」はどのような資料（事実）に基づいて、どのような方法で認定されたのであろうか、という問いも生じるのである。この二点が検討課題となる。

2　平成16年決定

　「実行犯3名の殺害計画は、クロロホルムを吸引させVを失神させた上、その失神状態を利用して、Vを港まで運び自動車ごと海中に転落させてでき死させるというものであって、第1行為は第2行為を確実かつ容易に行うために必要不可欠なものであったといえること、第1行為に成功した場合、それ以降の殺害計画を遂行する上で障害となるような特段の事情が存しなかったと認められることや、第1行為と第2行為との間の時間的場所的近接性などに照らすと、第1行為は第2行為に密接な行為であり、実行犯3名が第1行為を開始した時点で既に殺人に至る客観的な危険性が明らかに認められるから、その時点において殺人罪の実行の着手があったものと解するのが相当である。また、実行犯3名は、クロロホルムを吸引させてVを失神させた上自動車ごと海中に転落させるという一連の殺人行為に着手して、その目的を遂げたのであるから、たとえ、実行犯3名の認識と異なり、第2行為の前の時点でVが第1行為により死亡していたとしても、殺人の故意に欠けるところはなく、実行犯3名については殺人既遂の共同正犯が成立するものと認められる。そして、実行犯3名は被告人両名との共謀に基づいて上記殺人行為に及んだものであるから、被告人両名もまた殺人既遂の共同正犯の罪責を負うものといわねばならない。したがって、被告人両名について殺人罪の罪責を負うものと認めた原判断は、正当である。」

　最高裁は殺人罪の成否について職権による判断を示しているが、それは二つの部分から構成されている。第一の判示部分は、実行の着手時点についての判断である。最高裁によれば、それは第1行為を開始した時点である。第二は、実行犯3名に殺人既遂罪が成立し、被告人甲、乙は、実行犯3名と共謀したことを根拠に共同正犯の責めを負う、というものである。
　まず、第一の判示部分についてであるが、第1行為の開始時点に実行の着手を認める理由は、最高裁によれば、その時点で殺人に至る客観的な危険性が明らか

に認められるからである。この判断にはさらに根拠が示されている。その根拠は以下の三点である。第1行為が第2行為を確実かつ容易に行うために必要不可欠なものであったこと、第1行為に成功した場合、それ以降の殺害計画を遂行する上で障害となるような特段の事情が存しなかったこと、第1行為と第2行為との間の時間的場所的近接性があること。

第二の判示部分の判断理由は、第1行為の時点で殺人の実行の着手が認められ、結果的に殺害という目的を遂げたのであるから、実行犯3名の認識と異なり、第2行為の前の時点でVが第1行為により死亡していたとしても、殺人の故意に欠けるところはない、というものである。

さて、私見による疑問提起をしておこう。第一の判示部分に関しては、第1行為と第2行為を「一連の行為」と評価したことの妥当性、そして、そもそも第1行為の開始時点で客観的な危険性が存在するという判断の根拠はなにか、という二点である。第二部分の根拠を読むと、最高裁はこの問題を、いわゆる「因果関係の錯誤」事案と捉えているようにも読み取れる。もしそうだとすれば、因果関係の錯誤というケースを「故意」の成否という問題に還元するという発想の妥当性が問われるように思われる。

四　最高裁決定の分析

1　昭和45年決定

私は、昭和45年決定では、この最高裁による危険判断は事前判断かそれとも事後判断か、ここで指摘されている「客観的危険」はどのような資料（事実）に基づいて、どのような方法で認定されたのであろうか、という二点の疑問を提示しておいた。

しかし、この判決理由を読むだけではこれらの問いに答えることはできないように思われる。この判決の意図するところは「判例」全体の流れで捉えなければならないといえよう。

ちなみに、実行の着手については、学説上は大別して主観説と折衷説、客観説が存在し、さらに客観説が形式的客観説と実質的客観説に分類されると説明されることが多い。一応このような観点から本判決を見るならば、判決は「客観的危険」と明言しているわけであるから、本判決が主観説に立脚していないことは明

白である。では、折衷説的発想に基づくのであろうか、それとも客観説的発想に基づくのであろうか。折衷説というのは、論理的にいえば、主観と客観の折衷ということであろうが、それもまた主観説を基本とする折衷説と客観説を基本とする折衷説があり得よう。折衷説と区別するという意味では、客観説とは主観を排除するものでなければならないということになるので、純粋に客観的な判断でなければならないということになろう。

　事前判断か事後判断かについても争いがある。学説上は、たとえば因果関係論、不能犯論でみられるように事前判断が妥当であるとするのが通説である。

　このような学説的な観点から見て、本判決の判断はどのように評価することができるのであろうか。だがしかし、当然といえば当然であるが、本判決は何も語ってはいない。そこで私が参考にしたいのが大久保太郎氏の分析[4]である。

　大久保氏によれば、本判決の「かかる事実関係のもとにおいては　被告人が甲女をダンプカーの運転席に引きずり込もうとした段階においてすでに強姦に至る客観的な危険性が明らかに認められるから、その時点において強姦行為の着手があつたと解するのが相当であ」るとの判示は、一見客観説の見解のように見られないではないが、判示にある「かかる事実関係のもとにおいて」という中には被告人らの甲女を強姦しようとする意図の強固さという点も当然考慮されていると見ることができるから、単なる客観説ではなく、むしろ折衷説(結合説)の傾向に属するものと考えたい[5]、と評価されている。もっとも、氏はさらに続けて、単に強姦の犯意をもって婦女を自動車に引きずり込もうとして手をかける行為があれば、強姦の着手を認めるのが相当、というべきではなく、「婦女がその抵抗を抑えられながら自動車内に引きずり込まれる相当に高い危険性があること」がまず必要であり、「婦女がいったん自動車内に引きずり込まれた場合に容易に車外に脱出できないと予測される状況が認められ」る必要がある、と論じておられる。

　大久保氏は、さらに一点重要な指摘をされている。すなわち、「本決定の摘示する事実関係の中には、被告人らが甲女を運転席に引きずり込もうとした行為より後の事実(同女を引きずり込み、場所を移動し、ついに強姦した事実)も含まれている。この点は、単に本件犯行の経緯を叙述したにすぎないものと考えられるが、

---

[4]　大久保太郎・最高裁判所判例解説刑事篇昭和45年度号245頁以下。
[5]　同255頁。

甲女を運転席に引きずり込もうとした時期における被告人らの強姦の犯意の存在と強さを示す一つの情況証拠であろう。しかし、それはその点の一つの情況証拠に過ぎないものであって、本決定が、後に強姦が既遂に至ったから運転席に引きずり込もうとした時期に着手を認めるという趣旨でないことは、その判示の上から明らかといえよう。本決定の判示から推考するならば、もし本件のような事案において、犯人らが婦女を運転席に引きずり込もうとして暴行を加え、しかも運転席に引きずり込まれる具体的な危険性のある状況に達した以上、たとえば、たまたま通行人から強くとがめられたため狼狽して婦女を手放して逃走しても、右段階においてすでに強姦に至る客観的な危険性が明らかに認められるとして、強姦の実行の着手を認めるのが相当だということになると考えられる。」[6]という点である。

大久保氏は、本決定の判断は、かならずしも新しい飛躍ではなく判例、学説の動向に沿うものであるとされているが、学説の評価は措くとして、本決定の評価ならびにその判例における位置づけについての評価は妥当であるといえよう。

2 平成15年決定

私は本決定について、さきに、次のような疑問を提起しておいた。まず、第1行為と第2行為を「一連の行為」と評価したことの妥当性、そして、そもそも第1行為の開始時点で客観的な危険性が存在するという判断の根拠はなにか。つぎに、第二部分の根拠を読むと、最高裁はこの問題を、いわゆる「因果関係の錯誤」事案と捉えているように読み取れる。もしそうだとすれば、因果関係の錯誤というケースを「故意」の成否という問題に還元するという発想の妥当性が問われるように思われる。以上の問題意識を根底において本決定を分析してみよう。

（1）そもそも、本決定において、第1行為の開始時点で客観的な危険性が存在するという判断の根拠はどこに求められているのであろうか。さきに私は、以下の指摘をしておいた。本決定が、第1行為の開始時点に実行の着手を認める理由は、その時点で殺人に至る客観的な危険性が明らかに認められるからであるが、その判断にはさらに根拠が示されており、それらは以下の三点であった。すなわち、第1行為が第2行為を確実かつ容易に行うために必要不可欠なもので

---

6 同256頁。

あったこと、第1行為に成功した場合、それ以降の殺害計画を遂行する上で障害となるような特段の事情が存しなかったこと、第1行為と第2行為との間の時間的場所的近接性があること。

本決定の客観的危険性の認定において重要な意義を与えられているのは「犯罪計画」であるように思われる。ここでは、その点について詳細な検討がなされている、平木正洋氏の論文[7]を参照することにしたい。

平木氏は、実行の着手時期を判断する際に、「①行為の客観面のみならず犯人の主観面も判断資料に加えてよいのか、②犯人の主観面を判断資料に加えてよいとした場合に、犯人の故意のみならず計画をも判断資料に加えてよいのか、という問題があり、学説は対立している（以下、計画まで考慮に入れる見解を「計画説」という。計画説は、「折衷説」、「個別的客観説」などとよばれることもあるようである。）。」[8]と指摘されている。

平木氏は、これまで、最高裁判例には本件のような計画的犯行における実行着手の時期に関して判断を示したものはなく、このため計画説の採否が問題になったこともなかった、とされつつも、計画説で説明しやすい最高裁判例も存在したと指摘され、二件の最高裁判例を挙げておられる。そのうちの一件が本稿で取り上げている昭和45年決定である。

ちなみに、平木氏が挙げられる残りの一件は、最高裁昭和40年3月9日第二小法廷決定[9]である。この40年決定について平木氏は、「実行着手時期の判断にあたり考慮に入れる犯人の主観面を、抽象的な窃盗の故意に限定するならば、遅くとも懐中電灯により物色を開始した時点で実行の着手が認められたはずであるところ、同最高裁決定は、犯人の「なるべく金を盗りたい。」という計画を考慮に入れて、実行着手の時期を遅らせたものである」という見解[10]を引用されて、同最高裁決定は計画説になじむ判例ではある、と評価されている[11]。

平木氏は以下のように論じられる。「ある行為のもつ危険性は、犯人がその行

---
7 平木正洋・最高裁判所判例解説刑事篇平成16年度155頁以下。
8 同163頁～164頁。
9 刑集19巻2号69頁以下。
10 大コンメンタール刑法〔第2版〕第4巻〔野村稔〕83頁。
11 平木・前掲164頁～165頁。これにつづけて、計画説が採用されている下級審判決として以下の判決が挙げられている。名古屋地裁昭和44年6月25日判決・判例時報589号95頁。大阪地裁昭和57年4月6日判決・判例タイムズ477号221頁。広島地裁昭和49年4月3日判決・判例タイムズ316号289頁。

為のつぎにどのような行為に出ようと考えているのかという点を踏まえなければ、適切に評価できないと思われるし、外形上全く同じに見える行為であっても、行為の計画の内容如何によって行為のもつ危険性が異なることもある。特に、計画的犯行においては、構成要件該当行為に至る前の段階で、構成要件該当行為を確実かつ容易におこなうための準備的行為がおこなわれていることが多く、犯人の計画を考慮に入れなければ、そのような準備的行為の危険性を適切に判断できないように思われる。(中略)したがって、本件のような計画的犯行の事案において、実行着手の時期を判断するに当たっては、犯人の計画をも判断資料に加えるのが相当であると考える[12]。」。さらに、「「危険性の基準における「ある行為の既遂に至る客観的な危険性」は、通常、①「実行の着手に当たる行為かどうかが問題とされている行為から当該犯罪の既遂の結果に至る客観的な危険性」を意味しており、②「実行の着手に当たる行為かどうかが問題とされている行為自体から当該犯罪の既遂の結果に相当する結果（以下「既遂の結果」という。）が発生する「物理的な可能性」を問題にするわけではない[13]。」。

　平木氏が指摘されるように、判例において計画説が採用されていること、判例における客観的な危険が物理的な可能性を意味しないこともそのとおりである。

　このような基準で実行の着手時点が認定されるならば、本件のような計画的犯行事例においては、つぎに考察すべきは、犯人の認識と異なり準備的行為自体から当該犯罪の既遂の結果が発生してしまう物理的可能性のあることもあるので、「危険性の基準」における「既遂に至る客観的な危険性」をどのように理解すべきであるのかが問題となる[14]。

　本決定の「第1行為が第2行為を確実かつ容易に行うために必要不可欠なものであったこと、第1行為に成功した場合、それ以降の殺害計画を遂行する上で障害となるような特段の事情が存しなかったこと、第1行為と第2行為との間の時間的場所的近接性があること。」という判断は、まさに平木氏が指摘される「既遂に至る客観的な危険性」の判断に他ならない。

　（2）「第1行為の時点で殺人の実行の着手が認められ、結果的に殺害という目的を遂げたのであるから、実行犯3名の認識と異なり、第2行為の前の時点で

12　同169頁～170頁。
13　同170頁。
14　同171頁。

Ｖが第１行為により死亡していたとしても、殺人の故意に欠けるところはない」という判示部分どのように理解すべきであろうか。

　いわゆる「早すぎた結果実現」事例においては、これを「因果関係の錯誤」の一事例と理解するのが、通説であるように思われる。では本決定はこれをどのように判断したのであろうか。しかし、本決定は、この点について特に判断を示してはいない。ただ、「一連の殺人行為に着手して、その目的を遂げたのであるから」と判示していることからすると、「通説的見解のような考え方を前提として、被告人両名につき殺人の故意を認定した上殺人（既遂）罪の成立を認めたものと推測される[15]」とされる平木氏の分析は妥当であろう。

　五　私　見

　犯罪行為は犯罪結果の実現を目指しておこなわれる行為である。それは、ひとつの典型として、結果の実現を目指しての計画、準備そして実行という各段階[16]での区別が可能である。

　本稿のテーマである「実行の着手」は、実行段階で用いられる概念である。刑法43条は、「犯罪の実行に着手しこれを遂げなかった者は」と規定し、いわゆる「未遂犯」を処罰する根拠規定である。その意味で、行為者が意図した犯罪結果が発生した場合には適用されない規定である。しかし、犯罪行為が犯罪結果の実現を目指しておこなわれる一連の行為であるという観点からすれば、結果が発生した事件であっても、実行の着手は、当然のことながら、いずれかの時点に求められなければならない[17]。

　本稿で取り上げた二事件では、それらの事件のもつ特殊性のゆえに、結果が発生した事件では、かならずしも積極的には意識されない、実行の着手時点がいつかという一般的問題が提起されることになった。各事件の特殊性とは、昭和45年決定の事件では発生した傷害結果をどのように帰責するか（当該犯罪が強姦（結合犯）、強姦致傷（結果的加重犯）であったことが原因である。）、平成16年決定事件では

15　平木・182頁。
16　すべての犯罪のすべての段階が実定法上処罰されるわけではないことはいうまでもない。
17　蛇足であるが、このような観点から、過失犯、不真正不作為犯にあっても実行の着手時点を考察しなければならない場合が、理論上は、存在する。

被害者の死因がかならずしも特定できない、という事情である。

　ここまで、各決定の思考過程をたどり、最高裁が実行の着手時点を確定する際に「客観的な危険性」に着目すること、その危険性は行為者の主観（計画）をもあわせて評価されること、それは行為時判断であること、さらにその思考はけっして両判決に特有のものではなく判例全般に共通することを明らかにしてきた。

　最後に、私の視点からの考察に移りたい。

　犯罪行為は主観、客観両側面から観察されうる。犯罪行為は主観と客観の合一体であるといわれることもあろう。換言すれば、犯罪行為は主観的要素と客観的要素によって構成されるともいえよう[18]。犯罪行為を主観、客観という観点から分析する際に、まず重要なことは、主観と客観を明確に区別することである。なるほど犯罪行為は主観と客観の合一体である。それはそのとおりである。しかし理論的に、分析の手法として、主観と客観を区別して論じるという以上、かれこれを混同することは許されるものではない。主観的要素は客観的要素とは独立してその存在を論じなければならないし、その逆もまた然りである。その意味で、判例が「客観的危険」という言葉を用いながら、その判断に「計画」という主観的要素を導入することは誤っており、判例を客観説に分類することは正しくない。判例は折衷説に立脚しているのである[19]。しかし、ここで問題にすべきは、「判例が何説であるか」というレッテル貼りの議論ではない。われわれは、「危険を判断するに際して主観を考慮するという手法自体」を問題にしなければならないのである。

　犯罪行為の主観的要素を考慮するに際し、主観的要素の中にはさまざまなものがありえよう。動機、目的、計画等々である。それらの中で刑法上意味をもつのはかなり限定される。刑法38条1項は「罪を犯す意思がない行為は罰しない」と規定し、主観的要素の中で、特に、「犯意」＝「故意」を取り出して犯罪の構成要素であるとしている[20]。いうまでもなく、目的犯における「目的」もまた犯罪

18　この現象を理論的に分析する手法として、刑法学は構成要件該当性、違法性、有責性という判断枠組みを用い、とくに古典的な犯罪論は客観的側面を構成要件、違法段階で論じ、主観的側面を有責段階で論じた。また、客観的構成要件、主観的構成要件という手法を用いての分析もありえよう。

　　私は、犯罪を構成する客観的要素、主観的要素という分析手法で犯罪を検討することが簡明かつ有益であると考えている。

19　私見によれば、折衷説は客観説に分類されるべきではなく、むしろ主観説に属する。

20　ここで、過失の問題は取り上げない。

を構成する要素として法定されている主観的要素である。

　本項では、便宜上、主観的要素として「故意」を対象として考察する。すなわち、故意は犯罪の成立を考察するに当たって、すべての段階においてその存在が確認されなければならない主観的要素である。犯罪行為として計画[21]、準備、実行の各段階が想定可能であるが、実際上重要なのは、準備すなわち「予備」段階と実行段階である。主観的観点からすれば、予備罪、（実行の着手が認められるが行為者の意図した結果が発生しなかった）未遂罪にあっては、「故意」があれば犯罪成立のための半分の要素が充たされていることになる。すなわち、予備罪と未遂罪を主観的側面から区別することができないのである。この両罪を主観的側面で区別しようとすれば、予備の故意と未遂の故意は異なるとして、それぞれに異なる意味づけをしなければならないであろう。かつて未遂処罰の基準として「犯意の飛躍的表動」が主張されたのは周知であるが、この表現は未遂犯の主観的側面の説明としてはきわめて説得力に富むものであったといえよう。たしかに、行為者の内心で予備段階と実行段階では、指摘された違いがあるように思われる。しかし、判例ではそのような考慮がなされてはいない。本稿で取り上げた両事件で示された判断の中にはそのような言及は見られない。それぞれの事件で示されたのは、実行の着手が認められた時点での「強姦の認識」、「殺害の認識」であった。もっとも、そのような認識さえあれば故意として充分であるとの主張は根拠のあるもので、このことだけを取り上げて最高裁の判断に異議を提出する根拠にはならないかもしれない。

　私見によれば、客観的側面の判断に主観的要素を導入することは許されない。その理由はさきに述べたところである。未遂罪の成立の基準として「危険」が挙げられるのであれば、予備罪と未遂罪の限界もまた「危険」によって確定することが自然であろう。すなわち、予備罪と未遂罪の区別は、その行為のもつ「危険性の程度」で限界づけられるべきである。上述したように両者は、主観的側面から区別できない（あるいは、しない）という前提に立てば、このようにして区別しなければならないことになる。

　以上の観点から見ると、私見では、本稿で取り上げた両判決の論理、ならびに結論につい反対せざるをえないことになる。具体的に、私から見た両判決の問題

---

[21] 計画自体すなわち「陰謀」を処罰することが極めて限定されていることは言わずもがなであろう。

点を指摘しよう。

まず昭和45年決定である。最高裁は「被害者を自動車に引きずり込もうとした」時点での実行の着手を肯定した。しかし、「引きずり込もうとした」時点の危険と「引きずり込んだ」時点での危険を同様に評価してよいものであろうか。被害者の反抗抑圧の程度として、両者は同様に評価できるのであろうか。さきに引用したように大久保氏は、「もし本件のような事案において、犯人らが婦女を運転席に引きずり込もうとして暴行を加え、しかも運転席に引きずり込まれる具体的な危険性のある状況に達した以上、たとえば、たまたま通行人から強くとがめれれたため狼狽して婦女を手放して逃走しても、右段階においてすでに強姦に至る客観的な危険性が明らかに認められる[22]」とされたのであるが、私はそのようには考えない。もっとも、この点については「評価」の違いであって、論理の問題ではないといわれればそれまでであるが、私にはこれ以外にもこの決定に賛成できない理由がある。

私は、未遂犯の認定においては客観説、とりわけ形式的客観説を採用するのが妥当と考えているが、そのことは、強盗罪、強姦罪、放火罪にみられるような犯罪実行の際に「手段」が特定されている犯罪では、特に、このことが強調されるべきである。本件で問題にされた傷害を引き起こした暴行は、被害者をダンプカーに引きずり込もうとした時点での暴行である。この点を軽視することは妥当ではないと思われる[23]。

つぎに平成16年決定についてである。どれだけ入念に練られた計画であっても、またその意図がどれほど強度であっても、それらはあくまで主観的要素であり、行為の危険を判断する際の客観的要素ではありえない。その意味でやはり、私見によれば、最高裁の論理と結論には反対である。実行の着手時点はあくまで客観的基準によって確定されるべきである。実は、さきに引用した平木論文では興味ある指摘がなされていた。それは、「特に、計画的犯行においては、構成要件該当行為に至る前の段階で、構成要件該当行為を確実かつ容易におこなうための準備的行為がおこなわれていることが多く、犯人の計画を考慮に入れなけれ

22　本稿410頁。
23　「形式」と「実質」の関係については、拙稿「危険犯・小論」・生田勝義先生古稀祝賀論集『自由と安全の刑事法学』2014年　法律文化社　72頁～73頁で、簡単にではあるが、言及している。
　　私見によれば、傷害結果は、傷害罪あるいは監禁致傷罪として処理すべきである。「浅田説」もそのようにされている。浅田和茂・『刑法総論』〔補正版〕2007年　成文堂　374頁。

ば、そのような準備的行為の危険性を適切に判断できないように思われる[24]。」という部分である。「構成要件該当行為に至る前の段階で、構成要件該当行為を確実かつ容易におこなうための準備的行為」とは何を意味するのか。それはとりもなおさず「予備行為」をさすのではないだろうか。客観的には予備である行為が「周到な計画のもとに」実行行為に「格上げ」される、という論理には納得しかねる。

本事案の第1行為の時点ですでに実効の着手が認められるというためには、行為時のクロロホルムの吸引が人の生命に対する客観的な危険性を有する行為であったことの証明がなければならない。その証明がない限り、第1行為の時点での殺人の実行の着手を認定することは困難である[25]。

さて本件では、いわゆる「早すぎた結果の実現」という問題も論点になっていた。この問題は本稿の直接の検討課題ではないが、一応簡単に言及しておきたい。すでに述べておいたように、判例ならびに通説はこれを「因果関係の錯誤」と捉え、その解決を「故意」の領域で処理している[26]。しかし、この手法は妥当ではない。上述したように、故意は主観的要素であり、因果関係の存在は、犯罪成立のための客観的要素である[27]。であれば（行為者の意図した結果は発生したが）、因果関係について齟齬が生じた場合には、その解決はあくまで客観的な側面で処理されなければならないのである。本件の事実認定によれば、「Vの死因は、でき水に基づく窒息であるか、そうでなければ、クロロホルム摂取に基づく呼吸停止、心停止、窒息、ショック又は肺機能不全であるが、いずれであるかは特定できず、Vは、第2行為の前の時点で、第1行為により死亡していた可能性がある」というものであった。この事実認定に基づく限り、本件で、故意による殺人行為と死亡の結果との因果関係を肯定することは妥当ではないように思われる[28]。

---

24 本稿412頁。
25 認定事実によれば、第1行為は、客観的に、人を死に至らしめる危険の高い行為であった、とされている。その客観というのが、単なる一般人の危険感（危惧感）ではなく、真の意味での客観性が担保されているのであれば、私見でも実行の着手が肯定される。
26 その原因は、この種のケースを「錯誤」と捉えるからに他ならない。錯誤であれば故意論で処理するという論理になるのは、ある意味で、必然であろう。
27 因果関係論において、「主観説」、「折衷説」（さきに私は「折衷説」は主観説に属せしめるべきであると述べたが、それは因果関係論においても妥当する。）を採用することは妥当性を欠く。
28 「浅田説」によれば、殺人予備と（重）過失致死が成立するという解決が示されている。浅田和

茂・前掲書377頁。この解釈は、第1行為の時点で殺人の（客観的には）実行の着手が認められるが、主観的には予備の故意しか認定できない、という理由に基づくと思われる。
　私見は、現時点では、予備の故意、未遂の故意という区別を認めず「殺害」の意思があれば殺人の故意を認めてもよいと考え、クロロホルムの吸引に殺人の客観的危険が存在するのであれば、殺人未遂を肯定してもよいと考える。（重）過失致死についてであるが、私は、以前より、なぜ過失致死罪が成立するのか理解に苦しんでいる。行為者に何についての過失があるのであろうか。
　さらに私は、「本件で殺人既遂を認めないという結論はいかにも非常識」という批判が生じることは重々承知している。しかし、だからといって論理を軽視してまで既遂を肯定する議論には与することができない。

中止行為の規範論的基礎づけ

高橋則夫

一　はじめに
二　規範論から見た中止犯論
三　刑罰目的から見た中止行為
四　Wiedergutmachung としての中止行為
五　おわりに

一　はじめに

　本稿の問題意識は、中止犯（中止犯規定）が規範論的にいかに理解されるべきかという点にある。中止犯論に関しては、これまで多くの研究が行われ、最近でも重要な著作が公刊され、残るは諸見解のチョイスの問題であるかのような様相を呈している[1]。しかし、私見によれば、中止犯論上なお不分明な論点が少なからず存在し、その原因は、依然として、中止犯（中止犯規定）の基礎ともいうべき「中止行為」の意味内容が明らかにされていない点にあるように思われる。
　本稿は、規範論と中止犯論との交錯を模索し、それを踏まえて、「中止行為」の規範論的位置づけについて、若干の検討を加えるものである。

二　規範論から見た中止犯論

　中止犯論を規範論から基礎づける見解として、規範を行為規範・制裁規範・裁判規範と3分類し、これを前提に、中止犯を規範論から基礎づける試みを行った

---

[1] たとえば、金澤真理『中止未遂の本質』（2006年）、野澤充『中止犯の理論的構造』（2012年）など参照。なお、金澤真理「中止犯の論じ方——野澤充『中止犯の理論構造』を読む」『理論刑法学の探究⑥』（2013年）223頁以下とそれに対する反論である、野澤充「中止犯論の問題点——金澤書評に対するコメントを中心に——」『理論刑法学の探究⑦』（2014年）181頁以下参照。さらに、鈴木一永「中止犯の根拠論について」早稲田法学会誌66巻2号（2016年）267頁以下参照。

野村説を挙げることができる。

　野村説によれば、規範論と中止犯論とは次のような連関になる。すなわち、刑法規範は法益保護を任務とするという前提から、「そのためにはまず第1に、最善の策として、刑法規範は、行為規範として、その評価機能の面より一般人をして法益侵害の危険を感ぜしめる行為を違法と評価し、犯罪避止義務を課すことによってこのような行為に出ないことを決定規範の面より行為者に命じ、これを期待するものであり、それが裏切られ、犯罪の実行に着手した場合は、第2に、次善の策として、いまだ実行行為の途中にある場合には、その状態を違法と評価し、犯罪中止義務を課すことによってさらに実行行為を継続しないよう命じ、これを期待するものであり、またそのまま放置すれば結果が発生してしまうという場合には、第3に、三善の策として、そして最後の手段として、そのような状態を違法と評価し、結果防止義務を課すことによって結果の発生を防止するよう命じ、それを期待するものである。これが動的に考察した刑法規範の法益保護機能である。かようにして、中止未遂は犯罪中止義務、結果発生防止義務を尽し、それぞれの義務違反性が欠けるところに、障害未遂と比べて違法性の構造に違いがあるのである。犯罪意思あるものに、犯罪中止義務、結果発生防止義務を認め、それの違反について刑事責任を問うのは必ずしも妥当でないとも考えられるけれども、中止未遂の必要的減免の法的効果を説明する根拠としてはこれを援用できると考えられるのである。中止未遂はこれらの義務違反性を欠くことによってその違法性の構造は危険犯とされるのに対し、障害未遂の場合は、その違法性のメルクマールは危険犯であることのほかにこれらの義務違反性が加わるものであり、両者は違法性の構造に違いがあるのであり、中止未遂と障害未遂の違法性の構造は前述したところの単純遺棄罪（刑法217条）と保護責任者遺棄罪（刑法218条）のそれと対応するものといえる。かくて、中止未遂の処罰が障害未遂の場合より軽いこと、および中止未遂の必要的減免の法効果の一身専属性も説明できるものと考えられる。なぜなら、義務違反性はその義務を履行した者のみに欠けるからである。」と[2]。

　以上のような野村説は、規範論から中止犯の構造を基礎づけたものとして注目

---

[2] 野村稔『未遂犯の研究』（1984年）452頁以下参照。さらに、同『刑法総論』（補訂版・1998年）357頁以下参照。なお、浅田和茂「（紹介）野村稔『未遂犯の研究』」『犯罪と刑罰』2号（1986年）140頁以下の書評も参照。

に値するものといえるが、いくつかの疑問点がある。

　第1に、実行行為後に犯罪中止義務と結果発生防止義務を課し、中止未遂の場合は、両義務が履行されたという構造は、実行行為後の態度を不作為と理解するものであり、これは、行為者の実行行為後の行為をつねに不作為としての実行行為として位置づける結果となっている。すなわち、行為者がそのまま立ち去る場合にも、行為者の実行行為として刑法上評価されることになってしまう。しかし、実行行為後の行為者の行為は、そのまま立ち去る場合には、その不作為は、原則として、当初の実行行為の判断に包含されるのであり、不作為が浮き彫りにされるのは、その不作為がまさに実行行為性を有する場合に限定されるのである。野村説によれば、実行行為が作為の場合は「作為＋不作為」、不作為の場合には「不作為＋不作為」の複合形態とつねに把握することとなり、妥当でないだろう。

　第2に、第1の疑問と関連して、野村説によれば、未遂犯は、危険犯に義務違反性がプラスされるものと解されるが、そもそも、実行行為それ自体（さらには、予備行為）にも犯罪中止義務が課されているのであり、中止犯との関連で義務違反性が唐突に生じるわけではない。行為規範は、法益保護のために、行為者に「行為義務」を課すのであり、それは、禁止規範と命令規範（さらには、許容規範）から構成される。野村説のいうところの「犯罪中止義務と結果発生防止義務」は、どちらも、「中止せよ。防止せよ。」という命令規範のカテゴリーに包含されるものであり、なぜ、この場合においてだけ、もっぱら命令規範だけが働くのかは不明といわざるを得ない。

　第3に、以上のような問題点は、行為規範が行為以前、すなわち、事前に働くことを看過していることから生じるように思われる。犯罪を遂行することを禁止、あるいは、期待される作為を命令する規範は、実行行為（あるいは予備行為）によって破られているのであり、それ以降の態度については、もはや行為規範のカテゴリーに含まれるものではない。「中止せよ。防止せよ。」という命令規範は、行為規範の問題ではないのである。また、中止行為者がこの義務を遵守するという構造は、中止犯の要件としての「任意性」と矛盾するといわざるを得ない。「任意の中止行為」は、禁止・命令規範の対象でもなく、許容規範の対象でもなく、それを行うと一定の評価（刑の減軽・免除）が与えられる対象である。

　以上、野村説に対しての疑問を提起してきたが、結局、これらの疑問点は、行

為規範のカテゴリーの中に、「中止行為に対して向けられた規範」を包含させたことに問題があったといえよう。

中止犯における中止行為は、実行行為後の事後的な回復行為であり、実行行為それ自体と直接的に関連するわけではなく、実行行為によって惹起された未遂状態、すなわち、具体的危険と直接的に関連する行為である。これは、中止犯が中止（未遂）であり、未遂犯の成立を前提とし、具体的危険という制裁規範の発動条件が問題となることからの帰結である。すなわち、中止犯も、未遂犯と同様に、行為規範（実行行為）の問題ではなく、制裁規範の問題なのである。もっとも、正確には、未遂犯（さらには共犯）と同様、刑法各則の各構成要件における制裁規範に結びつける「制裁（媒介）規範」であり、中止行為および任意性という中止犯要件は、制裁規範内部における行為規範と位置づけられる。

三　刑罰目的から見た中止行為

中止犯（中止犯規定）が、行為規範のカテゴリーではなく、制裁規範のカテゴリーに属することから、制裁規範の視点から中止犯（中止犯規定）を分析することが必要となる。刑法における制裁規範は刑罰である。したがって、制裁規範の正当化根拠は、「刑罰の目的」に依拠することになる。この点で、ドイツで有力な刑罰目的説は基本的に正しい方向性を示すものといえよう。

刑罰目的説を最初に明言したのは、ドイツ連邦通常裁判所による次のような判示である。すなわち、「行為者が開始された未遂を任意に止めるとき、そこに、所為の遂行に必要とされるほど犯罪意思は強くなかったことが示される。未遂に当初表現された行為者の危険性は、事後的に、かなり弱かったことが示される。この理由から、刑法は、『未遂それ自体』を処罰しないことにした。というのは、法律によって、行為者の再犯を防止したり、他の者を威嚇したり、侵害された法秩序を回復するために、刑を科する必要はないように思えるからである。」と[3]。

以上の判示は刑罰の特別予防的側面を強調したものであるが[4]、これに対して

3　BGHSt 9, 48, 52参照。
4　中止犯を特別予防的視点から捉えたのは、Walter, Der Rücktritt vom Versuch als Ausdruck des Bewährungsgedankens im zurechnenden Strafrecht, 1980である。さらに、わが国では、伊

は、行為者の犯罪傾向に対する経験的な実証性を欠く予測に過ぎない[5]とか、行為者が中止の努力をしたにもかかわらず、結果発生の阻止に失敗した場合にも不処罰に至ることになる[6]などの批判が加えられた。そこで、たとえば、ロクシンは、行為刑法の規範的枠組みに基礎を置く「修正刑罰目的説」を主張した。すなわち、「行為刑法においては、『有害な傾向』だけでは、まだ刑法的干渉の正当化を付与しない。むしろ未遂事例におけるこの正当化は、犯罪者の具体的な行為が、その犯罪者がその決意を貫徹し外的な事情によってしか、行為の実現を妨げられないような犯行のための意思と能力ある行為者あると示すことから帰結されなければならない。したがって、特別予防的作用の必要性は、現実の事象、すなわち存在する『行為』から生じなければならない。この前提は、任意の中止者には存在しない。彼は未遂の行為に関して合法性へと帰還したのであり、わずかにまだ存在する犯罪傾向は、犯罪的危険のある他の人間ほど処罰へのきかっけを与えない。」と[7]。さらに、ロクシンは、一般予防的視点からも処罰の必要性がなくなると主張する。すなわち、「根本の処罰根拠を与える未遂の危険性は中止者自身が排除し、危険でない未遂の可罰性を支えるかもしれない法を震撼させる印象も、中止の任意性によって同様に解消されている。遅滞なく自発的に中止した行為者は、一般人に悪例を与えておらず、法を一定程度正しいと認め、結局、彼の態度において法を受け入れている。行為者が終了未遂において結果の防止に成功しなかったときは、法益侵害が存在し、一般予防的根拠から刑罰が必要である。改心のつもりがある行為者の善良な意思は、それだけでは処罰の必要性を消滅させるために十分ではない。他の場合と同様ここでも処罰の必要性は一般予防的根拠だけから生じる。これに対して、行為が彼とは無関係に既遂に達しなかったときは、行為者の効果のなかった努力も不処罰に至る。この場合には結果は発生しないままだったのだから、一般予防的な処罰の必要性は本質的に些細であり、したがって、特別予防に重要な行為者の『改心』には不処罰で報いることができ

東研祐「積極的特別予防と責任非難——中止犯の法的性格を巡る議論を出発点に」『香川達夫博士古稀祝賀』(1996年) 265頁以下参照。

5 Lang-Hinrichsen, Bemerkungen zum Begriff der „Tat" im Strafrecht unter besonderer Berücksichtigung der Strafzumessung des Rücktritts und der tätigen Reue beim Versuch und der Teilnahme, in: Festschrift für Engisch, 1969. S.353ff. 参照。

6 Nowakowski, Das österreichische Strafrecht in seinen Grundzügen, 1955, S.93参照。

7 Roxin, Strafrecht, A.T., Band II, 2003, S.479 [(翻訳) 山中敬一〈監訳〉『クラウス・ロクシン刑法総論 (第2巻) (2分冊)』(2012年) 7頁] 参照。

る。」と[8]。

　しかし、このように、中止犯における恩典を、特別予防の観点と一般予防の観点との両者から根拠づける見解は、刑罰の目的をもっぱら予防の必要性に求める点に疑問がある。なぜなら、予防の必要性を判断することにはつねに不明確性が付着することは言うまでもないが、より根本的には、特別予防論は刑罰が害悪であることを看過するものであり、（消極的）一般予防論は規範の事後処理的側面（それが制裁規範）を看過するものだからである。前述のドイツ連邦通常裁判所の判決も、予防的考慮のみならず、「侵害された法秩序を回復する」ことも考慮していることに注意しなければならない。

　制裁規範としての刑罰の目的を考える場合には、その前提となる行為規範と対置されることの意味を考えなければならない。すなわち、刑法規範は、「行為規範と制裁規範の結合」であり、この「結合」という点が重要である。行為規範の目的が（事前的な）法益保護にあることから、制裁規範はこの行為規範との連関で位置づけられなければならない。すなわち、制裁規範の主たる目的は、この違反された行為規範を事後的に回復することにあるといわねばならない。制裁規範は、行為規範によって事前に（行為者を含む）一般人に対して禁止・命令をしたにもかかわらず、行為者がこれに違反したことに対する反作用としての意味がある。したがって、刑罰は、違反された行為規範を回復させるという機能をもつ。しかし、たとえば、「人を殺すな」という行為規範を回復させるということだけでは、あまりに抽象的すぎる。行為規範の基礎には、行為者、被害者、コミュニティの3者が存在し、この3者によって構成される社会における「法的平和」が維持されなければならない。すなわち、刑法上の行為規範を回復するということは、犯罪によって侵害された法的平和を回復するという意味に他ならない。法的平和とは、行為者、被害者、コミュニティの3者間における規範的コミュニケーションであり、この回復のための最終手段が刑罰であると解することができよう[9]。

　以上のような刑罰目的から中止犯（中止犯規定）を考察すれば、任意の中止行為によって、コミュニティ（一般人）との関係では、規範の妥当性が維持され[10]、

8　Roxin, a.a.O., S.479 ［(翻訳) 山中・前掲書8頁］参照。
9　以上につき、拙著『刑法総論（2版）』（2013年）10頁以下参照。
10　規範の妥当性という観点から中止犯を再構成するものとして、Wege, Rücktritt und Normgeltung—Zum Einfluss glaubwürdiger Umkehr auf die Rechtsfolgebestimmung, 2011参照。

行為者との関係では、合規範的態度が看取され、被害者との関係では、実害発生
が阻止されるということになる。

四 Wiedergutmachungstat としての中止行為

1 回復行為としての中止行為

　中止犯（中止犯規定）が、制裁規範のカテゴリーに属し、法的平和の回復という刑罰目的によって根拠づけられることから、任意の中止行為は、「回復行為（Wiedergutmachungstat）」であり、かつ、「事後行為（Nachtat）」として理解されることになる[11]。以下では、この事後的な「回復」行為について分析を加えることにしたい。まず、「回復」という場合に、何を回復するのかが問題となる。「法的平和」とだけいうのは、犯罪論上の諸問題を解決するツールにはなり得ない。

　わが刑法は、犯罪の発展段階において、行為者の回復行為を以下のように考慮している。まず、予備段階における回復行為として、刑法各則で規定されている自首の特別規定（80条の内乱予備等＝必要的免除、228条の3の身の代金目的略取等予備＝必要的減免）および多くの特別法に規定されている自首の特別規定（たとえば、爆発物取締罰則11条＝必要的免除、航空機の強取等の処罰に関する法律3条ただし書＝必要的減免）がある。また、争いはあるが、予備の中止も存在する。次に、未遂段階における回復行為として、中止犯（43条ただし書）がある。最後に、既遂段階における回復行為として、身の代金目的略取等における解放減軽（228条の2＝必要的減軽）、偽証・虚偽告訴における自白（170条・173条＝任意的減免）がある。そして、すべての段階において、自首・首服（42条＝任意的減軽）の制度が存在する。

　以上のような、行為者の回復行為は、それぞれの段階において　犯罪後に生じた事情であり、構成要件該当・違法・有責な行為として確定された後に回復行為が問題となる以上、回復行為は、構成要件該当性・違法性・責任の外部に位置する要素と解される。

　中止行為は、このような回復行為であり、この回復行為は、すでに確定された構成要件該当性・違法性・責任に影響を及ぼさず、基本的に刑罰消滅事由の性格を有することになる。中止犯の法効果は、刑の免除と刑の減軽であることから、

---

[11] すでにこのような構想は、拙著『刑法における損害回復の思想』（1997年）20頁以下において不十分ながら開陳した。

「可罰性」という要素に統合して犯罪論体系の中に位置づけ、それが阻却される類型とそれが減少する類型とに分けられる。さらに、回復行為は、機能的にみて、「違法性関連型」と「責任関連型」とに分類できる。前者は、いわば「現実的な回復行為」であり、後者は、いわば「象徴的な回復行為」であり、前者の例として中止犯を、後者の例として自首を挙げることができよう。

それでは、回復行為としての中止行為は、何を回復するのであろうか。中止犯は、未遂段階における回復であり、実行行為によって発生した具体的危険の存在が前提となる。したがって、中止行為は、この具体的危険を消滅させる行為と解することができる。すなわち、中止行為は、「危険消滅行為」と位置づけることができる。

2　中止行為の態様——前提としての危険の判断基準

判例・通説は、着手未遂の場合（犯罪の実行行為に着手したが終了しないままに犯罪が未完成にとどまった場合）は、それ以降の行為を行わないという「不作為」で足り、終了未遂の場合（実行未遂ともいう。犯罪の実行行為を完了したが犯罪の完成に至らなかった場合）は、結果回避へ向けた積極的な「作為」が必要であると解している。もっとも、実質的な基準は、なぜ作為が必要かといえば、そのままにしておくと結果発生に至るからであり、なぜ不作為で足りるかといえば、そのままにしておいても結果発生に至らないからという点にある。現在では、因果関係を遮断しなければ結果が発生してしまう場合は、作為が必要であり、因果関係を遮断しなくとも結果が発生しない場合は、不作為で足りると解するのが一般的であるように思われる。

問題は、中止行為時点において、既遂結果発生の危険が存在するか否かの判断において、この危険性が、客観的な事後判断によって行われるべきか、それとも、一般人の立場からの事前判断によって行われるべきかという点にある。この場合、行為者の中止行為を離れた因果の進行だけで結果が発生する危険性が問題となっていることから、この危険性は、事後的・客観的に判断されるべきであろう。

これに対して、東京地判平成14・1・22判時1821号155頁は、「既遂に至る具体的危険が生じたか否かについては、……事前の一般人の立場からの判断を基準とすべきであり、事後的な客観的判断を基準とすべきではない。」と判示した。す

なわち、東京地裁平成14年判決は、内装工事等を業とする会社の実質経営者である被告人が、会社の多額の債務を整理するために、共同経営者であるXが同会社を受取人とする生命保険に加入していたことを奇貨として、殺意をもって、「たこ焼きピック」でXの左頸部や項部頭髪境界部などを数回突き刺したが、Xに全治不明の頸髄損傷の傷害を負わせたにとどまり、殺害の目的を遂げなかったが、被告人は、殺人未遂成立後、Xの哀願に応じてXへの攻撃の続行を止め、被告人はその後気を失ったXを残して立ち去り、意識の戻ったXが自ら携帯電話で「見知らぬ男に首を刺された」と110番通報し、救急車で病院に搬送されて助かったという事案につき、「……本件犯行は、首の後ろの辺りを先端の鋭利なたこ焼きピックで五回ほどにもわたって突き刺すという態様のものであるところ、言うまでもなく首は身体の枢要部であり、頸髄や頸動脈など多数の神経や血管が集中しており、頸髄の中には横隔膜に通じる神経の枝かあり、これが損傷されると、横隔膜が麻痺して呼吸ができなくなるのであり、また、頸動脈が損傷されると、大量の出血を生じ、やはり直ちに生命にかかわる危険性がある。本件においては、刺した位置や角度や深さなどの僅かの違いにより、頸随中の神経の枝や頸動脈が損傷されるには至らなかったが、頸髄が部分的に損傷され、そのために、Bは、ほぼ全身が麻痺状態となり、床に横たわったまま起き上がれない状況に陥っている。さらには、何回も救急車を読んでくれるように要求し、被告人が現場を立ち去る際には意識を失っていた。そうすると、この時点における一般人の立場からの判断としては、殺人の既遂に至る具体的危険が被告人の行為とは独立して生じた場合に当たるというべきである。そして、被告人自身の判断も、その否認供述にもかかわらず、同様のものであったと認められる。しかるに、このような場合には、『犯罪を中止した』というためには、生じた危険を積極的行為により消滅させることが必要であるというべきてあるが、被告人は危険を消滅させる行為を何らすることなく、気を失って横たわっているBを放置して現場から立ち去ったというのであるから、本件において中止未遂は成立しない。」と判示した[12]。

このように、中止行為時の危険判断を一般人からの事前判断で行うことに対しては、未遂成立後、被害者が客観的には死亡した後でも、一般人の立場からまだ

---

12 本件につき、和田俊憲・刑事法ジャーナル4号（2006年）79頁参照。

生きているように見える場合には、その死体を病院に搬送する行為に中止犯の成立が認められることになるとか、一般人の立場から危険消滅があったように見えるだけで中止犯の成立を認めると、客観的危険が残っている時点でも中止犯の成立が認められることになるなどの妥当な批判がなされている[13]。

3　中止故意

東京地裁平成14年判決の事案については、事前判断による危険は存在するが、事後判断による危険は存在しない場合であったが、被告人が後者の危険の存在を誤信しているようにも思われる。そうであれば、客観的危険の存在の認識としての「中止故意」の不存在を理由に、中止行為を否定することが可能であった事案といえよう。

中止行為が認められるために中止故意の存在が要件となる根拠は、それが存在することによってはじめて刑罰目的である「法的平和の回復」が肯定されるからである。すなわち、中止犯の規定は、「法的平和の回復」の一要素である行為者関係的側面である「自己再社会化（Selbstresozialisierung）」の可能性を開くものといえよう[14]。

青森地弘前支判平成18・11・16判タ1279号345頁は、被告人が殺意をもって被害者の頸部を強く絞め付けて失神させることを数回にわたって繰り返し、被害者が死亡したものと誤信してその頸部から両手を離した後、被害者が呼吸をしていまだ死亡するに至っていないことを確認しながら、さらにその頸部を強く絞め付けるなどの行為に及ばなかった事案につき、「……被告人が最後に被害者の頸部を絞め付けて失神させた後、そのまま同人を放置しても、同人の死亡という結果が発生しなかったことは明らかである。また、被告人は、いったんは被害者が死亡したと誤信したものの、その後、同人がいまだ死亡するに至っていないことを

13　和田・前掲評釈82頁以下参照。もっとも、その根拠として、「中止犯は、法益保護を目的とした制度である」（同評釈83頁）と解すること（松原芳博『刑法総論』（2013年）319頁も同旨）は妥当ではないだろう。前述のように、法益保護を目的としているのは行為規範であり、制裁規範のカテゴリーに属する中止犯においては、もっぱら刑罰目的が問題なり、それは法的平和の回復にあるといわねばならない。拙著・前掲『刑法総論』11頁以下参照。さらに、鈴木一永「判例における作為の中止と不作為の中止」法研論集（早稲田大学）142号（2012年）101頁以下、同「中止行為の態様について」早稲田法学89巻3号（2014年）243頁以下参照。

14　Mayer, H.-W., Privilegierungswürdigkeit passiven Rücktrittsverhaltens bei modaler Tatfortsetzungsmöglichkeit, 1986, S.69, 347参照。さらに、鈴木一永「中止意思について」法研論集（早稲田大学）135号（2010年）101頁以下参照。

認識したのであるから、その時点では、被告人の殺人の実行行為は終了していなかったものと認められ、このような場合、その後に犯人が実行行為に及ばなければ、犯罪の中止が認められることになる。そして、被告人は、その後、被害者の頸部を絞め付けるなどの殺害行為に及ばなかったのであるから、同人の殺害を中止したものと認められる。」とし、さらに任意性も肯定されるとして、中止犯の成立を認めた。本判決が、客観的な危険状況を認識していたことを実行行為の終了時期と関連させて論じている点は疑問であるが、中止故意の存在と相まって中止行為が認められることを前提としていることは妥当であろう。

4 中止行為の正犯性──事後行為支配性

以上のように、因果関係を遮断しなければ結果が発生してしまう場合には作為が必要となるが、どのような作為をすべきかが問題となる。すなわち、危険消滅行為の内容が問題となる。

まず、中止行為として、結果発生防止のために「真摯な努力」をしたものであることを要するか否かが問題となる。裁判例においては、「真摯な努力」が要求されている。たとえば、東京地判昭和37・3・17下刑集4巻3・4号224頁は、被害者を殺害しようとして、いったん睡眠薬を飲ませたが、被害者の苦悶の様相を見て、独力ではどうしようもないと観念し、緊急電話で事態を警察官に通報した結果、被害者は病院に運ばれ助かった事案につき、被告人自身がその結果防止に当たったと同視するに足るべき程度の真摯な努力を払ったことから、殺人の中止未遂の成立を認めた。しかし、「真摯な努力」要件は、次の裁判例が示すように、行為者に過度な態度を要求することになるだろう。すなわち、大阪高判昭和44・10・17判タ244号290頁は、被告人が、被害者の左腹部を刺身包丁で突き刺し、肝臓に達する刺創を負わせたが、被害者が泣きながら「病院へ連れて行ってくれ」と哀願したため、被告人が自分の運転する自動車で病院に連れて行き、一命を取りとめた事案につき、「本件のように実行行為終了後重傷に呻吟する被害者をそのまま放置すれば致死の結果が発生する可能性はきわめて大きいのであるから、被告人の爾後の救助活動が中止未遂としての認定を受けるためには、死亡の結果発生を防止するため被告人が真摯な努力を傾注したと評価しうることを必要とするものと解すべきである。」としたうえで、「被告人が被害者を病院へ担ぎ込み、医師の手術施行中病院に居た間に被告人、被害者の共通の友人数名や被害

者の母等に犯人は自分ではなく、被害者が誰か判らないが他の者に刺されていたと嘘言を弄していたこと及び病院に到着する直前に兇器を川に投げ捨てて犯跡を隠蔽しようとしたことは動かし得ない事実であつて、被告人が被害者を病院へ運び入れた際、その病院の医師に対し、犯人が自分であることを打明けいつどこでどのような兇器でどのように突刺したとか及び医師の手術、治療等に対し自己が経済的負担を約するとかの救助のための万全の行動を採つたものとはいいがたく、単に被害者を病院へ運ぶという一応の努力をしたに過ぎないものであつて、この程度の行動では、未だ以て結果発生防止のため被告人が真摯な努力をしたものと認めるに足りないものといわなければならない。」として、中止犯の成立を否定した。学説上、責任減少説からは、「真摯な努力」を要求することになるであろうが、私見によれば、事後的な回復行為として危険消滅行為で足り、後述するように、正犯的行為が要求されるべきことから、「真摯な努力」は要件として不要であり、その存否は、量刑判断において考慮されるべきである。

　次に、中止行為として、正犯的行為が要求されるべきか、（狭義の）共犯的行為でも足りるかが問題となる。たとえば、大判昭和12・6・25刑集16巻998頁は、放火後、Aに対し、放火したからよろしく頼むと叫びながら走り去った事案につき、放火の結果発生の防止について自らこれに当たったと同視できる努力がないとして、中止犯の成立を否定した。「自らこれに当たったと同視できる努力」という「同視基準」は、中止行為につき、正犯的行為を要求するものといえるだろう。それでは、（狭義の）共犯的行為では、中止行為として不十分なのであろうか。後述するように、前提として、中止行為と結果不発生（危険消滅）との間に因果関係（条件関係・客観的帰属）が必要であり、さらに、正犯と共犯の区別が必要か否か、そして（狭義の）共犯の場合には、中止行為が肯定できないのか否かがここでの問題である。

　私見によれば、共犯規定は刑法各則の行為規範を前提とした制裁（媒介）規範である。その意味で、正犯と共犯の区別問題は、当該犯罪における客観的要素、主観的要素、規範的要素をすべて同等に考慮して決定すべきであるが、その上位概念をあえて求めるならば、全体として、「犯罪事実を支配したか否か」という基準が設定されるべきであろう。その点で、犯罪事実の支配という意味で「所為支配（Tatherrschaft）」概念は正しい側面を有しているように思われる[15]。そして、事後的な回復行為である中止行為についても、このような所為支配が必要か

否かが問題となる。結論として、中止行為には、このような所為支配ともいうべき正犯性、すなわち、事後的な所為支配（Nachtatherrschaft）が要求されるといわねばならない。なぜなら、正犯性がある場合にのみ、前述した、刑罰目的の一つである行為者の「『自己』再社会化」が充足され、（狭義の）共犯性しかない場合には、「『自己』再社会化」が認められないからである[16]。

以上のように、中止行為としては正犯的行為が必要であり、直接正犯的、間接正犯的、さらに共同正犯的な行為の場合にのみ、中止行為が肯定される。したがって、前記大審院昭和12年判決については、（狭義の）共犯的な行為であることから、中止行為が否定されることになろう。

5 中止行為と結果不発生との因果関係

以上の中止行為の正犯性の前提として、中止行為と結果不発生との間に因果関係（条件関係と客観的帰属）が存在しなければならないが、たとえば、甲が、Xを殺害する意図で、毒薬を投与した後、後悔して病院へ連れていき、助かったが、実は、最初から致死量の毒ではなかった、という場合に、中止犯が成立するかどうかが問題となる。

責任減少説によれば、中止行為と結果不発生との間に因果関係は必ずしも必要ではないだろう[17]。しかし、違法減少説によれば、因果関係は必要となり[18]、甲の中止行為なくとも結果不発生だったのだから、甲の行為を中止行為とすることはできない。そこで、致死量に達していた場合との均衡論から、中止犯規定を準用する見解もある[19]。

中止行為を具体的危険結果の回復行為（危険消滅行為）と理解すれば、中止行為と具体的危険結果消滅との間に因果関係があればよいことになる[20]。すなわ

15　拙著・前掲『刑法総論』412頁参照。
16　Wege, a.a.O., Rücktritt und Normgeltung, S.92ff. 参照。この点で、共犯性で足りると解した、拙著・前掲『刑法総論』399頁注59を改説する。
17　もっとも、違法減少説や違法・責任減少説からも因果関係不要説が主張されている。平野龍一『刑法総論Ⅱ』(1976年) 337頁、福田平『全訂刑法総論』(5版、2011年) 231頁、大塚仁『刑法概説（総論）』(4版、2008年) 263頁、川端博『刑法総論講義』(3版、1995年) 480頁参照。
18　因果関係必要説として、佐伯千仭『刑法講義（総論）』(4訂版、1981年) 365頁、藤木英雄『刑法講義総論』(1975年) 264頁参照。
19　大谷實『刑法講義総論』(新版4版、2012年) 395頁参照。
20　山口厚『刑法総論』(3版、2016年) 298頁以下参照。

ち、未遂を成立させる具体的危険が発生しているのだから、これを消滅すれば足りるのである。したがって、甲の行為は中止行為と評価でき、任意性も肯定できるので、中止犯が成立する[21]。

さらに、実行行為と相当因果関係にない結果が発生した場合、たとえば、甲が、X殺害を意図して、Xに対して切りつけ重傷を負わせた後、後悔して病院へ連れていったが、その翌日、病院が火事になり、Yが死亡した、という場合に、中止犯が成立するかどうかが問題となる。危険の現実化が認められないのであるから、まず未遂犯の成立が認められ、入院させたことが、具体的危険結果の消滅行為といえるから、甲の行為を中止行為と評価でき、任意性も肯定できるので、甲には中止犯が成立する。

五　おわりに

以上、規範論を基礎にして、中止行為について検討してきたが、このような中止行為が存在するか否かが中止犯の中核的な問題であり、「任意性」要件は、中止行為の可能性の限界を画する機能しか有さない。行為者が主観的に犯罪遂行が不可能という場合には、犯罪遂行の危険が存在しないのであり、その場合には、もはや中止行為の前提である危険が存在せず、中止行為が存在しないことになろう。行為者に意思の自由、行動の自由が存在しない場合にのみ、任意性は否定されるのであり、したがって、警察官が来たと誤認して中止しようと、警察官が実際に来たので中止しようとにかかわらず、意思の自由・行動の自由が存在したか否かによって任意性が判断されることになる[22]。

21　もっとも、具体的危険には、既遂に至り得る危険と既遂に至り得ない危険とがあり、本設例は後者であるから、中止行為としては、単なる不作為で足りることになろう。

22　東京高判平成19・3・6高刑速報（平19）139頁は、強姦の犯行を遂行するのに実質的な障害がない場合に、犯行を翻意した動機が刑務所に行きたくないということであり、被害者への憐憫や真摯な反省からではないとしても、自己の意思で犯行を中止したと認められると判示した。本件につき、佐藤拓磨・刑事法ジャーナル10号115頁参照。なお、中止行為の任意性について、学説の分析につき、鈴木一永「中止犯における任意性」早稲田法学90巻3号（2015年）169頁以下、判例の分析につき、同「判例における中止犯の任意性」早稲田法学会誌66巻1号（2015年）143頁以下参照。

中止犯規定は単なる「量刑規定」か？

野　澤　　　充

一　はじめに
二　中止犯制度の由来
三　未遂犯処罰の例外性とそれに伴う中止犯規定の必然性
四　おわりに

一　はじめに

　「中止犯規定（中止犯制度）」について、それは「量刑規定（量刑制度）」でしかないかのような趣旨の記述が見られることがある。例えば、中止犯の「刑の減免の根拠」に関して、「……〔中止犯の場合には〕すでに未遂犯が成立している以上、犯罪成立要件としての責任が事後的に減少するということはない……。しかし、量刑責任という観点からみた場合には、事後的な量刑責任の減少を肯定することは可能だと思われる。たとえば、窃盗犯人が自首した場合（42条）、盗品を被害者に返還した場合、被害弁償をした場合など、犯罪後の情状によって量刑の場面において責任非難が減少するということはあり得るのである。そして、中止犯の場合も、自己の意思による中止行為という事後の情状が量刑責任を減少させるということができる。そして、<u>刑法は、政策的な見地から、この量刑事情を未遂犯の刑の必要的減軽または免除というかたちで法定化したと考えることができる</u>のである。それゆえ、<u>中止犯における刑の減免は、責任の側面からの未遂犯における量刑事情の法定化</u>である。これを法定量刑事由説と呼ぶことができよう。」[1]（下線部は筆者による）という記述が見られる。これは責任減少説を「法定量刑事由説」として捉えなおす記述箇所であるが、ここで注目して頂きたいのは、中止犯規定を「政策的な見地から、この量刑事情を未遂犯の刑の必要的減軽また

1　西田典之『刑法総論第二版』（2010年）316頁。

は免除というかたちで法定化した」ものであり、すなわち「未遂犯における量刑事情の法定化」されたものと捉えているのである[2]。このような考え方に基づくのであれば、中止犯規定は単なる量刑事情の一つを——多くの犯罪後の量刑事情の中から半ば恣意的かつ偶然的に——法定化したものであることになる。そのような中止犯規定の理解は正しいのであろうか。

また、「……中止行為により未遂犯の成立要件が充足されたという判断自体が影響を受けるわけではない。刑の減免はあくまでも中止行為に着目して与えられる特別の法的効果なのである。この意味で、中止犯には固有の『政策的』性格が存在することを否定することはできない。<u>中止犯規定がなくても、未遂犯論により『理論的』に当然中止犯の法的効果が認められるべきだとはいえないのである</u>……」[3]（下線部は筆者による）とか、「43条ただし書がなかったと仮定した場合、それでも刑法（の一般）理論に基づき刑の減免という効果を認めうるのか否かを考えたとき、それは消極に解さざるをえない（つまり、それは中止未遂の規定があってはじめて認められる<u>特別な効果</u>である）と考える。……」[4]（下線部は筆者による）といった記述が見られることがある。これらの記述は「中止犯規定があることで初めて中止犯としての評価が可能になるのであり、それを前提にして中止犯としての優遇が可能になるのである」という、解釈論として至極当然かつ適切、正当なことを述べていると言える。ただ、これ等の記述の表現からは、「中止犯規定はあくまでも酌量減軽規定の特別規定として、半ば偶然的に独立して立法されているだけなのであって、本来中止犯制度は『酌量減軽』制度と同趣旨のものでしかなく、それを独立に規定化するのも立法者の裁量でしかないものである（逆に言えば、中止犯規定は存在しなかったとしても——酌量減軽規定に一元化されていても——おかしくはなかった）」という（立法的）認識が前提になっているようにうかがわれる。このような認識は果たして正当なものなのだろうか。

2　さらに、「……中止犯は法定化された量刑事情であると解される。……」としたうえで、「……中止犯とは、未遂犯という結果の発生が不確定な状況においては、既遂処罰が原則である法制度では既遂到達防止を特に奨励することに合理性があることから、行為者に有利な（広義の犯罪後の）量刑事情のうち、中止という事情を特に取り上げて、一般の量刑事情よりも特別な必要的減免という取扱いを法定化したものといえる。」（鈴木一永「中止犯の根拠論について」早稲田法学会誌66巻2号（2016年）296頁以下）という記述も同趣旨であると考えられる。
3　山口厚『問題探究刑法総論』（1998年）221頁。
4　原口伸夫「刑法43条ただし書における「中止した」の解釈について」刑法雑誌51巻2号（2012年）209頁。

以上のような、「中止犯規定は制度の趣旨としては『酌量減軽規定』(66条)に近いものであって、当該規定が特別に設けられて初めて認められ得るにすぎないものである」、そして「中止犯制度という優遇制度は、あくまでも例外的な量刑規定でしかない」、さらに「中止犯制度は(酌量減軽規定と同様に)刑罰論の範疇に本来あるべきものであって、犯罪論とは一線を画されてもおかしくないものである」という認識について、本論文は、疑問を投げかけ、検討することをその内容としている。ただしこの検討のためには、「そもそも中止犯制度がどのような趣旨で(どのような経緯で)設けられたものなのか」について理解する必要がある。そしてこの際には、いくつかの要点について注意しながら検討を進めなければならない。すなわち、

①なぜ酌量減軽規定(66条)とは別に、中止犯規定が置かれているのか。単純な犯罪後の情状を量刑上斟酌する、ということで足りるのであれば、酌量減軽規定の存在だけでまかなうことも十分可能だったはずである。なぜそれとは別に「中止犯規定」が独立した形で規定されているのか。

②犯罪行為後の事後的な犯罪中止行動が「刑罰上の優遇」に結びつくべきものであるならば、なぜ「既遂後に犯罪結果を元に戻した事例」を、中止犯規定は射程においていないのか。既遂後であっても、例えば店舗内で窃取した本を、その直後に元の棚に返却した場合[5]などについて、――上述の記述にも見られたような表現を借りるならば――「盗品を被害者に返還した場合……など、犯罪後の情状によって量刑の場面において責任非難が減少するということはあり得るのであ」って、なぜ中止犯規定はそのような「既遂後に犯罪結果を元に戻した事例」を一般的に対象とせず、未遂犯に特化して、限定的に優遇規定を置いたのか。

以上の２つの点について注意しながら、中止犯制度のあるべき射程を今一度、「歴史的な観点」から明らかにする必要がある。そのためには改めて再度、中止犯制度の由来について検討・確認したいと考える。

5　広島高裁岡山支部判決昭和28年２月12日高刑判特31号65頁の事例である。本判決において当該事例については、既に窃盗既遂罪であって中止未遂の観念を容れるべき余地がないとされた。

二　中止犯制度の由来[6]

　中止犯制度は歴史的には、未遂犯制度を前提とするものであった。ローマ刑法やゲルマン刑法などの古い結果責任主義の時代に未遂段階を独立に処罰することはあっても、それは事実上生じた客観的な危険状態を犯罪既遂内容とする独立した犯罪類型でしかなかったのである[7]。

　このような結果責任主義が克服されるのは、北イタリア法学の継受により犯罪をその主観面と客観面に分けて検討することが行われるようになって以降のことである。これにより、「『主観面』（＝故意）があるものの、『客観面』（＝犯罪結果）が存在しない」ものとして「未遂犯」という概念が想定されるようになり、その犯罪結果に向けられて主観面の存在を理由にしてこの未遂犯も処罰の対象に含めることとしつつ、その一方で「『主観面』（＝故意）も無くなり、『客観面』（＝犯罪結果）も存在しない」という状態として「中止犯」という概念がようやくここで想定されるようになったのである[8]。

　このような観点からは、必然的には未遂犯を処罰する場合のその要件は、「結果が不発生であること」だけでなく、「既遂結果を目指す主観面（＝故意）が存在したこと」も必要となる。そしてこの主観面が撤回されずに残っていたこと、すなわち「結果の不発生が『行為者の意思によらずに』もたらされたこと」が未遂犯成立の要件として必要なものとなる。このような考え方に対応した、最初期における未遂犯の処罰規定が、カロリナ刑事法典（1532年）の178条である[9]。これ

　6　本章の記述は、その前提となる詳細な資料に関して、野澤充『中止犯の理論的構造』（2012年）に大きく基づいている。本章の記述の指摘内容を歴史的事実として証明するための具体的な資料に関してはそれを御参照頂きたい。

　7　野澤・前掲『中止犯の理論的構造』187頁以下。

　8　野澤・前掲『中止犯の理論的構造』197頁以下、とくに199頁以下、および353頁以下。

　9　野澤・前掲『中止犯の理論的構造』201頁以下。そのカロリナ刑事法典178条の訳は以下のとおり。
　　「企行せられたる非行に関する刑罰。178条　さらに、何者かが、ある非行を、その非行の完遂に役立ちうる若干の外観しうる所業をもって企行するも、当該非行の完遂につきては、他の邪魔が入りたるために、彼の意思に反して妨げらるるときは、若干の所業が上述のごとくに現出するに至りたる基たる悪しき意思が、刑事刑をもって罰せらるべし。されど、その事件の状況および形態により、ある場合には、しからざる場合に比し一層峻厳たることあるがゆえに、かかる刑罰を課するためには、判決発見人たちは、身体または生命に刑罰を科するにはいかにせば相当なりやにつきて、後述のごとくに〔＝第219条〕訴訟記録送付による鑑定を求むべし。」

は、「当該非行の完遂につきては、他の邪魔が入りたるために、彼の意思に反して妨げらるるとき」に限って未遂犯を処罰するものである。よって、このような規定形式の下では、自ら犯罪を中止した者は「彼の意思に反して」妨げられて結果不発生となったわけではないので、未遂犯すらも成立しなくなり、必然的に不処罰となるのである。これが「中止犯制度」のルーツであり、中止犯を「優遇」するということの起源なのである。

そしてこのような「未遂犯の成立の要件として『結果の不発生が行為者の意思によらずに発生したこと』、すなわち『中止犯ではなかったこと』を要求する法規定」を現在でも維持しているのが、フランスなのである。フランスでは未遂犯の規定の中に、その成立要件として「行為者の意思とは独立した事情によってのみ」結果が不発生となったことを要求しているのである[10]。

その一方で、カロリナ刑事法典に見られたこの「未遂犯の成立の要件として『結果の不発生が行為者の意思によらずに発生したこと』、すなわち『中止犯ではなかったこと』を要求する法規定」形式──現在においても現行法として採用されていることから、これを「フランス型の未遂犯・中止犯の規定形式」と呼称する──は、そのまま「ドイツに広まってドイツでも一般的な規定となった」、わけではなかった[11]。むしろそのような理論的観点からの未遂犯(ないし中止犯)の規定は、例外的であったように見受けられるのである。

すなわち刑事立法の状況においては、例えば1751年のバヴァリキー刑法典は、一般的未遂規定を持たず、またその中止犯に類する規定はその「刑事犯罪および刑罰一般について」という表題のついた第1章第1節の中の、22条と23条においてそれぞれ「自首(Freywillige Angab)」と「悔悟(Reumüthigkeit)」に関するものとしてだけ規定され、それらの法律効果も酌量減軽事由であるとされるにとどまっていたのである[12]。このような規定は、一般的な未遂犯規定を前提としない点からも、またそれぞれの規定の内容[13]および位置づけ[14]からも、上述のような

---

[10] 1810年フランス刑法典2条(ただし1832年改正後の規定)は以下のとおり。
「実行の着手によって表明されたあらゆる重罪の未遂は、行為者の意思とは独立した事情によってのみ、中断され、またはその結果が欠けてしまった場合には、重罪と同様にみなされる。」
また現行の1993年フランス刑法典も121-5条に以下のような未遂犯規定を置いている。
「実行の着手によって表明され、行為者の意思とは独立した事情を理由にしてのみ、中断され、またはその結果が欠けてしまったときに、未遂が構成される。」
[11] 野澤・前掲『中止犯の理論的構造』205頁。
[12] 野澤・前掲『中止犯の理論的構造』206頁以下。

理論的前提に基づく未遂犯概念を予定しておらず、単純な量刑規定の一端として記述されているにとどまるものであった。

また1794年のプロイセン一般ラント法も「犯罪と刑罰一般について」という表題の第1節の中に中止犯規定（43条）はあったものの、その法律効果は犯罪の成否や刑罰の成立そのものに関するものではなく、単純に「恩赦請求を可能にする」ものでしかなかったのである[15]。

これらの規定はいずれも、何らかの犯罪行為後の犯罪結果を回避する方向への行動や改悛の情などに基づく行為が「量刑」ないしは「刑罰執行」の段階において考慮されるにすぎないものとするものであった。このような「量刑事情」としての「悔悟」などを考慮する考え方（量刑規定ないしは量刑概念）は、古くからの刑法典ないしはドイツ普通法においてもしばしばみられるものだったのである[16]。しかしそれらは、未遂犯に特化した形のものではなく、また内心的情動等を前提とする内容であったりしたため、現在の「中止犯」制度とは似て非なるものであった。

そのような観点からは、実は1813年のバイエルン刑法典における中止犯規定（58条）は、北イタリア法学の継受による理論的な「未遂犯概念」を前提としつつ、この「量刑規定」の発想を取り入れたものと評価することもできるのである。すなわち、未遂犯としての犯罪行為の開始、すなわち結果に向けられた犯罪行為の開始[17]の存在を前提にしつつ、しかし中止としての優遇のためには限定された内心的状況が必要である（限定主観説）とされたのである[18]。このような規定

---

13 野澤・前掲『中止犯の理論的構造』207頁注114および注115を参照。
14 当該22条および23条があった第1章第1節は、本文にもあるとおり「刑事犯罪および刑罰一般について」という表題の下に、現在の犯罪論および刑罰論に関する総則規定を雑多に収めたものであり、例えばこれらの規定の直前の21条は「心神耗弱の場合の可罰性」に関する規定であったが、直後の24条は「嫌疑刑」に関する規定であった。このため、犯罪論に関する規定が未分化な状態で、包括的な「量刑規定」の中に含められていたものといえる。
15 野澤・前掲『中止犯の理論的構造』205頁以下。ただし、前提としての未遂犯規定（40条および41条）は、「単なる偶然」によって犯罪結果が阻止されたことを要求していた（野澤・前掲『中止犯の理論的構造』205頁参照）。「行為者の意思とは独立した事情によること（＝中止犯ではないこと）」そのものを要求するわけではないものの、それに類する要件が要求されていたとは言える。
16 野澤・前掲『中止犯の理論的構造』204頁。
17 ただし、いわゆる「実行の着手」概念はまだ採用されておらず、「遠い未遂」（現在の予備）と「近い未遂」（現在の未遂）とに区別するにとどまっていた。野澤・前掲『中止犯の理論的構造』210頁以下参照。
18 野澤・前掲『中止犯の理論的構造』216頁参照。その1813年バイエルン刑法典58条の訳は以下の

形式になったのは、おそらく、未遂概念に関する理論構成の流入により、それを法規定の中に取り込みつつ、しかし中止行動に対する優遇としては、従来からの量刑規定（量刑概念）として「悔悟」を考慮するという考え方の流れをくんで、できあがったものと言えるのである[19]。すなわち1813年バイエルン刑法典の中止犯規定はいうなれば、この両者の流れが未遂犯規定の中に結実したものであったともいえるのである。これにより、「犯罪結果発生に向けられた犯罪行為の開始」があったことで未遂犯の成立が認められ、それでいて「犯罪結果の不発生が『行為者の意思によらずに』もたらされたこと」、すなわち「中止犯ではなかったこと」という要件の部分は、——従来までの量刑規定（量刑概念）における「悔悟」

とおり。
　第58条　行為者がその遂行に関して、外部的妨害のためや、または無能力や偶然のためにより阻止されたのではなくして、任意に、良心、同情または処罰に対する怖れによっても、その実行を見合わせた場合には、その未遂は全ての刑罰を免る。ただし後者に挙げた内心的事情は推定されない。
　確かにその遂行を任意に、しかし他の時間に、他の場所で、他の者に関して、または他の手段で犯罪を実行する意図で断念した者は、その意思に反して遂行が阻止されたであろう場合と同様に処罰され得る。

[19]　野澤・前掲『中止犯の理論的構造』404頁、とりわけその注145を参照。ただし、そもそも1813年バイエルン刑法典の中止犯規定における「任意に、良心、同情または処罰に対する怖れによっても」という「内心的事情の限定」について、起草者であったフォイエルバッハ自身が「例示列挙」として捉えていた可能性がある（野澤・前掲『中止犯の理論的構造』217頁注141を参照。なおフォイエルバッハは、1532年カロリナ刑事法典と同様に「起因者の意思に反して既遂とならなかった未遂のみ」を可罰的未遂として規定していた1802年クラインシュロート草案57条、および中止犯の法律効果を「裁判官による戒告（Verweis）」としていた同58条の規定（野澤・前掲『中止犯の理論的構造』208頁参照）について、「……〔クラインシュロート草案が〕任意に完成されないままとはされなかった未遂のみを刑罰に服するという、既にカロリナ刑事法典が承認していた規定にしようとしたことは、非常に安易すぎるものである。唯一望まれるべきであっただろうことは、何が悪行の任意的な不作為であるのかが、58条において詳細に規定されるべきであったことであろう。例えばある裁判官は、次のような疑念を見出し得たであろう。すなわち、犯罪者が単に刑罰に対する恐れから行為を未完成のままにさせた場合には、それは任意的な不作為であるのかどうか？そしてむろん、これもまた完全な不処罰となるのである。刑罰権が、それにより抑止されて行為をなさなかった者を処罰しようとした場合には、それはほとんどここでは刑罰権の矛盾をそれ自身伴うであろう。……」としており、中止が認められる事例を詳細に規定することのみを求めているように見える）。もしそうであるならばこの1813年バイエルン刑法典も「限定主観説」を採用していたわけではないことになり、本論文が指摘する「1813年バイエルン刑法典のような限定主観説を採用した中止犯規定は中世からの『量刑概念』からの流れをくむものであり、異質なものである」との主張は崩れることになる。しかしもし仮にそうであったとしても、本論文における「中止犯制度の起源から、中止犯制度は単なる量刑規定と解されるべきものではなく、また酌量減軽規定に類似したものでもない」、そして「中止犯制度において『反省』『悔悟』といった内心的事情は要求されるべきものではなく、限定主観説自体が異端である」といった指摘の論拠自体は——「1813年バイエルン刑法典も実は異端なものではなかった」ということになるだけなので——崩れないものと考える。

を考慮するという考え方に基づいて——「未遂犯そのものの成立要件（の一つ）」ではなく、「量刑事情」として作用するような概念として考慮する規定形式になったのである。この結果として、1813年バイエルン刑法典の（未遂犯および）中止犯の規定形式は、「犯罪の実行行為の開始」を前提にして未遂犯の成立を認めつつ、「中止犯ではないこと」を未遂犯成立の要件ではなく、「中止犯であったこと」を未遂犯としての可罰性を失わせる事後的事情として考慮する、という、いわゆる「ドイツ型の未遂犯・中止犯の規定形式」と同じような規定形式に——半ば偶然的に——なったと言えるのである。

このような1813年バイエルン刑法典と同様に「理論的な未遂犯概念」と「量刑概念」の複合物としての中止犯規定はヴュルテンベルク[20]やヘッセン[21]にも広まっていくが、やがてヴュルテンベルクにおいては1849年にフランス型の未遂犯・中止犯の規定形式へと変わり[22]、バイエルンにおいても1861年にフランス型の未遂犯・中止犯の規定形式を採用した刑法典が施行されることになった[23]。1851年プロイセン刑法典においても同様にフランス型の未遂犯・中止犯の規定形式が採用され[24]、このような規定形式が現在のドイツ地域の大半において採用されることになったのだが、1871年ドイツライヒ刑法典は、前述のような「犯罪の実行行為の開始」を前提にして未遂犯の成立を認めつつ、中止犯の場合には未遂犯としての可罰性を失わせる事後的事情として考慮する、という「ドイツ型の未遂犯・中止犯の規定形式」を採用したのである[25]。これは当時の考え方として、「時間的に見れば中止の直前までは、いったん未遂犯が可罰的な状態に達してい

---

20 すなわち1839年ヴュルテンベルク刑法典73条である。野澤・前掲『中止犯の理論的構造』230頁以下参照。
21 すなわち1841年ヘッセン大公国刑法典69条である。野澤・前掲『中止犯の理論的構造』237頁以下参照。
22 野澤・前掲『中止犯の理論的構造』235頁以下参照。
23 1861年バイエルン王国刑法典47条である。野澤・前掲『中止犯の理論的構造』224頁以下。
24 1851年プロイセン刑法典31条である。野澤・前掲『中止犯の理論的構造』267頁以下を参照。
25 野澤・前掲『中止犯の理論的構造』293頁以下。その1871年ドイツライヒ刑法典44条の訳は以下のとおり。
　　第46条　行為者が、
　　　1．意図された行為の実行を、その者の意思によらない事情によって阻止されたのではなくして放棄した、または
　　　2．行為がなお露見していない時に、重罪もしくは軽罪の既遂に固有の結果の発生を、自己の行動によって阻止した
　　ときは、その未遂はそのようなものとしては不処罰のままである。

るのに、中止が行われるとそれまでの未遂犯がそもそも可罰的なものではなかった、等と説明するのは苦しい」という、「事実存在論的な観点からの問題点」から、フランス型の未遂犯・中止犯の規定形式を採用せず、上述のドイツ型の規定形式が採用されたと言われている[26]。

以上のような点から実は、形式上、同じ「ドイツ型の未遂犯・中止犯の規定形式」であるとされてきた「1813年バイエルン刑法典」における未遂犯・中止犯の規定内容と、「1871年ドイツライヒ刑法典」における未遂犯・中止犯の規定内容とでは、その前提となる考え方に違いが存在することが明らかとなるのである。

確かに形式的には両者とも同様に「結果発生に向けられた犯罪行為の開始」ということを前提にして「未遂犯の成立」を認め、その上で事後的な犯罪結果回避行動を「中止犯」として優遇する、という規定形式を採用していることにはなる。しかし「中止犯制度」の由来との関連性という観点からは、両者には大きな隔たりがある。前述のように「中止犯制度」は、「未遂犯の処罰」が例外的な処罰拡張事由として設定されたことに伴うものである。犯罪を主観面と客観面に分離させ、その両者の側面が充足されることが本来の「犯罪」として処罰されるべきものであるところ、「犯罪結果に向けられた悪しき意思」の存在を理由にして、「未遂犯処罰」の概念が生まれたのである[27]。そうであるとするならば、その「犯罪結果に向けられた悪しき意思」が存在しなくなった場合には、未遂犯としても処罰する必然性がなくなる。これが中止犯概念のルーツである。そしてこのような観点での中止犯の概念からすれば、犯罪行為を中止する場合に、特定の内心的事情、とりわけ「悔悟」を要求する必然性はない。ともかくも自ら「犯罪結果に向けられた意思」が撤回された状況がもたらされれば、十分なのである。

1813年バイエルン刑法典は、中止犯の成立要件において、特定の内心的事情（「任意に、良心、同情または処罰に対する怖れによっても」）を要求した。これは本来の「中止犯概念」からすれば異質なものであった。それはまさに、異なる別の制度としての量刑事情（量刑概念）における「悔悟の考慮」という観点が加味された結果だったのである[28]。しかしこれに対して1871年ドイツライヒ刑法典は、「その者の意思によらない事情によって阻止されたのではなくして」放棄した、

---

26 野澤・前掲『中止犯の理論的構造』294頁以下を参照。
27 野澤・前掲『中止犯の理論的構造』197頁以下、とくに199頁以下、および353頁以下。
28 野澤・前掲『中止犯の理論的構造』404頁注145。

もしくは「自己の行動によって」阻止した、という形式で任意性は要求しつつも、その際に「悔悟」などのような特定の内心的事情を要求しなかった。これこそが、未遂犯（ないし中止犯）の理論的起源に忠実でありつつ、しかしあくまでも「中止犯ではないこと」を未遂犯そのものの成立要件にはせず、未遂犯としての可罰性を失わせる事後的事情として考慮するという「ドイツ型の未遂犯・中止犯の規定形式」の本来の形が現れたものだったと言えるのである。

三　未遂犯処罰の例外性とそれに伴う中止犯規定の必然性

　以上のように、中止犯制度はその由来からすれば、例外規定などではない。すなわちむしろ「未遂犯を処罰すること」の方がよほど例外規定に基づくものなのである。

　本来、犯罪結果として各則の処罰規定が対応を迫られているのは、まさしく「既遂」としての結果であり、このような観点からすれば、その「既遂」結果を生ぜしめなかった行為など、本来処罰する必要性はないのである。すなわち、「未遂犯など本来は処罰しなくても構わないもの」なのである。しかし何らかの理由から——「行為者の悪い『性格』あるいは『意思』の徴表」という主観的未遂論に基づくものであれ、「行為の持つ結果発生（法益侵害）の危険性の創出」という客観的未遂論に基づくものであれ、いずれにせよ——結果が発生しなかったとしても、既遂結果に故意が向けられて当該犯罪行為が着手されていたのであれば処罰の必要性がある、ということから、「特別に」「例外的に」処罰の対象を拡張している、それが未遂犯規定なのである。そしてこのことは日本の現行刑法典においても維持され、その趣旨は現れていると言える。すなわち日本の刑法典44条は未遂犯を例外的に処罰するものとしており、未遂犯の処罰のためには各則において個別に処罰する旨の規定を必要としているのである。よってこのような観点からは、中止犯規定は「例外の例外」としてむしろ原則に立ち返り、本来であれば「客観的にも主観的にも処罰の必要性が無くなった」状態を指し示しているのである。現行法が中止犯を、（必要的に減軽されるとはいえ）それでもなお処罰の可能性があり得るものとしているのは、中止の直前まで存在していた犯罪行為に基づいて、それを含めた評価的な配慮を裁判官の裁量に委ねたことによるものである[29]。

このような観点からすれば、未遂犯の処罰があり得ることを当然の前提としながら、「中止犯規定は特別規定でしかない」、もしくは「中止犯規定を定めるか否かは完全に立法裁量による」とするのは、理論的な観点を前提にすれば、立法的側面からも誤りであることになる。未遂犯処罰こそが例外的なものである以上、未遂犯の処罰制度を設けた場合には、中止犯制度は必然的に伴うべき制度として立法論的に予定されるべき制度なのである。

また、「中止犯制度を酌量減軽制度からの派生物としてのみ捉える見解」も、誤ったものである。中止犯制度は酌量減軽制度をその由来とするものではなく、すなわち単純な量刑制度として設けられているものではない。それはまさしく未遂犯が犯罪論の中で議論されることに対応して、同様に中止犯は犯罪論の中で議論されるべきものであって、刑罰論の中で議論されるべき論点では決してないのである。

これに対しては、現行の日本の未遂犯規定がその法律効果を「任意的減軽」としつつ、中止犯規定がその法律効果を「必要的減免」としていることに基づいて、「結局刑罰に関して『減軽』の部分は障碍未遂と共通しているのであり、そうであれば実質的な優遇は『免除』の部分にしかないのであって、それはやはり中止犯制度が刑罰論（量刑論）としてのみ存在意義があることを示している」、「ドイツであれば『未遂としては不処罰』という法律効果なので犯罪論にかかわるものであると言えるかもしれないが、日本では『必要的減免』という量刑上の作用しかもたらさない以上、やはり量刑規定としての意味しかない」といった反論が考えられ得る。しかし同様に「任意的減免」の法律効果しか持たない過剰防衛に関して、「これは量刑規定としての作用しかもたらさないものであり、刑罰論の範疇にある概念だ」とは誰も述べないであろう。さらにこれに関連して、ここで挙げた過剰防衛との対比という観点から、「過剰防衛事実は構成要件該当事実そのものを対象としてそのように評価されるものであるから、やはりこれは

29　日本の刑法草案において、明治30年草案までは中止犯の法律効果は「現ニ生シタル結果ニ従テ之ヲ罰ス」として、加重的未遂の場合の内部の既遂犯としてだけ処罰するという法律効果だったのが、明治33年刑法改正案では「其刑ヲ減免ス」となったのである。この点に関しては野澤・前掲『中止犯の理論的構造』79頁注249、396頁注127を参照。ちなみにドイツでは中止犯の成立の場合には「未遂としては処罰されない」（ドイツ刑法24条）とされているので、例えば殺人未遂の中止犯の事例においてすでに行われた殺傷行為を「傷害罪」として評価するように、「内部に含まれた既遂犯としては処罰できる」――「加重的未遂」という――とされている。野澤・前掲『中止犯の理論的構造』403頁、さらに27頁。

『犯罪論』であるが、これに対して中止事実は未遂犯としての構成要件該当事実とは別の、その事後の事実を問題にしている以上、中止事実はやはり『量刑論（刑罰論）』の問題にしかならないのではないか」との批判も考えられる。この批判に対する回答を明らかにするために、筆者は中止犯制度の由来を検討したともいえる。すなわち、中止犯概念の成立は未遂犯概念の成立と同時的に由来するものであり、そして前述のように、それは未遂犯として評価されるための成立要件として「結果の不発生が『行為者の意思によらずに』もたらされたこと」が要求されることによって生じたものであった。すなわち未遂犯概念の成立およびそれに伴う中止犯概念の成立時には、結果の不発生がどのような理由によるものであったのかが未遂犯の成否に大きくかかわるものであり、そうである以上、「中止犯の成否の問題」は間違いなく「犯罪論」の範疇内にあったのである[30]。法規定が「ドイツ型の未遂犯・中止犯の規定形式」を前提とするようになった現在でも、その中止犯概念の由来（ルーツ）から――そして場合によってはあり得るかもしれない「フランス型の未遂犯・中止犯の規定形式」への回帰の主張を視野に入れておく必要から――、ドイツにおいても日本においても中止犯は「犯罪論」の中で取り扱われているのである。よって、「中止犯」に関する記述が現在のほとんどの日本の刑法総論の教科書において「未遂犯」と共に「犯罪論」の中で取り扱われているのも、当然といえば当然のことなのである。

---

30 このような観点で、従来までの日本の法律説的な主張を維持しようとしつつ、中止犯を「量刑規定」として捉えようとする見解（鈴木一永・前掲「中止犯の根拠論について」早稲田法学会誌66巻2号269頁以下および296頁以下）には、同一論文内における致命的な矛盾があるものといわざるを得ない。「従来までの日本の法律説も、結局ドイツなどと同様の『法律説』として主張されているわけではなく、未遂犯としての犯罪が成立した後の『量刑事情』として、すなわち一身的刑罰減少消滅事由説を前提に、『量刑違法』『量刑責任』について検討しているだけなのだ」という主張なのかもしれないが、そうであるならばそこでは（混乱を避けるためにも）「法律説」という看板は捨て去られるべきであるし、何よりも当該主張が中止犯を「『量刑違法・量刑責任』のみに関わる場合なのだとするのであれば、それは体系的位置づけ論としては端的にはもはや一身的刑罰減軽消滅事由説の主張なのであって、その『一身的刑罰減軽消滅事由説（の主張）である』点を踏まえずに、ことさらに『違法』『責任』という概念を強調するのは、学説の主張としてミスリーディングであり、詭弁的な主張といえる」（野澤・前掲『中止犯の理論的構造』378頁）のである。「量刑違法」「量刑責任」に基づく分析手法そのものを筆者は否定はしない――ただし従来までのトートロジーのような議論状況に鑑みれば、そこから中止犯の成立要件に関する有意義な結論は得られないであろうと考えている――が、そうであるならば「これまでの学説も犯罪論体系の中で論じているかのようなきらいがあった」と明確に指摘すべきであり、「従来までの法律説もそうであった（量刑として論じていた）」という明らかな虚偽を前提に議論を進めるべきではないと考える。

また、「中止犯制度の由来はそうかもしれないが、現行の日本の規定はその由来の趣旨をもはや引き継いではいないのではないか」という反論に対しては、現行の日本の中止犯規定においても、上述の中止犯制度の起源・由来が引き継がれていることが現れているとの再反論が可能である。すなわち、まず任意性要件は「自己の意思により」中止した、ということが要件となっているのであって、ここで特定の内心的事情（とりわけ「悔悟して」とか「反省して」といった内容）が文言上要求されているわけではない。これは犯罪結果に向けられた意思が（一時は存在したかもしれないが）撤回されたことをもって、（未遂犯としてではなく）中止犯として評価するという、制度の起源における考え方が現在でも生き続けていることの証拠であり、単純な酌量減軽事由としての情状を考慮するものではない——もしそのようなものであったとしたならば、（1813年バイエルン刑法典と同様に）量刑事情として斟酌しやすい「反省」「悔悟」と言った内心的事情・情状等が文言上入っていてもおかしくなかっただろうし、日本の明治40年刑法典の立法者も中止犯に関してそのような内心的事情を要求すべきではないと考えていた[31]——のである。また日本の中止犯規定は、未遂犯の章の中に規定が置かれ、条文上も未遂犯の場合にだけ認められ得るものとなっている。このような「適用範囲に関する未遂犯への限定」は、中止犯制度が未遂犯制度の成立に対応して生まれたものであることを、現在でも引き継ぐものである。中止犯規定が、「既遂後に犯罪結果を元に戻した事例」のような犯罪行為の事後的な「損害回復行為」全体をその対象とせず、未遂犯に特化して規定されているのは、中止犯制度の由来からすれば当然のことなのであり、現行の日本の刑法典も、その考え方を引き継いでいると言えるのである。

　以上の点から、いくつかの帰結が導かれる。
　①中止犯制度は酌量減軽規定を由来とするものではなく、その発想を引き継い

31　野澤・前掲『中止犯の理論的構造』67頁以下、369頁以下。初出として、野澤充「中止犯論の歴史的展開（２）」立命館法学281号（2002年）38頁（この点に関する指摘はこの文献が最初のものである。他の文献を初出とするかのような記述がみられるものもあるが、それは事実誤認である）。立法者の一人である平沼騏一郎は「……中止犯ニハイロイロアリマシテ、必シモ悔悟致シタ者バカリデナイ、或ハ怖レテ止メル者モアル、或ハ利益ノ観念カラ中止スル者モアル……」と述べていたのである。すなわち、悪い動機から犯罪結果発生を中止した者も中止犯として予定されていたのであり、ここには「酌量減軽制度」ではカバーされない領域が中止犯の領域に予定されていることが明らかになっているのである。

で生まれたものですらもない以上、「酌量減軽規定と同様の趣旨の規定」として捉えることはできない。
②中止犯制度はその由来から、現在（現行法）においても犯罪論に基づくものとして検討されるべきであり、（刑罰論におけるような）単なる量刑規定として捉えられるべきものではない。
③中止犯の任意性における「限定主観説」は、中止犯制度の淵源からするならば、それ自体が（量刑事情としての）「異質」なものを取り込もうとする発想に基づくものであり、実は中止犯における考え方として本来的なものではないことになる。1813年バイエルン刑法典の中止犯規定は、そのような発想に基づくものであったと捉えなおすことが可能である。よって同様に日本の現行法の中止犯規定の「自己の意思により」という文言を「反省して」とか「悔悟して」と限定的に「解釈」することも、被告人に有利な規定を不利に解釈することで限定しようとする点で罪刑法定主義違反のそしりを受け得るものであるというだけでなく、さらに中止犯制度の本来の趣旨からも外れるものであると言える。「中止犯」の成否に関して、「反省」「悔悟」といった内容は要件化して要求されるべきものではないのである。
④その制度の由来という観点から、未遂犯以外への中止犯規定の類推、例えば「既遂後の事後的な損害回復行動」に対して中止犯規定を類推することは、否定されるべきである。そのような行動に対する優遇的対応については、「行為による悔悟（tätige Reue）」や「損害回復（Schadenswiedergutmachung）」などの他の制度での立法論的対応を考えるべきである[32]。

---

32 この点で、関哲夫「障害未遂・中止未遂における点と線・試論」『曽根威彦先生・田口守一先生古稀祝賀論文集［上巻］』（2014年）753頁以下や、同じく関哲夫「障害未遂・中止未遂における点と線・再論——過失犯における中止未遂を念頭に」『川端博先生古稀記念論文集［上巻］』（2014年）439頁以下において、既遂犯や過失犯に対する中止未遂規定の適用を認めようとするのは、中止犯制度のそもそもの趣旨、およびその制度の起源・由来を看過・無視するものと言わざるを得ない。行為者が「さらなる法益危殆化の回避行動」をとった場合に、その行動についての刑罰の優遇制度を考えるのであれば、本文中にも挙げたような「行為による悔悟（tätige Reue）」制度の活用を立法論として検討した方がよい。現に、ドイツ刑法306条eは「行為による悔悟」の表題の下に以下のような規定を定めており、すなわち放火罪（306条）、重大な放火罪（306条a）、および特に重大な放火罪（306条b）に対してだけではなく、失火罪（306条d）についても「行為による悔悟」としての不処罰の事例を定めており、「既遂後のさらなる法益危殆化ないし法益侵害の拡大の回避に対する優遇制度」としての「行為による悔悟制度」の存在意義が現れていると言える。
306条e　行為による悔悟

以上のような帰結について、「歴史的にはそうだったかも知れないが、現行法としてそれを維持すべき理由はない」という反論も考えられる。しかしそうであるならば、「なぜそのような考え方が維持できないのか」(その必要性)、および「なぜそのような考え方を維持しないことが許されるのか」(その許容性)について、それを主張する側が(挙証責任として)きちんと示すべきである。筆者としては、現行法が上述のようにきちんと未遂犯の淵源・由来を引き継いだ規定になっている以上、これに反するような解釈論を展開することは許容性を欠くだろうし、もし実際上の事例の解決のためにそのような理論展開が必要だというのであれば、立法論として――とりわけ「中止犯制度」とは別の制度として――意味のある形で展開すれば足りるものと考えている。

四　おわりに

　筆者は、本論文が献呈される浅田和茂先生に、刑法読書会などを通じて大変お世話になった。それは筆者が学部時代に、浅田和茂先生が非常勤講師として立命館大学での刑法特講の授業を担当した時に遡るものである。その刑法特講の授業の中で浅田和茂先生は、「法は徹頭徹尾歴史的なものである」と述べられた[33]。この時の言葉は、いまだに私の中に残り続けている。人間が社会を形成し、そして歴史を形成していく中で、その人間の社会制度を方向づける知恵として、「法」が生まれ、そして人間の歴史とともにその「法」は発展を遂げ、積み重なり続けて、今日の社会を形作っているのである。
　このような観点での「法」の捉え方は、すなわちその「法」の本質を知るためには、必然的にその「法」の歴史的経緯を探究する方向へと関心が向くことになる。「法」が「歴史的」なものである以上、現在の「法」の形だけを見ても、それがなぜ現在そのような形をとっているのかの「意味」を理解することはでき

---

(1) 重大な侵害が発生する前に行為者が任意に火災を消火した場合には、裁判所は306条、306条 a および306条 b の場合において、当該刑罰をその裁量により減軽し得る（49条第 2 項）か、またはこれらの規定による刑罰を免除することができる。
(2) 重大な侵害が発生する前に任意に火災を消火した者は、306条 d によっては処罰されない。
33　筆者はこのフレーズを、野澤充「大学教員として出発するにあたり」立命館大学法学部ニューズレター第36号（2004年）31頁においても引用した。なお浅田和茂先生自身の表現としては、浅田和茂『刑法総論［補正版］』（2007年）8頁参照（「刑法は、常に、歴史的・社会的な産物である。」)。

ず、表層的な理解にとどまってしまう。中止犯規定を「未遂犯における量刑事情を法定化したもの」でしかないとするのも、「中止犯規定は例外規定でしかない」と捉えることも、まさしくこのような表層的な理解の現れではないかと考えられる。だからこそ、「歴史的な観点」での研究は、その意味で法律学を研究する上では必然的なものであると言える。

しかし注意すべきであるのは、そのような歴史的観点からの研究の際に、きちんと事実を丁寧に踏まえなければならないという点、そして、その上で歴史的に見ても合理性を欠く内容の主張がなされたと評価せざるを得ない場合には、その旨をやはりきちんと指摘すべき点である。上述の、歴史的経緯をろくに踏まえない表層的な理解に基づく「単なる個人的思いつき」が「学問」「理論」の名の下に法律学の歴史に積み重なっていくことは、学問の発展を歪めることにもつながりかねないのである。かつて、佐伯千仭先生が浅田和茂先生も参加する大学院の授業において、フォイエルバッハ・ミッターマイヤーの教科書を示しながら、この本の中には考え得るほとんどのすべての学説がすでにそこに示されており、ある考えを自分の創見であると見栄を張っている人の多くは自分が勉強不足であると言っているようなものだ、という趣旨のことを述べたという話[34]も、このような考え方につながるものではないかと筆者は浅薄ながら考えている[35]。

浅田和茂先生から受けた学恩の大きさに比して etwas Neues の少ない本稿を

---

34 浅田和茂「佐伯千仭先生の蔵書について」『立命館大学図書館蔵　佐伯千仭文庫目録』（2009年）iii頁以下、浅田和茂「師に恵まれての出発——通説・師説・自説からの自由」法学セミナー632号（2007年）扉頁、浅田和茂「私の刑事法研究・三九年——「途上としての学問」について」大阪市立大学法学雑誌55巻1号（2008年）454頁以下参照。

35 ただ、そうであるならば——あるとき（アルコールも入る懇親の場ではあったが）、ときおり最近の論考が比較法的・歴史的観点なしに展開する「日本独自の見解」に関してとある先生が鋭く批判していたのだが、その点について、浅田和茂先生が「日本における学問の発展として受け入れるべきではないか」という趣旨のことをおっしゃったときには、正直耳を疑った。そのような「独自の見解」はまさに、佐伯千仭先生がおっしゃる「勉強不足を示す」ものそのものなのではないか。また、上述の佐伯千仭先生の授業の中で浅田和茂先生は「通説・師説・自説からの自由」についての教えを受けたという話がある（浅田・前掲「師に恵まれての出発——通説・師説・自説からの自由」法セミ632号扉頁）。だが筆者は『理論刑法学の探究⑦』において、自己の著書に対する書評（金澤真理「中止犯の論じ方——野澤充『中止犯の理論的構造』（成文堂、2012年）を読む——」『理論刑法学の探究⑥』（2013年）223頁以下）への反論論文（野澤充「中止犯論の問題点——金澤書評に対するコメントを中心に」『理論刑法学の探究⑦』（2014年）181頁以下）を執筆せざるを得なくなったときに、当初の原稿内容について浅田和茂先生に大幅に批判的記述の修正を迫られ、題名まで変更させられた経緯があった。もちろん筆者は浅田和茂先生が「正犯」であるとは考えてはいないが、少なくとも「関与者」として筆者に修正を要求した点について、そこに「自由」はあったのか、疑問なしとはできないでいるのである。

献呈するのは筆者として心残りではあるが、「法の歴史性」を引き継ぐ者として、正しい「学問の積み重ね」に目を光らせることをもって、御容赦願えればと考えている。

身分なき故意ある道具

松 生 光 正

一　問題提起
二　正犯の可能性
三　結　語

一　問題提起

　身分なき故意ある道具（qualifikationslos-doloses Werkzeug）とは、刑法解釈論上、真正身分犯が問題となる場合に、身分者が身分はないが情を知る、つまり故意ある者を利用して当該身分犯を実現する場合をいい、例えば、公務員が非公務員である妻に賄賂を受け取らせるような例がこれにあたるとされる。この場合、伝統的な通説は背後の身分者を間接正犯として処罰できるとしてきた[1]。したがって、身分のない実行者もこれに対する幇助犯としての責任を負うことになる。しかしながら、実行者を正犯として処罰できないから、背後者を間接正犯として処罰すべきであるという処罰の間隙を埋めるための論理としての間接正犯という形象が批判されて、間接正犯の正犯性の実質的な論拠が要求されるようになると、この場合、道具となる実行者はいわゆる故意も責任能力もあり、強制もされていないのであるから、規範的障害とはいえない、あるいは背後者がこれを支配しているとも評価することが困難であるため、間接正犯の成立に疑問が提起されることになる。もし、背後の身分者の正犯性が否定されるとすると、実行する非身分者も正犯を欠くため幇助犯として処罰できなくなり、明らかに身分者が犯罪を実現しているという実態が存するにもかかわらず、誰も処罰されないという

1　団藤重光「刑法綱要総論第3版」（1990年）159頁、大塚仁「刑法概説総論第4版」（2008年）162頁、福田平「全訂刑法総論第5版増補」（2011年）266頁、平野竜一「刑法総論Ⅱ」（1975年）361頁、大谷實「刑法講義総論新版第4版」（2012年）147頁、井田良「講義刑法学・総論」（2008年）449頁等。直接正犯とするのは山口厚「刑法総論第2版」（2007年）72頁。

政策的には好ましくない結果となる。そこで、非身分者と身分者との共同正犯という構成[2]や「正犯なき共犯」という形象を認めて、背後の身分者を教唆犯とする見解[3]も主張されている。前者については、身分なき故意ある道具が問題となる場合に常に共同正犯関係が肯定されるかがすでに疑問であり、後者については、「正犯なき共犯」という法形象自体、実定法上導入が困難であると批判が加えられている。

そこで、本稿においては、身分なき故意ある道具という問題事例に関し比較的議論の積み重ねのあるドイツの学説状況を参考にしながら、この場合の背後の身分者の正犯性について検討を加える。その際まず考慮に入れられるべき点として、非身分者が身分者の犯罪に関与した場合を専ら規制しているかに見える刑法第65条第1項との関係においては、身分なき故意ある道具の事例はこれにより直接的に把握されていないことになるが、身分犯の正犯性という観点からは、むしろこの規定を含めて身分犯一般に関して統一的な理論構成が要請されるはずであり、したがって、身分なき故意ある道具と第65条の規定とは裏表の関係にあって、双方は整合的に理解されなければならないことをまず確認できる。

なお、身分なき故意ある道具という問題に対しては、実際の裁判例に乏しく議論の実益があまりないことも指摘されることがあるが、身分犯の正犯性や間接正犯の一般的解釈論の一適用場面として解釈論的意義を有するだけではなく、ドイツにおいては、実際に問題となった事案が存在する。例えば、身分なき故意ある道具の場合としてよく引用される事例は、公務員Aが情を知る非公務員Bに公的記録簿、例えば土地登記簿への虚偽の記入を教唆するというような場合であり、ドイツ刑法第348条[4]によると、正犯となりうるのは公務員のみであるからB

2　西原春夫「刑法総論」(1977年) 313頁、西田典之「刑法総論第2版」(2010年) 331頁、林幹人「刑法総論第2版」(2008年) 414頁。判例には、公務員が非公務員を利用して賄賂を収受したと解釈しうる余地のある事案で、共謀共同正犯の成立を認めたものがある（大判昭7・5・11刑集11・614）。

3　植田重正「共犯の基本問題」(1952年) 83頁以下、佐伯千仭「四訂刑法講義論」(1981年) 356頁以下、中義勝「講述犯罪総論」(1980年) 224頁以下、中山研一「刑法総論」(1982年) 476頁以下、浅田和茂「刑法総論補正版」(2007年) 432頁以下、山中敬一「刑法総論第3版」(2015年) 878頁。

4　ドイツ刑法第348条「公文書を記録する権限をもつ公務担当者が、その管轄の範囲内で、法的に重要な事実を偽って記入し、又は、公の記録簿、帳簿若しくはデータに偽って記入し若しくは入力したときは、5年以下の自由刑又は罰金に処する。」（法務省大臣官房司法法制部司法法制課「法務資料　第461号　ドイツ刑法典」2007年208頁）

は正犯となりえず、従ってAは教唆犯としては処罰されえないから、Bも共犯となりえないので、AもBも不処罰にとどまることになる可能性もあるが[5]、帝国裁判所（RG）は同種事案において、公務員の間接正犯を肯定したのである[6]。同様に、ドイツ刑法第266条[7]の背任罪の正犯である財産管理者Aが幇助犯にしかなりえない外部者のBに委託された財産の一部の隠匿を教唆するという場合も挙げられることがあり、同種の事案が裁判の対象となった例も存在する[8]。従って、身分なき故意ある道具が全くの講壇事例というわけではないであろう。

二　正犯の可能性

1　伝統的な間接正犯説

　身分なき故意ある道具という法形象において、間接正犯を端的に肯定し得る見解としてまず念頭に浮かぶのが、正犯意思などの行為者の主観面にもっぱら着目する主観説である。すでに古くナーグラーが主観説の立場から、間接正犯説を主張していた。彼は、行為者の内面から事象に至るまで前進的に意欲されたことを追求する緩和された主観説が、外的な行為経過に対する意思的側面の優越を考慮

---

[5] もっともこの場合、直接行為者は公務員の身分はないのであるから、文書作成の権限はないので、その者が公務員の名義で作成した場合、文書偽造罪を実行したことになり、公務員はその教唆となるだけではないかという疑問が提起されている（Bockelmann/Volk, Strafrecht, Allgemeiner Teil, 4. Aufl., 1987, S. 180）。したがって、身分なき故意ある道具の事案として検討の対象となるためには公務員が直接行為者に授権できることが前提となろう。

[6] RGSt 28, 109. 事案は以下のようなものであった。被告の市長Bによって署名された移送伝票（Transportzettel）には囚人の移送指揮者としてのAへの引き渡しと、Brへの移送とFへの返送のための移送業者Mへの引き渡しが文書化されていた。移送の実行後、Mは移送伝票をFの警察所でBに返却した。次にBは、伝票の改変を、民間の事務補助者である共同被告人のSにBの名前を消し去り、その代わりに自身の名前Sを書き加えることを教唆することにより行わせた。この形で移送伝票はMに当該受付で移送料金の徴収ができるよう再び交付された。共同被告人Sは、想定された改変が移送伝票の許されない偽造であり、Bにもその権限がないことを意識していた。これに対し、RGは、公務員ではなかったSは旧第348条第2項の犯罪を自ら実行しえないから、教唆の概念を適用できず、当該行為はBに自身の行為として帰属され、間接正犯が承認されるとした。

[7] ドイツ刑法第266条第1項「法律、官庁の委任若しくは法律行為により行為者に与えられた、他人の財産を処分し若しくは他の者を義務づける権限を濫用し、又は、法律、官庁の委任、法律行為若しくは信任関係に基づいて行為者に負担させられる、他の者の財産上の利益を守る義務に違反し、これにより、その財産上の利益を保護すべき者に損害を与えた者は、5年以下の自由刑又は罰金に処する。」（前掲ドイツ刑法典164頁）

[8] BGHSt 26, 53. ただし、ここでは、身分者の正犯性が争点とはならなかった。

に入れているが故に正しい判断原理を含みうることを前提とした上で[9]、とりわけ行為者が故意により行為する者を通じても犯罪結果を惹起しうるが、それはすなわちその者が特別に必要とされる構成要件メルクマールが欠如するため教唆者と見なされえない場合にその限りにおいてであるとする。「まさにこの形態の事態が、特別犯罪（delictum proprium）にとって特別の重要性を持つ。なぜなら、特別規定により義務づけが制限されている範囲に属する者のみが特別犯罪（Sonderverbrechen）の主体となりうるが、しかしこの一身的な行為事情は外部者の人格には有効ではないのであるから、後者が客観的構成要件の全てを故意により実現する場合にも、その者を利用する義務づけられた者のみが正犯とみなされうる。[10]」ここでは、直接的な実行者に正犯性が欠けることから直ちに背後の身分者が正犯性を肯定するという論法がすでに明らかとなる。

今の主観説の論者も同様の論理を採用している。ウェーバーは、結果惹起に対する全ての条件の同価値性を考慮すると正犯と共犯の主観的限界づけのみが結果を約束するが、行為結果に対する自身の利益だけが唯一の徴表ではなく、行為支配の意思もそれと同等なものとして付け加わるとしながら[11]、いわゆる身分なき故意ある道具の場合、つまり特別犯罪の一身的なメルクマールを示さず、その点で構成要件に該当せず、正犯となりえない行為媒介者を利用する場合、例えば、公務員が、非公務員にその手書きで日時と場所を書き込ませるというようなやり方でその者により刑法第348条の虚偽文書作成の援助をさせる場合、公務員が間接正犯で非公務員が348条の幇助犯であると結論づける[12]。

主観説そのものに対しては、すでに、主観的区別は外界に生起する事象と関係者の意欲が一致する限りで意味を持ち、客観的に区別しうることをなぜ主観的に表現しようとするのかがそもそも疑問であり、また二人の者が共同して行為を実行しながら、双方とも内心的には他方に実行を委ねる場合には両方とも幇助犯となり、正犯がいないという奇妙な帰結に至るなど決定的な批判が加えられている[13]。ここで指摘されるべきはむしろ、主観説の前提から身分なき故意ある道具の事例に対して一貫した結論を引き出していないという点である。主観説の立場

---

9 Nagler, Die Teilnahme am Sonderverbrechen, 1903, S. 45.
10 Nagler, Teilnahme, S. 69.
11 Baumann/Weber/Mitsch, Strafrecht, Allgemeiner Teil, 11. Aufl., 2003, S. 610 f.
12 Baumann/Weber/Mitsch, AT, S. 627.
13 例えば、Roxin, Täterschaft und Tatherrschaft, 9. Aufl., 2015, S. 54 f.

からは、行為者が正犯意思で行為したか、単に他の正犯者に従属するという意思で行為したかという内心的事情のみが決定的なはずであり、公務員が非公務員の行為に対し単に幇助の意思で関与した場合には正犯性は否定されなければならないにもかかわらず、当然に正犯が成立するかのように論じているのは一貫しないのである。この場合正犯意思を有することを要求する見解もあり得るが[14]、そもそも主観説の前提からは一身的メルクマールが正犯性を基礎づける身分犯の構造について十分な解明を加える事は出来ない。

主観説に類似しているのが、実行者に故意が欠けていることに着目する見解である。シュミットは、まず、公務員が非公務員を委託された文書の変造へと決意させる場合、介在者は公務員性が欠けるため正犯とはなり得ず、決意させる公務員を教唆犯として処罰することはできないとした上で、彼が間接正犯となりうるかを問う。彼の故意論からすると、旧刑法第348条で刑罰の下に置かれている特別禁止とそこで指定された正犯範囲に属さない者との間には責任として（従って故意として）評価されるべき関係が存し得ないとし、それ故、決意させる公務員自身に間接正犯を承認する可能性が生じるとする[15]。フランクも、シュミットの解決の試みが最も有効だとし、それが示唆するように、実行者は公務員性が欠けるため完全な犯罪故意を持つことができないが、このような実行者が故意なく行為する場合に間接正犯となるという観点が決定的であろうとするのである[16]。さらにRGも、間接正犯を肯定した裁判例において、非公務員の行為は当該犯罪の正犯を基礎づけることができない、特に彼には構成要件に必要とされる故意を問題にすることができないので、その行為を故意により惹起した公務員に対し彼の行為として帰属され、従って間接正犯として承認されるとしており[17]、同様の論理を示していた。

実行者に故意が認められないことから、身分なき故意ある道具の場合の間接正

14　Schönke/Schröder, Strafgesetzbuch, Kommentar, 17. Aufl., 1974, Vor § 47, Rn. 26.
15　v.Liszt-Schmidt, Lehrbuch des Deutschen Strafrechts, 25. Aufl., 1927, S. 319.
16　Frank, Das Strafgesetzbuch für das deutsche Reich, 18. Aufl., 1931, S. 108.
17　RGSt 28, 110. もっとも、RGが適用したのは、ドイツの旧刑法第348条第2項（「職務上託され、あるいは近づくことを許された文書を故意に滅失させ、除去し、毀損しあるいは変造する官吏も前項と同じ刑に処する」）であり、これは不真正身分犯と解されるところ、背後者は処罰を免れる危険性がなかったにもかかわらず、RGが間接正犯を肯定したのは、正犯意思に着目する極端な主観説を採用したのだとする評価がある。Lotz, Das „absichtslos/qualifikationslos-dolose Werkzeug", 2009, S. 468 f.

犯性を導き出そうとするこのような試みは成功しているとは言いがたい。確かに、実行者に故意が欠ける場合に背後者に間接正犯の成立が肯定できる場合のあることは広く認められてきたが、この場合の実行者は、背後者の公務員が単独で実行すれば犯罪であることを含めて全ての事情を承知していて何ら錯誤に陥っていないのであり、その意味で「故意」がないとは言えないのである。故意がないように見えるとすれば、それは実行者には身分がなく、したがって自らの行為には構成要件該当性が欠けるため、主観面に対応する犯罪の客観面が成立していないからであろう。主観説と同じく、この見解も主観面から身分犯の正犯性をとらえようとすることに無理があることを示していると言える。

　これらの見解が主観説的前提から、身分なき故意ある道具の場合の間接正犯性を説明するのが困難であるにもかからず、そのように促されてきたのは、処罰の必要性という政策的配慮が背後にあるからだと考えられる。このことを明示的に示すのがペトリである。彼は、まず、故意ある道具とされる場合に間接正犯者も故意ある道具も不処罰となるべきであるという結論を引き出すことは「耐えがたい帰結」であるとし、それに対しては、一般的な規範からは逆のことが明らかとなるのであるから、その種の結論は法律に基礎を見いださなければならず、法律上の証拠を必要とするであろうという答えしかありえないとする[18]。ここで言われている一般的規範とは、間接正犯という形態での一般的正犯概念である[19]。つまり、ペトリによると、間接正犯は、「犯罪構成要件の実現に向けられた意思決意を現実へと転換しようと考える者が犯罪の客観的構成要件の成す実行行為の一部あるいは全範囲を第三者により設定させるというやり方による犯罪構成要件の実現である[20]」と定義される。これは、主観説というよりも、もっぱら因果関係に正犯性の基礎を見いだす見解であり、彼によると、間接正犯を因果関係から考察するならば、「他の者を犯罪を実行するために道具として利用する者が、そのような道具の利用がなければ犯すことが出来ない犯罪の場合、不処罰と宣言しなければならないという法感情を傷つける結果へとおいやられないであろう[21]。」確かに、このような因果関係にのみ間接正犯の根拠を求めるならば、故意ある道

18　Petri, Die mittelbare Täterschaft, 1911, S. 31.
19　Petri, Täterschaft, S. 50.
20　Petri, Täterschaft, S. 9.
21　Petri, Täterschaft, S. 5

具の場合の正犯としての処罰も可能となるが[22]、実定法上正犯と共犯、つまり教唆犯や幇助犯が区別されていることと矛盾することになる。ペトリはこれを認めており、教唆犯も理論的には正犯となるが、これは刑法典には無縁のことであり、教唆犯を実定法上間接正犯と呼ぶことは出来ないとし[23]、従って、個別事例において教唆犯が排除される場合に間接正犯が成立するとするのである[24]。ここでペトリの間接正犯の構成が共犯として処罰できない場合の間隙をいわば補充する概念であることが正面から認められていることが明かとなるのである。

このような処罰の必要性に促された論法は主観説の立場に立たない者にも認められる。ケーラーは、ドイツ刑法第352条における料金の過剰要求の正犯はそこで規定された者のみ、たとえば弁護士あるいは公証人のみであり、会計係ではないところ、弁護士が会計係に対し、知って当事者から高すぎる料金を徴収するよう決意させる場合、会計係は正犯性を充足せず、従って弁護士も教唆犯ではあり得ないが、その行為が処罰されないということはあり得ないから、実行者が正犯ではなく、誘致者が、つまり弁護士が正犯だとするのである[25]。アルフェルトも、実行者に正犯の要素が欠け、その結果彼を行為に利用する者が共犯となりえない場合、後者にその要素が存在し、いわば補充的に実行者の行為に付け加わるならば、その者が間接正犯と見なされうることがこの場合の基本思想であるとし、刑法はあらゆる当罰的な者を刑罰に委ねなければならず、この種の事案において少なくとも教唆犯と同じ程度に処罰する必要性が存することは争い得ないとする[26]。

このような処罰の必要性を前面に出す論拠は、間接正犯の実質的な基礎づけが要請されるようになるともはや、主たる論拠としては主張されえないものとなっている。しかし、身分なき故意ある道具の事案において正犯を肯定しようとする見解の背後には常に存続し続けている。

そこで、ドイツにおいて身分なき故意ある道具の場合の間接正犯を基礎づけようとする見解として有力なのが、正犯性の基準として多くの者がすでに採用する

22　従って、ペトリは、一般的見解に反して、職務犯罪の場合に非公務員が公務員を利用する場合にも間接正犯を肯定する。Petri, Täterschaft, S. 50.
23　Petri, Täterschaft, S. 19 f.
24　Petri, Täterschaft, S. 56.
25　Koehler, Deutsches Strafrecht, Allgemeiner Teil, 1911, S. 511 f.
26　Allfeld, Lehrbuch des Deutschen Strafrechts, Allgemeiner Teil, 9. Aufl., 1934, S. 217.

「行為支配」を規範的に理解しようとする立場である。これを最初に定式化したと考えられるガラスによると、この事例は限縮的な正犯概念の主張者に著しい困難を生じさせてきた。つまり、直接行為する者自身には当該構成要件が処罰を依存させる特別な正犯メルクマールが欠け、それにより構成要件該当的な可罰的な正犯行為は存在しないが故に教唆犯は存在せず、限縮的－客観的な立場からは間接正犯も少なくとも疑わしく思われ、これを目的的行為論から修正しても、背後者は直接的行為者を支配しておらず、彼を道具として利用していないことは争いえない。誘致それ自体を考察すると、むしろ背後者は直接的行為者を、行為決意の実現に対してそれに必要な外的行為を引き受けることにより彼を援助するよう教唆しているという状態であるが、背後者の正犯行為が見いだされない限り、このような幇助に対する教唆も宙に浮いた状態にあるとする[27]。そのための解決は、ガラスによると「直接的行為者は身分…が欠けるため正犯として考慮されないのであるから、背後者の正犯性にのみ存在しうる。それに有利なのは、実際、背後者が全体事象の中で占める支配的地位である。確かに彼は直接的行為者自身に対する支配者ではないのであり、その点でその犯罪的性質が彼が備える身分（Qualifikation）…に依存する行為全体に対する支配者ではない。このような背後者自身に存在する特別な事情がなければ、直接行為者の行為は刑法的に重要なものではなくなるであろう。つまり構成要件により保護された法益にはおよそ到達しないであろう。従って、背後者の役割は、そうでない教唆の場合のように他者に行為決意を惹起するということに制限されず、むしろ背後者は、それを越えて身分…の力によりおよそ犯罪事象に至るかということを手中にしているのである。教唆行為がかくて行為支配の遂行となり、それにより構成要件該当的行為の自手的実行と同価値となるのである。もっとも、その際、その行為媒介者の支配に着目する伝統的な意味においては間接正犯よりも共同正犯に近い固有の種類の実行形態が問題になっているのである[28]。」このようなガラスの見解の後にも、行為支配を規範的に解釈ないし拡張して身分のある背後者が直接行為者を規範的意味で支配しているという構成をとる者[29]あるいは身分のある背後者が非身分者

27　Gallas, Täterschaft und Teilnahme, Materialien zur Strafrechtsreform, Bd. 1, 1954, S. 135.
28　Gallas, Materialien, S. 136.
29　Hünerfeld, Mittelbare Täterschaft und Anstiftung im Kriminalstrafrecht der Bundesrepublik Deutschland, ZStW 99 (1987), S. 240; Jescheck/Weigend, Lehrbuch des Strafrechts, Allgemeine Teil, 5. Aufl., 1996, S. 669f.; Kühl, Strafrecht, Allgemeiner Teil, 7. Aufl., 2012, S. 757; Murmann,

の関与に対する支配を社会的行為支配ととらえる者[30]が続いた。

しかしながら、このような規範的行為支配という観念が身分なき故意ある道具の場合の間接正犯性を説明できているかについては疑問がある。まずそもそも直接的行為者に対する身分者の「支配」を観念できるかがやはり疑わしい。ロクシンはすでに、直接的行為者は意思形成については自由であり、どのような種類の心理的圧力の下にもなく、例えば、土地登記簿への虚偽の書き込みを行うべきかに関する決定を彼自身の妨げられていない裁量によって単独で行っていることを指摘する。さらに、意思支配の観点からしても、行為の支配への道は間接正犯の場合行為する者の人格を介してのみ通じているのであるから、その自律的意思は背後者から形成的な決定の可能性を奪い、彼を事象の周縁へと追いやるのであるから、行為支配論を基礎にすると教唆犯の承認に至りうるだけなのであると批判している[31]。そもそも背後者のみに身分がそなわっていることと正犯原理としての行為支配を結びつけようとしている点に問題があろう。ある者が公務員であるかということと彼が行為事象の一定の経過を支配しているかということとは全く別の事柄であり、身分があるということは、当該の者が特別犯罪の正犯となりうることを意味するだけであって、具体的場合に彼が行為支配を有するかは別の問題であるとされているのである[32]。従って、背後者にのみ身分が存するという指摘だけではその正犯性の論証のためには不十分なのであり、背後者は身分の力によって犯罪事象を手中にしているという論法は未だ犯罪事象が存在していることを証明できていないのであるから循環論法なのである[33]。結局、規範的行為支配という考え方には、刑事政策的に望ましくない結果を回避するために、行為支配概念を許されないやり方で拡張するものだという評価[34]が当てはまることになる。

以上のように、伝統的な間接正犯論の枠組みでは、身分なき故意ある道具の場合の間接正犯性を説明することはやはり困難であることが明らかとなったと言える。

Grundwissen zur mittelbare Täterschaft, JA 2008, S. 322; Rengier, Strafrecht, Allgemeiner Teil, 3. Aufl., 2011, S. 372; Schönke/Schröder-Cramer/Heine, Strafgesetzbuch, Kommentar, 28. Aufl., 2011, § 25, Rn. 20.
30 Welzel, Das Deutsche Strafrecht, 11. Aufl., 1969, S. 104.
31 Roxin, Täterschaft, S. 254.
32 Roxin, Täterschaft, S. 255.
33 Jakobs, Strafrecht, Allgemeiner Teil, 2. Aufl., 1993, S. 650.
34 Maurach/Gössel/Zipf, Strafrecht, Allgemeiner Teil, Teilbd. 2, 7. Aufl., 1989. S. 271.

2 共同正犯説

ドイツにおいては、一般に共同正犯者は全て、単独正犯にとって必要な処罰を基礎づける正犯要素を備えなければならないと考えられており[35]、単独正犯者となりえない者は共同正犯者にはなりえないとされている。にもかかわらず、身分者が非身分者の行為を利用するという身分なき故意ある道具の場合に、共同正犯の構成を肯定する見解も主張されており、ここで検討することにする。

古くは、ヴァッヘンフェルトが、このような考え方を主張していた。それによると、確かに非公務員は、職務犯罪の可罰的な幇助犯や教唆犯にはなりうるが、正犯とはなりえず、従って共同正犯にもなりえないはずであるが、このことは、彼が公務員と共同正犯という外的な形態の下で共同して、つまり、彼の行為が法に該当したならば、可罰的な共同正犯が成立するであろうというようなやり方で行為することを排除しないのであり、彼の行為が犯罪的なものではないにもかかわらず、それは事実的な経過として公務員に共同正犯者の地位を与える、しかも仲間は彼自身は処罰されないが故に単独で処罰されるべき共同正犯者の地位をである[36]。例えば、公務員ＺがＸに、彼の職務行為に関し知ってＯに贈与を要求するように決意させる場合（ドイツ旧刑法第331条[37]）、両者は共同正犯の形態で共同して行為しており、Ｘを共同正犯者として処罰することのみが不可能なのであり、このことは、事実的な、しかし法的には重要でない不可罰の共同正犯という形で公務員の行為に対する可罰的幇助犯が存在することを排除しないとするのである[38]。しかし、このようないわば孤立化した（isoliert）共同正犯がどのような根拠をもって可能となるのかが問題となるが、これについてヴァッヘンフェルトは、形式的－客観的な正犯論から出発する。すなわち、共同正犯は実行行為の一部の実行によって成立するのであり、公務員によって行為へと誘致された仲間が実行行為の一部を実現していることは何の問題もなく明らかであるが、公務員も、少なくとも媒介者を決意させることにすでに犯罪的な行動が露わになっている場合にはそれを行っているとする。つまり、決意させる行為は通常説得やその

---

[35] Maurach/Gössel/Zipf, AT, Teilbd. 2, S. 290; Roxin, Strafrecht, Allgemeiner Teil, Bd. 2, 2003, S. 94; Schönke/Schröder-Heine/Weißer, Strafgesetzbuch, 29. Aufl., 2014, § 25, Rn. 89.
[36] Wachenfeld, Mittelbare Täterschaft und doloses Werkzeug, ZStW 40 (1919), S. 333.
[37] ドイツ旧刑法第331条「公務員が、職務上行われるべき、義務に違反しない行為に関して贈与や他の利益を収受、要求あるいは約束する場合、罰金刑または6ヶ月以下の軽懲役で処罰される。」
[38] Wachenfeld,, ZStW 40 (1919), S. 334.

他の言葉を伴う表明によって行われるが、職務犯罪にとって問題となる犯罪的行動が一部でもそのような意思表明によって実現されうるならば、決意させることに実行行為の開始を認識することは困難ではないとするのである[39]。したがって、非公務員を単にこの者にとって争いなく不可罰の行為へと誘致することは何ら犯罪を構成しえないとしている[40]。また、公務員がすべてを知らせた書き手に書類への虚偽の記入をさせるという事例についても、記入（Eintrag）は、書類への任意の言葉の記載ではなく、一定の言葉の記載なのであり、書き手を記入へと誘致する者はその前に文書化されるべき事実を定式化していたのでなければならないのであるから、それを表明することは書類への記載に関しては既に記入に属するのであり、それはちょうど例えば、射殺には引き金を引くことだけではなく、銃を被害者に向けることも属するのと同じであるとし、従って、公務員は指示によって既に実行行為の一部を遂行しているとしている[41]。

ヴァッヘンフェルトの見解に対して、まず指摘できるのは、各則に記述された実行行為概念を基軸に据える形式的－客観的正犯論の立場が一貫していない点である。そもそも形式的客観的立場からは各自に一部実行があった場合の共同正犯の説明が困難であることが指摘されているが[42]、その前提からすると教唆行為と実行行為は明確に区別されなければならないはずであるにもかかわらず、ヴァッヘンフェルトにおいては、教唆行為を既に実行行為の開始と見るという強引な概念操作を行うことにより、この区別を見失わせてしまうのである。これは結局行為決意をさせることによって行為結果を惹起することが実行行為であるという因果的立場をとることと同一に帰し、通常の教唆犯においてもすでに共同正犯ととらえることを可能にすることになり、実定法上の教唆犯と正犯の区別を無意味なものとするであろう[43]。さらに、孤立化した共同正犯を肯定する点については根本的な疑問が生じる。身分者のみの共同正犯という構成は間接正犯的構成をとるのと実態において変わりがないだけではなく、共同正犯の本来的な構造にも反する。ドイツにおいて一般に言われているように、共同正犯においては、それぞれの共同正犯者には共同の行為決意の下で他の共同正犯者により履行されたすべて

39　Wachenfeld., ZStW 40 (1919), S. 333.
40　Wachenfeld., ZStW 40 (1919), S. 335.
41　Wachenfeld., ZStW 40 (1919), S. 336.
42　Roxin, Täterschaft, S. 35.
43　Lotz, Werkzeug, S. 563f.

の行為寄与があたかも自ら行ったかのように帰属されるのであり[44]、各共同正犯者がどのような寄与を行えば、それに十分かという問題はおくとしても、このような分業、つまり構成要件的行為の分担的な実行が共同正犯の本質を成すのであるから、行為する者が一身にそなえなければならない正犯要素つまり身分を分担するということはあり得ないのであり、従って、身分者とそもそも実行する資格のない非身分者による実行の分担は観念できないのである。これがそもそも可能となるとすれば、身分のある者による結果惹起だけですでに（共同）正犯性を基礎づけるという考え方を基礎に置く場合のみであり、実定法上の正犯と共犯の区別を無視することになるだけでなく、法が犯罪行為の成立要件として特に身分という形で特別な扱い方をする場合の正犯性の問題を正しくとらえることができなくなるのである[45]。

　近時において身分なき故意ある道具の場合に共同正犯の理論構成を主張しているのがフリスターである。彼によると、この種の事案においては、特別義務により基礎づけられた規範的な決定管轄（Entscheidungszuständigkeit）に基づいて身分者は行為支配がなくても共同正犯となり、正犯に必要な特別義務が課せられない者は幇助犯として処罰されうるのである[46]。それではどのようにしてこの場合の共同正犯が理論的に基礎づけられうるのかが問題となるが、その出発点となるのが義務犯の考え方である。これは、特別犯罪の場合、法律は、犯罪的行為を一定の行為としてではなく、一定の義務の違反として画定しており、このような義務違反は多様に異なる作為あるいは不作為によって行われうるが、このことは構成要件実現にとって意義を持たないとされ、この種の義務犯の場合、誰が行為実行を支配しているかは問題にならず、構成要件において記述された義務の違反は正犯の必要条件であるだけではなく、同時に十分条件であり、その結果義務者は関与行為の種類や程度に関係なく常に正犯として処罰されうるとされる考え方である

44　Jescheck/Weigend, AT, S. 675; Krey/Esser, Deutsches Strafrecht, Allgemeiner Teil, 5. Aufl., 2012, S. 385; Kühl, AT, S. 781; Schönke/Schröder-Cramer/Heine, 28. Aufl. § 25, Rn. 61.

45　なおヴァッヘンフェルトは、追加的な論拠として、公務員が非公務員に文書の虚偽記入をさせる場合、偽造文書が役所から発行される時に初めて既遂となるが、そのときまでは書き手にも公務員にも発行を阻止する可能性が残されており、そうするための義務が公務員には職務上、書き手には故意による侵害のために発生し、何もしなければ両者は共同正犯として責任を負わなければならないことも挙げているが（Wachenfeld., ZStW 40 (1919), S. 336f.)、これは明らかに不作為犯を基礎づける作為義務を共同正犯の根拠とするものである。

46　Frister, Strafrecht, Allgemeiner Teil, 7. Aufl., 2015, S. 421.

とする[47]。しかし、フリスターによると、このような義務犯の考え方は帰結においては正しいが、あらゆる結果犯は多様に異なる作為によって行われうるとし、そこから関与者が行為実行を支配しているか否かは問題にならないという結論を引き出していない点で核心を衝いていないとする。「義務犯の特質は一定の実行行為の画定が欠けていることではなく、作為と不作為の同置である。行為支配の要件の放棄は、義務者が構成要件的法益の侵害を行ってはならないということではなく、この法益を侵害に対して保護もしなければならないという事実から正当化される。このような保障義務に基づくと義務犯の場合、彼が外部者として行為の実行に対する決定を行うか内部者としてそうするかは問題にならない。法益を保護しなければならない者は、その侵害に対する決定を他者に任せることによって免責されない。それ故、法益侵害への積極的関与の場合、彼は決して幇助犯ではなく、常に作為正犯として処罰されうるのである[48]。」

このようなフリスターの見解が、身分犯の場合の共同正犯の構成を説明できているかについてはやはり疑問が生ずる。その構成は、義務犯という身分犯に固有の正犯形式を基礎に置こうとしている点で評価の余地はあるが、共同正犯の理解に問題があると言わざるをえない。それは、共同正犯の成立には、共同の行為計画に存する決定管轄に基づいて結果の惹起があればよく、関与者の行為寄与の重要性は問題にならないとするものであり、主観説に近似した立場である[49]。実際、フリスターは、一般の理解と異なり、他の共同正犯者に可罰性条件が備わっていない孤立化した共同正犯も肯定し[50]、自らの行為実行を要求するいわゆる自手犯の場合にも共同正犯を肯定しているのであって[51]、共同正犯の本質を行為の分担的な実行にではなく、一定の条件を備えた者が他人を通じて結果を惹起することに見いだしているのである。確かにこれにより、身分者が非身分者を利用する場合の共同正犯を基礎づけることは可能になるが、主観説やヴァッヘンフェルトの見解に対するのと同じように、実定法上の正犯と共犯の客観的区別、さらには間接正犯と共同正犯の客観的区別も困難となるのである。

そもそも正犯性の根拠を特別義務に求める義務犯的理解からは、共同正犯の構

---

47 Frister, AT, S. 399f.
48 Frister, AT, S. 400.
49 フリスター自身決定管轄の考え方を正しく理解された故意説と呼んでいる。Frister, AT, S. 397.
50 Frister, AT, S376.
51 Frister, AT, S374.

成には無理があることは指摘されている。レッシュによると、確かに、本来的な義務犯の場合にも、特別義務者と外部者との間の分業は事実上可能であり、実行（構成要件実現）も内部者だけではなく、自らは義務づけられていない者によって一部が引き受けられうるが、「しかし、ここでは行為は、具体的な状況において組織化範囲の形成によってではなく、内部者の特別な役割（即ち高度に一身的な地位）のみによって定義されているのであるから、すべての事実上の関与者の役割は分離されたままである。つまり、内部者の高度に一身的義務は直ちに（部分的にでも）他人に移され得ないのと同じように、それは他の関与者によっても侵害されえないのである。事実上分業的に遂行された行為（義務違反）は役割分離（義務の高度の一身性）のために複数の関与者から成る組織化統一体の集団の履行（全体行為）では決してなく、常に特別義務者の行為の過ぎない。従って、全ての他の関与者の寄与が帰属され、それ故常に単独で自身の不法に対してのみ責任を負い、常に正犯であるところの内部者の行為だけが存在するのである[52]。」このように、身分犯の本質を高度に一身的な義務づけに求める立場からは、行為の分担的な実行を基本構造とする共同正犯の観念を容れる余地はないのである。

ただし、義務犯的立場に立ちながら、一定の場合には共同正犯の成立を認める者がある。それは、ロクシンによると、実行段階における行為寄与がかみ合うことの代わりに、共同的な義務の共同的な違反による結果惹起が取って代わる場合であり、この意味での共同性は、複数の者が同じ一つの義務的拘束の下にある場合にのみ問題となるので、共同正犯の延長範囲は著しく小さくなる。例えば、ドイツ刑法第348条第1項による一定の文書作成に対し一定の個々の公務員が管轄を有する場合、この者のみが正犯であり、これに関与した他の公務員は共犯にとどまるのに対し、一定の範囲の行為が複数の者に同時的に委ねられている場合、例えば、被拘禁者の監視が複数の看守に任されているような場合（ドイツ旧刑法第347条[53]）、ある者が任された職務上の任務に違反して他の義務者との了解の下にどのような性質のものであれ何らかの行為寄与により被拘禁者の解放に関与した場合には常に共同正犯が承認されうるとするのである[54]。これに対しては義務

52　Lesch, Das Problem der sukzessiven Beihilfe, 1992, S. 300.
53　ドイツ旧刑法第347条第1項「公務員が、その監督、護送あるいは監視を委ねられている被拘禁者を故意に逃走させ、あるいは故意にその解放を惹起ないし促進する場合には、5年以下の重懲役で処罰される。」
54　Roxin, Täterschaft, S. 357f. 同旨 Busse, Täterschaft und Teilnahme bei Unterlassungsdelikten,

犯に忠実である限り「共同的義務」は拒否されるべきであるとする批判がある。サンチェス-ベラによると、「確かに積極的な制度が共同的な世界の構築を複数の義務者に同時に要求することはあるかもしれないが、しかし義務は常に個人的（高度に一身的）であり、共同的ではない。被拘禁者を監視しなければならない二人の公務員には、このような義務がそれぞれその者自身に課せられており、共同的に課せられているわけではない。…それぞれが自身の独立した行為として彼の義務の履行を怠っているのである。すなわち、彼が監視すべき扉を閉めない公務員は、同時に他の看守もその義務に違反しているかは問題となりえずに、すでに未遂の被拘禁者解放の故に処罰されうる。望ましい結果（被拘禁者が逃亡しない）が複数の義務者がその義務を履行する場合に、しかもその場合にのみ発生すること——いわゆる累積的な多重的不作為——は、それだけではまだ共同正犯を基礎づけない。共同正犯が確実に可能な作為による支配犯罪の場合にすら、累積的な多重的行為——累積的な多重的不作為の対を成すもの——は原理的になんら役割を果たさない。例えば、AがBを、Cが彼にピストルを適時に提供し、Bが現場を通り過ぎる場合に、しかもその場合にのみ射殺しうるが、それを理由に彼ら全ての間に共同正犯を問題にすることはできないのである[55]。」確かにサンチェス-ベラの指摘するように、複数の者の同時的な作為あるいは不作為によってのみ結果が惹起されたというだけで共同正犯が基礎づけられるわけではないのであるから、そのような場合にのみ共同正犯を肯定しようとするのは根拠が薄弱であろう。いずれにせよ、ここで問題にしている身分者が非身分者を利用する場合において、義務犯的理解からも共同正犯の成立を認めることは困難である。

以上の検討は、我が国の刑法第65条1項の解釈にとっても示唆的である。同項に関しては共同正犯の場合にも適用されるとするのが一般的で、非身分者も身分者の犯罪行為に加担した場合には共同正犯となるとされている。しかし、構成要件的行為の分担的な実行（分業）が共同正犯の本質を成すとするならば、行為する者が一身にそなえなければならない正犯要素つまり身分を分担するということはあり得ないのであり、従って、身分者とそもそも実行する資格のない非身分者による実行の分担は観念できない。これを総則の一般的な規定によって拡張することも不可能である。なぜなら、これは、身分者を介在させて結果を惹起すれ

1974, S. 383 f.
55 Sánchez-Vera, Pflichtdelikt und Beteiligung, 1999, S. 160.

ば、非身分者も身分者として処罰しうるとする考え方を基礎に置くことになり、必ずしも義務犯的理解を前提としなくても、法が特に身分を有する者の行為遂行のみを不法とした趣旨を全く見失わせてしまうことになるからである。

3 不作為正犯説

身分なき故意ある道具の事例を背後の身分者による不作為正犯として構成しようとする見解も主張されている。

古くは、フレーゲンハイマーが、このような理解を示していた。彼はまず、公務員が事情を知る非公務員を利用して虚偽の文書を作成させるという事例を取り上げ、ドイツ旧刑法第348条で禁じられた結果は虚偽の文書の作成に存するが、この結果は他の結果犯と同じように作為によっても不作為によっても達成されうるが、後者の場合に可罰的な正犯となるためには、作為に対する一定の法的義務が存しなければならず、その不作為が違法でなければならないとする[56]。この場合、文書本文の起案と公務員の署名ないし職印の付加は故意ある道具の側で外的に終結しているが、法的にはそうではなく、公務員は彼の職務義務に基づいて介入しなければならず、書かれていることを彼の側で修正しなければならないのであり、彼がもし、それを法的交渉へと発行させあるいは登録簿ないし帳簿の適法な構成部分として扱わせるならば、それにより彼は積極的な職務義務違反を犯しているとし、彼が彼に義務づけられている必要な介入を拒否したのであり、その有責的な不作為によって第348条の構成要件は既遂となり、これに対し彼は責任を問われうるのであって、第348条の虚偽文書作成を理由として処罰されうるとするのである[57]。なお、故意により行為する外部者の行為によって、基礎がつまり、内部者の可罰的不作為がその上に構築されうる環境が作り出されているので故意ある道具は同罪の幇助犯を犯しているとする[58]。

同様の見解を主張しているのがシュミットホイザーである。彼も、まず文書公務員が事情を打ち明けられた外部者によって虚偽文書を作成させるという例を挙げ、ここでは正しく見ると、特別義務者が保障人的地位を占めており、それによって彼は、他の者がその職務範囲において妨害的に行動する場合には、介入す

---

56 Flegenheimer, Das Problem des „dolosen Werkzeug", 1913, S. 67.
57 Flegenheimer, Problem, S. 68.
58 Flegenheimer, Problem, S. 68.

ることが義務づけられているとし、その際、第一次的には義務者による自身の積極的な行為関与がではなく、まず不作為が問題になるのであり、外部者の行為が特別義務者に行動したが故に帰属されるのではなく、介入すべきであった場合に行為しないままであるために帰属されるとするのである[59]。

　キントホイザーも、類似した立場に立っている。彼は、身分なき故意ある道具の場合、間接正犯の基礎づけにとっては、特別義務者が当該義務に違反したことで十分であるとする見解にとって有利なこととして、特別義務者は、外部者の行動に対して介入しない場合、不作為によって構成要件を（単独正犯で）実現していることを挙げ、その場合には、彼が外部者を構成要件の積極的実現のために利用する場合、ますます一層正犯と見なされなければならないとするのである[60]。

　このような不作為正犯としての構成は、確かに、一方で、公務員などの身分者には不作為犯の前提となる職務上の作為義務が課せられることがあることは一般的に認められており[61]、他方で、身分者の義務違反という特殊な正犯原理に着目して、身分なき故意ある道具の事例における正犯性を基礎づけようとしている点に評価しうる余地はあるので、一見説得的な主張のようにも見えるが、身分なき故意ある道具という事例形態の提起する解釈問題を正面からとらえるものとはいえない。この場合、解決されるべき問題は、身分者による非身分者の利用行為が教唆の形態にとどまり、正犯行為がないため、処罰できず、間接正犯となり得ないのかであり、作為的な共犯行為の義務違反性が正犯としての評価を受けないかが問われているのである。不作為犯の場合には、理論構成には様々な提案があるが、少なくとも生起しようとしている事象に介入する義務に違反して何もしないことが犯罪的評価の対象となるのであって、作為的な関与がではない。確かに、キントホイザーの言うように、法益侵害を阻止する義務を負う者が積極的に法益侵害を惹起する場合にはますます一層正犯として処罰されるべきだという価値的評価は可能ではあるが、作為と不作為の本来的な不等価を前提とすると、作為が当然に不作為を含むわけではなく[62]、これはまだ作為的共犯を作為的正犯に昇格

59　Schmidhäuser, Strafrecht, Allgemeiner Teil, 2. Aufl., 1975, S. 528. ただし、シュミットホイザーは、特別義務者の不作為正犯に対する非義務者の共犯は承認が困難だとしている。Schmidhäuser, AT, S. 528.
60　Kindhäuser, Strafrecht, Allgemeiner Teil, 2005, S. 319.
61　Fischer, Strafgesetzbuch, 63. Aufl., 2016, § 13, Rn. 29 ff.; Schmidt, Strafrecht, Allgemeiner Teil, 15. Aufl., 2016, S. 311 f.; Wessels/Beulke, Strafrecht, Allgemeiner Teil, 35. Aufl., 2005, S. 281 f.

させる根拠としては不十分である。

4 義務犯説

ドイツにおいて今や有力となりつつあるのが、身分なき故意ある道具の事案における背後の身分者が有する特別な義務に着目して、そのような義務違反に正犯性の決定的基準を見いだそうとする見解である。

そのような義務違反的な考え方を、最初に基礎づけたと言えるのがロクシンである。彼によると、まず、正犯概念の最上位の準拠点としての「構成要件該当的事象の中心形態」という指導原理の下に、支配犯罪（Herrschaftsdelikte）と義務犯（Pflichtdelikte）という二つの異なった正犯形態の区別がある。前者の場合、立法者は処罰しようとする耐えがたい社会侵害的行為を可能な限り正確に記述するという方法をとったのであり、事象の中心形態は行為支配によって決定されるのに対し、後者の場合、立法者は、制裁の根拠がその引き受けられた社会的役割の履行要求に違反することに存するが故に、正犯行為の外的な状況がそれほど重要でないところで、「構成要件構成的な義務を引き合いに出す」という方法をとっており、そのような義務は法秩序の様々な領域で具体化を見ていて、その構成要件的結果を惹起するかあるいは単に阻止しない違反が処罰されるのであるが、その場合の事象の中心形態は、自らに課せられる前構成要件的な義務に違反し、そのようにして作為あるいは不作為により結果に寄与する者であって、結果への外的な関わりの程度や行為支配は重要でないのである[63]。ロクシンによると、特別犯罪と言われてきた事案においては全て、正犯にとって決定的な特殊な基準はそのような義務違反にあり、その性質を以下のように説明する。そこでは、「刑法規範に由来し、それを無視すると構成要件に規定された制裁が発動される義務のことが言われているわけではない。このような義務はあらゆる犯罪に存在する。それはとりわけ、身分のない教唆犯や幇助犯にも及ぶ。なぜなら、共犯者が規範の名宛て人として義務づけの作用にににより把握されないならば、その今日ほとんど争いのない可罰性は基礎づけられえないからである。…むしろ我々にとって正犯性について決定する要素としては刑法外的な義務の違反が問題となるのであり、その義務は必然的にあらゆる犯罪関与者に及ぶものではないが、構成要件充

---

62 Bloy, Die Beteiligungsform als Zurechnungstypus im Strafrecht, 1985, S. 240.
63 Roxin, Strafrecht, Allgemeiner Teil, Bd. 2, 2003, S. 106 ff.

足にとっては必要なものである。その際、問題になるのは常に、刑法規範に論理的に先行し、一般に他の法領域に由来する義務である。…公法上の公務員の義務、身分法上の沈黙命令、民法上の扶養義務や信義誠実義務はこの種のいくつかの例に過ぎない。これら全てにとって特徴的なのは、これらの義務の担い手がその他の関与者の中では行為の不法内容との特別な関係によって際立っており、それが故に立法者は彼らをこのような義務づけのために行為適合的な事象の中心形態であると、従って正犯であると見なしているということである[64]。」このような義務犯の場合、ロクシンは、間接正犯の成立のためには、行為支配は必要ではなく、外的な行為遂行を、正犯を基礎づける義務的地位の外にいる者に任せる者が、義務的拘束の内にあることで十分であるとする[65]。

身分なき故意ある道具の問題は、ロクシンによると、このような義務犯説によって広範に緩和され、身分者が構成要件の基礎にある刑法外的な義務の違反によって既に事象の中心形態となるならば、外的な行為経過を支配する外部者を介在させる場合の特別義務に違反した背後者の間接正犯を基礎づけることは、もはや何ら困難を提供しない[66]。すなわち、行為支配を有さずに、外部者を法的に否認された結果を惹起するように誘致する公務員は間接正犯であり、それは、彼が——ここではそれだけが問題なのであるが——彼に課せられている刑法外的な特別義務に違反して構成要件的に画定された法益侵害、例えば虚偽文書作成を惹起したからであり、これに対し、偽造する外部者はその行為支配にもかかわらず、幇助犯であるとする[67]。また、財産管理者が彼の引き受けた役割を無視し、財産所有者に損害を加える場合、財産侵害的な業務行為を一身で行うのではなく、財産的価値の隠滅を要求するという形でそのために外部者を利用しても、背任罪を実行しているのであり、ドイツ刑法第25条の「他人により」実行しているのであるから、行為支配の観点では教唆に過ぎなくても背任罪の間接正犯であって、財産配慮義務のない実行者は行為支配があっても幇助犯であるとするのである[68]。

その後このような義務犯的な考え方から、身分なき故意ある道具の場合に背後者の特別義務から端的にその正犯性を導く見解が続くことになるが[69]、背後者の

---

64 Roxin, Täterschaft, S. 354.
65 Roxin, Täterschaft, S. 360 f.
66 Roxin, Täterschaft, S. 784.
67 Roxin, Täterschaft, S. 361.
68 Roxin, AT, Bd. 2, S. 107.

間接正犯の基礎づけに関し、やや異なる基礎づけを行おうとするのがハインリヒである。彼は、義務犯説に対しては、それ以外では有効な基準としての行為支配に対しそれと無関係な特別義務の違反から正犯性を導くのは正犯性の評価が著しく異質なものとなっていると批判し、決定の担い手性（Entscheidungsträger-schaft）という正犯基準で区別なく基礎づけることができるとする[70]。これによると、間接正犯とは、決定の引き受けによる正犯であり、それは、実行者に存する阻止限界（Hemmschwelle）にとって重要な決定の欠陥を、実行者の阻止限界を踏み越えるような形で惹起させあるいは利用する場合に成立し[71]、身分なき故意ある道具の場合には、自ら法益侵害を実行する者は、規範の名宛て人ではなく、それ故既に最初から当該犯罪を実現する法益介入（Rechtsgutszugriff）を実行しえないので、正犯となり得ないが、これに対し、背後者がその特別的地位と実行者には対応する特別的地位が存しないことを知っている、つまり彼を規範の名宛て人とする特別な個人的事情の他に、彼に構成要件に向けられた決定も見られるならば、彼は（間接）正犯であり、それは、法益侵害的事象がまさに彼の構成要件に向けられた決定に直接基づいているからであるとするのである[72]。もっとも、このような正犯性の基礎づけは、一見誰が決定を行っているかという主観的な側面に着目しているように見えるが、実行者が身分を欠くことによって正犯とはならず、まさに阻止限界とはならないから、身分のある背後者が正犯であるとするものであり、規範的観点を導入しているものの、実行者に身分がないから背後の身分者が正犯という消極的基礎づけの論法を免れていないのではないかという疑問が生ずる[73]。むしろハインリヒのより実質的な基礎づけは、特別犯罪の正犯性の基礎づけに関して論じられている。彼によると、特別犯罪は、単なる特別犯罪と本来的な義務犯に区別され、前者の場合は、職務上の傷害罪（ドイツ刑法第340条[74]）のように構成要件的に特殊な特別地位は考慮に入れられているが、構成要

69　Bockelmann/Volk, AT, S. 180f.; Cramer, Gedanken zur Abgrenzung von Täterschaft und Teilnahme, Festschrift für Bockelmann, 1979, S. 399; Maurach/Gössel/Zipf, AT, Teilbd. 2, S. 272; Otto, Täterschaft, Mittäterschaft, mittelbare Täterschaft, Jura 1987, S. 257; Vogel, Norm und Pflicht bei den unechten Unterlassungsdelikten, 1993, S. 288; Wessels/Beulke, AT, S. 189; Blei, Strafrecht, Allgemeiner Teil, 18. Aufl., 1983, S. 255 ff.
70　Heinrich, Rechtsgutszugriff und Entscheidungsträgerschaft, 2002, S. 307.
71　Heinrich, Rechtsgutszugriff, S. 208.
72　Heinrich, Rechtsgutszugriff, S. 311.
73　Lotz, Werkzeug, S. 547.

件的に特殊な特別義務との関連性は含まれていないのに対し[75]、後者の本来的な義務犯の場合、正犯性の承認は実際には最終的にそれらにある構成要件に挙げられた構成要件的に特殊な特別義務の違反から生ずるとする。しかし、これは特別にもっぱら義務犯の場合にのみ妥当するような独自の正犯基準が作り出されているという意味ではなく、むしろ全く単純に決定の担い手性という基準の通常の適用から生じているとし、そのような義務的地位につかされている者は、規範の名宛て人である（第一の正犯条件）だけではなく、彼が構成要件に向けられた決定を行うならば（第二の正犯条件）、まさに問題になっている構成要件に触れる事象がその直接的転換である決定の担い手でもあるのであり（第三の正犯条件）、しかもそのような第三の正犯条件の存在がまさに自己身体的な「自己実行」という事情から生じない場合でもそうだとするのである[76]。さらには、犯罪規範の構成要件がその種の特別義務とその違反を法律に確定された構成要件記述の中心に置く場合には、当該の構成要件に触れる行為の不法核心はまさに対応する義務違反によって特徴づけられていることから出発すべきであり、評価的な考察による場合このような特別義務に違反するあらゆる行為があれば、事象はまさにこのような行為に基礎として役立つ構成要件に向けられた決定の直接的転換と見なされるべきであるとしているのである[77]。ここにおいて明らかとなるのは、ハインリヒの見解においては、結局のところ特別義務に違反する者の決定は直ちに正犯性を基礎づけるのであるから、身分犯の正犯性の説明は義務犯説と全く同じ理論構造を持っていることである。この立場は、ロクシン流の義務犯説が行為支配と義務違反という異質な正犯概念を共存させていることを指摘している点は評価しうるが、身分犯の正犯性の基礎づけのためには義務犯的構成を導入せざるをえないことを示しているであろう。

ただし、義務犯的前提からすると、身分ある者の正犯性は、行為支配というよ

---

74 ドイツ刑法第340条第１項「公務担当者が、その職務執行中に又はその職務に関連して、傷害を行い又は行わせたときは、３月以上５年以下の自由刑に処する。犯情があまり重くない事案では、刑は５年以下の自由刑又は罰金となる。」（前掲ドイツ刑法典207頁）
75 Heinrich, Rechtsgutszugriff, S. 314 f.
76 Heinrich, Rechtsgutszugriff, S. 313.
77 Heinrich, Rechtsgutszugriff, S. 313. なお、単なる特別犯罪の場合には、ハインリヒによると、身分者の可罰性は特別義務の違反にではなく、当該行為の高められた当罰性にのみ基づくのであるから、非公務員を教唆する場合には間接正犯であるが、他の身分者を教唆するような場合には単なる教唆犯であるとする。Heinrich, Rechtsgutszugriff, S. 315 ff.

うな実行者との結びつきあるいは関係性から生じるのではなく、特別義務の違反から直接的に導かれるものであるから、間接正犯というよりむしろ直接正犯として構成されるべきではないのかという疑問が生ずる[78]。そこで身分なき故意ある道具の場合の背後の身分者を直接正犯として把握しようとする見解も有力に主張されている[79]。

　その代表的論者であるヤコブスによると、身分なき故意ある道具の問題は、義務者が（常に完全に管轄があるが故に）僅かな寄与（あるいは不作為）の場合も正犯であるとする義務犯の発展により一部不要となっている[80]。このような義務犯の直接性はどのように基礎づけられるかについて、ヤコブスは、まず、そもそも規範を基礎づける義務を消極的義務と積極的義務に区別し、前者の義務の場合、問題となっているのは、自身の組織化範囲を他の組織化範囲の所有者の負担になるように拡張しない義務であり、所有者の（更なる）関与なく拡張する恐れがある、あるいはそれどころか拡張した場合にはそれを保護し、あるいは緊急の場合には後退させる義務なのであるが、その際禁止だけでなく、──社会生活上の義務、引き受け、先行行為から生じる──自身の組織化範囲の無害な状態に配慮せよという命令も含まれているのであり、それは全ての人格は自身の組織化範囲を管理しなければならないからである[81]。これに対し、積極的義務は、社会的に放棄しえない制度を機能させ、機能し続けさせることを内容とするものであるとする。つまり、消極的義務の場合の自身の組織化の無害性を配慮する任務とそれに対応する他人の組織化によって侵害されない権利と並んで、社会的な形成力においてそのような行為自由と結果答責の双務性の制度にひけをとらないような一定の制度、例えば司法あるいは親子関係を機能させ、維持する義務が現れるのであり、そのような義務の鏡像を形成するのは、制度によって基礎づけられた権利であり、具体的には公平な裁判に対する権利であり、両親の保護に対する権利であるが、これらの権利は、義務者の一般的な（誰にでも属する）組織領域の扱い方と

78　Lotz, Werkzeug, S. 589 ff.; Sánchez-Vera, Pflichtdelikt, S. 162 ff.
79　Bloy, Beteiligungsform, S. 238; Herzberg, Grundfälle zur Lehre von Täterschaft und Teilnahme, JuS 1974, S. 377; Jakobs, AT, S. 655 f.; Lesch, Problem, S. 295 ff.; Lotz, Werkzeug, S. 587 ff.; Sánchez-Vera, Pflichtdelikt, S. 161 ff.; Stein, Die strafrechtliche Beteiligungsformenlehre, 1988, S. 249 ff.; Stratenwerth, Strafrecht, Allgemeiner Teil, 4. Aufl., 2000, S. 307 f.
80　Jakobs, AT, S. 650.
81　Jakobs, Theorie der Beteiligung, 2014, S. 5.

は無関係に存在するとする[82]。そのような積極的義務の内容は、制度に対する配慮、従ってその受取人に対する配慮であり、その義務は、権限者との関係を単に消極的なものを超えて濃密化するような義務者の——任意に獲得されたあるいは押しつけられた——地位に基礎を置いているのであるが、義務者は、侵害経過が、その起源がどこに存しようが、権限者の組織領域に影響しないことをあるいはそれどころかこの領域の状態が改善されるよう保障しなければならないとする[83]。ヤコブスによると、このような配慮への義務は、義務者が権限者の組織領域を作為的に侵害する場合、最も極端なやり方で違反されるのであり、そのような侵害は、あらゆる者に課せられる消極的義務に違反するだけではなく、それに加えて損害がその保護範囲に入る場合にも、積極的義務に違反している、つまり、積極的地位は消極的義務を、消極的なものとして廃棄するのではなく、特殊化する（verbesondern）のであるが、積極的義務の特質は、援助的配慮に対する無媒介的な（他の者の行為を経て導かれない）義務という点にあるとする。すなわち、「この義務は、義務者の分業的な活動の領域からは孤立化されて（特殊化されて）消極的義務に重なるのであり、それによって彼を（その領域においては）単独の管轄者とするのである。積極的義務は、彼の行為により他人の不法からは区別された自身の不法を実現しているのであり、そのようなものとして、彼は他人の実行に関与しているわけではない。つまり、彼の義務違反の瞬間に既に、権限者に損害を加える未遂が存在しているのである。例えば、父親が、ある者が子供を侵害するのを防止しないか、あるいはそのような行為を教唆ないし幇助するかは、野獣が子供を襲う場合の不作為あるいは野獣の作為的な追い立てとも同じように評価されうるのである。いずれにせよ、既に少なくとも未遂の傷害が、つまり不法が存在し、例えば、上で挙げた最初の二つの事例形態においては他人による実行の先行領域（Vorfeld）における責務違反[84]が存在するわけではない。積極的義務の領域では、関与は存在せず、むしろ実行のみが存在する。複数の義務者がそれぞれその義務に違反する場合にすら、それぞれは自身で行為しているのである（通常同時正犯と呼ばれている）[85]。」このような観点から、ヤコブスによると、そ

---

82 Jakobs, Theorie, S. 61.
83 Jakobs, Theorie, S. 61 f.
84 ヤコブスは、共犯の構造を、後の実行者による保障違反を先行領域において活動した者にも（他人の手による）彼自身の保障違反、つまり責務違反として帰属させるものと理解している。Jakobs, Theorie, S. 32.

の行為者が保障人として制度的に保障された財に対する配慮を義務づけられている全ての犯罪が義務犯に属することになり、第三者に委ねられた被後見人の財産をいかに剥奪しうるかに関する効果的な助言をその第三者に与える後見人は、例え剥奪の際に行為支配が欠けていても背任罪の正犯なのである[86]。このようなヤコブスの見解においては、一般的に犯罪の正犯性を義務違反という次元で理解した上で、身分犯の正犯性の基礎にある義務違反の特殊な構造が制度的な役割にあることが明らかにされており、義務犯の正犯の異質性という批判を免れている上に、他の一般的な犯罪における正犯性との相違に対する説得的な根拠も提供されていると言える。

同様に身分なき故意ある道具の場合の直接正犯性を主張するレッシュは、身分犯と言われているものに区別が必要であるとし、特別な義務的拘束のない特別犯罪と本来的な義務犯に区分する。前者の特別な義務的拘束のない特別犯罪とは、名宛て人の範囲が構成要件的に制限されてはいるが、特別な義務の担い手ではないことで特徴づけられるもので、そのような人的制限が定義するのは、構成要件該当的行為が一般にあるいは実際的に重要なやり方で可能である状況か、もしくは唯一の者として財を簡単なやり方あるいは実際に重要なやり方で侵害しうる人的範囲であるかであり、これらのメルクマールにおいては、従って、組織化範囲の形態の構成要件的記述が問題になっているとする[87]。これに対し、本来的義務犯の場合、具体的義務が名宛て人の特別な役割によって確定されており、その役割は一定の制度への編入に基づいて義務範囲の特別な拡張と結びつけられたものであり、例えば、そのような制度的に拘束された義務とは、各則の個々の構成要件のなかの多くの人的、財産的配慮義務（例えばドイツ刑法第266条）、ドイツ刑法第174条以下の制度的に保障された地位の濫用に対する義務、夫婦あるいは親子関係であるとする[88]。このような制度的に拘束された役割は、レッシュによると高度に一身的な地位によって定義される。すなわち、この場合「管轄はまず制度的に保障された義務の違反によってのみ基礎づけられうるのであり、従って、一定の地位の所持者にのみ課せられるこのような義務の違反がある場合常に基礎づ

---

85 Jakobs, Theorie, S. 62 f.
86 Jakobs, AT, S. 655 f.
87 Lesch, Problem, S. 295.
88 Lesch, Problem, S. 295 f.

けられている。その際内部者の規範との（すなわちまた構成要件との）関係は常に直接的である。あらゆる特別義務者は制度の管理者として彼の役割において当該制度に無媒介的に直面しているのであるから、彼自身の行為は常に自身の完全な行為へと至る。つまり、内部者の義務違反（予期の違背）は、単なる財の維持を超える、積極的な、つまり高度に一身的な地位によって定義される委ねられた財との関係を否認するないしは最初から全く確立しないことによって基礎づけられるのである。従って、義務違反によって引き起こされることは全て内部者に（故意が及ぶ限り）直接的に帰属され、その際自然的な経過に係っているか第三者の行為態様に係っているかはどちらでもよいのである[89]。」ここから、レッシュは、被後見人Bの財産を配慮しなければならないAが、CがBの高価な装身具を盗むことができるように、予め取り決められたように夜事務所の窓と金庫を開けておく場合、Aは背任罪の正犯であるとし、それは彼が規定に類型化された規範的予期をその特別な義務的拘束（役割）の故に複数回否認したからである、すなわちCとの取り決め、窓と金庫を閉めなかったことおよびCによる装身具の盗取を阻止しないことによってであるとする。その際、装身具の盗取も彼に帰属されうる義務違反の一部である、なぜなら、それによって規範違反はより強く客観的に確定され、妥当侵害は一層拡大されているからであるとするのである[90]。このようなレッシュの見解においても、身分犯の特殊な正犯性の根拠が制度的な役割に求められており、それによって身分なき故意ある道具の場合の背後の身分者がなぜ直接的に正犯とされるかの一定の解明が与えられていると言える。

　身分なき故意ある道具における身分者の直接性を主張する見解の中で異質な根拠づけを試みているのがシュタインである。彼は、まず、行為義務の定立に有利な基準と不利な基準を衡量して、有利な観点が優越する場合に行為義務が存在することを意味する切迫性（Dringlichkeit）という概念を前提にして、正犯者行為規範とは、禁ぜられるべき行為態様の中で、切迫性の点が低下した規範への分類が考慮されないもの、しかもそのような免責がその目的からすでに必要ないか、あ

---

[89] Lesch, Problem, S. 299 f.
[90] Lesch, Problem, S. 302. ただし、レッシュは、帳簿担当の公務員Aの誘致に基づいて、非公務員CがAの意思表示として虚偽文書作成を行うという場合は、二つの可能性があるとし、行為を純粋な結果犯と解釈する場合はAが正犯、Cは幇助犯であるが、公務員の虚偽文書作成の自手的遂行を要求する場合は、構成要件は実現されていないとする。Lesch, Problem, S. 302.

るいは目的には適うが、行為自由と法益を保護する行為義務との間の全体的に均衡した関係を後者に不利なように乱すであろうと考えられるために必要ないものであるとし、共犯者規範とは、正犯者規範によって把握されない全ての行為態様を禁ずるものであるとする[91]。さらに、シュタインは直接正犯的な行為規範が禁じるのが、その危険性が他の者の将来の行為によって媒介されない行為であり、間接正犯的な行為規範は、その危険性が他人の将来の義務適合的な行為によって媒介されている行為態様および、その危険性が他人の将来の義務違反的な行為によって媒介されているが、実行者に課されている行為義務が十分な価値を有しないか、実行者の義務遵守能力に欠乏が存する場合の行為態様を把握するとする[92]。そこでシュタインは、身分犯として問題となる人的地位を限定する構成要件を「特別な一身的メルクマール」へと分類する。彼の定義によると、特別な一身的メルクマールとは、法益所持者の委任行為あるいは法秩序にしたがって彼にとって決定権限のある者により基礎づけられる内部者的地位を記述するものであり、主要な例はドイツ刑法第203条第1項[93]に挙げられた職業的地位や公務担当者性である[94]。この場合の正犯者行為規範に関して条文に一致する解決は、シュタインによると、正犯メルクマールとしての特別な一身的メルクマールに一般的正犯基準を重ねるという可能性であり、その結果両方の条件を満たす者のみが正犯ということになるが、これは両方の条件を一身に実現する関与者が実際に存在

---

91 Stein, Beteiligungsformenlehre, S. 238 f.
92 Stein, Beteiligungsformenlehre, S. 239 f.
93 ドイツ刑法第203条第1項「1 医師、歯科医師、獣医、薬剤師、若しくは、職業を営み若しくは職業名を称するのに国家が規制する職業教育を必要とするその他の治療業に属する者
  2 国家によって承認された学問的修了試験を伴う職業心理学者
  3 弁護士、弁理士、公証人、法律に定められた手続における弁護人、公認会計士、宣誓した帳簿検査士、税理士、納税代理人、若しくは、弁護士会、弁理士会、公認会計士会、帳簿検査士会若しくは税理士会の組織若しくは組織構成員
  4 官庁若しくは公法上の団体、施設若しくは財団によって承認された相談所における結婚相談員、家族相談員、教育相談員若しくは少年相談員、及び、中毒問題に関する相談員
  4a 妊娠葛藤法第3条及び第8条に定める承認された相談所の構成員若しくは受託者
  5 国家の承認を受けたソーシャルワーカー若しくは社会教育者、又は
  6 民間の健康保険、災害保険若しくは生命保険の企業、若しくは、民間医師の診療費精算所に属する者として
  その者にゆだねられ又はその他の方法で知られた、他の者の秘密、特に私的な生活領域に属する秘密、又は、営業上若しくは業務上の秘密を権限なく漏示した者は、1年以下の自由刑又は罰金に処する。(前掲ドイツ刑法典133頁以下)」
94 Stein, Beteiligungsformenlehre, S. 252.

する場合は問題ないが、そうでない場合にはつじつまの合わないことになるとする。例えば、財産配慮義務のある者が、故意によりかつ完全に答責的に行為する外部者に、配慮すべき財産をいかに隠匿するかという助言を与えるという場合、財産配慮義務者には、一般的な正犯基準を充足しないため、内部者的－幇助犯行為義務、つまり中間の切迫性を持つ行為義務が課せられ、外部者には軽減された切迫性を持つ外部者的－幇助犯行為義務が課せられることになるとするが、このような帰結は三つの点で不十分であろうとする。すなわち、「第一に、そのような状況においては幇助犯行為義務のみが発生しうる、つまりより切迫性のある正犯者行為義務による埋め合わせが存在せず、その結果行為義務による法益保護は総体として法の基本評価によると適切なレベルより以下に止まることになろう。第二に、これは、制裁規範次元において、その点に関しては明白な法の文言によると第26、27条の意味での正犯行為が欠けるため全ての関与者が不罰に止まるというより一層重大な帰結を生ずるであろう（これは、さらに、事例を内部者が外部者に行為を要求する、つまり内部者が教唆犯というように変化させる場合にもあてはまるであろう）。第三に、最後に、共犯者によってのみ実行された正犯なき行為という構成は日常言語慣用に完全に反するのであり、それ故ほとんど内在化させえない概念形態であろう[95]。」ここから、シュタインは、最終的な解決可能性として、（客観的な）特別な正犯メルクマールが存在する限り、それが唯一の正犯メルクマールであるという解釈を提唱し、このように内部者的地位と正犯的地位の対応によってのみ、制裁規範次元で刑事政策的に説明し得ない処罰の間隙が生ずることなく、調和のとれた、同時に内在化しうる行為規範体系が成立するというのである[96]。

シュタインの見解に対しては、まずその正犯と共犯の区別を画するための「切迫性」という概念が適切なものかについて疑問が生じるであろう。これは行為義務の妥当性を判定する基準として用いられているが、規範論的次元においては、行為は禁止されている否かであり、禁止の強さという量的な観念を容れる余地はないのであり[97]、解釈理論的には妥当性を欠くだけではなく、基準の不明確性を

---

[95] Stein, Beteiligungsformenlehre, S. 254 f.
[96] Stein, Beteiligungsformenlehre, S. 255.
[97] Roxin, Täterschaft, S. 680 f. ロクシンは、シュタインの見解は、共犯規定を一般的な量刑考慮に解消してしまう危険があるとする。

もたらしている。ただし、シュタインの見解は自ら認めているように[98]、結論的に義務犯的見解と軌を一にしている点は見逃せない。刑事政策的配慮に強く促されているとはいえ、規定の許容範囲の中での一般的犯罪の正犯・共犯の区別基準と刑事政策的考慮とのバランス論からは義務犯的解決しかありえないことを示しているであろう。

以上のような義務犯説に対しては、批判も加えられており、その主要なものは、義務違反のみによって正犯と認定するのは、法規定に反し、従って罪刑法定主義に違反するとするものである。例えば、その者自身により実行されれば構成要件を充足するであろう行為への内部者のあらゆる関与が、最も離れた関与も含めて正犯へと昇進させられることを意味すべきならば、それは罪刑法定主義への明確な違反であり、他人を単に偽造文書作成の実行へと誘致する者は何ら文書作成を行っていないとされ[99]、一定の特別義務に違反していることに常に少なくとも抽象的危険の形態で法益の侵害が付け加わらなければならないのであり、第266条も行為者が第一に財産配慮義務に違反し、第二にその財産に配慮しなければならない者に不利益を加えることを前提としているのであるから、義務違反の中心形象は当然に義務の所持者のみであるが、不利益発生の中心形態は全く異なる者でありうるのであり、その場合その行為は特別義務者に支配犯罪の原則によって初めて帰属されなければならないとされているのである[100]。しかしながら、このような批判は必ずしも当を得たものとは言えない。ロクシンは以下のように反論している。「構成要件的に特殊な義務の違反とそれにより引き起こされた（しばしば一定の行為の存在とも結びついた）結果の惹起が前提とされるように構成要件実現を記述することがなぜ明確性原則に反することになるのかは明白ではない。確かに、その社会的役割を守らない義務の担い手の可罰性は、些細な外的寄与の場合や単なる不作為の場合にさえ正犯として責任を負わされることによって拡張されている。しかし、それに代わって、義務的拘束の外にある者の可罰性は、その外的寄与を顧慮せずに常に共犯としかなりえないことによって、本質的に制限されている。そのような区分はむしろ行為支配によるよりも明確である。それは、全体の可罰性を拡張しているのでもなく、正犯者、教唆犯および幇助犯

---

98 Stein, Beteiligungsformenlehre, S. 255.
99 Stratenwerth, AT, S. 307 f.
100 Hoyer, Systematischer Kommentar zum Strafgesetzbuch, 7. Aufl., 2008, § 25, Rn. 22.

の役割を異なった形で分配しているだけである。なぜなら、基礎にある社会的役割が異なるからである。一定の行為の記述は、関与形態の限界づけと無関係に義務犯の場合にも、義務違反の対象を法的に明確な形で描くためにしばしば行われているのである[101]。」確かに、ロクシンの指摘するように、義務犯説に対する罪刑法定主義違反という批判は的外れであろう。義務犯説も構成要件的記述を無視して、義務違反という要件のみで犯罪を認定する訳ではなく、単に、他の見解とは異なる正犯と共犯に関する基準を採用しているだけである。身分犯は全て自手犯であるというような立場をとらない限り、構成要件的記述にあてはまる行為を全て一身で実現しなければ正犯とは考えられていないのである。そうでなければおよそ身分犯に関しては間接正犯などの形で複数人による関与は考えられないことになる。問題はどのような寄与があれば正犯と見なされるかであり、その点に関し義務犯説においても明確な記述は可能であろう。批判者は、一定の正犯原理、ドイツにおいては行為支配説を当然の前提としているのである[102]。

　義務犯説の理論構成に対しても、特別義務の違反を正犯原理ととらえるのは同語反復だという批判がある、つまりあらゆる不法は行為義務違反を前提としており、構成要件は行為義務違反を類型化して記述しているのであるから、あらゆる犯罪行為者には、義務に違反したという評価が当てはまるではないかという非難である[103]。確かに、刑法上の義務違反があるか否かに対し、刑法上の義務により決まるとすれば、同語反復であり、何ら基礎づけとなっていないが、しかし、義務犯説のいう義務違反については、ロクシンが「刑法外の義務」を問題にし、ヤコブスやレッシュは制度的な役割によって義務を説明しており、決して刑法上の義務違反により基礎づけているわけではないのであるから、同語反復という批判は当たらないのである。むしろ一般犯罪の義務違反性を前提にすると、既に触れたように、支配犯罪と義務犯という法的に異質な法概念を正犯概念の下に取り入れることを回避できるのであり、その中で義務犯とされる場合には、一般の犯罪とは異なる正犯原理が構成要件の解釈上可能となるという形で整合的な理解が可能となるのである。

101　Roxin, AT., Bd. 2, S. 112.
102　クライは、法が要求する行為の実行は行為支配による犯罪構成要件の実現を意味するとする。Krey/Esser, AT, S. 357.
103　Maurach/Gössel/Zipf-Renzikowski, Strafrecht, Allgemeiner Teil, Teilbd. 2, 8. Aufl., 2014, S. 428 f.

義務犯説に対し解決されるべき問題として残されているのは、どのような犯罪類型が義務犯として考慮されうるのかという範囲の問題である。ドイツにおいては、一方で、義務犯を一定の犯罪（例えば、第203条、第266条、第331条[104]以下の犯罪等）に限定する立場[105]があり、他方では、犯罪類型を限定せず、不作為犯の場合も含めて行為者が保障人的立場にあれば義務犯とする立場[106]がある。これは実際の法適用にとっては重要な問題ではあるが、二つの観点からの更なる考察が必要となる。一つは、義務犯といういわば特殊な正犯原理が妥当する犯罪類型が成立する根拠に遡って下位基準を導きだすことができるかという点であり、もう一つは実定法の根拠の問題であり、直接的に義務犯を定める規定が存しないとしても手がかりを与える規定はないかであり、特に我が国においては刑法第65条との関係が考察の対象とされなければならないであろう。

三　結　語

以上の検討から明らかとなったのは、身分なき故意ある道具の事例における背後の身分者の正犯性は、伝統的な間接正犯の理論的枠組みや共同正犯という理論構成によっても基礎づけることは困難であり、不処罰という刑事政策的に好ましくない結果を回避しようと思えば、義務犯説が有力な論拠を提供するであろうということである。

ここで明らかにしておかなければならないのは、刑法第65条との関係である。同条は身分犯に加功した者も共犯としているが、その「身分」概念の素直な解釈としては、完全に従属する要素でもなく（第二項）、全く従属しない要素でもない（第一項）、その中間的ないわば制限的にあるいは不完全に従属的な要素ととらえることが可能であり、そうすると本来的には従属する不法要素の従属性が緩和されたものと理解することができるのであり、同条は、一身的な不法要素が構成的に作用する場合と加重的に作用する場合を規定したものということになる。した

104　たとえば、ドイツ刑法第331条第1項「公務担当者又は公務についての特別義務者が、職務の執行について、自己又は第三者のための利益を要求し、約束させ又は収受したときは、3年以下の自由刑又は罰金に処する。」（前掲ドイツ刑法典203頁）
105　Roxin, AT., Bd. 2, S. 107 f.; Schönke/Schröder-Cramer/Heine, 28. Aufl., Vor § 25, Rn. 84; Wessels/Beulke, AT, S. 189.
106　Jakobs, AT, S. 655f.; Lotz, Werkzeug, S. 595 f.

がって、第65条の「身分」は不法に関する要素のみを含むと解すべきであるが、そうなると、一身的にのみ作用する不法要素とはどのようなものかが問題となるが、これについては既にレッシュが行った区別が重要となる。つまり、一方では、正犯者の範囲を制限することによって、法益の侵害性あるいは法益侵害の危険性、言い換えると直接的な社会侵害性が定義されている場合がありうるのであり、そのような場合、共犯者は正犯者を通じて、そのような法益侵害ないし社会侵害に因果的に完全に関与しうる。例えば、主体を限定することにより行為そのものが定義される場合（強姦罪）などがそれである。したがって、このような場合には共犯の処罰のためには第65条のような特別規定を必要としないのである。他方で、一定の資格を持つ者の一身的遂行のみが法的に要求されるという意味で特別な「義務」が課せられる場合があり、このような場合には、そのような資格を持たない者は本来義務に違反できないのであるから、第65条のような特別規定によって共犯の範囲を拡張しなければならないのである。ここからすでに第65条の「身分」概念の解釈においても身分を特別義務と理解することが可能となるのである[107]。

したがって、身分なき故意ある道具の場合の正犯性を義務犯説から基礎づけるのは、このような第65条の解釈から既に導かれる特別義務としての身分概念の一適用場面と言えるのであり、いわば裏返しの関係にある場合ということになる。第65条の身分においても、それを基礎づける特別義務は特殊な制度ないし集団の内部者に課せられるものであり、一定の人的な関係に基づく行為義務の履行それ自体が求められており、義務違反の侵害性は集団あるいは制度の目的を介して初めて理解されるもので、外部者は本来そのような義務に違反することができないし、外部から直接脅かすことができないから、内部者を通じてのみ、つまり共犯としてのみ関与することができ、第65条はそのような関与者間処罰の範囲を拡張する規定である。これに対し、内部者が外部者を利用して、集団や制度目的に反

---

[107] 詳しくは、拙稿「刑法第65条の『身分』概念について（1）、（2）」姫路法学18号（1996年）1頁以下、同23・24合併号（1998年）75頁以下、「刑法第65条の「身分」の概念について」刑法雑誌第38号1巻（1998年）70頁以下参照。我が国において第65条の身分を義務ととらえる見解として、木村亀二『刑法総論〔増補版〕』（1978年）156頁（ただし、第1項の身分についてのみ）、松宮孝明『刑法総論講義第4版』（2009年）306頁、佐川友佳子「身分犯における正犯と共犯（1）〜（4・完）」立命館法学313号（2007年）1頁以下、同317号（2008年）53頁以下、同319号（2008年）22頁以下、同320号（2009年）26頁以下。

する行為を行わせようとする場合は、外部者の行為自体は、集団や制度にとって直接的脅威ではないが、内部者はどのような関わり方であろうが、集団や制度の目的に反する態度をとったことで端的に義務に違反したという評価を受けうるのである。ここから身分なき故意ある道具の場合に身分者が非身分者の行為に関わるという形で特別義務の違反とされる意味が明らかとなると思われる。非身分者である外部者の方は、直接的に義務に違反できないとはいえ、身分者の義務違反に関与はしているのであるから、まさに第65条第1項の共犯の範囲の拡張の結果として幇助犯としての罪責は負わされることになる[108]。

このような理解に立った場合、一方で、身分犯の義務犯的理解に一定の実定法上の根拠が得られるのであり、他方では、身分は、いわば例外的規定としての第65条の適用対象と一致することになるので、限定的に把握されることになり、収賄罪や背任罪のように一定の集団や制度の内部者に課せられる義務のみを指すことになろう。

なお、義務犯説の内部において、間接正犯と構成するか直接正犯と構成するかの対立がある。確かに、支配というような道具となる者との関係性からではなく、直接的に義務違反から正犯性が導かれるという点からは、直接正犯という構成にも十分な合理性はある。しかし、一般犯罪における間接正犯も、行為支配ではなく、実行者に存する帰属欠陥を顧慮すべき義務に違反した場合ととらえれば[109]、義務違反という次元で統一的に把握できる可能性があり、また、罪刑法定主義の観点からも形式的意味での実行行為を行っているのは道具である非身分者であり、その者の行為が背後の身分者に帰属されるという観点が重要だとすれば、間接正犯という理論構成も可能だと思われる。

---

108 ただし、第65条の第2項の不真正身分犯の場合は、特別義務としての身分は一身的にのみ作用することになるが、「通常の刑を科する」とされているところからも明らかなように、単に加重的に作用するだけで、正犯の形態には影響しない。
109 Jakobs, Theorie, S. 39.

共同正犯と狭義の共犯

十 河 太 朗

一　問題の所在
二　共犯の因果性
三　共犯と身分
四　共犯と錯誤
五　違法の相対性

一　問題の所在

（1）共犯論には様々な解釈論上の問題が存在するが、その中には、共同正犯と狭義の共犯（教唆犯および幇助犯）とで異なる解決が図られているものが多い。片面的共犯や過失による共犯がその例であり、通説は、片面的共同正犯を否定しながら片面的教唆犯や片面的幇助犯を肯定し[1]、また、過失犯の共同正犯を認めつつ過失による教唆犯や過失による幇助犯は否定する[2]。

これに対し、共同正犯と狭義の共犯とで同じ取扱いがなされる問題も見られる。たとえば、実行従属性は共同正犯と狭義の共犯とで共通して要求されており、共同正犯においては共謀者のうちの少なくとも一人が実行行為を行わない限りその成立は認められないし、狭義の共犯も正犯者が実行行為を行ってはじめて成立するとされる[3]。また、結果的加重犯の共犯に関しても、結果的加重犯の共同正犯とともに結果的加重犯に対する教唆犯・幇助犯を肯定するのが、判例・通説[4]であるといってよい。予備罪の共犯が認められるかという問題についても、

---

[1] 大谷實『刑法講義総論』（成文堂、新版第4版、2012年）424頁、438頁、445頁。これに対し、浅田和茂『刑法総論』（成文堂、補正版、2007年）415頁は、片面的共同正犯を肯定する。
[2] 大谷・前掲注（1）414頁以下、436頁、442頁。
[3] 大谷・前掲注（1）432頁、402頁以下。
[4] 最判昭和26年3月27日刑集5巻4号686頁、大判大正11年12月16日刑集1巻793頁、最判昭和25年10月10日刑集4巻10号1965頁。山口厚『刑法総論』（有斐閣、第3版、2016年）388頁。

共同正犯の場合と狭義の共犯の場合とを区別せずに論じる[5]のが一般的である。

ただ、共同正犯と狭義の共犯とで同じ取扱いをすべきかどうかについて争いのある場合も存在する。たとえば、判例・通説は、刑法65条1項の「共犯」には共同正犯と狭義の共犯の両者が含まれると解しているが、これに対しては、刑法65条1項の「共犯」は狭義の共犯に限られ、共同正犯は含まないとする反対説も有力である。また、多くの見解は、承継的共犯について共同正犯と狭義の共犯とで同じ解決方法を採っているが、学説の中には、共同正犯については否定説に立ちながら狭義の共犯については肯定説や中間説を採用するというように、共同正犯と狭義の共犯とで異なる取扱いをする見解も存在する。共犯関係の解消についても、従来、解消が肯定されるときには共同正犯だけでなく狭義の共犯の成立も否定されると解されてきたが、近時、共同正犯関係の解消が認められるときに狭義の共犯の成立する余地を認める見解が支持者を増やしている。さらに、いわゆる違法の相対性に関して、多数説は、共同正犯の各人における違法性の有無や程度を個別的に判断しうるとしつつ、狭義の共犯については制限従属性説に立ち、共犯は正犯の違法性に従属すると解しているのに対し、学説においては、共同正犯と狭義の共犯の両者について違法の相対性を肯定または否定する見解も唱えられている。

（2）一方、狭義の共犯の内部においては、多くの問題について教唆犯と幇助犯とで同じ解決方法がとられてきた。上記の片面的共犯や過失による共犯のほか、教唆者や幇助者が最初から正犯行為を未遂に終わらせるつもりだったときにも故意が認められるかという未遂の教唆・幇助の問題などにおいて、教唆犯と幇助犯は特に区別されずに論じられている[6]。さらに、共犯従属性の原則も、一般に教唆犯と幇助犯とに共通する問題であると解されてきた。もっとも、近時、この点については疑問が示されるようになっており、共犯従属性のうち要素従属性について教唆犯と幇助犯とで異なる取扱いを認めてよいとする見解が主張されている。

（3）このように、共犯論上の諸問題のうち、どれが各関与形式において共通の解決が図られるべき問題であり、どれがそうでないのかについて、学説の理解は必ずしも一致しているわけではない。そこで、本稿ではこの点について検討を

---

5 山口・前掲注（4）329-330頁。
6 浅田・前掲注（1）438-439頁、大谷・前掲注（1）434頁、442頁。

加えることにしたい。

二　共犯の因果性

1　承継的共犯

（1）各関与形式の成立要件や特質の違いに係わる問題は、当然に関与形式ごとに異なる取扱いがなされる。たとえば、片面的共同正犯が否定され、片面的教唆犯および片面的幇助犯が肯定されているのは、共同正犯と狭義の共犯との性質の違いが影響しているからである。すなわち、共同正犯の本質が客観的にも主観的にも共同して構成要件を実現するところにあるため、共同正犯においては各人が共同実行の意思を有する必要があるのに対し、教唆犯は他人に犯罪の実行を決意させ、幇助犯は他人の犯行を容易にすれば足りるから、教唆犯や幇助犯の成立のために正犯者が教唆や幇助の事実を認識している必要はないとされているのである[7]。また、過失による共犯のうち過失の共同正犯が肯定されているのは、個別の過失犯処罰規定が刑法60条により拡張されると解することが可能だからであり、他方、過失による教唆や過失による幇助を処罰することを定めた特別の規定は存在しないことなどを根拠に、過失による教唆・幇助は否定されているといえよう[8]。

（2）これに対し、共犯の因果性は、各関与形式に共通して要求される。個人責任の原則を前提とする限り、自己の行為と因果関係のない結果について責任を負わせることは許されないのであり、このことは、いずれの関与形式にも同様に妥当するはずだからである。こうした理解からすると、承継的共犯の問題は、共同正犯と狭義の共犯とで同様の取扱いがなされるべきであろう。

学説上は、承継的共同正犯と承継的幇助犯を区別し、共同正犯については否定説、幇助犯については肯定説または中間説を採る見解[9]も有力に主張されてい

---

[7]　大谷・前掲注（1）424頁、438頁、444-445頁。
[8]　山口・前掲注（4）381-382頁。
[9]　共同正犯については否定説、幇助犯については肯定説を採る見解として、中野次雄『刑法総論概要』（成文堂、第3版補訂版、1997年）149頁、165頁、山本雅子「承継的共同正犯論」『立石二六先生古稀祝賀論文集』（成文堂、2010年）468頁以下などがあり、共同正犯については否定説、幇助犯については中間説を採る見解として、井田良『講義刑法学・総論』（有斐閣、2008年）473頁、490-491頁、高橋則夫『刑法総論』（成文堂、第2版、2013年）447頁、照沼亮介『体系的共犯論と刑事不法論』（弘文堂、2005年）246頁以下などがある。

る。この見解は、共同正犯の処罰根拠と幇助犯の処罰根拠とは異なるとの前提に立ち、共同正犯の場合、事前の合意に基づいてすべての構成要件事実に関与しなければ正犯性が認められないので、関与後の事象についてのみ共同正犯の成立が肯定されるが、幇助犯の場合は、正犯行為による結果発生を促進すれば足りるので、犯行の途中から関与しても、結果発生を促進したといえればその犯罪の幇助犯の成立を認めてよいと説くのである。

しかし、承継的共犯は、行為者の行為と因果関係のない関与前の結果について責任を問えるか、あるいは、どのような結果との間に因果関係があればよいかという問題である。そして、共同正犯だけでなく、幇助犯の場合も、本来、結果について責任を問うためには、行為者の行為とその結果との間に因果関係が必要であるということに変わりはないはずである。そうだとすれば、承継的共犯は、共同正犯と幇助犯に共通の問題であるというべきであろう[10]。すなわち、共同正犯と幇助犯には同じ内容の因果関係が要求されるのであり、その因果関係が存在することを前提として、後行者がどのような役割を果たしたかによって共同正犯か幇助犯かを決定することになるのである。

2　共犯関係の解消

一方、共犯関係の解消については、離脱者が従前の行為の物理的・心理的因果性を遮断した点にその根拠を求める因果性遮断説が判例・通説[11]であるが、因果性遮断説のいうように、共犯関係の解消を専ら因果性の観点から基礎づけるのであれば、共犯関係の解消は、共同正犯と狭義の共犯において同じ基準で解決されることになろう。実際、共犯関係の解消の問題は、共同正犯の場合と狭義の共犯の場合とで分けて論じられることはあまりなかった。

ただ、共同正犯関係の解消を因果性の遮断の観点だけで説明できるかは疑問である。確かに、共同正犯を含め共犯の成立を認めるためには、共犯行為と結果との間に因果関係が存在することが不可欠であるから、従前の行為と結果との因果関係が遮断されたときには、共同正犯関係の解消が認められる。しかし、共同正

10　相内信「承継的共犯について」金沢法学25巻2号（1983年）42-43頁、山口厚編『クローズアップ刑法総論』（成文堂、2003年）245頁〔山口〕、伊藤渉ほか『アクチュアル刑法総論』（弘文堂、2005年）309頁〔伊藤〕、西田典之『共犯理論の展開』（成文堂、2010年）223頁。
11　最決平成21年6月30日刑集63巻5号475頁。平野龍一『刑法総論Ⅱ』（有斐閣、1975年）384-385頁、西田典之『刑法総論』（弘文堂、2006年）346頁以下、山口・前掲注（4）377頁。

犯が成立するためには因果関係と並んで共同正犯性（相互利用補充関係）が必要であるから、従前の行為の因果的影響が残存し、因果性を遮断したといえないとしても、離脱行為等によって共同正犯性（相互利用補充関係）が失われたときには、共同正犯関係の解消を肯定してよい。

このように、共同正犯関係の解消が認められる場合としては、①共謀や離脱前の共犯行為の因果性が遮断されている場合と、②因果性は遮断されていないが、共同正犯性が否定される場合とがあるということになる。そして、因果関係の存在はすべての関与形式において必要とされるものであるから、①の場合には、共同正犯だけでなく教唆犯や幇助犯の成立する余地もないが、他方、共同正犯性（相互利用補充関係）は共同正犯に固有の問題であるから、②の場合には、教唆犯や幇助犯の成立する可能性は残ることになる[12]。この点では、共同正犯と狭義の共犯とで異なる取扱いがなされるといえる。

三　共犯と身分

（1）刑法65条1項における「共犯」の意義に関して、判例・通説[13]は、共同正犯と狭義の共犯の両者を含むと解しており、共同正犯と狭義の共犯とで同じ取扱いをしている。しかし、反対説も有力である。刑法65条1項は真正身分犯に関する規定であるとの立場から、同項の「共犯」には共同正犯は含まれず、狭義の共犯に限られるとする見解[14]や、刑法65条1項は真正身分犯および不真正身分犯の両者に適用があるとの前提に立ち、同項の「共犯」は、真正身分犯については狭

12　共同正犯関係の解消が肯定された場合にも教唆犯や幇助犯の成立する余地があるとする見解として、原田國男「判解」『最高裁判所判例解説刑事篇（平成元年度）』（法曹会、1991年）196頁注14、林幹人『判例刑法』（東京大学出版会、2011年）147頁、佐伯仁志『刑法総論の考え方・楽しみ方』（有斐閣、2013年）389-390頁、松原芳博『刑法総論』（日本評論社、2013年）392頁、照沼亮介「共犯からの離脱──おれ帰る事件──」松原芳博編『刑法の判例（総論）』（成文堂、2011年）286頁、橋本正博『刑法総論』（新世社、2015年）300-301頁、橋爪隆「共犯関係の解消について」法教414号（2015年）106頁、成瀬幸典「共犯関係からの離脱について」立教法務研究7号（2014年）133-134頁、小林憲太郎「共犯関係の解消について」川端博ほか編『理論刑法学の探究9』（成文堂、2016年）195頁注4。拙稿「共謀の射程と共同正犯関係の解消」同志社法学67巻4号（2015年）393頁以下参照。
13　大判大正4年3月2日刑録21輯194頁、最決昭和40年3月30日刑集19巻2号125頁。西田・前掲注（11）387頁。
14　浅田・前掲注（1）448頁、木村亀二『犯罪論の新構造（下）』（有斐閣、1968年）378頁、中山研一『刑法総論』（成文堂、1982年）489頁。

義の共犯に限られるが、不真正身分犯については共同正犯も含むとする見解[15]である。

こうした対立の基礎には、真正身分犯において身分者と非身分者の共同正犯を認めることは可能かという点に関する理解の違いが存在する。反対説は、非身分者が真正身分犯における身分者の行為に加功した場合に、非身分者に狭義の共犯を認めることは可能であるが、共同正犯とすることはできないと主張する。共同正犯は正犯すなわち実行行為者であるところ、真正身分犯は身分者のみが実行行為を行いうるのであって、非身分者による実行行為は観念しえないから、非身分者が真正身分犯の共同正犯となることはできないというのが、その理由である[16]。たとえば、非公務員が公務員とともに公務員の職務に関して金品を受け取ったとしても、非公務員にとって金品は賄賂ではないし、これを受け取る行為は収受でもないというのである。また、身分犯の本質を特別義務違反に求める立場からも、この見解は支持されている。身分犯において正犯となりうるのは、自ら特別義務を課せられ、これに違反する者すなわち身分者に限られるから、非身分者は共同正犯とはなりえないが、他方、非身分者は、他人の特別義務違反を誘発し、または促進したことから、狭義の共犯としては処罰されうるというのである[17]。

（2）しかし、真正身分犯において非身分者が身分者の行為に関与した場合には、非身分者に教唆犯や幇助犯だけでなく共同正犯を認めることも可能であると解される。たとえば、事務処理者でない者が事務処理者に対して任務違背をするよう積極的に働きかけたり、その具体的な方法を指示したりするなど、犯罪共同遂行の合意に基づき重要な役割を演じることにより、真正身分犯の身分がなくても身分者と共同して身分犯を実現することは可能だからである。身分も行為などと並ぶ構成要件の一要素にほかならないというべきであり[18]、こうした理解からすると、構成要件的行為の一部を自ら行わなくても共同正犯となりうるのと同様に、自らは身分を有していなくても共同して構成要件を実現したといえる限り、共同正犯の成立を認めてよいということになる[19]。

---

15 団藤重光『刑法綱要総論』（創文社、第3版、1990年）420頁、大塚仁『刑法概説（総論）』（有斐閣、第4版、2008年）333頁。
16 団藤・前掲注（15）420頁、大塚・前掲注（15）332-333頁。
17 木村・前掲注（14）378頁。
18 植田重正「『共犯と身分』について」同『共犯論上の諸問題』（成文堂、1985年）230-231頁。

非身分者も、身分者と共同して、あるいは身分者の行為を通じて真正身分犯の構成要件を実現することは可能であるというべきであり、この点で共同正犯と狭義の共犯とを区別して論ずべき理由はない。したがって、刑法65条1項の適用に関して共同正犯と狭義の共犯とで異なる取扱いをする必要はないと解される。

四　共犯と錯誤

1　共犯における抽象的事実の錯誤

それでは、共犯と錯誤、特に共犯における抽象的事実の錯誤の場合は、どうであろうか。共同正犯において問題となるのは、たとえば、甲と乙が窃盗を共謀したところ、乙が強盗の意思を生じて強盗を実行した場合（事例1）であり、狭義の共犯では、甲が乙に窃盗を教唆・幇助したところ、乙が強盗の意思を生じて強盗を実行した場合（事例2）に問題となる。事例1および事例2は、甲にとって、窃盗の意思しかなかったのに現実には強盗の事実が発生したという点では共通しており、また、結論としても、いずれも甲には窃盗罪と強盗罪の重なり合う窃盗罪の限度で共犯の成立が認められている。しかし、学説の議論を見ると、共同正犯と狭義の共犯とで力点の置き方が異なっていることに注意を要する[20]。

共同正犯の場合、共犯の錯誤の問題は、行為共同説と犯罪共同説の対立という共同正犯の本質論を軸に論じられている。事例1では、行為共同説からは、甲に窃盗罪の共同正犯、乙に強盗罪の共同正犯がそれぞれ成立するのに対し、部分的犯罪共同説によれば、乙には強盗罪が成立し、甲とは窃盗罪の限度で共同正犯となると説明される。これに対し、狭義の共犯の場合には、共犯の錯誤は主として錯誤論の問題として解決が図られている。事例2では、乙には強盗罪が成立するが、窃盗の故意しかなかった甲には、法定的符合説によれば、刑法38条2項により軽い窃盗罪の限度で教唆犯または幇助犯が成立するとされる。

2　共同正犯の本質論と錯誤論

このように、共犯における抽象的事実の錯誤の場面では、共同正犯と狭義の共犯とで解決の仕方が異なるように見えるが、それは妥当であろうか。単独犯の場

19　拙著『身分犯の共犯』（成文堂、2009年）241頁以下参照。
20　中山研一ほか『レヴィジオン刑法1 共犯論』（成文堂、1997年）156頁以下〔浅田和茂〕。

合、錯誤の事例は、現実に生じた事実が客観的にいかなる構成要件に該当するのか、また、行為者が主観的にいかなる構成要件に該当する事実を認識していたのかを明らかにした上で、客観と主観の間の不一致が異なる構成要件にまたがるときに故意犯の成否を検討するという手順で解決されており、この点は、共同正犯や狭義の共犯の場合も同じはずである。

ただ、ここでは、共同正犯と狭義の共犯との構造の違いに着目する必要がある。共同正犯の場合には、現実に生じた事実が客観的にいかなる構成要件に該当するかは、意思疎通の内容を考慮しつつ共謀者全員の行為を合わせて判断する必要があり、その判断の際に共同正犯の本質論が問題となる。すなわち、行為共同説からは、現実に生じた結果全体について共同正犯関係が認められるが、部分的犯罪共同説からは、構成要件の重なり合う限度でのみ共同正犯関係が認められることになるのである。事例1では、行為共同説からは、甲と乙は財物奪取という実行行為を意思の疎通の下に共同している以上、甲と乙の行為が客観的に強盗罪の共同正犯の構成要件に該当すると解することも可能であるのに対し、部分的犯罪共同説からは、甲と乙の間には窃盗罪の意思疎通しかないため、甲と乙の行為については窃盗罪の限度でのみ客観的な構成要件該当性が認められる。これを踏まえて、各人が主観的にどのような構成要件に該当する事実を認識していたかを検討し、客観的に実現した事実と行為者が主観的に認識した事実との不一致が異なる構成要件にまたがるときには、錯誤論に基づき故意犯の成否を判断することになる[21]。

一方、狭義の共犯の場合には、現実に生じた事実が客観的にいかなる構成要件に該当するのかの判断においては、関与者間の意思疎通の内容を考慮せず、関与者の行為をそれぞれ単独で見れば足りる[22]ので、共同正犯の本質論のような問題は生じない。そのため、行為共同説と犯罪共同説の対立の問題を検討する必要がなく、狭義の共犯における錯誤の事例は、端的に錯誤の問題として処理される[23]。事例2では、甲の教唆の結果、乙が強盗罪を実行した以上、甲と乙の間でどのような意思疎通があったかを検討するまでもなく、客観的には強盗教唆罪の

---

21 拙稿「共同正犯における抽象的事実の錯誤」『大谷實先生喜寿記念論文集』（成文堂、2011年）321頁以下参照。
22 ただし、関与者のうち正犯者の行為がいかなる構成要件に該当するかが判断の中心となろう。
23 亀井源太郎『正犯と共犯を区別するということ』（弘文堂、2005年）16頁以下は、行為共同説と犯罪共同説の対立は共同正犯だけでなく狭義の共犯にも妥当する問題であるとする。

構成要件に該当する事実が発生したといえ、これと甲の認識内容である窃盗教唆罪とが構成要件的に重なり合うかどうかという錯誤論が問題となるのである。

五　違法の相対性

1　違法の相対性と要素従属性

（1）最後に、各関与者における違法性の有無や程度は個別的に判断されるのかという違法の相対性について検討する。

この問題に関しては、共同正犯と狭義の共犯とを区別せず、いずれについても違法の相対性を肯定する[24]、あるいは否定する[25]見解も有力である。共同正犯か狭義の共犯かは構成要件の実現方法の問題であるのに対し、違法の相対性は違法性の本質や違法性阻却の判断方法の問題であると考え、前者は後者に影響を与えないと解することは可能であろう。

（2）これに対し、多数説は、この問題に関して共同正犯と狭義の共犯とで異なる取扱いをしている。すなわち、共同正犯においては、各人の違法性の有無や程度は個別的に判断され、たとえば、共同者のうち実行行為を担当した者の行為について正当防衛が成立するとしても、他の共同者が積極的加害意思を有していたときは、その者に正当防衛は成立しないとされる[26]。これに対し、狭義の共犯においては、制限従属性説の立場から、共犯は正犯の違法性に従属するとされ、正犯者の行為が正当防衛として違法性を阻却するときには、たとえ共犯者が積極的加害意思を有していたとしても、共犯の成立は否定される。

こうした取扱いは、共同正犯と狭義の共犯との法的性質の違いによって正当化されるといえよう。すなわち、共同正犯における各人は対等な立場にあり、主従の関係にあるわけではないので、共犯従属性は妥当せず、違法の相対性が認められるが、これに反し、狭義の共犯の場合には、正犯と共犯は主従の関係にあるから、共犯従属性に関する制限従属性説の考え方が妥当し、違法の相対性は認められないとするのである。

24　大谷・前掲注（1）407-408頁、412-413頁。
25　曽根威彦『刑法原論』（成文堂、2016年）558頁、564-565頁。
26　最決平成4年6月5日刑集46巻4号245頁参照。

2 教唆犯と幇助犯における要素従属性

（1）要素従属性に関しては、制限従属性説のほか最小従属性説も主張されており[27]、両説の対立は依然として続いているが、いずれにしても教唆犯の場合と幇助犯の場合とで要素従属性の内容に異なるところはないというのが、一般的な理解である[28]。しかし、近時、要素従属性の内容について教唆犯と幇助犯を区別する見解が主張されている。

この見解によれば、教唆犯に正犯と同じ法定刑が適用されることを踏まえると、教唆犯は、正犯の動機を支配することによって犯罪において決定的な役割を果たすという点で正犯に類似した性質を有すると解すべきである。こうした教唆犯の正犯類似性を前提とすると、教唆犯は、犯罪事象において正犯に匹敵する地位に立ち、法益侵害に対して第一次的責任を負うといえるから、正犯の違法性を前提とせずに教唆犯の成立を肯定することができる。もっとも、教唆犯は、狭義の共犯でもあるから、正犯の実行行為に従属する性質から解放されることはない。したがって、教唆犯については最小従属性説が採られることになる[29]。一方、従犯は、正犯より法定刑が軽く、正犯類似性を有していないため、第二次的責任を負うにすぎない。それゆえ、正犯の違法性があってはじめて従犯の成立が認められ、従犯については制限従属性説が支持される[30]。

（2）このように、この見解は、教唆犯と従犯の法定刑の違いに着目し、教唆犯については最小従属形式が妥当し、従犯については制限従属形式が妥当すると主張する。しかし、この見解には疑問がある。

制限従属性説は、共犯の成立を認めるために正犯行為は構成要件に該当するだけでなく違法でなければならないと説くのに対し、最小従属性説は、共犯の成立には正犯行為が構成要件に該当すれば足りるとするのであるから、両者の対立点は、正犯における違法性阻却の有無が共犯の成否にどのような影響を及ぼすかという点にあるといえる。一方、上記の見解は、教唆犯と幇助犯とで要素従属性の内容を区別する根拠をその法定刑の違いに求めているが、法定刑とは、各刑罰法規に規定されている刑をいうから、法定刑を設定する上で重要となるのはどのよ

---

27 私見は、最小従属性説を支持する。拙著・前掲注（19）219頁以下。
28 山口・前掲注（4）325頁以下。
29 曲田統「共犯の従属性に関する一試論」法学新報120巻1=2号（2013年）841-842頁。
30 曲田・前掲注（29）848頁。

うに構成要件を実現したかであって、各関与者における違法性阻却の判断は、法定刑に関して直接には関連性を有しないというべきであろう。そうであるとすれば、教唆犯と幇助犯の法定刑の差異は、制限従属性説か最小従属性説かの選択の根拠にはならないように思われる。

　また、制限従属性説と最小従属性説の理論的根拠を見ると、制限従属性説は、正犯に違法性阻却事由が適用される場合、正犯は違法性を基礎づける法益侵害を惹起していないから、これに関与した共犯も違法でないと主張し[31]、最小従属性説は、人的不法を加味して違法性を判断する違法二元論の立場から、主観的違法要素に応じて違法性の評価は各人において異なる[32]とか、優越的利益の原則による違法性阻却について、共犯者自身によって違法性阻却の前提（利益の葛藤状態）が作出されたときには正犯者の違法性阻却を自己の有利に援用できず、正犯が違法でなくても共犯は違法となりうるとしている[33]。これらの主張の内容は、いずれも違法性の本質あるいは違法性阻却の判断方法にかかわるものであり、共犯行為が教唆か幇助かによって変わるものではないというべきであろう。

31　山口・前掲注（4）327頁。
32　大谷實「共犯論における最小従属性説について」同『刑事司法の展望』（成文堂、1998年）150頁、155-156頁。
33　島田聡一郎「適法行為を利用する違法行為」立教法学55年（2000年）52頁以下。

共犯の因果性と抽象的事実の錯誤
―― 「重なり合い」の標準について ――

佐久間　修

一　はじめに
二　法定的符合説と不法（責任）符合説
三　共犯の因果性と事実の錯誤論
四　事実の錯誤論における構成要件

一　はじめに

1　窃盗罪と横領罪の「重なり合い」

　共犯においては、複数の行為者間で事実の認識がくい違うことが少なくない。その際、いわゆる抽象的事実の錯誤では、しばしば各構成要件の「重なり合い」が論じられてきた[1]。例えば、①共犯者のX（非占有者）が業務上占有者であるYに横領をそそのかした後、Yが被害物品の管理権限を失ったため、他人の占有する財物を窃取するに至った場合が考えられる[2]。そこでは、まず、共犯の錯誤を論じる前提として、犯行全体を通じた共犯の因果性が問題となりうるが、かりに教唆行為と正犯結果の間に条件関係があるとき、業務上横領罪（の教唆）と（正犯による）窃盗罪の構成要件は、果たして「重なり合う」のであろうか。

　いわゆる法益符合説によれば、窃盗罪と横領罪は、いずれも財産（権）の侵害として、共通するとされる。しかし、窃盗罪の保護法益は、通常「平穏な占有」または「一応の理由がある占有」であって、横領罪の保護法益は、もっぱら本権

---

[1] 特に抽象的事実の錯誤を論じた文献としては、齊藤信宰・刑法における錯誤論の研究（平元）235頁以下、石井徹哉「抽象的事実の錯誤（上）、（下）」早稲田大学大学院法研論集62号（平4）29頁以下、同63号（平4）27頁以下、山口厚「抽象的事実の錯誤」刑雑34巻3号（平7）61頁以下、川端博・事実の錯誤の理論（平19）97頁以下、十河太朗「共同正犯における抽象的事実の錯誤」大谷實先生喜寿記念論文集（平23）291頁以下などがある。

[2] なお、平成27年度の司法試験・論文式問題でも、（業務上）横領罪と窃盗罪の符合が問題となりうるが、法定的符合説でいう重なり合いの標準は、なお不分明な状態にあるといえよう。

（所有権）と解されてきた[3]。したがって、少なくとも占有の所在を重視する限り、両構成要件は相互に排斥し合うことになる。しかも、その犯行態様は、ともに（広義の）領得行為にあたるが、窃盗罪は奪取罪であるところ、横領罪は非奪取罪として、理論上も截然と区別されてきた。それにもかかわらず、法定的符合を認めるのであれば、上述した構成要件要素は、もはや「重なり合い」の標準たりえないであろうか。

2 窃盗罪と詐欺罪の「重なり合い」

つぎに、②ＡとＢが、セルフ（オート）スタンドの給油機に虚偽のカード情報を入力して、ガソリンを盗取しようと計画し、Ａが車外で端末パネルに虚偽情報を入力する間、助手席にいたＢが、従業員による遠隔操作（給油の指令）に気付いたとしよう。これにより、Ｂは従業員を欺くことを認識したのに対し、Ａはこの事実を知らなかったとき、ＡとＢの間では、窃盗罪（または電子計算機使用詐欺罪）と狭義の詐欺罪（246条）をまたぐ共犯の錯誤が生じている。この場合、ＡとＢは、それぞれ如何なる罪責を問われるであろうか。窃盗罪では「盗取」行為が必要となるが、詐欺罪は非盗取罪に分類される一方、電子計算機使用詐欺罪は「前条のほか」と明記されるため、法文上、いずれの構成要件も重なり合わないからである[4]。

かりに被害法益の同一性に着目するならば、およそ財産犯では常に重なり合いが認められるため、各犯罪の客体や行為態様の違いは「みかけ上の構成要件要素」になってしまう[5]。その結果として、すべてが「一般財産犯」と呼ぶべきも

---

[3] 例えば、大塚仁・刑法概説各論（第三版増補版・平17）179頁以下、佐久間修・刑法各論（第2版・平24）178頁以下など。ちなみに、委託物横領罪は、信頼関係の破壊という副次的要素を伴うが、当事者間の信頼関係を保護法益とみる見解は少ない。

[4] そのほか、共謀者が詐欺を計画したところ、実行担当者が恐喝に及んだ場合、あるいは、背任の共謀をしたにもかかわらず、他の仲間が横領に及んだ場合が考えられる（東京高判昭和59・8・29東高刑時報35巻8＝9号70頁）。前者では、ともに瑕疵のある財産的処分が問題となるが、詐取と喝取は重なり合わない。また、後者でも、背任と横領は、権限の濫用または逸脱として相互に競合する関係にある。ただし、法益符合説によれば、いずれも個人の財産権という法益侵害の量的差異に還元されることになる。なお、判例の詳細については、大塚仁ほか編・大コンメンタール刑法第3巻（第三版・平27）214頁以下〔佐久間修〕を参照されたい。

[5] 例えば、高山佳奈子・故意と違法性の意識（平11）220頁は、「書かれざる構成要件要素」として「同意のある・ない」を掲げていた。また、抽象的事実の錯誤をめぐって「みせかけの構成要件要素」を論じられるのは、松宮孝明「みせかけの構成要件要素と刑法38条2項」立命館法学327＝328号（平22）859頁以下である。

のに統合されるのであろうか。他方、構成要件間の「法定的符合」および「重なり合い」を厳格に解する立場では、上述した設例①のXは、横領罪の教唆未遂（不可罰）と過失による窃盗教唆（不可罰）として、犯罪不成立となる。また、設例②のAも、せいぜい窃盗（または電子計算機使用詐欺罪）の未遂と過失の詐欺（不可罰）になるであろう[6]。したがって、こうした帰結を避けようとすれば、法定的符合および重なり合いの範囲を広げざるをえない。

そこで、以下には、共犯における抽象的事実の錯誤を素材として、過去の諸見解が唱えてきた「重なり合い」の意義を考えてみよう。その際、単独犯では「符合」しないが、共犯の錯誤では重なり合いを認めるならば、共犯という「修正された構成要件」において、独自の標準を示さねばならない。こうした作業は、故意の認識対象となる犯罪事実を見直す作業でもあり、犯罪類型としての構成要件の役割を再考することにもなろう。ただし、本稿では、過去の重要判例や「重なり合い」を認めた講壇事例を中心とするため、共犯の錯誤全体を論じるものでないことをお断りしておく。

二　法定的符合説と不法（責任）符合説

1　構成要件をまたぐ「くい違い」とは何か？

まず、共犯における具体的事実の錯誤と抽象的事実の錯誤は、理論上も截然と区別しうるであろうか。例えば、(a) 教唆者が甲宅に放火するようにそそのかしたところ、正犯者が乙宅に放火したとき、通常は、同一構成要件間内の錯誤に分類される（大判昭和9・12・18刑集13巻1747頁）。しかし、放火罪では各構成要件ごとに客体が異なるため（108条以下参照）、かりに上述した甲宅が現住建造物であり、乙宅が非現住建造物であったならば、形式上は、異なる構成要件間をまたぐ（抽象的）事実の錯誤となる[7]。その意味で、構成要件の規定形式によっては、同

---

[6] また、単独犯で窃盗と詐欺の重なり合いを論じつつ、窃盗罪の限度で処罰した判例として、名古屋地判平成20・12・18公刊物未登載（なお、森田昌稔「不正に入手した給油カードを使用したセルフ方式のガソリンスタンドにおける給油行為の擬律が問題となった事例」研修761号〔平23〕87頁参照）がある。

[7] 例えば、当該家屋内の人が生存している事実を知らないまま、すでに死亡したものと誤信したため、非現住建造物であると思って放火した場合につき、非現住建造物等放火罪（109条1項）で処断するとした神戸地判昭和36・6・21下刑集3巻5＝6号569頁がみられる。こうした放火罪における客体の取り違えも含めて、同種の問題を提起されたものとして、松宮・前掲立命館法

一構成要件内の錯誤と異なる構成要件間の錯誤の限界は曖昧にならざるをえない。

こうした事象は、薬物犯罪をめぐる判例の態度にも現れていた。すなわち、(b) 犯人が麻薬を覚せい剤と誤認した結果、覚せい剤取締法上の密輸入罪を犯す意思で、(旧) 麻薬取締法上の密輸入罪を実現したとき、最高裁は、各法律の取締目的や規定方法が似ており、しかも、客体となった麻薬と覚せい剤の性質が類似する点などを挙げて、「両罪は、その目的物が覚せい剤か麻薬かの差異があるだけで、その余の犯罪構成要件要素は同一であり、その法定刑も全く同一であるところ、前記のような麻薬と覚せい剤との類似性にかんがみると、この場合、両罪の構成要件は実質的に全く重なり合っている」とした (最決昭和54・3・27刑集33巻2号140頁)。その結果として、現に発生した麻薬輸入罪の故意を阻却しない一方、法定刑が異なる関税法違反については、輸入制限物件である覚せい剤を輸入する意思で (関税法111条1項1号)、輸入禁制品である麻薬を輸入しており (同法109条1項)、両罪の構成要件が重なり合う限度で、より軽い覚せい剤の無許可輸入罪の故意既遂を認めたのである。

2　法定的符合説から不法・責任符合説へ

しかし、(b) 事件の前半部分において麻薬密輸入罪を認めたことは、後半部分 (関税法違反) で覚せい剤の無許可輸入罪にした態度と一貫しない。前半では、現に発生した客観的事実に応じて故意既遂罪を認めたのに対して、後半では、行為者の主観的意思に沿った適条になっているからである。そもそも、犯人の認識が覚せい剤の密輸入であった以上、麻薬密輸入の故意既遂罪を認めることは、38条1項 (および同2項) の趣旨に反するであろう[8]。そこで、一部の学説は、上記の最高裁決定が、麻薬と覚せい剤の取り違えを同一構成要件内の錯誤とみたのではないかと指摘する[9]。しかし、そうであるならば、抽象的事実の錯誤にかかる38

学327=328号860頁以下がある。

[8] なお、日高義博・刑法における錯誤論の新展開 (平3) 66頁は、かような見地から判例を批判される。また、野村稔「事実の錯誤について」刑事法学の新動向 (下村康正先生古稀祝賀) 上巻 (平7) 99頁も、覚せい剤輸入罪の成立を認めるべきであったとされる。

[9] 例えば、大谷實「麻薬を覚せい剤と誤認してわが国に持ち込み、通関手続を経ずにこれを輸入した場合の罪責——事実の錯誤と適条」昭和54年度重判解 (昭55) 185頁、同・刑法講義総論 (新版第4版・平24) 178頁、亀山継夫「事実の錯誤と適条」研修371号 (昭54) 64頁など。

条2項を適用すべきでないし、故意の一般原則である38条1項に従うならば、法定刑が同一の場合も含めて、犯人の罪名は、やはり彼の認識した覚せい剤密輸入罪となるのではなかろうか[10]。

かようにして、過去の判例は、基本的には法定的符合説を維持しつつも、異なる構成要件間の重なり合いについては、むしろ、当該法律の目的や行為態様も考慮しつつ、おおむね各構成要件の罪質による符合を認めてきたといえよう。その意味で、もはや構成要件的符合の枠を超えて、いわゆる罪質符合説を採用したとみる向きもある[11]。また、上述した昭和54年決定と同様の見地から、(c)覚せい剤を一般麻薬と誤認して所持した事案をめぐって、「両罪の構成要件が実質的に重なり合う限度で軽い麻薬所持罪の故意が成立し同罪が成立する」としたものがある(最決昭和61・6・9刑集40巻4号269頁)。この昭和61年決定では、裁判官の補足意見において、いわゆる不法・責任符合説と呼ばれる見解が示された[12]。それによれば、「構成要件によって制約された故意の内容としては、『構成要件該当の事実の認識ではなく、構成要件の規定する違法・責任内容の認識こそが決定的』であ」って、「違法・責任の質において同一である」「二つの構成要件(…略…)について、同じ法定刑が規定されているときは」、「違法・責任の量においても両者は同じである」が、かりに違法・責任が同じ性質であっても、量的に異なる場合には、「軽い罪の故意の成立を認め、その故意に対応した軽い罪が成立する」というのである[13]。

---

10 これとは反対に、法定刑に軽重の差がある場合も含めて、事実の錯誤による罪名は、現に発生した重い罪のそれであって、刑だけを軽い罪の限度にとどめるべきだとされるのは、亀山・前掲研修371号66頁である。
11 川端博・錯誤論の諸相(平6)190頁。また、木村光江「法定的符合説(2)——符合の限界」刑法判例百選Ⅰ総論(第四版・平9)91頁は、法定的符合説を超えるものと批判される。なお、佐久間修・刑法総論(平21)134~135頁参照。
12 ここでも、違法・責任の質量が同一であれば、抽象的事実の錯誤を論じる余地はないと明言される。なお、不法・責任符合説について、町野「法定的符合について(上)、(下)」警研54巻4号(昭58)3頁以下、同5号(昭58)3頁以下参照。
13 もっとも、川端・前掲諸相103頁によれば、本決定の多数意見はこの考えを斥けており、学説の中にも、不法・責任符合説を批判するものが少なくない。例えば、福田平=大塚仁・対談刑法総論(下)(昭62)25頁以下、中森喜彦「麻薬・覚醒剤に関する認識・故意」判タ721号(平2)73~74頁、同「錯誤と故意」西原春夫先生古稀祝賀論文集第1巻(平10)437頁以下、川端・前掲理論110~112頁、山口・前掲刑雑34巻3号69頁(なお、同・問題探究刑法総論〔平10〕154頁では「歯止めがない」という記述は削除されたが、同書147、154頁では、曖昧かつ緩やかであると批判されている)など。

3 犯行形態の類似性と不法(違法性)符合説

最近も、同じく関税法違反をめぐって、(d) ダイヤモンド原石を輸入する意思で、禁制品である覚せい剤を輸入しようとした事案につき、無許可輸入罪(同法111条)と禁制品輸入罪(同法109条)の重なり合いを認めたものがある(東京高判平成25・8・28高刑集66巻3号13頁)。この高裁判決にあっては、両罪が「『類似する』とは必ずしも貨物の内容が類似していることを意味するものではなく、単に貨物の密輸入行為が類似していることを示したにすぎない」のであって、もはや「貨物に隠匿された内容物が、いずれも身体に有害な違法薬物であるか否か、物理的な形状が類似しているか否か、それを輸入することの社会的意義の同一性などといった事情は、ともに貨物の密輸犯取締規定である111条と109条の犯罪構成要件の重なり合いの判断に直接影響するものではない」と明言したのである[14]。

これらの諸判例を俯瞰するならば、果たして法定的符合説といえるかさえ疑問である。後述するように、刑法典上の各構成要件はもちろん、まったく異なる法律間においても重なり合いを認める一方、上述した (d) の高裁判例では、客体の属性如何にかかわらず、密輸入という点で一致すればよいとされる。したがって、将来的には、刑法典の犯罪類型と特別法違反の間でも符合を認めうるであろう[15]。また、学説の中にも、実質的な違法の類似性や共通性で足りるとする見解がある。すなわち、違法類型としての同価値性を重視する見地から、同一条文が複数客体や行為態様を列挙するとき、たとえその間で認識と事実の不一致が生じても故意を阻却しないように、違法類型として同価値である限り、異なる条文に書き分けられていても、立法論上は1個の条文にまとめられるため、相互に重なり合うというのである[16]。しかし、こうした不法ないし違法評価の重なり合いを標準とするとき、もはや抽象的符合説との差は紙一重であるといえよう。かよう

---

14 なお、長井長信「ダイヤモンド原石を無許可で輸入する意思で覚せい剤を輸入しようとした場合の罪責」平26年度重判解(平27)156頁以下、佐藤拓磨「税関長の許可を受けないでダイヤモンド原石を輸入する意思で禁制品である覚せい剤を輸入しようとした場合について、関税法上の無許可輸入罪(未遂)が成立するとされた事例」刑ジ40号(平26)152頁以下(いずれも判例を肯定的に評価される)など参照。

15 これに対して、松宮孝明・刑法総論講義(第4版・平21)192頁は、(c) 事件の判決に関連して、法文が目的物を特定している以上、構成要件は重なり合わないと明言される。

16 井田良・入門刑法学総論(平25)166頁。また、野村・前掲刑事法学の新動向上巻97〜98頁、同・刑法総論(補訂版・平10)211〜212頁も、違法性に質的差異を認めない見地から、行為それ自体の違法性に対応する限度で、実際に発生した結果の違法性を抽象化する一方、法違反としての規範的評価を重視する結果、抽象的符合説により故意既遂罪を肯定される。

にして、過去の確立した判例が、法定的符合説と罪質符合説、さらには抽象的符合説のいずれを採用したかについては、全く異質の構成要件間における処理方法をみなければ分からないのである[17]。

三　共犯の因果性と事実の錯誤論

1　共犯意思の形成と共犯の因果性

さて、最初から共犯者間で事実認識の不一致があったとき、果たして共同の犯意を形成したといえるであろうか。また、当初の犯行計画から著しく逸脱したとき、共犯関係は消滅しないのであろうか。従来、共犯関係からの離脱や共犯関係の解消をめぐって、共犯の因果性が争われてきたのは、周知のとおりである[18]。その際、共犯の錯誤を論じる前提として、心理的因果性を含む共犯の客観的要件が充足されねばならない。例えば、(e) 仲間の誘いに応じて窃盗の意思で見張りをしたものの、他の共犯者は当初から強盗を計画しており、実際、屋内に侵入した仲間が強盗に及んだならば、見張りとの間で真に相互的な意思連絡があったかは疑問である。過去の判例は、共犯者が窃盗の意思で見張りをした以上、少なくとも窃盗罪の範囲では意思連絡があったとして、窃盗既遂の限度で刑事責任を認めたが（最判昭和23・5・1刑集2巻5号435頁）、そこでは、まず共犯の因果性が問われるべきであった。実際、ほぼ同時期の最高裁判例は、(f) 甲方に対する侵入窃盗を教唆したところ、被教唆者が他の者と共謀して乙方に侵入強盗をした事案につき、その教唆行為と侵入強盗の間の因果関係の存否が不明であるとして、原審判決を差し戻している（最判昭和25・7・11刑集4巻7号1261頁）。

なるほど、(e) の共同正犯と (f) の教唆犯で求められる因果性が異なるとしても、教唆犯では、正犯者の意思に働きかけて犯罪を実行させる点で、その間の（心理的な）因果関係が必要不可欠とされる。それが欠ける以上、たとえ同一構成要件内の錯誤であっても、せいぜい、当初予定した罪の（故意）教唆の未遂となるにすぎない。こうした共犯の因果性と事実の錯誤の関係は、有形偽造と無形偽

---

[17] 同旨、平野龍一＝福田平＝大塚仁編「方法の錯誤」判例演習総論（増補版・昭48）118頁〔平野龍一・犯罪論の諸問題（上）総論（昭56）67頁〕、中野次雄「窃盗の意思で強盗の見張をした者の責任」刑評8巻（昭25）267頁など。

[18] なお、詳細については、佐久間修「共犯の因果性について——承継的共犯と共犯関係の解消」新報121巻11＝12号（平27）177頁以下など参照。

造の重なり合いが問題となった事案でも同様である。すなわち、(g) 甲と乙は、当初、刑務所の医務課長を買収して虚偽公文書を作成させるべく共謀したところ、その後に買収を断念した乙が、甲に黙って第三者の丙に公文書を偽造させた事案において、甲にも公文書偽造罪の（共同）教唆が認められた（最判昭和23・10・23刑集2巻11号1386頁）。それによれば、「本件故意の内容は刑法第156条の罪の教唆であり、結果は同法第155条の罪の教唆である。そしてこの両者は犯罪の構成要件を異にするも、その罪質を同じくするものであり、且法定刑も同じである。而して右両者の動機目的は全く同一である」以上、共謀者の一人である「伊藤（乙）の池田（丙）に対する本件公文書偽造の教唆行為は、被告人（甲）と伊藤との公文書無形偽造教唆の共謀と全然無関係に行われたものと云うことはできないのであって、矢張り右共謀に基づいてたまたまその具体的手段を変更したに過ぎないから、両者の間には相当因果関係があるものと認められる。然らば被告人は事実上本件公文書偽造教唆に直接に関与しなかったとしてもなお、その結果に対する責任を負わなければならない」というのである[19]。

2　他人による法益侵害と重なり合い

上述した (g) の偽造教唆事件では、一方の構成要件（公文書偽造）が他方の構成要件（虚偽公文書作成）を包摂する関係にないため、改めて「法定的符合」の存否を論じる必要が生じた。その際、最高裁が、その間の因果関係さえあれば、ただちに当該結果に対する故意（既遂の教唆）が成立するとした態度は、共犯の因果性と錯誤の問題を区別しておらず、措辞不適切な部分があるといえよう[20]。また、当初計画した無形偽造（の教唆）が有形偽造（の教唆）に至っただけでなく、共犯者である乙が勝手に犯行計画を変更した以上、甲にとっては予想外の展開といわざるえない。かりに単独正犯で同種のくい違いが生じたならば、無権限者による偽造（155条）と作成権者による虚偽文書作成（156条）は、相互に排斥し合う

19　ちなみに、本件の甲は、狭義の偽造文書であると知らないまま、他人をして行使させた点で、偽造公文書行使罪の幇助にもあたるとされた。また、学説にあっても、保護法益や行為の共通性を理由として、本判例の態度を支持するものが少なくない（大塚仁・刑法概説総論〔第四版・平20〕340頁注 (21)、同・前掲各論457頁注 (38)、福田＝大塚・前掲対談総論 (下) 39頁以下、川端博・刑法総論講義〔第3版・平25〕622頁など）。

20　また、団藤重光・刑法綱要総論（第三版追補・平7）427頁注 (4) は、同判決が相当因果関係の有無を論じた点について、故意と因果関係を混同するものと批判される。

関係にあるため、およそ重なり合わないはずである。これに対して、共犯事例では、共犯の因果性を重視する見地から、行為者の動機・目的が同じであり、正犯者を通じて文書の信用を毀損する意味では共通すること、犯行の態様についても、第三者を使って贋（にせ）文書を作成させる点で重なり合うとされたのである。

しかし、構成要件上は、同じく公共の信用を害する犯罪類型であっても、無権限者による作成名義の冒用に着目するならば、当然に有形偽造と無形偽造が符合するとはいえない[21]。そのため、(g)の昭和23年判決で重なり合いを認めた根拠は、「罪質及び法定刑の同一性」であるとされる[22]。これに対して、学説の中には、甲にも有形偽造の教唆を認めたことに対する批判が少なくない[23]。伝統的な法定的符合説によれば、異なる構成要件間では、原則として故意既遂犯の成立が否定されるのであって、一方が他方を包摂する関係にある場合にのみ、当該結果に対する故意既遂（の教唆）を認めうるからである。他方、一部の学説は、有形偽造と無形偽造の違いも含めて、単に立法技術上の理由で別個の条文に規定されたとすれば、両罪は実質的に重なり合うという[24]。また、修正された構成要件である共犯の特性に配慮しつつ、判例と同じく、現に惹起した正犯に対する教唆（既遂）を認めようとする見解もある[25]。

3 共犯の過剰と重なり合い

他方、抽象的事実の錯誤には、共犯者が認識した罪よりも重い犯罪事実を実現した場合だけでなく、重い罪にあたる旨を認識したにもかかわらず、軽い犯罪事実を実現した場合が考えられる。過去の判例で争われたのは、主に前者の場合であって、広い意味で「共犯の過剰」にあたるであろう。そこでは、犯人の認識し

---

[21] これに対して、共謀共同正犯の事例であるが、上記最高裁判例を踏襲した東京高判昭和33・9・30高刑集11巻8号486頁は、「その実行者の作成権限の有無につき認識の相違がある」だけで、「公文書偽造の目的には何等違いはないのみならず、公文書の無形偽造と有形偽造とは犯罪の構成要件を異にするも、両者はその罪質を同じくし且法定刑も同一であるから、無形偽造の認識しかない者でも有形偽造の故意の責任を負」うべきものとする。ここでは、狭義の共犯である教唆犯から進んで、共同正犯においても同種の重なり合いが認められた。
[22] 例えば、川端・前掲諸相190頁、伊東研祐「事実の錯誤」芝原邦爾編・刑法の基本判例（昭63）42頁などは、これらの判例を罪質符合説（ないし法益符合説）とみている。
[23] 団藤・前掲総論427頁注（4）、福田平・刑法総論（全訂第五版・平23）299頁注（3）など。
[24] 平野龍一・刑法総論Ⅰ（昭47）180頁。
[25] 佐久間・前掲総論398頁。

た軽い罪が重い罪に包摂される関係にあれば、あえて重なり合いの標準を論じる必要はなかったともいえる。そのせいか、上述した判例の多くは、単に「38条2項によれば、重い罪に従って処断できない」と述べたにすぎない[26]。しかも、保護法益が共通する財産犯にあっては、窃盗と強盗の間で法定的符合を認めるのが一般であり、共犯者間で恐喝を共謀した後、実行担当者が強盗（致傷）に及んだ場合にも、38条2項により恐喝既遂の限度で罪責を負うとされた（最判昭和25・4・11裁判集刑事17号87頁、東京高判昭和35・4・21東高刑時報11巻4号86頁）。また、単独犯の事例ではあるが、遺失物等横領の意思で窃盗の事実を実現したとき、軽い遺失物等横領罪で処罰するとした判例がある（大判大正9・3・29刑録26巻211頁）[27]。もっとも、共謀を契機とした強盗に際して、仲間の一部が強盗強姦に及んだ場合には、それが罪質の異なる強盗と強姦の結合犯である以上、他の共謀者は強姦に対する責任を負わないとされた（東京高判昭和26・7・17判特21号145頁）。

　なるほど、通説的見解によれば、窃盗と強盗とは単に法益が同種であるというだけでなく、盗取罪の限度において構成要件的に重なり合っており、窃盗罪と遺失物等横領罪も、後者が「占有や信頼関係の侵害をともなわないで、もっとも単純に他人の所有権を侵害する罪であって、すべての領得罪の中心となり出発点となる基本的な構成要件である」以上、「他人の占有を侵害する点で加重された構成要件」である窃盗罪と符合するとされてきた[28]。しかし、窃盗罪と強盗罪も、本来は「全然別個独立の構成要件であり、その重なり合いも具体的な構成要件的なものではな」いとして、上述した諸判例が法益符合説や不法の類似性に依拠したものとみる向きもある[29]。同様にして、遺失物等横領罪と窃盗罪で重なり合うのは「犯罪の客体が『財物』（物）である点だけであ」って、一方は「他人の占有を離れたものであ」るのに対して、他方は「他人の占有する物であるという重要な点において相違がある」とされる[30]。ところが、下級審判例の中には、農地

26　川端・前掲諸相188頁。また、齊藤信宰・前掲書246頁以下は、共犯の錯誤でなく、共犯それ自体の問題にすぎないとされる。
27　なお、遺失物等横領の故意で他人の占有する財物を持ち去った事案について、窃盗の故意を認めた原審判決を差し戻したものとして、東京高判昭和35・7・15下刑集2巻7＝8号989頁がある。
28　団藤重光編・注釈刑法（2）のⅡ（昭44）349～350頁〔福田平〕、大塚・前掲総論197頁。
29　木村亀二・刑法総論（増補版・昭53）230頁注（15）。
30　木村亀二・前掲総論229頁。また、山口厚・刑法総論（第3版・平28）239頁も、一方が他方を除外する関係にあるとされる。

の二重売買に際して、犯人が自己名義に仮の移転登記をしたところ、それ以前に当該土地が非農地化された結果、すでに別人の所有に移った事実を知らなかったため、最終的には、背任の故意で横領の事実を実現した場合にも、38条2項を適用して軽い背任罪の限度で処罰したものさえある（東京高判昭和59・8・29東高刑時報35巻8＝9号70頁）。

四　事実の錯誤論における構成要件

1　共通構成要件と「みせかけの構成要件要素」

かようにして、構成要件上、一方が他方を包摂する場合だけでなく、一方が他方の特別類型にあたる場合も含めて、およそ別個の法律中に設けられた罰則の間でさえも、不法ないし責任の内容が実質的に近似するとき、広く重なり合い（法定的符合）を認めるものが少なくない。しかし、構成要件的符合という見地から、こうした傾向を批判する見解も有力であり[31]、個々の構成要件の独立性・特殊性を重視する限り、異なる構成要件間の錯誤では、「本来、実現事実について故意を肯定することは困難なはずであって、故意が肯定されるというのは、一種の『異常事態』である」とされる[32]。けだし、構成要件それ自体としては、包摂関係にある場合はともかく、本来は、別個の独立した犯罪類型として規定されたからである。これに対して、一部の学説は、A罪の実行行為からB罪の構成要件的結果に到達したとき、AとBにまたがる「共通構成要件」が充たされるという[33]。また、これらの問題の本質は、「故意の符合」ではなく、軽い構成要件の充足をいかにして認めるかだともいわれる[34]。その場合、遺失物等横領の故意で窃盗の事実を惹起したとき、他人の占有する財物と占有離脱物の違いを捨象し

---

[31] 例えば、浅田和茂・刑法総論（補正版・平19）323〜324頁、大越義久・刑法総論（第5版・平24）124〜125頁、松宮・前掲総論191頁など。

[32] 山口・前掲問題探究総論152頁、木村光江・前掲判例百選Ⅰ総論91頁。また、佐久間・前掲総論134〜135頁参照。

[33] 例えば、山口・前掲総論239〜240頁は、「遺失物横領罪と窃盗罪の両者にまたがる『共通構成要件』……(略)……を両者の法文解釈により導出・想定」するといわれる。かつて同・前掲刑雑34巻3号68〜69頁、同・前掲問題探究総論153〜154頁でも、両者の構成要件を結合した構成要件に該当すると説明されていた。

[34] 髙山・前掲書217頁以下。そこでは、「基本（加重）減軽類型」の間にとどまらず、択一的な関係であっても重なり合いを認めるといわれる。

た窃盗罪と遺失物等横領罪に共通する新たな構成要件を創設することになろう[35]。

なるほど、「みせかけの構成要件要素」ないし「書かれた非構成要件要素」を提唱する論者もある。例えば、強姦犯人が13歳未満の女子を13歳以上であると誤信して暴行・脅迫を加えたとき、177条前段と同条後段の違いが重視されず、強制わいせつ罪においても、結局は176条だけを適用するため[36]、「13歳以上」および「13歳未満」の文言は、「みせかけの構成要件要素」にすぎないとされる[37]。しかし、これとは異なる理解も可能であって、177条前段は、暴行・脅迫を手段とする原則類型であるところ、同条後段は、13歳未満の客体に限定しつつ、暴行・脅迫がない場合も例外的に処罰する構造になっている。その意味で、同条前段の要件を充たすならば、犯人の年齢をめぐる認識を問うことなく、補充規定である後段の適用は排除されるのである[38]。すなわち、裁判所は、犯人が被害者を「13歳以上である」と誤信していた場合にも、現に暴行・脅迫を加えた以上、原則類型に戻って同条前段を適用したにすぎず、事実の錯誤論に依拠するまでもないからである[39]。その意味でも、法文に現れた罰条の構造を無視して、ただちに構成要件の重なり合いを論じるのは早計であろう[40]。

---

35 ドイツの学説でも、個別的構成要件を超えた「超法規的基本構成要件（aussergesetzlicher Grundtatbestand）」を主張するものがある。すなわち、旧ドイツ刑法典244条など、基本的な部分で不法が同一である場合、共犯者間で複数の構成要件をまたぐ認識と事実の不一致があっても、それらは非本質的なものとされた。なお、最近の文献として、小島陽介「教唆行為における正犯の所為の特定性に関する考察（１）」商学討究61巻２＝３号（平22）198頁以下、小野上真也「従犯における故意の認識・予見対象の具体化」千葉大学法学論集30巻１＝２号（平27）242頁以下など参照。なお、ドイツの学説については、別の機会に論じる予定である。

36 例えば、大判大正２・11・19刑録19輯1255頁、最決昭和44・７・25刑集23巻８号1068頁など。

37 松宮・前掲立命館法学327＝328号859頁以下、同・前掲総論192〜193頁。

38 なお、法文上、一つの項の中で二つの文章に分けられるとき、通常は、前段および後段と呼ばれており、その関係は、後段が前段を限定・拡張するものとされる（磯崎陽輔・分りやすい法律・条例の書き方〔改訂版・平23〕６頁〜７頁参照）。しかるに、松宮・前掲立命館法学327＝328号861頁以下は、それぞれが別個独立の構成要件と考えるせいか、第１文および第２文という表現を用いておられる。

39 同様にして、麻薬と覚せい剤を取り違えた事件についても、関税法違反については、当該行為の対象を限定しない判例もあったが、かりに麻薬取締法規において、人体に対する有害性と無縁の物品についても重なり合いを認めるとすれば、ほとんど抽象的符合説になってしまう。

40 結局、過去の判例が単純に176条または177条を適用した態度は、妥当であったといえよう。なお、13歳以上の被害者を「13歳未満である」と誤信する一方、相手方から同意を得て性交渉に及んだならば、犯人の主観を問うまでもなく犯罪が不成立となる点では、なお年齢に関する記述は構成要件要素となるのである。

2 事実の錯誤論と故意規制機能

　従来、法定的符合説が構成要件相互の重なり合いを広く認めるとき、その標準が不明確であると批判されてきた[41]。他方、上述した「みせかけの構成要件要素」や「書かれた非構成要件要素」という考え方は、実行故意の有無と事実の錯誤論を混同している。事実の錯誤で「重なり合い」が認められるかどうかは、客観的な事実に対応した故意の不存在が前提となっており、かりに反対説の主張するように、当該結果にかかる構成要件的故意があるならば、そもそも事実の錯誤は問題とならないからである[42]。しかも、違法性や責任の類似性に着目して「故意の符合」を認める一部の学説は、本来、法定構成要件に依拠した重なり合いの限界を曖昧にするだけでなく、構成要件の故意規制機能を形骸化することで、その犯罪個別化機能も危うくする。例えば、上述した不法（違法性）符合説では、保護責任者遺棄罪と死体遺棄罪の間でさえも、行為態様の類似性から重なり合いが認められている[43]。

　しかし、実際に生じた客観的事実と犯人の構成要件的故意を超えたところでは「故意の符合」を認めるべきでない。かりに構成要件ごとの定型的差異を吟味することなく、重なり合いの範囲を無制限に拡張してゆくならば、最終的には抽象的符合説と同じ結論に至るであろう[44]。また、最初から複数の犯罪類型をまたぐ一般構成要件を認めるとき、これらに共通する故意が存在することになるため、もはや事実の錯誤として「法定的符合」を論じるまでもない。なるほど、事実の錯誤論は、主観と客観のくい違いを契機として、構成要件と犯罪類型の関係を再検討する契機になったが、こうした議論は、主観と客観の間でくい違いが生じた場合の例外的な処理にとどまる。かりに法文上の処罰規定を離れて新たな犯罪類

41　例えば、抽象的符合説の見地から、植松正・刑法概論Ⅰ総論（再訂版・昭49）280頁は、「いずれも厳格な論理的批判に耐える基準とはなりえない」といわれる。

42　かつて佐久間修「錯誤論における結果帰属の理論」刑事法学の総合的検討（福田平＝大塚仁博士古稀祝賀）上巻（平5）145頁以下においても、同種の批判を加えたところである。これに対する反論として、伊東研祐「故意の内実について——再論」松尾浩也先生古稀祝賀論文集上巻（平10）259頁以下参照。

43　すなわち、死体遺棄罪と単純遺棄罪をめぐるくい違いについても、「生きているか死んでいるか明らかでない人」という上位概念を設定するならば、そういう状態の人を放置しないという行為規範が想定されるため、その間の齟齬は、一方の保護法益が個人の生命・身体の安全であり、他方の保護法益が宗教的風俗である遺体に対する尊崇の念であっても、その違いは重要でないとされるのである（井田・前掲入門刑法学167頁）。これでは、ほとんど抽象的符合説と異ならないであろう。

44　大塚ほか編・前掲大コンメンタール刑法第3巻230頁〔佐久間〕。

3 実行行為と事実の錯誤論

そもそも、異なる構成要件間の錯誤では、Ａ罪の実行行為を開始したところ、その後にＢ罪にあたる事実が発生したにすぎず、実行行為を含むＢ罪の客観的要件は充足されていない。さもなければ、二つの実行行為が存在することになってしまう。また、実際には一個の行為があったにとどまるため、反対説の論者がＢ罪の客観的要件を充足したという場合、それはＡ罪の実行ではありえないことになる。そのため、かりに法定的符合が否定されたとき、当然、原則に戻ってＡ罪の故意未遂を認めることになろうが、当該犯人は、Ａ罪の故意を有したというだけで、Ａ罪の故意未遂罪に問われるのであろうか。すでに述べたように、事実の錯誤では、共犯の因果性を含む客観的要件の充足が前提となる以上、その中には、当然に客観的要素である実行行為も含まれている。ところが、反対説では、犯人が別罪の実行に着手したにもかかわらず、予想外の結果に向けられた実行行為に読み替えようとするため、すでに犯人が開始したＡ罪については、不能犯に転化するとでもいうのであろうか。

他方、遺失物等横領の故意で窃盗の事実を惹起したとき、当該犯人は、外形上も他人の占有物を取得しており、行為それ自体は窃盗罪のそれと重なり合っている。とはいえ、遺失物等横領罪の故意であった以上、これを窃盗罪の故意として読み替えることはできない。しかも、当初は遺失物等横領の意思で実行に及んだ以上、たとえ窃盗の結果を招来しても、そこでいう現実的危険は、当初予定した犯罪事実に向けられたものである。したがって、犯人の構成要件的故意と実行行為は遺失物等横領罪のそれであり、客観的には他人が占有する財物を窃取した場合にも、事実の錯誤論を用いない限り、本来は、遺失物等横領の未遂（不可罰）と過失窃盗（不可罰）にとどまるのである[46]。

---

45 同旨、浅田・前掲書323頁。これに対して、松宮・前掲立命館法学327＝328号868頁によれば、「罪刑法定の原則は解釈者が立法者の意思を無視して恣意的な解釈をすることを禁止するものであり、その反対に、解釈者が制定法の罰条の相互関係ないしその総体から読み取れる立法者の意思を生かす解釈をする場合には、この原則の要請には反しない」とされるが、実際には誰が立法者の要請を判断するのであろうか。かりに解釈者が（条文の字句から離れて）自由に立法者の意思を忖度するならば、法文に明記したことの意味がほとんど失われてしまうであろう。

46 まさしく、Ａ罪とＢ罪のいずれも完全に構成要件を充足しておらず、一部を充たすにすぎないからこそ、事実の錯誤論による法定的符合が論じられることになる。したがって、いずれか一方

4 共犯の錯誤と38条2項の法意

最後に、「修正された構成要件」としての共犯における錯誤では、そもそも共犯類型が間接的な法益侵害にあたるため、いわゆる不法共犯論（または惹起説）を前提とする限り、定型的な違法事実（不法）を超えて責任要素を含めた「符合（ないし従属性）」まで要求されることはない。もちろん、共犯の錯誤にあっても、共同の意思（共通の事実認識）にもとづく共同実行がなければ、共犯者相互の認識のズレを事実の錯誤論で処理することはできない。しかし、狭義の共犯である教唆・幇助については、他者を利用した点も含めて広く重なり合いを認める余地がある。確立した判例によれば、犯人の認識した事実と現に発生した事実が「犯罪類型（定型）として規定している範囲において一致（符合）することを以て足る」とされるため（前出最判昭和25・7・11）、共犯事例にあっては、間接的な法益侵害に向けた関与形態として合致していれば足るからである。

その意味で、各構成要件が補充関係や特別関係にある場合を除外すれば、（大きな修正解釈または小さな修正解釈であるかを問わず）、事実の錯誤論によって、共通の構成要件を想定した新たな犯罪類型が創設されるわけではない。むしろ、軽い罪の構成要件的故意と重い罪の構成要件的結果がある場合、未だ両構成要件は充足されておらず、これらをつなぐものが事実の錯誤論なのである[47]。共通の構成要件を問題にする見解も、それが法文にない犯罪類型を肯定する趣旨でなければ、同様な指向に根ざすものではなかろうか。したがって、重い罪の故意があれば、軽い罪の事実を惹起した場合にも、ただちに「重なり合い」を認めて軽い罪が成立するわけではない。むしろ、故意犯の原則に戻って重い罪の未遂処罰を認めるべきである。その際、38条2項が「軽い罪にあたるべき行為をしたのに、行為の時にその軽い罪に当たることとなる事実を知らなかった」場合を明文化しなかった点をどうみるかである。ここでは、加重構成要件にあたる意思で基本構成要件を実現したとき、当然に基本類型の故意既遂罪を認めるのか、それとも、すでに故意の実行行為が開始された以上、加重構成要件の故意未遂と過失による基本犯の競合とみるかは、まだ選択する余地が残されているのである[48]。これにつ

の構成要件が充足されたとみるのは、こうした前提を看過するものである。
47 なお、冒頭に述べた(a)の放火罪について、裁判所は「現住建造物放火の範囲内で非現住建造物放火の事実を認定することができる」としたが、単に「そうした事実と認識があった」というだけでは、故意の内容として、当初から軽い構成要件事実の認識が含まれたにとどまり、事実の錯誤論を用いたことにはならない。

いては、立法の沿革も含めて、さらなる検討を必要とするであろうが、すでに紙数も尽きたので、別の機会に論じることにしたい。

---

48 なお、現行法38条では、新律綱領が「其罪本軽カルヘキ者ハ本法ニ従フコトヲユルス」と明記したのと異なり（松井直誠編集・改正増補新律綱領改定律例合巻〔明10〕参照）、重い罪の故意で軽い罪を実現した場合の規定が削除されている。これをめぐって、政府委員からは「他の条文より解釈は十分に付く」ため、特に条文を設けなかった旨の説明があるものの、38条1項・2項の法意からは、犯人が認識した以上の罪責は問えないとしても、当時の答弁者であった平沼騏一郎講述・刑法總論137頁をみる限り、なお重い罪の故意未遂と軽い罪の過失犯を認める余地はあるといえよう。その詳細について、佐々木和夫「事実の錯誤規定の沿革的考察」経済と法23号（昭61）59頁以下、特に90頁参照。

自らに向けられた殺害行為が無辜の第三者に及んだ場合の犯罪関与者の責任
—— Gnango 事件を視座としたイギリス共犯責任論に関する一考察 ——

坂 本 学 史

一　はじめに
二　Gnango 事件
三　イギリスにおける共犯の処罰根拠
四　派生的責任と共犯のメンズ・レア
五　まとめにかえて

一　はじめに

　アングロ・アメリカン法域では、共犯 (accessory) は意図的に共犯行為したことで、無条件に主犯 (principal) の責任をすべて受け入れるとされてきた。しかし、なぜ共犯は他人（主犯）が引き起こしたことについて主犯と同じ責任を問われることになるのか。また、なぜ共犯は意図的に主犯の犯罪に寄与することが要求されるのか。本稿はこの2つの問につき、互いに発砲した状況で、自分に向けて発砲された銃弾が偶然にもそばにいた第三者に命中した事案で、第三者を殺害した一方の者に謀殺罪が成立することはもちろんであるが、もう一方の殺されかけた当事者にも、その第三者の殺害に対する共犯が成立するとしたイギリス最高裁判決を視座として検討を加えるものである。そこで早速、このイギリス最高裁判決 (Gnango 事件判決[1]) を見ていくことにしよう。

二　Gnango 事件

1　Gnango 事件の概要

　Gnango (G) と Bandana Man (BM) とが、公共の場で銃撃戦を行った。彼ら

1　R v Gnango [2012] 2 W.L.R 17

は見合った際に衝動的に銃撃戦を決意し、BM が初めに発砲し（第一発砲者）、G がそれに応射した（第二発砲者）。どちらの銃弾も互いには命中しなかったが、第一発砲者たる BM の拳銃から発砲された銃弾が、そばにいた無辜の V に命中し死亡した。第二発砲者たる G は BM に対する謀殺未遂罪のみならず、V に対する謀殺罪でも起訴された。検察は事実審で以下 2 つの論拠からその事件を説明した。すなわち（1）G と BM は共同して企てた闘争罪（affray）に取り組み、そして BM による V に対する謀殺はその企てから予見可能な出来事であったのであり、したがって G にも法的責任がある。（2）BM と銃撃戦を行った G は、自己（G）に向けられた殺意をもって BM が発砲するよう BM を助長した。BM の銃弾が G ではなく V に命中した場合、BM は転用された悪意（transferred malice）原則[2]によりその惹起した死につき責任があり、G はその共犯として責任がある。そのロジックは被殺者が G であったならば、G は自己に対する謀殺罪の共犯となるということが認められる必要があった。

　事実審裁判所では、法の問題として論拠（2）を否定した上で陪審員らに論拠（1）を示し、陪審員らは論拠（1）に基づき G に有罪宣告をした。G は控訴し、控訴審裁判所は謀殺罪の有罪宣告の根拠として論拠（1）を否定した。そこで検察は最高裁に上告し、そこでは再び論拠（2）を示した。

2　イギリス最高裁

　イギリス最高裁は控訴審裁判所の立場を支持したが、6 対 1 の多数決により論拠（2）の共犯行為に基づく G の有罪宣告を復活させ、いわゆる狭義の共犯（もしくは共同正犯かのいずれかの方法）[3]により G を謀殺罪で有罪宣告するとした。

　ここで問題となるのは、イギリス最高裁がなぜ共犯責任理論を復活させてまでも被告人の責任を認めようとしたのかという点である。もっとも、その答えは単純なものであった。すなわち、G に V 殺害に対する謀殺罪の責任を直接的に問うためには、共犯責任理論が最適だったからである。イギリス最高裁によれば「BM が G を殺害しようと試みる。そしてその銃撃戦に同意することで、G はこ

---

[2] J.C. Smith & B. Hogan, CRIMINAL LAW pp150-153 (14th ed. By David Ormerod and Karl Laird 2015)：これはたとえば、ある人を殺害することを意図しながら、その代わりに別の人を偶然に殺害した被告人にその責任を問うための原則である。(See, Latimer [1886] 17 Q.B.D. 359.)

[3] 本稿では狭義の共犯をその射程とするため、共同正犯（joint enterprise）についての議論は除くことにする。

の謀殺未遂においてBMを援助する。そしてBMが偶然にも、GではなくVを殺害する。転用された悪意原則により、BMは謀殺罪で有罪となる。転用された悪意原則は、BMの謀殺未遂の共犯たるGにも同じように適用される。したがって、Gも謀殺罪で有罪となる」とした。もっとも、この論理にはGに謀殺罪での責任を問いがたくするバリアが存在する。すなわち、被害者たるGは自己の謀殺未遂を援助しえないとの被害者ルール（victim rule）の存在である[4]。

　もちろん共犯責任理論を使ったとしても、すぐにこのバリアを乗り越えることができるわけではないが、共犯責任理論を根拠とする道筋に存在する以下の3つの問題をクリアーしてくことで、持って行きたい結論に辿り着くことになる。まずはじめの問題は、たとえ当該犯罪が、（被害者がその一員である）特定の身分を保護することを対象としていなかったとしても、被害者ルールは、Gが被害者であるためにその犯罪を援助したことでのGの有罪宣告を妨げるのか。そうであるならば、次の問題として、現実の被害者は無辜の第三者であったが、被害者ルールは、Gが元々意図されていた被害者であったために、その犯罪を援助したことによるGの有罪宣告を妨げるのか。そして最後の問題として、被害者ルールがVの謀殺を援助したことでのGの有罪宣告を妨げなかったならば、その論拠はその有罪にとって適切な理由となるのかである[5]。

　まずはじめの問題についてであるが、そもそも被害者ルールの発端は1894年のTyrrell事件判決[6]にある。1885年修正刑法第5条[7]では、13～16才の少女と性交する者を犯罪とした。そこで、その年代に含まれる少女が自分自身に対する男性による犯罪の遂行を援助したことで有罪宣告されたが、最高裁は、1885年修正刑法は少女の保護を目的とし、同意の年齢は16才となったが、保護の対象となった少女が自己に対してなされた犯罪を援助したことで処罰されるということを当該法が意図していたとは言いえないとして、その有罪宣告を破棄した。そこから次のような一般原則が導かれることになる。すなわち、当該法がとある身分者の保護のためにあると裁判所が理解しているとすれば、その身分者が当該犯罪に協働している場合、そのような者らにつき実行された犯罪の共犯として有罪宣告され

4　Gnango, above fn.1, 32.
5　Ibid.
6　R v Tyrrell [1894] 1 Q.B. 710.
7　なお現在は、1956年性犯罪法（the Sexual Offences act 1956）第5条および6条に修正されている。

るべきではないし、共謀者としても有罪宣告されるべきではないのである。したがって、この被害者は犯罪により侵害されることになるあらゆる人を含むわけではないし、また本件は共謀の事例でもなければ、独立幇助の事例でもないことから、Gが自らに対するBMの殺害または傷害未遂を援助したということを根拠にGの有罪宣告を排除する制定法上の被害者ルールはないということになる[8]。

また次の問題につき、コモンローで、自殺関与と同様に自殺未遂を犯罪としていたことからすれば、コモンローにもそのような被害者ルールがなかったということになる。したがって、自殺に成功した者は訴追されえないが、自殺を試みる際に無関係の第三者を殺害したら、転用された悪意原則によりその第三者に対する謀殺を行ったということになるのである。そうであるとすれば、本裁判所は被害者たるGを有罪宣告から守るためにコモンローを拡張する必要もないし、(Gが当事者である) 犯罪で意図された被害者がG自身であったとしても、現実の被害者が無関係の第三者であれば、被害者ルールの適用が問題となることもないのである[9]。

そして最後の問題については、Gが自分に向けて発砲するようBMを援助、助言または斡旋したとすれば、Gは自身に対する謀殺未遂を援助したことで有罪となる。BMによって殺害されたならば、Gは自分自身に対する謀殺の当事者となる。もちろん、BMが自分に命中させることに成功するとは意図していなかったけれども、謀殺未遂の共犯は、Gをその試みが思い通りとなった当事者にする。BMは偶然にもVを射殺したのであるから、転用された悪意原則によれば、BMはVに対する謀殺につき責任がある。したがってGがBMの試みを援助したならば、同じ原則により、Gは結果として生じた謀殺の当事者となるのである[10]。

8　Gnango, above fn.1, 33：制定法上に被害者ルールを規定するものとして、コンスピラシーに関する1977年刑法第2条1項（Section2(Ⅰ)of the Criminal Law Act 1977）と独立幇助罪に関する2007年重大犯罪法第51条（Section51 of the Serious Crime Act 2007）があるが、本件はいずれにも該当しないことは明らかである。なお、2007年重大犯罪法の詳細とその問題点について指摘するものとして、木村光江「イギリスにおける共犯処罰と二〇〇七年重大犯罪法」法學新報121巻（2015年）239頁以下がある。
9　Ibid. 34.
10　Ibid.

三　イギリスにおける共犯の処罰根拠

1　イギリスにおける共犯の構造

そこでこの Gnango 事件判決を分析するまえに、まずイギリスにおける共犯法の構造ならびに共犯理論を概観することからはじめる。

古典的なコモンローにおける共犯法では「従は主に従う」との法格言のもと、主犯が死刑判決を受ければ、たとえ軽微な共犯行為を行ったにすぎない従犯であったとしても主犯の責任を全面的に引き受け、従犯は主犯と同じ死刑判決を科されていたが[11]、18世紀以降の近代コモンローでは、個人責任との調和を図るために全犯罪関与者を4類型（第一級主犯、第二級主犯、事前従犯、事後従犯）に分類し、各犯罪関与者に妥当な責任を問うことになった[12]。

この内、今日で言うところの第二次的な関与に関わる類型は、第二級主犯と事前従犯であり、これは関与形態の違いではなく、犯行現場に存在（または擬制的に存在）[13]するかどうかという基準によって区別されることになる。その意味ではこの2つの関与形態に実質的な違いはないけれども、コモンローには、従犯が審理される以前に主犯があらかじめ（もしくは、少なくとも同時に）有罪宣告される必要があるとの従犯にしか適用されない刑事手続上のルールがあった。これは、主犯が特定され逮捕されない限りあるいは主犯が逃走または死亡していたとすれば、従犯は審理されないことを意味する。したがって、いかに従犯に対する非難があったとしても、主犯が無罪となるあるいは主犯の有罪性の証明が不十分であれば、このルールが適用され従犯が処罰を免れることになるのである。実際、第二級主犯には適用されないこのルールにより、実質的には同じ関与形態である従犯のみが処罰を免れる例が多くなり、その不均衡さが顕著となってきた。

そこでイギリスでは、1976年刑法により重罪と軽罪との区別を廃止し、また同法により1861年共犯法（the Accessories and Abettors Act 1861）8条の「軽罪」という文言を「起訴されうる犯罪（any indictable offence）」に修正した。これによ

---

[11] J. Stephen, 2 HISTORY OF THE CRIMINAL LAW OF ENGLAND 231（1883）
[12] これはあくまでも重罪についての扱いである。軽罪についてはどんな関与形態であろうともすべて主犯として扱われてきた。
[13] Coney（[1882] 8Q.B.D. 534.）

り、上記4つの犯罪形態はなくなり、すべての関与者を一律、主犯として扱うこととなったのである[14]。

ところで1861年共犯法8条は、「犯罪の実行を援助（aid, abet）[15]、助言（counsel）、誘致（procure）する者は、起訴されうるその犯罪が、コモンロー上の犯罪であると立法されたあるいは今後立法される制定法上の犯罪であるかを問わず、審理され、起訴され、主犯者として処罰される」とする。もっとも、特に19世紀以降、Stephenは重罪のすべての当事者に死刑を適用すべきではないとして、共犯は死刑に値しないと考えていたし[16]、Blackstoneもまた、主犯と共犯が同じ処罰を受けることになるならば、なぜ区別が必要であるのかとの問題提起をすることで、主犯と共犯の区別につき功利的な説明が必要であるとした[17]。そこで、共犯の処罰根拠が問題となってくる。

2 共犯に対する非難の根拠

では、なぜ共犯は主犯の責任をすべて受け入れることになるのか。この問に対し、イギリス刑事共犯法は通常、民事法の根拠をもって答える[18]。それによれば、合意（consent）により、本人（刑法でいう共犯）は、代理人（刑法でいう主犯）の行為によって拘束され、その代理人の行為につき責任を負うとの民事法に依拠し、刑法においても共犯は、主犯の行為に権限を与えることで、自己の行為として他者の行為を受け入れるとする。ここでは、代理人の権限あるいは第三者の権利を決定するのは、本人の内心状態ではなく、むしろ合意についての本人による

---

14 Smith & Hogan, above fn.2, 206：ただ区別自体は重要ではなくなっても、この4種類の関与形態のいずれかに該当することが認められて初めて犯罪の関与者と見做され、結局訴訟法的には正犯と同等に処罰されることになる。その意味で、この4つの関与形態のいずれかに該当するか否かは、依然として重要な異議を有するのである。（木村光江「イギリスにおける共犯の従属性に関する一考察」都法35巻2号75頁）

15 Ibid. pp 215-217.：この「abet」はわが国においては通常「教唆」と訳されている。もっとも、この「abet」はイギリスでは第二級主犯（現場共犯）を指し示す意味で用いられてきた。そしてこの現場共犯は、主犯と共通目的を持つことで、主犯の犯罪を実現するために割り当てられた役割を演じる者として、教唆のみならず、幇助や共同主犯さらには共謀までも意味することになる。それと同時にaccessoriesは事前従犯を意味していたことや現在では現場共犯と事前従犯との区別がなくなったことを踏まえて、本稿では「abet」を「(現場)援助」の意味で用いることにする。(See, Glanville Williams, *Complicity, Purpose and the Draft Code*-1 [1990] CRIM. L. REV, pp.4-7.)

16 J. Stephen, above fn.11, 231-232.

17 William Blackstone, 4 COMMENTARIES ON THE LAWS OF ENGLAND 38(1765)

18 K.J.M. Smith, A MODERN TREATISE ON THE LAW OF CRIMINAL COMPLICITY 74(1991)

明示である。したがって、他者の行為により拘束される合意の明示が、他者の行為につき責任があるとする要件となり、他者の犯行を進展させる意図的な行為によって共犯は主犯と自発的に一体となる。つまり、他者の行為を進展させる意図は、民事法で責任に対する合意の明示と等しいものとなるのである[19]。

では、たとえば主犯がメンズ・レアの欠落（または抗弁）の故に責任を問われない場合、共犯もその責任を免れることになるのであろうか[20]。この点につき、いわゆる伝統的な、従犯の責任は主犯の責任から派生するとする派生性理論（deriratire liability）によると、主犯の犯罪が生じなかったのであれば、その犯罪の共犯行為をしたとは言われえないし、そもそも共犯責任が派生しうる犯罪が何ら存在しない以上、共犯が責任を問われることはありえないはずである。しかしながら、イギリスの裁判所はこのような場合にも、共犯には主犯が有罪であると認定された場合と同等の非難がある場合があると考えてきた。たとえば、Cogan 事件[21]では、Leak が自分の妻が同意していたと述べたことを Cogan は信じて Leak の妻と性交した。しかし実際にはその同意はなくまた Leak も自分の妻が同意していなかったと認識していた。裁判所は、強姦罪に対する Cogan の有罪を破棄したが、強姦を援助したことに対する Leak の有罪を肯定した[22]。これは派生性理論の緩和を意味することになる[23]。つまり、ここで言う主犯の犯罪とはアクタス・レウスがあればそれで十分となるのである。

もっともこのような緩和にも限界がある[24]。たとえば共犯責任の要件は、共犯

19　これは、コモンローでいう第二級主犯（現場共犯）の成立要件として、特定の結果実現につき第一級主犯との間に共通目的（common purpose）というメンズ・レア（主観的要件）が必要とされていたことからも裏付けられることになろう。(See, Sir William Oldnall Russell, A TREATISE ON CRIMES AND MISDEMEANORS 27 (vol 1. 1850))

20　Andrew Ashworth & Jeremy Horder, PRINCIPLES OF CRIMINAL LAW 445 (7th ed. 2014)

21　[1976] 1 Q.B. 217.：Bourne 事件判決（[1952] 36 Cr. App R. 125.）において、D は自分の妻を犬と性交するよう脅迫・強制し、獣姦を幇助したことでの彼の有罪宣告は、彼の妻には主犯として訴追された場合に強制抗弁があったとの事実にもかかわらず、肯定された。

22　Ashworth & Horder , above fn.20, pp 445-446.：また14歳と11歳の二人の少女が、他の少女（14歳）に服を脱ぎ、「ある少年」と性交するよう脅迫・強要した DDP v. K and B 事件（[1997] 1 Cr App R 36）で、その少年は誰か分からなかったし年齢も分からなかったが、裁判所は、少年が主犯として有罪宣告されえなかったならば、その二人の少女は強姦を助長したことにつき有罪宣告されえないのかとの問題につき、有罪宣告しうるとした。

23　Ibid. 446：十河太朗『身分犯の共犯』（2009）148-149頁。

24　Ibid.：たとえば「バスの車掌が、後ろが見えない運転手に対し安全であると不注意に指示したために、何人かがバスに轢かれた」との事件で裁判所は、車掌に対する信頼が過失とされなかったことから運転手を無罪とし、それ故に従犯として車掌も有罪とされえないとした。(Thornton

に（主犯のメンズ・レアを含む）犯罪要素の認識を要求するために、主犯には有罪に必要な犯罪要素がないと共犯が認識していれば[25]、共犯責任を問いえない。このような場合、派生性をアクタス・レウスにまで緩和することで共犯責任を問うことが可能となるかもしれないが、アクタス・レウスもなかった場合にはもはや責任が派生する根拠がなくなることになる。

そこで考えられたのが、無辜の代理（innocent agency）理論である[26]。たとえば、大人が子供に犯罪を遂行するように強制または命令する場合、無辜の代理理論によれば、その子供は無辜と見なされ、まさにその大人が無辜の代理人（子供）を通じて犯罪を遂行するということになる。しかし原則、大人は自発的に行為する自律した行為者であるから、大人が介在する場合には無辜の代理理論は機能しえないことになるが、大人が介在したとしても精神的に混乱している場合や強制によって行為している場合にはその例外となると言えよう[27]。端的に言えば、無辜の代理人は答責性のない者である。したがって無辜の代理人の動作は、真に答責性のある主たる犯罪関与者によって統制された機械となる[28]。換言すれば、第一級主犯不在の犯罪に対する第二級主犯はありえないけれども、うわべの第二級主犯自身はより綿密な精査に基づき第一級主犯となりうるのである[29]。したがって、妻は同意していると信じるように Leak が Cogan を誘引することで、自分（Leak）の妻と性交するよう Cogan を説得すれば、錯誤により Cogan は無辜の代理人として犯罪から離脱し、Leak がその強姦につきまさに主犯とし

---

v. Mitchell ［1940］1 All E. R. 339.)
25 Ibid.：つまり Leak は、Cogan が自分のうそに基づき行為していたと認識していた。
26 Glanville Williams, CRIMINAL LAW, THE GENERAL PART §120. (2d ed. 1961)
27 Ashworth & Horder, above fn.20, 446：たとえば、D が V の看護者に実際には毒が入っているビンを処方薬であると伝えて渡す場合、その看護者がそのビンの中身を V に施し、V が死亡したとすれば、D には主犯として責任があるとすることは妥当である。「その看護者は精神的に混乱しているまたは脅迫によって抑圧されているとの意味で刑事責任能力を欠いてはいなかったけれども、その行為につき責任を排除することになる錯誤によって行為していたのであるから、看護者は無辜の代行者として見なされる」。
28 この点はドイツにおける行為支配論と親和的である。(See, K.J.M. Smith, above fn.18, 75.)
29 Williams, above fn.26, §120.：Tyler 事件（［1838］172 E.R. 643.）では、心神喪失状態であった C が当局に抵抗するとの共通目的を持つ武装した（D を含む）多くの者を一緒に集め、C は自分に反抗するどの警官をも殺すと宣言し実行した。Denman 判事 は「C は心神喪失者として処罰から免れるけれども、D は第一級主犯として有罪宣告されうる」とした。C は首謀者であり命令を受けたというよりむしろ命令を与えたということは明らかである。にもかかわらず、有罪に値する認識を持って現場に存在し援助する D は無辜の代理人 C を通じて当該犯罪を遂行すると見なされうるのである。

て責任があるとすることに積極的な根拠を与えることになるのである[30]。

もっとも、ここまでの議論からすると、共犯が主犯の責任をすべて引き受けるとのアングロ・アメリカンにおける共犯責任論の暗黙の前提は疑わしいものとなってくる。より言えば、たしかに主犯の存在は共犯責任にとって必要ではあるかもしれないが、共犯責任の核心は、主犯を通じてまさに共犯者自身が結果を引き起こしたことにありそうである。たとえば、先述したように、刑事共犯法は民事法を基礎に説明されうるかもしれないが、そこには埋めることのできない相違が存在する。代理人の行為に合意する本人あるいは本人の代理人になることに合意する代理者という意味において、合意はまさに代理法の中心にあるけれども、刑事共犯法にとって合意は本質的なものではない。

すなわち、民事代理人の責任は、代理人へ権限を付与するとの本人の発端となった権限付与行為から派生するが、刑事共犯法においては代理人（主犯）から本人（共犯）へ派生する。また民事法においては、責任の主たる焦点は現実の行為者ではなく、関与していない当事者にあるが、刑法においては、それは無辜の代理理論を使う場合であって、例外である。つまり刑法における主役は主犯であって、共犯は文字通りそのアクセサリー（脇役）にすぎないのである。さらに無辜の代理理論は、当事者間につながりがあった場合だけでなく、なかった場合であっても機能することからすれば、それは民事法における合意を根拠として説明することに窮することになろう。たしかに合意あるいは権限が与えられた行為は共犯法の根拠を形成することになるかもしれないが、従犯は主犯の合意なしに影響を及ぼしうるのである[31]。

またイギリスでは遥か昔より、犯行現場には居ないが有罪の代理人を通じて重罪の遂行を助言、斡旋、命令する者はまさに事前従犯のように処罰可能であったし、この初期刑法を根拠に19世紀に至るまでの共犯コモンローを構築してき

---

30 Ashworth & Horder, above fn.20, pp.447-448.：ただし Ashworth は無辜の代理理論は言語上妥当しない、いわゆる身分犯の場合に用いられるべきではないとの批判があることを認める。たとえば車の運転手の飲み物にアルコールを混ぜる場合に、飲酒運転行為の行為者としてその者を記述することは不適切となる。この批判つき、Ashworth はそこでの矛盾は明らかであるが、法は言葉で示されるべきであり、いくつかの言葉上の公式は答責性における道徳上または社会上の区別と合致しない言語上の慣習をもって制限されるとする。つまり因果性は、アルコールの混入や同意のない性交の助長などの場合にも重要な要素となるのである。Ashworth はこの違いを主犯または従犯として烙印を押すことの妥当性にあるとする。

31 K.J.M. Smith, above fn.18, 74.

た³²。その一方で、民事不法行為責任を判断する際、そのような区別はまったくなかった。たとえ従者が死亡したとしても、従者の不法行為につき主人に対して当然に損害賠償を請求しうるのである。

このように2つの領域に跨がる本人と代理人という言葉は別々の考え方を反映する。つまり、他者に違法行為を実行するよう援助する者と実際に違法行為を実行する者とでは、民事法においては前者が主犯になり、刑法では後者が主犯となる。概念や用語におけるこの基本的な違いは2つの領域の考え方を分けることになる。換言すれば、一方の領域における進展は、たとえもう一方の進展に深く関わったとしても、その根幹には浸透しなかったと言えよう³³。たしかに、本人は代理人の責任をすべて引き受けるとの意味で理解されてきた「他者を通じてなす者は、自身を通じてなす者である」との法格言も、もともと刑事法においては、自分に代わって他者に特定の行為を実行するよう援助する者は、自分自身で当該行為を実行したものとして判断されることになるということを意味するにすぎなかったのである³⁴。したがって、この法格言は文字通り「主犯（他者）を通じてなす者（共犯）は、（共犯）自身を通じてなす者である」すなわち「共犯の側からみた犯罪の惹起」を意味することになろう。

四 派生的責任と共犯のメンズ・レア

1 共犯責任の派生性

もっとも、この「共犯からみた犯罪の惹起」が共犯責任のすべてというわけではない。たとえば、自由意志に基づく行為者は予測できない要因でもある。した

---

32 Francis Bowes Sayre, *Criminal Responsibility for the Acts of Another*, 43 Harv. L. Rev. 395 (1930)

33 Ibid.：たとえば1730年の Huggins 事件（2 Strange 882.）で監獄長官である Huggins は、収監者に対する謀殺罪で起訴された。副長官であり収監者の世話係であった Barnes がある収監者を不衛生な部屋に移し病気になって死ぬまで、火や必要な生活用品なしにそこに収容したことが証明された。Barnes は上司の命令または認識なしに行為した。裁判所は、Barnes は謀殺罪につき有罪であるが、Huggins は無罪であるとした。そこで Raymond 判事は「刑事事件において、民事事件のように主犯は代理人の行為につき有責でない。各々は自己の行為につき責任があるべきであり、自己の態様にすべてがかかっているべきである。代理人の行為による先行者への影響につき、先行者の命令があることが必要であるが、本事件では見出されなかった。Huggins が当該部屋に入れるよう指示したあるいは Huggins は被害者がいかに長くその部屋にいたか知っていたとは認められない」とした。

34 Ibid.

がって、主犯は好きなように共犯から与えられた影響に反応するがゆえに、共犯からの「影響がなければ」そうするとの選択肢を「選ばなかった」ということもありうる一方で、主犯は共犯からの「影響がなくても」、そうするとの選択肢を常に「選びうる」[35]。つまりそこには、共犯からの影響がなければ、主犯がその選択肢を選ばなかったとの「可能性」があるだけである。換言すれば、そこには因果性ではなく、共犯と主犯とに何らかの係わり合い（connection）がありさえすればそれで十分ということになろう。それゆえに、共犯責任は因果性以外の根拠からも説明される必要がある。これがまさに直接的に犯罪遂行にかかわることのない共犯者の責任、すなわち共犯の責任は、主犯の責任から派生するとする派生的責任論の役割である。

　これは、共犯責任が問題となるに先立ち、主犯による犯罪となりそうな行為がなければならないことを意味する。かくして、共犯責任とは、共犯と主犯とに係わり合いがあることだけを理由に、主犯の犯罪となりそうな行為について責任を問うものではなく、主犯が行ったことについてその共犯を非難することを妥当とする行為が必要となるのである。では、どのような行為が主犯と同じ非難を共犯にあたえることになるのかであるが、まさに共犯が主犯の犯罪遂行を「意図（intention）」的に援助するとの要件が、主犯の犯罪が要求するのと等しい非難をもって行動することを保障することになろう[36]。つまり、たとえ共犯が主犯の犯罪を間接的に惹起するとの意図をもって行為しなかったとしても、共犯が主犯の犯罪を意図的に援助するならば、主犯の犯罪へ参加・賛同する意思を表すことになり、それゆえ共犯は、主犯の犯罪につき、主犯と同等の非難を受けるに相応しいものとなるのである[37]。もっともここで言う意図とは、はたしてどんな意図を

35　もっとも、単独正犯の場合においても反事実的条件法を満たさなくても因果性が認められることがあることからすれば、反事実的条件法を満たさないからと言って、共犯が非因果的であるということにはならないであろう。See, Michael S. Moore, Causing, Aiding, and the Superfluity of Accomplice Liability, 156 U. PA. L. REV 395（2007）

36　K.J.M. Smith, above fn.18, 74.

37　逆に言えば「犯罪遂行を援助するつもり（intend to assist the commission of an offence）」だけでは共犯責任を負わせるには足りないということになる。たとえば、イギリスでお金を得て演奏することにつき異国のサックス奏者が入国管理法に違反することを援助したことで起訴されたWilcox事件（［1951］1 All E. R. 464.）でWilcoxがした唯一のことは、雑誌で取り上げる目的でチケットを買い、そのサックス奏者が演奏する会場に同伴したことであったが、裁判所はWilcoxの「存在とそこに行くための支払いは共犯責任に十分な助長であった」とした。それは、Wilcoxが支払い済みの観客の内の1人であり、おそらく支払い済みの観客という存在が演奏したサックス奏者のモチベーションに影響を与えていた。より言えば、少なくともその者が当該犯罪

意味するのであろうか。

2 共犯の二元的なメンズ・レア

ところでこの共犯の意図要件は、主犯に要求されるメンズ・レアと違いがあることも、アングロ・アメリカンにおける共犯責任論の特徴でもある。たとえば主犯が発砲し被害者を射殺した場合、主犯が被害者の死を意図していれば、謀殺罪で有罪となる。しかし共犯が、主犯にその拳銃を貸し主犯が発砲したとすれば、共犯は被害者に対する危害を意図し、主犯の犯罪計画を予測して援助を意図的に与えるということで十分となる。その一方で主犯の有罪にとって無謀で十分であったとしても、共犯の有罪にとっては十分でない[38]。というのも、その無謀は主犯の犯罪で要求されるにすぎないからである。これは、共犯の意図要件が主犯の犯罪のメンズ・レアと必ずしも重なるわけではないことを示すことになる。したがって、他者の行為へ援助することをその対象とする第一メンズ・レア（意図要件）と援助された基本犯罪（主犯の犯罪）の要素をその対象とする第二メンズ・レアが存在することになる。この意味で、共犯のメンズ・レアは二元的となるのである。

そこで、本稿で第一メンズ・レアと呼ぶ意図要件から見ていくことにしよう。そこで共犯法のターニングポイントとなった事件と評される[39]Gamble 事件[40]からはじめることにする。この事件では、石炭を販売するために主犯が石炭を満載したトラックで計量台へ向かい、そして計量台の操作者である被告人はそのトラックの荷台にある荷物（石炭）は過積載であると判断したが、主犯に通行券を手渡した。裁判所は、そのトラックは過積載でありかつ主犯がそのトラックを公道でまさに運転しようとしていると計量台の操作者が認識した限りで、主犯の犯罪の

の遂行に賛同するとの証拠があれば、コンサートを雑誌で取り上げるために「意図的」に犯罪の現場へ行くことでの共犯（現場従犯）として有罪となるのである。
38 この点につき Callow v. Tillstone 事件（(1900) 64 J.P. 823.）で、肉屋がその販売で安全ではない肉を陳列したとの厳格責任犯罪で有罪宣告された。陳列する前に、彼は獣医にその肉を検査するよう求めたが、その獣医は不注意に検査しその肉を誤って安全であるとした。肉屋は有罪宣告されたが、獣医の有罪宣告は破棄された。過失は厳格責任犯罪においてさえも共犯行為にとって不十分なのである。
39 G. Williams, TEXTBOOK OF CRIMINAL LAW (3d. ed. By Dennis J. Baker) 466 (2012)
40 [1959] 1 Q.B. 11.：Devlin 判事は、計量台の操作者が自分の仕事だけをしていたということやトラックの運転手がその後したことに個人的に関心がなかったということは無関係であるとした。

共犯として責任があるとした。そこでは、共犯には意図的あるいは自発的 (voluntary) なまたは知らされた (informed) 援助や助長だけが必要となるし、犯罪の遂行への共犯側の単なる無関心も有罪を防げることにはならない。より言えば、単に「そうなりそうだ」との状況ではなく、まさに「その」状況を「認識して援助する (knowingly assist)」ことが共犯に要求されることになるのである。

その一方で、Gillick 事件[41]裁判所は、自己の行為は、少女の彼氏が違法な性交を行うことを援助することになると認識して16才以下の少女に避妊具を提供する医者は、その医者の目的がその彼氏を援助することではなく、その少女を守ることにあったために、共犯にはならないとした。先例にしたがえば、たしかに避妊の助言や援助が意図（認識）を持って与えられた以上、違法な性交の助長で当該医者は有罪となるはずである。しかし、違法な性交に断固反対する医者が少女の利益（望まない妊娠などから少女を守る）を守る目的で助言や援助を与えたのならば、換言すれば、社会的あるいは医学的に適切な目的（動機）をもって行動した当該医者をその共犯にはしたくない。ではどうすべきか。ポイントは、動機 (motive) と意図を区別することにある。というのも、動機がなくても、または実際に援助したものと全く別のものをもたらす動機をもっても援助を与えうるからである。つまり、このような健全な動機が意図や責任をそれ自体で否定することにはならないのである。したがって、医者に共犯責任がなかったのは、意図（動機または目的）がなかったからではなく、避妊の助言が直接的に違法な性交を援助しなかったまたは、医者が違法な性交の状況を認識しているとは言えなかったからであろう[42]。したがって、このように動機と意図とは区別されるべきであるとすれば、第一メンズ・レア、すなわち共犯の意図要件で要求される意図とは、「認識して」という「副詞的」な意味での認識であることがわかる。

ところがここ最近のイギリスの判例の傾向は、「認識して」ではなく、「予見（可能性）して (foreseen)」のみを根拠にこの第一メンズ・レアを判断する傾向に

---

41 [1986] A.C. 112.：この先例として Fretwell 事件 ((1862) 169 E.R. 1346.) がある。そこでは被告人が堕胎をもたらす薬を妊婦に渡さなかったら、その妊婦が自殺をする恐れがあった。そこで被告人はそれに応じたが、その薬を飲むよう指示しなかったし被告人自身はその薬を与えなかった。妊婦はその薬を飲み死亡した。被告人は、妊婦の自己謀殺罪の事前従犯として有罪ではないと判断された。Erle 判事は「事件の事実は、被告人が妊婦は心を変え、薬に頼らないであろうと望み期待していたとの仮定に完全に一致する」とした。

42 See, Lord Scarman (Ibid.190.), Lord Bridge (Ibid. 194.): Cf. Woolf J. ([1984] QB581, 588.)

ある。Blakely and Sutton 事件[43]を見てみよう。本事件では、被告人がパブでT
と飲んでいたが、飲酒運転をして帰宅させるのではなく一緒に居させるために、
Tの炭酸水にウォッカを混ぜた。これを言うつもりであったが、Tはそれを飲
んだ後すぐにトイレに行き、予想外にもそのまま直接車に向かったため、そのこ
とを告げる機会を失った。そこで裁判所は、Tは飲酒運転で、被告人はそれを
誘致したことで有罪とした。つまり裁判所は、Tが血中のアルコール濃度が高
いまま運転するとの危険を認識しながら引き受ける、すなわち意識的に無視する
という意味で、被告人は「無謀に（recklessly）」援助することによって、主犯の
犯罪に参加したと判断したのである。

では、第二メンズ・レアについてはどうであろうか。リーディングケースであ
る Youden 事件裁判所[44]は、犯罪遂行に援助したことで有罪とするより先に、少
なくとも当該犯罪を構成する「本質的な問題（the essential matters）を認識」す
る必要はあるが、犯罪が実行されたと現実に認識する必要はないとした。つま
り、あらゆる事実を認識して他者に一定のことをするように援助し、そして犯罪
を構成することをすることになったら、その援助者は共犯として有罪となるとし
たのである[45]。したがってこれによれば、援助された基本犯罪の要素をその対象
とする第二メンズ・レアは（犯罪を構成する）本質的な問題の認識を意味すること
になる。そこで、この本質的な問題とは一体どの部分を指すのであろうか。
Bainbridge 事件[46]を見てみよう。

---

43 [1991] R.T.R. 405.
44 Johnson v. Youden [1950] 1 KB 544.：そこでは、施工者である主犯が家の販売において法律で
許された金額以上のお金を余分に受け取っていたことを知っていた1人と知らなかった2人、あ
わせて3人がその共犯として起訴された。Cf. Carter v. Richardson [1974] R.T.R. 314.：本事件で
被告人は、飲酒運転で事故を起こした仮免運転者たる主犯を監督していた。そこでその主犯に援
助したことでの有罪とされた。裁判所は、たとえその量がわからなかったとしても、主たる犯罪
者が飲酒していたと被告人が気付いていたならば、それで十分であるとした。これはまさに認識
要件に合致する。もっとも Widgery 判事は、主犯の血中アルコール濃度が高いとの蓋然性があっ
たとの程度で、被告人は主犯が飲酒していたと認識していたならばそれで足りるとした。した
がって、Widgery 判事に従えば無謀で足りそうということになるであろうし、さらに1993年法律
編纂委員会および一定の控訴審裁判所の判決も認識は不必要で、無謀で十分であるとした。1993
年法律編纂委員会によると「共犯責任の根拠として、主たる犯罪の遂行の単なる可能性に対する
認識を否定する事例はないし、少なくともその分析を支持すると思われる先例がある」とした。
この先例とされたのが Richardson 事件における Widgery 判事の立場である。
45 なお1972年法律編纂委員会の報告書においても、共犯のメンズ・レアは認識を包含する必要が
あるとしていた。(See, *Codification of the Criminal Law: General Principles. Parties, Complicity and Liability for the Acts of Another*, W. P. No.43(1972), 49.)

本事件において、被告人は銀行への侵入するために使用することを意図した主犯にその犯行の6週間前にバーナー切断機を販売した。もっとも犯行が行われるその特定の日時や場所を知らなかったが、主犯が被告人から購入したバーナーで銀行のドアや金庫をこじ開けた。裁判所は、バーナーを販売した被告人は、主犯が銀行強盗を行うとの認識はなかったけれども、建造物に侵入するための道具として使用するとの認識があったことから、建造物侵入の事前従犯として有罪となった。そこでは、共犯責任は主犯が実際に行われた類型（type）の犯罪を遂行するようと意図しているとの認識があれば、それで足りることになるとした。したがって、次にここでいう類型の範囲の限界が問題となる。換言すれば、この類型の限界を示すことによって本質的な問題の内実を明らかにすることになるのである。そこでこのBainbridge事件[47]の立場の限界を示すとされるMaxwell事件[48]を見ていこう。

この事件では、テロリストが標的としていた建物まで車で連れて行くよう丸め込まれた被告人が、当該テロリストを連れて行き立ち去った後にテロリストが爆弾をその建物に投げ込んだ。そこでイギリス最高裁は、被告人は主犯であるテロリストの襲撃方法について認識がなくても、被告人が起きる可能性がある犯罪の一つとして当該爆破行為を予期し、そして意図的に自己の援助を差し伸べた限りで、その爆破行為の共犯として有罪となるとした。つまり、イギリス最高裁は遂行された主犯の犯罪に対する共犯のもくろみ（contemplate）に責任の根拠がある

---

46 [1960] 1 QB 219.：なおこれ以前のものとして、Lomas事件（[1913] 78 J.P. 152.）やBullock事件（[1955] 1 WLR 1.）がある。被告人はその金梃子が住居侵入窃盗にとって必要であったと認識するが、特定の住居侵入窃盗については認識していなかったLomas事件で裁判所は、当該金梃子が終始主犯に帰属していたとし、したがって当該住居侵入窃盗が被告人による犯罪であると理解するには足りないとした。またBullock事件で裁判所は、住居侵入罪のような犯罪を遂行するために用いるであろうと認識して主犯に道具を渡す者は、たとえその事件の詳細（特定の犯罪）につき認識していなかったとしても、当該犯罪の当事者となるとした。もっともこれに続いてDevlin判事は、被告人は単純に自分が何らかの物を貸す場合に、それが一般的な犯罪目的に使われるかもしれないと疑っているだけだとすれば、それは被告人を事前従犯とするには足りないとした。したがって、Devlinに従えば、認識があるとするためには、それ相当の疑念なしに主犯が住居侵入窃盗に用いると「正確に」想定する必要があると言えよう。

47 Ibid.

48 [1978] 3 All E.R. 1140.：またBryce事件（[2004] 2 Cr App R 35.）では主犯の犯罪が将来に生じる場合に共犯に認識を要求するかが問題となったが、裁判所は、将来のことにつき正確に言いえないというよりもむしろ将来の出来事につき認識しえないとした上で、当該殺害の犯行現場としていた場所の近くまで主犯をバイクで乗せていったことで、被告人が主犯を援助する際に、主犯がこれから犯罪に取り掛かるであろうとの現実の可能性を確知すれば、それで足りるとした。

としたのである。したがって、共犯のもくろみは実行された現実の犯罪を認識する必要はなく、主犯の犯罪は共犯によって予見可能なありうる犯罪（possible offences）の範囲内にあるものであればそれで足りるのである。

これは、第一メンズ・レアにおける状況と同様に、第二メンズ・レアにおいても認識から無謀へとその基準を誘うことになる。現に、被告人が謀殺の計画中に援助したRook事件裁判所[49]は、共犯者が現実のまたは実質的な危険として犯罪を予見することで十分であると結論づけるために、共同計画に依拠した。そこでは（共同計画に適用可能な）同じ理由付けがなぜ、犯罪遂行前に援助や助長を与える共犯事例に適用されないのか分からないとして、共犯が現実のまたは重大な危険として犯罪を意図または予見すれば、それで足りるとしたのである。また、2人の男の頭に銃弾を撃ち込み外へ運び出した主犯が、仲間の被告人に、その内の1人が生きているため被告人のナイフを貸してくれないかと言いながら戻り、主犯が仕事を完遂するために被告人のナイフを使用し殺害したReardon事件[50]においても、裁判所は、少なくともほぼ確実なありうる主犯の犯罪への共犯の予期で足りるとしたのである。

五　まとめにかえて

そこでここからは、Gnango事件におけるイギリス最高裁の立場につきこれまでの議論を振り返りつつ、1）共犯における因果性の役割および2）共犯の二元的なメンズ・レアから検討をくわえることにする。

まず共犯の因果性につき、ポイントは先述したように「共犯側からみた犯罪の惹起」にある。たしかに因果の出発点として、自分で手を汚さなければ、悪事が生まれることは決してないし、したがってその過去において自分の手を汚さない共犯は、悪事を生むことは決してないはずである。しかしながら、主犯と同じように、共犯自身で悪事をもたらすのであり、そこには主犯と共犯の違いは存在しないのである。より言えば、主犯と共犯との本質的な違いは、共犯が主犯を通じ

49　[1993] 1 W.L.R 1005.：Bryce事件（Cited above fn. 45）で、裁判所は、責任を立証するために、第二次的当事者は犯罪が援助を与えた者により遂行されるであろうとの「現実のまたは実質的な」危険を予見するということが要求されるとしてRook事件に従った。
50　[1999] Crim. L. R. 392.

て悪事をもたらすことにあるのである[51]。では本事件の共犯であるGnangoは、主犯を通じて謀殺を生むことができたのであろうか。たしかに通常、謀殺のアクタス・レウス（客観的要件）は「他者の死を不法に惹起すること」[52]とされており、これによれば、自己の死を不法に惹起するGnangoは、謀殺を実現できないことになる。

　しかしながら、自己謀殺いわゆる自殺は、イギリスにおいて1961年まで謀殺の一種として重罪とされていた。つまり、自殺は個人の自由処分に委ねられていない生命を侵害する大罪であったのである。しかし、社会構造の複雑化および価値観の多様化にともない1950年代より宗教あるいは道徳と法との分離が叫ばれるようになり、1961年自殺法（Suicide Act 1961）により自殺（および自殺未遂）は犯罪ではなくなった。そこでは、多くの場合、同情的な理由をもって自らの命を絶とうとして失敗して生き残った者に刑罰という過酷な制裁を加えることは残虐ではないか、むしろ保護を必要としているのではないか、そして命を捨てる決心をした者に対して、果たして刑罰が抑止力を持つのかという点の反省をもとに、自殺が非犯罪化されたのである[53]。それゆえに、たしかに自己謀殺は現在犯罪ではないけれども、なお社会において非難されるべき「良くない行為」と位置づけることはなお可能であると思われる。したがって、Gnangoは主犯を通じて、世の中において良くないとされている行為（自己謀殺行為）を惹起したということになろう。換言すれば、共犯自身は、主犯に自己謀殺行為をするように援助したことで非難されることになるのである。

　もっとも、この共犯に対する非難は主犯が存在することがその前提となる。そしてこのいわゆる共犯の派生的な性質は、二元的なメンズ・レアによって担保されることになる。そこで本事件で問題となるのは、本稿で第一メンズ・レアと名付けた共犯の意図要件である。Gnangoはたしかに、主犯を通じて良くないことを援助したかもしれないが、果たして本当にGnangoが自分に向けて発砲する主

51　John Gardner, OFFENCES AND DEFENCES 76 (2007)
52　Smith & Hogan, above fn.2, pp557-566.：これは1957年生命侵害法（Homicide Act 1975）とも一致する。
53　谷直之「自殺関与罪に関する一考察」同志社法学44巻6号（1993）128-135頁：なお、1961年自殺法（Suicide Act 1961）によれば自殺への関与は独立した犯罪となっており、それが独立正犯規定なのか共犯規定なのか議論があるけれども、いずれにせよ共犯から見ればそれは「他殺への関与」ということになり、したがって因果性を根拠とすれば、自殺の不可罰性がその共犯には及ばないのは当然であると思われる。

犯を「意図して（認識して）」援助したと言えるのであろうか。この問に対する答えはノーである。つまりGnangoは当然、敵である主犯が発砲した弾丸が自分に命中することを望んでいなかったのであるから、「意図せずに（認識せずに）」援助したということになろう。しかしながら、本事件は、衝動的な闘争の場面における互いに向けた発砲事件が引き金となったものである。したがって互いは、自分に敵である相手の銃弾が命中することは否定しつつも、闘争場面という状況から自分に命中する実質的な危険があることは分かってはいるが、自分には命中しないとしてそれを無視しつつ、発砲していたことになろう。つまり、Gnangoの主犯に向けた意図的な発砲行為が、主犯による自己に向けた発砲行為を「無謀に」援助したということになるのである。これは「意図して」を「認識して」ではなく、「無謀に」のみを根拠にこの第一メンズ・レアを判断する傾向にある最近のイギリスの判例と一致すると言えよう。ではこのような傾向は果たして擁護可能なものといえるであろうか。無謀による援助（共犯）の成否が問題となる。

ところで、意図要件が共犯に必要とされたのは、先述したように、この共犯の意図を主犯の犯罪への参加の意思表明と同等に捉えることによって、主犯と同じ非難を受ける根拠となるからである。この共犯の意図と犯罪への参加意思を同等に捉えるとする根拠は、コモンローにおける第二級主犯に要求されるメンズ・レアにある。そこでは、第二級主犯に特定の結果実現につき第一級主犯との間に「共通目的（common purpose）」が要求されていた。より言えば、たしかに第二級主犯はいわゆる現場共犯として主犯を援助する者ではあるけれども、この主犯の犯罪への共通の犯罪目的を持つ者として（主犯の犯罪における）役割が与えられた（第二級）主犯となったのである[54]。その意味では、主犯の犯罪への参加意思の表明を意味する共犯の意図要件と共通目的要件とは重なることになるのである。

しかしながら、この共通目的には例外もあった。すなわち、この共通目的をともなうことで一旦、第二級主犯として主犯の犯罪への参加が認められたら、主犯の犯罪のみならず、その共通目的の過程で一緒に行為すれば、その内の誰かがその意図を促進するためになされたすべての行為は全員でなされた行為となるのである[55]として、第二級主犯は、主犯の犯罪からの付随的な結果についても責任を負うことになったのである。すなわち、そこでの参加意思は、参加を表明した犯

---

54 Russell, above fn.19, 27（vol.1. 1850）
55 Macklin（1838）168 E.R. 1136.

罪だけでなく、そこから「予見できる」犯罪までをも含めることになるのである[56]。

さらに、これは最近の判例において第二メンズ・レアを認識から無謀へと緩和する傾向とも合致することにもなる。当初、刑法委員会報告（Criminal Law Commissoner's Report）による1843年および1846年刑法草案では、事前従犯は「蓋然的な結果」についても責任を負うとしていた。そこでは、第二級主犯ではなく、事前従犯のみに適用するために、共通目的を客観化した蓋然的な結果ルールを作ったのである。もっとも、（蓋然的な結果に類似する）重罪 – 謀殺ルールが1957年生命侵害法により排除されたことで、この蓋然的な結果ルールは異質なものとなった。しかしながら、この客観的な蓋然的な結果ルールと主観的な共通目的が一体のものとなるのであれば、事前従犯のみに適用されるとされてきた蓋然的な結果ルールは、第二級主犯にも同じように適用することができることになり、これは第二級主犯と事前従犯との区別を排除した1861年共犯法とも一致することになろう。したがって、援助された基本犯罪（主犯の犯罪）の要素をその対象とする第二メンズ・レアは、起こりうる犯罪への「予見」で足りることになるのである[57]。

もちろん、この共犯のメンズ・レアの認識から無謀への緩和には大きなリスクが伴っている。たとえば、G. Williams は、他人に車を貸す人が、借りた人がたとえば飲酒運転にその車を利用する可能性を予見していたならば、その飲酒運転の関与者になるとすることや、タクシーの運転手がその乗客が銀行強盗のために移動中であるかもしれないと怪しんだという理由だけで銀行強盗になりうること、さらにバーテンが、その客が酔った（血中アルコール濃度が高い）状態で車を運転して帰宅する可能性を予見していれば飲酒運転の共犯になることは、いずれも受け入れがたいとした[58]。しかしながら、車を貸す人やタクシーの運転手あるいはバーテンといった中立的な行為者が、そうするであろうとの「実質的な危険

---

56 なお Hyde 事件（1 Q.B. 134（1991））で、裁判所は、（同意はしていないが）A が殺害もしくは意図的に重大な場外を加えるかもしれないと B が認識しているけれども、なおその企図に A と参加し続ける場合、A が要求された悪意をもって殺害すれば、それは B が謀殺罪で有罪とされるのに足りるとして、「危険の予見」だけで十分であるとして、先例に反し、共通目的という名の同意や権限付与は必要ではないとした。
57 K.J.M. Smith, above fn.18, pp210-214.
58 Glanville Williams, *Complicity, Purpose and the Draft Code-2* [1991] Crim. L. Rev. 101.

を意識」していれば、(単独主犯が) 直接的に害悪を無謀に惹起する場合と変わらないであろうし、またこれらのような日常の経済活動を危うくすることにはならないと思われる。犯罪は「チョコレートの箱、開けるまで分からない」のではなく、これまで経験してきたあらゆる出来事の結びつきの連なりから「(たとえ開けなくても) チョコレートの箱の中には、チョコレートが入っているだろう」と予測することはそれほど難しいことではない。人は「習慣的」にそんなに予測が不可能なわけではないのである[59]。

　したがって、例外ルールとして共通目的や蓋然的な結果ルールを適用することである意味、無制限に広げることが可能な共犯責任の処罰範囲を、共犯のメンズ・レアを無謀に緩和することで、換言すれば、無謀による共犯を認めることでその処罰範囲を共犯論という原則論の中に閉じ込めることはなお擁護可能な手法であるように思われるし[60]、また共犯の処罰根拠論と従属性との関係性を含め、このような構想はわが国における議論においても参考になると思われる。

59　Sanford H. Kadish, *Reckless Complicity*, 87 J. CRIM. L. & CRIMINOLOGY 369 (1997) at 387.：たしかに確率的な必然性から規範的な役割を割り振り、それに当てはめることはできると思われるが、その割り振られた役割を演じるかどうかは、結局その関与者の内心にかかっているはずである。本人が規範的な役割分担に縛られることになるかどうかは、その内心における決定いかんによることになるのではなかろうか。

60　なおイギリスにおいてこの例外ルールとしての共通目的ルールの存在それ自体を擁護するものとして、John C. Smith, *Case and Comment* [1991] CRIM. L. REV 763.

科刑上一罪の処断刑としての
「その最も重い刑」(刑法54条1項)の意義について

本　田　　　稔

一　序論——問題の所在
二　一般的判断方法としての重点的対照主義
三　重点的対照主義の補正的運用
四　結論——残された課題

一　はじめに——問題の所在

　刑法54条1項は、観念的競合および牽連犯の処断方法について、「その最も重い刑により処断する」と定めている。これら科刑上一罪と呼ばれる犯罪群は、法的評価としては、数個の罪が成立していると認められるが、自然的・社会的事実としては、1回の意思決定に基づく1個の行為によって構成され、または数個の行為からなる一体的な行為によって成り立っているため、1回の処罰で処理される。数個の罪に定められた個々の刑は必ずしも同一ではなく、刑種と刑量に差があるため、いずれが「その最も重い刑」であるのかが問題となるが、その意義は必ずしも明らかではない[1]。

　「その最も重い刑」は、一般的には、各罪の罰条に定められている法定刑を比較して、刑法10条に定められた刑の軽重の基準に基づいて判定される。例えば、死体の所在する人家に火を放って、死体とともに建造物を焼損した死体損壊罪と現住建造物等放火罪の観念的競合の場合、死体損壊罪の法定刑は3年以下の懲役であり、放火罪のそれは死刑または無期もしくは5年以上の懲役であり、これらの罪の刑を比較すると、現住建造物等放火罪の法定刑の方が重いので、それが処

---

[1] 科刑上一罪の処断刑に関する全体的な解説については、団藤重光編『注釈刑法(2)——II総則(3)』(有斐閣、1969年)611頁以下、大塚仁・河上和雄・佐藤文哉・古田佑紀編『大コンメンタール刑法第4巻(第2版)』(青林書院、2001年)284頁以下等、中野次雄「併合罪」瀧川幸辰編『刑事法講座第7巻・補巻』(1953年)1371頁以下、鈴木茂嗣「罪数論」中山研一・西原春夫・藤木英雄・宮澤浩一編『現代刑法講座第3巻』(1982年)283頁以下参照。

断刑となる。また、姦淫目的で被害者を欺いて自動車に乗せた後、強いて姦淫を行なったわいせつ目的略取罪と強姦罪の牽連犯の場合も、わいせつ目的略取罪の法定刑は1年以上10年以下の懲役であり、強姦罪のそれは3年以上の有期懲役であり、強姦罪の法定刑の方が重いので、強姦罪の法定刑によって処断されることになる。

　このように科刑上一罪を構成する罪の刑が、懲役刑のような単独の刑種によって定められている場合、いずれが「その最も重い刑」であるのかは、それを比較することによって判定することができるので、処断刑の確定にあたって、特段の問題は生じない。しかも、法定刑の長期が長い現住建造物等放火罪と強姦罪は、死体損壊罪とわいせつ目的略取罪に比べてその短期も長いので、懲役刑の長期と短期を単純比較するだけで、どの罪の法定刑が「その最も重い刑」にあたるのかを容易に判定することができる。

　では、次の場合はどうであろうか。例えば、運転免許証を偽造し、それを身分証として提示して金銭を借り入れた偽造公文書行使罪と詐欺罪の牽連犯の場合、偽造公文書作成罪の刑は1年以上10年以下の懲役であり、詐欺罪のそれは1月以上10年以下の懲役であり、2つの罪の刑を刑法10条2項に従って比較すると、各々の罪の法定刑の長期が同じであるので、その短期を比較し、その長いものが重い刑となるので、偽造公文書行使罪の法定刑が処断刑となる。これに対して、外国語の技能証明書を偽造し、それを行使して、通訳の依頼者から謝礼として金銭の支払いを受けた偽造私文書行使罪と詐欺罪の牽連犯の場合、私文書偽造罪の刑は3月以上5年以下の懲役であり、詐欺罪のそれは10年以下の懲役であり、これらの罪の刑の長期を比較すると、詐欺罪が方が長いので、その下限を比較するまでもなく、詐欺罪の法定刑が「その最も重い刑」となる。しかし、そのように解すると、偽造私文書行使罪の刑の短期よりも短い懲役1月ないし2月の量刑判断も理論的には可能になる。このような判断であっても、「その最も重い刑」を定めた詐欺罪の罰条に基づいて刑が宣告されているので、刑法54条1項の趣旨に反しているとは言えない。また、人が看守する墓地に不法に侵入し、墓を発掘した建造物侵入罪と墳墓発掘罪の牽連犯の場合、建造物侵入罪の刑は3年以下の懲役または10万円以下の罰金であり、墳墓発掘罪のそれは2年以下の懲役であり、これらの罪の刑の長期を比較すると、建造物侵入罪の刑の方が長いので、それが処断刑になる。その上で罰金刑が選択された場合、人の看守していない墓地の墳

墓を発掘しただけの場合よりも軽く処罰することになるが、この場合も「その最も重い刑」である建造物侵入罪の刑を適用して刑が宣告されているので、刑法54条1項の趣旨に反していると言うことはできない。

　小論は、以上のような問題意識に基づいて、科刑上一罪の処断刑に関する判例の動向を検討すること通じて、刑法54条1項の「その最も重い刑」の意義を明らかにすることを目的としている。

二　一般的判断方法としての重点的対照主義

　科刑上一罪を構成する複数の罪の刑の軽重関係は、どのようにして判断されるのか。刑法は、それについてどのように定めているのか。刑法10条は、刑（主刑）の軽重関係について、一般的な判断基準を設けている。それによれば、刑の軽重は、刑法9条に定められた刑の順、すなわち死刑、懲役、禁錮、罰金、拘留、科料の順に従って判定される。これらのうち、身体的自由の拘束を伴う懲役および禁錮と拘留ではその期間が異なり、また財産剥奪と伴う罰金と科料とではその額が異なるので、その軽重は明確に区別することができる。また、懲役と禁錮は、身体拘束の期間が同じであっても、刑務作業の有無の点で異なるので、一般的には懲役の方が重いとされている。ただし、無期禁錮と有期懲役とでは禁錮の方が重く、また有期禁錮の長期が有期懲役の懲役の2倍を超えるときも、禁錮の方が重い（1項）。従って、比較される複数の罪の刑が同種である場合には、その期間や金額を比較するのが一般的な判断方法である。すなわち、比較対照される刑が、懲役や罰金などの同種の刑で定められている場合、その長期が長いもの、または多額が多いものが重い刑となり、長期または多額が同じであるときは、短期の長いもの、また寡額が多いものが重い刑となる（2項）。さらに、比較対照される刑の長期・短期または多額・寡額が同じである場合、当該行為の犯情を比較して、その重い方の罪の刑が重い刑となる（3項）。

　このように科刑上一罪を構成する複数の罪の刑の軽重関係は、一般的には、刑法10条の刑の軽重基準に従って判断される。ただし比較される刑の刑種が、懲役刑や罰金刑など単独で定められている場合、その長期・多額を比較し、またその短期・寡額を比較して、その軽重を判定することができるが、懲役刑と罰金刑の選択刑または併科刑として定められている場合、どのように比較するかについて

は、刑法10条は必ずしも明確に規定していない。そのような場合でも、刑法10条の軽重関係を基本にしながら、まずは選択刑または併科刑のうちの重い方の刑種である懲役刑の長期を比較し、それが同一の場合には短期を比較することことになるが、懲役刑の短期が同じである場合、軽い方の刑種の罰金刑の多寡を比較するのか、それとも当該行為の犯情を比較するのかは必ずしも明らかではない。

　この問題をめぐっては、学説では重点的対照主義と全体的対照主義が対立している。重点的対照主義は、各罪の刑のうち、重い方の刑種の懲役刑を比較対照し、その長期と短期を比較して処断刑を判定し、軽い方の刑種の罰金刑は比較対照から除外する。これに対して、全体的対照主義は、重い方の刑種の懲役刑の長短だけでなく、軽い方の刑種の罰金刑の多寡をも含めて比較対照して処断刑を判定する。刑法10条は、その手順について明確に定めていないが、最高裁昭和23年4月8日第1小法廷判決[2]は、その解釈としては全体的対照主義によると解するのが常識的・合理的であるが、刑法施行法（1908年）3条3項が重点的対照主義を採用していると解することができるため、現行刑法の運用としては、重点的対照主義によるべきであると判断している。

　判例がそのように判断したのは、次のような食糧管理法違反と物価統制令違反の観念的競合の事案であった。被告人は、昭和22年5月に4回にわたって、昭和21年度生産の管理米の証印のない粳玄米と粳精米を物価庁長官の定めた統制額を超過した金額で生産者から買い受け、それを買受資格のない者に対して統制額を超過した金額で売り渡したとして起訴された。原審広島高等裁判所は、生産者から統制価格を超過して米穀を買い受け、それを統制価格を超過して売り渡した被告人の行為が食糧管理法9条および31条（10年以下の懲役または5万円以下の罰金）と物価統制令3条、4条および33条（10年以下の懲役または10万円以下の罰金）に違反し、これらは1個の行為で2個の罪名に触れる観念的競合であり、また連続犯であるから、刑法54条1項、55条（連続犯）および10条を適用して、犯情の重い食糧管理法9条および31条に従い、さらに同34条（任意的併科）を適用して、情状により懲役刑および罰金刑を併科することを相当と認め、懲役6月および罰金1500円に処した。

　原審の判断に対して、被告人と弁護人は、食糧管理法違反の罪と物価統制令違

2　最一判昭和23・4・8刑集2巻4号307頁。本判決の評釈として、団藤重光「観念的競合の処断刑（選択刑のあるばあい）」刑事判例評釈集第8巻（1950年）180頁以下。

反の罪とが観念的競合の関係にある本件の事案について、刑法10条2項に基づいて、その重い方の刑種の懲役刑が10年と同じなので、軽い方の刑種の罰金刑の多額を比較対照して、罰金10万円以下と定めている重い方の物価統制令違反の罪の刑に従って処断すべきであるが、それにもかかわらず軽い罰金刑を定めている食糧管理法違反の罪の刑に従って処断したのは不当であり、さらに食糧管理法違反の罪は、原審が認定したように犯情が重いものと認められるが、物価統制令違反の罪は、取引の数量および利得の額がいずれも少なく、戦争により負傷し扶助を必要とする被告人が偶発的に犯した罪であるので、その犯情は重いとは認められないので、物価統制令3条、4条および33条を適用するとしても、同36条（任意的併科）をも適用して、懲役刑と罰金刑を併科するのは不相当であると主張して、罰金刑のみをもって処断するのが相当であるとして上告した。

弁護人の上告に対して、最高裁は、刑法10条が重点的対照主義に基づいて適用されるべきであるとして上告を棄却したが、その理由は次の通りであった。刑法10条が単独刑として定められた懲役刑や罰金刑の軽重関係について、その長期・短期および多額・寡額を全体として比較対照する主義に立っているところから推し量って考えるならば、併科刑または選択刑の場合についても、まずはそのうちの重い刑種の懲役刑について対照し、その長期・短期が同じであるならば、次いで軽い刑種の罰金刑について対照するという全体的対照主義が刑法10条の解釈としては常識的であり、合理的であるが、刑法施行法3条の存在に注目すると、そのような立場に基づくべきではない。刑法施行法3条3項は、「1罪ニ付、2個以上ノ主刑ヲ併科ス可キトキ、又ハ2個以上ノ主刑中其1個ヲ科ス可キトキハ、其中ニテ重キ刑ノミニ付キ対照ヲ為ス可シ」と規定しれいるが、それは「併科刑、又は選択刑の場合に、刑の軽重を定むるための対照手続を規定したものであり、その表現は広く一般的であって特に新旧刑法の刑の対照のみに限定したものではな」く、「一般的に併科刑又は選択刑の場合に、刑の軽重を定める重点的対照主義を規定したもの」と解釈できるので、刑法10条の適用にあたっては、重点的対照主義に従うべきであると判断した。つまり、科刑上一罪を構成する複数の罪の刑の軽重関係の判断方法に関して、刑法10条は一方で全体的対照主義の立場を採用すると定め、他方で刑法施行法3条3項は、それとは異なる重点的対照主義を採用し、両規定は一致しないため、刑法の解釈・適用にあたっては施行規則である刑法施行法に従い、併科刑（2個以上ノ主刑ヲ併科ス可キトキ）や選択刑（2

個以上ノ主刑中其1個ヲ科ス可キトキ）の場合の刑の軽重の判断にあたっては、軽い刑を除外して、「其中ニテ重キ刑ノミ」、つまり重い刑の長期と短期のみを比較対照して処断刑を判定すべきであると解した。そして、そのような理解に基づいて、本件の食糧管理法違反の罪と物価統制令違反の罪に規定された重い刑種の懲役刑の長期と短期のみを比較し、それが同じであったので、軽い刑種の罰金刑の多額を比較することなく、犯情の重い食糧管理法違反の罪の刑で処断した原審の判断を維持したのである。

三　重点的対照主義の補正的運用

　昭和23年判例は、本来的には全体的対照主義を定めている刑法10条を、刑法施行法3条3項に基づいて、重点的対照主義にしたがって解釈・適用した。その判断方法は、科刑上一罪を構成する複数の罪の刑が、懲役刑と罰金刑の併科刑または選択刑として定められている場合、いずれが重い刑であるかを判断するにあたって、まず重い刑種の懲役刑の長期を比較し、それが同じ場合にはその短期を比較し、それが同じである場合には、軽い刑種の罰金刑の多寡を比較することなく、犯情の重い方の罪の刑を「その最も重い刑」とするというものであった。この判断方法は、その後、最高裁昭和28年4月1日第3小法廷判決[3]および最高裁昭和32年2月14日第1小法廷判決[4]によって継承されたが、若干の補正を施された。

　昭和28年判例は、傷害罪および公務執行妨害罪の観念的競合と外国人登録令違反の罪の併合罪の事案に関するものであった。第1審東京地方裁判所は、傷害罪（10年以下の懲役または10万円以下の罰金）と公務執行妨害罪（3年以下の懲役または禁錮）は刑法54条1項の観念的競合の関係にあり、刑法10条を適用して、重い刑を定めた傷害罪の罰条に基づいて、被告人を罰金2万円に処した。これに対して検察官は、刑法54条1項に基づいて「其最モ重キ刑」である傷害罪の刑で処断したにもかかわらず、公務執行妨害罪の刑よりも軽い罰金刑を選択したことは違法であると主張して、控訴した。東京高等裁判所は、法定刑のなかに選択刑がある場合には、刑法10条、刑法施行法3条3項に従って、その重いもの比較対照して、

　3　最三判昭和28・4・14刑集7巻4号850頁。
　4　最一判昭和32・2・14刑集11巻2号715頁。

刑の軽重を判定すべきであるから、第一審が公務執行妨害罪と傷害罪の法定刑の軽重を比較し、傷害罪の刑が最も重い刑であると判定し、その上でその規定にある罰金刑を選択して処断したことは何ら法令の適用を誤ったものではないと述べて、控訴を棄却した。

　これに対して検察官が上告し、最高裁は原判決を破棄し、傷害罪と公務執行妨害罪の観念的競合については懲役刑を、外国人登録令違反については罰金刑を選択し、刑法48条１項本文に従って懲役３月と罰金８千円を併科した。刑法54条１項前段の観念的競合の場合において、「其最モ重キ刑ヲ以テ処断ス」と定めているのは、その数個の罪のうち重い刑を定めている法条によって処断するという趣旨であると同時に、それより軽い刑を定めている他の法条の最下限の刑よりも軽く処断できないという趣旨を含むと解するのが相当であるので、「本件において、第一審判決が公務執行妨害の罪と傷害の罪とを刑法54条１項前段の一所為数法の関係において処断するにあたり、もっとも重い刑を定めた傷害の罪の法条によって処断したのは正当であるが、公務執行妨害の罪の刑が３年以下の懲役又は禁錮と定められ、罰金の定めがないにもかかわらず、傷害の罪にその定めがあるのに従って、被告人を罰金２万円に処したのは、刑法54条１項の解釈を誤ったものであり違法たるを免れない」。最高裁は、このように述べて、原判決を破棄自判した。

　この判断は、同じ傷害罪と公務執行妨害罪の観念的競合の事案の処断刑を判断した昭和32年判例にも引き継がれた。第１審東京地方裁判所は、被告人Ａ、ＢおよびＣの行為は１個の行為で傷害罪（10年以下の懲役または10万円以下の罰金）と公務執行妨害罪（３年以下の懲役または禁錮）の２つの罪名に触れる場合であるから、刑法54条１項、10条により重い傷害罪の刑に従って処断すべきであるとして、各被告人の行為の軽重を勘案して、Ａを懲役８月に処し、その刑の執行を２年間猶予し、被告人ＢおよびＣを罰金２万円に処した。これに検察官が控訴し、原審東京高等裁判所は、刑法54条１項の「其最モ重キ刑ヲ以テ処断ス」と定めているのは、その数個の罪のうち最も重い刑を定めている法条によって処断するという趣旨であるとともに、他の法条の最下限の刑よりも軽く処断することはできず、各法条の法定刑の最上限も最下限もともに重い刑の範囲内において処断すべきものとする趣旨であるので、第１審判決が傷害罪の罰条によって処断したのは正当であるが、公務執行妨害罪に罰金刑がないにもかかわらず、Ｂ・Ｃに傷

害罪に定められた罰金刑を科したのは、刑法54条1項の解釈を誤った違法があるとして、B・Cを懲役8月に処し、その執行を2年間猶予した。これにB・Cおよび弁護人が上告したが、最高裁は昭和28年判例を踏まえて、上告を棄却し、原審の判断を維持したのである。

昭和28年判例および昭和32年判例は、傷害罪と公務執行妨害罪の観念的競合の処断刑に関するものであり、重い刑種の懲役刑の長期を比較した場合、傷害罪の方が長いことは明らかであったので、傷害罪の刑に従って処断したことは、判例が採用している重点的対照主義だけでなく、全体的対照主義からも問題のない事案であった。ただし、いずれの事案においても傷害罪の刑によって処断して罰金刑を科したことは、懲役刑しか科されない公務執行妨害罪だけを行なった場合と比べて軽く処罰することになり、不均衡であるため、重い傷害罪の刑から、軽い公務執行妨害罪にはない罰金刑を除外して処断刑の範囲を限定した。これは、重点的対象主義の補正的運用であるということができる。

このような重点的対照主義の補正的運用は、その後においてさらに展開を見せた。その例として、最高裁平成19年12月3日第1小法廷決定[5]と名古屋高裁金沢支部平成26年3月18日判決[6]を挙げることができる。

平成19年判例の事案は、次のようなものであった。被告人は、その運営するインターネットのアダルトサイトにアクセスしてきた被害者らに対して、利用料金が発生したなどと偽って、被告人の管理する預金口座に現金を振り込ませ、その際、第三者名義の口座を振込先の口座として使用したが、それが詐欺罪（10年以下の懲役）と組織犯罪処罰法上の犯罪収益等隠匿罪（5年以下の懲役若しくは300万円以下の罰金またはその併科）の観念的競合にあたるとして起訴されたが、最高裁は、「数罪が科刑上一罪の関係にある場合において、その最も重い罪の刑は懲役刑のみであるが、その他の罪に罰金刑の任意的併科の定めがあるときは、刑法54条1項の規定の趣旨等にかんがみ、最も重い罪の懲役刑にその他の罪の罰金刑を

---

[5] 最一決平成19・12・3刑集61巻9号821頁。本決定の評釈として、大久保隆志「科刑上一罪の最も重い罪が懲役刑のみでその他の罪に罰金刑の任意的併科がある場合における罰金刑併科の可否」刑事法ジャーナル第12号（2008年）89頁以下、拙稿「刑法54条1項における『その最も重い刑により処断する』の意義」法学セミナー第652号（2009年）133頁。

[6] 名古屋高金沢支部判平成26・3・18高刑速報平成26年140頁。本判決の評釈として、拙稿「科刑上一罪の処断刑としての『その最も重い刑』（刑法54条1項）の意義」法学セミナー736号（2016年）123頁。

併科することができると解するのが相当であ」ると述べて、重い詐欺罪の刑に軽い犯罪収益等隠匿罪の罰金刑を併科したものを処断刑とした。

　刑の軽重の基本的な関係は、刑法10条に定められているように、懲役刑の長短や罰金刑の多寡の比較によって判断されるが、科刑上一罪を構成する複数の罪のなかに、懲役刑が単独で定められた罪と懲役刑および罰金刑が選択刑または任意的併科刑として定められた罪がある場合の刑の軽重関係の判断方法について判断した例は、これまでなかった。刑法施行法３条３項が定めている重点的対照主義に基づいて判断するならば、刑が単独刑であれ、選択刑や併科刑であれ、そのうちの重い刑種である懲役刑のみを取り出して比較し、それが長い罪の刑が処断刑になるが、本件の事案では、詐欺罪と犯罪収益等隠匿罪の刑を比較するにあたって、まずは重い刑種の懲役刑を比較して詐欺罪の刑を処断刑として選定したうえで、それにはない罰金刑が犯罪収益等隠匿罪に選択刑または併科刑として定められているので、それを重い刑種の懲役刑に併科できるというのが「刑法54条１項の趣旨」であると判断された。これによって、「10年以下の懲役若しくは300万円以下の罰金またはその併科」という科刑上一罪を構成する罪のいずれにもない刑が処断刑として形成されることになった。

　このような重点的対照主義の補正的運用は、名古屋高裁金沢支部の事案にも見られた。それは、住居侵入罪（３年以下の懲役または10万円以下の罰金）と暴行罪（２年以下の懲役もしくは30万円以下の罰金または拘留もしくは科料）の牽連犯の事案であった。原審富山地方裁判所は、刑法54条１項と10条を適用して、この２つの罪を１罪として最も重い刑を定めた住居侵入罪の刑で処断することとし、その上で罰金刑を選択した場合、その多額は住居侵入罪の10万円であると解するのが相当であると判断した。これに対して、検察官が、手段・目的関係にある住居侵入罪と暴行罪の処断刑は、１罪として重い住居侵入罪の刑によって処断されるが、そのうちの罰金刑の多額については暴行罪のそれによるべきであるとして、原審の判決に法令適用の誤りがあると主張して控訴した。

　名古屋高裁金沢支部は、検察官の控訴を受けて、次のように原判決を破棄・自判した。まず、「数罪が科刑上一罪の関係にある場合、刑法54条１項は、『その最も重い刑により処断する』している。そして、最も重い刑を定めるに当たっては、数罪の法定刑を対照してその刑の軽重を定めることになるが、選択刑が定められている数罪の比較対照方法については、各罪の重い刑種のみを取り出して比

較対照し、処断刑を決定することになる（重点的対照主義。最一判昭和23・4・8刑集2巻4号307頁参照）」と述べて、科刑上一罪を構成する複数の罪の刑の軽重関係を判断する方法として、昭和23年判例が採用した重点的対照主義に基づくことを明らかにした。そして、住居侵入罪と暴行罪の牽連犯のような「その重い罪及び軽い罪のいずれにも選択刑として罰金刑の定めがあり、軽い罪の罰金刑の多額の方が重い罪の罰金刑の多額よりも多いときは、罰金刑の多額は軽い罪のそれによるべきであると解するのが相当である」と判断し、懲役刑の長期が長い暴行罪の刑を処断刑としたうえで、その選択刑である罰金刑の多額を住居侵入罪のそれにまで引き上げた。その理由は、「このように解することが、数個成立する罪について社会的事実としての一体性があることから、数個の行為を包括的に『その最も重い刑』により処断することとした刑法54条1項の文言や趣旨に合致するといえるし、また、このように解することによって、重い罪及び軽い罪を併せて犯した場合の方が、軽い罪のみを犯した場合よりも、選びうる罰金刑の多額が低くなってしまうという不都合な事態を回避することができるからである」。

　ただし、このような理解は、昭和23年判例が採用した重点的対照主義とは異なる。昭和23年判例は、観念的競合の関係にある2つの罪の重い刑種の懲役の長期・短期はいずれもが同一であり、選択刑である罰金刑の多額に格差があったにもかかわらず、それを比較対照せずに、犯情の評価を優先させて、罰金刑の多額の少ない食糧管理法違反の罪の法定刑を処断刑とした。このような重点的対照主義が本件にも適用されたならば、重い刑種の懲役刑の長期が長い詐欺罪の法定刑を処断刑とするだけでよく、その選択刑の罰金刑の上限を住居侵入罪のそれにまで引き上げるような補正は必要なかったはずである。この点について、判決は、「原判決が確定した判例・実務とする重点的対照主義は、刑の軽重を定めるについて、刑法10条、刑法施行法3条3項を適用しなければならないとするものであるが、軽い罪との関係において、選択刑である罰金刑の上限の扱いまで直接指示しているとはいえず、上記のような修正ないし補充を排除しているとまではいえない」と述べて、重い刑種の懲役刑の長期だけでなく、その選択刑である罰金刑の多額をも比較して処断刑を形成するという立場を示した。これによって、「其中ニテ重キ刑ノミ」を比較して処断刑を判定する刑法施行報3条3項の適用は斥けられた。

四　結論――残された課題

　科刑上一罪を構成する複数の罪の刑の軽重関係について、判例および裁判例がどのような判断方法を採用しているかについて検討した。その動向として、次のように整理することができる。
　１．昭和23年判例――観念的競合の関係にある２つの罪の刑がいずれも懲役刑と罰金刑の選択刑を定めており、懲役刑の長期・短期は同一で、罰金刑の多額に多寡がある場合、刑法施行法３条３項の重点的対照主義を適用して、重い刑種の懲役刑のみを比較して、それが同一である場合、罰金刑の多額を比較することなく、当該行為の犯情を比較して、処断刑を判定した。その結果、罰金刑の多額が少ない罪の法定刑が処断刑とされた。
　刑法施行法３条３項が定めた重点的対照主義は、昭和23年判例の事案に適用されたが、その後は補正的に運用されているといえる。刑法施行法３条３項は、昭和23年判例では、新旧刑法の刑の対照のみに限定したものではなく、一般的に併科刑又は選択刑の場合に、刑の軽重を判断する方法を定めたものであると理解されていたが、その後は実際には柔軟に運用され、刑法施行法３条３項の「其中ニテ重キ刑ノミ」を比較するという方法は基本的に否定された。ただし、刑法施行法３条３項の規定に関して、それが旧刑法時代に行われた行為に関して新旧刑法の刑を比較することを趣旨としたものであると理解されているか否かは明らかではない[7]。

7　刑法施行法２条は、刑法施行前に旧刑法の罪または他の法律の罪を犯した者については、以下の例に従って、刑法の主刑と旧刑法の主刑とを対照し、刑法10条の規定により、その軽重を判定すると定めている。

新刑法の刑	死刑	無期懲役	無期禁錮	有期懲役	有期禁錮	罰金	拘留	科料
旧刑法の刑	死刑	無期徒刑	無期流刑	有期徒刑 重懲役 軽懲役 重禁錮	有期流刑 重禁獄 軽禁獄	罰金	拘留	科料

これらのうち、旧刑法の無期流刑は現行刑法の無期禁錮に、旧刑法の有期徒刑、重懲役、軽懲役、軽禁錮は現行刑法の有期懲役に、旧刑法の有期流刑、重禁獄、軽禁獄、軽禁錮は現行刑法の有期禁錮に対応する。このような複雑な対応関係の上に、選択刑や併科刑が比較される場合、さらに複雑になるため、刑法施行法３条３項は、その複雑さを解消するため、重い刑種を比較するだけにしたのではないかと思われる。

2．昭和28年判例および昭和32年判例——観念的競合の関係にある2つの罪が、懲役刑および罰金刑の選択が定められた罪と懲役刑のみが定められた罪であり、重い刑種の懲役刑を比較すると、前者の懲役刑の長期が長いので、前者の刑が処断刑となるが、刑の量刑判断にあたっては、後者の罪に定められていない罰金刑を科すことはできない。その結果、処断刑として選定された法定刑が補正され、軽い罪にはない罰金刑がそれから除外されることとなった。

重点的対照主義を補正的に運用することによって、昭和28年判例および昭和32年判例では、懲役刑と罰金刑の選択が定められた重い罪と懲役刑のみが定められた軽い罪について、罰金刑の有無の比較が行なわれることによって、重い刑が定められた罪の法定刑が補正され、そこから選択刑としての罰金刑が除外されている。これは、2つの罪の法定刑を重ね合わせて、その最大公約数を取り出す方法によって、重い方の罪の法定刑の下限を引き上げるものである。

3．平成19年判例——観念的競合の関係にある2つの罪が懲役刑を定めた罪と懲役刑と罰金刑の選択刑もしくは任意的併科刑を定めた罪であり、重い刑種の懲役刑を比較すると、前者の罪の長期が長いので、前者の刑が処断刑となるが、その刑に後者の罪に定められている罰金刑を任意的に併科することができる。その結果、観念的競合の関係にある2つの罪の法定刑にない刑が処断刑として新たに形成されることとなった。

重い刑種である懲役刑について比較した結果、重い刑を定めた罪には罰金刑はなく、それが軽いと判定された罪に任意的に併科されている場合、重い懲役刑にその罰金刑を併科することができる。つまり、単独刑として懲役刑が定められた罪の刑と懲役刑および罰金刑が選択的または任意的に併科されると定められた罪の刑を比較する場合、刑の軽重関係を判断するためには、個々の刑の長短や多寡を比較するだけでなく、単独刑、選択刑、併科刑という規定の形式をも比較しなければならない。

4．平成26年事例——観念的競合の関係にある2つの罪の刑がいずれも懲役刑と罰金刑の選択刑を定めており、重い刑種の懲役刑を比較すると、前者の罪の長期が長いので、前者の罪の刑が処断刑となるが、軽い刑種の罰金刑を比較すると、後者の罪の多額が多い場合には、罰金刑の多額は後者の罪のそれによるべきである。その結果、観念的競合の関係にある2つの罪の法定刑にない刑が処断刑として新たに形成されることとなった。

重い刑種である懲役刑について比較した結果、重い懲役刑を定めた罪の罰金刑が軽い懲役刑を定めた罪の罰金刑よりも軽い場合、重い懲役刑を定めた罪の罰金刑は軽い罪の罰金刑によることになる。これもまた、２つの罪の法定刑を重ね合わせて、その最大公約数を取り出す方法によって、重い方の罪の罰金刑の下限を引き上げるものである。

　刑法54条１項が定める科刑上一罪の処断刑としての「その最も重い刑」をめぐる問題は、さらに刑法118条（ガス漏出等致死傷罪）、216条（不同意堕胎致死傷罪）、219条（単純・保護責任者遺棄致死傷罪）などの各則の規定と関連づけて整合的に理解しなければならないが、それらの問題は今後の課題としたい。

終末期の意思決定と自殺幇助
—— 各国の動向分析 ——

甲　斐　克　則

一　序——問題状況
二　ベネルクス3国（特にオランダ）の動向
三　アメリカ合衆国の動向
四　イギリスの動向
五　ドイツの動向
六　結語——日本における議論の方向性

一　序——問題状況

1　終末期医療と意思決定をめぐる問題は、各国で盛んに議論されている[1]。しかし、医師による積極的安楽死に関しては、それを立法で合法化したオランダ（2001年成立、2002年施行）、ベルギー（2002年成立、2002年施行）およびルクセンブルク（2009年成立、2009年施行）といったベネルクス3国[2]を除けば、総じて積極的安楽死の合法化には消極的である。他方、人工延命措置の差控え・中止（尊厳死）の問題は、アメリカ合衆国のカリフォルニア州（1976年）をはじめ各州でリビング・ウィルを取り入れた制度（自然死法ないし尊厳死法）が立法化されたのを嚆矢として、フランスでも尊厳死法（2005年）が制定され、台湾では2016年1月に

1　近時の動向については、甲斐克則編訳『海外の安楽死・自殺幇助と法』（2015・慶應義塾大学出版会）、神馬幸一「医師による自殺幇助（医師介助自殺）」甲斐克則＝谷田憲俊編『シリーズ生命倫理学第5巻　安楽死・尊厳死』（2013・丸善出版）163頁以下、同「医師による自殺幇助（医師介助自殺）」甲斐克則編『医事法講座第4巻　終末期医療と医事法』（2013・信山社）77頁以下参照。

2　ベネルクス3国の安楽死の詳細については、甲斐編訳・前出注（1）121頁以下の所収の3つの論稿のほか、ペーター・タック（甲斐克則編訳）『オランダ医事刑法の展開——安楽死・妊娠中絶・臓器移植——』（2008・慶應義塾大学出版会）1頁以下、甲斐克則「オランダにおける安楽死・尊厳死」甲斐＝谷田編・前出注（1）218頁以下、同「ベネルクス3国の安楽死法の比較検討」比較法学46巻3号85頁以下、同「オランダの安楽死」理想692号（2014）18頁以下、盛永審一郎監訳『安楽死法：ベネルクス3国の比較と資料』（2016・東信堂）参照。

「患者自主権法」(尊厳死法)が成立し(施行は2019年)、ドイツでは第3次世話法に基づき民法の中に「患者の事前指示」尊重を盛り込んだ法改正(2009年)がなされるなどしているほか、イギリス、スイス、日本のように医学界のガイドラインで対応している国もある[3]。尊厳死の問題は、一定の条件下で人工延命措置の差控え・中止を認める方向にあるといってよかろう。

2　これに対して、医師による自殺幇助(physician assisted suicide=PAS)をめぐる問題は、世界各国で揺れ動いている。1996年にアメリカ合衆国のオレゴン州で医師による自殺幇助を一定の条件下で合法化する「尊厳死法(Death with Dignity Act)」[4]が立法化されて以来、欧米を中心にこの問題が議論されてきた。2014年の11月にアメリカ合衆国のオレゴン州でブリタニー・メイナードさんの事件(その行動自体は同州の法律で合法)が起きたことを契機に、世界中に波紋が広がった。また、医師によらない自殺幇助も含め、スイスへの「自殺ツーリズム」がヨーロッパ各国で問題となっており、ヨーロッパ人権裁判所を巻き込んで議論がなされている。イギリスのように自殺関与罪の規定を有している国でも、検察官による訴追指針(2010年)が示されたほか、ドイツのように自殺関与罪の規定がない国で、一定の自殺幇助を処罰する刑法改正(2015年)がなされた例もある。

3　高齢社会が進行する中、終末期の意思決定の問題の一端として、自殺幇助をめぐる問題が深刻な問題解決を迫っているともいえる。もっとも、日本では、医師による自殺幇助の問題が具体的に発生しているわけではない。しかし、超高齢社会を突き進む現状からすると、海外の動向を正確に分析しておくことは、刑法解釈論としても、刑事政策論としても、さらには医事法の課題としても、重要であると考える。そこで、本稿では、筆者が若いころから長年学術交流のある浅田和茂教授の古稀をお祝いすべく、終末期の意思決定と自殺幇助の問題について、ベネルクス3国(特にオランダ)、アメリカ合衆国、イギリス、およびドイツ

3　最近の状況については、甲斐克則「人工延命措置の差控え・中止(尊厳死)の「解決」モデル」『川端博先生古稀記念論文集 上巻』(2014・成文堂)181頁以下、甲斐克則編『医事法講座第5巻 終末期医療と医事法』(2013・信山社)所収の各論文参照。なお、アメリカの最新状況については、新谷一朗「終末期医療における代行判断の法理について――アメリカ合衆国の判例分析を素材として――」早稲田法学会誌59巻1号(2008)191頁以下、同「終末期医療における『明白かつ説得力ある証拠』について――本人の意思に関するアメリカ合衆国の判例分析を素材として――」(1)(2・完)」海保大研究報告60巻1号(2015)31頁以下、60巻2号(2015)31頁以下等参照。

4　甲斐克則『安楽死と刑法』(2003・成文堂)185頁以下参照。

を比較分析の対象として取り上げ、検討を加えることとする。

二　ベネルクス3国（特にオランダ）の動向

1　オランダでは、刑法294条2項で、「故意に他人の自殺を幇助し、またはその手段を提供した者は、自殺が実行されたときは、3年以下の拘禁刑または第4カテゴリーの罰金（18,500ユーロ）に処する。」と規定し、2001年に成立し2002年から施行された「要請に基づく生命終結および自殺幇助（審査手続）法」（以下「安楽死等審査法」という。）が要求する要件を充足すれば、医師による積極的安楽死と同様に自殺幇助は刑事訴追をされない構造になっている[5]。

オランダにおける終末期の意思決定を主導的に調査している病理学者のアグネス・ヴァン・デル・ハイデ（Agnes van der Heide）によれば、医師による自殺幇助は安楽死よりも優先されるべきにもかかわらず、安楽死よりもかなり頻度が低く、2005年の医師による自殺幇助は、死亡全体の0.1%、つまり約100件にすぎなかった[6]。医師による自殺幇助よりも安楽死が頻繁に選択される理由として、「医師は、生命終結行為をコントロールすることを望んでおり、また、患者が自ら薬剤を経口服用するときに生じやすい予想外の問題が生じた場合に医療上の援助をすることができるようにしておくことを望んでいる」点が挙げられている[7]。また、2014年のデータを見ても、安楽死は5,033件であるのに対して、自殺幇助は242件である[8]。自殺幇助以上に、オランダの安楽死の定着度をここに看取することができる。

2　ペーター・タック（Peter J. P. Tak）によれば、むしろ最近問題なっているのは、「人生の完成と安楽死」である[9]。ある。すなわち、タックは、安楽死等審

---

[5]　詳細については、タック（甲斐編訳）・前出注（2）31頁以下、アグネス・ヴァン・デル・ハイデ（甲斐克則=福山好典訳）「オランダとベルギーにおける安楽死と医師による自殺幇助」甲斐編訳・前出注（1）123頁以下、盛永監訳・前出注（2）119頁以下参照。
[6]　ハイデ（甲斐=福山訳）・前出注（5）（甲斐編訳・前出注（1））128頁。
[7]　ハイデ（甲斐=福山訳）・前出注（5）（甲斐編訳・前出注（1））128頁。
[8]　盛永監訳・前出注（2）108頁の資料参照。
[9]　以下の情報は、ペーター・タック教授から2016年4月1日付で送られてきたオランダの安楽死に関する最新動向を伝える未公表の論文（原題は、Peter J. P. Tak, Completed life and euthanasia.）による。この翻訳は、ペーター・タック（甲斐克則=礒原理子訳）「人生の完成と安楽死」として、刑事法ジャーナル2016年11月刊行予定の号に掲載予定である。したがって、本稿では頁数は示さない。

査法が、人生が完成したという感覚に基づいて自己の生命を自ら終結したいと考える時に、自殺を幇助してもらいたい者たちへの答えになりうるか、という問題（いわば「自己安楽死」）を取り扱い、「同法は、人生が完成したと思った時に、医師の幇助を得て自己の生命を終結したいと望む者たちに、解決をもたらすには至らなかった。」[10]と指摘する。タックによれば、人生の完成に関する議論が1990年代初頭に始まった主な理由は、次の３点である。

　第１に、いわゆるベビーブーマー（baby boomers）と呼ばれる人たちによる、人生における期待値（life expectancy）の増加である。すなわち、第２次世界大戦の終結から1950年代前半までに生まれた人々の多くは、高等教育を受けており、高給取りで、医療上のケアの発展のおかげで健康を保持しているので、苦しみ（suffering）は未知のものであり、人生はきわめて創造可能なものであったし、多くの機会と選択肢に恵まれていたため、生命の尊厳に満ちた終末期（dignified end of life）への自由な選択は、彼らにとって、明白かつ自明なものであった。第２に、社会の世俗化（secularization）である。すなわち、世俗化は、宗教により押し付けられた規範と価値の喪失につながり、また同時に、非宗教的な指導者と世論形成者らによる、新たな規範と価値の展開につながった、とする。第３に、個人主義化（individualization）である。すなわち、世俗化と、宗教的規範および価値の消滅、そして富の増加により、人々は、より自分自身を重視するようになり、自身の幸福に関心を持つようになった、と指摘する[11]。このような事情を背景に、人生の完成事案における安楽死の議論をさらに加速させたのが、2002年のブロンヘルスマ事件（Brongersma case）における最高裁判決[12]である。

　本件は、有名な弁護士で、オランダ上院の元議員でもあったブロンヘルスマ（要請当時86歳）が、耐え難い身体的苦痛もしくは精神的苦痛のいずれかにより苦しんでいるわけでもないのに彼に対してなされた自殺幇助に関する事案であり、彼の苦しみは、身体的および社会的衰弱と、他者への従属が強くなることへの恐れ、そして孤独と彼自身の存在の喪失に起因する実存的性質（existential nature）

10　タック（甲斐＝礒原訳）・前出注（９）。
11　タック（甲斐＝礒原訳）・前出注（９）。
12　HR (Supreme Court) 24 December 2002, NJ (Dutch case law weekly) 2003, no.167. タック（甲斐＝礒原訳）・前出注（９）。なお、タック（甲斐編訳）・前出注（２）61-62頁、平野美紀「オランダにおける安楽死論議」甲斐編・前出注（１）『医事法講座第４巻　終末期医療と医事法』72-73頁参照。

のものであった。高齢に由来するわずかな苦痛を除いて、ブロンヘルスマには、いかなる身体的疾病も、精神医学上分類可能な疾患や症状もなかった点が特徴的である。最高裁判決によると、このタイプの実存的苦しみは、安楽死という医学的領域から外れるものであり、安楽死法の歴史と、最高裁の独自の判例法に照らしてみると、実質的な意味において、医学上分類可能な身体的または精神的疾病に起因する単なる苦痛こそが、医師による故意の生命終結を適法化しうるものである[13]。しかし、この論理には、なお判然としないものがある。このような事案まで安楽死法の趣旨を拡大してよいものであろうか。それにもかかわらず、オランダでは、王立オランダ医師会（KNMG）が、2003年に、人生の完成事案に関して王立オランダ医師会に助言することを任務とする、ダイクース委員会（Dijkhuis Committee）を立ち上げ、2004年12月、「生の苦痛事案における生命終結の幇助の要請に、医師はどう対応すべきか、という点に関する規範の調査」という題目で、ダイクース委員会の報告書が公表された[14]。しかし、その後、しばらくはこの議論は展開をみなかった。

ところが、タックによれば、その後、By Free Willイニシアチブのいく人かの卓越した法律家たちは、安楽死法をモデルとした「高齢者に対してなされる死の幇助に関する審査手続法案」（Review Procedures on the Assistance to Die Administered to Elderly People Bill）を起草した。同法案は、相当の注意（due care）を払い、かつ専門的な見地から、高齢者たちの要請に基づきその自殺を幇助する、資格を有し特別に訓練されたケア提供者（care providers）のための、正当化抗弁（justification defense）を導入するものだという。「正当化抗弁の必要不可欠な条件は、被幇助者が70歳以上でオランダ国籍を有していること、そしてケア提供者が相当の注意基準を満たしていること、である。特別に訓練されたケア提供者とは、心理学者やメンタルケア提供者を含む。ケア提供者は、その要請を表明した年配の者と何度も面談をする。なぜなら、当該年配者の意見に基づいて、その人生は完成するからである。」[15]この審査手続法案は、安楽死法とは異なり、厳格に医学的な視点ではなく、実存的な人間の本性の視点に立脚した、人生の完成をめぐる問題に焦点を当てたものである。したがって、この審査手続法案は、耐え難

13　タック（甲斐＝礒原訳）・前出注（９）。
14　タック（甲斐＝礒原訳）・前出注（９）。詳細については、この訳稿を参照されたい。
15　タック（甲斐＝礒原訳）・前出注（９）。４つの要件については、同訳稿参照。

い苦痛を要請しないし、さらに、患者の自由な意思と完全な自己決定権から出発する。タックによれば、「これは、ケア提供者が、患者が専門的に支援を得るのを助けることを意味し、また、不可欠な条件が充足されているかどうかを確認した後、その生命終結を幇助することを意味する。また、主な違いとして、安楽死法における場合とは異なり、ケア提供者は自殺幇助を拒否することができない、という点も挙げられる。」[16]

3　その後、王立医師会がこの問題の検討を行ったが、それ以上の動きは出なかったところ、2014年から同法案が議会で審議され、専門家委員会が設置されて、2016年2月に報告書「人生の完成（Completed Life）」が公表された。詳細は割愛するが、タックによれば、同委員会は、完成した人生の状況を4つの群に分けている[17]。

1．安楽死法の範囲に入る状況。この状況において、耐え難い苦痛は、医学的な要因を有する。こうした状況は、これ以上に取り扱われることはない。なぜなら、同委員会は、同法の範囲から外れる群に集中しなくてはならなかったからである。
2．苦痛が医学的な要因を有するか否かが、必ずしも十分に明快ではない状況。
3．医学的な要因を伴う苦痛のない状況。および
4．まったく苦痛のない状況。

タックは、このような動きについて、次のように指摘している。すなわち、「人生の完成をめぐる議論は、倫理的問題にも対応しなければならない。主要な問題は、どのような道徳的および倫理的理由づけが、人生を完成させた人々に対してなされる自殺幇助が促進される、ということを正当化できるか、ということである。自律性（autonomy）と自己決定権は、絶対的に個人主義的なものというわけではなく、常に社会的な側面をも有している。自殺幇助を求める患者の利益だけでなく、自殺幇助をするよう求められている医師の利益もまた、そして人権保障と、とりわけ傷つきやすい市民群（vulnerable groups of citizen）の生命の保護を任務とする政府の利益もまた、議論においてひとつの役割を果たすべきである。なぜなら、正当化の抗弁、および要請された自殺幇助における刑事責任の免

16　タック（甲斐＝礒原訳）・前出注（9）。
17　詳細は、タック（甲斐＝礒原訳）・前出注（9）参照。

除が拡大される場合には、単なる患者の利益とは異なる利益、すなわち、公共の利益として生命を保護する政府の責任、といったような利益が、危険にさらされるからである。」[18] 安楽死と同様、自殺幇助についても、やはりオランダから目が離せない。

4 なお、ベルギーでは、2002年に成立し施行された「安楽死に関する法律」（安楽死法：2005年、2014年改正）[19]および刑法典は、自殺幇助について規定しておらず、人命不救助と法性決定される（刑法422条の2および422条の3）。したがって、自殺幇助に関するデータは不明であるが、安楽死に含めて処理しているものと思われる。

これに対して、ルクセンブルクでは、2009年に「安楽死および自殺幇助に関する法律」（安楽死法）[20]が成立し、自殺幇助についても規定に盛り込まれた。同法2条第2文によれば、「自殺幇助（assistance au suicide）とは、本人の明白かつ自発的な要請に基づき、医師が、意図的に他者の自殺を助けるか、他者に対してそのような効果をもつ手段を提供することを意味する。」[21]と定義される。しかし、要件や手続は、安楽死とすべて同様であり、かなり詳細に規定されている。その意味では、自殺幇助に関してベルギーよりも厳格といえる。実施件数等のデータの有無は、まだ施行後の年数が短いことから不明である。

三　アメリカ合衆国の動向

1 アメリカ合衆国では、20世紀末ころから、ミシガン州のジャック・ケヴォーキアン（Jack Kevorkian）医師事件が注目されて以来、医師による自殺幇助が盛んに議論されるようになった[22]。ケヴォーキアン医師は、終末期の患者のた

---

18 タック（甲斐＝礒原訳）・前出注（9）。
19 ベルギーの安楽死法の状況の詳細については、リュック・デリエンス（甲斐克則＝福山好典＝天田悠訳）「安楽死――ヨーロッパおよびベルギーにおけるスタンスと実践――」甲斐編訳・前出注（1）137頁以下、本田まり「ベルギーにおける終末期医療に関する法的状況」盛永監訳・前出注（2）37頁以下、ベルギーの安楽死法の邦訳として、同訳・盛永監訳・前出注（2）151頁以下、平野裕之訳「ベルギー改正安楽死法等医事法関連法令（翻訳）――ルル教授講演『病気と法律』の理解のために――」法学研究88巻3号（2015）160頁以下参照。
20 ルクセンブルクの状況については、シュテファン・ブラウム（甲斐克則＝天田悠訳）甲斐編訳・前出注（1）155頁以下、小林真紀「ルクセンブルクにおける終末期医療関係法の現状と課題」盛永監訳・前出注（2）56頁以下参照。
21 小林・前出注（20）178頁の邦訳による。

めに自殺装置（死をもたらす効果のある一酸化炭素を投与するための装置）を開発して提供した一連の行為について自殺幇助罪で起訴されたが、1996年、陪審裁判で無罪とされた[23]。しかし、これによって、医師による自殺幇助が一般的に適法となったわけではない。多くの州で、自殺幇助は依然として犯罪である。

しかし、医師が末期患者のために一定の要件のもとで行う自殺幇助を認めるべく、1994年11月に住民投票によりオレゴン州の「尊厳死法（The Oregon Death With Dignity Act=Measure 16）」が成立した。同法は、末期病状の成人が自己の生命を終結させる明示的目的のために致命的な薬剤投与のための医師の処方箋を得ることを認める内容であった。同法によれば、文書により処方・投薬を要求できる者は、18歳以上で、「意思決定能力があり、オレゴン州の住民であり、そして主治医（attending physician）および顧問医（consulting physician）によって末期疾患に罹患していると確定された者、ならびに死にたいという自己の願望を任意的に表明した者」である（2条1項）。同法に関しては、「末期疾患」についての分類もしくは保護範囲が、合理的に正当な国家の利益に必ずしも関係づけられてはおらず、合衆国憲法修正14条（平等保護条項）に違反するなどの理由で、同法の執行停止を求める訴えが提起され、1995年8月3日、オレゴン州地方裁判所で違憲判決が下された[24]。これに対して、第9巡回区控訴裁判所は、1997年2月27日、原告の「訴えの利益」を認めず、事件が成熟していないという理由で地裁判決を破棄し、差し戻した[25]。これを契機に、オレゴン州では、同法の廃止提案（Measure 51）について住民投票が行われた結果、同法は維持されることになった[26]。そして、紆余曲折を経て同法は、1997年に施行された。

その後も、オレゴン州では、連邦薬物規制法（CSA）に関して2001年11月6日にジョン・アシュクロフト（John Ashcroft）司法長官が出したディレクティヴ

---

22 当時の状況の詳細については、カール・F・グッドマン（甲斐克則訳）「アメリカ合衆国における自殺幇助と法の支配」甲斐編訳・前出注（1）3頁以下参照。
23 People v. Kevorkian, 534 N. W. 2d 172; People v. Kevorkian, 54 9 N. W. 2d 566; Kevorkian v. Michigan, 117 S. Ct. 296（1996）.
24 Cary Lee, et al, Plaintiffs v. State of Oregon, et al（D. Oregon）1995 WL 471792. 詳細については、甲斐・前出注（4）186頁以下参照。
25 107 F. 3d. 1382. なお、富田清美「米国の自殺幇助法」年報医事法学13（1998）75頁参照。
26 連邦最高裁判所（Lee v. Harcleroad, -U. S.-, 118 S. Ct. 328（1997））は、それに先立つ10月14日、裁量上訴を受理しない決定をしていたので、同法の違憲性を認めなかった控訴審判決が確定した。なお、香川知晶「オレゴン州尊厳死法をめぐって——米国における『死ぬ権利』法制化の動き——」理想692号（2014）66頁以下参照。

((1) 規制薬物を自殺幇助に用いてはならない、(2) 自殺幇助は「正当な医療目的」に当たらず、自殺幇助のために連邦法で規制された薬物を処方・使用することはCSAに違反する、(3) 自殺幇助のために連邦法で規制された薬物を処方することによって、医師の司法相薬物取締局への登録は公益に反し、CSAの規定に基づきその登録を停止または取り消しうる。)に対して、翌11月7日、オレゴン州が司法長官らを相手に同ディレクティヴの差止め訴訟を提起した[27]。同連邦地裁は、2002年月17日、原告の訴えを認め、同ディレクティヴの効力を否定する差止め命令を出した[28]。連邦法の解釈問題として、正当な医療行為の内容・目的については各州の判断に委ねられるべきだというのがその論拠である。そして、2006年1月17日、連邦最高裁は、オレゴン州法を維持する判決を言い渡した[29]。

2 上記の動向と前後して、1997年6月に、アメリカ合衆国連邦最高裁判所がワシントン(グラックスバーグ)事件判決とヴァッコー(クウィル)事件判決で自殺幇助の権利は存在しない、と明言するなど、歯止めがかかり始めた。

ワシントン(グラックスバーグ)事件では、ワシントン州の医師、末期患者および非営利団体 Compassion in Dying が、医師による自殺幇助の合法性を主張し、自殺幇助罪を規定する同州法が違憲であるという宣言的判決と、同法執行差止命令を求めて争った。同州連邦地裁は、同法がデュー・プロセス条項にも平等条項にも違反し、憲法違反である、と判断したが[30]、控訴審は、これを支持せず[31]、さらに限定的大法廷での再審理の結果、同法がデュー・プロセス条項違反として違憲と判断された[32]。ところが、連邦最高裁は、1997年6月26日、9対0の全員一致で、州法がデュー・プロセス条項に違反しないとして、破棄差戻しをした[33]。すなわち、「この国における自殺幇助の法律の取扱いの歴史は、ずっと、それを認めようとするほとんどすべての努力の拒絶の歴史であったし、現在もなおそうである。本件もそう言えるのであって、われわれの決定も、主張されている自殺幇助の『権利』は、デュー・プロセス条項によって保護された基本的

---

27 詳細については、織田有基子「オレゴン州尊厳死法の効力と連邦制度のあり方」ジュリスト1228号(2002)28頁以下参照。
28 State of Oregon v. Ashcroft, 192 F. Supp. 2d. 1077. 織田・前出注(27)28頁以下参照。
29 Gonzales v. Oregon, 546 U. S. 243 (2006).
30 Compassion in Dying v. Washington, 850 F. Supp. 1454.
31 49 F. 3d 586.
32 79 F. 3d 790.
33 Washington v. Glucksburg, 117 S. Ct. 2258 (1997).

な自由利益ではないと結論づけざるをえない。」と判断したのである。

　ニューヨーク州でも、類似の訴訟が起きた。3人の医師と3人の末期患者が、自殺幇助を犯罪とする同州法の違憲性を主張して訴訟を提起した。同州連邦地裁は、州法がデュー・プロセス条項にも平等条項にも違反しないとしたが[34]、控訴審は、人工延命措置の中止と死期を早める薬剤の処方箋を書いて患者が自己投与することに差異はないとして、医師による自殺幇助を禁止している州法が平等保護条項に違反し違憲である、と判示した[35]。これに対して、連邦最高裁は、1997年6月26日、生命維持治療を拒否することは自殺幇助と単純に同じだとはいえない、と判示し、同州法が平等保護条項に違反しないとして、9対0の全員一致で控訴審判決を破棄した[36]。

　このような理解は、基本的に妥当である。人工延命措置の拒否の場合と医師による自殺幇助の場合とでは、日本の刑法に照らせば、構成要件レベルでは差異はないが、違法性判断において差が出る。なぜなら、前者の場合、「人工延命措置の強制に対する拒否権」の行使であり、生命維持利益とこれに対抗するプライバシー権（そっとしておかれる権利（right to be left alone））との拮抗の中で、後者に優越的利益を認めることができ、したがって、これは、正当な自己決定権の行使と考えられるが、後者の場合、最終的には患者が死ぬ行為を実行するとはいえ、致死薬を積極的に投与する医師の幇助行為は、「自殺の権利」が存在しないがゆえに生命維持に対抗する正当な利益を見いだしがたいからである[37]。

　3　ところが、その後、医師による自殺幇助を合法化する州が少しずつ増えつつある。2008年11月4日、ワシントン州では、「尊厳死法（The Washington Death With Dignity Act）」が成立した。同法は、オレゴン州尊厳死法に近い内容である。また、2009年12月31日、モンタナ州最高裁判所は、同州司法長官に対して医師による自殺幇助を求めていた70歳代のロバート・バクスター氏らの主張を認める判決を下した[38]。これは、立法によらない手法であり、今後、他の州でもこの

34　Quill v. Koppel, 870 F. Supp. 78 (1994).
35　Quill v. Vacco, 80 F. 3d 716 (1996)
36　Vacco v. Quill, 117 S. Ct. 2293 (1997); 521 U. S. (1997). 本判決については、鈴木義男「自殺幇助処罰規定の合憲性——アメリカ合衆国最高裁の二判決をめぐって——」『松尾浩也先生古稀祝賀論文集　上巻』(1998・有斐閣) 609頁以下、富田・前出注（25）72頁参照。なお、甲斐・前出注（4）189-191頁、グッドマン（甲斐訳）・前出注（22）9頁以下参照。
37　以上の点は、甲斐・前出注（4）191-192頁ですでに指摘しておいた。
38　Baxter v. Montana, 224 p. 3d 1211 (2009).

手法が採用される可能性がある。さらに、2013年5月20日、ヴァーモント州で「終末の選択法（The End of Life Choices Law）」が成立し、即日施行されたほか、2014年1月には、ニューメキシコ州でも「臨死介助法（Aid in Dying Act）」が成立している。このように、医師による自殺幇助が認められる州が増える傾向にあり、前述のオレゴン州のブリタニー・メイナード自殺事件（2014年）の波紋もあって、世界中に議論が広がりつつある。

四　イギリスの動向

1　イギリスでは、積極的安楽死は認められていないが、自殺幇助については最近動きがあった。イギリスでは、自殺法（Suicide Act 1961）があり、自殺自体は処罰しないが、自殺関与罪が2条に規定されていることから、終末期にある病者が死を望んだ場合、その自殺に関与すると処罰されるため、そして、積極的安楽死は違法で処罰されるため[39]、終末期の意思決定をめぐり、議論が起きた。すなわち、自殺幇助の合法性ないし不可罰性に向けた打開策を見いだす動きがある。

特に、進行性ニューロン病に罹患した女性が夫に自殺幇助を依頼するに当たり、公訴局長官（Director of Public Procecutions=DPP）に起訴をしないよう請願書を出し、ヨーロッパ人権裁判所まで争った（そして最終的には棄却された）2002年7月29日のダイアン・プリティ事件判決[40]は、世界の注目を浴びた。最終的に、「死ぬ権利」ないし「自殺の権利」はヨーロッパ人権条約には含まれないという判決が下されたが、それ以後も、類似のいくつかの事件が起きたりして、制度が変容しつつある[41]。とりわけダニエル・ジェイムズ事件は、ラグビーの練習中に

---

[39]　甲斐・前出注（4）123頁参照。
[40]　Pretty v. United Kingdom（2002）35 EHRR 1 ; Case of Pretty v The United Kingdom. 29 July 2002 Reports of Judgements and Decisions 2002 Ⅲ. 詳細については、甲斐克則「自殺幇助と患者の『死ぬ権利』：難病患者の『死ぬ権利』を否定した事例——プリティ判決——（Pretty v. United Kingdom）[2002]」戸波江二ほか編『ヨーロッパ人権裁判所の判例』（2008・信山社）199頁以下、同「終末期医療における病者の自己決定の意義と法的限界」飯田亘之＝甲斐克則編『生命倫理コロッキウム④終末期医療と生命倫理』（2008・太陽出版）25頁以下参照。
[41]　近時のイギリスの動向の詳細については、今井雅子「イギリスにおける自殺幇助をめぐる最近の動き」東洋法学53巻3号（2011）217頁以下、谷直之「終末期医療における患者の自己決定に関する一考察」『大谷實先生喜寿記念論文集』（2011・成文堂）336頁以下、福山好典「自殺関与と刑事規制に関する一考察（1）（2・完）」早稲田大学大学院法研論集143号（2012）305頁以

負傷して四肢麻痺と診断された青年（23歳）が自殺に3度失敗した後、スイスの自殺幇助組織ディグニタス（DIGNITAS）に連絡し、両親と共にディグニタス・クリニックを訪れ、そこで医師が自殺を手助けした事案であるが、公訴局長官は、本件で両親および友人を刑事訴追することに公益はない、と判断した。両親が当初ダニエルに自殺をしないよう説得していた事情や非難可能性も先例より低い等の事情が考慮されて、そのような結論に至った[42]。

　2　また、パーディ事件[43]では、治療法のない中枢神経系の慢性疾患である進行型多発性硬化症と診断されたデビー・パーディ（Debbie Purdy）が、症状の悪化に耐えられなくなり、自殺幇助を求めて、自殺幇助が適法な国（例えば、スイス）に渡航して死にたいと考えたが、夫を刑事訴追のリスクにさらしたくなかったので、2007年12月18日に、事務弁護士（solicitor）を通じて自殺法2条4項に基づくDPPの裁量行使の基準を示す指針の策定などを求めた書簡をDPPに送付した。しかし、DPPはこれを拒否したので、パーディが司法審査を申し立てたが、高等法院女王座部合議法廷は、2008年10月29日、彼女の訴えを却下し、控訴院も、2009年2月19日、上訴を棄却した。ところが、彼女はさらに上訴して貴族院で争ったが、貴族院は、2009年7月30日、欧州人権条約8条1項の「私生活の尊重を受ける権利」を考慮し、全員一致でパーディの上訴を容認する判決を下した[44]。その理由は、「自殺幇助が合法な国に渡航する際に幇助を必要とする可能性が高い重度で不治の障害を負う者の事案において考慮される可能性が高い要素を明らかにすることを求める者にとって」、2004年の検察官指針およびその後の展開が不十分という点にあった。かくして、貴族院は、DPPに対して、パーディ夫人のような事案において、「自殺法2条1項に基づく訴追に同意するか否かを決定する際に考慮するであろう事実関係を定める、当該犯罪に特化した指針

　　下、144号（2012）189頁以下参照。なお、イギリスの専門家の分析として、Penney Lewis, Informal legal change on assisted suicide: the policy for prosecutors, Legal Studies 2010, pp.1-16があり、邦訳として、ペニー・ルイス（甲斐克則監訳：福山好典＝天田悠訳）「自殺幇助に関するインフォーマルな法の変容：検察官のための指針」甲斐編訳・前出注（1）25頁以下〔初出は早稲田法学87巻1号〕がある。
42　福山・前出注（41）「（1）」310-312頁、ルイス（甲斐監訳）・前出注（41）26頁以下参照。
43　R（Purdy）v Director of Public Procecutions [2009] UKHL 45, [2010] ac 345 at [56].
44　R（Purdy）v Directors of Public Prosecutions [2009] UKHL 45, [2010] ac 345 at [56]. 詳細については、福山・前出注（41）「（1）」312-313頁、ルイス（甲斐監訳）・前出注（41）26頁以下参照。

を公表するよう要求する。」[45]と結論づけたのである。

　3　その後、この判決を受けて、公訴局長官は、2009年9月23日、自殺幇助の訴追について「自殺幇助事件に関する検察官のための暫定指針」[46]を公表し、その「暫定指針」についての意見募集を経て、2010年2月25日、終局的な「自殺奨励または幇助事件に関する検察官指針」[47]が策定され、発効した。それは、訴追に有利な要素 (Public interest factors tending in favour of prosecution) 16個（実質的には14個）と不利な要素 (Public interest factors tending against prosecution) 6個を挙げており、それらが訴追の際の基準にされることになった。

　訴追に有利な公共利益要素は、以下のとおりである。（1）被害者が18歳未満であった。（2）被害者が自殺を遂行するためのインフォームド・ディシジョン (informed decision) に達する（Mental Capacity Act 2005に定義されたような）能力を有していなかった。（3）被害者が自殺を遂行するための自発的で明確で確定的なインフォームド・ディシジョンに達していなかった。（4）被害者が被疑者に自己の自殺遂行のための決意を明確かつ明白に伝えていなかった。（5）被害者が被疑者の奨励または幇助を自らまたは自己のイニシアチブで求めていなかった。（6）被疑者が必ずしももっぱら同情によって動機づけられていなかった。例えば、被疑者は、自己または自己と親密な関係にある者が被害者の死から何らかの方法で利益を得ようという見込みによって動機づけられていた。（7）被疑者が被害者に自殺を遂行するよう圧力をかけていた。（8）他のいかなる者も被害者に自殺をするよう圧力をかけないようにするための合理的措置を被疑者が講じていなかった。（9）被疑者が被害者への暴行または虐待歴を有していなかった。（10）幇助を構成する行為を被疑者が自ら身体的に行うことができた。（11）被疑者が被害者と面識がなく、かつ、例えば、ウェブサイトまたは刊行物を通して特定の情報を提供することにより、被害者が自殺を遂行しまたは自殺未遂を遂

45　福山・前出注 (41)「(1)」313-314頁。
46　DPP, Interim Policy for Prosecutors in Respect of Cases of Assisted Suicide, September 2009 [http://www.cps.gov.uk/consultations/as_consultation.pdf]．ルイス（甲斐監訳）・前出注 (41) 27頁以下は、暫定指針について詳細に論じているので参照されたい。
47　DPP, Policy for Prosecutors in Respect of Cases of Encouraging or Assisted Suicide, February 2010 [http://www.cps.gov.uk/.../prosecution/assisted_suicide_policy.pdf]．暫定指針と終局指針との対比は、福山・前出注 (41)「(1)」316-317頁に表でまとめられているほか、内容の分析も、同論文314-322頁で入念に行われている。なお、福山好典「自殺幇助の検察官指針」年報医事法学28号 (2013) 210頁以下参照。

行することを奨励または幇助した。(12) 被疑者が相互に面識のない複数の被害者を奨励しまたは幇助した。(13) 被疑者が被害者または被害者と密接な関係にある者から自己の奨励または幇助にについて報酬を受けた。(14) 被疑者が医師、看護師、その他ヘルスケア専門職者、ケア専門職者［有償か無償かを問わず］として、または看守のような監督者としての立場において行為しており、かつ被害者はその者のケアを受けていた。(15) 公衆が現在するかもしれないと考えるのが合理的な公共の場所で被疑者が自殺しようとしていることを被疑者が知っていた。(16)（有償か無償かを問わず）他人が自殺するにまかせる物理的環境を提供することを目的とする組織または団体の管理者または従業員（有償か無償かを問わず）として被疑者が行為していた。

　これに対して、訴追に不利な公共利益要素は、以下のとおりである。(1) 被害者が自発的で明確で確定的なインフォームド・ディシジョンに達していた。(2) 被疑者がもっぱら同情によって動機づけられていた。(3) 被疑者の行為は、犯罪の定義に十分該当するが、軽微な症例または幇助にすぎなかった。(4) 被害者が自殺につながる行動をとるのを被疑者が思いとどまらせようとした。(5) 被疑者の行為が被害者の確定的な自殺願望に直面して不本意な症例または幇助として特徴づけることができる。(6) 被疑者が、被害者の自殺を警察に通報し、自殺または自殺未遂の状況および奨励または幇助における自己の役割分担に関する警察の捜査に十分に協力した。

　以上のDPP指針は、2010年の発効後、具体的事案に実際に適用されており、自殺幇助罪で訴追されたものはいない、という[48]。同指針による取組みは、イギリスらしい社会的実験であり、ペニー・ルイスが指摘する「インフォーマルな法の変容（informal legal change）」である。なお、2012年には「臨死介助に関する委員会（The Commision on Assisted Dying）」が400頁余りの浩瀚な『最終報告書』[49]を公表して、医師による自殺幇助のための明確な適用基準を設けることを提唱している。また、本稿では紙面の都合で割愛したが、本稿と関連する判例として、

48　福山・前出注（41）「（2・完）」190196頁参照。そこでは、具体的事案4件が挙がっており、詳細な分析もなされている。
49　THE COMMISSION ON ASSISTED DYING, The Final Report: "The current legal status of assisted dying is inadequate and incoherent…", Demos, 2012. 同報告書については、神馬幸一「イギリス『臨死介助に関する委員会』最終報告書の要約」静岡大学法政研究17巻1号（2012）312頁以下、および同・前出注（1）（甲斐編『終末期医療と医事法』100-103頁参照。

2014年6月25日には、DPP指針の明確化を求めるトニー・ニクリンソン（Tony Nicklinson）＝マーチン（Martin）事件の最高裁判所判決[50]が出されるなど、現在も揺れ動いており、こうした動向の最終評価を行うには、今後の動向に注目し続ける必要がある。

五　ドイツの動向

1　ドイツでは、刑法典に自殺関与罪の規定がないにもかかわらず、古くから間接正犯の理論を用いて自殺関与者を殺人罪として一定の場合に処罰してきた[51]。しかし、終末期の患者については、自殺を図った患者を医師が死にゆくにまかせた事案に関する1984年7月4のヴィティヒ事件連邦通常裁判所判決[52]が無罪（ただし、責任阻却が主な理由）とされて以後、議論が高まり、1986年に公表された学者グループによる「臨死介助法対案（Alternative Entwurf der Sterbehilfe）」は、最終的には否決されたものの、215条で「自殺不阻止」という項目のもとに、第1項で、「他人の自殺を阻止しない者は、その自殺が自由答責的で、明示的に表明されたかもしくは諸事情から真摯であると認識できる決定に基づいている場合、違法に行為するものではない。」と規定し、インパクトを与えた[53]。そして、1987年7月4日のハッケタール事件ミュンヘン上級地裁決定[54]では、顔面の末期がんで苦しむ60歳の女性の自殺を医師が青酸カリ処方により幇助した事案（罪名は刑法216条の嘱託殺人罪）について、自己決定権の尊重という観点からその行為の正当化を認めた。それ以来、法的にも許容する方向が確認されていた。

2　ところが、その射程範囲については必ずしも明確ではなかったこともあ

50　R (Nicklinson) v Ministry of Justice; R (AM) v DPP [2014] UKSC 38. 本判決は、長い内容であるが、今回は人権不適合宣言は出さないが、今度同様の事件があがってきたら不適合宣言を出すかもしれないと、議会に一定の立法的改革の猶予を与えたものである。

51　Vgl. Albin Eser, Sterbewille und ärztliche Verantwortung-Zugleich Stellungnahme zum Urteil des BGH im Fall Dr. Wittig, in Medizinrechr 1 (1985), S. 6 ff. 邦訳として、アルビン・エーザー（甲斐克則訳）「死ぬ意思と医師の責任――あわせてヴィティヒ事件連邦通常裁判所判決に対する論評――」アルビン・エーザー（上田健二＝浅田和茂編訳）『先端医療と刑法』（1990・成文堂）79頁以下がある。

52　BGH. Urt. V. 4. 7. 1984-3 StR 96/84-LG Krefeld: BGHSt 32. 367=NJW 1984. 2639. 本件の詳細については、甲斐・前出注（4）67頁以下参照。

53　この対案の詳細については、甲斐・前出注（4）80頁以下参照。

54　OLG München, Beschl. v. 31. 7. 1987. NJW 1987. 2940. 本件の詳細については、甲斐・前出注（4）85頁以下参照。

り、21世紀になり、いくつかの事件が発生し、状況が変化する。以下、アルビン・エーザーの分析[55]によりながら重要判例ないし事例を見ていこう。

まず、2001年2月7日の組織的自殺幇助に関するスイス「自由な死の同伴者事件」[56]では、スイスにある Exitus（英語で EXITS）という団体の長であった被告人が、いわゆる「自由な死への同伴者」として長い間医師として働いていたところ、耐えがたい病状ゆえにもはやこれ以上長く生きたくないという多発性硬化症に苦しむドイツの女性に、自殺するための薬剤の調達を強く頼まれた。彼は、医師の所見と面談に基づいて、彼女の死の願望は本心によるものであるということを確かめた後に、スイスで、致死量の10gのペントバルビタールナトリウムの粉末を調達し、ドイツの女性のもとへ届け、彼女に「自由な死の宣言書」に記入させ、彼女の夫の面前で薬を水に溶かして、それを女性に渡してすぐに服用させた。彼女は、3分ほどで意識喪失状態に陥り、何らかの救助の試みがなされても無益に終わる状態であり、30分以内に死にゆく状態であった。「自由な死への同伴者」である被告人は、麻薬の可罰的な輸入と譲渡でのみ訴追され、最終的には刑の留保（刑法59条）に付され、戒告となったが、連邦通常裁判所は、完全に有責な行為者の自殺への関与は、確かに、正犯行為がないので不可罰であろうが、自殺は法秩序により違法であると価値づけられ、他者による自由な死への関与は原則として承認されない、と述べた。

つぎに、2003年5月20日のハンブルク「ごみコンテナ事件」[57]では、兵役に服する20歳の看護師が、進行性の筋ジストロフィーを患った施設入所者に、通常外の性的興奮を満たすのを介助するよう頼まれたため、その入所者を裸の状態で2つのごみ袋に入れた。上方のごみ袋には、頭部用のすきまが切られていたが、2つのごみ袋は、小さな隙間に至るまで完全に張り合わされていた。その後、入所者は、氷点程の外気温の中、一部、物で一杯となったコンテナに放置されたが、彼は、後に他のごみ袋でコンテナの隙間が埋められ、ごみ収集人により焼却施設に運ばれ、そこで焼かれるつもりであった。翌朝になってはじめて、窒息と寒さ

55　アルビン・エーザー（甲斐克則=三重野雄太郎訳）「近時の判例から見た臨死介助と自殺関与」刑事法ジャーナル37号（2013）54頁以下参照。
56　BGHSt 46, 279 -291- 5 StR 474/00 vom 7. Februar 2001 = NJW 2001, 1802. 詳細については、エーザー（甲斐=三重野訳）・前出注（55）64-65頁参照。
57　BGH - 5 StR 66/03 vom 20. Mai 2003 = NJW 2003, 2326-2328. 詳細については、エーザー（甲斐=三重野訳）前出注（55）65-66頁参照。

により死亡した後に、彼は、コンテナの中から発見された。第1審の少年部では、その看護師は、故意殺人（刑法212条）または過失致死（刑法222条）について無罪判決を受けた。理由は、ロクシンが言う意味での「価値の考慮」の下では不可罰的な自己危殆化と同等な承諾に基づく他者危殆化であったため、それに関与することも不可罰だから、というものである。

連邦通常裁判所も、「自己答責的な行為の犠牲者の自己答責の原則」に則って、危険性に伴って意識されるようになったリスクが現実化した場合に、意図され、現実化された自己危殆化が傷害罪ないし殺人罪の構成要件に該当しないかぎりではこうした解釈を支持したが、有責な行為関与者が「死に至る現象の全計画を実行する際に危険支配が自由にできたのか、それとも自殺者の道具として振る舞ったのか」が重要であるとして、後者は、看護師自身の手による危殆化行為の実行に直面して、死に至る現象を通じて自殺者を生きることに疲れさせ、生じた錯誤の助けを借りて自殺者を彼自身の手で彼に対する道具にさせた場合にのみ認められるが、原審はその点の認定が不十分だとして、破棄差戻しにした。

さらに、2010年7月30日の、アルツハイマー型認知症（Alzheimer-Demenz）の疑いがあるとの診断を受けるまで、進行性の記憶障害で多くの神経科医を訪ねていた夫人の「お別れ会事件」[58]では、ゆっくりと進行する認知症による衰弱から逃れるために、その夫人は、完全に精神的に明晰なうちに、病状がはっきりと現れるまで生き永らえていたくない、という決意を固めた。医学的にも法的にも広範な情報を得た後、彼女は、その時点から2年後に、すでに何年も前から最終的な死の望みについて知らされていた家族をお別れ会に招待した。［家族と］一緒に晩餐を囲んだ後に、彼女は、致死量の薬剤を飲み込み、もう1度一緒にシャンパンを飲んだ後、眠くなってベッドに入り、その場で近親者らは、母親に別れを告げた。その後、近親者らは、最終的に死の発生が確認されるまで母親のベッドの傍に座り、その手を握りしめていたが、それ以前に彼女を救う何らかの試みは行われていなかった。以上の点について、居合わせた近親者らに対してミュンヘン検事局が不作為による故殺罪（刑法212条、13条）に基づく捜査手続を開始したが、捜査手続を中止した。エーザーによれば、その主な理由は、第1に、上述のハッケタール事件ミュンヘン上級地裁決定が示したように、親族関係または医療

---

[58] Staatsanwaltschaft München - 125 Js 11736/09 vom 30. Juli 2010 = NStZ 2011, 345-346. 詳細については、エーザー（甲斐＝三重野訳）前出注（55）66-67頁参照。

行為の委任から発生しうる保障人義務は、自由答責的に捉えられた自殺者の自殺意思によって制限される、というものである。第2に、「自由答責的に下される人間の決定は、行為無能力状態ないし意識喪失状態となった後も拘束力を有するべきである。」ということが、刑法の領域についても言える、というものである[59]。

　以上のドイツ司法の動向は、基本的にはハッケタール事件ミュンヘン上級地裁決定以来の自殺幇助に対する一貫した立場である、と言えよう。

　3　しかし、ヨーロッパ人権裁判所判決との関係では、様相が異なる。上述の2001年2月7日の組織的自殺幇助に関するスイス「自由な死の同伴者事件」のように、組織的自殺幇助に関しては、ドイツも、慎重な姿勢を取っており、薬剤調達事件と呼ばれる2011年1月20日のハース事件ヨーロッパ人権裁判所判決[60]では、一方で、その者が自身の意思を自由に形成し、それに従って行為しうることが前提として、「自己の生命をいかにして、どの時点で終結させるべきかを決める個人の権利」というものを、欧州人権条約8条における意味での「私生活を尊重される権利」の一部として理解しつつも、他方で、国家は、自殺の決定が自由に、かつすべての事情を知ったうえでなされたわけではない場合に、欧州人権条約2条で保障されている「生命権」の保護のために、「人が自殺するのを阻止すること」を義務づけられている、と述べた。しかし、いかにして国家がこの保護義務を履行し、考えられうる濫用を防ぐかは、国家に、相当な自由裁量の余地が認められており、それに応じて、国家は自殺を減らすための措置を講じることを拒むことができる、とも述べている。

　また、2012年7月19日のコッホ事件ヨーロッパ人権裁判所判決[61]では、ドイツ在住の四肢麻痺の高齢女性が自殺のための薬物を連邦薬務局に申請して拒否され、ヨーロッパ人権裁判所に訴えたが、同裁判所は、2012年7月19日に訴えを却下した。事案を見てみよう。

　申立人ウルリッヒ・コッホ（Ulrich Koch：1943年生まれの男性）の妻（B.K.）は、

59　エーザー（甲斐＝三重野訳）前出注（55）67頁参照。
60　CASE OF HAAS v. SWITZERLAND, 20 January 2011, Application no. 31322/07. エーザー（甲斐＝三重野訳）前出注（55）67-68頁参照。
61　Koch v. Germany, no. 497/09, 52, 19 July 2012. 詳細は、甲斐克則「自殺幇助についての近親者の権利——コッホ事件——」戸波江二ほか編『ヨーロッパ人権裁判所の判例Ⅱ』（信山社・2017年刊行予定）参照。

2002年に自宅のドアの階段の前で転んで以来、全身の感覚運動性四肢麻痺（total sensorimotor quadriplegia）に罹患し、人工呼吸とナーシングスタッフによる一貫したケアおよび援助が必要な状態であり、痙攣もあった。医学的所見によれば、少なくとも15年以上の生存の期待があった。ところが、申立人は、妻の自殺幇助をすることにより、尊厳なき生を終結させることを望んだ。申立人夫婦は、援助を受けるため、スイスの自殺幇助組織であるディグニタス（DIGNITAS）に連絡を取った。2004年11月、妻は、連邦薬務局に睡眠薬ペントバルビタールナトリウム（pentobarbital of sodium）15gを獲得すべく認可申請したが、それは、自宅で死ぬことのできる致死量であった。しかし、同年12月16日、連邦薬務局は、ドイツ麻薬取締法（the German Narcotics Act=Betäubungsmittelgesetz）5条1項6号を根拠にしてその承認を拒否した。連邦薬務局の認定によれば、自殺したいとの彼女の願望は、本人の必要なメディカルケアを保証するという同法の目的に完全に反するものであった。それゆえ、生存を支援するか生命を維持する目的のためにのみ認可は認められうるのであって、生命終結を手助けする目的のためには認められない、と。2005年1月14日、申立人と妻は、連邦薬務局に抗議し、同年2月、700キロメートル以上も離れた距離を10時間以上もかけて、ブラウンシュバイクからスイスのチューリヒまで妻を背中のストレッチャーに背負って旅した。同年2月12日、妻は、そこでDignitasによる援助で自殺した。

　本件でヨーロッパ人権裁判所は、ドイツ連邦薬務局による制限に関するケルン行政裁判所判断を尊重し、ヨーロッパ人権条約8条に違反しない、と判示した。その後も、同裁判所では、この種の裁判が続いているが、基本的スタンスは変わっていない[62]。

　4　しかしながら、ヘニング・ローゼナウによれば、2005年以降、ドイツでも、スイスへの自殺ツーリズムのみならず、国内で臨死介助組織、例えば、ディグニタス（DIGNITAS）やイグジット（EXIT）のようなスイスの施設の支部が設立されてきたことから、政治は、この傾向に懸念を抱き、こうした行為の処罰を要求することにより、この動向に対応した[63]。それは、刑法草案の新217条「営

62　See eg. CASE OF GROSS v. SWITZERLAND, Application no. 67810/10, 14 May 2013.
63　ヘニング・ローゼナウ（甲斐克則=福山好典訳）「ドイツにおける臨死介助および自殺幇助の権利」甲斐編訳・前出注（1））94頁〔初出は、比較法学47巻3号（2014）〕。この背景、議会での議論、医師会の態度、刑法学者に批判等に関する詳細な分析として、佐藤琢磨「ドイツにおける自殺関与の一部可罰化をめぐる議論の動向」慶應法学31号（2015）347頁以下参照。

業的な自殺促進（gewerbsmäßige Förderung der Selbsttötung）の罪」をめぐる議論として表れ、営業的な自殺促進の構成要件を創設するための2012年10月22日の連邦政府草案が議会で審議され、議論された。同草案には、以下の文言が含まれていた。

> 「（１）意図的に、営業として他人に自殺の機会を付与し、調達し、又は斡旋した者は、３年以下の自由刑又は罰金に処する。
> （２）営業として行為しなかった関与者は、第１項に掲げる他人が自己の近親者又はその他の自己と親密な者であるときは、罰しない。」

この草案について、ローゼナウは、「キリスト教民主同盟／キリスト教社会同盟（CDU/CSU）内部の保守勢力が、さらなることを欲して、あらゆる組織的臨死介助の禁止を要求しているため、本草案は、さしあたり暗礁に乗り上げている。本草案は、幸運にも、暗礁に乗り上げている。なぜなら、本草案は、①歴史を無視しており、②解釈論的に無理があり、③憲法違反であり、④医療倫理的・法政策的に誤りであるからである。」と指摘していたし[64]、学説も総じてこの草案に批判的であった。ローゼナウは、その批判の中で、次のような興味深い論理を展開している。

「この提案は、正統な刑法の限界を無視するものである。合憲的な処罰規定の要件は、当該規定が他者または公共の保護に資することである。この場合にのみ、処罰規定は、比例性原則（Verhältnismäßigkeitsgrundsatz）に合致し、基本法２条２項第２文の人身の自由への侵害であるところの、差し迫る自由剥奪を正統化しうるのである。すでに刑法草案217条の保護法益について、疑問がある。なぜなら、自己の自殺権を実現する者は、その際、介助を受けることができなければならないからである。自由答責的に行為する自殺者の個人法益としての生命は、決して保護法益たりえない。比例性の吟味に関わりうる、保護すべき法益は、まったく存在しない。

営業的な行為は、この点を何ら変更するものではない。そもそも、営業性のような純粋に刑罰加重的な要素によって可罰性を創出することは、体系的に誤りであるように思われる。医師もまた営業的に行為し、それゆえ処罰規定の対象となることを排除しえないという理由からしても、営業性の概念にはきわめて問題が

---

[64] ローゼナウ（甲斐＝福山訳）・前出注（63））（甲斐編訳・前出注（１））95頁。

ある。反復的な行為遂行により、ある程度の期間・範囲における継続的な収入源を獲得しようとする者は、営業的に行為するものである。なるほど、関連する料金規定は、自殺の看取りを独立の業務として決算することを予定していない。しかし、自殺の看取りは、医師の日常において、終末期の意思決定に関連する医師の通常の業務や助言から完全に切り離しうるものではないので、すでに医師の通常の報酬を通じて、同じくその報酬と結び付いた自殺幇助という営業的行為が行われることになるのである。」[65]

　この指摘は、この草案に対する核心を衝いた批判といえよう。ローゼナウは、現行法でも処罰の間隙はほとんど生じないという観点から、さらに踏み込んで、「生きることに疲れた者に自由答責性が欠ける場合、刑法222条の過失致死罪で処罰されるし、故意があれば、それどころか、刑法212条、25条1項後段の故殺罪の間接正犯で処罰されるからである。実のところ、本草案は、社会的に表明された憤慨に反応し、単なる道徳観を刑法の規範にまで高めるものである。これは、刑法における『最終手段』原理に違反するものである。この原理は、近時、連邦憲法裁判所が、近親相姦決定（Inzest-Entscheidung：BVerfGE 120, 224, 239 f.）で、再び、立法者をして、刑法の限界として、留意させたものである。」[66]と厳しく批判する。しかも、「臨死介助組織の犯罪化は、自殺意思を有する者を悲惨な自殺に追い遣るものだ」として法政策的な誤りを指摘するに際して、「本草案からは、ドイツではだれでも自殺することが許されるが、そのためには、橋から飛び降りるか、列車の前に飛び込むか、または、首を吊るかしなければならない、という破滅的なシグナルが発されている。」[67]と説いているのは、迫力がある。

　しかし、2015年11月6日に、この草案は、「営業的な自殺促進（gewerbsmäßige Förderung der Selbsttötung）」が、「業としての自殺促進（geshäftsmäßige Förderung der Selbsttötung）」という文言に修正されて連邦議会で可決され、同年12月10日に施行されている[68]。新たな刑法典217条の条文は、以下のとおりである。

「（1）意図的に、業として他人に自殺の機会を付与し、調達し、又は斡旋した者は、3年以下の自由刑又は罰金に処する。

65　ローゼナウ（甲斐＝福山訳）・前出注（63））（甲斐編訳・前出注（1））97-98頁。
66　ローゼナウ（甲斐＝福山訳）・前出注（63））（甲斐編訳・前出注（1））99-100頁。
67　ローゼナウ（甲斐＝福山訳）・前出注（63））（甲斐編訳・前出注（1））100頁。
68　この点について、渡辺富久子「【ドイツ】業としての自殺幇助の禁止」外国の立法（2016.1）16-17頁参照。

（2）業として行為しなかった関与者は、第1項に掲げる他人が自己の近親者又はその他の自己と親密な者であるときは、罰しない。」

　一部の文言が変わっても、本質的な内容の変更はないだけに、ローゼナウが指摘する問題点が今後どのように克服されていくのか、注目したい。

六　結　語——日本における議論の方向性

　以上、比較法的観点から、終末期の意思決定と自殺幇助に関する海外の動向を概観してきたが、日本の刑法解釈論および立法論からすると、これらをどう受け止めるべきであろうか。現行刑法202条の自殺関与罪を改正する必要がないことは、おそらく異論がないであろう。したがって、刑法解釈論として、特に自殺幇助のすべての場合が可罰的か、という問題設定をすることの是非になると思われる。厳密に考える、自殺幇助にも、致死薬を提供するといった積極的自殺幇助と自ら死にゆく状態を見守るといった消極的自殺幇助がある、と考えられる。一般論として、構成要件段階で両者を区別することは困難と思われる。しかし、終末期の意思決定との関係で、違法性阻却について考えると、積極的に致死薬や器具を提供するなどの行為は違法性阻却が困難であろうが、不作為の形式で死にゆく状態を見守るように消極的に関与する場合や、作為であっても消極的な形式で相談にのる程度の行為であれば、そこに結果発生への因果的な寄与はあまりなく、自殺患者の意思決定を尊重して、違法性阻却の余地があるかもしれないし、少なくとも、責任阻却は認められるであろう。あるいは、イギリスのDPP指針のように、刑事訴追の段階で、訴追を控える事案もあると考えられる。今後、刑事政策論も射程に入れて、比較法的知見を参考にしつつ、これらの問題を慎重に検討すべきものと思われる。

自殺関与の不処罰性
―― ドイツにおける新たな制限 ――

アルビン・エーザー
(嘉門　優　訳)

I　はじめに
II　ドイツ法における自殺関与の原則的な不処罰性
III　不処罰の自殺関与の司法による救助義務を通じた制約
IV　医師にとっての職業法上の幇助禁止
V　自殺の刑法上の制限に関する改革議論
VI　業として行う自殺促進の犯罪化
VII　結論

I　はじめに

　浅田和茂教授が多くの著作により国際的に著名となった研究領域として、とりわけ医事刑法が挙げられる[1]。とりわけ、教授の研究関心は私にとっても様々な観点で有益なものであった。つまり、具体的には、とくに、いくつかの私の著作を日本語に訳していただき[2]、ならびに、最近では、私に献呈された記念論文集にご寄稿いただいたのである[3]。では、私の側からは、親愛なる浅田教授の70歳の記念論文集に、医事刑法の分野でより詳細にはどのような論文を寄せるべきだろうか。

---

[1]　浅田教授の日本語、ならびに、外国語、特にドイツ語で書かれた関連文献については、本書における浅田和茂教授の著作一覧を参照。
[2]　とくに、浅田和茂教授と上田健二教授によって共同で編集され、日本語に編集された著作集である『先端医療と刑法』(1990年)、www.freidok.uni-freiburg.de/volltexte/4759、ならびに、『医事刑法から統合的医事法へ』(2011年)、www.freidok.uni-freiburg.de/volltexte/9748. さらに、注5に挙げた文献についても参照。
[3]　*Kazushige Asada,* Embryonenschutz im japanischen Recht im Vergleich zum deutschen Recht, in: Björn Burkhardt u. a. (Hrsg.), Scripta amicitiae. Freundschaftsgabe für Albin Eser zum 80. Geburtstag, Berlin 2015, S. 13-24.

そのために、私が「臨死介助（Sterbehilfe）」の分野からテーマを選択した理由は、その特別なアクチュアルさにあった。つまり、最近、ドイツにおいて、自殺関与罪の改正がなされたのである[4]。20世紀末に、人工妊娠中絶の権利に関して、公的に、かつ、議会において激しい議論がなされたことを除いては[5]、それ以降、医事法的な意見を踏まえたさらなる改正案が今回ほど政治的に激しく争われたことはなく、また、この種の大きな注目を集めたこともなかった。通常は政治的な議論から距離を置いてきた刑法学者たちでさえも、今回は、140人以上の署名に基づいて、臨死介助の法的な制約に反対する決議文を公表したほどであった[6]。この議論が過熱した本質的な要因は、臨死介助を行う組織の活発な活動を通じて、ドイツにおける自殺関与の伝統的な不処罰が公的に知られるようになり、そこで、とくに医師たちが協力していることが問題視されるようになったことである[7]。それによって呼び起こされた政治的な改革要請の内容は、最終的には、ドイツ連邦議会はこれまでの自殺関与の不処罰を制限することによってのみ対策を講じうるのだというものであった。自律的な自殺に対するリベラルな基本的態度から転換するに際して、非常に深い世界観的な問題に直面したのだということは、議員たちが党議拘束を受けず、それぞれの良心のみに従って投票したと

---

[4] 2015年12月3日に制定され、同10日に施行された「自殺の業として行う援助の処罰に関する法律（Gesetz zur Strafbarkeit der geschäftsmäßigen Förderung der Selbsttötung）」（Bundesgesetzblatt I S. 2177）。文言に関してはⅥ参照。

[5] さらに、浅田和茂教授が拙稿を翻訳してくださった「ドイツ堕胎刑法の改革――その展開と現状」法学雑誌32巻3号（1986年）159-186頁（ドイツ語版は www.freidok.uni-freiburg.de/volltexte/3731）、上田健二教授とともに拙稿を翻訳してくださった「試験台に立つ新妊娠中絶――ドイツ堕胎刑法の対照表（抄訳）」同志社法学227号（1992年）121-167頁 www.freidok.uni-freiburg.de/volltexte/6467（ドイツ語版は Neue Juristische Wochenschrift 1992, S. 2913-2925, www.freidok.uni-freiburg.de/volltexte/3543）、「妊娠中絶連邦憲法裁判所判決の具体化のための改正諸試案」同志社法学236号（1994年）211-234頁（ドイツ語版は JuristenZeitung 1994, S. 503-510, www.freidok.uni-freiburg.de/volltexte/3643）。さらに、お二人が翻訳し、解説してくださった「比較法的視点から見たドイツ妊娠中絶法の改革」同志社法学248号（1996年）1-63頁がある。

[6] Eric Hilgendorf と Henning Rosenau によって2015年4月15日に提案された「臨死介助の可罰性拡大案に関するドイツ刑法学者の立場」を参照。„medstra-Zeitschrift für Medizinstrafrecht 1 (2015), S. 129-131. において公表されている。さらに、Frank Saliger, Selbstbestimmung bis zuletzt. Rechtsgutachten zum Verbot organisierter Sterbehilfe, Norderstedt 2015, S. 216-224. にも掲載されている。

[7] 以前に、浅田和茂教授による司会の下、私が「治療中止、自殺幇助、そして、患者の事前指示――臨死介助の新たな展開と改革の努力」と題した報告を京都で2013年1月18日に行った。この報告については、甲斐克則教授による日本語の翻訳が、「治療中止、自殺幇助、および、患者の事前指示――臨死介助における新たな展開と改正の努力」と題して公表されている。早稲田法学88号（2013年）241-262頁（260頁以下）、www.freidok.uni-freiburg.de/volltexte/9717。さらにⅤも参照。

いう事実からも読み取れるだろう[8]。

　様々な立法草案や、そこから発生する個別的な帰結を説明する前に、まず、原則的な自殺関与の不処罰性と、そこで必要とされる要件を紹介する（Ⅱ）。次の章では、この不処罰が、判例上、救助義務を認めることによって制約されてきたことを紹介する（Ⅲ）。実務上、より厳しい制限が、医師により関与される自殺の職業法上の禁止に見られることを紹介する（Ⅳ）。これらの制限に加えて、最終的には、集中的な議会の改正論議に従い（Ⅴ）、新たに刑法典に導入される217条という形で、立法的に厳格化されることとなったのである（Ⅵ）。

Ⅱ　ドイツ法における自殺関与の原則的な不処罰性

　まず、用語を明らかにすることから始めよう。ここで「自殺関与（Suizidteilnahme）」という語を使用する場合——「自殺幇助（Suizidbeihilfe）」や、「援助された自殺（assistierte Selbsttötung）」や、その他の類似の通俗的な語とは異なり——、法的な精確性の観点で、2つのことを明らかにしておきたい。第一に、「自殺関与」の不処罰は、幇助だけではなく、自殺の教唆も対象となるということである。その限りで、ドイツ法は特殊な位置づけがなされる。しかし、公的な議論は自殺の幇助のみに向けられるという状況にある。ただし、教唆も原則的に不処罰であるということを前提にしたうえで、自殺幇助に注目し、それにふさわしい特徴づけだけに満足することは一般的な事案にとって有害とはいえないだろう。第二に、「援助された自殺（assistierter Suizid）」の自由、あるいは、禁止について話す場合、自殺者の「自殺」（もしくは、その未遂）の可罰性についてではなく、第三者の側の「援助（Assistenz）」の可罰性が問題になっている限りで、これは誤解を招きうる。そのような誤解が生じることも言葉の選択の際には考えておくべきである。

　しかし、自殺（Selbsttötung）への協働そのものが一般的に不処罰とされるのであれば[9]、その場合、このことは刑法212条、216条の殺人構成要件からは明確には理解されず、むしろ、一般の共犯ルールとの結びつきから生じることになる。

---

[8]　2015年7月3日のFrankfurter Allgemeine Zeitung（FAZ）の2頁の記事を参照。

[9]　とくに、刑法新217条の基盤となった法案の元となった理解である。Bundestags-Drucksache 18/5373, 10頁参照。

なぜなら、刑法25、26条により、教唆も幇助も、違法な正犯行為を前提とするが、自殺それ自体は可罰的ではなく、したがって、それに対する共犯も不処罰だからである。この一般的な論拠は、確かにまったく疑いの余地がない。たしかに、──「他者」の身体傷害を規定する刑法223条とは異なり──刑法212条は簡潔に、「人間の」殺害と規定しており、そして、自殺の際にも人間が殺されるということから、自殺（Suizid）は、殺人構成要件の文言からは排除されない。しかし、歴史的・目的論的な解釈によってはじめて、自殺は212条によって包括的に把握されず、多くの国で処罰されている自殺未遂の可罰性の余地もないのである[10]。少なくとも、自殺を殺人構成要件から排除する理解に対するかつての批判は、──その種の正犯を欠くために──業として行う自殺促進の犯罪化のために独自の構成要件が必要とされる限りで、新217条によって除去されることとなった[11]。

自殺関与（Suizidteilnahme）がドイツ法上不可罰であるという確認にともなって、自殺に対する協働が不処罰なままでありうる要件と限界を明らかにすることが必要である。しかしそれに関しても、殺人構成要件からは実定的な言明を読み取ることはできない。そのため、一般的な正犯と共犯のルールに立ち戻り、殺害の事象への関与の際に、もはや自殺ではなく、他者の殺害が問題になるところで不処罰の限界を引く以外に方法は残されていないのである。ここで簡潔にまとめると、第一に、単純な自殺関与ははじめから、自殺者が自由な自己答責性の下で死を惹起した場合にしか、問題にしえないことである。自殺者の不可欠の弁別可能性と判断可能性、たとえば、死の最後の決意が欠けている場合、自殺をさせる、あるいは、援助する第三者には──その独自の関与の客観的、主観的な強度に従って──過失致死（刑法222条）や、故殺の間接正犯（刑法212条、25条1項）による非難がなされることになる[12]。第二に、関与者による死の介助後も、いまだ自殺者の自由な判断に生死についての判断が留保されており、さらに、行為支配が行為関与者に移ることによって、可罰的な要求に基づく殺害（刑法216条）との

---

10 この問題状況についてより詳細には、*Albin Eser/Detlev Sternberg-Lieben*, Selbsttötung: Beteiligung - Nichthinderung, in : Schönke/Schröder, StGB. Kommentar, 29. Auflage München 2014, Vorbemerkungen zu den §§ 211 ff., Rn. 33, 35 とそこに記載された引用文献参照。
11 以下Ⅵの注64参照。
12 *Eser/Sternberg-Lieben*, in: Schönke/Schröder（o. Fn.10）, vor § 211, Rn. 35, 37 とそこに記載された引用文献参照。

限界を超えない場合に限り、不処罰の自殺関与が考慮に入れられる[13]。(不処罰の)自殺関与と、(可罰的な)被害者の要求に基づく殺人との法倫理的な区別可能性が問題になる場合[14]、このことは、とりわけ、哲学的・倫理的な議論において、同意殺人のあらゆる形態を同様に扱おうとするために、常に何度も疑問が生じているようにみえる——なぜなら、相対立する方向の目的、つまり、一方では、殺害へのあらゆる協働の否定、他方では、類似の類型を不処罰に位置づけるか、少なくとも減軽しようとする要求があるからである。しかし、それに対しては、心理学的に見て、もし、人が死という最後の段階を自ら迎えることができない場合には、死の最後の決断は疑わしいとされることだけでなく[15]、規範的に重大な意義を有する重さで第三者に、死を惹起する正犯が期待されることが対立している[16]。

しかし、不処罰の自殺関与の前提条件をどのように、また、何によって決定し、限界づけようとも、ドイツ刑法は常に、原則的に特別な立場をとってきた。国際的に見ると、類似の立場が少数派である一方で、教唆あるいは幇助の一方か、あるいは、両方ともまとめて何らかの形式で処罰されるのが多数派である[17]。ただし、ドイツ刑法も、新しい刑法217条によって自殺の組織的な援助を

---

[13] この意味で——一部異なるニュアンスを伴うが——今日の通説的見解である。*Eser/Sternberg-Lieben*, Tötung auf Verlangen, in: Schönke/Schröder（前掲注10）, § 216 Rn. 11 とそこに掲載された引用文献参照。日本でも同じ基準に従っているが、自殺関与が可罰的であるために、この区別はあまり重要性を持たない。*Kazushige Asada,* Lebensschutz und Selbstbestimmung im Strafrecht, in: Dieter Leipold (Hrsg.), Selbstbestimmung in der modernen Gesellschaft aus deutscher und japanischer Sicht, Heidelberg 1997, S. 85-101 (86). 参照。

[14] たとえば日本で報告されているように。*Asada*（前掲注13）86頁参照。

[15] *Asada*（前掲注13）87頁参照。

[16] *Albin Eser,* Zum „Recht des Sterbens" Einige grundsätzliche Überlegungen, in: Fritsche/Goulon/Eser/Braun/Riquet, Das Recht auf einen menschenwürdigen Tod? Le malade - le médecin - la mort, Karlsruhe 1977, S. 21-42 (24 ff.), www.freidok.uni-freiburg.de/volltexte/3709 参照。さらに——法的にも倫理的にも—— 規範的に重要な次元と原則である。*Albin Eser,* Freiheit zum Sterben Kein Recht auf Tötung, in: JuristenZeitung (JZ) 17/1986, S. 786-795,www.freidok.uni-freiburg.de/volltexte/3608参照。日本語では、*Eser,* 先端医療（前掲注２）119-155頁参照。

[17] *Hans-Georg Koch,* Einführung und rechtsvergleichende Übersicht, in: Albin Eser/Hans-Georg Koch (Hrsg.), Materialien zur Sterbehilfe. Eine internationale Dokumentation, Freiburg 1991, S. 2-30 (10 ff.) 参照。ヨーロッパ、北アメリカの20の国々による比較法的な報告がすでに古くなってしまっているとはいえ、研究された国々において——おそらく、ベルギー、ルクセンブルク、オランダにおける臨死介助の自由化を除いて——基本的には何も変化していないと思われる。EUにおける最近の事情については *Nicola Jakob,* Sterbehilfe unter der Europäischen Menschenrechtskonvention (EMRK), in: Vorgänge - Zeitschrift für Bürgerrechte und Gesell-

処罰することになり、自殺関与の不処罰性に基づく特別な立場は少なくとも一部失われた。

しかし、詳細に見れば、自殺幇助は、すでにこれまでから完全に不処罰であったわけではない。なぜなら、刑法典以外において、自殺関与者は事情によっては可罰的であり、たとえば、自殺者に自死のための薬剤を得させた場合、その調達は——薬剤、麻酔剤取締法上——処罰されるのである。それによって、とりわけ医師らは、死を決意した患者に死を惹起する薬剤を投与した場合に、処罰のリスクにさらされているのである[18]。

Ⅲ　不処罰の自殺関与の司法による救助義務を通じた制約

本論文のタイトルにおいて単に「制約」ではなく、自殺関与の不処罰性の「新たな」制約と書いている以上、これまでにある制約が存在していたのだと想像しうるだろう。そして、それは実際に存在していたのである。しかし、これは、立法行為に基づくものではなく、司法的な方法、つまり、自殺者が行為不能になったらすぐに、判例上、救助義務が認められるというものである。

自殺という事態の不処罰の援助や、さらに単なる受動的な甘受に対する、このような判例による処理を理解するために、自殺関与ははじめから——その限りで正当にも——自殺者が、完全な弁識能力に基づいて自ら自殺し、そして、最後の自殺行為まで、その判断を自殺者が行為支配的に保ちえている場合にのみ、不処罰たりうるということがまず思い起こされる[19]。しかし、判例はその立場に反対なのである。つまり、たとえ、この条件が満たされ、それにしたがって自由答責的な、死のうという意思を尊重して、死に向かうプロセスを成り行きに任せてもよい場合であっても、判例は、同居人や居合わせた人に、自殺者が意識を失ったり、その他の理由で自らもはや救助しえなくなった時点で、死の発生を阻止する義務を認めるのである。そのような救助義務は、さまざまな射程を有する二つの理由から、根拠づけられる。つまり、不作為の諸原則（刑法13条）による保障人として——たとえば、とくに、自然的なつながりに基づく親族として、あるい

---

　　schaftspolitik 210/211, Heft 2/3 September 2015, S. 79-98（94 ff.）参照。
18　*Saliger*（前掲注６), S. 153 f. ff.. 参照。
19　上述Ⅱの注12以下参照。

は、治療を担当した医師として――自殺者の生命に責任を有する場合には、不作為による殺人（刑法212条、もしくは、216条）として、自殺者を死なせた場合に可罰的となる[20]。その他の非関与者として、意識のない自殺者に気づいた場合に「事故（Unglücksfall）」として理解される自殺に際して何もしなかったなら、不救助罪（刑法323条ｃ）で可罰的となりうる[21]。自殺関与や、死のうとする自由答責的な意思の尊重といった、立法上認められた不処罰性についての、このような司法上の制限は、以下のような不合理な帰結を招いている。すなわち、たとえば、医師は生きるのに疲れた患者に死を惹起する薬剤を譲渡してもよいが、患者が薬剤を摂取して意識を失ったときには救助義務が生じてしまうのである。

比較法的には、ドイツは――自殺関与の原則的な不処罰性という特別な立場であることを除いて（Ⅱ）――刑法323条ｃと同様に、ほかの国々においても緊急時や事故時の救助義務が規定されていることから、特別ではないといいうる[22]。ところが、そのような類似性にもかかわらず、重大な差異が存在する。つまり、自殺への関与が可罰的であり、そこに示された生命保護が自殺の決断よりも優先されるべきという国々では、救助義務を手段として自殺者の生命を取り留めなければならないとすることは、あまり大きな意味を持たないのである。それに対して、ドイツのようにはじめの段階では、死の意思を尊重するために自殺の援助を許容しておいて、実際にはこれがその後、撤回されるというのは、急激な方向転

---

20 すでに古い連邦裁判所判例に見られるところである BGHSt 2 (1952), S. 150 ff. 原則的には BGHSt 7 (1954), S. 268, 269, 13 (1959), S. 162, 166において確認されており、Wittig医師が自殺を遂行した状況で発見された患者に明示の自殺意思を示されたという、はじめての医師の事案においては、以下のように救助義務が詳述された。一方で自殺患者の意思は重要でないと説明するが、他方で、医師には自己答責的な裁量が認められるのだとする（BGHSt 32 (1984), S. 367, 377 ff.）それに対して、最近では、謙抑的な傾向が、ミュンヘンの検事局Ⅰに見られる。Neue Zeitschrift für Strafrecht (NStZ) 2011, S. 345. 同様に、後に詳述する刑法323条ｃにも見られる現象である。*Albin Eser,*「近時の判例から見た臨死介助と自殺関与」刑事法ジャーナル37号（2013年）54-68頁。www.freidok.uni-freiburg.de/volltexte/9718.
21 BGHSt 2 (1952), S. 150において、自殺が刑法330条ｃ（現323条ｃ）の意味での「事故（Unglücksfall）」であることが否定されて以降すぐに、BGHSt 6 (1954), S. 147 ff. において大刑事部が肯定し、原則的に BGHSt 7 (1954), S. 268, 272, 13 (1959), S. 162, 168 f., und 32 (1984), S. 375 f. において確認された。このような二元的で、ある不安定さから逃れられなかった判例の展開についてより詳細かつ批判的に述べたものとして、*Albin Eser,* Sterbewille und ärztliche Verantwortung, in: Medizinrecht (MedR) 3 (1985), S. 6-17, www.freidok.uni-freiburg.de/volltexte/3681 参照。日本語では、*Eser,* 先端医療（前掲注2）79-118頁。当時の学説状況については *Eser/Sternberg-Lieben,* in: Schönke/Schröder（前掲注10）, Rn. 41 ff. 参照。
22 *Koch*（前掲注17）, S. 11 f. これに対して、日本に関しては、このことは、浅田教授によって述べられていないため、明らかに正しくないと思われる。

換となってしまっている。このような規範的な「統合失調」現象は、正当とは認められないが、せいぜいのところ、死の意思の自律性が根本において真摯に受け取られないか、あるいは、死を望むという最後の決断と自己答責的な判断可能性に疑念をもたれるということによって説明されうるにすぎない。たしかに、そのような憂慮は、完全な判断可能性と、死が迫る最後まで維持される決意の証明を可能な限り要求するということを正当化するかもしれない。しかし、このことが確実なものとみなされうるにもかかわらず課される救助義務とは、もはや、生命の終わりを含む自律の保護ではなく、生命の保護をその保持者に対しても徹底することによってのみ説明されることになるだろう。しかし、その場合、一貫して、自殺への協働は処罰されるべきことになるはずである[23]。そうではなく、自殺関与の不処罰性に表れた、不可欠の介助をも含む死の自由を、第三者による殺害の権利を否定しつつも、認めたいというのであれば、司法上の制約に対する立法上の明確化が必要となるだろう。つまり、たとえば、「臨死介助法対案（AE-Sterbehilfe)[24]」で提案されたように、一方で、自由答責的に明示された自殺の事案においては、自殺の不阻止（215条）は違法ではなく、救助義務は排除されるとすることが考えられる。他方、要求に基づく殺人（216条）については刑罰を免除するが、正当化や免責は認められないとするのである[25]。

Ⅳ　医師にとっての職業法上の幇助禁止

　救助義務の司法上の根拠づけが、一貫して、医療関係者にはかかわらない事案――Wittig医師の事案を除いて[26]――でなされてきたことから、まるで、不処罰の自殺幇助の制約は、医師にとってはまったく、ないしは、大した意味を持たないという印象をもちうる。しかし、それは事実ではない。なぜなら、医師の業務中に患者が手渡された致死薬を摂取したり、病院内で自殺の状況下にあるところを見出された場合、医師は治療引き受けや、「事故（Unglücksfall）」の認識に基づいて、生命を救わなければならない[27]。医療従事者は、先行する自殺に関与し

23　この見解を浅田教授も（前掲注13、87・100頁）支持されていると思われる。
24　Stuttgartにおいて Jürgen Baumann らによって1986年に提案された。
25　より詳細には、*Eser, Freiheit zum Sterben*（前掲注16）, S. 793 ff.、日本語では Eser, 先端医療（前掲注２）143頁以下。
26　前掲注20の BGHSt 32 (1984), S. 367 ff.; 参照。

た、あるいは、単に偶然に現れたかどうかにかかわらず、救助義務を免れたいのであれば、——Hackethal 医師の事案のように——早めに去る方法以外に処罰を免れる道はない[28]。しかし、可罰的な不作為のリスクにさらされたくなければ、このように自殺患者をみずから放置しなければならないとすることは、医師を、とりわけ、医学的な利益衝突に陥らせることになりうる。つまり、医師は、死を望む患者のために、彼が認識しうる自己答責的な死の意思を尊重し、この方法で、望まれる死期まで患者に寄り添うということ以外によりよいことをすることはできないのである。つまり、——Wittig 医師の事案で連邦裁判所によって理解されたように——医師によるパターナリスティックな裁量は行使しえず[29]、——死の自由も含む——患者の自己決定権を単純に尊重するしかないのである[30]。

誤解されないために、また、生命保護のための努力がなされていないという疑いにさらされないために言えば、自殺阻止義務と救助義務を規定することで、患者の幸福と意思を特に気づかう医師によって最後の介助を行う可能性が阻止されるということが、ここですでに何度も繰り返し示されてきたのだが、それは、生命保護の尊重が欠けているとか、自殺に対する道徳的無関心だとは理解されてほしくない[31]。むしろ、ここで問われるべきこと、とりわけ、職業倫理上重大なことは、人間の自己決定権に属する死の自由、つまり、当該の者が死んでもよい (zum Sterben*dürfen* des Betroffenen)、もしくは、第三者によって死を迎えさせられてもよい (zum Sterben*lassen* dürfen durch Dritte)[32]という自由が、以下のように制約されてもよいのかという問題、すなわち、実存的な限界状況においてまさしく重要たりうるような、また、——親族によってでなければ——医師によって最も容易に信頼をもたらしうるような同胞的連帯が途中で中断されるような形で制約されてよいのかという問題である。

このような観点——すなわち、医師が患者の生と死の自己実現について患者の

27　上述Ⅲ参照。
28　OLG München NJW 1987, 2940　日本語では、*Eser*, 近時（前掲注20）63頁以下参照。
29　BGHSt 32 (1984), S. 367 ff. については *Eser*, Sterbewille（前掲注21）, S. 13 f. 参照。
30　ミュンヘンの検事局Ⅰによって打ち切られた、ある母親が致死薬を服用後、家族によって看取られたという事案と類似している（前掲注20, NStZ 2011, S. 345。*Eser*, 近時（前掲注20）66頁以下。
31　なぜなら、ここで深く言及することはできないが、自殺の法的な尊重が、端的にその道徳的な是認と等置されるわけではないからである。*Eser*, Sterbewille（前掲注21）, S. 17. 参照。
32　より詳細には、*Eser*, Freiheit（前掲注16）, S. 789 ff.

側につくという観点――から、刑法という手段によってではなく、そして、自殺者によって熟考され、瑕疵なく明示された意思に反して救命することを強制される、自ら望まれる死の阻止義務の制定によってでもなく、医師らに真に望ましいと思えるようにすべきである。この意味で、Wittig医師の判決は――原則的な救助義務の確認にもかかわらず――医師に裁量が認められる限りで、自殺者を死なせるがままにすることについて可能性を開いているといえる[33]。しかし、このような同胞的な感情移入の機会が開かれたままであるにもかかわらず、職業法は、自殺の前段階ですでに医師に幇助を禁止することによって、その道を絶ってしまおうとしているのである。

すでに長い間、ドイツの医師たちの間でも、一般的な公共の場でも、医師は患者の死の同意にしたがうべきか、したがうとすればどの程度かという問題について、激しく議論されてきた。その後、ドイツ医師会は、自殺関与の原則的な不処罰性は、「医師の倫理感情」とは両立し得ないという見解を示すに至った。しかし、どこからこのような非両立性が生じるのか、納得する形で確かめることはできない。つまり、公的に宣言されているように、生命に対する無条件の配慮は、死に対するあらゆる援助を禁じている一方で、他方、ひそかに、自殺とは結びつけられないように、医師の公的な評判に関する職業関連的な配慮を重視することは排除されていないからである[34]。

いったい、どのような理由から、最終的に2011年のドイツ医学会において、「死に行く者に対する援助（Beistand für Sterbende）」について以下のようなルールが、「医師のモデル就業規則（Musterberufsordnung für Ärtzte）（16条）」に規定されたのだろうか。「医師は、死に行く者を、その尊厳の保持とその意思の尊重の下で援助しなければならない。患者をその同意に基づいて殺すことは医師には禁じられている。自殺の介助をなすことは許されない。」[35]

この禁止はもちろん、同意に基づく積極的な殺害が問題になっている限りで理解しうる。これは、刑法216条によって明文上処罰されているからである[36]。こ

---

33 前掲注20のBGHSt 32（1984），S. 367 ff. 参照。
34 *Alfred Simon/Volker Lipp*, Beihilfe zum Suizid: Keine ärztliche Aufgabe, in: Deutsches Ärzteblatt 2011, S. 166-170. 参照。
35 より詳細には、*Rosemarie Will*, Das berufsrechtliche Verbot des ärztlich assistierten Suizides, in: Vorgänge（前掲注17），S. 111-117. 参照。
36 前述のⅡ注13参照。

れに対して、医師に対して、なぜ例外なく、あらゆる自殺介助を禁じるのかについて、私には、同胞的連帯性という観点から納得し得ないのである。なぜ、医師が、場合によっては、生を放棄した者にとって最も信頼しうる人物として、尊厳ある死を確実なものとするのに最もふさわしいといいえないのだろうか？[37] この点に関して、比較法的に参照されるべきなのが、臨死介助のコロキウムで議論された、イギリスとオランダの対照的な立場かもしれない[38]。イギリスでは――ドイツ医師会の自殺関与禁止と類似して――職業的地位の純潔性から医師は死の過程に関わるべきでないとされるのに対し、オランダでは、逆の立場すなわち、――いずれにせよ、広範に許容されている――臨死介助が医師に任されているのである。なぜなら、ある人が真摯に、最終決断としてその生命を絶とうとしている場合、可能な限り慎重に、医学上のルールに則って行われるべきであり、とりわけ、専門家による介助や第三者の協働なしに、死を望む者の状況が悪化しうることによる被害が避けられなければならないからである[39]。

もしかすると、それらの考え方の差異が、17のうち10の州医師会だけが、医学会の決定を、拘束力を有する医師就業規則に規定しえたということの理由なのかもしれない[40]。

V 自殺の刑法上の制限に関する改革議論

ドイツ医師会が、医師らに自殺介助を職業法的に禁止するという要請を、業界

---

[37] 同旨のものとして、*Jochen Vollmann/Jan Schildmann*, „Ärzte dürfen keine Hilfe zur Selbsttötung leisten": Eine fragwürdige Entscheidung, in: Deutsches Ärzteblatt 2011, C S. 1336. また、*Tanja Henking*, Der ärztlich assistierte Suizid und die Diskussion um das Verbot von Sterbehilfeorganisationen, in: Juristische Rundschau 2015, S. 174-183, は、医師の任務は、治療や苦痛の緩和だけではなく、生命の終期の場面で配慮することも含まれるとする（181 ff.）。

[38] バイロイトにおいて2015年9月10日から12日にかけて、「宗教、価値と法」と題する38回の比較法学会において「生命の終期における刑法：臨死介助と死の援助」と題する刑法の分科会においてそのように述べられていた。

[39] より激しいのは、ドイツ刑法学者の立場において（前掲注6，以下のⅢ g）自殺幇助が禁じられると、死を望む者による強要という「野蛮な自殺（Brutal-Suizid）」が懸念されるといわれた。死を望む者に対する医師の倫理的人道的な義務に関するさらなる理由については *Eser*, Sterbewille（前掲注21）, S. 15 ff. 参照。

[40] バーデンヴュルテンベルクやバイエルンのような保守的な州の医師会は、医師による自殺幇助の禁止を正式に導入する準備がこれまでできていなかった。*Will*（前掲注 Fn.35）, S. 112. にある引用文献参照。

全体にわたって徹底できなかったとしても[41]、それによって生じた公的な議論が、政治的な反響を生まずにはいられなかった。その際、さまざまな臨死介助団体、とりわけ、スイスで活動し、多くのドイツ人の死を望む人々を受け入れてきた組織である、DignitasやExitが激しい議論の的となった[42]。自殺を望む人への利他的な介助として構想され、宣伝されていたとしても、濫用の危険は排除されえないのである。たとえば、うつ病が正しく認識されていなかったり、意識的に利用されたりすることで、自己答責性が誤って認められるような場合や、長期の患者に、自由意思にもとづく自殺によって家族の負担を減らしてほしいという感情が伝わるような場合、絶望に陥った人が、耐え難いと思う生活からより楽な道だと勘違いして、自由な死へと逃避しようとしたり、その他の不純な動機から自殺をしようと決心するような場合が問題となる。

どのような場合にそのような危険が最も起こりうるのかについて、報道においても、政治的にも熱く議論された。まず、連邦参議院[43]と連邦政府[44]による最初の立法提案は、成果なく終わった[45]。議会におけるさらなる努力によって、議論の最前線では――通常とは異なり――政党間だけではなく、一部では党派を超えて、政府与党の議員が野党の議員と協力し合うまでになっていた。最終的に、党派をまたぐ4つの草案が出され、さらに、連邦議会の最終読会のすぐ後に、現行法を維持するという提案が加えられることとなった。極端に離れた2つの立場を除いて、残り2つの法案は法技術的には差異があるものの、基本的な関心という点ではそんなにお互いに異ならないものであった。以下では各法案の注目すべき

---

41 前掲注35、40参照。
42 後で紹介する連邦参議院による提案（注43), S. 3 ff.; ドイツにおける臨死介助組織の活動については *Saliger*（前掲注6）, S. 15 ff. 参照。
43 まず、「自殺の機会の職業的な仲介の禁止に関する法案（Entwurf eines Gesetzes zur Verbot der geschäftsmäßigen Vermittlung von Gelegenheiten zur Selbsttötung)」という、ザールラント、チューリンゲン、ヘッセン州による立法提案が出された（Bundesrat- Drucksache（BR-Drs.）230/06 vom 27.03.2006）。次に、2008年5月24日の「職業的、組織的な自殺幇助の禁止」に関する委員会勧告（BR-Drs. 436/08）、2010年3月23日のラインラントプファルツ州による「自殺幇助に関する広告の可罰性」についての立法提案が出された（BR-Drs. 149/10）。
44 2012年8月31日の「自殺の職業的な援助の可罰性に関する法案（Entwurf eines Gesetzes zur Strafbarkeit der gewerbsmäßigen Förderung der Selbsttötung)」（BR-Drs. 515/12 = 2012年10月22日の Bundestag-Drucksache（BT-Drs.）17/11126 ）それに関して、*Eser*, 治療（前掲注7）260頁以下。
45 議会以外でなされた他の改革提案については、*Johannes Brose*, Ärztliche Beihilfe zur Selbsttötung rechtswidrig und strafwürdig?, in: Zeitschrift für Rechtspolitik（ZRP）2014, S. 235 237や *Saliger*（前掲注6), S. 187 ff. 参照。

点をまとめていくこととする[46]。

極端な見解の一つである、*Keul/Sütterlin-Waack* によって提案された „臨死介助には新たな構成要件は不要である (*Keine neuen Straftatbestände bei der Sterbehilfe*)"[47]によれば改正は不要であり、当時の自殺関与の不処罰性を維持すべきといわれた。それによって、死を望む者は、（決断について）結果を問わない (*ergebnisoffen*) 相談や援助への無制限のアクセスを有するべきであって、彼らはこのような方法で場合によっては、自らの計画を中止することもありうるのである。このような方法は、医師や組織が、彼らの活動との関係で処罰されるかもしれないという懸念を有していては阻害されてしまう。いかがわしい申し出は、専門家の申し出を保障することによって十分に排除しうる。商業的な悪用は、刑法以外の営業法的な規制によって対処されうるという。しかし、このような提案は、連邦議会における賛同を得ることができず、その後、業としての自殺援助の処罰[48]が多数の賛成により可決された[49]。

もう一方の極端な見解は、*Sensburg/Dörflinger* によって示されたものであり、„自殺関与の可罰性に関する法律（*Gesetz über die Strafbarkeit der Teilnahme an der Selbsttötung*)"[50]において、新たな刑法217条によって、自殺するように、あるいはそれを介助するように他者に教唆したあらゆる者を区別なく――したがって、親族、医師、そのほかの第三者も同様に――処罰するという提案であった。それ

---

46 その際、以下で再び言及する立法動機については、もちろん、部分的により長い根拠付けから主体的に選択することが問題となりうる。同じことが草案の申請者の立場についても妥当する。*Claudia Krieg/Sven Lüders/Rosemarie Will*, Die Begründungen der vier Gesetzentwürfe, in: Vorgänge（前掲注17), S. 17-37. にまとめられている。さらに、それぞれの草案の賛否について、2015年11月6日の連邦議会審議（Plenarprotokoll 18/134, S. 13065C-13104A = BT-Protokoll）と、2015年9月23日に専門家に対する公的な聴聞会を行ったこの委員会の66回会議の議事録（Protokoll-Nr. 18/66）を含めた、2015年11月4日の法と消費者保護に関する委員会の決定勧告と報告（BT-Drs.18/6573）において指摘されている。学術論文としては、*Brose* の立場（前掲注45）236頁以下, *Henking*（前掲注37）178 頁以下 ff. さらに、*Andreas Jurgeleit*, Sterbehilfe in Deutschland. Bestandsaufnahme der gegenwärtigen Rechtslage und Überlegungen zur Reformdiskussion, in: Neue Juristische Wochenschrift (NJW) 2015, S. 2708-2714 と *Michael Kubiciel*, Neufassung des Mordtatbestands und Kriminalisierung der Suizidbeihilfe, in: Zeitschrift für Rechtspolitik (ZRP) 2015, S. 194 198（197 f.）参照。
47 BT-Drs.18/6546 vom 03.11.2015（*Katja Keul, Dr. Sabine Sütterlin-Waack/Brigitte Zypries* 他によって提案された).
48 より詳細には下記VIへ。
49 参照）BT-Protokoll 18/134（注46), S. 13066C, 13104A.
50 BT-Drs.18/5376 vom 30.06.2015（*Dr. Patrick Sensburg/Thomas Dörflinger/Peter Beyer* 他によって提案された).

も、たとえ、関与の未遂に過ぎなくても処罰対象とされるのである。このような、これまでの自殺関与の不処罰をラディカルに変更する彼らの改正案には、以下のような理由があった。つまり、自殺それ自体は可罰的ではないとしても、自殺は保護される自律性の限界を超えており、自殺の教唆や幇助は当然に処罰されるべきだというのである。さらなる理由として、苦しむ者は、生命の終わりではなく、苦しみの終わりを望むのであって、また、病人や障がい者が生きる価値がないとみなされるようなことがあってはならないとする――自殺は自ら行われようが、第三者によって行われようが関係がないというのである。自殺関与が許容されたままであれば、患者は親族や社会に対して、家族の負担の下で生き続けることを欲する理由を挙げる義務が生じてしまうという。患者の自由な意思を疑わせるような期待による重圧下で、親族が致死薬の投与を選択しようとするのは、わずかの事案に過ぎず、最終的には決断は医師に任されているという。しかし、これは、治療するのであって、殺害しないという医師の職務とは適合しないという。職業法上、医師により援助された自殺の統一的な禁止は徹底されてこなかった以上[51]、この規制の欠缺は刑法によって埋められなければならないという。しかし、以上の理由から要求された、自殺関与の不処罰性の廃止提案は、602人中37人の賛同しか得られなかった[52]。

　以上のような、自殺関与の不処罰性を変えない、あるいは、犯罪化を試みるといった極端な法案とは異なり、さらにその間に出された3つの法案は、――異なる類型による形態であるにもかかわらず――医師、もしくは親族のために特別な扱いを認めるという点で共通している。Künast/Sitte による最も網羅的な法案は、刑法に位置づけるのではなく、„*自殺介助の不処罰性についての法律（Gesetz über die Straffreiheit der Hilfe zur Selbsttötung）*"[53]を規定することによって、自殺介助を許容し（1条3号）、職業法によって拒絶されてはならない（6条2項）ことを明らかにした。ただし、これは医師のためだけに明らかにされたわけではなく、個人や組織にも許容されており（1条2号）、とくに後者のために特別なルールが規定されている（1条4号、7条4項）。また、自殺それ自体の不処罰性の原

51　上記Ⅳ．の注40を参照。
52　BT-Protokoll 18/134（前掲注46), S.13100D.
53　2015年6月30日の BT-Drs.18/53765（*Renate Künast/Dr. Petra Sitte/Kai Gehring* 他によって提案された）。

則が留保なく確認される一方で（2条1項）、自殺の介助は「原則的に」のみ不処罰性が確認されている（2条2項）。すなわち、「営業的な」介助（4条）、あるいは、促進（5条）については処罰されるのである。以上の草案は以下の点でほかから際立っている。つまり、死についての自己答責的な希望の確認のために配慮された条件（3条）、または、組織的あるいは業としての自殺介助に際してなされるべき相談・記録義務（7、8条）、さらにその違反に対する罰則（9条）が規定されている。死を望む者の苦しみに対応するために、刑法によらずに十分な配慮を行おうという発想にしたがい、——人工妊娠中絶の際の相談概念と類似して[54]——専門的な相談によって（決断について）結果を問わない相談（ein ergebnisoffenes Gespräch）の機会を可能にすることに重点が置かれている。そのために必ずしも親族や医師が傍にいるわけではないので、相談や介助を行う組織も存在すべきだという。濫用の恐れのある商業化を避けるために、業として行われる自殺介助ではなく、営業的な活動だけを刑法による処罰下に置くべきだとする。しかし、この案も602名中52名の議員の賛同しか得られなかった[55]。

　より強く医師に着目したのが、"*医師により看取られる死の規制に関する法律（自殺介助法）*（*Gesetz zur Regelung der ärztlich begleiteten Lebensbeendigung（Suizidhilfegesetz）*"[56]であり、民法典に新たに加えられた「患者の自己決定」に関する4章に、「医師により看取られる死」（1921条a）に関する特別なルールを規定することが試みられた。本法案では、自殺関与の不処罰性を明文上制限することなく、臨死介助組織にも特別なルールを規定することなく、任意に提供される介助について医師に明確な法的基盤が形成されるという。しかし、他の法案とは異なり、自殺介助は、終末期を迎える病気の局面に限定されている。さらに、自殺介助は——*Künast/Sitte*の草案と類似して——他の治療可能性についての医師による相談が患者になされている場合、病気の進行が不可逆的であり、死の蓋然性が医学的に確認されている場合、真摯かつ最終的に明示された患者の希望が第二の医師によって確認されている場合にのみなされるとする。このような方法で、刑法ではなく医師らに信頼を置くことが、生と死というセンシティブな領域において、

54　2013年8月28日の「妊娠に伴う葛藤の解決のための法律（Schwangerschaftskonfliktgesetz）」との結びつきを有する刑法219条（Bundesgesetzblatt I 3458）。
55　BT-Protokoll 18/134（前掲注46），S.13100D. 参照。
56　2015年6月30日のBT-Drs.18/5374（*Peter Hintze/Dr. Carola Rehmann/Dr. Karl Lauterbach*他によって提案された）。

国が禁止によって抑制しようという広く求められている期待に応えることができるのだとした。医師による自殺援助を期待しつつも、そのような良心に基づく決断は、死が病気に基づいており、あとはその詳細な時期のみが不明な事案においてのみ認められるとする。この規制提案は、602名中128名の議員の賛同を得て、前述の2つの法案には勝てたものの、過半数の支持を得ることはできなかった[57]。

最後に残った、Brand/Griese による „業として行う自殺促進の可罰性に関する法律（*Gesetzes zur Strafbarkeit der geschäftsmäßigen Förderung der Selbsttötung*）" [58]という法案は、以下の点でこれまでの法案とは異なる。第一は、新たな刑法217条に、自殺の業として行う促進を規定するが、それ以外の自殺関与の不処罰性については放置するという点である。第二は、業としてではなく、自ら自殺介助に関与した親族については不処罰であるとしたうえで[59]、さらに、この法案は不処罰の自殺関与に本質的な条件、たとえば、自殺予防のための必要となりうる相談ルールのあらゆる明確化を含んでいるという点である。この法案のアプローチは、自殺幇助それ自体ではなく、むしろ、健康上のケアに含まれる普通のことだという致命的な外観をもたらし、濫用的な商業化の危険を伴う、サービス提供としての自殺援助の発展に対して向けられているのである。最終的に、この法案が602名中360名の議員の賛同を得て[60]、法律となったため[61]、特別な注意が向けられる必要がある。

VI 業として行う自殺促進の犯罪化

新しい刑法217条は以下のような条文である。

業として行う自殺の促進
（1）他者の自殺を促進しようとする目的で、自殺のために業として機会を提供し、手配し、又は仲介した者は、3年以下の自由刑又は罰金に処する。

---

57 BT-Protokoll 18/134（前掲注46), S.13100D. 参照。
58 2015年7月1日のBT-Drs.18/5373（*Michael Brand/Kerstin Griese/Kathrin Vogler* 他によって提案された）。
59 類似したものとして、職業性を要件としない、連邦政府案（前掲注44）が計画されていた。
60 BT-Protokoll 18/134（前掲注46), S. 13100D. 参照。
61 前掲注4参照。

(2) 自ら業として行為せず、かつ、1項に規定された他者の親族であったり、これと密接に関係する者である場合には、共犯として罰しない。

ここに示された短い条文の中に、スローガン的に以下のことが現れている。注目すべきいくつかの点を挙げることにしよう。

原則的な観点からみると、この規定は、長いドイツの伝統を破ったものであり、これまでの自殺関与の不処罰を——限定的だとはいえ——放棄した。他方、自殺関与の特別な類型の処罰に限定したことは、積極的な側面を有しているといえる。つまり、規制のこのような例外化によって、自殺援助の原則的な不処罰性を間接的に確認し[62]、これによって、これまで主張されてきた対立する見解を排除したのである[63]。

そのドグマーティクな性格という観点から、この新たな犯罪構成要件は抽象的危険犯として理解されるという点が挙げられる。つまり、「正犯」として理解されるべき他者の自殺の前段階で把握され、正犯からは独立した関与行為として理解されるべきだといわれる[64]。したがって、これは正犯として考慮されるので、それに対するさらなる関与が可能となり[65]、例えば、臨死介助組織が（組織のために行動する自然人という形で）、死を望む者の自殺への介助を教唆する場合や、薬物が自殺者によって用いられるものとなることを知りながら、発送者が組織に薬物を供給した場合が考えられる。そのような事案において、217条の適用が認められうるためには、もちろん、その都度、自殺者の自由答責的な行為が前提とされる（ただし、それが必要であることは規定されていない[66]）。それを欠く場合、217条の代わりに、過失致死（222条）、あるいは、殺人の間接正犯（212（211）条、25条）が成立しうることとなる[67]。

構成要件上の行為類型として、提供、手配、仲介が挙げられている。そこには、だれもが想起する、致死薬の譲渡や、自殺の考えを補強するような行為は挙げられていないが、これら行為類型も217条によって把握しうるとされており、

---

62 草案の提案者である Brand-Griese の理解もこのような意味である（前掲注58), S. 2 f, 10.
63 前述Ⅱの注10参照。
64 Brand/Griese 案（前掲注58）14, 16頁, Saliger（前掲注6), S. 158. 参照。
65 Brand/Griese 案（前掲注58）19頁参照。
66 その限りで、217条は、Künast/Sitte と Hintze/Reimann 案における自由答責的な死を望む者の保障に劣っているといえる。前述Ⅳの注53もしくは56参照。
67 前述Ⅱの注12参照。

しかも、自殺に関する会話や情報交換についても、それらを行うことで同時に具体的な機会が生じたり、仲介される場合に限り、構成要件に該当するとされる[68]。

そのように広げられた自殺援助の可能性によって、同胞的なあらゆる類型の意見交換や支援を処罰することなく、実際には組織化され、業として提供される自殺促進のみを規制するために[69]、援助活動に制約が必要となる。*Künast/Sitte* の草案は、当初の連邦政府案と同様に、営業性を要求したのに対し、ここでは業として行われることで十分とされている[70]。その帰結として、何らかの利益獲得に対する関心を証明することは問題とはならず、純粋に利他的な自殺幇助であっても処罰対象になりうることになった。そのため、組織的な自殺援助への限定は、審議において強く争われた「業務性[71]」が、一回、あるいは単にたまたま介助行為をすることでは足りず、活動の継続的、あるいは反復する構成要素として考えられた場合にのみ、達成されるのだとされた[72]。それによって、たしかに、ある個別事案において援助を行った私人や、例外的に、生を放棄した患者に致死薬を譲渡した医師は、刑法による訴追を免れうることになる。しかしこれに対して、しばしば、苦痛や生命を終わらせる薬物を求められる状況に直面し、そこから逃れられない、病院の勤務医は、反復性の嫌疑からそう簡単に逃れることはできないことになる。

客観的な適用領域が広範である以上、主観的な要件が決定的な重要性を有することとなる。とくに、どの構成要件要素に関する意図が不可欠なのか、もしくは、それに関する未必の故意で十分なのかという問題にそのことが妥当する。議会での審議ですでに明らかになっていた意見の相違を明らかにするために[73]、3つの異なる観点が区別されるべきである。意図の要求と、その際に介助の目的が問題となる限りで、援助行為は、他者の自殺を目的として行われなければならな

---

68 Brand/Griese 案（前掲注58）18頁参照。
69 前述Ⅳの注58、さらに、*Kerstin Griese,* BT-Protokoll 18/134（前掲注46）, S.13072A. 参照。
70 前掲注53 もしくは注44参照。
71 専門家の聴聞のための委員会報告（前掲注46）, S. 23, 27, 38, 40, 44,48, 55, 57, 60, 61, 66, 70, 190、さらに、BT-Protokoll 18/134（前掲注46）, S. 13073, 13074, 13076, 13083, 13084, 13086. 参照。
72 草案の提案者も同様に考えたかったようである。Brand/Griese 案（前掲注58, S. 16 f. とそこにある引用文献）参照。
73 専門家の聴聞のための委員会報告（前掲注46）, S. 46 f., 48, 61, 66, 71、または、BT-Protokoll 18/134（前掲注46）, S. 13090, 13095, 13098. 参照。

い。これは、たとえば、患者に、苦痛の緩和のためと考えられた薬剤を手渡し、その際、意識的に誤って使用することによって生命をも奪われうることを単に甘受したという場合には、満たされないことになる。その限りで、本構成要件は目的を要求する犯罪である。それに対して、実行行為が問題となる限りで、つまり、目指される自殺の意味において、提供、手配、仲介が援助とみなされるのか、そして、どの程度みなされるのか、かつ／あるいは、実際にこれが実行されたかどうかということが問題となる限りでは、未必の故意で十分である。そのような事案として考えられるのが、たとえば、医師が患者に自殺を目的として、死の効果について確認し得ないままに薬剤を手渡したり、あるいは、自殺が実際に実行されるかどうかについて不確実さが存在しているときに、場合によっては患者が死ぬであろうことを甘受しているような場合である[74]。最後に、取引の業務性が問題となるかぎりでは、意図の要求は、前述のように、継続的に、反復して、自殺補助がなされなければならないという点から生じることになる。しかし、そのことから、自殺介助者が——1回だけの実行を排除するために、業務性を認めるために「反復可能な態勢」がおそらく不可欠となるが——あらゆる介助行為を、業務を目的としたものと理解していなければならないということを意味する必要はない。むしろ、自殺援助者が自らの反復行為を業務的だとみなされることを甘受している場合であっても、未必の故意で足りるであろう。

未遂の可罰性に関して——*Sensburg/Dörflinger*[75]の草案とは異なり——、明確には規定されていない。これに関しても規定は必要がないと解されたことが理由である。なぜなら、既遂にとって自殺が実行されることが不可欠とされるのとは異なり、ここで問題となる217条は、援助行為によって既遂となる（不真正の）「企行犯（Unternehmensdelikt）」として理解されうるからである[76]。そのため、自殺の具体的な要求に対するあらゆる援助は、業として行う自殺介助者として可罰的になる。それも、自殺が実際に行われたかどうかについては考慮せずに、である[77]。援助行為で既遂に至るために、中止未遂の成立可能性も原則的には存在しない[78]。

74　Brand/Griese 案（前掲注58）19頁。
75　前掲注50の217条２項参照。
76　*Albin Eser/Bernd Hecker*, Personen- und Sachbegriffe, in: Schönke/Schröder（前掲注10）, § 11 Rn. 41 ff., 47. 参照。
77　Brand/Griese 案（前掲注58）19頁参照。

217条2項に規定された親族の特権とともに、他人であっても、自殺を望む者と親密な人であれば、心情的にかなり負担を負う、困難な例外状況において傍に寄り添いたいと望む場合には、人的な刑罰阻却事由が認められるものとした[79]。業として行う自殺介助者の援助行為への、非業務的な関与であることが条件となるが、たとえば、共同生活者が、自殺を望む者のために臨死介助組織の住所を手渡したり、組織まで随行した場合に、その共同生活者が処罰されることはない。

国境を越える自殺介助に関して、外国において実行される自殺に対する教唆や幇助は──親族特権が考慮されない場合──、関与者が国内でのみ活動し、自らは国境を越えていない場合でも可罰的となる。このことは、刑法9条2項2文にしたがい、自殺関与行為が行為地において可罰的かどうかは考慮されない[80]。このような方法で、自殺援助が「国境を越えるサービス」として提供されるという試みに対抗しようというのである[81]。

Ⅶ 結 論

新たな刑法217条による規制だけに言及する価値があるというわけではなく、未解決のままであることに言及しないわけにはいかない。後者に関してはとくに2点ある。第一に、自殺行為者が自身の行為可能性を失った場合に、判例によって認められている救助義務が排除されなかったために[82]、自殺の不処罰の尊重と甘受は制限されているという点である。この点については、例えば、臨死介助法対案には提案されていたところである[83]。第二に、これまで、医師に対して自殺介助を禁止することによって、生きることに疲れた患者に死を迎えさせないようにすることは、依然として医師の職業法にゆだねられている。この点、*Künast/Sitte* の草案はそれを未解決のままにすることを意図していた[84]。

それに対して、実定法上の観点からは、連邦議会が、自殺関与の刑法上の制限

---

78 ただし、*Eser/Hecker*（前掲注76）,§ 11 Rn. 49. も参照。
79 Brand/Griese 案（前掲注58）19頁参照。
80 *Albin Eser*, Ort der Tat, in: Schönke/Schröder（前掲注5）,§ 9 Rn. 14. 参照。
81 Brand/Griese 案（前掲注58）20頁参照。
82 前述Ⅲの注23以下参照。
83 前述Ⅲの注24参照。
84 Künast/Sitte 案（前掲注53）, S. 4, 11 f. の6条2項による。

を決めた前日に、「ホスピス、緩和剤法（ein Hospiz- und Palliativgesetz）」が制定されたことに言及されなければならない[85]。この法律によって、生命の終期という局面にある人によりよい形で付き添うために、病院の患者の入院領域だけではなく、家庭的なホスピスサービスにおいて、よりよい手段がとられうるのである[86]。この意味ですでに、さらによりよい自殺予防のために、ドイツ倫理委員会が始動している[87]。

しかし、全体に関していえば、立法者が、生きている者の尊厳と自己決定に対する現在の公的な注目を利用して、特に、臨死介助[88]や死の看取り（Sterbebegleitung）[89]に関する対案で提案されていた、「死に際する、そして、死への介助（Hilfe in und zum Sterben）」の問題性を包括的に規制しようとしなかったことが残念である。それだけに一層、新たな法律成立によって、生から死へと向かうときに生じる、すべての問題が処理済と理解されてしまうことのないよう期待したい。

Albin Eser*
Straflosigkeit der Suizidteilnahme:
neue Einschränkungen in Deutschland

I. Vorbemerkung

Zu den Arbeitsfeldern, auf denen sich *Kazushige Asada* durch zahlreiche Publikationen einen grenzüberschreitenden Namen gemacht hat, zählt nicht zuletzt das Medizinstrafrecht.[1] Dieses Forschungsinteresse ist namentlich auch mir in verschiedener Hinsicht zugute gekommen: so vor allem durch Übersetzung mehrerer meiner Publikationen ins japanische[2] sowie vor kurzem durch seinen Beitrag zu einer mir gewidmeten Freundschaftsgabe.[3] Was läge also näher, als nun meinerseits dem verehrten Jubilar zu seinem 70. Geburtstag in

---

85　2015年12月1日制定、同年12月2日施行された「ドイツにおけるホスピスと緩和剤供給の改善に関する法律」（Gesetz zur Verbesserung der Hospiz-und Palliativversorgung in Deutschland (Hospiz-und Palliativgesetz - HPG)）（Bundesgesetzblatt I, S. 2114-2119）。
86　BT-Drs. 18/5170, 18/5868, 18/6585, BT-Protokoll 18/133, S. 12887D-12902C. 参照。
87　ドイツ倫理委員会「開かれた社会における自殺幇助」：ドイツ倫理委員会は、自殺予防を法的に強化することを推奨した（2014年12月18日の臨時の提言）。
88　前掲注24参照。
89　Heinz Schöch/Torsten Verrel によって提案された、「死の看取りに関する対案」（Alternativ-Entwurf Sterbebegleitung (AE-StB) GA, 2005, S. 553-586）。

freundschaftlicher Verbundenheit einen Beitrag auf medizinrechtlichem Gebiet zu widmen? Wenn ich dazu ein Thema aus dem Bereich der Sterbehilfe gewählt habe, so hat das seinen Grund in besonderer Aktualität, nämlich einem vor kurzem ergangenen Gesetz zur Reform assistierter Selbsttötung in Deutschland.[4] Abgesehen von den heftigen öffentlichen und parlamentarischen Auseinandersetzungen, die es Ende des 20. Jahrhunderts um die Reform des Schwangerschaftsabbruchsrechts gegeben hatte[5], war seitdem kaum eine andere Gesetzesnovelle mit medizinrechtlichem Einschlag politisch derart hart umkämpft und von solch großer publizistischer Aufmerksamkeit begleitet. Selbst die sich aus politischen Debatten normalerweise heraushaltende Strafrechtsprofessorenschaft konnte sich nicht zurückhalten, in einer mit über 140 Unterschriften unterstützten Resolution gegen eine gesetzliche Einschränkung der Sterbehilfe an die Öffentlichkeit zu treten.[6] Wesentlicher Auslöser für diese Auseinandersetzungen war, daß durch die verstärkten Aktivitäten von Sterbehilfeorganisationen die traditionelle Straffreiheit der Teilnahme an einer Selbsttötung in Deutschland ins öffentliche Bewusstsein getreten war und dabei vor allem das Mitwirken von Ärzten in Frage gestellt wurde.[7] Dem dadurch ausgelösten politischen Reformdruck meinte der Deutsche Bundestag schließlich nur mit einer Einschränkung der bisherigen Straflosigkeit von Suizidbeihilfe abhelfen zu können. Wie sehr es bei dieser Abkehr von einer liberalen Grundeinstellung zum autonomen Suizid um eine zutiefst weltanschauliche Frage ging, ist nicht zuletzt daran abzulesen, dass die Abgeordneten frei von dem sonst üblichen Fraktionszwang allein nach ihrem Gewissen sollten abstimmen können.[8]

Bevor über die verschiedenen Gesetzentwürfe und das dabei herausgekommene Ergebnis im einzelnen zu berichten ist, erscheint es angebracht, zunächst die grundsätzliche Straflosigkeit der Suizidteilnahme und die dafür erforderlichen Voraussetzungen vorzustellen (II). In einem nächsten Schritt ist aufzuzeigen, dass diese Straffreiheit schon von der Rechtsprechung durch Annahme einer Rettungspflicht eine Einschränkung erfuhr (III). Als praktisch noch stärker einschränkend ist das standesrechtliche Verbot ärztlich assistierten Suizids zu betrachten (IV). Diese Restriktionen haben schließlich nach einer intensiven parlamentarischen Reformdebatte (V) mit dem neu ins Strafgesetzbuch (StGB) eingeführten § 217 auch eine legislative Verschärfung erfahren (VI).

II. Grundsätzliche Straflosigkeit der Suizidteilnehme im deutschen Recht

Um mit einer terminologischen Klarstellung zu beginnen: wenn hier von „Suizidteilnahme" – und nicht wie in den Vorbemerkungen von „Suizidbeihilfe", „assistierter Selbsttötung" oder ähnlichen populären Bezeichnungen – die Rede ist, so soll damit im Sinne juristischer Korrektheit zweierlei bewusst gemacht werden: Zum einen geht es bei der Straflosigkeit der Suizidteilnahme nicht nur um Beihilfe, sondern auch um die Straflosigkeit einer Anstiftung zur Selbsttötung; schon insofern nimmt das deutsche Recht Sonderstellung ein. Da sich die öffentliche Diskussion jedoch meist nur um die Beihilfe zur Selbsttötung dreht, ist es für den Regelfall unschädlich, sich mit der Fokussierung auf Suizidbeihilfe und der entsprechenden Charakterisierung zu begnügen, sofern man dabei im Auge behält, dass auch die Anstiftung grundsätzlich straflos bleibt. Wenn zum anderen von Freiheit oder Verbot des „assistierten Suizids" gesprochen wird, könnte dies insofern irreführend wirken, als es ja nicht um eine Strafbarkeit des „Suizids" des Suizidenten (bzw. eines dahingehenden Versuchs) geht, sondern um Strafbarkeit der „Assistenz" dazu seitens eines Dritten. Auch solche Mißverständlichkeiten sind bei der Wortwahl zu bedenken.

Wenn zur Sache selbst die Mitwirkung an Selbsttötung allgemein für straflos gehalten wird,[9] so ist dies jedoch nicht schon ausdrücklich den bisherigen Tötungstatbeständen der §§ 212, 216 StGB zu entnehmen, vielmehr ergibt sich dies erst aus der Verbindung mit den allgemeinen Teilnahmeregeln. Denn da nach den §§ 25, 26 StGB sowohl die Anstiftung als auch die Beihilfe eine rechtswidrige Haupttat voraussetzen, die Selbsttötung als solche jedoch nicht strafbar sei, bleibe demzufolge auch eine Teilnahme daran straflos. Diese übliche Argumentation ist allerdings nicht ganz zweifelsfrei. Denn da § 212 StGB lapidar von der Tötung „eines Menschen" – und nicht wie § 223 StGB von der Körperverletzung einer „anderen Person" – spricht und ja auch bei Selbsttötung gewiß ein Mensch getötet wird, ist Suizid nicht schon vom Wortlaut der Tötungstatbestände her auszuschließen, sondern erst dadurch, dass im Wege historischer und teleologischer Interpretation Selbsttötung als nicht von § 212 StGB umfasst verstanden wird und damit auch für eine Strafbarkeit des versuchten Suizids, wie er in manchen Ländern unter Strafe stand, kein Raum ist.[10] Immerhin wurde etwaigen Zweifeln an dem die Selbsttötung ausschließenden Verständnis des Tötungstatbestandes nun durch den neuen § 217 StGB insofern abgeholfen, als es für die Kriminalisierung geschäftsmäßiger Förderung der Selbsttötung – mangels einer derartigen Haupttat – offensichtlich eines eigenen Tatbestandes bedurfte.[11]

Mit der Feststellung, dass Suizidteilnahme nach deutschem Recht nicht strafbar ist, bedarf es auch noch einer Klarstellung der Voraussetzungen und Grenzen, nach denen Mitwirkung an einer Selbsttötung straffrei bleiben kann. Doch auch dazu ist den Tötungstatbeständen keine positive Aussage zu entnehmen. Deshalb bleibt kein anderer Weg, als auf allgemeine Täterschafts- und Teilnahmeregeln zurückzugreifen und bei der Beteiligung an einem Tötungsgeschehen die Straflosigkeitsgrenze dort zu ziehen, wo es sich nicht mehr um Selbsttötung handelt, sondern bereits eine Fremdtötung vorliegt. In der hier gebotenen Kürze bedeutet das zum einen, dass von einer bloßen Suizidteilnahme von vornherein nur dort die Rede sein kann, wo sich der Suizident letztlich in freier Eigenverantwortlichkeit den Tod beibringt. Wenn es an der dafür erforderlichen Einsichts- und Urteilsfähigkeit des Suizidenten wie auch an seiner letzten Entschlossenheit zum Tod fehlt, setzt sich der den Suizid veranlassende oder unterstützende Dritte – je nach dem objektiven und subjektiven Intensitätsgrad seiner eigenen Beteiligung – dem Vorwurf fahrlässiger Tötung (§ 222 StGB) oder gar des Totschlags in mittelbarer Täterschaft (§§ 212, 25 Abs. 1 StGB) aus.[12] Zum anderen kommt straflose Suizidteilnahme nur solange in Betracht, als auch nach der letzten Hilfeleistung des Beteiligten die Entscheidung über Leben und Tod noch in der freien Entscheidung des Suizidenten verbleibt und nicht durch Übergang der Tatherrschaft auf den Tatbeteiligten die Grenze zu strafbarer Tötung auf Verlangen (§ 216 StGB) überschritten wird.[13] Soweit es um die rechtsethische Unterscheidbarkeit von (strafloser) Suizidteilnahme und (strafbarer) Tötung auf Verlangen geht, sieht sich diese vor allem in philosophisch-ethischen Diskussionen immer wieder in Zweifel gezogen,[14] um stattdessen für eine Gleichbehandlung jeder Form von einverständlicher Tötung zu plädieren – wobei damit allerdings gegenläufige Ziele verfolgt werden können: wie Missbilligung jeglicher Mitwirkung an einer Tötung einerseits oder meist eher in Richtung die Forderung nachgleichartiger Straffreistellung oder wenigstens Milderung andererseits. Dem ist jedoch nicht nur entgegenzuhalten, daß psychologisch gesehen die letzte Entschlossenheit zum Tod zweifelhaft erscheint, wenn man nicht selbst den letzten Schritt dazu wagt,[15] sondern dass damit einem Dritten in normativ bedeutsamer Schwere eine todbringende Täterschaft zugemutet wird.[16]

Doch wie und womit auch sonst immer man die Voraussetzungen strafloser Suizidteilnahme bestimmen und umgrenzen mag, nimmt das deutsche Strafrecht jedenfalls dem Grundsatz nach eine Sonderstellung ein; denn während eine ähnliche Position international betrachtet wohl nur in einer Minderzahl von Ländern vertreten wird, findet sich mehrheitlich entweder Anstiftung oder Beihilfe oder auch beides zusammen in der einen oder anderen Form unter Strafe gestellt.[17] Nachdem mit dem neuen § 217 StGB nun allerdings auch das deutsche Strafrecht jedenfalls die geschäftsmäßige Förderung der Selbsttötung mit Strafe bedroht, hat es seine auf der Straflosigkeit der Suizidteilnahme beruhende Sonderstellung zumindest teilweise verloren.

Genau besehen war jedoch die Suizidbeihilfe schon bisher nicht völlig straffrei; denn wenn auch nicht nach dem StGB, so kann sich ein Suizidbeteiligter unter Umständen dann strafbar machen, wenn er dem Suizidenten zu einem Tötungsmittel verhilft, dessen Verschaffung – wie etwa nach dem Arznei- oder dem Betäubungsmittelgesetz – unter Strafe steht; dadurch können sich vor allem Ärzte einem strafrechtlichen Risiko ausgesetzt sehen, wenn sie einem zum Sterben entschlossenen Patienten ein todbringendes Medikament überlassen.[18]

III. Judikative Einschränkung strafloser Suizidteilnahme durch Rettungspflicht

Wenn im Titel dieses Beitrags nicht einfach von „Einschränkungen", sondern von „neuen" Einschränkungen der Straflosigkeit der Suizidteilnahme die Rede ist, liegt es nahe, dass es schon bisher gewisse Einschränkungen gegeben haben muss. Und das ist in der Tat der Fall. Dies ist jedoch nicht auf einen legislativen Akt zurückzuführen, sondern auf judikativem Wege geschehen, und zwar dadurch, daß es nach ständiger Rechtsprechung eine Rettungspflicht geben soll, sobald eine Suizident handlungsunfähig geworden ist.

Um dieses Unterlaufen strafloser Förderung oder auch lediglich passiver Hinnahme eines Suizidgeschehens zu verstehen, ist zunächst daran zu erinnern, dass Suizidteilnahme von vornherein – und insoweit zu Recht – nur straflos sein kann, wenn der Suizident sich aufgrund voller Einsichtsfähigkeit selbst tötet und bis zum letztlich tödlichen Akt die Entscheidung darüber tatherrschaftlich bei ihm verbleibt.[19] Doch selbst wenn diese Voraussetzungen erfüllt sind und man demzufolge in Respektierung des freiverantwortlichen Sterbewillens dem zum Tod führenden Geschehen seinen Lauf meint lassen zu dürfen, stellt sich dem die Rechtsprechung entgegen, indem ein dem Sterbevorgang Bewohnender oder Hinzukommender zur Verhinderung des Todeseintritts verpflichtet sein soll, sobald der Suizident bewußtlos geworden ist oder aus sonstigen Gründen sich selbst nicht mehr zu helfen wüßte. Eine solche Rettungspflicht sei auf zwei Wegen mit unterschiedlicher Reichweite zu begründen: Hat man nach Unterlassungsgrundsätzen (§ 13 StGB) als Garant – wie insbesondere als Angehöriger aufgrund natürlicher Verbundenheit oder als Arzt kraft Übernahme der Behandlung – für das Leben des Suizidenten einzustehen, kann man sich in Form von Tötung durch Unterlassen (§ 212 bzw. § 216 StGB) strafbar machen, falls man ihn sterben läßt.[20] Wird man als ein ansonsten Unbeteiligter eines bewusstlosen Suizidenten ansichtig, droht Strafbarkeit wegen unterlassener Hilfeleistung (§ 323c StGB), wenn man bei dem als „Unglücksfall" zu verstehenden Suizid untätig bleibt.[21] Diese judikative Einschränkung der legislativ eingeräumten Straflosigkeit sowohl der Suizidteilnahme wie auch der Respektierung eines freiverantwortlichen Sterbewillens führt zu dem widersinnigen Ergebnis, dass beispielsweise ein Arzt seinem lebensmüden Patienten zwar todbringende Tabletten überlassen darf, jedoch zur Rettung verpflichtet sein soll, wenn das Medikament eingenommen wird und Bewusstlosigkeit eintritt

Nun steht rechtsvergleichend betrachtet Deutschland – anders als bei seiner Sonderstellung zur grundsätzlichen Straflosigkeit der Suizidteilnahme (II) – insofern nicht allein, als auch andere Länder bei Suizid eine dem § 323c StGB vergleichbare Hilfeleistungspflicht bei Not- oder Unfällen kennen.[22] Trotz solcher Ähnlichkeit bleibt jedoch ein gravierender Unterschied zu bedenken: Dort wo ohnehin schon die Teilnahme an einem Suizid strafbar ist und der darin zum Ausdruck kommende Lebensschutz selbst gegenüber einem zur Selbsttötung Entschlossenen Vorrang haben soll, ist es kein allzu großer Schritt, einen Suizidenten mittels einer Rettungspflicht ins Leben zurückholen zu müssen. Demgegenüber kommt es einer radikalen Kehrtwende gleich, in einem ersten Schritt die Förderung eines Suizids zuzulassen, die darin liegende Respektierung des Sterbewillens hingegen, sobald dieser in die Tat umgesetzt wird, in einem zweiten Schritt zurückzunehmen. Eine solche normative Schizophrenie ist, wenngleich kaum zu billigen, allenfalls damit zu erklären, dass die Autonomie des Sterbewillens entweder schon dem Grunde nach nicht ernst genommen ist oder die letzte Entschlossenheit und freiverantwortliche Entscheidungsfähigkeit zum Sterben-wollen in Zweifel gezogen wird. Eine solche Besorgnis mag es zwar rechtfertigen, an den Nachweis voller Entscheidungsfähigkeit und der bis zum tödlichen Ende aufrechterhaltenen Entschlossenheit höchstmögliche Anforderungen zu stellen. Solange dies jedoch als gesichert gelten kann, ist eine gleichwohl auferlegte Rettungspflicht nicht mehr mit dem Schutz der auch das Lebensende umfassenden Autonomie, sondern nur noch damit zu erklären, daß der Schutz des Lebens auch gegenüber dessen Inhaber durchzusetzen ist. Dann aber wäre konsequenterweise bereits die Mitwirkung an einem Suizid unter Strafe zu stellen.[23] Will man demgegenüber die in der Straflosigkeit der Suizidteilnahme zum Ausdruck kommende Freiheit zum Sterben einschließlich dafür erforderlicher Hilfe ermöglichen, ohne darüber hinaus ein Recht auf Tötung durch dritte Hand einzuräumen, wird gegenüber judikativen Einschränkungen eine legislative Klarstellung geboten sein: so etwa wie dies der „Alternativentwurf eines Gesetzes über Sterbehilfe (AE-Sterbehilfe)"[24] vorgeschlagen hat, indem einerseits die „Nichthinderung einer Selbsttötung" (§ 215) für nicht rechtswidrig erklärt wird und damit im Falle eines freiverantwortlichen und ausdrücklich erklärten Suizids eine Rettungspflicht entfällt, und anderseits für Tötung auf Verlangen (§ 216) allenfalls ein Absehen von Strafe, nicht aber eine Rechtfertigung oder Entschuldigung eingeräumt wird.[25]

IV. Standesrechtliches Beihilfeverbot für Ärzte

Nachdem der judikativen Begründung des Rettungspflichten durchwegs Fälle zugrunde lagen, in denen – sieht man vom Fall Dr. Wittig einmal ab[26] – kein medizinisches Personal involviert war, könnte der Eindruck entstehen, als ob diese Einschränkung strafloser Suizidbeihilfe für Ärzte keine oder allenfalls eine geringe Rolle spiele. Dem ist jedoch nicht so. Denn wenn ein Patient ein ihm überlassenes tödliches Medikament in der Arztpraxis einnimmt oder in einer Krankenanstalt in einem suizidalen Zustand angetroffen wird, ist er aufgrund Behandlungsübernahme oder Annahme eines Unglücksfalles postwendend, ins Leben zurückzuholen.[27] Will ärztliches Personal, und zwar gleich, ob am vorangegangenen Suizid beteiligt oder nur zufällig hinzukommend, einer Rettungspflicht entgehen, bleibt ihm kein anderer straffreier Weg, als sich – wie im Fall Dr. Hackethal – rechtzeitig zu entfernen.[28] In dieser Weise einen suizidalen Patienten sich selbst überlassen zu müssen, falls man sich nicht dem Risiko strafbaren Unterlassens aussetzen will, kann aber gerade den Arzt in eine nicht zuletzt medizinethische Interessenkollision stürzen, der für seinen lebensmüden Patienten nichts Besseres meint tun zu können, als seinen erkennbar freiverantwortlichen Sterbewillen zu respektieren und ihn auf diesem Weg bis zum erwünschten Ende zu begleiten – und zwar nicht in Ausübung paternalistischen ärztlichen Abwägungsermessens, wie sich der Bundesgerichtshof im Fall von Dr. Wittig verstehen ließe,[29] sondern in schlichter Respektierung des – auch die Freiheit zum Sterben umfassenden – Selbstbestimmungsrechts des Patienten.[30]

Um nicht missverstanden und dem Verdacht mangelnden Einsatzes für Lebensschutz ausgesetzt zu werden: wenn hier wie auch schon vorangehend immer wieder durchgeklungen ist, dass durch die Statuierung von Suizidverhinderungs- und Rettungspflichten gerade dem um das Wohl und den Willen seines Patienten besonders besorgten Arztes die Möglichkeit verbaut wird, letzte Hilfe zu leisten, dann möge das weder als mangelnde Achtung von Lebensschutz noch als moralische Indifferenz von Selbsttötung verstanden werden.[31] Worum es hier vielmehr geht, und das ist nicht zuletzt auch standesethisch von Belang, ist die Frage, ob die zum Selbstbestimmungsrecht des Menschen gehörende Freiheit zum Sterben, und zwar sowohl zum Sterben*dürfen* des Betroffenen als auch zum Sterben*lassen*dürfen durch Dritte,[32] derart eingeschränkt werden darf, dass mitmenschliche Solidarität, wie sie gerade in existenziellen Grenzsituationen wichtig wäre und – wenn nicht von Angehörigen – am ehesten vom Arzt des Vertrauens erbracht werden könnte, auf der Strecke bleibt.

Aus diesem Blickwinkel – nämlich als Arzt dem Patienten in der Selbstverwirklichung seines Lebens und Sterbens zur Seite zu stehen – sollte es der Ärzteschaft eigentlich wünschenswert erscheinen, nicht mit strafrechtlichen Mitteln, und sei es auch nur durch Statuierung von Pflichten zur Verhinderung selbstgewollten Sterbens, gezwungen zu sein, einen Suizidenten gegen seinen wohlüberlegten und mängelfrei erklärten Willen ins Leben zurückzuholen. In diesem Sinne eröffnet das Wittig-Urteil – trotz grundsätzlicher Bestätigung von Rettungspflichten – jedenfalls insoweit ein Tor für das Sterbenlassen eines Suizidenten, als dem Arzt ein Abwägungsermessen eingeräumt wird.[33] Doch anstatt diese Chance für mitmenschliche Empathie offen zu halten, versucht man den Weg dahin bereits dadurch zu verschließen, daß schon im Vorfeld einer Selbsttötung dem Arzt Beihilfe dazu standesrechtlich verboten sein soll.

Nachdem schon seit längerem sowohl innerhalb der deutschen Ärzteschaft als auch in der allgemeinen Öffentlichkeit heiß diskutiert worden war, ob und inwieweit ein Arzt dem Sterbeverlangen eines Patienten entsprechen darf, wurde von der organisierten deutschen Ärzteschaft die grundsätzliche Straflosigkeit der Suizidteilnahme für unvereinbar mit dem „ärztlichen Ethos" erklärt. Doch woraus sich diese Unvereinbarkeit ergeben soll, ist kaum verlässlich zu ermitteln: Während für die einen, wie meist offiziös proklamiert, die unbedingte Achtung des Lebens jede Unterstützung von Töten verbiete, ist nicht auszuschließen, dass für andere insgeheim eher die professionsbezogene Sorge um das öffentliche Ansehen der Ärzteschaft, nicht mit Suizid in Verbindung gebracht zu werden, eine maßgebliche Rolle spielt.[34]

Doch aus welchen Gründen auch immer, schließlich wurde auf dem Deutschen Ärztetag von 2011 zum „Beistand für Sterbende" folgende Regelung in die "Musterberufsordnung für Ärzte" (§ 16) aufgenommen: „Ärztinnen und Ärzte haben Sterbenden unter Wahrung ihrer Würde und unter Achtung ihres Willens beizustehen. Es ist ihnen verboten, Patientinnen und Patienten auf deren Verlangen zu töten. Sie dürfen keine Hilfe zur Selbsttötung leisten".[35]

Dieses Verbot ist sicherlich verständlich, soweit es um aktive Tötung auf Verlangen geht, ist diese doch durch § 216 StGB ausdrücklich unter Strafe gestellt.[36] Warum dem Arzt hingegen ausnahmslos auch jede Hilfe zur Selbsttötung untersagt sein soll, ist mir aus dem Blickwinkel mitmenschlicher Solidarität nicht nachvollziehbar. Denn könnte nicht gerade ein Arzt als die möglicherweise engste Vertrauensperson eines lebensmüden Menschen am besten geeignet sein, ein würdevolles Sterben sicherzustellen?[37] Rechtsvergleichend erhellend mag dazu auch die auf einem Sterbehilfekolloquium diskutierte Gegenüberstellung von englischen und niederländischen Positionen sein:[38] Während in England – ähnlich wie nach dem Suizidbeihilfeverbot der deutschen Ärzteschaft – vornehmlich zur Reinhaltung des Berufsstandes Ärzte von Sterbevorgängen herausgehalten werden sollen, ist in den Niederlanden die – zudem ohnehin weitergehend zulässige – Sterbehilfe gerade umgekehrt dem Arzt vorbehalten; denn wenn schon ein Mensch ernstlich und unwiderruflich seinem Leben ein Ende setzen will, soll dies möglichst schonend und medizinisch regelgerecht geschehen, und zwar nicht zuletzt um damit Schäden zu vermeiden, wie sie bei mangelnder professioneller Hilfe oder fehlerhafter Mitwirkung Dritter die Situation des Sterbewilligen sogar noch verschlimmern könnten.[39]

Möglicherweise sind solche Bedenken denn letztlich auch ein Grund dafür, dass sich bislang nur 10 von 17 Landesärztekammern dazu entschließen konnten, den Beschluss des Ärztetages durch Übernahme in ihre standesrechtlichen Berufsordnungen mit verbindlicher Kraft auszustatten.[40]

V. Reformdiskussion zu strafrechtlicher Einschränkung der Selbsttötung

Auch wenn sich der Deutsche Ärztetag mit seiner Forderung, Ärztinnen und Ärzten Hilfe zur Selbsttötung standesrechtlich zu verbieten, nicht flächendeckend hatte durchsetzen können,[41] blieben die darüber geführten öffentlichen

Diskussionen nicht ohne politischen Widerhall. Dabei rückten nicht zuletzt verschiedene Sterbehilfevereine, wie vor allem die von der Schweiz aus agierenden und auch viele deutsche Sterbewillige anziehenden Organisationen von „Dignitas" und „Exit" in den Fokus heftiger Auseinandersetzungen.[42] Auch soweit als altruistische Hilfe für suizidwillige Menschen konzipiert und propagiert, ist die Gefahr von Missbrauch nicht auszuschließen: sei es dass Freiverantwortlichkeit fälschlich angenommen wird, weil Depressionen nicht richtig erkannt oder gar bewusst ausgenutzt werden, sei es dass Langzeitkranken das Gefühl vermittelt wird, durch freiwilligen Suizid die Angehörigen von einer Last zu befreien, sei es dass verzweifelten Menschen ein vermeintlich leichter Weg aus einem unerträglich erscheinenden Leben in einem befreienden Tod aufgezeigt oder aus welchen sonstigen unlauteren Motiven auch immer zum Suizid ermuntert wird. Solche Gefahren werden umso größer, je mehr Suizidbeihilfe als selbstverständlicher Teil ärztlichen Handelns präsentiert und dementsprechend geschäftsmäßig offeriert oder gar von Gewinnstreben motiviert gewerbsmäßig betrieben wird.

Auf welche Weise solchen Gefahren am besten zu begegnen ist, war publizistisch wie auch politisch heiß umstritten. Zunächst waren erste Reformversuche seitens des Bundesrats[43] und der Bundesregierung[44] erfolglos geblieben.[45] Bei den weiteren Bemühungen im parlamentarischen Raum verliefen die Fronten – anders als sonst üblich – nicht nur zwischen den Parteien, sondern teils quer durch diese hindurch, mit der Folge, dass es sogar zu Koalitionen von Abgeordneten der Regierungsmehrheit mit Mitgliedern der Opposition kam. Dabei schälten sich schließlich vier fraktionsübergreifende Gesetzentwürfe heraus, zu denen kurz vor der abschließenden Lesung im Bundestag noch ein Antrag auf Beibehaltung des geltenden Rechts hinzukam. Abgesehen von zwei extremen Gegenpositionen sind die anderen Vorlagen zwar gesetzestechnisch unterschiedlich gestaltet, in ihrem Grundanliegen aber nicht all zu weit voneinander entfernt. In der hier gebotenen Kürze erscheint dazu folgendes bemerkenswert:[46]

Der auf der einen Seite der Extreme stehende Antrag von Keul/Sütterlin-Waack *„Keine neuen Straftatbestände bei der Sterbehilfe"*[47] hatte keinen Reformbedarf gesehen, sodaß er es bei der derzeitigen Straflosigkeit der Suizidteilnahme belassen wollte. Dadurch sollten Sterbewillige weiterhin uneingeschränkten Zugang zu ergebnisoffener Beratung und Unterstützung haben, zumal sie auf diesem Weg möglicherweise auch wieder von ihrem Vorhaben Abstand nehmen könnten. Dieser Weg würde versperrt, wenn Ärzte oder Vereine im Zusammenhang mit ihrer Tätigkeit Sorge haben müssten, sich strafbar zu machen. Unseriöse Angebote ließen sich am besten durch Sicherstellung professioneller Angebote verhindern. Kommerzieller Ausbeutung könne durch gewerberechtliche Regulierung außerhalb des Strafrechts entgegengetreten werden. Dieser Antrag kam jedoch schon gar nicht mehr zur Abstimmung im Bundestag, nachdem zuvor die Pönalisierung geschäftsmäßiger Förderung der Selbsttötung[48] mehrheitlich angenommen worden war.[49]

Die entgegengesetzte Extremposition war im Entwurf Sensburg/Dörflinger darauf gerichtet, mit einem *„Gesetz über die Strafbarkeit der Teilnahme an der Selbsttötung"*[50] in einem neuen § 217 StGB unterschiedslos jeden – also gleichermaßen Angehörige, Ärzte und sonstige Dritte – mit Strafe zu bedrohen, der „einen anderen dazu anstiftet, sich selbst zu töten oder ihm dazu Hilfe leistet", und zwar selbst dann, wenn es nur bis zu einem Versuch der Teilnahme kommt. Diese radikale Abkehr von der bisherigen Straflosigkeit der Suizidteilnahme hat ihren tieferen Grund wohl darin, daß der Suizid, auch wenn selbst nicht strafbar, die Grenzen geschützter Autonomie überschreite und sich die Anstiftung oder Beihilfe dazu selbstständig unter Strafe stellen lasse. Dies auch deshalb, weil der Leidende ein Ende der Leiden, nicht aber ein Ende des Lebens wolle und nicht zugelassen werden könne, dass das Leben eines Kranken oder Behinderten als lebensunwert angesehen werde – gleich ob von ihm selbst oder von einem Dritten. Bleibe Suizidteilnahme erlaubt, werde der Patient den Angehörigen und der Gesellschaft gegenüber dafür begründungspflichtig, unter Belastung der Familie weiterleben zu wollen. Unter diesem Erwartungsdruck, der einen freien Willen des Patienten zweifelhaft erscheinen lasse, wobei die Angehörigen nur in seltenen Fällen ein Sterbemittel würden auswählen wollen, werde die Entscheidung letztlich dem Arzt überlassen. Das aber entspreche nicht dem Berufsverständnis von Ärzten, die heilen und nicht töten wollten. Nachdem sich standesrechtlich ein einheitliches Verbot ärztlich assistierten Suizids nicht habe durchsetzen lassen[51], sei diese Regelungslücke strafrechtlich zu schließen. Die dafür geforderte totale Abschaffung der Straffreiheit der Suizidteilnahme vermochte jedoch nur bei 37 von 602 Abgeordneten Zustimmung zu finden.[52]

Im Unterschied zu den Extrempositionen, einerseits mit weiterer Straffreiheit der Suizidteilnahme alles beim alten zu lassen oder andererseits die Chance einer Kriminalisierung zu nutzen, ist den drei anderen dazwischen stehenden Entwürfen – trotz verschiedenartiger Ausgestaltung – eine Sonderbehandlung für Ärzte bzw. für Angehörige gemeinsam ist. Der umfassendste Entwurf Künast/Sitte wollte mit einem außerhalb des StGB angesiedelten *„Gesetz über die Straffreiheit der Hilfe zur Selbsttötung"*[53] nicht nur für Ärzte klarstellen, dass sie Hilfe zu Selbsttötung leisten dürfen (§ 1 Nr. 3) und dies standesrechtlich nicht untersagt werden darf (§ 6 (2)), vielmehr solle dies auch Einzelpersonen und Organisationen erlaubt sein (§ 1 Nr. 2), wobei für letztere bestimmte Regeln aufzustellen seien (§ 1 Nr. 4, § 7 (4)). Während der Grundsatz der Straffreiheit für die Selbsttötung als solcher vorbehaltlos bestätigt wird (§ 2 (1)), wird der Hilfe zur Selbsttötung nur „grundsätzlich" Straflosigkeit zugesichert (§ 2 (2)), nämlich nicht für strafbedrohte „gewerbsmäßige" Hilfe (§ 4) oder Förderung (§ 5). Wodurch sich dieser Entwurf ebenfalls von anderen abhebt, sind die für die Feststellung eines freiverantwortlichen Sterbewunsches zu beachtenden Voraussetzungen (§ 3) sowie die bei organisierter oder geschäftsmäßiger Hilfe zu Selbsttötung zu erfüllenden Beratungs- und Dokumentationspflichten (§§ 7, 8), deren Verletzung ebenfalls unter Strafe gestellt wird (§ 9). Geleitet von dem Gedanken, dass mehr Fürsorge statt mehr Strafrecht geboten sei, um den Nöten sterbewilliger Menschen zu begegnen, wird – ähnlich wie nach dem Beratungskonzept bei Schwangerschaftsabbruch[54] – der durch kompetente Beratung ermöglichten Chance zu einem ergebnisoffenen Gespräch große Bedeutung beigelegt. Da dafür nicht ohne weiteres Angehörige oder Ärzte bereit stehen, sollte es auch weiterhin Vereine geben dürfen, die Beratung und Hilfe anbieten. Um missbrauchsanfällige Kommerzialisierung zu verhindern, bedürfe es nicht schon bei nur geschäftsmäßiger Suizidhilfe, sondern erst gegen gewerbsmäßige Aktivitäten einer strafrechtlichen Sanktionierung. Auch für diesen Entwurf konnten sich aber letztlich nur 52 von 602 Abgeordneten entschließen.[55]

Noch stärker auf den Arzt fixiert versucht der Entwurf Hintze/Reimann mit einem *„Gesetz zur Regelung der ärztlich begleiteten Lebensbeendigung (Suizidhilfegesetz)"*[56] in einem neu in das Bürgerliche Gesetzbuch (BGB) einzufügenden Abschnitt 4 zur „Selbstbestimmung des Patienten" diese durch besondere Regeln für „ärztlich begleitete Lebensbeendigung" (§ 1921a) zu gewährleisten. Ohne dabei die Straffreiheit der Suizidteilnahme explizit einzuschränken oder für Sterbehilfevereine bestimmte Regelungen vorzusehen, soll dem Arzt für seine freiwillig zu erbringende Hilfestellung eine klare Rechtsgrundlage verschafft werden. Im Unterschied zu anderen Entwürfen solle die Suizidhilfe jedoch auf finale Krankheitsphasen eingeschränkt bleiben und – insoweit ähnlich dem Entwurf Künast/Sitte – eine Hilfestellung nur erfolgen, wenn dieser eine ärztliche Beratung des Patienten über andere Behandlungsmöglichkeiten vorausgegangen ist, die Unumkehrbarkeit des Krankheitsverlaufs sowie die Wahrscheinlichkeit des Todes medizinisch festgestellt ist und der ernsthaft und endgültig erklärte Patientenwunsch durch einen zweiten Arzt bestätigt wurde. In dieser Weise weniger auf das Strafrecht als vielmehr auf das Vertrauen in die Ärzteschaft zu setzen, entspreche der weit verbreiteten Erwartung, dass sich im sensiblen Bereich zwischen Leben und Tod der Staat mit Verboten zurückhalten solle. Stattdessen vom Arzt Suizidassistenz zu erwarten, eine solche Gewissensentscheidung könne nur in Fällen verlangt werden, in denen nicht mehr das Ob des krankheitsbedingten Todes, sondern nur noch dessen genauer Zeitpunkt offen ist. Dieser Regelungsvorschlag hatte mit 128 von 602 Stimmen zwar mehr als die beiden vorgenannten Entwürfe zusammen gewonnen, blieb aber gleichwohl hinter einer klaren Mehrheit zurück.[57]

Der damit verbleibende Entwurf Brand/Griese eines *„Gesetzes zur Strafbarkeit der geschäftsmäßigen Förderung der Selbsttötung"*[58] hebt sich von den vorgenannten Entwürfen in mehrfacher Hinsicht ab: zum einen dadurch, dass er in einem neuen § 217 StGB zwar die geschäftsmäßige Förderung der Selbsttötung kriminalisiert, im übrigen jedoch die Straffreiheit der Suizidteilnahme unberührt lässt; zum anderen dadurch, dass Angehörigen, die sich an einer Suizidhilfe beteiligen, ohne jedoch selbst geschäftsmäßig zu handeln, Straffreiheit gewährt wird,[59] des weiteren aber auch dadurch, dass sich dieser Entwurf jeglicher Klarstellung der für straffreie Suizidteilnahme wesentlichen Voraussetzungen wie auch etwaiger Beratungsregeln für Suizidprophylaxe enthält. Damit geht die Stoßrichtung dieses Entwurfs weniger gegen Suizidbeihilfe als solche als vielmehr gegen die Entwicklung von Suizidassistenz als Dienstleistungsangebot, das den fatalen Anschein einer zur gesundheitlichen Versorgung gehörenden Normalität erwecke und mit der Gefahr missbräuchlicher Kommerzialisierung einhergehe. Nachdem dieser Entwurf mit 360 von 602 Stimmen[60] schließlich zum Gesetz geworden ist,[61] erfordert er besondere Beachtung.

VI. Pönalisierung der geschäftsmäßigen Förderung der Selbsttötung
Der neue § 217 StGB hat folgenden Wortlaut:
Geschäftsmäßige Förderung der Selbsttötung
(1) Wer in der Absicht, die Selbsttötung eines anderen zu fördern, diesem hierzu geschäftsmäßig die Gelegenheit gewährt, verschafft oder vermittelt,

wird mit Freiheitsstrafe bis zu drei Jahren oder mit Geldstrafe bestraft.

(2) Als Teilnehmer bleibt straffrei, wer selbst nicht geschäftsmäßig handelt und entweder Angehöriger des in Absatz 1 genannten anderen ist oder diesem nahesteht.

In der hier gebotenen Kürze erscheinen schlagwortartig folgende. Punkte erwähnenswert:

In grundsätzlicher Hinsicht bringt diese Vorschrift den Bruch mit einer langen deutschen Tradition, indem die bisherige Straffreiheit der Suizidteilnahme – und sei es auch nur in engen Grenzen – aufgegeben wird. Andererseits hat die Begrenzung der Pönalisierung auf eine bestimmte Art von Suizidteilnahme auch eine positive Seite, indem nämlich durch diese Ausnahme von der Regel indirekt die grundsätzliche Straffreiheit der Suizidassistenzbestätigt wird[62] und damit gegenteiligen Auffassungen, wie sie gelegentlich vertreten wurden, der Boden entzogen ist.[63]

Hinsichtlich seines dogmatischen Charakters handelt es sich bei dem neuen Straftatbestand um ein abstraktes Gefährdungsdelikt, das bereits im Vorfeld der eigentlich als „Haupttat" zu verstehenden Selbsttötung eines Anderen eingreift und als eine zur Täterschaft verselbständigte Teilnahmehandlung zu verstehen ist.[64] Da diese demzufolge ihrerseits als Haupttat in Betracht kommt, ist daran wiederum Teilnahme möglich,[65] wie etwa dadurch, dass ein Sterbehilfeverein (in Gestalt einer für ihn agierenden natürlichen Person) dazu angestiftet wird, einem Sterbewilligen dabei zu helfen, sich selbst zu töten, oder der Verein mit einem Medikament beliefert wird, von dem der Lieferant davon ausgeht, dass es einem Suizidenten zur Verfügung gestellt werden soll. Damit in solchen Fällen § 217 zur Anwendung kommen kann, ist natürlich jeweils ein freiverantwortliches Handeln des Suizidenten vorauszusetzen (ohne dass allerdings das dafür Erforderliche geregelt wäre[66]); falls es daran fehlt, kommt anstelle von § 217 fahrlässige Tötung (§ 222) oder vorsätzlicher Totschlag in mittelbarer Täterschaft (§§ 212, (211), 25) in Betracht.[67]

Als tatbestandliche Handlungsalternativen wird das Gewähren, Verschaffen oder Vermitteln genannt. Obgleich dabei weder das besonders naheliegende Überlassen eines tödlichen Medikaments noch das Bestärken suizidaler Vorstellungen ausdrücklich angeführt werden, dürften solche Handlungsalternativen miterfaßt sein, sollen doch schon die Kommunikation und der Informationsaustausch über Selbsttötung genügen, sofern zu deren Ausführung zugleich eine konkrete Gelegenheit ermöglicht oder vermittelt wird.[68]

Damit durch derart weit gefächerte Möglichkeiten einer Förderung von Selbsttötung nicht schon jede Art von zwischenmenschlicher Aussprache und Unterstützung pönalisiert wird, sondern eigentlich nur der organisierten und geschäftsmäßig angebotenen Suizidassistenz das Handwerk gelegt werden soll,[69] bedürfen Hilfeleistungen einer Einschränkung. Während der Entwurf Künast/Sitte ebenso wie der ursprüngliche Regierungsentwurf Gewerbsmäßigkeit erfordern wollten,[70] soll nunmehr schon Geschäftsmäßigkeit genügen: Das hat zur Folge, dass es auf den Nachweis irgendwelcher Gewinnerzielungsinteressen nicht ankommt und somit auch schon rein altruistische Suizidbeihilfe auf strafbedrohtes Terrain geraten kann. Daher wird eine Einengung auf organisierte Suizidassistenz nur dann zu erreichen sein, wenn man für die in den Beratungen heiß umkämpfte Ausdehnung auf „Geschäftsmäßigkeit"[71] nicht schon eine einmalige oder nur gelegentliche Hilfeleistungen ausreichen läßt, sondern diese als dauernder oder wiederkehrender Bestandteil der Tätigkeit gedacht sind.[72] Danach können zwar Privatpersonen, die in einem bestimmten Einzelfall Hilfe leisten, oder Ärzte, die ausnahmeweise einmal einem lebensmüden Patienten eine tödliche Überdosis überlassen, vor strafrechtlicher Verfolgung sicher sein. Klinikärzte hingegen, die sich öfters mit dem Wunsch nach einem leidens- und lebensbeendenden Mittel konfrontiert sehen und sich dem nicht zu entziehen vermögen, werden einem Wiederholungsverdacht nicht so leicht entgehen können.

Angesichts des somit objektiv weiten Anwendungsbereichs kommt den subjektiven Erfordernissen entscheidendes Gewicht zu. Das gilt insbesondere für die Frage, für welche Tatbestandselemente Absicht erforderlich ist beziehungsweise wofür schon bedingter Vorsatz genügen soll. Zur Klärung der bereits in den parlamentarischen Beratungen zutage getretenen Meinungsverschiedenheiten[73] sind drei verschiedene Bezugspunkte auseinanderzuhalten: Soweit es um das Absichtserfordernis und dabei um das Ziel der Hilfeleistung geht, muss die Unterstützungshandlung zielgerichtet auf die Selbsttötung des Anderen ausgerichtet sein. Dafür würde es nicht genügen, wenn dem Patienten ein für Schmerzlinderung gedachtes Medikament ausgehändigt und dabei lediglich in Kauf genommen würde, dass sich dieser durch bewußt falsche Anwendung auch das Leben nehmen könnte. Insofern ist der Tatbestand ein Absichtsdelikt. Soweit es dagegen um die Tathandlung geht, nämlich um die Frage, ob und inwieweit in der Hilfeleistung ein Gewähren, Verschaffen oder Vermitteln im Sinne der angestrebten Selbsttötung zu erblicken ist und/oder ob diese tatsächlich ausgeführt wird, genügt bedingter Vorsatz. Das kann sowohl dort der Fall sein, wo der Arzt dem Patienten ein Medikament gezielt zur Selbstötung überläßt, ohne sich über die tödliche Wirkung sicher sein können, wie auch da, wo Unsicherheit über die tatsächliche Ausführung der Selbsttötung besteht, beides aber gegebenenfalls in Kauf genommen wird.[74] Soweit es schließlich um die Geschäftsmäßigkeit des Handelns geht, könnte sich ein Absichtserfordernis daraus ergeben, dass Suizidassistenz, wie zuvor bemerkt, auf Dauer angelegt und dafür auf Wiederholung ausgerichtet sein muß. Das braucht jedoch nicht zwingend zu bedeuten, dass der Suizidhelfer – vielleicht abgesehen von der erstmaligen Begehung, für die zur Annahme von Geschäftsmäßigkeit Wiederholungsbereitschaft erforderlich ist – jede Hilfeleistung als zielgerichtet geschäftsmäßig verstehen müsste; vielmehr dürfte auch insoweit bedingter Vorsatz genügen, als der Suizidförderer sein wiederholtes Handeln als geschäftsmäßig zu betrachten in Kauf nimmt.

Was die Versuchsstrafbarkeit betrifft, so ist diese – anders als im Entwurf Sensburg/Dörflinger[75] –nicht ausdrücklich geregelt. Doch dessen bedurfte es hier auch nicht; denn im Unterschied zu dort, wo für die Tatvollendung erforderlich ist, dass die Selbsttötung zur Ausführung kommt, ist der hier infragestehende § 217 als (unechtes) „Unternehmensdelikt" zu verstehen, das bereits mit der Förderungshandlung vollendet wird.[76] Deshalb macht man sich als geschäftsmäßiger Suizidhelfer schon mit jeder Förderung eines konkreten Suizidverlangens strafbar, und zwar ohne Rücksicht darauf, ob die Selbsttötung tatsächlich ausgeführt wird.[77] Da somit schon mit der Förderungshandlung vollendet, bleibt grundsätzlich auch für Rücktritt kein Raum.[78]

Mit dem in § 217 (2) eingeräumten Angehörigenprivileg soll diesen wie auch anderen dem Suizidwilligen nahestehenden Personen, die ihm in einer emotional meist sehr belastenden und schwierigen Ausnahmesituation beistehen wollen, ein persönlicher Strafausschließungsgrund zugute kommen.[79] Obwohl auf die selbst nicht geschäftsmäßige Teilnahme an der Förderungshandlung eines geschäftsmäßigen Suizidhelfers beschränkt, braucht beispielsweise ein Lebenspartner keine Strafbarkeit zu befürchten, wenn er dem Sterbewilligen die Adresse eines Sterbehilfevereins verschafft und/oder ihn dorthin begleitet.

Was grenzüberschreitende Suizidhilfe betrifft, bleibt die Anstiftung oder Beihilfe zu einer im Ausland ausgeführten Selbsttötung – sofern nicht das Angehörigenprivileg in Betracht kommt – selbst dann strafbar, wenn der Teilnehmer lediglich vom Inland aus tätig wird und selbst nicht die Grenze überschreitet; auch gilt dies gemäß § 9 (2) Satz 2 StGB ohne Rücksicht darauf, ob die Mitwirkung an einer Selbsttötung am Austragungsort strafbar ist oder nicht.[80]

Auf diesem Wege soll Versuchen entgegengetreten werden, den assistierten Suizid als „grenzüberschreitende Dienstleistung" anzubieten.[81]

VII. Schlußbemerkung

Nicht nur das, was durch den neuen § 217 StGB geregelt wird, ist erwähnenswert, sondern auch das, was unerledigt geblieben ist, sollte nicht unerwähnt bleiben. Letzteres betrifft vor allem zwei Punkte: Zum einen bleibt die straflose Respektierung und Hinnahme eines Suizids weiterhin dadurch eingeschränkt, dass die von der Rechtsprechung eingeführte Rettungspflicht, sobald der Suizident seine eigene Handlungsfähigkeit verloren hat,[82] nicht ausgeschlossen wurde, wie dies seinerzeit vom Alternativentwurf-Sterbehilfe vorgeschlagen worden war.[83] Zum anderen bleibt es dem ärztlichen Standesrecht nach wie vor unbenommen, durch ein Verbot von Hilfe zur Selbsttötung den Arzt davon abzuhalten, einem lebensmüden Patienten den erwünschten Tod zu ermöglichen, so wie dies der Entwurf Künast/Sitte offen halten wollte.[84]

Demgegenüber bleibt in positiver Hinsicht zu erwähnen, dass am Vortag der strafrechtlichen Einschränkung des assistierten Suizids der Bundestag ein Hospiz- und Palliativgesetz" verabschiedet hat,[85] wonach Maßnahmen zur besseren Begleitung des Menschen in seiner letzten Lebensphase zu treffen sind, und nicht nur für den stationären Bereich von Krankenhäusern, sondern auch für häusliche Hospizdienste.[86] In diesem Sinne hatte sich auch schon der Deutsche Ethikrat für eine bessere Suizidprophylaxe eingesetzt.[87]

Insgesamt betrachtet bleibt gleichwohl zu bedauern, dass der Gesetzgeber die gegenwärtige öffentliche Aufmerksamkeit für Würde und Selbstbestimmung am Lebensende nicht dazu genutzt hat, die Problematik von Hilfe in und zum Sterben in umfassender Weise zu regeln, wie dies insbesondere von den Alternativ-Entwürfen zur Sterbehilfe[88] und zur Sterbebegleitung[89] vorgeschlagen worden war. Umso mehr bleibt zu hoffen, dass mit dem neuen Gesetz nicht alle Fragen zum Übergang vom Leben zum Tod als erledigt betrachtet werden.

*   Professor Dr. Dr. h. c. mult., Direktor Emeritus am Max-Planck-Institut für ausländisches und internationales Strafrecht, in Freiburg im Breisgau.
1   Zu seinen einschlägigen, sowohl japanischen als auch fremdsprachigen Veröffentlichungen, wie insbesondere auch in deutsch, vgl. im Einzelnen das Schriftenverzeichnis von Kazushige Asada in diesem Band.
2   So insbesondere in den von Kazushige Asada gemeinschaftlich mit Kenji Ueda herausgegebenen und ins Japanische übersetzten Sammelbände „Sentanriyo to keiho"

-(Hochentwickelte Medizin und Strafrecht), Tokyo 1990, www.freidok.uni-freiburg. de/volltexte/4759, und „Ijikeihō kara Tōgō teki ijihō he. Von Medizinstrafrecht zu integrativem Medizinrecht", Tokyo 2011, www.freidok.uni-freiburg.de/volltexte /9748. Vgl. auch die in Fn. 5 genannten Publikationen.

3 Kazushige Asada, Embryonenschutz im japanischen Recht im Vergleich zum deutschen Recht, in: Björn Burkhardt u. a. (Hrsg.), Scripta amicitiae. Freundschaftsgabe für Albin Eser zum 80. Geburtstag, Berlin 2015, S. 13-24.

4 Gesetz zur Strafbarkeit der geschäftsmäßigen Förderung der Selbsttötung vom 03.12.2015 (Bundesgesetzblatt I S. 2177), in Kraft getreten am 10.12015; im Wortlaut wiedergegeben und erläutert unten VI.

5 Auch dazu wurde von Kazushige Asada mein Beitrag „Doitsu datai keiho no kaikeku – Son o tenkai to genjo" [Reform des deutschen Abtreibungsstrafrechts Entwicklung und gegenwärtiger Stand], in: Hogaku Zasi, Bd. 32, Nr. 3, 1986, S. 159-186, ins Japanische übersetzt (deutsche Vorlage in: www.freidok.uni-freiburg.de/volltexte /3731), ebenso wie zusammen mit Kenji Ueda meine Beiträge „Shikendai ni tatsu shin ninshinchuzetsu, (fu) (doitsu datai) keihô kitei no taishôhyô (shôyaku)" [Das neue Schwangerschaftsabbruchsstrafrecht auf dem Prüfstand, im Anhang mit Synoptischer Gegenüberstellung der strafrechtlichen Bestimmungen von 1974 und 1992], in: The Doshisha Law Review Nr. 227, Kioto 1992, S. 121-167, www.freidok. uni-freiburg.de/volltexte/6467 (deutsche Vorlage in: Neue Juristische Wochenschrift 1992, S. 2913-2925, www.freidok.uni-freiburg.de/volltexte/3543), sowie „Ninshinchuzetsu Renpokenposabanshohanketsu no gutaikanotame no Kaiseishoshian" [Schwangerschaftsabbruch: Reformversuche in Umsetzung des BVerfG-Urteils], in: The Doshisha Law Review, Nr. 236, Kioto 1994, S. 211-234 (deutsche Vorlage in: JuristenZeitung 1994, S. 503-510, www.freidok.uni-freiburg.de/volltexte/3643), ferner die von den beiden Kommentierte Übersetzung von „Hikakuho teki shiten karamita doitsu ninshinchuzetsuho no kaikaku » [Die Reform des Schwangerschaftsabbruchsrechts in rechtsvergleichender Perspektive], in: The Doshisha Law Review Nr. 248, Kioto 1996, S. 1-63.

6 So die von Eric Hilgendorf und Henning Rosenau initiierte „Stellungnahme deutscher Strafrechtslehrerinnen und Strafrechtslehrer zur geplanten Ausweitung der Strafbarkeit der Sterbehilfe" vom 15. April 2015, abgedruckt in: medstraZeitschrift für Medizinstrafrecht 1 (2015), S. 129-131 sowie in: Frank Saliger, Selbstbestimmung bis zuletzt. Rechtsgutachten zum Verbot organisierter Sterbehilfe, Norderstedt 2015, S. 216-224.

7 Wie dazu bereits in meinem von Kazushige Asada moderierten Vortrag über „Behandlungsabbruch, assistierter Suizid und Patientenverfügung. Zu neueren Entwicklungen und Reformbemühungen in der Sterbehilfe" am 18.Januar 2013 in Kioto berichtet; in japanischer Übersetzung von Katsunori Kai veröffentlicht unter dem Titel „Chiryo Chûshi, Jisatsu Hôjo. oyobi kanja no Jizenshüi – Rinshi kaijo niokeru aratana Tenkai to Kaisei no Doryoku nitsuite", in: Waseda Hōgaku / The Waseda Law Review 88 (2013), S. 241-262 (260 ff.), www.freidok.uni-freiburg.de/volltexte

/9717. Vgl. auch unten V.
8 Vgl. Frankfurter Allgemeine Zeitung (FAZ) vom 03.07.2015, S. 2.
9 Eine Annahme, von der namentlich auch der dem neuen § 217 StGB zugrundeliegende Gesetzentwurf ausgegangen war: vgl. Bundestags-Drucksache 18/5373, S. 10.
10 Näher zu dieser Streitfrage vgl. Albin Eser / Detlev Sternberg-Lieben, Selbsttötung: Beteiligung – Nichthinderung, in: : Schönke/Schröder, StGB. Kommentar, 29. Auflage München 2014, Vorbemerkungen zu den §§ 211 ff., Rn. 33, 35 mit weiteren Nachweisen.
11 Vgl. unten VI. zu Fn. 64.
12 Vgl. Eser/Sternberg-Lieben, in: Schönke/Schröder (o. Fn.10), vor § 211, Rn. 35, 37 mit weiteren Nachweisen.
13 In diesem Sinne – wenngleich mit teils unterschiedlichen Nuancierungen – die heute herrschende Meinung; vgl. Eser/Sternberg-Lieben, Tötung auf Verlangen, in: Schönke/Schröder (o. Fn.10), § 216 Rn. 11 mit weiteren Nachweisen. Nach gleichen Kriterien wird auch in Japan verfahren, wobei jedoch dieser Unterscheidung, da dort auch die Suizidteilnahme strafbar ist, weniger Gewicht zukommt: Kazushige Asada, Lebensschutz und Selbstbestimmung im Strafrecht, in: Dieter Leipold (Hrsg.), Selbstbestimmung in der modernen Gesellschaft aus deutscher und japanischer Sicht, Heidelberg 1997, S. 85-101 (86).
14 Wie beispielsweise auch aus Japan berichtet: vgl. Asada (oben Fn. 13), S. 86.
15 Vgl. Asada (oben Fn. 13), S. 87.
16 Vgl. Albin Eser, Zum „Recht des Sterbens" – Einige grundsätzliche Überlegungen, in: Fritsche/Goulon/Eser/Braun/Riquet, Das Recht auf einen menschenwürdigen Tod? Le malade – le médecin – la mort, Karlsruhe 1977, S. 21-42 (24 ff.), www.freidok.uni-freiburg.de/volltexte/3709. Zu weiteren – rechtlich wie ethisch – normativ relevanten Dimensionen und Prinzipien vgl. auch Albin Eser, Freiheit zum Sterben – Kein Recht auf Tötung, in: JuristenZeitung (JZ) 17/1986, S. 786-795, www.freidok.uni-freiburg.de/volltexte/3608, japanisch in: Eser, Sentaniryo (oben Fn. 2), S. 119-155.
17 Vgl. Hans-Georg Koch, Einführung und rechtsvergleichende Übersicht, in: Albin Eser/Hans-Georg Koch (Hrsg.), Materialien zur Sterbehilfe. Eine internationale Dokumentation, Freiburg 1991, S. 2-30 (10 ff.). Auch wenn diese rechtsvergleichenden Landesberichte aus 20 europäischen und nordamerikanischen Ländern schon einige Zeit zurückliegen, ist zu vermuten, daß sich in den erforschten Ländern – vielleicht abgesehen von den Liberalisierungen der Sterbehilfe in Belgien, Luxemburg und den Niederlanden – nichts Grundlegendes geändert hat. Aus neuerer Zeit vgl. für den EU-Bereich die schematische Übersicht von Nicola Jakob, Sterbehilfe unter der Europäischen Menschenrechtskonvention (EMRK), in: Vorgänge – Zeitschrift für Bürgerrechte und Gesellschaftspolitik 210/211, Heft 2/3 September 2015, S. 79-98 (94 ff.).
18 Vgl. Saliger (oben Fn. 6), S. 153 f. ff..

19 Vgl. oben II zu Fn. 12 f.
20 So bereits in einer frühen Entscheidung der Bundesgerichtshof in BGHSt 2 (1952), S. 150 ff., im Grundsatz bestätigt in BGHSt 7 (1954), S. 268, 269, 13 (1959), S. 162, 166 sowie erstmals in einem Arzt-Fall, in dem Dr. Wittig seine in suizidalem Zustand vorgefundene Patientin ihrem ausdrücklich gewünschten Sterben überließ, die grundsätzliche Rettungspflicht dahingehend spezifizierend, dass einerseits der Wille der Suizidpatientin für unbeachtlich erklärt, andererseits aber dem Arzt ein eigenverantwortliches Abwägungsermessen eingeräumt wird: BGHSt 32 (1984), S. 367, 377 ff. Eine demgegenüber zurückhaltende Tendenz wird neuerdings in einem Einstellungsbeschluß der Staatsanwaltschaft München I in: Neue Zeitschrift für Strafrecht (NStZ) 2011, S. 345, erkennbar. Zu dieser wie auch zu dem nachfolgend angesprochenen § 323c StGB vgl. auch in japanisch Albin Eser, Kinji no Hanrei karamita Rinshi Kaijo to Jisatsu Kanyo [Sterbehilfe und Suizidbeihilfe im Licht der neueren Rechtsprechung], in: Keijiho Criminal Law Journal 37 (2013), S. 54-68, www.freidok.uni-freiburg.de/volltexte/9718.
21 Nachdem in BGHSt 2 (1952), S. 150.Suizid als „Unglücksfall" im Sinne von § 330c (heute § 323c) StGB noch abgelehnt worden war, wurde dies alsbald vom Großen Strafsenat in BGHSt 6 (1954), S. 147 ff. bejaht und grundsätzlich auch in BGHSt 7 (1954), S. 268, 272, 13 (1959), S. 162, 168 f., und 32 (1984), S. 375 f. bestätigt. Näher und kritisch zur Entwicklung dieser zweispurigen, von gewissen Schwankungen nicht ganz freien Rechtsprechung vgl. Albin Eser, Sterbewille und ärztliche Verantwortung, in: Medizinrecht (MedR) 3 (1985), S. 6-17, www.freidok.uni-freiburg.de/volltexte/3681, japanisch in: Eser, Sentaniryo (oben Fn. 2), S. 79-118; zum derzeitigen Meinungsstand vgl. Eser/Sternberg-Lieben, in: Schönke/Schröder (o. Fn.10), Rn. 41 ff.
22 Vgl. Koch (oben Fn. 17), S. 11 f. Für Japan hingegen scheint dies, da von Asada nicht angesprochen, offenbar nicht zuzutreffen.
23 Dieser Auffassung scheint auch Asada (oben Fn. 13), S. 87, 100, zuzuneigen.
24 Vorgelegt von Jürgen Baumann u. a., Stuttgart 1986.
25 Näher dazu Eser, Freiheit zum Sterben (oben Fn. 16), S. 793 ff., japanisch in: Eser, Sentaniryo (oben Fn. 2), S. 143 ff.
26 BGHSt 32 (1984), S. 367 ff.; vgl. oben zu Fn. 20.
27 Vgl. oben III.
28 OLG München NJW 1987, 2940; in japanisch dazu vgl. Eser, Kinji (oben Fn. 20), S. 63 f.
29 Vgl. Eser, Sterbewille (oben Fn. 21), S. 13 f. zu BGHSt 32 (1984), S. 367 ff.
30 Ähnlich wie in dem von der Staatsanwaltschaft München I eingestellten Fall (oben Fn. 20, NStZ 2011, S. 345) eine Mutte nach Einnahme von letalen Medikamenten von ihrer Familie in den Tod begleitet wurde; vgl. Eser, Kinji (oben Fn. 20), S. 66 f.
31 Denn ohne dies hier weiter vertiefen zu können, ist die rechtliche Respektierung eines Selbsttötung nicht ohne weiteres mit ihrer moralischen Billigung gleichzuset-

zen: vgl. dazu bereits Eser, Sterbewille (oben Fn. 21), S. 17.
32 Näher dazu Eser, Freiheit (oben Fn. 16), S. 789 ff.
33 Vgl. oben Fn. 20 zu BGHSt 32 (1984), S. 367 ff.
34 Vgl. Alfred Simon/Volker Lipp,, Beihilfe zum Suizid: Keine ärztliche Aufgabe, in: Deutsches Ärzteblatt 2011, S. 166 -170.
35 Näher dazu Rosemarie Will, Das berufsrechtliche Verbot des ärztlich assistierten Suizides, in: Vorgänge (oben Fn. 17), S. 111-117.
36 Vgl. oben II zu Fn. 13.
37 Im gleichen Sinne Jochen Vollmann/Jan Schildmann, „Ärzte dürfen keine Hilfe zur Selbsttötung leisten": Eine fragwürdige Entscheidung, in: Deutsches Ärzteblatt 2011, C S. 1336, sowie Tanja Henking, Der ärztlich assistierte Suizid und die Diskussion um das Verbot von Sterbehilfeorganisationen, in: Juristische Rundschau 2015, S. 174-183, wonach der Auftrag des Arztes nicht nur das Heilen und Lindern, sondern auch die Fürsorge für die letzte Lebensphase umfasse (181 ff.).
38 So in der Fachgruppe Strafrecht zu „Strafrecht am Ende des Lebens: Sterbehilfe und Hilfe zum Sterben" auf der 38. Tagung für Rechtsvergleichung „Religion, Werte und Recht" vom 10.-12. September 2015 in Bayreuth.
39 Noch drastischer wird in der Stellungnahme deutscher Strafrechtslehrerinnen und Strafrechtslehrer (oben Fn. 6, unter III g), im Falle eines Suizidbeihilfeverbots die Abdrängung von Sterbewilligen in den „Brutal-Suizid" befürchtet. Vgl. auch Eser, Sterbewille (oben Fn. 21), S. 15 ff. zu weiteren Gründen für ethisch-humanitäre Verpflichtungen des Arztes gegenüber einem Sterbewilligen.
40 So haben sich bemerkenswerterweise sogar eher konservative Landesärztekammern wie die von Baden-Württemberg und Bayern bislang nicht bereit finden können, das Suizidbeihilfeverbot für Ärzte förmlich einzuführen; vgl. die Einzelnachweise bei Will (oben Fn.35), S. 112.
41 Vgl. oben zu Fn. 35, 40
42 Vgl. den nachfolgend genannten Gesetzesantrag aus dem Bundesrat (Fn. 43), S. 3 ff.; zur Tätigkeit von Sterbehilfevereinen in Deutschland vgl. Saliger (oben Fn. 6), S. 15 ff.
43 So zunächst mit einem Gesetzesantrag der Länder Saarland, Thüringen, Hessen zum „Entwurf eines Gesetzes zur Verbot der geschäftsmäßigen Vermittlung von Gelegenheiten zur Selbsttötung", Bundesrat- Drucksache 230/06 vom 27.03.2006, sodann mit Ausschußempfehlungen zum Verbot „Gewerblicher und organisierter Suizidbeihilfe" vom 24.05.2008, Bundesrat-Drucksache (BR-Drs.) 436/08, sowie mit einem Gesetzesantrag des Landes Rheinland-Pfalz zur „Strafbarkeit der Werbung für Suizidbeihilfe" vom 23.03.2010, Bundesrat-Drucksache 149/10.
44 „Entwurf eines Gesetzes zur Strafbarkeit der gewerbsmäßigen Förderung der Selbsttötung", BR-Drs. 515/12 vom 31.08.2012 = Bundestag-Drucksache (BT-Drs.) 17/11126 vom 22.10.2012; vgl. dazu Eser, Chiryo (oben Fn. 7), S. 260 f.
45 Zu weiteren außerparlamentarischen Reformvorschlägen vgl. Johannes Brose, Ärztliche Beihilfe zur Selbsttötung rechtswidrig und strafwürdig?, in: Zeitschrift

für Rechtspolitik (ZRP) 2014, S. 235 237 sowie Saliger (oben Fn.6), S. 187 ff.
46 Wobei es sich bei den nachfolgend wiedergegebenen Gesetzesmotiven selbstredend nur um eine subjektive Auswahl aus teils längeren Begründungen handeln kann. Gleiches gilt für die Stellungnahmen der Antragsteller, zusammengestellt von Claudia Krieg/Sven Lüders/Rosemarie Will, Die Begründungen der vier Gesetzentwürfe, in: Vorgänge (oben Fn. 17), S. 17-37. Des weiteren ist zum Für und Wider der verschiedenen Entwürfe hinzuweisen auf die Bundestags-Beratungen vom 06.11.2015 (Plenarprotokoll 18/134, S. 13065C-13104A = BT-Protokoll) sowie auf „Beschlussempfehlung und Bericht des Ausschusses für Recht und Verbraucherschutz" vom 04.11.2015 (Bundestag-Drucksache 18/6573) einschließlich des Wortprotokolls der 66. Sitzung dieses Ausschusses (Protokoll-Nr. 18/66), die am 23.09.2015 mit einer Öffentlichen Anhörung von Sachverständigen stattfand. Aus dem Schrifttum vgl. die Stellungnahmen von Brose (oben Fn. 45), S. 236 ff., Henking (oben Fn.37), S. 178 ff. sowie Andreas Jurgeleit, Sterbehilfe in Deutschland. Bestandsaufnahme der gegenwärtigen Rechtslage und Überlegungen zur Reformdiskussion, in: Neue Juristische Wochenschrift (NJW) 2015, S. 2708-2714 und Michael Kubiciel, Neufassung des Mordtatbestands und Kriminalisierung der Suizidbeihilfe, in: Zeitschrift für Rechtspolitik (ZRP) 2015, S. 194 198 (197 f.).
47 Bundestag-Drucksache (BT-Drs.) 18/6546 vom 03.11.2015 (vorgelegt von Katja Keul, Dr. Sabine Sütterlin-Waack/Brigitte Zypries u.a.).
48 Näher dazu unten VI.
49 Vgl. BT-Protokoll 18/134 (oben Fn. 46), S. 13066C, 13104A.
50 BT-Drs.18/5376 vom 30.06.2015 (vorgelegt von Dr. Patrick Sensburg/Thomas Dörflinger/Peter Beyer u. a.).
51 Vgl. oben IV. zu Fn. 40.
52 BT-Protokoll 18/134 (oben Fn. 46), S.13100D.
53 BT-Drs.18/53765 vom 30.06.2015 (vorgelegt von Renate Künast/Dr. Petra Sitte/Kai Gehring u.a.).
54 Vgl. § 219 StGB in Verbindung mit dem Schwangerschaftskonfliktgesetz vom 28.8.2013 (Bundesgesetzblatt I 3458).
55 Vgl. BT-Protokoll 18/134 (oben Fn. 46), S.13100D.
56 BT-Drs.18/5374 vom 30.06.2015 (vorgelegt von Peter Hintze/Dr. Carola Rehmann/Dr. Karl Lauterbach u.a.).
57 Vgl. BT-Protokoll 18/134 (oben Fn.46), S.13100D.
58 BT-Drs.18/5373 vom 01.07.2015 (vorgelegt von Michael Brand/Kerstin Griese/Kathrin Vogler u.a.).
59 Ähnlich wie dies bereits in dem auf Gewerbsmäßigkeit abhebenden Entwurf der Bundesregierung (oben Fn. 44) vorgesehen war.
60 Vgl. BT-Protokoll 18/134 (oben Fn.46), S. 13100D.
61 Vgl. oben Fn. 4.
62 In diesem Sinne auch das Verständnis der Antragsteller des Entwurfs Brand-Griese (oben Fn. 58), S. 2 f., 10.

63 Vgl. oben II. zu Fn. 10.
64 Vgl. Entwurf Brand/Griese (oben Fn.58), S. 14, 16, Saliger (oben Fn.6), S. 158.
65 Vgl. Entwurf Brand/Griese (oben Fn. 58), S. 19.
66 Insoweit bleibt § 217 hinter der Sicherstellung eines freiverantwortlichen Sterbewillens in den Entwürfen Künast/Sitte und Hintze/Reimann zurück; vgl. oben IV. zu Fn. 53 bzw. 56.
67 Vgl. oben II. zu Fn. 12.
68 Vgl. Entwurf Brand/Griese (oben Fn. 58),, S. 18.
69 Vgl. oben IV. zu Fn. 58 sowie Kerstin Griese, BT-Protokoll 18/134 (oben Fn.46), S.13072A.
70 Vgl. oben Fn. 53 bzw. Fn. 44.
71 Vgl. den Bericht des Rechtsausschusses zur Sachverständigenanhörung (oben Fn. 46), S. 23, 27, 38, 40, 44,48, 55, 57, 60, 61, 66, 70, 190 sowie BT-Protokoll 18/134 (oben Fn.46), S. 13073, 13074, 13076, 13083, 13084, 13086.
72 Wie die Entwurfsverfasser verstanden sein möchten: Vgl. Entwurf Brand/Griese (oben Fn. 58, S. 16 f. mit weiteren Nachweisen.
73 Vgl. Bericht des Rechtsausschusses zur Sachverständigenanhörung (oben Fn. 46), S. 46 f., 48, 61, 66, 71sowie BT-Protokoll 18/134 (oben Fn.46), S. 13090, 13095, 13098.
74 Vgl. Entwurf Brand/Griese (oben Fn. 58), S. 19.
75 Vgl. oben Fn.50 zu § 217 (2).
76 Vgl. Albin Eser/Bernd Hecker, Personen- und Sachbegriffe, in: Schönke/Schröder (oben Fn. 10), § 11 Rn. 41 ff., 47.
77 Vgl. Entwurf Brand/Griese (oben Fn. 58), S. 19.
78 Vgl. allerdings auch Eser/Hecker (oben Fn. 76), § 11 Rn. 49.
79 Entwurf Brand/Griese (oben Fn. 58), 19 f.
80 Vgl. Albin Eser, Ort der Tat, in: Schönke/Schröder (oben Fn. 5), § 9 Rn. 14.
81 Entwurf Brand/Griese (oben Fn. 58), S. 20.
82 Vgl. oben III. zu Fn. 23 f.
83 Vgl. oben III. zu Fn. 24.
84 So gemäß § 6 (2) Entwurf Künast/Sitte (oben Fn. 53), S. 4, 11 f.
85 „Gesetz zur Verbesserung der Hospiz-und Palliativversorgung in Deutschland (Hospiz-und Palliativgesetz – HPG)" vom 01.12.2015 (Bundesgesetzblatt I, S. 2114-2119), in Kraft getreten am 02.12.2015.
86 Vgl. BT-Drs. 18/5170, 18/5868, 18/6585, BT-Protokoll 18/133, S. 12887D-12902C.
87 Deutscher Ethikrat, Zur Suizidbeihilfe in einer offenen Gesellschaft: Deutscher Ethikrat empfiehlt gesetzliche Stärkung der Suizidprävention. Ad-hoc-Empfehlung vom 18.12.2014.
88 Siehe oben zu Fn. 24.
89 Alternativ-Entwurf Sterbebegleitung (AE-StB), vorgelegt von Heinz Schöch/Torsten Verrel u.a., in: Goltdammer's Archiv für Strafrecht (GA) 2005, S. 553-586.

ドイツにおける臨死介助と自殺関与罪の立法の経緯について

山 中 敬 一

一　はじめに
二　連邦議会における立法提案の審議
三　立法論議の背景事情
四　ドイツ初期立法史ならびに隣国における立法
五　1970年から2005年までの立法提案
六　「刑法217条」立法に関する公式草案（2006年以降）
七　まとめ

一　はじめに

　本稿は、ドイツにおいて、最近、大きく採り上げられ、学界のみならず、マスコミ、議会においても大きな論議の対象となっていた自殺関与罪処罰の導入の是非、あるいはその処罰範囲や規制のあり方をめぐる議論の動向を、各種立法提案を中心に考察しようとするものである。立法については、最近、連邦議会での決定を見たのであるが、本稿では、「営利事業としての臨死介助」ないし「医師によって支援される自殺」の処罰をめぐる立法提案につき、その決議に至った経緯や背景、基本的な問題点[1]、考え方などを検討し、その際、今日の立法に至った経緯を概観することに主眼を置いて論じるが、各立法提案のもつ詳細にわたる解釈学的意義の検証やその解釈学的論証の検討については、紙幅の関係で、本稿の直接の考察からは省き、別稿に譲る。

1　本法公布後、最近、公刊された論文として、vgl. *Duttge*, Strafrechtlich reguliertes Sterben. Der neue Straftatbestand einer geschäftsmäßigen Förderung der Serbsttötung, NJW 2016, 120 ff. この立法が、モラルの領域を法によって規制しようとするものだと批判する。

二　連邦議会における立法提案の審議

1　連邦議会における決議

　2015年4月以降、第18期の連邦議会における議員による4つの「草案」が提示されていたが、2015年11月6日、ドイツ連邦議会は、「営利事業としての臨死介助」のみの禁止を提案する法案に賛成する決議を行った[2]。

　連邦議会議員の各グループから提案される法案は、自殺関与を全面的に禁止するもの[3]から、刑法による規制を放棄するもの[4]まで、多岐に渡っていたが、もっとも多くの議員（210名）の賛同を得ていた中道（Weg der Mitte）を行く提案が、今回採用された、連邦首相アンゲラ・メルケルも賛同している2015年7月1日に議員ミヒャエル・ブラントらによる法案であった。それによると、「自殺の営利事業としての援助の処罰に関する法律草案」[5] (Entwurf eines Gesetzes zur Strafbarkeit der gewerbmäβigen Förderung der Selbsttötung）は、刑法217条に次の条文を新設するというものである。「他人の自殺を援助する目的でこの者に営利事業としてそのための機会を保障し、得させ、または仲介する者は、3年以下の自由刑または罰金刑に処する（1項）。共犯者として処罰しないのは、自ら営利事業として行為したのではない者、および1項に掲げられた他人の親族、またはこれに近しい者である（2項）」[6]。

　この営利事業としての幇助のみを処罰するという、ミヒャエル・ブラント（CDU）およびケルスティン・グリーゼ（SPD）らの議員グループが提出した当該法案は、602票のうち360票を集め、233票が反対、9人の議員が賛否を留保し

---

[2]　2015年12月3日の法律によりドイツ刑法217条に新たな構成要件が設けられた（BGBl 2015, 2177）。

[3]　もっとも厳格な要件と処罰を提案するのは、Patrick Sensburg および Thomas Dörfinger 議員等による、自殺幇助の5年以下の自由刑をもってする処罰を提案するCDU/CSU35名の議員および Arbeitsbündnis 議員ら（www/kei-assistierter-suizid.de）も賛同する2015年7月30日の「自殺関与処罰法草案」（Deutscher Bundestag-18. Wahlperiode: Drucksache 18/5376）である。

[4]　SPDなどの議員を中心として作成された最もリベラルな提案は、Renate Künast 議員ら53名の署名を集めた全部で11条からなる「自殺援助の不処罰に関する法律草案」（Deutscher Bundestag-18. Wahrperiode: Drucksache 18/5375）である。全部で11条の条文からなる法案である、その4条で、表現は異なるが、ほぼ「営利事業としての援助」にあたる行為の処罰が提案されている。

[5]　Deutscher Bundestag : 18. Wahlperiode, Drucksache 18/5373, S. 5.

[6]　BT-Drs. 18/5373, S. 5.

た。法案は、自殺の業務としての援助を刑罰のもとに置く。これによって、今立法期だけでも1年以上にわたって議論されてきた法律草案につき、連邦議会において決着がつけられた。

2　4つの立法提案に対する専門家の意見

ところで、連邦議会のホームページによれば、これに至る最近の議会での主な議論の様子は以下のごとくである[7]。2015年9月23日（水曜日）に臨死介助のテーマに関する集中的議論が、司法および消費者保護省で、レナーテ・キュナスト（Bündnis/ Grünen）を委員長として挙行された。12名の専門家が、4つのグループの法律案[8]につき、とくに自殺幇助の可罰性の問題に関してそれぞれの立場を表明した。専門家たる医師、倫理学者、法律学者の間には、提出された法案の評価における著しい相違が見られた。以下で、簡単にその専門家を招致してなされた議論の要点を紹介しておこう。

まず、ミヒャエル・ブラントらの提出した、自殺の営利事業としての幇助を刑罰のもとに置くことを提案する、今回最終的に採決を得た法案に対しては、連邦裁判所裁判長のルート・リッシング・ヴァン・サーン教授が、賛成の論陣を張った。リッシング・ヴァン・サーンは、憲法からは「生きる義務」は演繹できない。したがって、個人的な共に生きる人間としての行為への関与が問題となっているのであれば、自由な責任による自殺とそれへの関与も、それを処罰するべきではない。しかし、自殺しようとする者が、つねに自由な責任のもとに行うのではない。したがって、無思慮な自殺を防止するべき「正当な保護利益」もそこに認められるというのである。

ヴュルツブルク大学法学部の刑法学者エリック・ヒルゲンドルフは、この「刑法による自殺幇助の禁止」を唱える法案に対してそもそも反対し[9]、ブラントと

---

[7] https://www.bundestag.de/dokumente/textarchiv/2015/kw39_pa_recht_sterbebegleitung/384486
[8] イエーガーは、これらの法案につき検討を加えて、6つの論点について検討し、最終的にはブラントらの多数説の案に賛成する（*Christian Jäger*, Der Arzt im Fadenkreuz der juristischen Debatte um assistierten Suizid, medstra 2015, S. 875 ff.）。
[9] ヒルゲンドルフとローゼナウを代表者として、144名の刑法学者が署名した「計画されている臨死介助の可罰性の拡大に関するドイツの刑法学者の立場表明」が公表され（medstra 2015, S. 129 ff.）、臨死介助は、道徳的にも法的にも極めてセンシブルなテーマであるとし、臨死介助との関係で、刑法の適用範囲を拡大するという政治的な傾向があるとし、「自殺支援の可罰性」を認め、

グリーゼの草案につき、営利事業性を基準とすることによって、緩和医療やホスピスに従事する医者も疑惑に陥ると批判する。自殺幇助を犯罪とすることによる害は、その益よりも大きいという。この方向での発言は、多くの議員からもなされた。

ペーター・ヒンツェ（CDU/CSU）、カローラ・ライマン（SPD）その他105名の議員の名を連ねるグループの提出した法案[10]および、レナーテ・キュナスト（Bündnis 90/Grünen）、ペトラ・ジッテ（Linke）およびその他51名の議員グループが提出した法案[11]に賛成のグループの意見も、このヒルゲンドルフ発言の方向に沿うものであった。ヒンツェとライマンは、医師を民法の規制により一定の条件のもとで、自殺を援助することを許容しようとする。それによって（医師の）身分法が妥当しないことになる。多くのラントの医師会が、医師にそれを禁止しているからである。キュナストとジッテの提案は、この禁止をも取り除き、「組織化された臨死介助」の枠の中に挟み込もうとするものである。これによって営利事業としての臨死介助のみを処罰しようとする。

「自殺幇助を厳格に処罰すべきだ」という意見もボン大学の法律学者クリスチャン・ヒルグルーバーから述べられ、パトリック・ゼンスブルクとトーマス・デルフリンガーほか33名の議員のグループの提出した法案[12]に賛成の弁を展開した。自殺幇助行為そのものが問題であって、その「営利事業的なやりかた」ではないというのである。したがって、家族や親戚の間での自殺幇助も問題だとし、

　　自殺が自由答責的かどうかの検討が十分になされないような法案に危惧を表明する。
10　BT-Drs. 18/ 5374. 本提案は、民法の改正を主張する。民法1921条 a（医師に付き添われた生命の終結）を新設する。（第１項）「その不治の病が不可避的に死に至る、成人した同意能力のある患者は、病気に起因する苦痛を避けるため、自ら実行するその生命の終結に際して医師の助力を求めることができる。（第２項）第１項による医師の助力は、患者がこれを真かつ終局的に願望するときであって、別の治療の可能性について、また、自殺支援の実施について患者に対する医師による助言が行われたとき、また、病気の経過の不可逆性ならびに死の蓋然性が医学的に確認されているとき、さらに患者の願望と患者の同意能力が第２の医師によっても確認されているときにのみ、行うことが許される。（第３項）医師の助力は任意であり、（第４項）その生命の終結の時点、種類および実行に関する決断を行うのは患者である。患者による生命の終結の実行は、医療上の付添の下で行われる」。
11　BT-Drs. 18/ 5375.
12　BT-Drs. 18/5376. この立法提案は、「自殺関与」の処罰規定の新設を令案する。217条では、（第１項）「自らの殺害を他人に教唆し、それを支援した者は、５年以下の自由刑に処する」。（第２項）「未遂は罰する」と規定しようとする。この草案および自殺関与罪立法と、その処罰根拠については、山中「ドイツにおける自殺関与罪をめぐる最近の議論にもとづくわが刑法202条の処罰根拠の再考」椎橋隆幸先生古稀祝賀論文集所収。

家族においても、「自律の構造的危殆化」が存在するというのである。限界事例は、刑事訴訟法上の訴追免除の制度などの活用によって解決すべきだという。連邦の立法管轄事項ではないとする法案についても、賛否の議論が繰り広げられた。

3　連邦司法省参事官案以降の流れ

さらに、この決議に至る連邦議会での審議の経緯を簡単に説明しておこう。第17立法期における立法提案については、2012年4月初旬に連邦司法省参事官案が提示された。しかし、「医師による自殺幇助」や「インターネットにおける情報交換」も処罰される文言となっていた等のため、連邦医師会や連邦諸州の反対もあり、文言を修正したものが、同年8月に閣議決定され、同年10月22日には、連邦政府が、司法省の作成した「自殺の営利事業としての援助の処罰に関する法律草案」[13]が、アンゲラ・メルケル首相の名で連邦議会議長ノルベルト・ラマートに提出されたが、10月に連邦参議院での可決に至らず、再度、連邦議会委員会で審議されることになり、2013年3月日に再度、連邦参議院で審議される予定であったが、当該立法期中には可決されることはなかった。第18立法期においては、2014年11月からこれに関する連邦議会での議論が始まった。連邦議会議長ラマートは、これを「今期の立法期のひょっとして最も難しいプロジェクト」であると述べていた[14]。

今回採用された草案は、「営利事業としての援助」という形態の自殺関与のみを処罰しようとするものである。ドイツの現行刑法においては、「嘱託殺人」のみが、殺人罪（謀殺・故殺）に比べて減軽処罰されている（216条）。これに対して、自殺援助をそもそも処罰する必要があるか、またあるとすれば、自殺援助をどのような形で、その全部または一部を処罰すべきかが、長年にわたって議会において論議されてきたのである。そこで、自殺の営利事業としての援助に処罰を限定すべきだという今回採用された法案のほか、自殺関与罪（教唆・幇助）の全面的処罰の提案、「営利事業としての援助」に対しては、刑事法による処罰では

13　Deutscher Bundestag: 17. Wahlperiode, Drucksache 17/ 11126, S. 5.
14　*Lammert*, Orientierungdebatte im Bund.estag am 13. 11. 2014, Stenografisches Protokoll 18/66, S. 6116. Vgl. *Saliger*, Freitodbegleitung als Sterbehilfe-Flucht oder Segen?, medstra 2015, S. 132

なく、行政法上の取締のみを立法すべきであるという提案等が対立してきたのである。

三 立法論議の背景事情

1 自殺援助組織の設立
（1）EXIT

スイスにおいては全部で5つの臨死介助組織がある[15]が、チューリッヒにおいてEXITが、社団（Verein）[16]として設立されたのは、1982年のことであった[17]。EXITは「死ぬ権利協会世界連盟」（World Federation of Right-to-Die-Societies）のメンバーで、生死に関する人間の自己決定権を推し進める団体[18]であり、会員が患者のリヴィング・ウィルを作成し、執行するのを支援する一方、会員がその条件を充たしたときに、自らの自殺の実行を支援する組織であった。会員資格は、満18歳以上の判断能力のある者で、「スイスの市民権」を有する者であるか、外国人として「スイスに居住する者」である。会員は、約7万名[19]を数え、年会費45スイス・フランを収め、終身会員は900スイス・フランを収める。協会は、営利目的を追求するものではない。介助される自殺の必要条件として、「自殺志願者の判断能力」が要求される。それに加えて、「絶望的な見込み」つまり本人の主観を基準とする「堪えがたい苦痛」または「期待不可能な障害」が要求される。患者が、介助を伴う自殺の可能性を利用しようと決意し、そのために必要な書類を提出すると、EXIT自由死チームの会員が、面接して状況を説明するために自殺志願者を訪問する。自殺介助者は、支援される自殺のすべての要件が満たされ、親族またはその他の自殺志願者の近しい者の利己的な下心がないことを確

---

15 Vgl. *Helena Peterková*, Sterbehilfe und die strafrechtliche Verantwortlichkeit des Arztes, 2013, S. 85. それは、EXIT（Deutsche Schweiz）、EXIT-Association pour le droit de mourir en dignité（= EXIT A.D.M.D.）、EX-International、DIGNITAS、Verein SuizidHilfeである。
16 法形式としては「社団」と訳したが、一般的には「協会」と訳す。
17 これについては、vgl. *Kallia Gavela*, Ärztlich assistierter Suizid und organisierte Sterbehilfe, 2013, S. 86 ff.
18 ドイツ・スイス・EXIT協会のホームページによると、スイスでは、2013年にスイスでは、6万4961人が死亡し、1070名が自殺者であった。住民10万人あたり9.2人が自殺をしていることになり、自殺率で、スイスは、世界で中間の位置を占め、世界で目立って多いという訳ではないとする。
19 *Franziska Neumann*, Die Mitwirkung am Suizid als Straftat?, 2015, S. 47 f.

かめる。これらが確認されると、医師により、自殺の実行のために必要な、用いられる麻酔薬に関する処方箋が発行される。EXIT は、自殺志願者の名前で処方箋を回収し、薬剤を交付する日時を取り決める。詳しい死亡時点については、患者が単独で決定する。支援される自殺は、「ナトリウム・ペントバルビタル」（Natrium-Pentobarbital）（10-15グラム）によって行われる。この薬は、飲用として手交され、静脈注射は例外である。後者を行うには、自ら注入コックを回して薬剤を流入させることができるという条件を充たす必要がある。自殺支援は、常に親族ないし第三者の臨席のもとで行われる。支援による自殺の経緯については記録される。これは、捜査が開始されたときないし取調べ手続において官憲の捜査を可能にするために行われる。

　EXIT の自殺支援の注意基準は、判例、国家倫理委員会（Nationale Ethikkommission）およびスイス医学アカデミー（Schweizerische Akademie der Medizinischen Wissenschaften）の要件を参考にして作成されている。EXIT による自殺支援がチューリッヒ高検との合意に基づいて一定の要件に拘束されていたことは特筆されるべきである[20]。この合意については、高検がその権限を越えているという世間の批判があった。何人かの公法学者がそれは許されないとの批判を公にしている。検察は、私人と現行法の解釈について交渉する権限はないというのである。これを受けて、裁判所[21]は、この文書による合意は無効と判断した。スイス刑法115条が、自殺支援を禁止しており、しかも部分的に合意はスイス薬事法に反するというのである。

（2）DIGNITAS

　この組織は、「DIGNITAS──人間としての尊厳をもって生き、尊厳をもって死ぬ」という名称で1998年のミネリ（Ludwig A. Minelli）という弁護士兼ジャーナリストが、「社団（ないし協会）」（Verein）という法形式[22]でフォルヒ・チューリヒ（Forch-Zürich）で設立したものである。終末期には法的に有効なリヴィング・ウィルを作成し、堪えがたい苦痛と意味のない延命に終止符を打ちたいとき、しかるべき要望にもとづき、人間の尊厳を伴う自殺支援を施すものである。会員には、成人であれば、スイスに住所がなく外国人であってもなれる。協会の財政

20　*Franziska Neumann*, a.a.O., S. 43 ff.
21　Schweizerisches Bundesgericht (BGE 136, II 415), Urteil v. 16. 6. 2010- IC-438. 2009-.
22　スイス民法60条以下。

は、会員の会費と第三者の遺贈と寄付からなる。入会金は、200スイス・フランであり、年会費は同じく200スイス・フランである。幹部会員の会費は、500スイス・フランである。その他、自由死援助を準備させる会員は、それに要する費用を賄うため3000スイス・フランの会費を支払わなければならない等の自由死の実行に伴う費用が要求される。自殺支援サーヴィスを受けるには、医師の診断によって絶望的で不治の病があり、堪えがたい苦痛または期待不可能な障害があることが前提となる。必要書類の提出と会員との初回面接ともども、自由死を要請する書面の事前審査を受けた後、DIGNITASは、判定のため、その書類を協会と連携する医師に手渡す。診断書を検討したのち、DIGNITASは、原則的に申請者にしかるべき量の致死量の薬剤（ナトリウム・ペントバルビタル）を処方すると通知する。この医師が、「仮の青信号」を出し、自由死の遂行申請書を提出すると、二回の診察期日が確定されるが、その間、それぞれ責任ある医師が、自由死の条件を満たしているか、とくに自殺志願者の判断能力が存在するかどうかにつき、自ら確信しなければならない。処方箋が交付されたあと、患者には、自由死の実行の期日を取り決める義務が生じる。原則として、この実行は、自殺志願者の自宅や老人ホーム、その他で行われる。DIGNITAS側からは二人の支援者が派遣され、その支援者が、自殺援助の流れを説明し、必要な準備が行われる。その後の流れはEXITとほぼ同じである。原則として、志願者は、医師によって処方されたナトリウム・ペントバルビタルを60ミリグラムの水に溶かせ、飲用する。身体上の理由で嚥下できない志願者は、自ら胃ソンデでバルビツール酸（鎮静剤）を流し込み、またはその他の方法で体内に注入する。重要なのは、その際、「行為支配」は、死亡する者に残すということである[23]。死亡の後は、管轄の官庁に連絡し、それに基づき公的検査が行われる。

　スイスにおける自殺支援の実際は、医師が主役ではなく、素人である。支援による自殺の実行に関する事前説明においてのみならず、医師による致死薬の処方の後も、素人の自殺支援者が主たる責任者である。医師の周縁的地位、事実上の素人の関与、両者ともに透明性が十分でなく一般的な規制があるわけでもなく、著しい弊害を生んでいる。バーゼルにおける研究[24]は、1992年から1997年の間の

23　*Kallia Gavela*, a.a.O., S. 92.
24　*Frei/Schenker/Finzen/Kräuchi/Dittmann/Hoffmann-Richter*, Swiss Med Wkly 2001, 375: vgl. Gavela, a.a.O., S. 95.

EXITによって支援された自殺のうち43例を分析した結果、EXITの死亡経過記録と医学的記録における診断の間の乖離につき、何人かの自殺者の精神疾患の前歴調査がなく、また、──1つの精神医学的治療の──代替治療の可能性をも調査し尽していないことから、──少なくとも1件以上の事例につき、苦情を表明している[25]。また、そこでも自殺者の数は、すぐに死に至る病に罹患していない人のそれが著しく増加しているとも警告している。

(3) その他の組織

ドイツでは、その他、ハンブルグの元司法大臣 Roger Kusch が2009年10月1日に設立した「ドイツ臨死介助協会」(SterbeHilfeDeutschland e. V.) がある[26]。協会は、会員の自己決定権とそのリヴィング・ウィルの実行を支援するという目的を追求し、「絶望的な予後、堪えがたい苦痛または期待不可能な障害」がある場合に会員のため自殺支援を行う。その自殺支援の方法などについては明らかでない。費用についても同じである。会員には謝礼を要求しないとあるが、年会費は200ユーロから2000ユーロとされている。

2 ドイツにおける自殺支援に関する経験的研究

ドイツにおけるこれに関する経験的研究としては、まず、1996年のキルシュナー・エルケレスの調査[27]がある。一般雑誌「Stern」の誌上で紹介されたこの研究は、自殺支援とその現実化を希望する際の具体的な職業上の経験を調査する目的をもち、いかなる考え方を医師達が様々な種類の自殺支援に関して示すかを知ろうとする目的を持っていた。調査は、282名の一般開業医および内科医ならびに191名の内科、外科、腫瘍内科、集中医療の専門科をもつ病院医に対するものであった[28]。自殺支援について尋ねること自体に違和感を覚え、議論の必要性を訝る医師が多かった。ほぼ半数が議論の必要性を認め、3分の1がその必要性がないとし、16パーセントが議論すること自体が危険だと答えた。オランダ・モ

---

25 *Gavela*, a.a.O., S. 95.
26 *Franziska Neumann*, a.a.O., S. 47 f.
27 Kirschner/Elkeles, Handlungsmuster und Einstellungen von Ärzten zur Sterbehilfe, Ereigniss einer Repräsentativerhebung in der Bundesrepublik Deutschland, psychomed 1996, S. 223 ff. これについて、vgl. *Kristina Raske-Al-Hammond*, Die strafgesetzliche Regelung der Sterbehilfe, 2014, S. 10 ff.
28 *Kirschner/Elkeles*, a.a.O., S. 224 ff.; *Raske-Al-Hammond*, a.a.O., S. 10 f.

デルをモデルとする積極的臨死介助の合法化についての質問[29]について、病院勤務医の66パーセントがこれを否定し、2倍の開業医が積極的臨死介助を肯定した。1998年に Csef/Heindl によって行われた調査は、傾向として同様の結論を示すが、81.7パーセントの勤務医が、死期の迫った患者の積極的臨死介助を否定し、しかも100パーセントの医師が、死期の迫っていない患者の積極的臨死介助を否定した。国際的に比較すると、ドイツの医師は、多く積極的臨死介助を認めない傾向にある。ドイツでは、医師達は、消極的臨死介助（治療の中断）を積極的臨死介助と錯誤しているとの調査結果が示されている。

臨死介助と医師によって介助された自殺が法律によって規定されるべきかという質問には、ドイツ緩和医療学会の会員に対する2004年の調査[30]がある。会員医師の78.9％が不治の病に侵されている患者に対する積極的臨死介助の法規制を否定し、1.6％がそれを支持するにすぎない。別の類似の調査でも、74.7％の会員医師がそれを否定し、25.2％の会員医師が支持する[31]。これに対して治癒の見込みのない病状の場合につき、当事者ないし親族の明示的な意思表示なしに治療を終了させることのできるよう法的規制を望む希望には、60％を超える賛成がある[32]。

3　ラスケ・アル・ハモウドのアンケート調査
（1）調査の概要

従来、積極的または消極的臨死介助、間接的臨死介助や医師の支援による自殺の実施に関するドイツの全国の大学病院医師に対するアンケート調査は存在しなかった。2010年には全国で初めてこれらに関する調査および2009年に成立した

29　オランダ刑法293条2項によると、「本人の明示的で真摯な嘱託による人の殺害は、それが、…一定の注意基準を充たし、…公的な検死について情報を与えていた医師の手により行われるときは、罰しない」とされている。

30　*Müller/Busch/Klaschik/Woskanjan*, Palliativmedizin-Alternative zur aktiven Euthanasie, Eine Umfrage der Deutschen Gesellschaft für Palliativmedizin zu verschiedenen Formen der Sterbehilfe, in DÄbl 2004, S. 1 077; *dies.*, Einstellung und Erfahrung von Ärzten zur vorzeitigen Lebensbeendigung bei unerträglichem Leid-eine Befragung der Deutschen Gesellschaft für Palliativmedizin(DGP), in: Online. https://www.aerzteblatt.de/download/files/2004/07/x0001318.pdf：この調査は、2002年に匿名で DGP の会員医師に対してなされた。マルチプルチョイスで251名の会員に対してなされ、61％の返答率で 会員以外のグループと比較された。会員で法的規制に賛成するのは、1.6％であった。vgl. *Raske-Al-Hammond*, a.a.O., S. 12 f;

31　*Müller/Busch/Klaschik/Woskanjan*, a.a.O., DÄbl 2004, S. 1077.

32　*Müller/Busch/Klaschik/Woskanjan*, a.a.O., DÄbl 2004, S. 1077

「リヴィング・ウィル法」（Patientenverfügungsgesetz）の意義に関する調査が、全国の大学病院の医師にEメールでアンケートを送るという方法でラスケ・アル・ハモウドによって行われた[33]。

(2) 調査の方法

この調査の実施方法については、主としてアンケートの送付・回収につき、インターネット・メールが利用された。まず、2010年1月には調査の対象として選ばれた35の大学病院の運営組織と電話によるコンタクトが図られ、調査目的が説明された[34]。にもかかわらず返事がなかった大学病院は19に上った。9大学病院から協力の申出があり、7大学病院からは協力が拒否された。最終的に、全ドイツの大学病院の25.7％がアンケートに協力した[35]。2010年3月初旬から10月末までの期間にアンケートを送達するので、返送してほしいと告知され[36]、メールで送られた。その予告の3日ないし4日後にさらにアンケート・メールが送られた。約3週間後に第1次督促メールが送達された。さらに3週間後に第2次督促メールが送られた。その結果、281の質問に答えられ返送されてきた。このようにしてアンケート調査が行われた。調査の中身については、以下の通りである。

(3) 消極的臨死介助

消極的臨死介助につき、「患者の意思にもとづく生命維持措置の不作為ならびに中断は不可罰であるべきか」という質問には、85％の医師が肯定し、5％のみが反対した。したがって、消極的臨死介助の許容性については医師の間で広く一致があるといえる。65％の医師が、これまでに患者から消極的臨死介助を依頼された経験があり、これまでの医師歴の中で、平均して44.3回の消極的臨死介助を依頼され、そのうち81.5％の医師が患者の申し出に理解を示し、92.4％の医師が後に振り返って正しいことをしたと考えている。81.1％の医師が、その要望に一度は応え、7名の医師（5.7％）のみがそれを拒否した[37]。医師は、患者が希望する場合には、現在の法状態において生命維持または延命治療を放棄すべきかまたは中断すべきかという問いに対しては、80.7％がこれを肯定している[38]。現

---

33 *Raske-Al-Hammond*, a.a.O., S. 16 ff.
34 *Raske-Al-Hammond*, a.a.O., S. 29.
35 *Raske-Al-Hammond*, a.a.O., S. 30.
36 *Raske-Al-Hammond*, a.a.O., S. 31.
37 *Raske-Al-Hammond*, a.a.O., S. 57.
38 *Raske-Al-Hammond*, a.a.O., S. 59.

行法状態のもとでは消極的臨死介助をすべきでないとしたのは 7 % という低率である。法が許容の方向に改正されてもすべきでないと答えたのは、4 % であり、90.1% の医師がそのような許容する法制度があるなら、してもよいと答えた。

(4) 間接的臨死介助

間接的臨死介助[39]については、99.1% の医師が激痛の緩和のため薬物を投与しても不可罰であらねばならないという個人的見解をもっている。8 人に 1 人の医師が、間接的臨死介助が生命短縮の危険を伴うとき、それを積極的臨死介助と考え、それを許されないと思っている。医師は、間接的臨死介助を実施することに大きな関心を抱き、アンケートに答えた医師の65.66%が、この点につき、患者から一度は間接的臨死介助を依頼されたことがあると答えている。これまでに平均して59.4回、これを依頼されたという。そのうち79.5%の医師がその依頼を受け入れたことがあるという。97.7%がこれに理解を示し、943%が振り返って正しいことをしたと考えている[40]。2 人のみが、間接的臨死介助を拒否したという。

(5) 積極的臨死介助

積極的臨死介助については、「あらゆる緩和医療的措置を尽くしても減らない痛みが堪え難い場合、医師が患者の生命をその希望にそって終了させることは合法であるべきか」という質問には、答えは様々であるが、41.5%の医師が臨死介助の合法化に賛成し、43.36％の医師がそれを否定する。積極的臨死介助が禁止されているにもかかわらず、ドイツでも事実上実施されているかという認識については、患者から、その苦痛を終了させるため、致死量の薬を処方してほしいと依頼されたことがあるかを質問された。23.67%の医師が積極的臨死介助を依頼されたことがあり、平均して 1 人の医師が6.84回依頼されているが、その依頼の向けられた相手方については、内科医が35％、麻酔医が27.5％、外科医が12.5％、腫瘍専門医が 5 % である[41]。一度でも依頼された医師は、75% が患者の関心に理解を示し、6.3％のみが理解できないと答えている。積極的臨死介助を自ら実施したと答えた医師はいないが、14.23％がそのような依頼を経験したという。7.53％がその質問には答えたくないと答えた[42]。現行法制度のもとでは積極的臨

---

39 *Raske-Al-Hammond*, a.a.O., S. 61 ff.
40 *Raske-Al-Hammond*, a.a.O., S. 62.
41 *Raske-Al-Hammond*, a.a.O., S. 67.
42 *Raske-Al-Hammond*, a.a.O., S. 68.

死介助を行わないと答えた医師は、91.3％で、4％のみが実施する用意があると答えた。将来、法制度が整備されても行わないと答えた医師は、60％、法制度が変わるなら実施する用意があると答えた医師は、20％であった[43]。

(6) 医師によって支援された自殺

医師の臨死介助においては、医師によって支援された自殺は特別の地位を占める。それは、医師に支援される目的的で生命の終結を早める措置であるから、患者の命を救うべき医師の倫理と適合しないと考えられるのである。医師による自殺の支援は、医師の身分法でも否定されている[44]。しかし、ここでも変化が見られる[45]。ある研究[46]によれば、医師にはもはや医師の支援による自殺の問題に関する倫理に関しては、コンセンサスは存在しないとされている。その結果、連邦医師会は、その見解を部分的に修正した。確かに患者の自殺の際の助力は、「医師の任務の準則」に決められているわけではないが、あらゆる医師の個人の倫理的見解が考慮されるべきであるとして、医師の職業倫理に関連するその文言は削除されたのである[47]。「医師によって支援された自殺は、生命を保護するという医師の任務に矛盾する」という命題については、50％の医師が、医師の治療の任務に矛盾すると考え、30.66％が矛盾しないと考えている。医師の支援による自殺の合法化については、ほぼ42％が賛成、39％が反対である。医師の年齢別の結果は、30歳から39歳の医師の53.57％が、医師の支援による自殺に賛成、40～49歳の医師では26.79％が賛成、50～65歳の医師では3.7％のみが賛成であった[48]。以上から、医師が年をとるほどに、その許容度が下がるという傾向が見て取れる。現在の法状態であれば、質問を受けた医師の6.73％のみが、自殺幇助を

43　*Raske-Al-Hammond*, a.a.O., S. 69.
44　2011年1月21日の連邦医師会の模範職業令（Musterberufordnung）は、その16条3文において、「医師は、死にゆく者をその尊厳を守り、その意思を尊重して寄り添うべきであって」、「自殺に手を貸すべからず」と規定する。Vgl. *Linder*, Verfassungswidrigkeit des -kategorischen- Verbots ärztlicher Suizidassistenz, NJW 2013, S. 136, 138. なお、連邦医師会会長ホッペ（Jörg-Dietrich Hoppe）の医師の支援による自殺付添に関する見解ならびに「模範職業令」16条-Ä については、vgl. *Hoppe/Hübner*, Ärztliche assistierte Suizid-Tötung auf Verlangen. (Schriftenreihe Medizin-Ethik-Recht Bd. 13, 2010, S. 7, in: http://digital.bibliothek.uni-halle.de/pe/content/ titleinfo/529292
45　Vgl. *Raske-Al-Hammond*, a.a.O., S. 73.
46　*Institut für Demoskopie Allensbach*, Ärztlich begleiteteter Suizid und aktive Sterbehilfe, S. 12; *Raske-Al-Hammond*, a.a.O., S. 7
47　*Raske-Al-Hammond*, a.a.O., S. 73.
48　*Raske-Al-Hammond*, a.a.O., S. 74 f.

認めたのに対して、法規制が行われた上であれば、4分の1（25.4%）の医師が自殺関与を肯定する[49]。

医師によって支援された自殺に対する見解は、医師の間でも変化しつつある[50]。確かに、多くの医師が、それが治療の任務を負う医師の倫理に反すると考えている。しかし、かつてひろく一致していたこの点の見解につき、もはや広いコンセンサスは見られない。医師の手によって支援される自殺の合法化についても、その見解は、統一的ではなく、著しく異なっている。その広がりは、医師の年齢や専門の違いをも反映している。

このような変化の背景には、「自己決定的な生命の終結に対する基本権」が認められるべきであるという見解の広がりがある。2012年3月30日のベルリン行政裁判所の判決が議論に火を付けた。それによれば、医師の自殺幇助の職業法上の禁止は、十分な法的基礎を欠くがゆえに、廃止されるべきだとする。その禁止は、「憲法上保護された医師の職業遂行の自由と良心の自由を考慮すれば、医師に、死を望んでいる人の死をもたらす薬を手渡すことを禁止することを一般的に禁止するためには、法的基礎として十分ではない。医師の倫理は、医師が、長く緊密な医師と患者の関係のある、または長い間個人的な関係のある人に、懇願に応じて、堪えがたい、不治の、そして、緩和医療的手段では十分に和らげることのできない苦痛のゆえに、死に至る薬剤を処方するという、例外状態においては、自殺に対する医師の幇助の明白で一義的な禁止を読み取ることはできない」という。そのような一般的禁止は、医師の基本権だけではなく、医学的に解消法がなく肉体的に堪えがたい状況にあって、極端な苦痛の圧力に直面してその生命に、早めの、まだ自己決定による終焉を——まさしくその信頼する専門家である医師の付添のもとで、——準備したい人の基本権も害するというのである[51]。しかし、連邦憲法裁判所は、いまだ自殺によって自己決定的生命の終止符を打つ基本権を明確に認めてはいない[52]。しかし、欧州人権裁判所は、最近ではその不断の判例において、いかにどの時点でその生命を終結させるかを決定する人の権利は、欧州人権規約8条1項によればその私的生活の尊重に対する権利であるとい

49　*Raske-Al-Hammond*, a.a.O., S. 77 f.
50　*Raske-Al-Hammond*, a.a.O., S. 79 ff.
51　VG Berlin, Urteil v. 30. 3. 2012, 9k 63/ 09; MedR 2013, 58 ff.; Vgl. *Linder*, NJW 2013, 136.
52　*Linder*, NJW 2013, 136.

うことを認めている。ただし、その人がその意思形成を自由にでき、それに応じて行為できることが前提であるとする[53]。このことの意味は大きい。ドイツ連邦憲法裁判所は、欧州人権規約と人権裁判所の判例に照らして基本法の基本権を解釈すべきだからである[54]。

四　ドイツ初期立法史ならびに臨国における立法

1　ドイツにおける従来の立法提案
（1）啓蒙期以降の現行刑法成立までの自殺関与罪処罰の概略

ドイツ刑法は、嘱託殺を減軽処罰している（216条）が、自殺教唆・幇助は不可罰とする。16世紀まで自殺は処罰されていたが、18世紀末の啓蒙時代には見解が変化し、フリードリヒ大王は、1751年に、自殺しようとした者の処罰を廃止した[55]。その後は、自殺関与の可罰性が論じられるようになった。1974年の「プロイセン一般ラント法」では、「他人をその嘱託に基づいて殺害し、または自殺につき他人を援助した者は、6年から10年の城塞刑または重懲役刑に処し、また、被殺者における死亡に対する願望を、殺害者自らが招いたという疑いが圧倒的に大きい場合には、無期の城塞刑または重懲役刑に処する」（§ 824 ALR II 20）。ただし、一般ラント法において自殺そのものは不可罰であった。その後、1800年代に入って嘱託殺ないし自殺関与罪の処罰規定をもった刑法草案がいくつか公表された[56]が、1851年施行のプロイセン刑法では、嘱託殺についても自殺関与についても処罰規定が置かれなかった。1871年の帝国刑法では、自殺関与罪の規定は置かれず、嘱託殺処罰規定のみが置かれ、それが現行法にまで続いている。

（2）刑法改正草案における「自殺誘導」処罰規定

1911年の「ドイツ刑法予備草案[57]に対する反対草案」[58]（Gegenentwurf zum Vorentwurf eines deutschen Strafgesetzbuches）では、予備草案では自殺とそれに対

53　EGMR NJW 2011, 3773, 3774 f.
54　Vgl. *Saliger*, medstra 2015, S. 134.
55　*Neumann*, a.a.O., S. 61 ff. 自殺関与罪についてのドイツにおける変遷については、秋葉悦子「自殺関与罪に関する考察」上智法学論集32巻2＝3号合併号（1989年）160頁以下参照。
56　*Neumann*, a.a.O., S. 61 ff.
57　1909年の予備草案を指す。
58　リリエンタールやカール、リスト、ゴルトシュミットが作成した。

する関与の不処罰とされたのに対し、自殺教唆の処罰規定を置き、自殺幇助は不可罰とされた (257条)。しかし、その後の1913年草案では、自殺関与罪規定は置かれず、1919年草案でも同様であった。1922年のいわゆるラートブルフ草案では、自殺幇助不可罰とされたが、自殺誘導 (Verleitung zum Suizid) については、221条に処罰規定 (軽懲役) が置かれた。その際、自殺誘導の処罰は、自殺の実行が前提であった。その規定が、1925年の「一般ドイツ刑法典公式草案」に引き継がれ、1927年草案にも、刑を加重した上で (10年以下の重懲役) 引き継がれた[59]。1930年草案では自殺誘導の刑は元に戻された (248条)。ナチスの政権奪取後の1933年草案でも自殺誘導処罰規定 (275条1項) が置かれた。ただし、その2項では、「行為者が名誉ある動機からのみ行為したとき」は不可罰とする規定が置かれた。1936年及び1939年草案でも、自殺誘導規定 (36年草案417条1項、39年草案416条1項) と行為者が「不名誉でない動機」から行為したとき、減軽ないし刑の免除を定めた規定 (36年草案同条2項、39年草案同条2項) が置かれた。両草案の相違は、39年草案が、その1項に自殺誘導に加えて、「自殺幇助」処罰規定をも置いた点にある。ナチスは、自殺は、「民族共同体の侵害」であり、要罰性があるとみなしたのであった。

(3) 戦後の刑法改正作業と自殺関与罪規定

1951年になって刑法改正が行われたが、嘱託殺規定はそのままであった。1954年の「刑法改正大委員会」(Große Strafrechtskommission für die Reform) が招集され、1927年草案がたたき台とされた。自殺関与罪関連については、1958年3月になってはじめて「自殺誘導」について次の提案がなされた。「自殺するよう他人を誘導した者は、他の規定でより重く処罰する規定がない限り、5年以下の軽懲役に処す」(320条1項)。「利己的な動機で自殺しようとする他人を幇助した者は、他の規定でより重く処罰する規定がない限り、2年以下の軽懲役に処す」(2項)。「行為は他人が殺害の未遂にとどまるときも罰する」(3項)。この規定には、2名の委員のほかは、委員の反対が強く、その後、結局、1959年草案にも1962年草案にも自殺関与規定は登場していない。

---

[59] *Franziska Neumann*, a.a.O., S. 67 f.

2 ヨーロッパ近隣諸国の自殺関与法制

スイスにおいてEXITやDIGNITASといった臨死介助組織が存在し、それがドイツで支部を設けたり、スイスへの自殺ツアーが流行したり、今回の立法につながる影響力をもっていることから、スイスの法制度自殺関与に関する法制度ならびにEU諸国のうちとくにオランダにおける法制度は、ドイツの立法に対し重大な意味をもつ。そこで、ここでは簡単にその二か国の刑法規定[60]を概観しておきたい。

（1）スイスにおける自殺関与法制

まず、スイスにおいては、自殺は不可罰であるが、1937年に成立し1942年に発効し、この条文については現在まで改正のない刑法115条が、「利己的動機」による自殺への誘導または援助を処罰し[61]、「利己的動機から人を自殺に誘導し、またはそれに対し援助を与えた者は、その自殺が実行されたまたは未遂に至ったとき5年以下の重懲役または軽懲役に処する」と規定する[62]。自殺関与は、原則的に、共犯の従属性の原則により不可罰である[63]。自殺とは、故意に、行為支配をもって自己責任で自らの死を惹起することをいう。自殺者に理性的に行動する能力である判断能力があることが前提である。自由な決断によらない自殺である場合、関与者には、111条から113条ないし117条により殺人罪の間接正犯が成立するとされる[64]。過失によって自由な責任にもとづく自殺であると誤認した場合、過失致死罪（117条）により可罰的である（113条）。自らの手でその死に対する最終決定を行うのでなければならない。ただ、スイス刑法114条は、「嘱託にもとづ

---

60 オーストリアについても簡単に紹介しておく。オーストリアにおいては、自殺関与罪については、刑法78条に規定がある。「他人を自ら死ぬように誘導するか、または、それを援助した者は、6月以上5年以下の自由刑に処する」。「誘導」とは、教唆のことであり、「援助」とは幇助の意味である。刑法77条では、嘱託殺の処罰規定があり、法定刑は、自殺関与と同一である。

61 わが国の旧刑法320条は、「人ヲ教唆シテ自殺セシメ又ハ嘱託ヲ受ケテ自殺人ノ為メニ手ヲ下シタル者ハ六月以上三年以下ノ軽禁錮ニ処シ十円以上五十円以下ノ罰金ヲ附加ス其他自殺ノ補助ヲ為シタル者ハ一等ヲ減ス」と、同321条は、「自己ノ利ヲ図リ人ヲ教唆シテ自殺セシメタル者ハ重懲役ニ処ス」と規定し、「自己ノ利ヲ図」るための自殺教唆を加重処罰していた。わが国における自殺関与罪の歴史的展開については、秋葉・前掲論文上智法学論集32巻2＝3号合併号142頁以下、ならびに、福山好典「旧刑法における『自殺ニ關する罪』の制定過程」早稲田大学大学院法研論集138号（2011年）149頁以下参照。

62 Vgl. *Gavela*, a.a.O., S. 64 ff.; *Helena Peterková*, Sterbehilfe und die strafrechtliche Verantwortlichkeit des Arztes, 2013, S. 77 ff.

63 ただし、自殺関与罪不可罰の問題点は、保障人の救助義務を認め、不救助罪を処罰することで補われているという（vgl. *Gavela*, a.a.O., S. 65.）。

64 Vgl. *Gavela*, a.a.O., S. 66.

く殺人」を禁止しているが、その刑は、罰金または3年以下の自由刑であって、利己的動機からする自殺幇助（115条）よりも法定刑が軽いのは、合理的とは言えない。

スイスでは、EXIT や GIGNITAS のような自殺援助機関の活動が、公的施設内で行われたとき、それは適法かどうかが問題となっている。この問題は、そのような機関の職員に、そのような活動を行うために、公的施設、例えば、病院（Spitaler）ないし長期予後施設（老人ホーム・養老院）へと立ち入ることが保障されるべきかという議論として巻き起こった。そこでは、いつどのように死ぬかを自ら決めるという人の自己決定権と、生命の保護、そしてそのような集団では自殺行為が伝染することを防ぐ必要がある[65]。公的施設へと第三者を引き入れて自殺を援助することを、2001年10月7日にベルンの市参事会（Gemeinderat）が条件付きで認めた。それは、そのガイドラインによると、当該の人がほかに住居を持たないという条件で、公的ホームでそれ行うことを特に許可するというものである。自殺者の準備・実行への積極的協力、とくに自殺支援機関の仲介は、公的施設の職員には厳格に禁止されている。かつては、チューリヒの市参事会も、2000年10月25日の決定をもって、チューリヒ市に老人ホームや養老院における自殺を一定の条件のもとで許可していた。チューリヒ大学病院の委託により院内の研究グループが病院における自殺支援との接し方に対する冊子を編集し、2007年に院内ガイドラインとして発効した。これによると、チューリヒ大学病院における、あるいはその職員による、援助にもとづく自殺は、原則として拒否されるが、極めて例外的には長期入院者や移送不可能者について、「個別的解決」が可能である[66]。

（2）オランダにおける自殺関与法制

さらに、オランダにおいては、自殺援助と嘱託殺は、2001年4月12日に公布され2002年4月1日に発効した「嘱託にもとづく生命の終結と自殺の際の援助における再検討のための法律」が導入されたことにより、一定の条件のもとで不可罰とされている。オランダ刑法新294条は次のように規定する。

「他人を故意に自殺へと教唆した者は、自殺が実行されたとき、3年以下の自由刑ま

---

65 *Gavela*, a.a.O., S. 93.
66 *Gavela*, a.a.O., S. 94.

たは第4類型の罰金に処する」(1項)。「他人を故意に自殺に際して援助し、またはそれに必要な手段を供した者は、自殺が実行されたとき、3年以下の自由刑または第4類型の罰金に処する。293条2項も、同様に当てはまる (2項)」。293条は、以下の通りである。「故意に他人の生命をその明示的で真摯な嘱託にもとづき終結させた者は、12年以下の自由刑または第5類型の罰金に処する」(1項)。「第1項に掲げられた行為は、その際、生命終結または自殺に際しての援助のコントロールに関する法律の第2条において掲げられた注意基準を遵守し、また市町村の検死官に、死体および葬儀に関する法律の7条2項により通報した医師によって実行されたときは、不可罰である」(2項)。

オランダでは、すでに20世紀の60年代の末から特別法で臨死介助規定を設けることが議論されていた。医師ポストマがその苦痛を訴えるその母親の命を明示的にかつ繰り返された要望に基づき、モルヒネ注射によって終わらせたという事案に対するルーワルデンの1973年の安楽死訴訟が、論議を巻き起こした。ルーワルデン地方裁判所は、嘱託殺につき刑法293条により、執行猶予付きの一週間の軽懲役という形だけの処罰を言い渡した。この判決は、今後の判例のリーディング・ケースとなり、生命を終結させる医師の行為を正当化するための要件を明らかにしたからである。1981年12月1日には、医師でない女性が、がん患者の自殺幇助を行った事案で6月の自由刑の執行を猶予したロッテルダム地方裁判所の判決[67]がある。その判決では、安楽死が医師によって行われたときに可罰性がなくなる要件について詳しく論じ、これは、「ロッテルダム・ガイドライン」と呼ばれた。1984年には、「王立オランダ医師会」(KNMG) が、臨死介助に対する態度表明を行い、法律上の禁止にもかかわらず、医師による臨死介助のガイドラインを起草した。自由意思による、熟考され、根拠のある患者の死亡願望、治癒の見込みのない重大で堪えがたい苦痛、其の他の独立した医師の招致、および臨死介助行為の医学的に注意深い実行が、積極的な医師の臨死介助の許容の要件とされた。その年には、オランダ最高裁 (Hoge Raad) は、安楽死が原則的に違法ではあるが、緊急避難 (オランダ刑法40条) による正当化の可能性があると認めた。1985年には、「安楽死国家委員会」(Staatcommissie Euthanasie) が、法状態の改正を提案し、患者の要望に応じて臨死介助をする医師は、患者が「見込みのない緊急状態」にあることを前提として、また安楽死がその際、必要な医学上の注意を

---

[67] Rechtbank Rotterdam-Urteil v. 1. 12. 1981, NJ 1982, 63; vgl. *Gavela*, a.a.O., S. 114.

遵守することを前提として、正当化しようとしたが、法律にはならなかった。1990年には、オランダ臨死介助実務調査委員会が招集され、その最終報告書において、刑法上の禁止を確認したが、「死体埋葬法」を改正して、一定の手続き規則を遵守して申告された安楽死の事案は、刑事訴追を免れるものとしようとした。1998年11月1日には、この申告手続が新たに規定され、検察官の臨死介助事案の再検討のためにいわゆる「地方検討委員会」（regionale toetsingscommissie）が導入された。

臨死介助法20条を、オランダ刑法294条の刑罰規定が、特別の処罰阻却事由によって補完した。刑法294条2項においては、臨死介助が医師によって行われた場合不可罰とする。処罰阻却事由は、自殺幇助のみであり、教唆を含まない。その法的性格は、正当化事由だと解されている[68]。

五　1970年から2005年までの立法提案

1　民法における立法論議

ドイツでは、自殺関与罪の一般的不処罰原則が変更されるべきだという立法提案は、1960年代からは、つい最近に至るまでなかったといってよい。ドイツでの改正論議は、臨死介助の領域[69]に置かれ、自殺関与の問題はそれに属するものと解されていた。それは、1986年の刑法改正のための「対案」も、その年の第56回ドイツ法曹大会の提言もそうである。1990年代には、議論は民法の領域に拡大され、その後の議論の中心は、「消極的臨死介助」の領域に移った[70]。患者の治療制限の後見法上の承認の必要性といった手続法の問題が議論の中心となった。例えば、1998年のフランクフルト上級ラント裁判所の「昏睡判決」（Koma-Urteil）[71]は、同意無能力な被世話人の場合の、世話人が同意する後見裁判所の、延命措置の中断に対する許可につき、民法1904条が適用できるものとし、民法1904条の許可を与える場合の後見裁判所の基準は、患者の遺言または世話命令の内容から明らかになり、民法1901条を適用する場合、治療の中断の場合には、当事者の推定

68　*Gavela*, a. a. O., S. 117.
69　臨死介助に関する具体的立法提案については、vgl. *Jörn Lorenz*, Sterbehilfe- Ein Gesetzentwurf (Studien zum Strafrecht Bd. 23), 2008, S. 93 ff.
70　この経緯につき、*Gavela*, a.a.O., S. 213 ff.
71　OLG Frankfurt NJW 1998, 2747.

的同意が基準となるなどといった内容の判決である。2000年の第63回ドイツ法曹大会では、民法の規定による臨終時の患者のリヴィング・ウィルの確保の問題につき態度表明が行われた。また、2002年4月29日には、筋委縮性原発性側索硬化症に罹患したダイアン・プレティ(Diane Pretty)が、麻痺の進行により自殺が身体的に不可能となり、夫が自殺を幇助した場合に不処罰となるべく、欧州人権裁判所に提訴した事件につき、不可罰の積極的臨死介助を求める患者の権利を否定した欧州人権裁判所(Europäischer Gerichtshof für Menschenrechte)の判決がある[72]。そこでは、イギリスの「自殺法」(Suicide Act)が人権規約に適合するかが争われ、イギリスの訴追機関が、自殺法の例外を認めないのは、不相当であるとはいえず、「死ぬ権利」は、「生命に対する権利」(2条)を認めた欧州人権規約(EMRK)からは演繹できないとした。さらに、2003年3月1日には、連邦裁判所の第7民事部が、失外套症候群(apallisches Syndrom)を患った患者の事件について、同意無能力の患者についての生命維持措置または延命措置の不作為は、それがその事実上表明されたまたは推定される意思に沿っていること、ならびに基礎となっている疾病が「不可逆的に死に向かう流れ」にあると認められることを前提とすると決定したが、この決定も、民事判例であった。2004年11月5日の世話法の第3次改正法に対する連邦司法省の参事官案、2007年の一連の連邦議会に提出された会派縦断的な法律草案なども民法に関するものである。ドイツ連邦議会は、第3次世話法改正法——いわゆる患者のリヴィング・ウィルに関する法律(Patientenverfügungsgesetz)[73]を制定した。

2 刑法における立法提案の展開

臨死介助ないし自殺関与罪に関する刑法改正論議は、1970年のいわゆる刑法改正草案に対する対案教授達の提案から始まる。

(1) 対案グループによる対案103条

1970年に12人のドイツの、そして2人のスイスの教授からなるいわゆる対案グループは、刑法の全面改正に関して1962年政府草案に対し、「人に対する罪」に関する対案を公表した。そこでは、自殺を防止しない不作為の可罰性について

---

72 EGNR Nr.2346/02 i. S. Pretty v. Vereinigtes Königreich, Abs.-Nr. 7 ff., 37 ff. Vgl. *Gavela*, a.a.O., S. 233.
73 BGBl. I S. 2286.

は、次のような規定（対案103条）を提案した。

「他人の自殺を防止しない者は、その他人が18歳に至っておらず、または精神障害（刑法51条）によって行為し、不作為者が、法律上の、または自由意思で引き受けた法義務にもとづいて、一般公衆にまたは他人に対し、その結果が生じないように配慮する義務を負うときのみ、罰せられる」（1項）。「その刑は、刑法51条2項（当時）により減軽されうる」（2項）。

　すでに1969年に第2次刑法改正法により、刑法13条が新設され、構成要件的結果を防止しないことによる処罰規定ができた。この規定は、自殺が作為によって幇助されたときも、防止しないことになるのだから、自由な意思で自殺しようとする者を止めなかった行為も処罰されることになり、自殺共犯不可罰の原則と矛盾した規定ということになる。対案の103条は、刑法13条にさらに要件を加えて要件を絞ろうとしたものということができる。これによるとすると、自殺に対する不作為で処罰されることになるのは、自殺志願者が18歳に満たないときか、刑法51条（1970年段階）の意味における精神障害に基づいて行為し、そして不作為者がさらに刑法13条の意味における保障人的義務を負うかしたときにのみということになる。さらに、この対案103条によって、必要な前提が欠ける場合には、対案115条の意味における不作為による不救助による可罰性も存在しなくなるというように訂正される。

　1984年には、いかなる条件のもとで治療医が、76歳の患者が自殺未遂のあとで意識不明になったが、患者の意思を尊重するために救助をなさなかったとき、殺人罪または不救助でその患者を可罰的としうるかが争われたいわゆる「ヴィティヒ事件」[74]について、原則的には、意識不明になった後は、自殺者から医師に「行為支配」が転換するとして、可罰的な救助義務を肯定したが、被告人ヘルベルト・ヴィティヒ医師を「医師の干渉がなければ確実な死に直面する自殺実行者が、すでに意識不明の場合には、いずれにせよ治療医は、その意識不明が発生する前に表明された意思のみを基準にしてはならならず、自身の責任でただひょっとすれば効果があるにすぎない侵襲の実施または不実施に対する決断を行わなけ

74　BGHSt 32, 367＝1984年7月4日判決。その後のギーセン・ラント裁判所の判例がこれを引用している（LG Gießen NStZ 2013, 43＝2013年6月28日判決）。しかし、この判決では、担当の医師として、精神病院で自由答責的に実行された自殺の阻止のために何も行わなかった者は、当該の患者が、自殺の危険の故に収容されていたときでも、不可罰であるとして、作為の自殺関与が不可罰なら、不作為の関与も不可罰であるべきだとしている。

ればならず、その際、患者の自己決定権と医療上の治療義務は互いに衡量される必要がある」として、結論的には、本事案に「限界状況」を認めて、自殺者が「既に異常な限界状況」にあり、医師は、生命保護義務と患者の自己決定権の尊重の葛藤に陥ったのであり、「医師が、死にゆく者によりいつも嫌がられていた、集中治療室に送るという方法を選択せず、死の発生までのその人格を尊重したとき、このような医師の良心による決断は、法によって根拠のないものとみなされえない」として無罪を言い渡して解決した。これによって、医師には、このような事案においては、処罰の危険が排除されず、このような「原則」は今日まで変化がないとされている[75]。

（2）1986年臨死介助法対案

（a）対案成立の経緯　先の対案の16年後、1986年になって、バウマン、カリエース、エーザーなどが、医師らとともに臨死介助法対案を起草し、そこで自殺関与の問題を扱った。1986年にベルリンで開催された第56回ドイツ法曹大会のテーマは、「自らの死に対する権利？——生命維持義務と自己決定との緊張関係」であった。この法曹大会のため上記グループが「対案」を作成したのである。この背景には、ハッケタール教授により実行された臨死介助の多数の事件[76]があった。そのうち、ミュンヘン上級ラント裁判所の決定は、自由答責的に行為した自殺者の治療医を、医師・患者関係から演繹される生命保護の責任から解放し、それによって保障人的地位とそれによる刑法211条、13条による可罰性はなくなるものとする。しかしながら、自殺者自身が、明らかに、絶望的に悩んでいて、自分自身の生命に関する処分が、正当化的緊急避難（刑法34条）の諸原則をしかるべく適用して、例外的に正当化されるものとみなされるべき程度に至っていたときにのみ、刑法323条 c の一般的緊急救助義務から医師を解放するものとしている[77]。

---

[75] *Saliger*, Freitodbegleitung als Sterbehilfe- Fluch oder Segen?. Medstra, 2015, S. 136.
[76] OLG München NJW 1987, 2940. ハッケタール医師は、1984年、キムゼーのその病院に死ぬために入院していた69歳の女性患者に青酸カリを手渡した。患者は、医師不在の間に、友人の助けを得てそれを混ぜて飲み、死亡した。ハッケタールは、嘱託殺で、216条により 6 月以上 5 年以下の刑に当たるとして、起訴された。トラウンシュタイン地裁は、公判の開催を否定した。被告人には「行為支配」がないがゆえに不可罰の自殺の幇助に過ぎないというのがその根拠である。OLG München, Beschluss vom 31. Juli 1987
[77] 判決要旨を掲げると、以下の如くである。（1）「自由な答責性をもった自殺者は、——その他の自由な答責性をもった患者と同様に——患者を治療した医師を、医師・患者関係から演繹され

(b) 臨死介助法草案214条

臨死介助対案214条は、生命維持措置の遮断または不作為について次のように規定する。

「生命維持措置を遮断し、または不作為した者は、次の場合、違法に振る舞うものではない。
(1) 当事者がこれを明示的にまたは真摯に嘱託したとき、
(2) 医師の知見にもとづけば、意識を、不可逆的に喪失したとき、または新生児の場合には、そもそもそれを獲得することがなかったとき、または、
(3) 当事者が、医師の知見に基づけば、その他、長らくの間、治療の開始または継続に関する説明を受けられなかったときであって、信頼できる根拠にもとづき、その者がその絶望的な苦痛状態の継続と経過に関して、とくにその近づいている死に関して、この治療を拒否するであろうとき、または、
(4) 死が近づいている場合には、当事者の苦痛の状態と、治療の絶望性に鑑みて、生命維持措置の開始と続行が、医師の知見に基づけば、もはや適切ではないときである」(1項)。
「第1項は、当事者の状態が、自殺未遂に依っているような場合についても妥当する」(2項)。

(c) 臨死介助対案215条

臨死介助対案215条は、自殺の防止をしない不作為を刑法上容認する。215条は、次のように規定する。

「他人の自殺を防止しない者は、自殺が自由答責的な、明示的に表明された、または、諸般の事情から認識できる真摯な決断に依っている場合には、違法に振る舞うものではない」(1項)。
「そのような決断から出発してはならないのは、とくに、その他人がまだ18歳に達しておらず、または、その自由な意思決定が、刑法20条、21条により、害されている場合である」(2項)。

この臨死介助対案の狙いは、自殺の際の救助義務に関して法状態の不安定をなくそうという点にあった。臨死介助対案214条は、消極的臨死介助を採り上げ、214条を正当化事由として規定した。215条も同様である。その背景は次の点にある。ドイツ刑法323条 c は、不救助罪を規定し、「事故の場合または共通の危険または緊急時において、救助が必要であり、その者には事情により、とくに著しい

る生命保護責任から解放し、その結果、保障人的地位とそれによる刑法211条以下、13条による可罰性は欠落させうる」。(2)「刑法323条 c の一般的救助義務からは、自殺者は明らかに、絶望的であり、自分自身の生命に対する処分が正当化的緊急避難(刑法34条)の原則のしかるべき適用において、例外的に正当化されるものとみなされる程度に至っていたときにのみ、医師は、解放される」。

事故の危険や他の重要な義務を侵害することなしに、期待できるにもかかわらず、救助をしない者は、1年以下の自由刑または罰金刑に処する」とする。連邦裁判所は、自殺関与を正犯が不可罰であるがゆえに、共犯の従属性から不可罰であると解していたが、保障人については、刑法13条の不作為犯の救助義務を肯定して不作為犯を認め、保障人ではない場合には、刑法323条cによる救助義務を、「自殺」は、323条cの「事故」にあたると解して、可罰的としていた[78]。この判例は、自由な意思に基づく自殺者の決断を無視しているというのである。自殺は、「事故」には当たらないのであり、また、作為による自殺幇助を不可罰としながら、阻止しなかった者を、刑法323条cや212条、13条で処罰するというのは矛盾しており、しかもこのような不安定な法状態によって医師や家族が不安な状態に置かれるというのである[79]。

(d) 臨死介助対案214条・215条の問題点 臨死介助対案214条の問題点とされるのは、「意識の不可逆な喪失」の認定が、あるいは、「重傷を負った、不可逆的に意識不明になった新生児を死ぬに任せること」という要件をどのような基準で行うかが、明らかでないことである。臨死介助法対案215条については、「自由答責的に、明示的に表示された」ないし「諸般の事情から明らかに真摯に」といった構成要件要素の明確性が問題である。

なお、対案216条は、第1項では、嘱託殺の可罰性を宣言し、6月以上5年以下の自由刑とし、「未遂を罰する」(第3項)とするが、第2項では、「裁判所は、1項の前提のもとで、死が、その他の措置では除去できず、または減少させられえないような、重篤な、当事者によってもはや耐え難い苦痛状態を終結させるに役立つ場合、刑を免除することができる」と規定する[80]。

(3) ドイツ人道死協会による臨死介助に関する法改正提案（1977年）

1997年には、「ドイツ人道死協会」（Deutsche Gesellschaft für Humanes Sterben）が、刑法211条以下の改正提案を行った。この協会は、自らを人間の自己決定権の実現のための「市民権運動」団体であると性質づけており、ハンス・ヘニング・アトロット[81]（Hans Henning Atrott）により1980年11月7日に創設された。こ

78　BGHSt 6, 14 ; BGHSt 32, 367.
79　*Franziska Neumann*, a,a.O., S. 80 ff.
80　Vgl. *Schöch/Verrel*, GA 2005, S. 557.
81　アロットは、ハッケタールと親交があり、ハッケタールの事件において、ハッケタールに青酸カリを用立て、嘱託殺幇助で起訴され、無罪判決を得た者である。1994年には、アトロットは、

の協会は、人間らしい死の世話をする運動を展開し、老人、要介護者、重病者、死にゆく者の権利の貫徹を主張する団体である。

　(a)　**人道死協会案215条**　　1997年の「ドイツ人道死協会」の立法提案は、1986年の臨死介助対案と同一方向のものである。協会案215条は、自殺の不防止につき、刑法上確定しようとする。

> 【215条】「治癒不能に陥った病者の自殺を防止しなかった者、または、治癒不能患病人の自殺未遂が行われた後に、死の発生を阻止しなかった者は、その自殺が、自由で答責的な、説明を受けたうえでの、真摯な決断に基づいているとき、違法に振る舞うものではない」。

215条 a は、「治癒不能な病者の自殺に対する幇助」につき規定する。

> 【215条 a】「治癒不能な病者に、自殺の遂行に適した手段を提供した者は、自殺が、重大な、死に至るまで継続する見込みの苦痛状態の短縮を目的とするとき、自由な答責的な、説明を受け、かつ、真摯な決断によるものであり、とくに緩和医療のような苦痛軽減のその他の方法を用いることができないとき、または患者によって拒絶されたとき、違法に振る舞うものではない」（1項）。「医師によってなされた治癒不能な病者の自殺に対する幇助は、その者が、自殺に対する幇助を念願しているという、患者による書面による意思表明はあって、また、第2の医師が1項による条件の存在を確認したときにのみ、違法に振る舞うものではない」（2項）。

　(b)　**215条の前提条件問題点**　　協会は、立場表明のための文書で、自殺やその幇助の前提条件について詳しい説明をしている。例えば、それは、当該患者の重大な個人的な苦痛をもたらすような、または、後に、患者に自らの手で自殺することがもはや不可能となるような、精神的ではない重度の障害や病気でなければならないとされ、また、患者は、考えうる自殺未遂の結果について説明される可能性がなければならないとされる。しかし、この215条の問題点は、例えば、「説明を受けた決断」の概念である。上で述べたような前提条件の説明では、その前提が満たされたかどうかがそのように確認され、その条件の充足の有無を検査するのかは具体的に述べられていない。例えば、「リヴィング・ウィル」による場合、個々の事案について、それが過去のものではなく、現在のものであるこ

アウグスブルク地裁で2年の自由刑ならびに罰金刑に処したが、自由刑には執行猶予が付けられた。2002年になって、協会は、アトロットに距離を置くようになった。

と、その意思がそれ以降変更されていないかどうかをコントロールすることが困難であると批判されている[82]。

協会案215条 a については、とくに医師による自殺幇助で処罰される可能性があるのを法的に安定させる意義があり、積極的な作為による行為にも関係する点に意味がある。

作為による自殺幇助については、苦痛緩和の可能性、とくに緩和治療措置のような可能性につき効果がなかったと分かったとき、それが利用できなかったとき、患者によって拒否されたときにのみ、認められるものとする。この規定の用いる文言についても、「自由な答責的で、説明を受けた、真摯な決断」と言った文言の意味について不明確性が残る点、「自殺に適した手段」を「提供する」(verschaffen) という文言が、「自己の占有に移す」ことを意味することから、たんに例えば、「薬の配給を手伝う」とか「代わりに受け取る」のは、これに当たらないことになり、狭すぎて不当だという批判がある。

(4) ラインラント・プファルツ生命倫理委員会の法案

ラインラント・プファルツの生命倫理委員会は、1986年に創設された[83]。この委員会は、学者として、倫理学、神学、医学、自然科学、法学の専門家、ならびに財界、労働組合、担当のラント省庁のそれぞれ代表者から構成された。委員長は、ラントの司法省大臣が務めた。ラントの生命倫理委員会は、2004年4月23日に、臨死介助と臨死付添に対する報告書を公刊した。その際、1986年の対案が方向づけを与えるものとして参照され、若干の修正が加えられた。修正は、臨死介助対案の214条1項の基準が当事者の疾病が死ぬ運命にあると認められるかに依存しないものと修正した。また、「信頼できる根拠にもとづき、患者がその絶望的な苦痛状態の継続と経過に関して、とくにその近づいている死に関して、この治療を拒否するであろうとき」という文言は、推定的意思と同一視されるが、具体的な法律上の認定が必要だとした。2号、4号にも、患者の推定的意思が考慮されるべきだとされた。なぜなら、取られるべき措置が、医師の意思にのみ依存させられるのは不当だからである。また、新生児については、推定的意思は認定できないから、これを構成要件から外すべきだと考えられた。

生命倫理委員会の刑法214条は、「生命維持措置の中断または不作為」に関する

---

82 Vgl. *Franziska Neumann*, a.a.O., S. 91.
83 *Franziska Neumann*, a.a.O., S. 95 ff.

ものであり、次の如くである[84]。

【214条】生命維持措置を中断し、または不作為した者は、次の場合、違法に振る舞うものではない。
1．当事者がこれを明示的にまたは真摯に嘱託したとき、または、
2．当事者が、医師の知見にもとづけば、意識を不可逆的に喪失したが、それが、その推定的意思内にとどまり、かつ、その代理人によってそれが確認されるとき、または、
3．当事者が、医師の知見に基づけば、治療の開始または続行に関する説明につき、長らく、得られなかったとき、そしてその推定的意思の探求によって、彼がこの治療を拒否するであろうと認められるとき、または、
4．死が近づいている場合には、当事者の苦痛の状態および治療の絶望性に鑑みて、生命維持措置の開始と続行が、医師の知見に基づけば、もはや適切ではないとき。ただし、このことが、推定的意思内にとどまる場合に限る」（1項）。
「第1項は、当事者の状態が、自殺未遂に依っているような場合についても妥当する」（2項）。

（5）2005年臨死付添（Sterbebegleitung）対案

2005年になって、臨死介助につき、シェヒとフェレルによって対案の修正案が公表された[85]。1986年に公表された「対案」の基本思想は維持するが、若干の点で拡大し、修正したのが、この新対案であり、とくにリヴィング・ウィル、いわゆる間接的臨死介助の詳細化、医師によって支援される自殺の尊重、および、積極的臨死介助を一般的に不処罰とすることの許否である[86]。この対案は、（ⅰ）刑法における「臨死介助対案」のほか、（ⅱ）「臨死付添法草案」（Sterbbegleitungsgesetz）を提案するものである。

（a）刑法における「臨死介助対案」　この対案は、刑法の214条以下の規定の改正を提案する。

【214条】生命維持措置の終了、制限または不作為

84　*Franziska Neumann*, a.a.O., S. 97 ff.
85　*Schöch/Verrel*, Alterntiv-Entwurf Sterbebegleitung（AE-StB）, GA 2005, S. 553 ff. その他、バンエンベルク、ハイネ、ヘッペル、フーバー、ユング、リーリエ、マイホーファー、ラトケ、レンギア、リース、リクリン、ロリンスキー、レスナー、ロクシン、シュライバー、シュラー・シュプリンゴルム、ヴォルターが名前を連ねている。この対案に対する批判として、Vgl. *Neumann/Saliger*, Sterbehilfe zwischen Selbstbestimmung und Fremdbestimmung – Kritische Anmerkungen zur aktuellen Sterbehilfedebatte, HRRS 2006, S. 280 ff.
86　Vgl. *Schöch/Verrel*, GA 2005, S. 558.

「生命維持措置を終了させ、制限し、またはしなかった者は、次の場合、違法に振る舞うものではない。
1．当事者がこれを明示的かつ真摯に嘱託した場合、
2．当事者が、有効な書面によるリヴィング・ウィルによってその同意無能力になった場合につき、これを指示していたとき、または、
3．当事者が、医師の認識によれば、治療の開始または継続に関する意思表示ができず、また、信頼できる根拠に基づいて、その疾病の種類、期間および経過に鑑みてこの治療を拒否するであろうとき、または、
4．死が近づいているときに、当事者の苦痛状態に鑑みて、治療の絶望性に鑑みて、生命維持措置の開始または続行が、医師の認識によればもはや適切でないときである」（1項）。
「第1項は、当事者の状態が自由答責的な自殺未遂に依拠している場合にも妥当する」（2項）。

214条aは、「苦痛緩和措置」について定める。

【214条a】「医師としてまたは医師の授権により、その死に至る病に際して、その明示的な同意、または有効に書面によるリヴィング・ウィルに基づき表示された意思または推定的な同意により、医学の原則によって、重大な、ほかの方法によっては除去できない苦痛状態の緩和のための措置を取った者は、それにより回避できない、そして意図されたのではない副次効果として死の発生が促進されたのではないとき、違法に振る舞うものではい。

【215条】「他人の自殺を防止し、または他人を自殺未遂の後に、救助することをしなかった者は、自殺が自由答責的な、真摯な、明示的に表示された、または諸般の事情から認識できる決断に依っているときには違法に振る舞うものではない」（1項）。「そのような決断から特に出発してはならないのは、その他人がまだ18歳に達していないか、またはその自由な意思決定が、刑法20条、21条に即して、害されていたときである」（2項）。「第2項の阻却事由が存在しない限り、死に至る病人にあっても、自由な答責的な自殺は、排除されるわけではない」（3項）。

215条は、「利欲からの自殺の支援」（Unterstützung einer Selbsttötung aus Gewinnsucht）を処罰する。

【215条a】「他人の自殺を利欲から支援した者は、5年以下の自由刑又は罰金刑に処する」。
【216条】嘱託殺
「何人かが明示的かつ真摯な被殺者の嘱託によって、殺害へと決定されたとき、6月以上5年以下の自由刑に処する」（1項）。「未遂は罰する」（2項）。

(b) **臨死付添法草案**　このシェヒとフェレルの対案は、さらに臨死介助に伴う「記録義務」や「医師によって支援された自殺」に関する規定の新設をも提案する。

【第1条】苦痛緩和治療における記録義務
「医師または医師から授権された人であって、死に瀕している病人にその明示的または推定的な同意をもって重大な、ほかの方法をもっては除去できない苦痛状態のための薬剤、とくに、致死的な副作用をともなう麻酔薬、鎮痛剤または鎮静剤を与える場合、治療の経過を、とくに薬剤の処方と配分、ならびに患者から表明された苦痛の感じ方を書面によって記録しなければならない」（1項）。「極めて高い配分量または異常な量の配分の場合、其の他の医師に相談し、その立場を書面で記録しなければならない」（2項）。「麻酔薬法17条による記録義務は触れられないまま残る」（第3項）。

【第2条】第2条は、生命維持措置の不作為、および医師によって支援された自殺における「記録義務」を定める。
「医師として、または医師から授権された人として、生命維持措置を終え、制限し、またはしない者は、それに対する根拠を書面により記録しなければならない」（1項）。「同様のことは、死に瀕している病人にその明示的で真摯な嘱託に基づいて4条によって自殺に対する不可罰な幇助をなした医師にも当てはまる」（2項）。「配慮権限または法律上の世話の事案においては、受任者または世話の根拠のある立場表明が、書面で記録されなければならない」（3項）。

【第3条】秩序違反
「故意または過失で第1条または第2条による義務に違反した者は、秩序違反である」（1項）。「秩序違反は25000ユーロ以下の罰金に処する」（2項）。

【第4条】医師によって支援された自殺
「医師は、死に瀕している病人の明示的かつ真摯な嘱託にもとづき、治療の可能性のすべてを尽くした後であれば、堪えがたい、治癒不能な苦痛を避けるために、自殺の幇助をなすことが許される」（1項）。「医師は、そのような救助の義務はないが、患者の明示的な要望により、可能性に応じて、その用意のある別の医師のもとに移送すべきである」（2項）。

連邦医師会は、医師によって支援された、自殺への関与（付添）を、医師の倫理に反するとして全面的に否定し、処罰がありうるとする。しかし、この対案においては、すべての医師の支援を罰するのではなく、あらゆる緩和医療措置を尽くしても十分に軽減できない「耐え難い、治癒の不可能な病苦」については、個別のあらゆる事情を考慮し、患者の自己決定権を基礎に置いて医師の責任でなされた違った決断は、個々の事例において正当化されうる」というのである[87]。ま

た、対案は、1986年対案で提案された「嘱託殺の可罰性は維持するが、緊急避難類似状態での臨死介助においては刑を免除する」という提案は修正し、積極的臨死介助の禁止の緩和は、立法化するのはやめ、事実上極端な例外状態にある場合のみにつき、裁判所が適正な個別判断をすることに委ねるものとした[88]。

六 「刑法217条」立法に関する公式草案（2006年以降）

1 公式立法提案の経過

連邦参議院は、2006年になって、自殺関与に関する構成要件を法律化しようと試みた。DIGNITAS が、2005年にハノーファーにそのドイツ支部を設けたことがその切っ掛けとなっている。2008年および2010年には、連邦ラントの諸草案が、連邦参議院に提出された。2012年には、連邦司法省が、参事官案を提出した。

2 諸ラントの立法提案

（1）2006年のザールラント・チューリンゲン・ヘッセン州の改正提案

この草案は、2006年3月27日に連邦諸ラントの立法案とされた「自殺機会の営利事業としての仲介禁止法草案」である。

217条は、「自殺の営業として（geschäftsmäßig）の促進」の禁止に関する法案である。2006年案217条「他人の自殺を促進する意図で、他人にこのために営業として機会を仲介し、または提供した者は、5年以下の自由刑または罰金刑に処する」[89]。これが委員会において審議がとまっている間に、バーデンヴュルテンベルクおよびバイエルンが修正案を提出した。さらに修正されたうえ、2008年6月24日には、連邦参議院の会議に付された。しかし、そのような自殺を促進する協会を設立し、そのような協会の中で決定的な役割を果たすことも禁止する必要があるとされ、草案の修正が必要とされるに至った。

（2）2008年の刑法217条草案

この草案は、「営利事業として、かつ、組織としての自殺幇助」（gewerbliche

---

[87] Schöch/Verrel, GA 2005, S. 580 f. 刑の免除の規定が不要となった理由は、緩和医療が当時より進歩したこと、旧対案よりその修正文言により許される臨死付添の範囲が広がったことである。
[88] Schöch/Verrel, GA 2005, S. 583.
[89] BR-Drs. 230/06. v.. 27. 03. 2006. S. 1.

und organisierte Suizidbeihilfe）を処罰するものである。

【2008年案217条】「その営利事業または活動が他人に自殺の機会を保障し、または提供することに向けられた事業を経営し、または、協会を開設した者は、3年以下の自由刑または罰金刑に処する（1項）。「1項に掲げられた種類の協会のために、会員または部外者として精神的または経済的に決定的な役割を果たした者も、同様に罰する」（1項）。

「営利事業」（Gewerbe）とは、連邦裁判所の定義[90]によると、「利益追求目的に支配されて営まれる取引」である。協会の文言もある程度の永続性を含意する概念であるとされ、ここではふさわしくないと批判された。そのような協会の主たる目的が自殺の促進であるので、病院、ホスピスなどは初めからこれから除外されてしまうことになる。

しかしながら、この草案は、連邦参議院で、SPDや、ノルトライン・ヴェストファーレン、ニーダーザクセン州の反対により潰された。協会開設や協会内での決定的な役割の概念が明確でないとして批判されたのである。結局、もう一度連邦参議院の委員会で審議すべきだとの意見が16州中14州の賛成により、委員会に返送された。

（3）2010年ラインラント・プファルツの改正提案

（a）第1提案　2010年3月23日にラインラント・プファルツが、「自殺幇助の宣伝」を禁止する法案を新たに提出した。これは、後に述べる第2の提案に対して「第1提案」である。

【第1提案】「公然と、集会においてまたは書面の頒布（11条3項）によって、その財産的利益のためにまたは極めて下品な方法（in grob anstößiger Weise）により、
1. 自殺の実行または促進に対して、自身または他人の労務（Dienst）を、または、
2. 自殺に適した手段、物、または方式（Verfahren）を、このような適性を示して、提供し、告知し、または宣伝し、またはそのような内容の説明を伝達したとき、2年以上の自由刑または罰金に処する（1項）。
「その宣伝が功を奏し、人が、第1項の申し出を用いて、自殺を挙行したとき、刑は、3年以下の自由刑または罰金である」（2項）。

90　BGHZ 74, 273（276）．ロクシンは、「営利事業として」というのも、限界が不明確であり、あらゆる自由死「組織」による自殺の組織的援助を禁止すべきだとする（*Roxin*, GA 2013, S. 325.）。「もとより、組織的臨死介助を必要な場合には警察法上禁止することで十分である」。

この第1提案は、下品な方法での、または、それを目的とするような自殺幇助に対する宣伝によって、自殺が、商業上の利潤追求の対象に貶められることを根拠とする。そのような公然たる宣伝は、個人の生命の危機を利用し、自殺行為へと鼓舞するものだからである。事実を淡々と知らせるような情報提供は、宣伝性を持たず、これから除かれる。この規定は、妊娠中絶に対する宣伝に関する刑法219条a[91]を参考にしたものである。したがって、文言の解釈も、妊娠中絶の宣伝に対する判例によることが予定されている。しかし、そこでは、「通常の謝礼を期待して活動すること」も「財産的利益」に含められている。したがって、独立のジャーナリストの報酬の受領もこれに当たることになる。緩和治療上の措置も、例えば、ホスピスでの治療の中断も、報酬を受け取ればこれに当てはまる。「極めて下品な方法で宣伝する」とは、「道徳的又は美的に憤怒を引き起こすような方法における行為、ならびにどぎつい宣伝の一切の形態」[92]をいう。

　(b) 第2提案　「第2提案」は、これを修正したもので、以下の如くである。この217条は、「営利事業としての、かつ組織としての自殺幇助」を禁止する。

　【第2提案】「その目的または活動が、他人に自殺の機会を与え、または提供し、そのために公然と宣伝することに向けられた事業または協会を開設した者は、3年以下の自由刑に罰金刑に処する」（1項）。「公然と宣伝された、第1項に掲げられた種類の協会に、首魁として関与し、またはそれを背後者として支援した者も同様に罰する」（2項）。

　この217条の規定は、2008年の217条の規定をほぼ踏襲している。この規定によれば、「ドイツ人道死協会」も禁止された組織にあたることになる。

3　2012年連邦司法省の提案

　(a) 連邦司法省参事官案　連邦司法省は、2012年4月に「自殺の営利事業としての促進を処罰する法律参事官案」を提出し、司法省が巻き起こした、提案さ

91　219条a第1項は、「公然と、集会においてまたは書面の頒布（11条3項）によって、財産上の利益のため、または極めて下品な方法で、
　1．妊娠中絶の実行または促進に対して、自身または他人の労務を、または、
　2．妊娠中絶に適した手段、物、または方式を、このような適性を示して、提供し、告知し、または宣伝し、またはそのような内容の説明を伝達したとき、2年以上の自由刑または罰金に処する」と規定する。
92　BR-Drs. 149/10, S. 9.

れた刑法217条の文言の限界と臨死介助の詳しい条件に関する論争に終止符を打とうとするものであった。

【連邦司法省案217条】「人の自殺を促進する目的で人にこれに関し営利事業として、機会を与え、得させまたは仲介した者は、3年以下の自由刑または罰金刑に処する」。

連邦司法省の意図は、これによって自殺の促進のために資金提供するような組織を禁止するというものである。しかし、これは明らかに、博愛的だが、事業的な動機からの自殺幇助ならびに医師によって支援された自殺幇助は、217条に禁止に含ませないというものである。これには、連邦医師会、ラントやその他の協会が医師を不可罰とする規定に反対し、これにより、連邦内閣政府は、2012年夏に、これを修正し、第2項を加えて連邦司法省案217条を次のように決議した。

(b) 修正提案

「人の自殺を促進する目的で、人にこれに関し営利事業として、機会を与え、得させまたは仲介した者は、3年以下の自由刑または罰金刑に処する」(1項)。「営利事業として行為しなかった共犯者は、第1項に掲げられた他人が、その親族またはその者に近しい者であったときは、罰しない」(2項)。

「営利事業として」(gewerbmäßig)とは、「繰り返し実行されることで、利益を得るために、一定期間の、そして一定額の継続的な収入源とする目的」があって行われることが予定されている[93]。自殺の幇助によって与えられた財政的手段が、協会や社団に流れるなら、自殺支援者がたんにこれを手段として、謝礼または給料をもらっていた場合でも、それで営利事業性は肯定できる。これによって、利益追求しない組織は、不可罰なままである。例えば、EXITは、3年会員を続けると自殺付添が無料となる。連邦政府によって法案が公表された後、「ドイツ臨死介助協会」(SterbeHilfeDeutschland e V.)は、迅速に反応し、チューリヒでスイスを本拠地とする登記を行った。会員の名簿の管理等は、以後、そこに移された。医師にとって問題なのは、司法省草案217条1項の構成要件に「謝礼」の関係のみでは当てはまらないが、さらに金の問題が絡むことがありうる。例えば、医師や看護人が自殺者を相続するといった場合である。217条2項の「近し

---

[93] 医師が繰り返し自殺幇助を行えば、これにあたるのではないかが問題視された。これについては、vgl. *Jäger*, a.a.O., medstra 2015, S. 883.

い人」に「医師」が含まれるかも問題となる。「近しい人」の定義は存在せず、「一定期間存在する人間的な関係であり、近親者に類似する連帯感を呼び起こし、それによって、緊急の場合には同じような心理的強要状態にもなる」ものをいう[94]。したがって、医師は、同時に友人である場合などを除いてこれに含まれない。

しかし、2012年10月12日の審議においてこの法案についても一致を見なかった。連邦議会でもう一度審議された後、委員会に返送され、2013年3月1日までに連邦参議院に付されることになったが、結局、この立法期には決議されることなく、第18立法期に改めて審議されることになったのである。

七　まとめ

前世紀から懸案であり、今世紀に入ってとくに、営利事業としての「自殺支援」組織が、ドイツでも設立されるとともに、その規制がどのようにあるべきかが、学界、マスコミ、議会において激しい対立を生むこととなった。議会での審議も、長年、決着がつかず、ようやく、2015年11月6日の連邦参議院で、本稿第2節冒頭に掲げたような刑法217条の規定の新設による決着を見た。そこでは、他人の自殺を援助する目的で「営利事業としてそのための機会を保障し、得させ、または仲介する」行為を処罰する（1項）ことを原則とし、「自ら営利事業として行為したのではない者」、および1項の主体たる「他人の親族」、または「近しい者」（2項）。は、共犯者として処罰しないものとする。

本稿では、この立法過程をフォローし、その現行法の解釈上の問題点、判例の動向さらに立法の背景となっている現象、さらに近隣国の立法事情などに配慮しながら、その経過のアウトラインを検討した。その解釈学的論理の詳細な展開については、別稿に譲る。

94　*Franziska Neumann*, aa.O., S. 137.

臨死介助協会と自殺援助処罰法
——ドイツおよびスイスの現状——

只 木　　誠

一　はじめに
二　臨死介助と自殺幇助
三　臨死介助協会
四　自殺援助処罰法
五　結びに代えて

一　はじめに

　わが国では、緩和医療の発展によって、臨死介助（安楽死）の是非の議論から、緩やかにこれを認める方向のもと、現在では尊厳死、消極的臨死介助（治療中止）、間接的臨死介助の問題へと、議論の中心の変容が見られる。

　一方、ヨーロッパ、とりわけドイツに目を向けると、2015年の11月に、メルケル首相やキリスト教民主同盟（CDU）、宗教界からの支持を得て、イギリス、フランス、イタリアに続き、業として患者の自殺にかかわる行為を処罰する法律（以下「自殺援助処罰法」という。）が可決された。この法案[1]に対しては、ドイツの大方の刑法学者が反対の意見を表明していたところであったが、一方で、処罰の対象とされるのは通常は医師であることになるにもかかわらず多くの医師はこの法律の制定を歓迎している。

　ドイツでは、臨死介助に関しては、消極的・間接的臨死介助は以前から認めら

1　この法案は絶対的多数によって支持されたわけではない。賛成する議員の数はようやく過半数に達したものであった。なお、同時にこの件に関する他の法案は否決されたが、それらは、①自殺教唆・幇助を全面的に禁止し刑の長期を5年とするもの、②民法の規定によって、不治の病にある患者の苦痛除去の意思などを要件に、医師による自殺援助を許容するとするもの、③営業的に行われないかぎり、患者の病状に関わりなく、医師の自殺幇助を認めるとするもの、である。
https://www.das-parlament.de/2015/28_30/titelseite/-/382448；https://www.bundestag.de/dokumente/textarchiv/2015/kw45_de_sterbebegleitung/392450；http://www.lto.de/recht/hintergruende/h/gesetzgebung-sterbehilfe-tatbestandsmerkmale-analyse/

れており、積極的臨死介助についても、一般に禁止はされつつも、わが国よりは肯定的に受け止められる傾向にある。その理由として、わが国とは異なり、これまで自殺関与が処罰の対象となっていなかったことが挙げられよう。また、ベルギー、オランダ、ルクセンブルクのベネルクス３国々では周知のように広く積極的臨死介助が肯定されており、スイスでは、自殺介助を組織的に行う、いくつかの臨死介助協会（自殺介助協会）が事実上承認されていて、自らの最期をそこで終えたいと移住している多くのドイツ人の存在もあり、ドイツにも同様の組織が存在する。もっとも、そのような組織において、営業的な目的と結びついたと考えられる、ないし業として行われる医療行為については多くの批判もあり、先に述べた法案の提出はそのような批判の表れともいえよう。すなわち、そのような、営業的に人の死にかかわる行為は医師の職業的倫理に反するのではないかという懸念が表明されてきたのである。

本稿は、わが国の安楽死・尊厳死の今後の議論のために、ドイツおよびスイスにおける右議論を紹介しようとするものである。とりわけ、臨死介助と自殺援助をめぐる現状や、ますます問題が顕在化してきた臨死介助協会の存在を Tag 論文[2]を介して紹介し、さらに、組織的な自殺援助を一定の場合に禁止する新たな処罰規定、自殺援助処罰法を、それへの批判を踏まえつつ、紹介しようとするものである。

二　臨死介助と自殺幇助

現在、終末期医療の技術や医薬品の開発が進むにつれて、多くの人の中では、おおよそ自由で自己決定できた人生の末に、医学的な治療と医療器械に無力に身をゆだねなければならないという恐怖感が増しているといわれているが、これが組織的な臨死介助の問題をめぐる１つの背景であると Tag は分析する[3]。

ドイツやスイスにおいても、わが国と同様、生物学的な終焉段階以前の区分において、間接的臨死介助とは、死に至る者に対して医学上必要な鎮痛措置を施すことで、意図的ではないにせよ、しかしやむをえないと考えられるところの間接

2　Tag（フィーヴェーガー陽子訳／只木誠監訳）「組織的な臨死介助と自殺幇助」『グローバル時代の法律学・国教を越える法律問題』（2011）57頁以下参照。
3　Tag・前掲注２）61頁。

的効果として不可避的に生命を短縮し、死期を早めることをいう。また、消極的臨死介助とは、措置の差し控え・減弱ともいい、死に直面している患者に、苦痛を長引かせるような生命維持に向けた措置（延命治療）を開始しないこと、あるいはこれを終了することをいい——その意味で、現在では、「治療行為の中止」（尊厳死）ともいう——、この両者の場合には、医師には法的な義務は発生しないとされている。これに対して、積極的臨死介助とは、死に瀕している患者の生命を、その精神的苦痛緩和ないし除去を目的として、意図的・故意的に断絶することをいう。ベネルクス3国とは異なり、ドイツやスイスでは、積極的臨死介助については、患者の承諾があっても許容しないという立場に立っている。一方、生物学的終焉段階以後の区分にあっては、医師に患者の生命を維持する権利ないし義務はなく、患者の苦痛を緩和・除去し、尊厳ある死を迎えさせることのみが医師の務めであるとされている。

ところで、医師には、治療を引き受けたならば、保障人として、医療基準に基づいて患者の生命を維持する義務があるが、一方で、判断力のある患者は、自らどの治療を行い、どの治療を行わないか決定することができる。患者の意思の尊重の度合いは国によって異なるが、「病気への自由（die Freiheit zur Krankheit）」[4]、人間としての尊厳を保ちつつ死を迎える権利、また死ぬ権利[5]が「人権と基本的自由保護のための条約（EMRK）」によって保障されている、という点ではヨーロッパ諸国において意見は一致している。その国の法律によって自殺行為が処罰されない限りにおいて、患者には自身の命をいつどのように断つか決定する権利があるということであり、患者が延命措置を拒否すれば、この決定によって医師の患者に対する義務は生命保持から看取り（Sterbebegleitung）へと代わることになる。医師が患者の意思に反して延命措置をすれば、ドイツとスイスでは、「専断的医療行為（侵襲）は傷害罪にあたる」とみなされ、この点が終末期医療の問題を検討する際の重要な視点となっている[6]。

積極的臨死介助と消極的臨死介助を直線上の対極とすれば、本稿で問題とする自殺幇助はその中間に位置する[7]。日本では、嘱託・承諾殺人のほか、自殺関与

---

4 BVerfG NJW 1998, 1774 f.
5 BGE 133 I 58, 66; BGHSt 37, 376, 378.
6 Tag・前掲（注2）68頁。Kunz, Sterbehilfe, Festschrift für Stefan Trechsel zum 65. Geburtstag, 2002, S. 613, 620 f.
7 Tag・前掲注2）69頁。従来の用語例に対して、国家倫理委員会は、消極的臨死介助には「死

も処罰の対象となるが、ドイツおよびスイスでは、自己決定による自殺および他者によるその幇助は罰せられていない。というのも、共犯行為の従属性は正犯行為を要件としているところ、ここではまさにそれがないからである[8]。とはいえ、スイスでは、刑法115条によって、自殺教唆および幇助は、それが「利己的な動機」からなされたものであれば処罰される[9]。例えば、物質的な、個人的利益を求めていることが「利己的な動機」の場合である[10]。自殺幇助が罪にならなければ、それが毒薬やヘリウムなどの調達などの作為であるか、あるいは、死を望む者が致死量の毒薬を服用したと知りつつその近親者、または臨死介助協会の職員が助けを呼ぶなどの救命措置を行わない不作為によるものかは、問題とはならない。手助けをする者が自殺行為を支配する立場になかったことが、常に犯罪不成立の不可欠の条件となる。これに対して、自殺の原因を作った者または手助けをした者が、経過を支配するに至れば、その時点から罪を問われることになる。例えば、患者および死を望む者が、自身で毒薬を自分で飲んだり注入したりできないためこれを助けたりする場合がこれである。この場合、手助けをする者は、事実上、結果について（共同して）所為支配することになり、共犯者の役割ではなく、（共同）正犯となる。

三　臨死介助協会

1　臨死介助協会の誕生とその後の状況

今日では、世界の数か国では、死をもたらす措置をとることは比較的容易になったといわれている中、スイスではいくつかの民間の臨死介助協会が活動しており、専門的に自殺の手助けをしている。Tag は、臨死介助協会の組織が、可

　に至ることに任せること」、間接的臨死介助には「終末期における治療」、自殺（Suizid）に関する幇助（Selbstötung）には「自殺に関する幇助」、積極的臨死介助には「要求に基づく殺人」、という用語をそれぞれ提唱している。Glück, Die aktuelle Debatte, Höfling/Rösch (Hrsg.) Wem gehört das Sterben? 2015, S. 12. なお、臨死介助に関するドイツの学説・判例を詳細に紹介する近時の論稿として、鈴木彰雄「臨死介助の諸問題」法学新報122巻11＝12号（2016年）267頁参照。
8　Vgl. z.B. BGH NJW 2001, 1802.
9　Kangarani, Das neue Verbot der "geschäftsmäßigen Suizidförderung" im StaStrafgesetzbuch, Forum für neue kulturelle Dimensionen 1 2016, S. 48. 神馬幸一「医師による自殺幇助」甲斐克則編『医事法講座第4巻　終末期医療と医事法』（2013）85頁、90頁。
10　Riklin, Die strafrechtliche Regelung der Strebehilfe, Adrian Holderegger (Hrsg.), Das medizinisch assistierte Sterben, 2. Aufl., 2000, SS. 322, 324.

能な限り簡単な「自由な死」(Freitod) を求めて広がりつつあった声に応えるように設立されたことを紹介している。すなわち、現在の臨死介助協会の広がりは、ごく最近のものではなく、その始まりは1980年代に遡るとされている[11]。スイスで1982年に、臨死介助協会、Exit- Deutsch Schweiz および Exit- Suisse Romande（エクジット・フランス語圏）が設立されると、これに1998年に Dignitas、2005年に Dignitas のドイツ支部 Dignitate が続き、その後 Sterbehilfe Deutschland e.V.（臨死介助ドイツ協会）も加わり、1997年にはオーストリアにて Exit-International が設立された。それと同時に、活動が次第に職業化されつつあるなか、会員数は増加傾向にある[12,13]。

なかでも Exit- Deutsch Schweiz は会員の増加が著しく、その数は2016年には10万人を越え、Exit- Suisse Romande は、会員が2万数千人である。この2つの組織はスイスで居住許可を有する者のみが会員となれるが、そのほか、外国人へのスイス国内での「自由な死」の提供を掲げて、国籍を問わず約70カ国から会員を集める Dignitas は、現在7千人の会員を有する。そのほか、Exit-International は、ほとんどがドイツ人で、会員数は約700人といわれている。現在、Exit- Deutsch Schweiz は年間500件の自殺の看取り (Freitodbegleitung)[14]、Dignitas は、年間200以上の自殺の看取りを行っている。Dignitas は外国人が90％を占めるが、その半分が、また自殺介助の対象の半分がドイツ人である[15]。2015年には日本人に対する初の自殺介助が報告されている[16]。

さらに、ベネルクス諸国では、そのプロセスは厳しく規制されているいるが、許される臨死介助が積極的臨死介助まで拡大された。もっとも、その他のヨーロッパの国々では、臨死介助協会はまだあまり拡がってはいないが、臨死介助の道が閉ざされているという訳ではない。例えばイギリスでは、自殺介助法案（草

11　Hirsch, Behandlungsabbruch und Sterbehilfe, Festschrift für Karl Lackner, 1987, S. 597 ff.; Roxin, Anmerkung zu BGH, NStZ 1984, SS. 410, 411 f. 神馬幸一「組織的自殺介助問題を巡るスイスの議論状況」静岡大学法政研究13巻2号（2008）440頁以下参照。
12　Tag・前掲注2）62頁以下。
13　Bosshard, Trends in der Entwicklung der Suizidbeihilfe in den deutschsprachigen Ländern, 2015, S. 8.
14　https://www.youtube.com/watch?v=lejV7bkBZaA　Exit 全体で2015年には約1000件にのぼる。Exit と比較して、Degnitas は、自殺希望者の判断能力や意思の確認を含め、自殺幇助に至る手続きが簡素である点が指摘され、また、批判されている。
15　http://www.dignitas.ch/images/stories/pdf/statistik-ftb-jahr-wohnsitz-1998-2015.pdf
16　ibid.

案）はいまだ可決されていないとはいえ、末期状態にある患者自身の責任によって死を選ぶ場合、医師が積極的に手を貸すことは許容されている[17]。しかし、それにもかかわらず、多くの人は、臨死介助協会のサポートを得るためにスイスへ入国しているのである。

このようななか、Dignitate の活動の活発化に反応し、ドイツでは規制を求める声が高まり、連邦レベルでも、いくつかの州で法案が出されるに至った[18]。自国への「安楽死ツアー（Sterbetourismus）」が１つの要因となって、スイスでも、臨死介助協会をより厳しく監視できないかという議論が行われるようになり、既に2005年には、国家倫理委員会（Nationale Ethikkommission）が国家による有効な監視を要請したが、それにもかかわらず、連邦司法省（Bundesamtamt für Justiz）が制作した調書「臨死介助と緩和医療 – 連邦政府に求められる対処策（Sterbehilfe und Pallativmedizin – Handlungsbedarf für den Bund?)」が法改正につながることはなかった。連邦司法省が制定したスイス刑法115条、すなわち、自殺の教唆および幇助についての改正を意図した当初の改正草案は、公聴会の場において強く批判された。提案には組織的な臨死介助を全般的に禁止する案と、一方、組織的な臨死介助を定められた制限の範囲で容認する案とが含まれていたからである。

2　臨死介助協会の現状と課題

臨死介助の法的問題は、臨死介助が親族、友人や医師によってではなく、臨死介助協会によって専門的に提供されるという状況のもと新たな段階に入ることになった[19]。Tag は以下のように紹介し、課題を述べている。すなわち、スイスでは、このような協会による臨死介助を選ぶ人の数は年々増えている。2007年にス

17　イギリスにおける当該問題については、甲斐克則「イギリスにおける人工延命措置の差控え・中止（尊厳死）論議」甲斐克則編『医事法講座第４巻　終末期医療と医事法』（2013）149頁以下、今井雅子「イギリスにおける自殺幇助をめぐる最近の動き」東洋法学54巻３号（2011）217頁参照。

18　ヘッセン州、ザールランド州およびチューリンゲン州が自殺に関する営利的斡旋を禁止する法案を作成した。これについて連邦参議院は、死の商業化は何としてでも阻止しなければならないと述べると同時に、現時点で臨死介助協会の設立およびそのような団体に幹部として属することは処罰対象になるか否かを明らかにすべきであると要請した。この点に関し、佐藤拓磨「ドイツにおける自殺関与の一部可罰化をめぐる議論の動向」慶應法学31号（2015）354頁以下参照。

19　Tag・前掲注２）74頁以下。

イスで確認された1,360件の自殺のうち10%はDignitas、18%はExitの手を借りるものであった。臨死介助協会は、財政的にも豊かであり[20]、また、これらの協会の活動を直接に規制する独自の法律は存在しない[21]。

臨死介助協会の活動を詳細に規定すべきか、規制するとして、どのような手段によってどの範囲で規制するべきかという議論は、ヨーロッパ各国、とくにドイツとスイスでなされていた。もっとも、臨死介助する者にも、死を望む者にも移転の自由や移動の自由があることから、ここでの議論は、それぞれの国固有の問題ではない。

組織による臨死介助が広まっていく中、注意を要するとされるのは、臨死介助協会を介して生死を選ぶ決定権が一般化することで生じる権利の濫用の危険性であり、また、その行動を規律する法律がないため、逸脱や規範違反が明確でないことから、限界をこえた事例が生じても気づきにくく、かつ、対処が困難であり、ひいては、しだいに道徳的価値観の変遷が生じ、本来効果的である管理メカニズムや良心の作用が衰退してしまうおそれがあることである。そのため、これを防ぐべく、有効かつ広範囲にわたった規制と予防的保護策が必要となる。

将来、臨死介助協会の活動が禁止の方向に至るかどうかは確かでないが、そして、国ごとに対応は異なるものの、臨死介助協会の一律の禁止に対しては、主に自己決定権に関連した異議が唱えられるであろうし[22]、同時に、スイスのように臨死介助協会が多数の会員を有している場合、実際に禁止することは難しいと見られている。また、刑法的規制に頼ることには、刑法がことによると遵守されなくなるという危険が潜んでおり、これが法治国家にとって堪えられない事態であることは、妊娠中絶に関する制限的な規制ですでに明らかになったと見ることができる。1つの例外を許すと際限がなくなるという、ダムの決壊と濫用を危惧する声には耳を傾けなければならないが、協会の活動を全面的に禁止しなくては国家のモラルが崩壊するという訳ではないと考えれば、むしろ、重要なのは、臨死

---

20 臨死介助協会については、倫理的のみならず経済的な面からも問題視されている。Dignitasは、自殺一件につき7,500スイスフランを請求するという。そして、これに、入会費と年会費が加わる。Dignitasは、1998年の設立から2015年まで2127人の臨死介助を行ってきたため、協会の資産は増え続けており、Exitも会費、寄付、債券の相場取得や遺贈から成る多額の資産を所有しているといわれている。

21 唯一、Exit-Deutsch Schweizがスイスのチューリッヒ高等検察庁と2009年の夏に、乱用を防ぐための行動指針を目的とした取り決めをしただけである。

22 ドイツについては、BR-Drs. 230/06 v. 27.3.06.

介助協会が遵守すべき注意基準を定めること、すなわち、自殺を望む者がその意思を自由に決定し、明示したこと、その意思は熟慮に基づき、継続的なものであることを明らかにさせることである。

さらに、有効な患者の指示書があるにしてもないにしても、判断能力のない患者についてはどのようにするのかという問題も明らかにされなければならない。医師の関与のあり方も明らかにされなければならない。医師が自殺を看取ることは必要か、望ましいことか、事前にどのような説明をなすべきなのか、臨死介助は臨死期の患者に限るのか、それとも重い慢性疾患に罹患している者、あるいは身体的には問題をかかえていない鬱病患者にも同様の措置をとることは可能なのか[23]、その患者にはどのように対処するべきなのか、患者とは臨死介助以外の手段についても話し合うべきなのか、緩和医療／ホスピスと臨死介助は両立するのか、自殺は医師の処方を必要とする薬剤によって行われるべきか、それともヘリウムのような薬剤ではない物質の使用を認めるべきか、等々も重要な点である。最後に、どのようにしたら自殺が営利目的の対象にならないかについても、明らかにされるべきである。

このように Tag は課題を整理しているのである。

四　自殺援助処罰法

1　業としての自殺援助処罰法

このような状況の中、ドイツでは、2015年末、長らく議論が続いていた自殺介助に制限を加えようとする自殺援助処罰法が可決・成立した。組織化された自殺介助が商業化・ビジネス化するまえに、これに歯止めをかけようとしたのである。多くの刑法学者の継続的な批判の中で可決した新規定、ドイツ刑法217条に

23　筆者が2016年1月に、チューリッヒ大学の Schwarzenegger 教授に行ったインタビューによれば、今日議論があるのは、まず、精神病の患者も対象となるのか、という点であり——スイス連邦通常裁判所は2006年、患者の精神病が、その人生の価値を失わせるほどきわめて重篤であって、かつ、患者に判断能力がある場合には可能であるとしている（BGE 133 I 58）——もう1つは、将来、認知症やアルツハイマーとなって、将来判断能力がなくなることが予想される患者がにおいて、そのような状態が到来する前に行うかという問題であるが、両組織もこれらを認めている、ということである。同教授は、スイスにおいて広く自殺幇助が認められる根拠を、国民性として、信仰心が他の国と比較して比較の弱いことと、政治的な自由主義、そしてプラグマティズムをあげている。神馬・前掲注9）97頁。

ついては、直ちにマスコミでも大きく取り上げられ[24]、大きな話題となった。新217条は以下のような規定である[25]。

「217条　業としての自殺援助
（1）他人の自殺を援助する目的で、業として自殺の機会を付与し、調達し、あるいは斡旋した者は、3年以下の自由刑又は罰金に処する。
（2）自ら業として行為せず、かつ第1項に規定する他人の親族又はその他人と密接な関係にある者は、共犯として処罰しない。」

同条文にかかる処罰には、死に至る機会の付与、創出、仲介を反復または継続して行うこと、またその目的が必要だが、その手段には、死に至る情報の提供も含まれている[26]。

2　HilgendorfとRosenauによる批判

この新規定について、その問題性の検討に取り組んできたHilgendorfとRosenauは、これまでの議論を整理・確認しつつ、いち早く反論を加えた[27]。

24　Sueddeutsche Zeitungは、「将来ドイツでは業としての自殺幇助は禁止される。しかし、新法は基本法と一致するのか」という見出しのもと、この法案は、ドイツ国内にも存在する自殺介助組織を射程とするものであるが、「業として」という法概念は不明確であり、立法関与者は、この法案において扱う行為は反復することを意図した組織的な行為であると説明するが、末期の患者を扱う医師は、自殺を一度以上嘱託されることがあるだろうし、その場合にその嘱託を実行すれば可罰的となる。この不明確性の問題に早晩、裁判官は取り組むことになろう、と伝えている。http://www.sueddeutsche.de/gesundheit/neues-gesetz-was-der-beschluss-des-bundestags-zur-sterbehilfe-bedeutet-1.2725817

25　原文は以下のとおりである。§ 217 Geschäftsmäßige Förderung der Selbsttötung
　（1）Wer in der Absicht, die Selbsttötung eines anderen zu fördern, diesem hierzu geschäftsmäßig die Gelegenheit gewährt, verschafft oder vermittelt, wird mit Freiheitsstrafe bis zu drei Jahren oder mit Geldstrafe bestraft.
　（2）Als Teilnehmer bleibt straffrei, wer selbst nicht geschäftsmäßig handelt und entweder Angehöriger des in Absatz 1 genannten anderen ist oder diesem nahesteht. なお、法律が制定されるまでの、連邦参議院および連邦議会に提出された法律案や、政府案をめぐる議論についての詳細は、佐藤・前掲注18）347頁以下参照。

26　BT-Drs.18/5373 18. もっとも、間接的、消極的臨死介助は、自然の病気の経過に介入しないので、不処罰であるとされている。Duttge, Strafrechtlich reguliertes Sterben, NJW 3/2016, S. 122f.

27　法案段階の批判的検討として、Hilgendorf/Rosenau, Stellungnahme deutscher Strafrechtslehrerinnen und Strafrechtslehrer zur geplanten Ausweitung der Strafbarkeit der Sterbehilfe, medstra, 2015. Heft 3, S.129ff., Rosenau/Sorge, Gewerbsmäßige Suizidförderung als strafwürdiges Unrecht? NK, 25. Jg. 2/2013 S.109. 批判に対する賛同者は、刑法学者を中心に144名を数える。刑法学者の多くは、この規定の必要性を否定している。Duttge, Zehn Thesen zur Regelung

まず、法案(草案)段階で、以下のような批判が提起されていた。すなわち、大要、以下のとおりである。

法案は、①憲法的にも、刑法的にも、そして医事法的にも拒否されるべきであり、②近年の立法者や裁判所による自殺幇助の非犯罪化に逆らうものであり、③そのような法案がなくとも、警察法や刑法が、自殺者の自由意思が十分に確認されない場合に採りうる手段となりうる。それに対して、患者との信頼に基礎を置くものであって、かつ、一方では刑法的規制に敏感に反応するような医師の活動領域が、熟慮なき刑法の拡張によって、処罰可能なグレーな領域に組み入れられることになるのは誤りではなかろうか。

個別的には、

a) すでに、消極的・間接的臨死介助の議論においては、患者の明示の意思による自殺介助の望みを尊重し、これを許容することは、たとえ生命の短縮に結びついたとしても、長きにわたって承認されてきた(歴史的根拠——カッコ内は筆者の注。以下同じ)。

b) ホスピスや緩和病棟では、繰り返し、組織的な臨死介助が行われている。生命の短縮に結びついたとしても、このような行為は、無制限に肯定的に評価されてきた。それらの行為は刑罰によって阻止される代わりに、十分な資金の援助によって支えられてきた(事実的根拠)

c) 自殺は可罰的でないゆえにその幇助も可罰的でないというのが、実証された刑法理論上の原則である(理論的根拠)。

---

des (ärztlich) assistierten Suizids, medstra, 2015, S. 257f.; Hillenkamp, in FAZ von. 16.4.2015. そのほか、Hilgendorf, Stellungnahme zur öffentlichen Anhörung des Ausschusses für Recht und Verbraucherschutz des Deutschen Budestages am 23. September 2015, S. 1ff.; Seifert, Setllungnahme zur ethischen Beurteilung ärztlicher/ organisierter Suizidhilfe und der vier zu deren Regelung vorliegenden Gesetzentwürfe, 2015; https://www.bundestag.de/blob/388596/3f89ba6f985b7667af403bedfd001358/schoene_seifert-data.pdf; Merkel, Stellungnahme für die öffentliche Anhörung am 23. September 2015 im Ausschuss des Deutschen Bundestages für Recht und Verbraucherschutz, https://www.bundestag.de/blob/388404/ad20696aca7464874fd19e2dd93933c1/merkel-data.pdf; Schiliemann, Strafbarkeit der Förderung der Selbsttötung, ZRP, 2013, S. 51; Saliger/Karles, Freitodbegleitung als Sterbehilfe-Fluch oder Segen? medstra, 3/2015, S. 132ff. 新法制定後についてのものとして、Kangarani, a.a.O. (Fn. 9), S. 48f.; Rosenau, §217 Strafgesetzbuch (StGB), Bayerisches Ärzteblatt 3/2016, S. 100f. Duttge, a. a. O. (Fn. 26), S. 120ff; Wienbrach, Die Menschenwürde im Businessplan, GewArch 2016/ 2, S.66. なお、本稿で示したRosenau の批判をはやくして紹介したものとして、ローゼナウ(甲斐克則・福山好典訳)「ドイツにおける臨死介助および自殺幇助の権利」比較法学47巻3号(2014) 205頁以下がある。

d）基本法2条1項を併せ1条1項によって保障された個人の自己決定権は、自らの死についても及ぶ。2009年制定の患者の指示法によって立法者はこれを明確に示した。新規定は自己決定権を侵害し、比例原則に反しており、刑法は「最後の手段」でなければならないとする原則も考慮されていない（憲法的根拠）。

e）医師と患者の関係が法的に規制されるのは限定的に許されるのみであり、刑法にあってはなお一層のことである。医師の自殺介助行為の可罰性は、したがって明白に否定されるべきである。医師の良心の自由——基本法4条1項——は、医師と患者との関係においても妥当する。新規定は憲法上の理由からも拒否されるべきである（自由権的根拠）。

f）医療倫理や社会倫理ならびに刑法の基準に照らして許容される、あるいはそれどころか肯定的に評価される医師の措置を、医師の職業法は禁止すべきではない。死に際しての医師の介助は良心に基づく決定として許されるのである（職業法的根拠）。

g）自殺を望む者には特別な配慮と寄り添いが必要であるが、自殺介助を可罰的とすることで、処罰を恐れて医師が患者と距離を置くことによって、医師の専門的な援助は困難ないし不可能となり、その結果、患者をして残酷な方法での自殺に向かわせることになる。目標とすべきは、反対に、できるだけ多くの自殺希望者に寄り添いドイツにおける自殺者の数を減少させることである。そのための方策として、刑法的手段は全く適していない（倫理的根拠）。

3 具体的批判

以上の主張ないし批判を、具体的に、Rosenau は以下のように展開する。

（1）自殺幇助の不可罰性[28]

ドイツ刑法では、自殺や自殺未遂の可罰性を認めていない。自殺の不可罰性は憲法上保障された個々人の自律のひとつの現れである。自殺援助処罰法を支持する考えは「生きる義務」を肯定し、患者にこれを強いるものであり、基本権にいう自由保障を顧みないものである。憲法から自由答責的な自殺の自由が導かれるかについては争いがあり、憲法裁判所も自殺の権利を認める立場をとってこな

---

28 Rosenau/Sorge, a. a. O. (Fn. 27), S. 109 ff.; Rosenau, a. a. O. (Fn. 27), S. 100f. Hilgendorf, a. a. O. (Fn.27), S. 5 ff. ドイツにおける臨死介助をめぐる判例の推移および第3次世話法改正と民法1901a条については多くの紹介があるが、近時のものとして、鈴木・前掲注7）279頁以下参照。

かったが、2010年の Putz 判決でも、自己決定に基づく死の権利を強調し、2009年の患者の事前指示法の規定によって、自殺の権利に関する自己決定権は一層確認されるに至った[29]。自由答責的な自殺の意思に反する保護は、基本的秩序と一致しないパターナリズムに陥る[30]。この点、欧州人権裁判所もかの Diane Pretty 事件において同様の立場であり、欧州人権条約 8 条 1 項、すなわち「私生活の尊重に対する権利」に含まれるとされる、死に際しての自己決定権について肯定し、自殺の阻止は個人の権利に対する侵害であるといっている[31]。しかも、その後、欧州人権裁判所は、自己の生命の終了を自由に決定することができる権利に言及し、自殺を希望している妻の夫に、同 8 条による自己決定に対して侵害があったことを認め、ドイツに裁判所に、改めて薬物を投与する決定を下すようにと判示したのである。必要な国際法の解釈に基づいた基本法の解釈にあってもこの判断は参照されるべきであるから、BGH の裁判官による自殺を違法とする判断はもはや維持しえない。

自殺幇助の可罰性は、共犯の従属性（ドイツ刑法26条、27条）からみて、刑法理論的にも、刑法体系的にも無理がある[32]。かの Wittig 判決に至るまで採られていた、自殺幇助の不可罰性の回避策、すなわち、自殺を望む者を支援し何もしないでいる保障者について正犯としての不作為の可罰性を基礎づけることによる解決策は、維持できない。というのも、自由答責的な自殺は自己決定権の行使の結果に他ならず、これに相対する幇助者には保障者としての義務が欠けるからである。この帰結は、ドイツ民法1901a 条 2 項、3 項の立法者の評価とも一致する。ドイツ刑法323c 条も、ここでは「事故」が前提となっているのではないことから、問題とならない。

29　本判決については、甲斐克則「ドイツにおける延命治療中止に関する BGH 無罪判決」年報医事法学26号（2011）286頁、武藤眞朗「ドイツにおける治療中止」甲斐克則編『医事法講座第 4 巻　終末期医療と医事法』（2013）194頁参照。
30　Duttge, a. a. O.（Fn. 26）, S. 123 f. は、基本法の諸規定に照らしても、刑罰の正当化根拠には重大な不法があるところ、業としての自殺幇助に刑罰に価する不法はない。自殺は、自己の自由領域にとどまり、他人の自由領域への侵害ではないからである。本規定は、嫌疑刑を定めるものである、としている。
31　Tag・前掲注 2 ）70頁。Diane Pretty 事件については、稲葉実香「生命の不可侵と自己決定権の狭間（1）（2）」法学論叢158巻 1 号（2005）47頁以下、同 2 号（2005）54頁以下参照。もっとも、同裁判所は、「死ぬ権利」については、明示的に承認することはなかった。
32　2006年のドイツ法曹大会でも、圧倒的多数の参加者がこの点に賛同した。

（2）法的異議[33]

　自殺の権利を実現する者は、介助を受けなければならず、また、自由答責的に行為する自殺者の個人的法益としての生命は、保護法益とはなりえない。それは、営業的（gewerbsmäßig）な幇助行為にあっても同様である。そもそも、営業性という純粋に刑罰を加重する要素によって可罰性を基礎づけることは体系的にも誤っている。

　立法者は、立法事実を、潜在的な自殺者自身における生命に対する抽象的危険とみる。すなわち、本規定の根拠を、意思がいまだ動揺している自殺希望者が、自殺介助組織の存在・活動によって、短時間に、また、重圧によって、自殺に至りかねないという点に見いだしている。なるほど、生命という高度な憲法的価値を保護する場合に、（抽象的）危険を考慮することは立法者の裁量の範囲内だが、しかし、このような危険は実際上は基礎づけられていない。というのも、ドイツにおいて毎年１万人の自殺者を数えるが、Dignitas のような自殺介助組織と自殺者の増減との有意的な相関関係は証明されていない[34]。自殺介助組織は、利益獲得を優先し、患者の意思の確認も不十分で、必要とあらば自殺意思を撤回させるということもせず、拙速な自殺介助を実施する傾向にあるというのも、事実に反している。立法者は、抽象的危険の現実の可能性を示すことなく、自殺介助に至るかなり以前の段階にある行為の可罰性を肯定し、しかも、実際、ドイツ刑法217条１項の文言にしたがえば、自殺の試みも可罰性の要件として不要としている。ここには危険な処罰の早期化がみられる[35]。法案は、社会における一部の憤りに政治的に乗じ、道徳の問題を刑法の問題とすりかえている[36]。これは、連邦憲法裁判所が、Inzest 判決[37]において立法者の肝に銘じたはずの、刑法における「最後の手段」原則に反する[38]。

33　Rosenau/Sorge., a. a. O. (Fn. 27), S. 113 ff.; Rosenau, a. a. O. (Fn. 27), S. 101 f. Hilgendorf, a. a. O. (Fn. 27), S. 35.

34　Rosenau/Solge, a. a. O. (Fn. 27), S. 114 f. ローゼナウ・前掲注27）219頁以下。佐藤・前掲注18）355頁参照。

35　Duttge, a. a. O. (Fn. 26), S. 121 は、抽象的危険犯として処罰の早期化、前倒しが図られたことから、未遂規定は設けられなかったとしている。この規定は、自殺の援助を処罰の対象としていることから、自殺が未遂に至ることは要件ではない。

36　Duttge, a. a. O. (Fn. 26), S. 120 f. は、新規定の背景として、自殺は同情を呼び起こすが、それに関する職務の執行は忌み嫌われるということ、また、自殺の権利の道徳化が進んでいることを挙げている。また、心情（性向）が可罰性の根拠となるならば、法と道徳の区別はなくなるという。

37　BVerfGE 120, 224, 239 f. 173条の兄弟姉妹間の性交処罰の可否が争われたものである。

217条が捕捉しようとしている可罰性の欠缺、すなわち、自由答責的な自殺でない場合については、222条の過失殺や212条の故殺、25条1項の、故殺の間接正犯として処罰可能であるので重要ではない。むしろ、自由答責的か否かの見極めこそが重要なのである。

そのほか、「営業として」という要件は不明確であり[39]、加えて、217条2項の、不処罰とする例外規定も、それ自体としては意義があるが、「親密な関係にある者」という概念が不明確なため、法的安定性に欠けている。

(3) 倫理的および法政策的異議[40]

ドイツ刑法217条は、自殺介助組織を犯罪化することにより、自殺の意思を有する者をして、飛び降り自殺、飛び込み自殺、縊死など、残酷な自殺へと仕向けることになるので、法政策的にも誤りである。医師は自殺の手助けを職業法上、禁止されているし、拘束力はないが、連邦医師会原則も、自殺にあっての医師の協力は「医師の任務ではない」としている。終局的には、医師個人の良心の問題だが、MBO（ドイツで活動する医師に対する模範職業規則）16条Ä[41]は、医師は自殺のための幇助をなしてはならないとし、この規定は17ある州医師会のうち7つの州医師会において採用されている。このように、医師会の態度は大方において自殺の手助けを是とはしていないが、しかし、国民は圧倒的に医師の自殺介助を支持してきた。尊厳ある自殺に必要な医学上の知識を有し、患者との強い結びつきのもと患者の気持ちを理解しうる医師が、自殺の意思を有する者の死から撤退することは残念である。

自殺介助組織が悪者呼ばわりされることも正しくない。同組織は、現在ではもはや廃止にはできないし、答責的な臨死介助の環境を整えている。その結果、自

---

38 そのほか、刑事制裁は不要であり、行政的規制で足りるという批判もあった。佐藤・前掲注18) 364頁、368頁参照。

39 Duttge, a. a. O. (Fn. 26), S. 122f. は、不法を基礎づける、新規定である「業として」という要件についても同様であるとし、結局のところ、犯罪の成否は、行為者の動機に帰結を求めなければならないという。また、「業として」が不法を高める要件となるかについては疑問であるという。さらに、自律原則は、(実質的な) 不法従属性原則、すなわち、共犯の違法性は正犯の違法性を前提とし、正犯が自律的に行為した場合には、共犯の違法は存在しないとする原則によって、介助行為を行う者にも及ぶというのである。

40 Rosenau/Sorge, a. a. O. (Fn. 27), S. 116 ff; Rosenau, a. a. O. (Fn. 27), S. 101 f; Hilgendorf, a. a. O. (Fn. 27), S. 14.

41 「医師は、死に瀕した者の尊厳を守り、その意思を尊重し、援助しなければならない。医師は、要求に基づく殺人を行うことも、自殺幇助も行ってはならない」、としている。

殺を望む者が自殺の意思を放棄することにも[42]、あるいは、ホスピスで死を待つことにも、いずれの選択にも繋がりうる。それゆえ新規定は、当然ながら国民の拒否を招いているのである。

　自殺介助組織の活動の規制と監視については異論はないが[43]、法案は、反歴史的で、反論理的で、憲法に違反し、倫理的にも法政策的にも誤っている。

　このように Rosenau は217条の業としての自殺援助処罰法を批判するのである。

五　結びに代えて

　ドイツ刑法217条の自殺援助処罰法の立法化は[44]、自殺介助組織の行為を対象としているが[45]、その背景には、医療費の高騰や医療制度への不安のもと、多くの市民において、将来はなんらかの外在的な圧力によって死を決断させられるのではないという潜在的な不安が広がっていることが想起されよう。そのほか、ドイツにおける政治的背景、すなわち、死に関するビジネスをタブー視し、死は個人が自ら決定すべきことではなく、神の意志に委ねなければならないという、CDU の一部の会派の主張も反映しているとみられている。他面で、そこにはポピュリズムが見え隠れしているとの指摘もある。自殺は、ドイツの社会において、次第に「通例」のこととなり「社会的に相当」であるとみなされるようになりかねず、自殺がタブーでなくなることも危惧されているといわれているのである[46]。

　217条の規定によって自殺介助組織の活動は、かなり制約されることになったといえよう[47]。とはいえ、新たな処罰規定をみれば、自殺介助組織のみに対象が限定されることはなく、私人を含めて誰でも、業として自殺介助行為を行えば可

---

[42]　Hilgendorf, Stellungnahme zur öffentlichen Anhörung des Ausschusses für Recht und Verbraucherschutz des Deutschen Bundestages am 23. September 2015, JZ 2004, S. 547.
[43]　Tag・前掲注２）76頁参照。
[44]　https://www.bundesverfassungsgericht.de/SharedDocs/Entscheidungen/DE/2015/12/rk20151221_2bvr234715.html
[45]　2015年には92人の自殺に関わったとしている臨死介助ドイツ協会は、217条は自己決定権を否定するもので憲法違反であると、いち早く声明を出している。http://www.sterbehilfedeutschland.de/
[46]　Vgl. Kangarani, a. a. O. (Fn. 9), S. 49.
[47]　すでに、緩和医療において、この問題は顕在化している。http://www.lto.de/recht/hintergruende/h/gesetzgebung-sterbehilfe-tatbestandsmerkmale-analyse/

罰的となりうる[48]。業態犯の形式をとっているが、以下で示すように、1回の介助行為によっても、当該構成要件は充足されうる。だからこそ、親族を処罰の対象から除外する特別な規定を置く必要が生じたのである。また、上述のように、その構成要件は抽象的危険犯であり、処罰の早期化、刑法的介入の前倒しが図られている。一般に許容されている消極的臨死介助と間接的臨死介助と自殺幇助との区別が不明な点からすると、また、当初の草案の「営業として」から、現行の「業として」と要件が緩和されたことからすると[49]、処罰範囲の明確化も危ういといわざるをえない。さらに、対象者の保護の必要性は高くなく、保護の手段も抽象的かつ間接的でもある[50]。ドイツでは自己決定権にもとづく（意識的かつ自由答責的な）自殺が、権利とまではいえずとも[51]、保障されるべき自己決定権の行使の1つとされ、その意思は可能な限り尊重されるとされているが、その観点からすると、当該構成要件が憲法が要請する「最後の手段」といいうるのか、補充性を充たすのかについては異論があり、自殺幇助の可罰性の拡大は、多くの研究者の危惧するところである。加えて、この法律によって、医師と患者との関係に軋みが生じる可能性も指摘されている[52]。人生の最後にあって、尊厳のある死を迎えるための十分な看取りを行ってもらえないのではないかと不安になり、精神的にも手当を要する患者から医師を後退させ、その結果患者を追い詰められた末の無残な自殺に向かわせることになってはならないととの声は大きい。そして、これらの批判の一方で、臨死介助協会の活動を制限するとしても、自殺介助に否

48　Kangarani, a. a. O. (Fn. 9), S. 49.
49　当初の草案では、「営業として（gewerbsmäßig）」、すなわち、自殺幇助をなすに際して、利益の獲得を目的として幇助をなす場合を想定していた。その後、「自殺幇助組織」はその定義によって包括されるのか、利益獲得意図の証明は可能かが問題となり、要件は緩和され、「業として（geschäftsmäßig）」となったものである。したがって、「業として」とは、自殺幇助が反復継続的になされていれば足り、利益の獲得目的という主観的要素は不要となり、しかも「業として」という要件は、それが連続して行われることになっていれば、1回目の幇助行為がなされれば直ちに充足されることになり（BT-Drucksache 18/5373, S. 17）、また、利益の獲得も不要となっているのである。これによって利益追求を目的としない自殺幇助一般が処罰の対象とされることになった。
50　佐藤・前掲注18）368頁は、「自殺の非タブー化や終末期患者の自殺の日常化に対する懸念から、自殺の商業化を招くおそれのある行為を刑法上禁止することは、およそ不合理だとはいえないように思われる」としている。
51　自殺が純粋に権利であるとすれば、身体が動かなくなった場合に、国家は生命の断絶を行う義務があることになる。
52　医師と患者との関係への悪影響については、Duttge, a. a. O. (Fn. 26), S. 124.; Hilgendorf, a. a. O. (Fn. 26), S. 4.

定的な連邦医師会を前にして、その受け皿をどうするかも問われており、そこで、現在では、医師による自殺介助の不可罰性を法律で明記すべきであるとする主張もなされている[53]。

これら自殺介助についての分析枠組みは、ヨーロッパとは異なり死期について特有の感じ方を有しつつも、終末期医療のあり方についても彼の地に徐々に近づきつつあるわが国の臨死介助をめぐる考察に、裨益するところ少なくない。ドイツおよびスイスにおける自殺幇助の議論にあって注目されるのは、死とは取り返しのつかない不可逆的なものであるから、死について、最終的な決定を自ら自由に行ったとするためには、患者の病気の有無や精神状態を医師が正しく把握し、国家の側では、その決定のプロセスについて不断のコントロールが必要であるとされている点である。これに関して、他方、自殺の多くは自己答責的なものなどではなく、鬱病等、何らかの精神の病によるものであるとする主張も[54]、自殺という行為の本来的意味を問う点で極めて傾聴に値するものであり、わが国の議論にも資するものである。自殺援助処罰法については、ドイツにおいては多くの刑法学者によって批判されているが、自殺幇助を処罰する刑法のもと、脳死をもって人の個体死とすることについても、それが法的確信となるまでには至っていない、人の終期の問題に極めて敏感な[55]わが国では、受け止め方を異にするであろう。自殺援助処罰法の処罰範囲が広範囲であることを危惧する見解が多いが、自殺の実体が上記のようなものであることを踏まえ、右処罰法の保護法益とかかる組織の拡大を直視すれば、ドイツにおいても一概に補充性がないとまではいえないのではないかと思われる。

現在、急激な高齢化の中、終末期における耐え難い苦痛、自律の喪失と第三者への完全な依存への不安というものを背景に、ドイツやスイスにおける組織的な自殺介助組織は拡大しているとみられている[56]。しかし、わが国において自殺幇助は処罰の対象となっていることから、自殺を幇助する活動を行うDignitasのような組織に自殺希望者を送り込む行為や、当該組織について情報の提供をした

---

53 佐藤・前掲注18) 366頁。
54 拙稿「医師による自殺法の可罰性について」中央ロージャーナル5巻1号 (2008) 84頁参照。
55 拙稿 (Zur gegenwärtigen Situation der Organtransplantation von Hirntoten, Transplantation - Transmortalität, 2016 掲載予定) 参照。
56 Bundestagsdrucksache 18/5373, S. 8f. このような状況に危惧を覚え、2010年、スイスでは海外からの「自殺ツアー」を規制し、2011年、ドイツ医師会は「自殺介助」に制限を付したのであった。

者は、自殺教唆や自殺幇助として処罰されうるであろう。イギリスでかつて問題となったように[57]、日本国民が臨死介助協会での自殺を目的として出国しようとした場合、公的機関はこれを阻止できるのかも今後問題となると考えられる。

筆者は、自殺は自己決定を行う主体自体を消滅させるものであり[58]、また、社会は個人の集合体であるので、個人は社会の必須の構成要素であり、また、個人は他者との関係性の中で存在していることから、自殺は違法であると考えており[59]、自殺者の精神的状況が上記で紹介した主張のように、何らかの精神の病によるものである可能性もあることから、法政策的にも自殺違法説が法的安定性に資するものと考える。自己決定権の保障と生命という絶対的法益の保護の相克にあって、死を選択する権利は、憲法13条の基本権に含まれるとする考えもあるが[60]、死を目前にした患者に限定しての立論であり、生きる義務を否定したにすぎないともみることができる。自殺適法説を基礎にした、刑法202条違憲説も有力であるが、まだ試論の域を出ないように思われる。わが国では、同条の規定があるかぎり、これを根拠に、自殺幇助につながる行為については、これを阻止できると考えるのである。

彼の地においては、事前の患者の指示書に関する法律がある。患者が事前に、どのような状況の下で治療中止を望むか、これに記入するのである。わが国でも、同様に、自己決定に基づいた死とその迎え方を考えるリビングウィルの文化が芽生えつつあるが、その具体的手続の参考例をそこにみることができる。臨死介助協会については、今後も廃止されることはないであろうことについては大方

57　今井・前掲注17) 236頁。裁判所は、地方当局による出国の差止めを認めなかったとのことである。
58　これに対して、近時、Neumann は、人の死によって、自律性が否定されるわけではないことを論証しようとする。Standards valider Argumentation in der Diskussion zur strafrechtlichen Bewertung von Maßnahmen der „Sterbehilfe", freiheitlichen Rechtsstaat. Festschrift für Hans-Ullrich Paeffgen zum 70.Geburtstag, 2015, S. 509 ff. その上で、Neumann は,集団強姦から性的自己決定を守るための自殺を例にとり、刑法34条の正当化緊急避難の領域で臨死介助をとらえようとしている。なお、この点に関しては、山中敬一「臨死介助における同一法益主体内の利益衝突について」近畿大学法学62巻3＝4号265頁以下参照。
59　浅田和茂は、「自殺者一人で自殺を行う場合は、生命放棄の意思が完全であることから適法であるが、教唆・幇助されてはじめて自殺する場合は、生命放棄の意思が完全であるといえない分だけその関与が違法となる」とする（浅田和茂「刑法における生命の保護と自己決定」『現代社会と自己決定』(1997) 132頁)。浅田は、治療中断による臨死介助でも患者の自己決定権の優位性を強調し、リヴィング・ウィルについてはその相対性に言及し、また、水分・栄養の補給の中止については、終始一貫して反対する立場に立っている（同『刑法総論』(2005) 213頁)。
60　松居茂記「安らかにしなせてほしい」『スターバックスでコーヒーを飲みながら憲法を考える』(2016) 11頁。

の意見の一致を見ているが、事前の指示書があれば判断能力のない患者についても自殺を認めるのかについては、議論が多い。また、前述のように医師の関与のあり方はいかにあるべきか、医師が自殺を看取ることは必要か、事前にどのような説明をなすべきなのか、自殺幇助は臨死の時期にある患者に限るのか、それとも重い慢性疾患のある者、あるいは、健康であるが鬱病を患っている者にも可能なのか、などは重要な課題とされている。同時に、彼の地でも、緩和医療・ホスピスと自殺幇助は両立し、いずれからのアプローチも不可欠であるとの意見が大勢であることは確認されるべきであろう。そして、これらの議論は、リビングウィルのあり方を含め、自殺幇助の可罰性についてはいまのところ大きな争点となってはおらず、消極的臨死介助、すなわち、治療行為の差し控えや中止（尊厳死）が中心的課題であるわが国の議論にも参考となるものと思われる（なお、ドイツやスイスにおいても、自殺介助は終末期の臨死介助においても、統計上は極めてわずかの数値であり、不治の病にあって、医師が治療を中止する消極的臨死介助の事例がほとんであることはわが国と同様である）。そして、臨死介助協会の今後の推移は、上述のように、すでに、日本人を対象とした自殺介助の事例が報告されていることから、わが国にとっても、もはや他国での無縁な話題としては片付けることのできない状況にあると考えるのである。

［付記］

　脱稿後に本稿に関して接したドイツの主たる文献として、Gaede, Die Strafbarkeit der geschäftsmäßigen Förderung des Suizids － § 217 StGB, Jus, 2016, S. 385 ff.; Roxin, Die geschäftsmäßige Förderung einer Selbsttötung als Straftatbestand und der Vorschlag einer Alternative, NStZ Heft 4, 2016, S. 185 ff.; BVerfG: Strafbarkeit geschäftsmäßiger Förderung der Selbsttötung － Erfolgloser Eilrechtsschutzantrag, NJW Heft 8, 2016, S.558ff.; Kubiciel, Zur Verfassungskonformität des § 217 StGB, ZIS 6/2016 396 ff.; Hillenkamp, §217 StGB n.F.; Strafrecht unterliegt Kriminalpolitik. また、2016年5月22日の刑法学会ワークショップ「治療中止の刑法的構成と患者の意思（オーガナイザー：武藤眞朗会員）における神馬幸一会員と新谷一朗会員の報告に、多くの示唆を得た。神馬氏は、「ドイツにおける『自殺の業務的促進罪』に関して」および「《翻訳資料》ドイツ刑法新217条の法律案理由書」を近く公表される予定であると伺っているところ、後者を介して新217条に関しての詳細な情報の提供を受けた。記して、御礼申し上げる次第である。

　なお、再校時に、オットー（鈴木彰雄訳）「自殺の幇助と自殺の介助」比較法雑誌50巻1号（2016）に接した。

暴行への途中関与と刑法207条

豊 田 兼 彦

一 はじめに
二 下級審の裁判例の状況
三 学説の状況
四 若干の考察

一 はじめに

　傷害罪の承継的共同正犯の事案で、問題となる傷害が、後行者の関与前の先行者の暴行から生じたのか、後行者が関与した後の共同の暴行から生じたのかが不明な場合（以下、これを「暴行への途中関与の事例」という）、刑法207条が定める同時傷害の特例の適用により、後行者はこの傷害について共同正犯としての責任を負うか。本稿は、この問題についての裁判例と学説を紹介し、この問題に若干の考察を加えるものである。

　傷害罪の承継的共同正犯の成否については、最高裁平成24年11月6日決定（刑集66巻11号1281頁）により、成立しない方向で決着がついたといえる。しかし、刑法207条の適用の可否については、大審院・最高裁の判断が示されたことはなく、判例の立場は明らかでない。他方、下級審の裁判例は適用に積極的な傾向にある一方、学説は適用肯定説と否定説とが厳しく対立している。このような状況からすれば、ここで一度議論を整理しておくことにも一定の意味があるように思われる。

二 下級審の裁判例の状況

1 概 観

　下級審の裁判例の積極傾向は、傷害罪の承継的共同正犯に関する判例として有

名な①大阪高裁昭和62年7月10日判決（高刑集40巻3号720頁）が、傍論で肯定説を紹介したことに端を発する。肯定説を初めて採用したのは、②大阪地裁平成9年8月20日判決（判タ995号286頁）である。これ以後、少なくとも、③神戸地裁平成15年3月20日判決（LEX/DB 28095281）、④神戸地裁平成15年7月17日判決（LEX/DB 28095309）、⑤横浜地裁平成22年4月26日判決（LLI/DB 06550310）、⑥仙台地裁平成25年1月29日判決（LLI/DB 06850125）が肯定説を採用している。

2　肯定説の登場

まず、肯定説を紹介した①大阪高裁昭和62年7月10日判決をみておこう。事案は、先行者の暴行に後行者が途中から共謀加担したが、共謀加担後の暴行は激しいものではなく（後行者による顎の突き上げ2・3回と先行者による顔面殴打1回のみ）、被害者の受傷の大部分は後行者の共謀加担前に発生していたというものである。同判決は、承継的共同正犯の成否についていわゆる積極利用の基準を採用しつつも[1]、暴行・傷害については特段の事情がない限り積極利用は認められないとの一般論を示し、本件でも積極利用は認められないとして承継を否定した（後行者には暴行罪の限度で共同正犯が成立すると結論づけた）後、「右のような当裁判所の結論に対しては、刑法207条のいわゆる同時傷害罪の規定との関係で、異論があり得るかと思われるので、以下、若干の説明を補足する」として、次のように述べた。

「例えば、甲の丙に対する暴行の直後乙が甲と意思の連絡なくして丙に暴行を加え、丙が甲、乙いずれかの暴行によって受傷したが、傷害の結果を生じさせた行為者を特定できない場合には、刑法207条の規定により、甲、乙いずれも傷害罪の刑責を免れない。これに対し、甲の暴行終了後乙が甲と共謀の上暴行を加えた場合で、いずれの暴行による傷害か判明しないときには、前示のような当裁判所の見解によれば、乙の刑責が暴行罪の限度に止まることになり、甲との意思連

---

[1]　同判決は、次のように述べた。「先行者の犯罪遂行の途中からこれに共謀加担した後行者に対し先行者の行為等を含む当該犯罪の全体につき共同正犯の成立を認め得る実質的根拠は、後行者において、先行者の行為等を自己の犯罪遂行の手段として積極的に利用したということにあり、これ以外には根拠はないと考えられる。従って、いわゆる承継的共同正犯が成立するのは、後行者において、先行者の行為およびこれによって生じた結果を認識・認容するに止まらず、これを自己の犯罪遂行の手段として積極的に利用する意思のもとに、実体法上の一罪（狭義の単純一罪に限らない。）を構成する先行者の犯罪に途中から共謀加担し、右行為等を現にそのような手段として利用した場合に限られると解するのが相当である」。

絡なくして丙に暴行を加え同様の結果を生じた場合と比べ、一見均衡を失する感のあることは、これを否定し難い。しかし、刑法207条の規定は、2人以上で暴行を加え人を傷害した場合において、傷害を生じさせた行為者を特定できなかったり、行為者を特定できても傷害の軽重を知ることができないときには、その傷害が右いずれかの暴行（又は双方）によって生じたことが明らかであるのに、共謀の立証ができない限り、行為者のいずれに対しても傷害の刑責を負わせることができなくなるという著しい不合理を生ずることに着目し、かかる不合理を解消するために特に設けられた例外規定である。これに対し、後行者たる乙が先行者甲との共謀に基づき暴行を加えた場合は、傷害の結果を生じさせた行為者を特定できなくても、少なくとも甲に対しては傷害罪の刑責を問うことができるのであって、刑法の右特則の適用によって解消しなければならないような著しい不合理は生じない。従って、この場合には、右特則の適用がなく、加担後の行為と傷害との因果関係を認定し得ない後行者たる乙については、暴行罪の限度でその刑責が問われるべきこととなるのであって、右結論が不当であるとは考えられない」。

　ここでは、否定説を採用すべきことが理由とともに詳細に述べられている。しかし、同判決は、続けて次のようにも述べて、肯定説があり得ることを認めた。

「もっとも、本件のように、甲の暴行終了前に乙がこれに共謀加担し、丙の傷害が、乙の共謀加担の前後にわたる甲の暴行によって生じたと認められる場合には、乙の共謀加担後の甲、乙の暴行とその加担前の甲の暴行とを、あたかも意思連絡のない2名（甲及び甲′）の暴行と同視して、刑法207条の適用を認める見解もあり得るかと思われ、もし右の見解を肯認し得るものとすれば、本件においても、同条の規定を媒介とすることにより、被告人に対し傷害罪の刑責を問う余地は残されていることになる」。

　この部分は、あくまで傍論である。しかし、これが後の下級審の積極姿勢の足掛かりとなった。

3　肯定説の採用

　肯定説を初めて採用したのは、②大阪地裁平成9年8月20日判決である。事案は、被告人X・Y両名（後行者）が、某日午前零時ころ、友人A（先行者）が被害者の顔面に頭突きをし膝蹴りを加える等の暴行を加え同人を路上に転倒させたこ

とから、Aに加勢しようと考え、Aと共謀の上、そのころから同日午前零時15分ころまでの間、こもごも被害者の頭部等を多数回にわたり足蹴にするなどの暴行を加え、更にAにおいて引き続き別の場所で被害者の頭部等を足蹴にする暴行を加えた結果、被害者は鼻骨骨折、全身打撲等の傷害を受けたが、その傷害は、共謀成立前のAの暴行によるものか、共謀成立後の被告人ら3名の暴行によるものかを知ることができなかったというものである。同判決は、傷害罪の承継的共同正犯の成否について①判決を引用し、その成立を否定した後、次のように述べて刑法207条を適用し、X・Yに傷害罪の共同正犯が成立するとした。

「一般に、傷害の結果が、全く意思の連絡がない2名以上の者の同一機会における各暴行によって生じたことは明らかであるが、いずれの暴行によって生じたものであるのかは確定することができないという場合には、同時犯の特例として刑法207条により傷害罪の共同正犯として処断されるが、このような事例との対比の上で考えると、本件のように共謀成立の前後にわたる一連の暴行により傷害の結果が発生したことは明らかであるが、共謀成立の前後いずれの暴行により生じたものであるか確定することができないという場合にも、右一連の暴行が同一機会において行われたものである限り、刑法207条が適用され、全体が傷害罪の共同正犯として処断されると解するのが相当である。けだし、右のような場合においても、単独犯の暴行によって傷害が生じたのか、共同正犯の暴行によって傷害が生じたのか不明であるという点で、やはり『その傷害を生じさせた者を知ることができないとき』に当たることにかわりはないと解されるからである」。

ここには、肯定説の実質的な根拠と形式的な根拠（条文解釈）の両方が示されている。前者は、「このような事例との対比の上で考えると」の部分である。これは、先行者と後行者との間に意思連絡がまったくない場合ですら刑法207条の適用により傷害罪の罪責を負うのに、意思連絡が一部にではあれ証明されたとたん同条が適用されず暴行罪にとどまるのは不均衡だという均衡論を示したものと考えられる。後者については、「単独犯の暴行によって傷害が生じたのか、共同正犯の暴行によって傷害が生じたのか不明であるという点で、やはり『その傷害を生じさせた者を知ることができないとき』に当たる」との解釈が示されている。これは、①判決で示された「乙の共謀加担後の甲、乙の暴行とその加担前の甲の暴行とを、あたかも意思連絡のない2名（甲及び甲′）の暴行と同視して、刑法207条の適用を認める見解」と実質的に同じものであるといえよう。なるほ

ど、「者」を「単独犯」か「共同正犯」かというレベルでとらえれば、「傷害を生じさせた者を知ることができない」のはたしかである。問題は、「者」をそのようなレベルでとらえることが許されるか、許されるとして妥当かという点にある。これについては後で検討する。

4 その後の展開

③神戸地裁平成15年3月20判決は、被告人X（後行者）が、A、Bとともに立ち話をしていたところ、A（先行者）が金員強取の目的で被害者の顔面を手拳で殴打するなどの暴行を加え始めたことから、Aが被害者に喧嘩をしかけたものと思って加勢しようと考え、被害者に暴行を加える限度でAと意思を相通じて、こもごも被害者の顔面等を手拳で多数回殴打し、腰部等を多数回足蹴にするなどの暴行を加え、その際、上記暴行により、同人に加療約6か月間を要する傷害を負わせたが、この傷害はXがAと意思を相通じる前後いずれの暴行により生じたかを知ることができなかったという事案につき、承継的共同正犯の成否については判断せず、次のように述べて刑法207条を適用し、この傷害の全部についてXに傷害罪の成立を認めた。「被告人Xは、Aが被害者に暴行を加えるのを見て、強盗の故意ではなく、Aとともに暴行を加える故意で本件犯行に及んだものであるところ、被害者の負った判示の傷害が本件犯行によって生じたことは間違いないものの、被告人XがAと意思を相通じる前後いずれの暴行により生じたかは証拠上必ずしも明らかではない」。「しかしながら、刑法207条は、共犯関係にない2人以上の者が暴行を加えて傷害を負わせた場合において、『その傷害を生じさせた者を知ることができないとき』は共犯の例による旨定めているところ、本件においては、共犯関係の成立の前後いずれの暴行によって傷害が生じたのかが不明であるのであって、刑法207条の場合よりも一層傷害の結果につき責任を負うべき場合に当たることは明らかであるから、このような場合もやはり刑法207条を適用して、生じさせた者を知ることができないその傷害の全部について傷害罪の成立を認めるのが相当である」。

同判決で注目されるのは、「刑法207条の場合よりも一層傷害の結果につき責任を負うべき場合に当たる」とされている点である。後で紹介するように、学説には、一部でも意思連絡のある場合のほうが意思連絡がまったくない場合よりも当罰性が高い[2]、あるいは重い罪責が問われてしかるべきである[3]という理由から、

肯定説を支持するものがある。これも均衡論の一種であるが、同判決は、この見解と軌を一にするものといえる。

④神戸地裁平成15年7月17日判決は、②判決の見解をほぼそのまま踏襲した。事案は次のようなものである。被告人X、Y、Zの3名は、居酒屋でAらとともに飲酒していたものであるが、Y（先行者）が同店のトイレで被害者に対しその顔面を手拳で数回殴打するなどの暴行を加えていたところ、トイレに入ってきたX（後行者1）が、その様子を見てYに加勢しようと考え、ここにYとXは意思を相通じた上、Xにおいて被害者の顔面を手拳で殴打し、その腹部を足蹴にするなどの暴行を加え、Yにおいて被害者の顔面を手拳で数回殴打し、転倒した同人の顔面や胸部等を数回踏みつけるなどの暴行を加え、次いで、Z（後行者2）が、Y及びXに加勢しようと考え、ここにX、Y、Zは意思を相通じた上、さらにXにおいて被害者の腹部を踏みつけるなどの暴行を加え、Zにおいて被害者の顔面を平手で数回殴打し、その腹部を数回踏みつけるなどの暴行を加え、さらにはX及びZの上記暴行を見たA（後行者3）においてもこれに加勢しようと考え、X及びZと意思を相通じた上、被害者の腹部等を数回足蹴にするなどの暴行を加え、これら一連の暴行により、同人に加療約1か月間を要する傷害を負わせたが、その傷害はいずれの機会の暴行によって生じたものかを知ることができなかった。このような事案に対し、同判決は、X、Z、Aが先行者の行為を積極的に利用した事実はないとして傷害罪の承継的共同正犯の成立を否定した後、次のように述べて207条を適用し、上記傷害の全体についてX、Y、Z、Aに傷害罪の共同正犯が成立するとした。「一般に傷害の結果が全く意思の連絡のない2名以上の者の同一機会における各暴行によって生じたことは明らかであるが、いずれの暴行によって生じたものであるかを知ることができない場合には、同時犯の特例として、刑法207条により傷害罪の共同正犯として処断されるが、このような事例と対比して考えると、本件のように、共謀成立の前後にわたる一連の暴行により傷害の結果が生じたことは明らかであるが、共謀成立の前後いずれの暴行により生じたものであるかを知ることができない場合にも、やはり『その傷害を生じさせた者を知ることができない』ときに当たるとみなければ権衡を失することが明らかであるから、これら一連の暴行が同一機会において加えられたもので

2　前田雅英『刑法各論講義［第6版］』（2015年）33頁。
3　山口厚『刑法各論［第2版］』（2010年）52頁注23。

ある限り、刑法207条が適用され、全体が傷害罪の共同正犯として処断されると解するのが相当である」。

⑤横浜地裁平成22年4月26日判決は、被告人Y（先行者）が、被害者に対し、その胸部を足蹴にする暴行を加え、同人の頭部を路面に打ち付けさせ、Y及び被告人X（後行者）が、氏名不詳者1名と共謀の上、Yの上記暴行に引き続いて、路上に仰向けに横たわっている被害者に対し、その頭部等を数回足蹴にするなどの暴行を加え、よって、上記一連の暴行により、被害者は全治不明の傷害を負ったが、上記のいずれの暴行により同傷害が生じたかを知ることができなかったという事案について、Xや氏名不詳者が先行者Yの行為を積極的に利用した事実はないとして傷害罪の承継的共同正犯の成立を否定した後、次のように述べて207条を適用し、上記傷害の全体についてX、Y、氏名不詳者に傷害罪の共同正犯が成立するとした。「本件では、被告人Yが被告人X及び氏名不詳者と共犯関係がなく加えた暴行と、被告人らが共謀の上で加えた暴行のいずれが被害者に頭蓋骨陥没骨折、急性硬膜外血腫、脳挫傷の傷害を負わせたのかが確定できないが、上記被告人Yの単独暴行と、被告人らの共謀による暴行は同一機会に行われたものであるから、刑法207条の適用を認めることができる」。

⑥仙台地裁平成25年1月29日判決は、傷害致死の事案である。すなわち、A（先行者）は、被告人X、Aとともに飲酒した後布団で寝入っていた被害者の胸ぐらをつかんで引き起こし、その顔面を膝で蹴るなどの暴行を加えた。次いで、X（後行者）は、被害者の肩を揺すったが、返事がなく、その際、Aが「狸寝入りしてんじゃねえか」などと言ったことから、寝ているふりをしていると思い込み、腹を立てた。それと同時に、Xは、以前からAがやくざだったと聞いていたことやAの暴行の様子から、被害者を殴らなければ自分が殴られるとおそれ、Aと共謀の上、Xが布団上の被害者の顔面等を拳で多数回殴り、Aが被害者の頭部に毛布を掛け、その上から同人の頭部を押さえ付けるなどの暴行を加え、前記共謀成立前後の各暴行により被害者に頭部打撲等の傷害を負わせ、同人を前記傷害に基づく急性硬膜下血腫により死亡させたが、共謀成立前後のいずれの暴行に基づく傷害により被害者を死亡させたかを知ることができなかった。このような事案に対し、同判決は、承継的共同正犯の成否については判断せず、次のように述べて207条を適用し、Xに傷害致死罪が成立するとした。「弁護人は、傷害致死罪に刑法207条が適用されるとしても、本件のように、ある者が暴

行を行った後、更に他の者と共謀の上、それぞれ暴行を加えた結果、被害者が死亡したものの、共謀成立の前後いずれの暴行により死の結果が生じたものであるか確定することができない事案では、少なくとも先行行為者が死の結果につき責任を負うことになるから、例外規定である刑法207条を適用すべきではないと主張する」。「しかしながら、上記のような事案において刑法207条が適用されないとすると、共謀に基づき、共同して暴行した場合に、傷害（致死）の結果発生の危険性が一層高まりながら、後行行為者は、発生した結果に見合った責任を負わないことになってしまう。これは、後行行為者が、先行行為者とは共謀せずに同一機会に暴行し、傷害（致死）の結果が生じたが、いずれの暴行により生じたかが確定できない場合に、刑法207条が適用され、いずれも傷害（致死）罪の責任を負うことになることに比して、著しく不均衡である」。「また、上記のような事案においても、共謀成立前の単独犯としての暴行によって結果が生じたのか、共謀成立後の共同正犯としての暴行によって結果が生じたのか不明であるという点で、やはり『その傷害を生じさせた者を知ることができないとき』に当たることにかわりはないということができる」。

5　まとめ

　以上のように、下級審の裁判例は、刑法207条の適用に積極的な傾向にある。その実質的な根拠は、先行者と後行者との間に意思連絡（共謀）がなかった場合に刑法207条が適用されることとの均衡に求められており（均衡論）、条文の文言の解釈（形式的な根拠）としては、傷害が共謀加担前の「単独犯」（先行者）の暴行によって生じたのか、共謀加担後の「共同正犯」（先行者と後行者の共同正犯）の暴行によって生じたのか不明であるという点で「その傷害を生じさせた者を知ることができないとき」に当たるとの解釈が採用されている。肯定説の根拠を明示的に示していない⑤判決も、このような解釈を前提にしていると考えられる。

三　学説の状況

1　概　観

　下級審の裁判例における肯定説の登場・採用にともない、学説においても、暴行への途中関与の事例に対する刑法207条の適用の問題が論じられるようになっ

た。もっとも、下級審の裁判例と異なり、学説においては、肯定説と否定説が厳しく対立している。肯定説から順に紹介しよう。

2　肯定説

　学説においても、肯定説の実質的な根拠は均衡論に求められている。すなわち、刑法207条の解釈は厳格であるべきだとしつつも、その存在を認めるからには、意思連絡がない場合との均衡上、途中関与の場合にも適用を認めるべきであるとする[4]。ここにいう均衡の内容は、最大公約数的にいえば、意思連絡がまったくなくても傷害について責任が問われるのに、意思連絡が一部でも生じたとたんにその責任が問われなくなるのは不均衡だというものであるが、肯定説の中には、さらに踏み込んで、後者の場合のほうが前者の場合よりも当罰性が高い、あるいは罪責が重いとまで述べるものもある。たとえば、前田教授は、途中から意思連絡がある場合にも「207条を適用しなければ、処罰の均衡を失する」とし[5]、続けて「傷害結果についてX（引用者注：先行者）が責任を問われるのだからY（引用者注：後行者）は無罪でよいというのでは十分ではない。Yを処罰すべきか否かという視点からは、Xの投石後にYが意思を通じて投石に加わった場合の方が、Xの暴行後に意思の連絡なしにYが投石をした場合より、当罰性は高いともいえる」と述べる[6]。山口教授も、「B（引用者注：後行者）について、意思の連絡がなく本条が直接適用される場合よりも、意思の連絡があるために重い罪責が問われてしかるべき事案である以上」、肯定説が「取扱いの均衡上正当化される」とする[7]。

　条文の文言との関係についても、肯定説は、下級審の裁判例（①②判決）と同様の理解に立っているとみてよい。たとえば、前田教授は、②判決の条文解釈を引用した後、「207条は、意思の連絡がないことを前提にしているが、XY間（引用者注：先行者X、後行者Y）に意思の連絡が存在したとしても、それらと直前の

4　以下に紹介するもののほか、伊東研祐『刑法講義各論』（2011年）42頁、伊藤渉ほか『アクチュアル刑法各論』（2007年）47頁〔島田聡一郎〕、小林憲太郎『刑法総論』（2014年）154頁、林幹人『刑法各論［第2版］』（2007年）57頁など。樋口亮介「同時傷害の特例（刑法207条）」研修809号（2015年）18頁も、独自の立場から肯定説を支持する。

5　前田・前掲注2）32頁。

6　前田・前掲注2）33頁。

7　山口・前掲注3）52頁注23。

Xの行為の関係において本条を適用することは、論理的に十分可能である」と述べているが[8]、これは②判決の見解と同趣旨であると考えられる。山口教授は、「B関与前のAによる暴行aとB関与後のA及びBの共同による暴行bとを想定することにより、本条を適用することが可能である」として、①判決で紹介された見解と同じ説明を行っているが[9]、すでに述べたように、これも実質的には②判決の見解と同じものであるといえる。

3 否定説

次に、否定説を紹介しよう。否定説の実質的な根拠は、刑法207条の例外規定性の重視にある[10]。たとえば、西田教授は、「たしかに、207条は共犯類似の現象に対処するための規定であるから、まして共犯関係がある時は当然にその適用を認めてよいとの考え方もありうる。……しかし、このような解釈はやはり疑問だと思われる。なぜなら、207条は誰も傷害結果について責任を負わなくなる場合についての例外規定であるのに対し、承継的共犯の場合、少なくとも先行行為者は傷害の罪責を負うからである。同条の例外規定性を考慮すれば、その適用範囲の拡張には慎重であるべきである」と述べ[11]、井田教授も、「207条は、刑事裁判の大原則の例外を認めた規定であり……、制限的に適用するのが当然である」と述べている[12]。さらに、中森教授も、「肯定説は、共犯関係がない場合に本条が適用されるのであるから、一部でも共犯関係がある以上、本条の適用が正当化されるとするのである。しかし本条は、暴行を加えた複数の者が誰も傷害について刑事責任を負わない事態を阻止するための例外的な規定であり、共犯関係の一部存在を単純に根拠として持ち出すのは当を得ていないであろう」と述べ[13]、肯定説の均衡論に疑問を示している。

---

8 前田・前掲注2）32頁注23、注24。
9 山口・前掲注3）52頁。
10 以下に紹介するもののほか、井田良＝城下裕二編『刑法総論判例インデックス』（2011年）251頁〔本間一也〕、大谷實『刑法講義各論〔新版第4版補訂版〕』（2015年）37頁、大山弘「傷害罪の承継的共同正犯と同時傷害の特例」法セ536号（1999年）100頁、齋野彦弥『刑法総論』（2007年）304頁、高橋直哉「承継的共犯論の帰趨」川端博ほか編『理論刑事法学の探究⑨』（2016年）189頁、高橋則夫『刑法各論〔第2版〕』（2014年）58頁、松原芳博『刑法各論』（2016年）63頁以下など。
11 西田典之『刑法各論〔第6版〕』（2012年）47頁。
12 井田良『講義刑法学・総論』（2008年）472頁。
13 中森喜彦『刑法各論〔第4版〕』（2015年）19頁。

条文の文言については、たとえば、山中教授が「本条の適用の前提は、傷害の軽重ないし傷害を生じさせた者を『知ることができないとき』であるが、先行者には、全体に対する責任を問うことができるのであるから、『知ることができる』のであり、本条の要件を充たさず、……その適用はできないと解すべきである」と述べており[14]、松宮教授も、「A・B間（引用者注：先行者A、後行者B）に最後まで共犯関係がなかった場合と異なり、この場合には、いずれにせよ、Aは生じた傷害全体について直接または間接にそれを生じさせた者として罪責を負うのであるから、『……その傷害を生じさせた者を知ることができないとき』には当たらないと解すべきである」とする[15]。

さらに、中森教授は、前掲最高裁平成24年11月6日決定との関係にも言及しており、注目される。そこでは、「最高裁は、暴行・傷害行為に途中から参加した者は、参加前に生じた傷害には共同正犯としての責任を負わないとしているから……、本条の適用によってこの判断を潜脱することは許されないであろう」と述べられている[16]。照沼教授も、同最高裁決定は「少なくとも傷害罪については事実上『承継』の余地を封じたのに近い部分を有している」とした上で、「この種の事案で安易に207条の適用が肯定されてしまえばこうした議論の意義は完全に失われる」と指摘している[17]。

四　若干の考察

1　考察の視座

刑法207条が「疑わしきは被告人の利益に」という刑事裁判の大原則の例外規定であり、その適用は制限的・厳格になされるべきであることは、肯定説も認めている。暴行への途中関与の事例について本条の適用を肯定するためには、その根拠に疑問の余地がないほどの説得力のあることが必要であるというべきであ

---

[14] 山中敬一『刑法各論［第3版］』（2015年）62頁。同旨、川端博『刑法各論講義［第2版］』（2010年）61頁、高橋（直）・前掲注10）189頁。
[15] 松宮孝明『刑法各論講義［第4版］』（2016年）45頁。
[16] 中森・前掲注13）19頁。
[17] 照沼亮介「共謀加担後の暴行が傷害を相当程度重篤化させた場合の傷害罪の共同正犯の成立範囲」平成25年度重判解（2014年）165頁。ただし、最高裁が207条の適用を否定する立場を採用したと判断するのは時期尚早であるとする。

り、そうでないかぎり本条の適用は許されないというべきであろう。では、肯定説の根拠にそこまでの説得力があるだろうか。

2 均衡論

刑法207条については、誰かが「無実の罪」を負うことを認めるもので、憲法違反だとする見解がある[18]。それにもかかわらず本条が一般に違憲無効とされていないのは、誰にも傷害についての責任を問えなくなるという不都合を回避する必要があり、そのための手段として本条は明らかに不合理とまでいえないからであろう。しかし、暴行への途中関与の事例の場合、先行者は傷害についての責任を負うのであるから、誰にも責任を問えなくなるという不都合は生じておらず、本条適用の必要性がない。本条適用の前提を欠くといってもよい。それにもかかわらず、被告人に不利益な方向で均衡論を持ち出すのは筋違いである。次のようにもいえるであろう。本条は刑事裁判の大原則についての例外規定である以上、その適用範囲は、誰も傷害について責任を負わなくなるという不都合を回避するという本特例の趣旨の及ぶ範囲に限定されるべきである。それにもかかわらず、その趣旨を超えて均衡論を持ち出すのは見当違いである、と。中森教授が「共犯関係の一部存在を単純に根拠として持ち出すのは当を得ていない」とするのも、これと同趣旨であろう。

不均衡があることは認めるとしても、その不均衡が、違憲の疑いすらある本条をあえて適用しなければならないほど著しいものかも疑問である。①判決が述べるように、暴行への途中関与の事例の場合には、先行者に対しては傷害罪の責任を問うことができるのであるから、本条の適用によって解消しなければならないような著しい不均衡・不合理は生じていないというべきである。

これに対しては、意思連絡がまったくない場合よりも一部でもある場合のほうが当罰性が高い、あるいは罪責が重いのであるから、後者の場合に本条を適用しないのは著しく不均衡であり、不合理であるとの反論が予想される。しかし、この反論の前提にある、後者の場合のほうが当罰性が高い、罪責が重いという評価には疑問がある。意思連絡がまったくなかろうが途中から生じようが、傷害との間の因果関係が不明であるという事実は変わらないからである。後者の場合のほ

---

18 平野龍一『刑法概説』(1977年) 170頁。合憲性を検討したものとして、三井誠『刑事手続法Ⅲ』(2004年) 81頁。

うが傷害結果発生の危険性が高まるという趣旨かもしれないが、因果関係が不明な傷害について、なぜそのようにいえるのかは明らかではない。

3 条文の文言との関係

「傷害を生じさせた者を知ることができないとき」に当たるかどうかについては、たしかに、「単独犯」か「共同正犯」かというレベルでとらえれば、これに当たるとする拡張解釈は可能かもしれない。しかし、先行者に注目すれば、否定説が述べるように、これに当たるということはできない。そこで問題は、「単独犯」と「共同正犯」のレベルで「者」をとらえるべきか、それとも先行者に注目すべきかということになる。すでに述べたように、前者の見解を支える均衡論には疑問があり、そうである以上、このような拡張解釈は認めるべきではないように思われる。

4 最高裁平成24年11月6日決定との関係

暴行に途中から関与した者は関与前に生じた傷害については共同正犯としての責任を負わないとした前掲最高裁平成24年11月6日決定に照らしても、肯定説には疑問がある。たしかに、同決定は、因果関係が不明な傷害について刑法207条の適用の可否を判断したものではないから、肯定説に立つとも否定説に立つともいえない[19]。しかし、関与前に生じた傷害については共同正犯としての責任を負わないのであれば、その可能性がある傷害についても、疑わしきは被告人の利益の原則により、関与前に生じた傷害であるとの前提に立って、共同正犯としての責任を負わないと解すべきことになるはずである。それにもかかわらず、この場合に刑法207条を適用して傷害についての責任を負わせるのは、中森教授が述べるように、同決定の判断を「潜脱する」ものであり「許されない」というべきであろう。このような理解は、同決定に付された千葉勝美裁判官の補足意見において、「立証の困難性への便宜的な対処として、……承継的共同正犯の成立を認めるようなことをすべきでもな」く、「共謀加担後の暴行により傷害の発生に寄与したか不明な場合……には、傷害罪ではなく、暴行罪の限度での共同正犯の成立に止めることになる」と述べられていることによっても裏付けられると思われる[20]。

---

19 石田寿一「共謀加担後の暴行が共謀加担前に他の者が既に生じさせていた傷害を相当程度重篤化させた場合の傷害罪の共同正犯の成立範囲」最判解刑事篇平成24年度（2015年）460頁など。

5 最高裁平成28年3月24日決定との関係

最後に、最高裁平成28年3月24日決定（LEX/DB 25447859）との関係にも触れておこう。同決定は、傷害致死の事案への刑法207条の適用が問題となった事案について、死因となった傷害と各暴行との因果関係が不明である場合には、この傷害について同条が適用されて共同正犯が成立し、その傷害から死亡結果が発生した以上、本件のようにいずれかの暴行と死亡との間の因果関係が肯定されるときであっても、関与者全員に傷害致死罪の共同正犯が成立するとした[21]。これは、第1審判決の見解、すなわち、暴行と死亡結果との間の因果関係を直接問題とし、これが認められる場合には死亡結果について責任を負う者が存在するから、同時傷害致死罪の適用の前提を欠くとして同条の適用は認められないとした見解を斥けた原判決の判断を追認したものである[22]。

同決定は、死亡結果について責任を負う者がいる場合にも刑法207条の適用は否定されないとしている。そこで、この判断と、暴行への途中関与の事例についての否定説の根拠、すなわち、この場合には先行者が傷害について責任を負うから同条を適用すべきでないとすることとの関係が問題となる。同決定の事案は、死亡結果との間の因果関係は認められるが、死因となった傷害との間の因果関係は不明であったというものであり、同決定は、後者の点に着目して同条の適用を認めたものである。これは、同条の「傷害」に死亡結果を含めないことを前提としたものであるが、このような前提に立てば、本件は「傷害を生じさせた者を知ることができないとき」に当たり、同条の適用がなければ、死因となった傷害の発生について誰も責任を負わない事案であったといえる。これに対し、暴行への

---

20 池田修＝杉田宗久編『新実例刑法［総論］』（2014年）355頁〔芦澤政治〕は、千葉補足意見は肯定説と「親和しない方向性を示している」とする。

21 同決定の解説等として、豊田兼彦「同時傷害の特例の趣旨・適用条件・適用範囲」法セ737号（2016年）123頁、玄守道「刑法207条の趣旨、適用範囲、適用方法」新・判例解説 Watch Web版（2016年）文献番号 z18817009-00-071051362、松下裕子「同時傷害の特例を定めた刑法207条について、傷害致死の事案への適用の在り方が判示された事例」研修816号（2016年）13頁、安田拓人「傷害致死の事案に関する同時傷害の特例における暴行と傷害の因果関係」法教430号（2016年）150頁。

22 原判決の解説等として、内田浩「同時傷害の特例における暴行の『機会の同一性』の判断」判例セレクト2015［Ⅰ］（2016年）31頁、鵜鶘昌二「同時傷害の特例である刑法207条の適用を否定した原判決には法令適用の誤りがあるなどとして原審に差し戻した事例」研修807号（2015年）3頁、豊田兼彦「同時傷害の特例における暴行と傷害との因果関係および暴行の機会の同一性」平成27年度重判解（2016年）153頁、松宮孝明「同時傷害の特例の適用範囲」法セ731号（2015年）115頁。

途中関与の事例においては、すでに述べたように、「傷害を生じさせた者を知ることができないとき」に当たるかどうかが争われているのであり、この点で同決定の事案とは異なる。したがって、同決定によって否定説が否定されたことにはならないと思われる。

刑法207条の研究——同時傷害の特例?

玄　　守　道

一　はじめに——問題意識と検討方法
二　現行法制定以降の学説とその問題点
三　現行刑法207条の制定過程
四　意思連絡なき共同正犯論——ヤコブスの客観的あるいは規範的共同性論
五　おわりに——まとめと今後の課題

一　はじめに——問題意識と検討方法

　刑法207条のいわゆる同時傷害に関する規定については、現行法制定以来、その正当性につき疑義が呈され、それゆえ、後に見るように、近時においても立法論としては廃止すべきとの主張が有力になされている。他方で、その合理性を肯定する見解においても、近代刑事法原則からすれば、例外的な規定であるとして、その適用に際しては、条文には書かれていないいわゆる「時間的場所的近接性」あるいは「同一の機会」要件を要求することで、限定的に解する試みがなされてきた。この明文なき限定要件については裁判例[1]においても認められているところである。つまり、学説、裁判例のいずれにおいても207条について、その合理性を認めるにしても限定的に適用されるべきとの点で意見の一致があるのである。
　しかし、なぜ限定解釈の帰結として、「時間的場所的近接性」あるいは「同一の機会」要件が必要なのかは必ずしも明らかではない。「共犯の例による」とい

1　従来の下級審判例、例えば札幌高判昭和45年7月14日（高刑集23巻3号479頁、判タ252号235頁）において、「時間的場所的近接性」あるいは「同一の機会」要件が207条の適用において必要であることが明示されていたが、近時、最高裁平成28年3月24日決定（刑集70巻3号1頁、LEX/DB文献番号25447859）においても「同一の機会」要件が必要であることが認められるにいたった。本最高裁決定については、拙稿「判批」『新・判例解説 Watch』http://lex.lawlibrary.jp/commentary/pdf/z18817009-00-071051362tkc.pdf を参照。

う点からそのような要件が必要とする見解も主張されているところであるが、しかしその内容が実質的に基礎づけられていない、あるいはその基礎付けに成功していないために、その具体的内容は必ずしも明らかになっていない。それゆえ、「時間的場所的近接性」あるいは「同一の機会」要件につき、例えば東京高判平成20年9月8日（判タ1303号309頁）は第1暴行と第2暴行とが時間的に1時間20分、距離的には約20キロもの懸隔があっても、「社会通念上同一の機会」に行われたものとするし、あるいはまた、名古屋地判平成26年9月19日（LEX/DB文献番号25504831）においては、第1暴行と第2暴行との間に「時間的、場所的近接性」は認められるとしつつ、しかし「同一の機会」を否定したのに対して、同控訴審（名古屋高判平成27年4月16日（高刑集68巻1号1頁））は原審の判断を破棄し、逆に「同一の機会」といえるのではないかと示唆することで、同一の事態につき判断が分かれたりしているのである。もっとも、「同一の機会」要件については、近時、同最決平成28年3月24日（刑集70巻3号1頁、LEX/DB文献番号25447859）が、207条の適用要件として、「外形的には共同実行に等しいと評価できるような状況」すなわち「同一の機会」が必要として、「同一の機会」要件の中身を「外形的には共同実行に等しいと評価できるような状況」とする理解を示した。しかしこれにしてもどのような場合に、「外形的に共同実行に等しいと評価できる状況」といえるのかについてはいまだ明らかではなく、それゆえ、やはりその適用が恣意的になされる恐れがあるのである。

　このように、刑法207条については、その正当性について疑義が呈され、その適用は限定的になされるべきとの大方の意見の一致があるにもかかわらず、その限定要件は機能しておらず、それゆえその適用範囲は拡大しているという矛盾した状況にある。以上の現状を踏まえるとき、そもそも207条が合理的に基礎づけられていないのではないか、あるいは207条の理解が不十分なのではないか、それゆえ明文なき限定要件が十分に基礎づけられず、その内容が明らかにされないために裁判例において恣意的な運用を招く事態になっているのかではないか、との疑念が浮かぶ。

　本稿は、以上の問題意識のもと、まずは現行法制定直後からの学説の展開を素描、分析することで、果たして学説は207条を合理的に基礎づけることができているのか、このことと関連して明文なき限定要件を基礎づけることができているのかを検証し、できていないとすればどの点に問題があるのかを明らかにする。

次いで、問題解決の方向性を得るため、そもそもなぜ現行207条が制定されたのかにつき、旧刑法から現行法に至るまでの制定過程と旧刑法下における学説、裁判例を検討し、現行207条がどのような規定であるのかを明らかにする。そのうえで、近時の共同正犯論(ヤコブスによる規範的共同論)を参照して、解決のための試論を提示する。

二　現行法制定以降の学説とその問題点

　現行法制定直後に刑法207条に関して、比較的まとまった説明を与えているものとして、例えば、磯部四郎がいる。磯部によれば、二人以上が同時に暴行を行い、被害者に傷害結果を発生させたが、しかし当該傷害結果がいずれの行為から生じたのか判明しないという場合に、関与者間に通謀があれば共同正犯として関与者全員に当該傷害結果につき責任を問うことができるのに対して、関与者間に通謀がない場合には当該傷害結果につき誰も責任を負わないという不都合な結論に至り、207条はこれに対処するための規定とする。そのうえで旧刑法においては、法効果として重傷の刑に照らし一等減じるとしたのに対して、現行法において共犯(共同正犯)の例によるとした根拠は、旧刑法のように減軽するのでは、「良民の保護」にとって不十分であることと、発生した犯罪事実に対して刑の均衡を失することにあるとした[2]。

　その後、このような207条の理解に対して、おそらく初めて懸念を示したのが、大場茂馬である。すなわち、207条は「被害者の保護」を全うしようとする趣旨を一貫しようとする政略からすれば理解可能だが、しかし他人の行為について責任を負わすという点で刑法の大原則を破壊する虞があり、さらに証拠のない場合に無罪とする刑事訴訟法上の原則をも破壊する虞があるとした[3]。

　このような懸念に対して、小野清一郎は207条を刑事訴訟法上の観点、つまりその法的性格に言及することで正当化することを試みた。すなわち、小野は、207条は立証の困難を救うための政策的規定であるとの理解を示し、その上で207

---

[2]　磯部四郎『改正刑法正解』(六合館、明治40年) 417頁以下。
[3]　大場茂馬『刑法各論　上巻』(日本大学、明治42年) 175頁以下。その後、さらに宮本英脩は、207条のような特別共犯例としての取り扱いは、嫌疑刑を科すもので不当(宮本英脩『刑法大綱各論第一分冊』(弘文堂、昭和9年) 289頁)、さらには、207条は時代錯誤なものといわざるをえない(同『刑法学粋 第四分冊』(弘文堂、昭和4年) 550頁)と批判した。

条は、傷害の結果又はその軽重について推定を命じるもので、全刑事法における著しい特例としたのである[4]。このような小野の議論の特徴は、これまでの議論が共犯関係にない者らが共犯として処罰される点に着目してなされていたのに対して、207条にいう「それぞれの暴行による傷害の軽重を知ることができず、又はその傷害を生じさせた者を知ることができないとき」（以下、「不明の傷害結果（の軽重）」という）に着目したことと、この場合に関与した者各人に自ら生じさせたのではないかもしれない結果について生じさせたと推定するものというその法的性格を明らかにしたこと、このことによって207条を正当化しようと試みた点にある。

その後の議論は、基本的に小野と同様の議論形式、すなわち207条の「不明の傷害結果（の軽重）」部分に着目しつつ、法的性格を論じることで207条の正当化を試みた。もっとも、竹田直平は小野と同様に「不明の傷害結果（の軽重）」に着目しつつ、しかし実体法上の観点から207条の正当化を試みたが、しかし団藤重光は小野の議論形式を受け継ぎつつ207条の正当化を試み、この小野、団藤の議論が、戦後の207条に関する議論形式を規定した。

まず、竹田は、小野と同様207条を立証上の困難を救済するための「一種の連座的結果的責任」を認めるものと理解し、これは刑法体系における著しい例外である、つまり207条は個人責任主義に対する例外であるとする。しかし、竹田は207条にも個人責任主義に適う実質理由は見いだされるとする。すなわち、傷害結果が発生する程度の暴行を用いた場合や、自己の行為から傷害の結果又は重い傷害の結果でないことを証明しえないほどの暴行を用いた場合には傷害の故意に近く、それゆえ、傷害の故意に基づいて行為に出たものと極めて接近するのが通常である。それゆえ、このような場合にはいまだ個人責任主義に反するものではないとして正当化するのである[5]。

他方で、団藤は戦前の（おそらく自費出版された）刑事訴訟法講義案において次のように述べている。すなわち、（旧）刑事訴訟法においては、実体的真実主義の結果、法律上の推定は原則として認められないが、ただ、刑法207条は法律上の推定と解すべきではないかとの疑問があるとする。さらに、続けて団藤は、法律上の推定の問題と挙証責任の問題とを混同してはならないとし[6]、当時の通説

---

[4] 小野清一郎『刑法講義 各論』（有斐閣、昭和3年）172頁。
[5] 竹田直平「刑法207條の適用」法と経済第9巻第1号120頁以下。

に反し、職権主義の旧刑訴法下においても挙証責任の転換の問題は生じうるとの前提の下、207条が法律上の推定規定か、挙証責任の転換の問題かはさらなる検討の余地があるとした[7]。

その後、戦後になって、団藤は、現行刑事訴訟法が当事者主義に変化したこともあって、207条は立証の困難を救済するための規定であるとしつつ、「この規定によって──自分がその傷害を生ぜしめたのではないということの──挙証責任を被告人に負わせ、その証明がない限り、当然に共犯の例による」としたものであり、「規定の性質は訴訟法規であるが、実体法的には連座規定に似た作用を持つ」[8]との理解を示した。ここで、団藤は、207条が推定規定ではなく、挙証責任を転換したものであるとの立場を明確にした。さらに、実体法上は、連座規定類似のものとし、これがその後、共犯を擬制するものとして理解されるに至り[9]、ここに、現在、通説的な地位を占める挙証責任転換・擬制二元説が成立する[10]。

その後の207条に関する議論は、裁判例が、207条の適用において、条文上書かれていない「時間的場所的近接性」あるいは「同一の機会」要件を要求していることもあって[11]、とりわけ、当該要件との関係で議論が展開していく。例えば、高田卓爾は、挙証責任転換・擬制二元説を支持した上で、挙証責任の転換の現行法における例外的性格から、207条の制限的解釈の必要性を説き、かつ「共犯を擬制するもの」であることから、207条の要件につき、共犯の外形を備えたもの

---

6 団藤によれば、法律上の推定は推定事実につき裁判所はその証明を必要としないのに対して、挙証責任は裁判所が証明に由なき場合に当事者のいずれに有利に解すべきかの問題であるとする。団藤重光『刑事訴訟法講義案5』(国立国会図書館デジタルコレクション http://dl.ndl.go.jp/info:ndljp/pid/1268624、昭和16年) 172頁。

7 団藤・前掲(注6) 172頁以下。

8 団藤重光『刑法各論』(有斐閣、昭和36年) 236頁、同『刑法〔改訂版〕』(弘文堂、昭和39年) 305頁以下。後者の『刑法〔改訂版〕』の初版は1955年に出版されているので、1955年の時点では、すでに本文のように理解していたものと思われる。

9 江家義男によれば、207条は「裁判所の職権によっても証明が不可能な場合、つまり、反証の余地がない場合に適用されるのであるから、推定ではなく「看做す」規定であると解すべき」(江家義男『増補 刑法各論』(青林書院、1963年) 206頁)とし、佐伯千仭もまた、共犯を擬制したものと理解する(佐伯千仭『刑法各論』(有信堂、昭和39年) 106頁以下)。

10 例えば、平場安治は、207条は、「擬制によって傷害の共犯の範囲を実体法的に拡張すると共に、傷害の軽重・傷害の発生者を証明することによって解除原因を認め且つその場合の挙証責任を被告人に転換したもの」とする(団藤重光編『刑事訴訟法』(青林書院、昭和38年) 221頁)。同旨、山中敬一『刑法各論〔第2版〕』(成文堂、2009年) 52頁など。

11 当初、裁判例は、この明文なき要件を不要としていたが(大判昭和11年6月25日刑集15巻823頁)、大判昭和12年9月10日刑集16巻1251頁において207条の適用に際して必要との立場に至る。この間の経緯について、樋口亮介「同時傷害の特例(刑法207条)」研修809号4頁以下参照。

であることが必要、具体的には、「時間的、場所的近接性ないし同一の機会」が必要として、明文なき要件を基礎づけたのである[12]。

他方で、西原春夫もまた、従来の裁判例が、207条の適用に関して「時間的場所的近接性」あるいは「同一の機会」要件を要求していることを確認した上で、当該要件を、いわゆる意思連絡擬制（推定）説から基礎づけることを試みる。すなわち、207条は共同暴行の意思疎通のない者に意思疎通を擬制することによって共犯例の適用を認め、個別行為責任の例外を認めたものとする。つまり、207条の「立法趣旨の重点は、単に因果関係の立証ができない場合を救済するというばかりでなく、むしろ、共犯成立の認定が困難ないし不可能な場合を救済するために意思疎通の擬制を認めるという点」[13]にあった。「207条が意思疎通の擬制をすることによって意思疎通の立証の困難ないし不可能な事態の救済を図ったのは」、「共犯類似の行動に対し、傷害という結果の場合に限って共犯としての取り扱いをする必要を感じたからであると考え」られ、それゆえ、「ある種の集団行動（結果として集団的行動のような外形をとった場合も含む）から結果が発生した場合には、検察官側で意思疎通の立証ができなくても、そこに一種の集団的行動としての責任を認めるにはある程度の合理性がある」[14]とするのである。このことから、適用要件としては、因果関係が不明な場合でかつ、共犯類似の外部的特徴が必要との結論を導き出すのである。ただし、この見解は、意思疎通の擬制といいつつ反証を認めるので正確には、意思疎通の推定であるとされる[15]。

これらの議論は、もっぱら明文なき要件を基礎づけるためのもので、207条の正当化の議論ではない。しかも、これまでの挙証責任転換・擬制説や、法律上の推定説は、それらが憲法上あるいは刑事訴訟法上なぜ、どのような場合に許されるのかについては明らかにされていなかった。それゆえ、その後、通説とされる挙証責任転換・擬制説、あるいは意思連絡推定説の側から、挙証責任の転換、あるいは法律上の推定が許される場合との関係で明文なき要件を基礎づける試みがなされることになる。すなわち、挙証責任転換説から三井誠は、刑事訴訟において、挙証責任の転換が認められる場合として、「①事実Aにつき挙証責任の転換

12　団藤重光編『注釈刑法（5）』（有斐閣、昭和40年）93頁以下（高田卓爾）。
13　西原春夫「暴行と同時傷害」西原春夫他編『刑法学4 《各論の重要問題Ⅰ》』（有斐閣、昭和52年）35頁以下。
14　西原・前掲（注13）37頁。
15　鈴木茂嗣「同時共犯例」藤木英雄編『判例と学説8 刑法Ⅱ』（日本評論社、1977年）47頁以下。

をする必要性が高い、②検察官として事実Aの立証の困難度が高い、③検察官の立証事実から事実Aの存在を一応の合理性をもって推認することができる、④事実Aを取り除いても、犯罪としての可罰性が否定されない、⑤被告人側にとって、事実Aの立証に支障が大きくない」[16]ことを挙げる。その上で、207条に関して、とりわけ問題となるのは、③の点であるとし、そのため207条の適用にあたっては、「意思連絡のない2人以上の暴行がそれぞれ、実質的にその傷害を生じさせるに足りる程度のものであったことの証明が必要である」とし、併せて法的擬制により共同正犯と処断するからには「それらの暴行が場所的・時間的に同一ないし近接した機会に加えられたものであることの立証も不可欠」とする。このように三井は、通説の立場を前提に憲法上、挙証責任の転換が許される根拠・要件から、207条の具体的な適用要件を導き出すのである。

　このような通説に対して杉本一敏は（おそらく）三井と問題意識を共有しつつ意思連絡推定説から明文なき要件の基礎付けを試みている。すなわち、杉本によれば、法律上の推定が刑事訴訟において許容されるには、①経験則に照らして前提事実の存在が推定事実の存在を高度に推認させるという合理的関連性があることに加えて、被告人が反証しないという「証拠不提出の態度」が前提事実の立証と相まって被告人の有罪を推認させるだけの証明力を有すること、そして、そのためには、②被告人の反証の容易性・便宜性が不可欠の条件になるとする。そのうえで、杉本は、意思連絡推定説によれば、207条は、「各人の同時暴行」という前提事実を立証した時に暴行関与者の間に「意思連絡」の存在を推定し、被告人に意思連絡の不存在を示すような反証の提出を要求する規定として理解し、このような理解によれば、「暴行に関与した各人が、相互の暴行事実を認識し合っているように見える状況下で同時に暴行行為に出ている場合、①暴行に関する相互の「意思連絡」が強く推認される（合理的関連性）」こと、さらに②相互の事前・現場での意思連絡がなかったことの反証が容易であることから、207条は、許容される法律上の推定であり、正当化されるとする。そして、このような意思連絡推定説からすれば、「場所的時間的同一性」要件をも導くことが出来るとする。すなわち、意思連絡推定説によれば、「二人以上の者の暴行が『意思の疎通』を推定してもよいような外形を持つ場合に意思連絡（心理的因果性）を推定する」

16　三井誠『刑事手続法Ⅲ』（有斐閣、2004年）77頁以下。

という理論構成をとることで、検察官の立証すべき前提事実として「意思連絡が存在するかのような外形を持った同時暴行」を要求し、このことから、おのずと「暴行に場所的・時間的同一性が要求される」ことになるとするのである[17]。

　以上のような、法的性格論における正当化と、それとの関連で明文なき要件を基礎づける議論形式に対して、近時、これまでの議論形式とは異なる独自のアプローチ、すなわち207条固有の違法性を裁判例の分析から明らかにすることによって、その趣旨、必要性を基礎づけ、かつこのことから明文なき要件を導くことを試みる見解がある。すなわち、樋口亮介によれば、「①裁判例において207条が実際に使用されている場面を明らかにし、②当該場面に含まれる固有の違法性」を検討した上で、「③その固有の違法性に基づき」、「同一の機会」要件を再解釈するとする。このような方針の下、樋口は、裁判例を興奮状態化において行われた暴行と、不穏さと被害者に対する支配状況化において行われた暴行とに分類、検討した上で、207条の違法性を、「暴行が繰り返されやすい危険性」、「暴行の重大性ないし悪質性」、「傷害原因が不明になり適正処罰が困難」になるという3つの点に求める。このように、207条の固有の違法性を明らかにしたうえで、「207条においては、傷害の原因が不明であることが実体法上の主要事実に取り込まれているため、「疑わしきは被告人の利益に」という原則に反することはない、という理解が可能」として、207条の合憲性を基礎づけるのである。さらに、207条固有の違法性から「同一の機会」要件は「重大ないし悪質な暴行が繰り返されやすい危険状況との評価をなしうる範囲を意味する」との帰結をも導き出すのである[18]。

　ここまでの議論は、207条を正当化し、明文なき要件を基礎づける試みであったのに対して、一部有力な学説からは、一貫してその合憲性に関して疑義が呈されていた。すなわち、平野龍一は、207条について「傷は一つしかないのに、甲も乙もその傷を加えたとして処罰するのであるから、どちらかが誤判であることははっきりしている」[19]として違憲ではないかとの疑問を呈したし、近時におい

17　杉本一敏「同時傷害と共同正犯」刑事法ジャーナル29号51頁以下。もっとも、杉本は、必ずしも、意思連絡推定説を支持するわけではないようである。

18　樋口・前掲（注11）7頁以下。辰井聡子もまた、二人以上が暴行を行うことにより行為がエスカレートし、重大な結果が生じうる危険性に着目して207条の合理性を説明しようとする。そして、辰井は、このような解釈は挙証責任を転換するものでも、共犯を擬制するものでもないとする（辰井聡子「同時傷害の特例について」立教法務研究9号11頁以下）。

19　平野龍一「刑法各論の諸問題」法学セミナー199号（1972年）78頁。

ても207条の合理性につき疑問を呈し、立法論としては廃止すべき[20]、あるいはドイツにおける集団暴行罪のような規定を導入する方向で問題を解決すべきとの主張もなされている[21]。

　以上が現行法制定以後の主たる学説の展開であるが、以上の議論を整理すれば次のようになろう。すなわち、207条の正当化問題を論じるうえで、二つの観点に区別することができる。一つは、207条のどの文言に着目するのかによる相違、すなわち「共犯の例による」に着目するのか、あるいは「不明の傷害結果（の軽重）」に着目するのか、であり、後者が現行法制定以後において議論の中心であったといえる。もう一つは、それぞれの着目対象における正当化のためのアプローチによる区別で、これは当該着目対象を実体法上の観点から正当化する試みと、訴訟法上の観点、すなわち法的性格の観点から正当化する試みがあった。なお、207条違憲説も今なお有力である。

　このように学説を整理・分類することで明らかになるのは、以上の学説が、207条の構造を正確に捉えた説明になっていないということである。207条は、「不明の傷害結果の軽重」→「（共同者でなくとも）共犯」という構造になっており、ここで問題とすべきは、傷害結果が誰に手によるのか不明な場合になぜ関与者全員が「共犯」として処理されるのか、である。というのも、傷害の結果が誰の手によって生じたのかがわかれば、わかった範囲で各人は責任が問われ、わからなければ各人はわからない部分全体について責任を問われるというのは一見して不合理だからである[22]。にもかかわらず、現行法は、共犯（共同正犯）としての責任を問うているのである。それゆえ、解くべき課題は、「不明の傷害結果（の軽重）」について、なぜ「共犯」として責任が問われるのか、にある。

　このように問いを設定すると、まず、207条を法的性格論から正当化しようとする試みはすべて成功していないといえる。というのも、従来の法的性格論は上述の207条の構造のうちの一方にのみに着目して議論するか、あるいは両者の関係を十分に解明できていないために、207条の構造を正確に捉えた説明になっていないからである。また、上述の問いは、結局のところ、なぜ共犯なのかという問いであり、これは実体法上の観点から説かれるべき問いなので、207条の正

20　山口厚『刑法各論〔第2版〕』（有斐閣、平成22年）50頁。
21　例えば、松宮孝明『刑法各論講義〔第4版〕』（成文堂、2016年）44頁。
22　辰井・前掲（注18）9頁も参照。

当化問題は実体法上の観点からのアプローチが妥当である。実体法上の観点からの正当化として、現在少数ながら主張されている見解として、上述の通り、磯部、竹田、樋口の見解がある。まず磯部説であるが、これは後に見る旧刑法から現行刑法への改正理由とほぼ同趣旨の見解であるが、なぜ共犯なのかということの説明としては不十分であるように思われる。次に、竹田説によれば、なぜ同時傷害において共同正犯として処罰されるのかについて説明することができない。竹田説からすれば、共同正犯とするのではなく、各自を単独正犯として処罰する方が素直だからである。最後に、樋口説は裁判例の分析から、その意味内容、適用範囲などを導き出そうするその解釈方法論それ自体が検討に値するものであるが、少なくとも207条固有の違法性を抽出し、そのことから60条の適用を不要とする点で、条文の文言、つまり「共犯の例による」とすることと整合していない点で解釈論としては問題を有すると思われる。

　以上の簡単な検討から明らかなように、従前のいずれの議論も、そもそもなぜ傷害結果が誰に手によるのか不明な場合に共犯として処理されるのか、ということを十分に明らかにしえていない。この点を明らかにしえなければ、一部有力説のいう通り、207条に合理的根拠は見いだせないであろう、それゆえ、207条の正当化問題を解決するうえではまさになぜ共犯なのかという点を明らかにすることが必要となる。このことを明らかにするため、次に現行刑法207条の制定経緯を検討し、なぜ現行207条がその法効果として「共犯」としたのかを明らかにしよう。

三　現行刑法207条の制定過程

1　旧刑法305条の制定過程

まず、現行刑法207条の前身である旧刑法305条の規定を確認しよう。

第三百五条
二人以上共ニ人ヲ殴打創傷シタル者ハ現ニ手ヲ下シ傷ヲ成スノ軽重ニ従テ各自ニ其刑ヲ科ス若シ共殴シテ傷ヲ成スノ軽重ヲ知ルコト能ハサル時ハ其重傷ノ刑ニ照シ一等ヲ減ス但教唆者ハ減等ノ限ニ在ラス

この旧刑法305条は、おおよそ次のような経緯で制定されたものである。明治

政府による近代法体制の形成作業は1872（明治5）年に司法卿に転じた江藤新平によって推し進められた。その過程で最初にできた草案が、「日本帝国刑法初案」(1876（明治9））年であった。これは、ボアソナードによるフランス刑法の講義や刑法編纂の助言を受けながら、日本人委員のみによって起草されたものである。もっとも、この草案は総則編のみであり、未完成であることもあって元老院で審議されることなく、返還された。その後、これまでの編纂方法を大きく変え、ボアソナードが原案を起草し、この原案を日本人委員との質疑応答を通じて修正し、修正したものをさらに議論する形で起草することになった[23]。このような過程を経てできたのが、「日本刑法草案　第一稿」（1876（明治9）年12月）である。その後、さらなる修正を経て、「日本刑法草案　第二稿」（1877（明治10）年6月）、そして「日本刑法草案」（確定稿）（1877年（明治10）年11月）が出来上がる[24]。この「日本刑法草案」（確定稿）がその後、元老院での審議を経て、旧刑法に結実する。

　このような過程を経てできた旧刑法において、305条に相当する規定は、確認できた限りでは、「日本刑法草案　第一稿」後の改正案である「校正刑法草案原稿　完」に初めて登場する。規定は以下の通りである。

第○條
二人以上共謀シテ毆傷シタルモノハ各現ニ其傷ヲ爲シタル刑ヲ科ス若シ各其傷ヲ爲シタル輕重ノ傷〔證？〕ヲ得ルコト能ワサル時ハ其重傷ヨリ一等又ハ二等ヲ減ス[25]

その後、「日本刑法草案　第二稿」において、第三百四十四条として以下の通り規定され、

第三百四十四條
二人以上同謀ヲシテ人ヲ毆打創傷シタル者ハ現ニ手ヲ下シ傷ヲ成スノ輕重ニ從テ各自ニ本刑ニ〔ヲ〕科ス若シ共毆シテ傷ヲ成スノ先後輕重ヲ知ル丁能ハサル時ハ並ニ其重傷ノ刑ニ一等又ハ二等ヲ減ス[26]

その後、若干の修正を経て[27]、「確定稿」において次のように規定されるに

23　西原春夫他編『旧刑法〔明治13年〕（1）』（信山社、1994年）5頁以下。
24　西原春夫他編『旧刑法〔明治13年〕（2）-Ⅰ』（信山社、1995年）5頁以下。
25　西原他編・前掲（注24）326頁。
26　西原他編・前掲（注24）380頁。
27　西原他編・前掲（注24）429頁、西原春夫他編『旧刑法〔明治13年〕（2）-Ⅱ』（信山社、1995

至った。

第三百四十條
　二人以上共ニ一人ヲ毆打創傷シタル者ハ現ニ手ヲ下シ傷ヲ成スノ輕重ニ從テ各自ニ本刑ヲ科ス若シ共毆シテ傷ヲ成スノ輕重ヲ知ル﹅能ハサル時ハ其重傷ノ刑ニ照シ一等ヲ減ス[28]

　次に、旧刑法305条のような規定が必要とされた議論の経緯について、「日本刑法草案会議筆記」（司法省において1876年5月から着手され、1877年11月に「日本刑法草案」（確定稿）が編纂されるまでの過程を示した刑法編纂会議の記録[29]）において確認しよう。

　旧刑法305条に結実する規定については、まず日本人委員による問題提起から始まった。すなわち、日本人委員は、数人が一人に対して攻撃しその結果、傷害、ひいては死亡結果が発生したという場合、例えば、盆踊りや祭りの時に日ごろ恨みを抱いていた隣村の者一人に対して数十人で殴打し、さらには殺害するという場合に、各人の刑は、自身の行為の結果の軽重によって決せられるが、しかしその区別が明らかではない場合、つまり、自己の行為からいずれの結果が生じたのかが明らかではない場合に、全員に死亡に対する罪を問うべきなのかとボアソナードに問うたのである[30]。

　これに対して、ボアソナードは、いくつかの解決提案を示したが、しかし日本人委員がそれに難色を示したので、そうであれば、全員等しく被害者を殺した罪として同じ刑に処するよりほかないとした。これに対して日本人委員は、仮に数名で一人を殴打しその結果、死に至ったがいずれの行為から生じたのかが分からないという場合にその全員に対して死の結果についての刑を科すのは、「罪ノ疑ワシキハ之ヲ輕ク罰スルヲ以テ法律ノ本旨ト為スベキ」との考えに抵触するので不都合であるとし、それゆえ一同をその各本刑より一等減とするのはどうかと提起する。しかしボアソナードは、「罪ノ事柄ニ仍リ二人以上ニテ犯シタル時重ク罰スルハ法律上ノ原則ナリ」とし、この原則からすればいずれが殺したのかが分からないといえども、多人数で行ったことは明らかである以上、軽く罰するのは

　　年）789頁参照。
28　西原他編・前掲（注27）837頁。
29　西原春夫他編『旧刑法〔明治13年〕（3）- Ⅰ』（信山社、1996年）5頁。
30　樋口・前掲（注11）3頁以下も参照。

不都合であるとした。その後、若干の議論を経て、日本人委員から、まずはボアソナードの説に従うことにし、傷の多少が分かる場合には酌量減軽をすれば苛酷に失することもないとの結論に至った[31]。

　その後、この問題は再度、議論されることになる。すなわち、日本人委員から、第一稿完成以前にこの問題を議論し、その際はボアソナードの主張に従い全員を等しく処罰するとしたが、しかし、再考してみると実際において冤罪を受ける者が多く不都合であると再度の問題提起を行った。これに対してボアソナードは、一人に対して数人で共に殴打殺傷したのであれば、総則中の共犯の例により全員を等しく処罰せざるを得ないとした。しかし、日本人委員は一人に対して数人が乱殴する罪は、闘殴の強弱と殴傷の多少と手を下した前後とによって各自の刑の軽重を決めざるを得ない。支那律では、このような処理を行っているとし、総則の共犯規定を及ぼして全員同様の刑に処するのは非常に不都合であるとした。例えば、一つの村の者たちが一同で、隣村の者一人を乱殴して殺害したが、その際いずれの行為から死の結果が発生したかが分からないという場合、その村の者たち一同を闘殴殺でことごとく処罰するとすれば、その中には冤罪の者がいるだけでなく、その村が衰微してしまうおそれがあるが、しかしだからと言って無罪とすることもできず、それゆえ、一同を殺傷よりも軽く処罰する必要性が出てくるとする。もっとも、ボアソナードは殺傷された被害者がいるにもかかわらず、手を下した者がいずれかわからないがために宥恕するというのは不条理であるとした。これに対して、日本人委員はボアソナードの言うことには一理あるが、しかし冤罪を受ける者が生じる点はどうしても不都合である。それゆえ、創傷の程度や殺害結果がいずれの行為から生じたのかを区別することができる場合には、それに応じて刑を科し、乱殴の証拠はあるが区別ができない場合には、一同すべてを一等か二等減じることはどうかと提案する。この点につき、ボアソナードは日本の実情を踏まえての提案であることに理解を示し、そうであればイタリア刑法が参考になるとする。すなわち、イタリア刑法によれば、数人が通謀して一人を乱殴し殺傷した場合は、その手を下した者を重く処罰し、数人が乱殴したが、傷害の軽重がいずれの行為から生じたのかが分からない場合には、その数人全員は、重傷の刑より一等減じるとしており、これを参照することに日本人

31　西原春夫他編『旧刑法〔明治13年〕（3）- Ⅲ』（信山社、1997年）145頁以下。

委員も賛成したので、これに基づき、以下の条項を設け、この規定を闘殴殺傷の各本条の最後におくことになった[32]。

> 二人以上通謀シテ殴傷シタル者ハ各現ニ其傷ヲ為シタル刑ヲ科ス若シ各其傷ヲ為シタル軽重ノ證ヲ得ル事能ワサル時ハ其重傷ノ刑ヨリ一等又ハ二等ヲ減ス[33]

　以上が、「日本刑法草案会議筆記」から明らかになる議論の推移であるが、ボアソナードと日本人委員との間で対立していたのは、複数人が一人を乱殴して、傷害ないし死の結果を発生させた場合に関与者全員を同様の刑に処すべきなのか、つまり総則共犯規定を適用すべきなのか、それとも、各人は自己の行った結果についてのみ責任を負うべきなのか、という点である。

　なぜこのような対立が生じたのかと言えば、日本人委員において殴打創傷罪につき、次のような考えが前提となっていたからである。すなわち、各人は自己の行為より生じた創傷の結果に応じてのみ刑が決定されるという考えである（以下、「結果主義」という）。この考えに基づいて、日本人委員は、上述の問題となった事案につき、共犯関係にあろうとも、自己の行った行為から生じた結果以上の刑を科せられるのは、「疑わしきは被告人の利益に」原則（以下、「利益」原則という）に反し、冤罪が生じると主張したのである。それに対して、ボアソナードは、関与者間が共犯関係にあるのであれば、当然生じた結果すべてにつき関与者全員が同様にその責めを負うべきとの立場に立ち、議論を展開した。そして、最終的に、日本人委員の主張を受け入れ、「結果主義」と「利益」原則との矛盾を緩和する方策、つまり減軽規定を置くことで、旧刑法305条ができたのである。このように、旧刑法305条は、「結果主義」という、今日からすれば特殊な考え方を前提に作られたものであった。さらに、旧刑法305条には同時傷害致死もまた当然に含まれると旧刑法の立案者は考えていたこともここで確認しておこう。

2　旧刑法下における旧刑法305条に関する学説、裁判例

　以上の経緯を経て、制定された旧刑法305条につき、学説においては、解釈論上、次の争いがあったとされる。すなわち、旧刑法305条は共犯に関する特例か、つまり共犯関係にあるにもかかわらず、生じた結果につき関与者全員に同様

32　西原他編・前掲（注31）163頁以下。
33　西原他編・前掲（注31）168頁。

の刑を科すのではなく、各自の行為から生じた結果に応じてのみ刑を科すという点で総則共犯規定の排除を意味する特例なのか、それとも偶然二人以上が殴打創傷した場合に関する規定なのかという点についてであった[34]。

この点、旧刑法305条を、共犯の特例と解する見解が（筆者の調べた限りでは）多数であったが[35]、このような理解の下で、学説は、旧刑法305条を肯定的に捉える見解[36]と否定的に捉える見解[37]とが存在した。前者の見解として、例えば、村田保によれば、本条は共犯に関する規定であるが、殴打創傷罪においては創傷の結果に応じて罪を論じるべきものなので（結果主義）、各自は創傷の軽重に従って刑が科されることを規定し、後段は、例えば、5人全員が一人の者に向かって石を投げ、両目を害するが、しかしその結果がどの投石行為から生じたのか明らかでない場合に、無罪とするのは妥当でなく、他方で重い罪で処罰するのも過酷であるため、重い罪に一等減じたと説明している[38]。

これに対して、旧刑法305条を否定的に捉える見解は、前段部分と後段部分に分けたうえで、それぞれにつき批判を行った。前段については、総則共犯規定が適用されないことによる不当性が主張された。例えば、小疇傳によれば、一人が両目を害した場合（旧刑法300条1項：軽懲役）と、二人が共謀してそれぞれ片目ずつ害した場合（旧刑法300条2項：2年以上5年以下の重禁錮）とで、後者がより軽く処罰されるのは不当とした[39]。

次に、後段については、結果の軽重が分からない場合の処理につき、重傷を負

---

34 井上操『日本立法資料全集　刑法〔明治13年〕述義　第三篇（上）』（信山社、平成11年）87頁以下、堀田正忠『刑法釋義　第三編・第四編（復刻版）』（信山社、平成12年）126頁以下、岡田朝太郎『刑法講義　各論』（明治大学出版部、1906年）243頁以下など。
35 もっとも、堀田・前掲（注34）128頁以下は共犯の特例と解するにせよ、同時犯規定と解するにせよ、旧刑法305条は問題を有すると批判する。
36 村田保『刑法注釈　巻六（2版）』（内田正栄堂、1881年　国立国会図書館デジタルコレクション http://dl.ndl.go.jp/info:ndljp/pid/793867）10頁以下、髙木豊三『刑法義解第6巻』（時習社、1881年）829頁、勝本勘三郎『刑法析義　各論之部　巻之二』（明治法律学校出版部、1900年）66頁以下など。
37 江木衷『現行刑法各論』（博聞社、1888年）284頁以下、亀山貞義『刑法講義〔明治13年〕巻之二』（信山社、平成14年）427頁以下、古賀廉造講述『刑法各論　全　第二編　各論　第三編　身体財産ニ対スル重罪軽罪』（1900年、国立国会図書館デジタルコレクション http://dl.ndl.go.jp/info:ndljp/pid/2937871）97頁以下。なお、磯部四郎は、旧刑法305条に批判的ではあるが、良案がない以上やむを得ないとする。磯部四郎『日本立法資料全集　増補改正　刑法講義下巻二分冊』（信山社、平成11年）873頁以下。
38 村田・前掲（注36）10頁以下。
39 小疇傳『刑法各論』（警察監獄學會、明治35年）386頁。

わせた者には不当な利得を与え、軽傷を負わせたに過ぎない者には不正の損害を加えるものとの批判[40]、さらには減軽されることにつき、共犯であれば重く処罰されるべきとの批判[41]がなされた[42]。

以上の通り、旧刑法下における学説の大勢は旧刑法305条を共犯の特例の場合と理解し、共犯の場合であるにもかかわらず、「結果主義」に応じて刑の個別化を図るのは不当との立場が多数であった。それゆえ、旧刑法305条前段につき、総則共犯を適用することで解決すべしとの立場が多数を占め、このことは、後に見るように、旧刑法305条の前段部分の削除という形で現行法に結実する。

もっとも、問題は後段であった。この点につき、その解決として、以下の4つほどの見解が主張された。①通謀があれば総則共犯適用、なければ不明な傷害につき無罪とすべき[43]、②関与者全員を軽傷の刑に処すべき[44]、③共同正犯は、意思連絡のある場合のみならず、意思連絡のない場合も認められることを前提に通謀の有無を問わず、共犯として処罰すべき[45]、④ドイツのような集団暴行罪導入の示唆[46]、である。上記の見解中、現行207条を理解するうえで重要なのは、②の見解である。というのも、これは古賀廉造の見解であるが、古賀は、後に見るように、現行刑法立案の際の政府委員として、立法作業にかかわっており、この古賀の見解を踏まえることによって、現行207条（とその提案理由）に関する立案当局者の考えがより正確に理解可能になると思われるからである。この点は後に検討するので、ここでは古賀が「意思連絡なき共同正犯」を認めていたことが重要との指摘にとどめよう。

次に、旧刑法下における裁判例を概観しておこう。というのも、これも後に見るように、現行207条の改正理由において、現行207条は旧刑法305条と「同一の場合」（傍点は筆者）に関する規定とされており、それゆえ、旧刑法下において、305条につき具体的にどのような事案が問題となっていたのかを確認することが重要と思われるからである。旧刑法305条に関する裁判例は（筆者が見つけること

40　亀山・前掲（注37）427頁以下。
41　古賀・前掲（注37）98頁。
42　なお、部分的共犯説を主張するものとして、宮城浩蔵『刑法講義　第二冊』（明治法律学校講法会、1895年）697頁以下。
43　亀山・前掲（注37）428頁以下。
44　堀田・前掲（注34）139頁以下。
45　古賀・前掲（注37）98頁。
46　小疇・前掲（注39）388頁。

ができた限りでは）以下の4件である。

　①**大審院明治33年12月20日判決（刑録6輯11巻55頁）**
　事案は、被告人両名が共に被害者を殴打して創傷を負わせたが、いずれの行為から当該一つの創傷が生じたのか不明というもので、大審院は、「其創傷ハ一ヶ所ナリト雖モ二人以上共殴シテ其負傷ハ共犯中孰レカ為シタルヤヲ知ルコト能ハサル時ハ即チ傷ヲ成スノ輕重ヲ知ル能ハサル場合ナルヲ以テ刑法第三百五條後段ニ依リ處断スベキモノトス」とした。

　②**大審院明治35年12月2日判決（刑録8輯11巻15頁）**
　事案は、被告人が、他数名と共謀し被害者を殴打し、数か所の創傷を負わせたが、いずれの行為から生じたのか不明というもので、本件での主たる争点は旧刑法305条の適用に際して、旧刑法104条（共同正犯の規定）を合わせて適用すべきか否かであり、大審院は、旧刑法305条は共犯（正犯）規定が適用できない場合の規定との判断を示した。

　③**大審院明治41年6月15日判決（刑録14輯14巻645頁）**
　事案は、被告人ほか数名が共謀の下、被害者を共に殴打し創傷を負わせたが、いずれの行為から生じたのか不明というもので、旧刑法305条後段が適用された。

　④**大審院明治41年7月3日判決（刑録14輯16巻723頁）**
　事案は、被告人はその他2名と共謀の下、被害者を共に殴打し、よって創傷を負わしたが、いずれの行為から生じたのか不明というもので、主たる争点は①判例と同様で、①判例と同様の判断が示された。

　以上が旧刑法305条が問題となった裁判例であるが、ここでは次の2点を確認しておくのが重要と思われる。一つは、事案の（はっきりしないものあるが）すべてが、共謀のある場合でかつ同時的暴行であったということである。もう一つは、①、④判例は、被害者に一つの傷害結果が発生したが、当該傷害が誰の手によって生じたのか不明の場合に、旧刑法305条が適用できるのかにつき、「輕重ヲ知ルコト能ハサルトキ」に当たるとして旧刑法305条の適用を肯定した点である。後に見るように、この場合もまた含まれることを明確にするため現行207条は、旧刑法305条にはなかった「その傷害を生じさせた者を知ることができないとき」という文言を付け加えたものと思われる。

3　現行刑法207条の制定過程

　旧刑法にはその施行直後から、大審院や各裁判所などより数々の「伺」「請訓」「質問」が司法省あるいは参事院に寄せられ、さらに政府部内でも旧刑法は当時の事態に合致しないとの認識が広がることで、司法省は早くも旧刑法の改正に向けて動き出した。その際、一部改正案と全部改正案の両方が作成された[47]。その後、改正案において、旧刑法305条について一定の修正が加えられた最初の改正案が明治23年草案である[48]。もっとも、明治23年草案においては旧刑法305条の規定につき大きな変化はない。

　明治23年草案は、第１回帝国議会に提出されたが、議決に至らず、会期が終了した。司法省はその後、刑法改正に本格的に取り組み、1892（明治25）年司法省参事官横田国臣、判事亀山貞義などに刑法改正審査委員を命じた。さらにその後、司法省参事官倉富勇三郎、検事古賀廉造、石渡敏一を追加し、組織の強化を図り、およそ４年の歳月を経て起草されたのが、1895（明治28）年草案であった。この明治28年草案は、倉富、古賀、石渡の三名が中心となって起草されたものとされる[49]。そして、この明治28年草案において、旧刑法305条に当たる規定は、その性格を大きく変化させ、現行法に近いものになる。規定は次のとおりである。

> 第二百六十二條
> 前三條ノ犯罪アルニ當リ現場ニ於テ勢ヲ助ケタル者ハ自ラ人ヲ傷害セスト雖モ一年以下ノ懲役又ハ五十圓以下ノ罰金ニ處ス
> 二人以上ニテ人ヲ傷害シ傷害ノ軽重ヲ知ルコト能ハサルトキハ同謀者ニ非スト雖モ共犯ノ例ニ依ル[50]

　明治28年草案で示された規定がその後の明治30年草案[51]、明治33年草案[52]にお

47　内田文昭他編『刑法〔明治40年〕（１）-Ⅰ』（信山社、1999年）４頁以下、13頁以下。
48　明治23年草案における該当規定は以下のとおりである（草野豹一郎『刑事判例研究』（厳松堂、昭和12年）278頁）。
　　第二九十二條　二人以上共ニ毆打シテ人ヲ疾病、創傷ニ致シタルトキハ其疾病、創傷ノ軽重ニ従テ各自ニ其刑ヲ科ス、若シ其軽重ヲ知ルコト能ハサルトキハ重病、重傷ノ刑ニ照シ一等ヲ減ス
　　共犯人豫メ通謀シテ毆打シタルトキハ各自ニ重病、重傷ノ刑ヲ科ス
49　内田文昭他編『刑法〔明治40年〕（２）』（信山社、1993年）５頁以下。
50　内田他編・前掲（注49）173頁。
51　明治30年「刑法草案」（内田他編・前掲（注49）173頁）
　　第二百六十六條　前三條ノ犯罪アルニ當リ現場ニ於テ勢ヲ助ケタル者ハ自ラ人ヲ傷害セスト雖モ一年以下ノ懲役又ハ五十圓以下ノ罰金ニ處ス

いても基本的に受け継がれ、明治34年草案において、ほぼ現行法に近い形の規定になる。

第二四十四條
二人以上ニテ暴行ヲ加ヘ人ヲ傷害シタル場合ニ於テ其傷害ヲ生セシメタル者又ハ傷害ノ軽重ヲ知ルコト能ハサルトキハ共同者ニ非スト雖モ共犯ノ例ニ依ル[53]

明治34年草案と明治28年草案との大きな違いは、「其傷害ヲ生セシメタル者」が追加された点である。これは、おそらく上述の大判明治33年を受けて、この場合も含まれることを明確化するためであろう。その後、微修正の後に、現行207条に至った。現行207条の改正理由については、次のように述べられている。少し長いが重要なのでそのまま引用する。

> ①第二百七条は旧刑法三百五条と同一の場合に関する規定（下線は筆者。以下同様）にして旧刑法は共謀の有無を問わず現に手を下したる傷害につき各自に責任を負わしむるを原則とし、もし傷害の何人の手になるやを知らざる時は各自その重傷の刑に照らし一等を減じて処断することをなし、教唆者はその例外と為したり。本法においては旧刑法三百五条の前半の場合についてはもし犯人共犯なるときは総則の共犯例により共犯にあらざる時は各其自らなしたる傷害の正犯としてこれを処分することをなし、したがってその規定を要せざるを以てこれを削除し、後半の場合については少しく修正を加え、暴行を加え人を傷害したる場合において傷害の軽重を知ること能わず又はその傷害を生ぜしめたる者を知ること能わざる時は共同者にあらずといえども共犯例を適用し各自もっとも重い傷害の正犯として処分することと為したるなり。そもそも旧刑法は何人の為したる傷害なるやを知らざる場合に関するをもって真に其傷害をなさざるものに対する刑の過重を避くるため一等を減するものにして罪の疑わしきは寛に従う趣意なるべきといえども、②是稍不理なる規定にして犯行事実としての権衡を失する嫌いなき能わず故に本法はこの主義を改め共犯例により処分することと為したるなり[54]（旧字体を改め、片仮名を平仮名にかえ、適宜句読点を打った）。

この改正理由においてまず確認すべきなのは、下線①の通り、旧刑法305条と現行刑法207条は「同一の場合」に関する規定であるということである。旧刑法

　二人以上ニテ人ヲ傷害シ傷害ノ軽重ヲ知ルコト能ハサルトキハ同謀者ニ非スト雖モ共犯ノ例ニ依ル
52　明治33年「刑法改正案」（内田他編・前掲（注49）572頁）
　　第二百五十二條　二人以上ニテ人ヲ傷害シ傷害ノ軽重ヲ知ルコト能ハサルトキハ共同者ニ非スト雖モ共犯ノ例ニ依ル
53　内田文昭他編『刑法〔明治40年〕（3）-Ⅰ』（信山社、1994年）55頁。
54　田中正身『改正刑法釋義下巻〔復刻版〕』（信山社、平成6年）1016頁。

305条は、上述の通り、立案担当者も学説の大勢も裁判例においても共犯（の特例）に関する規定として理解されていたのであり、それと同一の場合ということは、現行207条もまた共犯事象を対象とする場合の規定ということになる。もっとも、このように解すると、現行207条は、「共同して実行した者でなくても」としている点と齟齬を来す。この点をいかに考えればよいのかであるが、この点を考える上で踏まえるべきは、明治28年草案においては、「同謀者ニ非スト雖モ」としていたこと、さらに当時の学説は共同正犯の成立にとって関与者間に同謀、つまり意思連絡のあることを必要としたことである[55]。このことを前提にすると、「共同して実行した者でなくても」が意味するのは、「意思連絡に基づいて実行した者でなくても」ということになる[56]。そうすると、現行207条は、旧刑法305条と同一の場合で、かつ意思連絡のない場合ということになる。これが何を意味するのかであるが、ここで起草委員であった古賀の見解を思い起こそう。古賀によれば、上述の通り、共同正犯は意思連絡のない場合をも含むと考えていたのであり、このことを踏まえるならば、現行207条は、意思連絡なき共同正犯、つまり客観的共同正犯を認める規定との理解が可能となる。そして、このように理解する場合、上述の現行法への改正理由において、下線②の通りの価値判断をした意味が明らかになる。すなわち、旧刑法が「利益」原則との調和を図るために減軽を施したことに対して、改正理由が「是稍不理なる規定にして犯行事実としての権衡を失する嫌いなき能わず」という評価を下したのは、立案当局者は、客観的には共同で暴行を行い、傷害結果を発生させているにもかかわらず、意思連絡の有無というある意味偶然的な事情によって、生じた結果につき責任を問われたり、問われなかったりするのは不当との判断に至ったのだと解することができる[57]。さもなければ、なぜ「利益」原則との調和を図ろうとした旧刑法305条を「不理な規定」かつ「犯行事実としての均衡を失する」と価値判断したのかを

---

[55] 例えば、村田保『刑法註釈 巻2』（内田正栄堂、明治14年）53頁以下、磯部四郎『刑法講義 上』（八尾書店、明治26年）978頁、993頁以下、亀山貞義『刑法講義 巻之1』（明治法律学校講法会、明治31年）402頁など。

[56] 磯部・前掲（注2）417頁もまた同様の解釈を示している。

[57] もっとも、審議過程において、改正案によれば、自分の行っていない結果につき責任を問われることになるようであるが、これは現行法を修正したということかという質問に対して、確かに、傷害を生ぜしめていないものを生ぜしめたという結果になることは好まないがしかし、傷害を発生させた者が分からないのであれば必要上やむを得ないとし、ただ現行法（旧刑法）との違いは、一等を減じるかどうかであるともしている。田中・前掲（注54）1018頁以下。

説明できない。また、この価値判断は、審議過程において出された次の質問、つまり仮に二人で人に傷害を負わせ、しかも傷害に軽重あるとき共犯例の適用ということでどうなるのかという質問に対して、二人ともに責任者なので、二人は重傷の共犯とも軽傷の共犯ともなると答えられていることからもうかがえる[58]。

この理解が正しければ、現行207条は、客観的な共同性が認められる場合に、意思連絡の有無という偶然的な要素によって、生じた不明の結果につき責任の有無が決まるという不合理を解消するための規定、つまり意思連絡なき共同正犯を認める特別規定と理解することになる。そして、この理解によれば、現行207条は、旧刑法305条が共犯であるにもかかわらず「結果主義」の考えを前提としていたために各人を単独犯としての刑を科すと構成したのに対して、「結果主義」の考えを捨て、(意思連絡なき)共同正犯構成へと規定の性格を実質的に変更したものと解されることになる。このような発想の転換があったにもかかわらず、現行207条のような「不明の傷害結果(の)軽重」→「(共同して実行した者でなくても)共犯」という規定のあり方になったのは(あるいは設けざるを得なかったのは)、共同正犯における心理主義的思考、つまり共同正犯の成立要件にとって「意思連絡」が不可欠であるという発想が前提としてあったからだと思われる。つまり、実質的には意思連絡なき共同正犯を認める価値判断を行いつつ、しかし共同正犯には「意思連絡」は不可欠とする心理主義的思考が前提としてあったために、現行207条のような規定ぶりになったのである。以上が、上述のなぜ共犯なのかという問いに対する答えということになる。

現行207条をこのように理解する場合、207条の正当化問題は、意思連絡なき共同正犯、つまり客観的共同性というものが観念でき、かつ基礎づけられるのかどうか、によることになる。

四　意思連絡なき共同正犯
──ヤコブスの客観的あるいは規範的共同性論

客観的(あるいは規範的)共同性の議論は、近時、日本においても過失の共同正犯を基礎づけるに際して議論がされているところであるが[59]、これらの議論にお

58　田中・前掲(注54)1017頁以下。
59　金子博「過失犯の共同正犯」立命館法学326号26頁、松宮孝明「「過失犯の共同正犯」の理論的基礎について」立命館法学339・340号499頁、さらに共同正犯一般の議論として、松生光正「共

いて参照されているのがドイツにおける規範的あるいは客観的共同性の議論である[60]。以下では、この点につき、近時最も精力的に議論を展開しているヤコブスの議論を必要な限りで紹介し[61]、客観的あるいは規範的共同性を基礎づけ、かつその内容を明らかにしたい。

　ヤコブスによれば、関与とは分業のことであり、分業には二つの形式がある。すなわち、分離的分業（trenennde Arbeitsteilung）と結合的分業（verbindende Arbeitsteilung）である。分離的分業とは、何かを給付する者は、その社会的状況に応じて、給付されたものがその後いかに使用されるのかということにつき受領者側の問題（Sache）にすることができるという分業のことをいう[62]。この種の分業は日常的な取引活動が典型で、例えば、ある商品を販売する者は、当該商品を購入者がいかに用いようとも、つまり犯罪に用いようとも、そのことは購入者側の問題であり、何ら責任を問われることはない[63]。

　それに対して、結合的分業にいう「結合的」とは、「関与者各人が全体の給付に対して管轄を有する」[64]ことをいい、それゆえ結合的分業においては、各関与者は、自己の給付後の進展についてもはや関わりがないとすることはできない。これは、例えば善良な目的のための寄付から飲食物生産のための株式会社の設立の場合のように、単なる給付交換を超えた一つの目的共同体を形成する場合をいう[65]。

　ヤコブスによれば、この分業の両形式は自由な社会において可能でなければならない。というのも、結合的分業は、複数の者が力を一つに合わせて共同の仕業（Werk）を行う自由に基づくもので、仮にこの形式の分業が認められなければ、共同で行った成果が全員の成果として評価されない以上、良き仕業について共同でやろうとはしなくなるであろうし、他方で悪しき仕業については、その帰結が

　　　同正犯の構造について」法政研究76巻4号213頁など参照。
60　*Heiko Hartmut. Lesch*, Die Begründung mitttäterschaftlicher Haftung als Moment der objektiven Zurechnung, ZStW 105 (1993), S. 271., *Friedlich Denker*, Kausalität und Gesamttat, 1996など。これらの議論状況の紹介については、松生・前掲（注59）213頁以下、同「客観的帰属論と過失共犯」刑法雑誌50巻1号31頁など。
61　ヤコブスの関与の理論の全貌の紹介とその検討については、別稿を予定している。
62　*Günther Jakobs*, Mittäterschaft als Beteiligung, Festschrift für Ingeborg Puppe, 2011, S. 555.
63　*Günther Jakobs*, Theorie der Beteiligung, 2014, S. 29.
64　*Günther Jakobs*, Beteiligung durch Chancen- und Risikoaddition, Festschrift für Herzberg, 2008, S. 395.
65　*Jakobs*, Theorie der Beteiligung, S. 29 f.

共同で行った者全員に同じように問われることなく、各自が行った仕業についてしか問われない以上、共同でやろうという不合理な結論に至るからである[66]。それに対して、分離的分業は何らかの給付に行うに際して、自己答責的な給付の受領者がどのような計画を有しているのかについて配慮する必要のない自由に基づくもので、この種の分業が認められなければ自由を窒息させる監視社会に至るであろうとする[67]。

ヤコブスは、分業を以上のように理解したうえで、刑法における関与とは結合的分業のことをいい、このように理解する場合に問題となるのは、どのような場合に結合的分業が認められるのか、つまりどのような場合に他人の手による仕業に対して管轄を有するのか、であるとする。

もっとも、この問いに答える前提問題としてヤコブスは、何に対して関与するのか、つまり何に対して管轄を有さなければならないのかについて答えておかなければならないとする。この点につき、ヤコブスによれば、ここで問題となっているのは結果の惹起という世界の自然的連関ではなく、法的連関、すなわち構成要件実現に対する管轄であり、これはつまり規範違反(犯罪の未遂と既遂)であるとする[68]。そして、規範に違反する、あるいは違反しないとは意味レベルの問題であるので、規範違反への関与もまた意味レベルで論じられなければならない。

その上で、ヤコブスは、他の人格の手になる仕業に対して管轄を有すためには、当該寄与が先行してなされる場合には、後の仕業に対する意味のある準備として、同時的、事後的になされる場合には意味のある補充としてみなされるという意味において、各人の寄与が客観的に相互に関連付けられなければならないとする。もっとも、社会的に定型的な害なき態度が、他の者によって犯罪的なものへと歪められる場合には、意味ある準備なり補充に欠けるとする(分離的分業、つまり遡及禁止)[69]。以上によれば、重要なのは、ある人格が犯罪的な意味構想を準備し、他の人格がこの意味に結合すること、つまり意味を媒介にした惹起(sinnvermittelte Verursachung)なのであり[70]、このような意味的結合が客観的あるいは規範的共同性なのである。

---

66 *Günther Jakobs*, Beteiligung, Festschrift für Lampe, 2003, S. 563f., S. 568.
67 *Jakobs*, Beteiligung, S. 563.
68 *Jakobs*, Beteiligung, S. 565., *ders*, Beteiligung durch Chancen- und Risikoaddition, S. 400.
69 *Jakobs*, Beteiligung durch Chancen- und Risikoaddition, S. 395.
70 *Jakobs*, Beteiligung durch Chancen- und Risikoaddition, S. 400 f.

このように共同性が客観的に規定されるのであれば、共同の犯行決意は共同性を基礎づけるうえで必要条件ではない。もっとも、このことは、行為者の主観的側面がまったく意味をなさないということをいうものではなく、それは客観的共同性を基礎づける限りで考慮される。すなわち、犯行の約束その他はそれ自体すでに約束の相手方に対する給付であり、それゆえ約束の相手方に後続する態度を帰属するところの、ありうる根拠である。特に約束が約束された給付の目的を規定する限り、多義的な事態において犯罪的なものなのかどうかということに関する枠組みを際立たせるものになるとヤコブスはする[71]。

以上、ここまでの議論は、関与一般、つまり広義の共犯に関して妥当するものであるが、では、本稿において問題としている複数人が意思連絡なく実行する場合について、この客観的あるいは規範的共同性はどのようにして認められるであろうか。

この点につき、ヤコブスは、ある人格によって創出された構成要件実現の機会あるいはリスクに対する他の人格の管轄は、彼らが現象類型的に、類似の行為を行うことから必然的に明らかになるのではないとする。例えば、自転車で歩行者専用道路を疾走する者は、別の疾走者が近くで軽率にも引き起こした事故に対して管轄を有するわけではない[72]。もっとも、複数の実行が、1つの全体実行（Gesamtausführung）へと結び付けられる場合は事情が異なる。問題は、それがいつ、どのような場合に結び付けられるのかである。この点につき、ヤコブスによれば、社会がその問題解決のために犯罪者らを一体のものとして結び付けなければならない場合であり、この場合に個々の実行は相互的な関与の意味を得るとする[73]。具体的には複数の人格が相互同時に（nebeneinander）1つの目標を達成する点で協働し、一人の人格の犯行の成功が他の人格の関心事をも解決する場合で、例えば自動車で逃走する二人の者が、追跡者の追跡を阻止しようとして、一人は彼に発砲し、もう一人は、鍵爪を道路にばらまく場合、各人の実行は同時に他の実行への関与でもあるのである[74]。このような場合、一方の実行者は実行部分の自らの手による実現を通じて、他の者によって実現された部分をも自己の不

71　*Jakobs*, Beteiligung durch Chancen- und Risikoaddition, S. 395 f.
72　*Jakobs*, Beteiligung durch Chancen- und Risikoaddition, S. 403.
73　*Jakobs*, Theorie der Beteiligung, S. 27.
74　*Jakobs*, Beteiligung durch Chancen- und Risikoaddition, S. 403, 404 f. *der*, Theorie der Beteiligung, S. 44.

法として彼に帰属する根拠を創出しているのである。複数人が実行する場合には、以上のようにして、全体の実行に対する管轄が形成されるのである[75]。

 以上がヤコブスによる関与の理論の概要であるが、本稿において問題となっている意思連絡なき共同正犯を客観的あるいは規範的な実行共同性の問題ととらえると、その内容は、各人の実行が、社会的観点から一つの目的共同体としての全体実行といえる場合、具体的には、自己の目的達成のための実行が他の者の目的をも達成するというように、同一の目的(この目的は必ずしも犯罪に限らない)という枠組みの下で、各人が目的達成に向けて同時に実行する場合ということになる。

五 おわりに——まとめと今後の課題

 以上ここまでの検討結果を示すと以下の通りとなる。すなわち、207条に関する学説の分析から明らかになるのは、207条の正当化問題において、207条の正当化それ自体の問題と、このことと関連して明文なき「同一の機会」要件を基礎づけることが課題であったこと、従来の学説は、207条の構造を的確に捉えきれていないこと、207条の構造は、「不明の傷害結果(の軽重)」→「共犯」というもので、そして、ここで問われるべきは、傷害結果(の軽重)が誰の手によるのか不明な場合に、なぜ、共犯としての責任を負うのか、である。この点を明らかにするために、207条の制定経緯を検討した結果、現行207条は、意思連絡なき共同正犯を認める特別規定であること、それゆえ207条を正当化するためには意思連絡なき共同正犯を基礎づけることができるのかによることが明らかとなった。そして、意思連絡なき共同正犯については、ヤコブスのいう規範的あるいは客観的共同性論が参考になり、このヤコブスの規範的あるいは客観的共同性論からすれば、明文なき「同一の機会」要件の内容は、客観的ないし規範的共同実行を意味すると解されるのである。もっとも、最後のヤコブスの議論に基づく意思連絡なき共同性の基礎付けは一試論であって、他のよりよい基礎付けのありうることを排除するものではもちろんない。この点は今後の検討課題である。

 以上の検討結果を踏まえて、最後に二点指摘しておきたい。一つは、ヤコブス

---

75 *Jakobs*, Theorie der Beteiligung, S. 43 f.

の規範的共同性論は、広義の共犯一般、それゆえ共同正犯一般に妥当する議論なので、この議論が総則上の共同正犯における議論において受け入れられれば[76]、そもそも刑法207条の規定は不要ということになる。本稿はまさにこの点を主張するものである[77]。上述の歴史的経緯を踏まえれば、旧刑法305条の問題点は総則の共同正犯規定を適用することで不十分ながら解決されたのであり、このことを徹底するならば、現行207条の問題点もまた、総則の共同正犯規定を適用することで問題解決が図られるべきなのである。そして、共同正犯論に関する議論の今日までの進展が、このことを可能としているのであり、本稿はその一例を示したに過ぎない。

もう一点は、207条を意思連絡なき共同正犯と理解し、「同一の機会」要件を規範的共同実行の場合と理解すると、現行法制定以後の207条に関する裁判例のその多くは、207条の適用がおそらく否定されることになるであろう。この点は、紙幅の大幅な超過のためもはや検討する余裕はなく今後の課題であるが、若干コメントすると、例えば、冒頭に紹介した最決平成28年3月24日は、第1暴行の関与者らと第2暴行の関与者は、共通の目的を達成するため各自が実行を行ったとはいえないので、本稿の理解からは刑法207条の適用は否定されることになる。仮にこのような結論が不当と感じるなら、問題の解決は、ドイツにおけるように集団暴行罪の導入や、傷害未遂罪の導入などの立法によって図られるべきであり、207条の適用領域を広げて解決すべきではない。というのも、現在の裁判例の適用範囲は、おそらく立法者が想定していた207条の適用範囲を大幅に超え、それゆえ上述の大場茂馬の懸念がそのまま当てはまるからである。

> 浅田和茂先生には、刑法読書会に入会が許されて以来、常にご指導いただいてきた。本稿のような粗い論稿でも先生の学恩に少しでも報いることができていれば望外の喜びである。ここに謹んで本稿を先生に捧げる。

---

[76] この点を主張するものといて、松生・前掲（注59）229頁以下。
[77] このことはすでに、中義勝によって主張されていた。中義勝「共謀なき暴行共同者と特別共犯例」関大法学論集4巻3号73頁以下。

いわゆる「中間類型としての危険運転致死傷罪」および過失運転致死傷アルコール等影響発覚免脱罪について
―― アルコール影響類型を中心に ――

永 井 善 之

一　はじめに
二　新法の概要
三　「中間類型としての危険運転致死傷罪」
四　過失運転致死傷アルコール影響発覚免脱罪
五　おわりに

一　はじめに

　悪質・危険な自動車運転による交通死傷事犯ながらも危険運転致死傷罪（刑法旧208条の2）の適用が困難な事案への対処等を理由として、第185回国会会期中の2013年11月20日に「自動車の運転により人を死傷させる行為等の処罰に関する法律[1]」（平成25年法律86号。以下「（新）法」）が成立し、翌2014年5月20日より施行されている。その立法目的に則り、本法ではいわゆる「中間類型としての危険運転致死傷罪[2]」（法3条。以下「中間類型の罪」）の新設をはじめ、新たな犯罪類型の創設や既存の刑罰規定の適用範囲の拡大が行われており、既に本法に基づく裁判

1　本法を解説または分析するものとして、保坂和人「自動車の運転により人を死傷させる行為等の処罰に関する法律について」警論67巻3号（2014年）43頁以下、松宮孝明「自動車事故をめぐる法改正の動き」犯刑23号（2014年）1頁以下、髙井良浩「自動車の運転により人を死傷させる行為等の処罰に関する法律について」捜研63巻7号（2014年）2頁以下、同「自動車の運転により人を死傷させる行為等の処罰に関する法律施行令について」警論67巻8号（2014年）84頁以下、同「『自動車の運転により人を死傷させる行為等の処罰に関する法律』について」刑ジャ41号（2014年）35頁以下、同「自動車の運転により人を死傷させる行為等の処罰に関する法律」ひろば67巻10号（2014年）12頁以下、今井猛嘉「自動車運転死傷事故等処罰法の新設」刑ジャ41号（2014年）4頁以下、杉本一敏「自動車運転死傷行為等処罰法の成立をめぐる所感」刑ジャ41号（2014年）18頁以下、橋爪隆「危険運転致死傷罪をめぐる諸問題」ひろば67巻10号（2014年）21頁以下等。また、これを法案段階で検討したものに、塩見淳「自動車事故に関する立法の動き」法教395号（2013年）28頁以下。

2　本罪は、後述の法務大臣諮問に係る記者会見時（2012年9月4日）の大臣による呼称もあってか「準危険運転致死傷罪」と通称されることもある。

例も登場し始めている。そこで本稿では、新法の制定経緯と罰則内容を概観したうえで、悪質・危険な運転の典型としてそれへの適切な対応が主要な立法理由ともされたアルコール影響下での運転に関係する本法上の新たな罪、即ち中間類型の罪と過失運転致死傷アルコール影響発覚免脱罪（法4条。以下「免脱罪」）に着目して、その意義や成立要件等につき考察したい。

二　新法の概要

1　制定の経緯

　従来、自動車運転に際し故意なく人を死傷させた場合には、1968年以降法定刑上限が5年の自由刑である刑法上の業務上過失致死傷罪（平成19年法律54号による改正前の211条1項前段、更に平成13年法律138号による改正前は211条前段）に問われていたところ、2001年には、飲酒運転等の悪質・危険な交通死傷事犯の頻発やこれに対する罰則整備を求める世論等を理由に、刑法上に危険運転致死傷罪が新設された。本罪は故意ある一定の危険運転の結果人を死傷させた場合をその行為の実質的な危険性に鑑み暴行による人の死傷に準じて扱うものとされ、その法定刑（新設時の上限はいずれも懲役刑で致傷の場合10年、致死の場合15年、平成16年法律156号による改正後はそれぞれ15年、20年）により、これらの場合に従来よりも重い処罰が可能となった。また2007年には、死傷者を多数生じるなどの自動車事故に相応した罰則整備を求める意見の存在や、当時の自動車事故への業務上過失致死傷罪の適用では法定刑上限付近での量刑が増加したことなどを根拠として、自動車の運転上必要な注意を怠った場合を業務上過失から分離した自動車運転過失致死傷罪が刑法上に新設され、その法定刑上限が7年の自由刑とされた（平成19年法律54号による改正後の211条2項）。

　その後も2012年10月には、悪質・危険な運転による死傷事犯ながらも自動車運転過失致死傷罪の適用に止まった一連の事件（後述）を契機とする罰則の見直しを求める意見等を理由として、これら事案への対処のための罰則整備に係る法務大臣諮問96号を受けた法制審議会の刑事法（自動車運転に係る死傷事犯関係）部会（以下「部会」）においてその具体的検討が開始されることとなり、これが今般の新法制定に至っている。

　同部会ではまず、今回の諮問においては先の危険運転致死傷罪や自動車運転過

失致死傷罪の新設に係る場合（それぞれ諮問54号、82号）と異なり要項（骨子）が付されていなかったことから、２日間の期日外ヒアリングが実施され、12の交通事故被害者団体から意見を聴取して検討事項の集約が行われている。これら意見においては悪質・危険な交通死傷事犯ながらも危険運転致死傷罪の適用がなかったことが問題視される近時の事案として、服薬の懈怠により運転中にてんかん発作を生じて意識を喪失し、運転するクレーン車を歩行者に衝突させ６名を死亡させた事例[3]、停止車両に追突して１名を負傷させ、酒気帯び状態で無免許、無保険、無車検車運転にて逃走中、一方通行路を逆走しようとして横断者１名に自車を衝突させ死亡させた事例[4]、運転中にてんかん発作を発症し暴走して７名を死亡させ11名に重軽傷を負わせた事例[5]、長時間の無免許運転により居眠りし自車を歩行者に激突させて３名を死亡させ７名を負傷させた事例[6]、高速道路上を運行中のバス運転手が居眠り状態に陥り自車を側壁に激突させて７名を死亡させ37名を負傷させた事例[7]、などが挙げられた。これらを踏まえた、被害者団体による刑事実体法の改革に関する意見ないし要望の要点は、危険運転致死傷罪で捕捉される危険運転の類型が少数に止まり、またはその類型への該当要件が厳格であるため、本罪には当たらないがなお悪質かつ危険な運転、即ちアルコールまたは薬物を摂取しての運転、一方通行路の逆走、過労運転、てんかん等の病者による医師の運転自制勧告に従わない等の運転、無免許運転、無保険での運転、無車検車運転、ひき逃げ等による死傷事案への法的対応が不十分であること、つまりこれら事案には自動車運転過失致死傷罪あるいはこれと道路交通法（以下「道交法」）違反の罪との併合罪は認められうるが、これと危険運転致死傷罪とでは刑量の差が大きいこと、よってこれら事案が危険運転致死傷罪で捕捉され、または本罪に匹敵する刑が科されうる罪とすること、であり、その具体的な在り方として、危険運転致死傷罪の適用範囲の拡大、自動車運転過失致死傷罪の厳罰化、あ

---

[3] 鹿沼市で2011年４月18日に発生。宇都宮地判平成23・12・19LEX/DB25480381（確定）により自動車運転過失致死罪で有罪（懲役７年）。
[4] 名古屋市で2011年10月30日に発生。名古屋地判平成24・３・12LEX/DB25480821（確定）により自動車運転過失致死罪等で有罪（懲役７年）。
[5] 京都市で2012年４月12日に発生。本事故により被疑者死亡。
[6] 亀岡市で2012年４月23日に発生。京都地判平成25・２・19LEX/DB25502068により自動車運転過失致死罪等で有罪（懲役５年以上８年以下）、これを破棄した大阪高判平成25・９・30LEX/DB25502069（確定）により同罪で懲役５年以上９年以下。
[7] 藤岡市で2012年４月29日に発生。前橋地判平成26・３・25公刊物未登載（裁判所ホームページ掲載）（確定）により自動車運転過失致死傷罪等で有罪（懲役９年６月、罰金200万円）。

るいはこれら両罪の一本化、危険運転行為自体の規制、などが主張された[8]。

部会では以上のヒアリング内容に基づき、危険運転致死傷罪の適用範囲の拡大、人の死傷との間に直接の原因関係がない類型に係る罰則整備、の二つに検討事項が集約された。前者は、危険運転致死傷罪への新たな危険運転行為の追加、および、危険運転行為と同等ではないが悪質・危険な運転行為で人を死傷させた場合を自動車運転過失致死傷罪より重い法定刑とする罰則の新設、を内容とし、後者は、道交法の救護義務違反罪（同法72条1項前段、117条2項）を犯してでも危険運転致死傷罪の適用を免れようとする者が生じ易くなりうるといういわゆる「逃げ得」への対処としての、逃走等をした場合に従来より重い処罰を可能とする規定の新設、および、無免許運転での人の死傷に係る従来より重い処罰を可能とする規定の新設、を内容としている[9]。部会では審議の結果、これら4項目に係る新たな罰則の整備を相当とする旨の要綱案が策定され、法制審議会総会での採択と答申を経て、これらに既存の危険運転致死傷罪と自動車運転過失致死傷罪とを刑法典から移動させた規定を併せた新法に係る法案が2013年4月の第183回国会に提出され、審議と可決を経て新法が同年11月27日に公布、翌年の施行に至った。

以上のような立案ないし審議の経過や内容からも明らかなように、今般の新法制定は、既存の危険運転致死傷罪と自動車運転過失致死傷罪との間にある成立要件の寛厳ないし刑量の相当の差異が問題視され、この縮減が主眼とされたものであった。

2 犯罪類型の概要

こうして制定された新法は本則6条からなり、定義規定（1条）に続く2条以下で個々の犯罪類型が規定されている。そこでは刑法典からの移動に係る危険運転致死傷罪が2条1号ないし5号に、自動車運転過失致死傷罪の罪名変更による過失運転致死傷罪が5条に規定され、新設によるものとして、重大な交通の危険を生じさせる速度での通行禁止道路の進行という危険運転致死傷罪の新類型（2条6号）、アルコール、薬物または一定の病気の影響により正常な運転に支障が

---

[8] 部会ヒアリング1日目（2012年10月25日）議事録、同2日目（2012年10月26日）議事録参照。
[9] 部会第3回会議（2012年12月4日）資料16、法制審議会第169回会議（2013年3月15日）議事録2頁〔西田典之〕参照。

生じるおそれがある状態での運転に係る中間類型の罪（3条）、アルコール等の影響下で過失運転致死傷を生じた者がアルコール等の影響の発覚の免脱を図る罪（4条）との類型や、本法上の罪に係る無免許運転による刑の加重規定（6条）[10]も整備されている。前述のように以下本稿では3条1項と4条の各罪、そのうち特にアルコール影響に係る場合に限定して分析する[11]。

三　「中間類型としての危険運転致死傷罪」

1　趣旨・概要

　新法上従来の危険運転致死傷罪と同一名称である3条の罪は、部会審議時には「中間類型の罪」と通称されていたことからも伺われるように、従来の危険運転致死傷罪の適用は困難ながら自動車運転過失致死傷罪（当時。以下同じ）では評価として不十分と解されうる悪質・危険な運転行為から死傷結果が生じた事例への対策[12]として新設されたものである。即ち本罪は、従来の危険運転致死傷罪での危険運転行為と同等とまではいえないがなお悪質性・危険性の高いと認められるアルコールが影響しうる状態での運転をあえて行い、客観的に正常な運転が困難な状態に陥って人を死傷させた場合につき、従来の危険運転致死傷罪よりは軽く、自動車運転過失致死傷罪（更にこれと道交法上の酒気帯び運転罪（同法65条1項、

10　立案担当者（以下「立案者」）によれば本規定は、無免許運転時の人の死傷は無免許運転の反規範性や抽象的危険性の顕在化・現実化と評価できるため、新法上の各罪と道交法上の無免許運転罪（同法64条1項、117条の2の2第1号）との併合罪処断刑以上の法定刑とするものとされる（部会第5回会議（2013年1月16日）議事録30頁〔保坂和人〕）。部会審議でも刑の加重根拠として、①無免許運転は基本的な道路交通規範に反し運転者の責任非難を高め、一般的に道路交通の安全を害し関係者の生命・身体への危険を惹起する（部会第2回会議（2012年11月30日）議事録35頁〔今井猛嘉〕、部会第3回会議（2012年12月4日）議事録26頁〔同〕）、②危険行為たる自動車運転に係る免許制度という国の管理から外れた運転は、それ自体は行政不法であれより広い意味で危険運転といえるから、その危険の実現としての事故には普通と異なる評価が可能（部会第4回会議（2012年12月18日）議事録28頁〔井田良〕、29頁〔今井〕）、などの理解が示されている。しかし①については、その反規範性（有責性）や危険性（違法性）は無免許運転罪を根拠づける要素であり、その際に人の死傷を生じた場合の併合罪加重よりも重い刑とする根拠にはなり難いように思われる。②については、その場合危険の実現が加重処罰の要件とされねばならないが6条ではそうなっていないことが問われよう。部会審議においても、無免許ゆえに潜在的危険性が高いとすることには少し飛躍があると指摘されている（部会第4回・前掲29頁〔栃木力〕）。

11　これに関する限りで、従来の危険運転致死傷罪についてもアルコール影響類型（刑法旧208条2第1項前段、新法2条1号）を前提とする。

12　部会第1回会議（2012年10月2日）議事録14頁〔井田〕参照。

117条の2の2第3号)または酒酔い運転罪(同法65条1項、117条の2第1号)との併合罪処断刑)よりは重い法定刑をもつ類型とするものである。これは、従来の危険運転致死傷罪では人の死傷を生じる具体的危険性のある「正常な運転が困難な状態」での走行が故意の対象であるのに対し、中間類型の罪では本状態は因果経過としての客観的要件ではあるが故意対象ではなく、本罪でその対象たる「正常な運転に支障が生じるおそれがある状態」での運転ではその危険性はなお抽象的なため従来の危険運転致死傷罪に係るよりは責任非難が低いこと、他方で抽象的ながらも相当程度の危険性ある運転を認識しつつ行い、その危険が顕在化して「正常な運転が困難な状態」に陥って人の死傷を生じる点で過失犯たる自動車運転過失致死傷罪よりは違法性および責任非難が高いこと、によるとされる[13]。

2 構造・成立要件
(1) 客観面

本罪の客観的要件として、まず実行行為は①「正常な運転に支障が生じるおそれがある状態」での自動車運転である。そして、これに「よって」、即ちその後の客観的な因果経過として②「正常な運転が困難な状態」に陥り、更に③人を負傷または死亡させることが必要となる[14]。このように、本罪の実行行為は①のみであって、②更に③は加重結果とされているから、本罪はその構造が「結果的加重犯の結果的加重犯」(二重の結果的加重犯)とでもいうべきものとなっている[15]。

(a) 正常な運転に支障が生じるおそれがある状態 以上のような本罪の構造のゆえに、「正常な運転に支障が生じるおそれがある状態」は「正常な運転が困難な状態」の前段階の状態ということができるが、立案者によれば、前者は「正常な運転が困難な状態に陥るおそれがある状態」とは異なり、そこまでの必要はないとされている[16]。

---

13 保坂・前掲注1) 51頁以下参照。部会審議では本罪はいわば抽象的危険犯を基本犯とする結果的加重犯のようなものとされている(部会第2回・前掲注10) 33頁〔井田〕、部会第4回・前掲注10) 14頁〔同〕参照)。
14 部会第5回・前掲注10) 11頁以下〔保坂〕。
15 暴行(刑法208条)の故意のみによる致死が暴行の二重の結果的加重犯(同205条)と解されうるならば、後述のように暴行の罪に準じると解されてきた従来の危険運転致死傷罪についても致死の場合は二重の結果的加重犯に類するものとなり、この意味では中間類型での致死の罪は三重の結果的加重犯のようなものとなる。
16 部会第7回会議(2013年2月13日)議事録6頁〔保坂〕。

ところで、従来の危険運転致死傷罪における概念でもある「正常な運転が困難な状態」とは、その立案者によれば、道路および交通の状況等に応じた運転操作を行うことが困難な心身の状態をいうとされ、道交法上の酒酔い運転罪の要件たる「正常な運転ができないおそれがある状態」とは異なり、正常運転ができない可能性のある状態では足りず、例えば酒酔いの影響により前方の注視が困難となったり、ハンドル、ブレーキ等の操作の時期やその加減について、これを意図したとおりに行うことが困難になるなど、現実にこのような運転操作を行うことが困難な心身の状態にあることが必要とされている[17]。この状態への該当性判断については、それが心身の状態、即ち行為者の属性であって道路状況等の外部的状況の如何により相対的に把握されるものではないから、外部的周辺状況等も併せた総合的ないし相対的な評価ではなく絶対評価によるべきと解される[18]。また、本状態での運転は、通行妨害運転類型（刑法旧208条の2第2項前段、新法2条4号）とは異なりそれ自体としてはなお暴行（刑法208条）とは評価され難いが[19]、故意になした危険な運転による人の死傷をその行為の実質的危険性に照らし暴行による人の死傷に準じて扱うという危険運転致死傷罪の罪質から、暴行に準じるものとされている[20]。

前述のように、中間類型の罪にいう「正常な運転に支障が生じるおそれがある状態」は以上のような「正常な運転が困難な状態」に陥るおそれまでの必要はな

---

17 井上宏ほか「刑法の一部を改正する法律の解説」曹時54巻4号（2002年）67頁。判例により、前方を注視してそこにある危険を的確に把握して対処することができない状態も含むとされる（最決平成23・10・31刑集65巻7号1138頁）。
18 本庄武「危険運転致死傷罪における危険概念」交通法科学研究会編『危険運転致死傷罪の総合的研究』（2005年）119頁、中山研一「危険運転致死傷罪と業務上過失致死傷罪との関係（下）」判時2113号（2011年）14頁、15頁注27）参照。よって本状態はより具体的には、飲酒による酩酊や意識レベルの低下等のゆえにハンドルやブレーキの操作も困難でいつ事故が起きても不思議でないような心身の状態と解されよう（中山・前掲15頁注27）参照）。川端博ほか「危険運転致死傷罪を新設する刑法の一部改正をめぐって」現刑4巻4号（2002年）84頁〔西田典之〕も、酒酔い運転による死傷事犯が直ちに危険運転致死傷罪と評価されることを懸念して、本状態は事故を起した時にフラフラの状況でとても正常な運転のできる状態ではない場合に限定されることを要するとする。
19 曽根威彦「交通犯罪に関する刑法改正の問題点」ジュリ1216号（2002年）47頁。川端ほか・前掲注18）80頁〔西田〕、星周一郎「危険運転致死傷罪における故意・過失の意義とその認定」刑ジャ26号（2010年）9頁も参照。
20 本罪はその行為が多数人の生命・身体への危険を有するという公共危険犯的性格をももつ点も併せて暴行による人の死傷に準じた評価がなされているとされる（佐伯仁志「交通犯罪に関する刑法改正」法教258号（2002年）72頁以下、橋爪隆「危険運転致死傷罪・自動車運転過失致死傷罪」山口厚・甲斐克則編『21世紀日中刑事法の重要課題』（2014年）117頁以下参照）。

いとされる。それは具体的には、実行行為時点の運転者の心身の状態であって、自動車を運転するのに必要な注意力、判断能力あるいは操作能力がそうでないときの状態と比べて相当程度減退して危険性のある状態をいい、更に具体的には、酒酔い運転罪における「正常な運転ができないおそれがある状態」にまで至る必要はないが酒気帯び運転罪に該当する程度のアルコールを身体に保有している状態であることは必要であるとされている[21]。また、この状態には支障が生じつつある、あるいは生じている場合と、将来の走行中に支障が生じるおそれがある場合のいずれをも含むとされる[22]。

　以上のように理解される本状態は、行為者の心身の状態であるから「正常な運転が困難な状態」についてと同様絶対評価により判断されるべきものであろうが、その実質は酒気帯び程度の状態であり、将来正常運転への支障が生じうることで足るとされていることから、本状態下の運転行為の危険性は相当に抽象的となるように思われる[23]。中間類型の罪は既存の危険運転致死傷罪に準じるとされるが[24]、前述のように後者の罪質が暴行に準ずる、即ち「準暴行」ならば前者のそれは「準準暴行」でしかないことになろう。

　(b) **正常な運転が困難な状態**　　前述のように、中間類型の罪の立法趣旨は悪質・危険な運転による死傷事犯ながらも危険運転致死傷罪の適用が困難であった事例への対応とされるが、その困難性は主に「正常な運転が困難な状態」の充足(の立証)の面にあったと思われる。即ち前述の、被害者団体にも挙げられ今般の立法動向の契機ともなったとみられる近時の諸事件中のアルコール影響に係る事案[25]でも本状態の充足(の立証)はなく、また飲酒(ひき逃げ)事犯に係る危険運転致死傷罪不適用例として被害者団体により挙げられる諸判例[26]もその大半がこれを欠いたことによるもののようである。そうすると、中間類型の罪での本状態は前述した従来の危険運転致死傷罪におけるそれと同義たることが前提とされている[27]から、それに係る故意は不要とされたもののなお本状態を客観的要件とす

21　部会第5回・前掲注10)　11頁以下〔保坂〕。
22　部会第6回会議(2013年1月25日)　議事録8頁〔保坂〕。
23　中空壽雅「交通事故と責任能力」交通42号(2014年)91頁、本庄武「自動車事故を巡る厳罰化のスパイラル」法セ722号(2015年)26頁以下参照。
24　第185回国会参議院法務委員会会議録5号(2013年11月14日)　2頁〔塩見淳〕。
25　前述注4)参照。
26　部会ヒアリング2日目(2012年10月26日)要望書〔飲酒・ひき逃げ事犯に厳罰を求める遺族・関係者全国連絡協議会〕参照。

る中間類型の罪ではその適用困難性はさほど解消されず[28]、よってアルコール影響類型についてはその新設意義も限定的に止まるように思われる。

(2) 主観面

(a) 故　意　　本罪の故意としては、「正常な運転に支障が生じるおそれがある状態」での運転という実行行為に係る認識が必要となる。立案者によれば、本状態の認識が認められるには具体的なアルコール保有量の認識は不要であるが、前述のようなその意義、即ち運転に必要な諸能力が相当程度減退して危険性のある状態にあるとの認識、具体的には酒気帯び運転罪に該当する程度のアルコールを身体に保有していることの認識が必要とされている[29]。ただそうすると、本罪の故意は酒気帯び運転罪と過失運転致死傷罪の併合罪となる場合の故意[30]と実質的にほぼ重なろうから[31]、主観的帰属の面で、加重結果につき過失を必要としない判例の立場からは一層、この場合の処断刑よりも本罪の法定刑が重く設定されていることの正当化が困難となるように思われる。前述のように、中間類型の罪における「正常な運転が困難な状態」での人の死傷の惹起との客観的要件は従来の危険運転致死傷罪と同一であって、これらの結果を生じる運転を認識しつつなした点が前者の罪につき酒気帯び運転罪と過失運転致死傷罪の併合罪処断刑より重い刑が法定されている根拠であるから、まずは故意対象たるこのような運転という実行行為自体が「正常な運転が困難な状態」に陥るおそれが類型的に高い状態での運転に限定されるべきように思われる。もっとも、このような類型化は実際上困難であろうし、仮に可能としても、それに係る認識は立案者も認めるごとく既存の危険運転致死傷罪に係る未必の故意との区別に困難を生じるように思われる[32]。

27　部会第5回・前掲注10）11頁〔保坂〕、部会第7回・前掲注16）6頁〔同〕。
28　部会第4回・前掲注10）12頁〔石井隆之〕、なお21頁〔塩見淳〕参照。
29　部会第5回・前掲注10）12頁〔保坂〕。
30　要するに酒気帯び運転罪の故意となるが、これは最決昭和52・9・19刑集31巻5号1003頁により、アルコールを保有しつつ運転する認識があれば足り政令所定の保有数値までもの認識は不要、とされている。
31　なお日本弁護士連合会「『自動車の運転により人を死傷させる行為等の処罰に関する法律案』に関する意見書」（2013年）3頁は、本罪の主観面は将来正常運転に支障が生じるおそれに対する事前の予見であるため、「正常な運転が困難な状態」に係る場合と比較して非常に緩和されているとする。
32　立案者は、中間類型の罪の実行行為を「正常な運転が困難な状態に陥るおそれがある状態」での運転としなかった理由の一つに、これに係る故意と従来からの危険運転致死傷罪における「正常な運転が困難な状態」に係る未必的な故意との区別が困難になることを挙げている（部会第7

(b) 死傷結果に係る過失 前述のように中間類型の罪では①「正常な運転に支障が生じるおそれがある状態」での運転という実行行為の後の②「正常な運転が困難な状態」での③人の死傷には故意を要しない。そして、従来の危険運転致死傷罪では③を惹起する具体的危険のある②での走行が実行行為であるが[33]、中間類型の罪では実行行為たる①には③の惹起に係る抽象的危険しかなく、他方で酒気帯び運転罪と過失運転致死傷罪の併合罪処断刑よりも重いその法定刑の根拠は①の危険が②を経由して③に実現した点に求められねばならないから、これらに係る過失がその非難可能性の担保として必要と解される[34]。

四　過失運転致死傷アルコール影響発覚免脱罪

1　総説

新法にて新設されたアルコールの影響に関係するもう一つの犯罪類型たる免脱罪の立法趣旨は次のように説明されている[35]。即ち、アルコール影響により正常な運転が困難な状態で自動車を走行させ人を死亡させた者には法定刑上限が20年の懲役（以下刑種省略）たる危険運転致死罪が適用されるのに対し、この場合に犯人が逃走するなどしてアルコール影響が立証不可能となった場合には処断刑上限15年の自動車運転過失致死罪（当時。以下同じ）と道交法上の救護義務違反罪と

回・前掲注16）6頁〔保坂〕）。
[33] 従来の危険運転致死傷罪での③につき、学説ではその過失の担保ため本罪を故意犯と過失犯の結合犯と解する見解（宮川基「危険運転致死傷罪の解釈論上の諸問題」現刑5巻9号（2003年）76頁、津田博之「危険運転致死傷罪における主観的要件」交通法科学研究会編『危険運転致死傷罪の総合的研究』（2005年）128頁）もあるが、一般にはこれを結果的加重犯に類すると解したうえで判例とは異なり加重結果に係る過失を求めている（例えば井田良「危険運転致死傷罪の立法論的・解釈論的検討」法時75巻2号（2003年）34頁参照）。なお、星・前掲注19）9頁以下により、本罪は基本行為が人の死傷の高度の危険を有するからその故意は常に死傷結果の予見可能性を伴うため、判例を前提とすれば死傷との間に因果関係があれば結果的加重犯が認められ易くなるとの懸念は妥当しない、との指摘は、基本行為が高度の危険性を有するとはいえない中間類型の罪には妥当しないであろう。
[34] 本罪の主観的要件に関連しては更に、本罪がいわゆる原因において自由な行為の理論に基づくものかが問われることがあり（部会第5回・前掲注10）16頁〔山下幸夫〕参照）、「3条1項の罪は原因において自由な行為として従来から論じられてきたものであり、さほどの問題は存在しない」とする見解もある（川本哲郎『交通犯罪対策の研究』（2015年）71頁）。この点立案者からは、本罪の「よって」以下は客観的な因果経過として必要とされたのみで、その際の責任能力の有無との観点からの構成要件の定め方がされた訳ではないとされている（部会第5回・前掲注10）17頁〔上冨敏伸〕）。
[35] 保坂・前掲注1）58頁以下。なお部会第5回・前掲注10）19頁〔保坂〕。

の併合罪とされざるをえず、このように科されうる刑の上限が低くなる法制下ではいわゆる「逃げ得」、即ち救護義務違反罪を犯してでも危険運転致死傷罪の適用を免れようとする者が生じ易くなるとの意見[36]があるため、そのような場合にその適正な処罰を可能とするべく設けられたものである、と。

この免脱罪は、立案者によれば酒気帯び運転罪、自動車運転過失致死傷罪、証拠隠滅罪（刑法104条）の複合形態であるとされ、酒気帯び運転、自動車運転上の過失による致死傷の惹起、アルコール影響の発覚を免れるべき行為のいずれもがその実行行為であるとされる[37]。その保護法益としては、危険で悪質な運転の防止により守られる人の生命・身体が主たる法益であり、また本罪がアルコール影響という重要証拠の収集や保全を妨げる罪である点では刑事司法作用をも法益とするとされる[38]。

2　証拠隠滅罪との関係

免脱罪の実行行為たるアルコール影響の発覚を免れるべき行為は自己の刑事事件に関する証拠の隠滅行為に当たると解されるが、この点は、証拠隠滅罪では通説的理解によれば期待不可能性のゆえに行為客体から自己の刑事事件に係る証拠が除外されていることとの関係が問われる。部会審議では両罪の整合性を根拠づけうる事情として、「逃げ得」を図ったひき逃げは既に類型としての実態がある[39]、証拠隠滅罪についても犯人による自己の刑事事件に係る証拠の隠滅等の他

36　部会ヒアリング2日目・前掲注8）12頁以下〔飲酒・ひき逃げ事犯に厳罰を求める遺族・関係者全国連絡協議会〕参照。期日外ヒアリングでは三つの被害者団体から提出された各要望書にて「逃げ得」解消が求められている。このような「逃げ得」問題の本質は危険運転致死傷罪と自動車運転過失致死傷罪（および酒気帯び運転罪または酒酔い運転罪）との刑差が大きく、刑罰法規自体がアルコール検知の免脱を促す事態となっていることと解されている（和田俊憲「被拐取者解放減軽における『違法減少』と『違法減少阻却』」慶應法学7号（2007年）170頁以下、亀井源太郎『刑事立法と刑事法学』（2010年）76頁、杉本・前掲注1）30頁）。

37　部会第5回・前掲注10）20頁〔保坂〕、部会第6回・前掲注22）18頁〔同〕。免脱罪の法定刑上限は、これらの罪の法定刑の合算より重いことは相当でないとして12年とされている（部会第5回・前掲注10）20頁〔保坂〕、保坂・前掲注1）59頁以下）。

38　部会第5回・前掲注10）19頁〔保坂〕、法制審第169回・前掲注9）4頁以下〔西田〕、保坂・前掲注1）59頁。ただ、免脱罪に取り込まれている酒気帯び運転罪の法益は、そのような運転では交通事故による人の生命・身体への侵害のおそれを生じる点でこれら個人的法益とも解されうるが、同罪は「交通の安全と円滑を図……ることを目的とする」（1条）行政法規たる道交法上の罪である点では交通の安全・円滑との社会的法益がその基本的な法益となる（道路交通執務研究会編『執務資料道路交通法解説〔16-2訂版〕』（2015年）2頁参照）。この意味では、免脱罪は個人的法益、国家的法益に加え社会的法益にも対する罪の性格をも有しうることになる。

人への教唆は可罰的とする判例[40]もあり常に期待不可能とはいえない[41]、交通事故時の運転者の救護義務は国民常識となり現に大半の場合で遵守されているから期待可能性はあるとの前提で罰則設定されうる[42]、直ちに消滅するアルコール影響は証拠一般より隠滅が容易なため隠滅行為の違法性が高い[43]、自動車運転という本来禁止された危険行為を例外的に許可された者の義務につき免脱罪のような行為を罰することも正当化されうる[44]、などの指摘がなされている。

ただしこれらに対しては、「逃げ得」を図る実態があるならそれだけ一般的に期待不可能である[45]、自己に関係する証拠の隠滅の期待不可能性は共犯関与の場合も同様と解すべきである[46]、救護義務が国民に浸透しその不遵守が例外的であること[47]は救護と同時遂行可能な態様でのアルコール影響の発覚を免れるべき行為（いわゆる「追い飲み」等）をなさないことの期待可能性を根拠づけえない[48]、隠滅が容易な証拠は他にも様々に想定されうる[49]、自動車運転の許可は今や例外的とは解されがたい、などともいえよう。

39　部会第4回・前掲注10）34頁〔木村光江〕、部会第5回・前掲注10）22頁〔上冨〕、23頁〔今井〕参照。その一方で立案者は、後述のように「ほとんどといいますか、非常に多くの運転者は逃げずに義務を果たしているというのが実際の現状」とも述べている（部会第5回・前掲注10）23頁〔上冨〕）。
40　最決昭和40・9・16刑集19巻6号679頁。
41　部会第5回・前掲注10）23頁〔上冨〕。
42　部会第5回・前掲注10）23頁〔上冨〕。
43　部会第5回・前掲注10）23頁〔島田聡一郎〕。
44　部会第6回・前掲注22）27頁〔今井〕。
45　部会第5回・前掲注10）24頁〔山下〕。
46　平野龍一『刑法各論の諸問題18』法セ228号（1974年）42頁、中山研一『刑法各論』（1984年）532頁、山中敬一『刑法各論〔第2版〕』（2009年）743頁、山口厚『刑法各論〔第2版〕』（2010年）589頁、西田典之『刑法各論〔第6版〕』（2012年）460頁以下、464頁、曽根威彦『刑法各論〔第5版〕』（2012年）302頁、303頁、髙橋則夫『刑法各論〔第2版〕』（2014年）650頁、大谷實『刑法講義各論〔新版第4版補訂版〕』（2015年）607頁等。
47　このことは類型的行為事情として救護の期待可能性を根拠づけえようが、そもそもその不遵守が稀であるとの評価自体が前述のように同じく免脱罪の立法理由とされる「『逃げ得』行為類型の実態がある」との理解と調和し難いように思われる。
48　これら「追い飲み」等は救護行為を伴えば「逃げ」得の問題ではないともいいうる。ただこの場合でも、免脱罪の新設以前はアルコール影響の発覚免脱に奏功すれば死傷結果を生じても飲酒運転に係る罪と自動車運転過失致死傷罪との併合罪に止まり、致死の場合で最大10年、致傷の場合でも同5年の「得」となっていた。
49　松宮・前掲注1）11頁注20、本庄・前掲注23）27頁。短時間の経過で足りるというアルコール影響の消滅の容易性は、それゆえにこそ思わず逃走してしまうという証拠維持の期待不可能性に作用しよう。

3 危険運転致死傷罪（法2条1号、3条1項）との関係

　免脱罪が対応を意図されているとされる「逃げ得」問題では前述のように、アルコール影響の発覚の免脱がなければ危険運転致死罪（法2条1号（刑法旧208条の2第1項前段））が適用されるべき場合が前提とされている[50,51]。そして、免脱罪の成立範囲についてはまず、およそアルコール摂取の発覚まで免脱しえ飲酒運転自体の立証が不可能となった場合には、酒気帯び運転を実行行為とする免脱罪の成立は認められない。また、立案者によれば免脱罪は法2条1号および3条1項の危険運転致死傷罪を補充するものであってこれらが成立する場合には成立しないとされる[52]。以上より、これらの罪との関係では、免脱罪の成立が認められるのは、アルコール影響の発覚免脱を図る行為がなされ、飲酒運転の発覚は免れえなかったものの死傷の惹起がアルコール影響による「正常な運転が困難な状態」下での運転（危険運転）によるものであったことの立証は免れた場合であることになり[53]、これがその法定刑上限12年または救護義務違反罪との併合罪[54]処断刑上限18年で捕捉されることとなる。これにより、これらの場合での従来の酒気帯び（酒酔い）運転罪と自動車運転過失致死傷罪との併合罪、またはこれらと救護義務違反罪との併合罪による処断刑上限たる10年（10年6月）または15年よりも2年（1年6月）または3年の加重がなされる。これでも「逃げ得」、即ち逃走による免脱がなければ危険運転致死罪（法2条1号）が適用されえた場合との刑差の解消には2年足りないが、そもそも本罪の立証がなされえずその成立が認められなかった以上、その罪は存在しなかったものと解されなければならないから、本罪の法定刑と同等（以上）の刑が科されえなければならないとの思考には、少なくとも理論的な必然性はない[55]。

50　これは2条1号の致傷罪および3条1項の罪では法定刑上限が15年までであり、アルコール影響の発覚を免脱しえても「逃げ」即ち逃走があれば救護義務違反罪との併合罪で処断刑上限が15年となるから「逃げ得」とならないためであろう。
51　逃走があったことも前提とされており、これは「逃げ得」の問題なので当然ともいえるが、アルコール影響の発覚免脱には逃走以外もありえ、現に免脱罪も「追い飲み」等を含め広く免脱行為を捕捉する。前述注48）も参照。
52　保坂・前掲注1）60頁。
53　この場合を、免脱罪につき無過失による死傷の惹起の捕捉を回避しつつこの過失がアルコールの影響による必要はないと解することで（部会第6回・前掲注22）20頁〔保坂〕）、本罪が無理なく捕捉することが可能となっている。
54　立案者からはこれらが併合罪と解されていることは後述する。
55　「逃げ得」問題とは、本来危険運転致死傷罪の成立が認められるべき場合に、逃走によりアルコール影響が判明せず不当にも軽い罪の成立しか認められなくなること、と解されることがある

そしてこのような観点から更に注意されるべきは、法定刑上限が15年である危険運転致傷罪（法2条1号）との関係では、免脱罪がなくとも「逃げ」即ち救護義務違反罪があればこれと酒気帯び（酒酔い）運転罪、過失運転致死傷罪との併合罪処断刑上限15年のゆえに「得」は生じないことから、免脱罪の新設により処断刑上限が3年の加重となっていることである。このような帰結は新設された中間類型の罪（法3条1項）との関係においてもみられる。即ち、法定刑上限が15年までである本罪との関係では、「逃げ」により本罪適用が不可能となった場合にも、免脱罪がなくとも前述のように併合罪処断刑上限は15年となるため「得」は生じない。しかし免脱罪の成立が認められればこれと救護義務違反罪との併合罪処断刑上限18年のゆえに3年の加重がなされることとなる[56]。なお、このような加重性を、中間類型の罪と救護義務違反罪との併合罪処断刑上限18年または22年6月と対比することで否定すること[57]は不適切と思われる。免脱罪の成立が認められる場合は中間類型の罪の成立が否定される場合であるから後者の罪の不存在を前提とせざるをえないからである。

　以上のように、前述のごとくその立証不可能性ゆえ不存在を前提とせざるをえない2条1号や3条1項の罪を前提として「逃げ得」を論じること自体を疑問とするならば、免脱罪による刑と比較されるべき従来の刑は、酒気帯び（酒酔い）運転罪、過失運転致死傷罪、救護義務違反罪の併合罪処断刑上限15年であり、これに対し免脱罪により3年重い刑を科すことは、免脱行為、しかも自己の刑事事件の証拠に係るそれによる刑事司法作用の侵害（の危険性）を理由とするのみで

　　が、もしも「本来危険運転致死傷罪の成立が認められるべき」なら本罪の立証に努められるべきであり（杉本・前掲注1）30頁。なお近時、アルコール数値を遡って検出するウィドマーク法との方法が飲酒運転事故時に逃走した行為者の罪責立証に用いられることがある。本方法での立証により酒気帯び運転の有罪が認められた近時の事例につき、神谷佳奈子「ひき逃げ事件において、犯人性及び『酒気帯び』の事実認定が問題となった事案」捜研65巻1号（2016年）47頁以下）、それが不可能ならばその罪はなかったと解されねばならないであろう。この意味で「逃げ得」との概念自体が刑事訴訟の前提と矛盾すると思われる（なお、前述のように立案者からは免脱罪の立法理由は「逃げ得」解消ではなく免れるべき行為の適正処罰とされている）。

[56]　逃走によりアルコール影響の発覚免脱が図られる時点では人の死傷の如何は判然としない場合が多いため、免脱罪の成立には、免脱が無ければ成立しうる罪の如何は不問とされざるをえないとも解されうる。しかしこのことは、免脱罪は危険運転致死傷罪の成立しない、即ちその罪はなかったと解さざるをえない場合にのみ成立するのであるから、およそ「免脱がなければ成立しうる危険運転致死傷罪」を想定すること自体に疑義があることを示しているように思われる。この意味では免脱罪の法定刑は重きに過ぎようし、これを軽くしたのでは「逃げ得」対応の意義に乏しくなるならこのような罪の必要性・合理性自体が問われるべきであろう。

[57]　部会第5回・前掲注10）22頁〔上冨〕参照。

はその正当化は困難ではないかと思われる。

4 　飲酒運転に係る罪と過失運転致死傷罪（法 5 条）の併合罪との関係

　前述のように立案者からは免脱罪は危険運転致死傷罪の補充とされるが、およそアルコール影響の発覚を免れるべき行為がなくとも危険運転致死傷罪には当らない飲酒運転死傷事故、即ち酒気帯び（酒酔い）運転罪と過失運転致死傷罪の併合罪となる場合（以下「飲酒運転死傷事故」）に免脱行為があった事案についても免脱罪の成立がありうるかが問われうる。この点、本罪を規定する 4 条の文言からはその可能性は排除されないであろう[58]。

　すると具体的には如何なる場合に免脱罪が成立しうるかが問題となるが、本罪については立案者より、現にアルコール影響の発覚を免れることは不要でありその可能性ある行為がなされることで足るとされている[59]ところ、前述のようにアルコール摂取の発覚までも免脱されれば本罪は成立しないから、その成立には免脱の一部失敗を要することとなる。そして、危険運転致死傷罪（法 2 条 1 号、3 条 1 項）との関係ではアルコール摂取の立証までは免れえなかったことがこれに当たるが、飲酒運転死傷事故との関係では酒気帯び（酒酔い）運転自体の立証は必要であるから、免脱は常に完全に失敗されねばならないことになる[60]。結局飲酒運転死傷事故との関係では、免脱罪は、酒気帯び（酒酔い）運転は立証されているのに（これと過失運転致死傷罪、または加えて救護義務違反罪との併合罪で処断刑上限は10年（10年 6 月）または15年）、その免脱を図ったというのみで刑の上限を12年または救護義務違反罪との併合罪で18年とすることで、それぞれ 2 年（ 1 年 6 月）または 3 年の加重をなすものであることとなる。

　この帰結に対しては、飲酒運転死傷事故の場合に「逃げ」がなされれば救護義

---

[58] 部会審議では「本罪はあくまで、本来なら危険運転致死傷罪が適用されそうな類型を前提としているのか、あるいは、より広い事情のもとで現場から逃走した場合の加重類型を作るものなのか」（部会第 4 回会議・前掲注10）34頁〔塩見〕）との問いに対し「おそらく後者」（同・34頁〔西田典之〕）との回答があった。また新法施行後には実務でもそのように解されている（岸毅「過失運転致死傷アルコール等影響発覚免脱罪（自動車運転死傷処罰法 4 条）の実務的運用について」警論69巻 1 号（2016年）132頁以下参照）。この点も、前述のように免脱罪の成立には免脱が無ければ成立しうる罪の如何は不問とされざるをえないであろうことの帰結とも解されうる（前述注56）参照）。

[59] 部会第 6 回・前掲注22） 19頁〔保坂〕、保坂・前掲注 1 ） 61頁。

[60] それゆえに、飲酒運転死傷事故の場合にアルコール摂取の発覚免脱を試みて失敗した以上は事実上ほぼ常に免脱罪が成立することとなる。

務違反罪との併合罪で処断刑上限が15年となり、元来「逃げ得」自体が生じないことに注意されるべきであろう。飲酒運転の発覚免脱に完全に失敗したのにこれを図ったことのみで刑が加重されることには、免脱罪における免脱行為が刑事司法作用への危険犯であると解しても[61]、この自己の刑事事件に係る証拠の隠滅行為という性質からしても[62]疑問が生じよう。

5　罪　数

　免脱罪における「免れるべき行為」として例示もされた「その場を離れ」る行為がなされ、これが道交法上の救護義務違反罪を構成する行為にも当たる場合には、この罪と免脱罪との罪数関係が問題となる。この点立案者からは、「その場を離れて」は免脱罪では作為であるが救護義務違反罪においては不作為となること、また免脱罪は逃走したのみで直ちに成立する訳ではなく救護義務違反罪とは既遂時期が異なること[63]から、両罪は併合罪となるとされる[64]。

　この点まず、作為と不作為との相違については、作為義務の実現を排除する単一の具体的作為（ここでは逃走）が認められる場合、これと他の作為犯の構成要件的行為とが合一するなら構成要件的行為の主要部分の合一が肯定されうるように思われる[65]。また既遂時期の相違については、各構成要件的行為の始期から終期までの全てが重なり合わなくても、それぞれの本質的部分の一致があれば各行為を包摂する自然的観察・社会的見解上の１個の行為[66]が認識されえよう[67]。前述のように、そもそも免脱罪は逃げ得を図るという「既に類型としての実態がある」行為の捕捉を目的とされており、免脱行為と救護義務違反行為は「ひき逃げ」という自然観察的・社会見解上の１個の行為に包摂されうるように思われ

61　部会第６回・前掲注22) 19頁〔保坂〕。
62　免脱を図る行為が「逃げ得」との損得勘定によるものではなく動揺のゆえの咄嗟の行動であっても、免脱罪の主観的要件たる免脱目的が否定されうるかは疑問である（日弁連・前掲注31) ７頁参照）。岸・前掲注58) 134頁以下も、このような理由・主張が免脱目的を否定することにはならないとする。
63　立案者からは、逃走による免脱罪の既遂時期のメルクマールとして、飲酒検知機１目盛分即ち0.05ミリグラムのアルコール濃度の特定に支障を来す40分程度の経過、が挙げられている（部会第７回・前掲注16) 15頁〔保坂〕）。
64　保坂・前掲注１) 60頁。なお部会第５回・前掲注10) 20頁〔保坂〕。
65　大塚仁ほか編『大コンメンタール刑法第４巻〔第３版〕』(2014年) 351頁〔中谷雄二郎〕参照。
66　最大判昭和49・５・29刑集28巻４号114頁参照。
67　大塚ほか編・前掲注65) 321頁以下〔中谷〕、香城敏麿『刑法と行政刑法』(2005年) 154頁以下参照。

る[68]。以上のような観点からは、免脱罪と救護義務違反罪との間では観念的競合が認められうるのではなかろうか。

　もっとも、こう解すると処断刑上限が12年となるから免脱罪新設以前の救護義務違反罪との併合罪処断刑上限の15年から3年の減軽となる。この帰結は免脱罪の新設理由と相容れないが、この点は、悪質・危険な運転、ひき逃げに対して、既に整備された相当に峻厳な法定刑をもつ危険運転致死傷罪や救護義務違反罪に加えて更に別罪を設けることによる構造的帰結と解されざるをえないように思われる。

五　おわりに

　前述のように、今般の新法制定は従来の危険運転致死傷罪と自動車運転過失致死傷罪との間の刑差の縮減を主眼としており、象徴的であるのが中間類型の罪の新設である。本罪については、立法化の契機となった諸事案の発生直後には法務大臣会見時にも「準危険運転致死傷罪」と通称されていたが[69]、部会審議以降公的場面でこのような呼称は採られていない。「準」が付されない意義としては本罪も危険運転致死傷罪であるとの位置づけが可能となることが挙げられよう。つまり、前述のように従来の危険運転致死傷罪は暴行に準ずるものと位置付けられていたため、中間類型の罪が「準危険運転致死傷罪」とされればその「準準暴行」性、即ち人の死傷の危険性が相当に低い行為を基本行為とする性質が際立つとの側面があり、他方で「準」が付されないほうが適用罪名が危険運転致死傷罪となることの印象的効果により被害者側への一層の慰藉効果が想定されうる[70]。

68　大塚ほか編・前掲注65）361頁〔中谷〕参照。判例においても、例えば最判昭和58・9・29刑集37巻7号1110頁は覚醒剤輸入罪と関税法上の無許可輸入罪とについて、また最決昭和58・12・21刑集37巻10号1878頁は大麻輸入罪と関税法上の無許可輸入罪とについて、いずれも既遂遂時期が異なるが違法薬物を携帯して通関線を突破する一連の動態は社会見解上一個の違法薬物輸入行為であるとして観念的競合を認めている。最大判昭和51・9・22刑集30巻8号1640頁がそれまで併合罪と解されてきた交通事故後の不救護罪と不報告罪とを観念的競合としたのも、各義務は共にひき逃げとの自然的観察・社会的見解上一個の行為に包摂されることを理由としたと解される（大塚ほか編・前掲注65）317頁〔中谷〕参照）。
69　前述注2）参照。
70　被害者団体からは明示的に、「準」類型の罪の創設ではなく従来の危険運転致死傷罪の拡充が要望されていた（部会ヒアリング1日目・前掲注8）2頁〔NPO法人KENTO〕、部会ヒアリング2日目・前掲注8）30頁〔鹿沼児童6人クレーン車死亡事故遺族の会〕、部会ヒアリング1日目（2012年10月25日）要望書〔NPO法人KENTO、特定非営利活動法人いのちのミュージアム〕）。

しかし、中間類型の罪も飲酒運転対策としては一方でその重い刑の根拠づけ、他方でその新設意義などに課題がありうる点は前述の通りである。

また「逃げ得」問題も、罪を犯して逃げ果せれば「得」になるのは如何なる犯罪についても共通であって飲酒運転事故に特定的なものではない[71]。前述のように、立証されない罪の存在を仮定し、これとの比較において「得」を論じること自体刑事訴訟手続の前提に反するが、それでもなお飲酒運転に係る死傷事犯に「逃げ得」との問題設定がなされ易い理由は被害感情の強さやそれに基づく積極的活動の影響もあろう[72]。ただ、これら被害者側の意見・要望も、人の死傷との重大結果を招来した運転行為への重罰が成らなかったことへの不服や報復感情のみによるものではなく、事故直後の逃走ゆえに救護措置があれば避けられえた重大結果が回避されなかったと感じられうることにもあるようである[73]。そうすると、あるべき「逃げ得」対策は被害者の救護を促すものでなければならないが、救護義務違反罪は既に存在し、2007年の改正により10年にまで加重されたその法定刑も本罪の実質に照らせば更なる加重は困難であろう。よってむしろ、救護措置を採った者に事故に係る罪の刑の減免を認める等の方策のほうが救護の促進により実効的と考えられる[74]。ただしこれも、既に生じてしまった飲酒運転事故への事後的対応にとどまる。

結局、人の生命・身体の安全の保護という本質的目的からすれば、飲酒運転による死傷事犯に対してはアルコールの影響により死傷事故を生じうる運転、即ち危険運転自体の規制が最も重要となろう[75]。そもそも飲酒運転事故による人の死傷の発生自体の防止を図るのであれば、故意を欠く人の死傷という結果の発生を要件として重罰を科すことではその十分な予防効果は期待し難く、そのような結果を惹起しうる基本行為（飲酒運転）自体を厳格に規制することが必要かつ実効的であると解される[76]。このようないわば「危険運転罪」の創設は今般の新法制

---

71 和田・前掲注36）171頁参照。
72 和田・前掲注36）171頁参照。危険運転致死傷罪に係る立法・運用の全般に渡るこのような傾向につき、髙山佳奈子「交通犯罪と刑法改正」刑法44巻3号（2005年）108頁参照。
73 例えば部会ヒアリング2日目・前掲注8）18頁〔飲酒・ひき逃げ事犯に厳罰を求める遺族・関係者全国連絡協議会〕参照。
74 和田・前掲注36）201頁以下、松宮・前掲注1）16頁以下参照。
75 髙山・前掲注72）104頁以下、拙稿「判批」速判解17号（2015年）205頁以下。
76 谷田川知恵「いわゆる悪質業過に対する厳罰要求をめぐって」法政論究50号（2001年）381頁、髙山・前掲注72）104頁。浅田和茂「刑法全面改正の課題と展望」井上正仁・酒巻匡編『三井誠

定に際し被害者団体からも要望されていた[77,78]。

　ただそれでも、飲酒前は誰しも飲酒運転の問題性を認識して自制しうるが、飲酒すると大脳機能が低下してつい運転をしてしまう、とも指摘される[79]ように、行為自体の（刑事）法的規制のみで飲酒運転の根絶を図ることは現実的ではないであろう。その実効的規制にはアルコール・インターロック等の技術的方策に担われるべき部分も大きいように思われる[80]。

[追記]
　脱稿後、古川伸彦「自動車運転死傷行為処罰法について」名法264号（2015年）1頁以下、城祐一郎「飲酒運転をめぐる若干の問題についての考察」警論69巻4号（2016年）45頁以下に接した。

　先生古稀祝賀論文集』（2012年）14頁以下では、憲法に適合し裁判員裁判に適応した新刑法の構想のため特別刑法の大幅な改正をも併せ示された「刑法改正の綱領」（私案）において、危険運転致死傷罪の削除が提唱されている。

77　部会ヒアリング1日目・前掲注8）18頁〔全国交通事故遺族の会〕、20頁〔特定非営利活動法人いのちのミュージアム〕、21頁〔同〕。この点立案者からは、道交法上既に処罰されている酒気帯び運転等以外に死傷結果が発生していない段階で処罰対象とすべき運転行為は考え難い（部会第2回・前掲注10）22頁〔保坂〕）との理由で、その立法化の検討が見送られている。

78　なお、従来からの危険運転致死傷罪については前述のように一般に結果的加重犯の構造をもつと解されているところ、その基本行為に当たりうる酒酔い運転等自体は道交法上の罪となるが、これによる人の死傷があれば常に危険運転致死傷罪が成立する訳ではないため、これらは本罪の基本犯とはいい難い（川端ほか・前掲注18）79頁〔西田、河村博〕、福永俊輔「飲酒運転の周辺者と危険運転致死傷罪」西南48巻2号（2015年）17頁以下）。すると「危険運転」自体の規制は、危険運転致死傷罪が適用されるような人の死傷の惹起の予防のための本来的な規制の在り方となるように思われる。課題はその明確な類型化であろう。

79　部会第4回・前掲注10）23頁〔辻貞俊〕。

80　金澤真理「交通事故と刑罰」内田博文・佐々木光明編『「市民」と刑事法〔第2版〕』（2008年）68頁。

ドイツ強要罪における非難性条項
(Verwerflichkeitsklausel) について

金 澤 真 理

一　はじめに
二　日本の強要罪の構造
三　ドイツ刑法における強要罪の構造
四　強制的手段と強要の当罰性
五　結びにかえて

一　はじめに

　処罰を科される行為の類型を示す構成要件に形式的に該当したとしても、直ちに処罰すべき実質があると判断し難い場合がある。例えば刑法223条1項は、強要について、「生命、身体、自由、名誉若しくは財産に対し害を加える旨を告知して脅迫し、又は暴行を用いて、人に義務のないことを行わせ、又は権利の行使を妨害」した者を3年以下の懲役に処すると規定する（同条2項は、親族の生命、身体、自由、名誉又は財産に対する害悪の告知を手段とする場合についても同様に処罰することを規定する）。本罪は、強盗、恐喝、強姦等に代表される、暴行、脅迫という強制的手段を用いる他の犯罪に対して、一般法の性質を有し[1]、上記諸犯罪が未だ成立しない場合にはじめて、独立して成立が問われる。

　人に対して、そのいやがることを無理に強いることは、犯罪のもつ一般的かつ本質的な要素の一つと言えるであろう。それ故、強要的な性質が含まれる犯罪は少なくないが、そのすべてが強要罪となるわけではない。如上の犯罪を犯す目的で、強制的手段を用いたとき、その時点で強要罪の構成要件に形式的に該当する

1　それ故、これらの犯罪が成立すれば、法条競合となり本罪は適用されないと一般的に解されている。判例も同様の見解に立ち、例えば、恐喝罪を強要罪の特別罪と解した例があるほか（名古屋高判昭和34・8・10下刑集1巻8号1744頁）、強要罪の認定に対して恐喝罪を主張することは、被告人の不利益となり上告理由として許されないとしたものがある（最判昭和25・12・19刑集4巻12号2562頁等）。

場合が生じ得るが、最終的に強要罪として処罰されるのは、他の犯罪が成立しない場合であり、かかる補充性が強要罪の特質の一部をなしている。

他方で、形式的に構成要件に該当する場合が極めて広範に及ぶ強要罪の成否をめぐっては、合理的な処罰範囲の限定が必要になる。構成要件に該当したとしても、個別に正当化事由が認められ、許容される場合には、本罪の成立は固より否定されるべきである。しかし、そればかりでなく、強要罪として処罰すべき実体がないときも、その成立は否定されなければならない。そのため、違法性阻却事由に該当しなくとも、本罪の保護法益たる個人の自由[2]と、その他の利益とを衡量して、可罰性の実体を確定することが不可欠となる。このとき衡量の実質的基準を何処に求めるか、また、衡量の要素は、強要罪の構成要件該当性、違法性のいずれの犯罪成立要件に関連するのかは、なお解明すべき課題である[3]。強要罪の処罰の要否を決定するためには、同罪の固有の可罰性は何か、また如何なる論理構成によって処罰の可否が決せられるのかを明確にする必要がある。

ドイツ刑法は、強要罪の処罰のために、行為それ自体のみならず、強要の目的と手段との間の「非難すべき性質（Verwerflichkeit）」という特殊な要素を規定上求めている。これを踏まえて、強要の目的、手段相互の関係に焦点を合わせた考察が加えられてきた。日本においても、強要罪の成否の判断に関しては、構成要件該当性判断の際に相当性を考慮する必要がある[4]、若しくは、可罰的違法性の観点から、「目的」と「手段」とを総合した慎重な法益衡量を施すことで強要の違法性を慎重に検討する必要がある[5]等の見解が主張されているが、いずれもド

---

2 強要罪の保護法益は、人の意思決定ないし意思形成の自由、及び意思活動の自由であるという多数説に対しては、(脅迫とも共通する法益として) 他者に対する人格の自律性という意味での意思決定の自由と解する見解が主張されている (松宮孝明『刑法各論講義第4版』(2016年) 94頁)。

3 争議行為をはじめ正当化事由の存否が争われた事例 (最判昭和25・4・21刑集4巻4号655頁、最判昭和28・11・26裁判所ウェブサイト、最判昭和34・4・28刑集13巻4号466頁) においては、いずれも正当行為を理由に違法阻却を主張する弁護人らの主張が排斥され、強要 (未遂) 罪の成立が肯定された。

4 平野龍一「刑法各論の諸問題 第3章自由に対する罪」法セミ201号 (1972年) 66頁は、ドイツ刑法上の強要罪の規定を紹介し、開かれた構成要件を認めることは必ずしも望ましいことではないと前置きしつつ、実質的にははじめから相当性を考慮しなければならないとする。同『刑法概説』(1977年) 174頁、藤木英雄『刑法各論』(1976年) 222頁も参照。

5 内田文昭『刑法各論 (第2版)』(1984年) 106頁、中森喜彦『刑法各論 (第4版)』(2015年) 51頁、前田雅英『刑法各論講義 (第6版)』(2015年) 80頁。これに対して、暴行・脅迫についての実質判断が全面的に強要罪の構成要件判断に流入することに帰すと反対論を唱えるものとして、山口厚『刑法各論 (補訂版)』(2005年) 79頁。

イツにおける議論に示唆を得たものと解される。そこで、以下では、ドイツ刑法上の強要罪における「非難すべき性質」を比較の素材として分析、検討を加えることで、日本法上の強要罪の構成要件該当性と違法性との関係、及び実質的な可罰性の基準を導出することを目的とする。

二 日本の強要罪の構造

共に補充的性質を帯びる日独強要罪の比較の前提として、各規定の成立範囲を他罪との関係で確認しておく必要がある。日本刑法上の強要罪は、意思決定（及び意思活動）の自由を保護法益として、所定の強制的手段を用いて人に作為、不作為を強要し、実際に義務のないことを行わせ、又は権利の行使を妨害した場合に成立する。刑法典第32章に狭義の脅迫罪と共に規定されているが、より強度の強制的手段である暴行を用い、上記の実害結果を要することから、法定刑は懲役2年以下に処される狭義の脅迫罪より重い[6]。かかる本罪の構造に即して、「手段たる暴行は、相手方の自由な意思決定を拘束して、その行動の自由を制約するに足りる程度のものであることを要す」[7]とされる反面、意思が完全に制圧されている場合には、本罪の成立の余地はなくなると解される[8]。日本刑法上の強要手段としての暴行は、必ずしも現実に身体に加えられたものにとどまらない。むしろ恐怖心を生じさせて人の意思に働きかけ、望まぬ作為、不作為を強いる性質のものであることが重要である。ただし、物理的強制力であることが必須であり、ドイツにおけるような威力をも含むものではない。他方、脅迫は、対象が限定されているものの、ドイツにおけるような、程度の重大性は要求されていない。

これより強度の強制的手段を要する他罪、例えば強姦を行おうとして、相手方

---

[6] 自由に対する罪には、従前、脅迫罪のみが規定されていたが、明治28・30年草案において強要罪が規定されるに至った。明治33年刑法改正案理由書によれば、「現行法ニハ只脅迫ヲ爲シタル場合ノミヲ規定シ脅迫ニ因リ人ヲシテ義務ナキコトヲ行ハシメ又ハ行フ可キ権利ヲ妨害シタル場合ノ趣意ヲ缺クヲ以テ修正案ハ新ニ之ヲ補修シタリ」と説明している（内田文昭、山火正則、吉井蒼生夫『日本立法資料全集21』（1993年）577頁）。また、法定刑については、1940（昭和15）年のいわゆる「刑法改正仮案」402条に引き続いて、改正刑法草案306条も、「人格的法益の保護を厚くする必要」、「暴行罪及び脅迫罪の懲役の上限が3年に引き上げられたこと」等（法務省刑事局「法制審議会改正刑法草案の解説」（1925年）303頁）を考慮して5年に引き上げた。
[7] 大阪地判昭和36・10・17下刑集3巻9＝10号945頁。
[8] 杉本一敏「『帰属を阻害する犯罪』の体系と解釈（1）——自由に対する罪について」愛知学院法学48巻1号43頁以下参照。

の抵抗を抑圧する程度若しくは抵抗を著しく困難にする程度の暴行を用いるには至らなかった場合、なお強要罪が成立するかについては議論がある[9]。また、自由を奪って場所を移動させる行為については、強要された者に意思に基づいた行為をする余地がなく、ただ暴力のままに行動させられていると判断できる限りで逮捕罪が成立する[10]。

さらにドイツの議論状況との比較において注意を要するのは、必ずしも暴行、脅迫に至らない威力を用いた犯罪類型、特に威力業務妨害罪の存在である[11]。ドイツで強要罪の成否が激しく争われたのは、座り込みデモの可罰性をめぐってであった。日本の判例においては、労働争議の場といえども、刑法上の暴行、脅迫に当たる行為が行われた場合にまで労働組合法1条2項、刑法35条による正当化が認められるわけではないとの理由で、強要罪の成立が肯定され[12]、これに伴い、暴行を用いない場合には、強要罪ではなく威力業務妨害罪の成否が問われ、その正当性は、他の基本的人権の保障の限界と同様に他の人権の保障との調和によって限界づけられている[13]。また、ドイツにおいて強要罪の成否が問題となる類型とされる道路交通上の強要行為については、その一部が「自動車の運転により人を死傷させる行為等の処罰に関する法律」に言う危険運転行為[14]に包含される。

ドイツの強要罪との最大の相違点は、日本の強要罪が義務のないことの強制及び権利の実現阻止という実害を伴う結果を要する侵害犯として規定されていることにある。この点において、日本の強要構成要件は、実質的違法性の限定を俟たなくとも処罰範囲を十分画定し得るとも言える。しかし、具体的な判断におい

---

9 判例には、強制わいせつ罪の構成要件が完全に充足されない場合、強要罪が成立し得ることを傍論で述べたものがある（最判昭和45・1・29刑集24巻1号1頁）。なお、性犯罪の暴行、脅迫要件の意義およびその判断基準に関する議論の変遷については、嘉門優「被害者の意思侵害要件の展開――強姦罪における暴行・脅迫要件を題材として――」（本書所収）参照。
10 東京高判昭和34・12・8高刑集12巻10号1017頁。
11 固より、本罪の保護の対象はあくまでも業務であり、個人の意思決定の自由を保護法益とする強要罪とは罪質を異にするため、競合の問題は生じない。しかし、人の一定の活動を妨げる点に類似点が見出され、処罰の境界をめぐって考慮しておくべき犯罪なのである。この点につき、行為客体を事業主体の事業活動とそのような事業活動のために提供される事業従事者の活動に区分して分析を加えるものとして、古田佑紀「業務妨害罪の客体についての一考察」研修795号（2014年）3頁以下（特に7頁以下）。
12 最大判昭和24・5・18刑集3巻6号772頁。
13 最大判昭和25・11・25刑集4巻11号2257頁。
14 「人又は車の通行を妨害する目的で、走行中の自動車の直前に進入し、その他通行中の人又は車に著しく接近し、かつ、重大な交通の危険を生じさせる速度で自動車を運転する行為」（2条4号）がそれである。

て、例えば、義務の内容を法的義務に限定するか、道徳的義務にまで広げるかによって、処罰範囲が左右されることからも、一義的解決はなお導き得ないとの批判が当たろう。そこで、次にドイツ刑法上の強要罪の構造と非難性条項の意義をめぐる議論を概観しよう。

三 ドイツ刑法における強要罪の構造

1 強要罪の規定

ドイツ刑法240条1項は、「暴行を用い、又は重大な害悪を加える旨の脅迫により、人に行動、受忍又は不作為を違法に強要した者は、3年以下の自由刑又は罰金刑に処する」と強要罪の基本的な行為類型を示している。ドイツにおける支配的見解は、意思決定及び意思活動の自由を強要罪の保護法益と解している。規定の文言からは、強要の行為のみによって犯罪が完成し、その結果を要しないようにも読める。しかし、被害者が一定の行動、受忍、不作為を強いられたという結果を要すると一般に解され[15]、この点では、侵害犯ないし結果犯と解されている日本の強要罪と異ならない。続いて同条2項は「目的を追求するため、暴行を用い、又は害悪を加える旨の脅迫を加えることに非難すべき性質（Verwerflichkeit）があると認められるときは、行為は違法となる」と、行為に非難すべき性質が備わって初めて強要罪の違法性が認められることを明文で規定している（以下、本項を「非難性条項（Verwerflichkeitsklausel）」と言う）[16]。固より一般的な正当化事由に該当する事実が認められれば、行為は非難すべきではなく、非難性条項の適用が排除されるため本罪により処罰されることはないとするのが多数の見解であるが[17]、特に項を分けて規定された本条項の体系的位置づけについては、旧くから

---

15 強要の概念は、強要行為を通して他人の意思に働きかけ、その作為、不作為の行動に作用を及ぼす関係（Wirkungszusammenhang）を記述していると説く Thomas Fischer, StGB, 63. Aufl., 2016, § 240 Rn. 4 (S. 1701) を皮切りに、強要罪の成立には所定の結果が必要と説く見解は枚挙に暇がない。Albin Eser/ Jörg Eisele, Adorf Schönke/ Horst Schröder, StGB, 29. Aufl., 2014, § 240 Rn. 12 (S. 2307); Arndt Sinn, Münchener Kommentar zum StGB (MK), 2. Aufl., 2012, § 240 Rn. 14 (S. 1296); Gereon Wolters/ Eckhard Horn, Systematischer Kommentar zum StGB (SK), 7. Aufl., 2003 § 240, Rn. 4 u. a.
16 ドイツ刑法上、この種の規定は、強要の特殊形態である強制結婚（237条1項）の他には、253条2項の恐喝罪にしかない。なお、強制結婚規定については、拙稿「ドイツの強制結婚禁止法」大阪市立大学法学雑誌60巻3＝4号（2014年）272頁以下参照。
17 Gerhard Altvater, Leipziger Kommentar zum StGB (LK), 12. Aufl., 2005, § 240 Rn. 111 (S.

議論があった[18]。

判例は、本条項を強要罪独自の違法性を積極的な形式で定めたものと位置づけたうえで[19]、対象となるのは、「高度の道徳的非違行為（ein erhöhter Grad sittlicher Missbilligung）」[20]、「社会的に看過し難い行為（ein sozial unerträgliches Verhalten）[21]」等として、規範的評価を容れる定義をしている。

学説においては、「開かれた構成要件」論を展開し、非難性条項につき、一般規定たる1項を補充する特殊な規定であると論じたヴェルツェル[22]を嚆矢として、本条項の位置づけをめぐり、議論がある。議論は、構成要件と違法性との関係に関する見解の相違と関連して帰一するところがないが、必ずしも開かれた構成要件論を前提にするのが多数の見解ではない[23]。構成要件該当性と違法性との関係について、これをいわば原則―例外関係と捉えたうえで、本条項を特別の違法性に関する規定、若しくは（非難すべき性質がないことを）特別の違法性阻却事由に関する規定と位置づける見解も主張されている[24]。

---

404).
18 ドイツ刑法上の強要罪の歴史は、1794年プロイセン一般ラント法（第2部20章1077条）に遡るとされる。当初は、個人の自由を保護する犯罪類型としてではなく、公的な色彩が強いものであったとされる。恐喝罪との対比で強要罪規定の歴史的変遷を紹介するものとして、友田博之「恐喝被害者による『反撃』と正当防衛の成否――いわゆる "Chantage" を中心として――」大阪市立大学法学雑誌55巻1号（2008年）96頁以下（100頁以下）。現在のような形式での強要罪の規定は、ライヒ刑法典240条を嚆矢とする（1871年5月15日法（RGBl. 171）。当時の規定には非難性条項はなく、「暴行又は重罪若しくは軽罪をもってする脅迫により、他人に法に反して（widerrechtlich）行動、受忍、不作為を強要した者」を1年以下の自由刑若しくは罰金刑に処すると規定されていた。ナチス政権下の1943年5月29日の刑法統一令において、「目的を追求するため、暴力を用い、害悪を告知して脅迫することが健全な民族感情（dem gesunden Volksempfinden）に反する場合には違法である」という基準が加わった。その後、「健全な民族感情」に替えて「非難すべき性質」が追加され、現在の非難性条項の体裁が整ったのは、1953年改正時である。規定の文言の変遷に関しては、Sabine Fabricius, Die Formulierungsgeschichte des § 240 StGB, 1991, S 7 ff（時系列に則した規定の変遷については172頁上）。
19 1943年5月29日の刑法統一令発布から間を置かずに、ライヒスゲリヒトは、非難性条項を専ら違法性に関するものと位置づけ（RGSt. 77, 350）、その後の判例も基本的にこれを踏襲した（BGHSt 2, 194; 5, 245 u. a.）。
20 BGHSt 17, 331; 19, 2.
21 BGHSt 35, 270 (277).
22 Hans Welzel, Das deutsche Strafrecht, 11. Aufl., 1969, S. 82 f. これに対する批判として代表的なものは、Claus Roxin, Offene Tatbestände und Rechtspflichtsmerkmale, 2. Aufl., S. 86 ff.; 167 ff., 187. Siehe auch ders., Strafrecht AT I, 4. Aufl., 2006, § 10 V Rn. 43 (S. 300).
23 例えば、Eberhard Schmidhäuser, Zum Begriff der Rechtfertigung im Strafrecht, FS Karl Lackner, 1987, S. 77 f (81 f.). は、構成要件に該当する法益侵害があっても、いまだ違法性の「徴憑（Indiz）」たり得ない場合があると指摘し、開かれた構成要件論に依拠せず2項による違法性補充の必要性を説く。

他方、240条1項だけでは、不法の類型化に十分ではないとの問題意識から、2項を補充的構成要件とする見解もある。1項にいう「違法に」を受け、その内容を記述する非難性条項と併せて構成要件要素と解するのである。このような見地に立ち、一定の強度の暴行と一定の危険を帯びた脅迫が強要行為の非難すべき性質を基礎づけるが[25]、それだけで本罪成立の結論を導き出すことはできず、これらの行為も、本条項によって社会的相当性が認められる場合、構成要件該当行為から排除されるとの見解が主張されている[26]。

　非難性条項を特別の構成要件とする上記の理解に対しては、条文の文言に照らして、強要罪独自の可罰的行為が類型化されているとは言い難く、規定中「違法に」という文言があっても、例えば住居侵入罪（123条）や器物損壊罪（303条）のそれは、必ずしも構成要件要素ではなく、違法性を示す一般的犯罪要素と解し得るとの批判がある[27]。論者は、何より問題であるのは、非難すべき性質を構成要件該当性の問題と位置づけると、さしあたり違法な強要の行為を考慮せざるを得ず、重大な害悪の告知による脅迫という強制的手段が用いられれば、それがたとえ社会的には承認されるものであっても、その時点で一応違法となってしまうと重ねて批判する[28]。

　非難性条項の位置づけをめぐる論争に一つの解決を用意しようとするのが、同条項を全行為評価的要素（ein gesamttatbewertendes Merkmal）と位置づける見解である。この見解によれば、非難すべき性質は強要罪の類型的不法であるのみならず、個別事例における具体的な強要の不法をも示すものである[29]。例えば、ロクシンは言う。耐え難いほど社会侵害的で、実質的に違法であることを指す強要行為の非難すべき性質は、全行為に関する完結した不法評価を含み、構成要件を記述するにとどまるものではない[30]。これに対して、全行為評価要素としての非

24　Harro Otto, Grundkurs Strafrecht BT, 7. Aufl., 2005, § 27 Rn. 30 (S. 104). これに対して、消極的構成要件と位置づける見解も少数ながら存在する。Michael Sparberg, Negative Rechtfertigungsgründe-entwickelt am Beispiel der Nötigung, 1986, S. 94.
25　Reinhart Maurach/ Friedrich-Christian Schroeder/ Manfred Maiwald, Strafrecht BT, 10. Aufl., 2009, §13 II Rn. 32 (S. 157).
26　Heinz Zipf, Rechtskonformes und sozialadäquates Verhalten im Strafrecht, ZStW 82 (1970), 663 ff (653).
27　Sinn, Die Nötigung im System des heutigen Strafrechts, 2000, S. 334.
28　Sinn, a. a. O., S. 334 f.
29　Roxin, Strafrecht § 10 V Rn. 45 (S. 301). Siehe auch Hans-Heinrich Jescheck/ Thomas Weigend, Strafrecht AT, 5. Aufl., S. 248.

難すべき性質を基礎づける事実は、構成要件に分類される。立法におけるこのような要素は、例えば「脊椎動物を合理的理由なく殺す」（動物愛護法17条）という規定にも見られ、合理的理由があれば、構成要件該当性が阻却される[31]、と。

もっとも、本説に対しては、特に非難すべき性質について行為者に錯誤がある場合の処理に困難を生ずるとの疑問が呈されている。本説に立脚すれば、違法性阻却事由が、犯罪の典型的行為の「正当化」の事由を――それだけで――示すものではもはやなくなり、そこに含まれた合法性が既に構成要件に該当する不法の排除の理由となってしまうと指摘されるが[32]、ドイツ刑法240条1項及び2項の関係は、究極において犯罪論体系に関する理解の相違に根ざす問題であり、なお今後の解明を要する問題である。

2 非難すべき性質の判断基準

非難すべき性質の有無を如何なる基準によって判断するかは、非難性条項の位置づけへの問いよりも一層実践的な問いである。特に判例上、強要に言う暴行の理解に曲折があったドイツの議論においては[33]、この判断がますます重要なものとなっている。

240条2項は、目的を追求するための強制的手段の行使が非難すべき性質を帯びれば違法とするが、各個別の手段、目的ではなく[34]、手段・目的ないし目的・手段関係（Mittel-Zweck- od. Zweck-Mittel-Relation）と称される相互の関係性が考慮の対象とされるべきものである[35]。ここでいう目的とは、行為者が被害者に強要しようとした行動、受忍、不作為の直接の目的（Nahziel）である[36]。その他の

---

30 Roxin, a. a. O., § 10 Rn. 47 (S. 302).
31 Roxin, a. a. O., § 10 Rn. 49 (S. 303).
32 Wilfried Küper, Verwerflichkeit und Rechtfertigung bei der Nötigung, JZ 92, 449 ff (455).
33 BGHSt 23, 46 (54). レップレ判決では、値上げに反対する学生らによる路面電車の軌道上の座り込みデモが強要罪に問われた事例につき、連邦通常裁判所は、暴行を、有形的なもののみならず強要の作用を及ぼす心理的強制力を生ずるものにまで拡張した。強要罪における暴行概念をめぐっては、憲法異議を経て、たびたび連邦憲法裁判所の議に付されることとなったが、1995年1月10日、連邦憲法裁判所は、暴行概念の精神化、脱実体化に直面してこれに違憲の疑いを向け、脅迫とは異なり、暴行には身体的な力の行使を要するとした。もっとも、鎖で体をその場に縛り付けたり、路上に車両を集めて占拠したりすることは、単なる心理的作用を超え、暴力性が肯定される（BVerfGE 92, 1）。
34 ただし、目的が犯罪や秩序違反行為そのものである場合や、手段たる行為それ自体が適法でない場合には、非難すべきものとされる（BGHSt 5, 254 (257)）。
35 BGHSt 17, 328 (332).

直接的でない目的（Fernziel）は、量刑の際に考慮される[37]。手段それ自体が違法であるとしても、その手段をもって被害者の自由に介入する程度が、目的に照らして取るに足りないと言える場合には、強要は非難すべきではない。それ故自殺をしようとする者の行為を強制的手段をもってやめさせることも、非難すべきでなく、違法な強要とはならない。

　他方、目的や手段がそれ自体適法であっても、両者が相互に内的関係を構築していない場合には非難すべきものとなる。かかる手段と目的との内的関係（Inkonnexität）は、例えば、（正当な）刑事告発をするという害悪の告知と行為者の目的とが、相互に内的関係にない場合、即ちシャンタージュ（Chantage）と呼ばれる強請の場合に問題となる[38]。

　手段・目的関係がしばしば争われる例として、デモや労働争議等、目的の正当性がある場合に加え、自救行為が挙げられる。もっとも、自救行為のすべてが許されるわけではなく、国家の強制手段を殊更に無視して、自ら他人に対して強制力をふるう場合には非難すべきものとされる[39]。

　このように、非難すべき性質の有無は、事例類型に則して論じられているが、いずれが非難すべきと解されるかについては、裁判官の評価を少なからず容れざるを得ない。従来の判例で示された「高度の道徳的非違行為」や「社会的に看過しがたい行為」というだけでは、あまりに評価的であるという問題意識から、従来の議論を踏まえて目的・手段関係を整理し、非難すべき性質を法益侵害の性質に即して分析し、統一的判断基準を示すものとして、ロクシンが既に約半世紀前に素描した以下の六つの判断枠組みは、現在もなお有用である。①違法性原理：禁止された行為を強要することは、常に非難すべきである。②法益衡量原理：窃盗を阻止するために暴力を加えたり身体を拘束する行為のように、行為者が強制手段をもって排除を試みた侵害の方が社会侵害的と評価される場合には、衡量の結果、可罰性は否定される。③瑣事原理：継続的でなく、かつ見るべき効果のない強制の影響は、社会侵害的でなく、故に非難すべきでない。④国家的強制手段

36　BGHSt 35, 270 (276).
37　Altvater, LK § 240 Rn. 107 (S. 401).
38　BGHSt 31, 195では、デパートで16歳の少女が盗みを働いているのを見つけた警備員が、通報しないことを条件に同衾をもちかけた。シャンタージュについては、友田・前掲（前注18）参照。
39　BGHSt 39, 133 (137). 財産権保護の手段としての自救行為の許容性については、大下英希「自救行為と刑法における財産権の保護」刑法雑誌54巻2号（2015年）230頁以下。

優先の原理：国家機関によるものでない実力の行使は非難性を推定させる。そうでない場合、例外的に正当化されるか、瑣事原理若しくは法益衡量原理に帰するであろう。⑤関連欠如原理：正当な手段による正当な目的の追求は相互に内的関連を欠くとき、非難すべきものとなる。⑥自律性原理：法秩序の観点から、その実行が個人の任意に委ねられている事柄をしないことによって、他人を強要しても処罰されない[40]。

他方、非難すべき性質を「質」の面のみならず「量」の面でも境界づけようとした点で注目すべきであるのが、アルツトの主張である[41]。彼は、強制的手段と強要結果との関連について、他の学説のように直接性、間接性を問題にするだけでなく、強制的手段と強要結果の双方について、法益侵害の量的な側面をも考慮して、手段・目的に強く緊密な関係が認められる場合には、強要罪における禁止の実体が備わっているとして、これにより強要罪の処罰範囲を画そうと試みた（比例性原理）[42]。その主張の背後には、前出の瑣事原理への配慮が看取される[43]。しかし、アルツト自身も認めるように、量的側面に着目したとしても、強く緊密な手段・目的の関係とそうでない場合との線引きは困難である。

以上のアプローチとは異なり、行動、受忍、不作為という強要の三態様に即して分析を加え、非難すべき強要行為の類型を示したのがシュレーダーである[44]。シュレーダーは、暗黙の前提とされ、従来検討の俎上に上げられてこなかった意思侵害の諸類型にも思いを致し、不作為（シュレーダーの分類によれば阻止）を強いられる事例の中には被害者がそれと認識していない場合もあり得ると指摘し、潜在的な自律性の保護の必要を唱える。例えば強制力による身体的な不作為の強要の判断においても①機械的な身体動作の阻止、②麻酔や抗拒不能による意思形成力の排除、③障碍の設定、援助の剥奪、滞在や滞留を躊躇させる不快で耐えられない、若しくは危険な状態の創出等による環境の変更等の要素を区別して考慮に入れるべきものとする[45]。シュレーダーは、行動、受忍を強いる場合についても

40　Roxin, Verwerflichkeit und Sittenwidrigkeit als unrechtsbegründende Merkmale im Strafrecht, JuS 1964, 373 ff (376 f.).
41　Gunther Arzt, Zum Zweck und Mittel der Nötigung, FS Hans Welzel, 1974, S. 823 ff. 花井哲也「西ドイツ刑法における強要罪の考察」比較法政9号（1976年）93頁以下も参照。
42　Arzt, a. a. O., S. 829 ff.
43　Arzt, a. a. O., S. 829.
44　Schroeder, Die drei Arten der Nötigung, FS Karl Heinz Gössel, 2002, S. 415 ff.
45　Schroeder, a. a. O., S. 419.

同様の分析を加えるが、行動、受忍を強要する手段については、不作為（阻止）を強いる場合よりも限定的であるとする[46]。

　以上のように、ドイツにおいて、強要罪の違法性の判断基準として用いられているのは、強要の手段と目的との間にある非難すべきものと解される特定の関係の有無である。違法性阻却事由に該当しなくとも、この関係の吟味の結果、許容範囲内におさまれば、非難すべきでないと解される。強要の違法性を積極的に基礎づける非難性条項には、具体的事例状況に即した処罰範囲の限定の機能が担わされている。非難すべきか否かの判断は、規範的に傾きがちであり、既にドイツの議論において指摘されたように、程度を測り難いという問題はあるものの、事例状況に即した検討は、日本の強要解釈にも示唆あるものと思われる。そこで、最後にこの点について考察を加えよう。

四　強制的手段と強要の当罰性

　ドイツの議論を概観することで、強要罪の可罰性とその判断手法が明らかにされたであろう。強制的手段と強要の態様のみが規定されているに過ぎないドイツ刑法上の強要罪の成否を決するには、手段・目的相互の連関を問うことは不可欠であり、強要罪の包括的な不法の実体を抽出しようとする、類型ごとの分析に少なからぬ意義が認められた。日本の規定は、既に規定の文言が、かかる手段・目的の関係を前提としつつ、義務なきことの強制、権利実現の阻止という、典型的な自由を侵害する作為、不作為を示している。他方、ドイツのような非難性条項のような規定もないことから、犯罪論体系上の問題も表面化していない。ただし、義務や権利の範囲に関しては、なお規範的判断を免れず、明確化の要請は失われていない。その意味で、ドイツにおける手段・目的関係をめぐる議論に学ぶ点がなお残されている。

　まず確認すべきことは、日独双方の強要罪で保護法益とされている意思決定（意思活動）の自由の要保護性は、他者の自由、利益との調整を前提としており（これを他の表現で述べるのがロクシンの自律性原理であると言えよう）、全方位的に保護されているわけではないことである。意思を枉げざるを得ない状態となったと

46　Schroeder, a. a. O., S. 424. 権利実現の阻止という強要類型を、他の場合に比して不法が重大と捉えるシュレーダーの前提から導かれる結論である。

いえども、単に選択肢が減少したというだけでは、強要罪の保護法益たる自由が侵害されたとまでは言えない。他の利益を措いても自由を保護すべきかについて、実質的判断の必要があり、ドイツで検討された判断枠組みの有用性が際だってくる。特にそれが顕在化するのが、暴行、脅迫という強制的手段を用いた、形式的に構成要件に該当する行為がなされた場合である。上記で概観したように、強制的手段による強要行為がなされたというだけでは、処罰すべき実体があるとは言えない。ここにドイツ法上、非難すべき性質を規定する所以がある。

　これに対して、日本では、義務のないことの強制、権利実現の阻止という二つの類型が条文上規定され、ロクシンの示した判断枠組みのうち、違法性原理、法益衡量原理に加え、国家的強制手段優先の原理が、部分的にであれ構成要件に反映している。即ち、日本の強要罪の規定は、恐怖心を起こさせるような暴行、脅迫という強制的手段を通じて人の意思に働きかけ、義務や権利の裏づけなく所定の行為、不行為を他人に強要し、その実害を発生させた場合に限って、人の意思決定を保護するものであり、強要罪の処罰の実体を支える手段・目的の構造を既に内包していると言える。その構造こそが強要罪における構成要件の枠組みを示すものであるから、この構造をもたない事例は、そもそも強要にあたらない。それ故、例えば自殺を阻止する行為は、自殺の権利があると言えない以上、構成要件に該当しない。具体的事例状況の下で、強制的手段と強要目的との内的関係や義務や権利の根拠や内容、侵害の態様や程度についてさらに個別に衡量を施せば、比較的明確な判断基準を示すことはできよう。ドイツにおける法益衡量の際の比例性の考慮が想起される。しかし、その詳細な検討は、実質的違法性の存否の次元の問題である。

　それでもなお残るのは、潜在的なものも含めて人の自由な意思決定を保護すべきか、そうであるならば、どの範囲まで保護すべきかという問題である。強姦罪についてはこれを性的自己決定に対する罪に純化し、かかる自己決定を何らかの意味で侵害するものであれば、少なくとも強度の暴行・脅迫を要せず犯罪の成立を認める立論が可能とされる[47]。これと類似の理解に立ち、自由な意思決定を阻害し得る行為に可罰性を認める立論は形式的に可能であろうが、結論から言えば、それは妥当なものとは思われない。

47　これに対する主張として、木村光江「強姦罪の理解の変化――性的自由に対する罪とすることの問題性――」法曹時報55巻9号（2003年）1頁以下（9頁）。

その根拠の一つは、他の犯罪が成立しない場合に限り処罰が可能な強要罪の補充的性質に見出される。ここにいう補充的性質の意味は、他の犯罪の成立がなければ、常に可罰性が認められるということを意味しない。強要罪の罪質は、他の犯罪が成立しない場合に、これをあえて処罰しなければならないような、即ち刑法の謙抑性、断片性をも考慮して、強要を独立して処罰すべき性質に求められよう。意思侵害の可能性は多岐にわたるといえども、暴行、脅迫という手段によって直接被害者に具体的な作為、不作為を迫る行為がそれである。固より、具体的状況において、意思決定の自由の侵害の程度が、明らかにとるに足りないものであれば、強要罪としての処罰は必要でないことになる。かくして、強要罪としての固有の可罰性は、強制的手段により直接の意思侵害結果を伴い、懲役3年の法定刑が科せられるに足る、即ち、顕在化し、かつ、他の選択肢がないと言える程に自律的な意思決定が害されて初めて肯定されるべきであろう。

翻って、強要罪の法定刑の域をはるかに超えるような行為は、人の自律的な意思決定を害する要素を含んでいても、もはや強要と解すべきでない。別の構成要件が用意されているのであれば、本来その犯罪の成否を問うべきものである。人の意思決定に少なからず影響する、生活や社会基盤等の環境変化についても同様である。主要な通行路を爆破することで、人に任意の場所に行くことを諦めさせるという例においては、より重大な爆発物取締罰則違反、往来妨害罪、建造物損壊罪等に問うのが本則であり、強要罪の成立は問題とならない。

五　結びにかえて

刑法は、意思決定、意思形成や意思活動の自由のすべてを刑罰によって保護しているわけではない。共同して社会を形成する人間の生活においては、人の意思に働きかけることは、不可欠の活動である。各人の自由という法益が相互に衝突し合うのが社会生活の宿命であるとすれば[48]、その保護にも限界があるのは当然である。強要罪の保護範囲は、まさにその保護の限界と一致している必要がある。処罰すべき行為の明確化、処罰すべき範囲の理論的画定を常に訴えてこられた浅田和茂先生の学恩に、小稿がわずかでも報いることができれば幸いである。

48　内田・前掲（前注5）106頁。

被害者の意思侵害要件の展開
――強姦罪における暴行・脅迫要件を題材として――

嘉 門 　 優

一　はじめに
二　性的自由保護の拡大の流れ
三　強姦罪における心理的強制概念
四　終わりに

一　はじめに

1　中核としての心理的強制

　従来、性犯罪における、被害者の意思に反するという要素は、暴行・脅迫という手段によって「被害者の反抗を著しく困難にすること」として限定的に理解されてきた。しかし、近年、暴行・脅迫要件の不要論が高まっている[1]。個人的法益としての性的自己決定権を保護するという観点からは、「被害者の意思に反する」性行為は原則的に処罰されるべきだというのである。
　歴史的には、性道徳に対する罪として、被害者としての女性の名誉・貞操保護という観点から、強度の暴行・脅迫に対して必死で抵抗した被害者こそ、刑法上の保護に値するという発想が存在した。しかし、戦後に至り、個人の性的自由保護という理解へと変化する中で、それらの被害者に対する過度の要求は緩和されていくこととなる。とくに、日本の場合には、条文上文言が改正されることはなかったものの、実務上、解釈によって変化に対応してきたと評されている。後に詳述するが、日本では、最近では、「被害者の反抗を著しく困難にする程度の暴

1　内田博文「強姦罪はどうあるべきか」法セミ502号（1996年）32頁、岩井宣子「性犯罪規定の見直し」神奈川法学43巻1号（2010年）136頁以下、秀嶋ゆかり「刑事実務におけるジェンダー」現刑47号（2003年）44頁以下、島岡まな「ジェンダーと現行刑法典」現刑47号（2003年）14頁以下、木村光江「強姦罪の理解の変化」曹時55巻9号（2003年）10頁以下、角田由紀子『性と法律――変わったこと、変えたいこと』（岩波書店、2013年）152頁以下、柑本美和「強姦罪と準強姦罪」女性犯罪研究会編『性犯罪・被害』（尚学社、2014年）157頁。

行・脅迫」が要件とされているとは到底いえず、暴行・脅迫の程度に対する実務の関心は明らかに低下しており[2]、暴行・脅迫は、意に反する行為を強要する手段として行われれば足りるとされる[3]。

そのため、実際の判断としては、性行為が「心理的な強制」に基づくかが強姦罪・強制わいせつ罪の成否を分けているといわれる[4]。そして、現在の争点は、「反抗を著しく困難にする程度」というのは、実は「任意性を害しうる程度」と同じ意味であると理解したうえで、任意性を害し得るかどうかを判断するための具体的な基準を鼎立することだと解されている[5]。

しかし、少なくとも、暴行・脅迫という手段にもとづいて心理的強制がなされたといえなければ、刑法による介入対象としてふさわしいとはいいがたいと考える。人間は多様な理由から意に反する要求にしたがうことがあり、これらすべてを可罰的な強要とすることは現実的ではない。したがって、後述するように、暴行・脅迫という手段の「作用」によって心理的強制状況が生じたということの認定は要求されなければならない。

2　心理的強制判断と被害者の同意判断との関係

実務上、強姦罪の判断に際して、①被害者の明示・黙示の合意の有無、②被害者の反抗を著しく困難にする程度の暴行脅迫の有無を主として争うとされている[6]。後に詳述するが、ドイツと比べて、①の被害者の同意判断の比重が重い点が日本の特徴であるといえる。しかし、①被害者の同意と②、つまり、心理的強制判断の関係は必ずしも明らかではなく、意識的に議論されてこなかったように思える。

強姦罪と同様に、住居侵入罪（130条前段）や逮捕監禁罪（220条）の場合、被害

2　辰井聡子「『自由に対する罪』の保護法益──人格に対する罪としての再構成」岩瀬徹ほか編『刑事法・医事法の新たな展開（上）』（信山社、2014年）423頁、刑事比較法研究グループ「比較法から見た日本の性犯罪規定」刑ジャ45号（2015年）159頁など。

3　辰井・前掲注（2）425頁。

4　刑事比較法研究グループ・前掲注（2）159頁、佐伯仁志「刑法における自由の保護」曹時67巻9号（2015年）27頁。

5　神山千之「合意による性交と強姦の境」刑ジャ27号（2011年）59頁。

6　下村幸雄「事実認定の実証的研究第四回」判タ246号（1970年）54頁、遠藤邦彦「強姦の成否（1）」小林充ほか編『刑事事実認定重要判決50選〔補訂版〕』（立花書房、2007年）230頁、井田良「性犯罪処罰規定の改正についての覚書」慶応法学31号（2015年）52頁。

者の意思に反することが構成要件となっている犯罪であることから、被害者の同意があれば構成要件に該当しないとされる[7]。この理解によれば、これらの犯罪では、被害者の同意の有無と、被害者の意思に反するかどうかという判断は一致することになる。とくに住居侵入罪の場合、意思侵害説に立てば、住居権者等の承諾の有無は、侵入の成否、したがって、本罪の成否に直接かかわるものということになるとされる[8]。

　しかし、判例上、住居侵入罪において、両者の判断は区別されてきたと思われる。意思に反する侵入かどうかを判断するに際して、判例は「管理権者が予め立入り拒否の意思を積極的に明示していない場合であつても、該建造物の性質、使用目的、管理状況、管理権者の態度、立入りの目的などからみて、現に行われた立入り行為を管理権者が容認していないと合理的に判断されるときは、他に犯罪の成立を阻却すべき事情が認められない以上、同条の罪の成立を免れない[9]」としている。ただし、このように、「意思に反する立入り」だと「客観的な事情から合理的に」判断された場合であっても、さらに「居住者や管理者本人」の承諾の有無が検討されて、構成要件に該当しない可能性が認められてきた。とくに同意が争点となりうるのが、複数の者が同一住居に居住しており、承諾権者が複数の場合、立入りの目的に錯誤があった場合、公共の施設などにおいて包括的に承諾がなされていると見られる場合などである[10]。

　このように、「客観的・合理的に」意思に反すると判断された場合に、さらに、「被害者本人」の承諾の有無を判断するという枠組みは、強姦罪の場合も同様である。強姦罪において、行為者の暴行・脅迫の程度が高く、被害者の心理的強制の程度が強ければ、客観的に、意に反した姦淫行為であると評価しうる同時に、被害者本人も同意を与えていないであろうことは明らかであり、同意は争点とはされない[11]。

　他方、軽い暴行、脅迫が用いられたために、心理的強制の程度が弱くなればなるほど、被害者はその性行為に同意していた可能性が存在しうるといわれ、争点

7　浅田和茂『刑法総論〔補正版〕』(成文堂、2007年) 200頁以下。
8　毛利晴光「住居を犯す罪」大塚仁ほか編『大コンメンタール刑法〔第3版〕』(青林書院、2014年) 304頁。
9　最判昭和58年4月8日刑集37巻3号215頁。
10　毛利・前掲注 (8) 304頁以下。
11　下村・前掲注 (6) 70頁。

とされる事案が多数見られる[12]。しかし、本来、いかに暴行・脅迫が軽度であったとしても、そのような手段にもとづく性行為に同意することは原則的に想定されえず、被害者の同意を考慮する余地はないはずである。にもかかわらず、判例には、「内心は嫌々であったとしても、結局のところ任意に行為に及んだ可能性を完全には払拭できない」という発想があるといわれ[13]、被害者の同意の有無の判断に重点が置かれることになっている。つまり、暴行・脅迫を用いたといった客観的な状況からは、「意思に反する性行為」、すなわち、「心理的強制下の性行為」だと評価しえても、被害者本人がその性行為に同意していた可能性があるとして、被害者の同意の検討がなされるのである。

3 被害者の共同責任？

被害者本人が性行為に同意していたかを判断するに当たって、実務上、被害者供述の信用性判断が極めて重要とされてきた[14]。被告人の姦淫行為を強姦と判断するためには、被害者の承諾に基づくことを主張する被告人供述を合理的な疑いを入れない程度に排斥できるほど、そのような承諾はなかったとする被害者供述の信用性が高いことが必要であるといわれるのである[15]。被害者供述の信用性判断においては、周辺事情も合わせて考えた場合に自然かどうか、その供述は重要部分について一貫しているか等の点から検討されることになる[16]。しかし、その判断に際して、これまで、被害者の性的経験、行為者の誘いにたやすく乗ったといった過失行為、被害者のあいまいな態度、ならびに、行為者との過去の性的関係などといった被害者の事情が、広く考慮されてきた点が問題視されてきた[17]。

実務上、1960年代の資料を見る限り、性的自由保護とはいえ、「些細な暴行・脅迫の前にたやすく屈する貞操のごときは本条によって保護されるに値しない[18]」というように、被害者の貞操を問う発想があった。それに対し、強姦罪の

---

12 下村・前掲注（6）70頁。
13 太平信恵「無罪判例の批判的検討」大阪弁護士会人権擁護委員会性暴力被害検討プロジェクトチーム『性暴力と刑事司法』（信山社、2014年）68頁。
14 遠藤・前掲注（6）227頁。
15 遠藤・前掲注（6）227頁。
16 遠藤・前掲注（6）227頁。
17 島尾恵理「強姦無罪」大阪弁護士会人権擁護委員会性暴力被害検討プロジェクトチーム『性暴力と刑事司法』（信山社、2014年）50頁以下、高坂明奈「集団強姦」同書78頁以下、野澤佳弘「強姦無罪」同書69頁以下など参照。

保護法益が性的自己決定権と認められて久しい現在では、文献等において、表立ってそのような偏見が認められることはなくなった。ただし、近時も、ジェンダーの観点から、社会には、強姦はなれなれしい態度や挑発的な服装をしている人だけが被害者になる、本気で抵抗すれば強姦が防げるといった強姦についての誤った認識があり、強姦神話と呼ばれる偏見が判例に現れることがあるとの批判も存在する[19]。

このような状況の中、今回の法制審議会の立法案のように、法定刑の下限が引き上げられることになれば、その刑の重さに見合った罪の重大性が要求され、強姦罪の認定、とくに、被害者の同意の有無の認定はより厳しくならざるをえないと予想する。そうすると、後に詳述するように、被害者の供述の合理性はより厳しく検討され、被害者を取り巻く現状が悪化し、本来の性的自由の保護に反する結果が生じうるものと懸念する。以下では、ドイツの性的虐待罪（177条1項）との比較を通じて、以上のような、日本の強姦罪をとりまく問題点を明らかにし、今後の性犯罪のあり方を示すための一助としたい。

なお、浅田和茂先生は、研究者として、常に、判例実務に対しあるべき姿を説得的かつ理論的に示してこられた。浅田先生から多大なるご恩を受けた者として、本論文において現状批判的な検討を行い、研究者としての役割をつとめることにより、先生の古稀をお祝いできればと思う。

二　性的自由保護の拡大の流れ

1　客体の限定：「保護に値する被害者」

日本の現行刑法において、177条の強姦罪は性犯罪の中でもとくに重大な類型として位置づけられている。旧刑法の段階より、強姦と強制わいせつを区別して規定し、前者について、「女性」を客体とする罪としてより重く処罰するという方式は現在でも変わっていない。そのような規定形式の原形は、ドイツの1532年のカロリナ刑法典（Die Constiturio Criminalis Carolina, die Peinliche Gerichtsordnung Kaiser Karls V von 1532）199条に見られ、本法典では、強姦を「女性の性的な名

18　所一彦「強姦罪」団藤重光編『注釈刑法（4）』（有斐閣、1965年）298頁、秋山哲治「刑法における脅迫の概念」植松正ほか編『総合判例研究叢書（刑法（19））』（有斐閣、1963年）106頁。
19　秀嶋・前掲注（1）48頁。

誉に対する罪」の一つとして、女性の性的名誉保護を目的と解した。そのため、強姦罪の客体は、汚れなき女性（eine unverleumdete Frau）、未亡人、あるいは、処女に限定されていた[20]。その背景には、当時、強姦被害を受けた女性は「恥」を被ったと理解されていたということがある。

このような理解に変化が生じるのが、18世紀から19世紀へと移り変わるころに、Grolman と Tittmann が刑法の保護財として「一般的な行動の自由」を発見したことだと考えられる[21]。つまり、18世紀半ばごろから、女性の性的名誉侵害としてだけではなく、人の性的自由の侵害としても理解され、「暴行」が自由侵害の手段として着目されるようになった[22]。その結果、1794年のプロイセン一般ラント法（Allgemeine Landrecht für die preußischen Staaten von 1794）では、はじめて行為客体が一般的に「女性（eine Frauensperson）」と規定された[23]。つまり、文言上は、行為客体が「汚れなき女性」に限定されなくなったことにより、当罰性判断の重点は、被害者が「汚れなき」女性かという点から、自由侵害という観点から「被害者に加えられた暴行」という手段に移行することとなった[24]。ただし、解釈上は、行為客体は「汚れなき女性」に限定されるという理解に変化はなく、売春婦は客体として認められなかった[25]。依然として、刑法上保護されるべき女性の性的名誉という観点から、保護に値する女性は、強姦行為に対して必死で抵抗しなければならないという「理想とされる被害者像」が影響していたと考えられる。当時、このような理解から、解釈上、被害女性が性的な関心にもとづいて性行為を望んだことを完全に排除するために、暴行と性行為との厳格な結びつきが要求されていた[26]。

ドイツにおいて、このように要求された暴行と性行為との間の強い結びつき

20　*Zoepfl*, Peinliche Gerichtsordnung Kaiser Karl's V., 1876, S. 99.
21　*Grolman*, Grundsätze der Criminalrechtswissenschaft, 1797, §§ 230 ff ; *Tittmann*, Beiträge zu der Lehre von den Verbrechen gegen die Freiheit 1806, S. 1 ff
22　*Timpe*, Die Nötigung, 1989, S. 37.
23　§1052 II 20 unter dem Abschnitt 12 („von fleischlichen Verbrechen"); 参照) *Hattenhauser*, Allgemeines Landrecht für die Preußischen Staaten von 1794, 2 erweiterte Aufl. S. 714.
24　参照) *Müting*, Sexuelle Nötigung: Vergewaltigung (§177 StGB), 2010, S. 15.
25　*Feuerbach/Mittermaier*, Lehrbuch des gemeinen in Deuschland gültigen Peinlichen Rechts, 1847, §265.
26　*Feuerbach*, Lehrbuch des gemeinen in Deutschland geltenden Peinlichen Rechts, 1801, §303. *Tittmann*, Handbuch der Strafrechtswissenschaft und der deutschen Strafgesetzkunde, 1. Bd.. 2. Aufl., 1822, S. 430, §208.

は、その後も引き続き前提とされる。1871年に成立したライヒ刑法典においては、性道徳に対する罪として、176条に「他者に対するわいせつな行為の暴力的な実行」、177条に「婚姻外の性行為の強要」が規定された。177条の強姦罪において立法者は、「暴行によって（durch Gewalt）」と規定し、文言上、強要手段と性行為との間の客観的な因果関係の要求をより鮮明なものとした[27]。被害者の抵抗は暴行によって抑圧されなければならず、その場合にのみ暴行は構成要件上の性行為の強制手段として認められた[28]。

2　性的自由に対する罪としての理解

ドイツでは、1973年に第4次刑法改正法が施行され、この「脱道徳化」改革に従い、強姦罪は新たに規定されることとなった。まず、強姦罪は古い概念であるNotzuchtという語からVergewaltigungという概念に、さらに、わいせつ行為という概念も、性行為という新たな概念に変更され、性行為については具体的な概念規定が置かれた（旧184条c（現在の184条g））。保護法益は、性道徳から「性的自己決定」として新たに理解されるようになり[29]、その結果、「被害者の意思に反する」という要件はドイツ刑法177条の中核的な内容として理解されることとなった。その後、強姦と強制わいせつは177条の性的強要罪として一本化され、性中立的な規定となった[30]。

27　参照）*Kratzer-Ceylan*, Finalität, Widerstand, „Bescholtenheit", 2015, S. 131.
28　RGSt 63, 227, RGSt 77, 82, RG JW 1925, 2135.
29　NStZ-RR 2012, 116.
30　強姦や強制わいせつを規定するドイツ刑法177条の条文は以下のとおりである。
　ドイツ刑法典177条（性行為の強要、強姦）
（1）他人に対して
　　1　暴行を用い
　　2　身体若しくは生命に対して現在の危険を及ぼす旨の脅迫を行うことにより、または
　　3　被害者が、「無防備な（schutzlos）」状態で行為者の影響下に「身を委ねている（ausgeliefert）」状況を利用して
　自らに対する行為者若しくは被害者の性行為を甘受するように、または、行為者に若しくは第三者に対して性行為を行うように強要した者は、1年以上の自由刑に処する。
（2）犯情の特に重い事案では、刑は2年以上の自由刑とする。犯情の特に重い事案とは、原則として、
　　1　行為者が被害者と性交を行った場合、または、それと類似した特に被害者を貶める（erniedrigen）ような性行為を、被害者に対して若しくは、自己に対して被害者に行わせた場合、とりわけ、それらの行為が身体への挿入と結びついている場合（強姦 Vergewaltigung）
　　2　行為が、複数の者により共同して行われたとき、

さらに、「性的自己決定」の保護という観点から、法文上の処罰の限定は不合理だという批判が高まった。有力説は、13章における性的自己決定について、消極的な意味での個々人の防衛権（Abwehrrecht）、すなわち、その概念の中心には、「性の領域における他者決定からの個人の自由」が位置づけられるとする。つまり、人は、性にかかわる事柄に特定の人が介入してほしいかどうか、してほしいとすればどこで、どのように、いつ、だれということについて自己決定する能力に関して、心的かつ身体的な諸条件を保持するというのである[31]。そこで、まず、1997年改正において、行為者から日常的にDV被害を受ける女性が、性行為を求める行為者によって後に加えられる暴行をおそれて、性行為にしたがわざるをえないといった事案に対応するために、新たに3号の「被害者の無防備な状態の利用」という手段が追加された[32]。

このように、個人の防衛権という観点からすると、手段は暴行・脅迫に限定される理由はなく、より処罰範囲は拡大されるべきことになる。しかし、強姦罪において「強制」という要素がなくなり、「単なる甘受」へと理解が進むと、客観的にも、解釈上も理解しうる範囲を超えてしまいかねない[33]。そのため、ドイツではこれまで、強制によって強いられた性的虐待のみが可罰的であり、そのよう

（3）行為者が
　1　凶器若しくはその他の危険な道具を携帯したとき
　2　そのほか、暴行により若しくは暴行を加える旨の脅迫により、他の者の反抗を阻止し若しくは抑圧する目的で、道具若しくは手段を携帯したとき
　3　行為により被害者を重い健康障害の危険にさらしたとき
は、3年以上の自由刑を言い渡すものとする。
（4）行為者が
　1　行為の際に凶器若しくは危険な道具を使用したとき、又は、
　2　被害者を
　　a）行為の際に身体的に著しく虐待し、若しくは、
　　b）行為により死亡の危険にさらしたとき
は、5年以上の自由刑を言い渡すものとする。
（5）第1項のうち「犯情があまり重くない事案（In minder schweren Fällen）」では、6月以上5年以下の自由刑を、第3項及び第4項のうち犯情があまり重くない事案では1年以上10年以下の自由刑を言い渡すものとする。

31　*Bottke*, Zum Rechtsgut der §§ 174 ff. StGB, in: Festschrift für Otto, S. 536.; *Renzikowski*, MK-StGB, 2012, vor §§ 174 ff. Rdn. 8 ; Sick, Sexuelles Selbstbestimmungsrecht und Vergewaltigungsbegriff, 1993, S. 51 ; *Hörnle*, LK-StGB, 2009, § 174 Rn. 28 ; *Laubenthal*, Handbuch Sexualstraftaten, 2012, Rn. 29.
32　BTDrucks. 13/7324
33　*Fischer*, Noch einmal : § 177 StGB und die Istanbul-Konvention, ZIS 6/2015, S. 314.

な行為のみが法益を害すると考えられてきた[34]。そこで、「二段階モデル（ein zweistufiges Modell）」、つまり、まず、行為者が暴行・脅迫といった手段によって被害者の意思形成に影響を与え、さらに、被害者の同意なき性行為を必要とするモデルが原則的にとられてきた。したがって、驚愕を利用した性行為や、被害者が羞恥心やあきらめから性行為を甘受した場合には177条1項の処罰対象とはならない[35]。また、例外としての177条1項3号の適用も非常に制約的であり、行為者による影響は「現場で」存在することが要求され、離婚[36]や外国への退去[37]を告知する場合のように、行為者の将来の行為の告知は本号に当たらないとされ非常に限定的な解釈がなされてきた[38]。

このように、性的虐待罪の成立範囲を比較的限定してきたドイツの実務に対し、学説上、主に、以下のような問題点が指摘されてきた。第一に、後述するように、現在においてもいまだに、被害者の貞操（Unbescholtenheit）を問うたり、行為以前の被害者と行為者との間の親密な関係や、被害者による挑発的な行為が、性的虐待罪の判断の際に考慮に入れられる傾向にあり、学説上厳しく批判されている。

第二に、現在、177条の保護法益が性的自己決定として理解されている以上、「意思の抑圧」という要素を要求すべきではなく、驚愕や不意打ちの利用も規制されるべきであるとの主張が高まっている[39]。このような、強要手段の限定を排すべきとする「一段階モデル（ein einstufiges Modell）」はイスタンブール条約36条においても「同意なく決定された、他人との性行為を包括的に処罰すべき」として認められている[40]。それをうけて、ドイツ法務省による性刑法改革案が公表され、179条1項に「特別な状況を利用した性的虐待」として別にまとめられることが提案された[41]。本条の立法理由は、①暴行もしくは暴行をともなう脅迫と、

---

34 *Frommel*, Vergewaltigung : Hände weg vom Sexualstrafrecht, http://www.novo-argumente.com/magazin.php/novo_notizen/artikel/0001677（2016年2月26日閲覧）
35 *Isfen*, Zur gesetzlichen Normierung des entgegenstehenden Willens bei Sexualdelikten, ZIS 4/2015, S. 218 ff.
36 BGH NJW 2003, 2251.
37 BGH NStZ 2009, 263.
38 参照）*Kratzer-Ceylan*・前掲注（27）S. 306 ff.
39 *Hörnle*, Wie §177 StGB ergänzt werden sollte, GA 2015, S. 313 ff.
40 http://www.coe.int/en/web/conventions/full-list/-/conventions/rms/090000168008482e（2016年2月26日閲覧）
41 Referentenentwurf des Bundesministeriums der Justiz und für Verbraucherschutz http://www.

性行為との間に目的連関を欠く場合、②傷害や殺人を内容としない害のおそれがある場合、③単に主観的に無防備な状況、④驚愕を利用する場合に認められる保護の欠缺を埋めることだとされた。

　日本でも同様に、性的自由保護の拡大傾向が見られる。現在、法制審議会が示した改正案においては、性的自己決定権保護の観点から、強姦罪の規定が性中立的に改められ、強姦罪における性交等、被害者の範囲が拡大され、立法上は、性的自由保護の充実化が目指されている。その結果、対象となる「性行為」ならびに「被害者」の範囲が拡大されれば、今後さらに、「被害者の意思に反する」、すなわち、心理的強制、ならびに、被害者の同意の判断の重要性が相対的に高まらざるをえないこととなる。しかし、占有移転などの客観的要件からも判断しうる財産罪と比較して、性的自由侵害は客観的に判断することが難しく、「被害者の意思に反する」という要件の重要度が高まるほど、ドイツで懸念されているように認定の困難さを招くように思われる。とくに、ドイツのように二段階モデルに固執していない日本において、より問題は大きいと思われる。そこで、以下では、日本の実務における状況について、とくに、「被害者の意思に反する」要件、つまり、心理的強制、ならびに、被害者の同意について、ドイツと比較しながら詳細に分析していくこととする。

三　強姦罪における心理的強制概念

1　暴行・脅迫要件の位置づけの相対化

　日本において、強姦罪の手段としての暴行・脅迫についてリーディングケースとされる最判昭和24年5月10日刑集3巻6号711頁は、「相手方の抗拒を著しく困難ならしめる程度のものであることを以て足りる」とした。この判決は、強度の暴行・脅迫を要求したというよりもむしろ、「婦女の貞操人格的自由の保護、社会風教の保全」という観点から、これまで「抵抗抑圧あるいは不能」を要求してきた見解の「幅を広げたもの」だと評されており[42]、その後、判例はこの判決の

---

　　bmjv.de/SharedDocs/Gesetzgebungsverfahren/Dokumente/RefE_SchutzSexuelleSelbstbestimmung.pdf;jsessionid=F34CFB715C1BAFEEEFF0DB9372251F95.1_cid289?__blob=publicationFile&v=4（2016年2月26日閲覧）

42　鹿野琢見「判批」刑事判例研究会編『刑事判例評釈集11巻』（有斐閣、1954年）243頁。

基準を明確に採用してきたとされる。そして、「相手方の年令、性別、素行、経歴等やそれがなされた時間、場所の四囲の環境その他具体的事情」を踏まえて総合的に判断されることになる[43]。ただし、前述のように、実際の判断としては、「性行為が心理的な強制に基づくか」が強姦罪・強制わいせつ罪の成否を分けるといわれるようになっており[44]、「『反抗を著しく困難にする程度』というのは実は『任意性を害しうる程度』と同じ意味であると理解したうえで、任意性を害し得るかどうかを判断するための具体的な基準を鼎立する努力が必要だとされる[45]。

2　準強姦罪と強姦罪の区別——抗拒不能と心理的強制

しかし、以上のように、強姦罪について、暴行・脅迫という手段を重視せず、心理的強制を判断の中核に置くと、準強姦罪（178条2項）との区別が困難とならざるをえない。つまり、準強姦罪は、心理的な抗拒不能が広範に認められる結果、被害者が脆弱で性的行為に抵抗困難な場合を広範に包摂する一般条項と化しており、他方で、強姦罪は暴行・脅迫を一要素として被害者が脆弱となり性的行為に抵抗困難な場合を広く包摂することになると説明される。そのため、両者の成立範囲が重なり合うことになるといわれるのである[46]。

しかし、まず、178条2項には「抗拒不能」とある以上、「抵抗困難」な場合まで含むとされている点につき、検討が必要である。準強姦罪における「抗拒不能」として、実務上、身体的抗拒不能と精神的抗拒不能があると理解されており、とくに後者の場合として、性交の事実自体を認識していなかった場合や、催眠や催眠導入剤等の服用が挙げられる[47]。さらに、実務上、偽計に基づく姦淫も準強姦罪の精神的抗拒不能に含まれるとされてきた[48]。ただし、この場合、被害

43　最判昭和33年6月6日裁判集刑事126号171頁。
44　刑事比較法研究グループ・前掲注（2）159頁、辰井・前掲注（2）425頁。
45　神山・前掲注（5）59頁。さらに、強姦罪は、人格的領域を交錯させることにより女性の人格的統合性を害する罪として理解すべきだとし、脅迫にも、ⓐ被害者に恐怖を与えて合理的判断が困難な心理的状態に陥らせる脅迫と、ⓑ被害者の利益状況を支配して被害者の合理的判断により姦淫に応じる判断をさせる脅迫とがあると考えるとき、「人格的統合性」の破壊という観点からは、強姦罪の脅迫はⓐに限るべきであるという判断基準が示されている（和田俊憲「鉄道における強姦罪と公然性」慶應法学31号（2015年）278頁。）。
46　深町晋也「性犯罪における暴行・脅迫の程度」法教427号（2016年）40頁。
47　大渕敏和「準強姦罪について」『小林充先生佐藤文哉先生古稀祝賀刑事裁判論集』（判例タイムズ社、2006年）332頁以下。

者の「抗拒不能」が要求されている以上、暴行・脅迫以外の手段によって、被害者に生じた「心理的動揺」を生じさせ、それにより被害者が「判断停止状態」に陥り、「抗拒不能」となったことが要請されるべきである[49]。とくに、偽計に基づく姦淫の場合、「真実を知れば、当該性的行為に応じなかったであろう」という程度の欺罔・錯誤を広く「抗拒不能」に含めるべきではないと解する以上[50]、すべて準強姦罪として処理されるわけではない[51]。

やはり、文言上「抗拒不能」とある以上、「抵抗困難」では不十分であり、判断停止状態といったより厳しい状況の認定が必要とされるべきである。そこで、被害者の「心理的動揺」に基づく判断停止状態としての「精神的抗拒不能」をどのように判断するかが問題となるが、ドイツにおいても、このような事案を一部処罰対象としていることが参考になる。たしかに、ドイツでは、一般的には、欺罔により得られた同意に基づく性行為は不可罰だと理解されるが[52]、抗拒不能な者に対する性的虐待を処罰する179条において、驚愕や恐れ、ショックにより意思形成ができない状況になった場合を捕捉すると解されている[53]。つまり、179条1項1号における「抵抗不能」の原因として「深刻な意識障害」が挙げられているが、そこに、睡眠、失神、麻酔下の状況などと並んで、驚愕、恐怖、ショックが含まれるというのである。ドイツ最高裁は、179条1項1号における「抵抗不能」とは、防衛するために十分な抵抗意思を形成、表明、貫徹することができないことを指すという[54]。そのような抵抗不能の原因として考えられるのは精神疾患だけではない。つまり、被害者の特別な人格構造と、驚愕や恐怖に基づく行為状況を通じた侵害とが相まって生じる、その他の精神に対する侵害も考慮に入れられる。その侵害の判断に際しては、判例上発展してきた、被告人の「意識障

---

48 岡山地判昭和43年5月6日下刑集10巻5号561頁、名古屋地判昭和55年7月28日刑月12巻7号709頁、東京高判昭和31年9月17日高刑集9巻9号949頁。
49 柑本・前掲注（1）158頁、刑事比較法研究グループ・前掲注（2）166頁。
50 亀山継夫＝河村博「準強制わいせつ及び準強姦」河上和雄ほか編『大コンメンタール刑法〔第3版〕』（青林書院、2013年）84頁。
51 人の同一性の錯誤が問題となった事案においては、すべて睡眠中であることにより「被害者が半覚せい状態」であった（仙台高判昭和32年4月18日高刑集10巻6号491頁、広島高判昭和33年12月24日高刑集11巻10号701頁参照）。
52 佐藤陽子「ドイツにおける性犯罪規定」刑ジャ45号（2015年）71頁以下参照。
53 BGHSt 36, 145.; *Renzikowski*・前掲注（31）§179, Rn. 27.; *Eisele*, Schönke/Schröder-Kommentar, §179, Rn. 8f.
54 BGHSt 36, 145. NStZ-RR 2015, 44.

害」と「精神的変性（Abartigkeit）」の問題に関する原則を適用可能であるとする[55]。事実認定に際しては、実際の行為状況をも考慮に入れた全体評価に基づいて、被害者の心身の状況と、被害者の行為への作用を証明しなければならないとされる。ただし、ドイツ判例上、このような精神的な抵抗不能が認められることは非常にまれであるといわれている[56]。

3 心理的強制の判断

他方、日本の強姦罪（177条）は、準強姦罪とは異なり、暴行・脅迫が、他の事情と相まって、被害者の反抗を著しく困難にすることにより姦淫することを処罰すると理解される。暴行・脅迫という強い手段を利用する場合には、行為者にとって、性行為が被害者の意思に反するということが容易に想像できるはずであり、錯誤は考えにくい。そのため、強姦罪の場合には、準強姦罪とは異なり、暴行・脅迫によって「著しく抵抗困難」となり、被害者の「意思が曲げられて（Willensbeugung）」性行為がなされたという場合で十分ということになる[57]。

このような心理的強制について、前述のように、判例上、「客観的・合理的に」判断がなされている状況にあり、暴行・脅迫それ自体の程度のほか、被害者及び犯人のそれぞれの属性、姦淫に至る経緯、四囲の状況等総合して、反抗が著しく困難であるといえるかどうかが決せられるといわれてきた[58]。ドイツにおいてもほぼ同様の事情から総合判断がなされており、暴行による心理的な作用は、「意思決定と意思活動にとって重大な障害となると被害者によって感じられるものでなければならない」と理解されてきた[59]。なお、ドイツ連邦裁は、暴行の判断において、被害者の防衛行為も重要な意味を持つとする[60]。なぜなら、暴行の行使によって、被害者の実際の、あるいは予期される反抗を抑圧するために不可欠の、被害者の意思に反する性的行為を強制するという行為者の意図が形成されるからだといわれる。日本でも、被害者の抵抗の程度も考慮要素の一つとされてお

55　BGHSt 36,145.
56　StV2005, 439　NStZ 2009, 324
57　その意味で、強姦罪は強盗罪ではなく、恐喝罪との類似性を有する。
58　川合昌幸「強姦の成否（2）」小林充ほか編『刑事事実認定重要判決50選〔補訂版〕』（立花書房、2007年）238頁。
59　BGH NStZ 1981, S. 218, 1985, S. 71.
60　BGH GA 1977, 144; BGH NJW 1981, 2204 ; BGH StV 1987, 516 ; BGH NStZ 1990, 335 ; BGH NStZ 2005, 268. 等

り、被害者の供述は、姦淫の際これといった抵抗をしていないなど不自然な部分があるとされた事案がある[61]。しかし、ドイツ学説上は被害者の抵抗は不要とするのが一般的であり[62]、なぜなら、経験的研究にしたがえば、典型的な被害者の反応は身体的抵抗ではないといわれてきたからである[63]。とくに、年齢が高い被害者よりも、若い被害者の方が行為者にとって身体的な暴行は必要ないといわれ、精神的な形式での強制で十分な傾向にある[64]。また、経験的な研究によると、半数以上の被害者が大きな抵抗なく屈服しているとされる[65]。したがって、心理的強制の判断にあたって、被害者が強く抵抗していなかったとしても重要視されるべきではない。

4　被害者の同意の有無

前述のように、日本の実務の特徴として、このように客観的に見て、心理的強制下にあるといいうる性行為の中にも、被害者の同意に基づくものが含まれうると判例上考えられている[66]。そのため、強姦罪において被害者本人の同意の有無についての判断の方が重要視される傾向にある。従来、被害者の同意を判断する際、具体的には「強姦の危機に瀕した」といえる状況にあったか、当該暴行・脅迫により被害者はどのような危険をどのように感じたのか、被害者になされた暴行・脅迫と被害者が供述する危険との間に合理性はあるのか、現実的なその場の被害者の対応としてどの程度のことをすることができたのか、被害者の現実にした対応が、危険回避の行動として不自然かどうか、意に反した姦淫と見るには不自然かどうかが検討されてきた[67]。ただし、このような検討においては、被害者の供述が「不合理か、不自然か」といった形で検討され、被害者の行動が非難されることにつながりやすい。

たしかに、保護法益である性的自己決定権は、担い手がこの権利を完全に処分しうることを認めており、被害者が暴力的な性行為に同意することも考えうる。

61　東京地判平成14年3月27日判時1791号152頁。
62　*Fischer, Kommentar* 63Aufl. §177. Rn. 6.
63　*Kratzer-Ceylan*・前掲注（27）S. 229.
64　*Michaelis-arntzen*, Die Vergewaltigung, 1981, S.11.; *Weis*, Die Vergewaltigung und ihre Opfer, 1982, S. 68f.
65　*Amir*, Patterns in forcible rape, 1971, S. 166.; *Michaelis-Arntzen*・前掲注（64）S. 25.
66　1（2）参照。
67　遠藤・前掲注（6）231頁以下。

しかし、性行為時に、被害者が客観的に心理的強制下にあると認められる以上、原則的には、構成要件を阻却する法的に有効な合意は存在しえないはずである[68]。仮に、暴行・脅迫の程度が軽く、心理的強制の程度が低かったとしても、そのような手段にもとづく性行為に被害者が同意することは原則的には想定されえないはずである。そのような暴行・脅迫に基づく性行為に被害者本人が同意することは基本的には考えにくいと推定される以上、被害者の同意は、あくまでもその推定を覆しうる例外事情として位置づけられなければならない。したがって、被害者の供述を検討する際には、被害者が、客観的に「被害者の意思に反する」と評価された性行為に同意していたといいうる事情が特に存在しうるかどうかという視点から批判的に吟味されなければならない。さらなる注意点として、その検討に際しては、以下で詳述するとおり、原則的には、行為前の事情（被告人と被害者の関係、行為に至るまでの経緯）、行為後の事情、被害者の事情（性的経験の有無・濃淡、性的欲求不満の有無）などは考慮されるべきではない。

5 被害者の共同責任？
(1) 被害者事情の考慮

日本では、前述のように、行為前の事情（被告人と被害者の関係、行為に至るまでの経緯）、行為後の事情、被害者の事情（性的経験の有無・濃淡、性的欲求不満の有無）など被害者のさまざまな事情から被害者の同意の有無が判断されてきた[69]。判例上、被害者が「慎重で貞操観念があるという人物像」には似つかわしくないといったことや[70]、「ホステス等いわゆる水商売従事経験」といった被害者の性的遍歴が被害者供述の信用性を否定する事情として使用されたことがある[71]。また、被害者の過失（被害者がたやすく犯人の誘いに応じて犯罪の機会を作り、あるいは、被害者が被害を回避するために真摯な努力を払った形跡がない場合など）も一要素とされてきた[72]。判例上、当日被告人方に行った経緯に関する説明や強姦の被害状況に関する供述に不自然な点があるとされた事案や[73]、「キスをする間柄」で

---

68 Kratzer-Ceylan・前掲注 (27) S. 356f.
69 下村・前掲注 (6) 62頁、遠藤・前掲注 (6) 232頁以下。
70 東京地判平成6年12月16日判時1562号141頁。
71 最判平成23年7月25日裁集刑304号139頁。谷田川知恵「強姦罪の暴行と同意」浅倉むつ子ほか編『比較判例ジェンダー法』（不磨書房、2007年）46頁、島尾・前掲注 (17) 59頁参照。
72 下村・前掲注 (6) 62頁。

あったことや、被害者が交際に積極的であったといった、行為者との事前の関係が考慮された事案がある[74]。

これらの事情について、日本では、主に、被害者の同意の有無を判断するために、被害者供述の信用性に不自然・不合理な点がないかを検討する際に利用される[75]。一方、ドイツでは、このような被害者事情は、主に、行為者の主観の問題として扱われる傾向にある。つまり、ドイツでは、行為者と被害者との間のコミュニケーション不足や、行為者にとって二義的、ないしは誤解の生じうる状況において性行為がなされた場合、故意阻却の問題として解決される。そして、その限界事例においては、「同意に近い事案（der einwilligungsnahe Fall）」と理解され[76]、5項の「犯情があまり重くない事案（In minder schweren Fällen）」として刑が減軽されるのである。

ドイツ現行法上、日本とは異なり、前述のように、強姦も強制わいせつも性行為として一つの条文にまとめられており、第2項に「犯情の特に重い事案」の一類型として強姦が規定されている。そして、第5項において、第1、3、4項の類型が、行為がわずかな結果反価値しか有さない場合に、「犯情があまり重くない事案」として、例外的に減軽されることが予定されている[77]。これによって、かなり暴力的な事案から胸をつかむといった比較的軽微な類型まで、多種多様なものを含みうる同規定について、個別事案の調整が裁判官に委ねられている。とくに、強姦の場合、一見すると、条文上は2項が適用され、5項の減軽の対象とはならないように見える。しかし、2項において「挿入」は、「被害者を貶める（erniedrigen）ような性行為」の一例にしかすぎないと解されており、場合によっては挿入行為があった場合にも1項が適用されうる[78]。そのうち、性行為の重大性判断における限界事例や、前述の故意阻却限界事例については、「犯情があまり重くない事案」として減軽されるのである。

しかし、ドイツ学説上、被害者事情を考慮して刑を減軽することは、「被害者

---

73 仙台地判平成13年5月11日判タ1105号259頁。
74 野澤・前掲注（17）76頁。
75 石井一正『刑事事実認定入門〔第3版〕』（判例タイムズ社、2015年）99頁、遠藤・前掲注（6）227頁以下。
76 *Hillenkamp*,Vorsatztat und Opferverhalten, 1981, S. 240 ff.
77 *Renzikowski*・前掲注（31）§ 177, Rn. 110.
78 *Renzikowski*・前掲注（31）§ 177, Rn. 68.；*Hörnle*・前掲注（31）§177, Rn. 233.

の共同責任」を問うていることにもなり、被害者の性的自由の保護という観点から問題視されてきた[79]。前述のように、日本でも被害者事情の考慮について問題が指摘されていることから、以下では、考慮される段階が異なることに留意しつつ、ドイツにおける議論状況を見ていくこととする。

(2) 行為者と被害者との関係

ドイツ判例上、具体的には、行為者と被害者が行為以前にすでに知り合っていたり、被害者が何らかの形で性行為を要求するような態度をとった場合、被害者にも責任があるとして「犯情があまり重くない事案」が適用され、刑罰が減軽されてきた[80]。連邦裁判所の見解によれば、被害者が行為者との性行為をいったん抵抗なく受け入れていた場合、その後に行われた強姦行為は「犯情があまり重くない」と評価される[81]。

このような理解の背景には、以前、Schorschによって展開されてきた、「性差に基づく誤解[82]」、つまり、男女間の親密さは常に「性的なもの」に矮小化され、親密さは自動的に性的交渉へと至るものであり、かつ、そうあってもよいという経験則を生み出しているといわれる[83]。強姦は、行為者による誤解の帰結だとされ、たとえば、行為者が、最初は積極的な被害者の行為によって、あるいは、少なくとも行為者から見るとエロティックな誘いがあったと誤解して、行為者は、女性は最終的には性行為に同意するだろうと考えて、まったく、あるいは、性行為の直前まで強姦だとは気づかないということがあるというのである[84]。また、そのような誤解に基づく強姦は、伝統的な性理解に基づいて肯定的に理解されており、女性は当初は奥ゆかしく遠慮することで、自身の実直さを守りつつ、同時に男性を性的に刺激する役割を担う一方で (vis haud ingrata)、男性は、性的に積極的に、貪欲にあるべきで、女性の当初の防御は、「誘惑するための」暴行によって押さえ込むという役割があるといわれた[85]。このような理解に基づいて、ドイツ判例上、強姦の減軽事由として扱われてきているとされる。し

---

79 *Kratzer-Ceylan*・前掲注(27) S. 397 ff.
80 *Sick*, Sexuelles Selbstbestimmungsrecht und Vergewaltigungsbegriff, 1993, S. 234 ff.
81 BGHR StGB § 177 Abs. 2 Strafrahmenwahl 6.; *Schäfer/Sander/Gemmeren*, Praxis der Strafzumessung, 5 Aufl. 2012, Rn. 1623.
82 *Schorsch*, Sexualstraftäter, S. 208f.
83 *Michaelis-Arntzen*,・前掲注(64) S. 7 f.
84 *Schorsch*・前掲注(82) 208f.
85 *Hielel/Endres*, Sexuelle Übergriffe gegen Frauen (1), Kriminalistik, 1997, S. 628.

かし、そもそもこのような性差に基づく誤解は前近代的だとして、批判が強いところであり[86]、また、仮に、行為前にそのような誤解があったとしても、遅くとも実行行為を始めるに際して、誤解であることに気づくはずであって、行為者の責任を減じる事由にはならないはずだといわれる[87]。

強姦罪は、基本的には「関係性に基づく犯罪（Beziehungstat）」、つまり、個人的な付き合いやパートナー関係のなかで生まれる犯罪である。そういった信頼関係が破られ、暴力的な性行為を受けることは、むしろ、被害者にとって大きな被害となる[88]。それゆえ、それらの事情はむしろ、刑罰を重くする事情とされるべきであるといわれる[89]。また、仮に、行為者の部屋に行くなど、個人的な関係を結び、行為者の領域に立ち入ったとしても、被害者は性的自己決定権を放棄したわけではないのである[90]。

（3）被害者による先行行為

扇情的な服装をするなどして挑発行為を行ったり、たやすく犯人の誘いに応じて犯罪の機会を作ったといったような、被害者の先行行為も、日本の判例上、前述のように考慮事情とされてきた。ドイツ学説上も、被害者が行為者に、行為のきっかけを与えたような場合にも、減軽事情となるといわれてきた[91]。そして、この場合、行為者は、誤って、性行為の実行の期待をもったことについて大目にみるという立場がとられてきた[92]。それによって、被害者は、意図しなかったにせよ、事象の展開に少なからず寄与したとして非難されることになるのである[93]。

この問題は、ドイツ学説上、「自己防衛義務（Selbstschutzobliegenheit）」として論じられてきた。この考えに基づけば、たとえば、被害者の先行行為によりなされた誤解に基づいて性的な強要がなされた場合、被害者の帰責可能な関与が、実

---

86 *Frommel*, NK, 3 Aufl. (2010), § 177 Rn. 77. *Kieler*, Tatbestandsprobleme der sexuellen Nötigung, Vergewaltigung sowie des sexuellen Mißbrauchs widerstandsunfähiger Personen, 2003, S. 109.
87 *Kratzer-Ceylan*・前掲注（27）S. 412.
88 *H. J. Schneider*, Internationale Perspektiven in Kriminologie und Strafrecht, 1998, S. 384 f.
89 *Schäfer/Sander/Gemmeren*・前掲注（81）Rn. 1620.
90 Kieler・前掲注（86）S.109.
91 *Maurach/Schroeder/Maiwald*, Strafrecht BT Teil 1, 10Aufl. 2009, § 18, 28.
92 *Wolters*, SK 135. Lfg. 2012, § 177, Rn.24.
93 BGH StV 2000, 557, BGH StV 2008, 81, BGH NStZ 2009, 450, BGH StV 2013, 743 f.

行行為開始時点において、刑罰を減軽する効果を発生させうる[94]。しかし、行為者の誤った期待は、性行為の暴力的な強要の責任を減じることはないはずである[95]。このような被害者の「寄与」について、*Kratzer-Ceylan* によれば、詐欺の場合に、被害者が「いいかげんに」行為したために、行為者は構成要件実現のためにわずかなエネルギーを利用するだけで済んだとして、刑が減軽された事案があるが[96]、性犯罪の場合は異なるはずだとされる。つまり、被害者を性的客体として道具化することを容易にするような、「被害者の行為や精神的な素質」が行為者に利用された場合、行為者が被害者の意思に反することを認識している以上、むしろ、その信頼に対する違背はむしろ刑を重くするはずだという。さらに、また、このような被害者の特性を利用した場合には、行為者の犯罪に対するエネルギーが弱かったと評価することはできないはずだという[97]。

そこで、ドイツ学説上、被害者に包括的な義務が課されるわけではなく、被害者の自由保護という観点から、被害者が「社会的に相当な方法で、行為の自由を行使したかどうか」を基準とすべきとされる[98]。この理解にしたがえば、すべての被害者のリスクある行為を考慮すべきではないということになる。たとえば、行為者の車に乗ったり、行為者の部屋に宿泊したり、人里はなれた場所に一緒に行くなどして、被害者が自らの意思で危険な状況に入ったからといって、当然に刑が減軽されることはないとされる[99]。

(4) 被害者の貞操（Unbescholtenheit）

さらに問題となるのが、性的経験の有無などといった被害者の貞操を示す事情である。日本の判例上、被害者が「慎重で貞操観念があるという人物像」には似つかわしくないといわれたり[100]、「ホステス等いわゆる水商売従事経験」といった被害者の性的遍歴が、被害者供述の信用性を否定する事情として使用されてきた[101]。

---

94 *Laubenthal*・前掲注（31）Rn147, Rn. 224.
95 *Fischer*・前掲注（62）§177. Rn. 92
96 BGH StV 1983, 326. BGH Wistra 1986, 172.
97 *Kratzer-Ceylan*・前掲注（27）S. 415.
98 *Hörnle*・前掲注（31）§177, Rn. 158, *Laubenthal*・前掲注（31）Rn. 224, *Renzikowski*・前掲注 177 Rn. 111.; *Eisele*・前掲注（53）§177, Rn. 33
99 *Fischer*・前掲注（62）§ 177, Rn. 94a.
100 東京地判平成 6 年12月16日判時1562号141頁。
101 前掲注（71）参照。

ドイツでも、前述のとおり、カロリナ刑法典以来、保護法益としての「性的名誉」の観点から、強姦罪の客体は「汚れなき女性」に限定されてきた。そのため、長らく、ドイツでは、強姦罪において、被害女性の「貞操（Unbescholtenheit）」が重視されてきた。現在でも、177条5項の「犯情があまり重くない事案」の検討に当たって、前述のように、行為以前の行為者との関係や、挑発を行ったかどうかといった女性の「貞操」が問題にされてきた。特に従来、売春を生業にする者に対して、性的自由保護は限定されてきたとされる。現在、正面から、売春婦には強姦は成立しないといわれることはないが、ドイツ判例上、売春婦である被害者が性行為自体には同意していたものの、異常な性行為には同意していなかった事案において、性的強要罪の成立は否定し、強要罪ないしは傷害罪の成立を認めた[102]。学説上も、性的自由を保護する性的強要罪に高い刑罰が課されている理由は、個人の人格的な自由への重大な侵害であることから、本事案について、内的な領域への侵害はなく、単に、前提条件が否定されただけだといわれる[103]。とくに、売春婦の場合、実際の行為状況において商売を行わなかったり、特定の男性との性交渉をあらかじめ拒否していた場合に限り、刑法177条により保護されるとの主張も見られる[104]。

　しかし、より広く性的自由を捉える見解によれば、性的自己決定とは、自身の好みにしたがって、具体的な性的接触に同意するか、しないかを明示しうることを意味する。したがって、これを行う自由は、性行為をするという一般的な利益によっても（売春や性的に奔放な生活スタイル）、以前に明示した性的接触の同意に制約されることはないとされる[105]。さらに、この見解をとる論者は、性的強要・強姦の有する「辱め（Erniedrigung）」の性質は、暴行・脅迫の使用により生ずるのであり、被害者が性行為に一旦同意したかどうかは関係がないはずだというのである[106]。

102　BGH NJW 2000, 672, 2001, 2186, NStZ 2001, 369.
103　*Maurach/Schroeder/Maiwald*・前掲注（91）§18. Rn. 6.
104　*Maurach/Schroeder/Maiwald*・前掲注（91）§18. Rn. 7.
105　*Hörnle*・前掲注（31）§177 Rn. 1.
106　*Kratzer-Ceylan*・前掲注（27）S. 410.

四　終わりに

　人が望んでいないにもかかわらず性行為を受け入れる場合、何らかの多様な動機が存在する。この動機が暴行・脅迫の作用によるものであれば「強制」と容易に評価しうる。しかし、それ以外の、被害者の意思に反する場合に、なぜ行為を強制したとして行為者に帰属されるのかは不明であり、被害者が望んでいないことを行為者が認識していたというだけでしかない。人間は、多様な理由から意に反する要求にしたがうことがあり、これらすべてを可罰的な強要とすることは現実的ではない。やはり、少なくとも、暴行・脅迫という手段の「作用」によって、心理的強制がなされたといえなえければ、刑法による介入対象としてふさわしいとはいいがたい[107]。一方、被害者保護の観点からも、前述のように、懸念されるべき点がある。つまり、被害者の同意の有無の判断が中心となり、被害者供述の信用性判断が重要視される現状において、法制審議会の改正案どおり、法定刑の下限が引き上げられることになれば、その刑の重さに見合った罪の重大性が要求され、被害者に対する弾劾はさらに厳しくならざるをえないのではないかと懸念する。

　そのために、第一に、強姦罪の成否について、準強姦罪との区別の要請から、あくまでも「暴行・脅迫による作用」から、被害者の「意思を曲げること（Willensbeugung）」により、心理的に強制されたかどうかが問題にされなければならない。暴行・脅迫という、被害者が同意していないことを推定させる手段の存在があってはじめて、「抗拒不能」よりも程度の弱い「意思を曲げられた」場合を捕捉しうると考えられるからである。ただし、「意思を曲げられた」といいうるためには、行為者の意図という点から少なくとも手段としての暴行・脅迫による作用が原因となっていることが不可欠である。第二に、このように、行為時の暴行・脅迫による作用から被害者の心理的強制が肯定される場合には、原則的には被害者の同意はありえないことが確認されるべきである。挑発的な服装をしていれば暴力的な性交を望んでいる可能性がある、同意していなかったのであれば、強く抵抗したはずだといった、被害者に対する偏見は排除されなければならな

107　*Fischer*, Noch einmal : §177 StGB und die Istanbul-Konvention, ZIS 6/2015, S. 314. 参照。

い。そして、被害者の同意の考慮はあくまでも例外的にのみなされることが確認されなければならない。第三に、原則的に被害者の共同責任は問われるべきではなく、行為以前の行為者との親しい関係や、被害者の過失的な先行行為、被害者の性的経験などは、あくまでも例外的にのみ、行為者の故意阻却の問題としてとらえられるべきであり、被害者の同意を推定する事情とはならない。

今後の課題として、前述のように、ドイツでは一段階モデルの導入が検討されており、世界的にも性犯罪処罰は拡大される傾向にあり、それにともなって、性犯罪の認定はますます困難になっていくことが予想されている。性犯罪における被害者の「意思侵害」の態様としての、準強姦罪における被害者の「抗拒不能としての判断不可能性」、ならびに、強姦罪における被害者の「意思を曲げること (Willensbeugung)」の内実とその限界を追究することが急務である。

振込め詐欺に利用された口座からの払戻しと財産犯

松 宮 孝 明

一　問題の所在
二　取引停止前の払戻し
三　告知義務の有無
四　「出し子」の刑事責任
五　むすびにかえて

一　問題の所在

　銀行の預金口座がいつの間にか振込め詐欺等[1]の犯罪による被害者からの入金および詐欺犯人による出金のために用いられていたところ、それに気づき、あるいは詐欺被害者による入金とは気づかなかったが「身に覚えのない入金」であることには気づいた場合に、当該口座の預金者が銀行の窓口またはATMで払戻しを受けたことが、詐欺罪や窃盗罪に当たるのであろうか。
　このような問題を考えさせる判決が、2013（平成25）年に、大阪高等裁判所によって言い渡された[2]。振込め詐欺の共犯でない被告人が、自己の口座に「身に覚えのない」振込み（実は、詐欺被害者からの振込み）があったことに気づき、これを銀行に告げずに引き出したことが詐欺罪に問われたものである。本判決は、誤振込み金の払戻しに関して詐欺罪を認めた最高裁の平成15年3月12日決定[3]を引用し、平成15年刑事決定は「銀行に組戻しの措置を講じさせるため、また、誤振込の分について最終的に自己のものとすべき実質的な権利もないことから、誤

1　近年では、「特殊詐欺」と呼ばれることもあるが、以下では「振込め詐欺」と表記する。
2　大阪高判平成25・6・12公刊物未登載。以下、「本判決」と呼ぶ。本判決に対する上告は、いわゆる「三行半」で棄却された（最決平成25・10・29公刊物未登載）。本判決の入手については、兵庫県弁護士会の河端亨弁護士にご協力をいただいた。記して謝意を表する。なお、本判決の評釈として、松宮孝明「判批」法学セミナー727号（2015年）121頁がある。
3　最決平成15・3・12刑集57巻3号322頁。以下、「平成15年刑事決定」と呼ぶ。

振込があった旨を告知すべき信義則上の義務があり、これに違反した払戻請求は詐欺罪を構成する」としているという理解を前提に、本件では、被告人は「その口座に振り込まれた金員を権限なく」取得したものである等として、詐欺罪に当たるとした。

もっとも、振込め詐欺での入金は、振込人が口座番号を間違えたという意味での「誤振込み」とは異なり、送金先に振込金額相当の預金債権が成立することについてはまったく争いがない。ゆえに、「銀行に組戻しの機会を与えるため」とする平成15年刑事決定の射程は、厳密には及ばない。そこで、平成25年9月4日の東京高裁判決[4]は、自社の預金口座が振込め詐欺等の犯罪行為に利用されていることを理由に銀行によって取引を停止されたことを知って他の銀行にある自社の口座からATMを通じて預金を引き出した被告人に対し、当該銀行の普通預金規定が詐欺等の犯罪行為に利用されている預金口座に対して取引停止または解約の措置をとることができるとしていることや、犯罪利用預金口座等に係る資金による被害回復分配金の支払等に関する法律[5]3条1項が「当該預金口座等に係る取引の停止等の措置を適切に講ずるものとする。」としていることなどから、被告人には「銀行に口座凍結等の措置を講じる機会を与えるため、その旨を銀行に告知すべき信義則上の義務」があるなどとして、窃盗罪の成立を認めた。

しかし、このように解すると、たとえば誰かが悪戯で受取人の口座にいくらかの送金をした場合、「身に覚えのない入金」に気づいた受取人は、それが「振込め詐欺による入金」の可能性もあるのだから、「銀行に口座凍結等の措置を講じる機会を与えるため、その旨を銀行に告知すべき信義則上の義務[6]」があり、ゆえに、この告知義務を怠って窓口やATMで預金を引き出した場合には、詐欺

---

4 東京高判平成25・9・4判時2218号134頁。以下では、「平成25年東京高裁判決」と呼ぶ。なお、本判決の評釈・解説として、田山聡美「判批」刑事法ジャーナル41号（2014年）224頁、内田幸隆「判批」法学教室別冊附録判例セレクト2014［Ⅰ］413号（2015年）34頁、今井 誠「判解」捜査研究64巻2号（2015年）16頁、杉本一敏「判解」『ジュリスト臨時増刊平成26年度重要判例解説』（2015年）172頁がある。

5 以下「救済法」と呼ぶ。このような救済法が制定された背景には、振込め詐欺の入金口座であることを理由に金融機関が、普通預金規定などを根拠として、口座凍結（＝口座取引停止措置）を行っても、以下で述べる平成8年民事判決により当該口座にある預金債権は口座名義人に帰属するため、金融機関が被害者からの資金返還請求に応じることとした場合、当該金融機関は被害者と口座名義人への二重払いを行うリスクを負うこととなるという懸念があった。干場 力「振り込め詐欺救済法の概要と同法に係る全銀協の事務取扱規定の概要」金融2008年7月号30頁参照。

6 以下、「告知義務」と呼ぶ。

罪や窃盗罪という財産犯が成立することになってしまう。それどころか、原因関係のある入金であっても、受取人がその原因関係を失念していた場合には、その限りで「身に覚えのない入金」になるので、これを引き出しただけでもこれらの財産犯が成立しかねない。これは不当な結論であろう。この場合、客観的・結果的には受取人が払い戻しても問題のない入金であるから銀行側に損害は発生しないので詐欺罪等にならないという理屈は通じない。なぜなら、平成15年刑事決定によれば、客観的・結果的には受取人が払い戻しても不当利得返還債務しか負わないという意味で銀行が払戻しを拒否できない誤振込金員であっても、銀行側に「当該振込みの過誤の有無に関する照会」の機会を与えないで受けた払戻しは詐欺罪になるとされているからである[7]。

このような不当な結論は、なぜ生じてしまうのであろうか。検討すべき論点は、以下のようなものと思われる。

① 銀行は、普通預金規定や救済法による取引停止措置を執る前から、預金者に対する払戻しを拒否できるか。

② 銀行に取引停止措置の対象となりうる振込みがあった場合、預金者は、銀行に対して「取引停止措置の機会を与えるため」告知義務があるか。そもそも、受取人は自己名義の預金口座について、救済法により、銀行に取引停止措置を執らせることができるのか。

③ 預金者が振込め詐欺被害者に返却するために、取引停止前に、銀行には告知せずに払い戻した場合でも、財産犯が成立するか。

---

7 この平成15年刑事決定の論理は、単純に「組戻し」の機会を与えなかったことを理由とするものではない。なぜなら、単なる誤振込みであれば、銀行側は有効に成立した預金債権の払戻しを拒否する権限をもたないからである。そうではなくて、この決定の調査官解説によれば、銀行側の過誤（誤発信または誤記帳）の場合には受取人への通知を経ずに一方的に入金を取り消すことができるので、この場合には預金債権は成立していないのだという——それ自体、無効と取消を混同し、取消前から債権が無効であるとする誤った——論理で、銀行側は誤発信ないし誤記帳でないことを確認するまでは払戻しを拒否できるという理解に基づき、銀行側に「当該振込みの過誤の有無に関する照会」の機会を与えずに払戻しを受けたことを詐欺としているのである。宮崎英一「判解」『最高裁判所判例解説刑事篇平成15年度』(2006年) 131頁以下参照。

二　取引停止前の払戻し

1　預金債権の成否

　誤振込みであれ振込め詐欺によるものであれ、受取人の口座に入金記帳があった場合、振込金相当額の預金債権が成立し、その債権者は受取人となることについては、近年の民刑事の判例において争いはないようである。周知のように、平成8年4月26日の最高裁民事判決は、誤振込みの場合でも預金債権は有効に成立し、そして誤振込人は、受取人の債権者が債務名義に基づいてその振込金相当額を含む預金債権を差し押さえることによってなした強制執行の不許を求めることはできないと判示して、誤振込人からの執行異議の訴えを斥けた[8]。

　また、預金債権の「組戻し」については、平成12年3月9日の民事判決[9]が、被仕向銀行が受取人の承諾を得ずに振込金員を仕向銀行に組戻した場合には、当該金員相当額の預金債権は消滅しないとして、受取人による払戻し請求を認めている。

　誤振込金員相当額の預金債権が成立することは、平成15年刑事決定も認めている。そこでは、「このような振込みであっても、受取人である被告人と振込先の銀行との間に振込金額相当の普通預金契約が成立し、被告人は、銀行に対し、上記金額相当の普通預金債権を取得する[10]」と明言されているのである。

　振込め詐欺による金員相当額についても、本判決や平成25年東京高裁判決は、預金債権が成立することを認めている。平成25年東京高裁判決は、平成8年民事判決を参照して「銀行に対し、普通預金契約に基づき振込金額相当の普通預金債権を取得することになると解され」ると述べているし、本判決も、平成8年民事判決を前提とした平成15年刑事決定を参照しているからである。

　8　最判平成8・4・26民集50巻5号1267頁（以下、「平成8年民事判決」と呼ぶ）。そこでは、「振込依頼人である被上告人と受取人であるTとの間に本件振込みの原因となる法律関係は何ら存在しなかったとしても、被上告人は、Tに対し、右同額の不当利得返還請求権を取得し得るにとどまり、本件預金債権の譲渡を妨げる権利を有するとはいえないから、本件預金債権に対してされた強制執行の不許を求めることはできない。」と明言されている。
　9　最判平成12・3・9金法1586号96頁。以下では、「平成12年民事判決」と呼ぶ。
　10　前掲最決平成15・3・12刑集57巻3号322頁。

2 誤振込金員の払戻し拒否権

　誤振込みの場合、銀行側に受取人からの払戻請求を拒否する権利がないことは、平成20年10月10日の最高裁民事判決[11]が明言している。そこでは、原因関係がないため「受取人が振込依頼人に対して不当利得返還義務を負う場合であっても、受取人が上記普通預金債権を有する以上、その行使が不当利得返還義務の履行手段としてのものなどに限定される理由はない」として、受取人からの払戻請求は「受取人が振込依頼人に対して不当利得返還義務を負担しているというだけでは」権利の濫用に当たらないとされている。そこでは、払戻請求を権利の濫用だとして拒否できるのは、「払戻しを受けることが当該振込みに係る金員を不正に取得するための行為であって、詐欺罪等の犯行の一環を成す場合であるなど、これを認めることが著しく正義に反するような特段の事情があるとき」に限られているのである。それも、ここにいう「誤振込み」は、仕向銀行が振込依頼人を権利者であると誤信したために行った「誤発信」であり、普通預金規定によって入金措置を銀行が一方的に取り消すことができる場合であったにも関わらず[12]、受取人は払戻しを請求できるというのである。

　この点に関し、誤振込金員の払戻しについては、平成15年刑事決定も、受取人からの請求に対して銀行はあくまで払戻しを拒否できるとは考えていないようである。というのも、この決定は、前述のように誤振込金員相当額の預金債権の成立を認めて「被告人は、銀行に対し、上記金額相当の普通預金債権を取得する」と述べた上で、「銀行にとって、払戻請求を受けた預金が誤った振込みによるものか否かは、直ちにその支払に応ずるか否かを決する上で重要な事柄である」と述べているからである。「直ちにその支払に応ずるか否か」が問題だとする趣旨は、支払いを拒否するか否かは問題ではないということである。せいぜいのところ、銀行が可能なのは、誤振込者からの申出があれば「受取人の承諾を得て振込依頼前の状態に戻す、組戻しという手続」を執るために、または受取人から誤った振込みがある旨の指摘があった場合に「自行の入金処理に誤りがなかったかどうかを確認する一方、振込依頼先の銀行及び同銀行を通じて振込依頼人に対し、

11　最判平成20・10・10民集62巻9号2361頁。以下では、「平成20年民事判決」と呼ぶ。
12　銀行側が入金を一方的に取り消すことのできる「誤発信」や「誤記帳」の場合でも、取消しまでは預金債権が有効に成立していると解されることについては、松宮孝明「誤振込みと財産犯・再論」井田　良ほか編『川端博先生古稀記念論文集［下巻］』（成文堂、2014年）267頁を参照されたい。

当該振込みの過誤の有無に関する照会を行うなどの措置」を講じるために、払戻請求を猶予するよう受取人を説得することでしかない。したがって、誤振込金員の払戻しについては、銀行は支払い拒否権を有しないとするのが判例の考え方なのである。

現に、平成15年刑事決定に関する調査官解説は、「受取人が組戻しに応じず、預金の払戻しを強く請求したときには、これに応じざるを得」ず、「したがって、振込依頼人が受取人の口座指定を誤ったような事案では、受取人が誤振込みの事実を秘して預金の払戻しを請求しても、これを告げて預金の払戻しを請求した場合に比し、若干（調査、照会等の措置を執るのに必要にして合理的な期間）早く預金の払戻しを受けることができるにすぎない。[13]」と述べている。しかも、この調査官解説は、誤記帳・誤発信などの銀行側の過誤による場合には、振込金員相当の預金債権は成立しないという──平成20年民事判決と異なる──前提に立った上で、銀行側の過誤による場合には預金債権は成立しないので銀行は入金取消前でも払戻しを拒否できるという──これまた、平成20年民事判決と異なる──理解に立つが故に、財産犯の成立を認めるのである。

3　振込め詐欺の場合

それでは、振込め詐欺による入金については、取引停止措置前であっても銀行は払戻しを拒否できるのであろうか。この点につき前述した平成25年東京高裁判決は、銀行の普通預金規定が詐欺等の犯罪行為に利用されている預金口座に対し取引停止または解約の措置を執ることができるとしていることや、救済法3条1項が「当該預金口座等に係る取引の停止等の措置を適切に講ずるものとする。」としていることなどから、被告人には「銀行に口座凍結等の措置を講じる機会を与えるため、その旨を銀行に告知すべき信義則上の義務」があるとした。

しかし、これは、銀行が取引停止措置前に払戻しを拒否できるという意味ではない。というのも、無銭飲食を考えればわかるように、この種の挙動による詐欺では、飲食店側が飲食提供停止などという措置を講じることなく、詐欺罪が成立するからである。したがって、無銭飲食の場合と同じく銀行が取引停止措置を講じなくても支払いを拒否できるのであれば、わざわざ受取人に告知をさせて「銀

13　宮崎・前掲『最高裁判所判例解説刑事篇平成15年度』133頁。

行に口座凍結等の措置を講じる機会を与える」必要はない。

　また、そもそも救済法による取引停止措置は、「預金口座等への振込みを利用して行われた詐欺等の犯罪行為により被害を受けた者に対する被害回復分配金の支払等のため」の「預金等に係る債権の消滅手続及び被害回復分配金の支払手続等」の一環として行われるものである[14]。つまり、救済法は、単なる普通預金規定に基づく取引停止措置では、当該口座にある預金債権は口座名義人に帰属するため、「金融機関が被害者からの資金返還請求に応じることとした場合、金融機関は被害者と口座名義人への二重払いを行うリスクを負うこととなる」事態を避けるためのものにすぎないのである。

　それにもかかわらず、銀行側に取引停止措置の機会を与えなければならないということは、とりもなおさず、この措置がなければ、銀行は振込め詐欺金員が振り込まれた口座からの払戻しを拒否できないことを意味する[15]。ゆえに、銀行が払戻しを拒否できるためには取引停止措置が必要であり、かつ、この措置を執るためには、振込め詐欺による入金に気づいた何者かが、銀行にこの情報を提供しなければならない。この取引停止措置が執られる前に受取人が――告知をした場合も含めて――あくまで預金の払戻しを求めた場合、銀行側はそれを拒否できるとは明言できないのである。そこで、受取人にこのような情報提供義務としての告知義務を認めることで詐欺罪の成立を認めようとするのが、平成25年東京高裁判決なのである[16]。

14　救済法1条参照。
15　杉本・前掲173頁は、受取人から告知された場合でも、「事情を知った銀行は救済法の要請から払戻しを拒絶せざるを得ない状況にある」から、「告知義務違反」という構成を介する必要はないとする。しかし、それは預金債権が有効に成立することを無視したものである。
16　なお、この場合は、あたかも振込め詐欺等による入金ではないことを暗黙の前提とする払戻請求という「挙動による欺罔」となるのであり、不作為による詐欺ではない。不作為犯が問題なら、払戻請求をしなくても、振込め詐欺による入金に気づいた預金者が銀行にこれを告知しなければ、たとえば公共料金の自動引落しがあった場合、不作為による詐欺罪が成立してしまう。なお、誤振込に関する平成15年刑事決定につき、山口　厚『新判例から見た刑法［第3版］』（有斐閣、2015年）308頁は、挙動という作為による欺罔であれば告知義務は問題とならないはずだとし、「預金の払戻請求に『誤振込みに係る入金記帳がない』との意思表示までが含まれていると見ることには……無理があ」るので「最高裁が告知義務を問題としたことは正当であった」と述べる。しかし、払戻請求に「誤振込みに係る入金記帳がない」という意思表示が含まれていないなら、そもそも一般の普通預金債権者には告知義務は発生せず、よって不作為による欺罔もあり得ない。ゆえに、山口・前掲308頁も、誤振込については、結論においては告知義務を否定する。これに対して、平成15年刑事決定は不作為による欺罔を肯定した例だと解するのは田山・前掲刑事法ジャーナル41号227頁、内田・前掲判例セレクト2014［Ⅰ］34頁。しかし、挙動が「誤

三　告知義務の有無

1　受取人からの通報と取引停止措置

　すでに、金融機関の普通預金規定に基づく支払い停止措置に関しては、預貯金が犯罪により得た利得であるという一事で受取人に告知義務を認めることはできないとする裁判例がある[17]。そのため、平成25年東京高裁判決は、救済法3条1項を持ち出して、告知義務を根拠づけようとしたのである。

　しかし、そもそも、受取人は自己名義の預金口座について、銀行に取引停止措置を執らせることができるのであろうか。というのも、救済法3条1項は、「金融機関は、当該金融機関の預金口座等について、捜査機関等から当該預金口座等の不正な利用に関する情報の提供があることその他の事情を勘案して犯罪利用預金口座等である疑いがあると認めるときは、当該預金口座等に係る取引の停止等の措置を適切に講ずるものとする。」と定めているからである。ここにいう「捜査機関等」に受取人が含まれるか否かが問題なのである[18]。

　全国銀行協会は、救済法3条1項の定める簡易・迅速な口座取引停止措置に関して、金融庁、警察庁、預金保険機構等の関係官庁、団体と調整を行った上で、「犯罪利用預金口座等に係る資金による被害回復分配金の支払等に係る事務取扱手続[19]」（以下、「全銀協ガイドライン」と呼ぶ。）を作成した。これは、個々の銀行に

　振込みに係る入金記帳がない」という意思表示を含んでいないのであれば、そもそも「告知義務」は存在しない。現に、最判平成26・3・28刑集68巻3号582頁は、本件事実関係の下ではゴルフプレーの申込みは「暴力団関係者でない」ことを意味しないとして、欺罔を認めなかった。これは、挙動が「暴力団関係者でない」ことを意味しない場合に、「告知義務」の存在を認めて不作為による詐欺を認める余地を残すものではなかろうか。

[17]　東京地判平成17・8・1公刊物未登載。本件判決は、犯罪による利得の一時保管場所として預金口座を悪用しているときは「その場合の支払拒絶が金融機関の義務であるとまでは直ちにいうことはできず、預金の引き出し行為が定型的にその金融機関のATMへの管理権を侵害するものであるともいえない。したがって、預貯金が犯罪により得た利得であるという一事で預金者がする引き出し行為が管理者の意思に反するとはいえず、信義則上、預金者が預金の成立経緯について金融機関に対して説明をする義務があり、これを告げずに引き出せば窃盗罪ないし詐欺罪が成立すると解することはかなり困難である」と述べている。これについては、田辺泰弘「判批」警察学論集59巻6号（2006年）207頁参照。

[18]　救済法3条1項にいう「捜査機関等」の意味については、吉村信朗「預金口座取引停止要請を行う『捜査機関等』について」アドミニストレーション20巻1号（2013）31頁を参照した。

[19]　なお、全銀協ガイドラインの概要については、以下のサイトを参照した。http://www.caa.go.jp/planning/pdf/1115siryou1.pdf

対して強制力を持つルールではなく、あくまでガイドラインであるが、この全銀協ガイドラインにおいて「捜査機関等」とは、警察、弁護士会、金融庁および消費生活センターなど公的機関ならびに弁護士および認定司法書士を指すとされ[20]、金融機関は電話または書面で通報された場合に預金口座取引停止措置をとるものとされている。

　注目すべきことに、ここには振込みの受取人つまり当該預金口座の名義人は含まれていない。それどころか、民事訴訟では、救済法3条1項に基づく当該取引停止措置が、同項にいう「捜査機関等」からの情報提供によるものか否かがしばしば争われている。というのも、同法3条1項に基づく取引停止措置は簡易・迅速なものなので、同法4条2項は、「規定する預金口座等についてこれに係る預金等の払戻しを求める訴え…が提起されているとき又は当該預金等に係る債権について強制執行、仮差押え若しくは仮処分の手続その他主務省令で定める手続…が行われているとき」に同法4条1項にいう「取引停止措置」や「公告の求め」を適用しないとしており、全銀協ガイドラインも「救済法は、他の方法に類を見ない迅速性と簡便性を有する」ことを理由に「『払戻しの訴え』『強制執行等』の民事訴訟・執行手続きの効力が優先する建付けとなっている」としているからである[21]。

　ゆえに、受取人は、せっかく振込め詐欺による入金だという情報提供をしても、銀行は直ちに救済法3条1項による口座取引停止措置を執ることはできない。そこで、銀行実務では、仮に受取人から情報提供があったとしても、これについて捜査機関等に問合せをし、それが事実であれば捜査機関等から改めて情報提供を受けて、救済法3条1項の取引停止措置を執るようである[22]。

　このように、受取人からの情報提供では直ちに救済法3条1項の取引停止措置を執ることができないのであれば、このような措置を執らせるために告知すべき義務があるとする平成25年東京高裁判決の論理は、その前提を失うであろう。なぜなら、告知をしても、取引停止措置は直ちには執られず、かつ、受取人があくまで払戻しを求める場合、銀行はそれを拒否できないからである。

20　干場・前掲31頁脚注7も参照。
21　http://www.caa.go.jp/planning/pdf/1115siryou1.pdf参照。
22　干場・前掲33頁は、被害申出人から犯罪利用預金口座等である旨の具体的な申出があることや、第三者から銀行に対して犯罪利用預金口座等である疑いがある預金口座等に関する情報提供があった場合を挙げるのみで、受取人からの情報提供を挙げていない。

2 受取人の告知義務

また、受取人からの情報提供によって、間接的にでも、救済法3条1項にいう取引停止措置の機会が与えられるとしても、預金口座への金員の出納について、そもそも預金者に銀行への告知義務があるかどうかが、疑わしい。なぜなら、預金口座を管理しているのは、特段の事情がない限り、公共料金等の自動引落しを連想すればわかるように、預金者ではなく銀行だからである。また、そもそも銀行が普通預金規定に基づいて預金取引を停止することができるという事実自体が、預金口座を管理しているのは銀行であることを意味するものである。ゆえに、たとえば預金者が残高不足を知りながら銀行に払戻しを請求したとしても、それは預金者による詐欺にはならない[23]。そのかわりに、銀行は残高不足を理由に支払いを拒否するか、あるいは定期預金等を担保として貸し越しをするかを選択することができる[24]。この事情は、預金契約が継続的契約であることに左右されるものではない。ゆえに、誤振込に関する平成15年刑事決定が、継続契約を理由に信義則から告知義務を認めたことには、もともと無理があったのである。

このような事情は、振込みが詐欺の被害者によるものであったとしても変わらない。たしかに救済法は、その3条1項において、「金融機関は、……犯罪利用預金口座等である疑いがあると認めるときは、当該預金口座等に係る取引の停止等の措置を適切に講ずるもの」としている。しかし、同法はそもそも「預金口座等への振込みを利用して行われた詐欺等の犯罪行為により被害を受けた者に対する被害回復分配金の支払等のため、預金等に係る債権の消滅手続及び被害回復分配金の支払手続等を定め」(同法1条) るものであって、金融機関にそのための権限と義務を定めているだけで、預金者に対して特段の義務を定めるものではな

---

23 この点につき、杉本・前掲173頁は「払戻しの請求は『自分が権利を有する』ことを当然に含意するものを、無権利者がその情を秘して請求する行為は、挙動による欺罔を構成する」という。しかし、「無権利者」というのは「自分が預金者ではない」点についてのみ当てはまるのであり、預金残高やその残高の有効性に当てはまるものではない。もしそうでないとすれば、払戻請求に対して有効な預金残高が足りない可能性を知りつつ請求をしただけで、窓口であれば詐欺未遂が、ATMであれば窃盗未遂が成立することになってしまうであろう。

24 ゆえに、実は、銀行側の誤記帳・誤発信のように振込入金が一方的に取り消し得る場合ばかりでなく、入金がそもそも無効である場合でも、預金者が払戻請求をすること自体は、「この請求に応じた十分な預金残高がある」という意思表示を含まないので、詐欺罪にいう欺罔行為に当たらないように思われる。なお、ドイツの連邦通常裁判所は、そのような見解に立っている (BGH NJW 2001, 453ff.)。このドイツの裁判例については、松宮孝明「誤振込と財産犯の解釈および立法──ドイツおよびスイスの議論を素材として──」立命館法学278号 (2001年) 999頁を参照されたい。

い。ゆえに、救済法施行後も、受取人に告知義務を認めることはできないように思われる[25]。

3 多額の正当な残高のある口座に振込め詐欺の入金があった場合

なお、従来の公刊物登載判例では見受けられなかったが、スキミング等の方法でキャッシュカードの暗証番号を知られカードを不正作出されることによって、正当な預金残高が相当額に上る口座が、振込め詐欺に利用される事態も考えられる。このような場合に、預金者がこの口座を給与の入金や公共料金等の引落しに用いていたとき、銀行に口座取引停止措置の機会を与えるための「告知義務」を認めると、どういう事態が現出するであろうか[26]。

この場合、当該預金口座は取引を停止されるので、給与の入金も公共料金等の引落しも行えないことになる。そのような事態に陥ることがわかっていながら、預金者に「告知」を義務づけるのは酷であり、ましてや、正当な預金残高を引き出す行為を財産犯とするのは論外であろう。

しかし、救済法4条1項によれば、「金融機関は、当該金融機関の預金口座等について、次に掲げる事由[27]その他の事情を勘案して犯罪利用預金口座等であると疑うに足りる相当な理由があると認めるときは、速やかに、当該預金口座等について現に取引の停止等の措置が講じられていない場合においては当該措置を講ずるとともに、主務省令で定めるところにより、預金保険機構に対し、当該預金口座等に係る預金等に係る債権について、主務省令で定める書類を添えて、当該債権の消滅手続の開始に係る公告をすることを求めなければならない。」のである。そして、この公告の求めを受けた預金保険機構は、救済法5条により、当該預金口座の預金債権について、同法3章（同法4条から7条まで）の規定に基づく

---

25 救済法によって変わったのは、受取人の告知の有無にかかわらず、「捜査機関等」から情報提供があれば、金融機関は犯罪利用預金口座等である疑いがあると認めるときは、口座取引を停止しなければならなくなった、ということである。
26 もちろん、このような預金者からの「告知」を契機に銀行が「捜査機関等」に照会をし、振込め詐欺による入金があったという情報の提供を受けたことが前提である。
27 それは、「捜査機関等から当該預金口座等の不正な利用に関する情報の提供があったこと。」（救済法4条1項1号）、「前号の情報その他の情報に基づいて当該預金口座等に係る振込利用犯罪行為による被害の状況について行った調査の結果」（同項2号）、「金融機関が有する資料により知ることができる当該預金口座等の名義人の住所への連絡その他の方法による当該名義人の所在その他の状況について行った調査の結果」（同項3号）、「当該預金口座等に係る取引の状況」（同項4号）である。

消滅手続が開始された旨等を公告しなければならない。そして、同法7条によれば、「対象預金等債権について、第5条第1項第5号に掲げる期間内に権利行使の届出等がなく、かつ、前条第2項の規定による通知がないときは、当該対象預金等債権は、消滅する。」のである[28]。

問題は、その際、当該口座の預金者が、救済法4条2項にいう「権利行使の届出」や「払戻しの訴えの提起」により、正当な残高に相当する預金債権の消滅を防ぐことができるか否かにある。しかし、少なくとも、これらの措置によっては、取引停止措置を解除することはできない。預金者自身が、すでに取引を停止された口座の預金につき、民事訴訟の方法で払戻しを請求した場合には、救済法4条2項は「公告の求め」を適用しないだけなので、取引停止措置を失効させて預金の払戻しを求めることはできないとするのが、民事の下級審判例だからである[29]。なるほど、同法5条1項5号には「対象預金口座等に係る名義人その他の対象預金等債権に係る債権者による当該対象預金等債権についての金融機関への権利行使の届出又は払戻しの訴えの提起若しくは強制執行等…に係る期間」と定められていることからわかるように、「権利行使の届出」や「払戻しの訴えの提起」等により、最終的には正当な預金残高分は取り戻すことも可能である。しかし、これらの措置によっても、前述のように、救済法4条2項によれば「公告の求め」を適用しないという効果しか生じない。ゆえに、正当な残高部分を取り戻すには、それ相当の期間を要するものと思われる[30]。その間に、正当な預金残高の範囲内で可能であった決済も不可能となり、かつ、最終的に口座自体は消滅させられてしまう。

ゆえに、このような重大な事態を招く口座取引停止措置を、預金者みずからが告知して銀行に執らせるよう義務づけるというのは、単なる振込金額相当分の

---

28 その後、振込め詐欺の被害者らに対しては、同法4章の諸規定により、振込め詐欺の被害者らに「被害回復分配金」として支払われることになる。

29 これについては、吉村信明「犯罪利用預金口座からの払戻請求」アドミニストレーション19巻1号(2012年)119頁および東京地判平成22・7・23金法1907号121頁参照。この判決では、「法4条は、預金等に係る債権の消滅手続における公告の求めについて規定したものにすぎず、金融機関のとった取引停止措置について何ら規定するものではない」と判示されている。

30 なお、全銀協の普通預金規定(個人用)〔参考例〕の11.(4)には、「この預金口座が解約され残高がある場合、またはこの預金取引が停止されその解除を求める場合には、通帳を持参のうえ、当店に申出てください。」という規定があるが、これは、救済法上の措置が執られる場合には妥当しないものと思われる。

「組戻し」が問題となる誤振込みの場合と比較しても、とても同列に論じられるものではない。

もちろん、取引停止措置前に正当な残高部分に相当する預金を引き出すことは、事実としては可能であるが、平成25年東京高裁判決はこのような場合を「告知義務」から除外するとは述べていないので、そのままでは、この引出し行為もまた財産犯に当たることになってしまう[31]。やはり、このような「告知義務」は、預金者にはなく、振込め詐欺利用預金口座であるか否かの調査は銀行側のみが負担するものと言わざるを得ない[32]。

4 「身に覚えのない」振込みがあったことに気づいたとき

ましてや、振込め詐欺による入金とは気づかず、単に「身に覚えのない」振込みがあると気づいたにすぎない場合にまで、上記のような重大な結果をもたらす「告知義務」があるとは思われない。

さらに、誤振込みの場合でも同じ問題が残されているのであるが、受取人たる預金者が振込依頼人を知っており、かつ、「身に覚えのない」振込みなので何かの間違いであろうと考え、銀行には何も告知せずに振込み相当額を引き出して、現金で振込依頼人に返そうとした場合にも、財産犯が成立することになってしまう[33]。このような結論は、すでに平成15年刑事決定が生み出した矛盾であるが、それを振込め詐欺の事案にまで拡大すると、前述のように預金債権全体が消滅するという効果を伴うだけに、矛盾はいっそう大きくなるのである。

---

[31] この点で、内田・前掲判例セレクト2014［Ⅰ］34頁が「その犯罪行為とは関係なく預金していた金額分の払戻しを受ける場合には、詐欺罪、窃盗罪の成立を否定するべきであろう。」と述べるのは、平成25年東京高裁判決に関する限り、根拠のない願望にすぎない。

[32] 欺罔行為の有無に関して、その事実に特別の関心を有する者の側に調査・質問の管轄がある場合には、相手方が特にそれに関する告知をしなくても欺罔行為にはならないことについて、松宮孝明「挙動による詐欺と詐欺罪の故意」岩瀬　徹ほか編集代表『刑事法・医事法の新たな展開上巻』（信山社、2014年）529頁も参照されたい。

[33] なお、平成20年民事判決がこのような場合を「権利の濫用」とする趣旨でないことについては、石丸将利「判解」『最高裁判所判例解説民事篇平成20年度』（2011年）490頁参照。平成20年民事判決が挙げる「払戻しを受けることが当該振込みに係る全員を不正に取得するための行為であって、詐欺罪等の犯行の一環を成す場合」とは、以下で検討する振込め詐欺の「出し子」を想定したものである。

四 「出し子」の刑事責任

1 入金済みの金員を犯人の依頼により他人名義の口座から払い戻した場合

以上の検討から、振込め詐欺の共犯者でない人物が、自己の預金口座を知らないうちに詐欺の入金口座にされていることに気づいた、あるいは、実際にはそのような入金があったのにそれに気づかず、何か「身に覚えのない入金だ」としか思っていなかった場合に、その旨を銀行に告知して口座取引停止措置を講じる機会を与えずに払戻しをしたとしても、窃盗罪や詐欺罪は成立しえないしすべきでないことが理解されたと思われる。その意味で、これを認める下級審判例[34]は早急に是正されるべきである。

しかし、それは、振込め詐欺の共犯者や、入金後に事情を明かされて「出し子」の役割を演じた人物が払戻しを受けた場合にまで、財産犯が成立しないということを意味しない。

まず、当初から振込め詐欺の共謀に参加し引出し役だけを行った人物については、振込め詐欺全体について——共同正犯を含む——共犯の罪責を負うことは、明らかであろう。問題は、その場合に、実質的には入金をした振込め詐欺の被害者のみが財産被害を受けたにもかかわらず、預金口座への入金で財物詐欺（刑法246条1項）を認め、さらにその払戻しについて銀行を被害者とする——窓口利用なら詐欺罪、ATM利用なら窃盗罪という——財産犯を独立して成立させ併合罪とする処理にある。いうまでもなく、この処理は、預金「債権」を——「不法領得[35]」の、したがって所有権の対象となる——「財物」とみなすこと自体に大きな矛盾を抱えている。しかし、仮にこれを利益詐欺（詐欺利得）罪としたとしても、払戻し行為に別個の財産犯を認める限り、これは実質的に同一の財産被害を二重に評価して併合罪加重するという不都合を生むものである。

この点については、実質的に同じ財産被害が形を変えたにすぎないのであれ

---

34 前掲大阪高判平成25・6・12等。ゆえに、その機会を失した前掲最決平成25・10・29も、批判されるべきである。
35 財物詐欺罪にも不法領得の意思が必要であることは、最決平成16・11・30刑集58巻8号1005頁の認めるところである。そして不法領得の意思には、「その物につき所有者として振る舞う意思」ないし「所有者でなければできないような処分をする意思」が必要である。これは、客体が所有権の対象でなければ不可能である。

ば、利益詐欺から財物詐欺に発展したのであれば条文の順序から財物詐欺を優先成立させ[36]、反対に利益詐欺によって得た不法な債権の行使は詐欺に吸収させつつ財物形態への変容を理由に財物詐欺での包括一罪という処理が推奨される[37]。

次に、入金済みの金員を、その後の犯人の依頼により他人名義の口座から払い戻した人物については、上記のような構成を採るなら、利益詐欺から財物詐欺に発展した場合には、財物詐欺既遂前の関与として、その共犯とすることが可能である[38]。一種の「承継的共犯」なので、多くの場合には従犯として処理することが妥当であろうし、それは、この「出し子」の役割にもふさわしい処理である[39]。

2 払戻しが独立して財産犯になり得る場合

もっとも、払い戻す口座が他人名義である場合には、場合によって、払戻しが独立して財産犯となり得ると思われる。従来の下級審判例の中には、これによって説明できるものもある。

たとえば、恐喝罪に関する事案ではあるが、平成17年12月15日の東京高裁判

---

36 いずれも財物詐欺だった事例に関するものではあるが、大判昭和10・4・1刑集14巻368頁は、保険金詐欺において保険契約締結による保険証書の詐取と、その後の被保険者死亡による保険金騙取とを包括一罪としていることが、参考となる。
37 なぜなら、権利の騙取によって、すでにその権利の実行も共罰的に評価できると解されるからである。ただ、客体が財物に変容した場合には、財物詐欺とすればよい。
38 今井・前掲捜査研究768号20頁は「振り込め詐欺では、詐欺グループから欺罔された被害者が指定口座に振込送金した時点で詐欺の既遂を認めるのが一般的な理解であり、情を知って預金を引き出したとしても、詐欺グループとの間で詐欺についての共謀が認められない限り、通常、詐欺罪の共犯に問うことはできないと考えられるからである。」と述べる。つまり、「振込送金した時点」、より正確には「振込送金により詐欺グループが支配している口座に入金記帳された時点」で財物詐欺の既遂とすることが、問題を難しくさせているのである。包括一罪の観念を十分に理解し活用するなら、このような不自然な処理は不要である。なお、振め詐欺に包括一罪を広く認めた裁判例として、先に触れた「平成25年東京高裁判決」がある。その事案は、被告人が、氏名不詳者らと共謀の上、銀行に開設されたＥ社名義の普通預金口座に詐欺等の犯罪行為により現金が振り込まれているのに乗じて、預金払戻しの名目で現金をだまし取ろうと考え、本件各普通預金口座から預金払戻しの名目でそれぞれ現金をだまし取った等とされた詐欺、窃盗被告事件である。被害者を銀行とすれば、個々の振込め詐欺被害者ごとではなく、口座のある銀行ごとに財産犯が成立することになるのであろう。
39 なお、入金によって「財物窃取」の既遂を認めていない実務を考察したものであるが、青木陽介「預金による占有についての一考察」上智法学論集55巻3・4号（2012年）86頁は、預金の引出しを待って窃盗の既遂とする。同じことは、財物詐欺についても当てはまるであろう。同旨、田山・前掲刑事法ジャーナル41号228頁。この場合、利益詐欺は財物詐欺の未遂段階を把握する機能を持つことになるが。

決[40]は、口座およびキャッシュカードを買い取った振り込め恐喝の犯人から現金の払出しを依頼され同カードを使用して現金自動預払機から同口座に係る現金を払い出した行為が窃盗罪に該当すると判示した。その理由では、以下の事情が指摘されている。すなわち、「原判決[41]は、……金融機関が関与することなく、当事者間で預金者たる地位を移転することは、営業譲渡などの特殊な場合を除き、金融機関として許容できないことであると説示しているのである。その上で、原判決は、<u>口座やキャッシュカードの譲受人である振り込め恐喝の犯人らは金融機関との関係において本件各口座の預貯金者であると主張できず</u>、また、金融機関において口座の利用やキャッシュカード使用による払出しをすることを許容することが推認されるような預金者との間に特殊な関係がある者（例えば、親子、夫婦等）にも当たらないから」（下線筆者）ATMでの払戻しに窃盗罪が成立するとしているのである。

このような場合は、ちょうど、恐喝の被害者に財物を他人の管理する家屋内に置くよう指示し、その後、恐喝犯人が家屋所有者の目を盗んでこれを当該家屋から運び出した場合に似ている。この場合、恐喝罪とあわせて窃盗罪（さらに住居等侵入罪）が成立することに異論はないであろう。

同じことは、振込詐欺の犯人の名義でもなく、また「出し子」の名義でもない預金口座から、銀行の普通預金規定に反して譲渡されたキャッシュカードを用いて払い戻す場合にも当てはまる[42]。この場合にも、いわば他人の管理する場所から被害者がそこに置いた財物をこっそり持ち出すケースに似ていると言えるから

40　東京高判平成17・12・15東高時報56巻1〜12号107頁。

41　前掲東京地判平成17・8・1公刊物未登載。繰り返しになるが、本判決は、犯罪による利得の一時保管場所として預金口座を悪用しているときは「その場合の支払拒絶が金融機関の義務であるとまでは直ちにいうことはできず、預金の引き出し行為が定型的にその金融機関のATMへの管理権を侵害するものであるともいえない。したがって、預貯金が犯罪により得た利得であるという一事で預金者がする引き出し行為が管理者の意思に反するとはいえず、信義則上、預金者が預金の成立経緯について金融機関に対して説明をする義務があり、これを告げずに引き出せば窃盗罪ないし詐欺罪が成立すると解することはかなり困難である」と述べている。前掲田辺・警察学論集59巻6号207頁参照。

42　そのような事案に関して窃盗罪を認めた裁判例に、東京高判平成18・10・10東高時報57巻1〜12号53頁がある。また、「出し子」の事案ではないが、被告人が他人と共謀の上、不正に入手したすでに死亡している第三者名義のキャッシュカードを使用してATMから現金を窃取しようと企て、ATMに上記キャッシュカードを挿入して現金の払戻しを受けた事案に窃盗罪の成立を認めた名古屋地判平成27・4・27<LEX/DB25540401>にも、同様の考え方が当てはまる。相続人でもない人物が勝手に故人の財産を処分すれば、それは当然財産犯になるであろう。

である。これに対して、自己名義の預金口座の場合には、このような論理は当てはまらない。

3 入金済みの金員を犯人の依頼により自己名義の口座から払い戻した場合

　振込め詐欺の被害者が詐欺犯人本人名義の口座に振込むという事案は、ほとんど見当たらない。なぜなら、そのようなことをすれば、すぐに足が付くからである。しかし、振込め詐欺犯人が被害者に金員を振り込ませた——他人名義の——口座からすぐに払い戻さずに、さらに第三者名義の口座に送金し、そこから、その第三者に払い戻させたという事案はある。このような場合には、一見すると預金債権が有効に成立しているので、払い戻した人物は財産犯としては処罰されないように思われる。

　しかし、この場合も、財物詐欺の既遂が預金口座からの現金化にあると考えるなら、問題は簡単に処理できるのである。というのも、振込金員が預金債権の形で移転している間は、それが債務の弁済等の別個の目的で振り込まれたのでない限り、ちょうど財物が幾人かの運送リレーを経て目的地に到着した場合のように、振込金員が転々しつつ目的地に到着したと考えればよいからである。ゆえに、この場合も、払戻しによって利益詐欺から財物詐欺にあるいは窃盗に発展したと考えて処理すればよい。前者であれば財物詐欺の共犯として、後者であれば利益詐欺の財物詐欺ないし窃盗既遂への変容に加担した共犯とすればよいのである。

　このような事案に関するものとして、平成24年7月5日の名古屋高裁判決[43]がある。もっとも、この判決は、「その預貯金債権が振り込め詐欺の被害者が振り込んだ金銭によるものである場合など、預貯金口座が法令や公序良俗に反する行為に利用され、又は利用されるおそれがあると認められるときには、預貯金取引を停止する、という預貯金規定に基づき、口座を凍結して預貯金払戻し請求には応じない、という取扱いをしていること[44]」を根拠に、「告知義務」にも言及することなく、被告人に窃盗罪を認めている。あまつさえ、この判決は、平成8年民事判決をして、「振替送金の受取人と振込先銀行との間に振替送金額相当の預

---

[43]　名古屋高判平成24・7・5高刑速（平24）号207頁。
[44]　前掲名古屋高判平成24・7・5。なお、この事案は、救済法施行前のものなので、「預貯金規定」のみが根拠とされている。

金契約が成立し、振替送金の受取人は銀行に対して同金額相当の預金債権を取得することを認めたにとどまり、受取人による振替送金額相当の預金債権の行使が窃盗や詐欺罪の犯罪行為に当たらないなどということを判示したものではない」とまで評している。

しかし、平成8年民事判決は、受取人による誤振込み分を含む預金債権の差押えに対する執行異議の訴えを棄却したことにより債権者による債権の満足を認めたものであって、単に「同金額相当の預金債権を取得することを認めたにとどま」るものではない。

自己名義口座からの払戻しが振込め詐欺犯人等との共謀によるものと考えられる場合にも、同様のことが妥当する。冒頭に挙げた平成25年東京高裁判決の事案も、実際には、被告人が氏名不詳者らと共謀の上、氏名不詳者が被告人に無断で被告人を代表者として登記した会社の名義に係る預金口座から払い戻したものであり、しかも、預金引出しの際に氏名不詳者らからその仕事とは不相当な高額の報酬を得ていたというものであった[45]。したがって、このような不自然な経過をさらに詳しく解明すれば、一般的に妥当する「告知義務」などを持ち出さなくても、振込め詐欺そのものを、財物詐欺に関して既遂にする行為として、被告人に有罪の判決を言い渡すことが可能であったと思われる。平成25年東京高裁判決の「告知義務」への安易な寄り掛かりは、このような事案解明の努力を惜しんだ結果のように思われるのである。

五 むすびにかえて

以上の検討をまとめると、以下の結論が得られる。
1 振込め詐欺による入金相当額についても、預金債権は有効に成立する。この場合、受取人の債権者は、債務名義に基づいてその振込金相当額を含む預金債権を差し押さえることによって強制執行をすることができる（平成8年民事判決と、これを前提とする平成25年東京高裁判決）。
2 誤振込みの場合と同じく、振込め詐欺による入金でも、普通預金規定や救済法に基づく取引停止措置（口座凍結）が執られる前は、銀行はその払戻し

---

45 以上の事実について、今井・前掲捜査研究768号17頁参照。

を拒否することができない（平成15年刑事決定と、これを前提とする平成25年東京高裁判決）。そもそも救済法は、単なる普通預金規定に基づく取引停止措置では、当該口座にある預金債権は口座名義人に帰属するため、「金融機関が被害者からの資金返還請求に応じることとした場合、金融機関は被害者と口座名義人への二重払いを行うリスクを負うこととなる」事態を避けるためのものにすぎない。

3　振込め詐欺による入金のあった口座の受取人は、救済法3条1項にいう「捜査機関等」には当たらない。ゆえに、受取人からこの種の入金があったという情報が銀行に提供されても、それだけでは、救済法3条1項に基づく取引停止措置は執れない。

4　仮に、銀行が、上記の情報につき「捜査機関等」に照会をした上で振込め詐欺による入金が当該口座にあったことにつき情報の提供を受けるという間接的な方法を通じて受取人は銀行に取引停止措置を執る機会を与えることができると解した場合でも、預金口座を管理しているのは銀行なので、単なる継続的契約の当事者であるという一時から、受取人に「告知義務」を認めることはできない。救済法もまた、「預金口座等への振込みを利用して行われた詐欺等の犯罪行為により被害を受けた者に対する被害回復分配金の支払等のため、預金等に係る債権の消滅手続及び被害回復分配金の支払手続等を定め」（同法1条）、金融機関にそのための権限と義務を認めるものにすぎない。

5　多額の正当な残高のある口座に振込め詐欺の入金があった場合、取引停止措置が執られれば、その後は預金債権が消滅し、その全額が預金保険機構に帰属する。これに対しては、預金者の側が「権利行使の届出」や「払戻しの訴えの提起」等により、最終的には正当な預金残高分は取り戻すことも可能ではある。しかし、これらの措置によって取引停止措置を解除することはできない。正当な預金残高を取り戻すには、相当の時間を要するのである。その結果、この口座による取引は不可能となり、かつ、最終的に口座自体は消滅させられてしまう。ゆえに、このような重大な事態を招く口座取引停止措置を、預金者みずからが告知して銀行に執らせるよう義務づけるというのは酷である。

6　同じことは、振込め詐欺による入金であることは意識してなかったが「身に覚えのない」振込みがあったことに気づいたときにも妥当する。さらに、

受取人が振込依頼人に現金で返還する目的で、銀行に何も告知せずに払い戻した場合でも、財産犯が成立するという不都合を生じてしまう。

7　ここで述べたように、受取人に「告知義務」を課さなくても、振込め詐欺金員の現金化に財物詐欺の既遂を認めるという自然な構成によって、たいていの場合、「出し子」の刑事責任を認めることは可能である。

犯罪行為に利用されている自己名義の預金口座からの払戻しと財産犯の成否
―東京高裁平成25年9月4日判決を素材として―

金 子 博

一　はじめに
二　預金債権の成否
三　告知義務違反としての窃取・欺罔行為
四　財産上の損害について
五　結びにかえて

一　はじめに

　近年、振り込め詐欺の被害者によって指定口座に現金が振り込まれた後、自己名義の預金口座が犯罪行為に利用されていることを知り、同口座から振込額に相当する預金を引き出した場合の罪責に関する理論的問題が表面化しており、この点を巡って争われた下級審裁判例も散見される。振り込め詐欺の実行犯との意思の疎通はなく、依頼された仕事として自己名義の預金口座から払戻しのみを行った「出し子」と称される者の罪責につき、実務上、財産犯の成立を認める傾向にあるが、その根拠は必ずしも明らかではない。このような状況において、いわゆる「出し子」の罪責につき預金の払戻しを受ける権限はないことを理由に詐欺罪および窃盗罪の成立を認めた東京高判平成25年9月4日判時2218号134頁（以下、「本判決」と表記）がとりわけ注目される。本判決によれば、事実関係（以下、「本件」と表記）は以下のとおりである。

　被告人は、氏名不詳者らと共謀の上、銀行に開設されたR社名義の普通預金口座に詐欺等の犯罪行為により現金が振り込まれているのに乗じて預金の払戻しを考え、払戻請求書と同口座の預金通帳を提出して払戻しを請求する方法により、甲銀行に開設されたR社名義の普通預金口座から現金200万円を払戻し、同様の方法により、乙銀行に開設されたR社名義の普通預金口座から現金700万円を払い戻した。また、乙銀行に開設されたR社名義の普通預金口座への入金が

詐欺等の犯罪行為により振込入金されたものであることを知りながら、同銀行に設置された現金自動預払機に、同口座のＲ社名義のキャッシュカードを挿入して現金99万9000円を引き出した。なお、上記事実に先立って、被告人は丙銀行に開設されたＲ社名義の預金口座から預金を払い戻そうとして同支店に赴いた際、応対したＡから、警察からの要請でＲ社名義の預金口座を凍結したので出金できないことや警察署の連絡先を告げられ、「分かりました。弁護士と相談します。」などと返答して退店していた事実が認められ、さらに、被告人は氏名不詳者らから上記の仕事を持ちかけられたこと、その仕事の内容と不相応な報酬、および、被告人に断ることなく被告人がＲ社の代表者として登記されたことなども認められている。

　このような事実関係において、本判決は最判平成８年４月26日民集50巻５号1267頁（以下、「平成８年民事判決」と表記）を引用して、Ｒ社は、銀行に対し、普通預金契約に基づき振込金額相当の普通預金債権を取得するとしつつ、被告人がＲ社の代表者であることに鑑み、原判決（長野地松本支判平成25年２月21日公刊物未登載）が、本件での各預金引出し行為は、正当な権限に基づかない以上、詐欺罪および窃盗罪が成立するとした点につき、次のように職権で判断した。

　本件各銀行は、普通預金規定および犯罪利用預金口座等に係る資金による被害回復分配金の支払等に関する法律（本判決では、「救済法」と表記）により、「預金債権を有する口座名義人から、その預金債権の行使として自己名義の通帳やキャッシュカードを用いて預金の払戻し請求がされた場合、いかなるときでも直ちに支払に応じているわけではな」い。「銀行が犯罪利用預金口座等である疑いがある預金口座について口座凍結等の措置をとることは、普通預金規定に基づく取扱いであるとともに、救済法の期待するところでもあることから、銀行としても、救済法の趣旨に反するとの非難を受けないためにも、また、振り込め詐欺等の被害者と振込金の受取人（預金口座の名義人）との間の紛争に巻き込まれないためにも、このような口座については当然口座凍結措置をとることになると考えられる。そうすると、詐欺等の犯罪行為に利用されている口座の預金債権は、債権としては存在しても、銀行がその事実を知れば口座凍結措置により払戻しを受けることができなくなる性質のものであり、その範囲で権利の行使に制約があるものということができる。したがって、上記普通預金規定上、預金契約者は、自己の口座が詐欺等の犯罪行為に利用されていることを知った場合には、銀行に口座

凍結等の措置を講じる機会を与えるため、その旨を銀行に告知すべき信義則上の義務があり、そのような事実を秘して預金の払戻しを受ける権限はないと解すべきである。」そうすると、「被告人に本件預金の払戻しを受ける正当な権限はないこととなり、これがあるように装って預金の払戻しを請求することは欺もう行為に当たり、被告人がキャッシュカードを用いて現金自動預払機から現金を引出した行為は、預金の管理者ひいて現金自動預払機の管理者の意思に反するものとして、窃盗罪を構成する」。

このように、本件のような事案における「出し子」の罪責につき、実務上、財産犯成立の余地を認めるとしても、振り込め詐欺の被害者の振込によって財産犯が成立するにもかかわらず、別途、銀行に対する財産的利益侵害も生じる理論的根拠が問われよう。この点、本判決では、氏名不詳者の依頼を受けて情を知りながら犯罪行為に利用されている自己の口座から現金を払い戻した行為そのものが財産犯を構成するとし、いわゆる「振り込め詐欺の共犯」であるがゆえに刑事責任が問われるというアプローチは採られていないと解される[1]。そうすると、瑕疵により自己名義の預金口座に振り込まれた金員に対する預金債権の成否の点で誤振込みに関する判例と共通する以上、従前の判例との関係で、預金者の預金債権の成否、および、銀行に対する財産権侵害が検討されなければならない[2]。そ

---

1 本件の起訴内容は、一般に振り込め詐欺の既遂時期が欺罔された被害者が振込入金した時点とされることから(この点については、坂井威一郎「振り込め詐欺の法的構成と既遂時期に関する実務上の若干の考察」『植村立郎判事退官記念論文集 現代刑事法の諸問題〔第2巻 第2編 実践編〕』(2011) 77頁以下、二本柳誠「振り込め詐欺の法的構成・既遂時期・未遂時期――かけ子の罪責を中心に――(2・完)」名城ロースクールレビュー34号(2015) 27頁以下など参照)、詐欺グループとの共謀が認められない限り、情を知って預金を引き出したとしても、当該詐欺についての共犯として責任を問うことは困難であることに起因するとされる(今井誠「判批」捜査研究768号(2015) 20頁以下など参照)。

なお、本判決の評釈等で知り得たものとして、福島一訓「判批」警察公論69巻5号(2014) 88頁、田山聡美「判批」刑事法ジャーナル41号(2014) 224頁、浅井弘章・銀行法務21 58巻14号(2014) 66頁、内田幸隆「判批」法学教室413号別冊判例セレクト2014〔Ⅰ〕(2015) 34頁、今井誠「判批」捜査研究64巻2号(2015) 16頁、杉本一敏「判批」『平成26年度重要判例解説』ジュリスト臨時増刊1479号(2015) 172頁、富山侑実「振り込め詐欺の『出し子』の罪責について」上智法学論集59巻3号(2016) 213頁がある。

2 なお、他人名義の預金口座からの払戻しに関する最近の裁判例として、東京高判平成17年12月15日東高刑時報56巻1=12号107頁(振り込め恐喝を行った者の依頼によりATMで他人名義の口座から金員を引き出したという事案)、東京高判平成18年10月10日東高刑時報57巻1=12号53頁(振り込め詐欺を行った者の依頼によりATMで他人名義の口座から金員を引き出したという事案)および名古屋地判平成27年4月27日LEX/DB25540401(死亡した同居相手名義の預金口座からATMで金員を引き出した事案)などがある。

れゆえ、本判決は、自己名義の預金口座からの現金の払戻しが犯罪を構成するか否かにつき、誤振込みに関する平成8年民事判決を引用しつつ、普通預金規定および犯罪利用預金口座等に係る資金による被害回復分配金の支払等に関する法律（以下、「振り込め詐欺救済法」と表記）を手がかりに、財産犯の成否を判断したと解される。かくして、自己の預金口座からの払戻しによる財産犯成立の根拠とその限界を具体化した点で本判決の判断は注目に値するものであるが、誤振込みに関する最高裁判例との整合性や財産的損害の理解については、いまだ検討の余地があるように思われる。

そこで、本稿では、上記の問題状況を踏まえ、東京高裁平成25年9月4日判決を検討対象として、自己の預金口座からの払戻しがいかなる範囲で犯罪を構成するかにつき、検討を加えることにしたい。

二　預金債権の成否

詐欺の被害者によって自己の口座に振り込まれた金員を払戻す場合、その受取人は当該金員につき被仕向銀行に対する預金債権を取得するかが問われる。この点、従来、誤振込みの場合には自己の預金口座に振り込まれた金員が振込依頼人と受取人との間に法律関係が認められないものであるがゆえに受取人の被仕向銀行に対する預金債権は成立しない以上、受取人が誤振込みであることを知りながら、その事実を秘して被仕向銀行にある自己の口座から払戻した行為は財産犯を構成するとの理解が下級審裁判例の傾向であったといえよう[3]。

しかし、平成8年民事判決は、振込依頼人が誤って預金口座を指定して振込依頼をし、その預金口座に入金記帳されたところ、第三者が預金者に対する債権に基づき口座の預金債権を差し押さえたため、振込依頼人が振込にかかる預金部分に対し第三者異議の訴えを提起したという事案につき、「振込依頼人から受取人の銀行の普通預金口座に振込みがあったときは、振込依頼人と受取人との間に振

3　札幌高判昭和51年11月11日刑月8巻11＝12号453頁(振込依頼人が誤って振込依頼したところ、被仕向銀行において類似の口座へ入金した事案につき、詐欺罪成立を認めた)、東京高判平成6年9月12日判時1545号113頁(送金銀行の過誤により普通預金口座に過剰入金された金員をATMから引き出した事案につき、窃盗罪成立を認めた)がある。なお、東京地判昭和47年10月19日研修337号69頁(振込依頼人の過誤により振り込まれた金員を引き下ろした事案につき、占有離脱物横領罪成立を認めた)も参照。

込みの原因となる法律関係が存在するか否かにかかわらず、受取人と銀行との間に振込金額相当の普通預金契約が成立し、受取人が銀行に対して右金額相当の普通預金債権を取得する」とし、「振込依頼人と受取人との間に振込みの原因となる法律関係が存在しない」場合には、「振込依頼人は、受取人に対し、右同額の不当利得返還請求権を有することがあるにとどま」ると判示した。そして、その根拠は、①「普通預金規定には……受取人と銀行との間の普通預金契約の成否を振込依頼人と受取人との間の振込みの原因となる法律関係の有無に懸からせていることをうかがわせる定め」がないこと、および、②「振込みは、銀行間及び銀行店舗間の送金手続を通して安全、安価、迅速に資金を移動する手段であって、多数かつ多額の資金移動を円滑に処理するため、その仲介に当たる銀行が各資金移動の原因となる法律関係の存否、内容等を関知することなくこれを遂行する仕組みが採られている」ことに求められているのである。さらに同判決後、最判平成12年3月9日金法1586号96頁[4]は、「銀行の担当者が顧客の利益のために尽力することは相当であるとしても、いかに手形の不渡りを回避するためとはいえ、取引先の承諾を得ることなく振込みの組戻手続や預金の払戻手続をとることまでが銀行の権限に属するとされる余地はな」い旨判示し、「組戻し」といった措置は預金者の権限に属し、銀行の利益・不利益に左右されないことも明らかにしている。

　上記の民事判例を前提とするならば、自己の預金口座に振り込まれた預金に関しては、原則として、原因関係を問わず、有効な預金債権が預金者に成立することになる。この点で、最高裁の判断は、かつて刑事裁判例において採用された構成を否定する趣旨であると解される。そうすると、詐欺の被害者によって自己の口座に振り込まれた金員を払戻す行為それ自体は、誤振込みの場合と同様、預金債権の不存在を理由に財産犯を構成することはできない。ゆえに、刑事裁判例である本判決においても、振込依頼人と受取人との間に法律関係を問わず自己の預金口座への振込金に対する預金債権の成立が認められ、この限りで、平成8年民事判決をはじめとする民事裁判例と刑事裁判例との間の判断の齟齬は解消される

4　事案は、預金者が仕向銀行に対して有していた預金を払戻し、被仕向銀行の口座へ振込を行った後、被仕向銀行が仕向銀行から手形不渡回避を理由に組戻しの依頼を受け、預金者の承諾を得ることなく、組戻しを行ったことにつき、預金者の破産管財人が被仕向銀行に対して預金者の有する預金の払戻しを請求した、というものである。

に至っていると思われる。

三　告知義務違反としての窃取・欺罔行為

　もっとも、実務上、被仕向銀行に対する預金債権の成立が認められるとしても、その権利行使が詐欺罪等の財産犯を構成する可能性は否定されない。このことは、普通預金規定や振り込め詐欺救済法を手がかりに、「自己の口座が詐欺等の犯罪行為に利用されていることを知った場合には、銀行に口座凍結等の措置を講じる機会を与えるため、その旨を銀行に告知すべき信義則上の義務があり、そのような事実を秘して預金の払戻しを受ける権限はない」旨判示した本判決においても看取される。ゆえに、犯罪行為に利用された自己の預金口座からの払戻しが刑事責任を基礎づけるとする法的構成において、誤振込みに関する最高裁判例との整合性が問われる。

1　誤振込みに関する最高裁判例の動向

　誤振込みに関する判例として、平成8年民事判決後では、最決平成15年3月12日刑集57巻3号322頁（以下、「平成15年刑事決定」と表記）が挙げられる。同決定は、税理士の妻が顧問料等の振込先の預金口座として誤って被告人名義の預金口座を指定したところ、被告人は自己の預金口座に誤って振り込まれた預金であることを認識しながら、そのことを銀行に告知せず借金の返済のために払戻した事案につき、平成8年民事判決を引用した上で、「銀行との間で普通預金取引契約に基づき継続的な預金取引を行っている者として、自己の口座に誤った振込みがあることを知った場合には、銀行に上記の措置を講じさせるため、誤った振込みがあった旨を銀行に告知すべき信義則上の義務があると解される。社会生活上の条理からしても、誤った振込みについては、受取人において、これを振込依頼人等に返還しなければならず、誤った振込金額相当分を最終的に自己のものとすべき実質的な権利はないのであるから、上記の告知義務があることは当然というべきである。そうすると、誤った振込みがあることを知った受取人が、その情を秘して預金の払戻しを請求することは、詐欺罪の欺罔行為に当たり、また、誤った振込みの有無に関する錯誤は同罪の錯誤に当たる」と判示し、詐欺罪の成立を認めている。

当該判示内容に関して留意すべきは、平成15年刑事決定が告知義務違反による詐欺罪の成立を認めるとしても、従前の上記民事判決を踏襲する以上、誤振込みに相当する金員について預金債権だけでなく、払戻しを受ける権限も認められうる点[5]である。すなわち、当該事案では、「『払戻しを受ける権限の存否』ではなく、『誤振込みであった旨告知せず、払戻しをした行為』そのものが問われている」と解する余地があるのである[6]。というのも、同決定は、「銀行にとって、払戻請求を受けた預金が誤った振込みによるものか否かは、直ちにその支払に応ずるか否かを決する上で重要な事柄である」とし、「自行の入金処理に誤りがなかったかどうかを確認する一方、振込依頼先の銀行及び同銀行を通じて振込依頼人に対し、当該振込みの過誤の有無に関する照会を行うなどの措置」による「組戻し」の機会を与えなかったことを理由に刑事責任を負うと判断したにすぎないからである[7]。そうすると、上記平成12年最高裁判決が「組戻し」を預金債権者の権限として位置づける以上、銀行は上記告知を経た払戻し請求には応じなければならないことが認められるのである[8]。

　もっとも、この点については、預金債権の成立を認めつつ、払戻しを受ける権

5　この点につき、原判決（大阪高判平成10年3月18日刑集57巻3号353頁）も、民事法上、預金債権の行使を有効とするにとどめ、刑事法上の問題を独自に評価する。これに対し、平成15年刑事決定にいう「誤った振込金額相当分を最終的に自己のものとすべき実質的な権利はない」につき、払戻しを受ける権限を否定したと解する余地があるが、この考え方は後述の最判平成20年10月10日民集62巻9号2361頁において否定されている。それゆえ、当該判示部分は、「『最終的に』不当利得返還請求権の行使によって利得は失われる」ことを表現したにすぎないと思われる（石丸将利「判解」『最高裁判所判例解説民事編 平成20年度』（2011）515頁以下参照）。さらに、払戻しを受ける権限を否定することの問題点として、宮崎英一「判解」『最高裁判所判例解説刑事篇 平成15年度』（2006）140頁以下参照。

6　山口厚『新判例から見た刑法』（第3版・2015）307頁、宮崎・前掲註（5）131頁以下参照。宮崎・前掲書134頁によれば、「本決定のような考え方は、受取人と被仕向銀行との間に預金債権が成立し、受取人がその預金債権を行使できることを前提にした上で、その行使に信義則上一定の制約を課したにすぎないという点で、平成8年判決とも整合性が保たれている」とする。さらに大塚仁ほか編『大コンメンタール刑法 第13巻』（第2版・2000）97頁以下〔髙橋省吾〕も参照。

7　このような判断に対しては、告知義務の根拠に加え、「預金債権の存在を前提にしつつ告知義務を認めることは困難であり、また、調査、照会等の手続を経ても、預金債権の否定される可能性はない」以上、財産上の損害があるとはいえないとの指摘がある（高橋則夫『刑法各論』（第2版・2014）366頁参照）。

8　宮崎・前掲註（5）132頁以下は、普通預金規定を手がかりに、誤記帳や誤発信による誤振込みの場合には、預金債権は成立しないことを前提として、誤振込みの事案につき、「被仕向銀行の調査、照会等の結果、預金債権の成立が否定される可能性がある以上、調査、照会等の手続を経た上での預金の払戻しと、それを経ない預金の払戻しとでは、質的に全く異なるものといえる」とする。これに対し、平成15年刑事決定は、誤振込みの原因に応じた預金債権の成否ではなく、過誤の確認を踏まえた「組戻し」の機会に重点を置いているように思われる。

限を「権利の濫用」として認めないとする法的構成も考えられる。すなわち、衡平や正義の見地から、誤振込みであることを認識している受取人には「預金債権を『行使すべき実質的理由』はなく、預金債権は、振込送金制度の無因性を維持するため認められたもの」で、その受取人にとっては、「『形式的権利』にすぎず、これを行使することは、権利の濫用として許されない」[9]と解するのである。このような理解によれば、平成8年民事判決の射程は預金債権の成立にとどまることになる[10]。実際、類似の考え方を採用した下級審裁判例がある。すなわち、東京高判平成18年10月18日民集62巻9号2407頁は、Xの普通預金および夫Yの定期預金の各預金通帳および各届出印を窃取した者から依頼された人物が、仕向銀行にある夫の定期預金の口座を解約し、解約金を被仕向銀行にあるXの普通預金口座に振り込むよう依頼し、その後、被仕向銀行において払戻しを受けたため、Xが被仕向銀行に対して当該金員を払戻すよう求めたという事案につき、Xとしては「本件振込みに係る普通預金につき自己のために払戻しを請求する固有の利益を有せず、これを振込者（不当利得関係の巻戻し）又は最終損失者へ返還すべきものとして保持するに止まり、その権利行使もこの返還義務の履行の範囲に止まるものと解すべきである。そして、この権利行使の方法は、特段の事情がない限り、自己への払戻請求ではなく、原状回復のための措置をとることにあると解すべきものである（最高裁判所平成一五年三月一二日判決・刑集五七巻三号三二二頁参照）」とした上で、Xの払戻請求は、X「固有の利益に基づくものではなく、また、不当利得返還義務の履行手段としてのものでもない」以上、「払戻しを受けるべき正当な利益を欠くこととなり、権利の濫用に該当する」と判断したのである。当該判示内容からすれば、「平成一五年刑事決定は、誤振込みに気付いた受取人は、『特段の事情がない限り』、原状回復のための措置、すなわち『組戻し』をしなければならないとする趣旨のものと受け止められていた」[11]と評することができよう。

---

9 佐藤文哉「誤って振り込まれた預金の引出しと財産犯」西原春夫ほか編『佐々木史朗先生喜寿祝賀 刑事法の理論と実践』（2002）340頁。同様の見解として、黒川ひとみ「誤振込みと財産犯の成否——財産の静的安全・動的安全と刑法——」慶応法学9号（2008）201頁以下。

10 このような見方として、山中敬一『刑法各論』（第3版・2015）417頁。異説として、西田典之『刑法解釈論集』（2013）352頁（「刑法的には、本来権限のない受取人の預金債権を正面から肯定したものと解すべきではない」とする）。

11 松宮孝明「誤振込みと財産犯・再論」井田良ほか編『川端博先生古稀記念論文集〔上巻〕』（2014）280頁。

しかし、その上告審である最判平成20年10月10日民集62巻9号2361頁（以下、「平成20年民事判決」と表記）は、平成8年民事判決を確認しつつ、振込依頼人と受取人との間に振込みの原因となる「法律関係が存在しないために受取人が振込依頼人に対して不当利得返還義務を負う場合であっても、受取人が上記普通預金債権を有する以上、その行使が不当利得返還義務の履行手段としてのものなどに限定される理由はな」く、「受取人が振込依頼人に対して不当利得返還義務を負担しているというだけでは、権利の濫用に当たるということはできない」と説示した上で、Xが「本件普通預金について本件振込みに係る預金の払戻しを請求することが権利の濫用に当たるということはできない」と判断している。すなわち、振込依頼人と受取人との間に振込みの原因となる法律関係がない場合、具体的には仕向銀行の誤発信と評価できる[12]事案において、受取人がその事実を認識していたとしても、誤振込みであることの告知を問わず、預金債権が成立し、かつ、払戻しを受ける権限も認められるとしているのである。そうすると、上記最高裁判決は、振込依頼人と受取人との間に振込みの原因となる法律関係がない場合であっても、受取人において預金債権およびその行使が認められることを前提とし、正当な理由に基づかない利得は、平成8年民事判決が判示した「不当利得返還請求権」の行使によって解決されるべきであることを示唆しているといえよう。

このような上記最高裁判例を踏まえると、誤振込みであることを告知しない払戻しに対する法的評価につき、「平成15年刑事決定」と「平成20年民事判決」との間に齟齬が生じる。すなわち、「預金債権の行使における信義則上の制約としての告知義務の要否」である。この点、平成20年民事判決が「払戻しを受けることが当該振込みに係る金員を不正に取得するための行為であって、詐欺罪等の犯行の一環を成す場合であるなど、これを認めることが著しく正義に反するような特段の事情があるときは、権利の濫用に当たる」旨判示したことをもって民刑の判断の統一が指向されたとの理解[13]もあるが、この判示内容は両判例の相違を解

---

12 松宮・前掲註（11）287頁は、「仕向銀行の係員が、その振込依頼人を真の預金債権者だと誤信したことに過誤があった」以上、「振込送金は、仕向銀行の誤発信による」ことを指摘する。

13 林幹人「預金についての民法と刑法」判例時報2141号（2012）21頁、杉本一敏「預金が増えているんです――誤振込金の払戻し」法学セミナー732号（2016）105頁参照。当該判示部分に関する内容については、石丸・前掲註（5）527頁以下参照。さらに、松澤伸「判批」『刑法判例百選II各論』（第7版・2014）105頁も参照。

消するには及ばない。というのも、いずれの判例も誤振込みにおける受取人の預金債権の成否について判断したものであるにもかかわらず、「告知義務に対する法的位置づけ」は依然として異なるからである[14]。したがって、民事法と刑事法との間に「法秩序の統一性」を認めるならば、平成20年民事判決は、誤振込みの原因に応じた区別を前提としない限り、平成8年民事判決の趣旨を基底とし、事実上、平成15年刑事決定の判断を形骸化させるものであると思われる[15]。

2 犯罪行為に利用された自己名義の預金口座からの払戻しについて

犯罪行為に利用された自己名義の預金口座からの払戻しに関しても、本判決同様、上記最高裁判例との整合性を意識する下級審裁判例がある。例えば、名古屋高判平成24年7月5日高刑速（平成24年）207頁は、被告人名義の預金口座に振り込まれる金員をATMにより引き出し宅配便で送るよう依頼され、その金員が詐欺等の犯罪行為によるものではないかとの思いを抱きながら、自己のキャッシュカードを用いて振込額に相当する現金をATMにより引き出したという事案につき、銀行等の金融機関における払戻しの規定を指摘しつつ、「被告人がキャッシュカード等を用いてATM内の現金を引き出した行為は、それが自己名義の口座からの預貯金の払戻しであっても、ATM管理者の意思に反するものというべきであるから、ATM内の現金に対するATM管理者の占有を侵害するものであるといわなければならない」として窃盗罪の成立を認めた上で、上記平成8年民事判決は、「いわゆる誤振込みの事案について、振替送金がされた場合、その振替送金の原因関係の存否、内容等にかかわらず、振替送金の受取人と振込先銀行との間に振替送金額相当の預金契約が成立し、振替送金の受取人は銀

---

14 告知義務の理解に関しては、平成8年民事判決において「銀行には振込みの原因関係を知る義務がない」とする一方、平成15年刑事決定では「預金債権者にはそれを知らせる義務がある」とする点で、すでに統一的な判断が失われていたと思われる（林幹人『判例刑法』(2011) 307頁）。この点につき、山田耕司「譲渡目的を秘した預金口座の開設、誤振込みと詐欺罪」池田修＝金山薫編『新実例刑法 [各論]』(2011) 69頁以下は、「平成15年決定の趣旨によれば、平成20年判決の事例でも詐欺罪が成立する可能性がある」とし、その理由を「平成20年判決の事例であっても、誤振込みがあったことを金融機関に告知すべき義務がある」点に求める。しかし、このような帰結は預金債権の行使を認める平成20年民事判決の判断と矛盾するように思われる。なお、安田拓人＝島田聡一郎＝和田俊憲『ひとりで学ぶ刑法』(2015) 394頁〔安田拓人〕（平成20年民事判決の判断に基づき、誤振込預金の払戻しは正当な預金債権者による払戻しである、と解する）参照。

15 松宮・前掲註 (11) 287頁。

行に対して同金額相当の預金債権を取得することを認めたにとどまり、受取人によ
る振替送金額相当の預金債権の行使が窃盗や詐欺罪の犯罪行為に当たらないな
どということを判示したものではない」旨確認している[16]。また、大阪高判平成
25年6月12日公刊物未登載は、やみ金業者を名乗る人物から融資を持ちかけら
れ、返済のため自己のキャッシュカードを渡したところ、約束の融資はなされ
ず、自己名義の口座に身に覚えのない入金と出金が行なわれるようになり、振込
額のうち融資額相当額を銀行の窓口で払戻したが、上記の入金と出金は振り込め
詐欺による振込と払戻しであったという事案につき、平成15年刑事決定を引用し
て、自己の口座に振り込まれた金員については払戻す権限はない等として、詐欺
罪の成立を認めている[17]。いずれの裁判例[18]も、上記東京高判平成18年10月18日
と同様に、平成15年刑事決定を理解・意識したもので、預金債権の成立を形式的
に(または民事法上)認めるにとどめていると解される。しかし、誤発信による誤
振込みの場合でも、当該金員につき預金債権の成立だけでなく払戻しを受ける権
限を認めた平成20年民事判決との矛盾は意識されていない。

　この点、本判決もまた、上記裁判例と同様に理解した上、犯罪行為に利用され
た自己の預金口座からの払戻しについて「払戻しを受ける権限」を認めなかった
ものと位置付けられる[19]が、預金債権の行使を否定する根拠を「普通預金規定」
と「振り込め詐欺救済法」に求めることにより、最高裁判例との整合性を試みた
ものといえる。もっとも、本件の告知義務は、平成15年刑事決定と異なり、「銀
行に口座凍結等の措置を講じる機会を与える」ことにあり、その法的効果は預金
債権者の払戻しを受ける権限にも及ぶと解される。

　しかし、その根拠となる諸規定は、不正の防止および被害者救済に向けた措置

16　当該裁判例の紹介として、五十嵐恒彦・研修774号(2012)631頁など。平成8年民事判決との
　　関係につき、宮崎・前掲註(5)134頁も参照。
17　当該裁判例の内容については、松宮孝明「判批」法学セミナー727号(2015)121頁による。な
　　お、同「『調査官解説』論──刑法」市川正人ほか編『日本の最高裁判所』(2015)278頁註4に
　　よれば、当該判決に対する上告は、最決平成25年10月19日公刊物未登載によって棄却されている。
18　そのほかの裁判例として、東京高判平成23年4月26日高刑速(平成23年)93頁(自己の経営す
　　る会社名義の預金口座に送金を受けた詐欺の犯罪収益について、その情を秘して払戻しを受けた
　　という事案につき、詐欺罪の成立を認めた)がある。さらに、詐欺罪の未遂を認めた裁判例の紹
　　介として、大口奈良恵「自己名義の口座から振り込め詐欺による被害金を払い戻す行為につき、
　　詐欺未遂罪を適用して処理した事例」研修734号(2009)127頁参照。
19　本判決につき平成15年刑事決定との類似性を指摘するものとして、福島・前掲註(1)94頁、
　　田山・前掲註(1)227頁、杉本・前掲註(1)173頁参照。

を講じる前提として、少なくとも、金融機関において預金口座が犯罪などに利用される可能性が認められることを必要とする旨を明記している。すなわち、全国銀行協会の普通預金規定（ひな型）11条2項3号[20]は、「この預金が法令や公序良俗に反する行為に利用され、またはそのおそれがあると認められる場合」には、銀行は当該預金口座の取引停止又は解約の措置をとることができるとし、また振り込め詐欺救済法3条1項は、「金融機関は、捜査機関等からの情報などの事情を勘案して犯罪利用預金口座等である疑いがあると認めるときは、預金口座等に係る取引の停止等の措置を適切に講ずるものとする」と規定するにとどまるのである。それゆえ、上記措置を講じうる事実的状態をもって金融機関をして同措置をとらせる機会を与えるために告知義務を預金債権者に課すことは、規定の趣旨を超えた預金債権の制限にほかならない[21]。そうすると、平成8年民事判決の趣旨に鑑みれば、金融機関による一定の措置が講じられない限り、預金者には預金債権およびその行使も認められる以上、被告人にも払戻しを受ける権限があると解される[22, 23]。もっとも、銀行は業務上、振り込め詐欺に気付けば預金の払戻し

---

20 当該規定の概要については、齋藤秀典「普通預金規定ひな型等における預金口座の強制解約等に係る規定の制定について」金融法務事情1602号（2001）11頁以下参照。

21 東京地判平成17年8月1日公刊物未登載（前掲東京高判平成17年12月15日の原判決）参照。さらに、橋爪隆「銀行預金の引出しと財産犯の成否」研修735号（2009）13頁も参照（銀行に対する財産犯の成否は、金銭の占有につき正当な利益が銀行に認められるか否かによる以上、振り込め詐欺救済法の規定内容に全面的に依存させるべきではないとする）。これに対し、松田俊哉「振り込め詐欺の被害者に振り込ませた現金をATMで引き出すことの擬律について」『植村立郎判事退官記念論文集 現代刑事法の諸問題〔第2巻第2編実践編〕』（2011）69頁以下は、権利の濫用という一般条項に依拠しつつ、振り込め詐欺救済法により銀行が一定の法的義務を負うことの関係で、同法の規定に沿って財産犯の成立範囲を画するができるとし、「問題となる金員が救済法の『振込利用犯罪行為』に係る被害金であるか否か」という規準を設ける。しかし、同法は、振り込め詐欺等の犯罪被害者の財産的損害を回復させるためのもので、かつ、金融機関が犯罪利用預金口座等であると疑うに足りる相当な理由があると認めた場合に初めて開始される手続法である以上、預金口座が詐欺などの犯罪に利用されていることが金融機関において確認されていない段階での「口座が犯罪行為に利用されていることを告知する義務」をもたらし得ないように思われる。さらに、告知義務を課すことの問題を指摘するものとして、田山・前掲註（1）227頁、松宮・前掲註（17）「判批」121頁など。これに対し、告知義務の意義を述べるものとして、田辺泰弘「判批」警察学論集59巻6号（2006）220頁（「預金者側にも信義誠実の原則に従うことが強く求められる」とする）。

22 江野栄＝秋山努編『Q&A 振り込め詐欺救済法ガイドブック——口座凍結の手続と実践』（2013）5頁によれば、同法の制定前では、金融機関において「取引が停止された口座は、最終的には解約され、残高がある場合は、別段預金として管理され」るが、「口座名義人の預金払戻請求権は消滅しないので、金融機関が被害者が振り込んだ額を被害者に返金するには二重弁済のリスク」があったとされる。ゆえに、振り込め詐欺救済法制定の背景には、このような銀行のリスクを解消する必要性があったといえる。なお、同法制定前の民事裁判例として、東京地判平成

に応じないことから、預金口座の利用状況が払戻しを決する上で銀行経営の重要事項となりうることが預金債権者に対する告知義務の根拠となることも考えられよう[24]。しかし、銀行と預金者との間にある通常の取引関係から、預金者が銀行の財産を積極的に保護すべき法的義務を負うとする根拠は見出されない以上[25]、預金者の払戻しが預金規定等の趣旨に反するような行為であるとしても、直ちに財産犯を構成することはできない。

かようにして、本件の問責対象となる行為は、上記のような法的構成の限りでは、別の預金口座がすでに凍結されていた事実を認識するに至ったという先行行為があったとしても、「権利の濫用」に当たると解し得ない[26]。もっとも、自己

17年3月30日金法1741号41頁（振り込め詐欺の被害者が、振込先口座の預金者に対する不当利得返還請求権を被保全債権として、その預金者が有する被仕向銀行に対する預金払戻請求権の代位行使を求めたことにつき、認容した）や、東京地判平成17年3月29日金法1760号40頁および東京地判平成19年10月5日金法1826号56頁（振り込め詐欺の被害者が、振込先口座の口座名義人に対する不当利得返還請求権を保全するために、その口座名義人に対する預金払戻請求権の代位行使を求めたことにつき、認容した）がある。もっとも、誤振込みに関する事案につき銀行の不当利得を認める民事裁判例として、名古屋高判平成17年3月17日金法1745号34頁（誤振込みを理由とする組戻しの手続を依頼した振込依頼人が、組戻しを依頼し受取人から「組戻し」の了解を得た場合において、被仕向銀行に対する不当利得返還請求を求めたことにつき、平成15年刑事決定を引用した上で、受取人の預金債権を事実上否定し、誤振込みの事実を知った被仕向銀行に対する不当利得返還請求権を認めた）や東京地判平成17年9月26日判時1934号61頁（誤振込みを理由とする組戻しの手続を依頼した振込依頼人が、受取人の承諾不存在を理由に組戻しに応じず誤振込み金について受取人に対する貸付債権をもって相殺した被仕向銀行に対して不当利得返還請求を求めたことにつき、その請求を認めた）がある。誤振込みに関する民事裁判例の法的構成については、平成8年民事判決の趣旨と矛盾する可能性がある。松岡久和「判批」金融法務事情1748号（2005）13頁参照。
23 この点に関して、他人名義の預金口座から預金を引き出す場合には財産犯が成立する余地はある（前掲東京高判平成17年12月15日や前掲東京高判平成18年10月10日参照）。もっとも、「自らの出捐により、自己の預金とする意思で、自ら又は使者・代理人を通じて預金契約をした者が預金者である」とする通説的見解（大橋寛明「判解」『最高裁判所判例解説民事編 平成15年度（上）』（2006）316頁参照）を前提とすれば、他人名義の預金口座を利用する場合であっても、預金を実質的に管理する行為は除かれよう。
24 井田良ほか編『事例研究 刑事法Ⅰ刑法』（第2版・2015）291頁〔島戸純〕参照。
25 誤振込みの事案に関して、中森喜彦『刑法各論』（第4版・2015）137頁参照。なお、自己の預金口座からの払戻しが詐欺罪に該当しうる事案として、最決平成19年7月10日刑集61巻5号405頁（自己の経営する事業の運転資金に充てる意図を秘して、自己の前払金専用口座に公共事業の必要経費である前払金として振り込まれた金員を払出した上で、自ら不正に開設した他人名義の預金口座に振り込ませた事案）がある。
26 「自己の預金口座からの払戻し」のみに着目すれば、誤発信による誤振込みの事案において「権利の濫用」を認めない判例が存在する以上、形式的とはいえ振込の原因となる法律関係がある本件では、「権利の濫用」は認められないように思われる。「権利の濫用」の射程に関しては、杉本一敏「預金をめぐる財産犯と権利行使」刑法雑誌54巻2号（2015）312頁以下参照。本件につき「権利の濫用」に当たるとするものとして、田山・前掲註（1）227頁（なお、「本判決は、ダイ

名義の預金口座からの払戻しであったとしても、認定事実によっては、平成20年民事判決が判示する「払戻しを受けることが当該振込みに係る金員を不正に取得するための行為であって、詐欺罪等の犯行の一環を成す場合」に該当する可能性は残されているように思われる。というのも、当該行為は、銀行に対する利益侵害でなくとも、振込依頼人を被害者とする「振り込め詐欺の一環」として、詐欺罪の共犯を構成しうるからである[27]。

四　財産上の損害について

1　自己名義の預金口座からの払戻しによる「銀行固有の利益」の喪失

　自己名義の預金口座からの払戻しが銀行に対する窃盗罪または詐欺罪を構成するならば、当該財産犯の中核は上記告知義務をもたらす銀行固有の利益の保護に求められる。この点、本判決によれば、銀行において「当該預金口座が詐欺等の犯罪に利用されているものであることが分かれば、救済法に基づき、当該預金口座を凍結して払戻しには応じない」という事情から、「払戻し請求を受けた預金が振り込め詐欺救済法の『振込利用犯罪行為』によるものか否かは、支払いに応じるか否かを決する上で重要な事柄である」として、「口座凍結等の措置を講じ

　　レクトに20年判決の権利濫用構成に与することはせず、あえて15年決定の告知義務構成を採用している」と評する）、杉本・前掲註（1）173頁（「払戻し請求が平20最判のいう『権利の濫用』に当たり、また、事情を知った銀行は救済法の要請から払戻しを拒絶せざるを得ない状況にあるから」、被告人の「『告知義務違反』という構成を介する必要は必ずしもなかった」とする）。同様の理解を示す見解として、橋爪・前掲註（21）11頁、中森・前掲註（25）112頁（上記名古屋高判平成24年7月5日の事案につき、「当該金員が犯罪収益であり、行為者には引出権限がなかったことを理由とすべきであった」とする）。なお、名古屋高判平成24年7月5日高刑速（平成24年）211頁の備考も、同名古屋高裁判決の判断を「権利の濫用」の一例とする。

27　平成20年民事判決が判示する「権利の濫用」に当たる例として、振り込め詐欺等が挙げられる（例えば、松岡久和「判批」『平成20年度重要判例解説』ジュリスト臨時増刊1376号（2009）76頁）が、正当な理由のない振込から払戻しに至るまでの過程（犯行の一環）において「関与」が認められるような場合に限られ、単なる悪意による払戻しは除かれよう。その上で、証拠証券の交付において1項詐欺を認める従来の判例（財物詐欺構成につき、松宮孝明「判批」『刑法判例百選Ⅱ各論』（第5版・2003）94頁以下参照）を踏まえるならば、たとえ被害者が振り込め詐欺の共犯者の口座に振り込むことで既遂（2項詐欺）が認められうるような場合でも、自己の預金口座からの払戻しは（事前の意思連絡を問わず）窃盗罪ないし1項詐欺（の共犯）として評価されうるように思われる。本件でも、「被告人が氏名不詳者らから本件の仕事を持ちかけられた経緯、その仕事の内容と不相応な報酬、被告人に断ることなく被告人がR社の代表者として登記されたことなどの状況」に鑑みれば、場合によっては、「振り込め詐欺の一環」としての共犯が考えられるのである。なお、田山・前掲註（1）229頁も参照。

る機会を与えなかったこと」が「財産的損害（の危険）」をもたらすと解される。そして、侵害される利益として、①普通預金規定や振り込め詐欺救済法の遵守に対する評価、および、②振り込め詐欺等の被害者と振込金の受取人（預金口座の名義人）との間の紛争に巻き込まれないことといった事実上の利益が挙げられる。もっとも、被仕向銀行は受取人の預金を処分しうる権能ないし地位にない以上、銀行に対する利益侵害は受取人の払戻しとの関係では存在しない[28]。

　この点に関して、平成15年刑事決定を手がかりに、銀行が一定の措置を講じることの「事実上の可能性が保護に値するのは、それは銀行がいわば振込制度の主宰者として、振込依頼人の利益を事実上、擁護すべき立場にあると評価しうる」[29]として、「『出し子』による預金の払戻しについても、銀行が解約や口座停止等の措置を採る可能性がある以上、当然に財産犯の成立が認められる」[30]とする理解がある。すなわち、振込システムの運営上、民事法上の責任を回避する、または振込依頼人の利益を保全するために、銀行は一定の措置を講じることを迫られ、ゆえに銀行が直ちに支払いに応ずるか否かを決する事実上の利益がもたらされる[31]、というのである。しかし、平成8年民事判決が示唆するように、振込送金制度においては、銀行は振込依頼人と受取人との間の支払仲介機関にすぎず、原因となる法律関係や内容を関知せず、かつ、振込の原因を独自に調査・考慮することができない仕組みが採られている以上、振込自体はその原因となる法律関係を問わない取引[32]である。その限りで、銀行は、原則として、振込の原因

28　従前の民事判決に依拠するならば、誤振込みに関する平成15年刑事決定においても、銀行による確認・照会などの措置および組戻しは預金者の承諾を前提とする以上、預金者による払戻しが銀行の経済的損失（二重払いの危険など）をもたらすものと解することはできない。林・前掲註（14）306頁以下参照。

29　橋爪隆「銀行預金をめぐる刑法上の諸問題」刑事法ジャーナル38号（2013）6頁。さらに、杉本・前掲註（26）322頁参照。

30　橋爪・前掲註（21）16頁。

31　橋爪・前掲註（21）13頁以下参照。橋爪は、「銀行に対する財産犯の成否は、①行為者の払戻し権限の存否（権利濫用と評価されるか否か）、②被害者保護のための措置を講ずる必要性・切迫性などの観点から個別の事案に応じて判断される」（同誌15頁）とした上で、銀行固有の利益侵害は、預金を引き出す行為が犯罪行為にとって不可欠であったか否かにより判断される（同誌15頁以下。例えば覚せい剤などの不法な売買や悪徳商法などの詐欺的商法による場合、利益侵害は否定される）とするが、「欺罔行為と預金引き出しとの接着性・関連性」と「振込依頼人の保護」との間に相関関係が認められるかは必ずしも明らかではない。

32　大坪丘「判解」『最高裁判所判例解説民事編 平成8年度（上）』（1999）378頁。さらに、森田果「電子商取引の支払いと決済、電子マネー」松井茂記ほか編『インターネット法』（2015）211頁も参照。

となる法律関係に関する紛争につき、一方の当事者の利益を保護すべき立場にない[33]。そうすると、本件で利益侵害を事実上受けるのは、被仕向銀行ではなく、むしろ犯罪被害者としての振込依頼人である。この点に関しては、従来、振込依頼人には受取人に対する不当利得返還請求権が認められうるものの、振り込め詐欺などの場合には財産的損害を回復することが事実上困難であったため、上記救済法が制定されるに至ったという経緯が認められる。もっとも、留意を要するのは、同法によれば、その手続の端緒となる事情に応じて取引停止措置を講じる法的義務が金融機関に課され、その措置後に預金債権の消滅手続が開始されるということである[34]。ゆえに、本件において受取人の払戻請求に応じることは、銀行側にとって、預金者に対する債務の履行にとどまり、普通預金規定や振り込め詐欺救済法の趣旨に反せず、かつ、振込依頼人と受取人との間の紛争へ巻き込むも

---

[33] 東京高判平成14年11月28日金法1667号94頁（キャッシュカードを窃取された控訴人が、カードの利用により仕向銀行にある控訴人名義の口座から被控訴人である銀行のＡ名義の口座に振り込まれた金員がATMを通じて払い戻されたことに関して、その事実を知っていた被控訴人に損害賠償を求めた事案につき、「本件窃盗被疑事件の犯人はもとより犯人と本件口座の預金者との関係も判明しておらず」、警察や仕向銀行ないし控訴人から「本件口座の払戻しの停止等の要請もなかったのであるから…被控訴人が契約関係にある本件口座の預金者につき払戻しの停止（ATMによる払戻しの停止）等の措置を採り、契約関係にない第三者（振込銀行の預金者である控訴人）の権利を保護すべき義務を負うものと解することはできない」とし、さらに「ATMの利用は銀行と預金者との間の契約に基づくものであり、ATMによる払戻しが犯罪に利用される危険があるからといって、銀行に一般的にATMを利用した犯罪を阻止する注意義務があるとまでいうことはできない」と判示する）も参照。なお、前掲東京地判平成17年3月30日は、被仕向銀行には利得がないとして、振り込め詐欺の被害者の被仕向銀行に対する不当利得返還請求権を否定する旨判示する。

[34] 振り込め詐欺救済法の経緯および概要については、田尾幸一朗「犯罪利用預金口座等に係る資金による被害回復分配金の支払等に関する法律」ジュリスト1352号（2008）93頁以下など参照。これに対し、松田・前掲註（21）68頁以下は、「銀行が実質的な被害者から何らかの責任を追及される可能性がある場合、言い換えれば、銀行が実質的な被害者に対して何らかの義務を負う可能性がある場合」に銀行の金員に対する占有が保護されるとした上で、振り込め詐欺救済法の諸規定を根拠に「出し子」による払戻し行為が財産犯を構成する旨述べる。同旨、照沼亮介「預金口座内の金銭の法的性質──誤振込みの事案を手掛かりとして──（3）」上智法学論集58巻1号（2014）69頁（他人のカードを窃取して預金口座からの払戻しをした状況に近いことに鑑み、銀行には、振込制度の運営者にとどまらず、「専ら背後に存在する被害者の救済のためではあるものの、自ら金銭を主体として保持することにつき、当該口座の預金債権者との関係において優位するだけの地位・権限が振り込め詐欺救済法によって付与された」とする）、杉本一敏「騙し取ったものを騙し取る──犯罪取得金の払戻し」法学セミナー733号（2016）90頁。しかし、銀行において預金口座が犯罪に利用されている疑いが生じ措置を講じる前段階であっても、いわゆる出し子からの支払い請求を拒否しなかった場合には詐欺被害者から法的責任を追及される可能性があるとするならば、振込制度において原因となる法律関係の存否、内容等を関知することのない銀行は履行困難な義務を負うことになるように思われる。

のではないように思われる[35]。

　上記の諸制度を踏まえるならば、本件では、払戻手続によって生じる具体的な経済的損失は被仕向銀行には生じない。これに対して、社会情勢に裏付けられた不正防止の観点から、銀行固有の利益を「銀行に対する信頼」に求めることが考えられる。すなわち、「銀行に対しては、公共機関として、口座を犯罪等に利用させないという信頼が寄せられており、それが破られれば、当該銀行に対する取引者の信頼は失われる」[36]というものである。このような理解においては、本判決が例示した銀行の利益は上記利益の具体化であると解しうるが、同時に、財産犯上の財産的損害は、銀行の払戻手続（処分行為）に伴う間接的な経済的損害の可能性で足りることになる。

2　財産的損害の内実

　このような財産的損害の理解は、金融機関の係る事案、とりわけ預金通帳の交付に関する裁判例においても見出されうる。その嚆矢は、最決平成14年10月21日刑集56巻8号670頁が、不正に入手した他人の健康保険証を使用して他人名義の預金口座を開設し、預金通帳を取得したという事案につき、「預金通帳は、それ自体として所有権の対象となり得るものにとどまらず、これを利用して預金の預入れ、払戻しを受けられるなどの財産的な価値を有するものと認められる」とし、詐欺罪の成立を否定した原判決[37]を誤りと判断した傍論にある。当該判断では、「預金通帳は……口座開設に伴い当然に交付される証明書類似の書類にすぎないものであって、銀行との関係においては独立して財産的価値を問題に

35　銀行の講じる措置に関して、石丸・前掲註（5）510頁以下は、「原因関係の存否についての調査権限も調査のための十分な手段も持たない被仕向銀行」が、「預金債権が成立しているにもかかわらず、原因関係が存在しない場合に権利の濫用であることを理由として、払戻しを拒否することができるとすると…原因関係の存否等をめぐる紛争に巻き込まれることになりかね」ないことを指摘する。このことは、全国銀行協会作成の「振り込め詐欺救済法における口座凍結手続きについて」（http://www.caa.go.jp/planning/pdf/1115siryou1.pdf　2015年11月15日アクセス）5頁以下が、犯罪利用の蓋然性を判断する場合においても、犯罪者でない場合のリスク（不渡や損害賠償など）に鑑み、捜査機関等の外部情報の重要性を指摘していることからも確認できる。干場力「振り込め詐欺救済法に係る全銀協のガイドライン（事務取扱手続）」の概要」金融法務事情1840号12頁以下も参照。

36　松澤伸「判批」法学教室330号別冊判例セレクト2007（2008）34頁（預金口座を第三者に譲渡する目的で銀行から自己名義の預金通帳の交付を受けた事案に関する最高裁判例を評したもの）参照。

37　福岡高判平成13年6月25日刑集56巻8号686頁。

すべきものとはいえない」として財産的損害の不存在を指摘した原判決の判断は顧みられず、問題が預金通帳の財物性に収斂されている。この点、預金通帳の財物性が認められるとしても、その交付に伴うサービスの提供を「財産上の被害」と位置づけられない以上、処分行為と財産的損害との間の直接性は別途見出されない。ゆえに、詐欺罪の財産犯的性格は、「財物としての通帳の喪失」を財産的損害と判断することにより維持されると解される[38]。しかし、財産権の侵害を構成する財産的損害は、実務上、必ずしも客体の喪失でもって判断されているわけではない[39]。そうすると、財産的損害の実質は被害者の目的不達成に内包されていると解される。ゆえに、他人名義の口座開設に寄与したことが銀行の目的不達成として理解される。

　このような事情は、自己名義の預金通帳の交付を受けた場合でも見受けられる[40]。すなわち、最決平成19年7月17日刑集61巻5号521頁は、預金通帳等を第三者に譲渡する意図を秘して銀行の行員に自己名義の預金口座の開設等を申し込み預金通帳等の交付を受けた事案においても詐欺罪の成立を認めているのである。ここでは、最高裁が当該決定において事実関係を確認するにあたり、第三者に譲渡する目的が分かれば預金通帳等を交付しなかったという銀行側の対応を明示的に指摘している点が注目される[41]。通常、自己名義の口座開設または預金通帳の交付を受けることは銀行の経済的損失を意味しない以上、第三者に譲渡する意図が詐欺罪成立の決定的根拠として求められる。この点、当該判断に至る背景には、振り込め詐欺やマネーロンダリングなどの危険を防止するための法規制や社会情勢があることが指摘され、それを契機として、金融機関の公益性から、「犯罪者によって金融機関等が提供する預金の受け入れサービスや決済システム

38　宮崎英一「判解」『最高裁判所判例解説刑事篇 平成14年度』（2005）246頁。
39　飯田喜信「判解」『最高裁判所判例解説刑事篇 平成12年度』（2003）106頁以下参照。飯田は、旅券の不正取得（最判昭和27年12月25日刑集6巻12号1387頁参照）を例証として挙げ、「交付権者を欺罔して証書の交付を受ける場面では、証書の財物性が認められても、直ちに詐欺罪の成立が肯定されるわけではない」とした上で、財産権の侵害の判断が別途必要であることを指摘する。大判大正3年6月11日刑録20輯1171頁（建物所有証明書に関する事案）なども参照。これに対して、山口厚『刑法各論』（第2版・2010）267頁は、「移転した物・利益の喪失自体が詐欺罪の構成要件的結果であり、それと区別された『財産上の損害』が詐欺罪の成立要件として要求されているわけではない」とする。
40　第三者に譲渡する意図を秘して自己名義で携帯電話機を購入するなどした事案につき、東京高判平成24年12月13日高刑集65巻2号21頁。
41　「処分行為者にとって交付の判断の基礎となる重要な事項」という定式は、すでに誤振込みに関する平成15年刑事決定にみられるが、銀行の財産的損害は間接的な財産的事情にとどまる。

が利用されてその信頼が害されることを防止する利益、すなわち自行の口座を不正の目的に利用されないという利益」[42]が存在すると評されている[43]。もっとも、当該利益侵害も詐欺罪の対象とするならば、たとえ犯罪等への不正利用を目的とした預金口座の開設でなくとも、詐欺罪成立が見込まれる。それは、最決平成26年4月7日刑集68巻4号715頁において確認される[44]。すなわち、暴力団員である被告人が郵便局において口座利用申込書の「私は、申込書3枚目裏面の内容（反社会的勢力でないことなど）を表明・確約した上、申込みます。」と記載のある「おなまえ」欄に自己の氏名を記入するなどして、被告人名義の口座開設等を申込み、被告人名義の口座通帳等の交付を受けた事案につき、最高裁は詐欺罪成立を認めているのである。その際、最高裁は、反社会的勢力による被害防止に関する政府の指針や約款による郵便局の対応に言及した上で、「総合口座の開設並びにこれに伴う総合口座通帳及びキャッシュカードの交付を申し込む者が暴力団員を含む反社会的勢力であるかどうかは、本件局員らにおいてその交付の判断の基礎となる重要な事項である」と判示している。しかし、身分の秘匿が約款違反による処分を招くことがあるとしても、預金通帳やキャッシュカードは、通常、身分や支払能力を問わず交付されるものであるがゆえに、その交付自体が金融機関の経済的損失をもたらすものではない。この点では、「暴力団員」であるがゆえの不正利用の可能性（漠然とした見込み）だけが考えられるのである[45]。

かくして、財産的損害の観点からみれば、上記預金通帳の交付に関する裁判例においては、金融機関に対する経済的損失として、犯罪等の目的で不正に利用される可能性からもたらされる抽象的な利益侵害が考えられるにすぎない[46]。この

---

42 前田巌「判解」『最高裁判所判例解説刑事篇 平成19年度』（2011）331頁註17。同旨、松澤・前掲註（36）34頁。
43 林幹人「詐欺罪の現状」判例タイムズ1272号（2008）65頁（預金通帳等の名義人と利用者の違いによる犯罪の発生に対処するための経済的負担の危険が財産的損害となりうるとする）参照。
44 類似の事案として、大阪高判平成25年7月2日高刑集66巻3号8頁。
45 当該損害に関して、原判決（大阪高判平成24年9月7日刑集68巻4号726頁）は、「当初は犯罪に利用する目的がなくとも、その後に不正利用されるおそれがあり、金融機関が種々の損害を蒙る可能性が否定できない」ことを指摘する。
46 上嶌一高「詐欺罪の課題と最近の最高裁判例」刑事法ジャーナル13号（2008）70頁参照。なお、この点に関しては、他者を搭乗させる目的を秘して自己の搭乗券の交付を受けた事案につき詐欺罪の成立を認めた最決平成22年7月29日刑集64巻5号829頁（財産的利益として、「運航の危険性」や「不法入国させたことに対する他国の制裁」が列挙されている）や暴力団関係者であることを秘してゴルフ場の施設利用を申込み施設を利用させた事案につき詐欺罪の成立を認めた最決平成26年3月28日刑集68巻3号646頁（経営上の損失として、「プレー環境の悪化による利用客

点につき、銀行から不正に取得した預金通帳を振り込め詐欺等の犯罪に利用して被害者から当該口座に振り込まれた金銭の払戻しを受けた場合、銀行には損害賠償責任を負う可能性がある以上、財産的損害の可能性を認め得るとする評価[47]もある。しかし、このような理解は、交付後の行為者による新たな行為から生じる損害可能性も財産的損害とみなされる以上、損害（の危険）の抽象化を招くことになる。

もっとも、裁判例上の財産的損害は、欺罔行為を構成する「交付の判断の基礎となる重要な事項」の判断資料として、付随的な財産的事情を伴う目的の不達成に包含され[48]、処分行為者の客観化された態度と相まって「欺罔行為」の評価に反映されるとの評価がある[49]。そうすると、欺罔行為の個別具体的な認定は実質的な損害を担保しうるが、当該行為を経済的・社会的目的の不達成を指向する行為として位置づけるならば[50]、処分行為者の関心に根差した財産的損害[51]ないし信義誠実違反[52]に重点を置くアプローチとの差異を喪失させることも可能となる[53]。これは、例えば未成年者に販売が禁止されている物品を未成年者が年齢を偽って購入するような場合でも、法規制や社会情勢に応じて詐欺罪成立の余地を認める調査官解説[54]から裏付けられる。この点に鑑みれば、銀行による措置の事

の減少」や「ゴルフ倶楽部としての信用、格付け」が列挙されている）などからも散見される。
47　西田典之『刑法各論』（第6版・2012）210頁。
48　井田良「詐欺罪における財産的損害について」法曹時報66巻11号（2014）16頁以下参照。この点については、預金の払戻しに関する平成15年刑事決定や搭乗券の交付に関する前掲最決平成22年7月29日が示唆的である。
49　例えば、暴力団員によるゴルフ場利用の事案においては、最高裁は、暴力団排除活動がどのように具体的に行われていたかを斟酌した上、利用客が暴力団員であることが当該ゴルフ場にとっての重要な事項であるかを検討し、「欺罔行為」を判断している（欺罔行為を肯定したものとして、最決平成26年3月28日刑集68巻3号646頁。欺罔行為を否定したものとして、最判平成26年3月28日刑集68巻3号582頁、最判平成26年3月28日裁集刑313号329頁）。この点に関して、末道康之「判批」判例評論679号（2015）255頁以下参照。さらに欺罔行為を否定した下級審裁判例として、東京地判平成26年9月4日 LEX/DB25504929（「『人を欺く行為』に当たるかどうかは、個々のゴルフ場ごとに、その運営方針、講じていた暴力団排除の措置の具体的内容、利用客の申込みの状況等を総合して判断すべき」と判示している）参照。
50　経済的目的だけでなく、社会的目的の不達成も含める見解として、橋爪隆「詐欺罪成立の限界について」『植村立郎判事退官記念論文集 現代刑事法の諸問題〔第1巻 第1編　理論編・少年法編〕』（2011）189頁以下、山口厚「詐欺罪に関する近時の動向について」研修794号（2014）10頁がある。
51　長井圓「証書詐欺罪の成立要件と人格的財産概念」板倉宏博士古稀祝賀論文集『現代社会型犯罪の諸問題』（2004）315頁以下参照。
52　田辺・前掲註（21）220頁参照。
53　井田・前掲註（48）26頁註54参照。

実的可能性により預金者の正当な権利行使を実質的に制約した平成15年刑事決定もまた、処分行為者の経済的損失だけでなく公的に期待される役割（誤振込みにおける銀行側の措置）に応じた態度も踏まえて「欺罔行為」を判断したものと位置づけられうる[55]。そうすると、占有移転罪としての窃盗罪と詐欺罪との相違が行為形式に求められるにすぎない[56]とするならば、民事法上の財産的権利を侵害しない場合でも、処分行為者に期待される社会的役割に応じて、窃盗罪成立の可能性が考えられる。しかし、このような判断枠組みを前提とするならば、窃盗罪ないし詐欺罪には、事実上、財産権侵害（財産的損害）と被欺罔者の処分行為の直接性を前提としない行為類型が含まれうるように思われる。

翻って本件を見てみると、被告人の行為は銀行とその顧客との間の取引に具体的影響を与えるものと評することはできない[57]以上、本判決が挙げた銀行に対する利益侵害は直接的な経済的損失に当たらず、銀行の不正防止目的の不達成に伴う経済損失の事後的可能性が問題となるにすぎない[58]。そうすると、窃盗罪成立のために必要となる「意思に反する財物の占有移転」もまた、銀行側にある財産的権利を侵害する行為ではなく、銀行による将来の不正利用防止を阻害するような（事実的な）行為と解されよう。もっとも、公的に期待される銀行の役割の内実に鑑みれば、本件で問題となる窃盗罪ないし詐欺罪は、「（詐欺の被害者と想定される）振込依頼人の財産的被害」を実質的に捕捉するものと評しうる。ゆえに、財産的損害の側面からも、被告人の行為が「振り込め詐欺の一環」として位置づけられる余地は残されているように思われる。

---

54 前田・前掲註（42）332頁註17参照。これに対する批判として、西田・前掲註（47）209頁（「詐欺罪を財産犯から国家的法益に対する罪、社会的法益に対する罪へと変容させるもの」と批判する）。

55 なお、この点に関して、約款や立看板等で暴力団関係者の利用を拒絶する意向を示していたゴルフ場において、暴力団関係者であるビジター利用客が暴力団であることを申告せず、一般利用客と同様に施設利用を申し込んだことにつき詐欺罪の欺罔行為を否定した前掲最判平成26年3月28日刑集68巻3号582頁に鑑みるならば、詐欺罪にいう「欺罔行為」は、法規制や社会情勢にとどまらず、当該ゴルフ場の暴力団排除に関する経営方針などの具体的な対応も考慮することによって限界づけられる方向性にあると解される。ゆえに、平成15年刑事決定の事案では、銀行側の財産的損害の有無のほか、預金者が正当な預金債権を有するとともに、銀行が「組戻し」を促す特別な措置を講じる態度がとられていなかった点でも、被告人の行為が銀行側に誤振込みを告知する義務を基礎づけることは困難であるように思われる。

56 成瀬幸典「詐欺罪の保護領域について」刑法雑誌54巻2号（2015）288頁参照。

57 佐伯仁志「詐欺罪（1）」法学教室372号（2011）113頁。もっとも、佐伯・同誌114頁は、前掲最決平成22年7月29日の事案については、詐欺罪の成立に肯定的である。

58 杉本・前掲註（26）321頁参照。

五　結びにかえて

　従来の判例・裁判例を踏まえると、詐欺等の犯罪行為により自己の預金口座へ振り込まれた金員を払戻す行為は、判例上、「振り込め詐欺等の共犯」として評価される場合、平成20年民事判決が言及した「権利の濫用」に当たるように思われる。この点につき、本判決の判断は、振り込め詐欺の共犯でなくとも、「出し子」による払戻し行為それ自体も「権利の濫用」に当たりうることを示したものと解される。この種の事例に対する判断は、すでに下級審裁判例において示され、本判決もその判断を基本的に踏襲するものと位置づけられる。もっとも、本判決は、事案の異なる平成15年刑事決定を直接援用できない以上、普通預金規定や振り込め詐欺救済法の趣旨を決定的な根拠としたものと評し得る。しかし、上記諸規定は、問責対象となる行為を対象とせず、銀行に対する「権利の濫用」を構成するものではない。ゆえに、平成20年民事判決の判断との整合性が課題として残される。

　なお、本件のような場合、預金者（被告人）に対する銀行の債務履行が普通預金規定または振り込め詐欺救済法の趣旨に反し二重払いの危険を招くものではない以上、利潤追求を原則とする銀行としては、瑕疵が認められない限り、財産的損害の（直接的な）可能性は認められない。この限りで、本判決の判断は、平成15年刑事決定の判断と類似の問題を抱えているように思われる。

感情の刑法的保護について
――宗教に関する罪における保護法益――

内 海 朋 子

一　はじめに
二　ドイツにおける、立法・学説の状況
三　スイスにおける、立法・学説の状況
四　日本法の理解
五　まとめ

一　はじめに

　現行日本刑法には、礼拝所および墳墓に関する罪のように、宗教感情や死者に対する敬虔感情といった、感情が保護法益であるとされる犯罪類型が少数ながら存在する。生命・身体・自由・財産の侵害に対して、人々は怒りや非難といった感情を抱くことが通常であるが、そのような感情侵害は、それ自体として独立の法益侵害になるわけではないのに対し、礼拝所および墳墓に関する罪については、感情侵害のみが問題となる点が特徴的である。

　感情が保護法益とされる犯罪については、かつてドイツにおいて、そもそも感情侵害とは何かが論じられたほか、①宗教感情、②死者に対する敬虔感情（Pietät）、③動物虐待における動物への同情、④わいせつ行為によって侵害される羞恥心について特に議論が展開された[1]。本稿は、これらのうち、①の宗教感情（②については対象外とする）について考察を行い、従来研究の少なかった日本の感情保護規定の性質に光を当てようとするものである。

　以下にみる通り、ドイツにおける宗教に関する罪の保護法益は、個人の宗教感情、社会一般における感情、さらに公の平穏へと、ダイナミックに変化した。このように、宗教に関する罪の保護法益は、現在のドイツではもはや宗教感情では

1　拙稿「刑法の感情的保護について　序論」横浜法学22巻3号（2014年）205頁以下。

なく、ドイツ刑法130条の民衆扇動罪と同じく、公の平穏と理解されている。本稿では、ドイツにおける宗教に関する罪の条文構造・保護法益論を分析し、さらに宗教に関する罪を公の平穏に対する罪の章の中に位置づけるスイス刑法にも言及し[2]、日本法における宗教に関する罪の特徴について考察を加えたい。

二　ドイツにおける、立法・学説の状況

1　処罰規定と保護法益

宗教に関する罪の保護法益は、1910年代においては、個人の宗教感情という個人的法益の保護規定であるとの理解が通説的であり[3]、特に1871年ドイツ帝国刑法166条の「人に憤激の念（不快）を与える」という文言が条文上の根拠とされ

2　フランス法については、南山大学の末道康之教授から以下のようなご教示をいただいた。

「フランス古法（革命前）の時代には、宗教に対する罪として、le blasphème（瀆神の罪）、le sacrilège（神聖な物を汚す行為、聖物窃盗）、la lèse-majesté divine（神への不敬罪）、hérétiques et sorciers（異端の罪、呪術を使う行為）、自殺の罪などが、処罰されていた（Jean-Marie Carbasse, Introduction historique au droit pénal. pp. 256 et s.）。しかし、フランス革命後の1791年刑法典では、宗教秩序に対する罪が大幅に削除され、墓地を暴く行為や死体に対する侵害も処罰の対象から外された。革命時には宗教勢力を国家権力から極力切り離すという視点から、このような状況になったと思われるが、その後、1810年刑法典において、埋葬に関する法律に対する罪（infractions aux lois sur les inhumations）として360条に墓碑または墓所を冒瀆する行為を処罰することになった（C. Duvert, Atteinte au respect dû aux morts, Juris-classeur pénal art. 225-17 et 225-18: fasc. 20, 2010, p. 2.）。360条は一般的には、個人的法益、個人の感情に対する罪と理解されているが、宗教に対する罪と理解されることもある。また、260条以下において、暴力または脅迫により、1人または複数の人が、公認された宗教（教派）を実践し、宗教（教派）の実践に参加し、祝祭を祝い、休日を守り、したがって、工房・小売店・商店を開けるまたは閉めること、仕事をするまたは休むこと、を強制しまたは妨害する行為など、信仰をすることを妨害する行為に対する処罰規定が設けられていた。もっとも、260条以下の規定は1905年の政教分離法の成立によって削除され、それ以降は、宗教に関する罪は規定されていない。」

なおフランス刑法典については、司法省調査部編『仏蘭西刑法典』（1939年）、法務大臣官房司法法制調査部編『フランス新刑法典』（1995年）（1992年公布の刑法典の邦訳）などを参照。1905年以前の宗教に対する罪の規定に関しては、フォースタン・エリー著、加太邦憲訳『佛國刑律實用　刑法之部　明治十四年印行（日本立法資料全集・別巻439）』（2007年）469頁以下参照。

3　ドイツの立法動向については、伊藤司「刑法における宗教感情に関する一考察」社会科学論集（九大）27集（1987年）8頁を参照。19世紀以前の状況については、Max Quentel, Religiöses Empfinden und Strafgesetz, 1914, S. 7 ff. が以下のように分析している。13世紀初頭においては、教会と国家という二つの権力は同等とみなされていたが、13世紀後半になると教会権力に優位性が認められ、カノン法のもとでは教会を保護する国家体制がとられた。しかし18世紀の啓蒙主義の後は、個人の自由を保護することこそが国家の最大の目的となり、教会や宗教団体は国家の行政秩序に服することとなった。このほか、Michael Pawlik, Der Strafgrund der Bekenntnisbeschimpfung, in: Festschrift für Wilfrid Küper, 2007, S. 411 f. も参照。

た。例えばベーリング[4]は、166条以下の規定は、人間の現実の感情を保護するものであって結果犯であり、他人が実際に宗教感情を侵害されたとき、すなわち「憤激の念（不快）」が惹起されたときのみ適用され、現実の宗教感情ではない「抽象的な、全体としての感情」は保護法益ではない、と主張する[5]。

　しかしながらナチス期には、宗教に関する罪の保護法益は、個人の宗教感情ではなく、社会一般における感情であるという主張が強力に推し進められた。まず、実際に感情侵害があったかどうかを測定するのは困難であるため、裁判官が、一般人ならば感情を侵害されたかという基準に基づいて、感情侵害の有無を認定すべきと主張された[6]。また、感情侵害という軽微な犯罪については、検察官が重大とみなした事案に限って起訴すれば足りるとされた。このように、個人的法益が保護法益であるとしていた1910年代までの議論から大きな乖離が生じた[7]。

　なお1935年の、ナチス政権下での刑法改正によって、2条に「健全な国民感覚」という文言が登場したが、その実質的な内容についての議論がまったく欠如していたため、宗教に関する罪をはじめとする感情に関する罪についての議論がナチス期に多く参照されている。最初、「健全な国民感覚」は実際に存在する社

4　Ernst Beling, Beschimpfung von Religionsgesellschaften, religiösen Einrichtungen und Gebräuchen, und die Reformbedürftigkeit des § 166 StGB, in: Festgabe für Felix Dahn, 3. Teil, 1905, S. 1 ff. なお、ドイツ法では宗教に関する罪の保護法益について、166条の規定を中心に論じられることが多いので、本稿でも同条に関する議論を検討する。

5　1871年ドイツ帝国刑法166条は、公然と神を冒瀆することによって、人に憤激の念（不快）を与える行為、又はキリスト教会などの宗教団体、もしくはその制度などを、公然と誹毀する行為などを処罰していた。条文については、山脇玄・今村研介共訳『獨逸六法　裁判所編制法　第壹冊・刑法第貳冊　明治十八年出版（日本立法資料全集・別巻510）』（2008年）103頁以下、伊藤「刑法における宗教感情に関する一考察」（前掲注3）7頁以下など、参照。

6　Kurt Wilden, Vergehen, welche sich auf die Religion beziehen, in geschichtlicher Entwicklung und rechtsvergleichender Darstellung des außerdeutschen europäischen Strafrechts unter Berücksichtigung der deutschen Strafgesetzentwürde, 1933, S. 15 ff.

7　例えばエドモンド・メッツガー「宗教に対する侵害、死者の安息に対する侵害」司法省調査部編『将来の独逸刑法（各則）』司法資料236号（1938年）324頁（Fanz Gürtner 編、Das kommende deutschs Strafrecht（Besonderer Teil), 1936の邦訳）は、「憤激の念（不快）」要件を削除して、公然とドイツ民族の宗教的感情を甚しく侵害した者は、軽懲役に処す、などとすることを提案する。なお、メッツガーは、宗教に関する罪の保護法益について、宗教自体、宗教的平穏、個人の宗教感情という3つの立場に分類する。Reinhold Blumensath, Die Religion und ihr strafrechtlicher Schutz, 1898, S. 8 f. の分類も同様である。Wilden, Vergehen, welche sich auf die Religion beziehen, in geschichtlicher Entwicklung und rechtsvergleichender Darstellung des außerdeutschen europäischen Strafrechts unter Berücksichtigung der deutschen Strafgesetzentwürde（前掲注6）, S. 8 ff は、これに国家秩序を保護法益とする立場を加える。

会心理的な国民感情として理解され、そのことによって解釈上の制限がなされていたが、1940年頃には「健全な国民感覚」は観念的なものであって、裁判官の解釈によって判断されるとの理解が広まり[8]、この条項により類推解釈が広く許容されるという結果が生じた[9]。また、ナチス期の議論において特筆すべきは、感情保護はすべての犯罪類型について妥当するとの主張がみられたことであろう。シュラーグは、精神の保護は身体の不可侵よりも重要であるとして、感情は個別的な犯罪のみならず全犯罪類型における保護法益だとする[10]。すなわち刑罰法規の存在そのものが感情保護のためにあると考えるのである。

2 法改正と保護法益の変化

宗教に関する罪については、1969年の第1次・第2次刑法改正法によって世界観に対する侵害行為が新たに処罰対象に加えられ、行為態様も「人に憤激の念（不快）を与え」る冒瀆から「公の平穏を害するのに適した方法」による冒瀆へと変更された[11]。この改正を経て、166条の保護法益に関する議論は再び大きく転換する。「公の平穏を害するのに適した方法で」という文言を条文上の根拠として、宗教に関する罪の保護法益は公の平穏であるとするのが現在のドイツ通説である。

公の平穏が保護法益とされることにより、個人の、あるいは社会一般の「感情」という測定しにくい要素が排除されたかにみえるが、実際はそうではない。なぜなら「公の平穏」の概念は、「法的安定性が一般的に確立されている状態、

---

8 Thomas Fischer, öffentlicher Friede und Gedankenäußerung. Grundlagen zur Entwicklung des Rechtsguts „öffentlicher Friede", insbesondere in den §§ 126, 130, 140 Nr. 2, 166 StGB, 1986, S. 286.
9 Hanjorg Seinsch, Der Schutz des Pietätsemfindens, 1939, S. 12 f. H・リュービング著、川端博・曽根威彦訳『ドイツ刑法史綱要』（1984年）176頁も参照。
10 Carl Herbert Schrag, Gefühlszustände als Rechtsgüter im Strafrecht, 1936, S. 10, 21 ff.
11 改正後の166条の条文は以下の通り（下線は筆者による）。
　　1項　公然と又は文書（第11条第3項）の頒布により、他人の宗教又は世界観にかかわる信条の内容を、公の平穏を害するのに適した方法で冒瀆した者は、3年以下の自由刑又は罰金に処する。
　　2項　公然と又は文書（第11条第3項）の頒布により、国内に所在する教会もしくはその他の宗教団体、又は世界観を共有する団体、それらの制度もしくは慣例を、公の平穏を害するのに適した方法で冒瀆した者も前項と同一に処する。
　　訳については法務省大臣官房司法法制部編『ドイツ刑法典』法務資料第461号（2007年）115頁以下を参照のうえ、若干の修正を加えた（下線は筆者による）。

ならびに一般的な法的安定性に対する信頼によって裏づけられる国民の安全感情」であると定義されており[12]、法的安定性が確立されている状態という客観的要件だけでなく、それに対する国民の信頼という主観的要件から成立しているからである。しかしながら国民の信頼、すなわち社会心理的な状態である国民の安全感情が存在するかどうかを実際に調査して法概念に反映させることには困難が伴う。このように、保護法益を公の平穏とした場合であっても、感情をどのように認定しうるかという問題は依然として残る[13]。

3 憲法上保障されている自由権との関係

　公の平穏における「一般的な法的安定性」や「国民の安全感情」は、全ての刑罰法規において保護されるべきものであって、それ自体が宗教に関する罪の、独自の保護法益と考えることは困難であろう。そこで、国民が宗教観や世界観を健全に形成するためには、宗教観・世界観に対する寛容性が不可欠であり、宗教・世界観が尊重され、思想の自由市場が正常に機能しているという状態が保たれる点、すなわち「思想の自由市場が健全に発展することの利益」、ひいてはその利益が確保されることによる「宗教的な公の平穏」が法益となることを、重視すべきである[14]。

　このような前提に立つ場合、「思想の自由市場の健全な発展」をどのように確保すべきかが問題となり、例えば反憲法的な思想も保護客体に含まれるか、信条の冒瀆を阻止するために何らかの構成要件該当行為を行った場合に正当防衛・過剰防衛は認められるか、といった問題が顕在化する[15]。この点につき、現在のドイツ刑法は宗教上のみならず世界観にかかわる信条を冒瀆の対象としている。また、信条とは、人間と人間を取り囲む環境との間の関係がいかなるものであるか、そして「正しい」人生とは何であるかに対して解答を与える包括的な世界観であり、信奉者がそれに従うよう義務づけられると感じているものと定義さ

12　Detlev Sternberg-Lieben, in: Schönke/Schröder, Strafgesetzbuch, 29. Aufl. 2014, §126 Rn. 1.
13　Tatjana Hörnle, Grob anstößiges Verhalten: strafrechtlicher Schutz von Moral, Gefühlen und Tabus, 2005, S. 101 ff.
14　Felix Herzog, in: Nomos Kommentar, Strafgesetzbuch, Bd. 2, 3. Aufl. 2010, § 166, Rn. 1. これに加え、国家の文化的利益を強調する見解もある。Kristian Kühl/Marin Heger, in: Lackner/Kühl, Strafgesetzbuch Kommentar, 28. Aufl. 2014, § 166, Rn. 1.
15　この点に関し、原田保『刑法における超個人的法益の保護』（1991年）102頁以下に紹介されている風流夢譚事件（東京地裁昭和37年2月26日判決）が興味深い。

れ[16]、内容が非理性的であったり、社会的に非難されるものであっても信条たる性質を失うわけではなく、原理主義的・全体主義的な構造を持った、社会倫理的に批判に値するカルト（悪魔崇拝など）も含まれるとされる[17]。このように、国家の中立性を確保するために冒瀆の対象となる信条は広く捕捉されるが、信条の内容は、その信条に対する行為が「冒瀆」であるか、あるいは「公の平穏を害するのに適した方法」による冒瀆であるかどうかの判断に影響し、信条以外の構成要件を限定的に解釈することによって、他の憲法上の基本権との調整が図られる。

まず、「冒瀆」要件は、表現の自由の要請から制約的に解釈される。冒瀆に当たるか否かは、当該信条の一般信奉者の理解に従って判断され、特に攻撃的な内容を持つものでなければならない[18]。冒瀆の対象となる主張が当該行為により直接的に否定される場合[19]（ある宗教団体を犯罪組織と呼ぶこと、聖母マリアを売春婦として表現することなど）などがそのような場合に該当する。また冒瀆は解釈上「粗野な方法で」なされることが要求されるが、判例上これが肯定されたのは、動物・排泄物などの不快な物・性行為などに関連づける（ブタを十字架にかけるなど）、否定や脅迫の表現が含まれる（聖書やコーランを故意に燃やすなど）などの事案である[20]。

さらに、「公の平穏を害するのに適した方法」という要件による限定も考えられ、宗教的な公の平穏が存在するか、すなわち宗教や世界観に対する寛容性があるかどうかについては、一般予防と特別予防を考慮することによって判断される

---

16 Tatjana Hörnle, in: Münchener Kommentar zum Strafgezetzbuch, Bd. 3, 2012, §166, Rn. 6; Eric Hilgendorf, in: Satzger/Schluckebier/Widmaier, Strafgesetzbuch Kommentar, 2. Aufl. 2014, § 166, Rn. 6; Herzog, in: Nomos Kommentar, Strafgesetzbuch（前掲注14）, § 166, Rn. 2 など、参照。「宗教上の信条」は超越的な表象に依拠するもので、来世の、人知によっては解明あるいは証明することが不可能な関連性を信じるものとされる。「世界観にかかわる信条」とは、超心理学的な関連性を必要とするものではないが、人間相互、人間と社会、自然との関係についての包括的な理解を有するものを指す。Hörnle, in: Münchener Kommentar zum Strafgezetzbuch, §166, Rn. 7 ff.

17 Hilgendorf, in: Strafgesetzbuch Kommentar（前掲注16）, § 166, Rn. 8.

18 Hörnle, in: Münchener Kommentar zum Strafgezetzbuch（前掲注16）, §166, Rn. 15. 芸術の自由との関係でも166条は制約的に解される（Hörnle, in: Münchener Kommentar zum Strafgezetzbuch, § 166, Rn. 20）。学問の自由との関係でも同様である。Herzog, in: Nomos Kommentar, Strafgesetzbuch（前掲注14）, §166, Rn. 8.

19 Hörnle, in: Münchener Kommentar zum Strafgezetzbuch（前掲注16）, § 166, Rn. 17.

20 後述するスイス刑法は、261条1項において明文で、「卑劣な方法で」行うことを要求しており、ドイツ法の「粗野な方法」と同様の限定を行っている。Günter Stratenwerth/Wolfgang Wohlers, Schweizerisches Strafgesetzbuch, Handkommentar, 3. Aufl. 2013, Art. 261, Rn. 1 ff.

とする見解がある[21]。しかし他方で、宗教観・世界観が尊重されることに対する信頼の喪失、冒瀆された信条に対する差別が促進される状況の発生の有無などは結局裁判官の個人的評価に依拠することになってしまい、有効な制限としては機能しにくいとの批判もある[22]。

4 ドイツ刑法130条における法益

宗教に関する罪としては位置づけられていないが、ドイツ刑法130条は、国民の一部に対する憎悪をかきたてたり、悪意で侮辱・中傷することにより人間の尊厳を害することを禁じ、特に2項では、国籍・人種・宗教・民族によって特定される集団に対する憎悪をかきたてる一定の行為を禁じている。そして、同条の保護法益については、公の平穏と考えられているが、ここでも166条で考察したのと同様の問題が生じる。すなわち、130条においてはしばしば、公の平穏を乱したといえるためには、「雰囲気の変更」、すなわち「心理的な雰囲気」をかもし出すことによって、潜在的な行為者が犯罪行為へ駆り立てられうる状況になることが必要とされるが、そのような社会心理的な現象があったかどうかを確定することは困難であり、むしろ「公の平穏」の内実を明らかにすることが重要となる。

このような観点から、同条では雰囲気の維持が保護されるのではなく、雰囲気の変更の後に生じる犯罪行為こそが同条によって阻止すべき害悪であり、個人に割り当てられた財を暴力行為から保護する刑罰法規一般を側防する規範であるとの見解も主張されている。すなわち、扇動行為後の侵害的な結果の惹起が予見されることから、刑法上の保護が前傾化されるのである[23]。

---

21 Brigitte Tag, in: Nomos Kommentar, Gesamtes Strafrecht, Handkommentar, 2. Aufl. 2011, §166, Rn. 3. ただし、社会の価値観の変容により判例による自由の限界づけも変化しうることを認める。
22 Hörnle, in: Münchener Kommentar zum Strafgesetzbuch（前掲注16）, §166, Rn. 22 f.; dies., Grob anstößiges Verhalten: strafrechtlicher Schutz von Moral, Gefühlen und Tabus（前掲注13）, S. 91 ff.
23 Hörnle, Grob anstößiges Verhalten: strafrechtlicher Schutz von Moral, Gefühlen und Tabus（前掲注13）, S. 101. アルテンハイムも人の生命・身体・自由の保護を極度に前傾化した規定であるとする。Karsten Altenhain, in: Matt/Renzikowski, Strafgesetzbuch, §130, Rn. 3. 130条の保護法益を公の平穏に限定せず、人間の尊厳もあわせて保護されるとする見解もある。Kristian Kühl/Martin Meger, in: Lackner/Kühl, Strafgesetzbuch Kommentar（前掲注14）, §130, Rn. 1. 櫻庭聡「名誉に対する罪によるヘイト・スピーチ規制の可能性」金尚均編著『ヘイト・スピーチの法的研究』（2014年）137頁以下も参照。

三　スイスにおける、立法・学説の状況

1　宗教に関する罪の規定

　スイス刑法典は、公の平穏に対する重罪および軽罪（第12章）の中に宗教に関する罪を定めており、261条1項は、公然と、卑劣な方法で、他人の信仰に関する確信、特に神に対する信仰を侮辱もしくは嘲弄する行為、又は宗教的な崇拝の対象物を汚す行為、2項は、憲法上保証された礼拝行為を悪意を持って阻止・妨害あるいは公然と嘲弄する行為、3項は、憲法上保証された祭式もしくは礼拝行為のための場所又は対象物を悪意を持って汚す行為を、180日以下の罰金刑に処している。

　この規定の保護法益は、第一次的には個人の宗教感情であり、公の平穏は、個人の宗教感情の保護を通じて間接的に保護されるとされる。スイス連邦最高裁判所は、宗教上の論争を過度に制限してはならないという信教の自由の保障の観点から、個人の宗教感情の侵害が、その結果として公の平穏を害するほど重大なときのみ他人の宗教的確信の蔑視は処罰されるとしている[24]。

　スイス法においてもドイツ法におけるのと同様、社会内における諸規範を参考にしつつ、表現の自由、学問の自由、芸術の自由とのバランスが考慮されるが、そもそも世界観にかかわる信条に対する行為が除外されており、また「憲法上保証された」祭式・礼拝行為のみが保護対象であって、当該宗教が社会での自由な意見形成を妨害しない限りにおいて保護されるなど[25]、適用範囲がドイツ法より限定的である。

2　差別的行為に関する規定

　スイス刑法は宗教に関する罪の規定の直後に、差別的行為を禁ずる旨の規定を置いている。スイス刑法261^{bis}条1項は、公然と、他人あるいは集団に対して、

---

[24] BGE 120 Ia 220, 225. 本判決は、チューリッヒ州教育省の委託と助成により全体主義的傾向のある団体についての情報をまとめた冊子が編集・出版されたところ、11名の者とチューリッヒサイエントロジー教会ほか1団体が、州政府、教育省小学校局局長、当該冊子の著者のうちの3名、およびイラストレーター1名を告訴したという事件に関するものである。本判決は、261条の保護法益が個人の宗教感情であり、当該宗教の信奉者が同条における被害者たりうることを認めた。

[25] Gerhard Fiolka, in: Basler Kommentar, Strafrecht II, 3. Aufl. 2013, Rn. 10 f.

その人種・民族・宗教を理由として憎悪あるいは差別を惹起する行為、2項は、公然と、ある人種・民族・宗教に属する者を組織的に侮辱あるいは中傷するイデオロギーを広める行為、3項は、公然と、文書その他の方法で、他人あるいは集団を、その人種・民族・宗教を理由として人間の尊厳に反するやり方で侮辱あるいは差別する等の行為、4項は、人種・民族・宗教を理由として、他人あるいは集団に対して公務を行わないという不作為について、3年以下の自由刑又は罰金に処すると定めている。

　この規定は、あらゆる形態の人種差別の撤廃に関する国際条約の批准に伴い生じた義務を果たすため、1993年7月18日にスイス刑法典に導入された。通説[26]・判例[27]は、同条は人間の尊厳を保護しており、公の平穏は人間の尊厳の保護を通じて間接的に保護される、と考える。人間の尊厳の受容が公の平穏の保護につながるのは、人間の尊厳の受容が、多元的な社会において放棄できない行動規範であると評価されていることによる。また、人間の尊厳を法益と考えるため、侵害犯となる。

　同条における「人種」とは、ある特定の集団に属する人間の遺伝的特徴に着目するものである。「民族」とは、ある集団を他の国民から区別された人的結合体と位置づけるための、社会的文化的な諸特徴と理解される。その際、歴史的・運命的な共同性、価値観や行動様式の同一性が重要であり、その判断においては、言語・伝統・慣習などが考慮される。「宗教」とは、神聖なるもの超越的なものと人間との関係についての確信であり、世界観としての規模を持つものをいう。宗教の名のもとに、社会的利益のみ、あるいはそれを主要な目的とする集団は含まれない。自由な社会という思考を支持せず、構成員に対して強要的行為を行い、あるいは心理的な依存状態を作り出すような破壊的な宗教は含まれない[28]。

　フィオルカは、スイス刑法が宗教に関する罪の直後に人種・民族・宗教という

26　Stratenwerth/Wohlers, Schweizerisches Strafgesetzbuch, Handkommentar（前掲注20）, Art. 261[bis], Rn. 1 ff. なお、Dorrit Schleiminger Mettler, in: Basler Kommentar, Strafrecht II, 3. Aufl. 2013, Art. 261[bis], Rn. 8 f. は、刑法のすべての規定が公の平穏を守るためにあるから、公の平穏は独自の保護法益ではなく、人間の尊厳が保護されることの反映にすぎないとする。

27　BGE 133 IV 308, 311. 人種差別に関する規定は、人間の生来の尊厳と平等を保護しており、261[bis]条4項前段は、ある人種、民族あるいは宗教に属する者として有する特性を、個人の尊厳として直接的に保護しており、公の平穏は、当該団体に属する者の保護を通じて間接的に実現されるとする。

28　Mettler, in: Basler Kommentar（前掲注26）, Art. 261[bis], Rn. 18.

属性に基づく差別を禁止する規定を置く理由について、宗教的確信はそれを信じる者にとって中核的部分を占めるものであって、他の思考とは異なり容易に変更できるものではないところ、261^{bis}条に限定列挙される人種・民族も宗教と同様に社会的に固定されており、容易に変更できない人の属性である点を挙げている[29]。

四　日本法の理解

1　立法過程

　日本法においては宗教に関する罪はどのように位置づけられているのか。この点に関して、旧刑法の編纂過程における、ボアソナードの提案が注目される。『刑法草按注解[30]』におけるボアソナード案は、章名を「第7章　一般の風俗を害し及び教法に対する不敬の罪」としているほか、「<u>日本に公認せる宗教に対し公然不敬の所行を為したる者</u>」、「<u>教徒の説教又は宗徒の礼拝を妨害したる者</u>」と定めており、宗教に関する処罰規定であることが明白な文言となっている（下線は筆者による）。ボアソナードは、①法定刑が軽禁錮にとどまる理由は、「思想の罪」であるからであり、②説教や礼拝を害する場合に刑が重くなるのは、「宗教の自由」を害する度合いが高まるからであり、③数人の連合、あるいは他宗の教徒による行為につき、刑罰が加重されるのは[31]、「道徳上の罪および社会の損害」がさらに大きくなるからであり、自己が信仰する宗教でなくても尊敬すべきであるからとしている。このような説明から、ボアソナードが、同条の目的は信教の自由の保護であり、宗教に対する不敬な行為は社会を害する（今日の表現でいえば「公の平穏」であろう）と考えていたことが分かる。しかし、ボアソナードの提案は受け入れられず、現行刑法188条に相当する旧刑法263条は、「第2編　公益に関する重罪軽罪」中の「第6章　風俗を害する罪」に定められている。

　一方、現行刑法の立法過程における、明治23年（1890年）草案では、「第11章

29　Fiolka, in: Basler Kommentar（前掲注25）, Art. 261, Rn. 7.
30　吉井蒼生・藤田正・新倉修編著『ボアソナード講義　刑法草按注解　下（日本立法全集8）』（1992年）96頁以下。なお、新倉修「刑事法の視点（1）」比較法研究46号（1984年）83頁以下も参照。
31　「もし数人連合し又は他宗の教徒この条の罪を犯したる時は各一等を加ふ」という条文の提案があった。

風俗を害する罪」の276条、277条に死体損壊罪、墳墓発掘罪を規定しているが、旧刑法263条に相当する規定は同章に見当たらず、ただ単に「第4編　違警罪　第1章　秩序に関する罪」において、神祠、仏堂、その他公の建物を汚損する行為を処罰するのみである（393条）[32]。しかし、明治34年（1901年）草案では「第9章　風俗を害する罪　第3節　礼拝所及び墳墓に関する罪」において現行刑法に近い規定が設けられており、明治35年（1902年）草案もこれを踏襲した[33]。

2　学説の状況
（1）保護法益

現行刑法188～191条の保護法益は、「一般的な宗教感情・習俗及び宗教的平穏」「宗教生活上の善良な習俗ないし国民の正常な宗教感情」などとされ、社会秩序の一部としてこれらを保護するものだとされる[34]。また、死者に関する犯罪についても一種の宗教感情を保護するものであって、宗教に関する犯罪と保護法益に違いはないとされる[35]。

日本法では、処罰される行為は冒瀆行為一般ではなく特定の場所における不敬な行為や説教等の妨害に限定されているため、可罰的とされる行為類型はドイツ法に比べ限定されている。他方、188条1項における礼拝所については、「特定の宗教によらない施設であっても、原爆慰霊碑やひめゆりの塔のように、一般的宗教感情により尊崇されている」ものであれば[36]、価値中立的に礼拝が行われる空間もまた「礼拝所」として同条の保護客体となると解されている[37]。このような点から、日本の宗教に関する罪の保護法益とされる「宗教感情」は、「人知を超えた作用に対して一般人が抱く畏敬の念」の侵害に近いことが伺われ[38]、この点

32　松尾浩也補解題、倉富雄三郎・平沼騏一郎・花井卓蔵監修『増補刑法沿革綜覧（日本立法資料全集別巻2）』（1990年）115頁、134頁。『刑法沿革綜覧』は大正11年（1922年）発行。
33　松尾増補解題、倉富・平沼・花井監修『増補刑法沿革綜覧（日本立法資料全集別巻2）』（前掲注32）192頁以下、467頁。
34　大塚仁・河上和雄・中山善房・古田佑紀編『大コンメンタール刑法　9巻（第3版）』（2013年）217頁以下（岩村修二執筆部分）。東京高裁昭和27年8月5日判決は、「（刑法188条1項礼拝所等不敬罪は）国民の宗教的崇敬ないしは死者に対する尊敬の感情を害する行為を処罰するもの」であるとする。
35　反対、平野龍一『刑法概説』（1977年）266頁など。
36　西田典之『刑法各論（第4版）』（2007年）375頁など。
37　伊東研祐「社会法益に対する罪Ⅷ」法セミ660号（2009年）112頁など。
38　例えば、現行刑法制定の際、礼拝所の解釈を巡って、宗教的施設に限られるのか、それとも一般人が道徳心から礼拝する場所を含むのかにつき、小川平吉が質問しているのに対し、政府委

においてかなり処罰を拡大している。

宗教に関する罪の規定については「宗教的結合・宗教的活動の自由」を保護するものであり、公共危険罪だとする見解もみられる[39]が、非宗教的・反宗教的な世界観・思想について何らの保護もないのでは、国家の宗教的中立性に反するという批判[40]がなされている。信教のみならず思想・良心の自由が憲法上保障されることに鑑みれば、宗教的施設のみならずその他の思想活動を行うための施設も条文に含めなければならないが、むしろそうであるならば、宗教・思想活動に対する侵害を特別扱いすることなく、一般の処罰規定（建造物侵入・建造物損壊・器物損壊罪、業務妨害罪、脅迫罪、強要罪等）で対応すれば足りるというのである[41]。

（2） ドイツ法・スイス法との比較

日本法においてはまず、「宗教」という概念の理解そのものが、ドイツ法・スイス法の理解と大きくかけ離れている。ドイツにおいては、宗教上の信条、世界観にかかわる信条いずれについても、包括的な世界観であることが前提とされているのに対し、日本法においてはこのような限定は付されていない。日本における宗教感情についての定義は「超越的なものに対する畏敬の念」に近いと解されるため、死者に対する敬虔感情との異同も明確ではない。このような状況から、ドイツ法が採用するような、宗教に関する罪の保護法益は「宗教的な公の平穏」の内実を構成する、憲法上保障されている宗教の自由（そして表現の自由）を確保することを通じての、「自由な議論が確保される社会の実現」という利益であるとの理解は、日本法においては採用しがたい。このことは、ボアソナード案からの章名や条文構造の変更からも容易に看取しうる。

したがって、ドイツにおけるように、保護客体となる信条を広く設定した上で、構成要件を限定的に解釈して憲法上の他の基本権の保護とのバランスを採り

員の倉富勇三郎は後者を含む趣旨だと返答している。松尾増補解題、倉富・平沼・花井監修『増補刑法沿革綜覧（日本立法資料全集別巻2）』（前掲注32）1957頁。

39　内田文昭『刑法各論（第3版）』（1996年）514頁以下、林幹人『刑法各論（第2版）』（2007年）407頁以下。一方、山中敬一『刑法各論（第2版）』（2009年）662頁は公衆の宗教感情を保護することにより、信教の自由を間接的に保護するとし、原田『刑法における超個人的法益の保護』（前掲注15）252頁は、具体的な個人の宗教感情および宗教活動の自由を保護するとしている。

40　平川宗信『刑法各論』（1995年）214頁以下。

41　現行刑法制定の際、第23回衆議院特別委員会で花井卓蔵が189条（現行刑法188条）の削除を提案しているのが注目される。松尾増補解題、倉富・平沼・花井監修『増補刑法沿革綜覧（日本立法資料全集別巻2）』（前掲注32）1956頁。

つつ当罰性の高い行為を選出するという構造は、日本においては馴染みにくいといえる。もっとも、保護法益を（宗教的な）公の平穏であるとするドイツ法と、社会一般の宗教感情だとする日本法においてはいずれも、個人の宗教感情侵害がまったく問題とならないため、その存否は裁判官の判断に委ねられるしかないという点においては共通する。

この点スイス法においては、個人の宗教感情を第一次的保護法益と考えたうえで、公の平穏も個人の宗教感情が保護される結果として保護されるという理解に立ち[42]、261条による処罰が肯定されるのは公の平穏も侵害されるような重大な個人の感情侵害に限定されるとすることによって[43]、法益侵害の存否が裁判官の判断に左右されるというドイツ法・日本法の欠点を排除し、処罰範囲を限定することに成功している。

五　まとめ

現行の日本における宗教に関する罪の理解は、憲法上の権利である信教の自由の保障、あるいは「思想の自由市場が健全に発展することの利益」が保護法益であるというよりは、単なる社会の慣習を保護するための規定という色彩が濃いように思われる。その理由としては、「思想の自由市場が健全に発展すること」という利益は漠然としており抽象的すぎるため、刑事的制裁の謙抑性の観点からは保護の対象としがたいこと、そもそも憲法上の権利を守ることにつき、刑法が積極的に介入することは望ましくないとの判断がその背後にあることなどが考えられる。

しかし、もし「人知を超えた作用に対して一般人が抱く畏敬の念」を保護法益とするならば、なぜそのような感情を保護しなければならないのかを合理的に説明することは困難であり、宗教に関する罪の規定の存在意義そのものが疑われかねない。特に、個人の感情侵害を不要とすることによって結局、社会一般におい

42　和田俊憲「賄賂罪の見方」髙山佳奈子・島田聡一郎編『山口厚先生献呈論文集』（2014年）367頁以下は、法益αを保護するために、法益βが維持されれば法益αも維持されるという関係にある法益βをバリア法益と名付ける。

43　Fiolka, in: Basler Kommentar（前掲注25）, Art. 261, Rn. 8は、個人の宗教感情が著しく害されたが公の平穏は害されない例として、冒瀆の対象となった宗教の信者が極めて少数であり、そもそも公の平穏を害することができない場合と、反対に極めて多数である場合とを挙げる。

て不快・不道徳と感じられるであろう行為を、社会一般の宗教感情に反するという名目のもとに処罰することとなり、本来法益概念を通じて排除されるべきであった道徳の保護を行うことになるとの批判が向けられうる。

　他方において、思想の自由市場をどのように発展させることが望ましいか、思想の自由市場の健全な発展を妨げるどのような事情が社会に存しうるのかなどについて十分な蓄積がなされていない日本の現状では、ドイツのように「宗教的な公の平穏」という抽象的な保護法益を想定することにも困難が生じよう[44]。そうだとすれば、スイス法におけるように、宗教の解釈を厳格にした上で、個人の宗教感情という具体的な法益侵害の生じることを要求し、そのような感情侵害があった場合に宗教観の健全な形成に対する危険が現実化していると考え、個人の宗教感情の侵害が、国民の健全な宗教観の形成を妨害しうるような、社会的影響が大きい場合に限って処罰を肯定するという方向性が模索されてよいように思われる。

　追記　本稿は、科学研究費補助金・基盤研究（C）「脳神経科学に基づく人格概念の自然化とその刑法学的意義」（課題番号：23520009）による研究成果の一部である。

44　このような現状に鑑みると、人種・民族・宗教などを理由とする差別的行為を、表現の自由市場の健全な形成・発展を害するという点に注目して（小谷順子「アメリカにおけるヘイトスピーチ規制」駒村圭吾・鈴木秀美編著『表現の自由I──状況へ』（2011年）470頁以下、金尚均「ヘイト・スピーチに対する処罰の可能性」金尚均編著『ヘイト・スピーチの法的研究』（2014年）166頁以下）刑事規制することは、日本においてはとりわけ困難な作業といえようが、差別的行為に対する刑事規制につき、スイス法においては宗教に関する罪の処罰との類似性が意識されていることや、ドイツ・スイスにおいては、名誉侵害だけでなく、生命・身体・自由・財産に対する侵害の前傾化として理解する見解が存在することに注意すべきであろう。差別的行為の刑事規制に関しては、日本においては多くの課題が残る。櫻庭聡「刑法における表現の自由の限界」金尚均編著『ヘイト・スピーチの法的研究』（2014年）120頁以下、山本崇記「ヘイトスピーチ／ヘイトクライムと修復　2　裁判において問われなかった二つのポイント」法セミ726号（2015年）60頁以下など参照。

人種差別表現規制の法益としての人間の尊厳

金　　尚　均

一　問　題
二　人間の尊厳
三　個人の尊重の定義
四　小　括

一　問　題

　1　日本では、特定個人に対する名誉を毀損する表現行為について刑事規制（刑230条及び231条）並び民事のそれ（民709条）がある。これらは、特定個人の社会的評価を低下させることを処罰根拠としている。これに対して、一定の属性によって特徴づけられる集団に対する表現行為による攻撃については、現行法上、法的規制はない。このような法事情の下、民事であるが、つぎのような判例が出た。「もっとも、例えば、一定の集団に属する者の全体に対する人種差別発言が行われた場合に、個人に具体的な損害が生じていないにもかかわらず、人種差別行為がされたというだけで、裁判所が、当該行為を民法709条の不法行為に該当するものと解釈し、行為者に対し、一定の集団に属する者への賠償金の支払を命じるようなことは、不法行為に関する民法の解釈を逸脱しているといわざるを得ず、新たな立法なしに行うことはできないものと解される。[1]」、と。本判例とその事案を契機として日本において人種差別表現に対する法的規制が議論されるに至った。

　日本における法秩序は憲法を上位法として位置づけ、他の法令はその下位に位置づけられる。政府の批准ないし加入した条約であっても同じである。この上下関係は、下位法の制定並びその解釈に当たっては憲法に合致することを要請す

---

[1]　京都地判平25年10月7日判時2208号74頁。

る。これは、法令の合憲性のことである。合憲性の意義の一つとして、法令の保護法益とは何かを解釈する際、憲法から導出可能な利益を法令は保護すべきということになる。このことは、社会問題化している事象について、それがいかなる利益を侵害ないし危殆化しているのかを検証した結果、憲法の基本的人権から導出される利益が明らかになったとすると、それは法的規制の要否を決定するための重要な資料となる。

　一定の属性によって特徴づけられる集団に対して、又はこれに属することを理由に個人に対して人種差別表現することを規制する法令は日本には存在しない。人種差別表現規制立法のないことがイコールこれに関連する社会問題がないことを意味しない。むしろ事態は逆であり、立法事実も存在しており、社会問題化していると言って過言ではない[2]。けれどもそうだからといって、一足飛びに立法化の論議が進むとは限らない。これは、人種などの差別に対する法的規制の際の特徴といえる。なぜなら、人種差別表現は、主として、社会におけるマジョリティが専ら自らの属性に依拠して、社会的弱者であるマイノリティ集団又はその構成員である個人に対して烙印を押すことで[3]、その属性を理由に差別表現をすることを典型とすることから、被害に関する認識の非対称が生じる場合があるからである。つまり、（単なる）不快×人間の尊厳の侵害という非対称である。そこで人種差別表現の法的規制の是非を検討するために、その保護法益はなにかを明らかにする必要がある。

　2　ドイツ、オーストリアそしてスイスなどのドイツ語圏の刑法典では、人種差別表現に対して刑事規制がされている。「そもそも法の存立自体を危うくする行為に対し、規制を及ぼす必要のあることは一般に認められるだろう。そのような行為とは、人が人であること自体によって認められる平等な価値を否定する行為、種としての人のアイデンティティを失わせる行為、人類が存続するための環境を失わせる行為」[4]を挙げるが、人種差別表現は前1者に該当すると言える。それらの刑罰規定の保護法益としては、公共の平和と人間の尊厳の両方又は専ら

2　大阪高判平26年7月8日判例時報2232号34頁。日本もドイツと同じような植民地支配をし、これに由来する差別は今もなおある。しかも人種差別を扇動する公の場での街宣活動などが頻繁化している。このような事情から、人種差別扇動表現に対して一定の法的対応が迫られている。

3　Ralf Stoecker, Worin liegen Menschenwürde-Verletzungen?, in: Daniela Demko (et.) (Hg.), Würde und Autonomie, 2015, S.101.

4　高山佳奈子「将来世代の法益と人間の尊厳」町野古稀論文集（上巻）（2014年）6頁。

人間の尊厳とする理解など様々であるが、いずれの理解においても「人間の尊厳」が保護法益とされていることに相違はない。ドイツにおける人種差別表現規制には、侮辱罪（ドイツ刑185条）と民衆扇動罪（ドイツ刑130条）がある。前者は名誉を保護している。名誉とは、個人の人格的法益である。名誉とは、社会的評価との関係及び承認関係から生まれる人格の価値の尊重に対する要求とされる[5]。これに対して、人種差別表現規制において主要な役割を担っている民衆扇動罪では、公共の平和と共に「人間の尊厳」が保護法益として理解されている。ドイツ基本法は1条で人間の尊厳を保障している。人間の尊厳は、ドイツ基本における基底的かつ根本的価値である。同じく基本権において保障されている諸権利との関係では、諸権利と人間の尊厳は形式と実質の関係にあるといえる。例えば、名誉が「人格の自由な展開に対する権利」(Recht auf die freie Entfaltung seiner Persönlichkeit)（ドイツ基本法2条）から導出されると解する場合[6]、この権利は人間の尊厳を基底としていると理解することができる。ここで一端整理すると、同じく表現犯であって、他人に向けられ、しかもその内容に侮辱的内容を含む表現であるにしても、名誉の保護と人間の尊厳の保護は異なる。前者は、ドイツ基本法2条において自己の情報に関する自己決定に対する権利 (Recht auf informationelle Selbstbestimmung) が保障され、個々人が、第三者または公共に対して自己をどのように示したいのかを自ら判断することが許される。これによって彼に関する社会的妥当要求をすることができる[7]。古くは名声のことをさすわけであるが、自己情報に関する自己決定とこれに密接に関わる自己の人格的価値に対する尊重要求の保護を侮辱罪が担っているのであるが、民衆扇動罪は人間の尊厳を保護しているとされる。人格の自由な展開に対する権利が人間の尊厳に対する権利を基底にして形成されているが、権利としてはそれぞれ独立していると理解すべきである。それゆえ、ドイツ刑法において侮辱罪と民衆扇動罪はそれぞれ独立して規制されている。

そもそも名誉は、歴史的に見れば、全ての人に認められたものではない。身分制社会の中で、一定の上流階層にあった人々のみが保持していた。個人的人格性を認められたのは、上流階級に属する人々だけであり、彼らのみがその人格性を

---

[5] Thomas Fischer, Strafgesetzbuch, 56.Aufl, 2009. S.1320.
[6] BVerfGE 54, 208.
[7] BVerfGE 63, 131.

認められ、個別の人格として扱われた。これに対して、——乱暴な言い方であるが——下層階級に属する人々にはそのような「名誉」がそもそもなかった。名誉というのは彼にとって自己の名声であり、社会に向けての看板であって、これが傷つけられることは、地位の低下を意味する。つまり、今ある地位からの転落である。人が社会との関係で保持する名声とは、言い換えると彼の情報状態である。身分社会においては、身分間のしきりの累積としての「体面」が汚されることが人格にとってこの上ない毀損となりうるのである。そこで、社会に対する自己の情報状態をコントロールする権利が重視されることになる。自己の名声が傷つけられることは、彼の社会的評価の低下、ひいては社会的地位の低下をさすことから、名誉の回復のための決闘さえ辞さなかったわけである。

このような意味において、名誉毀損が社会に対する自己の情報状態を保護しており、それが社会的評価としての自己の体面又は名声の保護にあることからすると、表現内容の真偽はともかく、低下させられることが問題なのである。名誉毀損では、被害者として品格ある人格としての個人が想定されている。その上、ここで個人とは既に個別的人格性の認められた特定個人である。

二 人間の尊厳

1 人間の尊厳は、思想史的にはカントに由来するとされるが、歴史的には、ドイツのナチス政権によるユダヤ人に対する迫害、非人間化そして大虐殺という事実に由来する[8]。その意味で、ドイツの基本法1条1項は、ナチスの経験を踏まえて打ち立てられた原則である[9]。この歴史的事実がドイツの立法者をしてドイツ基本法でまず一番先に人間の尊厳を規定させるに至ったことは隠しようがない。この歴史的事実とは、ある集団に対する偏見に始まり、社会的排除と制度的排除が行われ、最終的に大虐殺に至るという人間否定のプロセスのことである。これを防止するために、ヘイト・スピーチとも呼ばれる人種差別扇動表現を人間の尊厳を危険にさらす行為として禁止している。

ドイツ基本法1条1項は、「人間の尊厳は不可侵である。これを尊重し、およ

---

[8] Georg Lohmann, Was umfasst die „neue" Menschenwürde der internationalen Menschenrechtsdokumente, in: Daniela Demko (et.) (Hg.), Würde und Autonomie, 2015, S.22f.
[9] 高山「将来世代の法益と人間の尊厳」17頁。

び保護することは、すべての国家権力の義務である。」と定める。人間の尊厳は、人間であることを理由に、人間に付与される社会価値要求及び尊重要求のことであり[10]、各々の人は、固有の価値を持ち同等の権限を持った構成員として承認されなければならない[11]。ここで人間は主体であり、客体ではない[12]。人間の尊厳は、私的な生活構築の絶対的に保護される中核領域を包摂している[13]。人間の尊厳は、生物学的、経済的、社会的又は地域的など、あらゆる実際上の相違にもかかわらず、全ての人間の原則的な平等を含意している。ここでは、人間であることそのものを固有の価値であると見なし、これを全ての人々が保持しているという意味で平等なのである。なお、科学技術の発展によって選別的出生やクローン産製が可能になり、その規制の議論の中で究極的に人間の尊厳の問題が議論されるにいたっている[14]。それゆえ、人間の尊厳の中身は、時代の経過の中で変更することがあり得るとされる[15]。

　人間の尊厳から演繹される人間の主体としての性質は、例えば、貶められること、レッテル貼りされること、排除されること又は彼の尊重要求を否定する他人の行為[16]、又は侵害的措置の態様を通じて、人間の主体としての性質が疑問視されることによって、人間が国家権力の単なる客体となる場合に侵害される[17]。また、人間の尊厳は、人間の（他人たる）人間との原則的な平等が疑問視される場合、つまり二級市民扱いされ、ひいては同じ人間であることを否定される場合に毀損される。

　2　「尊厳」は元来「高い身分」ないし「公職」と不可分に結びついた観念であるから、すべての成員が「尊厳」ある存在として扱われるべきであるとされる社会は、「身分」が廃棄された社会としてよりは、むしろ「高い身分」が普遍化した社会、つまり、その社会のすべての成員があえて言えば「高い身分」になった社会であり、「平等」の実現に向けて努力し、「人権」を最も基底的な価値として標榜する今日の多くの社会は、その社会のすべての成員が「高い身分」になっ

10　BVerfGE 87, 209.
11　BVerfGE 45, 187.
12　BVerfGE 30, 1.
13　BVerfGE 109, 279.
14　ミヒャエル・クヴァンテ『人間の尊厳と人格の自律』（2015年）34頁以下。
15　BVerfGE 45, 187.
16　BVerfGE 102, 347.
17　BVerfGE 109, 279.

た社会というべきである。この「人間の尊厳」の核心的観念とは、低い者に対する処遇の古い観念はヨーロッパではもはや受け入れられないことから、「人間の尊厳」は引き上げ、つまり高い地位の者に対する処遇を人口のすべての部門に拡張すること、つまりすべての者が高い価値の者になることを意味する。低い地位にある者を高い身分に引き上げることは、彼らの人間としての地位の保障であり、これに伴って人格性など、諸権利の保障が実現することを意味する。人間の尊厳と名誉との関係では、前者の保障により後者を保持することが可能となる。逆に、後者があっても前者が保障されていないという事態は想定できない。個別的人格としての承認は、人間性の承認抜きには考えられない。個人的人格に対する評価の問題は、人間性の承認、つまり人間の尊厳が保障されている事態を前提して考え得る。

　遠藤は、人権と人間の尊厳の関係を形式と実質の関係として理解する。実は、これら両方を「個人」が自己の中に抱え込むのである。遠藤は、社会権規約11条の「適切な居住の権利」を人間の尊厳の根幹に関わる権利としつつ、野宿者の人々が「適切な居住権」の保障なき強制立ち退きを命じられることが何よりも人間としての常識に属する事柄の否定であり、このことが、いわば、当然のことからの排除であり、これは、「諸権利を持つ権利の喪失」、つまり人間の尊厳の侵害だと述べる[18]。ここで野宿者の人々は、「適切な居住の権利」を侵害されている。これが意味することは、近隣、行政、裁判所との関係においても権利もった主体として扱われないということである。ここで遠藤は、「諸権利を持つ権利」という用語を使用するが、これは、人間がその行為と意見に基づいて他人から判断されるという関係が成り立つシステムの中で生きる権利のことである。行為と意見に基づいて他人から判断されるという関係とは、人が人間として他人との関係で既にあらかじめ相互に承認されており、このことを前提にして、個別的人格として自己の行為と意見にしたがって他人から判断されなければならない。このような関係を保障する社会システムと法システムが必要であると説く。そうでなければ人が人間であることを否定される、つまり存在しない者として、もっといえば見えない身体として扱われることになる。遠藤は、『全体主義の起源2・帝国主義』の中のArendtの言説を引用する、「人権の喪失が起こるのは通常人権

---

[18] 遠藤比呂通「個人の尊厳と人間の尊厳」石川健治編『学問／政治／憲法』(2014年) 196頁。

として数えられる権利のどれかを失ったときではなく、人間世界における足場を失ったときのみである。」、「諸権利を持つ権利というものが存在することをはじめって知ったのは、この権利を失い、しかも世界の新たな全地球的規模での組織化の結果それを再び取り戻すことができない数百万人の人々が出現してからのことである。」、と。

　遠藤の指摘からすると、人格権とこれから生み出される名誉と人間の尊厳の関係は、形式と実質の関係にたつ。ここにおいて諸権利の一つとしての名誉を持つ権利としての人間の尊厳ということになる。名誉と人間の尊厳は、前者は後者を基底にして構築されたという意味では一つの淵源でつながっていると言えるが、名誉の毀損が問題にされる事態としての特定の個別的人格の社会的評価の低下と、そもそもこの世に存在しているにもかかわらずその存在を否定されることにより「見えない身体」とされる事態、つまり人間性そのものの保障とその否定とでは、侵害・危殆化される法益及びその規模並び範囲において全くレベルを異にする。このような意味で、名誉の保護と人間の尊厳の保護は別の次元で考察しなければならないのではなかろうか。特に、人種差別表現規制の文脈では重要である。そうでなければ、人種差別表現規制において、なぜ、人間の尊厳が保護法益とされるのか、その根拠を知ることはできないであろう。

　3　しかし、日本の憲法では、ドイツ基本法のように明文で「人間の尊厳」を規定している条文はない。その限りで評価すると、ドイツ基本法とは対照的である。そのため、「日本の法律では『尊厳』がかなり多義的に用いられているため、これをそのまま保護法益として理解することは立法論・解釈論として不適切である[19]」との指摘がある。しかし、一見、明文で規定していない法事情の下で、日本の憲法が人間の尊厳を保障していると理解し、その上で、人間の尊厳を保護法益として想定した人種差別表現を抑止するための新たな立法を構想することは可能であろうか。

三　個人の尊重の定義

　1　芦部は、基本的人権とは、人間が社会を構成する自律的な個人として自

19　高山「将来世代の法益と人間の尊厳」20頁。

由と生存を確保し、その尊厳性を維持するため、それに必要な一定の権利が当然に人間に固有するものであることを前提として認め、そのように憲法以前に成立していると考えられる権利を憲法が実定的な法的権利として確認したものと定義した上で、基本的人権が国際人権規約（社会権規約と自由権規約）の前文にある「人間の固有の尊厳に由来する」ものであり、ここで、人間の尊厳の原理は「個人主義」とも言われるとして、このことを憲13条は宣言していると述べる[20]。ここにおいて芦部の見解では、個人の尊重原理は、言うまでもなく、人間の尊厳原理を内在していると解しているように思われる。このような理解が正しければ、人間の尊厳原理が実定法上示されていないことは問題ではないと思われる。しかし、亀本によると、「正当にも、日本の憲法には『人間の尊厳』という文言はないのである。人間の人間としての平等、法の下の平等、両性の平等、個人の自由といった日本人にも理解しやすい概念のみで、日本国憲法の解釈は可能であり、そうであれば、わざわざ『人間の尊厳』という概念を導入して混乱を招く必要はない[21]」と指摘する。けれどもやはり、上記のところから明らかになった人間の尊厳の歴史的意義に照らすならば、個人の尊重とは独立して憲法で規定し、これを保障していることを明確にすべきではなかったのではなかろうか。ドイツと類似の過去を持つ日本では、憲法で人間の尊厳原理が明文で保障することは大きな意義があったように思われる。少なくとも、人間の尊厳原理は、新しい憲法を制定する根拠を示すことができたのではなかろうか。これに代わって、実際には、個人の尊重が明文で保障されたのに対して、人間の尊厳が規定されなかった。このことは、とりわけ立法事実に照らしていかなる人権が侵害されているのか、つまり立法根拠であるのかを吟味する際に、何ら問題は生じさせないのであろうか。このような疑問は単なる根拠のない杞憂にすぎないのであろうか。そこで、個人の尊重原理はどのような意味をもつのかを検討する。

　2　美濃部は、憲法13条の個人の尊重とは、「18世紀以来の個人的自由主義の思想を言明し、之を以て国政の指針として宣言せるもの」として、国家の政治の基本的方針が国家ではなく、個人の保護にあるとしつつ、「国民は国家および社会の一員たると共に個体としての生存を有するもので、本条は先づ其の個体としての生存に付き之を尊重すべき国家の義務を宣言して居るのである」として、個

20　芦部信喜（高橋和之補訂）『憲法』（第6版）（2015年）82頁。
21　亀本洋「ヨンパルト先生から学んだこと」法の理論28号（2009年）228頁。

人としての人間の存在とこれに対する国家の尊重義務について述べた[22]。個人の尊重規定の意義に関する美濃部の主張は、「本条は基本的人権の中でもことに基本的というべき個人の人格権を保障している」、「本条はすなわち人の個人としての生存の権利を尊重することを、国政の基本として宣言しているのである[23]」と述べる反面、「個人主義の思想を肯定すると共に、其の極端に排することを抑制し、公共の福祉と調和し得べき限度においてのみ尊重せらるべきもの[24]」として、孤立的ではなく、社会関係的な個人主義と理解することができる。

また、宮沢は、憲13条について、『新憲法は『個人の尊厳』ということをその基本としている。『個人の尊厳』とは、個人の価値を承認し、個人をどこまでも尊重しようとする原理をいう[25]」として、「個人の尊厳の原理（個人主義）を言明したもの[26]」と指摘する。青柳は、「個人の尊重」における「個人」のとらえ方に関係して、「二五条の生存権条項が示すように、社会における人間である。日本国憲法においても、全体主義ばかりでなく、利己主義も否定される」と述べつつ、英・米・仏流の「個人主義」とドイツ流の「人格主義」を対置させ、最終的に、日本国憲法は個人主義を採ると主張する[27]。憲１条は国民主権を定め、憲13条で「個人の尊重」を定めることで、主権者が個人であることと、これを尊重することを明らかにしたことで、旧憲法との決別を告げる。このことは、臣民でもない、それゆえなにかに依存する関係の中で規定・序列化されることのない個人の確立を意味している。そうであるとすれば、憲13条の個人の尊重は、人を個人として位置づけ、尊重することに始まり、国家と法もこれに規定されることになる憲法によって規定された個人が、国家と法を規定することで、後２者の超えがたい、しかも愛おしい障壁となる。

3 日本国憲法では、「人間の尊厳」は、憲13条の「個人の尊重」の中に内在していると理解するのが趨勢といえる。しかし、このことは自覚的に行われてきたと言えるであろうか。たとえ、概ね、人間の尊厳が個人の尊重の中に包摂されるとしても、この包摂によっては汲み尽くせない独自の意義が人間の尊厳原理に

---

22 美濃部達吉「新憲法における国民の権利義務（１）」自治研究22巻11号（1946年）７頁以下。
23 美濃部達吉『新憲法逐条解説』（1947年）46頁。
24 美濃部『新憲法逐条解説』63頁。
25 宮沢俊義『憲法大意』（1949年）72頁。
26 宮沢『憲法大意』128頁。
27 青柳幸一『個人の尊重と人間の尊厳』（1996年）37頁以下。

はないのであろうか。

　広中によれば、民法にある「個人の尊厳」という言葉は憲法24条にも出てくる概念であるのに対し、「人間の尊厳」という言葉は、日本では、制定民法にも憲法にも登場しない概念であるとしつつ、民事紛争の処理に関するルールとして、「個人の尊厳に照らして当然でありかつ『人間の尊厳』に照らしても承認されるべき公然欠缺の補充としての『人間の尊厳』ルールであろう。このような『人間の尊厳』ルール、いうなれば『人間たる個人の尊厳』ルールは、個人の尊厳を基礎としつつそれを補充する細目的ルールともいうべき性質のもので、世界人権宣言23条3項が労働者及びその家族についていう『人間の尊厳にふさわしい生活』の保障の、解釈による導入は、そのようなものとして成り立ちうる例であるように思われる[28]」。このように私人間の紛争解決において公然欠缺の補充の機能を人間の尊厳原理が果たす。

　次に広中は、国家権力の作用と対立関係に立つ人間の尊厳の意義について言及するのであるが、戦争放棄は人間の尊厳を重んずることと結びつけて理解されるべきとして[29]、そのための根拠条文として憲9条を挙げる[30]。広中は、「戦争は互いに敵国の人間を——今日では通常の事態であるが戦闘員・非戦闘員の区別なく多数の人間を——殺すことを当然のこととする国家権力の作用であり、それが人間の尊厳に対する明白な侵害を内容としていることは否定する余地がない[31]」。戦争が人間の尊厳を侵害する国家権力の作用であることを前提にして、広中は、良心的兵役拒否者を例に挙げて、思想・両親・信教の自由を保障する見地から個人の尊厳を重んじることで、個人の問題として兵役拒否の問題を扱うことだけでは人間の尊厳の問題は蚊帳の外に置かれることになることから、「自己の個人としての尊厳を確保しようと欲するなら兵役拒否とともに反戦活動もすべき」ということになるが、しかしこれを許容することは国家にとって困難であることは明白である。蟻川は広中の主張について、「良心的兵役拒否者の『個人の尊厳』は

28　広中俊雄「主題（個人の尊厳と人間の尊厳）に関するおぼえがき」広中俊雄責任編集『民法研究』（第4号）（2004年）76頁以下。

29　「日本国憲法九条二項こそ世界に誇るべきものであり『平和主義』の本質は『人間の尊厳』である、というのが廣中先生の根本思想であった」、と小田中は語る（小田中聰樹「廣中俊雄先生を偲ぶ」法律時報86巻8号136頁。

30　広中「主題（個人の尊厳と人間の尊厳）に関するおぼえがき」81頁。

31　広中「主題（個人の尊厳と人間の尊厳）に関するおぼえがき」82頁。

『反戦活動』もしてはじめて全うされるのであり、良心的兵役拒否だけでは全うされない」、「虐殺命令拒否者の『個人の尊厳』は虐殺命令を拒否するだけでは全うされず、虐殺命令拒否と同時に『反戦活動』もしてはじめて全うされる。虐殺命令拒否だけでは『個人の尊厳』は全うされない[32]」、と指摘する。良心的兵役拒否は個人の尊重の究極的な実践といえるが、それだけでは、人を人として既に認めないことによって具体化する大量の殺人としての人間の否定を止めることができない、つまり人間の尊厳を守ることができない。このことから、「戦争の放棄」こそが人間の尊厳を保障するための選択であると主張する[33]。こうして広中は、憲9条に人間の尊厳原理が宣明されていると解する。ドイツ基本法が人間の尊厳をその1条で規定し、これを保障している。人間の尊厳は現代のドイツ法の根幹といえる。日本では、戦争の反省から憲9条で戦争放棄を規定した。ここで戦争放棄は日本法の根幹といえる。この戦争放棄が意味するところは、広中によれば人間の尊厳の保障にある。このように考えると、日本の憲法では、人間の尊厳は規定されていないのではなく、究極の人間の尊厳の否定である国家権力の作用としての戦争の放棄の中に明らかになるといえる。そうであれば、日本の憲法の場合、個人の尊重の他に、人間の尊厳が保障されていないのではなくて、憲9条が規定されることで、具体的な人間の尊厳の否定行為である戦争を明文で禁止しており、むしろ人間の尊厳の保障を鮮明にしているとも言える。

4 高山は、「ジェノサイド罪などの犯罪類型を設けなかった日本法は、依然として、個人の生命を最も重要な価値として位置づけていると解される[34]」であり、その理由は、「人は第一次的には個人として保護されているのであって、集団の一部として保護されているのではない[35]」からだと述べる。日本政府が批准していないジェノサイド条約 (Convention on the prevention and Punishment of the Crime of Genocide) 3条aはジェノサイド罪を規定している。同条cはその教唆罪をも規定している。後者は、ヘイト・スピーチが社会で蔓延・浸透し、一定の属性によって特徴づけられる集団に対する偏見や差別意識に基づく社会的排除と不当な取り扱いが広範囲に行われ、そのような社会状況の中、特定の有力な者

---

32 蟻川恒正「『個人の尊厳』と九条」世界2015年9月号144頁。
33 広中「主題（個人の尊厳と人間の尊厳）に関するおぼえがき」82頁以下。
34 高山「将来世代の法益と人間の尊厳」24頁。
35 高山「将来世代の法益と人間の尊厳」24頁。

によって、公然と、(特定・不特定を問わず) 多数人に認識させるのに可能な態様又は方法で、彼らを扇動又は教唆することを主たる目的として、標的となった集団の虐殺を扇動又は教唆することが典型といえる。これはヘイト・スピーチの中でも最狭義のものと言える。「ナチスへの批判から国際刑事法の強化をうたう法制度が、人類全体主義という別の集団主義に陥ってしまうおそれは危惧されるべきであり、あくまで個人を至高の価値としている日本法の選択には合理性があるように思われる[36]」との指摘があるが、個人として評価されない事態とそれによって人間であることが否定されることを通じてその生存も否定された悲惨な出来事が過去に生じたことと、しかも将来においても繰り返される可能性があることを考えたとき、このような歴史と全く無関係な道を日本が歩んできたと言えるのであろうか。逆の見方をすると、過去をあえて等閑視するために、つまり一定の民族によって特徴づけられる集団又はその構成員に対してその属性だけを理由にして不当な攻撃が行われたことを法的に考慮させないようにするために、個人主義を至高の価値とした権利体系を構築したとの批判が提起されるかもしれない。日本における戦前の集団主義に対する反省から新たな憲法は、国民主権と個人主義に立脚した個人の尊重原理を規定し、これらを戦後の日本の新たな価値観とした。それ自体は理解できるにしても、日本には、アウシュビッツ収容所はなかったが、しかし、名誉を毀損され、差別され、権利を剥奪され、隔離され、威嚇され、ひどく苦しめられ、拷問にかけられ、あるいは廃絶されるとき人間の尊厳が侵害されるならば、そのような「人間の尊厳」を傷つける行為があったとして、個人の尊重は、ドイツ基本法の「人間の尊厳」の第一義的意味と同じ内容をもち、両者の同義性が示されることがあるが、そのように説示するのであれば、むしろ端的に人間の尊厳を明示すべきだったと立法者を批判すべきではなかろうか。それをせず、個人の尊重に内在するないし同義であるとの解釈が意図せず敷衍することとして、日本には、「アウシュビッツ収容所はなかった」とは、日本では、二級市民扱い又は人間であることの否定の歴史はなかったということと同義だという理解である。しかし果たしてそうなのか。かつて日本人とされ、サンフランシスコ講和条約の直前に日本国籍を剥奪された人々のことに思いを致すとき[37]、果たして、個人の尊重原理が易々とアプリオリーに人間の尊厳原理を内在

---

36 高山「将来世代の法益と人間の尊厳」24頁。
37 サンフランシスコ平和条約発効直前の1952年4月19日、法務府民事局長通達「平和条約発効に

していると言いうるであろうか。けれども、だからといって個人の尊重原理が空理であるとは到底言い得ない。国民主権原則と個人の尊重原理は不即不離の関係であり、日本の戦後民主主義の原点であると言って過言ではない。重要なことは、人間の尊厳の問題がドイツだけでなく日本にあっても、その属性を理由に社会的に排除され、人間であることを否定された人々がいたこと、そして彼らの運命が強制的なものであったという歴史的事実である。支配－被支配の関係は、本来対等であるはずの同じ人同士の関係を「一級市民――二級市民」その果てに「人間――人間以下」の関係へと国家権力の作用の結果として変形させられる。なぜ変形なのか。変形された関係には、一方いずれかにおいて人間の尊厳が否定されているからだ。これに対する想念は、人間の尊厳のもつ独自の意義を知らしめることになろう。

5 これに対して樋口は、人間の尊厳原理に理解を示しつつも、「今のわれわれが選んでいる総理大臣は、特攻隊の遺品を見て感動の涙を流す。あるいは特効大でなくても、戦争でぜひもなく非道なめにあい、また非道なめに相手をあわせる立場にあった人びとがああいうふうに死んでいったことを、それがいちばん人間らしく、いちばん尊い『ヒューマン』な生き方なのだというふうに、少なくともある時期の日本社会ではひろく思い込まされていたのです」、「特攻隊で死ぬことこそ人間の尊厳を生かすことなのだ、彼らはいわば尊厳死なのだというふうに思われていた[38]」、と人間の尊厳概念に対して、一定の警戒の念を示す。樋口の視点からは、人間の尊厳原理は、国家権力に対抗するための、しかも不可侵の権利ではなく、――家族のためなどと、国家を家族に見立てることで家族主義的な説明を加えつつ――国家のために捧げるべき精神として機能することに気づかせる。けれども、他面、人間の尊厳と個人の尊厳とでは、個人の権利の問題としてのみでは汲み尽くせない属性関係的な問題が未だ私たちの社会においてある限り、両者は重なり合いつつも厳密には同じではないということも知るべきではなかろうか。

そのため、樋口は、「個人というのは、それこそそれ以上 divide できない、そ

ともなう国籍及び戸籍事務の取扱について」が出され、朝鮮半島並び台湾出身の日本人はサンフランシスコ平和条約の発効と共に日本国籍を喪失させられることになった。
38 樋口陽一「人間の尊厳 vs 人権？」広中俊雄責任編集『民法研究』（第 4 号）（2004年）36頁以下。

れ以上分割不可能なものである以上、突き詰めれば確かに緊張関係にある形式と実質をそのまま同時に抱え込んでおいてもらうほかない[39]」として、憲13条の個人の尊重の中に人間の尊厳が同時に抱え込まれると主張する。樋口の指摘は、人間の尊厳の2つの側面、つまり、その崇高さの面と、そうであるがゆえに国のために命を捧ぐことに尊厳を認める面を明らかにしている。後者は人間の尊厳概念が、その崇高さゆえに逆に国家に絡め取られるかもしれないことを示しており、樋口のこのことに対する警戒感は明らかである。樋口は、人間の尊厳を保障するというだけであれば、そのベクトルは、個人主義的にも、国家主義的にも向くのであり、これを回避するために、分割化不可能な個人とこれに対する尊重の中に人間の尊厳が内在すると理解することにより、個人主義的人間の尊厳原理を説示する。しかし、このような樋口の理解によれば、人間の尊厳原理は個人の尊重原理に包摂されざるを得ないのではなかろうか。しかし、人間の尊厳が個人の尊重原理を抱え込むということではなかろうか。そうでないとしたら、人間の尊厳原理との関係で、個人の尊重原理が憲13条に規定されていることを意義づけることはできないのだろうか。

6 蟻川は、広中による兵役拒否と反戦運動を例にした人間の尊厳論に対して、「広中は『個人の尊厳』を良心的兵役拒否に具体化されるものとしては捉えておらず、良心的兵役拒否者が反戦活動をもして、はじめて『個人の尊厳』の具体化たりうると考えている」、「良心的兵役拒否のみでは不徹底であるがゆえに、良心的兵役拒否は、真の意味では良心的兵役拒否者当人の『個人の尊厳』をすら満足させることができないと解さなければならないとするのが広中の考えである」、そしてこれらを受けて「『個人の尊厳』を戦争放棄の基礎とすべきである[40]」と主張する。蟻川は、個人の尊厳こそが憲9条の理念基礎と解する。蟻川は、「『尊厳』は義務を尽くすことにおいて発言される[41]」と理解しており、それゆえ、「個人の尊厳」は、個人に対して守るべき建前を守らせる価値原理に他ならないとして、いわば個人の人としての自己の決定に対して、本来、これに必然的に伴う何かをすべき義務として把握する。例えば、良心的兵役拒否者が真に「良心的」兵役拒否者であるためには、反戦活動はむしろ義務なのである。これ

---

39 樋口「人間の尊厳 vs 人権?」53頁以下。
40 蟻川恒正「日本国憲法における『国家』と『人間』」法律時報97巻9号(2015年)10頁。
41 蟻川「日本国憲法における『国家』と『人間』」11頁。

により、兵役拒否者の義務として反戦活動の実践が位置づけられ、これを国家が妨害することは個人の尊厳を剥奪することを意味せずには措かないとして、憲9条の規範命題として「人間の尊厳」を置いた広中の理解に対して、戦争放棄の基礎に「個人の尊厳」が置かれうるとする規範論理を内包していると見ることができると主張する[42]。蟻川によれば、憲9条において「個人の尊厳」は保護すべき理念基礎であると同時に諸個人に宛てられた義務でもある。なぜ、諸個人に宛てられた義務なのかというと、憲9条で（諸）個人の尊厳を保障しており、——蟻川の尊厳に関する理解による帰結として——その義務として、（諸）個人に反戦・戦争放棄の実践が宛てられる。蟻川の個人の尊厳に関する理解から、日本における（諸）個人の義務として人間の尊厳の否定としての戦争放棄という解釈が導かれるかもしれない。そのように考えるならば、憲9条は、個人の尊厳原理とその究極の目的である人間の尊厳原理の保障の両方を包摂しているとむしろ理解することはできないであろうか。なぜなら、何のために、どのような事態を生じさせないために、または何を守るために良心的兵役拒否者は反戦活動する義務があるのであろうか[43]。

四　小　括

1　樋口と蟻川のもっともな説示を概観しても、それでもなお広中の理解には、本稿の問題であるヘイト・スピーチの保護法益を考える際の重要な示唆を与えている。戦争の本質が人間の尊厳の否定であるということは、敵とされた人々は、個人性が否定され、一括りで扱われ、個別の理由なく殺害される。これが究極の人間の尊厳の否定であるとすれば、ヘイト・スピーチはまさに人間否定の扇動である。ヘイト・スピーチが社会的に蔓延すれば、ターゲットとなった集団の人々は社会的及び法的に排除される。これによって彼らは社会において「見えな

42　蟻川「日本国憲法における『国家』と『人間』」11頁。
43　蟻川の憲9条の捉え方から、確かに憲9条は放棄することはできないことになるのではなかろうか。なぜなら、国家にとって、諸個人が彼女・彼の義務である反戦活動の実践を保障する義務となるからである。蟻川にとって、兵役拒否と反戦活動が、「尊厳」という留め金によって本来あるべき一連の実践となり、これが憲9条に個人の尊厳という権利として定位していると理解されている。単なる選択としての兵役拒否ではなく、諸個人に反戦活動という実践を義務づけ、同時にこれを国家が保障することになる。このことから、政府に対して、これに違反する立法並び行政活動を許さないという憲9条の要請が出される。

い身体」となる。つまり社会的にその存在が無視されることになる。とりわけ、その属性に関連する出来事ないし属性に関連して個人の身に降りかかったことに対して社会的な関心が向けられず、法的な保護を受けることも困難になる。その反面、不安定な社会状況の下で、社会的不安定の元凶としてその存在が浮かび上がる。このような攻撃の常態化は、人種差別撤廃条約が禁止している事態であり、しかもいつしかジェノサイド禁止条約が禁止している事態を引き起こす。そのような意味で、広中の理解には大きな利があると言える。ここではあえて人間の尊厳原理の独自性並び独立性を強調するが、無自覚的に人間の尊厳が個人の尊重規定に内在していると理解し、個人の独立性、個別性そして特定性を強調することで、一定の属性によって特徴づけられる集団に対する攻撃の意味を正確に理解することを妨げるおそれがある。属性を理由に「対等な」人間であることが否定された上で、個別的理由なく攻撃される。その攻撃は、属性を理由に個人の個別性が否定されていることから、当該属性を持つ者全てが対象となるわけであり、それゆえ、その被害規模と範囲も大きい。それゆえ、ヘイト・スピーチによる攻撃の害悪とその被害を不当に軽視してはいけない。

 2　もっと言うと、名誉毀損罪と同じ法益とその毀損として捉えることで、被害者の特定性がないことから、被害者が誰もいない、つまり法益の侵害がないという誤った判断をしてしまうおそれがある。日本では、名誉という法益が憲13条の個人の尊重から導き出されたと理解されることから、憲13条に人間の尊厳が内在されて保障されているとするのは、問題がないとはいえない。人間の尊厳概念は、人間、個人、国民、市民といった人間の多元的な存在形態を包括しつつ、かつそれと関連して生じる共同体の多元性にもかかわらず存在する「最小限の同質性」を示す[44]。これにより、人間であることの保障（人間性の保障）と、歴史的経験から生み出された、人間のもつ属性に基づいて構築された集団とその属性を有する個人の人間であることの保障とそれによって不当な扱いを受けないことの保障（人間の属性の保障）の意義がある[45]。そうであるとすれば、人間の尊厳概念に独自の意義を求めるためには、憲13条とは別の条文に根拠を見いだすべきであ

44　玉蟲由樹『人間の尊厳保障の法理』（2013年）19頁。
45　人間の属性の保障は、個人主義的に見ると、多元化ないし多様化の保障のことであり、このことは個人の尊重の保障と同義であると理解されるかもしれないが、ここでは、多様性の根源となる「違い」が尊重に値する個人の価値と評価されるのではなく、個人の人間性や個別性を否定する根拠となるという意味で、人間の尊厳の問題として扱われる。

ろう。その条文は憲９条だということができる。国家の権力作用による人間の尊厳の否定及び人間であることの究極の否定である戦争の禁止は、敵国の人々と、戦争に至るプロセスで生じる植民地支配によって従属化させられた人々について、彼らが人間であることの否定に抗う明確な否定の宣言である。その意味で、憲９条は、ドイツ基本法１条と並んで、日本における歴史的事実に基づく人間の尊厳の保障を明らかにしたと言える。

　ただし、憲13条の個人主義は樋口の危惧する国家主義的人間の尊厳概念を回避するための重要な法的武器であることに相違ない。それゆえ、人間の尊厳が憲13条に内在しているないし同旨であると解することの意味は失われるわけではない。蟻川は、「九条をもつ日本国憲法の一三条は、だが、戦場という究極の場所にあっても『個人の尊厳』が守られなくて仕方がないとする考え方をとらない。なぜなら、九条は、『軍隊』ではない自衛隊の、『軍人』ではない自衛隊員を、『個人の尊厳』が全うされない戦場という究極の場所に立たせないことを人々に約束する規定であるはずだからである[46]」として、憲９条を前提にした憲13条の個人の尊重の意義を示す。憲９条を憲13条と関連づけることで、人間の尊厳概念が個人主義に立脚することを憲法上明文で宣明していると考えることができる。日本国憲法において、人間の尊厳は憲９条において保護されている。戦争放棄を明記する憲９条が保護するのは、人間の尊厳と解釈することができる。戦争の放棄とは、人間であることに対する尊厳の国家権力作用による否定の否定であり、その止揚として人間の尊厳が明出する。憲13条の個人の尊重とは、人間の尊厳を基底に据えたそれのことである。これにより個人の尊重概念において特定個人の名誉だけでなく、個人としての尊重以前の人間であること自体の承認の保障をも内包する。ヘイト・スピーチに敷衍すると、――憲14条と関連させつつ――現行法上、憲13条に法的規制の正当化根拠である保護法益を求めることが可能と言える。

46　蟻川「『個人の尊厳』と九条」147頁。

風営法裁判と法益保護の原則

髙 山 佳奈子

- 一 はじめに
- 二 控訴審補充意見書
- 三 控訴審判決
- 四 風営法改正と「遊興」処罰
- 五 展 望

一 はじめに

　2016年6月7日に最高裁判所第三小法廷は、大阪のクラブ「NOON」の経営者が「風俗営業等の規制及び業務の適正化に関する法律」違反で訴追された事件（平成27年（あ）第235号）について、これを無罪とした原判決（大阪高判平成27年1月31日 LEX/DB 25505605）を維持する上告棄却決定を下した。筆者は本件の第一審および控訴審に関与し、同法による表現の自由および職業の自由に対する刑事規制がその改正の前後を問わず重大な憲法上の問題を孕むと考えている。ここに本件の概要と同法改正の経緯を紹介し[1]、抽象的危険犯の処罰のあり方に問題を提起したい。

　本件で摘発の根拠とされた、2015年改正前の同法（以下、風営法とする）は、売春防止法の立法以前に、無許可で「客にダンスをさせる営業」を処罰する規制を置いた。これは、ダンスにかこつけた売春の勧誘を防止するためだったと考えられている。ところが、売春防止法の制定後も同規定は削除されないままになっていた。NOONは、イギリスのロック音楽が流れる店内で客が各自音楽に合わせてステップを踏んでいたという状況で、21時台に摘発された。深夜営業も未成年

---

[1] 上告までの経緯および関連文献は、本件弁護団長によりわかりやすくかつ網羅的に紹介されている。西川研一「刑事訴訟における人権条項の活用──NOON訴訟を例として──」自由と正義67巻6号（2016）20頁以下。

者の立入りも薬物・騒音・暴力・ごみ等の問題もなく、男女のペアダンスも行われていなかった。そもそもダンス営業の許可を得るには面積要件等を満たす必要があり、当時、NOON は許可を申請したとしても取得できない条件下にあった。被告人は、ダンス営業が風俗営業として規制されることに根本的な疑問を持ち、裁判で無罪を主張することを決意した。

　第一審の大阪地裁[2]は、ダンス営業の処罰規定自体は違憲でないことを前提としつつも、その対象は「形式的に『ナイトクラブその他設備を設けて客にダンスをさせ、かつ、客に飲食をさせる営業』との文言に該当することはもちろん、その具体的な営業態様から、歓楽的、享楽的な雰囲気を過度に醸成し、わいせつな行為の発生を招くなどの性風俗秩序の乱れにつながるおそれが、単に抽象的なものにとどまらず、現実的に起こり得るものとして実質的に認められる営業」に限られ、「このようなおそれが実質的に認められるかどうかは、客が行っているダンスの態様、演出の内容、客の密集度、照明の暗さ、音量を含む音楽等から生じる雰囲気などの営業所内の様子、ダンスをさせる場所の広さなどの営業所内の構造設備の状況、酒類提供の有無、その他性風俗秩序の乱れにつながるような状況の有無等の諸般の事情を総合して判断するのが相当である」として、被告人を無罪とした（大阪地判平成26年4月25日裁判所ウェブサイト掲載）[3]。

　検察官の控訴趣意書は、①日常用語的な意味での「ダンス」が行われる場所の営業はすべて規制対象であり、②それらは各種の犯罪や問題を誘発しやすい、などと主張した。①②に反対し、広島大学の新井誠教授と筆者とが「補充意見書」を提出した[4]。次の二は、筆者の補充意見書の主要部分の符号・誤字を修正した

2　第一審段階での筆者の意見書の主要部分は高山佳奈子「風営法『ダンス』規制の問題性」生田勝義先生古稀祝賀論文集（2014）155頁以下に掲載している。新井誠教授（憲法学）の意見書は同「風営法におけるダンス営業規制の合憲性について」広島法科大学院論集10号（2014）171頁以下に掲載された。また、もう1人の研究者証人となった永井良和教授（社会学）による関連の論考として、同『定本　風俗営業取締り──風営法と性・ダンス・カジノを規制するこの国のありかた──』（2015）、同「風営法とダンス」井上章一＝三橋順子編『性欲の研究──東京のエロ地理編──』（2015）197頁以下などが公表されている。

3　第一審の評釈として、新井誠「風営法によるダンス営業規制をめぐる憲法論」法律時報86巻9号（2014）89頁以下、大野友也「ダンスクラブの無許可営業が風営法に違反しないとされた事例」新・判例解説 Watch15号（2014）27頁以下、小野上真也「風営法2条1項3号における『風俗営業』の意義」刑事法ジャーナル42号（2014）143頁以下。

4　新井教授の補充意見書を反映した論考として、同「ダンス営業規制をめぐる憲法論」憲法理論研究会叢書23『対話と憲法理論』（2015）139頁以下。弁護団メンバーの著作である、斉藤貴弘「今回の風営法改正問題、実際の動き、これからの方向性」同書107頁以下、水谷恭史「NOON 摘

ものである。原審の結論を支持するが、本法の目的に照らし、立法当時に規制の根拠とされた事実が現在では消滅しているため「ダンス営業」規制は効力を失っていると考え、閣議決定「規制改革実施計画」（2014年6月24日）、および、警察庁に設置された風俗行政研究会による「ダンスをさせる営業の規制の在り方等に関する報告書」（2014年9月10日）をふまえてこれを削除するのが適切だとするものである。

二　控訴審補充意見書

1　「風営法2条1項3号の規制目的」
（1）風俗の維持

　本法の規制目的は、売春および賭博に至る危険性の防止、ならびに、それらの危険からの少年の保護である。このことは本件第一審判決が認めるとおりであり、検察官の控訴趣意書が引用する「昭和23年第2回国会衆議院治安及び地方制度委員会議事録第34号」にも示されている。

　すなわち、控訴趣意書の引用のとおり、同議事録の議論では、「『善良の風俗を害する行為を防止するために』という範囲を……きわめて狭義に解するよりも、比較的広義に解釈した方が実情に合つて適当であ」るから、「学校やあるいは神社、寺院のすぐそばにカフエー、キヤバレーというようなものを許可するかしないか、また営業できないというような場所の制限、そういうことは直接『善良の風俗を害する行為を防止するために』とは少し遠い……けれども、……その程度まで制限を加える……方が結構」だとされている（5頁）。

　ここで「広義」というのは、実害や具体的危険を不要とする趣旨であり、目的とされているところが性風俗秩序の維持（と賭博防止）であるのは明らかである。同議事録では、「いろんな法律の違反行為でありましても、善良の風俗に関係のない違反行為……でありますならば、本条に該当しない」と説明されている（6頁）。成人においても少年においても、薬物犯罪や騒音の防止などは考慮に入れられていない。廃棄物や騒音は事実的な環境の問題であって風俗とは関係がなく、本法の目的規定からして、公害規制を読み込むことは不可能である。

　発の状況と弁護団の主張――風営法ダンス営業規制問題を考える――」同書121頁以下も参照。

同法では、少年保護もその文脈で理解されている。つまり、「あらゆる犯罪および問題事案からの少年の保護」が問題となっているわけではなく、接客業の制限など、性的自己決定能力の健全育成のための規制（および射倖心をあおるおそれのある行為の規制）がなされているのである。また、単に夜間に青少年が自宅外にいること自体が規制対象となるものでないことは、学習塾やスイミングスクールが特に問題なく経営されている例を考えれば明らかである。

同じことは、控訴趣意書が引用する、「昭和59年第101回国会参議院地方行政委員会会議録第22号」でも確認されている（21頁）。

（2）風俗の変遷

性風俗秩序の維持に関し、上記昭和23年報告書では、「キヤバレーやダンスホールだとか、あるいは置屋、宿屋、こんな中でいかがわしいお客と従業員との行いを目くじらを立てて取締つておるうちに、それより数倍、数十倍も社会を蠱毒するような行動を青年達が公々然と白昼大道においてやつておる」と述べ、「若い学生が若い女性と相擁して街に歩いておつたり」することの「風俗の頽廃ははなはだし」く、「これらが……ごく年の若い少年少女に、どんな影響を起しておるか、これこそほんとうに……風俗頽廃の事実でございます」とする委員の主張がある。これに対し、政府委員が「われわれ全然同感でございます」と回答している（11頁）。

この理解によれば、ダンスは、街でカップルが連れ立って歩くことによる風俗の頽廃度の数十分の一の害しかもたらさないことになる。

ここからは、現在の文化的秩序に照らせば規制することが不当であるとしか考えられない行為が、立法当時はゆゆしき事態であると評価されていたことがわかる。つまり、若い男女の同行は風俗をはなはだしく頽廃させるものであり、その程度が数十分の一であるダンスも、なお規制の必要があるとされたことが推測される。同法における風俗営業の許可要件が「客室の内部が外部から容易に見通すことができないものであること」を含んでいるのは、このようにダンスをいかがわしいものとする、現代社会に適合しない観念に基づくものだと評価できる。後述するように、各種の危険を防止するには、見通すことのできる営業形態こそが効果的である。見通しを妨げることは、逆に犯罪を行いやすくする。

現代的観点からすれば、夫婦や恋人同士が仲睦まじく同行する姿は、家族の絆や愛情を示すものであって、青少年に良い教育効果を及ぼしこそすれ、決して風

紀を乱すものとは考えられない。たとえば、ロベール・ドアノーの写真作品「パリ市庁舎前のキス」(1950年) が日本で絶大な人気を博し、東京都写真美術館に常設展示されるに至っているのは、写真技術が優れているというだけでなく、恋人同士のあふれる愛情の表現が国民の間で賞賛されていることにもよるのである。カップルによるダンスの場合にも同じことがあてはまるであろう (2013年4月12日の天皇・皇后両陛下によるペアダンス披露は文字どおりこれを象徴するものである)。

(3) 他の問題点

上記風俗行政研究会は、2014年7月25日から同8月7日まで実施したパブリックコメントの質問票において、各種の想定しうる問題点を列挙し、「ダンス営業」の規制が維持されるべきではないかと問うたものの、結局、報告書においてはこれを断念した。挙げられた問題はすべて、すでに他の条文ないし他の法律での対処が予定されている行為であるからだと思われる。この点はすでに、本件第一審判決が指摘するとおりであって、次のように考えられる。

(a) 騒音 「騒音」は、騒音規制法 (昭和43年法律第98号)、都道府県の拡声機暴騒音規制条例などで規制されているほか、とりわけ、風営法自体が直接的に「深夜飲食店営業」について振動と共に規制している (15条、32条1項1号・同2項)。深夜以外の騒音についても、ダンス営業規制が捕捉するものではない。なぜなら、身体運動自体から音がほとんど出ない以上、踊ることによる騒音の発生はありえないからである。騒音は「ダンス」ではなく「音楽」の問題である。したがって、深夜以外の騒音については、街頭演説やライブ演奏、カラオケバーなどと同じく、「音声」や「音楽」を用いた表現・営業活動全般に対する規制の問題として扱う必要がある。だが、騒音規制全般を風営法で扱うことは適切でない。

(b) い集 「い集」については、音楽、映像、ダンスや飲食を一緒に楽しむために店に客が集まっている状態は通常これに含まれず (後掲・最判平成19年9月18日刑集61巻6号601頁参照)、憲法21条1項の保障する集会の自由および表現の自由との関係で、法的規制が許されるのは、高度の社会的危険性を有する行為に限られると解される。それらは、組織犯罪処罰法、暴力行為等処罰法、暴力団員による不当な行為の防止等に関する法律、地方自治体の条例などによりすでに規制されている。

(c) 年少者の立入り 「年少者の立入り」について、風俗行政研究会は、年

少者が中に入ること自体の何が問題であるのかを明らかにしていないが、中学校の体育でダンスが必修化されていることから、「ダンス」ではなく「飲食」が問題とされているものと解される。すなわち、立入りそのものではなく酒類の提供が問題であり、これは未成年者飲酒禁止法で規制されている。立入り自体には、親子連れでレストランに立ち入る場合と同じ意味しかない。もしこれを問題視するのであれば、それは、ダンスが行われる場所に対する根拠のない偏見をあからさまにするものだといわざるをえない。

　(d) **暴行・傷害**　「店内外における傷害事案」とされるものは、刑法で処罰されている。暴行も同様である。

　(e) **もめごと等**　風俗行政研究会の挙げる「もめごと等」については、その意味が不明であったが、法的規制の対象たりうる行為と理解するならば、強要罪、脅迫罪、侮辱罪等として処罰されうるほか、民法上の不法行為として損害賠償・差止請求の対象となり、正当防衛によって排除することもできる。

　(f) **薬物濫用**　「薬物売買・使用容疑」については、後述するとおり、事実的基礎のない「容疑」である場合も考えられるが、薬物売買・使用「事案」であれば、薬物事犯として各種法令で処罰されている。

　(g) **性犯罪**　「女性に対する性的事案」は、刑法、軽犯罪法、ストーカー行為規制法、地方自治体における迷惑行為防止条例等で処罰対象となっている。

　(h) **廃棄物**　質問票では言及されていないが、ごみ投棄は、廃棄物の処理及び清掃に関する法律、興行場法、各地の廃棄物処理条例、軽犯罪法などにより規制されており、暴行・器物損壊はそれぞれ刑法で犯罪として処罰されている。

　(i) **酒酔い**　さらに、上記 (d) (e) (f) (g) は、過度の飲酒が原因となって生じる可能性が考えられるところ、酒類の提供は、未成年者飲酒禁止法以外にも、食品衛生法、酒税法等で規制され、飲酒による害は、道路交通法や「酒に酔つて公衆に迷惑をかける行為の防止等に関する法律」等により処罰の対象とされている。また、風営法自体が深夜酒類提供飲食店営業について届出制を定めている（33条）。なお、「ダンス」と酒類の弊害との間には相互促進関係が存在せず、むしろ逆に、酒を飲み過ぎると踊れなくなるという抑制的関係が認められよう。

　いずれにしても、これらの問題は、「ダンスをさせる営業」の規制目的ではない。従来、上記の問題が生じた場所で営業を行った者を「ダンスをさせる営業」の罪で摘発したことは、一種の別件捜査であり、問題が大きい。これらは本来、

上記各犯罪の共犯としての要件を満たさない限り、処罰しえないものである。また、大部分の犯罪については未遂や予備が処罰されていないことにも注意を要する。

（4）少年保護

1948年の立法事実から明らかなとおり、ダンス営業規制の目的は売春の防止である。しかし、1956年に売春防止法が制定され、売春周旋等罪（6条）などによって売春の危険のある行為が包括的に処罰対象になったことから、ダンス営業規制はその役割を終えたと考えられる。実質的に効力を失った法律が削除されずに残存することはしばしばあるが（たとえば尊属殺人罪は1995年、優生保護法は1996年、北海道旧土人保護法は1997年まで存続）、規定の有効性は憲法に照らして判断されることになる。条文が存在しさえすればその適用が許される、ということにならないのは、ナチスの法律を想起すれば一般市民にも理解されよう。

なお、風営法1条は「少年の健全な育成に障害を及ぼす行為の防止」を目的として規定しているが、これが「あらゆる危険からの少年の保護」を意味するものではないことは明らかである。もし少年の全般的保護を目的とするものであるならば、風営法ではなく「少年保護法」となっているはずである。したがって、少年を「何」から保護するかが問題であり、それは、風営法の目的規定にいう「善良の風俗と清浄な風俗環境」を害する行為にほかならない。このことも、本件第一審判決が述べるとおりである。

青少年保護を目的とする刑罰法規としては、刑法の法定強姦・強制わいせつ罪処罰規定以外にも、児童福祉法、いわゆる児童買春・児童ポルノ処罰法、いわゆる出会い系サイト規制法、未成年者飲酒禁止法、未成年者喫煙禁止法、各都道府県の青少年保護条例などの特別刑法が多数存在している。風営法が少年保護の一般規定だということはありえない。

（5）小 括

風営法の規制根拠は、立法時以来一貫して、性風俗秩序の維持および賭博防止であり、少年保護の目的もその文脈におけるものに限定されている。

このうち前者に関して立法当時に問題視された事実は、現在では、むしろ肯定的に評価されうるものになっている。ダンス営業規制は対象を失ったと見るべきである。

2 「風営法2条1項3号の営業が犯罪に及ぼす影響」
(1) 悪影響の不存在

控訴趣意書は、3号営業が「各種の犯罪や問題を誘発しやすい営業形態」だとするのであるが、どのように「誘発」が起こるのかを全く主張していない。科学的には、次に述べるように、「誘発」とは無関係であるか、むしろ逆に、犯罪などを抑止している場合も考えられるのである。

(a) 性犯罪 性犯罪のうち、強姦等は、特にダンスによって惹き起こされているものではない。飲酒の後に被害に遭うケースについていえば、まず、そもそも被害者が声をかけられる場所としては、路上、バーなどの飲食店もごく一般的である。また、被害自体は、人のいる店舗の内部より、人目につかない路上やビルの階段、駐車場などで起きている事案のほうが多いであろう。店内で被害に遭う例としては、ロッカールームなど死角となるような場所が問題となっているが、そのような場所は通常の飲食店や大規模店舗、公民館、駅などにも存在する一方、内部にそのような場所がないクラブも多い。要するに、人目につくか、つかないかが重要な因子になっているのであって、店舗であることは一般的にはむしろ犯罪防止に有利である。

また、痴漢事案は人の密集するところでしばしば発生しており、満員電車で多数報告されていることに鑑みれば、音楽やダンス自体が問題なのではないといえる。

(b) 薬物犯罪 薬物犯罪についても、控訴趣意書が援用する事実によっては、逆に3号営業が薬物犯罪を惹起していないことのほうが導かれるように思われる。

まず、平成26年5月22日捜査報告書「クラブに関連する薬物事犯の発生状況について」で挙げられている87件の事案のうち、実際に関連しているのは、持ち物の中に大麻があったわずか2件（No. 15、16）のみである。薬物事犯のうち、クラブに現実に関連する事案は、他の場所で起こった事案に比べ、極めて少ないことがわかる。

その2件以外の事案では、被疑者の供述や、被疑者が聞いたとされる事実の内容の真偽が不明である。

たとえば、2015年10月に63歳で検挙された男性が「20歳の頃クラブで知り合った友人から」と述べたとされているが（No. 34）、1968年（昭和43年）当時に、こ

こで検討の対象とされている「クラブ」が存在しなかったことは明らかである。他にも、20年以上前のことを挙げているものが多い。ここまで遡っても、「関連する事犯」の件数がこの程度にしか上らないということである。

また、「クラブで良く遊ぶ」と述べられただけのものまで含められているが (No. 5)、これが「こじつけ」にほかならないことは明らかである。もしこの論法に従うならば、たとえば、薬物事犯で検挙された者の中に「ラーメン屋によく行く」と言う者が多ければ、ラーメンと薬物とが関連づけられることになろう。

最も問題なのは、「……と聞いた」ことや、他人が使用していることを述べているだけのものが多数である点である。これらは偏見に基づく誤解にすぎない疑いが十分にあるばかりか、意図的な嘘である場合も少なくないと考えられる。薬物の提供者を隠すため、「ミナミのクラブで……」と述べるのが決まり文句になっているのではないか。実は、このことは専門家の間でも周知の事実のようである。嶋根卓也「クラブイベント来場者における違法ドラッグの乱用実態把握に関する研究 (2013)」平成25年度厚生労働科学研究費補助金（医薬品・医療機器等レギュラトリーサイエンス総合研究事業）総括研究報告書 (H24- 医薬 - 一般 -008) 分担研究報告書では、アンケート調査におけるドラッグの入手経路の質問において、そもそも「クラブで見知らぬ人から」とする選択肢が立てられていない。つまり、調査者は、このような選択肢を立てても、それが有意な数にならないことを前提に、研究を実施したものといわざるをえない。

岩村健二郎准教授が2014年8月21日に風俗行政研究会に提出した、「『ダンスとドラッグ調査』報告」のアンケートでは、同年8月8日・9日の2日間でペアダンス愛好者を中心とする参加者が1616名も集まり、「薬物使用経験」ありの回答者数は、3号営業店において955人中35名 (3.665%)、4号営業店において661人中1名 (0.151%) にすぎなかったとのことである（合計では1616名中36名、2.228%）。この数値は、上記厚労科研の報告書の10分の1にすぎない。いずれの調査についても、手法に難点のあったことは指摘されているものの、少なくとも確かであるのは、後者アンケートでは前者の報告内容に激怒して参集したダンス愛好者が多かったことである。つまり、クラブを薬物濫用の原因とする見方に対し、怒りの声を上げている者が少なからずおり、同じことは世論一般の中においてもある程度妥当するだろうと推測されることである。

また、仮に捜査報告書に述べられた情報が真実だとしても、他の場所の場合と

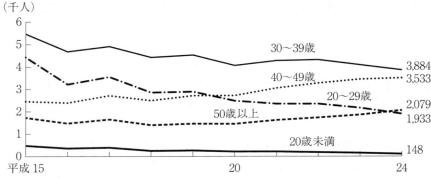

図　覚せい剤取締法違反 検挙人員の推移（年齢層別）　（平成15年～24年）

注1　警察庁刑事局の資料による。
　2　犯行時の年齢による。
　3　覚せい剤に係る麻薬特例法違反の検挙人員を含み、警察が検挙した人員に限る。

の比較がなければ意味がない。たとえば、クラブの前に薬物の売人がいたとしても、公園やラブホテルの前で売っている者のほうが多いかもしれないのであって、そうした事実を基にクラブを規制することはできない。

　同捜査報告書で、古い事実の回想のような発言が多数を占めていることは、現在の犯罪情勢に関する統計と合致している。若年者の薬物事犯は近年とみに減少しているからである。たとえば、覚せい剤取締法による20代の検挙人員は、平成9年には8338名に上っていたが、平成15年には4435名、平成24年では1933名となっている（数値および各図は平成25年版犯罪白書による）。

　（c）その他　　その他の各種の問題の大部分は、過度の飲酒によって起きていることが推察されるのであり、ダンス営業規制による対処は適切でない。見知らぬ者が知り合いになるという営業形態は、バーなどの飲食店や、あらゆるイベントにもあてはまることである。控訴趣意書は、これに音楽やダンスが加わると危険性が大きくなるということを主張すらしておらず、単に「酒類が提供されることから」と述べているにすぎない。酒類の影響以外の事実を根拠として挙げることができていないのである。

（2）誤認の例

　苦情として報告されている件数には、誤認によるものが含まれることにも注意を要する。

今般、警察庁の風俗行政研究会に提出された意見の中には、ライブハウスに隣接するサルサクラブが騒音の苦情の対象とされ、警察が来たという誤認事案の指摘がある（サルサホットラインジャパン「風営法の規制緩和について（サルサ）」平成26年7月15日第1回風俗行政研究会別紙2）。実際、このサルサクラブは六本木でも人気の確立した老舗店であり、外部への音漏れはない（そもそも、クラブでは話し声が聞こえなくなるほどの音量は出さない）。建物の外に聞こえているのはライブハウスの音である。サルサクラブではマンボなどのラテン音楽、ライブハウスではロック音楽というように、流れている音楽の種類が全く異なるにもかかわらず、通報者はクラブへの偏見に基づいて誤った通報を行ったと見られるのである。店外の事態に対する苦情の中にも、クラブがいわば「濡れ衣」を着せられている場合のあることが排除できない。薬物事犯で検挙された者が「クラブで知らない人から入手した」と答えることで、クラブに対する偏見が広がり、それを基に苦情が集まっている（もしくは、偏見に基づいて警察が立入りを行っている）疑いがある。

（3）違法性の相対性

また、単に何らかの点で違法であっても、それだけでは可罰的違法性を根拠づける理由にはならないことは、判例の採用する違法性相対論から導かれる。

全農林警職法事件判決（最大判昭和48年4月25日刑集27巻4号547頁）は、いわゆる「二重のしぼり」論を否定したものの、なお、「公務員の団体行動とされるもののなかでも、その態様からして、実質が単なる規律違反としての評価を受けるにすぎないものについては、その煽動等の行為が国公法110条1項17号所定の罰則の構成要件に該当しないことはもちろんであり、また、右罰則の構成要件に該当する行為であつても具体的事情のいかんによつては法秩序全体の精神に照らし許容されるものと認められるときは、刑法上違法性が阻却されることもありうることはいうまでもない」として、違法性の相対性を明示的に肯定しているのである。

つまり、判例に従えば、①風営法で規制しうるのは、風営法に掲げられた目的を害する行為のみであり、さらに、②風営法の目的を害する場合であっても、憲法上の権利行使としてなされた行為については違法性が阻却されうる。①は本件第一審判決の述べるとおりであり、特に、ダンス営業において、「客室において流す音楽の選曲や実施するイベントの企画立案を行うなどした場合、その内容によってはそうした行為が表現の自由によって保護される範ちゅうに含まれ得ること」や、「客が行うダンスについても、……表現の自由による保障を受け得るも

のが含まれる可能性」を否定できないとしている点が重要である。これは、音楽や映像、ダンス等による表現活動を含まない通常の飲食店営業に対して及ぼしうる規制の場合とは、区別して考える必要がある。ディスクジョッキー（DJ）、ビジュアルジョッキー（VJ）、ダンサーらによって表現活動が行われるところでは、そうでないところよりも、高度の規制根拠が求められる。

その際、直接的に表現規制が目的とされなくても、間接的にその制約になる場合のあることに注意しなければならない。たとえば、社交ダンスには「床」と「音楽」が不可欠であり、映像芸術表現には、通常、スクリーンの設置を要する。したがって、「屋外でも同じ活動ができる以上、店舗の規制は表現の自由の制約ではない」とすることはできない。営業の規制が同時に表現の規制にもなる場合には、仮に経済的自由の規制根拠となる危険性があったとしても、それだけでは不十分である。いっそう高められた危険がない限り、規制は憲法違反となる。

（4）犯罪防止効果

（a）見守り効果　　上記厚労科研報告書「クラブイベント来場者における違法ドラッグの乱用実態把握に関する研究」は、クラブ来場者の4人に1人が危険ドラッグを経験していると報告している。これに対しては、そもそも調査対象者数が少なく、また調査の実施されたイベントの内容も不明であって信ぴょう性に欠けるなどの疑問が提起されている。それだけでなく、仮にクラブ来場者の4人に1人が危険ドラッグを経験しているとしても、クラブないしクラブイベント自体が薬物濫用を促進しているのか抑制しているのかはわからない。つまり、この調査は、クラブが薬物濫用を惹き起こすことを論証できない質問項目の立て方になっている（なお、同報告書は、クラブが薬物濫用を惹起するとの論証がないのに、初めから一部薬物を「クラブドラッグ」と呼んでおり、そもそも「結論先にありき」の調査であった疑いがある）。

だが実は、同調査の情報は、むしろ反対に、クラブが薬物濫用を抑止していることを示していると思われる。

同報告書は、脱法ドラッグ経験群において、①問題飲酒行動や違法ドラッグ濫用が多いこと、②クラブを自分にとっての居場所と位置づけている者の割合が高いことを指摘している。そして、脱法ドラッグ経験者における使用場所は、「自室」が37.3%、「友人・パートナーの部屋」が36.0%、「路上や公園」が21.3%、「車内」が18.7%であるとされたのに対し、「クラブ」は16.0%にとどまっている。

「クラブ」では、さほど長時間を過ごさないと思われる「路上や公園」「車内」よりもさらに低くなっているのである。

したがって、サンプル数が非常に少ないながらも、仮説として、①クラブは、社会的疎外感を持つ若者を受け入れ、人目のある場所に集めることで、薬物濫用を抑止していること、また、②クラブでは、仲間とのつながりや人目の存在が意識されるため、犯罪全般を防止する効果も期待できることが導かれると思われる。

これは、身近な人の見守りや、防犯カメラの効果を重視する、一般的な犯罪学的知見や、多くのクラブ関係者の主張にも合致する。たとえば、京都府では、少年人口10万人あたりの刑法犯での検挙人員率が、2009年が18.8で全国1位、続く2010年が3位、2011年が1位と高かった。しかし、これを重大視した府が「少年非行防止総合対策」を推進し、住民による「少年へのあいさつ運動・声かけ運動」を中心とした「少年を見守る社会気運の醸成」などに取り組んだ結果、2012年には11.8で5位、2013年は9.5となり10位まで順位が下がったのである。

(b) 満足効果　クラブを「自分にとっての居場所」と位置づけている者がいることは、上記報告書の指摘するところであり、そこには人目があるというだけではなく、趣味を追求できる効果もある。すなわち、少なくともフロアで音楽やダンスそのものに熱中している間は、薬物使用から物理的に遠ざかっているわけである。上記報告書で、薬物の使用場所として「クラブ」が低い割合となっているのは、単に人目を気にするためにとどまるものではないだろう。

さらに、脳を活発化させて快感を生み出すとされる神経伝達物質ドーパミンは、たとえば覚せい剤使用によっても放出されるが、いわゆるトランスミュージックなどの音楽によっても出るとされている（あるいは、ドーパミンを出させるような音楽をトランスミュージックと呼ぶ）。これはクラブで流される音楽の一ジャンルである。経済学的に極言すれば、「音楽は違法薬物の代替材」だと考えることができる。すなわち、音楽を活用して快感を得ることができれば、覚せい剤は不要だということである。

(5) 小　括

以上のとおり、ダンス営業ないしクラブは、特に各種の犯罪や問題を惹起する危険を孕むものではなく、逆に、人目があることや若者の精神的支援によってそれらを抑制する効果が期待できる。

3 「第一審判決の判例適合性」
(1) 限定解釈
　憲法31条が求める法の適正手続の保障は、合理的根拠のない処罰を排除するものであり、このことは最高裁判所の判例が前提とするところである。

　(a) 堀越事件　本件第一審判決が直接に参照していると見られる堀越事件無罪判決（最判平成24年12月7日刑集66巻12号1337頁）では、国家公務員法にいう「『政治的行為』とは、公務員の職務の遂行の政治的中立性を損なうおそれが、観念的なものにとどまらず、現実的に起こり得るものとして実質的に認められるもの」のみを指すとした上で、被告人の政党機関誌配付行為には「公務員の職務の遂行の政治的中立性を損なうおそれが実質的に認められるものとはいえ」ず「本件罰則規定の構成要件に該当しない」と判示している。

　この判断手法は、①法律の文言を形式的にのみ理解すると処罰範囲が過度に広範になってしまう場合に、②法の規制目的および対立利益に照らして合理的な限定的解釈を施すものである。つまり、国家公務員法上の「政治的行為」であれば、それは、政治的な意味のある行為のすべてを禁止する趣旨ではないことになる。たとえば、公務員が、選挙で投票権を行使することは認められる。

　①②のパターンはいくつもの先行判例によって同様の形で繰り返されており、こうした判断が不可能だということはない。

　(b) 福岡県青少年保護育成条例事件　たとえば、最高裁判所は、福岡県青少年保護育成条例事件判決（最大判昭和60年10月23日刑集39巻6号413頁）で、①日常用語的には「淫らな行い」である「淫行」の解釈として、「広く青少年に対する性行為一般をいうものと解すべきではなく」、②「青少年を誘惑し、威迫し、欺罔し又は困惑させる等その心身の未成熟に乗じた不当な手段により行う性交又は性交類似行為のほか、青少年を単に自己の性的欲望を満足させるための対象として扱つているとしか認められないような性交又は性交類似行為をいうものと解するのが相当である」としている。

　(c) 徳島市公安条例事件　また、徳島市公安条例事件判決（最大判昭和50年9月10日刑集29巻8号489頁）は、同条例が①「『交通秩序を維持すること』」を掲げているのは、道路における集団行進等が一般的に秩序正しく平穏に行われる場合にこれに随伴する交通秩序阻害の程度」②「を超えた、殊更な交通秩序の阻害をもたらすような行為を避止すべきことを命じているものと解される」として、通常

のデモ行進により生じる交通秩序阻害が規制対象に含まれないことを明らかにしている。

　(d) 広島市暴走族追放条例事件　近年では、広島市暴走族追放条例事件（最決平成19年9月18日刑集61巻6号601頁）が、①「本条例は、暴走族の定義において社会通念上の暴走族以外の集団が含まれる文言となっていること、禁止行為の対象及び市長の中止・退去命令の対象も社会通念上の暴走族以外の者の行為にも及ぶ文言となっていることなど」から、「その文言どおりに適用されることになると、規制の対象が広範囲に及び、憲法21条1項及び31条との関係で問題がある」ため、②「市長において本条例による中止・退去命令を発し得る対象」は、「被告人に適用されている『集会』との関係では、本来的な意味における暴走族及び上記のようなその類似集団による集会が、本条例16条1項1号、17条所定の場所及び態様で行われている場合に限定されると解される」としている。

　(e) 本件第一審判決　原判決は、「本件各規定による……規制は、職業の自由（憲法22条1項）を制約するものであるほか……、場合によっては表現の自由（憲法21条1項）の制約にもなり得るものである」から、「これらの憲法上の権利を不当に制約することのないように、規制目的との関係で必要かつ合理的な範囲に限定すべく、慎重に解する必要がある」との前提のもと、①「形式的に……文言に該当することはもちろん」、②「その具体的な営業態様から、歓楽的、享楽的な雰囲気を過度に醸成し、わいせつな行為の発生を招くなどの性風俗秩序の乱れにつながるおそれが、単に抽象的なものにとどまらず、現実的に起こり得るものとして実質的に認められる営業を指すものと解するのが相当である」とした。これはまさしく、従前の最高裁の判断枠組みに従って結論を導いたものである。

（2）あてはめ

　本件第一審判決は、上記堀越事件判決（最判平成24年12月7日刑集66巻12号1337頁）が示したのと同一の基準および判断方法により、具体的検討を行った上で、無罪の結論を導いている。

　すなわち、基準として、「客が行っているダンスの態様、演出の内容、客の密集度、照明の暗さ、音量を含む音楽等から生じる雰囲気などの営業所内の様子、ダンスをさせる場所の広さなどの営業所内の構造設備の状況、酒類提供の有無、その他性風俗秩序の乱れにつながるような状況の有無等の諸般の事情を総合して判断するのが相当である」として具体的な事情を挙げた上で、「酒類が提供され

ており、フロアが相当程度暗い状況にあったことを踏まえても、本件当日、本件店舗において、歓楽的、享楽的な雰囲気を過度に醸成し、わいせつな行為の発生を招くなど、性風俗秩序の乱れにつながるおそれが実質的に認められる営業が行われていたとは、証拠上認めることができない」としているのである。なお、「フロアが相当程度暗い状況にあった」のは、音楽「に合わせてモニターに映像が流され」ており、これが見えるようにするためだと考えられる。

　このあてはめ、すなわち、「性風俗秩序の乱れにつながるおそれが実質的に認められる営業」がなかったこと自体は、本件控訴趣意書も全く争っていない。控訴趣意書は、全く危険のない行為でも処罰すべきだと主張するに等しいものであり、理論的にも、また、従前の判例との関係でも、是認しえない。

　そもそも、本件における店内の客の動作は、音楽に合わせたステップなどにすぎず、少なくとも、「○○ダンス」という呼称のついた動きではなかった（第一審判決では、ボックスステップを踏んだ者がいたことまでしか認定されていない）。音楽に合わせてステップを踏む程度ならば０歳児でも行いうる。したがって、この動作が言葉の通常の意味で「ダンス」と呼べるのかも疑わしい。だが、第一審判決は正当にも、形式的意味での「ダンス」があったか否かが結論を導くものではないことを前提に、問題となるのは「風営法が規制対象として想定するところのダンス」に該当するか否かであるとして、これを否定したものである。なぜなら、日常用語的な「ダンス」ないしダンスを「させる」営業のすべてが原則として規制対象になるとすることは、法の目的、および、規制の過度の広範性からしてありえない解釈だからである。ダンスが児童・生徒の健全育成のために中学校の体育で必修化されたことも、まさにこれを裏付ける。

4　結　語

　風営法の規制目的は、立法当初以来一貫して売春・賭博の防止であり、少年保護もその関連においてのみ目的とされている。「売春・賭博防止」＋「少年保護全般」、という形での制度設計が採用されていないことは、本件原判決が述べるとおりである。

　また、法制定当時に性風俗秩序を乱すものとして問題視された行為は、現在の社会的実情からすればもはや問題ではなく、むしろ望ましいものと評価される面も含んでいる。ダンス営業を利用した売春事例が報告されていないこと、また、

売春の危険は風営法より後に制定された売春防止法が直接に対象としていることからしても、風営法のダンス営業規制はもはや根拠を失っており、無効化していると考えられる。

閣議決定である「規制改革実施計画」や、風俗行政研究会報告書も、「ダンス営業」の規制が維持できないものであるとの認識に立っている。風俗行政研究会が実施した関係団体のヒアリングでは、圧倒的多数の意見が「ダンス営業」の規制に反対であった。ここからは、研究会の検討に関して実施されたパブリックコメントへの応募件数がわずか2週間で1075件に上ったのも、同じ認識を共有して「ダンス営業」規制に反対する者が世論において多数であったことを示唆している。

さらに、事実としても、「ダンス営業」が各種の犯罪や問題を誘発しやすい営業形態であることは科学的に認められず、むしろ、逆にこれらを抑制する効果があるとも考えられる。

憲法31条によれば、保護すべき利益を害することとなる実質的なおそれが認められない行為を処罰してはならない。また、そのような危険があっても、憲法上の権利行使との関係で違法性を否定すべき場合があり、とりわけ表現の自由の制約は限定的なものでなければならない。以上のことは最高裁判所の判例理論となっており、これに沿って下された原判決の無罪の結論は正当である。

三　控訴審判決

以上が筆者の補充意見書の本論部分である。控訴審では検察側が、二で「捜査報告書」として言及した内容にかかる新たな証拠を提出しようとしたが、認められず、一で述べたとおり2015年1月に控訴が棄却された。控訴審は理由づけの点で原審の判断基準を改めている。すなわち、判例を前提にしても、堀越事件とは異なって、本件で問題となっている無許可営業罪は、危険性を事前に判断して与える「許可」にかかるものであるから、一審判決のように事後的に個別の営業状況を評価して結論を導くことにはなじまない。一律の事前判断が可能でなければならないとしたのである。そして、「ダンス営業」については、原審と同じく、性風俗秩序維持が主要な規制目的であるとした上で、「男女が組になり、かつ、身体を接触して踊るのが通常の形態」とされているダンス以外はすべてその対象外だとした[5]。ただし、控訴審は、逆にその形態のダンスならば直ちに規制対象

になるとしたわけでも（論理的に）ない。現在この定義に典型的にあてはまるのは、アルゼンチンタンゴやウインナワルツなど、性風俗秩序を乱すおそれの考えがたいダンスである。

四　風営法改正と「遊興」処罰

ところがこの間、政府および国会においては、「ダンス営業」規制を新たな罰則に転換する法改正が議論されていた[6]。規制権限の維持を図る勢力と、表現の自由・職業の自由を擁護する勢力とが露骨なせめぎ合いを展開したといってよい。紆余曲折を経て2015年6月に成立した改正法では結局、「ダンス」にかかる処罰は廃止されたものの、その代わりに、24時以降の「遊興」が処罰されることになった（平成27年法律第45号）。この新たな「特定遊興飲食店」の無許可営業罪に関し、警察庁は、ダンスをさせる営業形態のすべてがこれに該当するほか、ダンスと関係のない業態まで広く処罰対象になるとする見解を繰り返した。33平米以上の面積などが許可要件とされ、いくつかの県ではそもそも営業許可取得可能地域が全く指定されない事態となった[7]。

改正法施行日の2016年6月23日の2週間前にあたる同9日、最高裁が7日に検察の上告を棄却したことが明らかになった。特に理由の付されない形式的な決定であったが、最高裁は、警察庁の述べる解釈ではなく、大阪高裁判決のほうが憲法解釈として妥当することを、無罪確定によって貫徹させようとしたものであると強く推認される[8]。すなわち、ペアダンス以外のダンス営業を風営法で処罰す

5　控訴審の評釈として、新井誠「ダンス飲食店（クラブ）の無許可営業をめぐる大阪高裁控訴審判決」広島法学39巻1号（2015）67頁以下、平地秀哉「風営法によるダンス営業規制の合憲性」ジュリスト臨時増刊平成26年度重要判例解説23頁以下。

6　筆者も2014年8月7日にパブリックコメント「『客にダンスをさせる営業に関する風営法の規制の見直しに当たって考えられる論点』に対する意見」を警察庁に提出したが、紙幅の関係で紹介できない。別稿での公表を期したい。

7　改正風営法の問題性を指摘するものとして、新井誠「ダンス飲食営業をめぐる改正風営法の意義・問題点・課題——憲法学の見地から——」東北学院法学76号（2015）173頁以下、須藤陽子「風営法の一部改正とダンス」法学教室426号（2016）54頁以下。

8　NOON事件で摘発された24時より前の営業は、改正法では自由化され、「遊興」処罰の対象から外れているが、「施行前にした行為に対する罰則の適用については、なお従前の例による」とする経過規定が附則に置かれた。もし上告審の判断の下されたのが新法施行後であったとしても、刑訴法337条2号に基づく免訴判決にはなっていなかったとみられるため、最高裁が改正法施行前に決定を出したのは「免訴」判決を避けるためではない。もっとも、法改正によって処罰

るのは違憲だということである。

五　展　望

　改正法施行後、NOON は最高裁決定に基づき、従来から存在する「深夜酒類提供飲食店」の「届出」を行おうとしたが、当初所轄の警察署に受理されず、その後警察庁での検討を経て受理された（2016年6月24日および同27日）。東京のクラブでは、警察が「遊興」規制を理由に立入りの上、経営者に呼出状を交付し、その後これを撤回して呼出状の破棄を求めるなどの混乱が生じている（2016年7月30日および同8月1日）。最高裁の判例が、性風俗秩序を乱す実質的なおそれの認められない営業の処罰、具体的にはペアダンスを行わないダンス営業の処罰を、憲法上封じているにもかかわらず、これを無視した警察の権限行使が生じている[9]。立憲主義および法治主義において看過できない深刻な事態である。

　立法事実が全くない状態での処罰は、解釈論においても立法論においても認められるものではない。かつて「ダンス営業」処罰がターゲットにした売春周旋まがい行為は現在存在せず、「遊興」概念を導入したところで、可罰性[10]を認める範囲を拡大できるわけではない。最高裁判例は、風営法を理由とするクラブの摘発が違法だったことを明らかにしたのである。保護法益に対し危険をもたらさない行為の処罰は憲法上許されない[11]。

　価値がないものと評価し直された24時までの営業は、本来、実体としては「刑の廃止」（刑法6条）に該当し、たとえ経過規定を置いてもこれを処罰することは許されないと考えられる。髙山佳奈子「刑の廃止と変更」成城学園80周年・成城大学法学部20周年記念論文集（1999）377頁以下参照。

9　類似の問題が、入れ墨の彫り師に対する医師法上の無免許医業罪を理由とする摘発にもみられる。入れ墨の刑事規制は、かつての警察犯処罰令における全面的な処罰が廃止されて青少年保護規定だけになったのにもかかわらず、警察はこれを無視する態度に転じた。現在、TATTOO 彫り師である被告人が罰金（吹田簡裁略式命令平成27年（い）130号）を不服として大阪地裁で争っている。NOON 弁護団の亀石倫子弁護士が主任弁護人を務め、筆者も意見書により参加している。

10　NOON 事件では第一審・控訴審判決とも比較的簡素な判断の下に刑事規制を合憲としたが、民事的・行政的手段ではなく刑罰を用いること、およびその程度も、憲法上の問題として本来は厳密な検証の対象とされるべきである。上田正基『その行為、本当に処罰しますか』（2016）152頁以下、165頁以下参照。

11　抽象的危険犯に関する通説である。謝煜偉『抽象的危険犯論の新展開』（2012）51頁以下参照。

証券犯罪の保護法益と
制度的法益の刑法的保護について
―― 不公正取引の規制に関する罰則規定を中心に ――

神 例 康 博

一　問題の所在
二　証券市場の公正性・健全性の内実 ―― 保護法益をめぐる争点 ――
三　制度の機能と制度の機能に対する信頼
四　結びに代えて

一　問題の所在

　経済犯罪という概念で対象化される犯罪は多岐にわたるが、中心的な経済犯罪として把握されるのが、各種経済関係罰則法規において一定の経済制度を前提とした制度的法益の保護を目的とする罰則規定であるといえよう。筆者は、別稿において、そのように把握される犯罪を「制度依存型経済犯罪」という枠組みで捉え、法益の構造について検討した[1]。「制度依存型経済犯罪」は、その保護法益が「制度」、「信頼」、「公正」、「機能」といった概念のもとで把握される点に共通した特徴があるといえ、ゆえに、法益の内実が不明確であるとして伝統的法益論から批判に晒され[2]、刑事制裁の対象とすることの是非自体が問題とされてきた。これらの罰則規定の検討においては、現行規定の解釈論的検討のみならず、立法論的視座からもこれを対象化し、罰則規定のあり方を検討するための視座の設定が求められているといえよう。そのためには、「制度」、「信頼」、「公正」、「機能」といった概念で把握される法益の内実を明らかにすることが求められているといえよう。
　本稿は、金融商品取引法（以下、金商法という。）における罰則規定について、

1　神例康博「経済刑法の保護法益について ―― 制度依存型経済犯罪における制度的法益と個人的法益の関係 ―― 」川端博ほか編『理論刑法学の探究⑧』（2015）111頁以下。
2　曽根威彦＝二本柳誠「企業犯罪と保護法益」甲斐克則編『企業活動と刑事規制』（2008）33頁以下、嘉門優「経済刑法と法益論」刑雑55巻1号（2015）64頁以下参照。

その保護法益を検討するとともに、刑事規制の限界を考える上での枠組みについて、若干の検討を行おうとするものである。金商法（以下、金商法の条文については条文数のみを示す。）は、「企業内容等の開示の制度を整備するとともに、金融商品取引業を行う者に関し必要な事項を定め、金融商品取引所の適切な運営を確保すること等により、有価証券の発行及び金融商品等の取引等を公正にし、有価証券の流通を円滑にするほか、資本市場の機能の十全な発揮による金融商品等の公正な価格形成等を図り、もって国民経済の健全な発展及び投資者の保護に資すること」（1条）を目的とする。金商法の罰則規定は、大まかには、開示規制に関するものと不公正取引の規制に関するものとに分類可能である。開示規制に関するものとしては、有価証券報告書・有価証券届出書、公開買付届出書等の虚偽記載、内部統制報告書等の虚偽記載、不提出などがあげられる。他方、不公正取引の規制に関するものとしては、不正取引等の罪、相場操縦罪、インサイダー取引罪、さらに、損失保証・損失補てん罪などが上げられる。

　証券犯罪は、証券市場制度を採用することではじめて観念される犯罪であり、典型的な「制度依存型経済犯罪」であるといえるだろう[3]。証券市場の公正性、健全性といった概念で語られる証券犯罪の保護法益は、既述のように、法益の内実が抽象的であるなどとして、伝統的な法益論からは批判にさらされてきたところである。たしかに、証券市場の公正性、健全性という法益は、それ自体、不明確で抽象的であると言いうる。しかし、問題とされるべきは、証券市場の公正性ないし健全性という法益が不明確あるいは抽象的であるということ自体ではなくて、証券市場の公正性・健全性といった概念の内実が必ずしも十分には明らかにされていないことにあるのではないかと思われる。

　本稿が検討対象とする犯罪については、重要な立法及び判例の展開が見られるところであるが、本稿では、その点の検討は措き、制度的法益の保護をめぐる経済刑法の法益理解の対立軸を踏まえながら、不公正取引の規制にかかる証券犯罪についてその保護法益を検討するとともに、制度的法益の刑法的保護のあり方について若干の試論を述べることとしたい。

3　平山幹子「経済刑法の理論的基礎と証券犯罪の刑事規制」刑雑55巻1号（2015）41頁は、証券犯罪について、「経済犯罪と呼ばれるものの中でも特にその法益が不明確ないし抽象的なものが多く、各処罰規定に関する解釈の指針を立てにくいのが特徴とされる」とする。

二　証券市場の公正性・健全性の内実
　　　——保護法益をめぐる争点——

1　相場操縦罪

　相場操縦罪とは、本来自由競争原理によって、正常な需要と供給の関係に基づき形成されうるべき証券市場に、人為的に操作を加え、これを変動させることを内容とする犯罪であり[4]、相場操縦規制の趣旨は、平成4（1992）年1月20日の証券取引審議会不公正取引部会中間報告によると、「本来正常な需給関係によって形成されるべき相場に作為を加える詐欺的な取引を禁止」[5]することにあるとされている。金商法は、相場操縦行為の規制として、権利の移転を目的としない仮装取引（159条1項1号から3号）、仮装取引を他人と通謀のうえ行う馴合取引（同項4号から8号）、これらの行為の委託・受託等（同項9号）、変動操作（同条2項）、違法な安定操作（同条3項）を禁止しており、法定刑は、10年以下の懲役もしくは1000万円以下の罰金またはこれらの併科（197条1項5号。法人の場合、7億円以下の罰金。207条1項1号）と、金商法罰則の中で最も重いものとなっている。さらに、財産上の利益を得る目的で相場操縦等の行為を行った結果、変動または安定させた相場によって当該有価証券等の取引を行った場合には、10年以下の懲役または3000万円以下の罰金に処せられる（197条2項）。なお、法定刑の水準は、平成18（2006）年改正により従来の5年以下の懲役もしくは500万円以下の罰金またはこれらの併科から引き上げられたが[6]、この点については、一般投資者を欺いて損害を与える行為である点で詐欺罪と、会社の経営者としての任務に背いている点で特別背任罪と類似性・近接性がある犯罪であることが考慮されたものであるとされる[7]。

　さて、相場操縦罪の罪質については、市場の価格形成機能に向けられた抽象的危険犯であると解するのが一般的な理解といえ[8]、証券市場の公正性は市場の価

---

[4] 近藤光男＝吉原和志＝黒沼悦郎『金融商品取引法入門（第4版）』（2015）339頁。
[5] 証券取引審議会不公正取引部会「相場操縦的行為禁止規定等のあり方の検討について（中間報告）」商事1275号（1992）35頁以下。
[6] 法人に対する罰金刑については、5億円以下から7億円以下に引き上げられた。
[7] 神田秀樹＝黒沼悦郎＝松尾直彦編著『金融商品取引法コンメンタール4不公正取引規制・課徴金・罰則』（2011）571頁〔黒沼悦郎〕参照。
[8] このような理解は、裁判例においても示されている。例えば、東京高判昭和63・7・26判時1305号52頁（協同飼料株価操作事件控訴審判決）、東京地判平成5・5・19判タ817号221頁（藤

格形成機能と結びつけて把握されているといえる。もっとも、相場操縦行為の違法性については、直接または間接にもたらされる影響も含め、多様な説明方法がなされている。例えば、黒川弘務は以下のように述べている。すなわち、「相場に対し、人為的な工作を加えて正常な需給関係に反する価格変動をもたらそうとすることは、有価証券市場の生命線ともいうべき相場の客観性を損なう行為であり、それにより投資家の投資判断を誤らせ、不特定多数の投資家に不測の損害を与える危険性があるとともに、投資家の証券市場に対する信頼を著しく損なわせ、一般投資家が証券市場から待避することとなり、ひいては証券市場がその公正な価格形成機能を果たし得なくなるなどの重大な結果につながることにある」[9]。黒川の記述を踏まえると、相場操縦行為のもたらす市場の公正な価格形成機能の阻害は、個別的な相場操縦行為自体によって投資家の投資判断を誤らせることにより直接生じるものと、証券市場に対する信頼が損なわれ、投資家が市場から退避することによってもたらされるものの双方において捉えることができよう。他方、野村稔は、「人為的操作により株価を吊り上げたうえで株式を買い占め、さらに株価を吊り上げて株式を売り抜けて巨額の利益を得た場合、株式の自然なる需要と供給の関係ではなく人為的操作による株価の変動により損害を蒙った者に対して、その損害を自己責任の原則に帰することはできない」[10]として、株式取引における損害の自己責任原則による正当化という観点から（も）相場操縦規制の意義を論じつつ、相場操縦罪の保護法益をインサイダー取引罪と同様に「健全かつ公正な証券取引市場の確保」であるとし、「一種の社会的法益」であると位置づける。さらに、馬場義宣は、市場操作がもたらす過当な投機と急激な価格変動がもたらす国民経済に対する悪影響を指摘する。すなわち、「本来正常な需給関係によって定まるべき相場を恣意的に騰貴・下落させ、その騰落させた作為的な相場を公正な相場であると誤認させることが一般投資者の期待を裏切り、また一般投資者に過当な投機を惹起させて急激な価格変動をもたらし、ひいては国民経済に悪影響を与えることになる」[11]。これらは、あくまで表現方法の相違

　　田観光株価操作事件判決）など。
　9　黒川弘務「相場操縦罪（変動操作）における誘引目的および変動取引の意義」商事1342号（1993）12頁。同様の記述として、土持敏裕＝榊原一夫「証券取引法」平野龍一他編『注解特別刑法　補巻（２）』（1996）89頁、神崎克郎「判例からみた相場操縦の禁止の検討」商事1263号（1991）35頁。
　10　野村稔『経済刑法の論点』（2002）82頁。

にとどまると言えなくもないが、相場操縦行為がもたらす影響の何を重視するかは本罪の法益理解とかかわるであろう。

　他方、経済刑法の保護法益を個人や企業などの財産的・経済的利益に求め、これらの侵害ないし危殆化が認められない場合には刑事規制の対象とはすべきではないとする立場からは、相場操縦行為についても、投資家の利益侵害またはその危険が発生し、それが可視的で測定可能となった段階で刑罰権発動の根拠とすべきであるとして、相場操縦行為がなされても投資家の利益侵害またはその危険の発生に至らない段階では、証券市場秩序違反行為として行政処分によって対処することが要請されるとする[12]。この見解を主張する神山敏雄の指摘するとおり、相場操縦行為には、様々な段階がある。問題は、相場操縦行為が行われた場合において、いかなる事態をもって投資家の利益侵害またはその危険が発生したと評価するかであろう。換言すれば、証券犯罪における「投資家の利益」とは何かという問題である。

2　インサイダー取引罪

　インサイダー取引（内部者取引）とは、投資判断に影響を及ぼしうる「重要な事実」を「会社関係者等」の一定の立場にあったが故に知ったものが、「公表」前に有価証券等の取引を行うことをいう。本罪は、昭和62（1987）年のタテホ化学工業株事件を契機として、昭和63（1988）年の証券取引法改正により新設されたものである。制定当初、インサイダー取引罪の法定刑は、6月以下の懲役もしくは50万円以下の罰金またはこれらの併科と定められており（法人については、50万円以下の罰金）、重要事実を知って取引することのみで成立するいわば形式犯的な規定ぶりと対応する解されるものであったが[13]、その後の法改正により順次法定刑が引き上げられ[14]、現在では、5年以下の懲役もしくは500万円以下の罰金

11　伊藤栄樹ほか『注釈特別刑法第5巻経済法編Ⅰ』(1986) 275頁以下（馬場義宣）。
12　神山敏雄「株価操作（相場操縦）罪及び相場変動目的の風説流布罪についての考察——その法的諸問題・発生状況・対策を中心に——」判時1635号 (1998) 22頁。
13　野村・前掲注 (10) 63頁、山口厚編著『経済刑法』(2012) 210頁（橋爪隆）など参照。もっとも、法定刑との整合性は、規定の形式よりも、法益侵害ないし危殆化との関係で捉えられるべきだとすれば、形式犯的な規定ぶりであることと法定刑の水準との間に対応関係が生じるわけではないであろう。
14　平成10 (1998) 年の法改正により、3年以下の懲役若しくは300万円以下の罰金またはその併科とされ、法人に対する罰金も3億円に引き上げられた。加えて、財産没収の制度が設けられた。

またはこれらの併科(197条の2第13号。法人については、5億円以下の罰金。207条1項2号)と、金商法罰則上、2番目に重い罰則とされている。他方、平成17(2005)年の法改正では、課徴金制度が導入されており、インサイダー取引罪の可罰性それ自体に加え、可罰的なインサイダー取引と行政処分の対象と捉えるべきインサイダー取引との線引きについても、理論上課題となっているといえよう。

なお、インサイダー取引は、同罪が新設される以前においても、不正取引の罪(現在の157条1号)によっても処罰することは可能であると解されていたが、不正取引の罪がインサイダー取引に適用されたことはなかった。この点については、不正取引の罪の構成要件が必ずしも明確ではなかったことに起因すると解されるのが一般であるが、当時の社会通念において、インサイダー取引が処罰に値する行為とは認識されていなかったことにも起因するのではないかとの指摘もある[15]。

さて、インサイダー取引罪の保護法益は、一般的に、「証券市場の公正性・健全性および証券市場に対する投資家の信頼」と解されている[16]。もっとも、インサイダー取引は、今なお刑法学と金融商品取引法学とでその可罰性自体において評価が分かれているといえ[17]、ゆえに、同罪の保護法益については、「証券市場の公正性・健全性および証券市場に対する投資家の信頼」というレベルで思考を停止するのではなく、相場操縦罪における以上に、その内実を明らかにする作業が求められるといえよう[18]。とりわけ、問題となるのは、インサイダー取引罪に

　　さらに、平成18(2006)年の法改正により、5年以下の懲役もしくは500万円以下の罰金またはその併科、法人の場合には5億円以下の罰金へと引き上げられた。
15　佐伯仁志「インサイダー取引」西田典之編『金融業務と刑事法』(1997)220頁、山口編著・前掲注(13)229頁。
16　川崎友巳「インサイダー取引罪」刑雑51巻1号(2011)86頁参照。山口編著・前掲注(13)230頁。佐藤雅美「インサイダー取引と刑事規制」刑雑30巻4号(1990)99頁は、インサイダー取引それ自体を「不正の手段」すなわち詐欺的と捉えることに抵抗がみられたものと思われる、とする。
17　川崎・前掲注(15)80頁以下は、金融商品取引法の専門家と刑事法の専門家との間に、「温度差」と「問題関心のズレ」があることを指摘する。なお、「インサイダー取引が規制を要する悪性の強い行為であることは、もはや今日では異論はないであろう」(前田雅弘「インサイダー取引規制のあり方」商事1907号(2010)26頁)とする証券取引法学の分野においても、規制の根拠については「定説が形成されているとはいい難い状況である」という。神田ほか編著・前掲注(7)112頁〔神作裕之〕参照。
18　立法後の間もない時期において、すでにこの点を指摘するものとして、佐藤・前掲注(15)109頁。

おいて問題とされる「証券市場の公正性・健全性」とは何か、ということになろう。このような観点からみると、インサイダー取引罪の処罰根拠に関する以下の説明は、インサイダー取引罪の保護法益を考えるにおいていくつかの視点を提供しているといえる。すなわち、「上場会社と特別の利害関係にある者が未公開株の重要な情報を知って当該会社の有価証券等の売買をすることは、利害関係者にとって著しく有利な情報となり、公開されなければ当該情報を知り得ない一般の投資家との間で不公平が生じることになる。このような取引が横行した場合、一般の投資家は証券市場の公正性に対する信頼を失い、市場から撤退することになり、ひいては証券市場としての機能が損なわれるおそれが生じる」[19]。この説明からは、インサイダー取引が惹き起こす、あるいは、惹き起こしうる事態として、①利害関係者と一般投資家との間の不公平、②証券市場の公正性に対する一般投資家の信頼の喪失、③一般投資家が市場から撤退することによる証券市場としての機能の阻害という3つの要素を抽出しうる。インサイダー取引罪の保護法益の内実を明らかにするためには、ここに挙げた3つの要素の意義とともに、「証券市場の公正性」という概念のもとでイメージされるものの実体・内実が検討される必要があろう。

　他方、経済刑法の保護法益を個人や企業などの財産的・経済的利益に求め、これらの侵害ないし危殆化が認められない場合には刑事規制の対象とはすべきではないとする立場からは、インサイダー取引には、上記の意味での法益侵害性ないし危殆化が認められないとして、その犯罪性が疑問視される。例えば、神山は、インサイダー取引があった場合に生じる一般投資家の損失は市場原理の枠内で生じており、インサイダーが一般投資家に損失を与えたとか、一般投資家の経済的利益を侵害したということはできないとする[20]。そのうえで、「当該会社の株の取引の公正性」を保護法益の中心に据えることにはそれなりに理由があるとしながらも、かかる法益の侵害をとおしての証券市場の公正性・健全性とか秩序の侵

19　横畠裕介『逐条解説インサイダー取引規制と罰則』（1989）9頁以下。土持＝榊原・前掲注（9）208頁、259頁。
20　神山敏雄『日本の証券犯罪』（1999）70頁以下。たまたまインサイダーと相する形で売買した一般投資家についても、インサイダーから損失を受けたと法的に位置づけることは賛同できないとする。他方、金尚均「インサイダー取引に対する刑事規制についての一考察」立命館法学247号（1996）68頁は、投資家間の「公平性」を現実的に毀損するものに限定すべきとの観点から、可罰的なインサイダー取引かどうかの判断において一般投資家に損失をもたらしたことも考慮しようとする。

害とは、掴み所のない極めて曖昧なものになってしまうという[21]。さらに、一般投資家がインサイダー取引を「役得」と考えているのであれば、インサイダー取引によって一般投資家の証券市場に対する信頼は損なわれないから、このような法益理解は、一定の情報を知っている人だけが取引によって利益を上げることを不公平と感じる（であろう）現在の社会通念を前提として、はじめて成り立ちうるとの指摘もある[22]。

このように、インサイダー取引については、相場操縦罪とは異なり、証券市場の公正性・健全性の内実を証券市場の機能との関連において客観的に把握するのが困難であるという問題を抱えることになる。

3 損失補てん罪

最後に、損失補てん罪について見てみよう。損失補てん罪は、証券取引により顧客に損失が生じたり、利益が予想したものよりも少なかったりした場合に、証券会社がそれを埋め合わせることをいい、損失の補てんを事前に約束する損失保証（損失補てん約束）と、事後的に損失を補てんする「事後の損失補てん」とに分けられる（39条1項1号〜3号。以下では、事前に約束する場合を「損失補てん約束」、事後に損失の補てんを行う場合を「事後の損失補てん」という。単に「損失補てん」という場合には、両者を指す。）。平成3（1991）年の証券取引法改正により処罰されるようになったものである。法定刑は3年以下の懲役もしくは300万円以下の罰金またはこれらの併科である（198条の3。法人の場合は3億円以下の罰金。207条1項3号）。なお、課徴金の対象とはされていない。

損失補てん罪の処罰理由として挙げられるのは、①証券市場における正常な価格形成機能を歪めるとともに、②証券会社の市場仲介者としての中立性・公正性を歪め、②証券市場に対する一般投資家の信頼感を失わせる、という点である[23]。それゆえ、損失補てん罪の保護法益として問題となりうるのは、証券市場の価格形成機能、証券会社の中立性・公平性、証券市場の対する一般投資家の信頼、ということになろう[24]。これに加えて、平成3年証券取引法改正前におい

---

21 神山・前掲注（20）75頁。
22 山口編著・前掲注（13）231頁参照。
23 野村・前掲注（10）97頁、松田広光「証券取引法等の改正について——証券不祥事の再発防止に向けて——」ジュリ992号（1991）61頁以下、中村昭雄「証券取引法等の一部を改正する法律の解説——証券不祥事の再発防止に向けて——」商事1264号（1991）2頁参照。

て、証券会社の財務の健全性確保が損失保証禁止の理由として上げられていたとの指摘を踏まえると[25]、④証券会社の財務の健全性も問題となり得るであろう。

このうち、損失補てんが市場の価格形成機能を歪めるという点については、以下のような説明がなされる。すなわち、証券市場において公正な価格が形成されるためには、投資家が自己責任原則に則って証券投資を行うことが必要であるが、損失補てん約束がなされると、投資家は投資判断に伴うリスクを考えずに証券投資を行うため、証券市場における正常な価格形成機能が害される結果となる[26]。他方、事後の損失補てんについては、投資家の投資判断後の行為なので、正常な価格形成機能を歪めることとの関係は直接的ではないが、補てんを受けた投資家は次の機会においても補てんを受けると期待するため、間接的ではあるが同様の結果を生む[27]。

このように、損失補てんのもたらす市場の価格形成機能の阻害は、相場操縦行為とは異なり、自己責任原則に基づかない投資によりもたらされると解されているものの、他方において、損失補てんが市場の価格形成機能を阻害するかどうかについては、有力な疑義も示されているところである。すなわち、事後の損失補てんについては、投資判断が行われた後の損失補てんが市場の価格形成機能を歪めるということは考えられず[28]、また、投資者が次も損失を補てんしてもらえると期待して安易な投資判断を行い、その投資判断により公正な価格形成が妨げられるという点については、誰が実質的な投資判断を行っているかという視点を欠いているという[29]。この見解は、損失補てんは、実質的な投資判断が証券会社に委ねられているときのみ実行可能であり[30]、証券会社は、売買手数料という利益を享受し損失補てんのリスクを負担しつつ投資判断を行うのであるから、真摯な

---

24 顧客についても処罰されることから、不当な勧誘方法の規制という観点からの説明は難しい。この点について、芝原邦爾『経済刑法研究(下)』(2005) 702頁参照。
25 黒沼悦郎「損失補填の禁止」落合誠一ほか編『現代企業立法の軌跡と展望——鴻常夫先生古稀記念』(1995) 371頁以下。
26 芝原・前掲注(24) 700頁以下。土持=榊原・前掲注(9) 154頁。
27 芝原・前掲注(24) 701頁参照。
28 黒沼・前掲注(25) 361頁以下。なお、近藤ほか・前掲注(4) 352頁は、本来は事前の損失補てん約束として規制すべきものが、事前の約束があったことの立証が難しいことから、損失補てんとして規制されることも考えられるとする。
29 黒沼・前掲注(25) 367頁。
30 なお、取引一任勘定は、損失補てんの温床になりやすいとして、平成3年の改正で禁止されている。神崎克郎・志谷匡史・川口恭弘『金融商品取引法』(2012) 823頁参照。

投資判断が市場に反映するはずだというのである[31]。さらに、刑事法学者からの見解として、神山は、損失補てん行為自体に価格形成侵害に結びつくような一般的性質があるか疑問であるとし、価格形成に影響を及ぼすかもしれないし、及ぼさないかもしれないという次元の観念的な思惑でもって価格形成阻害ないし侵害があると断定することに疑問を示しつつ[32]、損失補てん行為によってもたらされる可視的な利益侵害は論証されず、その犯罪性を論証することは困難であるとする[33]。また、芝原邦爾も、証券市場における価格形成機能という保護法益は、処罰の対象となる行為との関係が間接的であるとする[34]。このように、損失保証・損失補てん行為による市場の価格形成機能の阻害性については、否定的な評価が有力であるといえる。

他方、証券市場に対する一般投資家の信頼感を失わせるという点については、信頼の対象が、証券市場の価格形成機能なのか、証券会社の市場仲介者としての中立性・公正性なのかが問題となろう。後者だとすれば[35]、その内実は、証券会社がすべての投資者を平等に扱うことに対する信頼ということになるであろう[36]。もっとも、この点については、投資者の不平等な取り扱いは損失補てんに特有の現象ではないとの指摘を踏まえた検討が必要となろう。また、証券会社の財務の健全性については、民間会社の財務の健全性を、横領罪や背任罪・特別背任罪などとは別に固有の罰則規定で保護することの意義と妥当性が問われることになろう。

三　制度の機能と制度の機能に対する信頼

1　制度依存型経済犯罪の保護法益

ここまで、金融商品取引法における不公正行為の規制に属する代表的な３つの犯罪類型、すなわち、相場操縦罪、インサイダー取引罪、損失保証・損失補てん

31　黒沼・前掲注（25）367頁、368頁参照。証券市場の価格形成機能の維持は説得的なものではなく、損失補填の禁止は不適切な立法であったとする。
32　神山「損失補てん犯罪に関する考察（上）」判時1610号（1997）19頁。
33　神山・前掲注（32）13頁、神山「損失補てん犯罪に関する考察（下）」1611号（1997）14頁。
34　芝原・前掲注（24）702頁参照。
35　土持＝榊原・前掲注（９）155頁。
36　黒沼・前掲注（25）369頁。自己責任原則が機能していることに対する信頼と言い換えても同様であろう。

罪について、それぞれの保護法益をめぐる争点を概観してきた。これらの犯罪の保護法益は、（表現上の相違はあるにせよ）証券市場の公正性・健全性ないしこれに対する投資家の信頼という枠組みのもとで捉えられつつも、証券市場の公正性の内実ないし信頼の向けられる対象において、相違があることが分かる。

さて、上記の検討でもすでに触れたように、経済刑法の法益理解については、大きく分けて、一定の経済制度の機能や制度の機能に対する信頼と捉え、これを超個人的法益と位置づける考え方（制度や機能の法益性を肯定し、これに対する刑法的保護を肯定する考え方）と、個人や企業などの財産的・経済的利益と捉え、これを個人的法益として捉えようとする考え方（個人的法益に還元できないものについて、刑法的保護を消極に捉える考え方）とがある。このような、経済刑法の保護法益に関する考え方の相違は、証券犯罪の保護法益においては、証券市場の公正性・健全性とこれに対する投資家の信頼を保護法益と捉える考え方と、「投資家の利益」と捉える考え方との対立として現れる。

まず、証券市場の公正性・健全性とこれに対する投資家の信頼を保護法益と捉え、証券犯罪を社会的法益に対する罪と位置づける考え方については、「証券市場の公正性」、「市場の健全性・公正性」の内容をどのように捉えるかが問われることになる[37]。すでに指摘されているように、「信頼」、「制度」、「公正」といった概念で捉えられる法益については、その実質的な検討が求められる[38]。また、端的に「証券市場の公正性」それ自体を保護法益と解すべきなのか、あるいは、それに対する信頼なのか、証券市場の公正性とそれに対する投資家の信頼の双方が保護法益として捉えられるべきなのかも問題となろう。すなわち、保護法益を、「○○の公正性とそれに対する信頼」と捉えることと、「○○の公正性に対する信頼」と捉えることとは同義ではない。前者の場合、「○○の公正性に対する

---

[37] 鈴木優典「金融商品取引法における相場操縦罪の一考察」高橋則夫ほか編『野村稔先生古稀祝賀論文集』（2015）553頁は、相場操縦罪の保護法益について、「直接法益は『市場に於ける公正な価格形成』であり、最終法益が『国民経済の健全な発展』及び『投資家』と理解されるべき」とするが、「直接法益」と「最終法益」との関係及びそれぞれの概念の意義は明らかでないように思われる。

[38] 近時の文献でこの点を指摘するものとして、島田聡一郎「経済刑法」ジュリ1348号（2008）104頁、嘉門・前掲注（2）64頁など。嘉門は、法益の実質的把握とともに、法益に対する「悪質性・有害性」すなわち「法益関連性（法益侵害・危殆化）」が把握されなければならないと説く。さらに、高山佳奈子「経済刑法の理論的基礎とグローバル化のインパクト——総説」刑雑55巻1号（2015）10頁は、「まやかしの法益」、「にせの法益」は排除されるべきとする。

信頼」は「○○の公正性」とは別に法益として位置づけられる可能性があり、それゆえ、それぞれの内実及び両者の関係が問題となる。他方、後者については、「○○の公正性」が阻害されたかどうかに関わりなく、「○○の公正性に対する信頼」が阻害されたことそれ自体に法益侵害性ないし危殆化を肯定しうるかが問題となる。この問題は、賄賂罪における保護法益論としての信頼保護説における「信頼」の意義という問題とパラレルな論点を構成するといえよう。

他方、「投資家の利益」と捉え、証券犯罪を個人的法益に対する罪と位置づけようとする見解については、「制度依存型経済犯罪」の法益理解として妥当かという問題があると思われる。たしかに、証券犯罪について、一般投資家の具体的な利益侵害を基準として可罰性の限界を画する試みは、刑事規制を謙抑的に捉えるという観点からは魅力的かもしれない。しかし、証券犯罪をして証券市場制度を悪用した財産犯と捉えることは、証券市場制度の機能の侵害ないし危殆化を単なる行為態様と位置づけることになり、証券市場制度ないしその機能の意義、ひいては、「制度依存型経済犯罪」の財産犯に対する独自性を否定するものであり、妥当ではないように思われる。文書偽造罪や通貨偽造罪を処罰する法制のもとでは、制度的法益の保護を刑事規制の対象から除外し、個人の利益に還元できるものだけに処罰範囲を限定することには限界があろう。証券市場制度ないしその機能について、それ自体刑法的保護に値する制度的法益といえるかどうかを正面から問題とすべきであると思われる。この点は、後にあらためて言及することとしたい。

以上を踏まえつつ、それぞれの犯罪の保護法益について若干の検討を行うこととしたい。

2　不公正取引に対する刑事規制の基準

（1）すでに見たように、相場操縦行為の規制根拠は、「本来正常な需給関係によって形成されるべき相場に作為を加える詐欺的な取引を禁止」[39]することにあるとされ、その意味で、相場操縦罪の保護法益は、市場の価格形成機能それ自体として把握可能といえよう。証券市場の公正性は、価格形成機能が正常に機能している市場と言い換えることが可能である。他方、市場の価格形成機能に対する

39　証券取引審議会不公正取引部会・前掲注（5）35頁以下。

信頼は、市場の価格形成機能が正常に機能していることで反射的に保護されるものといいうるから、独自の法益として捉える必要はないであろう。市場の価格形成機能とは別に市場の価格形成機能に対する信頼に固有の法益性を肯定するためには、市場の価格形成機能が阻害されたかどうかにかかわらず、阻害された・阻害されているのではないかという疑念が生じること自体を回避しようとする場合に固有の意味を持つ。しかし、相場操縦行為の処罰根拠を市場の価格形成機能に対する抽象的危険に見いだす限り、市場の価格形成機能とは別に、価格形成機能に対する信頼それ自体を独立に保護する必要性は見いだしがたいと思われる[40]。結局、相場操縦罪の保護法益は、市場の価格形成機能であり、自然の需給関係によって形成されるべき価格が、市場が人為的に操作されることにより生じる市場機能に対する危険が処罰を根拠づけるものといえよう。なお、投資家が市場から退避することの位置づけも問題となる、これを法益に組み込むのであれば、投資家が市場から退避する危険性が可罰性評価において考慮されることになるが、法益の侵害ないし危殆化によりもたらされる波及効果と考えるべきであろう。法益を、行為によって直接侵害ないし危殆化されるものと捉えるならば、ここでいう証券市場としての機能の阻害は、相場操縦罪の保護法益にはなり得ないであろう。

（２）次に、インサイダー取引については、相場操縦罪とは異なり、証券市場の公正性・健全性の内実を客観的な実体を有するものとして把握するのが困難である。すなわち、インサイダー取引については、それにより市場の価格形成機能が阻害されたとか[41]、インサイダー取引との関係で捉えられる投資家が具体的な損失を被ったといったような事態の把握が困難である。それゆえ、証券市場の公正性・健全性の意味についても、一般投資家が証券市場に対して抱いているイメージを保護するということになりかねない[42]。証券市場の公正性・健全性とか

---

[40] 賄賂罪においては、賄賂の収受によって「職務の公正」に対する危険が生じたとまではいえないであろう。生じるのは、せいぜい、「職務の公正」が害されるのではないかという疑念であり、そこに、「信頼」を独立して保護する基盤があるといえる。これに対し、相場操縦行為については、相場操縦行為によって市場の価格形成機能に対する危険が生じたとの評価は可能であろう。

[41] なお、上田真二「インサイダー取引を規制する根拠について」阪大法学62巻3＝4号（2012）402頁は、証券市場の価格形成機能は情報開示制度によって担保されている部分が大きいとして、インサイダー取引を認めると、開示されていない情報を反映した価格形成がなされるおそれがあるとして、価格形成に影響を与えるという仮説を提示する。

秩序の侵害とは、掴み所のない極めて曖昧なものになってしまうとの神山の指摘は、正鵠を射たものといえよう。他方、インサイダー取引を認めると、投資家が市場から退避することで市場が機能しなくなるという点は、相場操縦罪についてすでに述べたことと同じ理由で、法益として捉えるべきものではない。

結局のところ、インサイダー取引罪における「証券市場の公正性・健全性」の実体は、一般投資家が不公平感を感じない市場であること、ということになるように思われる。もちろん、ここでも、不公平感を感じない市場を客観的に把握するのか、「公平感」という主観的なものとして捉えるのかの問題は残るであろう。すでに指摘されているように、不公平感は主観的なものであり、客観的に測ることは困難である[43]。それゆえ、公平な市場を客観的に捉え、それとの関係で、規制の対象となる行為を把握できる方が望ましいといえる。問題は、インサイダー取引規制との関係で把握される公平な市場とは何か、である。「平等な情報状態での取引の可能性」[44]が確保された市場、ということになるであろうか。もっとも、すでに論者も指摘するように、証券市場における投資家間の情報収集能力には相違があり、投資判断に影響を与えるあらゆる情報への平等なアクセス可能性を求めることは不可能に近いであろう[45]。ある投資家がほかの投資家の有しない会社情報を有しているというだけでその金融商品取引を禁止するのは、実際的でもなく、また、合理的でもない[46]。また、現行規定のもとでも、会社関係者に伝達意思がない場合、すなわち、会社関係者が遺失した書類から重要事実を知ったり、内部者等の会話を偶然耳にしたりした者は、情報受領者ではなく[47]、それゆえ、これらの者の行為は、インサイダー取引としては、規制の対象にはならない。これらの点を踏まえると、インサイダー取引規制の根拠を「平等な情報状態での取引の可能性」の確保に求めようとしても、不平等な情報状態でなされ

---

42 佐藤・前掲注（15）113頁注（30）は、「投資家の信頼の確保」を強調すると、「証券市場の公正性」それ自体よりも、「公正であるとのイメージ」といったより抽象的・観念的な法益の捉え方に帰着するのではなかろうか、と指摘している。
43 上田・前掲注（41）392頁。
44 佐藤・前掲注（15）109頁。佐藤は、これを一般投資家の利益と関連づけることで、インサイダー取引罪の保護法益を把握しようとする。さらに、板倉宏＝鈴木靖宏「インサイダー取引の保護法益に関する若干の考察」日法62巻2号（1996）20頁。
45 佐藤・前掲注（15）109頁。
46 神崎ほか・前掲注（30）1213頁。
47 神崎ほか・前掲注（30）1228頁。横畠・前掲注（19）121頁。

る取引のうち、何故「インサイダー取引」に限って処罰されるのかが問われることになろう。たしかに、インサイダー取引の規制は、直感的な不公平感に訴えやすい。しかし、前提となる「公平感」ないし「公平な市場」が実体を伴わない幻想的なものに過ぎないとすれば、規制の必要性を肯定するとしても、刑罰による規制が妥当かは、なお問われるべき課題であるように思われる。

（3）最後に、損失補てん罪については、それが間接的にせよ市場の価格形成機能に影響を与えるかについては、すでに見たように、懐疑的な見解が示されている。そのような理解を前提として、インサイダー取引罪と同様に損失保証・損失補てん罪においても、市場の価格形成機能の阻害や一般投資家の具体的な損失が問題とならないとすれば、損失補てん罪の保護法益として問題となりうるのは、証券会社の中立性・公正性に対する投資家の信頼および、損失保証・損失補てんに固有のものとしての証券会社の財務の健全性ということになろう。このうち、投資家の平等的取り扱いという意味での証券会社の中立性・公正性に対する投資家の信頼については、投資者の不平等な取り扱いは損失補てんに特有の現象ではないとすれば、何故、損失補てんのみを罰則をもって規制するのかが問われるであろうし、平等に取り扱われることへの信頼が実態を伴わない幻想的なものに過ぎないとすれば、仮に不合理なものであっても除去する必要があるとしても[48]、そのような幻想を刑罰によって保護することが妥当なのか、問われることになる。他方、証券会社の財務の健全性については、横領罪や背任罪、特別背任罪での保護の範囲を超えて、特別の罰則規定での保護の必要があるかという点に、疑問が生じるであろう。

（4）このように、相場操縦罪については、その保護法益を市場の価格形成機能と捉えることが可能であり、少なくとも法益論のレベルでは、市場の価格形成機能とは別に、「証券市場の公正性・健全性」を観念する必要はないといえる。これに対し、インサイダー取引罪、損失補てん罪については、信頼の対象となる「証券市場の公正性・健全性」を客観的な実体を有するものとして捉えることは困難であり、それゆえ、信頼の対象としての「証券市場の公正性・健全性」は、一般投資家の証券市場に対するイメージを反映したものとなり得るように思われる。問題は、これらの法益の刑罰による保護の妥当性（刑法により保護されるべき

48　黒沼・前掲注（25）371頁参照。

利益を法益というなら、端的に法益性）である。

　刑法により保護されるべき法益を個人的法益に限定する観点からは、相場操縦罪の保護法益として観念される市場の価格形成機能についても、その法益性は疑問とされるであろう。しかし、既に述べたように、文書偽造罪や通貨偽造罪を処罰する法制のもとで、制度的法益の刑法的保護を一律に否定するのは説得的ではないと思われる[49]。もっとも、市場の価格形成機能については、これを個人的法益に還元して理解する可能性も考えられる。しかし、市場の価格形成機能の維持をとおして保護される投資家の利益は、財産犯における個人的法益とは質的に異なるものであり、市場の価格形成機能が維持されていることと投資家の利益とは不可分に結びついていると解すべきであるから、市場の価格形成機能が侵害・危殆化されたが投資家の利益は未だ侵害・危殆化されていないとして違法性を否定することは妥当ではない。相場操縦罪の保護法益としての投資家の利益とは市場の価格形成機能が維持されていることそれ自体と捉えるべきであり、市場の価格形成機能それ自体を保護法益として捉えるべきであろう。

　他方、制度的法益の刑法的保護を肯定する場合にも、保護の対象及び範囲をいかに画するかは、それ自体問題となる。この点については、なお試論の域を出ないものの、刑法典において制度的法益を保護するものと捉えられる犯罪類型を基準とし、文書偽造罪や通貨偽造罪が保護しようとする制度ないし制度的法益と同程度の客観的実体または収賄罪の保護法益として主張される信頼保護説における信頼の対象としての制度ないし制度的法益と同程度の客観的実体をひとまず求めるべきであるように思われる。刑法によって保護すべき制度的法益とは何かについて一義的な基準を設定することが困難であることに鑑みれば、ひとまず、刑法典上の犯罪を基準として考えるほかないように思われるからである[50]。

　このような観点から見ると、相場操縦罪の保護法益としての市場の価格形成機能については、証券市場制度を支える不可欠の機能条件として客観的実体があるといえると思われ、証券市場制度を不可欠の制度と捉えるかぎり、その刑法の保護を肯定することができるといえよう。これに対し、インサイダー取引罪や損失

49　高山佳奈子「『感情』法益の問題性——動物実験規制を手がかりに——」高山佳奈子ほか編『山口厚先生献呈論文集』（2014）34頁参照。
50　刑法典各則の犯罪と特別法罰則との比較の必要性について、神山敏雄＝斉藤豊治＝浅田和茂＝松宮孝明編著『新経済刑法入門（第2版）』（2013）14頁以下（斉藤豊治）参照。

補てん罪については、既に見たように、一般投資家の証券市場に対する主観的イメージを投影したものに過ぎず、なお制度的法益として把握されるべき客観的実体があるとは言い難いように思われる。制度的法益に対する刑法の保護の範囲を上記のように解するならば、インサイダー取引や損失補てんの犯罪性については、否定的に解されることになるように思われる。

四　結びに代えて

　平成16（2004）年の証券取引法改正により同法に課徴金制度が導入されて以来、課徴金はその対象範囲を拡大している。例えば、相場操縦については、平成20（2008）年の金商法改正前は、現実売買による相場操縦だけが課徴金の対象となっていたが、同改正により、仮装売買、馴合売買および違法な安定操作も対象に加えられた。さらに、インサイダー取引について、金商法学者の中には、刑罰の対象とすることによる規制の硬直性からインサイダー取引規制を開放し、課徴金による弾力的な運用を目指すことを示唆する見解もある[51]。このように、制裁が多様化している中で、証券犯罪についても、規制すべき行為かどうかという問題とともに、刑事規制の対象をどのように画するかが問われることになる。

　本論でも述べたように、いかなる行為を刑事制裁の対象とするかについて、明確な基準を提示することは困難である。刑事規制の対象を個人的法益に還元できるものに限定することは、謙抑性の観点からは魅力的であるが、通貨偽造罪や文書偽造罪を処罰する法制において、制度的利益の保護を刑事規制の対象から除外し、個人の利益に還元できるものだけに処罰範囲を限定することには限界があるのみならず、制度的法益を個人的法益に置き換えること自体に疑問がある。他方、「制度」「公正」「機能」「信頼」といった概念のもとで、刑事制裁の対象を無制限に拡張することが許されないことも、もはや論を待たない。本稿は、制度的法益の刑法的保護の対象・範囲について、ひとまず、刑法典において制度的法益を保護するものと捉えられる犯罪類型を基準とし、文書偽造罪や通貨偽造罪における制度と同程度の客観的実体または収賄罪の保護法益として主張される信頼保護説における信頼の対象としての制度と同程度の客観的実体を求めるべきとの観

51　前田・前掲注（17）26頁参照。

点から、相場操縦行為については犯罪性を肯定しつつ、インサイダー取引、損失補てんについては、その犯罪性を疑問とした。

　もとより、相場操縦罪についても、個々の行為類型ごとに検討されるべき課題が多く存することは当然であるし、制度的法益の保護のあり方については、制度的法益と個人的法益とが段階的または多元的に位置づけられている犯罪[52]をも対象としつつ、そのあり方・枠組みを検討することが求められよう。その意味でも、本稿の結論は未だ試論の域を出るものではなく、甚だ拙い小稿ではあるが、日頃の温かいご指導に感謝しつつ、本稿を浅田和茂先生の古稀のお祝いとして献呈させていただくこととしたい。

52　これについて、神例・前掲注（1）124頁以下参照。保護法益の二元化及び「システム」保護の問題について、鎮目征樹「社会的・国家的法益」法時81巻6号（2009）66頁以下参照。

情報受領者によるインサイダー取引と共犯の成立範囲

平　山　幹　子

一　はじめに
二　規制の対象となる情報受領者と情報伝達者
三　近時の裁判例
四　検　討
五　おわりに

一　はじめに

　近年、いわゆる増資インサイダー[1]など、会社関係者や公開買付等関係者から情報伝達を受けた者による違反行為が増加し、社会的関心を集めている。こうした状況を背景に、金融商品取引法（以下「金商法」とする。）は、平成25年インサイダー取引規制改正（以下「改正金商法」とする。）により、情報受領者によるインサイダー取引を助長する情報伝達行為及び取引推奨行為に対する規制を導入した。もっとも、改正金商法によって新たに規制の対象となったのは、第一次情報受領者に対する情報伝達行為等であり、第一次情報受領者による情報伝達行為等は禁止されていない。第一次情報受領者からさらに重要事実の伝達を受けた第二次以降の情報受領者（以下「第二次情報受領者」とする。）による取引が、そもそも規制の対象とはされていないからである。

　金商法が第二次情報受領者を規制の対象としていない理由について、立案担当者は、第二次情報受領者を規制の対象とすると、その処罰の範囲が不明確となっ

---

[1]　公募増資インサイダーとは、主幹事証券会社の社内で公募増資の引受け部門から営業部門に未公表の公募増資情報が伝達され、その情報を営業担当者が運用会社のファンドマネジャー等に伝達して、ファンドマネージャーがその情報を知って売却や空売りをしてインサイダー取引を行ったというケースである。金融庁説明資料等によると、平成24年だけでも、6件のものが公募増資に関連したインサイダー取引事案として、課徴金勧告を受けている。金融庁ホームページ http://www.fsa.go.jp/common/deit/183/setumei.pdf 参照。

て、無用の社会的混乱を生ずることが懸念されるためであると説明している[2]。もっとも、これに対しては、投資者間の情報の不平等性をなくし不公平感を払拭することによって市場の流動性が害されないようにするため、重要情報を有するすべての者に規制対象は拡大されるべきであるとする見解もある[3]。そうすると、情報伝達行為等、会社関係者の行為に対する規制が拡大する中、共犯規定の適用等によって、形式的には第二次情報受領者によって行われた取引であっても、その可罰性が肯定される可能性も否定できない[4]ように思えてくる。

そこで、本稿は、情報受領者によりインサイダー取引行為が行われたケースにつき[5]、共犯規定の適用等により関与者の行為の可罰性が肯定される可能性と限界について、若干の検討を行うものである。なお、以下では、便宜上、基本的に金商法166条のインサイダー取引規制を前提とした記述とするが、同法167条についても、同様の議論が当てはまるものと考える。

二 規制の対象となる情報受領者と情報伝達者

検討に先立ち、以下では、まず、規制の対象となる情報受領者と情報伝達者の範囲及びそれらの規制趣旨を確認する。

1 規制の対象となる情報受領者

金商法は、「会社関係者」または元会社関係者から、同法所定の「重要事実」(金商法166条2項)の伝達を受けた者(第一次情報受領者)及び職務上重要事実の伝達を受けたものが所属する法人の他の役員等で、その「職務に関し」重要事実を知った者が、その公表前に株式の「売買等」をすることを禁止する(金商法166条

---

[2] 横畠裕介『逐条解説インサイダー取引と罰則』(商事法務研究会、1989年) 122頁。
[3] 藤田友敬「内部者取引規制」フィナンシャル・レビュー(大蔵省財政金融研究所、1999年) 17頁以下参照。
[4] 山口厚編著『経済刑法』(有斐閣、2012年) 238頁〔橋爪隆〕は、第一次情報受領者から重要事実の伝達を受けた第二次情報受領者が単独で株式の売買を行った場合であっても、第一次情報受領者の関与が重大であり、両者の間に共謀が認められる場合には、刑法65条1項の適用によって、身分を有しない第二次情報受領者も共同正犯として処罰することが可能であるとの考えを示している。
[5] このようなケースに関する問題点全般については、松葉知久「情報受領者によるインサイダー取引事案の諸論点」商事法務2010号(2013年) 15頁以下参照。

3項)。

　「会社関係者」または元会社関係者から重要事実の伝達を受けた者であれば、会社関係者や元会社関係者との間柄とは無関係に、情報受領者たりうる。重要事実の「伝達を受けた」ことが必要であるから、会社関係者が情報を伝達する意思で実際にその伝達を行うこと求められるが[6]、伝達行為があったかどうかは、実質的に判断される。すなわち、伝達の方法は、口頭、書面の送付、電話、無線、暗号、中間に他の者を介在させる等、その方法を問わず、必ずしも積極的な方法でなされる必要はない。また、伝達の意思は、未必的認識で足り、相手方が重要事実を認識するであろうことを予見しつつ、これを認容して伝達しておれば、認められる。

　「職務に関し知った」には、職務行為自体により知った場合のほか、職務と密接に関連する行為によって知った場合も含まれる[7]。また、「職務」とは、その者の地位に応じた任務として取り扱うべき一切の執務をいい、現に具体的に担当している事務であることを要しない[8]。

　重要なのは、情報受領者に該当するのは「会社関係者」から情報の伝達を受けた者であって、それら以外から情報の伝達を受けた者は、規制の対象者である情報受領者には当たらないという点である[9]。もっとも、上述のように、第一次情報受領者が、必ずしも会社関係者または元会社関係者から物理的な意味で直接に重要事実を聞かされた者等には限られないことから、外形上、第二次情報受領者に当たるように見える場合であっても、規制の対象者である第一次情報受領者に

---

[6] 横畠・前掲注（2）124頁。したがって、会社関係者の会話をたまたま聞いてしまったり、機密書類を盗み見たりして、重要事実を知るに至った者は、情報受領者には当たらない。

[7] 横畠・前掲注（2）36頁

[8] 証券取引等監視委員会は、上場会社Aによる子会社の移動を伴うB社株式の取得の決定について、A社の社員Jは、当該重要事実に係る業務に直接従事していた者ではなかったが、同じ部署の者から、子会社の異動を伴う株式の取得について決定した旨の重要事実を聞いていたという事案において、情報伝達者であるA社の社員Jが当該重要事実を「職務に関し知った」者に該当するとした。また、松葉・前掲注（5）17頁によれば、情報受領者が所属する法人の他の役員が、その職務に関し知ったか否かは、その者が会社の役職員として会社の業務に従事しているがゆえにいまだ一般投資者には知られていないような情報を有しているかどうかといった観点から、常識的に判断される。

[9] 第二次情報受領者が規制の対象に含まれない理由について、立案担当者は、情報受領者からさらに情報の伝達を受けた者、すなわち第二次情報受領者を規制すると、規制の対象となる者がきわめて広範囲にわたり、処罰範囲が不明確となって社会的混乱が生じることを回避するためであると説明する。横畠・前掲注（2）122頁。

当たりうる。たとえば、上場会社の社長が友人に対して郵便で重要事実等を伝達する場合には、郵便局員という第三者が介在することになるものの、その友人は第一次情報受領者である。さらに、上場会社の社長がその秘書に指示をして秘書が社長の友人に電話で重要事実を伝えた場合も、当該友人は第一次情報受領者に当たる[10]。

2 情報受領者による取引の規制趣旨

立案担当者によれば、第一次情報受領者が規制の対象とされる理由は、会社関係者及び元会社関係者のみを規制の対象としたのでは容易に脱法的な取引が行われると考えられる一方で、会社関係者または元会社関係者から重要事実の伝達を受ける者は、通常、会社関係者または元会社関係者と何らかの特別な関係があることから、会社関係者から重要事実の伝達を受けた者についても、証券市場の公正性と健全性に対する投資家の信頼を確保する必要があるからである[11]。

また、職務上重要事実の伝達を受けたものが所属する法人の役員等で、その職務に関し重要事実を知った者は、もともと第二次情報受領者であるとして、インサイダー取引規制の対象外とされていた。しかし、これら法人の役員等は、当該法人の内部情報を容易に入手できる立場にあることから、平成10年の証券取引法改正（平成10年法律107号）により規制の対象に追加された[12]。

3 情報伝達罪の適用対象者

以上のような第一次情報受領者による重要事実に基づく取引に対する規制に加え、金商法は、平成25年改正により、情報受領者によるインサイダー取引を助長する情報伝達行為に対する規制を導入した。

改正金商法167条の2は、会社関係者（または公開買付者等関係者）であって業務等に関する重要事実を知った者は、他人に対し、当該業務等に関する重要事実について公表がなされたこととなる前に、当該上場会社等の特定有価証券等に係る

---

10 東京簡裁略式命令平成2・9・26資料版商事法務81号35頁〔日新汽船事件〕では、上場会社等の役員から、同人の使者を介して第三者割当増資決定の事実の伝達を受けた者が、第一次情報受領者とされた。
11 横畠・前掲注（2）121頁。松葉・前掲注（5）15頁。
12 木目田裕・上島正道監修・西村あさひ法律事務所・危機管理グループ編『インサイダー取引規制の実務〔第2版〕』（商事法務、2014年）86頁。

売買等をさせることにより当該他人に利益を得させ、又は当該他人の損失の発生を回避させる目的をもって、当該業務等に関する重要事実を伝達し、又は当該売買等をすることを勧めてはならないと規定する。

本罪による規制の対象者は、インサイダー取引規制の規制対象者である会社関係者（金商法167条の場合は公開買付者等関係者）であり、第一次情報受領者は対象外である。また、伝達行為の存否は、事例に即して実質的に判断される。すなわち、伝達の意思は未必的認識で足り、情報受領者等への直接的な情報伝達行為等のみならず、間接的な情報伝達も含まれうるなど、すでに述べた第一次情報受領者への情報伝達者に関する規定と整合的なものとなっている[13]。

ここで、「当該上場会社等の特定有価証券等に係る売買等をさせることにより当該他人に利益を得させ、又は当該他人の損失の発生を回避させる目的」については、売買等または買付け等・売付け等を「させることにより」との意思的要素及び主観的な相当因果関係の要素が必要とされていることから、その内容は、「不正な情報伝達・取引推奨行為を行って当該行為が相手方の投資判断の要素となって実際に取引を行わせる目的」と解されるべきであるとされる[14]。

他方、同条の罰則規定である改正金商法197条の2は、「当該違反により同項の伝達を受けた者又は同項の売買等をすることを勧められた者が当該違反に係る第166条第1項に規定する業務等に関する重要事実について同項の公表されたこととなる前に当該違反に係る特定有価証券等に係る売買等をした場合（同条第6項各号に掲げる場合に該当するときを除く。）に限る。」とする。

罰則に規定された上記の取引要件については、それが客観的処罰条件的な規定の仕方になっている点が問題とされる[15]。客観的処罰条件であれば、伝統的理解によれば、犯罪の成否自体とは無関係と解されるため、取引が行われることについての故意・過失や、情報伝達行為との因果関係は不要となるからである。もっとも、近年では、客観的処罰条件の中にも、行為の法益侵害性ないし違法評価と無関係な事情とはいえないものが存在し、そのようなものについては、責任主義の観点から、少なくとも過失が必要であると主張されている[16]。また、本罪の成

---

13 松尾直彦『最新インサイダー取引規制』（金融財政事情研究会、2013年）27頁。
14 松尾・前掲注（5）38頁。
15 佐伯仁志「刑法から見たインサイダー取引規制」金融法務事情1980号13頁（2013年）以下。
16 山口厚『刑法総論［第2版］』（有斐閣、2007年）339頁。

立には、前述のように、「当該上場会社等の特定有価証券等に係る売買等をさせることにより当該他人に利益を得させ、又は当該他人の損失の発生を回避させる目的」が要求されており、この目的の中には、取引が行われることについての認識・認容が当然含まれる。さらに、情報伝達行為と取引行為との因果関係については、取引要件自体が「当該違反により…売買等をした場合」と規定する。そのため、「本罪の取引要件を客観的処罰条件と解する実際上の意義はあまりない」と考えられている[17]。

4 規制趣旨

　情報伝達行為に対する規制趣旨について、金融審議会インサイダー取引に関するワーキング・グループ「近年の違反事案及び金融・企業実務を踏まえたインサイダー取引規制をめぐる制度整備について」（平成24年12月25日）（以下、インサイダーWG報告書）は、次のように述べている。すなわち、「上場会社の未公表の重要事実に基づく取引が行われた場合には、それを知らない一般投資家と比べ極めて有利であり、そのような取引が横行すれば、そのような証券市場は投資家の信頼を失いかねない」ところ、「こうした取引を助長する情報伝達行為は、未公表の重要事実に基づく取引が行われる蓋然性を高めるとともに、内部者に近い特別な立場にある者にのみ有利な取引を可能とする点で、証券市場の公正性・健全性に対する投資家の信頼を失うおそれがあり、適切な抑止策を設ける必要がある。」また、改正金商法167条の2は、「当該業務等に関する重要事実を伝達し、又は当該売買等をすることを勧めてはならない」として取引推奨行為も禁止しているが、「情報伝達行為を規制する場合には、未公表の重要事実の内容は伝えず、その存在をほのめかし、又は未公表の重要事実を知り得る立場にあることを示しつつ取引を推奨するなどのセンダツ的行為が行われるおそれがある。（段落かわる）また、内部情報を知り得る特別の立場にある者が、内部情報を知りながら不正に取引推奨すれば、被推奨者に取引を行う誘因が働き、未公表の重要事実に基づいた取引に結びついていくものと考えられる。このような取引推奨が行われることは、証券市場の公正性・健全性に対する投資家の不信感を惹起するおそれがあることを踏まえると、不正な取引推奨行為についても適切な抑止策を設ける必要が

17　佐伯・前掲注（15）14頁。なお、取引要件については、佐伯仁志教授は、さらに、本罪の取引要件は、構成要件的結果で解するのが適当と主張されている。

ある。[18]」

　さらに、目的要件や取引要件を設けた趣旨については、「上場会社では、たとえば業務提携の交渉や投資家向け説明（いわゆる『IR活動』）など、様々な場面で情報のやり取りが行われており、情報伝達・取引推奨行為全般を規制対象とした場合には企業の通常の業務・活動に支障が生じるとの指摘がある。（段落変わる）こうした企業の通常の業務・活動の中で行われた情報伝達・取引推奨に支障をきたすことなく、他方で、未公表の重要事実に基づく取引を引き起こすおそれが強い不正な情報伝達・取引推奨行為を規制対象とするため、立証可能性にも留意しつつ、『取引を行わせる目的』等の主観的要件を設けることが適当である」。「また、情報伝達・取引推奨行為に対する規制は、不正な情報伝達・取引推奨によって未公表の重要事実に基づく取引を引き起こすことを防止しようとするものであり、情報伝達・取引推奨されたことが投資判断の要素となっていない場合にまで制裁等の対象とする必要性は必ずしも高くない。また、情報伝達・取引推奨が行われたのみで直ちに処罰・課徴金の対象にすると本来制裁等を課すべきでない通常の業務・活動に影響を与えてしまうおそれがあることも踏まえ、不正な情報伝達・取引推奨が投資判断の要素となって実際に取引が行われたことを要件とすることが適当である[19]」とされる。

　情報伝達行為の可罰性に関しては、あくまでインサイダー取引に該当する行為がなされたことにより、その処罰が可能となるように構成されていることから、インサイダー取引罪に対する共犯的・従属的な側面に由来しているようにも見える。しかし、上述のようなインサイダーWGの示す規制趣旨に鑑みれば、情報伝達行為等の可罰性は、むしろ、会社関係者という特別な地位にあるという行為者自身の役割侵害性から導きだされていると考えられるのであり、共犯的な側面は、インサイダー取引罪を未然に防ぐという政策的観点から併せて考慮されたものと解される。

三　近時の裁判例

　次に、情報受領者による取引が問題となった近時の裁判例に目を向けてみた

18　前掲・インサイダーWG報告書2頁。
19　前掲・インサイダーWG報告書2頁以下。

い。

(1) 横浜地判平成25年2月28日判決（金法1980号153頁）

　本件は、公開買付けの実施に関する事実の公表前に、公開買付者等関係者から情報伝達を受けた被告人が株券を買い付けたという事案において、両者の間でインサイダー取引罪の共同正犯が成立するかが争われたケースである[20]。本判決は、被告人を（第一次）情報受領者によるインサイダー取引規制に違反したとして有罪にしたが、その際、被告人と情報伝達者との間の共同正犯の成立については否定した。

　本件の被告人（以下、Xとする）は、街の金融業者であり、情報伝達者（以下、Yとする）は、Xの所属する銀行または出向先のA証券会社の執行役員として、Xに対し、融資先を紹介する等の関係にあったところ、Yが紹介した融資先に対するXの融資が回収困難になるなどした。そのため、Yは、Xからの責任追及を逃れる思惑などもあり、平成22年12月頃から翌23年4月頃までにかけて、Yが業務上知った、A証券がアドバイザーを務める公開買付者による公開買付の実施に関する事実を、同年2月22日頃から同年4月28日頃までの間、Xに伝えた。YからXに対する情報提供は全部で31銘柄あったが、Xは、そのうち18銘柄を買い付けた。検察官は、実際に買い付けがなされた18銘柄のうち、B社ほか2社の株式合計6万7167株を、Xが、同年2月22日から同年9月2日までの間に合計6426万7400円で買い付けたことにつき、XとYとが共謀の上、金商法167条3項の規制するインサイダー取引を行ったものとして、共同正犯が成立すると主張し、起訴した[21]。

　二人以上の者が協力して犯罪を行った場合において、その協力者間にあらかじめ共謀が成立していたときは、その一部の者による実行行為（共謀に基づく実行）

---

[20] 本判決に関する評釈ないし論稿として、小林史治「インサイダー取引規制における情報伝達者と共同正犯──横浜地判平二五・二・二八──」金融法務事情1980号（2013年）65頁以下、平山幹子「第一次情報受領者と情報受領者との間のインサイダー取引の共謀の成否」『平成25年度重要判例解説』ジュリスト臨時増刊1466号180頁、同「インサイダー取引規制の改正と共同正犯の成否──横浜地判平二五・二・二八金法一九八〇号一五三頁について──」『川端博先生古稀記念論文集〔上巻〕』（成文堂、2014年）731頁以下。

[21] なお、本件に関しては、当初、被告人は公開買付者等関係者（金商法167条1項4号が規定する公開買付者等の契約締結者等）としてインサイダー取引を行ったとの訴因で起訴されており、被告人も公訴事実を認めていたが、裁判所が、検察官に対して、被告人を公開買付者等関係者とするインサイダー取引規制違反ではなく、情報受領者（金商法167条3項）とする内容での訴因変更の勧告を行い、検察官が当該勧告にしたがって訴因変更請求をしたという事情がある。

があれば、共謀のみに加わった者も共同正犯となりうる。共謀は、行為者が相互に協力して特定の犯罪を行うという意思の連絡によって基礎づけられるが、共同正犯が認められるためには、単なる意思の連絡ではなく、共謀と不可分一体の要件として、「自己の犯罪を行う意思」が必要とされる。そして、「自己の犯罪を行う意思」の認定に当たっては、行為者や共犯者らの主観のみならず、犯行全体において果たした役割など、客観的事情を重視して評価するのが通例である[22]。本判決も、「2名以上の者について犯罪の共同正犯が成立するためには、犯罪を共同して遂行する意思を通じ合うことに加えて、自己の犯罪を犯したと言える程度に、その遂行に重要な役割を果たすことが必要」であるとした。

その上で、本判決は、「経済犯罪において、後者の要件（正犯性）を判断するに当たっては、取引を実行する判断を誰が行ったか、取引による損益が誰に帰属するかという観点からの検討が重要である」と述べ、（1）具体的な取引日時、数量を決定したのは誰か、（2）伝えられた情報のインサイダー情報としての精度、（3）損益の帰属に関する事前の合意の有無や、事後の状況を考慮した。それにより、本件の株式の売買による利益の分配を受けておらず、その利益の帰属に関心を示していないYには、「インサイダー取引の罪を遂行する上での直接的動機が欠ける」とし、また、Xとの関係の維持や保身のためという動機は、経済的利益を得ようという動機に取って代わるほどのものとはいえず、さらに、XとYが本件犯行について口裏合わせ等していたという事情も、両者が本件犯行を共同して遂行する意思を通じ合っていたことを推認させる事実ではあるが、Yが自己の犯罪を犯したといえる程度に、その遂行に重要な役割を果たしたことを裏付けるものではないとしてYの正犯性を否定し、Xとの間で共同正犯は成立しないと判断した。

（2）横浜地裁平成25年9月30日判決（LEX/DB 文献番号25446020）・東京高裁平成27年9月25日判決（LEX/DB 文献番号25541270）

上記（1）の事例におけるYに関するものである。第1審の横浜地判平成25年9月30日判決は、XとYとの間で「インサイダー取引を行うことについての意思の連絡があったことは明らかである」が、Yが「Xから本件3銘柄の取引による利益の分配を受けておらず、その利益の帰属に何ら関心を示して」いないこ

---

[22] 司法研修所編『難解な法律概念と裁判員裁判』（2009年）56頁。

となどから、Yは「本件3銘柄のインサイダー取引について、Xに重要事実を伝達したものの、自己の犯罪を犯したといえる程度に、重要な役割を果たしたとはいえない」として、共同正犯の成立を否定した。その上で、「一般投資家の保護の見地からインサイダー取引の規制の徹底を図ったという同条3項の趣旨からすれば、公開買付者等関係者が自己の犯罪を犯したといえる程度に、第一次情報受領者によるインサイダー取引に重要な役割を果たした場合に至らなくても、公開買付者等関係者が第一次情報受領者によるインサイダー取引の犯行を決意させたり、あるいはその犯行を容易にした場合には、証券市場の公正性と健全性を損なうことになり得るという意味においては、同条3項の教唆犯又は幇助犯として処罰する実質的な理由があり、その教唆又は幇助の手段が、重要事実の伝達の方法によるのか、それ以外の方法によるかによって、区別すべき理由はない」と述べ、Yにつき、インサイダー取引罪の教唆犯の成立を認めた。また、第2審の東京高判平成27年9月25日判決も、第1審を踏襲する形で、Yにつき、インサイダー取引罪の教唆犯の成立を肯定した。

教唆犯が成立するためには、教唆行為によって正犯における犯罪遂行意思が惹起され、その意思に基づく犯罪の実行が認められることが必要である。そのため、インサイダー取引罪の教唆犯に関しては、教唆行為の存在とインサイダー取引との間の因果関係が必要となる。もっとも、情報伝達者が情報を伝達したことによって、情報受領者が当該情報に基づくインサイダー取引罪を実現させるという犯意を生じたことの立証には、通常、困難が伴われる。本件では、Xが本件3銘柄についてYから重要事実を伝達される前は、具体的な犯行を決意し得なかったものであり、Xから重要事実の伝達を受けて初めて、当該銘柄のインサイダー取引を実行する具体的な決意を固めたものとされた[23]。

しかし、そうであっても、裁判例において、インサイダー取引罪の教唆罪の成立を認めたケースは稀にしか見られない。本件Yの弁護人らも、情報伝達行為は、第一次情報受領者によるインサイダー取引罪の必要的共犯であり、改正金商法が施行される以前の行為については、立法者が処罰規定を置かなかった場合と

---

23 第1審は、共同正犯の成立を否定するに当たり、Yによる情報伝達行為は、Xがインサイダー取引を行うために不可欠であったとしても、「方法においても、内容においても、甚だ不十分なものであった」と述べているのであり、そのような不十分な伝達を受けたことにより、Xに犯意が生じたと評価することには、疑問を持たれている。宮下央＝石原慎一郎「インサイダー取引規制における情報伝達者と共同正犯・教唆犯の成否」金融法務事情1997号（2014年）99頁以下。

して、可罰性が否定されるべきであると主張した。これに対し、第1審及び第2審は、公開買付者等関係者が、第一次情報受領者によるインサイダー取引の犯行を教唆もしくは幇助した場合には、証券市場の公正性と健全性を損なうことになりうるという意味において、インサイダー取引罪の教唆行為の処罰はインサイダー取引規制の立法趣旨に反しないとし、また、処罰規定が置かれていない必要的共犯の事例であることをもって、一律に情報提供行為の可罰性を否定することはできないとした[24]。

(3) 名古屋地裁平成16年5月27日判決（資料版商事法務244号206頁）

本件は、形式的には第二次情報受領者によって取引が行われたものの、第一次情報受領者によってインサイダー取引が実現されたものとして、第一次情報受領者に、インサイダー取引罪の成立が認められたケースである。

事案は、A株式会社が近日中に民事再生手続開始の申告を行うことを決定した旨の重要事実を、同社との間で銀行取引約定を締結していたB銀行の営業部長Cが、上記契約の履行に関して知り、その後、同銀行の調査役Dがその職務に関して知り、E銀行副頭取執行役員Fに伝えたことにより、同人がその職務上知ったところ、E銀行と業務委託契約を締結していた有限会社Gからの派遣社員として、Eの経営企画管理等の職務に従事していた被告人（以下、Xとする）が、職務上、Fからその情報を伝えられたのを奇貨として、知人（以下、Yとする）に利益を得させるため、YにA社の株式5万株を合計360万4000円で空売りさせたというものである。

名古屋地裁は、会社関係者から職務上重要事実の伝達を受けた者（金商法166条3項前段の第一次情報受領者）から職務に関し当該事実を告げられたXは、同法166条3項後段の情報受領者であり、Yに指示して、専門知識がなければ難しい空売りをさせた行為は、本条の禁止する「売買等」に当たるとして、Xにインサイダー取引罪（単独正犯）の成立を認めた。本件では、「Xは、体調を崩して休

---

[24] 判例は、非弁活動の依頼者の行為に関し、「ある犯罪が成立するについて当然に予想され、むしろそのために欠くことができない関与行為について、これを処罰する規定がない以上、これを、関与を受けた側の可罰的な行為の教唆もしくは幇助として処罰すべきことは、原則として、法の意図しないところと解すべきである」と述べているが、他方で、犯人による自己隠避・証拠隠滅の教唆については、最決昭35・7・18刑集14巻9号1189頁、最決昭40・2・26刑集19巻1号59頁、最決昭60・7・3判時1173号151頁、最決昭40・9・16刑集19巻6号679頁等、古くからその可罰性を肯定している。

職中のYを経済的に援助しようとしたもので、X自身は何ら利益を得ていない」が、「Yの利得が246万円と多額にのぼるばかりでなく、証券市場の公正に対する信頼が著しく害されており、本件犯行が社会に与えた影響も大きい」ことがXにインサイダー取引罪が成立する理由とされた。もっとも、インサイダー取引罪が禁止する「売買等」には、売買契約等の当事者として権利義務の帰属主体となる場合に限られず、他人に売買等の委託、指図をすることや、他人のために売買等の行為を行うことも含まれる[25]ところ、本件では、XがYに対し、専門知識がなければ容易ではない空売りを行わせるに当たり、Yに資金提供がなされていたことなども指摘されている。

四　検　討

1　会社関係者から第一次情報受領者に情報が伝達されたケース

会社関係者から重要事実の伝達を受けた第一次情報受領者によって株式の売買がなされたケースでは、第一次情報受領者にインサイダー取引罪が成立するのはもちろんのこと、会社関係者との間で、インサイダー取引罪の共同正犯が成立しないかが問題となる。なお、共同正犯の成立が否定された場合、情報伝達者である会社関係者については、インサイダー取引罪の教唆犯の成否を論じうるが、情報伝達罪が導入された現時点においては、同罪で処理される可能性が高い。

すでに述べたように、共同正犯の成否に関し、判例では、共謀（共同実行の意思）及び共謀に基づく実行（共同実行の事実）という要件のもと、その共犯性及び正犯性を基礎づける事情として、関与者間の意思連絡ないし結びつきと、自己の犯罪として行う意思ないし重要な役割が考慮される。そして、二の（1）（2）の裁判例のように、関与者間の意思連絡ないし結びつきが明らかであるなら、重要なのは、正犯性の判断であり、正犯意思、すなわち、自己の犯罪として行う意思が必要となる。ここで、自己の犯罪として実現する意思は、単に自分が正犯であるという意識だけで認められるわけではなく、行為者の果たした役割等の客観的事情を考慮して判断される。もっとも、重大な因果的寄与が認められたとしても、直ちに肯定されるわけではない。二の（1）の裁判例が示した「自己の犯罪

25　横畠・前掲注（2）44頁。

を犯したといえる程度にその遂行に重要な役割を果たしたか」という基準も、重要な役割を果たしていたとしても犯行への主観的積極性が欠ける場合につき、正犯性を否定する余地を残すものである。情報伝達者に関していえば、インサイダー取引実現についての意思連絡があり、重要事実の伝達という客観的に重要な寄与をした点が明らかであるとしても、当該取引を自己の犯罪として実現に意欲をもって為していたか、それとも、自らは犯罪を実現する意欲を欠き、他の者にこれを委ねていたかが検討されなければならない[26]。

　問題は、その際の具体的な考慮要素として、いかなる事情に着目すればよいのかである。二の（1）では、「取引を実行する判断を誰が行ったか、取引による損益が誰に帰属するかという観点からの検討が重要である」として、①具体的な取引日時、数量を決定したのは誰か、②伝えられた情報のインサイダー情報としての精度、③損益の帰属に関する事前の合意の有無や、事後の状況が考慮された。インサイダー取引罪の構成要件該当行為が株式の「売買等」であることからすると、当該行為者自身が株式の「売買等」の主体であるとの評価が可能かどうかを正犯性判断の基準としたことは、極めて自然である。

　他方で、共同正犯の正犯性は、刑法60条によって修正・緩和された「行為支配」によって基礎づけられる。すなわち、共謀共同正犯は、実行担当者に対して自分の一存ではやめられないという心理的拘束を与えたことに基づく行為支配によって、その正犯性が根拠づけられうる[27]。そうすると、インサイダー取引に関して、情報伝達者自身が株式を売買したとまではいえない場合であっても、当該取引の主体として、当該取引を自己の犯罪として実現に意欲をもって為していたと評価しうる余地は残されているように思われる。判例の示した基準に関していえば、取引を「実行する判断」を行為者が行っておれば、具体的な取引日時、数量を決定自体は他の者に委ねていたとしても、取引主体としての地位は必ずしも否定されないし、また、インサイダー取引によって自身が経済的利益を得ようとしたという直接的動機が認められる場合に正犯意思が肯定されやすいであろうことは勿論であるが、他人に利益を得させんがために、当該取引を自己の取引として実現させる意思が認められる場合もあり得よう。

　もっとも、刑法60条によって拡張された正犯性は、共犯性、すなわち、他の共

26　朝山芳史「実務における共同正犯論の現状」刑法雑誌53巻2号317頁。
27　松原・前掲注（2）262頁。

犯者との間で共同犯行の意思形成がなされていたことを前提にする。このような共同犯行の意思形成（意思の連絡）は、実行担当者の行為時に共犯者が現場に同席しているなど実行共同正犯に近いケースであれば[28]、特定の謀議行為[29]がなされていなくても、関与者と実行担当者との関係性等から、犯行の遂行についての意思連絡が存在していると推認されれば、認められる余地がある。しかし、完全な事前共謀の事案では、実現された犯行を客観的に帰責しうる程度に、共同犯行の合意としての意思連絡も、客観的な行為寄与とし評価できるものでなければならない。情報受領者によってインサイダー取引罪が実現された場合に関していえば、情報伝達行為及びそれを受領した行為が、上記の意味での意思連絡といえるかが問題である。基本的には、いつ、どのような状況・文脈において、情報伝達行為がなされたのか、会社関係者であるという情報伝達者の地位や、情報受領者との関係、具体的なやり取り等を考慮した上で、判断されることになろう。

2 第一次情報受領者から第二次情報受領者に情報が伝達されたケース

（1）以上に対し、第一次情報受領者が第二次情報受領者に情報を伝達し、直接的には、第二次情報受領者が株式の売買が行ったというケースでは、事情が異なる。インサイダー取引罪の規定は、第二次情報受領者による取引を禁止しておらず、金商法は、証券市場の公正性と健全性に対する投資家の信頼を、第二次情報受領者による取引から保護することまで予定していないと解されるからである。そのため、形式的には第二次情報受領者によってなされた株式の売買についてインサイダー取引罪の成否が問題となる場合、まずは、規制の対象者である第一次情報受領者が当該取引を実現したと評価できないかが、検討の対象となり得る。

28　最決平成15・5・1刑集57巻5号507頁（スワット事件）は、黙示の共謀に止まる場合であっても、共同正犯が認められる場合があることを示すものであるが、本件では、組長である被告人は、直接の指示は下していなかったものの、被告人の警護のためにボディガードらが拳銃を所持していることを概括的とはいえ確定的に認識した上で、警護を当然のものとして受け入れ、ボディガードらが警護する車に乗り込み、ボディガードらと終始行動を共にしていたという事情を指摘できるのであり、練馬事件判決とは事案が異なるため、関与者が背後者として謀議の形成のみに関与したケースにその射程は及ばないと考えられている。芹沢政治『最高裁判所判例解説刑事編（平成15年度）』300頁。

29　形式上、共謀共同正犯の成立に、事前の謀議行為を必要としていると解されるケースと位置づけられるのは、最判昭和33・5・28刑集12巻8号1718頁（練馬事件判決）。

ここで、第一次情報受領者の正犯性の基礎づけに当たっては、二つの方向性が考えられる。一つは、間接正犯として正犯性の基礎づけを行う方向であり、もう一つは、直接正犯として、正犯性を根拠づける方向である。
　前者に関し、通説は、たとえば公務員Ｘの妻Ｙが主導して（Ｙが自らすべての行為を行って）業者Ａから「賄賂」を収受したような場合、Ｙは身分なき故意ある道具に当たるとして、Ｘに間接正犯の成立を認める。そうだとすると、インサイダー取引罪において、第一次情報受領者という身分を有するＸが、身分を有さない（第二次）情報受領者Ｙを一方的に（道具のように）利用して、自己の犯罪として株式の売買を実現したといえるケースでは、第一次情報受領者に間接正犯の成立を認めることにもなりそうである。しかし、これに対しては、情を知っているＹをＸが「一方的に利用した」、あるいは規範的障害を持ち得たＹを「道具」と評価することには無理があるとの批判が向けられよう。そのため、収賄のケースについては、Ｙの行為は構成要件に該当しないが違法であり、Ｙには規範的障害も存在するとして、Ｘを（収賄罪の）教唆、Ｙは（収賄罪の正犯とはなりえないので）その幇助であるとして、その限りで「正犯なき共犯」を認める考えも主張されている[30]。
　もっとも、正犯なき共犯を肯定することについては、共犯の処罰根拠に関し、近年、通説的地位を占めるとされる混合惹起説、すなわち、共犯の可罰性を、共犯が他人を介して構成要件該当結果を引き起こしたことに加え、正犯行為の構成要件該当性・違法性との連帯によって基礎づけようとする考えを前提とする限り、困難が伴われる。少なくとも、狭義の共犯の成立には、「犯罪」あるいは「正犯」の実行行為が条文上要されている以上、「正犯なき共犯」を肯定することは容易ではない[31]。
　（２）そこで、第二次情報受領者によって重要事実に基づく株式の売買が行われたケースについて、インサイダー取引罪の成立を肯定する第二の方向として、（情報伝達者である）第一次情報受領者をインサイダー取引罪の直接正犯と捉えることにより、同罪の成立を認める可能性が検討されうる。

30　浅田和茂『刑法総論〔補正版〕』（成文堂、2007年）432頁。同「共犯の本質と処罰根拠」『川端博先生古稀記念論文集〔上巻〕』（成文堂、2014年）519頁。
31　共犯の従属性に関する近年の議論状況に関しては、松宮孝明『刑事立法と犯罪体系』（成文堂、2003年）247頁以下、山口・「共犯の従属性をめぐって」『三井誠先生古稀祝賀論文集』（有斐閣、2012年）279頁以下参照。

この場合も、インサイダー取引罪の正犯性を何によって基礎づけるべきかが、再び検討の対象となる。基本的には、実現された取引の主体は誰なのか、また、株式の「売買等」という文言にどこまでの行為を含めることが可能なのか、解釈の限界が問われることになろう。もっとも、情報を伝達した会社関係者と第一次情報受領者との共同正犯の成否が問題となるときには、少なくともインサイダー取引罪の構成要件を全て充たす第一次情報受領者との共犯性を前提に、共同正犯の成否という形で、インサイダー取引の規制対象者という地位にあるが、自らは直接株式の売買を行っていない情報伝達者の正犯性が検討された。これに対し、第二次情報受領者によって株式の売買が行われた場合、上記のような共犯性を前提とすることなく、実行行為を全く行っていない第一次情報受領者（情報伝達者）にインサイダー取引罪の正犯性が認められるのかを、問題とすることになる。たしかに、インサイダー取引罪の禁止する株式の「売買等」は、売買契約等の当事者として権利義務の帰属主体になる場合には限られず、他人に売買等の委託[32]、指図をすることや、他人のために売買等の行為を行うことも含まれる。そのため、インサイダー取引の規制対象者という特別な立場にある第一次情報受領者が、「第二次情報受領者に情報を伝達して、株式の売買を指図した」等の評価が成り立つときには、第一次情報受領者が「売買等」を行っていると解することが可能である。正犯性は刑法的帰属の問題に他ならず、かならずしも自然的行為によって基礎づけられる必要はないからである。しかし、その一方で、上記のような理解は、正犯の「観念化」ないし「過度の規範化」に当たるのではないかという批判もある[33]。

　（3）かりに、第二次情報受領者に情報を伝達した第一次情報受領者をインサイダー取引罪の直接正犯と評価しうるとすれば、第二次情報受領者については、身分者による犯罪の実現に加担した非身分者への問責として、関与責任が問題となりうる。

　身分犯と共犯に関する刑法65条1項は、「犯人の身分によって構成すべき犯罪行為に加功したときは、身分のない者であっても、共犯とする。」と規定する。解釈論としては、①「犯人の身分によって構成すべき犯罪行為」という文言から身分の類別をどう読み込むか、②「共犯とする」という文言については、どのよ

32　横畠・前掲注（2）86頁。
33　浅田・「共犯の本質と処罰根拠」前掲注（30）519頁。

うな共犯理論に依拠して共犯と評価するのか、さらに対象となる共犯の範囲に共同正犯が含まれるのか否かが争点となっている。通説的見解は、①について、同条同項の「身分によって構成すべき犯罪」とは、その文言から、構成的身分犯に関する規定であり、したがって、構成的身分は、身分のない共犯にも連帯しうると考える[34]。もっとも、近年における共犯の処罰根拠に関する議論の深化ないし混合惹起説の有力化を背景に[35]、「構成的身分は連帯する」という命題は自明の命題ではなく、身分の連帯的作用と個別的作用を（違法身分か責任身分かによって）犯罪論的な観点から実質的に根拠づける考えが主張されている[36]。さらに少なくともいわゆる義務犯型の身分犯[37]については、（違法身分であっても）連帯するには特別な理由が必要であることが、指摘されている[38]。そして議論の中心は、構成的身分が連帯する場合の「特別な理由」を何に求めるか[39]という点に移行しつつあるように見える[40]。

　それによれば、構成的身分犯に対する身分なき共犯を処罰するのは、非身分者も身分者と共に法益を攻撃できるからではなくて、身分者の特別義務の違反を誘

34　刑法65条をめぐる日本の問題状況については、十河太朗『身分犯の共犯』（2009年、成文堂）5頁以下が詳しい。また、近時の論考として、日髙義博「共犯と身分」『川端博先生古稀記念論文集〔上巻〕』（成文堂、2014年）764頁以下も参考になる。

35　浅田『刑法総論〔補正版〕』前掲注（30）515頁以下、山口・前掲注（30）279頁以下、松宮・『刑法総論講義〔第4版〕』（成文堂、2009年）238頁以下。

36　西田典之『刑法総論〔第2版〕』（弘文堂、2010年）402頁、山口・前掲注（30）32頁以下、曽根威彦『刑法総論〔第4版〕』（成文堂、2008年）264頁、佐伯『刑法総論の考え方・楽しみ方』（有斐閣、2013年）414頁等。

37　義務犯（Pflichtdelikte）とは、構成要件に前置される刑法外の特別義務を負った者、すなわち、当該社会を成り立たせるために、一定の法益を恒常的に保護する一身専属的義務を制度的に負わされている者が、そのような特別義務に違反することによって実現される犯罪をいう。特別義務の違反は、犯罪の実現に至るプロセスに他の者の関わりとは無関係に、特別な義務の保持者の一身専属的な責任を直接に基礎づけるため、原則正犯として実現されると考えられている。Vgl. Claus Roxin, Tätherrschaft, 7. Aufl., 2000, S. 384 ff.; Günther Jakobs, Strafrecht AT, 2. Aufl., 1999, S. 783.

38　松宮・前掲注（35）306頁。

39　西田『新版・共犯と身分』（成文堂、2003年）も、刑法65条における身分の区別の合理性と「違法は連帯的に、責任は個別的に」という命題に関して、「いずれの考え方をとるにせよ、身分は結局、連帯的に作用するもの（連帯的身分）、個別的に作用するもの（個別的身分）、あるいはその両方の性質をあわせもつもの（混合的身分）の三つに区別されよう。そして、個々の身分がそのいずれであるかは当該身分の体系的意義の分析によって実質的に決定されるものである。」とし、65条に関しては、「構成的身分はなにゆえに連帯的に、加減的身分はなにゆえに個別的に、共犯に対し働くのであろうか、その点がまさに問題となるはずである。」と指摘している。

40　詳細は、松宮・前掲注（31）293頁以下、中山研一＝浅田和茂＝松宮孝明『レヴィジオン刑法Ⅰ共犯論』（成文堂、1997年）126頁以下参照。

発しまたは促進するからである。すなわち、刑法65条1項は、身分者による義務違反の処罰だけでは法益保護にとって十分ではないとみられる場合に、非身分者による身分者の義務違反の誘発・促進を処罰することで、法益保護の充実をはかるものである。

こうした考えを前提にした場合、第一次情報受領者から情報の伝達を受けた第二次情報受領者が株式の売買等をしたというケースにおいては、インサイダー取引の規制対象者、すなわち、特別な立場にはない第二次情報受領者が、特別義務に違反することはできないため、第二次情報受領者を正犯と評価することはできない。問題となりうるのは、第二次情報受領者が、第一次情報受領者による特別義務の違反、すなわち、取引の実現を誘発・促進したといえるかである。しかし、第二次情報受領者が第一次情報受領者に対し、情報を伝達するよう積極的に働きかけたことにより、第一次情報受領者が第二次情報受領者に株式の売買等を指示したというようなケースを除き、第二次情報受領者が、第一次情報受領者による情報伝達及び取引実現を誘発・促進したとの評価が可能となることは、ほとんど想定できないように思われる。

なお、インサイダー取引罪における内部者（会社関係者、第一次情報受領者）をいわゆる義務犯型の身分犯であると解することについては、議論の余地がある。もっとも、インサイダー取引罪は、内部者による内部情報に基づく株式の売買を禁止しているが、内部情報に基づく株式の取引一般を禁止するものではなく、内部者たる地位にある者による取引から、証券市場の公正性・健全性に対する投資家の信頼を保護する規制形式になっている。そうすると、本罪は、内部者による取引を処罰することにより、内部者という特別な立場にある者は内部情報に基づく取引をしてはいけないというルールを確証するものであるといえ、証券市場制度に由来する特別義務違反を負責根拠とする義務犯型身分犯であると解することは可能であるとともに、先に示した規制趣旨に即した理解でもあるといえよう[41]。

---

41 不作為犯に関するものであるが、本稿で言及したような特別義務の違反を負責根拠とすることも自由主義社会の要請であることについては、──また、そのような考えをめぐるドイツの議論については──、平山『不作為犯と正犯原理』（成文堂、2006年）123頁以下参照。

五　おわりに

　以上、非常に雑駁ではあるが、第二次情報受領者によってインサイダー取引が行われた場合の問責可能性を念頭に、情報受領者によって取引が行われたケースにつき、若干の問題整理を試みた。現時点での結論を述べるとすれば、少なくとも現行法及びその規制趣旨を前提にする限り、第二次情報受領者が「主体的に」株式の売買を行ったと解されるケースにおいて、いかなる形であれ、第二次情報受領者の可罰性を根拠づける解釈論的余地は存在せず、処罰の必要性が認められるとしても、立法以外に解決手段は無いと考える。

　もっとも、本稿は、せいぜい今後の検討課題を提示するものでしかなく、検討自体は、甚だ不十分なものでしかない。今後は、第二次情報受領者によってインサイダー取引が行われたとされるケースを中心に、本稿で示した各問題点の検討を行い、インサイダー取引罪及び共犯規定の解釈論的限界を探ることにしたい。

詐欺破産罪と破産法270条の関係

大 下 英 希

一 はじめに
二 破産法の改正経緯
三 判例における「財産の隠匿」概念
四 検 討
五 おわりに

一 はじめに

1 問題状況

　現行破産法は、2004年に旧破産法が改正され、2005年1月から施行されたものである。旧破産法は、第4編に詐欺破産罪（374条、376条、378条）、過怠破産罪（375条、376条）、監守居住制限違反（377条）、収賄罪（380条）、贈賄罪（381条）、説明義務違反（382条）の罰則規定を置いていたが、現行法は旧破産法の罰則規定を整理し、第14章に罰則規定として、詐欺破産罪（265条）、特定の債権者に対する担保の供与等の罪（266条）、破産管財人等の特別背任罪（267条）、説明及び検査の拒絶等の罪（268条）、重要財産開示拒絶等の罪（269条）、業務及び財産の状況に関する物件の隠滅等の罪（270条）、審尋における説明拒絶等の罪（271条）、破産管財人等に対する職務妨害の罪（272条）、収賄罪（273条）、贈賄罪（274条）、破産者等に対する面会強請等の罪（275条）の規定を置くこととし、その内容も大幅に拡充された。
　このように、破産法罰則は大幅な改正がされたが、その変化の一つとして、詐欺破産罪の改正と270条の新設がある。旧破産法は詐欺破産罪及び過怠破産罪として、以下のように定めていた。

第374条
債務者破産宣告ノ前後ヲ問ハス自己若ハ他人ノ利益ヲ図リ又ハ債権者ヲ害スル目的ヲ以テ左ニ掲クル行為ヲ為シ其ノ宣告確定シタルトキハ詐欺破産ノ罪トシ10年以下ノ懲役ニ処ス
一　破産財団ニ属スル財産ヲ隠匿、毀棄又ハ債権者ノ不利益ニ処分スルコト
二　破産財団ノ負担ヲ虚偽ニ増加スルコト
三　法律ノ規定ニ依リ作ルヘキ商業帳簿ヲ作ラス、之ニ財産ノ現況ヲ知ルニ足ルヘキ記載若ハ記録ヲ為サス又ハ不正ノ記載若ハ記録ヲ為シ又ハ之ヲ隠匿若ハ毀棄スルコト
四　第187条ノ規定ニ依リ裁判所書記官カ閉鎖シタル帳簿ニ変更ヲ加ヘ又ハ之ヲ隠匿若ハ毀棄スルコト

第375条
債務者破産宣告ノ前後ヲ問ハス左ニ掲クル行為ヲ為シ其ノ宣告確定シタルトキハ5年以下ノ懲役又ハ30万円以下ノ罰金ニ処ス
一　浪費又ハ賭博其ノ他ノ射倖行為ヲ為シ因テ著ク財産ヲ減少シ又ハ過大ノ債務ヲ負担スルコト
二　破産ノ宣告ヲ遅延セシムル目的ヲ以テ著ク不利益ナル条件ニテ債務ヲ負担シ又ハ信用取引ニ因リ商品ヲ買入レ著ク不利益ナル条件ニテ之ヲ処分スルコト
三　破産ノ原因タル事実アルコトヲ知ルニ拘ラス或債権者ニ特別ノ利益ヲ与フル目的ヲ以テ為シタル担保ノ供与又ハ債務ノ消滅ニ関スル行為ニシテ債務者ノ義務ニ属セス又ハ其ノ方法若ハ時期カ債務者ノ義務ニ属セサルモノ
四　法律ノ規定ニ依リ作ルヘキ商業帳簿ヲ作ラス、之ニ財産ノ現況ヲ知ルニ足ルヘキ記載ヲ為サス又ハ不正ノ記載ヲ為シ又ハ之ヲ隠匿若ハ毀棄スルコト
五　第187条ノ規定ニ依リ裁判所書記官カ閉鎖シタル帳簿ニ変更ヲ加ヘ又ハ之ヲ隠匿若ハ毀棄スルコト

これに対して、改正破産法は、詐欺破産罪及び業務及び財産の状況に関する物件の隠滅等の罪として以下のように規定する。

第265条
破産手続開始の前後を問わず、債権者を害する目的で、次の各号のいずれかに該当する行為をした者は、債務者（相続財産の破産にあっては相続財産、信託財産の破産にあっては信託財産。次項において同じ。）について破産手続開始の決定が確定したときは、10年以下の懲役若しくは1000万円以下の罰金に処し、又はこれを併科する。情を知って、第四号に掲げる行為の相手方となった者も、破産手続開始の決定が確定したときは、同様とする。
一　債務者の財産（相続財産の破産にあっては相続財産に属する財産、信託財産の破

産にあっては信託財産に属する財産。以下この条において同じ。）を隠匿し、又は損壊する行為
二　債務者の財産の譲渡又は債務の負担を仮装する行為
三　債務者の財産の現状を改変して、その価格を減損する行為
四　債務者の財産を債権者の不利益に処分し、又は債権者に不利益な債務を債務者が負担する行為
　2　前項に規定するもののほか、債務者について破産手続開始の決定がされ、又は保全管理命令が発せられたことを認識しながら、債権者を害する目的で、破産管財人の承諾その他の正当な理由がなく、その債務者の財産を取得し、又は第三者に取得させた者も、同項と同様とする。

第270条
破産手続開始の前後を問わず、債権者を害する目的で、債務者の業務及び財産（相続財産の破産にあっては相続財産に属する財産、信託財産の破産にあっては信託財産に属する財産）の状況に関する帳簿、書類その他の物件を隠滅し、偽造し、又は変造した者は、債務者（相続財産の破産にあっては相続財産、信託財産の破産にあっては信託財産）について破産手続開始の決定が確定したときは、3年以下の懲役若しくは300万円以下の罰金に処し、又はこれを併科する。第155条第2項の規定により閉鎖された破産財団に関する帳簿を隠滅し、偽造し、又は変造した者も、同様とする。

　このようにみると、破産法改正によって、旧詐欺破産罪と旧過怠破産罪の区別が廃止され、また行為類型も事実的・物理的処分（1号、3号）、法的処分の仮装（2号）、一定の法的処分（4号）へと整理されたことが分かる[1]。また、旧詐欺破産罪は3号（旧過怠破産罪4号）に商業帳簿の不作出、不記載、不正記載、隠匿、毀棄を、4号（旧過怠破産罪5号）に閉鎖帳簿の変更、隠匿、毀棄を、財産の隠匿等とならぶ詐欺破産行為ととらえていたが、現行法ではそのような類型が詐欺破産罪から削除され新たに270条が置かれた。270条においては商業帳簿や閉鎖帳簿に限らず、破産者の財産状況や取引状況を示す物件という形で客体の範囲を広げられ、他方で、それらの物件を隠滅・偽造・変造する行為に限って処罰されることになった。

2　問題の所在
　このようにみると、帳簿等の隠匿は破産法改正により詐欺破産罪として処罰さ

---

[1] これらの整理によって、従来、仮装の財産譲渡を隠匿に含めたり、価格減損行為を毀棄の一類型とする解釈を生む契機が失われ適用の限界が明確化されたといえる。

れる実体を失い、そのような行為は手続犯罪の一つとして軽く処罰されるのみであるように思われる。しかし、265条と270条の関係について、「これらの行為（筆者注旧375条3号・4号該当行為）を行った結果、財産の所在が不明になり『隠匿』に該当すると解されるような場合は詐欺破産罪が成立し得る」とする見解や[2]、「270条の立法経緯にかんがみると、本条（筆者注265条）1項1号の財産隠匿手段として270条該当行為がなされた場合、それは財産隠匿行為の一部と評価され、270条の罪は成立しないと解される。（本文改行）財産隠匿行為を行った後、さらに270条の罪を犯した場合は、併合罪になると解される」とする見解[3]が主張されている[4]。

　この点、判例は（旧）詐欺破産罪にいう「財産の隠匿」とは「債権者からする債務者の財産の発見を不能または困難にする行為」をいうとしていた[5]。そうすると、財産の状況に関する物件を隠滅すれば、財産の発見が不能または困難となる危険が少なくとも抽象的には発生するとも思われる。そのような場合常に265条が成立するとすると、旧374条3・4号はその罪質を異にするとして詐欺破産罪の類型から外して、新たに270条を規定した意味が失われかねない。

　そこで、本稿は270条該当行為が265条行為に当たる場合があるか、あるとすればそれはいかなる場合かという点を立法時の議論を参考としつつ考察しようとするものである。

　なお破産法罰則規定の整備においては、詐欺破産罪における客観的処罰条件、詐欺破産罪の行為類型の整理と拡張、管財人の情報収集または業務に対する妨害罪、破産管財人の背任罪、破産者に対する面会強請等[6]の罪など詳細な検討を必要とする条文が多数含まれる。別稿にて改めて検討を深めたい。

　2　佐伯仁志「倒産犯罪」ジュリスト1273号（2004年）101頁。
　3　伊藤眞＝岡正晶＝田原睦夫＝林道晴＝松下淳一＝森宏司編著『条解破産法（第2版）』1795頁。
　4　後に確認するが、判例では旧375条1号と3号の両者が成立する場合には包括一罪として処理されていたが、この見解のように現行法下では併合罪となるとすると実質的には重罰化されたことになる。
　5　東京高判昭和42年12月28日高刑集20巻6号800頁。
　6　破産法275条に新設された規定である。これは、それまで実質的侵害罪と手続的侵害罪とに分けられていた破産犯罪に、債務者の経済的再生を保護法益とする類型（伊藤眞『破産法（第4版補訂版）』（有斐閣　2006年）543頁以下）を新たに加えたものであり注目される。この点では、個別執行である強制執行が債権者の利益保護・債権の満足のみを目的としているのではなく、債権者による過酷執行を抑止し、債権者と債務者の利害を調整するという新たな役割や方向性に進んできたこととの関係でも興味深い。強制執行の本質については、拙稿「強制執行の本質と刑法96条の2」西南学院大学法学論集40巻3・4号（2008年）59頁以下、特に71頁以下。

二　破産法の改正経緯

1　破産法の改正経緯

　2004年の第159回国会において破産法及び破産法の施行に伴う関係法律の整備等に関する法律案が衆参両院で可決され、現行破産法は翌2005年1月1日より施行された。1996年の法制審議会に倒産法制の見直しに関する諮問41号が出されて以来、8年がかりで破産法が改正されたことになる[7]。

　破産法は、明治23年商法第3編に始まった。また、非商人に適用がある手続として家資分散法（1891年）が定められていた。明治23年商法は第9章に、詐欺破産罪（1050条）、過怠破産罪（1051条）、前2条の業務担当社員及び取締役及び清算人への適用及び詐欺破産罪の破産管財人、援助者への適用（1052条）、贈収賄罪（1053条）の規定を置いていた。また、旧刑法は第3編（身体財産に対する重罪軽罪）第2章（財産に対する罪）第4節に家資分散に関する罪（388条、389条）を置いていた[8]。

　その後、ドイツ破産法（1877年）を範として、1922年に旧破産法が制定された。旧破産法は、非商人にも適用される一般破産主義を採用したものである。旧破産法は1952年にアメリカ法を参考として免責規定を導入したほかは大きな改正がされることなく運用されてきた。しかし、破産手続の硬直性や、いわゆるバブル景気の崩壊後に消費者破産が急増したことから破産法改正の機運が高まり1996年から本格的な改正作業が進められることになった。

　まず法務大臣から倒産法制の見直しに関する諮問41号「破産、和議、会社更生等に関する制度を改善する必要があるとすれば、その要綱を示されたい」が法制審議会第120回会議に下され、それを受けて法制審議会（旧）倒産法部会が立ち上げられた。（旧）倒産法部会は2000年7月まで25回の会議を行い論点の洗い出し、検討を加えていった。2001年に法制審議会令が改正され新しく倒産法部会が立ち上げられた。倒産法部会は2004年まで40回にわたって議論を行った。並行し

---

[7]　もっとも、1996年以降の改正は破産法のみならず、民事再生法、国際倒産法制、会社更生法、特別清算など倒産法制全体にかかわる大掛かりなものであった。
[8]　旧商法時代の破産罰則及び旧刑法の家資分散の罪の特徴については、山本雅昭「破産法罰則に関する一考察」法学65巻2号（2001年）103頁以下。

て破産法分科会が立ち上げられ破産法改正に関する議論が集中して行われた。破産法分科会は2001年から2002年まで15回の会議を行い「破産手続等に関する中間試案の議論の叩き台」が作成された。

それを受けて倒産法部会においては第16回（2002年9月）から第34回（2003年7月）まで破産法の改正が議論された。まず、2002年10月に「破産法等の見直しに関する中間試案」出され、パブリックコメントの手続に付された。その後、倒産法部会において、第1次案（第21回から第27回まで）、第2次案（第28回から第30回まで）、第3次案（第30回から第33回まで）が議論され、第34回会議で「破産法等の見直しに関する要綱案」が承認された。これは法制審議会第141回会議（2003年9月）で採択され、法務大臣に答申された。その後具体的に法案化された後、国会審議を経て成立、施行されることとなった。

2 破産法罰則改正について部会での議論
（1）「破産法等の見直しに関する中間試案」までの（旧）倒産法部会・破産法分科会の議論

上述のように、倒産法制改正全般については長い時間をかけて議論されたところであるが、破産法罰則に関しては改正作業の前半部分ではほとんど取り上げられず、破産法分科会が立ち上げられてから議論が行われることとなった。

破産犯罪については法制審議会倒産法部会破産法分科会第6回会議[9]（2001年11月9日）から本格的な議論が始まった。第6回会議では事務当局から「破産管財人の権限強化」、「破産者の説明義務の強化」及び旧375条1号の廃止について紹介された。その際、委員から「帳簿の関係でいえば、これは帳簿を記載しなければ過怠破産罪になるわけですが、商法上は過料でしかない。破産になったとたんに5年以下でしたか、なぜそうなるのかと、かつそれが免責不許可事由になっている。これは、今、実際上は個人破産で免責になっていますけれども、正面から言われたら、特に小規模、個人の事業者の場合であれば、帳面らしい帳面は作っていない場面が多々ございますから、そこの不均衡というのは、これもどうも理解ができないという問題がございます」といった指摘があった。また第14回会

---

[9] 法務省法制審議会倒産法部会破産法分科会第6回会議議事録（http://www.moj.go.jp/shingi1/shingi_011109-1.html、2016年6月17日閲覧）。なお、以下すべての議事録に共通するが、発言者の特定がなされておらず、読み取りに困難がある点について注意されたい。

議[10]（2002年7月12日）においては、第6回の議論を踏まえたうえで若干の議論があったものの、詐欺破産罪自体の議論はまだ行われなかった[11]。破産法分科会は第15回で終了し、引き続き倒産法部会で議論され、破産法の見直しに関する中間試案が公表された。もっとも、中間試案段階では具体的な案は提示されず、「第4部　その他」「第1　倒産犯罪等」「1　破産法第375条第1号の見直し」として「破産法第375条第1号に規定する行為については、これを刑罰の対象から除外する」、「2　その他」として「その他倒産犯罪については、なお検討する」という問いかけが、若干の検討事項とともに示されたに過ぎなかった。

　この中間試案に対して、日本弁護士連合会は「『破産法等の見直しに関する中間試案』に対する意見書[12]」を公表した。同意見書は、まず旧375条第1号のみならず、過怠破産罪全体を削除すべきであるとした。旧375条4号の行為については「本号は、第374条3号該当行為のうち、図利加害目的を欠く、単なる帳簿不作成、隠匿などを対象としている。しかし、帳簿不作成、隠匿などは、それだけでは刑法的に処罰の対象となる違法、有責な行為とは言い難いにもかかわらず、破産決定の確定という処罰条件の存在によって、犯罪となるという点に重大な疑問がある[13]」として、刑罰の対象から除外することを求めていた。また、5号の行為については「第374条第4号該当行為のうち、図利加害目的を欠く、単なる閉鎖帳簿の改ざんなどを対象としている。しかしながら、図利加害目的のない閉鎖帳簿の改ざんなどは、それだけでは刑法的に処罰の対象となる違法、有責な行為とは言い難い」としている。

　さらに、同意見書は破産実質罪である詐欺破産罪は、刑法上の強制執行妨害罪の特別法であるという前提に立ったうえで[14]、旧第374条の第3号・第4号該当行為について、「帳簿隠匿などの行為は、まさに財産隠匿行為を実現するための手段として行われているということができるから、破産等の手続が行われるに至った場合、これらを『周辺罪』として刑罰の対象とすることには合理性が肯定

10　法制審議会倒産法部会破産法分科会第14回議事録（http://www.moj.go.jp/shingi1/shingi_020712-1.html、2016年6月17日閲覧）。
11　なお、過怠破産罪の1号類型についてはこの時点で廃止の方向性が固まっている。
12　日本弁護士連合会「『破産法等の見直しに関する中間試案』に対する意見書」（2002年11月）（http://www.nichibenren.or.jp/activity/document/opinion/year/2002/2002_38.html、2016年6月17日閲覧）
13　日本弁護士連合会・前掲注（12）164頁。
14　日本弁護士連合会・前掲注（12）165頁。

できる」とするが、「しかしながら、法定刑が第374条第1号と第3号とで同一というのは均等を欠くものであり、『財産隠匿』に直接関係する行為とその周辺的・手段的行為とで法定刑に差を設けるべきである」としていた[15]。

（2）倒産法部会での議論

中間試案がパブリックコメントに付され、中間試案に対する関係団体からのヒアリング（第18回会議2002年10月25日）が行われたあと、第21回会議から事務当局が作成した「破産法等の見直しに関する要綱案」について、第1次案、第2次案、第3次案の検討が行われた。

（a）第1次案（2003年3月28日法制審議会倒産法部会第26回会議[16]）

第26回会議では、事務当局から第4部「第1　倒産犯罪」、「1　破産財団を構成する財産の価値を侵害する行為及びその収集を困難にする行為（詐欺破産行為）の処罰」について、個別執行における同種の妨害行為に関する刑法等改正案の規定[17]を参考にしつつ、検討するという説明がなされた。

その中で、商業帳簿（破産法第374条第3号参照）及び閉鎖帳簿（同条第4号参照）に係る行為については、詐欺破産行為としての重い処罰の対象から除外するか、という論点が示され、「商業帳簿の不作成等の行為を詐欺破産罪として処罰することの当否についてでございます。現行法上は、これらの行為も詐欺破産罪として処罰されておりますが、この点につきましてはこのような行為が財産の隠匿等の手段として行われた場合には、そちらで処罰すれば足り、それ以外の場合には10年以下の懲役という罪として処罰する必要はないのではないかという指摘がされておりますので、ここで取り上げております」と説明された。

他方で、「2　破産者の財産等に関する情報の収集を妨害する行為の処罰」の

15　日本弁護士連合会・前掲注（12）165頁以下。なお同意見書は客観的処罰条件について、詐欺破産罪が強制執行妨害罪の特別法であるという前提のもとで「法的倒産手続がとられた場合をもって、特別法により法定刑の重い犯罪の対象とする政策目的には合理性があるというべきである（同書167頁）」としている。

16　法制審議会倒産法部会第26回会議議事録（http://www.moj.go.jp/shingi1/shingi_030328-1.html、2016年6月17日閲覧）。なお「破産法等の見直しに関する要綱案」の第1次、第2次、第3次案については、弁護士法人黒木・内田法律事務所管理運営「倒産法改正資料ライブラリー」（http://www.ku-law.net/library、2016年6月17日閲覧）を参照。

17　これは、同時期に行われていた強制執行妨害罪の改正案のことを指している。強制執行妨害罪の改正案においては、執行官の業務に対する妨害罪がかなり広い範囲で導入された。改正時の議論については、拙稿「強制執行妨害罪の改正とその検討」立命館法学345・346号（2013年）166頁以下。

（3）として、破産者の業務及び財産の状況に関する資料の隠滅行為の処罰が取り上げられた。これについては「破産者の業務及び財産の状況に関する資料を隠滅する等の行為については、商業帳簿や閉鎖帳簿に限らずこれを処罰するとの考え方を取り上げております。これは、これらの資料以外の資料であっても、破産者の財産状況や取引の状況を把握する上では、商業帳簿等と同様の重要性を有するものが少なくなく、これらを隠滅する行為が管財人の適正な職務執行を妨害するという意味では、商業帳簿等と区別する必要はないのではないかという点を考慮したものでございます。先ほど御説明いたしましたとおり、これらの行為は財産の隠匿等とは罪質を異にすると考えられますことから、詐欺破産罪とは別個の犯罪類型とすることを念頭に置いております」という説明がされた[18]。

第26回会議では、議論の時間はほとんどなく専門家である委員から意見が開陳されたにとどまる。その中では「商業帳簿等については、これは現実には全く使われていない規定でございますので、商法上は記帳義務が過料の対象になっているわけで、それが詐欺破産になると突如10年以下の懲役になるという不自然さということを考えますと、何らかの形でこれを残すとしても、重い処罰の対象からは除外して、適正な類型に限定した上で処罰の範囲を画するべきではないかというふうに思います」とする意見が出された[19]。

(b) 第2次案（2003年5月23日法制審議会倒産法部会第30回会議[20]）

第2次案においては、第1次案における論点を整理したうえで、強制執行妨害罪を参考として具体的な行為類型が提示された。また帳簿等の隠匿行為等については「破産法374条3号及び4号に規定する行為につきましては、このような行為が財産の隠匿等の手段として行われた場合には、財産の隠匿等として処罰すれば足りるとの指摘がされておりますので、2の（3）において、詐欺破産罪とは

---

18 その他の点として、偏頗行為の処罰、破産管財人の任務違背行為の処罰、重要財産に関する破産者の説明義務違反行為の処罰、破産管財人等への説明義務違反行為等の処罰、破産管財人等の職務執行に対する妨害行為の処罰などが取り上げられたが、本稿では検討しない。
19 なお、同委員は客観的処罰条件について「その中でも特に詐欺破産罪における破産宣告を客観的処罰条件とするか否か、これについては、やはり個別執行との均衡ということ、それから財産隠匿行為等からどういう法的整理に行くか、民事再生に行くか、更生に行くか破産に行くか、あるいは私的整理に行くかということはまだ未定なわけですから、必ずしも破産宣告を処罰条件にする合理性はないというふうに私も考えている次第でございます」として不要とする方向性が示された。第2次案でも、客観的処罰条件を不要とした案が提示されている。
20 法制審議会倒産法部会第30回会議議事録（http://www.moj.go.jp/shingi1/shingi_030523-1.html、2016年6月17日閲覧）。

異なる犯罪類型に属する行為として取り上げております」として、詐欺破産罪の類型から削除されることが既定となった。

帳簿等の隠匿等については「2　破産者の財産等に関する情報の収集を妨害する行為」中の「(3) 破産者の業務及び財産の状況に関する物件の隠滅行為の処罰」で取り上げられ、第1次案と同様の趣旨が説明された後、「なお、ここでは隠滅等の対象となる物件を、『破産者の帳簿その他の物件』としておりますが、ここに掲げた行為には、破産者の帳簿等破産手続開始決定前に隠滅したという場合をも含める趣旨でございます」という説明がなされた。

第2次案においては、客観的処罰条件に関して（おそらくは刑事法を専門とする）委員と弁護士委員との間で激しい意見の対立があった。議論の大半がそれに費やされ、帳簿等の隠滅、偽造、変造した者への処罰については電磁的記録を加えるべきではないかという意見のほかには特に意見は出されなかった[21]。

(c) **第3次案**（2003年7月11日法制審議会倒産法部会第33回会議[22]）

第2次案での議論を踏まえて第3次案が作成され議論された。ここでも大きな対立は客観的処罰条件についてであった。刑事法関係の委員からは廃止に向けられた意見が出されたものの、弁護士委員をはじめとして慎重論が相次ぎ、最終案まで部会長が預かることとなった[23]。また、「(3) 債務者の業務及び財産の状況

21　もっとも、破産犯罪に関する議事の最後で法定刑に関するやり取りがあり、その中で立法当局者が「今回詐欺破産の行為の中で、現在帳簿関係で入っているものについては、それは隠匿とか何とかで読めるものはそっちでいくのであって、それ以外のものはこの帳簿の偽造罪、そっちの方でいくという話もいたしました。これは中間試案の段階のパブリックコメントで、例えばそういったものは前段階のものなのだから、同等に詐欺破産で重く処罰する必要はないのではないかという意見があったかと思います。それは確かにそのとおりだと思われますので、ですからそちらとこちらと比べればこちらの方が軽いのだろうなという形で……（傍点筆者）」と述べている部分がある。

22　法制審議会倒産法部会第33回会議議事録（http://www.moj.go.jp/shingi1/shingi_030711-1.html、2016年6月17日閲覧）。

23　廃止派の意見は、破産宣告の確定が客観的処罰条件だとするとそれ以前にすでに総債権者の利益を害する行為が行われている、つまり当罰性のある行為が行われているのに破産手続に入って確定しないと処罰できない理由はどこにあるのか、という点に集約できると思われる。他方で存続派の意見の要は、破産宣告の確定を条件から外してしまった場合に、破産手続に入る前の危機的状況下における不良債権の回避に向けた行為が常に詐欺破産罪の刑罰威嚇の下にさらされ得るということに対する懸念であるように思われる。筆者はこの点に関して、破産手続が保護される理由は、総債権者の利益に尽きているのか、という視点を持つことが必要であるように思う。私的整理であれ破産手続であれ、総債権者の利益が害される点は変わらない、と解すべきなのか、公的手続を用いない私的整理と裁判所・管財人等が関与する破産手続との間には、なんらかの質的な差異があるのかという視点である。この点は、部会の議論の中でも、強制執行妨害罪の罪質

に関する物件の隠滅行為」においても客観的処罰条件を維持するかについて議論があったが、こちらも部会長が引き取った[24]。

　本稿との関連では、第3次案段階での客観的処罰条件をめぐる議論の中で「例えば詐欺破産の中の4号、5号ですね、帳簿関係。これにつきましては、今回は資料ですと5ページの方に（3）ということで、物件の隠滅行為ということで別個に構成している。帳簿に偽りを書くことによって財産の隠滅、あるいは仮装譲渡と評価できるのであれば、そちらでいけばいい、それ意外（原文ママ）のものは正に手続妨害じゃないかということで……」という意見が出されていた。

　また、他の委員から270条の行為について虚偽記載は含まれないのかについて質問が出されたが、それに対して当局者は「この偽造、変造云々というのは、先ほど刑法105条の2の話が出てきましたが、刑法の104条から引いた言葉でありまして、刑法104条というのは、『他人の刑事事件に関する証拠を隠滅し、偽造し、若しくは変造し』云々と、こう書いてあります。刑法ですと、文書偽造ですと正に今おっしゃったようないわゆる有形偽造、作成権限の関係を問題にするのですが、この104条の偽造、変造というのはむしろ虚偽記載、あるいは書いてあることを書き換えてねつ造したと、そういった概念を含んでおりますので、うそのことを書いた者を処罰しない、そういう趣旨で書いているものではないということでございます」と説明した[25]。

3　小　括

　以上の倒産法部会の議論を経て、「破産法等の見直しに関する要綱案」が作成され、法制審議会、国会での審議を経て2005年より施行されることになった[26]。

　倒産法部会の議論においては、旧374条3号・4号に該当する帳簿等の隠滅等の行為についてはかなり早い段階から詐欺破産罪の1類型とすることに疑問が呈され、他方で破産者の財産等に関する情報の収集を妨害する行為の処罰という文

　　との関係や、（おそらく裁判官）委員から同様の意見が出されていたがその点の検討は不十分であろう。改めてこの点についても考察してみたい。
24　結局最終案の段階で客観的処罰条件は維持されることとなった。法制審議会倒産法部会第34回会議議事録 http://www.moj.go.jp/shingi1/shingi_030725-1.html、2016年6月17日閲覧）。
25　本稿の趣旨とは直接関係しないが、この点は偽造概念との関係で極めて問題がある。
26　施行後の状況であるが、2005年から2014年までの10年間で破産法違反で検挙された者が219名、そのうち起訴された者が62名、平均起訴率は27%である（一部、旧破産法違反を含む）。犯罪白書平成27年版 CD-ROM 資料1-8。

脈の中で、業務・財産の状況を示す帳簿等の物件の隠滅等が新たに手続的犯罪として犯罪化されたといえる。270条については、商業帳簿、閉鎖帳簿以外の資料でも財産や取引の状況を把握するうえでは、商業帳簿等と同様の重要性を有するものが少なくなく、これらを隠滅する行為が、破産管財人の適正な職務執行を妨害するものであるという意味では商業帳簿と区別する必要はないという点が考慮されている。

もっとも、立法当局者による説明や委員による意見の中でも再三にわたって、帳簿等の隠匿等の行為が財産隠匿等の手段として行われた場合にはそちらで処罰すればよいという見解が示されていたが、ではいかなる場合に帳簿等の隠匿が詐欺破産罪となり、いかなる場合が270条の対象になるかについて具体的な議論はされていない[27]。さらに、後に検討するように、詐欺破産罪の類型が整理されたことによって、265条1項1号における「財産の隠匿」概念についても変動があるようにも思われるが、その点が考慮された形跡もない。

以上の点を考察するために、さらに、旧法段階において、判例上、財産の隠匿というためにはいかなる行為が必要とされたかを確認し、帳簿等の隠匿それ自体が財産の隠匿に当たる場合があるのかについてみることにしよう。その際、参考として、詐欺破産罪と同様に財産の隠匿を処罰類型とする強制執行妨害罪の判例もみることとする。

三　判例における「財産の隠匿」概念

1　詐欺破産罪における「財産の隠匿」

まず、詐欺破産罪において財産の隠匿が問題となった行為についてみてみよう。

　①東京高判昭和32年10月24日東高刑時8巻10号369頁
　【行為】
　・破産財団に属する財産たるビーエスモーター31型4台及び同41型15台並びに商業帳簿数冊を運搬し隠匿した。

27　なお、旧詐欺破産罪では商業帳簿等の不作成、不正記載、不記入も処罰されていたが、商業帳簿の作成義務違反は商法上過料にすぎず、これを詐欺破産罪として重い刑事罰を科すことについて疑問が呈されていたことから270条からは省かれている。

②大阪地判昭和43年3月19日判時517号88頁
【行為】
・会社の破産財団に属する現金21万円を密かに分配取得した。
・配当可能財源を現実と異なる支払をしたように仮装して債権者に公表することにより、その差額を密かに除外した。
・破産財団に属する約束手形1通を密かに除外して取得した。

③最決昭和44年10月31日刑集23巻10号1465頁
【行為】（第1審認定事実）
・架空の公正証書に基づいて差押をさせ、これを知人に競落させたうえで、競落物件及びモーター類、同部品、電線類等差押以外の物件を共犯者が代表取締役をしている工場内にトラックで搬入した。
・会社所有のインバーター1台を売却させた。
・破産会社所有の約束手形を他人名義の普通預金口座に入金した。

④東京高判昭和61年10月30日高刑速（昭和61）号198頁
【行為】
仮装の帳簿処理により、会社所有の土地を第三者に売却して破産財団に属さないような状況を作出したうえ、第三者たる会社に、破産財団に帰属する不動産に対する売買に因る所有権移転登記手続請求訴訟において弁護人に事実に反する準備書面を提出させた。

⑤大阪高判平成3年3月28日高刑集44巻1号31頁
【行為】
被告人は実兄と共謀のうえ、
・実兄に対して、仕入れ代金名下に手形を交付し、決済した。
・在庫品の牛肉を架空名義で冷蔵会社に搬入して寄託したり、在庫品の牛肉を架空名義で売却したりした。
・違約金を仮装して実兄に約束手形を交付し、決済して財産を隠匿した。
・売掛帳、買掛帳及び振替伝票の一部を実兄の愛人宅の押入れに運び込んだうえ隠匿した。

⑥大阪高判平成13年12月11日 LEX/DB28075263
【行為】
・会社所有の機械を搬出し、現金340万円を借名口座に入金した。
・テナントビルの賃借人からの賃料を仮装債権譲渡して共犯者の口座に入金させた。

⑦最判平成14年1月22日刑集56巻1号1頁
【行為】

会社の総勘定元帳ファイルに架空の債務を負担し、実際の金額より減額した賃料債権を有する旨虚偽の情報を入力させ、総勘定元帳ファイルに不正の記載をするとともに、内容虚偽の協定書、賃貸借契約書、清算貸借対照表を作成し、その清算貸借対照表を破産申立書と共に裁判所に提出して、破産財団に属すべき金銭債権、固定資産を隠匿した。

⑧大阪地判平成15年11月11日 LEX/DB28095435
【行為】（詐欺再生罪）
・証券会社に預託していた株券を、証券会社係員に持ち出させ、社長室等に隠した。
・同社に預託していた現金を、証券会社係員に持ち出させ、社長室等に隠した。
・財産目録から除外した本人名義の預金口座に振込入金された現金を出金し、他人名義の預金口座に入金した。

⑨東京地判平成26年6月24日 LEX/DB25504497
【行為】
自己の運営する出会い系サイトの売上金等を、他人名義の預金口座に振込入金させた。

⑩盛岡地裁平成28年1月19日 LEX/DB25542095
【行為】
被告人が代表理事である法人が所有するポンツーン4基ほか15点を情を知らない者らをして車両に積載させるなどしたうえ、別の土地に搬送させて同所に保管させるなどして隠匿した。

⑪最決平成28年2月16日 LEX/DB25542524
【行為】第1審認定事実
学園が経営する幼稚園の保育料収入などとして得た財産の一部を屋根裏部屋に隠した。

2　強制執行妨害罪における「財産の隠匿」

　詐欺破産罪と同じく、財産の隠匿が処罰の対象となる犯罪類型として、強制執行妨害罪がある。もっとも、刑法典には破産法270条のように商業帳簿などの業務及び財産の状況に関する物件の隠匿行為を処罰する類型はないことから、強制執行妨害罪において商業帳簿等の隠匿が財産の隠匿にあたる事例があるかが問題となる。

⑫高松高判昭和31年1月19日高刑特3巻3号51頁
【行為】
店の二階に陳列してあった衣料品の差押手続中、その強制執行を免れる目的をもって、執行吏が拒むのにもかかわらず強いてそれ等の衣料品を同店店員数名に階下に運

ばせてトラックに積み込ませ、別会社の倉庫に運搬収納した。

⑬最決昭和39年3月31日刑集18巻3号115頁
【行為】原審認定事実
公正証書正本に基づき、衣類商品の差押をさせ他人名義で競落したもののように装い商品等を隠匿した。

⑭東京高判昭和39年4月21日高刑集17巻3号229頁
【行為】原審認定事実
会社所有の営業自動車に付属する自動車検査証及びエンジンキーを返還すべきことを命じた仮処分決定の執行を免れる目的で、自動車に付属する自動車検査証とエンジンキーを持ち去った

⑮東京地判昭和57年9月17日判タ482号169頁
【行為】
会社の所有する商品である家具等を第三者に売却する売買契約書を偽造し、会社所有の有体財産の仮差押の執行にあたった執行官に対し、偽造にかかる物品売買契約書を真正に作成したもののように装い、提示して行使し、もって、動産の所有権の帰属を不明ならしめた。

⑯東京地判平成10年3月5日判タ988号291頁
【行為】
会社の普通預金口座から預金を払戻し、その全額を、裏口座として開設した借名口座である第三者名義の普通預金口座に出納振替の方法で入金した。

⑰福岡高裁那覇支判平成11年7月29日高刑速（平11）号168頁
【行為】
会社の所有に係るマンションにつき、同社の賃借人等に対する賃料が抵当権の物上代位により差押えられたにもかかわらず、賃借人らを欺き、賃料額の4割の維持管理費が必要であるかのように装って、従前の賃料額の6割を賃料、4割を維持管理費とする旨の契約更改をさせたうえ、賃料を賃借人等に代わって差押債権者に送金するかのように装い、よって、第三債務者である賃借人等から、維持管理費及び賃料預り金名下に金員を受け取った。

⑱大阪地判平成11年10月27日判タ1041号79頁
【行為】
・関連会社名義の定期預金を満期日を待たずに解約したうえ、休眠会社名義で預金口座を開設し、解約金を分散して預金した。
・会社所有の割引債を決算報告書から除外して第三者名義の貸金庫内に隠し入れ、そ

の存在が察知されることを懸念して、貸金庫から持ち出したうえ、ホテルの一室またはビルの地下電気室等において保管した。

⑲水戸地判平成15年3月13日 LEX/DB28085417
【行為】
自己の議員報酬等の債権に対する強制執行を免れる目的で、仮装の債務を負担して、その執行宣言付支払督促にかかる債権を請求債権として債権差押命令を発布させ、共犯者名義の普通預金口座に議員報酬及び期末手当から所得税等を控除した金銭を振り込ませた。

⑳大阪地判平成15年3月19日 LEX/DB28085424
【行為】
自己に対して損害賠償が請求され、同請求権を保全するため仮差押等の強制執行があることを察知し、自己の自宅に保管していた現金や妻名義の貸金庫内からいったん持ち帰った現金を共犯者や自己の親族の自宅や貸金庫に運び込んだ。

㉑名古屋地判平成17年3月22日 LEX/DB25410632
【行為】
会社が有していた預金債権に対して仮差押がされるものと察知し、会社名義の普通預金口座から現金を払戻し、息子の住居に現金を運び入れた。

㉒東京高判平成17年12月28日判タ1227号132頁
【行為】
自己の保有する預金債権に仮差押の可能性が高まったことから、自己名義の口座から現金の払い戻しを受けたうえ、自宅納戸の2階に妻が所有するかのような記載のある「預金譲渡証」と共に保管し、さらにその一部を姪に依頼して同女の自宅に保管させた。

㉓最決平成18年12月13日刑集60巻10号857頁
【行為】第1審認定事実
会社所有の建物に関する賃料債権に対する差押を免れるために、賃料を受領する意図であるにもかかわらず、当該物件の賃料を使用損害金名目で受領することを企て、その旨の訴え提起前の和解を成立させ、さらに、損害賠償請求債権を別会社に債権譲渡する旨の債権譲渡確認書を作成し、別会社名義の当座預金口座に振込入金させた。

㉔最決平成22年10月12日集刑301号321頁
【行為】原審認定事実
会社の業績が低迷し、取引銀行から特別清算をする予定であることが伝えられたことから、借名口座を作り、他の口座を利用するなどして会社の口座から振込入金した。

3 小 括

　以上、詐欺破産罪（詐欺再生罪を含む）及び強制執行妨害罪において、財産の隠匿行為とされた事実を概観してきた。これらの事例から、裁判例において財産の隠匿が認定された事例はおおむね3つの類型に分類することが可能である（重複するものもある）。

　　A：現金を第三者の口座または借名口座に振り込んだまたは振り込ませたもの（⑥、⑧、⑨、⑯、⑰、⑱、⑲、㉓、㉔）。
　　B：物件を第三者の所有・管理する不動産に運び込むか、容易に発見されない場所に運び込んだもの（①、②、③、⑤、⑥、⑧、⑩、⑪、⑫、⑭、⑱、⑳、㉑、㉒）。
　　C：契約書等の必要関係書類の作成・法的手続の履践などして、債務負担、譲渡、競落などを仮装し財産の権利関係を不明にしたもの（②、③、④、⑤、⑥、⑦、⑬、⑮、⑲）。

　つまり、従来、「財産の隠匿」と評価されてきた類型は、物件の状況（所在等）に直接物理的・事実的な影響を与えて財産の発見を不能または困難にしたもの（A、Bの類型）か、物件の状況（権利関係等）に直接法的な影響を与えて財産の発見を不能または困難にしたもの（Cの類型）に分類することができるのである。

　他方で旧374条3号が適用されたものの中に、商業帳簿の隠匿等の行為のみをもって詐欺破産罪としたものはなく、旧374条1号にあたる事実が認定されたうえで、それに付随する行為として商業帳簿に不正の記載をした、あるいは商業帳簿を隠匿した裁判例がみられるのみである（①（隠匿）、④（不正記載）、⑤（隠匿）、⑦（不正記載）[28]）。強制執行妨害においても商業帳簿等の隠匿をもって財産の隠匿とした例はない。もっとも架空の契約書等を作出することによって権利関係を不明にしたことを財産の隠匿とした事例はある（⑮）。

四　検　討

1　破産破産罪における「財産の隠匿」

　学説上、旧破産法374条1号にいう「財産の隠匿」については1967年の東京高

28　罪数処理としては包括一罪として処理されているようである。

判にしたがうもの[29]や、「債権者、管財人等からの債務者の財産の発見を不能にし、あるいは困難にすることである[30]」とする見解が主張されていた。また上述のように判例において財産の隠匿が認められたのは、事実的あるいは法的な影響を物件に及ぼして、財産の発見を不能・困難にした場合であった。

現行法の解釈においても、従来の見解を引き継ぐもの[31]や「財産の発見を、事実上または法律上、不能または困難にする行為」とする見解[32]が主張されている。

もっとも、現在の265条1項1号にいう財産の隠匿を旧来のように解することができるかついては疑問の余地がある。確かに、旧詐欺破産罪は1号として、「破産財団ニ属スル財産ヲ隠匿、毀棄又ハ債権者ノ不利益ニ処分スルコト」として事実的・法的行為のいずれもが該当し得るとされ、仮装譲渡は財産の隠匿の一態様として、物件の価格減損行為は毀棄の一態様として理解されてきた。しかし、現行法では行為類型が整理され、譲渡の仮装という法的行為によって財産の発見を不能または困難にする行為は、265条1項2号に該当する行為として処断されることになった。

したがって、現在の1号にいう財産の隠匿は、事実的・物理的な影響力を物件に加えて、債権者・破産管財人からする債務者の財産の発見を不能または困難にする行為に限られていると解すべきである[33]。

2　詐欺破産罪と270条の関係

さらに問題は、旧詐欺破産罪3号・4号に規定されていた商業帳簿等の隠匿等の行為が、実体的犯罪とは異なる手続的犯罪として270条に規定されたことの影響である。詐欺破産罪は、債権者・破産管財人からする債務者の財産の発見を事実上（1号）または法律上（2号）不能または困難にするか、債務者の財産を債権者の不利益に減損（3号）または処分・債務の負担（4号）することによっ

29　斎藤秀夫＝麻上正信＝林屋礼二編『注解破産法（第3版）・下巻』860頁（阿部純二）。
30　伊藤栄樹＝小野慶二＝荘子邦雄編『注釈特別刑法第5巻Ⅰ』（立花書房　1986年）687頁（亀山継夫）。
31　東京弁護士会編『入門　新破産法　下』（ぎょうせい　2004年）231頁（進士肇）。
32　伊藤ほか・前掲注（3）1785頁。同旨、竹下守夫ほか編『大コンメンタール破産法』（青林書院2008年）1137頁（高崎秀雄）。
33　刑事法学者によるものではないが、1号の隠匿を物理的に所在不明にする行為を意味し、2号の類型を、譲渡や債務負担という法的行為によってその結果を生じさせる特徴を捉えたものとする見解として、伊藤・前掲注（6）546頁。

て、総債権者の財産上の利益を侵害しまたは危険ならしめる行為を処罰する危険犯である。

他方、270条は268条以下に定められた、破産手続が適正かつ公正に行われることを担保するための手続的犯罪である。債務者の財産状況を把握するための情報収集に係る手続妨害の罪として位置づけられる。本罪が265条とは独立の罪として制定されたのは、帳簿等の隠滅等の行為が「財産の隠匿や不利益処分に係る糊塗のための手段として行われることが少なくなく、かつ、そのような場合には、旧破産法374条1号の罪等も同時に成立するものと解されていたから、これを実質侵害犯として処罰する実益も乏しく、逆に、詐欺破産罪等の罪質の理解を困難にしていた[34]」からである。

ここで問題なのは、帳簿などの業務や財産の状況に関する物件が隠滅、偽造、変造された場合、債権者や破産管財人による債務者の財産の発見が不能または困難になる危険性が抽象的には常に存在するのではないか、という点にある。それでは結局、270条が成立する場合には常に265条が同時に成立することにもなりかねないが、これでは270条を独立の犯罪類型として規定した意味が失われる。

だからといって、270条は総債権者の財産上の利益に対する危険性とは無関係に成立すると解すべきではない。268条以下に定める情報・資料収集に対する妨害の罪における、情報・資料はあくまでも総債権者の財産上の利益と関連付けられる破産そのものに関連するものに限定されるべきだからである[35]。そうすると、270条にいう業務及び財産の状況に関する物件の隠滅等の行為が行われれば、抽象的には債務者の財産の発見を不能または困難にする危険性はおよそ常に存在することになろう[36]。

では265条と270条の関係をどのように解すればよいのであろうか。上述のように財産の発見に対する危険が常に存在する以上、265条の罪と270条の罪の差は財産に対する行為の「直接性」に求めるほかない。265条が成立するためには、財産の発見が不能または困難になる状況が発生しただけでは足りず、そのような状況が当該財産に対する直接の行為によって発生することが要求されると解するこ

---

34 髙崎・前掲注（32）1162頁。
35 その意味で、270条にいう業務・財産の状況に関する物件は、帳簿等と同様の重要性を持つものに限られると解すべきであろう。
36 すでに債権者や破産管財人によって完全に把握されている財産の状況を示す物件を隠滅等した場合には本罪が成立しないと解する余地がある。

とによって、はじめて265条と270条の区別が可能となるのではないだろうか。

従来の見解によると、財産の隠匿とは、債権者等からする債務者の財産の発見を事実上または法律上不能または困難にする行為をいうとされてきたが、上述のように、現行法は事実上の行為を1号、法的な行為を2号に分けて規定しているから、さらにこの点を事実上の行為と法的な行為とに分けて検討してみよう[37]。

まず、事実上の行為との関係では、270条に該当する行為が同時に265条1項1号の罪にあたる場合はおよそ存在しないと思われる。判例でみたように、事実上の行為によって財産等の隠匿が認定された事案では、現金を第三者ないし仮名口座に振込むあるいは振込ませるといった行為や、財産を容易に発見されない場所に移動させるあるいは第三者所有の不動産等に運び込むといった行為のように、その物件に対する直接の行為が要求されている。そうすると、業務や財産の状況に関する物件を隠滅等したとしても、その物件が物理的に移動等することはないから、270条該当行為のみによって265条1項1号の罪が成立することはないと解すべきである。

もっとも、財産等を搬出等した後、その痕跡を除去するために帳簿などを隠滅等することはありうる。その場合には265条1項1号の罪が成立するのと同時に、財産の隠匿等を糊塗するために行われる270条が成立することになる。

問題は、そのような場合の罪数関係である。考え方としては、両罪を併合罪とする考え方と、包括一罪とする考え方の両者がありうる。両者の違いは270条が保護する破産手続の適正・公正が詐欺破産罪が保護する総債権者の財産上の利益という財産的利益と別個の法益として保護されるかという点にある。しかし、詐欺破産罪という破産実体罪の保護法益は、適正・公正に行われる破産手続を通じて実現される総債権者の財産上の利益であるから、両罪は破産手続の適正・公正という点で同一の性質を有していると解して包括一罪として処理すべきであるように思われる。

他方で、業務や財産の状況を示す物件を偽造・変造して財産の譲渡や債務の負担を仮装し、事実とは異なる法的状況を作出して債権者や破産管財人による債務者の財産の発見を不能または困難にすることは可能であり、このような場合は265条1項2号によって処断すべきである。この場合に行われる帳簿や書類の偽

---

[37] 3号は財産の物理的状況を変える行為であり、また4号は真実譲渡、真実処分行為であるから、270条該当行為によって実現することは想定できない。

造等の行為は、まさに財産の法的状況を「直接」仮装することによって、債権者や破産管財人による債務者の財産の発見を不能または困難にしたといえ、詐欺破産罪として評価されるべきだからである。

その際に行われた帳簿や書類の偽造・変造については270条も同時に成立し観念的競合となると解することもできるが、上述の両罪の罪質の点から265条のみが成立すると解せば足りる。また、仮装譲渡や債務の負担の仮装が行われたのちに、さらに帳簿や書類の隠滅等の行為が行われることもあると思われるが、その場合は上述と同様に処理することになろう。

五　おわりに

以上、破産法265条の詐欺破産罪と、270条の業務及財産の状況に関する物件の隠滅等の罪の関係について若干の検討を加えてきた。本稿が取り上げたのと同様の問題は265条と268条、269条との間でも起きうる。従来、破産犯罪に関する刑事法学者の主たる関心は詐欺破産罪と過怠破産罪との関係や、客観的処罰条件の意義などの極めて限定された範囲についてであった。しかし、破産法改正による破産犯罪の整理・拡充については、単なる整理にとどまるものではなく、各罪の限界や関係性についてより詳細な検討を加える必要があるものが含まれていると思われる。現行の法体系、刑事システムの中で破産手続がどのように位置づけられ、今後どのように発展していくか、また、同様の規定を多く持つ個人再生法や、会社更生法との異同などの検討を踏まえたうえで、さらなる個別の破産犯罪の検討を行っていく必要があろう。他日を期してさらに検討を深めたい。

ドイツの相場操縦規制について

品 田 智 史

一　はじめに
二　立法の展開
三　ドイツ証券取引法における相場操縦の規制
四　改正法――資本市場刑法のさらなる欧州化
五　結びに代えて

一　はじめに

　日本において、相場操縦は、金商法159条の禁止規定によって規制されているほか、同法158条の風説の流布等や同法157条の不正行為の禁止規定によっても捕捉され得る。行為が各条文に該当する場合、同法198条によって刑罰が課されるほか、同法158条、159条の一部については課徴金も課される（同法173条～174条の3）。
　相場操縦の規制は、法157条と法159条がアメリカ法に由来するものであるため、同法との比較研究が盛んに行われてきた。しかしながら、相場操縦規制の各条項がその文言のまま犯罪構成要件を形成していることも顧慮されるべきであろう。つまり、法157条～159条は、立法においては罪刑法定主義（憲法31条）の、解釈においては刑法の犯罪論の縛りを受けることになるのである。この点、周知のように、我が国の刑法理論はドイツの刑法学を母体としている。また、ドイツの証券取引法は、日本法と同様に、禁止行為の構成要件を定めてそれに対する行政法上の制裁・刑法上の罰則を定めるという方式をとっている。したがって、ドイツ法の相場操縦規制を参照することは、我が国の相場操縦規制にとって有益な示唆を与えるものではないかと思われる。そこで、本稿では、ドイツの相場操縦規制の展開とその構造を概観することとし、それによって、日本の相場操縦規制について、刑法学の観点から取り組むことの手がかりとしたい。
　相場操縦（Marktmanipulation）は、ドイツ証券取引法において、行政上の制裁

だけでなく刑事罰も科され得る数少ない禁止行為であり、同じく刑事罰が科されるインサイダー取引規制[1]と併せて一般的に市場濫用（Marktmissbrauch）と呼ばれている。後述するように、ドイツ法の相場操縦概念は、日本における相場操縦（法159条）が捕捉するものに限られず、風説の流布（法158条）や不正行為（法157条）として規制されている行為の一部をも含む概念である。

二　立法の展開

1　相場詐欺

ドイツにおける相場操縦規制は、当初、相場詐欺（Kursbetrug）という名称の刑事罰として取引所法旧88条に規定されていた[2]。その内容は、有価証券等の「相場・市場価格に影響を与えるために、①有価証券等の評価にとって重要な事情について虚偽の表現をする、若しくは、法令に反して当該事情を隠ぺいする、又は、②その他の欺罔的手段を利用する者は、3年以下の自由刑、または、罰金刑に処す」というものである。

もっとも、取引所法旧88条は、理論上も実務上も評判のよいものではなかった。すなわち、1号が相場操縦の現象形態を全て把握できていない一方で、受け皿規定である2号の規定が不明確性を有していることが批判されたほか、とりわけ、相場への影響目的という特別な主観的要件の立証が非常に困難であることが批判されてきた[3]。実務上も、本条による有罪判決はほとんど知られていない。

2　第四次資本市場振興法

これに対して多くの改正提案が挙げられるなどしたが、最終的に、2002年の第四次資本市場振興法に基づき、取引所法旧88条は削除され、新たな相場操縦規制

---

[1] 市場濫用のもう一つの領域であるインサイダー取引も非常に重要であるが、紙幅の関係上、本稿では扱わない。

[2] 同規定の成立は1986年であるが、その淵源は、19世紀末のドイツ一般商法典249条dにまで遡り、基本的にその行為態様には変更がない。Vgl. Heinz‐Dieter Assmann / Uwe H. Schneider, WpHG Kommentar, 6. Aufl., 2012,（以下、A／Sch）‐ Joachim Vogel, vor §20a Rn 1; Heribert Hirte / Thomas M.J. Möllers, Kölner Kommentar zum WpHG, 2. Aufl., 2014,（以下、KK）‐ Sebastian Mock / Andreas Stoll, §20a Rn 21.

[3] A／Sch‐Vogel, a.a.O.（Anm. 2）, vor §20a Rn 2; KK‐Mock / Stoll, a.a.O.（Anm. 2）, §20a Rn 21. Auch Vgl. KK‐Karsten Altenhain, §38 Rn 14 ff.

が成立した[4]。この改正による法規制の枠組みが現在も基本的に妥当している。詳細は後述するが、ドイツ証券取引法20条aが相場操縦の禁止規定（構成要件）を記述し、それに違反した場合、同法39条に基づき秩序違反として過料（Bußgeld）による制裁が予定される。刑罰が科されるのは、上記操縦行為によって有価証券等の相場・市場価格に実際に影響が生じた場合である（同法38条2項）。相場詐欺との比較における改正法の特徴として、相場詐欺とは異なり客観的要件を重視すること、及び、行政機関の法規命令（相場・市場操縦の禁止の具体化についての規則：KuMaKV）によって禁止行為の具体的内容が補充されていることが挙げられる[5]。

3　第一次欧州市場濫用指令と投資家保護改善法によるその転換
（1）第一次市場濫用指令（MADⅠ）

しかし、上記抜本的改正の直後、さらなる改正の必要が唱えられるようになった。その原因は、欧州全体のレベルにおける相場操縦規制の登場である。欧州レベルにおいては、既に1989年にインサイダー取引指令（89/592/EWG）が発布されていたものの相場操縦に対する規制は存在しなかった。しかし、2000年頃に市場濫用への更なる対策を求める声が大きくなり、その中には相場操縦に関する規制も含まれていた[6]。その際、重要な問題の一つとして挙げられたのは、欧州各国における相場操縦規制がきわめて異なっていたということである。

そのような状況のなか発布されたのが第一次欧州市場濫用指令（2003/6/EG）である[7]。同指令は、相場操縦をインサイダー取引と並ぶ市場濫用の一形態として位置づけ、指令1条2項において、その法的定義を行っている。具体的には、取引に基づく相場操縦（MADⅠ第1条2項1文a)、b)）、情報に基づく相場操縦

4　当時は、相場・市場価格操縦（Kurs- und Marktpreismanipulation）と記述されていた。
5　A／Sch - Vogel, a.a.O.（Anm. 2), vor §20a Rn 3 f.; KK - Mock／Stoll, a.a.O.（Anm. 2), §20a Rn 23; KK-Altenhain, a.a.O.（Anm. 3), §38 Rn 17.
6　上記第四次資本市場振興法の立法作業時には既に指令の策定作業ははじまっており、同法は、この欧州基準に先駆ける形で制定されたものである。
7　本指令についての日本語の文献として、久保寛展「欧州市場濫用指令の動向について」福岡大学法学論叢48巻3・4号（2004）313頁以下。特に相場操縦について、芳賀良「相場操縦規制と株式会社の内部統制——欧州における規制に関する若干の考察——」横国法学21巻3号（2013）109頁以下。なお、本指令の邦訳としては、日本証券経済研究所編『新外国証券関係法令集　EU（欧州連合）』（2007）360頁以下がある。

(MADⅠ第1条2項1文c))が規定されているほか[8]、各号に該当する行為の例が挙げられている（MADⅠ第1条2項2文）[9]。その他に、相場操縦禁止に該当しないセーフハーバーやジャーナリストに関する特則も定められている。さらに、相場操縦の定義は、将来の新たな相場操縦類型も包含できるようになっていなければならないと明文で規定されており、欧州委員会が、いわゆるコミトロジー手続において、相場操縦の定義のための実施措置を発布している（2003/124/EG; 2003/125/EG; 2004/72/EG;（EG）2273/2003）。

第一次市場濫用指令に関して、刑事罰との関係で注目すべきは、本指令が各加盟国に市場濫用の犯罪化を義務づけたわけではないということである。たしかに、相場操縦は禁止されなければならない（MADⅠ第5条）が、確保されなければならないのは、禁止に対して責任のある人に対して行政上の制裁が予定されるということ（MADⅠ第14条1項2文）、及び、場合によっては、制裁した事実を公表すること（MADⅠ第14条4項）のみである[10]。また、制裁の基準についても、「有効、比例的、威嚇的」でなければならないとされるのみで、最低基準などは定められていなかった（MADⅠ第14条1項参照）。

（2）欧州指令の国内法への転換

第一次市場濫用指令の成立後、その基準がドイツの国内法へ転換されることになり、2004年の投資家保護改善法に基づき、規制の枠組みはそのままで欧州の基準に適合するように証券取引法20条aの内容が修正されることになった[11]。その変更内容は、拡張化、先鋭化の傾向をもつ[12]。また、行政機関による法規命令も、市場濫用指令に適合した新たな拡張的な規則が発布されるに至った（相場操縦の禁止の具体化についての規則：MaKonV）[13]。その後、改正され続ける欧州の基準

8　藤田友敬「相場操縦の規制」金融商品取引法研究会記録43号（2013）9頁の整理によれば、日本法との対応は、MADⅠ第1条2項1文a）の前半が159条1項の仮装売買及び馴合売買、a）の後半が現実売買、c）が159条2項2号3号の表示による相場操縦と158条の風説の流布の一部、b）が157条の一般条項と158条の一部とされている。

9　具体的には、①金融商品の需給関係についての市場支配的地位を確立すること、②終値に基づき取引する者の誤解を招く結果となる取引終了時の金融商品の売買（いわゆる終値関与）、③事前に金融商品に対してポジションを有しておきながら、その事実を開示しないまま、当該金融商品について意見表明を行うためにメディアを利用すること（いわゆるスキャルピング）である。

10　A / Sch - Vogel, a.a.O.（Anm. 2）, vor §20a Rn 11 ff.

11　BT-Drucks 15/3174, S. 37

12　Vgl. Münchener Kommentar zum Strafgesetzbuch Band. 7, 2. Aufl., 2015,（以下、MK）- Panos Pananis, WpHG §38 Rn 16.

13　A / Sch - Vogel, a.a.O.（Anm. 2）, vor §20a Rn 5; KK - Mock / Stoll, a.a.O.（Anm. 2）, §20a Rn

に適合する形で細部において修正・追加が加えられている。

三 ドイツ証券取引法における相場操縦の規制[14]

1 規制の構造

　以下では、投資家保護改善法に基づき成立した証券取引法旧20条aに基づいて、ドイツの相場操縦規制について概観する。ドイツの相場操縦規制は、白地法規と複数段階の参照によって構成されている。まず、証券取引法旧20条a第1項1文各号が具体的な禁止構成要件を定め[15]、その違反に対しては、同法39条1項1号2号、2項11号により秩序違反として過料を科す。同法20条a第1項1文各号の行為は、相場操縦を三つの形態に分けて規定しており、①不実又は錯誤を招く情報を用いた操作（情報に基づく操縦行為）、②不当な取引による操作（取引に基づく操縦行為）、③その他の行為による操作（その他の操縦行為）である[16]。これらの行為に対しては、100万ユーロ以下の過料が予定されている（同法39条6項参照）。取引に基づく、及び、その他の操縦行為については故意が必要だが、情報に基づく操作については、故意だけではなく軽率さ（Leichtfertigkeit）[17]で足りる。さらに、故意の各禁止行為によって相場への影響を実際に生じさせた場合には刑罰が科され、法定刑として5年以下の自由刑又は罰金刑が科される（同法38

---
24 f.
14　2009年時点の証券取引法の邦訳として日本証券経済研究所編『新外国証券関係法令集　ドイツ』（2009）1頁以下がある。その後、部分的に改正されているものの、本稿との関係では基本的に違いはない。
15　各号の条文は以下のとおりである。
　「①金融商品の評価にとって重要な事情について不実若しくは錯誤を招く表現をし、又は、そのような事情を法令に反し秘匿することで、その表示や秘匿が国内の金融証券市場の価格やEU経済圏の他の国家における組織化された市場における金融商品の価格に影響を及ぼす性質を有している場合、
　②金融商品の需要、供給又は相場・市場価格に関する虚偽若しくは誤解を招くシグナルを与える、又は、人為的な価格を作り出す性質を持った取引の実行や売付・買付委託、
　③その他の欺罔行為で、国内の金融証券市場の価格や、EUやEU経済圏条約締結国における組織市場における金融商品の価格に影響する性質を持つもの」
16　この分類は、経済学における相場操縦の体系（情報に基づく相場操縦、取引に基づく相場操縦、行為に基づく相場操縦）に基本的に対応する。もっとも、行為に基づく相場操縦は特に規定されず、3号のその他の相場操縦に把握される可能性があるのみである。Vgl. Mock / Stoll, a. a.O. (Anm. 2), §20a Rn 15.
17　重大な義務違反を意味し、民事法上の重過失（grobe Fährlassigkeit）に相当する概念であると理解されている。

条2項)。したがって、ドイツの相場操縦罪は、日本と異なって結果犯であり、後述するようにその結果は法益侵害結果であると一般的に解されていることから、侵害犯と位置づけられている[18]。

同法20条a第2項、3項は、1項1文各号の相場操縦行為が許容される場合を挙げている。2項によれば、取引に基づく相場操縦が当該市場において許容される市場実務と一致し、それについて行為者が正当な理由を持っていたならば、相場操縦禁止の違反を意味しない。また、3項は、自己株式買戻、及び、相場安定措置にとってのセーフハーバーを予定している。最後に、6項によれば、ジャーナリストにとって、情報に基づく操縦行為の評価は、職業に通常の規則の顧慮の下で行われることが規定されている。以上の規定は、第一次市場濫用指令、及び、それに基づく実施措置を転換したものである。

ドイツの相場操縦規制の特徴として、各構成要件要素の具体化のために、行政機関へ法規命令を発布する権限を与えていることが挙げられる（同法20条a第5項）。これは、相場操縦に関する技術の発展に応じた柔軟で迅速な対応を可能にするためにとられている措置である。実際に、第四次資本市場振興法に基づき2003年に（KuMaKV）、その後、第一次欧州市場濫用指令に適合させる形で2005年に（MaKonV）、それぞれ具体化規則が制定されている。規則制定権限を有するのは連邦財務省であるが、その具体的内容については連邦金融監督庁（BaFin）が強い影響力を有している。また、連邦金融監督庁は、秩序違反の訴追と過料を課すことについての権限を委譲されているため（同法40条）、この具体化規則は実務に非常に強い影響を及ぼしている[19]。

同法20条aの各行為類型は、前述のように第一次欧州市場濫用指令における相場操縦の定義を転換したものであるが、立法理由によれば、具体的な対応関係は以下の通りとされている。まず、法20条a第1項1文1号の「情報に基づく相場操縦」は、MADⅠ第1条2項c）を転換したもので、2号の「取引に基づく相場操縦」はMADⅠ第1条2項a）に対応する。最後に、3号の「その他の相場操縦」は、必ずしも文言は一致しないものの、MADⅠ第1条2項b）に対応す

---

[18] A / Sch - Vogel, vor §38 Rn 18. これに対して、相場への影響によっては保護法益である資本市場の機能性は危殆化されるのみであるとして、結果犯かつ抽象的危険犯とするのはPananis, a.a.O.（Anm. 12), WpHG §38 Rn 10.

[19] そのほかに、連邦金融監督庁は、発行者に対するガイドラインを発行しており（Emittentenleitfaden）、そこにはインサイダー取引や相場操縦に該当する項目もある。

るものと説明されている[20]。

　他方で、ドイツ法は、いくつかの部分で第一次市場濫用指令と異なる箇所（特に欧州基準より厳しい箇所）があるとされている[21]。すなわち、①相場操縦の対象である金融商品が拡張されていること[22]、②一部の行為について、相場・価格へ実際に影響があったことを要しないこと[23]、③真正不作為犯としての相場操縦を明示的に規定していること（法20条a第1項1文1号後段）、④3号における「その他の相場操縦」が、取引に限定されていない受け皿構成要件であること、などである。もっとも、以上の異なる部分に関しても、基本的には欧州の基準に適合する方法で解釈されるべきとの見解が有力である[24]。

2　保護法益

　インサイダー取引と異なり、相場操縦を規制することについては基本的に一致があるものの、その具体的な保護法益については争いがある。一般的には、市場の機能性、つまり、金融市場の価格形成の真実性とそれに対する投資家の信頼が保護法益であるとされている[25]が、他方で、証券取引法38条は、もっぱら市場参加者の財産の保護に資するという見解も強く主張されている[26]。この対立は、相場操縦の禁止に該当する場合に、民法823条2項を用いて私法上の損害賠償が請

20　BT Drucks 15/3174, S. 37.
21　A / Sch - Vogel, a.a.O.（Anm. 2), vor §20a Rn 17; KK - Mock / Stoll, a.a.O.（Anm. 2), §20a Rn 36 ff.
22　規制市場あるいは自由取引においてのみ銘柄登録される金融商品も把握されている（法20条a第1項2文1号）ほか、商品や外国の支払手段にとっての操作も把握されている（法20条a第4項1号3号）。また、取引が許可されている段階で既に相場操縦の禁止が妥当する（20条a第1項2文2号）。
23　取引に基づく相場操縦について、第一次市場濫用指令は、実際に人為的な価格をもたらすことを必要としているのに対し、旧法20条a第1項1文2号は、人為的な価格をもたらす性質があればよいとしている。
24　A / Sch - Vogel, a.a.O.（Anm. 2), vor §20a Rn 18; KK - Mock / Stoll, a.a.O.（Anm. 2), §20a Rn 45.
25　MK - Pananis, a.a.O.（Anm. 12), WpHG §38 Rn 7; Klaus Tiedemann, Wirtschaftsstrafrecht BT, 3. Aufl., 2011, S. 354; Tido Park (Hrsg.), Kapitalmarktstrafrecht, 3. Aufl., 2013, Kap. 4. A (Ulrich Sorgenfrei)（以下、Sorgenfrei), Rn 52.
26　KK-Altenhain, a.a.O.（Anm. 3), §38 Rn 3 ff.（インサイダーも含めた市場濫用の統一的法益として理解している。その理由は、法律の変遷に従い立法理由が投資家の保護を重視してきたことに拠る。したがって、危険犯かつ結果犯として本罪を理解する）。この見解に対しては、相場操縦の場合に財産的利益を侵害されるのは全ての投資家ではなく、操作者の「反対側」にいる者だけであるとの批判がある。

求できるか否かという問題とも関連する[27]。この点について、連邦通常裁判所は、法20条aが民法823条2項の意味での保護法には該当しないとしている[28]。

3 憲法適合性

相場操縦の罰則を定めているのは法38条2項であるが、その内容はいわゆる白地刑罰法規であり、法39条の秩序違反構成要件を介して法20条a第1項を参照し、さらには、連邦財務省が制定する規則、第一次欧州市場濫用指令の内容をも参照する。したがって、犯罪構成要件の実質的内容は、資本市場法の枠組みにおいて確定されることになる。他方で、規制の内容が犯罪構成要件の一部を構成する以上、刑法上の原理も適用されなければならず、立法においては憲法上の原理でもある罪刑法定主義（明確性の原則、法律原理）に服さなければならない[29]。

そのため、法20条aの規定は、憲法上の観点から繰り返し疑義が呈されることになった[30]。具体的には、①法20条a第1項1文各号、2項における規制内容が不明確であるために、基本法103条2項から導き出される明確性の要請に違反していること、②具体的な規制内容を行政機関による（第一次市場濫用指令とその実施措置に相応した）法規命令に委ねているが、このことは、基本法80条、同104条1項が許される法律の委任を法律の内容の「一定の具体化」のみに限っていることに反する、というものである[31]。この両者の内容は相互に関連する。すなわち、証券取引法20条a第1項1文、2項がそれ自体として基本法103条2項の要求に耐えられないならば、同条5項における命令権限は法律の一定の具体化とは

---

27 このことを重視して、個人的側面と超個人的側面の複合的法益であるとするのは、KK‐Mock / Stoll, a.a.O. (Anm. 2), §20a Rn 17, 432; Andreas Fuchs (Hrsg.), Wertpapierhandelsgesetz Kommentar, 2009, (以下、Fuchs) ‐ Holger Fleischer, vor §20a Rn 9 ff. これに対して、A / Sch ‐ Vogel, a.a.O. (Anm. 2), vor §20a Rn 26 ff. は複合的法益であるとしながらも、民法823条2項の適用を否定する。また、この関連で、相場操縦一般を刑法典の詐欺罪で捕捉しようとする試みもあるが、学説上は、詐欺罪が成立しないとの見解が一般的である。
28 BGHZ 160, 139 ff.
29 さらに、Joachim Vogel, Wertpapierhandelsstrafrecht, Festschrift für Günther Jakobs, 2003, S. 731 ff. は、その解釈においても、刑法の犯罪体系論（構成要件、違法、責任）に従って行われることになるが、その際には、刑法上の規制構想と資本市場法上の規制構想を相互に近づける必要があるとし、具体的には、機能的な法益構想や技術的な法解釈を提案している。
30 なお、罪刑法定主義の諸原理は、刑罰法規だけではなく行政罰である秩序違反についても妥当する（秩序違反法3条参照。また、BVerfGE 60, 233 ff.）。
31 Sorgenfrei, a.a.O. (Anm. 25), Rn 61 ff. これに関連して、委任が複雑なカスケード状になっていることも批判されている。Vgl. KK-Altenhain, a.a.O. (Anm. 3), §38 Rn 17 ff.

言えない実質的な刑事立法になってしまい、それは、少なくとも自由刑を科す場合には、命令作成者に委ねられてはいない（基本法104条1項）。したがって、この問題は、究極的には証券取引法20条ａが明確性の要請を満たしているのか否かに収束する[32]。

この点に関して、連邦通常裁判所は、法20条ａ第1項1文3号の「その他の欺罔行為」の明確性が争われた事件において、「欺罔行為」の定義は、具体的な個別の欺罔行為を規定した同法20条ａの他の類型がその解釈についての示唆を与えること、欺罔行為は、詐欺罪（刑法263条）に関する欺罔行為概念についての判例の確立した解釈によって十分に明確な輪郭が与えられ得ること[33]、また、同条5項に基づく行政機関の規則は刑罰を新たに制定する性質を持っていないことを述べた[34]。連邦通常裁判所の「その他の欺罔行為」と詐欺罪の「欺罔」を同一視する論証は説得的なものとは言えないとして、学説上は異論も有力である[35]。しかしながら、明確性の要請に関する他の経済刑法に関する犯罪構成要件についての判例の基準からすれば、本条項の明確性は否定され得ず、判例は内在的には一貫していると言える[36, 37]。もっとも、通説によれば、本条が明確性の要請との関係で抽象的な憲法適合性を有していることは、個別事例においておよそ罪刑法定主義の問題を有しないということを意味するものではないとされている[38]。近時、

32　A／Sch‐Vogel, a.a.O. (Anm. 2), vor §20a Rn 29.

33　BGHSt 48, 383 f. また、他の事件において、本条項1文1号、2号についても合憲性が争われたが、明確性の点でもっとも問題のある3号の合憲性が認められていることから明らかなように、いずれも合憲性が肯定されている。BGHSt 59, 80（馴合売買の事例）; BGH wistra 2011, 467（情報に基づく相場操縦の事例）。

34　BGH NJW 2005, 450.

35　KK-Altenhain, a.a.O. (Anm. 3), §38 Rn 24 f.（2項についても違憲であると評価する）; Sorgenfrei, a.a.O. (Anm 25), Rn 214.

36　Vgl. Christian Schröder, Handbuch Kapitalmarktstrafrecht, 3. Aufl. 2015, Rn 546; A／Sch‐Vogel, a.a.O. (Anm. 2), vor §20a Rn 29; Fuchs‐Fleischer, a.a.O., (Anm. 27), §20a Rn 30（規範の名宛人が専門知識を通常有していることも根拠に挙げる）; KK‐Mock／Stoll, a.a.O. (Anm. 2), §20a Rn 94 ff.（その他の憲法上の問題についても詳細に検討し、いずれも合憲とする）。

37　もちろん、このような判例の基準自体を問題視することは可能である。ドイツの判例における明確性の原則についての基準は、（日本と同じく）非常に緩やかであり、学説においては、その実務上の有効性が疑問視されている。

38　A／Sch‐Vogel, a.a.O. (Anm. 2), vor §20a Rn 26 ff.; Sorgenfrei, a.a.O. (Anm. 25), Rn 61 ff.; KK‐Mock／Stoll, a.a.O. (Anm. 2), §20a Rn 95 ff. EU指令に適合した解釈を行うことを義務づけることで明確性の問題が解消されるとしたのは Roland Schmiz, Der strafrechtliche Schutz des Kapitalmarkts in Europa, ZStW 115 (2003), S. 501（本論文の邦訳として二本柳誠訳「ヨーロッパにおける資本市場の刑法的保護」企業と法創造3巻2号（2006）51頁以下）。

連邦憲法裁判所も、明確性の要請が立法者だけではなく法適用者にも向けられており、彼らに開放的な解釈を禁止することを述べている[39]。具体的には、規定の適用、規則の制定は、法律によって明白に包摂される行為態様に制限されなければならないことが主張されている[40]。

4 禁止行為の内容

以下では、法旧20条 a に基づく相場操縦（罪）の構成要件について紹介する。

（1）情報に基づく相場操縦

(a) 証券取引法旧20条 a 第1項第1文1号は、情報に基づく相場操縦を規制しており、それは、作為犯と真性不作為犯の二類型に分けられる。すなわち、金融商品の「評価上重要な事情の不実の、若しくは、誤解を招く表現による相場操縦」と「評価上重要な事情の法令違反の秘匿」である。表現の対象である「事情」は、事実に限らず、発行者の経済的状況や将来についての評価も含む[41]。他方、事実的基盤の欠如したうわさなどは、不実の表現には含まれないとされる[42]。一人以上に行えば足り、公共への流布は不要であり、その手段も問わない[43]。表現が「不実」であるのは、それが事実関係に適合していない場合である。このことは、基礎となる事実が適切ではない評価にとっても妥当する。また、表現が不完全な場合も含まれる[44]。「誤解を招く」表現とは、たしかに内容上は適切だが、情報の受け手が事実について誤った想定を起こす場合である[45]。本行為類型は刑法13条の意味での保証人義務に違反した不作為によっても実行される（不真正不作為犯）[46]。表現は、金融手段の評価にとって「重要な」事情に関係していなければならない。この要件によって、重要ではない事情についての表

---

[39] BVerfGE 126, 170; 92, 1.

[40] A／Sch‐Vogel, a.a.O.（Anm. 2）, vor §20a Rn 30. Auch Vgl. MK‐Pananis, a.a.O.（Anm. 12）, WpHG §38 Rn 223（「その他の欺罔行為」は MaKonV 4条の内容に限定すべきとする）．

[41] MK‐Pananis, a.a.O.（Anm. 12）, WpHG §38 Rn 163; KK‐Mock／Stoll, a.a.O.（Anm. 2）, §20a Rn 156; A／Sch‐Vogel, §20a Rn 70. 具体例は、MaKonV 2条1項1文に挙げられている。

[42] Emittentenleitfaden, a.a.O.（Anm. 19）, S. 89, 92（ただし、3号の受け皿規定が適用される余地はあるとする）．

[43] Emittentenleitfaden, a.a.O.（Anm. 19）, S. 89.

[44] Emittentenleitfaden, a.a.O.（Anm. 19）, S. 89. Auch Vgl. A／Sch‐Vogel, a.a.O.（Anm. 41）, §20a Rn 61 f.; MK‐Pananis, a.a.O.（Anm. 12）, WpHG §38 Rn 165.

[45] BT Drucks 15/3174, S. 37.

[46] Emittentenleitfaden, a.a.O.（Anm. 19）, S. 90; A／Sch‐Vogel, a.a.O.（Anm. 41）, §20a Rn 67; Fuchs‐Fleischer, a.a.O.（Anm. 27）, §20a Rn 23. 異なるのは、Schröder, a.a.O.（Anm. 36）, Rn 395.

現に関するような些細な事例は、規制範囲から取り除かれるとされる。どのような事情が重要性を持つのかということについては、MaKonV 2 条が具体化しており、それによれば「合理的な投資家がその投資判断の際に顧慮するであろう事実及び評価判断である」となっている。これは、インサイダー規制（同法13条 1 項）における「重要性」と同様の内容であると解されており、両規定の統一的解釈を行おうとしている。

(b) 1 号後段は、評価上重要な事情の秘匿を規定しており、真正不作為犯である。前述のように、不作為行為の規制は市場濫用指令には明示されていない部分である。この規定がもっとも重要になるのは、インサイダー情報の適時開示義務 (15条) の場面であり、その限りでインサイダーと相場操縦の規制範囲が重なり合うことになる[47]。

(c) 法20条 a は、各行為が市場価格に実際に影響を及ぼすことを要件としていないが[48]、その行為が価格に影響を及ぼす性質を有していることを要求する。後述する 2 号と 3 号においても類似の要件が必要とされている。この要件が欠如するのは、例えば、たしかに評価上重要な事情についての表現がおこなわれたが、それが単に個人的な領域においてのみ表示されるような場合である[49]。

行為が相場に影響を及ぼす性質を有しているか否かは、具体的な個別事例において、当該行為が価格に影響を及ぼす一般的な因果的可能性を有しているかどうかで決まる。具体的な判断方法は、同様の要件を設けているインサイダーや適時開示規制と同様だが（同法13条参照）、その程度に関しては、前記二類型が現実的な可能性、又は、主たる蓋然性を要求しているのに対し、相場操縦の場合には、「相場への影響の可能性が真剣に考えられる程度」と、そこまで高度の可能性は要求されないと解されている[50]。

47　Emittentenleitfaden, a.a.O. (Anm. 19), S. 91; MK‐Pananis, a.a.O. (Anm. 12), WpHG §38 Rn 180 ff.; A／Sch‐Vogel, a.a.O. (Anm. 41), §20a Rn 9, 100.
48　既に述べたように、実際に影響が発生した場合には刑罰が科せられる。
49　本要件については、「事情の重要性」要件と重複しているという異論があるものの（Fuchs‐Fleischer, a.a.O. (Anm. 27), §20a Rn 34; KK‐Mock／Stoll, a.a.O. (Anm. 2), §20a Rn 180）、理論上は一応区別可能である（A／Sch‐Vogel, a.a.O. (Anm. 41), §20a Rn 113）。
50　A／Sch‐Vogel, a.a.O. (Anm. 41), §20a Rn 122; KK‐Mock／Stoll, a.a.O. (Anm. 2), §20a Rn 183. この違いは、インサイダーの場合には財産価値を投入しているのに対して、相場操縦の場合には財産価値を投入しておらず、そもそも相場への影響の高度の蓋然性を予定していないからであるとされる。

（２）取引に基づく相場操縦

(a) 2号は、金融商品の需要、供給又は相場・市場価格に関する虚偽若しくは誤解を招くシグナルを与える、又は、人為的な価格を作り出す性質を持った取引の実行や委託を規制している。この類型は、いわゆる仮装売買、馴合売買のような架空の取引のほか、現実売買も捕捉する。1号と異なり常に積極的作為が必要であり、不作為は問題にならないとされる[51]。

本類型は、市場濫用指令導入後の投資家保護改善法によって新たに導入された類型であり、それまでは、取引に基づく操作は、後述する3号の「その他の欺罔行為」によって捕捉されていた。その際には、相場に影響を与える目的を要求されていたが、その主観的要件が相場操縦の捕捉を妨げるとして、本類型が設けられた際に、後述する3号も含め特別の主観的要件は排除されている。したがって、日本の相場操縦とは異なり、条文上は客観的要件に基づいて同罪の成立が判断されることになる。その重要な基準となるのは、取引が「虚偽または錯誤に導くシグナルを与える」又は「人為的な価格を作り出す性質を持つ」ていることであり、その間接証拠や具体例が、欧州基準の転換としてMaKonV 3条によって定められている[52]。

もっとも、ドイツのような規制方式により、日本法と異なり相場操縦の認定が容易になっているとは言い切れない。とりわけ現実売買においては、MaKonVにおける具体化によってもなおその基準は明確ではなく[53]、アメリカ法を参考に行為者の内心に焦点を合わせなければならないとの見解も有力である[54]。

(b) 以上のように、ドイツにおける取引に基づく相場操縦の規制は、主観的要件を廃し包括的な規制を行っているが、このような規制方法によっては本来規制すべきではない相場への影響が相場操縦として把握されることになってしまう。そのため、法20条a第2項1文は、取引が許容される市場実務と一致し、行為者がこれについて正当な理由を持つ場合には、1項1文2号は妥当しないとして、

51　KK‐Mock / Stoll, a.a.O.（Anm. 2），§20a Rn 86.
52　同条は、本文の二つの類型を区別することなく、2号に該当する具体例を挙げている。
53　A / Sch‐Vogel, a.a.O.（Anm. 41），§20a Rn 155.
54　MK‐Pananis, a.a.O.（Anm. 12），WpHG §38 Rn 190; Sorgenfrei, a.a.O.（Anm. 25），Rn 89; Schröder, a.a.O.（Anm. 36），Rn 512. 現実取引を相場操縦の規制対象から外すべきとする見解として、KK‐Mock / Stoll, a.a.O.（Anm. 2），§20a Rn 22. 判例は、主観的要件は不要であることを明言しているが（BGHSt 59, 80）、馴合売買に関するものである。

セーフハーバーを定めている[55]。本規定は、市場濫用指令を転換したものだが、文言上重大な差異が存在する。すなわち、指令においては、取引が正当な理由を持っていたこと、及び、許容された市場実務に違反していないことを行為者が「証明する」場合には適用が除外されるとして、証明責任転換規定のような表現がなされていたのに対し、ドイツ法の規定においてはそのような証明責任の転換を窺わせる文言は排除されている。これは、同条が白地規定を介して刑罰の構成要件となっており、刑法理論上証明責任の転換は許されないという理解に基づくものである[56]。

「許容される市場実務」は、連邦金融監督庁によって承認される慣習のみであると定められており（同条2項2文）、その際の考慮事情は、欧州基準に適合する形で、MaKonV 8条において列挙されている。許容される市場実務は事前に承認されている必要はなく、事後的な承認も考えられるが、現在のところ、ドイツにおいては連邦金融監督庁が承認した例はない。

許容される市場実務との一致以外に、2項は、行為者が取引等の実行のために正当な理由を有することを要件とする。立法理由によれば、この要件は主観的な内容を含んでおり、「行為者が詐欺的または操作的な意図において行為していたこと」が認められれば否定されると解されているが[57]、これに対しては、立法で放棄された特別な主観的要件を裏口から引き入れるものとして批判が多い[58]。

また、自己株式買取りや相場安定措置についても、欧州基準に適合する形で、操作が許容される余地が存在している（法20条a第3項）。

（3）その他の相場操縦

3号は、その他の欺罔行為で金融商品の価格に影響する性質を持つものを規制している。本号の対象は、主として、情報に基づく相場操縦と取引に基づく相場操縦のうち、前二号において捕捉されないものである。本号の前身は、取引所法

---

[55] 2項は条文上取引に基づく操作のみを対象としているが、一般的なセーフハーバーとして受け皿構成要件である3号の「その他の欺罔行為」にも妥当するというのが通常の理解である。Vgl. A／Sch‒Vogel, a.a.O.（Anm. 41）,§20a Rn 179; MK‒Pananis, a.a.O.（Anm. 12）, WpHG §38 Rn 221.

[56] A／Sch‒Vogel, a.a.O.（Anm. 41）,§20a Rn 171 ff.; Sorgenfrei, a.a.O.（Anm. 25）, Rn163; MK‒Pananis, a.a.O.（Anm. 12）, WpHG §38 Rn 210 ff. 本規定の性質は構成要件阻却であると解されている。

[57] BT Drucks 15/3174, S. 37.

[58] A／Sch‒Vogel, a.a.O.（Anm. 41）,§20a Rn 179; KK‒Mock／Stoll, a.a.O.（Anm. 2）,§20a Rn 237. これに対して、MK‒Pananis, a.a.O.（Anm. 12）, WpHG §38 Rn 214.

旧88条の相場詐欺であるが、投資家保護改善法の導入時に、主観的な価格影響意図の要件（「影響を与えるために」）が取り除かれ、それに代わって、「価格に影響する性質」という客観的要件が導入されている[59]。本号は、MADⅠ第1条2項1文b）の「誤った事実の見せかけやその他の欺罔の術策若しくは方式の利用の下で」行われる取引・委託に対応するとされているが、それ以外に、情報に基づく操作等も把握する。

「その他の欺罔行為」は、MaKonV 4条によって具体化されており、同条1項が「合理的な投資家を、市場等に関する真の経済的関係、とりわけ、金融商品に関する需給について、錯誤に陥らせ、金融商品の国内の市場価格……を吊り上げ、吊り下げ、または維持することに適した作為・不作為である」と一般的に定義するほか、2項がその徴表となる事実を挙げる。

MaKonV 4条3項は、本号が捕捉する具体例を挙げる。一つは、金融商品の提供と受注を通じた市場支配地位の確保の結果、直接・間接的にこの金融商品の購入・販売価格が確定され、または、市場に正当ではない取引条件が創設される場合である。もう一つは、金融商品についての利益紛争が適切・有効な方法における公表によって開示されることなしに、金融商品やその発行者についての意見表明や噂の公布による伝統的・電子的メディアへのアクセスの利用（スキャルピング）が挙げられている。これらの例は、市場濫用指令にも相場操縦の例として明文で記載されているものである（MADⅠ第1条2項2文参照）。その他の事例として、学説上は、例えば、1号に該当しない風説の流布が問題になるとされている[60]。他方、贈賄やサボタージュ、テロなどは詐欺の要素がないため考慮されないと解されている[61]。

（4）結果：相場・市場価格への影響

法20条aの構成要件においては、金融商品の価格に実際に影響が生じたことは要求されておらず、その一般的・抽象的可能性で足りる。もっとも、相場操縦に刑罰を科すためには、各行為から具体的に相場に影響が生じたことが必要とされ、この要件が、行政罰にとどまるか刑罰まで科されるのか（刑務所に入るのか）

59　立法理由によれば、市場濫用指令が主観的要件を要求していないことも根拠として挙げられている（BT-Drucks 15/3174 S. 37）。なお、「価格に影響する性質」の解釈は、1号に類似する。
60　MK - Pananis, a.a.O.（Anm. 12）, WpHG §38 Rn 234.
61　MK - Pananis, a.a.O.（Anm. 12）, WpHG §38 Rn 234. Auch Vgl. A／Sch - Vogel, a.a.O.（Anm. 41）, §20a Rn 223; Fuchs - Fleischer, a.a.O.（Anm. 27）, §20a Rn 69.

の分水嶺となる。インサイダー取引（法13条）が重大な影響（の可能性）を条文上要求しているのに対し、相場操縦の場合にはそのような文言上の制約はないため、どのような些細な価格への影響（可能性）であっても、理論上相場操縦（罪）の構成要件は充足される[62]。

　もっとも、金融商品の価格の展開は通例多くのファクターに起因するため、その証明は非常に困難であるとされている。連邦通常裁判所[63]は、因果関係の証明に対しては極端な要求は設定されるべきではないとし、具体的な証明手段として、操作行為前後の価格の推移と売上高の比較、操作行為のあった取引日における価格・売上高の分析、行為者が操作の関連で活動した注文の量の分析などを挙げている。

（5）故　意

　インサイダー取引の一部においては故意だけではなく軽率（leichtfertig）な行為も処罰される（法38条4項）のに対し、相場操縦においては故意犯のみが処罰される。故意の程度は、未必の故意で十分である。法20条a第1項1文1号による情報に基づく相場操縦は、単なる軽率さの場合でも秩序違反として制裁を科すことができる（法39条2項11号）。

　前述のように、日本と異なり、特別な主観的要件は要求されない。もっとも、現実売買については主観的要件による限定を図るべきとの異論がある上、セーフハーバーとしての「許容される市場実務」については、立法理由自身が、主観的意図が決定的であるとしている。さらに、行為者の故意の立証についても困難があるとされていることにも注意が必要である[64]。

5　小　括

　以上、ドイツにおける相場操縦の規制を概観した。ドイツにおいては、従来、我が国と同様主観的な要件において相場操縦の限界が設定されてきたが、同要件の存在が相場操縦の捕捉を妨げてきたため、主観的要件は廃され、客観的要件に

62　MK - Pananis, a.a.O.（Anm. 12）, WpHG §38 Rn 241; Sorgenfrei, a.a.O.（Anm. 25）, Rn 221; A / Sch - Vogel, a.a.O.（Anm. 41）, §20a Rn 117; §38 Rn51（小額の場合には起訴便宜主義や手続の打切りを主張する）. Auch Vgl. Schröder, a.a.O.（Anm. 36）, Rn 586. 異なるのは、KK-Altenhain, a.a.O.（Anm. 3）, §38 Rn 94, 112.

63　BGHSt 48, 373（スキャルピングの事例）.

64　A / Sch - Vogel, a.a.O.（Anm. 2）, vor §20a Rn 14.

よって限界を設定しようと試みられている。もっとも、主観的要件を一切考慮せずに適切な限界設定をすることができるかについては疑問も示されている。この点、現実売買（日本金商法159条2項1号）の限界設定を主観的要件（誘引目的）によって行うとしながら、実際には客観的事情を重視する傾向にある我が国の判例と比較すれば、結論が重なる部分が多くあるものと解される[65]。もっとも、ドイツ法の場合は、「操作行為の中には当罰的な相場操縦にならない動機が存在する」[66]というアプローチであり、積極的な動機を要求する日本法とは基本的な姿勢を異にするものと解される。

また、ドイツの相場操縦規制は（複雑ではあるものの）一元的に規制されており、我が国のように、相場操縦に関連する行為態様が様々な条文（158条、159条、場合によっては157条）に分散して規定されていることはない。この点は、わが国においては、異なる沿革を持つ古い規定がそのまま用いられ続けているのに対し、ドイツにおいては、比較的近時に規定が整備されたことに拠るものと言える。加えて、ドイツ（及び、欧州）においては、法律の条文以上に、行政機関（具体的には連邦金融監督庁）によって定められた規則などが、実務に大きな影響を与えていることも特徴として挙げられる。この点、行政機関による実質的な罰則の具体化は、憲法上の問題を呼び込むが、現状、合憲であるとされている。もっとも、明確性の原則の統制が裁判所にも及ぼされつつあるように、行政機関の法規命令についても同様の観点に基づく統制が必要であろう。行政罰を課すのが行政機関自身であることからすれば、なおさらである。

最後に、ドイツの規定は、常に欧州レベルの規制との調和という観点が意識されており、欧州の展開に相応して、ドイツの規制も拡張・先鋭化されているが、立証責任の転換など細部において違いが生じている。

四　改正法――資本市場刑法のさらなる欧州化

第一次市場濫用指令発布後も、市場濫用に対する欧州レベルの対応は依然とし

---

[65] 欧州基準と日本法との比較として、藤田友敬「相場操縦の規制」金融商品取引法研究会編『金融商品取引法制の潮流』（2015）287頁以下。
[66] Martin Paul Waßmer, Strafbare Marktmanipulation durch Matched Orders im Freiverkehr, HRRS 2014, S. 339.

て重要な問題であり、また、第一次市場濫用指令によっても各国の具体的な制度は異なったままであると評価された。そのため、欧州の立法者は、「市場の廉潔性を保持」し「規制逃れによる利益追求行動を予防する」ために、市場濫用についての制裁をさらに統一化、先鋭化することを目標とした[67]。その結果2014年に制定されたのが、市場濫用規則（(EU) Nr. 596/2014）と第二次市場濫用指令（2014/57/EU）である[68]。2016年7月3日以降、市場濫用規則（MAR）は、構成国家に直接適用可能になる。さらに、第二次市場濫用指令（MADⅡ）は、2016年7月3日までに、国家法に転換されなければならないとされた。

これを受けて、2015年10月に、連邦財務省が専門部局による草案（Referentenentwurf）を提出した後、2016年1月6日に、連邦内閣は第一次金融市場改正法（Erstes Finanzmarktnovellierungsgesetz）という名称で立法草案[69]を作成し、同年4月に若干の修正を経た上で議会を通過した。以下では、新たな欧州基準と改正法の内容について、簡単に紹介することとしたい。

1　欧州市場濫用規則と第二次市場濫用指令
（1）市場濫用規則による規制

市場濫用規則は、市場濫用との関係では、加盟国が、どのような違反に対して、行政法上の制裁その他の行政的措置を予定しなければならないのかということを定める（MAR30条1項1文）[70]。また、行政上の制裁・措置の種類や行政罰の基準についても定められている（MAR30条2項）[71]。これらの基準はあくまで最低基準であり、加盟国が、各々の監督官庁にさらなる権限を委ねたり、重い制裁を科したりすることは自由であるとされている（MAR30条3項）。

行政罰の最低基準について、規則は統一的な基準を導入しており、その額は明らかに厳格化の傾向を示している。自然人のインサイダーと相場操縦については、最低基準として「500万ユーロ以下の行政法上の金銭的制裁」が（MAR30条2項1文i) i)）、法人については、「1500万ユーロ又は法人の前年度の全体売上

67　MAR 立法理由4, 70以下。
68　市場濫用指令と規則について、藤田・前掲注65）284頁以下参照。また、その前身である市場濫用規則案について、芳賀・前掲注7）121頁以下。
69　BT-Drucks 18/7482
70　加盟国は、既に刑法上の制裁を定めているならば、規則の基準を無視できる（同条項2文）。
71　また、これらの制裁を科す際の考慮事情についても挙げている（MAR31条1項）。

げの15％以下の行政法上の金銭的制裁」が予定されなければならない（MAR30条2項1文j）i））。以上のことと独立して、違反によって得られた利益や回避された損失が算定される限りで、行政法上の金銭的制裁は、少なくともこの利益等の3倍の金額以下に達しうるものでなければならないとされている（MAR30条2項1文h））。更なる行政法上の制裁として、例えば、公開の警告、経営の一時的禁止などが予定されている（MAR30条2項1文c)、e)〜h)）。

市場濫用規則は、相場操縦の定義を挙げている（MAR12条）。規制対象となる市場や金融商品が拡張されていることを除いて、その内容は基本的に第一次欧州市場濫用指令と同様であるが、市場・技術の発展に伴っていくつかの類型が追加されている。まず、1項d）において、ベンチマークに関する操作行為を把握するほか、2項の操作の具体例においては、高頻度取引やアルゴリズム取引を用いて相場へ影響を与えるケースが取り上げられている[72]。また、附則においては、取引に基づく相場操縦（MAR12条1項a））とその他の相場操縦（MAR12条1項b））に関する指標が例示列挙されている。もっとも大きな変更点は、相場操縦だけではなくその未遂も明文で禁止行為として記されていることである（MAR15条）。これによって、理論上は、市場操作の前の準備行為を把握することができるようになり制裁の早期化の可能性があるが、規則の制定理由によれば[73]、ここで想定している未遂は、操作行為が開始されたが、技術的理由や取引注文が実行されなかった等の理由で既遂に至らなかったという状況であるとされている。

（2）第二次市場濫用指令による規制

市場濫用規則が行政上の制裁について定めていたのに対し、第二次市場濫用指令は、市場濫用に刑罰が科されるべき場合を挙げる。具体的には、少なくとも、重大な事例で故意が存在する場合においては市場濫用を処罰することを構成国家に指示しており（MADⅡ第3〜5条）、また、法定刑についての具体的基準も示している（MADⅡ第7〜9条）。

どのような場合に刑罰が科されるべき「重大な事例」が存在するのかについての手掛かりは、指令の制定理由から読み取られる[74]。それによれば、「市場の廉

---

72 高頻度取引については、既に2013年にMaKonV3条に4号を追加する形で、取引に基づく相場操縦の具体例としてドイツ法に組み入れられている。
73 MAR制定理由41。
74 MRDⅡ制定理由11（インサイダーについて）、12（相場操縦について）参照。

潔性、実際の若しくは達成され得た利益若しくは回避された損失、市場において発生した損害の規模、金融商品等の価値の変更、従来利用されていた資金額が高い事例、又は、操作が、金融部門や監督官庁において雇用され若しくは活動している人により実行された場合」に、重大な相場操縦が存在するとされている。

　MADⅡ第3〜5条において、市場濫用の犯罪構成要件が定義されているほか[75]、教唆、幇助、未遂が処罰されることも明文化されている（MADⅡ第6条）。刑罰の対象となるのは「重大な事例」のみであるため、各行為の定義は、意図的に濫用規則よりも狭く規定されている[76]。相場操縦に関して言えば、まず、取引に基づく相場操縦について、規則が操作行為によって金融商品の需給や価格への虚偽・誤解を招くシグナルを与える、又は、金融商品に関して人為的な価格水準をくぎ付けにすることの他、その蓋然性がある場合も含めている（MAR12条1項a））のに対し、第二次指令においては、現実にシグナルが与えられること、及び、実際の人為的な価格水準の発生に限定されている（MADⅡ第5条2項a））。「その他の相場操縦」についても同様に、相場への影響可能性でも足りるのか、実際の影響が必要なのかという違いがある（MAR12条1項b）とMADⅡ第5条2項b）との比較）。情報に基づく相場操縦については、蓋然性と結果発生という同様の違いに加えて、第二次指令においては、情報を流布した者が、それによって、自己または第三者のための利益を得ることが追加的要件とされている（MAR12条1項c）とMADⅡ第5条2項c）との比較）。

　法定刑の水準について、自然人に対しては、少なくとも「4年以下の自由刑」がインサイダー取引と相場操縦に対する法定刑の最低基準として設定されなければならない（MADⅡ第7条2項）。それ以上に重要なのは法人（団体）に対する制裁である。MADⅡ第8条は、犯罪行為について法人も責任を問われなければならないと規定している。もっとも、構成国家の義務としては、「罰金刑又は非刑法的な金銭的制裁」のいずれかが予定されていればよく（MADⅡ第9条）、法人処罰の制度のない国は、そのような処罰を創設することを強制されない。また、第二次指令においては法人の責任についての具体的基準は存在しない[77]。

75　3条（インサイダー取引）、4条（インサイダー情報の不法開示）、5条（相場操縦）。
76　MADⅡ制定理由6〜8参照。
77　なお、罰金刑や金銭的制裁以外に、構成国は、他の制裁を予定してよいとされる。

2 第一次金融市場改正法

上記二つの欧州立法を受けて、ドイツにおいては、証券取引法の改正が行われることとなり、2016年4月に新法が成立した。その改正は、従来の証券取引法の内容を大幅に変更するものである。立法理由によれば、新法は、欧州の基準を一対一で転換しようとするものである[78]。ただし、実際には、新法は、少なくない部分において欧州の基準と異なっている。

(1) 改正の概要

(a) 新法は、市場濫用規則が国内に直接効力を持つことを受けて、相場操縦の構成要件を具体的に記述していない。もっとも、市場濫用の規制については、従来のドイツの枠組みを本質的には保持している。すなわち、新法39条において秩序違反となる相場操縦行為を規定し、新法38条がそれを参照する形で刑罰を定めている（新法38条1項1号、2号）。

秩序違反行為（行政罰）を定める新法39条においては、MAR12条1項の相場操縦の定義を参照している（新法39条3項d第2号）[79]。旧法と比較した場合の同条の重要な変更として、「軽率な」行為も秩序違反の対象になることが明文で記されている。この点は、市場濫用規則に挙げられた行為の一部において条文上故意に限られないことが前提とされていること、及び、第二次指令の罰則が「故意の」重大な場合に限定していることから、欧州の基準に適合しようとしたものであると解される[80]。

他方で、刑罰を定める新法38条は、従来と変わらず故意に新法39条の行為を行い、それによって相場に影響が生じた場合に刑罰が科されることを定めている。そのため、ドイツにおいては、刑罰が科されるべき市場濫用の定義を定めた第二次市場濫用指令ではなく、市場濫用規則に犯罪構成要件が結び付けられているこ

---

[78] BT-Drucks 18/7482, S. 3.
[79] 政府草案の段階では、具体例である2項の一部についても明文で参照されていた。しかしながら、そこでは、スキャルピング（MAR12条2項d））の事例が参照されておらず、同類型の実務上の重要性に鑑みれば、編集の誤りではないかという指摘があった。(Vgl. Lars Teigelack / Christian Dolff, Kapitalmarktrechtliche Sanktionen nach dem Regierungsentwurf eines Ersten Finanzmarktnovellierungsgesetzes -1. FimanoG, BB 2016, S. 392)。その後、新法成立までに2項の参照は削除された。その理由として、「法的安定性並びに処罰の間隙の回避」が挙げられている（BT-Drucks 18/8099, S. 108)。
[80] Teigelack / Dolff, a.a.O.（Anm. 79）, S. 389. この点、新法は、旧法に引き続き欧州基準における規制の対象ではない金融商品を相場操縦の客体としているが（新法12条)、それに対する秩序違反は故意の行為に限定している（新法39条3項c, BT-Drucks 18/7482, S. 68)。

とになる。

　さらなる重要な改正として、職業的に取引する行為者、団体の構成員、金融監督庁、証券会社、株式市場その他の取引場所の営業所の従業員による相場操縦について、新法は、刑の加重を予定している（新法38条5項）。法定刑に罰金刑はなく、10年以下の自由刑によってのみ処罰される。立法理由によれば、組織的犯行、及び、金融市場と関係する活動の範囲における情報の利用は、市場の廉潔性への影響が非常に大きいからであるとされている[81]。第二次市場濫用指令も刑罰を科すべき市場濫用の「重大な場合」として、これらの類型を挙げる[82]。

　(b) 法定刑に関し、新法は、自然人に対する制裁として、5年以下の罰金刑と自由刑を予定している。また、自然人の秩序違反について、濫用規則の意味での軽率なインサイダー違反と相場操縦に対しては、500万ユーロ以下の過料が予定されている（新法39条4項a第1文）。

　法人（団体）に対して、新法は、団体に対する刑罰を設けず、「非刑法的な過料」のみを制裁として予定している。この枠組みは、すでに現行法においても用いられていたもので、刑法14条、秩序違反法9条の機関・代理人責任を定めた規定、及び、秩序違反法130条の機関の監督義務違反による責任を定めた規定に反した場合、秩序違反法30条を通じて法人に過料が科されることになる[83]。過料の額は、「1500万ユーロと全体売り上げの15％の金額のうち高い方」以下である（新法39条4項a第2文2第2号）。それ以外に、連邦金融庁は、自然人と法人に対して、違反から得られた利益及び回避された損失の三倍までの過料を科すことが可能である（新法39条4項a第3文）。

（2）若干の考察

　(a) 改正後も、相場操縦が犯罪になるためには、各行為により実際に相場に影響が生じたこと等が必要である。この点、市場濫用規則と第二次市場濫用指令における情報に基づく相場操縦の一部とその他の相場操縦の定義の違いも、相場へ

81　BT-Drucks 18/7482, S. 67.
82　MAD Ⅱ制定理由11、12。厳密に言えば、組織的犯罪の処罰の必要は、インサイダー取引の箇所でのみ言及されている。また、これらの事情は、刑罰を科すべき重大な場合として、侵害や獲得利益が重大な場合とは択一的に挙げられているため、欧州基準によれば、上記行為者が相場操縦を行えば、相場への（重大な）影響が実際に生じていなくとも刑罰が科されるべきということになる。Vgl. Teigelack / Dolff, a.a.O. (Anm. 79), S. 392 f.
83　この点について詳しいのはFuchs - Waßmer, vor §38 Rn 19 ff.

の影響可能性でも足りるか、実際の影響発生が必要かという点で区別されているため、その限りで、実質的な違いはないともいえる。しかし、残りの類型（取引に基づく相場操縦、情報に基づく相場操縦の一部）においては、第二次指令は相場への影響を必要としていないため（MADⅡ第5条2項a）ⅰ）、c）前段参照）、ドイツの規定は欧州の最低基準に達していないと評価される可能性がある[84]。

　次に、第二次市場濫用指令の立法理由においては、刑罰が科されるべきなのは「市場の廉潔性への影響、行為者の経済的利益、市場や取引される金融商品の全体価値への損害が高度なもの」であると述べられている。この点に加え、ドイツの解釈論においては、相場への影響が軽微な場合に処罰が排除されるわけではないとされていることからすれば、ドイツの方が刑罰が科される範囲は広いということになる。他方で、情報に基づく相場操縦について、第二次指令は規則の定義に加えて行為者が「何らかの利益」を獲得することを要求している一方で、新法においては、そのような文言を要求していない[85]。この点についても、欧州基準より厳しいということになる。欧州基準はあくまで最低基準であり、各国がそれより厳格な基準を示すことは許容されている。もっとも、各国によって処罰の厳格さが異なれば、処罰の軽い国に相場操縦行為が集中するなど不都合が生じる可能性がある。

　加えて、ドイツ法の枠組みは、未遂を処罰することとの関係でも問題を生じる。第二次市場濫用指令が想定している未遂は、市場への重大な結果又は危険等を生じさせようとした相場操縦行為であると推測されるのに対し、ドイツ法の場合は、相場操縦の未遂は、被害規模の重要性に関わらず行為者が価格に影響を与えようとしたが、実際には価格への影響が生じなかった場合であり、それは客観面では秩序違反とほとんど異ならないからである。

　(b)　具体的な構成要件の内容について、MADⅡ第5条2項a）ⅱ）のドイツ語版においては、対応するMAR12条1項a）ⅱ）とは異なり、「異常又は人為的な価格水準を達成するため」という主観的目的が要求されているかのように読める文言になっており、ドイツの有力説に相応して、現実売買について特別な主観

84　Teigelack / Dolff, a.a.O. (Anm. 79), S. 392.
85　政府草案の段階では、欧州基準と類似した「自己又は他人の大規模な財産利益」の獲得を要求していたが、そのような制限が従来のドイツ法においては存在しなかったこと、法的安定性と処罰の間隙の回避という理由で、新法成立までに削除されている。

的要件を再び要求したと解することが可能である。ただし、第二次指令と規則の英語版においては文言にそのような違いは存在しない[86]。また、新法の前身である専門部局の草案も特別な主観的要件を要求していなかったほか、新法自身も立法理由において主観的要件が必要とされることについては何も述べていない。

その他に、従来あった重要な事情の法令違反の秘匿（旧法20条 a 第１項１文 a 後段）の類型は、規則が直接妥当するためになくなっている。その関係で、不作為の処罰が問題となるが、立法理由によれば、MAR ２条４項が不作為を明文で対象としていることから、刑法13条に基づき不作為も処罰されると説明されている[87]。もっとも、第二次指令においてはそのような明文の規定はなく、相場操縦の不作為に行政措置を超えて刑罰まで科すことを欧州基準は予定していないのではないかという指摘もある[88]。

最後に、取引に基づく操作に関するセーフハーバーについて、欧州基準では文言上証明責任の転換が予定されているのに対し、旧法ではそれを採用してこなかった。しかしながら、規則が直接適用されることで、旧法と異なり証明責任の転換が行われ、無罪推定の原理に反するおそれがある[89]。

(c) 法定刑については、自然人・法人に対する刑罰・行政罰のいずれの上限も、欧州基準と同等かそれより高くなっている[90]。ただし、第二次濫用指令は、刑罰の最低基準について「４年以下の自由刑」とするのみで罰金刑については述べていない。そのため、ドイツ法が刑罰として自由刑のほかに罰金刑を設けていることは、欧州の最低基準を逸脱していると解される余地がある[91]。もっとも、前述のように、ドイツの新法が軽微な場合も捕捉する可能性を有している以上、（起訴猶予や手続打切りの可能性があるとしても）罰金刑がないことは現実的ではないであろう。ただし、行政罰が大幅に増額され、また、前述のように故意にも限ら

86　Vgl. Jakob Bator, Die Makrtmanipulation im Entwurf zum Finanzmarktnovellierungsgesetz - unionsrechtskonform? BKR 2016 S. 3（英語以外にフランス語やポーランド語版も規則と指令で同じ文言であることを指摘する）.
87　BT-Drucks 18/7482, S. 67.
88　Teigelack / Dolff, a.a.O.（Anm. 79）, S. 392. Auch Vgl. Bator, a.a.O.（Anm. 86）, S. 3 ff.
89　この点、Schröder, a.a.O.（Anm. 36）, Rn 592 f. は、そもそも欧州基準の解釈としても証明責任の転換を述べているものではないとしている。また、芳賀・前掲注７）117頁以下も参照。
90　法人に対する制裁について、欧州基準では、「1500万ユーロ又は法人の前年度の全体売上げの15％以下」であるのに対し、ドイツ法では「1500万ユーロと全体売り上げの15％の金額のうち高い方」とやや厳しくなっている。
91　Teigelack / Dolff, a.a.O.（Anm. 79）, S. 393.

れなくなったため、金銭的制裁としては、行政罰が重要になり、刑事罰による威嚇の意義は自由刑が科され得るということに求められることになるであろう。

五　結びに代えて

　ここまで、ドイツ法の相場操縦規制について概観した。ドイツ法においては、主観的要件による構成要件の限界づけについては、その実効性に早々に疑問が呈され、客観的要件を主体とする規制に移行した。そのような基本的枠組みは、最新の欧州基準に基づく改正によっても基本的に異ならないものと解される。もっとも、客観的な相場への影響を基準とする規制方法は、適法行為との境界がもっとも問題となる現実売買については必ずしも有効とは言えず、主観的要件による限界づけへの回帰が主張されているところである。この点については、我が国において、近時、現実売買の限界設定を客観的基準で行うべきという主張がなされていることとは逆の展開であり、興味深い。いずれにせよ、客観的基準を重視するドイツや欧州の規制手法が日本法に比べて全ての場面で適切であると直ちに言い切ることはできないが、ドイツ法の現状は、現実売買以外の類型においては主観的要件がなくとも規制の限界設定はできるということを意味している。加えて、客観的基準によることは、行政罰による制裁を容易にすることにも繋がり、実際、ドイツにおいては最新の改正で、行政罰を課すためには故意は必要ではないとしている。

　また、ドイツ法（EU法）は、日本法のように相場操縦規制を列挙する形ではなく、包括的な規制を法律で設けて、行政機関が法規命令でそれを具体化するという手法をとっている。このような手法は、市場や技術の展開の速度に対応する柔軟な規制を可能にするほか、処罰・制裁の予測可能性にも資するものである。ここに言う「予測可能性」とは国民の視点だけではなく、捜査機関側の視点も含む。すなわち、包括的な規制は、捜査機関にとっての捜査の手掛かりを提供しないだけではなく、裁判で無罪と宣言される可能性もあり、捜査機関にとっては使いにくいと言える。このことを証明するのが、日本法157条である。そのため、同条を相場操縦規制のために受け皿規定として効果的に用いようとするのであれば、規則やガイドラインを設定していくという手法が考えられる[92]。

　最後に、日本と欧州の規制手法の差について、前者が行為者の主観面によって

行為の弊害・程度が異なるという発想に立つのに対し、後者は行為によって生じる客観的な市場の資源配分機能への害・危険と別途生み出される社会的厚生との比較という発想に立っているのではないかという指摘がある[93]。刑法学の観点からは、前者の発想はいわゆる主観的違法要素による限界設定であり、(異論もあるが)少なくない犯罪類型において用いられている手法であるのに対し、後者のように別の利益を比較衡量として持ち出すという発想は、違法性阻却事由の場面などで例外的に取り上げられるもので(例えば、住居侵入罪(刑法130条)の「正当な理由」)、また、場合によっては、比較衡量そのままの形では検討されないこともあり(例えば、名誉毀損罪における刑法230条の2)、一般的なものとは言えない。この違いは、見方を変えれば、刑法学の視点による規制手法と証券取引法の視点による規制手法の違いであると言うことも、もしかしたら可能かもしれない。前述の通り、ドイツ法においては、現実売買の限界設定について最終的には行為者の主観を判断基準にしようとしているほか、改正ドイツ証券取引法は、欧州市場濫用規則・指令が妥当しない金融商品については、行政罰が故意の処罰に限定され、未遂犯の処罰もされておらず、欧州の厳格な基準に従っていない。このことは、欧州基準とドイツ刑法学との間にある隔たりを示しているのかもしれない[94]。

　本稿では、ドイツ相場操縦規制の概観にとどまり、例えば現実売買の具体的基準など、詳細な部分には立ち入ることができなかった。この点について、及び、市場濫用におけるもう一つの重大な領域であるインサイダー取引については、今後の検討課題としたい。

　　※本稿は科研費基盤研究(C)(研究課題番号：15K03174)の助成を受けたものである。

92　金商法157条についても、ドイツ証券取引法20条aと同様、最高裁において、憲法上の問題はないとされている(最判昭和44年5月25日集刑155巻831頁)。
93　藤田・前掲注65) 291頁以下。
94　Auch Vgl. Vogel., a.a.O. (Anm. 29), S. 731 ff.

国際的な贈賄に関する問題について

佐 川 友 佳 子

一 はじめに
二 国際的な贈賄に対する規制の経緯
三 日本における外国公務員贈賄罪
四 外国公務員贈賄罪に関する問題
五 展望と課題

一 はじめに

　現在の日本では、従来のように、海外の大規模な建設プロジェクト等に関わる大企業のみならず、中小企業においても、経営戦略として外国との取引を重視せざるを得ない状況にあり、その範囲は一層拡大傾向にある。もっとも、国際的な事業展開に際しては、当該国の政治情勢や治安に対する懸念など、様々なリスクに晒される可能性があり、特に、新興国においては当該国の一般的な認識と現実の法のズレから生じうる様々な問題について、一層の配慮が求められる。
　例えば、企業は、取引に関連する種々の手続の円滑化を図って、当該手続に裁量のある外国公務員から利益供与を求められることがあり、これに応じることは法的にみれば贈賄と評価されうることであるが、当事者にとってみれば、業務を円滑に遂行させるためにやむを得ず行ったものと捉えがちであり、また、そういった供与が当該地域では慣習的に認められてきたといった理由から、違法性を十分に認識していない場合もありうる。
　しかしながら、こうした利益供与は、当該国の公務の信頼性を失わせ、法治国家として疑わしい状態を招来させると同時に、本来自由な競争を基盤として成立すべき経済活動を歪める可能性を有している。したがって各国は、これらに対して様々な防止措置を講じている。
　既に、経済開発協力機構（OECD）では、国際的なレベルでこうした問題に対

処するため、1997年に外国公務員贈賄防止条約を採択し、日本でもこの条約を締結するにあたって、1998年の不正競争防止法改正の際に外国公務員贈賄罪が導入され、外国公務員に対する贈賄の抑止が図られて来た[1]。ただ、実際には、贈収賄という行為そのものの性質から、当事者らによって外部にその情報が明らかにされることは稀で、また外国における行為であることから摘発が困難であるために、規定の実効性はさほど高くなかったともいえる[2]。

しかしながらこうした状況は、近時、特に新興国における公共事業をめぐる受注競争に伴う贈賄リスクが高まっていることもあって[3]、法を積極的に域外適用し、こうした事態に厳格に対処しようとする国際的な流れの中で変容してきており、実際に日本でも様々な対策がなされ、強化されてきた。本稿では、他国企業に対しても積極的な法適用の可能性を持つアメリカ、イギリスの法制度と、それを踏まえた日本の現状を確認した上で、これらが従来の刑事法との関係でどのような点が問題となりうるのか、また今後の展望がどのようなものであるべきかについて、検討してみたい。

二　国際的な贈賄に対する規制の経緯

1　アメリカを中心とした規制状況とその影響

国際的な贈収賄の問題に対して先進的な取り組みを行って来たのはアメリカであり、既に1977年には、外国公務員に対する贈賄行為を原則禁止とすることなどを定めた連邦海外腐敗行為防止法（Foreign Corrupt Practices Act. 以下、FCPAとする）を制定している[4]。これは、有名なウォーターゲート事件[5]、日本でも一大ス

1　刑法ではなく、不正競争防止法という経済法の中に導入された点に日本の特色がある。法改正の経緯については、梅田徹「外国公務員贈賄防止条約の国内実施立法をめぐる改正の歴史」麗澤大学紀要第89巻（2009）1頁以下が詳しい。
2　髙山佳奈子「効果的で公正な企業犯罪対策を」NBL No.833（2006）1頁。
3　長谷川俊明「外国公務員に対する贈賄事件①」国際商事法務41巻4号（2013）572頁。
4　この法律については、「外国汚職防止法」との訳もあてられる。森下忠『国際汚職の防止』（成文堂、2012）75頁。
5　連邦証券取引委員会（SEC）が企業からニクソンへの不正献金を疑い、調査が行われた結果、多くの企業による違法な使途金の仮装、隠蔽などの帳簿の不正が発覚し、その資金に外国の政府関係者への賄賂も含まれていたことが明らかとなった。Criminal Division of the U.S. Department of Justice & Enforcement Division of the U.S. Securities and Exchange Commission, *A resource guide to the* U.S. Foreign Corrupt Practices Act, 2012, p. 3 を参照。

キャンドルとなったロッキード事件など、1970年代、アメリカの多くの企業による外国高官や政治家に対する多額の贈賄行為が明らかとなり、米企業の国際的な信頼性が失墜したことから、立法的対応が必要だとして制定されたものである[6]。

ただ、伝統的な刑法の考え方からすれば、どのような行為を犯罪化し、処罰するかは、各国の立法権限に属する問題であって、当時も、アメリカ以外の各国において、国際的な汚職に対する規制を強化しようとの意識はさほど高いものとはいえなかったし、そもそも汚職が問題とされる場合であっても、本来、賄賂を収受する側に対する規制が機能していれば、これによって多くの事案は対応可能であり、かつそれで十分ではないかともいえる[7]。

しかしながら、アメリカは、他国にはこのような厳格な規制がないために自国企業が他国企業と比してより厳しい規制下にあり、国際的な競争において不利な立場に置かれているとの懸念から、1989年、OECD 国際投資多国籍企業委員会（CIME）に外国公務員への贈賄に対応するための規制策定を提案し、それが最終的に国際商取引における贈賄の防止に関する条約（以下、OECD 条約とする）として結実した[8]。

その前文には、本条約が「贈賄が国際商取引……において広範にみられる現象であり、深刻な道義的及び政治的問題を引き起こし、良い統治及び経済発展を阻害し並びに国際的な競争条件を歪めていることを考慮し、すべての国が国際商取引における贈賄を防止する責任を共有することを考慮し」締結された旨が明記され、その１条において、締約国に対し外国公務員に対する贈賄を犯罪化するための国内法上の措置を取ることとしている[9]。

---

[6] 贈賄禁止条項と会計処理条項の２部から構成され、前者は直接的な贈賄行為を禁止し、後者は会計上の賄賂の流れの隠蔽を防止することによって、間接的に贈賄を防止しようとするものである。基本的に前者を連邦司法省（DOJ）、後者を連邦証券取引委員会（SEC）が管轄する。

[7] 日本でも旧刑法時代には、賄賂を収受した公務員を処罰する規定はあったものの、贈賄側の行為を処罰する規定が存在しなかった。さらには贈賄者が誘惑、教唆した等、必要的限度を超えて加功した時も不処罰であるとする見解が有力であった。河上和雄『大コンメンタール刑法』[大塚仁ほか編]（青林書院、1991）324頁。

[8] この経緯の詳細については、通商産業省知的財産制政策室監修『外国公務員贈賄防止』（有斐閣、1999）２頁以下、阿久津匡美・伊万里全生「『外国公務員贈賄防止条約』の改訂」NBL No.1059（2015）20頁も参照。

[9] 本条約については、外務省のウェブサイト（http://www.mofa.go.jp/mofaj/gaiko/oecd/jo_shotori_hon.html）に訳が掲載されている。ここでは関連する箇所を一部引用する。
第１条　外国公務員に対する贈賄
１．締約国は、ある者が故意に、国際商取引において商取引又は他の不当な利益を取得し又は

こうした対応は、確かに、法の支配が貫徹されておらず、また実際の訴追に様々な阻害要因がある国にとっては、自国公務員に対する贈賄が他国の処罰下に置かれることによって、国内の収賄も確実かつ効果的に抑止できる、というメリットがある。他方で、このような形で、広く自国外の贈賄行為についても各国が法適用を認めることは、複数の管轄を競合させうるものであり[10]、そもそも他国の行為に刑罰を以て介入することが果たして妥当なのかという点、そして、こうした類型で保護されるべき法益をどう捉えるのか（もはや一国内の法益とは言い難い）といった理論的基礎付けという点でも問題を生じることからしても、従来の刑法理論との整合性が問われるところである。

　しかしながら、アメリカは、自国以外の企業による外国公務員に対する贈賄行為に対しても広くFCPAを適用して多額の金銭支払いを科すなど積極的な姿勢を見せ、日本の企業に対する適用例も現に生じている。こうした状況からすれば、日本でもこうした問題に対して非常にセンシティブにならざるをえないのが現実である[11]。

　特に、2012年に公表されたFCPAの指針においては[12]、当該非米国企業等が米国領域内で外国公務員等贈賄行為に全く及んでいない場合であっても、FCPAが適用される可能性があると示されていた[13]。それによれば、日本の企業であっ

　　　維持するために、外国公務員に対し、当該外国公務員が公務の遂行に関して行動し又は行動を差し控えることを目的として、当該外国公務員又は第三者のために金銭上又はその他の不当な利益を直接に又は仲介者を通じて申し出、約束し又は供与することを、自国の法令の下で犯罪とするために必要な措置をとる。

　２．締約国は、外国公務員に対する贈賄行為の共犯（教唆、ほう助又は承認を含む。）を犯罪とするために必要な措置をとる。外国公務員に対する贈賄の未遂及び共謀については、自国の公務員に対する贈賄の未遂及び共謀と同一の程度まで、犯罪とする。

10　髙山佳奈子「腐敗防止に関する管轄権の競合と二重処罰の危険」法律時報86巻2号（2014）11頁。

11　内田芳樹「海外腐敗行為防止法（FCPA）の域外適用」国際商事法務41巻7（2013）1頁以下参照。

12　後にみるように、イギリス法では許容されていない少額支払い（facilitation payments）については、一定程度許容され、ここにいう贈賄に該当しないとされている。この判断の際には、金額の大小ではなく、支払い目的が重要とされるが、スポーツカーや毛皮のコートなどの贅沢品とみられるような物を贈った場合、さらに高額な旅行の提供などは、FCPAの適用対象となる危険性が高いとされる。

13　この指針の概要は、落合孝文・渥美雅之「外国公務員贈賄規制の近時における動向－米国新ガイドを中心として」NBL No.991（2012）4頁以下において紹介されている。指針は以下で参照可能である。https://www.justice.gov/sites/default/files/criminal-fraud/legacy/2015/01/16/guide.pdf

ても、発行者[14]（issuers）又は国内関連者（domestic concerns）を幇助、教唆した場合は、米国領域内で何ら行為を行わなくても、外国公務員等贈賄本体の罪とは独立して、幇助、教唆罪が、また、共謀した場合には共謀罪が成立しうるものであって[15]、いずれも基本的にアメリカに管轄があるものとされた。さらには、発行者や国内関連者の代理人として行動している場合にも、同様にFCPAの適用がありうるものとされた[16]。

　また、第三者を通じて、現地の公務員に対して賄賂が提供された場合、当該企業がその第三者の行為を知っていた場合にも、やはりFCPAの適用対象となりうる。ここで「知っていた」とされるのは、「賄賂の提供が行われる可能性が高いことを認識していたか認識すべき状況にあったにもかかわらず、意図的に無視した場合も含まれる」とされた。その疑いを容れられるリスクを避けるためには、贈賄が行われていると推認されるような事情、例えば、第三者（コンサルタント・エージェント等）への過度な手数料支払いや、契約内容が明確に決まっていないコンサルタント契約といった、"red flag" と呼ばれる事情を確認することが重要であるとされている[17]。

　このようにかなり広範な適用可能性を持つアメリカのFCPAが実際にどのように運用されているのかにつき、以下では、実際の適用例をいくつか参照する。

2　各国企業に対するFCPAの域外適用

　アメリカ司法省は、FCPAを積極的に適用する姿勢を見せていることは上で述べたが、実際、以下にみるように、アメリカによる摘発・訴追リスクは決して低いものではなく、科される制裁金も非常に高額であることが特徴である。

　まず、域外適用の事案として近時、特に注目されたものとしては、ドイツのSiemens社を対象とした事件が挙げられる。これは、2006年にSiemensが国外のプロジェクトに関係する公務員に対してコンサルタントを通じて多額の贈賄を

14　アメリカで上場等して株式を発行し、アメリカ証券取引所法上の開示義務を負う者。
15　当該共謀に基づき外国公務員等贈賄が共謀者により実行されることが合理的に予測でき、かつ、それが実行された場合には、外国公務員等贈賄本体の罪が、外国公務員等贈賄に向けた何らかの意思発現行為（overt act）が行われたときに成立するものとされている。
16　山田裕樹子「米政府が海外腐敗防止行為法（FCPA）ガイドラインを公表」法と経済のジャーナル2012年12月12日（http://judiciary.asahi.com/outlook/2012120300001.html）。
17　"red flag"のリストについては、http://fcpamericas.com/english/anti-corruption-compliance/master-list-party-corruption-red-flags/ を参照。

し、その支払いをコンサルタント費用等として計上していた疑いが浮上し、ドイツの検察が強制捜査に入ったことを契機として、Siemens 側がアメリカの司法省と連邦証券取引委員会に対し、FCPA 違反の可能性を報告し、調査が開始されたというものである[18]。Siemens は司法取引に応じて内部統制規定違反、会計帳簿規定違反等を認め[19]、約4億5千万ドルの支払いに応じ、また SEC を原告とする民事訴訟においても3億5千万ドルを支払い、その額は計約8億ドルにも上った[20]。

　この事件は、Siemens という世界的にも巨大な会社が不正な利益供与に関わっていたことで社会に大きな衝撃を与えると同時に、アメリカとドイツの連携により、FCPA 違反事件として最高額の金銭支払いを帰結することとなったため、非常に注目された。

　このようなアメリカの積極的な姿勢は、日本企業とも無関係というわけではない。例えば、2011年、日揮は、欧米の会社とで共同出資した合弁会社が、受注した契約に関連してナイジェリア政府側に金銭を贈与したとして、アメリカ司法省より FCPA 贈賄禁止条項違反（共謀および教唆幇助）にあたるとされ、最終的に司法省との間で起訴猶予合意に応じ、2億1880万ドルを支払った[21]。他にも、ブリヂストン、オリンパスなど、著名な企業が摘発されている[22]。

18　この事件については、*Graeff/Schröder/Wolf* (Hrsg.), Der Korruptionsfall Siemens. Analysen und Praxisnahe Folgerungen des wissenschaftlichen Arbeitskreises von Transparency International Deutschland, 2009. で詳しく紹介されている。
19　贈賄禁止条項違反については責任を問えなかったことが、その後の司法省の捜査等の改善に繋がっていったとの指摘は、高巖ほか「グローバル・リスクとしての海外腐敗行為——ナイジェリア贈賄事件を巡って——」麗澤経済研究20巻2号（2012）8頁注26）。
20　ドイツにおいては、取締役らには監督義務違反を理由とした過料が（例えば元役員には25万ユーロ）、会社には贈賄を理由として約2億100万ユーロの過料が科され（2億ユーロ分は利益剥奪であり、100万ユーロ分が本来の過料）、さらにその後、3億9500万ユーロの過料が科されている。(https://www.sec.gov/litigation/litreleases/2008/lr20829.htm)
21　https://www.justice.gov/opa/pr/jgc-corporation-resolves-foreign-corrupt-practices-act-investigation-and-agrees-pay-2188
22　前者の事案はカルテルでも問題となったマリンホース事件である。公取委審決平成20・2・20・審決集54巻512頁。これはマリンホースの製造・販売に関し日本企業2社と英米伊仏の6社が価格協定を結び、世界市場を8社で分割したという事案で、日本のブリヂストン社は南米諸国市場を割り当てられ、地元代理店と契約し、その代理店に、当該地の国営企業職員に対して不正支払いを行う権限を与えた点が FCPA 違反とされた。ブリヂストン社は独占禁止法違反と FCPA の贈賄を認め、2800万ドルの支払いで合意した（https://www.justice.gov/opa/pr/bridgestone-corporation-agrees-plead-guilty-participating-conspiracies-rig-bids-and-bribe）。内田・前掲注11）974頁以下参照。オリンパスの事件は、アメリカや中南米で内視鏡販売に際しての汚

また、2014年、丸紅とフランス企業のアメリカ子会社が、インドネシアの発電所向けボイラーの受注に関し、コンサルタントに支払った金銭が賄賂として用いられたという事案について、米司法省は、丸紅側の捜査に対する非協力的な面を非難し[23]、同社に調査協力の機会が与えられたにもかかわらず、これに応じなかったことを問題視し、更には有効なコンプライアンス・プログラムが策定されず、適切な是正措置が講じられなかったこと、そして違反行為を自主的に申告しなかったことなどを根拠として、通例よりも多くの制裁金支払いとなっている。
　このように、FCPA違反と認められる場合、国外であっても何らかの形で管轄が肯定されるとなれば、アメリカ司法省により非常に積極的な摘発がなされているのが現状である[24]。

3　イギリスの贈収賄法

　次に、域外適用を広く認め、世界でもっとも厳しいと言われる2010年に成立したBribery Act（贈収賄法、以下UKBAとする）を参照する。それ以前のイギリスでも、贈収賄そのものは当然禁じられていたが、ただ多数の法律がパッチワーク的に乱立しており、相互に非常にわかりにくいものであったことから、近年、このUKBAによって統一的に贈収賄を規制されることとなったのである[25]。この法は、外国の公務員だけではなく、民間人への贈賄も処罰対象とし、さらに、FCPAでは許容される場合もあるとされた少額支払い（facilitation payments）についても処罰対象としているといった特徴があり、他国で許容されうるレベルであっても適用可能性が排除できないとされていることから、「世界でもっとも過酷で広範な贈収賄法」と称されている[26]。
　この法の6条には、OECD条約を受け、外国公務員に対する贈賄に関する規

　　職が問題となったものであるが、中南米における不正な利益供与についてはFCPAが適用され2280万ドルの支払いで合意した（https://www.justice.gov/opa/pr/medical-equipment-company-will-pay-646-million- making-illegal-payments-doctors-and-hospitals）。
23　https://www.justice.gov/opa/pr/marubeni-corporation-agrees-plead-guilty-foreign-bribery-charges-and-pay-88-million-fine
24　その背後には、規制手段として刑罰を積極的に活用するアメリカの刑法観があることを指摘するものとして、松原英世「規制のハーモナイゼーションと刑法観の変化」刑法雑誌55巻1号（2015）14頁以下。
25　全文はhttp://www.legislation.gov.uk/ukpga/2010/23/contents を参照。
26　*Harrison/Ryder*, The Lae Relating to Financial Crime in the United Kingdom, Routledge, 2013, p.44

定が置かれており、これらに対する罰則は、上限の定めのない罰金、10年以下の懲役、又はその併科である。さらに、国外で行われた贈収賄行為であっても、それがイギリスと密接な関係を有している場合には、この法の適用対象となる[27]。

また、7条においては、営利団体が、その従業員、使用人または代理人が贈賄行為を防ぐ措置を懈怠した場合にも、上限の定めのない罰金が科されうるとされている。この条項は、①イギリスにおいて設立もしくは組織された、または②その事業の全部もしくは一部を英国において行っている、すべての法人及びパートナーシップについて適用される可能性があるとされている。さらに、日本やアメリカと異なり、相手方は公務員に限らないため、民間企業への贈賄も処罰の対象となることから、特に注意が必要である。

ただこの類型に関して、当該営利団体は、その「関連する人」が贈賄行為に及ぶことを防止するための十分な手続をとっていたとの立証が抗弁となりうる[28]。ただし、法律上、この「十分な手続」の内容が明確にはされていなかったため、その後、イギリス法務省から解釈の指針が公表された。それによれば、「十分な手続」とは、当該営利団体が晒されている贈賄のリスク、営利団体の性質、規模等に見合ったものであることが求められている。さらに、経営陣による贈収賄を許容しないという企業文化の確立、当該国のリスク評価（贈収賄に関してハイリスクな国であれば慎重な評価がなされるべき等）、デュー・ディリジェンス（Due diligence）手続の確立等が求められている[29]。

いずれにしても、以上の点につき、企業の側で予め防衛策を講じていなければ、実際に事件となった場合の責任を免れることは難しい。イギリスがアメリカのような強力な捜査を実施するかは未知数であるが、法としては広く域外適用を認めていることは明らかである。

ここでは FCPA、UKBA の域外規定を参照したが、EU 圏でも今後、積極的に自国法を適用する可能性がないとはいえない。カルテル等の問題では、既に日本企業に対して多額の制裁金を科す事案も生じているからである。この問題については別の機会に検討することとし、以下では日本の状況を概観する。

27　イギリスに行為者の住所がある場合や、法人であればイギリスで設立された場合などが当てはまる。12条4項参照。
28　新城浩二「英国 Bribery Act の概要」NBL No.946（2011）5頁。
29　新城浩二「英国 Bribery Act の解説とその与える影響」NBL No.954（2011）25頁以下。

三　日本における外国公務員贈賄罪

1　不正競争防止法への規定導入

　既に見たような、条約や各国の規制状況、また積極的な域外適用の姿勢は、当然ながら日本の立法にも大きな影響を与えている。既に冒頭でも言及したように、まず、OECD 外国公務員贈賄防止条約を受けて1998年に不正競争防止法が改正され、外国公務員贈賄罪（18条1項）[30]が設けられた。刑法における賄賂罪の保護法益は、「職務の公正と、それに対する社会の信頼」と説明されるが[31]、これとは異なり、不正競争防止法における外国公務員贈賄罪は、「国際商取引の健全な発展」を保護法益としており、公正な競争の確保を主眼としていることから[32]、刑法典の中にではなく、不正競争防止法という経済法の中に導入されることとなった。

　国際的にも、上でみたような OECD 条約の他にも、国連腐敗防止条約[33]など、国際的に様々なレベルで汚職に対し、各国が共働して厳格に対処していく方向性が示され、現在に至るまでの日本の法改正等にも、それが反映されている。

　とはいえ、日本では、実務の関心としては、不正競争防止法よりもむしろ、アメリカの FCPA や、UKBA の方に重点が置かれていたような印象を受ける。これらの法において域外適用が認められる範囲が相当に広く、特に FCPA の場合には、前述したように、実際の適用例も多数存在し、多額の制裁金支払いが報じられたことから、企業もそのリスク対策を真剣に検討せざるを得ない状況が存在

30　不正競争防止法18条1項「何人も、外国公務員等に対し、国際的な商取引に関して営業上の不正の利益を得るために、その外国公務員等に、その職務に関する行為をさせ若しくはさせないこと、又はその地位を利用して他の外国公務員等にその職務に関する行為をさせ若しくはさせないようにあっせんをさせることを目的として、金銭その他の利益を供与し、又はその申込み若しくは約束をしてはならない」。これに違反した場合の罰則としては、懲役5年若しくは500万円以下の罰金又はこれらの併科、法人に対しては3億円以下の罰金が規定されている。

31　いわゆる「信頼保護説」であり、判例の採る立場とされている。最大判平成7・2・22刑集49巻2号11頁参照。但し、過去の職務に対する賄賂などを考慮すれば「職務の公正」それ自体は賄賂の罪に共通する保護法益ではないと指摘するものとして、松宮孝明『刑法各論［第4版］』（成文堂、2016）490頁以下。

32　通商産業省・前掲注8）82頁以下、忠梅弘一『新・注解不正競争防止法［新版］下巻』〔小野昌延編〕（青林書院、2007）1125頁。

33　この条約自体は、共謀罪との関係で国際組織犯罪防止条約が締結されていないこともあり、未だ批准されていない。

しているからである[34]。とはいえ、以下にみるように、現在の日本の不正競争防止法の適用事案も今後増加することが予想されるため、外国公務員贈賄罪の規定について、ここで確認しておくことは有益であろう。

2 規定の特色

この外国公務員に対する贈賄罪の規定の特徴としては、まず、OECD条約の形式に則り、贈賄側のみを処罰対象としているところが挙げられる。この点に関連して、贈賄の相手方である外国公務員の収賄行為に対し、日本刑法典の総則共犯規定を適用して処罰対象となるか、という問題が生じうる。これについては、刑法上の必要的共犯の原則から考えれば、相手方に処罰規定がない以上は日本法によっては不処罰と解される[35]。そもそも、当該国公務員の収賄行為である以上は、当該国に管轄があると考えられる。したがって、当該国の収賄側も積極的にこの規定の適用対象としてしまうことは、当該国との管轄競合の問題が頻繁に生じるという問題を生じるために、否定的に解すべきであろう。

また、法文上、「賄賂」ではなく、「不正の利益の供与」という文言が用いられている点は、刑法上の贈賄罪との整合性を考慮したものとされている[36]。

その後、2001年には適用除外規定が削除され、外国公務員の定義が拡大されるなどの改正があり、また2004年には、国民の国外犯処罰規定を導入すると同時に、企業側の自主的な予防措置を促す目的で、「外国公務員贈賄防止指針」が策定された[37]。

この段階では新興国における「少額支払い」につき犯罪を構成しない場合がありうるとされていたが[38]、ただそれがどの程度であれば許容されるのかが明確で

---

34 渡邊隆彦ほか「米国FCPA及び英国Bribery Actの域外適用と企業のコンプライアンス・プログラムの法的意義－米英日の比較－」専修ビジネスレビューVol.10 No.1 （2015）76頁。
35 山口厚「外国公務員贈賄罪」山口厚編『経済刑法』（商事法務、2012）88頁以下。
36 北原純『解説外国公務員贈賄罪』（中央経済社、2011）47頁以下。また、1998年に成立した組織的犯罪処罰法によれば、「供与された財産」は「犯罪収益」とされ、没収等の対象となるが、他方で、贈賄行為を通じて得た収益は没収等の対象とはなっていない。OECD部会からはこれも没収等の対象とするよう勧告を受けている。
37 経済産業省知的財産制作室編『逐条解説不正競争防止法［平成23・24年改正版］』（有斐閣、2012）148頁以下。
38 OECD注釈において、「少額の『円滑のため』の支払いは、第1条1における『商取引又はその他の不当な利益を得る又は維持する』ための支払いには相当せず、したがって犯罪とはならない……」とある。http://www.oecd.org/corruption/oecdantibriberyconvention.htm. 訳については通商産業省・前掲注8）146頁以下も参照。

はなく、企業活動を萎縮させる可能性を当初から指摘されていた[39]。このことが、後述する指針の改訂の契機ともなる。

3　適用事例

　不正競争防止法の外国公務員贈賄罪の適用例は多くはないものの、いくつか存在している。2007年には、九電工がフィリピンに設立した現地子会社に出向していた社員らが、自社との請負い契約を早期に締結するため、フィリピンの国家捜査局長の来日に際してゴルフクラブなどを贈ったという件につき、福岡簡裁は社員2名に罰金の略式命令を下した[40]。

　2009年には日本のODAプロジェクトのコンサルタントであったPCIの従業員であった被告人らが、ベトナムでの事業に際し、建設コンサルタントの選定等に権限を有していたベトナムの公務員に対して、契約の受注等を意図して現金を供与したことが不正競争防止法違反に問われた事件で、東京地裁は被告人3名に執行猶予付きの懲役刑、PCI社に7千万円の罰金を言い渡した[41]。この件では、会社として贈賄を隠蔽するため様々な工作を行っていたことが指摘されつつも、ベトナムの公務員側からの支払い要求等があったことが認められた点などが量刑事情として考慮されている。また、2013年にフタバ産業の幹部が、中国現地法人の違法操業を黙認してもらう目的で中国地方政府幹部に現金等を渡したとされる事件で、名古屋簡裁は罰金50万円の略式命令を下した[42]。

　さらに、2015年、鉄道コンサルタント事業会社の元社長らが、インドネシア、ベトナム、ウズベキスタンでのODA事業に関連して、ベトナム鉄道公社関係者、インドネシア運輸省鉄道総局関係者、ウズベキスタン鉄道公社関係者に対して金銭を供与したという事件で、東京地裁は、被告人ら3名に執行猶予付きの懲役刑、会社に9千万円の罰金を言い渡した[43]。

　こうした新興国における事案では、収賄した公務員国側での捜査・訴追が困難

39　髙山・前掲注2）1頁参照。
40　日本で初めての事件とされる。阿部博友「外国公務員に対する贈賄について法人罰が適用された事例」NBL No.1004号（2013）73頁以下参照。福岡簡裁命令平成19・3・16判例集未登載。
41　東京地裁平成21・1・29判時2046号159頁、阿部・前掲注40）73頁。
42　『日本経済新聞』2013年10月13日朝刊「元専務に罰金50万円略式命令 フタバ産業贈賄事件」。
43　経済産業省「外国公務員贈賄防止指針［平成27年7月30日改訂］」35頁（http://www.meti.go.jp/press/2015/07/20150730008/20150730008-1.pdf）。この事件について詳しくは樋口晴彦「日本交通技術の外国公務員贈賄事件の事例研究」千葉商大紀要53巻2号（2016）107頁以下。

であったと考えられ、日本の不正競争防止法を域外適用することによってしか自国企業の行動統制が図れないような事情がある場合が多いと指摘されている[44]。

4 指針の改訂

贈賄に対して厳格な態度を示す法制度の中で、国外で事業を行う企業が、そうした摘発等のリスクを過度に恐れることなく、萎縮せずに適切な経済活動を遂行するための対策が必要とされることとなり、2015年に上述の外国公務員贈賄防止指針が改訂されることになった。そこでは、不正競争防止法における外国公務員贈賄罪の処罰範囲を明確化し、さらに、各企業に、贈賄を防止するためのコンプライアンス体制の整備に関する指針が示されている[45]。

こうした指針の根底にあるのは、国際的に、自国企業が汚職に関与しているとの疑念を抱かせないようにするための防止措置を講じることが必要であるとの共通理解であり、同時に、企業にとっても、事件化した場合のブランドイメージの毀損や、取引停止など、刑事制裁にとどまらない大きな損失を被る可能性が高いことから、問題が顕在化する以前の予防的アプローチが極めて重要であるとの認識である[46]。以下では、この指針の概要を確認したい。

(1) 企業の内部体制強化

海外事業を行う企業による、内部体制構築の必要性が明示された。ここで挙げられた防止体制を構築することが、法人処罰の際にも考慮されうることが示され、例えば、十分な体制が敷かれていることが、注意義務を尽くしたことの判断材料になりうることが指摘されている。

その際の視点としては、①経営トップの姿勢、②リスクベース・アプローチ[47]、③子会社に対する対応が重要であるとされ、この点は前述のアメリカやイギリスの指針とも共通しており、国際的な潮流であるといえる[48]。

例えば、①については、企業職員が贈賄行為を「会社のためになる」として正

---

44 髙山・前掲注 10) 12頁以下。
45 経済産業省・前掲注43) 5 頁以下。
46 経済産業省・前掲注43) 3 頁参照。
47 ハイリスク行為（ハイリスクと考えられる国、専業分野におけるジョイントベンチャー組成の際の相手方の選定など）に対する承認ルールの制定、従業員に対する教育活動等を実施してリスク低減を図り、取引の相手方の事前の情報収集など。
48 アメリカのFCPAの指針では、実効性のあるコンプライアンス体制の整備状況が、罰金額等の算定にあたって重要な考慮要素とされている。

当化されると考えているようなケースも多々あるため、企業のトップらは、贈賄が許されない行為であることを明確に示すことによってその誤った認識を是正する必要があるとされた。②では、コンプライアンス部門に適切に資源を配分して、関連情報を集約、分析し、リスクを回避するため措置をとることが必要とされた。また、従来の事件や、現実のリスクに鑑みた場合には、特に③への取り組みが重要であるが、現地子会社等では人的資源等が十分ではない場合も多い。その点、「子会社の自律的な防止体制の構築・運用」が原則とされたことに対しては、「海外子会社にこそ海外贈賄リスクが潜んでいる」として、その実効性に疑問も提起されている[49]。

（2）構成要件等の明確化

以上のような防止体制を構築した上でも、実際の現場では「贈賄」との限界付けが困難な事案が生じうる。そこで、本指針では、企業活動の過度な萎縮を避けるために、外国公務員贈賄罪の要件である「営業上の不正の利益を得る目的」の解釈が明確化された。

従来、少額支払いについては、生命や身体の危険がある場合などのかなり限定された場合にしか認められないのではないかという問題があったが、従来可罰性の限界が困難であるといわれてきた社交行為等の扱いについても、この目的の明確化により、許容される場合があり得ることが示された[50]。したがって、現地当局による恐喝に近いような事案については、そもそも目的の不存在によって構成要件該当性が否定されうる場合がほとんどであろうし[51]、また、暴力的な行為など、生命、身体等に対する危険が存在するなどの場合には、刑法上の緊急避難規

---

49 例えば、FCPAの場合、会計・内部統制条項は連結ベースで適用されるため、アメリカ証券市場で証券発行をしている企業は、世界中の連結対象の子会社を対象として、会計・内部統制条項遵守義務を負うことになる。西垣建剛ほか「外国公務員贈賄防止指針の改訂のポイント（2）」NBL No.1061（2015）51頁。

50 経済産業省・前掲注43）20頁以下。この指針では「ファシリテーション・ペイメント」との文言は誤解を避けるために用いられていない。2014年のOECDの声明には「作業部会では、経済産業省が、『ファシリテーション・ペイメント』が日本の外国公務員贈賄罪の適用から除外されていないことをガイドラインにおいて遅滞なく明確化することを期待しています」とある。https://www.oecd.org/tokyo/newsroom/statement-of-oecd-on-japans-efforts-to-increase-foreign-bribery-enforcement-japanese-version.htm

51 木目田裕・古本省三「対談・外国公務員への贈賄リスク」ジュリスト1488号（2016）68頁以下。また、刑法上の贈賄罪には罰金刑もある点について、「公務員からの働きかけによって行われる場合が多く、贈賄者が弱い立場にあって、やむを得ず贈賄する場合が予想される」ためとされる。河上・前掲注7）

定を充たし、違法性が阻却される。また、この犯罪の保護法益に鑑みれば、競争相手に比して有利になるような利益提供かどうかといった観点から犯罪の成否を判断することも考えられる[52]。

四　不正競争防止法上の外国公務員贈賄罪に関する問題

1　「刑罰」としての制裁

　このように、その対応が厳格化している外国公務員に対する贈賄行為ではあるが、こうした動きに、従来の刑事法理論との関係で考えられる問題点について、検討しておきたい。

　この犯罪はもともと国内的な要請から立法化されたものではないにせよ、こうした行為を抑止することに刑罰をもって対処すること自体に対する疑念が本来的に提起されうる。例えば、日本では独占禁止法など、経済的な事案に対する財産的制裁として、罰金と課徴金いう二つの制裁が存在し、刑罰たる罰金で対応されるような事案は悪質性が高い等の重大事案であると説明されてきたが、近時の課徴金の上限の高額化[53]などによって行政罰と刑事罰との相違が相対化していることからすれば[54]、むしろ制裁として行政罰のみを利用するということも考えられるからである。

　そもそも、当該企業は、取引停止といった処分や、ブランド価値の毀損といった形での損失も被ることが多く、その上で課徴金納付命令等を用いれば、抑止と制裁の目的は、十分に達成可能ではないかとも考えられるであろう。経済法の領域では「当該行為が社会的に非難されるべき性質のものとして認識されるよう」犯罪化する、という発想があるといわれるが[55]、規制手段として安易に刑罰を用いることの妥当性が、改めて問われなければならない[56]。

52　髙山・前掲注10）15頁。
53　例えば2015年に会計不祥事のあった東芝に対して証券等取引監視委員会が納付命令を出した課徴金額は73億円を超えるものであった。
54　周知のように、刑罰と課徴金の両方を科すことが可能である場合には、二重処罰の禁止、一事不再理の禁止に抵触しないのか、という問題が存在する。裁判所は課徴金と罰金とでは、趣旨、目的、手続等が異なるとして、憲法39条には違反しないとの立場である。最判平成10年10月13日判時1662号83頁。
55　松原・前掲注24）23頁。
56　こういった経済犯罪と称される領域においては、古典的な刑法犯である殺人や強盗とは異な

また、手続的にも、刑事責任の立証のハードルが相当に高いことから、かなりの証拠が収集できなければ公判を維持できないとして、起訴に至らない事案もあり得るために、むしろ行政的な措置が適切ではないかという考え方もあり得る。ただ、この点については、日本の刑事手続において司法取引が導入されることにより、今後大きく変わる可能性はある。

2　法益概念との関係

経済刑法の領域では、「保護法益」をめぐる議論は、処罰を制約するための原理ではなく、従来処罰されて来なかったものを「犯罪化」する概念として機能してきた側面がある[57]。そこで、外国公務員贈賄罪が保護しようとしているものは一体何なのかと問うた場合、公正な競争を前提とする自由経済秩序といった抽象的なものにとどまらざるをえないであろう。ただ、贈収賄の撲滅に対して国際的に足並みを揃えて共働していくことが必要であるという共通理解が前提とされるならば、この規定も当該法益との関係で把握される必要がある。その意味で、外国公務員贈賄防止指針が、目的要件によってその成立範囲を限定しようとし、曖昧な点を明確化しようと試みたことは、評価できる。

他方で、このような形で、外国公務員に対する贈収賄の規制を強化することが、従来の国内の法益保護を原則とする刑法秩序とどのように調和されうるのかということ、そしてそれが、国際経済に与える有害性、悪質性という点に鑑みれば排除すべき行為だとしても、各国法の域外適用を積極的に活用することによって処罰することの必要性は、改めて検討されるべきであろう[58]。例えば、アメリカやイギリスの態度は、司法が機能していない国に対して積極的に自国法の適用を認めることによって、国際的な経済秩序のより良い発展に資するものである、という評価はあり得る。しかしながら、自国企業が他国によって多数摘発され、多額の経済的な制裁を受けている状況を漠然と是認して良いかは別の問題であ

り、犯罪に対する社会の捉え方が必ずしも道徳的な非難とは直結せず、また、こうした犯罪を犯した人を刑務所で処遇することは、従来の被収容者を想定した行刑とは異質なものとなることは否めない。

57　嘉門優「経済刑法と法益論」刑法雑誌55巻1号（2015）58頁以下。
58　従来の贈賄罪を念頭に、他国の公務を保護することは自国の刑法の任務ではない、という主張もあり得るからである。*Schünemann*, ZRP 2015, 68. Vgl. *Dann*, Und immer ein Stück weiter- Die Reform des deutschen Korruptionsstrafrechts, NJW 2016, 206.

る。従って、こうした他国の動向や提言をただ受け止めるのではなく、むしろ自国での解決を目指す姿勢を示すことによって、他国との調整、捜査協力等を図りつつ、国際的なルールに対する理論的、政策的な疑義があるような場合にはその改善を提言するなど、日本もこの領域において積極的な役割を果たしていくことが望ましいように思われる。

3 内部統制体制構築の意味

日本の刑法理論は個人の刑事責任を基礎に展開されて来たものであり、法人処罰は、基本的には例外的なものと位置付けられてきた。これに対して英米では法人処罰を正面から肯定しているため[59]、コンプライアンス等、法人組織の内部統制が果たされていたかという点が刑事責任においても重要な意味を有することになるとされている[60]。

これは、関係者の「贈収賄を防止しなかったこと」をも処罰対象とするUKBA が、その 7 条 2 項に、関係者による犯罪行為を防止するために適切な方策を取っていたことを証明すれば免責されるとの規定を置いていることにも現れている[61]。また、アメリカにおいて Morgan Stanley 中国法人の重役が中国公務員に贈賄をしたことが問題となった事案でも、Morgan Stanley 社自体は、充実したコンプライアンス規範を策定運用していたことで FCPA の執行を免れたとされている[62]。このように、組織的なコンプライアンス体制を確立していることが確認されれば、贈賄は組織の問題ではなく、当該個人の問題とされることとなり、会社にとっては、訴追等のリスクはかなり低減されるといわれる[63]。

こうした流れの中で、上述の日本の贈賄防止指針でも、リスクを調査し、コン

---

59 樋口亮介『法人処罰と刑法理論』(東京大学出版会、2009) 51頁以下。
60 川崎友巳『企業の刑事責任』(成文堂、2004) 184頁、樋口・前掲注59) 103頁以下。
61 長谷川俊明「外国公務員に対する贈賄事件①」国際商事法務41巻 4 号 (2013) 571頁。
62 United States v. Peterson CR No.12-224 (JBW). 具体的には、例えば、数年間で数百人規模の専任のコンプライアンス担当がいたこと、また数多くの研修実施、従業員からの行動規範遵守誓約書の取付け、といった形で、組織的に社内のコンプライアンス意識を向上させ、さらに、一定以上の金銭支払には複数の者を関与させるといった手続を整備していたことなどが挙げられている。この事件については、杉浦保友「国際コンプライアンスの研究第 6 回」国際商事法務42巻 1 号 (2014) 92頁以下、西垣・前掲注49) 参照。
63 こうした企業の努力に対する検察及び裁判所からの評価を *Kuhlen* は「報賞」と表現している。ローター・クーレン(岡上雅美訳)「ドイツにおけるコンプライアンスと刑法」比較法学47巻 3 号 (2014) 183頁参照。

プライアンス体制を確立することの必要性が説かれているところであり[64]、2015年の会社法改正でも「企業集団内の内部統制システム整備」の規定が法律に格上げされている[65]。

ただ、コンプライアンス・プログラムの適正な実施は、法人の責任を免じる方向に働きうるものの、それだけでは判断材料としては十分ではなく、経営者の監督措置等もその考慮に入れられるべきものであって[66]、形式的にコンプライアンス体制の構築がなされていたかということが問題なのではなく、当該組織においてどのような実施体制がなされていたといった点を具体的に精査する必要があるとされる[67]。特に、国際的贈賄の事案で多数を占めるという第三者を介した贈賄の場合、事前にどの程度のリスク評価とデュー・ディリジェンスを実施すれば良いのかの判断は困難である。ただ、どの程度の体制構築義務が要求されるかは、当該会社の業種や対象国によって相違するものであって判然としない場合も多い。確かに、贈賄リスクを回避するためにはコンサルタント等を安易に選定しないことは必要ではあるが、疑わしい場合には当該コンサルタント等との契約はしない、との立場を一貫させることは、企業活動を過度に萎縮させることにならないかという懸念がある[68]。この点、選任監督過失の問題を含め、より詳細な理論的検討が必要であろう。

4 捜査手続、執行の問題

外国公務員贈賄罪の適用に際しては、外国における捜査が必要となるため、捜査協力等でかなりのコストを要することが予想される[69]。この点については各国との協力体制を強化していくことが必須であろう[70]。

64　経済産業省・前掲注43）10頁以下。
65　会社法362条4項6号参照。既にある程度海外事業展開の経験がある会社では、社内のガイドライン作成、セミナー開催、社員から誓約書を取るなどの対策がなされているとのことである。木目田・前掲注51）4頁以下。
66　樋口・前掲注59）171頁。
67　渡邊・前掲注34）88頁。
68　「司法界での汚職が一般的であるような新興国においては、現地の弁護士が裁判官に贈賄をするというようなこともあり、弁護士の選定においても慎重さが求められる」とされる。宇野伸太郎「司法さえ腐敗のある国、インドネシアで訴訟リスクをどう制御するか」法と経済のジャーナル2016年3月16日（http://judiciary.asahi.com/outlook/2016031500001.html）参照。
69　Siemens事件における内部調査等のコストは10億ユーロかかったともいわれる。クーレン・前掲注63）177頁参照。
70　この点、国際カルテル事案などの経済事案で実績のある公正取引委員会などの組織の手法から

また、対向犯である贈賄罪の場合、通例では、収賄側、贈賄側の双方を取り調べることが必要とされるが、外国公務員贈賄事案では、収賄側の外国公務員を日本の捜査機関が取り調べることは実務上困難である場合が多いと想定され、また、捜査共助要請を行っても、回答を得るまでに時間がかかるといった問題点が捜査側から指摘されている[71]。ただ、経済犯罪の性質を帯びる事案では、従来の供述調書に依存した手続の限界が指摘されているところであり[72]、そもそも被疑者・被告人に黙秘権が認められている以上、供述を無理に引出すことよりも、当該国の捜査機関との連携を図りながら、客観的な証拠に基づいた立証が目指されるべきである[73]。その意味で、企業の帳簿、文書、メール等、その他内部調査によって得た証拠は非常に有用であるといえるが、これをそのまま刑事手続に利用することは刑事手続の原則との整合性に鑑みると問題を孕んでいる。

　国際的な贈賄事件の場合、上でみたマリンホース事件のようなカルテル、脱税、背任等、他の経済事案とも重なる場合が多々あるため、公取委等、他機関との連携も考えられるが、その場合には、行政調査と刑事手続き上の捜査との限界づけ、証拠利用の可否が問われることになるであろう。また、刑事訴訟法改正により導入された司法取引を積極的に活用して、隠蔽性の高いこうした事案の摘発に活かすべきであるとする主張があるが[74]、日本に導入される司法取引は、他人の事件に関する捜査協力型であって自己負罪型ではないために[75]、冤罪を誘発する懸念があるとされており、慎重に検討されるべきであろう[76]。

　また、域外適用を広く認める以上、各国の管轄が競合する場合が想定されるた

　　学びうる点は多いと考えられる。
71　石川光泰「外国公務員贈賄対策をめぐる昨今の情勢」警察學論集67巻6号（2014）130頁。
72　越知保見「経済犯罪における司法取引的手段の不可欠性〔上〕」国際商事法務 40巻8号（2012）1159頁以下。
73　斎藤司「経済事犯の裁判」神山敏雄ほか編著『新経済刑法入門［第2版］』162頁以下。
74　越知保見「経済犯罪における司法取引的手段の不可欠性〔下〕」国際商事法務 40巻9号（2012）1366頁以下
75　自己負罪型の協力についても、PCI事件で東京地裁が言及したように量刑判断に反映させるという構成はありうる。
76　また、司法取引において捜査機関側が入手した企業の証拠は、海外当局による調査・処分や海外の民事訴訟において、開示命令の対象となるため、外国の集団訴訟等に用いられるリスクが指摘されている。司法取引での証拠は、独占禁止法上の課徴金減免制度との比較でも、開示リスクが格段に高いことが指摘されている。荒井善美「日本版『司法取引』で海外当局、集団訴訟は？ その証拠拡散リスク」法と経済のジャーナル2015年6月10日（http://judiciary.asahi.com/outlook/2015060200001.html）

めに、二重訴追・二重処罰問題が生じうる点については、他国で訴追が生じた場合には日本では訴追しないといった判断もなされるべきであろう。また、Siemens事件のように、複数国の罰金と過料、さらには課徴金等、種々の制裁金が重複する場合には、単純に加算していくと企業にとっては非常に過酷なものとなってしまうため、なんらかの形で調整を図ることが望ましいと思われる。

五　展望と課題

　外国公務員に対する贈賄防止対策は、国内的な立法の必要性から生じたものというより、むしろ国際的な競争の重要性に鑑み、他国や国際的な要請から講じられて来たものであり、その方針に引きずられて来た側面があることは否めない。例えば、現在の警察・検察における担当捜査部の設置は、OECDからの法執行努力が欠如しているとの批判を受けたものである[77]。また、これまでは、アメリカなどからの摘発、多額の金銭支払いなどの執行について、日本の各企業がどのようにリスクを回避し、対応していくか、という点で捉えられることが多かった。しかし、日本でも捜査機関の重点化を図っていることからすれば[78]、今後、不正競争防止法の国外適用案件が増加していくことが予想される[79]。他国との関係でも、むしろ日本が積極的に国際的な贈賄に対して厳格な姿勢を示すことは、FCPA等の適用を排除する契機となりうるものであって、それが結局、日本の企業にとってもメリットとなりうるとの指摘もある[80]。

　また、企業側が、上述の贈賄防止指針等を念頭に、それぞれの特性に応じて防衛策を講じていくことも重要であるが、同時に、外国公務員による不当な要求に対しては、日本が諸外国とも連携して、積極的に当該国家に対する要求を提示し、環境を改善していくことによって、企業の活動を支援していくという姿勢も必要であろう[81]。

77　OECD贈賄作業部会における相互審査の2011年フェーズ3審査において、外国公務員贈賄事件の捜査・訴追のための適切な人的・物的資源を配分する方策を講ずることなどが勧告された。
78　警察においては各道府県警察に担当者が置かれている。石川・前掲注71）118頁。
79　2014年のOECDの声明においても、積極的な摘発を期待する旨、明言されている。https://www.oecd.org/tokyo/newsroom/statement-of-oecd-on-japans-efforts-to-increase-foreign-bribery-enforcement-japanese-version.htm
80　髙山・前掲注10）15頁。
81　指針においても、現地大使館等の協力を得ること等が示されている。経済産業省・前掲注43）

今回の指針の改訂により、ある程度の明確化は図られたとはいえ、実際の適用にあたっては今後も様々な問題点が生じうることが予測される。今後の裁判例の集積も必要であることはもちろんではあるが、その適用範囲については、様々な領域の視点から検討を加え、その処罰範囲を画していくことが、今後の企業の国際的な事業展開の上でも必要かつ重要である。

　以上、外国公務員の職務と、それに対する企業の利益供与との関係が国際的にシビアなものとして捉えられていることを確認したが、日本国内に目を転じてみると、「政財官の癒着による犯罪は構造的なものであって根は深く、心構えを説くことや内部監査を強化することで対応できないことは……明らか」と指摘されているように[82]、それぞれの利害が絡み合った構造的な問題が存在することはもとより、前提として贈収賄に対する一般の人々の意識そのものが甘いように思われる。本稿では外国公務員に対する贈賄を取り上げたが、国際的に汚職を撲滅するには、当然ながら国内の汚職撲滅も同時に進めていかなければならない。一般企業が海外事業で様々な対応を迫られ、多大なコストを負担している状況に鑑みれば、国内の贈収賄事案に対しても厳しく対応するべきであろうし、多額の税金が投入される五輪等の大規模イベントや公共事業においては、より一層厳格な審査や手続の透明性が要請されるべきであろう。

　浅田和茂先生には、院生時代より、刑法読書会や経済刑法研究会など、様々な研究会において御指導、御教授を賜った。その学恩に報いるような研究ができているかは甚だ心許ないが、先生の古稀をお祝いして本稿を捧げたい。

　本研究は、JSPS 科研費16K17012の助成を受けたものである。

　17頁以下。
82　浅田和茂「政財官の癒着をめぐる犯罪」神山敏雄ほか編著『新経済刑法入門［第2版］』（成文堂、2013）332頁。

生活保護不正受給の処罰について

内 田 博 文

一　生活保護法の改正
二　生活保護法85条
三　最決平成3年3月29日
四　判例解説
五　判例批評
六　今後の検討方向

一　生活保護法の改正

　生活保護法の一部を改正する法律（平成25年法律第104号）が公布され、2014年（平成26年）7月1日（一部は平成26年1月1日）から施行された。「就労による自立の促進」、「健康・生活面等に着目した支援」、「不正・不適正受給対策の強化等」、「医療援助の適正化」が改正のポイントとされている[1]。しかし、新自由主義に基づく改正ではないかということで各界から厳しいコメントが寄せられた。日弁連からの平成25年12月6日付の会長名によるそれも次のようなものであった[2]。

　　改正法には、①違法な「水際作戦」を合法化し、②保護申請に対する一層の萎縮的効果を及ぼすという看過しがたい重大な問題があるため、当連合会は、本年5月17日に「生活保護の利用を妨げる『生活保護法の一部を改正する法律案』の廃案を求める緊急会長声明」を、本年10月17日に「改めて生活保護法改正案の廃案を求める会長声明」をそれぞれ公表し、繰り返し廃案を求めてきた。にもかかわらず、改正法が成立したことは誠に遺憾である。（略）当連合会は、国に対し、改正法の施行により、申請書を交付しない、添付書類がそろわない限り有効な申請とは扱わない、扶養義務者へ

1　厚生労働省社会・援護局保護課作成の『生活保護法改正法の概要』などを参照、www.mhlw.go.jp/seisakunitsuite/bunya/.../tp131218-05.pdf。
2　www.nichibenren.or.jp を参照。

の援助を求めて門前払いする等の、申請権を侵害する違法な運用が拡大しないようにするため、上記国会答弁及び附帯決議の趣旨を十分に踏まえ、各地の福祉事務所等の誰でも手に取れる場所に申請書を備え置くことを求めるとともに、改正法を理由として申請権を侵害する運用を行わないよう各地の福祉事務所等に周知徹底することを強く求める。また、改正法の施行による影響を逐次に把握するよう努め、問題が生じれば、5年の見直し期間の経過を待つことなく直ちに改正法を見直すことを強く求める。そして、当連合会としても、改正法の施行により違法な「水際作戦」が増加することとならないか厳しく監視することはもちろん、制度の利用資格がありながら利用できていない膨大な「漏給層（制度の利用資格のある者のうち現に利用していない層）」をなくし、生活保護制度の「捕捉率（制度の利用資格のある者のうち現に利用できている者が占める割合）」を高め、憲法の生存権保障を実質化するための真にあるべき生活保護制度の改善に向けた取組を、より一層強化する決意である。

　法改正のうち、「罰則の引上げ及び不正受給に係る返還金の上乗せをする」というのは、法85条が定める不正受給の罪の刑を「3年以下の懲役又は30万円以下の罰金」から「3年以下の懲役又は100万円以下の罰金」へ引き上げ、不正受給に係る徴収金返還金については100分の40を乗じた額を上乗せすることを可能にすることである[3]。同85条は「不実の申請その他不正な手段により保護を受け、又は他人をして受けさせた者は、3年以下の懲役又は100万円以下の罰金に処する。ただし、刑法に正条があるときは刑法による。」と規定している[4]。不正受給

---

[3] 小田中聡樹「公的扶助・福祉と刑法――生活保護不正受給処罰を中心に――」小川政亮編『社会福祉と諸科学――扶助と福祉の法学』（一粒社、昭和53年）267頁によれば、「社会保障の権利をめぐる二つの要因の桔抗・対抗の関係は、公的扶助および社会福祉の権利（法）と刑法の関わり方に三つの類型を生ぜしめていると思われる」とした上で、この三類型を、①公的扶助及び社会福祉の権利（ないし其の権利者の利益）を直接的な保護法益とする、公的扶助・社会福祉保障のための刑罰規定（例えば、児童福祉法60条等）、②公的扶助・福祉行政の適正かつ円滑な運用を確保することを目的とする刑罰規定（例えば、児童福祉法61条等）、③公的扶助・福祉など社会保障の権利の要求に対する刑罰的規制の手段として用いられる刑罰規定（例えば権利行使に対する詐欺、恐喝等）、に整理される。

[4] 同条但書は、本罪が刑法各本条によっては処断できないものを処罰するための補充規定であることを明らかにしたもので、不実の申請によって保護を受ける場合は多くは刑法第246条第1項の詐欺罪の成否が問題になるものと思われるが、詐欺罪が成立するときは同罪で処断され、詐欺罪が成立しないときに本条が適用されることになるとされる。高松高判昭和46年9月9日刑裁月報3巻9号1130頁、東京地判昭和47年8月4日刑裁月報4巻8号1443頁、東京高判昭和49年12月3日高刑集27巻7号687頁等を参照。これらはいずれも詐欺未遂罪又は詐欺罪を認めたものである。

　なお、小野慶二「主要食糧の不正受配と詐欺罪」『刑事判例評釈集』10巻（昭和23年度下）95頁によれば、「刑法に正条があるときは、刑法による」旨の立法形式は、戦時中に実務で認められてきたところを立法化したものだとされる。

が確認された場合には、保護の不利益変更・停止・廃止（法25条2項、26条1項）、本来受けるべきではなかった費用の返還（法63条）、不正受給した費用の全部又は一部の徴収（法78条）といった処理が行われることになる。これらに加えて刑事制裁も科するというのが法85条の趣旨であるとされる[5]。

二　生活保護法85条

　今般の法改正により詐欺罪の他、法85条の罪に問うケースが増加することも考えられる。しかし、公的扶助および社会福祉に関する法と刑法の関わりの問題については「すでに生活保護不正受給事件を契機にして、社会保障法の理論家や実務家によって的確な問題提起と理論的な分析とがなされてきたし、また裁判実務においても弁論や判例を通じて検討が積み重ねられてきた。ところがこれに対して刑法研究者は、これまでこの問題にまったくといっていいほど取り組んでこなかった」[6]と指摘される状況は変わっていない。行政サイドからは概要、次のように解説されている[7]。

---

[5]　小川政亮「保護受給者に対する刑事弾圧――『福祉国家』への接近――」仁井田陞博士追悼論文集第三巻『日本法とアジア』（勁草書房、1970年）397頁以下等によれば、不正受給処罰規定の歩みが概要、次のように整理されている。

　不正受給処罰規定がわが国の社会保障史上初めて設けられたのは、救護法（1929年）においてであった。これに先行する恤救規則（1874年）にはこの種の規定は設けられていなかった。この不正受給処罰規定は、その後、母子保護法（1937年）、医療保護法（1941年）、戦時災害保護法（1942年）等にも取り入れられていった。第2次世界大戦後に制定された旧生活保護法（1946年制定）は、救護法よりも刑罰をかなり引き上げるとともに、詐欺罪と不正受給処罰規定との関係についても、従来の法条競合説を捨て観念的競合説を採ることを明らかにし、不正受給行為に対して詐欺罪を適用する道を開こうとした。旧生活保護法が新たに一般扶助主義をとったことによって要保護者の激増が予想されたために、一方では生活保護基準を低く押え、他方では、自らの人間らしい生活を守るためにそのような低い保護行政に反撥し、いうところの不正受給という形で保護秩序に抵抗を示そうとする者には、生活保護法自身の刑罰規定の明文による処罰の限度を解釈の形で大幅に引き上げてでも、これを威嚇し全体としての保護水準を抑えようとしたものである。

　また、前掲・小田中266頁以下によれば、「このようにして極めて意図的、政策的に追求された不正受給の重罰化、自然犯化は、現行生活保護法（1950年制定）によって遂に立法的な形態を与えられた。すなわち、同法85条は、……法定刑を大幅に引き上げるとともに、但書を新設し……不正受給処罰規定と刑法との罪数関係を明らかにした。これによって不正受給の自然犯化が一応は完成したともいえるわけである。」とされる。

[6]　前掲・小田中259頁。

[7]　小山進次郎『改訂増補・生活保護法の解釈と運用』（財団法人中央社会福祉協議会、昭和26年）862-863頁等を参照。不正受給の例としては、この外、嫁動収入の無申告・減少申告といった稼動収入関係の偽り、恩給年金、労災補償金、貯金、資産収入等の無申告・過少申告といった稼

同条にいう「不実の申請」とは、積極的に虚構の事実を構成することは勿論、消極的に事実を歪曲或は隠蔽することも含む。「不正の手段」とは、刑法第246条（詐欺罪）の構成要件である「欺罔」行為、すなわち、積極的或いは消極的な詐術をもって人を錯誤に陥らしめるという程度に至らない広い意義における不正手段である。換言すれば、通常の真実の状態であれば保護が受けられないにもかかわらず、保護を受けた場合においてその際に用いた行為とも云い得る。本条にいう「保護」とは、実際的効果をもって現われるところの保護の実施のみではなく、保護の決定自体が為されている場合をも含むと解すべきである。最後に、本条にいう「保護を受け」とは、その保護が「不正な手段」を原因として為されたことを要する。すなわち、「不正な手段」と保護との間に因果関係が存する場合に限り本条が適用される。従って、実際に「不正な手段」があっても保護の実施機関がこれに陥ることがなく、或いは又、「不正な手段」の有無とは関係なく保護の処分が為されたときは、本条の罪は成立しない。

　このような解釈・運用については、次のような指摘の存在に留意しなければならない。

　　そもそも、公的扶助・社会福祉における不正受給行為に対していかなる措置をもって臨むべきか、すなわち、（1）刑罰を以て対処すべきか、それとも行政上ないし民事上の措置に委ねて刑罰権の対象外とすべきか、（2）かりに刑罰を以て対処するとしても、不正受給行為をいかなる性質をもつ犯罪類型として把え（刑事犯ないし自然犯化、行政犯ないし法定犯か）、いかなる構成要件の下に如何なる刑罰を科すべきか、（3）捜査・公訴権の行使の要件をいかに設定すべきかは、理論的にも立法政策的にもかなり慎重な検討を要する重大な問題である。その理由は次の通りである。第一に、不正受給行為は、当該行為者の公的扶助・社会福祉の給付を受ける権利の存否とその行使の正当性の問題と深く密接に関連している。したがって不正受給に対して刑罰を以て対処して規制することを認めることは、警察・検察当局が社会保障の権利（法）とはまったく異質な、治安的観点から社会行政に介入しその正しい展開を阻害する弊害をもたらすことを容認し、また権利要求行動を弾圧・規制することを認めることに連なるおそれがあることである。第二に、……不正受給行為は、その殆ど全部が社会保障行政の不十分さ（とりわけ生活保護基準の低さや手続的不備）に起因するものである。しかるに、その点について行政上の抜本的措置を講ずることなしに受給者の些細な違法行為を一方的にとらえて刑罰を科すことは、社会保障の権利を侵害し、行政の正しい発展を阻害するおそれがあることである。第三に、不正受給行為は、生活苦

動収入以外の収入関係の偽り、生業扶助・住宅扶助といった扶助費の受給に関する偽りといったものも挙げられている。香川喜八郎「「生活保護法85条違反の罪の成立要件」『判例評論』468号（平成5年）231頁以下等を参照。なお、桑原洋子「公的扶助の課題と展望――不正受給」石本忠義他編『社会保障の変容と展望』（勁草書房、1985年）339頁によれば、不正受給の形態が、保護申請時からの不正受給と保護受給中の不正受給に分類される。

や自立への欲求から為されるものが全部であるといってよく、その違法性や責任の程度は極めて微弱だと考えられることである。そしてまた、不正受給行為に対する国民の処罰感情も決して強いとはいえない。第四に、悪質な不正受給行為が社会保障行政の円滑・適切な運用を阻害するとしても行政ないしは民事上の措置をもって処置すれば足りるのであって、敢て刑事上の処置を必要としないのではないかと考えられることである[8]。

これに加えて、起訴に及んだ事案[9]についての、「これらの不正受給の刑事事件にほぼ共通して見られる特徴として、各地の生活と健康を守る会、労働組合、農民組合などの活動家である被保護者が狙い撃ち的に逮捕され起訴されていること、事件発生後に被保護世帯数の減少が生じていることなどの点がみられることからするならば、これらの事件のねらいとするところが社会保障闘争の規制と生活保護行政の引締めとにあることがうかがえる。」[10]という分析も重要であろう。問題は、裁判所がこれらの点に十分に留意した上で詐欺罪や法85条の罪の解釈・運用を行ってきたといえるかどうかである。否といえよう。例えば、次のように判示されてきたからである。

　　所論は、元来不正受給には行政指導・行政処分が優先し、実際にもそのような取扱いしかされてこなかったのに、被告人が「生活と健康を守る会」の理事をしていたためこの組織を壊滅させるため及び生活保護受給者を減らすためという政治的・政策的意図からした違法な公訴の提起であるから、刑訴法338条4号により公訴を棄却すべきであり、これをしなかった原判決は、刑訴法1条、検察庁法4条の解釈を誤り、刑訴法338条4号に違反していると主張する。しかし、およそ詐欺罪に当たる不正受給の容

8　前掲・小田中263-264頁。
9　これらの事案については、前掲・小川政亮「保護受給者に対する刑事弾圧――『福祉国家への接近――』416頁の外、渡辺良夫「社会保障をめぐる裁判状況」『法律時報』1967年7月号27頁以下、同「社会保障をめぐる弾圧の実態」『政治反動と治安政策』（労働経済社、1968年）87頁以下、同「社会保障と治安政策」『法と民主主義』61号（1971年）21頁以下、坂本重雄「社会保障と人権――生活保護を中心に――」『ジュリスト』422号（1969年）50頁以下等を参照。なお、前掲・渡辺「社会保障と治安政策」25頁によれば、「不正受給の摘発が真に生活保護法の適正公平な運用を期するためのものであるならば、それに先立って、生活保護基準を、憲法および生活保護法にいうとおりの、健康で文化的な最低限度の生活を維持できる額に引き上げるべきであり、世帯単位の原則と称して、扶養義務なき者に対しても、自らの生活を犠牲にした扶養義務の強要をやめるべきであり、その他もろもろの面で、当局側こそ、法を公正に解釈運用すべきである。さらに、保護実施上のアンバランスは、生活保護費の返還など、行政上の措置でまかなうべきである。『不正受給』事件の場合はいずれも行政上の措置をやらずにいきなり刑事訴追に及んでいる。」とされる。
10　前掲・小田中269頁。なお、前掲・小川政亮「保護受給者に対する刑事弾圧――『福祉国家への接近――』や注（12）の渡辺論文等も参照。

疑がある場合に、これを捜査し公訴を提起し得ることはいうまでもない。生活保護法の諸規定にかんがみても、不正受給に限って行政指導、行政処分を優先させるべきであるとは思われない。また、本件が長期にわたって行われ、被害総額も405,530円に達していることなど事案の具体性に着目すれば、当時の被告人の生活状況、犯行の動機等を考慮しても、本件が処罰に値しない行為とは認めがたく、ほかの同種事案に対する判決例と比較しても本件起訴に公平さを欠く点あったとは考えられない。(略)

たしかに生活保護基準が相当低く、被告人のように育ちざかりの学童二人と病弱な妻を抱え、自らも持病を有するものにとって、保護費だけで生計を立て、子供達を教育することが容易でなかったことは証拠上も察するに難くない。しかも被告人の場合、生活保護を受ける前から借金が累積し、これを保護費の中から返済していたというのであるから、なおさらであったと思われる。被告人が持病をおして警備会社に就職した心情は十分理解できる。これらの点については同情を禁じ得ないとともに、政治的・行政的施策が一層適切に行われるよう期待する。しかし、生活保護を受けているもの一般の苦しい生活の実態、これに近い生活を送っている低所得の人達が数百人に及んでいる事情に、被告人が得た収入が毎月35,250円から70,878円でその大部分は生活保護基準をうわまわっていたこと、それにもかかわらず１年以上も全然収入の届出をせず、結局合計40,530円もの金員を扶助名下に入手したものであることなどをあわせ考え、あれこれ勘案すれば、本件について違法性がないと言えるほど事案が軽微であるとか、被告人に期待可能性がないとかいうことは困難である[11]。

「最低限度の生活保障、自立助長、無差別平等などの憲法及び生活保護法の原理が不正受給処罰規定の解釈と運用にも適用されることとなった結果として、その諸原理にそう合理的解釈が要請されるに至ったこと」、「不正受給に対しては行政的対応措置が第一義的にとられるべきことが明らかにされているとみられること」[12]にはほとんど留意されていない[13]。詐欺罪の他、法85条の罪に問われるケー

---

11 足立・森本事件についての第二審判決（東京高裁1974年12月３日判決）高刑集27巻７号687頁以下。
12 前掲・小田中268頁。
13 宇和島・大本事件についての第二審判決（高松高裁1971年９月９日判決）刑事裁判月報４巻８号1443頁でも、「被告人に法61条による収入変更の届出義務（証一号収入申告の提出）はなく、また被告人において虚偽の収入申告をしたとしても、権利の行使として正当であるとの所論は、正にその前提を欠き失当であることは明らかであるのみならず、生活保護法による保護受給権を裁判上も請求できる法律上の権利として認める反面において、同法61条により、被保護者に対し、収入、支出その他生計の状況について変動があつたとき等には、速かにその旨を自主的に届け出る義務を科する規定を設けている（1321丁参照）ことは、現行生活保護制度の下において、申請保護の原則を適正に運用するために必要とする当然の措置であり、所論の如き違憲、違法のものとは到底認められない。」「本件公訴の提起に違法があるとは認められず、本件が所論の如く、被保護世帯に対するしめつけ、保護の打切り、被告人及び被告人の属する全生連（全国生活と健康を守る会連合会）の組織及び活動の弱体化を目的とする弾圧というような意図のみをもつ

スが増加することも懸念される今日、このような「机上の空論」ともいうべき判例の解釈・運用に対し改善の方向を再提示することが喫緊の課題になっているといえよう。

三　最決平成3年3月29日

　生活保護不正受給の処罰に関する近時の判例として最第3小決平成3年3月29日が注目されている[14]。第一審の認定した「罪となるべき事実」は次のようなものであった[15]。

　て恣意的に殊更公訴を提起したと認むべき証左はない。その他本件公訴提起手続に刑訴法338条4号に該当する手続違背の瑕疵があるとは認められない。」等と判示されている。

　　また、中野・大野事件についての第一審判決（東京地裁昭和47年8月4日判決）刑事裁判月報3巻9号1130頁でも、「被保護者の届出は、保護の実施機関の行なう調査を補充し、これと並行して的確な状況の把握に資するものであつて、適正な保護の実施のために欠かせないものである。同法61条の被保護者の届出義務は以上の意義において被保護者に課せられたものであり、単に道義的、訓示的な意味の義務ではなく法律上の義務と解すべきものである。」「被告人がその経歴、家族の状況、自己および家族の健康状態、職業歴、生活保護を受けるにいたつた事情等に際し厳しい生活状態のもとで物心両面にわたる幾多の辛苦をなめてきたことは十分にこれを諒解することができ、被告人が判示の如く、生活苦からのがれ、早期に自立更生をはかりたいという心情も人間自然の情として理解するにやぶさかではない。しかしながら、生活保護により生活している者は、ひとり被告人だけではないのであり、世間には被告人と同様の生活苦にあえいできた者は数多く存在しているのである。このような人々のほとんどが収入の届出をなし得なかつたという事情があるならば、被告人も収入の届出をすることを期待できなかつたとみることができるであろうが、生活保護受給者のほとんどが収入の届出をなし得なかつたものとはとうてい考えられないところであつて、被告人が困窮した状態にあつたからといつて、法律に定められた収入の届出をなし得なかつたものとは認められない。」「保護受給者の一部が真実の収入の届出をしないことによりとび抜けて不正な額の保護費を受給するのを容認し、あるいは放任するときは無差別、平等、最低限度の生活保障を定めた生活保護法の精神にもとるのである。……不正受給は国の保護行政に対する国民の信頼を失なわせるとともに生活保護受給者に対する一般国民の誤解を招き、生活苦を訴え保護基準の改善を望むまじめな生活保護受給者ないしは生活困窮者の叫びに水をさす結果ともなりかねないであろう。このような事情を考えれば、被告人が収入の一部をことさらに届け出ず、あるいは虚偽の収入の届出をして判示のように不正に保護費を受給した行為は、その動機が情状として十分酌まれるべきことは格別として、他に適法な行為を期待できなかつたとか、可罰的違法性がないとはいえない。」などと判示されている。

14　そのほか、近時のものとしては、被告人は、視覚障害一級に該当する障害を有していないのに、不正に入手した本件身体障害者手帳を鳥取市福祉事務所生活福祉課主事に呈示して、自己が視覚障害一級であると装い、同人にその旨誤信させて障害者加算の支給を決定させた上、同加算金を受給したことが認められ、かつ、そのことについての故意も認められるから、被告人には判示の詐欺罪が成立するとして、被告人を懲役2年（執行猶予3年）に処した鳥取地判平成24年7月18日 TKC文献番号25482358なども参照。

15　判例タイムズ714号259頁等を参照。

被告人は、京都市伏見福祉事務所から生活保護法に基づく被保護者として生活扶助を受給していた者であるが、昭和61年9月8日ころ、……右福祉事務所において、生活保護実施の補助機関である同事務所所属の生活保護現業員Aを介して同事務所所長Nに対し、真実はF文化住宅に転居する予定はなく、大阪府河内長野市のN公団住宅に転居する予定であるのに「寝屋川市のF文化住宅へ転居することになった。そこは敷金18万円、家賃3万3,000円なので、敷金を住宅扶助として出してほしい。」旨の虚偽の事実を申し向けた上、同月12日右福祉事務所内で、右Aに申請の理由欄に敷金18万円、家賃3万5,000円と記載した保護申請書を提出して、不実の申請をし、よって、同月19日同所において、同所庶務係員を介して同所所長から敷金の住宅扶助費名下に現金16万9,000円の支給を受け、もって、不実の申請により保護を受けたものである。

　検察官は、福祉事務所所長から16万9,000円を騙取したとして詐欺罪で起訴し、予備的訴因として生活保護法85条違反を追加した。第一審は、限度額を超えれば受給資格がないことを被告人が認識していたことが立証されていないとして詐欺罪の故意を否定したが、予備的訴因については、被告人が真実の転居を告げず、その敷金や家賃について虚偽の申請をした本件では、福祉事務所所長が「真実の家賃額を把握しておれば敷金の扶助の支給を拒否していたものと認められ、因果関係の認識もある」として同条違反が成立するとした。弁護人は、生活保護法85条違反の罪は受給資格のない者が不実の申請をしたことにより本来ならば受けられないはずの保護を受けた場合にのみ成立するものであって、同条違反の罪の故意の内容も詐欺罪における場合と同じであるとして控訴した。控訴審は、同条は申請の事実性を担保することを目的とした規定であり、同条違反の罪は受給資格の有無と関係なく不実の申請をすることによって保護を受ければ成立する。また故意の内容も「不実の申請をすることにより保護を受けるものである」との認識で足りるから、受給資格を偽ることの認識の有無は同条の成否とは無関係であるとして控訴を棄却した[16]。弁護人は上告したが、その理由は次のようなものであった[17]。

　　原判決は、生活保護法85条違反の罪は、受給資格の有無と関係なく、単に不実の申請をすることにより保護を受ければ成立すると解釈している。これに対し、私は……因果関係により絞りをかけることによりいわゆる合憲限定解釈をすべきであると考

16　出田孝一「生活保護法85条違反の罪の成立要件」『最高裁判所判例解説刑事篇平成3年度』（法曹会、平成5年）70頁等を参照。
17　同72頁以下等を参照。

え、原判決の解釈は憲法違反であると考える。……原判決の解釈によると、申請内容にどのような軽微な不実が含まれていても成立することになる。しかも、右罪は行政罰であり、故意がなくとも過失があれば処罰されると解せられる（改訂増補・生活保護法の解釈と運用（復刻版）小山進二郎著 867頁）から、結局、うっかり住所等を書き間違えただけでも、右罪が成立することになってしまう。このことは、明らかに罪刑の均衡その他種々の観点からして著しく不合理なものであって、とうてい許容しがたいものであると言わなければならない。そのような解釈をする限りにおいて憲法31条に違反するというべきである（最判昭和49年11月6日刑集28巻9号3頁参照）。原判決は、同条解釈に関する右主張に対し、同条が「刑法に正条があるときは刑法による。」旨規定していること、詐欺罪に比べ法定刑が低いことを根拠としている。しかし、右のことは、いずれも同条違反の罪が過失によっても成立しうるから故のものであって、原判決のような解釈の根拠となり得るものではない。

このような主張について、本第3小法廷は次のように判示した[18]。

　生活保護法85条は、本来正当に保護を受けることができないのに不当に保護を受け又は受けさせることを防止するための規定であって、同条違反の罪が成立するには、不実の申請がされたこと、その他不正な手段が採られたことと保護との間の因果関係を必要とするものと解するのが相当であり、右の因果関係を必要としないとした原判決は、法令の解釈を誤ったものというべきである。しかしながら、原判決の維持した第一審判決の認定によると、本件において不実の申請と保護との間の因果関係があり、被告人には不実の申請をすることにより保護を受けることの認識もあったというのであるから、原判決の右の誤りは、結論に影響を及ぼすものではない。

四　判例解説

本決定については、最高裁調査官などによって次のように判例解説されている[19]。

　法85条本文にいう「不実の申請」と「保護」との関係については、二つの見解があ

18　刑集45巻3号143頁。
19　前掲・出田「生活保護法85条違反の罪の成立要件」75-80頁。その他、同「生活保護法85条違反の罪の成立要件」『最高裁判所判例解説』45巻6号（1993年）97頁以下、同「時の判例（刑事）生活保護法85条違反の罪の成立要件」『ジュリスト』983号（1991年）117頁以下、ジュリスト増刊『最高裁時の判例Ⅳ刑事篇』（2004年）297頁以下、などを参照。なお、出田「時の判例（刑事）生活保護法85条違反の罪の成立要件」『ジュリスト』983号117頁によれば、「詐欺罪は欺網を手段として相手方の錯誤に基づき処分をさせることが必要であるが、本罪は欺罔及び相手方の錯誤を要件とせず、広く不実の申請その他不正な手段が保護の原因となっていれば足り、この点に本罪の意義がある」とされる。

りうるものと思われる。（略）第二の見解（因果関係必要説）は、……本罪が成立するためには、申請が不実であったことが保護の原因になっていること、つまり不実の申請をしたために本来受けられない保護を受けたという因果関係が必要であると解するものである。（略）この見解によれば、不実の申請をして保護を受けた場合でも、仮に真実が明らかになっても、保護を受ける資格や保護の内容、範囲について別の判断をする余地がなく、同一内容、範囲の保護を受けることとなるときには、不実の申請と保護との因果関係はなく、本罪は成立しない。前記の転居先を偽って申請して保護を受けたが真実の転居先の家賃が制限額以内である場合については、本罪の成立は否定される。（略）

　第一審判決は、判文上必ずしも明確ではないが、本罪が成立するには右の意味での因果関係が必要であるとの弁護人の主張を容れているところからみて、この見解に立つものと考えられる。……本決定は、……第二の見解によるべきことを明らかにした。本決定の判例としての意義は、この点にある。第二の見解を正当とする理由としては、次の点を指摘することができる。すなわち、本条の「「不実の申請……により保護を受け」とは、その文理に照らし、申請内容を抜きにした申請そのものと保護との因果関係ではなく、申請が不実であることと保護との間の因果関係を必要とすることを定めたものと解するのが自然である。このことは、不実の申請が「その他不正な手段」の例示と解されることからも明らかであろう。また、生活保護行政の個々の手続違反については、別に処罰規定（法86条）が設けられており、このことからみても、本条は不実の申請その他不正な手段そのものを違法として処罰するための規定ではないと解される。そして、このようにみると、本条は、不実の申請によって保護を受けた者からの全部又は一部の費用償還を定める規定（法78条）と相まって、本来正当に保護を受けられない者が不正に保護を受け、又はその者に受けさせことを防止するために規定と理解するのが相当というべきであろう。（略）

　本決定は、以上のような点を考慮し、本罪が成立するためには、不実の申請その他不正な手段と保護との間の因果関係が必要であるとしたものと考えられる。そして、本決定は、第一の見解に立った原判決の法令解釈が誤りであることを指摘し、しかし、その誤りは本罪の成立を認めた原判決の結論に影響を及ぼすものではないとして上告を棄却した。……これまでの学説、判例において、十分な議論が存しなかったところから、本決定は、今後の実務の指針になるであろう。

　なお、前掲・出田「生活保護法85条違反の罪の成立要件」によれば、「この見解（第二の見解――引用者）によれば、詐欺罪との関係について、詐欺罪は欺罔を手段として相手の錯誤に基づき処分をさせることが必要であるが、本罪は欺罔及び相手方の錯誤を要件とせず、広く不実の申請その他不正な手段が保護の原因となっていれば足りるから、相手方が不実の申請であることを知っていた場合でも本罪は成立する。例えば、受給資格のない者が担当公務員と通謀し、受給資格を満たすように不実の申請をして保護を受けた場合、担当公務員を饗応し、申請が不実であることを黙認してもらって保護を受けた場合などは、欺罔も当該公務員の錯誤もないので、詐欺罪は成立しないが、本罪は成立する。」とされている点に注意しなければならない。

五 判例批評

　本決定についての判例批評は多くないが、学説がこれまで第二説を支持してきたことから、「正当な解釈である」[20]や「原判決の論理から生じる処罰範囲の拡大を懸念する本決定は正しい方向を示している」[21]や「本決定の判示は正当である」[22]といった評価が一般的である。これには複数のアプローチが見られる。その一つは、判例解説と同様に因果関係が必要だと判示した点に注目するものである。そこから、本決定には次のよう意義があると指摘されている。

> 　本来受給資格があって一般生活費や一時扶助費を受給しうる者が、不実申請等の手段を採って受給したとしても、これに行政罰を科す必要があるのかが、まず問われるべきである。たとえば真実を記載すると煩わしいので申請を通りやすくするため不実の申請をした者が、受給資格を真正に備えていた場合など、受給しうるものを受給したことは何ら法益を侵害したものでもなく、また倫理的な非難を受けねばならない程のものでもないので、刑を科する必要はあるまい。(略) 本決定は不実申請等と受給との間に因果関係を必要とすることによって、少なくとも不実申請等が受給の原因となっている程度に倫理非難の高い場合でなければ刑を科する必要はないとの考え方を採用したものといえる。因果関係を要するとすることで不正受給の中に倫理非難の高低を斟酌する途を開き、少なくとも不実申請等が不正受給の原因となる程度に倫理非難の高い場合でなければ法85条違反は不成立としたのである。従来の最低生活費では生計を維持できない状況に陥ったのは行為者本人の責任ではない。この時、緊急避難的に不実の申請をして受給したとしても、それは「処罰に値する違法」とはいえない。本決定は、本来正当に保護を受けることができないのに不当に保護を受けることを防止することが法85条の立法趣旨と解し、行為の違法性を判断して、少なくとも不実申請等が受給の原因となっている程度に違法性が強い場合に法85条違反の成立を認める[23]。

　同批評によれば、「可罰的違法性」判断の基準等については本決定が具体的に示すところはなく、詐欺罪との関係如何、あるいは因果関係の「認識」までも要件としているか否か等の点も含めて今後の判例の検討に委ねられているとされ

20　相内　信「生活保護法85条違反の罪の成立要件」『警察研究』64巻5号（平成5年）39頁。
21　前掲・香川喜八郎「生活保護法85条違反の罪の成立要件」232頁。
22　斉藤正和「生活保護法85条違反の罪の成立要件」判例タイムズ786号（1992年）29頁。
23　24　前掲・香川「生活保護法85条違反の罪の成立要件」233-234頁。なお、香川によれば、法85

る[24]。興味深い批評だといえるが、気になるのは、前述の調査官の判例解説では、「補説」だと断った上であるが、因果関係の問題が取り上げられ、「本罪の因果関係を認めるためには、不実の申請が保護の原因になっていれば足り、それが保護の主因ないし唯一の原因である必要はないであろう」とされている点である[25]。右の批評では、「因果関係の要求」を通じて「可罰的違法性」判断を導入することなどにより、法85条の成立範囲をかなり絞り込むことが期待されているのに対して、同解説では、因果関係必要説が合理的であると説かれていても、その実態は因果関係不要説の結論と大きな差異を生じさせることが想定されている訳では必ずしもない。それは本決定が「本件において不実の申請と保護との間の因果関係があり、被告人には不実の申請をすることにより保護を受けることの認識もあった」として有罪判決を維持していることからも明らかであろう。同じ因果関係必要説といっても判例と学説との間には相当の距離がみられる。

判例批評が注目するもう一つの点は故意の点である。次のように批評されている[26]。

> 被告人は、少なくとも3万3,800円という家賃の支給制限につては、その制限額を超過していても保護を受けることができると考えていたのであり、家賃の額については保護を行うか否かの判断に影響を及ぼす事項ではないと考えていたのである。とすればここでは、客観的な因果関係の一部である結果に対する故意が存在しないといわざるを得ない。もっとも本件では被告人は、移転先を偽り、更には移転理由も偽っており、これ等の点が悪質だと考えられるかもしれない。しかしそうだとしても、本条違反に必要な故意が右に述べたようなものだとすれば、ここでもまた、移転先、移転理由それぞれが保護を行うか否かの判断に影響を及ぼす事項であるとの被告人の認識があったことが必要であろう。

条違反の故意の成立に因果関係の認識は必要であるとされ、また、詐欺罪との関係についても、前掲・小田中「公的扶助・福祉と刑法——生活保護費不正受給処罰を中心に——」等を参考にして、「少なくとも不実申請による受給の場合には詐欺罪の定型性をも備えていることが圧倒的に多いと思われるが、両者の区分けの規準は、法定刑の相違からも、違法性の強弱によると考えるのが合理的だと暗黙のうちに示唆しているとはいえるのであろう。」とされる。

25 前掲・出田「生活保護法85条違反の罪の成立要件」『最高裁判所判例解説刑事篇平成3年度』81頁以下。
26 前掲・相内「生活保護法85条違反の罪の成立要件」39-40頁。なお、相内によれば、その上で、「(本件では)保護するかしないかの決定が厳格に行われていなかったのではないかという疑問が生ずる。福祉事務所側が、被告人が申請した虚偽の移転先であるフクダ文化住宅の家賃を確認さえしていれば、本件の犯罪はそもそも生じていなかったであろう。その意味では、むしろ、厳格さを欠く保護実務の在り方のほうが問題ではないだろうか。」とされる。

同じような疑問は別の判例批評でも示されている[27]。

> 最高裁は、不実の申請などと保護との間の「因果関係」が必要であるとするとする一方、「不実の申請をすることにより保護を受けることの認識」があればよいとしたのであった。ここでは、客観的に因果関係を要求しつつ、主観的には下級審の判断と同じものを要求するにとどまっており、そこに齟齬が生じているように見える。(略) もともと、最高裁が因果関係が必要であると解したのは、申請の内容の虚偽が、保護を与えるか否かに全く影響を与えないようなものであった場合を除外する必要があると考えたからではなかったか。この趣旨を徹底するなら、「手段目的関係の認識」ではなく、「因果関係の認識」を認定しなければならなかったはずである。もしこのように解すると、詐欺罪と生活保護法違反との相違は、どこに求められるであろうか。私見によれば、欺罔行為の程度の差に求めざるをえないであろう。すなわち、もともと全く被保護者でないものが不実の申請をする為した場合、あるいはそもそも転居する意思がないのに保護を受けようとしたような場合は、詐欺罪が成立し、制限額が超えるのに超えないとものと偽って申請するような場合に本規定違反が成立するものと解するのである。

ここでも、判例と学説との間には相当の距離が見られる。この故意についても、前掲の判例解説は、「補説」と断った上で、「本罪の故意が成立するには、本来保護を受けられないとの評価を認識している必要はなく、右の評価を基礎づける生活の実態を知りつつ、これを偽って不実の申請をし、その他不正の手段を用いて保護を受けることの認識があれば足りると考えられる」[28]とされるからである。

それでは、法85条違反の刑事裁判において現実に刑事弁護を担う弁護士からの判例批評はどのようなものであろうか。本決定について次のように批評されている。

> 本件の場合、被告人は、前記のように、敷金扶助が受けられないものであることを知らなかったとされているのであって、右は事実の錯誤というべきであるから、故意が阻却されることになろう。……本罪の故意について、これを肯定した一審判決の認

---

27 山中敬一「生活保護法85条違反における不実の申請と保護の因果関係」法学セミナー445号 (1992年) 139頁。なお、このように詐欺罪と本条違反の罪との区別を「欺罔行為の程度の差」に求める見解に対しては、「福祉事務所長が錯誤に陥っている以上、弱い欺罔行為の場合でもなぜ詐欺が成立しないのかの積極的な理由が必要になるように思われる。」(前掲・相内41頁など) との指摘が存する。
28 前掲・出田「生活保護法85条違反の罪の成立要件」『最高裁判所判例解説刑事篇平成3年度』83-84頁。

定に従って上告を棄却した本決定には疑義があるものといわざるを得ない[29]。

問題はその先で、斉藤によれば、詐欺罪と本条違反の罪との区別を「欺罔行為の程度の差」に求める見解には採用できないとされている点である[30]。このような主張の背景には、詐欺罪と法85条違反の罪とを「実行行為」の面で区別することが行為原則に適い、より明確な区別を保障し得るという発想が伏在しているように見受けられる。したがって、この斉藤の主張については、因果関係および因果関係の認識の理解についてまで出田説が支持されているわけではないことに留意しなければならないであろう。ただし、斉藤の理解にも難点が存する。詐欺罪と法85条違反の罪との違いを「実行行為」だけで区別することには疑問が存するからである。詐欺罪の法定刑が10年以下の懲役とされているのに対して、法85条違反の罪の法定刑は「3年以下の懲役又は100万年円以下の罰金」とされている点を看過することはできない。だからこそ、学説によれば、詐欺罪と法85条違反の罪との区別に関して、「もともと全く被保護者でないものが不実の申請を為した場合、あるいはそもそも転居する意思がないのに保護を受けようとしたような場合」とその他の場合といった基準、あるいは「可罰的違法性」による区別の基準が提起されているのである。

六　今後の検討方向

改めて想起されなければならないのは、かつて小田中によれば裁判例の検討を通じて法85条の罪をめぐる争点を抽出した上で、その争点について原理的な観点から詳しくコメントされていたという点である[31]。これと比較した場合、前述の判例批評といえども、判例が設定した土俵の上に立って議論を組み立てているという印象は否めないように見受けられる。法85条の罪が成立するためには、因果関係及びその認識が必要だというのは理論的には当然のことであって、その意味では、因果関係及びその認識が必要かどうかというのはもはや理論的な争点では

29　同・斉藤29-30頁。なお、前掲・小山進次郎『改訂増補・生活保護法の解釈と運用』867頁等を参照。
30　同・斎藤30頁。
31　前掲・小田中290頁以下を参照。

なく、理論的な争点は因果関係の存在が安易に認定されていないかどうかという点に存するからである。この点、最決平成3年3月29日でも因果関係が安易に認定されており、批評すべきはこの点であったように思われる。小田中によれば、職権調査義務の存在によって欺罔行為と保護との因果関係は中断されたと評価すべきではないかとの問題提起[32]がなされており、この問題提起は法85条の因果関係にも妥当すると考えられるからである。本決定といえども、これまでの判例による法85条の安易な解釈・運用に変更を迫るものと評価することはできない。

　この点、山中によれば、前述したように、詐欺罪と法85条の罪との区別に関わって、「もともと全く被保護者でないものが不実の申請を為した場合、あるいはそもそも転居する意思がないのに保護を受けようとしたような場合」か否という基準が提示されており、学説らしい試みとして注目される。しかし、このような区別は、小田中が既に指摘するように、保護法益の点で理論的問題が依然として残っており、基準が構成要件上明確でないという問題も否定し得ない[33]。不正受給罪に対して詐欺罪を適用することは理論上不可能だという小田中の立場が改めて再評価されるべきではないか。

32　前掲・小田中296頁によれば、「申請者の資産や被保護者の収入変動等について職権調査の権限をもち、その権限を与えられている保護実施機関に、法的にみてそもそも錯誤という観念の成立する事態がありうるのか、単に調査の不行届という事態が生ずるにすぎないのではないか。かりに錯誤がありうるとしても、それは職権調査義務の存在によって欺罔行為との因果関係は中断されたと評価すべきではないかという疑問がある」と説かれており、興味深い。

33　前掲・小田中291-294頁によれば、ここでも次のようにコメントされている。
　「この点についての判例の見解は、生活保護法と詐欺罪その他の刑法との条文が適用可能であり、双方の構成要件に該当するときには生活保護法85条但書によって刑法本条（詐欺罪）のみが適用される、というものである。しかしながら、……支持し難いように思われる。第一に、判例の見方は不正受給が自然犯（刑事犯）であることを前提としているが、それは誤りで、生活保護行政の適正かつ円滑な運用を阻害する法定犯（行政犯）にすぎないと解すべきではないかということである。（略）第二に、判例の見解は、不正受給が詐欺罪や恐喝罪の保護法益を侵害していることを前提としている。しかしながら不正受給は生活保護行政を阻害するもので国家的利益を侵害するものではあっても、詐欺罪等が保護法益としている個人的法益を侵害するものではない。したがって、その面から不正受給について詐欺罪が成立することはありえないことになるのである。（略）第三に、もし詐欺罪に該るとするならば生活保護法85条を立法した意味が殆ど全くといっていいほど失われて無意味になってしまうことである。（略）ではこのように考える場合に、生活保護法85条但書はどのように理解すべきであろうか。……これまで弁護側から次のような二通りの解釈論が提示されている。その一は、実質的に考察して事案が悪質で違法性が強く詐欺罪等の自然犯として処罰するのが相当な場合には本条但書によって刑法の正条が適用されるとする趣旨だと解するものである。……その二は、職務強要、公文書偽造、偽造公文書行使、私文書偽造、偽造私文書行使など国家的、社会的法益の罪の場合にのみ但書によって刑法の正条が適用されるとする趣旨だと解するものである（宇和島事件、三鷹事件、中野事件）……同条但書に合理的解釈を施そうとする限り、後者の見解をとることにならざるをえないであろう。」

もっとも、実務的には詐欺罪の適用を認めざるを得ない場合もあり得よう。しかし、かりに詐欺罪の適用を認める場合であっても、そのことは安易な適用を認めるということを少しも意味しない。これまでの判例の安易な適用をチェックするのは学説および弁護人の役割である。①不申告や不届出は不作為による詐欺罪の成立を基礎づけ得ないこと[34]。②生活保護基準が著しく低く、違憲・違法である場合には、不正受給とされているものは正当な（権利行使）行為として、違法性が阻却されること[35]。③生活保護基準が違憲・違法としうるほど著しく低くないが適正なものとはいい難い場合、……仮に被害の発生があるとしても、その程度、およびそれと社会保障の権利（この場合は生活保護請求権）の担う法益とを較量し、可罰的違法性の有無を論定しなければならないこと[36]。これらの点については慎重なチェックを行うという態度が改めて求められよう[37]。責任、なかでも期待可能性の問題も忘れることができない[38]。これまでの裁判例においては、

34　前掲・小田中295-256頁によれば、この点についても、「生活保護の申請者が資産状況等について申告すべき義務を定めた規定はなく、保護実施機関の調査権限規定（28条）が設けられているのみである。このことからするならば、作為義務に違反する不作為（不申告）のみを把えて欺罔行為ありとすることはできなくなる。十勝（得地）事件第一審判決は、生活保護法85条の不実申請による受給を処罰していることを根拠に申告義務ありと断じているが、不実の申請と不記載とは同一視できないことは明らかである。」「また、被保護者の収入変動等の届出義務についてみるならば、届出義務の違反に対する罰則規定がないこと、生活保護法では職権調査の原則がとられており、届出義務はこれを補完するために設けられた訓示的なものに外ならず、不作為による詐欺罪の成立を基礎づけえない……。」とコメントされている。

35、36　前掲・小田中297頁によれば、ここでも「不正受給行為の違法性の有無は、それが詐欺罪に該るとするにせよ、生活保護法85条に該るのみであるとするにせよ、慎重に検討されなければならない。まず、生活保護基準が著しく低く、違憲・違法である場合には、不正受給とされているものは正当な（権利行使）行為として、違法性が阻却されることが多いであろう。もしも生活保護基準が違憲・違法としうるほど著しく低くないが適正なものとはいい難い場合、…仮に被害の発生があるとしても、その程度、およびそれと社会保障の権利（この場合は生活保護請求権）の担う法益とを較量し、可罰的違法性の有無を論定しなければならない。」と説かれている。

37　その他、前掲・小田中294-295頁によれば、「不実の申請」について「生活保護法上『申請』という行為は未だ保護をうけていない者の生活保護をうける旨の意思表示の行為を指していることに鑑みれば、『不実の申請』という構成要件はすでに保護をうけている被保護者の収入変動等の不届出や過少届出の行為を含まないとも考えられる。」とされ、また、同296-297頁によれば、被害額の算定についても「不正受給が単なる行政犯ではなく刑事犯であるとして詐欺罪に該りうることを認めるならば、行政官庁が合目的、政治的観点から定める生活保護基準を超えて受給しているというだけでは足りず、それが健康で文化的な最低限度の生活を営むに足る適正規準を超えて始めて、反社会的な詐欺罪による被害が国に発生したとみるべきである。……このことは、秋田（渡辺）事件にみられるように、決定・支給される保護費が保護基準さえも下廻っている事例が少なくないという現実に鑑み、重要である。」とコメントされている。

38　前掲・小田中298頁によれば、「期待可能性が問題となる事案は、むしろ違法性のレベルで既に詐欺罪の成立が否定されることが殆どであろうし、その方が社会保障法理に立脚した妥当で説得

「不実の申請その他の不正な手段」に出ないことが期待できないような状況にあったことを理由として弁護人から期待可能性の不存在の主張がみられたからである。かりに期待可能性の主張が裁判所によってなかなか採用されないというのであれば、違法性の意識ないし意識の可能性[39]という観点から検討する道も考えられなければならないであろう。訴訟法上の論点も看過し得ない。小田中によれば、公訴権発動上の問題点についても次のようにコメントされているからである。

　　現行生活保護法上、保護実施機関の告発は不正受給犯罪の訴訟条件とされていない。そのため、捜査検察当局は、全く独自の判断で捜査し起訴することができ、現にそのような捜査がなされた事例が少なからず見受けられる（三鷹事件、中野事件、足立事件）。……明文の規定はないが、生活保護実施機関の告発を訴訟条件に解し、それなしに行われる公訴提起を無効と解する余地があると思われる。……生活保護基準を低くすることによって国家がむしろ不正受給犯罪をつくっているとさえいえる現実があることに鑑みれば、所謂「公訴権の濫用」の理論により公訴を無効とする余地がかなりあるように思われる[40]。

このような観点からみた場合、本最高裁決定については未だ検討すべき点が少なくないように思われる。既に指摘されているように[41]、福祉事務所側が被告人が申請した虚偽の移転先であるF文化住宅の家賃を確認してさえいれば、本件の犯罪はそもそも生じていなかったからである。申請書に3万5,000円という支給制限額を超える金額の記載があったのに何故に保護がなされたのか。保護するかしないかの決定が厳格に行われていなかったのではないか。とすれば、かりに「不実の申請」が認められたとしても、それと保護決定との間には因果関係は存在しないのではないか。現に第一審判決によれば「本件全証拠によっても、真の移転先に転居する旨の申請がなされていた場合、家賃の点を度外視して転居先が南花台公団住宅であるというだけの理由で支給が拒否されたであろうと認めるに足りる証拠はない。」と判示されているのである。また、同じく第一審によれ

　　力のある判断が期待できる点で望ましいように思われる。」とコメントされている。
39　ちなみに、内藤謙『刑法講義総論（下）1』（有斐閣、2001年）1036頁以下によれば、「行為者に違法性を意識する具体的契機が与えられておらず、違法性を意識することが期待できない場合は、違法性を意識する『可能性』がないとして、責任（ないし故意）が阻却される」として、その個別的類型のひとつとして「公的機関の見解への信頼」が挙げられている。
40　前掲・小田中298頁。
41　前掲・相内「生活保護法85条違反の罪の成立要件」40頁等を参照。

ば、かつて同様の例があったことを被告人が知っていたから「被告人が本件でも同じように右(住宅扶助の——引用者)制限を超えていても少なくとも限度額までの扶助は受けられると信じても不自然ではないこと」と認定されている点も違法性の意識ないし意識の可能性に関わって気になるところであろう。しかし、最高裁でもこのような疑問に対して答えるところは少しもなく、原審と同様に法85条違反の罪の成立が認められているのである。

　小田中らによれば、法85条の規定をもって公的扶助・福祉行政の適正かつ円滑な運用を確保することを目的とする刑罰規定と位置づけられているが、現実の運用は公的扶助・福祉など社会保障の権利の要求に対する刑罰的規制の手段として用いられる刑罰規定に近いものがある。裁判所の安易な法解釈・運用がこれにお墨付きを与えている。法85条の解釈・運用を本来の姿に戻す必要性は今回の法改正により一段と高まったといえよう。

執筆者一覧（掲載順）

ヴォルフガング・フリッシュ（Wolfgang Frisch）　フライブルク大学法学部名誉教授
戸浦雄史（とうら たけふみ）　大阪学院大学法学部准教授
伊東研祐（いとう けんすけ）　慶應義塾大学大学院法務研究科教授
安達光治（あだち こうじ）　立命館大学法学部教授
岩間康夫（いわま やすお）　愛知大学大学院法務研究科教授
橋田　久（はしだ ひさし）　名古屋大学大学院法学研究科教授
山口　厚（やまぐち あつし）　早稲田大学大学院法務研究科教授
岡本昌子（おかもと あきこ）　京都産業大学法学部教授
飯島　暢（いいじま みつる）　関西大学法学部教授
井上宜裕（いのうえ たかひろ）　九州大学大学院法学研究院教授
塩谷　毅（しおたに たけし）　岡山大学大学院社会文化科学研究科法学系教授
小田直樹（おだ なおき）　神戸大学大学院法学研究科教授
中村悠人（なかむら ゆうと）　東京経済大学現代法学部准教授
川口浩一（かわぐち ひろかず）　関西大学大学院法務研究科教授
岡上雅美（おかうえ まさみ）　筑波大学人文社会系教授
城下裕二（しろした ゆうじ）　北海道大学大学院法学研究科教授
安田拓人（やすだ たくと）　京都大学大学院法学研究科教授
葛原力三（くずはら りきぞう）　関西大学法学部教授
松原芳博（まつばら よしひろ）　早稲田大学大学院法務研究科教授
松原久利（まつばら ひさとし）　同志社大学法学部教授
武田　誠（たけだ まこと）　國學院大学大学院法務研究科教授
高橋則夫（たかはし のりお）　早稲田大学法学部教授
野澤　充（のざわ みつる）　九州大学大学院法学研究院准教授
松生光正（まつお みつまさ）　九州大学大学院法学研究院教授
十河太朗（そごう たろう）　同志社大学大学院司法研究科教授
佐久間修（さくま おさむ）　大阪大学大学院法学研究科教授
坂本学史（さかもと のりふみ）　神戸学院大学法学部准教授
本田　稔（ほんだ みのる）　立命館大学法学部教授
甲斐克則（かい かつのり）　早稲田大学大学院法務研究科教授
アルビン・エーザー（Albin Eser）　マックス・プランク外国・国際刑法研究所名誉所長
山中敬一（やまなか けいいち）　関西大学大学院法務研究科教授
只木　誠（ただき まこと）　中央大学法学部教授
豊田兼彦（とよた かねひこ）　関西学院大学大学院司法研究科教授
玄　守道（ひょん すどう）　龍谷大学法学部教授
永井善之（ながい よしゆき）　金沢大学人間社会研究域法学系教授
金澤真理（かなざわ まり）　大阪市立大学法学部教授
嘉門　優（かもん ゆう）　立命館大学法学部教授
松宮孝明（まつみや たかあき）　立命館大学大学院法務研究科教授
金子　博（かねこ ひろし）　近畿大学法学部准教授

内海朋子（うつみ　ともこ）　横浜国立大学大学院国際社会科学研究院教授
金　　尚均（きむ　さんぎゅん）　龍谷大学大学院法務研究科教授
髙山佳奈子（たかやま　かなこ）　京都大学大学院法学研究科教授
神例康博（かんれい　やすひろ）　岡山大学大学院法務研究科教授
平山幹子（ひらやま　もとこ）　甲南大学大学院法務研究科教授
大下英希（おおした　ひでき）　立命館大学大学院法務研究科教授
品田智史（しなだ　さとし）　大阪大学大学院法学研究科准教授
佐川友佳子（さがわ　ゆかこ）　香川大学法学部准教授
内田博文（うちだ　ひろふみ）　神戸学院大学法学部教授

浅田和茂先生古稀祝賀論文集［上巻］

2016年10月1日　初版第1刷発行

編集委員　井田良裕司正明厚　井上宜祐昭孝　白取祐司　高田昭孝　松宮孝明　山口厚

発行者　阿部成一

〒162-0041　東京都新宿区早稲田鶴巻町514
発行所　株式会社　成文堂
電話03（3203）9201代　FAX03（3203）9206
http://www.seibundoh.co.jp

製版・印刷　藤原印刷　　　製本　佐抜製本
©2016　井田、井上、白取、高田、松宮、山口　Printed in Japan
☆乱丁・落丁本はおとりかえいたします☆
ISBN978-4-7923-5189-2 C3032　　　検印省略

定価（本体25,000円＋税）